www.kiehl.de

Die Prüfung der Wirtschaftsfachwirte

Handlungsspezifische Qualifikationen

Von

Dr. rer. pol. Diplom-Volkswirt Christian Eisenschink

begründet von

Diplom-Sozialwirt Günter Krause und

Diplom-Soziologin Bärbel Krause

8., aktualisierte Auflage

kiehl

Bildnachweis Umschlag: © Franz Pfluegl – Fotolia.com

ISBN 978-3-470-60568-5 · 8., aktualisierte Auflage 2021

Kiehl ist eine Marke des NWB Verlags

Satz: Ansichtssachen, Egelsbach
Druck: Beltz Grafische Betriebe GmbH, Bad Langensalza

Vorwort

Dieses Buch wendet sich an alle Kursteilnehmer, die eine Fortbildung zum Wirtschaftsfachwirt bzw. zur Wirtschaftsfachwirtin absolvieren. Es soll sie während des gesamten Lehrgangs begleiten und gezielt auf die Prüfung vor der Industrie- und Handelskammer vorbereiten.

Dieser Band behandelt alle fünf Handlungsbereiche der zweiten Teilprüfung „Handlungsspezifische Qualifikationen“:

- Betriebliches Management
- Investition, Finanzierung, betriebliches Rechnungswesen und Controlling
- Logistik
- Marketing und Vertrieb
- Führung und Zusammenarbeit.

Die Inhalte der ersten Teilprüfung

- Volks- und Betriebswirtschaft,
- Rechnungswesen,
- Recht und Steuern sowie
- Unternehmensführung

finden Sie im Titel „Die Prüfung der Fachwirte – Wirtschaftsbezogene Qualifikationen“, der ebenfalls im Kiehl Verlag erschienen ist.

Das Werk gliedert sich in zwei Teile. Im ersten Teil werden die Inhalte aller Handlungsbereiche in bewährter Frage-Antwort-Form erläutert. Übersichten, Schaubilder, Aufzählungen und Struktogramme erleichtern das Lernen und machen Zusammenhänge deutlich. Die Gliederung entspricht dem DIHK-Rahmenplan. Dies soll dem Leser die Orientierung erleichtern und die Verknüpfung zu den Inhalten der Prüfung ermöglichen.

Im zweiten Teil werden die Handlungsbereiche anhand klausurtypischer Fragestellungen vertieft, um so eine fundierte Vorbereitung auf die Prüfung zu gewährleisten.

Ebenfalls haben die Leser im zweiten Teil die Möglichkeit durch die Bearbeitung der Musterklausuren ihre Kenntnisse unter „echten Prüfungsbedingungen“ zu kontrollieren. Das Kapitel enthält auch Tipps zur Prüfungsvorbereitung sowie Hinweise für die mündliche Prüfung.

Die Vorauflage wurde gründlich durchgesehen und aktualisiert.

Der Autor wünscht allen Lesern (m/w/d) eine erfolgreiche Prüfung. Anregungen sowie konstruktive Kritik sind willkommen und erreichen den Autor über den Verlag.

Dr. rer. pol. Dipl.-Volkswirt Univ. Christian Eisenschink
Bad Abbach, im Frühjahr 2021

Vorwort

Benutzungshinweise

Das Werk enthält zahlreiche **Querverweise**, die sich aus der Überschneidung der Handlungsbereiche bzw. der Qualifikationselemente ergeben. Sie sind mit unterschiedlichen Pfeilen gekennzeichnet und nennen nachfolgend die Ziffer der entsprechenden Fundstelle bzw. des Rahmenplans.

Hinweise auf den Inhalt der Wirtschaftsbezogenen Qualifikationen sind mit einem Pfeil → sowie einem vorangestellten „A" gekennzeichnet und zeigen gleichzeitig an, dass dieses Thema Inhalt des Grundlagenbandes „Die Prüfung der Fachwirte" ist. Beispielsweise verweist → A 4.3 auf das Thema „Personalentwicklung" im Grundlagenband. Wir empfehlen, die Inhalte der Wirtschaftsbezogenen Qualifikationen nicht zu vernachlässigen. Sie werden im zweiten Prüfungsteil als bekannt vorausgesetzt.

Querverweise innerhalb des handlungsspezifischen Teils der Prüfung werden mit einem Doppelpfeil >> und der Angabe der Kapitel gekennzeichnet. Beispielsweise bedeutet die Angabe >> 5.7, dass das Thema „Vortrag und Präsentation" im Kapitel 5.7 behandelt wird.

Zum Teil überschneiden sich die Inhalte lt. Rahmenplan, zum Teil werden auch unterschiedliche Schwerpunkte gesetzt. Die Querverweise sollen dem Leser die Komplexität der Stoffbehandlung zeigen, die Handlungsorientierung unterstützen, andererseits aber auch „Doppellernen" vermeiden.

Aus Gründen der Praktikabilität und der besseren Lesbarkeit werden in diesem Titel nur männliche Personenbezeichnungen verwendet. „Mitarbeiter", „Arbeitnehmer", „Vorgesetzte" u. ä. Bezeichnungen umfassen grundsätzlich männliche, weibliche und diverse Personen.

Diese Symbole erleichtern Ihnen die Arbeit mit diesem Buch:

TIPP

Hier finden Sie nützliche Hinweise zum Thema.

MERKE

Das X macht auf wichtige Merksätze oder Definitionen aufmerksam.

ACHTUNG

Das Ausrufezeichen steht für Beachtenswertes, wie z. B. Fehler, die immer wieder vorkommen, typische Stolpersteine oder wichtige Ausnahmen.

INFO

Hier erhalten Sie nützliche Zusatz- und Hintergrundinformationen zum Thema.

RECHTSGRUNDLAGEN

Das Paragrafenzeichen verweist auf rechtliche Grundlagen, wie z. B. Gesetzestexte.

MEDIEN

Das Maus-Symbol weist Sie auf andere Medien hin. Sie finden hier Hinweise z. B. auf Download-Möglichkeiten von Zusatzmaterialien, auf Audio-Medien oder auf die Website von Kiehl.

Feedbackhinweis

Kein Produkt ist so gut, dass es nicht noch verbessert werden könnte. Ihre Meinung ist uns wichtig. Was gefällt Ihnen gut? Was können wir in Ihren Augen verbessern? Bitte schreiben Sie einfach eine E-Mail an: **feedback@kiehl.de**

AB	Anfangsbestand
Abs.	Absatz
AC	Assessment-Center
AEVO	Ausbildereignungsverordnung
AfA	Absetzung für Abnutzung
AG	Arbeitgeber/Aktiengesellschaft
AG-Anteil	Arbeitgeber-Anteil
AGB	Allgemeine Geschäftsbedingungen
AGG	Allgemeines Gleichbehandlungsgesetz
AK	Anschaffungskosten
AktG	Aktiengesetz
AO	Abgabenordnung
ArbPlSchG	Arbeitsplatzschutzgesetz
ArbZG	Arbeitszeitgesetz
AÜG	Arbeitnehmerüberlassungsgesetz
AW	Anschaffungswert
BA	Bundesagentur für Arbeit
BAB	Betriebsabrechnungsbogen
Basel II	Eigenkapitalrichtlinien für Kreditinstitute des Ausschusses für Bankenaufsicht bei der Bank für Internationalen Zahlungsausgleich, Basel. Rating des Kreditnehmers durch Geschäftsbank und Risikozuschlag je nach Bonität, um bei Risiken über ausreichendes Kapital zu verfügen.
Basel III	Der Baseler Ausschuss für Bankenaufsicht legte 2010 strengere Regeln für Eigenkapital auf, um die Widerstandsfähigkeit des Bankensektors in Krisen zu erhöhen. Der Schwerpunkt von Basel III liegt auf der Erhöhung des (harten) Kern-Eigenkapitals.
BBiG	Berufsbildungsgesetz
BCG	Boston Consulting Group
BDE	Betriebsdatenerfassung
BetrVG	Betriebsverfassungsgesetz
BGB	Bürgerliches Gesetzbuch
BIP	Bruttoinlandsprodukt
B2C	Business to Consumer
CBT	Computer Based Training
db	Stückdeckungsbeitrag
DB	Deckungsbeitrag (gesamt)
DIHK	Deutscher Industrie- und Handelskammertag
DGUV	Deutsche Gesetzliche Unfallversicherung
DIN	Deutsche Industrie-Norm
DSF	Diskontierungssummenfaktor
EG	Europäische Gemeinschaft
EGV	Vertrag zur Gründung der Europäischen Gemeinschaft (EG-Vertrag)
EK	Eigenkapital
EU	Europäische Union
e.V.	eingetragener Verein
FK	Fremdkapital
F&E	Forschung und Entwicklung
FMEA	Fehler-Möglichkeits- und Einfluss-Analyse
Gap	Lücke
GATT	General Agreement on Tariffs and Trade (Allgemeines Zoll- und Handelsabkommen)
GbR	Gesellschaft bürgerlichen Rechts
GG	Grundgesetz
GK	Gesamtkapital
GmbH	Gesellschaft mit beschränkter Haftung
GmbH & Co.	Gesellschaft mit beschränkter Haftung & Compagnie
GuV	Gewinn und Verlust

GWB	Gesetz gegen Wettbewerbsbeschränkungen
HGB	Handelsgesetzbuch
IHK	Industrie- und Handelskammer
IKR	Industrie-Kontenrahmen
IT	Informationstechnologie
InvZ	Investitionszulage
JArbSchG	Jugendarbeitsschutzgesetz
JiT	Just-in-Time
Kf	fixe Kosten
KfW	KfW-Förderbank (ehemals Kreditanstalt für Wiederaufbau)
KG	Kommanditgesellschaft
KMU	Kleinere und mittlere Unternehmen
KSchG	Kündigungsschutzgesetz
Kv	variable Kosten
KVP	Kontinuierlicher Verbesserungsprozess
KWF	Kapitalwiedergewinnungsfaktor
lmi	leistungsmengeninduzierte Kosten
lmn	leistungsmengenneutrale Kosten
LadSchlG	Ladenschlussgesetz
LIFO	Last-In-First-Out
LL	Lieferungen und Leistungen
MA	Mitarbeiter
MbO	Management-by-Objectives
min	Minuten
MIS	Management-Informationssystem
MoB	Make-or-Buy
MPM	Multiprojektmanagement
MuSchG	Mutterschutzgesetz
MuSchV	Verordnung zum Schutze der Mütter am Arbeitsplatz
MwSt	Mehrwertsteuer
MWR	Mitwirkungsrechte
OE	Organisationsentwicklung
OECD	Organisation für wirtschaftliche Zusammenarbeit und Entwicklung
OHG	Offene Handelsgesellschaft
OLAP	Online Analytical Processing
OR	Operation Research
OWiG	Gesetz über Ordnungswidrigkeiten
PAP	Projektablaufplan
PC	Personalcomputer
PE	Personalentwicklung
PIS	Personalinformationssystem
PIMS	Profit Impact of Market Strategies
PKP	Planung der Projektkapazitäten
POS	Point of Sale (Zahlstelle im Handel, z. B. Kasse)
ppa.	per procura
PQP	Projektqualitätsplanung
PR	Public Relations
PTP	Projektterminplan
QS	Qualitätssicherung
REFA	Verband für Arbeitsstudien und Betriebsorganisation
RHB	Roh-, Hilfs- und Betriebsstoffe
ROI	Return on Investment
RPZ	Risiko-Prioritäts-Zahl
RVF	Restwertverteilungsfaktor
RW	Restwert
SGB IX	Sozialgesetzbuch Neuntes Buch - Rehabilitation und Teilhabe behinderter Menschen
SGE	Strategische Geschäftseinheit
SGF	Strategisches Geschäftsfeld

TA	Transaktionsanalyse
UN	United Nations
UV	Unfallversicherung/Umlaufvermögen
UWG	Gesetz gegen den unlauteren Wettbewerb
VDI	Verband deutscher Ingenieure
WTO	World Trade Organisation (Welthandelsorganisation)
WWS	Warenwirtschaftssystem

1. Betriebliches Management

INFO

Prüfungsanforderungen

Nachweis folgender Fähigkeiten:

- Die Bedeutung betrieblicher Planungsprozesse für die Zukunftssicherung eines Unternehmens oder einer Wirtschaftsorganisation einordnen,
- deren Auswirkungen auf die Organisations- und Personalentwicklung erklären,
- Informationstechnologie und Wissensmanagement als notwendige Basis einer lernenden Organisation verstehen und
- Managementtechniken zur effektiven Prozesssteuerung einsetzen können.

Qualifikationsschwerpunkte (Überblick)

1.1 Betriebliche Planungsprozesse

1.2 Organisations- und Personalentwicklung

1.3 Informationstechnologie und Wissensmanagement

1.4 Managementtechniken

1.1 Betriebliche Planungsprozesse

1.1.1 Betriebliches Zielsystem

01. Wie lässt sich der Zusammenhang zwischen Unternehmensphilosophie, Unternehmensleitbild, Unternehmenskultur und Corporate Identity grafisch darstellen?

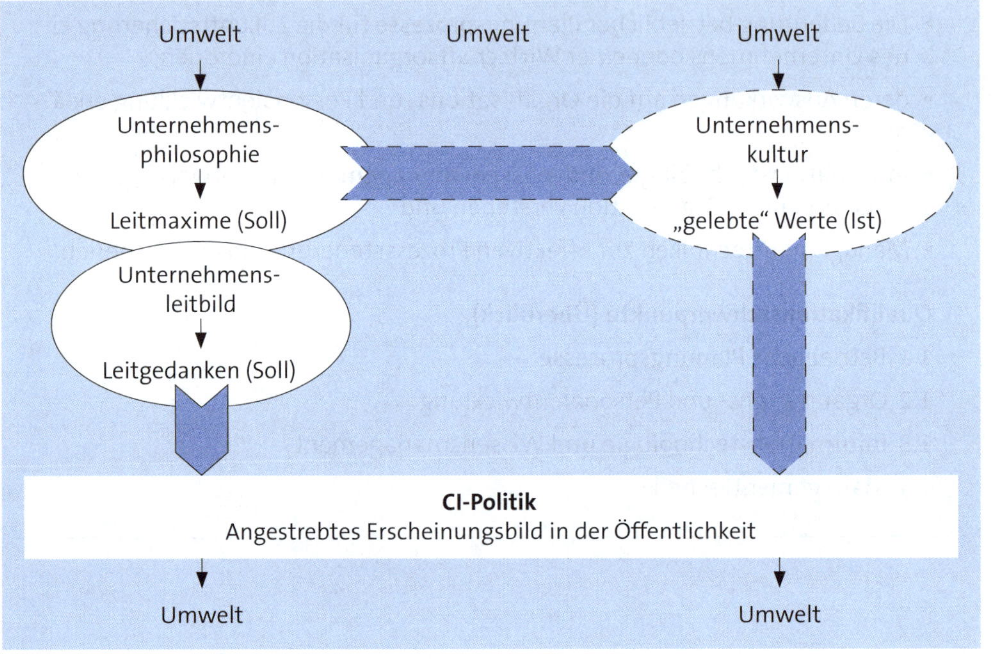

02. Was bezeichnet man als Unternehmensphilosophie?

Philosophie (griech.: Freund der Weisheit) ist die Frage nach den Ursprüngen, den grundsätzlichen Zusammenhängen und der Zukunft der Welt. Im Rahmen der Unternehmensphilosophie setzt sich ein Unternehmen mit den eigenen Wertvorstellungen sowie mit denjenigen der Umwelt auseinander und versucht seine Rolle zu definieren:

- Wer wollen wir sein?
- Was soll unser Handeln bewirken?

Die Unternehmensphilosophie hat Soll-Charakter.

Auf diese Weise wird ein System von Leitmaximen (oberste Leitsätze für das Unternehmensverhalten) entwickelt, in denen das Verhältnis der Eigentümer bzw. der Unternehmensführung zu Mitarbeitern, Aktionären, Kunden und Lieferanten sowie zur Gesellschaft zum Ausdruck kommt. Definiert werden können z. B.:

- das Bekenntnis zur Wirtschaftsordnung und zur gesellschaftlichen Funktion der Unternehmen

- die Einstellung zu Wachstum, Wettbewerb, technischem Fortschritt und Ökologie
- die Rolle des Gewinns für Unternehmen und Gesellschaft
- die Verantwortung gegenüber den Mitarbeitern und Aktionären
- die Spielregeln und Verhaltensnormen im Rahmen der Tätigkeit des Unternehmens.

Beispiel

Leitmaxime (auch: Unternehmensgrundsätze):

- „Unser Denken und Handeln soll von Offenheit und von der Bereitschaft zum Dialog getragen sein."
- „Wir erwarten von jeder Führungskraft und jedem Mitarbeiter, aber auch von jedem Geschäftspartner, Achtung vor der Persönlichkeit des Einzelnen."

03. Was bezeichnet man als Unternehmenskultur?

Kultur ist die Gesamtheit der von einem Volk geschaffenen Werke und Werte. Kultur ist kein Ausgangspunkt, sondern das Ergebnis von Lernprozessen über Generationen hinweg. Als Unternehmenskultur lässt sich daher die Gesamtheit der in einem Unternehmen **tatsächlich gelebten Werte und Normen bezeichnen**.

Die Unternehmenskultur hat Ist-Charakter.

Die Unternehmenskultur kann sich zeigen in Führungsverhalten, Kommunikation, Sprache, Helden und ihre Merkmale, Geschichten und Legenden, Rituale (z. B. Weihnachtsfeiern, Betriebsausflüge, wöchentliche Meetings usw.), Begrüßung und Aufnahme von Außenstehenden, Architektur, Präsentation, Kleidung, Sportarten u. Ä.

04. Was bezeichnet man als Unternehmensleitbild? → A 4.

Das Unternehmensleitbild ist eine Teilmenge der Unternehmensphilosophie und hat Soll-Charakter. Das Leitbild entsteht aus dem Versuch, die komplexen Inhalte der Unternehmensphilosophie in einem charakteristischen Leitgedanken zu formulieren.

Beispiele für Unternehmensleitbilder mit einer Kernaussage:

„Wir möchten das kundenfreundlichste Unternehmen der Branche sein."

„Gut ist uns nicht gut genug."

„Vorsprung durch Technik"

„Nichts ist unmöglich."

Unternehmensleitbilder können durch obige Unternehmensclaims verdichtet dargelegt werden, aber auch in ausführlicheren Texten formuliert werden.

Beispiele Inhalte:

- Unternehmensphilosophie, Unternehmensgrundsätze (Verhalten gegenüber Mitarbeitern, Kunden, Lieferanten usw.)
- Zielformulierungen zur Orientierung an die Mitarbeiter sowie zur Motivation
- Informationsmöglichkeiten über das Unternehmen
- Mission (Auftrag, Unternehmenszweck), Vision (zukünftiger Pfad des Unternehmens)
- Einstellung zur Umwelt
- Bezug zum Standort oder global
- Qualität der Produkte oder Dienstleistungen.

05. Welche Funktionen erfüllt das Unternehmensleitbild und welche strategischen Ziele können hieraus abgeleitet werden?

- **Funktionen**, z. B.:
  - Rahmen für die Ausrichtung des Unternehmens
  - Orientierungsfunktion (Wer sind wir?)
  - Motivation und Sinngebung für die Mitarbeiter
  - Bündelung aller Kräfte des Unternehmens.
- **Ableitung strategischer Ziele** aus dem Unternehmensleitbild, z. B.:
  - Erhaltung der Wettbewerbsfähigkeit
  - Steigerung des Bekanntheitsgrades
  - Verbesserung des Unternehmensimages
  - Verbesserung der Flexibilität der Unternehmensstruktur.

06. Was bezeichnet man als Corporate Identity (CI)?

Corporate Identity-Politik hat zum Ziel, dem Unternehmen auf der Basis der Unternehmensphilosophie eine **bestimmte spezifische Identität** zu verschaffen. Corporate Identity ist damit die Summe aller durch das Unternehmen beeinflußbaren Faktoren, die die Einheit von Erscheinung, Worten und Taten gewährleisten sollen.

Man will auf diese Weise

- sich **am Markt** eindeutig (unverwechselbar) **positionieren** (externe Zielrichtung: Erscheinungsbild, Image)
- die **Mitarbeiter** möglichst gut in das Unternehmen **integrieren** (interne Zielrichtung: Führungsrahmen).

Man unterscheidet folgende Elemente der CI-Politik:

Corporate-Identity-Politik

Corporate Design	**Corporate Communication**	**Corporate Behaviour**
↓ Erscheinungsbild	↓ Kommunikation	↓ Verhalten
► Farben	► Anzeigen	► Mitarbeiterführung
► Schriftzüge	► Plakate	► Öffentlichkeitsarbeit
► Logo	► Prospekte	► Umgangston
► Architektur	► Slogans	► Werte
► Design	► Broschüren	► Kultur
► Produkte	► Zeitschriften	► Personalpolitik
► Verpackung	► Transportmittel	► Pressearbeit
► Kleidung	► Messen	
► Uniformen		

Das Corporate Identity (CI) hat die Aufgabe, ein positives Image gegenüber der Öffentlichkeit zu gestalten. Durch eine unverwechselbare Identität positioniert sich das Unternehmen gegenüber den Wettbewerbern. Das CI integriert auch die Mitarbeiter, z. B. durch einheitliche Kleidung. Das CI bezieht sich somit auf interne (Mitarbeiter) und externe Zielgruppen (Lieferanten, Kunden, Banken, Staat, Medien usw.).

Das CI koordiniert die unterschiedlichen Kommunikationsanforderungen gegenüber den Stakeholdern, die Interesse am Unternehmen haben, um eine unternehmensindividuelle und einheitliche Identität zu entwickeln.

07. Welche Funktion haben „Ziele“ im Managementprozess bzw. im Prozess der Unternehmensführung?

Zielsetzung ist die erste Phase im Managementprozess. Ziele sind Aussagen mit normativem Charakter über einen zukünftigen, angestrebten Zustand der Realität. „Ziele“ bilden damit einen Maßstab für zukünftiges Handeln

Beispiel: „Der Umsatz soll im Jahr t+1 um 3 % gegenüber dem Vorjahr t erhöht werden.“
→ operatives Ziel.

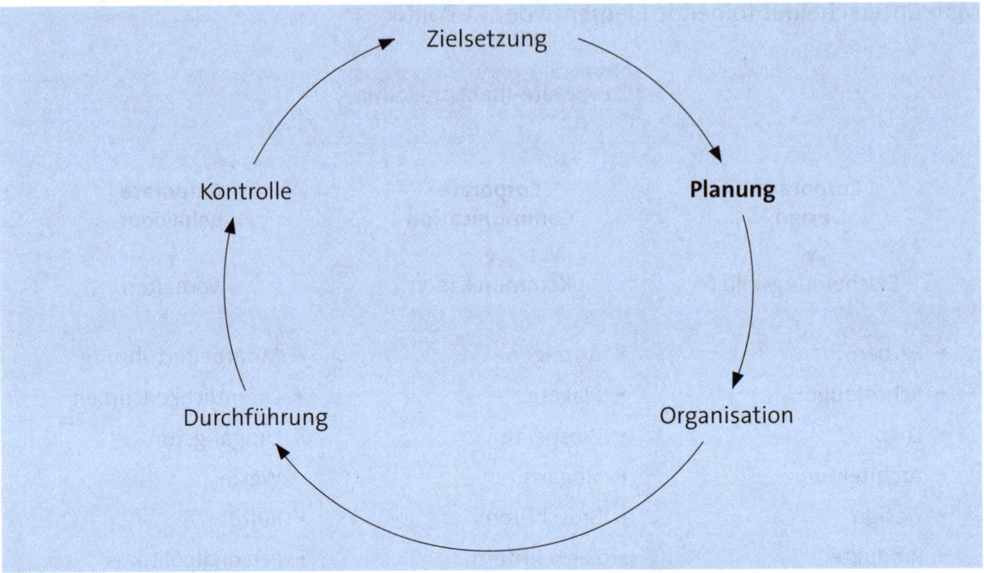

MERKE

Bitte prägen Sie sich diesen sog. Management-Regelkreis ein. Er spielt bei IHK-Prüfungen häufiger eine Rolle.

08. Welche Aspekte sind bei der Formulierung von Unternehmenszielen insgesamt zu beachten (Überblick)? → A 4.

Aspekte der Zielformulierung (auch: Zielarten)		
Aspekte	**Arten**	**Beispiele**
Inhalt	Formalziele	sind Erfolgsziele und orientieren sich an ökonomischen Größen wie z. B. Umsatz und Rendite.
	Sachziele	sind Leistungsziele eines Funktionsbereichs; z. B. hat die Personalwirtschaft dem Unternehmen Personal zur richtigen Zeit, am richtigen Ort, in der richtigen Anzahl und mit der richtigen Qualifikation zur Verfügung zu stellen.
	Wirtschaftliche Ziele	sind primär an ökonomischen Größen ausgerichtet, z. B. Gewinn, Marktanteil, Produktivität.
	Soziale Ziele	richten sich primär an den Erwartungen der Mitarbeiter aus und sind Maßstab für den sozialen Beitrag des Unternehmens, z. B. Vorsorge, Fürsorge, Förderung.
	Monetäre Ziele	werden primär in Geldeinheiten dargestellt, z. B. Gewinn, Umsatz, Liquidität, Finanzierung.
	Nicht (direkt) monetäre Ziele	sind nicht in Geldeinheiten ausgedrückt; können wirtschaftliche oder auch soziale Ziele sein und sind meist die Vorstufe zur Realisierung monetärer Ziele, z. B. Marktanteil, Kundenzufriedenheit, Zufriedenheit der Mitarbeiter, Produktimage.
Fristigkeit	Kurzfristige Ziele	Zeitraum: ≤ 1 Jahr
	Mittelfristige Ziele	Zeitraum: > 1 Jahr; ≤ 5 Jahre
	Langfristige Ziele	Zeitraum: > 5 Jahre
Hierarchie, Bedeutung	Oberziele	sind (meist globale) Vorgaben des Top-Managements für nachgelagerte Zielebenen, z. B. Unternehmensziele.
	Unterziele	sind nachgelagerte Ziele für einzelne Funktionsbereiche, z. B. Ziele des Marketings.
	Hauptziele	sind Primärziele, z. B. Verbesserung der Gewinnsituation.
	Nebenziele	sind nachgeordnete Ziele, z. B. Reduzierung der Lagerkosten.
	Strategische Ziele	sind langfristige Ziele und an der Schaffung zukünftiger Erfolgspotenziale ausgerichtet, z. B. neue Märkte, Produkte, zukünftige Cash-Kühe.
	Operative Ziele	sind kurzfristige Ziele und orientieren sich an den Erfolgsgrößen Liquidität und Erfolg.
Zielbeziehungen	Identität	Die Ziele sind gleichlautend.
	Komplementarität	Die Ziele ergänzen sich.
	Indifferenz	Die Ziele sind unabhängig voneinander.
	Konflikt	Die Ziele konkurrieren miteinander. Die Erreichung von Ziel 1 beeinflusst die Realisierung von Ziel 2.

09. Welche Zielkonflikte können existieren?

Zielkonflikte sind in einem Unternehmen eher die Regel als die Ausnahme. Insbesondere steht die Realisierung wirtschaftlicher und sozialer Ziele in Konkurrenz zueinander:

- Wirtschaftliche Ziele sind primär an ökonomischen Größen wie z. B. Gewinn und Marktanteil orientiert, als Basis für den ergebnismäßigen Bestand des Unternehmens.
- Soziale Ziele richten sich aus an den Erwartungen und Bedürfnissen der Mitarbeiter und sind Maßstab für den sozialen Beitrag des wirtschaftlichen Handels; verfolgt wird hier der soziale Bestand des Unternehmens.
- Zwischen beiden Zielsetzungen besteht ein ständiges Spannungsfeld; kurzfristig stehen wirtschaftliche und soziale Ziele fast immer im Gegensatz zueinander:

Wirtschaftliche Ziele	⇔	Soziale Ziele

Es kommt also darauf an, dass in einem Unternehmen wirtschaftliche und soziale Ziele in angemessener Form ausgewogen sind und in Einklang stehen – in Abhängigkeit von:

- der Konjunkturlage
- der Wirtschaftslage des Unternehmens
- dem Beschäftigungsgrad am Arbeitsmarkt
- dem Wertegefüge der Mitarbeiter usw.

Beispiel

Die Einrichtung eines betrieblichen Sozialfonds (soziales Ziel) führt kurzfristig zu Kosten und beeinträchtigt das Zielbündel der wirtschaftlichen Ziele (z. B. Kostenbegrenzung, Wirtschaftlichkeit, Rendite). Langfristig kann jedoch die Einrichtung des Sozialfonds zu einer Zufriedenheit der Mitarbeiter führen und damit die Kosten unerwünschter Fluktuation mindern und/oder die Produktivität (Leistung pro Zeiteinheit) verbessern. Kurzfristig stehen also soziale und wirtschaftliche Ziele in Konkurrenz zueinander. Langfristig gesehen können sie sich jedoch ergänzen (Komplementarität).

10. Wie bearbeitet man in der Praxis das Problem der Zielkonkurrenz?

Das Problem der Zielkonkurrenz kann nicht gelöst, sondern nur bearbeitet werden. In der Praxis sind dabei zwei Methoden vorherrschend:

1. **Methode der sequenziellen** (lat.: aufeinanderfolgend) **Problemlösung**:

   Beispiel

   Es wird von einem Marktziel ausgegangen (z. B. Umsatzziel) und die nachfolgenden Zielbündel (Marketing-, Produktions- und Personalziele) werden schrittweise (nacheinander) daraus abgeleitet.

2. **Zielgewichtung** (auch: Zielrangordnung, Zieldominanz):

   Einteilung der Ziele in

   - Muss-, Kann-, Wunschziele und
   - Ober- und Unterziele.

11. Wie lässt sich der Prozess der Unternehmenszielfindung beschreiben?

Das **Unternehmensleitbild** – als Ausdruck der Werte und Grundeinstellungen des Management – bildet die Ausgangsbasis der Zielfindung. Dabei stehen die Werte und Grundeinstellungen des Management in Abhängigkeit von den **generellen Umweltfaktoren** (Kultur, Politik usw.) als Ausdruck gesamtgesellschaftlicher Normen.

In einer nächsten Wirkungsebene sollte die Zielfindung geprägt sein von den Unternehmenspotenzialen, die wiederum direkt von den **speziellen Umweltfaktoren** (= Marktfaktoren) und indirekt von den generellen Umweltfaktoren abhängig sind.

Insofern führt die Zielfindung des Unternehmens zu einem Zielsystem, in das die unterschiedlichen Wirkfaktoren Eingang finden – mit jeweils unterschiedlicher Wertigkeit:

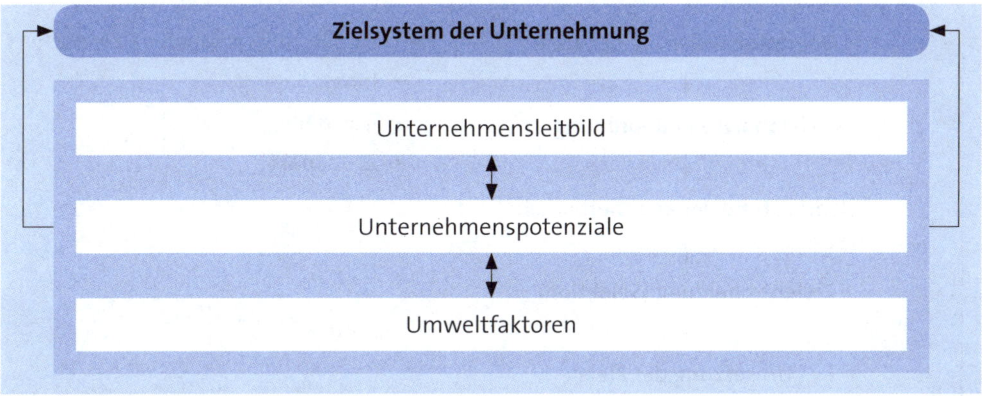

Die Kunst einer ausgewogenen Zielfindung als Grundlage für eine kontinuierlich erfolgreiche Unternehmensentwicklung besteht daher vor allem

- in der Vereinbarkeit von kurz- und langfristigem Denken
- in der Abstimmung unternehmerischer Leitlinien mit gesellschaftlichen Normen

- in der Übereinstimmung zwischen formulierten Leitlinien und den Werthaltungen der Mitarbeiter
- im Erkennen strategischer Erfolgspotenziale (Chancen, Risiken)
- in der realistischen Bewertung interner Stärken und Schwächen.

12. Welche Ziele können hinsichtlich der Nachhaltigkeit entwickelt werden?

Die betrieblichen Ziele können in Ober- und Unterziele sowie in Mussziele eingeteilt werden:

- Oberziel: Nachhaltiges Wirtschaften im Unternehmen
- Subziele:
  - Berücksichtigung von ökologischen Faktoren beim Einkauf
  - Produktion mit geringen Emissionen
  - Distributionslogistik: Nutzung des kombinierten Verkehrs, nur ausgelastete Lkw fahren.
- Mussziel: Gesetzliche Regelungen bzgl. der Umwelt, z. B. Einhaltung Bundesimmissionsschutzgesetz.

1.1.2 Bedeutung des betrieblichen Zielsystems für den Planungsprozess

01. Wie sind die Prozessstufen der Zielfindung, -planung, -umsetzung und -kontrolle?

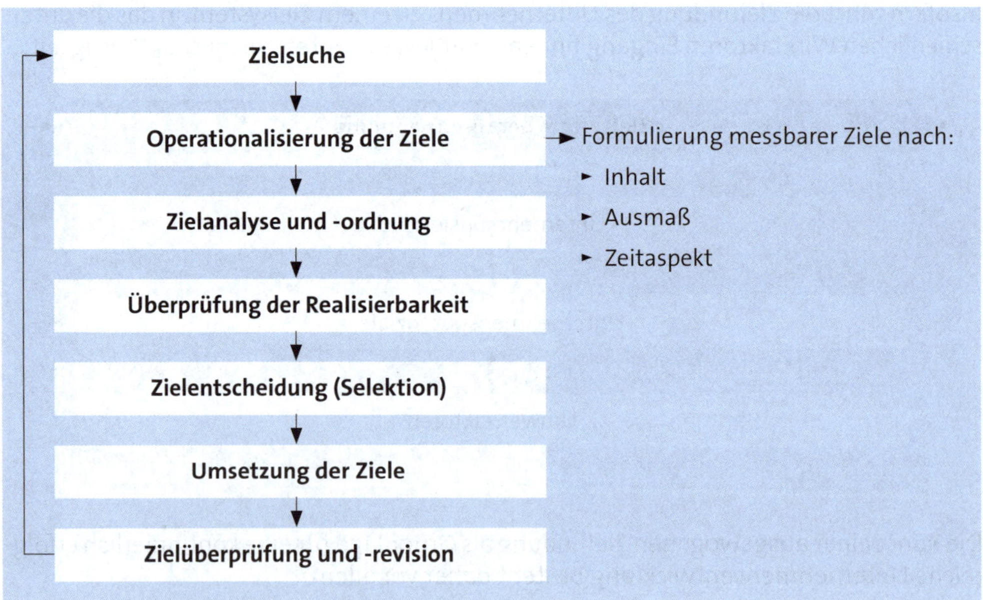

02. Welche Bedeutung hat das Zielsystem für den betrieblichen Planungsprozess? >> 1.1.1/Frage 07.

Ziele sind Aussagen mit normativem Charakter über einen zukünftigen, angestrebten Zustand der Realität. Insofern hat das Zielsystem **Vorgabecharakter** für den Planungsprozess. Das Ziel enthält den formulierten Sollwert für die Phasen Planung, Durchführung und Kontrolle.

1.1.3 Zusammenhang zwischen strategischer und operativer Planung

01. Welche Planungsebenen unterscheidet man?

Man unterscheidet zwei grundsätzliche Planungsebenen:

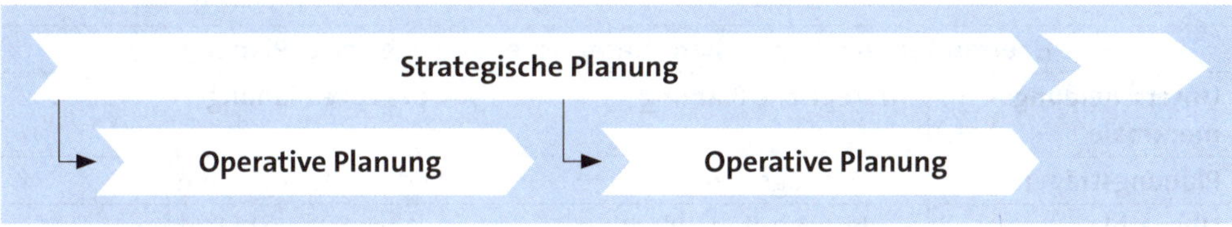

- **Strategische Planung:**
  Festlegung von Geschäftsfeldern, von **langfristigen** Produktprogrammen; Ermittlung der Unternehmenspotenziale. „Doing the right things."
- **Operative Planung:**
  Festlegung der **kurzfristigen** Pläne in den einzelnen Funktionsbereichen (z. B. Personalplanung) und Umsetzung der strategischen Planung in Aktionen. „Doing the things right."

02. Wie unterscheiden sich strategische und operative Planung?

Die strategische Planung kann von der operativen über Kriterien wie

- Fristigkeit,
- Abstraktionsniveau und
- Vollständigkeit der Planung

abgegrenzt werden.

- Demzufolge betrachtet die **strategische Planung** überwiegend globale Ziele wie Standortwahl, Organisationsstruktur, Produktprogramme, Strategische Geschäftsfelder (SGF). Es geht darum, so früh wie möglich und so gut wie möglich die Voraussetzungen für den zukünftigen Unternehmenserfolg zu schaffen – also **Erfolgspotenziale zu bilden und zu erhalten**.

Beispiel

Die Automobilindustrie misst z. B. dem chinesischen Markt strategische Bedeutung zu (Größe und Wachstumspotenzial). Im Rahmen der strategischen Zielsetzung und

Planung sind daher die Voraussetzungen für die Präsenz am chinesischen Markt zu schaffen (Vertriebsniederlassungen, Produktionsstandorte, Joint Ventures).

- Gegenstand der **operativen Planung** ist die Festlegung der Pläne in den einzelnen Funktionsbereichen. Die operative Planung orientiert sich an der kurzfristigen Erfolgsrealisierung mit den zentralen Steuerungsgrößen **Liquidität** und **Erfolg**.

03. Welche Hauptunterschiede bestehen zwischen strategischer und operativer Planung?

Es bestehen folgende Hauptunterschiede:

Hauptunterschiede zwischen strategischer und operativer Planung		
Unterscheidungsmerkmale	**Strategische Planung**	**Operative Planung**
Planungsträger	Top Management	Middle Management
Hierarchie	► übergeordnete Planung ► hat Vorgabecharakter für die operative Planung	► nachgelagerte Planung ► setzt die Vorgaben der strategischen Planung in Aktionen um
Zeithorizont	Langfristig	Mittel- bis kurzfristig
Inhalt/Bezug	Betrifft alle Unternehmensaktivitäten.	Bezieht sich auf Unternehmensbereiche.
Detaillierung	Global, nicht konkret	Konkret, detailliert
Orientierungsgrößen	Zukünftige Erfolgspotenziale: ► strategische Märkte (SGF) ► neue Produktfelder	Aktuelle Erfolgsgrößen: ► Liquidität ► Erfolg
Grad der Zentralisierung	Zentral	Dezentral
Informationsbedarf	Benötigt externe und interne Daten.	Stützt sich in erster Linie auf interne Daten.
Ausprägung	Tendenziell qualitativ	Quantitativ

04. Wie werden strategische Geschäftsfelder (SGF) definiert?

Bei der Definition von Geschäftsfeldern werden **drei Dimensionen** betrachtet:

1. **Kundengruppen:** Welche Nachfragegruppen kommen grundsätzlich infrage?
2. **Kundenbedürfnisse:** Welche Kundenbedürfnisse können grundsätzlich befriedigt werden?
3. **Eingesetzte Technologie:** Auf welcher Technologiebasis können die Produkte hergestellt werden?

Beispiel

Ein Unternehmen vertreibt Beleuchtungsanlagen für Fernsehstudios (in Anlehnung an: *Kotler/Keller/Bliemel, 2007, S. 97):*

- Kundengruppe → Fernsehstudios
- Kundenbedürfnis → Beleuchtung
- Eingesetzte Technologie → Beleuchtung über LEDs.

Das betrachtete Unternehmen könnte nun sein **Geschäftsfeld erweitern** und hat dafür folgende, **prinzipielle Möglichkeiten:**

1. **Erweiterung der Kundengruppe**, z. B. Beleuchtung für Fabrikhallen
2. **Erweiterung der Kundenbedürfnisse**, z. B. Heizungs- und/oder Klimatechnik
3. **Erweiterung der Technologie**, z. B. Halogentechnologie anbieten.

05. Welche Wechselwirkungen bestehen zwischen strategischer und operativer Planung?

Die Wechselwirkungen lassen sich zum Teil aus den oben dargestellten Hauptunterschieden ableiten:

1. Die strategische Planung hat **Vorgabecharakter** für die operative Planung.
2. Die auf der Basis der strategischen Planung abgeleitete **operative** Planung hat für alle Funktionsbereiche so präzise wie möglich festzulegen,

   was – wie – womit – wann – von wem – unter welchen Bedingungen

   realisiert werden muss, um die Erreichung der strategischen Ziele zu gewährleisten.
3. Die **operative Planung** besteht aus einem Netz von Teilplänen (bereichsspezifische und bereichsübergreifende), die weder untereinander noch mit der strategischen Planung in Widerspruch stehen dürfen.
4. Diese **Harmonisierung der Pläne** untereinander und ihre Ausrichtung an der strategischen Planung ist **ein laufender Prozess**:
   - Zeigen sich in der strategischen Planung Änderungsnotwendigkeiten, so müssen diese Eingang in die operative Planung finden.
   - Umgekehrt gilt: Ergeben sich bei der Ausführung der operativen Pläne Widersprüche zur Realität, muss ggf. die strategische Planung überdacht werden.

   Beispiel: Ein strategisches Ziel, z. B. Marktführerschaft, erweist sich als unrealisierbar und muss korrigiert werden.
5. Die Verzahnung von strategischer und operativer Planung setzt eine **effektive Zusammenarbeit der oberen und mittleren Führungskräfte** voraus. Mangelhafte Abstimmungsprozesse aufgrund z. B. fehlender Einsicht oder Ressortegoismen gefähr-

den die Realisierung der Ziele. Dies betrifft auch die Entscheidung, welche Eckdaten der Planung zentral festgelegt werden und wie viel Spielraum im Rahmen der operativen Planung und Ausführung gegeben wird.

6. Obwohl sich der Informationsbedarf der strategischen Planung von dem der operativen unterscheidet, muss sichergestellt werden, dass der insgesamt genutzte **Datenbestand kongruent** ist und nicht zu Widersprüchen führt.

06. Welche Rolle spielt die Balanced Scorecard im Rahmen der Planung?

Das Bindeglied zwischen der strategischen und operativen Planung stellt die Balanced Scorecard dar. Die Balanced Scorecard beinhaltet die vier Perspektiven Finanzen, Prozesse, Kunden und Lieferanten sowie Lernen/Mitarbeiter.

Mithilfe der Balanced Scorecard werden die strategischen Pläne auf die operative Ebene „heruntergebrochen". Somit können die strategischen Ausrichtungen in die Jahreszielgespräche Eingang finden. Zwischen den Zielen, die von den Mitarbeitern erwartet werden, und den strategischen Plänen kann somit ein Zusammenhang aufgespannt werden. Für jeden Geschäftsbereich sowie auf jeder Unternehmensebene kann es Balanced Scorecards geben. Durch die Balanced Scorecard werden die strategische und operative Planung ganzheitlicher.

07. Welche Ursachen für Abstimmungsprobleme zwischen strategischer und operativer Planung kann es geben?

- Probleme können durch eine fehlende Balanced Scorecard entstehen, da der methodische Rahmen für die Abstimmung fehlt. Die Balanced Scorecard stellt das Bindeglied zwischen strategischer und operativer Planung dar. Zur Erstellung einer Balanced Scorecard werden Workshops realisiert, um eine systemische Vernetzung innerhalb der Funktionsbereiche des Unternehmens herbeizuführen.
- Es kann zu Konflikten zwischen kurzfristiger und langfristiger Sichtweise kommen, da die Verwirklichung der strategischen Pläne häufig zusätzliche Ausgaben erst einmal verursacht, die im Gegensatz zu den kurzfristigen Liquiditätszielen stehen können.
- Der strategische Planer muss tendenziell risikogeneigter sein als der operative Planer, da in einer komplexen und dynamischen Wirtschaft die Entwicklungen nicht genau prognostizierbar sind. Der umgekehrte Fall, dass zu wenig Zukunftsorientierung im Unternehmen trotz ausreichender Liquidität vorhanden ist, ist auch denkbar.
- Darüber hinaus kann es zu Kommunikationslücken zwischen strategischer und operativer Planung kommen, sodass zwei verschiedene Ansätze existieren, die schwer miteinander vereinbar sind. Daher ist die Balanced Scorecard zur Abstimmung zu empfehlen.

1.1.4 Betriebsstatistik, Vergleichsrechnung, Planungsrechnung als Grundlage betrieblicher Planungsprozesse

01. Wie können die Instrumente des betrieblichen Planungsprozesses eingeteilt werden?

1. Man kann hinsichtlich der Fristigkeit zwischen
   - **strategischen Instrumenten**, z. B. Standortanalyse, Stärken-Schwächen-Analyse, und
   - **operativen Instrumenten**, z. B. Kennzahlen, Kennzahlensysteme

   unterscheiden.
2. Man kann weiterhin zwischen quantitativen und qualitativen Instrumenten differenzieren:
   - **Quantitative Instrumente** setzen mathematisch-statistische Methoden ein und reichen von sehr einfachen Verfahren (z. B. Verhältniszahlen, Soll-Ist-Vergleiche, Zeitreihenanalyse) bis hin zu komplexen mathematischen Optimierungsmodellen (z. B. Operations Research, Lineare Optimierung). Weitere Beispiele: ABC- und XYZ-Analyse, Kennzahlen, Investitionsrechenverfahren.
   - **Qualitative Instrumente** basieren auf Erfahrungen, Überlegungen und Intuitionen und verarbeiten diese Erkenntnisse in Form subjektiver, verbal-argumentativer Erwartungen/Schätzungen (vgl. z. B. die Brainstorming, Nutzwertanalyse, Delphi-Methode).
3. Außerdem lässt sich z. B. differenzieren zwischen
   - **heuristischen Methoden**
     (Heuristik: Wissenschaft der Problemlösungsverfahren und des Erkenntnisgewinns) und
   - **analytischen Methoden**
     (Analyse: Zerlegung eines Ganzen mit dem Zweck, Gesetzmäßigkeiten zu erkennen).

02. Welche Instrumente und Methoden werden im Rahmen des Planungs- und Wertschöpfungsprozesses eingesetzt?

Nachfolgend sind einige Instrumente/Methoden der Planung, Analyse und Entscheidung in Kurzform dargestellt. Da viele Instrumente eine **Mischung** aus quantitativen und qualitativen Ansätzen darstellen, wurde auf eine entsprechende Differenzierung verzichtet.

<table>
<tr><th colspan="3">Instrumente, Techniken und Methoden
der Analyse, Planung und/oder Kontrolle im Überblick</th></tr>
<tr><th>Bezeichnung</th><th>Kurzbeschreibung, Beispiele</th><th>Fundstelle</th></tr>
<tr><td>ABC-Analyse</td><td>Technik zur wertmäßigen Klassifizierung von Objekten (Wertanteil : Mengenanteil) → Erkennen von Prioritäten.

Verwendung auch im Zeitmanagement</td><td>>>3.4 (Übungsteil, Aufgabe 02)
>>1.4.1.4</td></tr>
<tr><td>Benchmarking</td><td>Benchmarking: Lernen von den Besten; Vergleich des eigenen Unternehmens mit dem Branchenprimus (quantitative und/oder qualitative Analyse möglich).</td><td>>>1.1.4</td></tr>
<tr><td>Chancen-Risiken-Analyse (SWOT-Analyse)</td><td colspan="2">Zusammenfassung der Ergebnisse der Umwelt-, Markt-, Branchen-, Konkurrenz- und der Stärken-Schwächen-Analyse in einer Matrix Chancen für das Unternehmen/Risiken für das Unternehmen – vom Markt, vom Wettbewerber, aufgrund eigener Faktoren usw.

Beispiel:

<table>
<tr><th>Stärken</th><th>Schwächen</th><th>Chancen</th><th>Risiken</th></tr>
<tr><td>Beispiele:
► internes Know-how
► vorhandener Vertrieb</td><td>Beispiele:
► schlechte EK-Basis
► Investitionsstau</td><td>Beispiele:
► wachsender Markt</td><td>Beispiele:
► kaum Preisspielraum</td></tr>
<tr><td colspan="2">intern</td><td colspan="2">extern</td></tr>
</table>
</td></tr>
<tr><td>Delphi-Methode</td><td colspan="2">Qualitative Prognosetechnik: Interne/externe Experten werden anonym und schriftlich befragt im Hinblick auf Entwicklungen bzw. Problemlösungen. Die Durchführung erfolgt in mehreren Phasen.</td></tr>
<tr><td>Erfahrungskurve</td><td colspan="2">Erkenntnis der Kostendegression bei Verdoppelung der Stückzahl.</td></tr>
<tr><td>FMEA</td><td>Fehler-Möglichkeits- und Einflussanalyse: Maßnahme zur Risikoerkennung und -bewertung; entstammt ursprünglich der technischen Qualitätssicherung.</td><td>>>1.4.2</td></tr>
<tr><td>Früherkennungssysteme</td><td colspan="2">Strategisches Instrument zum Erkennen relevanter Signale des internen und externen Umfeldes mithilfe geeigneter Faktoren, z. B. Reklamationen, Ausschuss/Konjunktur, soziale Entwicklung, verändertes Verbraucherverhalten.</td></tr>
<tr><td>Investitionsrechenverfahren</td><td>► Statische Verfahren
► Dynamische Verfahren</td><td>>>2.1.2</td></tr>
</table>

Instrumente, Techniken und Methoden der Analyse, Planung und/oder Kontrolle im Überblick		
Bezeichnung	**Kurzbeschreibung, Beispiele**	**Fundstelle**
Kennzahlen	**Statistische Kennzahlen (Betriebsstatistik):** ► Verhältniszahlen ► Gliederungszahlen ► Beziehungszahlen ► Wertziffern und Indexzahlen	>> 1.1.4
	Kennzahlen der Betriebswirtschaft zur: ► Finanzierungsanalyse ► Investitionsanalyse ► Finanzanalyse ► Ergebnisanalyse ► Materialbeschaffung ► Lagerwirtschaft ► Absatzwirtschaft ► Personalwirtschaft	>> 2.1 f. >> 3.2
Konkurrenzanalyse	Analog zur Stärken-Schwächen-Analyse werden relevante Wettbewerber anhand geeigneter Merkmale untersucht und bewertet, z. B. Qualität, Technologie, Preis.	
Kundenzufriedenheitsanalyse	Durch entsprechende Merkmale, die meist gewichtet sind, erfolgt eine Kundenbefragung mit anschließender DV-gestützter Auswertung; Beobachtungsmerkmale sind z. B. Erreichbarkeit des Ansprechpartners für den Kunden, Qualität, Termineinhaltung, Beratungsumfang.	
Marktanalyse	Ist die systematische Untersuchung der relevanten Märkte – einmalig oder fallweise. Erfasst werden Aspekte wie z. B. Gliederung des Marktes, Marktanteile, Verbraucherverhalten.	
Mathematische Modelle/Verfahren	► OR (Operations Research) ► Lineare Programmierung ► Warteschlangentheorie	
Nutzwertanalyse	Bei der Nutzwertanalyse wird z. B. ein Objekt hinsichtlich einer Reihe von Merkmalen untersucht. Für die Ausgestaltung des Objekts gibt es mehrere Varianten (z. B. Ausführung eines Gehäuses aus Blech oder Kunststoff). Jede Variante erhält einen in Zahlen ausgedrückten Wert. Die Skalierung erfolgt meist ordinal (1 = sehr gut ... 5 = schlecht). Hauptgruppen der Bewertung sind i. d. R. wirtschaftliche, technische, rechtliche, soziale, qualitätsbezogene und sicherheitsorientierte Merkmale.	
Phasenmodelle zur Optimierung der Aufbau- und Ablaufstrukturen	3-Phasen-Modell 5-Phasen-Modell 6-Stufen-Modell nach REFA	>> 1.2.2
Planungstechniken	Netzplantechnik, Balkendiagramm	

Instrumente, Techniken und Methoden der Analyse, Planung und/oder Kontrolle im Überblick		
Bezeichnung	**Kurzbeschreibung, Beispiele**	**Fundstelle**
Portfolio-Methode (BCG-Matrix)	Aus der Verbindung mit dem Produktlebenszyklus wird eine 4-Felder-Matrix entwickelt, aus der sich Normstrategien für die Produktpolitik ableiten lassen.	>>4.1.4
Potenzialanalyse	Als Potenzialanalyse im Rahmen der Prozessgestaltung bezeichnet man die Diagnose, welche Ressourcen im Basisgeschäft gebunden sind und welche ggf. für strategische Aktionen noch (oder nicht mehr) zur Verfügung stehen.	
Potenzial- bzw. Lückenanalyse (Gap-Analyse)	Strategisches Instrument: Aus der Gegenüberstellung der Entwicklungslinie des derzeitigen Basisgeschäfts und der gewünschten Geschäftsentwicklung wird im Planungshorizont die Lücke (gap) erkennbar.	
Problemlösungs- und Kreativitätstechniken	Brainstorming, Synektik, Bionik Morphologischer Kasten	>>1.4.2
Produktlebenszyklus	Darstellung des idealtypischen Verlaufs eines Produktes und Ableitung von Erkenntnissen über Umsatz- und Gewinnentwicklung in den einzelnen Phasen.	>> 4.1.4
Produkt-Matrix von Ansoff	Aus einer Matrix (Märkte: alt/neu; Produkte: alt/neu) werden Marktstrategien systematisch abgeleitet.	
Stärken-Schwächen-Analyse	Es werden relevante Leistungsmerkmale des eigenen Unternehmens erfasst (z. B. Marketing, F & E, Mitarbeiter) und mithilfe einer Skalierung bewertet.	
Szenariotechnik	Komplexes Instrument der strategischen Planung: Die Ergebnisse verschiedener Analysen werden zusammengetragen. Es werden Szenarien entwickelt, z. B.: A = extrapolierter (fortgeschriebener) Trend, A1 = Entwicklung 1 unter Störungen, A2 = Entwicklung 2 unter Störungen usw. Ziel ist die Ableitung von Strategien, Maßnahmen des strategischen Controllings usw.	
Ursachenanalysen	**Beispiele:** Kommunikationsanalysen, Ursache-Wirkungs-Diagramme (z. B. Ishikawa)	>>1.4.2
Wertanalyse	Verfahren zur Kostenreduzierung durch Gegenüberstellung von Funktionswert zu Funktionskosten.	
Wertschöpfungs-analysen	Betreffen den Innenbereich des Unternehmens: Die gesamte Wertschöpfungskette wird analysiert, um strategische Erfolgspotenziale aufzudecken, z. B. Verringerung der Fertigungstiefe, Angliederung/Ausgliederung von Fertigungsstufen.	
XYZ-Analyse	Entscheidungshilfe für die Festlegung der Beschaffungsart (X-Güter: gleichförmiger Bedarfsverlauf usw.).	

03. Was ist das Wesen und die Aufgabe der Betriebsstatistik als Entscheidungshilfe?

Mit Statistik (lat.: status; der Zustand) bezeichnet man die Gesamtheit aller Methoden zur Untersuchung von Massenerscheinungen sowie speziell die Aufbereitung von Daten in Form von Tabellen und Grafiken.

Die Aufgabe der Statistik besteht darin, Bestands- und Bewegungsmassen systematisch zu gewinnen, zu verarbeiten, darzustellen und zu analysieren. Dabei sind **Bestandsmassen** diejenigen Massen, die sich auf einen Zeitpunkt beziehen, während **Bewegungsmassen** auf einen bestimmten Zeitraum entfallen.

04. Welchen Stellenwert hat die Betriebsstatistik?

Die Statistik ist ein eigenständiges Instrument der Analyse, des Vergleichs und der Prognose. Kernfragen des betrieblichen Alltags können ohne die Methoden der Statistik nicht gelöst werden; z. B.:

- Mithilfe der **Stichprobentheorie** lässt sich von Teilgesamtheiten auf Grundgesamtheiten schließen.

  Beispiel

  Es wurde eine Stichprobe mit einem Umfang n = 1.000 repräsentative Kunden gezogen, um auf das Verhalten der gesamten Kunden (= Grundgesamtheit) eines Unternehmens schließen zu können.

- Mithilfe der **Indexlehre** können z. B. durchschnittliche Veränderungen des Umsatzes zu einer einheitlichen Basis (z. B. im Jahr 2010) ermittelt werden.

05. In welchen Schritten erfolgt die Lösung statischer Fragestellungen?

1. Analyse der Ausgangssituation
2. Erfassen des Zahlenmaterials
3. Aufbereitung, d. h. Gruppierung und Auszählung der Daten
4. Auswertung, d. h. Analyse des Datenmaterials mit statistischen Methoden
5. Darstellung (Tabellen, Diagramme).

06. Wie kann statistisches Ausgangsmaterial erfasst und aufbereitet werden?

- Die **Erfassung** der Daten kann als
  - Befragung,
  - Beobachtung oder
  - Experiment

  erfolgen. Dabei kann es sich um eine **Vollerhebung** oder um eine **Teilerhebung** (Stichprobe) handeln bzw. die Daten können primärstatistisch oder sekundärstatistisch erhoben werden.
- **Aufbereitung:**

  Das Zahlenmaterial kann erst dann ausgewertet und analysiert werden, wenn es in aufbereiteter Form vorliegt. Dazu werden die Merkmalsausprägungen geordnet, z. B. nach Geschlecht, Alter, Beruf, Region. Weitere Ordnungskriterien können sein:
  - Ordnen des Zahlenmaterials in einer Nominalskala (z. B. Geschlecht männlich/weiblich)
  - Ordnen des Zahlenmaterials in einer Kardinalskala (z. B. Alter in Jahren) oder einer Ordinalskala (z. B. Kundenzufriedenheit: sehr gut, befriedigend, schlecht)
  - Unterscheidung in diskrete und stetige Merkmale
  - Aufbereitung in Form einer Klassenbildung (bei stetigen Merkmalen)
  - Aufbereitung ungeordneter Reihen in geordnete Reihen
  - Bildung absoluter und relativer Häufigkeiten (Verteilungen).

07. Welche statistischen Instrumente können beim betrieblichen Planungsprozess verwendet werden?

Statistische Instrumente, die für den betrieblichen Planungsprozess eingesetzt werden können:

- arithmetische Mittel
- gewogene arithmetische Mittel
- geometrische Mittel
- Varianz und Standardabweichung
- Preisindex nach *Laspeyres* und *Paasche*
- Methode der gleitenden Durchschnitte
- Regressionsanalyse (Kleinst-Quadrat-Methode)
- Kennzahlen.

08. Welche Prinzipien sind bei der Aufbereitung in Form von Tabellen zu berücksichtigen?

- Tabellen bestehen aus Spalten und Zeilen. Zur besseren Übersicht können Zeilen und Spalten nummeriert werden.
- Die Schnittpunkte von Zeilen und Spalten nennt man Felder, Fächer oder Zellen.
- Der Tabellenkopf ist die Erläuterung der Spalten. Er kann
  - eine Aufgliederung (z. B. „Belegschaft gesamt“, „davon weibliche Belegschaft“, „davon männliche Belegschaft“),
  - eine Ausgliederung („Belegschaft insgesamt“, „darunter weiblich“) oder
  - eine mehrstufige Darstellung („Belegschaft gesamt“, davon „männlich“, „davon ledig“, „davon verheiratet“) enthalten.
- Tabellen können im Hoch- oder im Querformat wiedergegeben werden.
- Das linke obere Feld (der Schnittpunkt von Vorspalte und Tabellenkopf) kann als
  - Kopf zur Vorspalte,
  - als Vorspalte zum Kopf oder
  - als Kopf zur Vorspalte/Vorspalte zum Kopf

  gestaltet sein. Im Zweifelsfall kann dieses Fach auch leer bleiben, bevor eine nicht eindeutig zutreffende Bezeichnung gewählt wird.

Weitere Grundregeln zur Tabellengestaltung sind:

- Jede Tabelle sollte eine Überschrift enthalten.
- Bei einer quer dargestellten Tabelle sollte die Vorspalte links liegen.
- Erläuterungen, die sich auf die gesamte Tabelle beziehen werden in einer Vorbemerkung wiedergegeben.
- Erläuterungen, die sich auf einen Teil der Tabelle beziehen, stehen in der Fußnote.
- Hinweise zur Tabellengestaltung können der DIN 55301 entnommen werden, die auch in DIN 5008 eingeflossen sind.

Überschrift

Kopfbezeichnung / **Vorspaltenbezeichnung**		**Gemeinsame Spaltenbezeichnung**	
	Spalten-bezeichnung	**Spalten-bezeichnung**	**Spalten-bezeichnung**
Zellenbezeichnung		Feld bzw. Zelle	
Zellenbezeichnung			
Zellenbezeichnung			
Insgesamt	Summenzeile (nicht immer vorhanden)		

Quelle: *https://www.tastschreiben.de/p0400120.htm*, Abrufdatum 01.12.2020

09. Wie können statistische Ergebnisse grafisch dargestellt werden?

Charts werden zur Veranschaulichung des vorhandenen Datenmaterials eingesetzt. Man verwendet folgende **Grundformen:**

Grafische Darstellungen der Statistik – Grundformen		
Strecke	**Fläche**	**Bild**
► Stabdiagramm ► Kurvendiagramm	► Kreisdiagramm ► Flächendiagramm ► Säulendiagramm (senkrecht) ► Balkendiagramm (waagerecht) ► Histogramm (klassifizierte Daten) ► Streuungsdiagramm	► Kartogramm ► Piktogramm

Vgl. dazu S. 639 ff.

10. Welche Mittelwertberechnungen finden vor allem Anwendung?

Statistische Mittelwerte

- Median
- Modus
- arithmetisches Mittel
- geometrisches Mittel
- harmonisches Mittel.

Beispiel

Ein Unternehmen stellt fest, dass für ein Produkt in den zehn Verkaufsregionen folgende Preise existieren: 5,00; 4,00; 3,50; 2,00; 3,50; 2,00; 2,50; 4,00; 3,50; 5,00.

1. **Arithmetisches Mittel (μ; ungewogen):**
   Das arithmetische Mittel einer Häufigkeitsverteilung ist die Summe aller Merkmalsausprägungen x_i (für Preise) dividiert durch die Anzahl der Beobachtungen n (hier: n = 10):

$$\mu = \frac{\sum x_i}{n}$$

$$= \frac{5{,}00 + 4{,}00 + ... + 5{,}00}{10} = 3{,}50$$

Arithmetisches Mittel (μ; gewogen):

Liegen die Daten in gruppierter Form vor, ist es zweckmäßiger, das arithmetische Mittel in gewogener Form zu berechnen: Jede der verschiedenen Merkmalsausprägungen x_i (i = 1, ... , n) multipliziert (gewichtet) man mit der entsprechenden Häufigkeit (n_i) und bildet anschließend die Summe:

$$\mu = \frac{\sum x_i \cdot n_i}{n}$$

i = 1, 2, ..., n

mit $\sum n_i = n$

x_i	n_i	$x_i \cdot n_i$
2,00	2	4,00
2,50	1	2,50
3,50	3	10,50
4,00	2	8,00
5,00	2	10,00
	10	**35,00**

$$\mu = \frac{2{,}00 \cdot 2 + 2{,}50 \cdot 1 + ... + 5{,}00 \cdot 2}{10} = 3{,}50$$

oder

$\mu = a_1 \cdot x_1 + a_2 \cdot x_2 + ... a_n \cdot x_n$

$\sum a_i = 1$; a_i = Gewichte, $a_1 = \frac{2}{10} = 0{,}2$

$2 \cdot 0{,}2 + 2{,}5 \cdot 0{,}1 + 3{,}5 \cdot 0{,}3 + 4 \cdot 0{,}2 + 5 \cdot 0{,}2 = 3{,}5$

2. **Zentralwert** (= Median; Mz):
Ordnet man die Werte einer Urliste der Größe nach, so ist der Median dadurch gekennzeichnet, dass 50 % der Merkmalsausprägungen kleiner gleich und 50 % der Merkmalsausprägungen größer gleich dem Zentralwert Mz sind; der Median teilt also die der Größe nach geordneten Werte in zwei „gleiche Hälften“:

geordnete Folge: 2,00; 2,00; 2,50; 3,50; 3,50; 3,50; 4,00; 4,00; 5,00; 5,00

Bei n = gerade, wird der Median wie folgt berechnet:

$$Mz = \frac{1}{2}\left(x_{\frac{n}{2}} + x_{\frac{n}{2}+1}\right)$$

$$= \frac{1}{2} (x_5 + x_6)$$

$$= \frac{1}{2} (3{,}5 + 3{,}5) = 3{,}5$$

x_5 gibt die Position der Merkmalsausprägung in der geordneten Folge an.

Bei n = ungerade, z. B. bei einer statischen Reihe mit elf Werten, ist der Median der in der Mitte stehende Wert:

geordnete Folge von Merkmalswerten: 2,00; 2,00; 2,50; 3,50; 3,50; 3,50; 4,00; 4,00; 5,00; 5,00; 3,20

$$Mg = x_{\frac{n+1}{2}} = x_{\frac{11+1}{2}} = x_6 = 3{,}5$$

Der Median ist an der Position 6 der geordneten Folge.

3. **Quartile, Quantile:**
Der Median (Zentralwert) teilt die geordneten Werte der Urliste in zwei gleich große Teile. Analog kann man eine geordnete statistische Folge in 4, 10, 100 oder allgemein in k gleiche Teile zerlegen. Die Werte dieser Teilung nennt man

- Quartile,
- Dezentile,
- Perzentile oder allgemein
- k-Quantile.

Beispiel

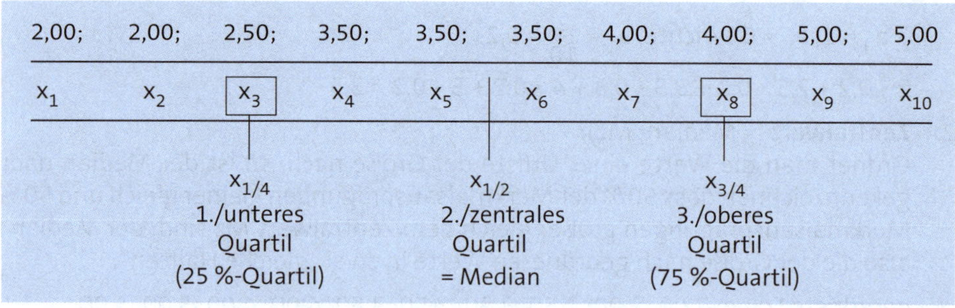

4. **Modalwert (Mo):**
Als Modalwert (= dichtester Wert; auch Modus genannt) bezeichnet man die Merkmalsausprägung innerhalb einer Häufigkeitsverteilung mit der größten Häufigkeit:

Mo = 3,50

	x_i	n_i	$x_i \cdot n_i$
	2,00	2	4,00
	2,50	1	2,50
	3,50	3	10,50
	4,00	2	8,00
	5,00	2	10,00
∑		10	35,00

← n_i (max)

5. **Geometrisches Mittel:**
Bei Daten, die sich aus Wachstumsprozessen (z. B. Umsatzwachstum) ergeben, ist dem arithmetischen das geometrische Mittel Mg vorzuziehen.

$$Mg = \sqrt[n]{x_1 \cdot x_2 \cdot x_3 \ldots \cdot x_n}$$

Beispiel

Jahr	Umsatz in Mio. €	Wachstumsfaktor
01	200	
02	210	1,05
03	250	1,19
04	230	0,92
05	260	1,13

$$Mg = \sqrt[4]{(1{,}05 \cdot 1{,}19 \cdot 0{,}92 \cdot 1{,}13)} = 1{,}07$$

Wachstumsfaktor = 1 + Wachstumsrate

Die durchschnittliche Wachstumsrate des Umsatzes in den Jahren 01 bis 05 beträgt 0,07 (= 7 %).

6. **Harmonisches Mittel:**
Das (gewogene) harmonische Mittel x_h der Ausprägungen x_j (j = 1, ..., k) des Merkmals x mit den Häufigkeiten h_j (mit $\sum h_j = n$) ist definiert als

$$x_H = \frac{n}{\sum \frac{h_j}{x_j}}$$

Beispiel

Die Windkraft GmbH und die Solar KG beabsichtigen einen Zusammenschluss der beiden Unternehmen.

	Windkraft GmbH	Solar KG
Fremdkapitalquote x_j	43 %	82 %
Fremdkapital h_j	500.000 €	200.000 €

$$X_H = \frac{500.000 + 200.000}{\frac{500.000}{43\,\%} + \frac{200.000}{82\,\%}} = 49{,}76\,\%$$

Nach dem Zusammenschluss beträgt die Fremdkapitalquote 49,76 %.

11. Welche Streumaße finden vor allem Anwendung?

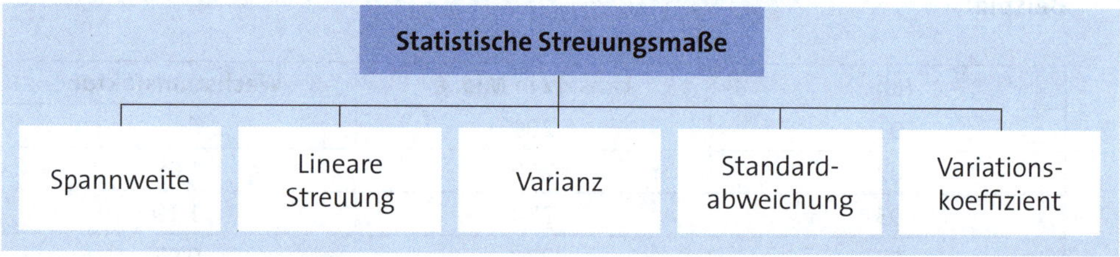

Beispiele

1. **Spannweite** (= Range; SP):
   Die Spannweite ist das einfachste Streuungsmaß. Sie wird als die Differenz zwischen dem größten und dem kleinsten Merkmalswert der Urliste definiert.
   Urliste: 2,00; 2,00; 2,50; 3,5; 3,5; 3,5; 4,00; 4,00; 5,00; 5,00; 3,20

   $SP = x_{max} - x_{min}$

   $= 5 - 2 = 3$

   Siehe Beispiel auf S. 42 f.

2. **Lineare Streuung (l), mittlere absolute Abweichung:**
Den Ausdruck „Summe der absoluten Differenzen zwischen der Merkmalsausprägung x_i und dem arithmetischen Mittel μ dividiert durch die Anzahl der Beobachtungen“ nennt man die auf das arithmetische Mittel bezogene lineare Streuung. Je geringer die Streuung der Elemente ist, desto kleiner ist der Wert für l und umgekehrt.

	x_i	n_i	$\lvert x_i - \mu \rvert$	$\lvert x_i - \mu \rvert \cdot n_i$
	2,00	2	1,50	3,00
	2,50	1	1,00	1,00
	3,50	3	–	–
	4,00	2	0,50	1,00
	5,00	2	1,50	3,00
$\sum$		10		8,00

$$l = \frac{\sum \lvert x_i - \mu \rvert \cdot n_i}{n} \qquad i = 1, 2, ..., n$$

$= 8 : 10 = 0{,}80$

3. **Mittlere quadratische Abweichung** (Varianz; s^2):
Die Varianz s^2 ist in der Berechnungsformel der linearen Streuung ähnlich. Statt der Absolutbeträge wird das jeweilige Quadrat der Abweichungen zwischen der Merkmalsausprägung x_i und dem Mittelwert μ berechnet. Durch den Vorgang des Quadrierens erreicht man, dass große Abweichungen stärker und kleine Abweichungen weniger berücksichtigt werden.

	x_i	n_i	$(x_i - \mu)$	$(x_i - \mu)^2$	$(x_i - \mu)^2 \cdot n_i$
	2,00	2	1,50	2,25	4,50
	2,50	1	1,00	1,00	1,00
	3,50	3	–	–	–
	4,00	2	0,50	0,25	0,50
	5,00	2	1,50	2,25	4,50
$\sum$		10			10,50

$$s^2 = \frac{\sum (x_i - \mu)^2 \cdot n_i}{n} \qquad i = 1, 2, ..., n$$

$= 10{,}50 : 10 = 1{,}05$

4. **Standardabweichung (s):**
   Die Standardabweichung als die positive Wurzel aus der Varianz ist das wichtigste Streuungsmaß:

$$s = \sqrt{\frac{1}{n} \sum (x_i - \mu)^2 \cdot n_i} \qquad i = 1, 2, \ldots, n$$

$$= \sqrt{1{,}05} = 1{,}024695 \approx 1{,}02$$

5. **Variationskoeffizient (v):**
   Die bisher dargestellten Streuungsmaße haben den Nachteil, dass sie gegenüber Maßstabsänderungen nicht invariant sind. Will man diesen Nachteil vermeiden, so benutzt man den Variationskoeffizienten v. Man erhält ihn, indem man die Standardabweichung durch das arithmetische Mittel dividiert:

$$v = \frac{s}{\mu}$$

$$= 1{,}02 : 3{,}5 = 0{,}2914$$

   oder in Prozent vom Mittelwert:

$$v = \frac{s}{\mu} \cdot 100$$

$$= 29{,}14\ \%$$

Wenn der Variationskoeffizient einen Wert von kleiner als 50 % annimmt, dann ist das arithmetische Mittel repräsentativ für die untersuchte Grundgesamtheit. Bei einem Wert von größer als 50 % sollte die Grundgesamtheit in Teilmengen mit jeweiligen arithmetischen Mitteln untergliedert werden.

Die Bezieher von niedrigem Einkommen und die von höherem Einkommen sind Beispiele für Teilmengen der Grundgesamtheit bei Konsumgütern. Für jede Teilmenge kann ein arithmetisches Mittel berechnet werden. Das arithmetische Mittel der Einkommen **beider** Teilmengen würde nur bedingt aussagekräftig sein.

Beispiel

Niedriges Einkommen: 800 € pro Monat

Hohes Einkommen: 80.000 € pro Monat

$$\frac{800\text{ €} + 80.000\text{ €}}{2} = 40.400\text{ €}$$

Das durchschnittliche Einkommen der Gesamtpopulation (hier: 2 Einkommensbezieher) in Höhe von 40.400 € ist nicht repräsentativ für die Gruppe der niedrigen Einkommensbezieher.

12. Welche Aufgabe hat die Analyserechnung als Entscheidungshilfe?

Man unterscheidet:

Analyserechnung	
Interne Analyse	wird im eigenen Unternehmen erstellt und schafft als verdichtete Information die Basis für Unternehmensentscheidungen. Die Analysten haben eine vollständige Information.
Externe Analyse	wird von Dritten außerhalb des Unternehmens vorgenommen (Kunden, Öffentlichkeit, Presse usw.). Die Informationsbasis ist eingeschränkt und die Analyse ist daher ungenauer.
Statische Analyse	untersucht das Zahlenmaterial zu einem bestimmten **Zeitpunkt** t_0.
Dynamische Analyse	untersucht das Zahlenmaterial im Zeitablauf von t_0 bis t_n.

Die statische Analyse hat nur begrenzten Aussagewert. Eine verbesserte Bewertung und Entscheidungsgrundlage gewinnt man, indem **Vergleichsanalysen** erstellt werden:

Dynamische Vergleichsrechnung (Vergleichsanalyse)	
Zeitvergleich	Vergleich der Kennzahlen des Unternehmens mit denen der Vorperiode(n).
Segmentvergleich	Von Interesse kann auch die Darstellung und Analyse von Segmenten im Zeitablauf sein (z. B. Entwicklung der Sparten 1 bis n im Intervall t_0 bis t_n.
Branchenvergleich	Vergleich der Kennzahlen des Unternehmens mit den Durchschnittswerten der Branche.

Dynamische Vergleichsrechnung (Vergleichsanalyse)	
Benchmarking	Man unterscheidet das interne Benchmarking (z. B. Vergleich zwischen zwei Geschäftsbereichen oder Abteilungen), das funktionale Benchmarking (Vergleich zwischen zwei Unternehmen unterschiedlicher Branchen, z. B. Automobil- und Wohnungsbauunternehmen) sowie das wettbewerbsorientierte Benchmarking. Im Rahmen des wettbewerbsorientierten Benchmarkings orientiert sich ein Unternehmen an den Spitzenleistungen anderer Unternehmen. Dabei geht es nicht darum, die Sachverhalte von den Leistungsbesten zu kopieren, sondern zu verstehen, wie die Leistungsträger **lernen**. Die Unternehmen, welche die Spitzenleistung der anderen Unternehmen erreichen wollen, sollten ihre eigenen Fähigkeiten zum Lernen verbessern. Bei dynamischem Wettbewerb spielt hierbei auch die Zeit eine Rolle, wie schnell ein Unternehmen lernt.
Soll-Ist-Vergleich	Vergleich der Ist-Werte mit vorgegebenen Soll-Werten, die z. B. aus der Erfahrung , aus der Zielgröße oder aus alternativen Anlagemöglichkeiten abgeleitet werden. Planungsrechnung: Die Planungsrechnung ist ein Teilgebiet des betrieblichen Rechnungswesens: Aus den Istdaten der Vergangenheit werden Plandaten (Sollwerte) für die Zukunft entwickelt. Diese Plandaten haben Zielcharakter. Aus dem Vergleich der Sollwerte mit den Istwerten der aktuellen Periode können im Wege des Soll-Ist-Vergleichs Rückschlüsse über die Realisierung der Ziele gewonnen bzw. es können angemessene Korrekturentscheidungen getroffen werden.
Verfahrensvergleich	Hier werden unterschiedliche Verfahren bezüglich ihrer Vorteilhaftigkeit (Rentabilität, Wirtschaftlichkeit o. Ä.) gegenübergestellt, z. B. Make-or-Buy (MoB), Anlage 1 oder Anlage 2, bestehende Anlage oder Ersatzinvestition.

13. Was bezeichnet man mit OR?

OR (Operations Research; Unternehmensforschung) bildet die Grundlage der systematischen Planung und Steuerung des Gesamtunternehmens und umfasst die Entwicklung und den Einsatz **mathematischer Methoden** zur Unterstützung von Entscheidungsprozessen. OR hat das Ziel, unter Einbeziehung verschiedener Wissensgebiete (z. B. Wirtschaftsinformatik, Ökonomie, Ingenieurwesen, Statistik/Mathematik), die für den Unternehmenserfolg optimalen Verfahrensalternativen aus komplexen, wechselseitig abhängigen Bedingungen herauszufiltern.

Anwendungsbeispiele des OR:

- Entwicklung eines Fahrplans für den städtischen Busverkehr
- An- und Abflugplan eines Flughafens
- Routenplanung einer Spedition

- Maschinenbelegungsplanung sowie Lösungen für Engpässe
- Netzplan im Projektmanagement.

1.1.5 Entscheidungsprozesse in der betrieblichen Planung

01. Welche Bedeutung haben Entscheidungen im Managementprozess sowie im Prozess der betrieblichen Planung? >> 1.4.2.2, >> 2.1.2, >> 2.2.3

Im Managementprozess sowie im Teilprozess der Planung ist auf jeder Stufe zu analysieren, zu bewerten und zu entscheiden:

Beispiele

Beispiel 1
Im Rahmen der Zielfindung sind infrage kommende Ziele zu analysieren und zu bewerten. Aus der Vielzahl der möglichen Ziele wird sich das Management für bestimmte Ziele entscheiden.

Beispiel 2
Im Rahmen der Planung (gedankliche Vorwegnahme von Entscheidungen) sind die Plandaten zu analysieren und zu bewerten. Auf der so gewonnenen Grundlage ist zu entscheiden, welche Planungsinhalte, -strukturen und -prozesse als Sollwerte für die zukünftige Unternehmensentwicklung festgeschrieben werden.

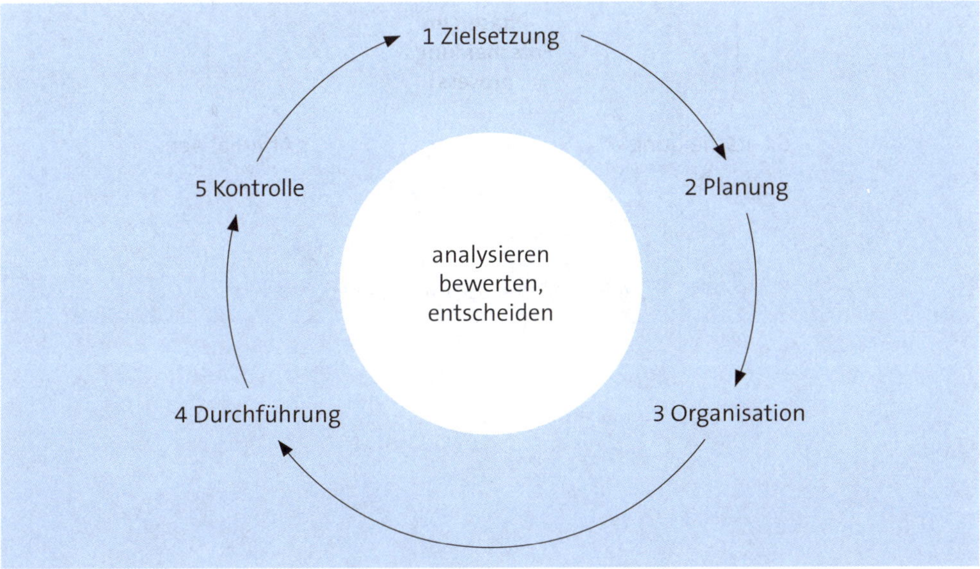

Entscheidungen bestimmen über die Existenz von Unternehmen. Fehlentscheidungen oder „verschleppte" Entscheidungen führen oft zur Insolvenz, zum Rückzug von Teilmärkten oder zur Aufgabe der unternehmerischen Tätigkeit.

Vgl. dazu auch: >> 1.4.2.2 Kreativitätstechniken, >> 2.1.2 Investitionsrechenverfahren, >> 2.2.3 Liquiditätsplanung.

02. Was versteht man unter einer Entscheidung?

Unter einer Entscheidung versteht man eine nach bestimmten Kriterien bewusst vollzogene Wahl zwischen Alternativen (vgl. dazu Kreativitätstechniken, Investitionsrechenverfahren).

Die Folge einer Entscheidung besteht im Verzicht auf die anderen Möglichkeiten. Bei zwei Möglichkeiten resultieren Opportunitätskosten, da auf den Nutzen (oder Ertrag) der zweitbesten Möglichkeit verzichtet wird.

03. In welchen Phasen vollzieht sich der Entscheidungsprozess?

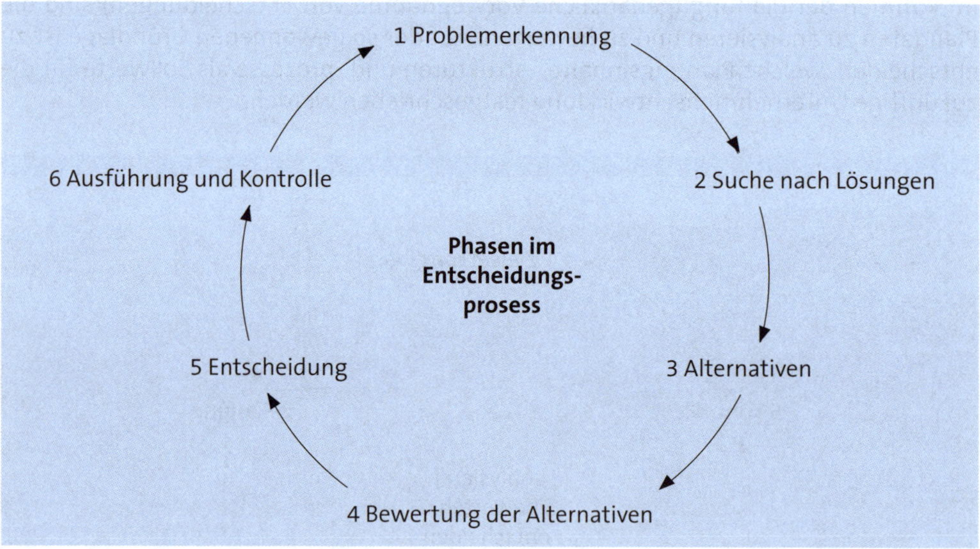

04. Welche Entscheidungskategorien werden unterschieden?

Entscheidungskategorien		
Kategorie		**Beschreibung**
1	**Entscheidungen bei Sicherheit**	► Jede Handlungsalternative ist bekannt. ► exakte und umfassende Datenbasis ► Bei der richtigen Strategie kann mit dem Eintreten des erwarteten Ereignisses mit Sicherheit gerechnet werden.
2	**Entscheidungen unter Unsicherheit**	Wahrscheinlichkeit des Ereigniseintritts nicht bestimmbar
3	**Entscheidungen unter Risiko**	Wahrscheinlichkeit für das Risiko schätzbar

05. Welche Entscheidungsregeln wurden entwickelt?

Beispiele:

Entscheidungsregeln im Überblick		
Entscheidungskategorie	**Entscheidungsregel**	**Kurzbeschreibung**
Entscheidungen unter Unsicherheit	**Maximax-Regel**	Es wird die Alternative ausgewählt, die bei unterschiedlichen Szenarien den (subjektiv) höchsten Maximalwert zeigt (optimistische Grundhaltung).
	Maximin-Regel	Es wird die Alternative ausgewählt, die bei unterschiedlichen Szenarien den (subjektiv) höchsten Minimalwert zeigt (pessimistische Grundhaltung).
	Pessimismus-Optimismus-Regel (Hurwicz-Regel)	Kombination der Maximax- und der Maximin-Regel: Es wird ein Parameter a gebildet, der das Risikobewusstsein des Managers zeigt (z. B. a = 0,7). Die Minima werden mit (1 - a) und die Maxima mit a gewichtet. Man entscheidet sich für die Alternative mit dem höchsten Summenwert.
Entscheidungen unter Risiko	**Bayes-Regel**	Die Erwartungswerte werden mit statistischen Wahrscheinlichkeiten gewichtet. Es wird die Alternative mit dem höchsten Gesamterwartungswert gewählt.

1.2 Organisations- und Personalentwicklung

1.2.1 Auswirkungen betrieblicher Planungsprozesse auf die Organisations- und Personalentwicklung

01. Welche Veränderungen in der Organisation werden sich zunehmend etablieren müssen angesichts der Globalisierung der Märkte und rasch fortschreitender Veränderungsprozesse in der Umwelt?

Die Einführung von Lean Management und Business Process Reengineering (Reorganisation der geschäftlichen Kernprozesse) sowie der permanente Wandel der Umfeldbedingungen verlangen **moderne Formen der Organisation und Zusammenarbeit** und damit eine Abkehr von starren, hierarchisch geprägten Strukturen. Folgende **Entwicklungstendenzen** bzw. -notwendigkeiten sind erkennbar:

1. flache Unternehmenshierarchie, flexible Strukturen
2. interdisziplinäre Strukturen und Partnerschaften (Produzent – Kunde – Lieferant)
3. Überwindung funktionaler Barrieren
4. Veränderung wird zum Bestandteil der täglichen Arbeit; Lernen wird zur notwendigen Bedingung für Erfolg.
5. Neue Denk- und Handlungsmuster der Führungskräfte und Mitarbeiter:
   - Entwicklung einer Kultur der Verantwortung.
   - Führungskräfte sind mehr Coach und weniger Chef.
6. Neben der Fachkompetenz sowie der Methodenkompetenz rückt die Sozialkompetenz zunehmend in den Vordergrund (Stichwort: emotionale/soziale Intelligenz).
7. Wissensmanagement wird zum Bestandteil der lernenden Organisation.
8. Neben der formalen Orga-Struktur des Unternehmens, die längerfristigen Bestand hat, existieren Formen der Parallelorganisation als Motor für Veränderung bzw. als spezielle Antwort auf Erfordernisse des Marktes, z. B. Projektorganisation, Teamorganisation.

02. Welche Trends sind heute in der Organisationsentwicklung der Unternehmen erkennbar?

Die Veränderung der Märkte und der Umwelt des Unternehmens verlangt heute neue Strukturen der Aufbau-, Ablauf- und Arbeitsorganisation sowie einen Wandel im Hierarchie- und Rollenverständnis aller Führungskräfte und Mitarbeiter. In der Praxis finden sich dazu Ansätze und Konzepte unter folgenden Schlagworten:

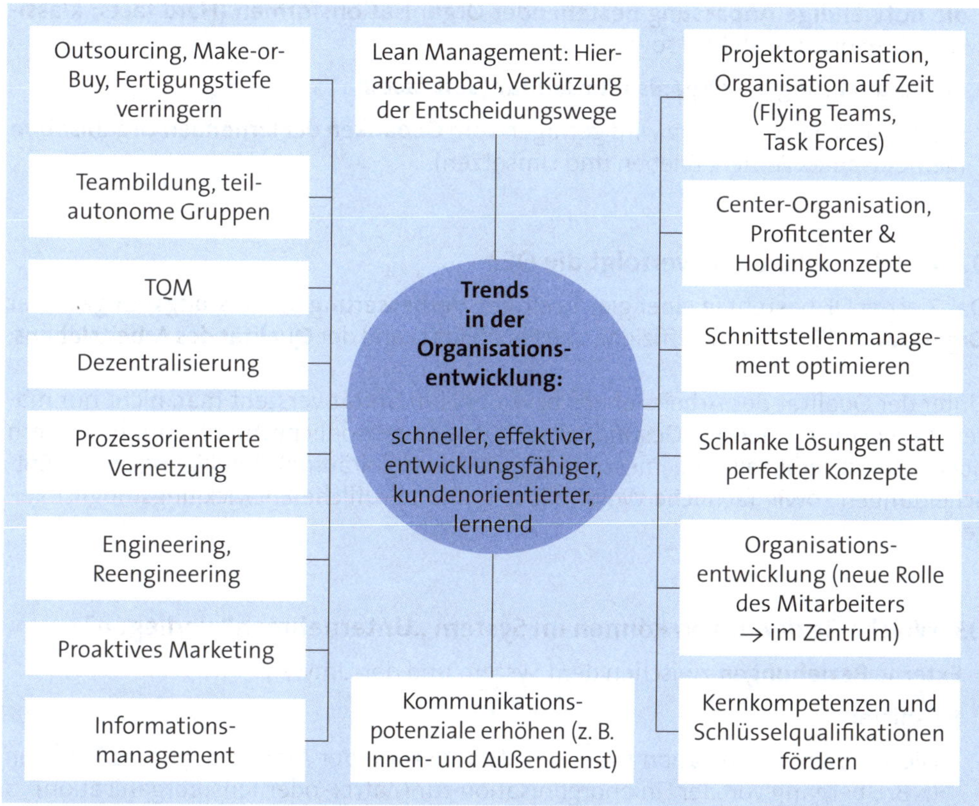

1.2.2 Organisationsentwicklung (OE)

01. Was versteht man unter „Organisationsentwicklung“ (OE)?

Organisationsentwicklung (OE) ist ein **langfristig** angelegter **systemorientierter Prozess** zur **Veränderung der Strukturen** eines Unternehmens **und der** darin arbeitenden **Menschen**. Der Prozess beruht auf der Lernfähigkeit aller Betroffenen durch direkte Mitwirkung und praktische Erfahrung.

Damit gehören zur OE auch Einstellungs- und Verhaltensänderungen im Umgang mit Arbeitsanforderungen, der eigenen Leistungsfähigkeit, mit Gesundheit und Krankheit. Dies kann durch eine enge Verknüpfung der technischen, ergonomischen, arbeitsorganisatorischen und betriebsklimatischen Elemente bei der Verbesserung der Arbeitsbedingungen erfolgen.

Organisationsentwicklung zielt ab auf

- **die notwendige Anpassung bestehender Organisationsformen (Hard facts; klassische Organisationslehre)** sowie
- die **Veränderung der Organisationskultur (Soft facts)**.
- Organisationsentwicklung wird getragen vom **Gedanken der lernenden Organisation** (gemeinsames Lernen, Erleben und Umsetzen).

02. Welche Zielsetzung verfolgt die OE?

Das Ziel der OE besteht in einer gleichzeitigen **Verbesserung der Leistungsfähigkeit** der **Organisation** (Effektivität, Effizienz und Flexibilität) und der **Qualität des Arbeitslebens**.

Unter der Qualität des Arbeitslebens bzw. der Humanität versteht man nicht nur materielle Existenzsicherung, Gesundheitsschutz und persönliche Anerkennung, sondern auch Selbstständigkeit (angemessene Dispositionsspielräume), Beteiligung an den Entscheidungen sowie fachliche Weiterbildung und berufliche Entwicklungsmöglichkeiten.

03. Welche Beziehungen können im System „Unternehmen" vorliegen?

- **Externe Beziehungen** zwischen dem System und der Umwelt

  Beispiele:

  - Die Vertriebsorganisation muss der Veränderung der Märkte angepasst werden (z. B. Übergang von der Linienorganisation zur Matrix- oder Tensororganisation).
  - Bei der Auftragsbearbeitung erfolgt ein Übergang von der Funktionsorientierung zur Prozessorientierung, die den Kunden in den Mittelpunkt der Betrachtungen stellt.

- **Interne Beziehungen** zwischen den einzelnen Systemelementen

  Beispiele:

  - Die Buchhaltung verarbeitet die monatlichen Lohn- und Gehaltszahlungen in der Gewinn- und Verlustrechnung.
  - Personalreferent (Auftragnehmer/Output) erstellt ein Konzept zur Datensicherung innerhalb der Lohn- und Gehaltsabrechnung aufgrund der Auftragsvorgaben der Personalleitung (Auftraggeber/Input).

04. Welchem Wandel unterliegen sozio-technische Systeme?

- **Sozio-technische Systeme:**
  Sozio-technische Systeme sind Systeme, in denen Menschen und Maschinen gemeinsam Leistungen erbringen.
- **Elemente** derartiger Systeme **sind:**
  - Menschen
  - Maschinen
  - Bedingungen
  - organisatorische Regelungen.
- Beispiele für permanenten Wandel:
  - **Menschen:**
    Veränderung der Wertvorstellungen, der Leistungsbereitschaft und -fähigkeit
  - **Maschinen:**
    Verschleiß, Innovation, technische Entwicklung, Auslastungsgrad
  - **Bedingungen:**
    - **interne** Bedingungen wie z. B. Finanzstruktur, Gestaltung der Arbeitsplätze
    - **externe** Bedingungen wie z. B. Absatz- und Einkaufsmärkte, Umwelteinflüsse
  - **organisatorische Regelungen:**
    Veränderung der Aufbau- und Ablauforganisation, Informationsbeziehungen.

05. Welchen Abhängigkeiten unterliegt ein sozio-technisches System?

Ein Unternehmen als sozio-technisches System ist nicht autark, sondern in vielfältiger Weise von anderen Systemen abhängig und mit ihnen verbunden (vgl. dazu Frage 03. „Externe Beziehungen"), z. B.:

- Beziehungen zu anderen Unternehmen
- ökonomische und ökologische Umweltbedingungen
- Marktverhältnisse
- politische, rechtliche, soziale, kulturelle und technische Bedingungen.

Die „Kunst der Unternehmensführung" besteht nun darin, die **Anpassungsfähigkeit der Organisation an veränderte Umweltbedingungen in hohem Maße zu gewährleisten**, ohne dabei Stabilität und Kontinuität der Strukturen zu gefährden. Im Gegensatz zu früher **haben** dabei **Komplexität und Dynamik der Veränderungsprozesse zugenommen** und sind entsprechend schwieriger zu adaptieren.

06. Worin unterscheiden sich die Ansätze der klassischen Organisationslehre von denen der Organisationsentwicklung?

Die **klassische Organisationslehre** hat einen betriebswirtschaftlichen Ansatz und setzt an bei einer mehr formalen **Optimierung der Aufbau- und Ablaufstrukturen** (Linien-/ Matrixorganisation, Gliederungsbreite/-tiefe, Zentralisation/Dezentralisation usw.), ohne i.d.R. den Mitarbeiter selbst im Mittelpunkt von Veränderungsprozessen zu sehen.

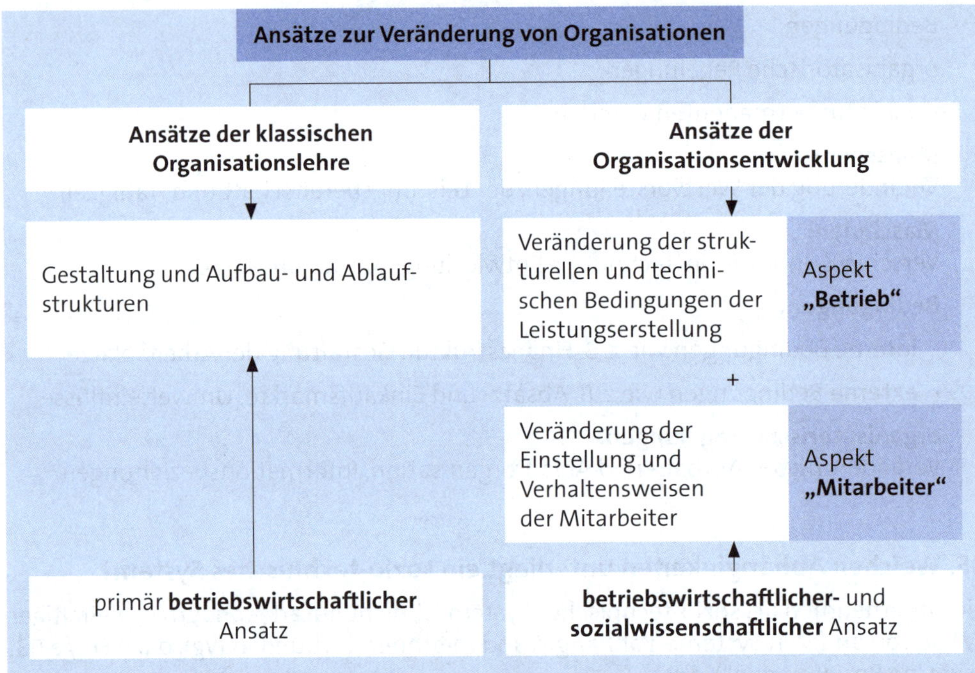

Die **Organisationsentwicklung** hat einen **ganzheitlichen Ansatz**: Angestrebt wird eine Anpassung der formalen Aufbau- und Ablaufstrukturen **und** der Verhaltensmuster der Mitarbeiter an Veränderungen der Umwelt (Kunden, Märkte, Produkte).

07. In welche Phasen lässt sich der Organisationsprozess gliedern?

Die **Neuorganisation** eines Unternehmens oder eines Unternehmensteils (z.B. Gründung einer Niederlassung) bzw. die **Reorganisation** bestehender Strukturen (z.B. Umgestaltung von der Linien- in eine Matrixorganisation) stellt **ein Projekt** dar (vgl. >> 1.4.3 Projektmanagement).

Die Vorgehensweise bei der Neu- bzw. Reorganisation von Strukturen und Abläufen wird als **Organisationsprozess** bezeichnet. Die logische Struktur ist mit der Abfolge beim Projektmanagement identisch (→ **Projektprozess**).

Der **Organisations- bzw. Projektprozess lässt sich in verschiedene Phasen** gliedern. Die Darstellung in der Literatur ist uneinheitlich; sie reicht von 3-Phasen-Modellen bis hin zu 6-Phasen-Modellen. Die Darstellungen für Organisationsprozesse bzw. Projektprozesse sind mehr oder weniger identisch.

Beispiel

Prozessphasen/-stufen

Phasen des OE-Prozesses nach Kurt Lewin

1. **Unfreezing** Auftauen → 2. **Moving** Verändern, Erneuern → 3. **Refreezing** Stabilisieren

Projektprozess 4-Phasen-Modell

1. **Projekt-vorbereitung** → 2. **Projekt-planung** → 3. **Projekt-gestaltung** → 4. **Projekt-einführung**

Organisationsprozess 6-Phasen-Modell

1. **Vor-studie** → 2. **Haupt-studie** → 3. **Teil-studie** → 4. **System-bau** → 5. **Implemen-tierung** → 6. **Erhal-tung**

08. Welche Gründe für Organisationsveränderungen gibt es?

- Interne Gründe:
  - Kapazitätsausbau und Erhöhung der Flexibilität der Kapazitäten
  - personale Aspekte: Mitarbeiterunzufriedenheit, Humanisierung der Arbeitsplätze, Wechsel in der Geschäftsleitung
  - Wachstumsziele, veränderte Unternehmensstrategie, Realisierung neuer Managementansätze
- Externe Gründe:
  - Markteintritt neuer Wettbewerber
  - veränderte Kundenanforderungen (Lieferzeit, Preis usw.)
  - konjunkturelle Veränderungen, neue Gesetze
  - technologischer Wandel.

09. Welcher gedankliche Ansatz wird mit dem Konzept „Change Management“ verbunden?

Die Märkte, die Anforderungen der Kunden und die Produkte ändern sich heute mit rasanter Geschwindigkeit. Das Unternehmen muss sich den gegebenen Veränderungen anpassen.

Change Management bedeutet übersetzt „**Veränderungsmanagement**“ und setzt sich zusammen aus den Worten „change“ (verändern, wandeln oder umstellen) und „manage“ (behandeln, führen, steuern). Change Management bedeutet also „Veränderungen möglich machen” und beinhaltet die systematisch-konzeptionelle, flexible Anpassung des Unternehmens an die ständigen Veränderungen der Umwelt.

10. Wie muss der Vorgesetzte heute seine Rolle als Change-Agent und Coach wahrnehmen?

1. **Grundgedanke:**
   Führungsarbeit – heute – **ist Personalentwicklungsarbeit**, die im Sinne von Beratung, Betreuung, Wegbereitung und Coaching für alle Mitarbeiter ohne Eitelkeit und hierarchischem Denken, dafür aber mit hohem Engagement, Situations- und Menschengefühl vorangebracht wird. Verwaltungsakteure mit hoheitlichem Denken sind heute fehl am Platze.

2. **Notwendigkeit der Fachkompetenz und des Hintergrundwissens:**
   Der Vorgesetzte hat die aufbau-, ablauf- und verfahrenstechnischen Hintergründe in seinem Unternehmen zu kennen (z. B. Ablauf der Personalplanung, Genehmigungsverfahren zur Einrichtung einer Planstelle, Organigramme).

11. In welchen Phasen sollte der Vorgesetzte den Beratungsprozess als Coach und Change-Agent durchführen?

Es gilt auch hier die logische Struktur des Management-Regelkreises:

1. **Probleme erkennen und gewichten:**
   z. B. wichtig/dringlich, operativ/strategisch

2. **Klare Ziele vereinbaren:**
   z. B. quantitative/qualitative Ziele, MbO

3. **Maßnahmen und Methoden planen und umsetzen:**
   - Effektivität der Maßnahmen (ABC-Analyse, Pareto)
   - Mitarbeiter einbinden, begleiten und coachen („Mache die Betroffenen zu Beteiligten!")
   - ggf. kompetente, externe Unterstützung suchen
   - Veränderungen organisatorisch einbinden (= institutionalisieren und implementieren)
4. **Controlling der Maßnahmen, Methoden und der Zielaspekte:**
   Lernzuwachs der Mitarbeiter und der Organisation sichern.

12. Welche Rollen gibt es im Prozess der Organisationsentwicklung?

A. **Change Agent:**
Veränderungshelfer, Berater, Entwicklungshelfer, Advokat des Wandels

B. **Client-System** (Kunden)
Subjekt und Objekt des Veränderungsprozesses

Die Organisationsmitglieder sind
- Initiatoren des Veränderungsprozesses
- Betroffene des Veränderungsprozesses
- Promotoren des Veränderungsprozesses.

13. Welche Strategieansätze der Organisationsentwicklung sind grundsätzlich denkbar?

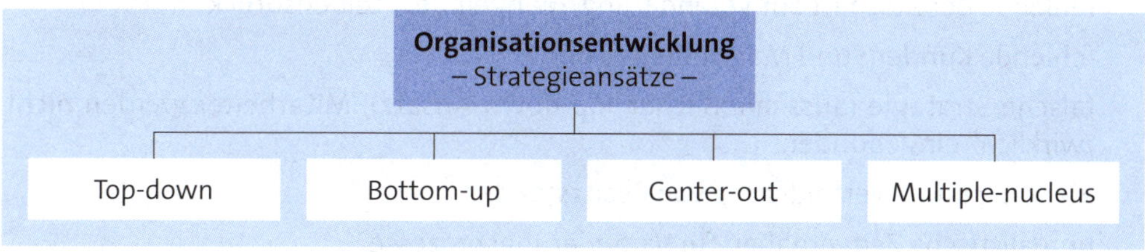

- **Top-down** („von oben nach unten"):
  Veränderungsansätze werden von der Spitze des Unternehmens her entwickelt und schrittweise in den nachgelagerten Ebenen mit entwickelt und umgesetzt.
- **Bottom-up** („von unten nach oben"):
  Veränderungsprozesse gehen primär von der Basis aus und werden nach oben hin in Gesamtpläne verdichtet.
- **Center-out** („von Kernprozessen ausgehen")
  Bei diesem Ansatz geht man von den Kernprozessen der Wertschöpfung aus und setzt dort mit den notwendigen Veränderungsprozessen an.

- **Multiple-nucleus** (übersetzt: mehrfache Kerne/Keimzellen; sog. „Flecken-Strategie"): Veränderungsprozesse gehen von unterschiedlichen „Keimzellen" im Unternehmen aus und werden miteinander verbunden; Keimzellen sind z. B. Abteilungen, die besonders innovativ, kritisch-kreativ sind und bestehende Strukturen und Abläufe hinterfragen.

14. Welche Erfolgs- und Misserfolgsfaktoren des organisatorischen Wandels lassen sich nennen?

- **Erfolgsfaktoren**, z. B.:
  - Konsens zwischen Mitarbeitern und Führungskräften über die Notwendigkeit von Veränderungen
  - Konsens über die Bewertung der Umwelt
  - Führungskräfte sind Wegbereiter für Veränderungsprozesse (**Change Agent**)
  - Mitarbeiter erleben spürbar, transparent und gemeinsam den Erfolg richtig eingeleiteter Maßnahmen
  - Informationspolitik ist geprägt von Offenheit, Feedback und Konfliktfähigkeit
  - Zielsetzungen/Visionen werden der Belegschaft klar und verständlich präsentiert
  - Die Ansätze der OE sind ganzheitlich und integrativ.
- **Misserfolgsfaktoren:**
  Hier sind zunächst einmal alle oben genannten Aspekte mit „umgekehrtem Vorzeichen" zu nennen; weitere Beispiele für fehlende Voraussetzungen/Misserfolgsfaktoren von OE sind:
  - Nichterkennen der Probleme („blinder Fleck") bei den Beteiligten
  - fehlende Bereitschaft zur Veränderung/mangelnder „Leidensdruck"
  - fehlende Kunden- und Marktorientierung
  - falsche Strategie (ausschließlicher Top-down-Ansatz), Mitarbeiter werden nicht „wirklich" eingebunden
  - Blockade durch Verteidigung von Besitzständen
  - unrealistische Zeitvorgaben für Veränderungsprozesse
  - Das Management steht nicht ehrlich hinter den eingeleiteten Prozessen (Alibi-Projekte).
  - Die Mitarbeiter haben keine Teamerfahrung und -fähigkeit.
  - Die Zusammenarbeit mit dem Betriebsrat ist mangelhaft.

15. Welche Überlegungen stehen hinter dem Begriff „lernende Organisation"?

Das Unternehmen wird als Organisation in einem Umfeld begriffen, das sich ständig verändert. Um wettbewerbsfähig zu bleiben, müssen die Veränderungen erkannt und im Handeln beachtet werden. Durch selbstgesteuertes Lernen erkennen die Mitarbeiter die Notwendigkeit der laufenden Personalentwicklung und betreiben diese kontinuierlich und auch aus eigener Initiative. Die Organisation (das Unternehmen) entwickelt also einen Automatismus hinsichtlich der Anpassungsfähigkeit an Veränderungen der Umwelt und lernt konstant.

Als Beispiele lassen sich betriebliche Bereiche nennen, in denen ein intensiver Kontakt mit der Umwelt/dem Kunden besteht, z. B.:

- Produktentwicklung
- Kundenmontage
- Kundenberatung
- Vertrieb
- Service.

Dem Begriff „lernende Organisation" fehlt ein Gesamtkonzept. Je nach Autor werden unterschiedliche Blickwinkel und Kriterien angeführt.

Nach *Klimmer* [1] sollte die „lernende Organisation" über Lernzyklen realisiert werden, welche die individuelle Ebene (Mitarbeiter, Führungskraft) mit der kollektiven Ebene (Werte- und Regelsystem der Organisationseinheiten, z. B. Abteilungen, Geschäftsbereich) sowie mit der obersten organisationalen Ebene (Unternehmenskultur, Unternehmenssteuerung) verbindet.

Klimmer führt mehrere Merkmale einer lernenden Organisation an:

- Selbstverantwortung im Rahmen flacher Hierarchien
- Risiken eingehen, Fehlertoleranz
- Offene Kommunikation
- Viele Lernangebote (Personalentwicklung, Wissensmanagement)
- Anreizsysteme für Innovationen und Anerkennung.

Peter Senge, der sich hauptsächlich mit der Systemtheorie beschäftigt, bringt folgende Kriterien für eine „lernende Organisation" vor:[2]

- **Systemdenken:** Die einzelnen Organisationsebenen und -bereiche sollten verknüpft sein. Dies gelingt mit Kommunikation und heutzutage auch mit der IT.
- **Personal Mastery:** Die Mitarbeiter erhalten einen Mentor, Coach oder Tutor, um sich entwickeln zu können. Die Führungskraft ist in einer neuen Rolle mehr Trainer und Dienstleister.
- **Mentale Modelle:** Eine Voraussetzung, dass ein Team oder eine Organisation lernt, besteht in der Arbeit an sich selbst. Die Mitarbeiter erhalten Impulse, damit sie sich selbst durchleuchten, innere Bilder abrufen und die Identifikation mit dem Unterneh-

[1] *Klimmer, 2012.*

[2] *Senge, 1998.*

men prüfen. Nur wenn die Denkmodelle stimmig sind, dann sind die Voraussetzung für eine „lernende Organisation" gegeben.

- Es sollte eine gemeinsame Vision entwickelt werden.
- Das Lernen im Team durch Feedbacks und gegenseitige Unterstützung stellt eine Voraussetzung dar, um eine „lernende Organisation" zu fördern.

1.2.3 Personalentwicklung (PE)

01. Was versteht man unter dem Begriff „Personalentwicklung" (PE)?

→ A 4., >> 5.4.2

Personalentwicklung ist die **systematisch** vorbereitete, durchgeführte und kontrollierte **Förderung** der Fähigkeiten des Mitarbeiters in Abstimmung mit

- den Zielen des Unternehmens und
- den Erwartungen der Mitarbeiter.

Der Begriff der Personalentwicklung **ist also umfassender als der der Aus-, Fort- und Weiterbildung**. Personalentwicklung vollzieht sich innerhalb der Organisationsentwicklung und diese wiederum ist in die **Unternehmensentwicklung** eingebettet.

Stufenkonzept: Zunahme der Komplexität und Vernetzung

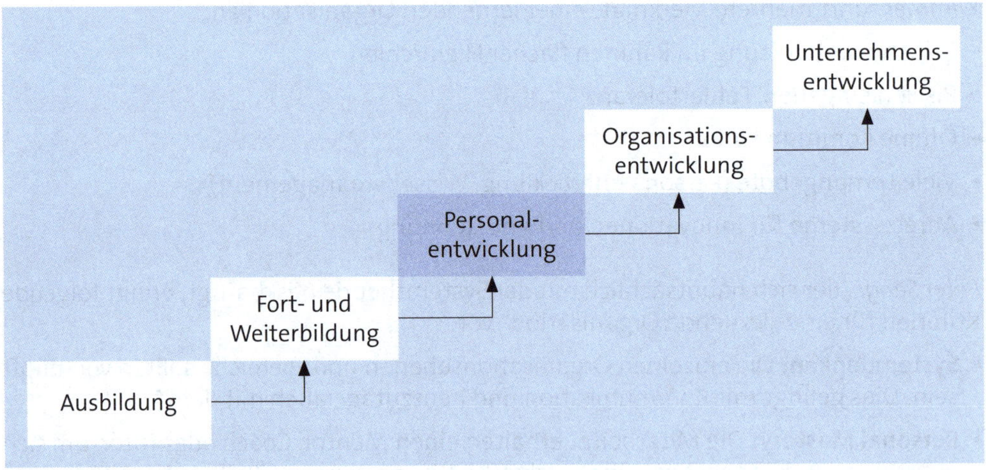

Betriebliche **Bildungsarbeit** (Aus-, Fort- und Weiterbildung) ist also ein Instrument der **Personalentwicklung** bzw. der Organisationsentwicklung. Jedes Element ist Teil des Ganzen. Mit jeder Stufe nehmen Komplexität und Vernetzung zu. Jede Personalentwicklung, die nicht in eine korrespondierende Organisations- und Unternehmensentwicklung eingebettet ist, führt in eine Sackgasse, da sich die Aktivitäten dann meistens in der Durchführung von Seminaren erschöpfen und lediglich Bildungsarbeit „per Gießkanne" praktiziert wird.

Personalentwicklung muss als **Netzwerk** begriffen werden, das unterschiedliche Marktentwicklungen mit unterschiedlichen Produkt- und Unternehmenszyklen sowie mit den persönlichen Lebensphasen der Mitarbeiter verbindet.

02. Welche Ziele verfolgt die Personalentwicklung (PE)?

PE zielt ab auf die **Änderung menschlichen Verhaltens**. Zur langfristigen Bestandssicherung muss ein Unternehmen über die Verhaltenspotenziale verfügen, die erforderlich sind, um die gegenwärtigen (**operativer Ansatz** der PE) und zukünftigen Anforderungen (**strategischer Ansatz** der PE) zu erfüllen, die vom Betrieb und der Umwelt gestellt werden.

Als **Unterziele** können daraus abgeleitet werden:

- unternehmensspezifisch qualifiziertes Personal entwickeln
- Innovationen auslösen und systematisch fördern
- Zusammenarbeit fördern
- Organisations- und Arbeitsstrukturen motivierend gestalten
- Mitarbeiter dazu motivieren, ihr Qualifikationsniveau (speziell Lernbereitschaft und -fähigkeit) anzuheben
- Mitarbeiterpotenziale und Fehlbesetzungen erkennen
- Lernfähigkeit der Fach- und Führungskräfte verbessern
- Flexibilität, Motivation und Mobilität der Mitarbeiter erhöhen
- Berücksichtigung des individuellen und sozialen Wertewandels
- Hilfestellung bei der Sicherung der Personalbedarfsdeckung
- Einrichten einer Personalreserve.

03. Gibt es einen Unterschied zwischen den Begriffen „Fortbildung“ und „Weiterbildung“?

Ja, es gibt einen Unterschied:

- Unter **Fortbildung** versteht man die Fortsetzung der fachlich-beruflichen Ausbildung im Anschluss an eine Berufsausbildung. Das BBiG beschreibt in § 1 Abs. 4:

  „Die berufliche Fortbildung soll es ermöglichen,

  1. *die berufliche Handlungsfähigkeit durch eine Anpassungsfortbildung zu erhalten und anzupassen oder*
  2. *die berufliche Handlungsfähigkeit durch eine Fortbildung der höherqualifizierenden Berufsbildung zu erweitern und beruflich aufzusteigen.“* [1]

- Der Begriff **Weiterbildung** charakterisiert die **generelle Erweiterung der Bildung über die berufsspezifischen Bereiche der Fortbildung hinaus** in Richtung auf ein allgemeines Verständnis komplexer Probleme; z. B. eine Führungskraft erlernt generelle Fähigkeiten des Zeitmanagements oder eignet sich allgemeine Zusammenhänge der Ökologie an. In der Praxis spielt diese Unterscheidung eine untergeordnete Rolle.

04. Warum ist eine systematische Entwicklung der Mitarbeiter notwendig?

- **Aus betrieblicher Sicht** ergeben sich folgende Notwendigkeiten:
  - Erhaltung und Verbesserung der Wettbewerbsfähigkeit durch Erhöhung der Fach-, Methoden- und Sozialkompetenz der Mitarbeiter und der Auszubildenden
  - Verbesserung der Mitarbeitermotivation und Erhöhung der Arbeitszufriedenheit
  - Verminderung der internen Stör- und Konfliktsituationen
  - größere Flexibilität und Mobilität von Strukturen und Mitarbeitern/Auszubildenden
  - Verbesserung der Wertschöpfung.
- **Für Mitarbeiter und Auszubildende** bedeutet Personalentwicklung, dass
  - ein angestrebtes Qualifikationsniveau besser erreicht werden kann
  - bei Qualifikationsmaßnahmen i. d. R. die Arbeit nicht aufgegeben werden muss
  - der eigene „Marktwert“ und damit die Lebens- und Arbeitssituation systematisch verbessert werden kann.
- Die **generelle Bedeutung** einer systematisch betriebenen Personalentwicklung ergibt sich heute auch aus der Globalisierung der Märkte:
  - Durch die internationale Verteilung von Aufgaben beispielsweise innerhalb eines Konzerns werden interkulturelle Trainings immer wichtiger.
  - Aufgrund des weltweiten Wettbewerbs wird die Personalentwicklung zu einem entscheidenden Faktor. Es geht nicht mehr darum, dass gelernt wird, sondern wie **schnell** die Mitarbeiter lernen.

---

[1] Quelle: *Bundesministerium für Forschung und Entwicklung, Berufsbildungsgesetz in der Fassung der Bekanntmachung vom 4. Mai 2020.*

Um so wichtiger ist es für Unternehmen, sich auf die Bildung und Förderung interner Ressourcen zu konzentrieren, die nur schwer und mit erheblicher Verzögerung imitiert werden können. Die Qualifikation und Verfügbarkeit von Fach-, Führungskräften und Auszubildenden spielt eine zentrale Rolle im Kampf um Marktanteile, Produktivitätszuwächse und Kostenvorteile.

MERKE

Personalentwicklung ist ein kontinuierlicher Prozess, der bei systematischer Ausrichtung zu langfristigen Wettbewerbsvorteilen führt.

05. Bei wem liegt die Verantwortlichkeit für die Personalentwicklung?

Die sogenannten Träger der PE sind vor allem:

- der Unternehmer
- die Geschäftsleitung/der Vorstand
- der Fachbereich Personalwesen (z. B. Grundsätze/Leitlinien, Vorbild, Initiator)
- die Führungskräfte
- der Betriebsrat (er hat nach §§ 96 - 98 BetrVG ein Mitwirkungs- und Mitbestimmungsrecht bei der betrieblichen Aus- und Fortbildung)
- die beteiligten Mitarbeiter.

MERKE

Potenzialunterdrückung und Nachlässigkeiten in der Personalentwicklung sind Pflichtverletzungen gegenüber dem Unternehmen und führen längerfristig zu Wettbewerbsnachteilen.

Vgl. auch >> 5.5.4 Beteiligte und Mitwirkende an der Ausbildung.

06. Welche Elemente und Phasen enthält ein Personalentwicklungs-Konzept?

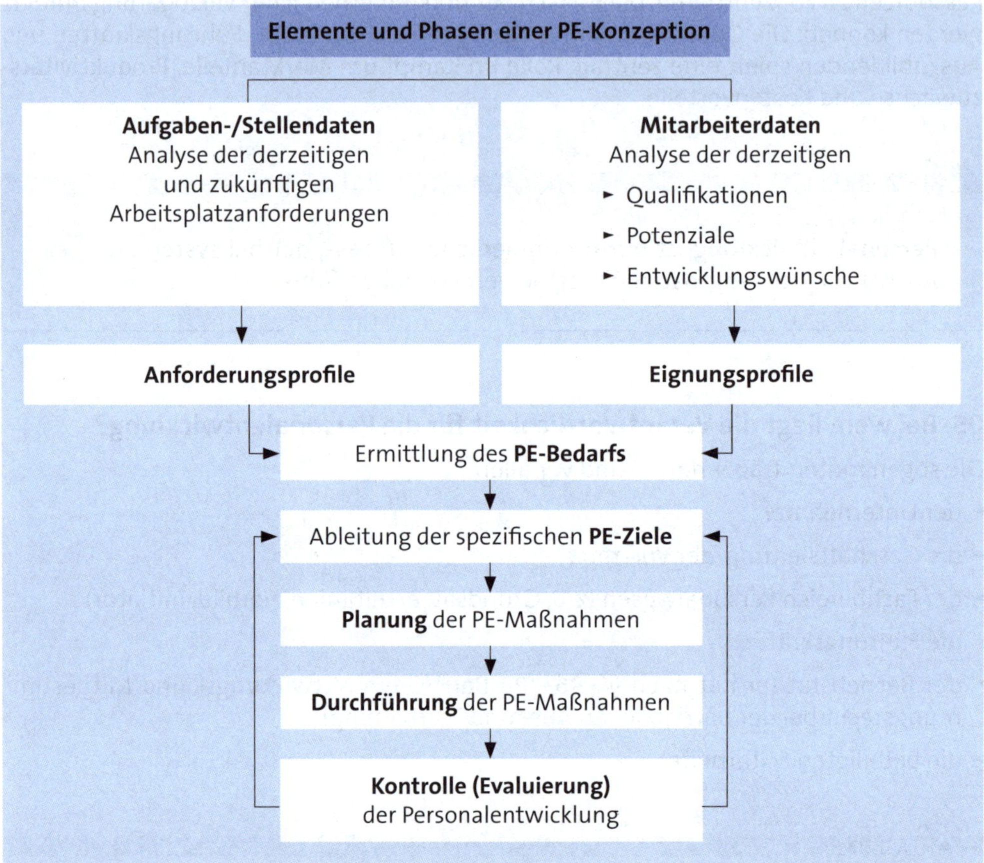

Jedes Personalentwicklungs-Konzept (PE-Konzept; auch: Fortbildungs- oder Weiterbildungskonzept) geht immer von zwei Grundelementen aus – nämlich den **Stellendaten** und den **Mitarbeiterdaten** – und mündet über mehrere Phasen in die Kontrolle der Personalentwicklung (= Evaluierung).

07. Welche Instrumente können im Rahmen der Personalentwicklung eingesetzt werden?

Aus der Fülle der betrieblich eingesetzten Instrumente werden (lt. Rahmenplan) behandelt:

	Inhalt/Funktion	Fundstelle
Stellenbeschreibung	Die Stellenbeschreibung (auch: Aufgaben- oder Funktionsbeschreibung) enthält die Hauptaufgaben der Stelle, die Eingliederung in das Unternehmen und i. d. R. die Befugnisse der Stelle. Sie ist Grundlage für die Ermittlung des Anforderungsprofils. In der Praxis sind häufig Stellenbeschreibung und Anforderungsprofil auf einem „Formular“ zusammengefasst.	→ A 4.
Anforderungsprofil	Analyse der derzeitigen und zukünftigen Arbeitsplatzanforderungen – abgeleitet aus der Stellenbeschreibung (fachliche und persönliche Anforderungen). Im Vergleich zum Eignungsprofil des Mitarbeiters lassen sich daraus fachliche oder persönliche PE-Maßnahmen („Defizite“) ableiten. Dabei nehmen die „Positionsanforderungen gemäß der OE-Strategie“ (vgl. Rahmenplan) eine besondere Bedeutung ein. Im Rahmen der PE bzw. bei Personalbeschaffungsmaßnahmen ist es nicht ausreichend, die derzeitigen Stellenanforderungen zu ermitteln, sondern die zukünftigen Positionsanforderungen mit einzubeziehen (z. B. „Welche Positionsanforderungen muss unser zukünftiger Marketingleiter erfüllen?“ – z. B. Fähigkeit und Kenntnisse des globalen Vertriebs der Erzeugnisse und insbesondere Kenntnisse des russischen und chinesischen Marktes).	→ A 4.
PE-Gespräche	Das Personalentwicklungs-Gespräch dient u. a. der Vorbereitung und der Nacharbeit von Qualifizierungsmaßnahmen. Der Vorgesetzte sollte die einzelnen Phasen der Evaluierung beherrschen und sich an einem systematischen Gesprächsverlauf orientieren.	>> 1.2.3 Frage 09.
Potenzialanalyse	Potenzialbeurteilungen sind zukunftsorientiert. Sie stellen den Versuch dar, in systematischer Form Aussagen über zukünftiges, wahrscheinliches Leistungsverhalten zu treffen.	>> 5.4.2

08. Welchen Inhalt hat eine Stellenbeschreibung und welchen Zweck verfolgt sie?

Die Stellenbeschreibung (auch: Aufgaben- oder Funktionsbeschreibung) enthält die Hauptaufgaben der Stelle, die Eingliederung in das Unternehmen und i. d. R. die Befugnisse der Stelle. In der Praxis hat sich keine eindeutige Festlegung der inhaltlichen Punkte einer Stellenbeschreibung herausgebildet; meist werden Stellenbeschreibung und Anforderungsprofil in einem „Formular" dargestellt. Sie werden für Maßnahmen der Personalbeschaffung, der -auswahl, der -entwicklung und des -einsatzes verwendet.

Stellenbeschreibung	
I.	**Beschreibung der Aufgaben:**
	1. Stellenbezeichnung 2. Unterstellung An wen berichtet der Stelleninhaber? 3. Überstellung Welche Personalverantwortung hat der Stelleninhaber? 4. Stellvertretung ► Wer vertritt den Stelleninhaber? (passive Stellvertretung) ► Wen muss der Stelleninhaber vertreten? (aktive Stellvertretung) 5. Ziel der Stelle 6. Hauptaufgaben und Kompetenzen 7. Einzelaufträge 8. Besondere Befugnisse
II.	**Anforderungsprofil:**
	Fachliche Anforderungen: ► Ausbildung ► Berufspraxis ► Weiterbildung ► Besondere Kenntnisse ... **Persönliche Anforderungen:** ► Kommunikationsfähigkeit ► Führungsfähigkeit ► Analysefähigkeit ...

09. Welcher Leitfaden ist für das PE-Gespräch zu empfehlen?

1. **Formulierung der PE-Ziele**
2. **Vorbereitungsgespräch:**
   Festlegung/Vereinbarung der Lernziele mit dem Mitarbeiter
3. **Durchführung der PE-Maßnahme**
4. **Feedback-Gespräch:**
   PE-Gespräch nach Beendigung der Maßnahme; Auswertung; Umsetzungsmaßnahmen
5. **Umsetzung der Qualifizierungsergebnisse in die Praxis**
6. **PE-Gespräch zur Transfersicherung**
   Sind Follow-up-Maßnahmen erforderlich? Gibt es Hemmnisse bei der praktischen Umsetzung?

10. Welche Maßnahmen der Personalentwicklung/Weiterbildung lassen sich unterscheiden (Überblick)?

- An **Maßnahmen im außerbetrieblichen Sektor** werden vor allem angeboten:
  - offene ein- oder mehrtägige Seminare
  - Lehrgänge mit Zertifikatsabschluss oder mit dem Ziel einer **öffentlich-rechtlichen Prüfung**
  - Maßnahmen zur Umschulung oder zur beruflichen Rehabilitation
  - Fernunterricht und Fernstudium.

  Seminare sind – im Unterschied zu **Lehrgängen** – auf einen kurzen Zeitraum begrenzt; ein spezielles Thema wird besonders intensiv bearbeitet – mit überwiegend teilnehmer-aktivierenden Methoden.
- **Innerbetrieblich** kann sich der Betrieb z. B. auf folgende Aktivitäten stützen:
  - interne Fach- und Führungsseminare
  - Besuch von Messen, Ausstellungen und Kongressen
  - Einrichtung einer innerbetrieblichen Fachbibliothek
  - Training vor Ort (on the job; am eigenen Arbeitsplatz oder in Form von Job Rotation)
  - Abonnement von Fachzeitschriften
  - Beteiligung an Betriebsbesichtigungen.

11. Welche Bedeutung hat die Potenzialanalyse (auch: Potenzialbeurteilung, Potenzialeinschätzung) innerhalb der Personalentwicklung?

Das Konzept einer systematischen Personalentwicklung (PE) beruht auf vier Säulen:

- dem festgestellten **Personalbedarf**
- dem **Potenzial** der Kandidaten (intern und extern)
- den eingesetzten **Methoden und Instrumenten**
- den daraus abgeleiteten **PE-Maßnahmen**.

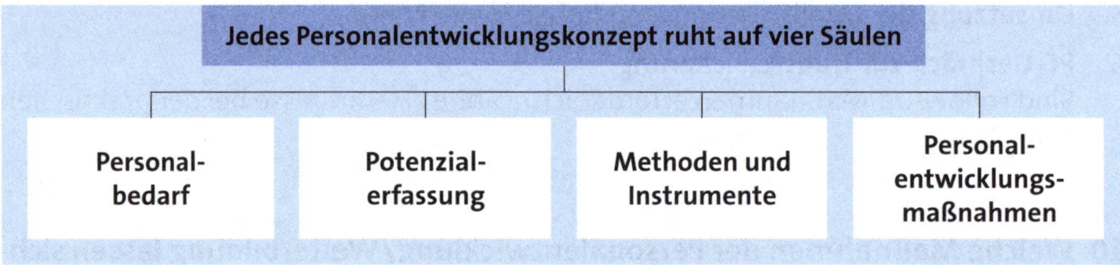

Die Erfassung der Mitarbeiterpotenziale ist also unverzichtbare Grundlage der Planung und Durchführung von Qualifizierungsmaßnahmen. Geht man hier nicht systematisch vor, so degeneriert die Personalentwicklung leicht zur „Aus-, Fort- und Weiterbildung per Gießkanne".

12. Welche Informationsquellen können zur Potenzialanalyse herangezogen werden?

Informationsquellen/Instrumente zur Potenzialerfassung	
Quellen, Instrumente	**Mögliche Informationsaspekte**
Personalakte	► persönliche Daten des Mitarbeiters ► Bewerbungsunterlagen ► Interessen, Erfahrungen ► Beurteilungen, Beförderungen, Versetzungen ► ggf. Mobilitätshindernisse (z. B. Hausbau, Gesundheit, Familie)
Personalstammdaten, Personalinformations-system	► Grunddaten ► Veränderungsdaten ► selektive Suche nach Merkmalen
PE-Datei, -Kartei, PE-Gespräche, PE-Datenbank	► durchgeführte Lehrgänge, Seminare ► interne Qualifizierungsmaßnahmen ► Interessen, Neigungen, Wünsche
Mitarbeiterbefragung	► Wünsche, Neigungen ► Erwartungen, Einstellungen

Informationsquellen/Instrumente zur Potenzialerfassung	
Quellen, Instrumente	**Mögliche Informationsaspekte**
Leistungsbeurteilung	► Beurteilung der gegenwärtigen und zurückliegenden Leistung ► merkmalsorientiert
Potenzialanalyse	► Prognose der Leistungsreserven ► zukünftiges Leistungsvermögen
Testverfahren	► Fähigkeiten ► Persönlichkeit
Assessment-Center	► Eignungsprofile ► Anforderungsprofile ► Mehrfachbeobachtung

13. Welche Inhalte, Fragestellungen und Kategorien sind bei einer Potenzialanalyse relevant?

Potenzialanalysen sind zukunftsorientiert. Sie stellen den Versuch dar, in systematischer Form Aussagen über zukünftiges, wahrscheinliches Leistungsverhalten zu treffen. Man ist bestrebt – ausgehend vom derzeitigen Leistungsbild sowie erkennbarer Leistungsreserven und ggf. unter Berücksichtigung ergänzender Qualifizierungsmaßnahmen – das wahrscheinlich zu erwartende Leistungsvermögen (Potenzial) zu erfassen.

- Die Potenzialaussage kann sich dabei auf die nächste hierarchische Stufe beziehen:
  - als sequenzielle Potenzialanalyse oder generell langfristig
  - als absolute Potenzialanalyse angelegt sein.
- Im Mittelpunkt der Potenzialanalyse stehen vor allem folgende Fragestellungen:
  - Wohin kann sich der Mitarbeiter entwickeln? → Entwicklungsrichtung
  - Wie weit kann er dabei kommen? → Entwicklungshorizont
  - Welche Potenzialkategorien sollen beurteilt werden? → Fachpotenzial
  - Welche Veränderungsprognose wird abgegeben? → Führungspotenzial
  - Welche Einsatzalternativen sind denkbar?
  - Welche Fördermaßnahmen sind geeignet?

- Kategorien der Potenzialanalyse:

  Hinsichtlich der Beurteilungskategorien gibt es keine allgemein gültige Klassifizierung. Von Interesse sind insbesondere folgende Merkmale:

  - Fachkompetenz
  - Führungskompetenz (umfassender: Sozialkompetenz)
  - Methodenkompetenz sowie ggf.
  - spezielle persönliche Eigenschaften (Stärken/Schwächen), die als besonders leistungsfördernd oder leistungshemmend angesehen werden, z. B.:
    - Lernbereitschaft
    - Leistungsbereitschaft (Antrieb)
    - intellektuelle Beweglichkeit
    - Organisationsgeschick (sich selbst und andere organisieren).

  Die einzelnen Kategorien überlagern sich zum Teil. Welche Aspekte letztendlich in der betrieblichen Praxis einer durchgeführten Potenzialanalyse gewählt werden, hängt z. B. ab

  - von der Wertestruktur des Unternehmens (Stichworte: Unternehmensleitlinien, -philosophie)
  - von der Wertestruktur der Führungskräfte
  - von den kurz- und mittelfristig zu besetzenden (Schlüssel-)Positionen und deren Anforderungsprofil
  - von den prognostizierten Veränderungen im mittelbaren und unmittelbaren Umfeld des jeweiligen Unternehmens (z. B. politische Entwicklungen, Veränderung der Märkte).

14. Wie kann eine Potenzialanalyse konkret aussehen?

Das dargestellte Beispiel (vgl. übernächste Seite) einer strukturierten Potenzialanalyse stammt aus der Praxis. Es wurde für einen Handelskonzern mit dezentraler Struktur entwickelt – als Instrument zur Personalentwicklung der unteren und mittleren Führungsebene.

Beispiel

Aus der Praxis

Die Metro Group schreibt in ihrem Geschäftsbericht 2003 auf S. 55: *„[...] wurde ein neues Personalkonzept mit dem Arbeitstitel METRO Group Performance Management entwickelt. [...] Erfolgsfaktoren [...] sind die Qualifikation, die Leistungsbereitschaft, die internationale Ausrichtung sowie die Innovationsbereitschaft und -fähigkeit der Mitarbeiter."*

15. Wie ist die Potenzialanalyse auszuwerten?

Erkenntnisse aus der Potenzialanalyse müssen mit dem Mitarbeiter besprochen und (handschriftlich) dokumentiert werden. Die Integration derartiger Informationen in eine Datenbank unterliegt dem Datenschutz und ist i. d. R. mitbestimmungspflichtig.

Wesentlich bei der Auswertung der Potenzialanalyse ist, dass der Vorgesetzte mit dem Mitarbeiter bespricht, welche Konsequenzen und Maßnahmen daraus ggf. abgeleitet werden können oder müssen. Hier ist Offenheit und Klarheit gefragt. Denkbar sind z. B. folgende Situationen (Anforderungsprofil im Vergleich zum Eignungsprofil):

1. Der Mitarbeiter ist in seiner derzeitigen Position richtig eingesetzt. → Anpassungsförderung.
2. Der Mitarbeiter hat auf Dauer nicht das entsprechende Potenzial für die derzeitige Aufgabe. → Suche nach geeigneter Versetzung.
3. Der Mitarbeiter zeigt deutlich mehr Potenzial als die derzeitige Stelle erfordert. → Suche nach geeigneter Förderung/Beförderung, horizontal oder vertikal.

Führen Potenzialergebnisse nicht zu nachvollziehbaren Handlungen und Aktionen (Versetzung, Förderung, Beförderung u. Ä.) erzeugt das Unternehmen eine „Heerschar von Frustrierten". Das Instrument „Potenzialanalyse" kehrt sich in seiner Wirkung um. Weiterhin sollten alle Vorgesetzten die Philosophie praktizieren: „Potenzialunterdrückung ist Pflichtverletzung gegenüber dem Unternehmen und den Mitarbeitern."

Beispiel

Potenzialanalyse (Praxisbeispiel)

Potenzialbeurteilung		**Stärken-Schwächen-Analyse**	
Führungskraft ( )		Führungsnachwuchskraft ( )	
Name, Vorname:		Stelle/Funktion:	
Geburtsdatum:		seit:	
Familienstand:		Bisherige betriebliche Aufgaben:	
Stärken/Neigungen		**Schwächen/Abneigungen**	
	Potenziale		
Fachpotenzial:	**Methodenpotenzial:**	**Führungspotenzial:**	**Sozialpotenzial:**
Fördermaßnahmen			
	Veränderungsprognose/Einsatzalternativen		
Folgende Aufgaben/Positionen/Entwicklungsschritte sind denkbar:			
Aufgabe/Position: 1. 2. 3.		Zeitpunkt:	
Kommentar, Bemerkungen			
Erstellt am:		Besprochen am:	
Unterschriften:	ppa. Krause	i. V. Hurtig	i. A. Kantig

16. Wie kann die Potenzialeinschätzung umgesetzt werden?

Die klassischen Instrumente zur Einschätzung des Mitarbeiterspotenzials sind:

- Auswertung geeigneter und bereits existierender Informationsquellen (vgl. oben, Frage 02.)
- Entwicklung und Durchführung eines firmeneigenen Assessment-Centers
- Einbindung der Potenzialanalyse in die jährlich stattfindenden (Leistungs-)Beurteilungen oder Durchführung im Rahmen geeigneter Beratungs- bzw. Betreuungsgespräche
- Implementierung eines jährlichen Personalentwicklungsgesprächs.

17. Welche speziellen Methoden[1] der Mitarbeiterförderung und -entwicklung werden in der Praxis eingesetzt?[2]

Spezielle Methoden der Mitarbeiterförderung und -entwicklung sind:

- Job Rotation
- Job Enlargement
- Job Enrichment
- Supervision
- Coaching
- Assessment-Center
- Arbeitsgestaltung.

18. Welche Zielsetzung haben Job Rotation-Programme und welche Vorteile können damit verbunden sein?

- **Job Rotation** (Arbeitsplatzringtausch) ist die systematisch gesteuerte Übernahme unterschiedlicher Aufgaben in Stab oder Linie bei vollgültiger Wahrnehmung der Verantwortung einer Stelle. Jedem Arbeitsplatzwechsel liegt eine Versetzung zugrunde. Die Dauer einer Station kann bis zu einem Jahr betragen.

  Entgegen der zum Teil häufig geübten Praxis ist also Job Rotation nicht „das kurzfristige Hineinschnuppern in ein anderes Aufgabengebiet", das „Über-die-Schulter-schauen", sondern die vollwertige, zeitlich befristete Übernahme von Aufgaben und Verantwortung einer Stelle mit dem Ziel der Förderung bestimmter Qualifikationen.
- **Vorteile** von Job Rotation, z. B.:
  - Das Verständnis von Zusammenhängen im Unternehmen wird gefördert.
  - Der Mitarbeiter wird von Kollegen und unterschiedlichen Vorgesetzten „im Echtbetrieb" erlebt; damit entstehen Grundlagen für fundierte Beurteilungen.

---

[1] Behandelt werden nur die Methoden lt. Rahmenplan.

[2] Vgl. >> 1.2.2, Fragen 10. ff.

- Fach- und Führungswissen kann horizontal und vertikal verbreitert werden.
- Die Einsatzmöglichkeiten des Mitarbeiters werden flexibler; für den Betrieb wird eine personelle Einsatzreserve geschaffen; „Monopolisierung von Wissen“ wird vermieden.
- Lernen und Arbeiten gehen Hand in Hand; „Produktion und Information“, d. h. die Bewältigung konkreter Aufgaben und die Aneignung neuer Inhalte sind eng verbunden.

19. Was ist Job Enlargement und welche Vorteile können damit verbunden sein?

Darunter versteht man eine Aufgabenerweiterung, bei der einer bestehenden Aufgabe neue, qualitativ **gleich- oder ähnlichwertige Aufgaben hinzugefügt werden**, z. B. Übernahme von verwandten Tätigkeiten, die bislang an anderen Arbeitsplätzen ausgeführt wurden.

► **Vorteile:**

- Verbesserung der Motivation der Mitarbeiter
- individuelle Steuerung der Entwicklung des Mitarbeiters
- Förderung der Flexibilität des Mitarbeiters und damit seiner Arbeitsgruppe.

► **Regeln für die Durchführung:**

- Die Tätigkeiten sollen Möglichkeiten und Anreize für die Mitarbeiter bieten, ihre Kenntnisse und Fähigkeiten eigenverantwortlich weiterzuentwickeln.
- Die Aufgabenzuordnung soll sinnvoll, ganzheitlich strukturiert oder in inhaltlichen Zusammenhängen sein.

20. Was versteht man unter Job Enrichment und welche Vorteile können damit verbunden sein?

Darunter versteht man eine **Aufgabenbereicherung**, bei der einer bestehenden Aufgabe qualitativ **höherwertige** (schwierigere, anspruchsvollere) **Aufgaben hinzugefügt werden**: z. B. Erweiterung der Planungs-, Entscheidungs-, Durchführungs-, Kontrollspielräume, Vollmachten und Kompetenzen.

Die Mitarbeiter müssen zusätzlich qualifiziert werden und qualifizieren sich durch die Wahrnehmung der neuen Herausforderung höher; es eröffnen sich Möglichkeiten zur Persönlichkeitsentfaltung und Selbstverwirklichung.

► **Vorteile:**

- individuelle Steuerung der Entwicklung des Mitarbeiters
- Entwicklung einer übergeordneten Sicht für den Mitarbeiter, bereichsübergreifendes Denken und Handeln wird möglich
- Förderung der individuellen Motivation.

- **Regeln für die Durchführung:**
  - Der Handlungs- und Gestaltungsspielraum sollte so beschaffen sein, dass der Mitarbeiter ihn entsprechend seinem persönlichen Leistungsvermögen auch sinnvoll ausschöpfen kann (Erfolgserlebnisse müssen möglich sein).
  - Die Arbeitsaufgabe sollte so herausfordernd sein, dass sie dem Mitarbeiter Anreize zur persönlichen selbstverantwortlichen Weiterbildung bietet.
  - Es müssen ganzheitliche oder bereichsübergreifende Tätigkeitszusammenhänge entstehen.

21. Welche Methoden der Personalentwicklung (Training) lassen sich into the job, on the job, near the job und off the job einsetzen?

Maßnahmen der Qualifizierung

into the job **Einführung in einen (neuen) Arbeitsplatz**	**on the job** **am Arbeitsplatz**	**near the job** **in der Nähe zum Arbeitsplatz**	**off the job** **außerhalb des Arbeitsplatzes**
► Berufsausbildung ► Umschulung ► Trainee ► Einführung ► Einarbeitung ► Betriebsbesichtigung ► Praktika	► Assistenz ► Stellvertretung ► Arbeitskreis ► Projektgruppe ► Unterweisung ► Job Enlargement ► Job Enrichment ► Job Rotation ► Auslandseinsatz ► teilautonome Arbeitsgruppe	► Lernstattmodelle ► Zirkelarbeit ► Coaching ► Mentoring ► Entwicklungsgespräche ► Ausbildungswerkstatt ► Gruppendynamik ► Konflikttraining ► Übungsfirma ► Routinebesprechungen	► Vortrag ► Tagung ► Fernlehrgang ► Förderkreise ► Lehrgespräch ► Online-Training ► CBT-Training ► Planspiel ► Fallstudie ► Programmierte Unterweisung

22. Welche Methode der Personalentwicklung lässt sich mit „Strategischer Positionierung“ bezeichnen?

Die Methode „Strategische Positionierung“ ist in der Literatur als Begriff selten vertreten. In der Praxis versteht man darunter Aufgabengebiete/Positionen, die einen besonders hohen, intensiven und zukunftsgerichteten Lerncharakter haben und im Unternehmen zeitlich begrenzt oder auf Dauer eingerichtet sind, z. B.:

- zeitlich begrenzter Arbeitseinsatz in einer ausländischen Tochtergesellschaft
- Assistent des Vorstandes/der Geschäftsleitung, Bearbeitung betrieblicher Grundsatzfragen
- Mitglied in einem Leitungsgremium der Top-Ebene (z. B. Board), Leitung eines Innovationsprojekts
- Aufbau von Fähigkeiten und Wissen bei den Mitarbeitern, um Güter in der Zukunft anbieten zu können. Eine strategische Positionierung kann durch Neuqualifizierung der Mitarbeiter erfolgen, indem neue Berufsbilder und Berufsbezeichnungen eingeführt werden.

23. Was versteht man unter Evaluierung?

Unter Evaluierung (auch: Evaluation, Erfolgskontrolle) versteht man die **Überprüfung und Bewertung von Entwicklungsmaßnahmen** hinsichtlich

- ihres Inputs,
- ihres Prozesses und
- ihres Outputs.

Von zentraler Bedeutung bei der Erfolgskontrolle von PE-Maßnahmen ist der **Transfer des Gelernten in die Praxis** (Umsetzung vom Lernfeld in das Funktionsfeld). Inhalte und Erfahrungen von Qualifizierungsmaßnahmen, die keinen Eingang in die Praxis finden, sind das Geld nicht wert, das sie kosten.

Es müssen daher im Rahmen der Evaluierung folgende Schlüsselfragen bearbeitet werden:

- Was sollte gelernt werden? → Evaluierung der Lernziele
- Was wurde tatsächlich gelernt? → Evaluierung der Lernprozesse und -methoden
- Was wurde davon behalten? → Evaluierung des Lernerfolgs
- Was wurde davon in die Praxis umgesetzt? → Evaluierung des Anwendungserfolgs
- In welchem Verhältnis stehen Aufwand und Nutzen zueinander? → Evaluierung des ökonomischen Erfolgs

Die Evaluierung eines PE-Prozesses ist mehr als die „bloße Kontrolle einer Bildungsmaßnahme“. Ebenso wie in anderen betrieblichen Funktionen stellt sie ein geschlossenes

System von Zielsetzung, Planung, Organisation, Durchführung und Kontrolle dar – mit den generellen Phasen:

1. Analyse der Ist-Situation
2. Zielsetzung (Sollwert)
3. Vergleich von Soll und Ist (Abweichungsanalyse)
4. Ursachenanalyse
5. Entwicklung von Maßnahmen und Methoden
6. Kontrolle der Wirkung der durchgeführten Maßnahmen

↓ **Evaluierungssystem**

24. Welche Methoden können für die Evaluierung eingesetzt werden?

Zur Erfolgskontrolle von Maßnahmen der Personalentwicklung sind vor allem vier Methoden geeignet:

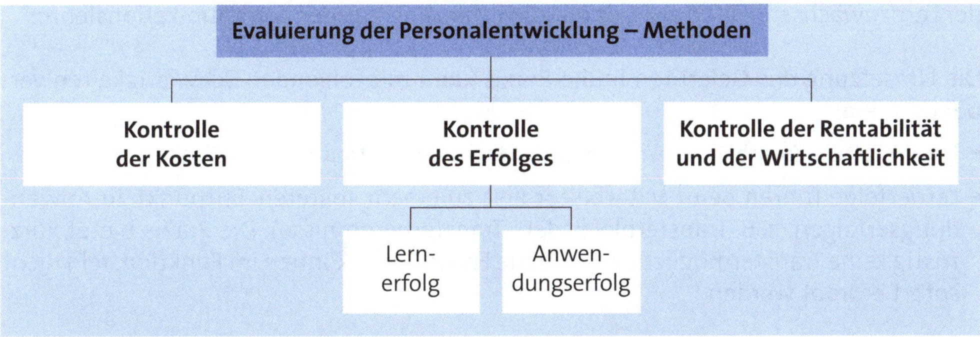

25. Wie wird die Kontrolle des Lernerfolgs durchgeführt?

Die **Kontrolle des Lernerfolgs** (auch: pädagogische Erfolgskontrolle im Lernfeld) wird über die Beantwortung folgender Fragen durchgeführt:

- Was **sollte gelernt** werden?
- Was **wurde gelernt**?
- Was **wurde** davon im Lernfeld **behalten**?

Zu überprüfen sind also beispielweise die ausreichende und messbare Formulierung der Lernziele, ihre Übermittlung an den Mitarbeiter, der Vergleich der angestrebten Lernziele mit den tatsächlich vermittelten Lernzielen sowie die Wirksamkeit der im Lernfeld eingesetzten Methoden.

Die Absicherung des Lernerfolges wird durchgeführt:

1. **Vor** der Maßnahme: → **Gespräch** Vorgesetzter – Mitarbeiter: Ziele und Inhalte der Maßnahme

2. **Während** der Maßnahme: → **Tests** oder **Prüfungen**
3. **Nach** der Maßnahme: → Befragung der Teilnehmer am Schluss der Maßnahme: strukturierte oder freie **Seminar- bzw. Lehrgangsbewertung**

   → **Feedback-Gespräche:**

   3.1 **Vorgesetzter – Mitarbeiter:**
   - direkt nach Beendigung der Maßnahme
   - im Rahmen von Beurteilungs- und PE-Gesprächen

   3.2 **Vorgesetzter – Trainer:**
   Selbsteinschätzung, Fremdeinschätzung der Teilnehmer, Einleitung von begleitenden Maßnahmen zur Umsetzung.

Der Lernerfolg sagt noch nichts aus über den Anwendungserfolg, d. h. die Umsetzung der Lernzuwächse in der Praxis. Es gilt die Erfahrung aus der Kommunikationslehre:

Die Umsetzung des Gelernten in die Praxis kann mit folgenden Schwierigkeiten verbunden sein:

- Lerninhalte, vereinbarte Lernziele und Methoden entsprechen sich nicht.
- Lernerfolge führen beim Mitarbeiter erst zu einem späteren Zeitpunkt zu Anwendungserfolgen (z. B. Transferblockaden, Transferhemmnisse). Die Praxis bietet kurzfristig keine Transfermöglichkeiten: neue Fertigkeiten können im Funktionsfeld nicht sofort erprobt werden.

Daher ist neben der Kontrolle des Lernerfolgs auch die Kontrolle des Anwendungserfolgs durchzuführen.

26. Wie erfolgt die Kontrolle des Anwendungserfolgs?

Die **Kontrolle des Anwendungserfolgs** beantwortet die Frage: „Welche der zu lernenden Inhalte konnten kurz- und mittelfristig in die Praxis umgesetzt werden?“

Die Anwendungskontrolle sollte unmittelbar nach der Qualifizierung im Lernfeld aber auch zu späteren Zeitpunkten erfolgen, da die Mitarbeiter sich in der Transferleistung unterscheiden. Sie kann erfolgen über:

- Befragung der Mitarbeiter (Selbsteinschätzung)
- Befragung des Vorgesetzten (Fremdeinschätzung)
- Beobachtung und Bewertung im Rahmen der Leistungsbeurteilung

- Erörterung im Rahmen von PE-Gesprächen:
  - Lernzuwächse im Bereich der Problembewältigung
  - verbesserte Sensibilisierung für neue Probleme und Lösungsansätze
  - Identifikationszuwächse (für die gestellte Aufgabe; für neu erlernte Methoden)
- Follow-up-Maßnahmen: Arbeits- und Lerngruppen sowie Anschlussmaßnahmen bieten den Teilnehmern die Möglichkeit, Erfahrungen über den Transfer auszutauschen und zusätzlich erforderliche Maßnahmen einzuleiten.

27. Welche Möglichkeiten der Kostenkontrolle gibt es?

Die **Kostenkontrolle** setzt eine Erfassung aller Kosten voraus, die im Zusammenhang mit der Qualifizierung entstanden sind: Art und Höhe der Kosten sowie Zeitpunkt der Entstehung und verursachende Kostenstelle.

Hinsichtlich der Kostenart lassen sich folgende Beispiele nennen:

- Kosten externer Maßnahmen (off the job), z. B.:

  Kursgebühren, Reisekosten, ausgefallene und bezahlte Arbeitszeit, Opportunitätskosten, anteilige Personal- und Verwaltungskosten usw.
- Kosten interner Maßnahmen am Arbeitsplatz (on the job), z. B.:

  Unterweisung, Kosten innerbetrieblicher Referenten usw.
- Kosten interner Maßnahmen außerhalb des Arbeitsplatzes (near the job), z. B.:

  Raumkosten, Honorare, Lehr- und Lernmittel usw.
- Weitere Kosten können mit PE-Maßnahmen „into the job", „out of the job" und speziellen PE-Maßnahmen verbunden sein, z. B.: Einarbeitungsprogramme, Förderprogramme für Nachwuchskräfte, Auslandsentsendung, Laufbahn-PE. Die Kosten für ausgefallene Arbeitszeiten werden in der Praxis meist in Ansatz gebracht.

Im Rahmen der Kostenkontrolle können Kostenvergleichsrechnungen, Bildungsbudgets sowie Kennziffern (Kosten je Mitarbeiter) erhoben werden.

28. Kann man die Rentabilität einer Personalentwicklungsmaßnahme erfassen?

Die **Kontrolle der Rentabilität** von Qualifizierungsmaßnahmen (auch: **ökonomische Erfolgskontrolle**) wird in der Theorie meist anhand der folgenden Kennziffer dargestellt:

$$\text{Rendite der Qualifizierung} = \frac{[\text{Wert der Qualifizierung - Kosten (in €)}]}{\text{Kosten der Qualifizierung}} \cdot 100$$

Bei einem Autoverkäufer, der psychologische Erkenntnisse eines Verkaufsseminars am nächsten Tag anwendet und sofort mehr Autos verkauft, kann der zusätzliche Ertrag gemessen werden und dann den Seminarkosten gegenübergestellt werden.

29. Welches Problem kann im Rahmen der ökonomischen Erfolgskontrolle einer Personalentwicklungsmaßnahme auftreten?

Der Nutzen der Personalentwicklungsmaßnahme, z. B. Führungskräfteseminar, kann nicht in monetären Einheiten (Euros) direkt ausgedrückt werden. Die Messbarkeit des Nutzens stellt das Problem dar. Eine Führungskraft kann möglicherweise sein Verhalten aufgrund des Seminars verändern. Ein direkter Zusammenhang „Seminar und zusätzlicher Ertrag aus dem Seminar" ist meist nicht bestimmbar.

1.3 Informationstechnologie und Wissensmanagement

1.3.1 Wissensmanagement

01. Was ist Wissensmanagement?

Wissensmanagement ist die methodische Einflussnahme auf die Wissensbasis des Unternehmens bzw. der in ihr arbeitenden Personen. Die sog. **Wissensbasis** umfasst die Daten, Informationen, das Wissen sowie alle Fähigkeiten, die ein Unternehmen zur Lösung ihrer Aufgaben benötigt.

02. Welche Aufgaben hat das Unternehmen bei der Gestaltung des Wissensmanagements zu bewältigen?

Jedes Unternehmen verfügt über Wissen in Bezug auf Prozesse, Fakten, Märkte, Technologien, Anwendungen usw. Die Erzeugung, Verdichtung, Speicherung, Weitergabe und Nutzung von betrieblichem Wissen ist ein Produktionsfaktor von hohem Wert. Die Nichtinanspruchnahme vorhandenen Wissens stellt eine Ressourcenverschwendung dar, die schnell zu Wettbewerbsnachteilen führt.

Es gilt also:

- Betriebliches Wissen ist **explizit vorhanden** in Form von Dokumenten, Berichten und Daten/Datenbanken.
- **Implizites Wissen** umfasst Erfahrungen und Erkenntnisse, das von Personen mehr oder weniger bewusst bei der Lösung betrieblicher Probleme eingesetzt wird. Es ist nicht dokumentiert und wird nur bedingt artikuliert (Weitergabe an Kollegen).

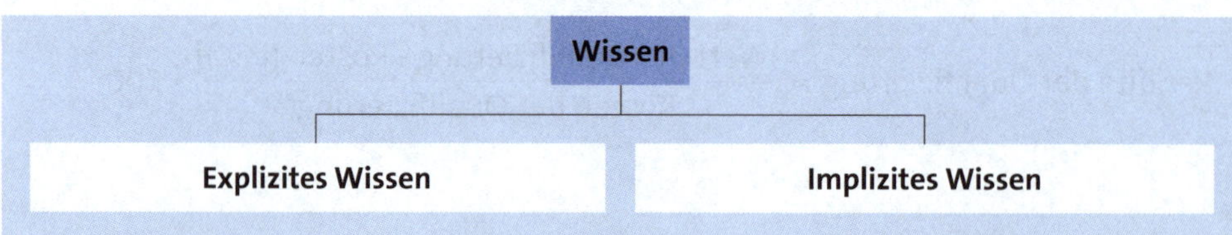

Es kommt also für Unternehmen darauf an, **explizites** Wissen zu erfassen und systematisch zu dokumentieren. Weiterhin muss es (idealerweise) gelingen, relevantes **implizites** Wissen zu erkennen und in explizites Wissen zu transformieren.

Darüber hinaus wird zwischen
- individuellem und
- strukturellem Wissen

unterschieden.

Das **individuelle** Wissen ist personengebunden, mobil und hängt von den persönlichen Eigenschaften und Fähigkeiten des Wissensträgers ab. Der Wissensträger zeichnet sich durch vier Kompetenzen aus:
- Fachkompetenz
- Methodenkompetenz
- Organisationskompetenz
- Sozialkompetenz.

Das angeeignete Wissen einer Führungskraft enthält subjektive Blickwinkel sowie individuelle Ausprägungen.

Das **strukturelle** Wissen entsteht durch die Verknüpfungen von Prozessen, Stellen, Funktionen und Menschen. Es wird ein System aufgebaut, das aus verschiedenen Elementen besteht, die miteinander verknüpft sind. Ein Kommunikationsnetzwerk stellt ein System dar, welches die Infrastruktur zur Erzeugung von Wissen darstellt.

Beispielsweise kann ein System mit verschiedenen Mentoren aufgebaut werden. Die Mentoren tauschen sich über ihre internen Klienten (z. B. junge Ingenieure) formell und informell sowie verbal oder nonverbal aus. Durch den Informationsaustausch entstehen Synergien, die zu einem Wissenszuwachs führen können. Das Kommunikationsnetzwerk der Mentoren kann technisch ausgeprägt sein (z. B. Intranet) oder nur auf der persönlichen Ebene (z. B. Workshops).

03. Welche Verfahren zum Aufbau eines Wissensmanagementsystems gibt es?

1. **Erfassung, Speicherung, Weitergabe und Nutzung des expliziten Wissens**, z. B.:
   - Einrichtung eines zentralen Dokumentenarchivs (Dokumentenrepositorium)
   - Einrichtung eines Informationsdienstes (z. B. Führungskräftebrief, Rubriken in der Firmenzeitschrift, Rundbrief, Zeitschriftenumlauf, Weiterleitung von Informationen per Intranet usw.)
   - Qualifizierung und Information der Mitarbeiter über betriebliche Fakten, Prozesse, Entwicklungen und Regelungen (Lehrgänge, Betriebsversammlung, Meetings)
   - Vernetzung des expliziten Wissens (z. B. Aufbau eines Managementinformationssystems, vgl. oben).

2. **Erkennen, Erfassen, Dokumentieren und Weiterleiten des impliziten Wissens:** Hier besteht die zentrale Aufgabe darin, das implizit vorhandene Wissen zu lokalisieren, daraus die betrieblich relevanten Informationen zu filtern und in explizit vorhandenes Wissen zu transformieren.

   Einen Ansatz dazu liefert das **SECI-Modell** der Japaner *Nonaka* und *Takeuchi* (1995). Wissen entsteht und kann sich in einem Kreislauf mit folgenden Phasen vermehren:

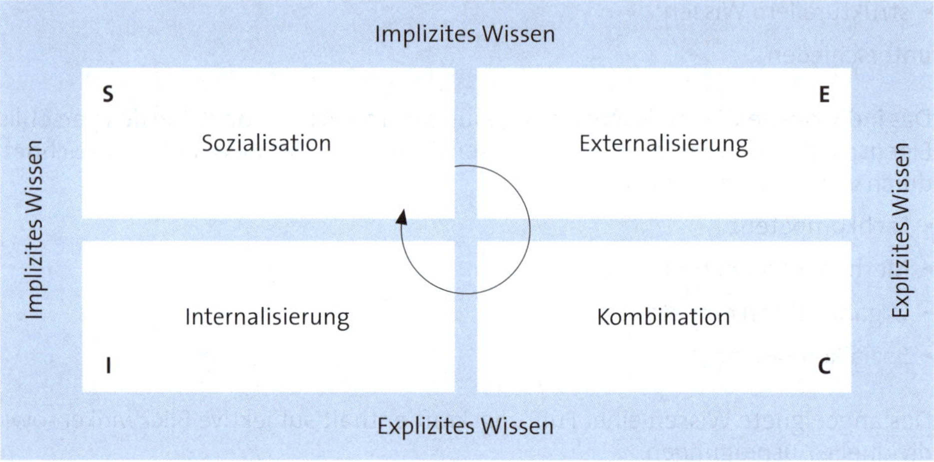

   Sozialisation:
   Wissen wird in der betrieblichen Zusammenarbeit erworben und ist implizit vorhanden.

   Externalisierung (lat.: Verlagerung nach außen):
   Implizit vorhandenes Wissen wird erfasst, dokumentiert und damit in explizites Wissen transferiert (Berichte, Regeln, Handbücher, Betriebsanweisungen).

   Kombination (engl.: Combination):
   Das durch Externalisierung neu geschaffene, explizite Wissen wird mit vorhandenem, expliziten Wissen kombiniert. Dadurch entsteht eine Vermehrung des Wissens (Gewinnen neuer Erkenntnisse durch Wissenskombination).

   Internalisierung (lat.: Verinnerlichen):
   Neues Wissen wird von Personen verinnerlicht. Es ist als implizites Wissen vorhanden und kann im Wege der Sozialisation an andere weitergegeben werden.

   Das SECI-Modell fand auch Skeptiker. Trotzdem unterstützt es die praktischen Erfahrungen im Umgang mit Wissen und Wissensträgern, z. B.:

   1. Mitarbeiter sollten generell Anreize erhalten, ihr Wissen an andere weiterzugeben.
   2. Es darf keine Monopolisierung von Wissen geben. Die bewusste Zurückhaltung von Wissen ist eine Pflichtverletzung des Arbeitnehmers.
   3. Wissenszuwächse müssen in geeigneter Weise erfasst, dokumentiert und zugänglich gemacht werden (z. B. Ergebnisse von Projekten, Ursachen von Kun-

denreklamationen). Dies verlangt eine standardisierte Erfassung und Verwaltung des Wissens.

4. Der informelle Erfahrungsaustausch unter Kollegen hat einen hohen Stellenwert im Unternehmen. Er kann auch durch ein noch so ausgefeiltes Informationssystem nicht ersetzt werden.

04. Welcher Zusammenhang besteht zwischen Wissensmanagement und Managementkreislauf?

Das Wissensmanagement wurde von den Autoren *Probst, Raub* und *Romhardt* (vgl. nachfolgend *Frey-Luxemburger, 2014, S. 43 - 45*) mit dem Managementkreislauf verbunden.

Wissensziele: Das Management sollte die strategischen und operativen Ziele definieren und daraus die Wissensziele abzuleiten. Das bedeutet, welcher Bedarf an Wissen ist notwendig, um die Unternehmensziele zu erreichen?

Ein wesentliches Wissensziel besteht darin, im Unternehmen ein Bewusstsein für eine Wissenskultur zu schaffen. Eine Wissenskultur kann durch das Leitbild einer lernenden Organisation geschaffen sowie durch Aufklärung oder Trainings durch die Personalentwicklung unterstützt werden.

Wissensidentifikation: Welches externe und interne Wissen wird benötigt, um die unternehmerischen Ziele zu erreichen? Es geht hierbei um Wissensinventur (Ist-Bestand) sowie um den Wissensbedarf (Soll).

Wissenserwerb: Wie kann die Wissenslücke geschlossen werden? Möglichkeiten bestehen durch Schulungen, Einkauf von Beratungsleistungen oder Neueinstellungen von Mitarbeitern mit dem entsprechenden Wissen.

Wissensentwicklung: Innovationen durch Forschung und Entwicklung, betriebliches Vorschlagswesen, Kreativitätsworkshops (Brainstorming, Methode 635, Synektik usw.)

Wissensverteilung: Welche Mitarbeiter erhalten welches Wissen? Mitarbeiter sollten nicht unter einem Overload leiden, aber auch nicht über zu wenige Informationen für ihre Aufgaben verfügen.

Wissensnutzung: Das Wissen sollte produktiv eingesetzt werden. Das bedeutet, die Mitarbeiter sollten den vorhandenen Wissensbestand im Unternehmen nutzen können. Barrieren zur Wissensnutzung sollten aufgehoben werden.

Wissensbewahrung: Speicherung von explizitem Wissen und Transfer von implizitem Wissen bei Ausscheiden eines Mitarbeiters auf neue Mitarbeiter

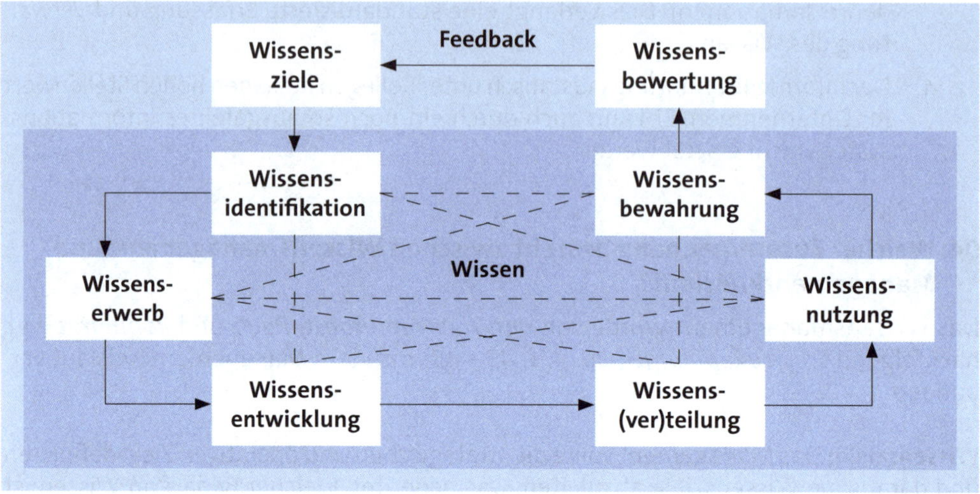

Quelle: *Frey-Luxemburger, 2014, S. 54*

05. Wie kann das Wissen aufbereitet werden?

Grundsätzlich sollte das Wissen so aufbereitet werden, dass der Empfänger einen möglichst großen Nutzen hat. Es sollte auch beachtet werden, dass das Gesetz vom abnehmenden Grenznutzen auch im Informations- und Wissensmanagement anwendbar ist. Das bedeutet, dass lediglich das Wissen aufbereitet werden sollte, was der Empfänger wünscht. Häufig sind jedoch die Zielvorgaben unscharf oder aufgrund der Komplexität der Daten sowie Informationen so breit oder auch tief, dass der Sender möglichst viele Informationen bereitstellt, damit der Empfänger selbst wählen kann. Durch die zusätzliche Daten-, Informations- oder Wissensmenge sinkt jedoch der zusätzliche Nutzen beim Empfänger (Gossensches Gesetz vom abnehmenden Grenznutzen). Daher sollte das Wissen empfängerorientiert aufbereitet werden. Es gibt verschiedene Möglichkeiten der Wissensaufbereitung, die nachfolgend aufgezeigt werden:

- Data-Mining: Aus dem Data-Warehouse wird mithilfe von statistischen Methoden versucht, Zusammenhänge und Muster zu erkennen.

  Statistische Methoden können sein: Regressionsanalyse, Clusteranalyse, Varianzanalyse.

- Die strukturierten Daten werden wie im Reporting visualisiert. Durch Bilder können ebenso Zusammenhänge und Muster entdeckt werden. In solchen Fällen wirkt der Datenanalytiker wie ein Künstler, der das System, das er untersucht, vollständig verstanden haben sollte. Durch Charts oder Tabellen können Effekte deutlich gemacht werden, aus denen der Nutzer lernt.

- *Larry Page* (Google-Gründer) optimierte die Wissensaufbereitung, indem er ein Verfahren entwickelte, das sich auf die Verlinkung zwischen den Dokumenten konzentrierte. Das Problem besteht häufig darin, dass die Suchmaschinenabfragen auch vom Wortschatz des Suchers abhängen. Im Idealfall sollte die Anfrage an eine Suchmaschine die optimale Antwort geben. Aber was ist die optimale Antwort? Die Suchmaschine müsste das Basiswissen des Suchenden kennen (vgl. *Frey-Luxemburger, 2014, S. 82 f.*).

Die Suchmaschinen liefern daher viele Vorschläge, sodass das Wissen i. d. R. breit aufbereitet wird, jedoch wird der Nutzer je nach Wissensstand und Ziel die Sachverhalte selbst auswählen und zusammenstellen sollte.

06. Welche Vorteile hat die Einführung eines Wissensmanagement?

Vorteile eines Wissensmanagement, z. B.:

- schneller Zugriff auf relevante Daten
- Transparenz, Einheitlichkeit und Absicherung der Entscheidungsgrundlagen
- Wissen wird dokumentiert und „geht nicht in Rente".
- verbesserte Einarbeitung neuer Mitarbeiter
- Konserviertes Wissen stellt einen Wettbewerbsvorteil dar.

07. Was ist ein Managementinformationssystem (MIS)?

Die Beschreibung von Managementinformationssystemen (MIS) ist in der Literatur nicht einheitlich. Lediglich über die Aufgaben eines MIS gibt es einen relativen Konsens. Vielfach wird der Terminus MIS als Oberbegriff für Informationssysteme mit ähnlicher Aufgabenstellung gewählt; vgl. zum Beispiel:

- **DSS:** Decision Support System
- **MSS:** Management Support System
- **FIS:** Führungsinformationssystem
- **EIS:** Executive Information System.

08. Welche Aufgaben hat ein Managementinformationssystem?

Die Aufgabe des Managers ist es, Aktivitäten für seinen Geschäftsbereich zielgerichtet zu planen, zu organisieren, zu steuern und die Wirksamkeit seiner Handlungen zu kontrollieren. Auf jeder Prozessstufe müssen quantitative und qualitative Daten analysiert und bewertet werden, um die Unsicherheit bei und das Risiko von Entscheidungen zu reduzieren. Je höher die Bedeutung der zu treffenden Entscheidung ist, um so mehr Informationen wird man aus dem Unternehmen und der Umwelt heranziehen, um diese Entscheidung abzusichern.

Beispiel

Ein Unternehmen der Automobilindustrie hat das Ziel, seinen Umsatz zu erweitern und plant als geeignete Maßnahme, ein Zweigwerk in einem osteuropäischen Land zu errichten. Zur Absicherung der Entscheidung benötigt man z. B. Daten über die Kaufkraftentwicklung, den Wettbewerb, die politischen und gesetzlichen Rahmenbedingungen sowie über die intern zur Verfügung stehenden Ressourcen (Finanzkraft, Know-how, Technologie usw.). Dazu ist es erforderlich, aus der Fülle der zur Verfügung stehenden Daten diejenigen herauszufiltern, die für das anstehende Problem relevant sind und die dem Manager in strukturierter Form zur Verfügung gestellt werden müssen. Die Daten können dabei aus internen und externen Quellen stammen.

Aufgrund dieser Problematik hat ein **Managementinformationssystem** (MIS) folgende **Aufgaben:**

1. **Integration der Daten:**
   Ein MIS muss interne Daten aus unterschiedlichen Ebenen (strategische Ebene, taktische Ebene, operative Ebene), unterschiedlichen **Berichtseinheiten** (Beschaffung, Produktion, Absatz), unterschiedlichen **Zeiträumen** (Vergangenheits-, Gegenwarts-, Prognosedaten) sowie **externe Daten** (Märkte, Länderdaten) zusammenführen. Die Daten müssen dabei möglichst **aktuell**, im Echtzeitbetrieb sowie **vergleichbar** zur Verfügung gestellt werden.

2. **Selektion der Daten:**
   Es muss möglich sein, aus der Gesamtheit aller Daten diejenigen Informationen zu filtern, die für eine spezifische Fragestellung von Bedeutung sind, z. B. die Selektion je Unternehmenseinheit (Beschaffungsanalysen, Marketinganalysen usw.).

3. **Verarbeitung und Ausgabe der Daten:**
   Ein MIS muss unterschiedliche Outputleistungen erfüllen:
   - Aufbereitung und Vergleich von Ist- und Solldaten (Exception Reports)
   - grafische Aufbereitung von Ergebnissen (Visualisierung)
   - Betrachtung von Simulationen (Hochrechnungen, Worst-Case-/Best-Case-Situationen)
   - Integration in das betriebliche Kommunikationssystem (z. B. Intranet).

09. Wie lässt sich ein Managementinformationssystem aufbauen?

1. Die im Unternehmen an unterschiedlichen Stellen und in unterschiedlichen Formaten vorhandenen Informationen werden aus den operativen Datenbanken gefiltert, geordnet, auf ein einheitliches Format gebracht und mit Zusatzinformationen verknüpft (Metadaten, z. B. Zeitpunkt, Quelle, Thema). Man bezeichnet diesen Vorgang als **ELT-Prozess** (Extraktion, Laden und Transformation der Daten in eine analytische Datenbank).

2. Analog verfährt man mit externen Daten.

3. Die so gewonnenen Daten bilden ein **Data Warehouse** (dt.: Datenlager). Es integriert die gesammelten Datenbestände und ermöglicht andererseits eine Trennung nach speziellen Fragestellungen oder für bestimmte Anwender.
4. Für bereichsspezifische Anwendungen kann das Data Warehouse zu umfangreich und zu schwerfällig sein. Man kopiert in diesem Fall bestimmte Datenbestände in gesonderte Datenbänke, den **Data Marts** (dt.: Datenmärkte), aus der Abfragen leichter gewonnen werden können.

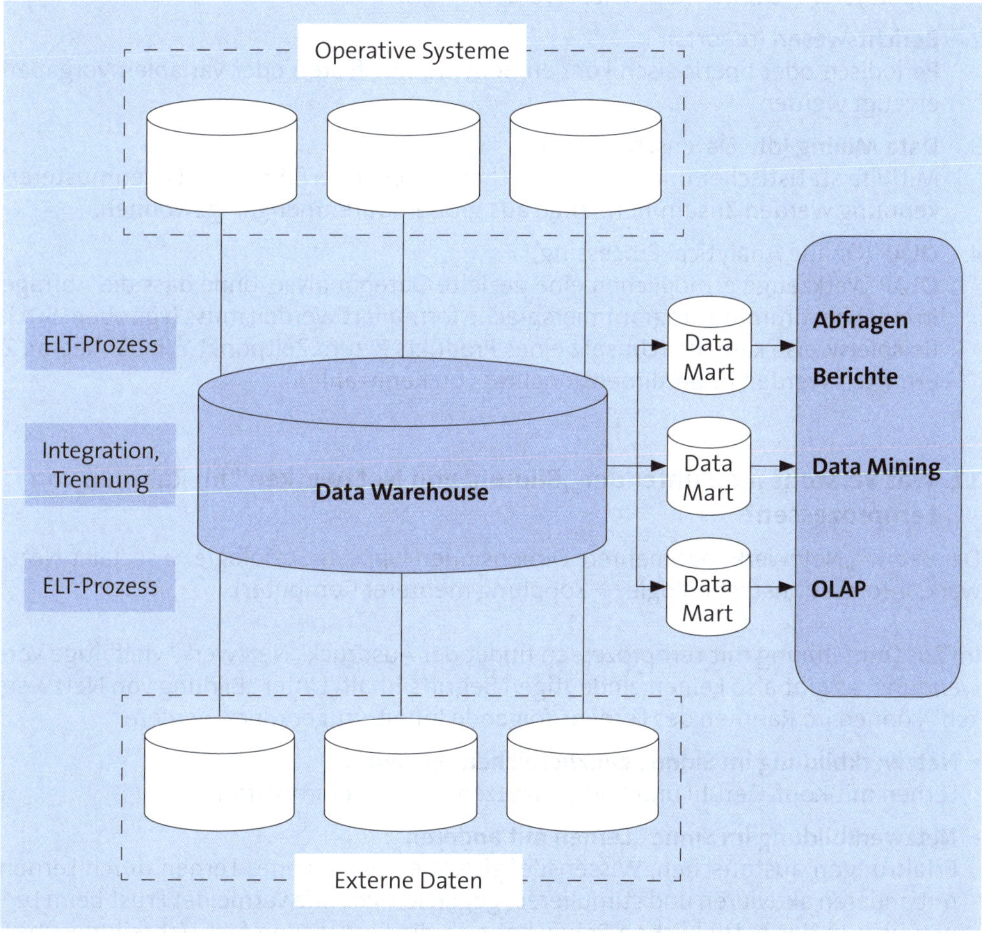

Die Realisierung einer **Data Warehouse-Architektur** nimmt erhebliche Ressourcen in Anspruch. In der Praxis ist ein schrittweiser Aufbau dringend zu empfehlen: Die zu erfassenden Datenbestände werden nach und nach als Module erfasst und verarbeitet. Ebenfalls beschränkt man in der Aufbauphase die Möglichkeiten der Auswertung.

10. Welche Anwendungsmöglichkeiten bietet eine Data Warehouse-Architektur?

Die Anwendungsmöglichkeiten sind vielfältig und können folgendermaßen klassifiziert werden:

1. **Abfragen** (engl.: query):
   Themen- oder bereichsspezifisch können Abfragen mithilfe einer Abfragesprache (z. B. SQL: **S**tructured **Q**uery **L**anguage) formuliert und über ein Datenbankmanagementsystem (DBMS) verarbeitet werden.
2. **Berichtswesen** (reports):
   Periodisch oder aperiodisch können Berichte mit festen oder variablen Vorgaben erzeugt werden.
3. **Data Mining** (dt.: Datenschürfung):
   Mithilfe statistischer und anderer mathematischer Verfahren zur Datenmustererkennung werden Zusammenhänge aus großen Datenmengen gewonnen.
4. **OLAP** (Online Analytical Processing):
   OLAP-Werkzeuge ermöglichen eine gezielte Datenanalyse, ohne dass die Abfrage in einer bestimmten Programmiersprache formuliert werden muss (vgl. oben: SQL). Beispielsweise kann der Umsatz eines Produkts X zum Zeitpunkt Y in der Region Z ermittelt werden (Mehrdimensionalität von Kennzahlen).

11. Was versteht man unter der „Bildung von Netzwerken" im Rahmen von Lernprozessen?

Der Begriff „Netzwerk" hat mehrere Dimensionen (vgl. z. B. Soziologie → soziales Netzwerk; Informationstechnologie → Kopplung mehrerer Computer).

Im Zusammenhang mit Lernprozessen findet der Ausdruck „Netzwerk" vielfältige Verwendung; es gibt also keinen eindeutigen Begriffsinhalt. Unter „Bildung von Netzwerken" können im Rahmen des Lernens folgende Inhalte zugeordnet werden:

- **Netzwerkbildung im Sinne „ganzheitlichen Lernens":**
  Lernen mit Kopf, Gefühl und Körper; Nutzen beider Gehirnhälften.
- **Netzwerkbildung im Sinne „Lernen mit anderen":**
  Erfahrungen austauschen, Wissensdefizite abbauen, eigenes Lernen durch Lernen mit anderen aktivieren und stimulieren, gegenseitige Hilfe vermeidet Frust beim Lernen usw. In der betrieblichen Praxis hat sich die Einrichtung fach-/abteilungsübergreifender Workshops – Arbeitstagungen – sowie von Mentorensystemen (Ältere + Jüngere; Positionsinhaber + Nachfolger; Fachspezialist + Generalist) bewährt.
- **Netzwerkbildung im Sinne der „Vernetzung von Informationsquellen":**
  Buch + Fachzeitschrift + eigener PC + Intranet + Internet + Foren + Lexika (z. B. www.wikipedia.com) + eigene Notizen + eigenes Ordnungssystem usw.

1.3.2 Informationstechnologie

01. Worin besteht der Unterschied zwischen Daten, Information und Wissen?

Daten:
Stammdaten, Bewegungsdaten, Zugangsdaten in Form von Zeichen (Buchstaben, Ziffern, Sonderzeichen) und Zeichenfolgen

Informationen:
Daten werden zweckbezogen verwendet und für Managementprozesse Nutzen erhöhend eingesetzt. Eine formale Vernetzung der Daten (z. B. via Statistik) ermöglicht die Entstehung von Information.

Wissen:
Vernetzte Informationen, jedoch unter Berücksichtigung des Bewusstseins der Person, die auf Erfahrungen und Einstellungen auch zurückgreift und diese mit den Informationen verbindet. Als Synergieeffekt aus Daten, Informationen und bereits vorhandenem Wissensstand der Person kann zusätzliches Wissen entstehen.

Quelle: vgl. *Ziegenbein, 2007, S. 163.*

02. Welche Ziele kann das Informationsmanagement im Unternehmen haben?

Der Zweck von Informationen besteht i. d. R. darin, Handlungen vorzubereiten, durchzuführen und zu kontrollieren. Informationen reduzieren den Unsicherheitsgrad von Entscheidungssituationen.

Daher besteht das Ziel des Informationsmanagements, den effizienten und effektiven Umgang mit internen und externen Informationen zu steuern. Dabei spielt die Beschaffung von Informationen oder die Bestandsaufnahme eine große Rolle. Der nächste Schritt besteht darin, die Informationen im Unternehmen zu bearbeiten und zu verteilen, um z. B. die Geschäftsprozesse „am Laufen zu halten" oder Entscheidungen zu treffen. Die zentrale Frage lautet: Wer hat Zugriff auf welche Informationen?

Ein weiteres Ziel des Informationsmanagements besteht darin, die Informationen zum richtigen Zeitpunkt am richtigen Ort bereitzustellen. Daher kommt der Speicherung von Informationen eine Bedeutung zu, damit die Akteure auf Informationen zurückgreifen können (z. B. Datenbanken), um die Geschäftsprozesse zu bearbeiten oder das Unternehmen zu steuern.

Informationsmanagement stellt eine Querschnittsfunktion im Unternehmen dar. Das Informationsmanagement beinhaltet technikorientierte Aufgaben (z. B. Hardware, Software usw.) sowie Führungsaufgaben. Zudem ist das Informationsmanagement mit der strategischen und operativen Planung des Unternehmens verbunden.

03. Welche Aufgabe und Bedeutung hat das Informationsmanagement aus betrieblicher Sicht?

Informationen sind heute eine wichtige Ressource eines Unternehmens. Die Aufgabe des Informationsmanagements ist die planmäßige Gewinnung, Verarbeitung und Weiterleitung aller relevanten Informationen in dem betreffenden Unternehmen. In größeren Betrieben wird dafür zunehmend eine eigenständige Organisationseinheit gebildet. Die Aufgaben werden überwiegend mithilfe der IT gelöst.

Als Gründe für die wachsende Bedeutung lassen sich nennen:

- Verdichtung von Raum und Zeit
- rasante Zunahme des Wissens
- zunehmende Globalisierung
- rasch wachsende Entwicklung der technischen Kommunikationsmittel
- Notwendigkeit der Informationsselektion.

Das Informationsmanagement muss sich auf alle Planungsebenen beziehen:

- **Strategisches Informationsmanagement:**
  Grundsätzliche, langfristige Planungen und Entscheidungen der Informationsbeschaffung, -verarbeitung und -weiterleitung (z. B. grundsätzliche Entscheidungen zur IT-Technologie und -struktur sowie langfristig orientierte Entscheidungen über Standorte, Produktprogramme u. Ä.).
  - Vision und Mission der Informationsabteilung (i. d. R. IT-Abteilung)
    Rolle des Informationsmanagements im Unternehmen
  - Festlegung der Erfolgsfaktoren: Service gegenüber anderen Abteilungen, Schulungen und Kommunikation, Aufrechterhaltung einer zeitgemäßen Qualifikation und Anpassung an veränderte Umfeldbedingungen (z. B. neuer Gefahren für IT-Sicherheit, technischer Fortschritt)
  - Entwicklung und Integration des IT-Systems in die Unternehmensstruktur im Hinblick auf die zukünftigen Unternehmenserfordernisse.
- **Taktisches Informationsmanagement:**
  Mittelfristige Planungen und Entscheidungen, die aus dem strategischen Informationsmanagement abgeleitet werden (z. B. Wahl einer bestimmten Rechnertechnologie und Entscheidungen zur innerbetrieblichen Vernetzung).

- **Operatives Informationsmanagement:**
  Kurzfristige Planungsarbeiten und Entscheidungen unter Nutzung der vorliegenden Informationsstrukturen:
  - geordneter Ablauf der IT mithilfe Technik und Personal
    Hard- und Softwarebetrieb, administrative Aufgaben
  - Management von IT-Projekten
  - Nutzerunterstützung
  - Informationsspeicherung (Data-Warehouse usw.)
  - Workflow-Systeme und Informationslogistik.

Beispiele

Kostensenkungsprogramme	Ableitung von Kennzahlen aus der Kostenarten-, Kostenstellen- und Kostenträgerrechnung zur Beeinflussung der Kosten; Reports zur Kostenkontrolle
Entscheidungsvorbereitung	Datengewinnung zur Vorbereitung von Entscheidungen über Standorte, Produktions- und Investitionsprogramme
Prozessoptimierung	Deckungsbeitragsrechnung, Auftragszeiten, Durchlaufzeiten, Optimierung von Beschaffungs-, Produktions-, Absatz- und Logistikprozesse
Qualitätsverbesserung	SPC (Statistical Process Control), Erfassung von Fehlerarten und Fehlerhäufigkeiten
Managementunterstützung	Absatz-, Umsatz-, Ergebnis- und Personalkennzahlen
Forschung und Entwicklung (F&E)	Entwicklungsdauer, Projektverfolgung, Datenbanken (Zeichnungen, Stücklisten)

Generell muss ein Informationsmanagementsystem im Wesentlichen folgende Schwerpunkte in vernetzter Form bearbeiten und betriebsbezogene Lösungen bereitstellen:

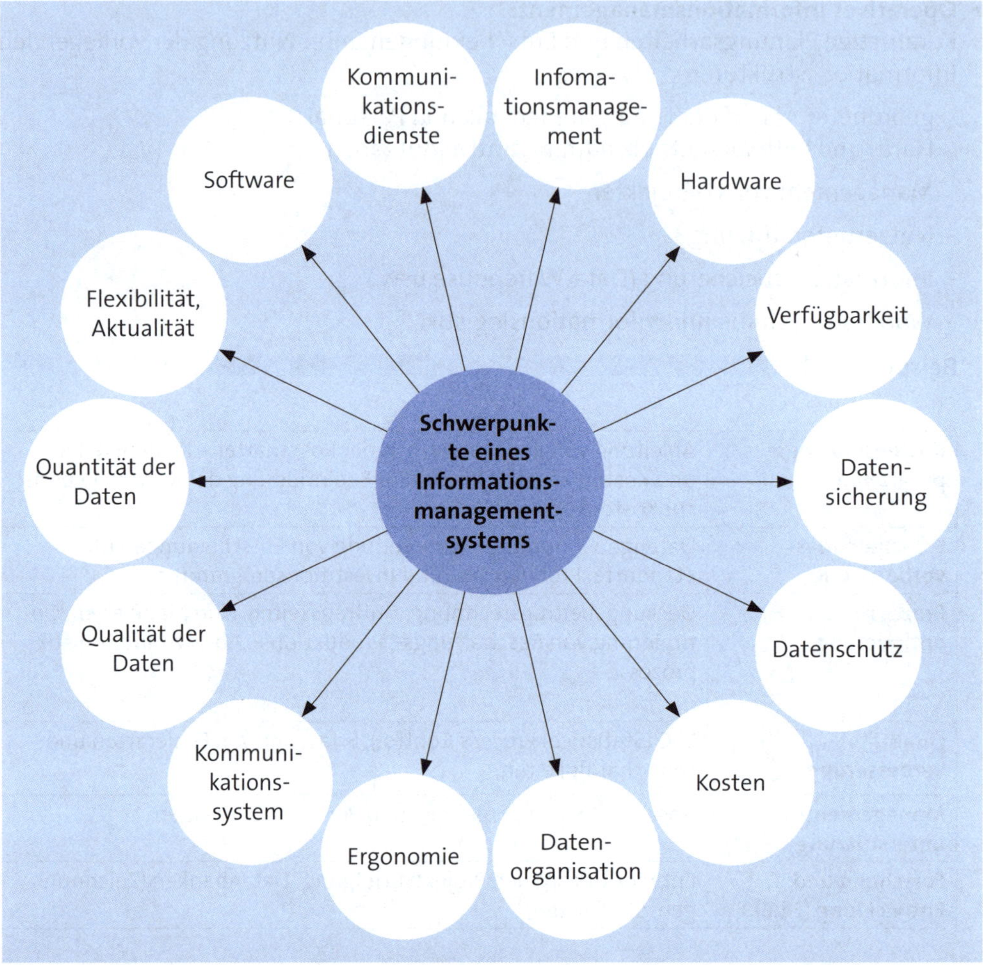

04. In welcher Form werden Informationen in Unternehmen verwertet?

Informationen sind sowohl **Instrument** als auch Gegenstand des Handelns. Informationen als Führungsinstrument besitzen Lenkungscharakter und sind geeignet, Unternehmensprozesse zu steuern.

Informationen als Gegenstand des Handels sind Wirtschaftsgüter, die einen Marktpreis besitzen und einer Kosten-Nutzen-Analyse unterworfen werden. Beispiele für die Zuordnung von Informationen in den Bereich eines Wirtschaftsgutes sind alle Statistiken und Informationsblätter, die der Informationsgewinnung dienen.

05. Welche Anforderungen werden an Informationen und Informationssysteme gestellt?

Beispiele:

- Vollständigkeit
- Aktualität
- Aktivität (Erleichterung des Zugriffs)
- Eindeutigkeit
- Benutzerfreundlichkeit.

06. Wie lässt sich der Prozess der Informationsgewinnung, -speicherung und -weiterleitung darstellen?

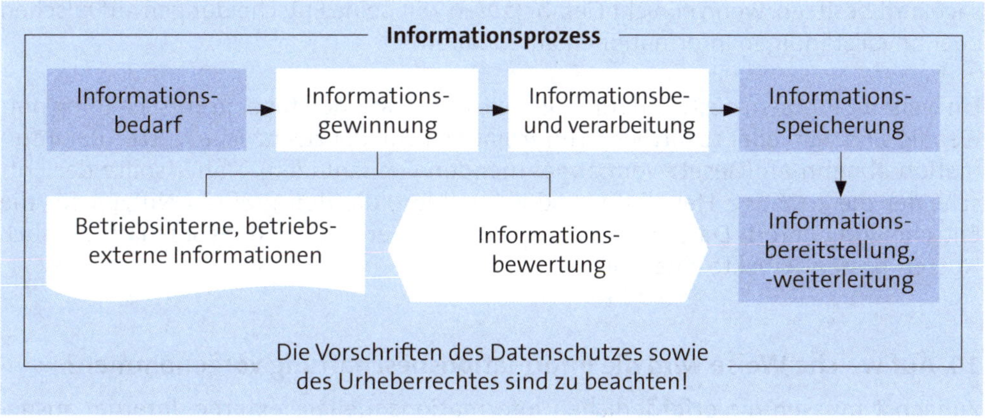

07. Was versteht man unter dem Informationsbedarf?

Der Informationsbedarf ist die Menge von Informationen, die von einem oder mehreren Entscheidungsträgern zur Lösung anstehender Probleme benötigt wird.

08. Was sind Informationsquellen?

Informationsquellen sind sämtliche Personen, Gegenstände und Prozesse, die Informationen liefern. Es kommt daher darauf an, dass ein Unternehmen über die richtigen, d.h. für seine Zwecke notwendigen und geeigneten Informationsquellen verfügt und damit alle benötigten Informationen in der richtigen **Zeit** und **Menge** beschaffen kann.

Beispiel

Führungskräfte in der Produktion müssen ihr Wissen über den laufenden Stand der Technik ständig aktualisieren; geeignete Möglichkeiten sind z. B.: Fachzeitschriften, Informationsmaterialien/Messen der Hersteller, Forschungsinstitute, Bibliotheken, Datenbanken, Internet/Intranet, Fachtagungen und Erfahrungsaustausch mit Kollegen.

09. Was ist das Problem der Informationsbeschaffung?

Die Güte einer Entscheidung hängt wesentlich von der Eignung und Qualität der verfügbaren Informationen ab. Der Verarbeiter von Informationen muss daher über genügend Fachwissen und Gespür für die Bewertung seiner Informationen und deren Aussagekraft besitzen, wenn er nicht Gefahr laufen will, seine Entscheidungen auf falschen oder unvollständigen Informationen aufzubauen.

Ein weiteres Problem besteht darin, wie viele Informationen für eine Entscheidung notwendig sind. Mit jeder zusätzlichen Information kann der zusätzliche Nutzen der Information abnehmen (Gesetz vom abnehmenden Grenznutzen). Daher sollte der Entscheider die „richtige Hebelinformation“ wählen, die den größten Nutzen für die Entscheidung liefert. Darüber hinaus spielen bei der Informationsbeschaffung auch Nutzen-Kosten-Aspekte eine Rolle.

10. Auf welche Weise wird die Informationsbeschaffung vorgenommen?

Zunächst müssen die erforderlichen Informationsquellen (externe, interne) ausgewählt werden und sodann müssen Umfang, Genauigkeit und Häufigkeit der zu beschaffenden Informationen festgelegt werden. Diese orientieren sich am Informationsbedarf.

11. Welche Arten der Informationsbearbeitung werden unterschieden?

Man unterscheidet:

a) die **verwender- und die nichtverwenderorientierte Informationsbeschaffung**,

   wobei die verwenderorientierte Informationsbeschaffung als Informationsnachfrage und die nicht verwenderorientierte Beschaffung als Informationsangebot bezeichnet werden

b) nach dem Ort der Entstehung zwischen

   - **betriebsinterner** und
   - **betriebsexterner** Informationsbeschaffung.

12. Wie lassen sich betriebsinterne Informationen beschaffen und auswerten?

Bei betriebsinternen Informationen werden Daten weiterverwendet, die aus anderen Anlässen anfallen. Beispiele sind die Kosten, die der betrieblichen Kostenrechnung entnommen werden und Personaldaten, die von der Personalabteilung zur Verfügung gestellt werden. Allerdings ist in jedem Fall darauf zu achten, dass die Datengrundlagen übereinstimmen, um nicht methodisch zu falschen Ergebnissen zu gelangen.

Weitere Beispiele:
Managementinformationssystem (MIS), Personalinformationssystem, (PIS), Warenwirtschaftssystem[1] (WWS), Betriebsdatenerfassung[1] (BDE) in der Produktion.

13. Was sind externe Quellen der Informationsbeschaffung?

Betriebsexterne Daten lassen sich über selbstständige Institute, statistische Ämter und andere Institutionen (Kammern, Verbände), freie Anbieter oder einfach aus statistischen Quellen beschaffen.

14. Was versteht man unter der Informationsbewertung?

Oftmals können Informationen nur unter erheblichen Kosten beschafft werden. In jedem Fall ist eine **Kosten-Nutzen-Analyse** anzustellen, um sicherzustellen, dass die Kosten nicht höher sind als der durch die Informationsbeschaffung erreichte Nutzen.

15. Welchen Arbeiten sind im Rahmen der Informationsbe- und -verarbeitung auszuführen?

Die im Wege der Informationsbeschaffung gewonnenen Informationen/Daten liegen i.d.R. nicht in der für den Betrieb erforderlichen Form und Darstellungsart vor. Daher ist eine Be- und Verarbeitung der Informationen notwendig:

- **Aufbereitung** der Informationen, z.B.:
  - selektieren
  - ordnen
  - zusammenfassen, verdichten.
- **Speichern** der ausgewählten Informationen
- **Pflege und Aktualisierung** der Informationen/Datenbestände.

[1] Vgl. Fragen 19. ff, S. 101 ff.

16. Wie werden Informationen weitergeleitet?

Informationen erfordern einen **Informationsträger** in Form von Nachrichten oder Daten, die ihrerseits durch Datenträger wie Signale oder Schriftstücke dargestellt werden.

17. Welche Informationsträger lassen sich unterscheiden?

Informationen können auf verschiedenen Trägern (auch: Datenträger, Speichermedien) erfasst, bearbeitet, gespeichert und weitergeleitet werden – manuell oder maschinell.

Beispiele für Informationsträger:

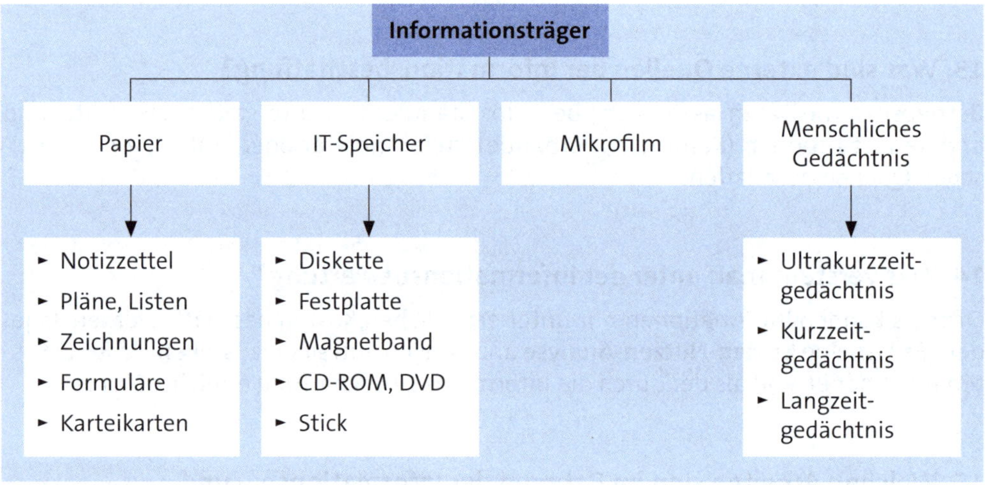

Man kann daher **IT-verwaltete Informationen** und **nicht-IT-verwaltete Informationen** unterscheiden. Die steigenden Anforderungen an das Informationsmanagement bezüglich Geschwindigkeit, Qualität, Menge, Sektion, Vernetzung und Wirtschaftlichkeit der Datenbearbeitung und -bereitstellung führen zu einer weiteren Zunahme der IT-gestützten Informationsbe- und -verarbeitung.

18. Wer benötigt Informationen aus dem Unternehmensbereich?

- die Gesellschafter
- der Aufsichtsrat
- der Betriebsrat
- die Gläubiger (Lieferanten, Kreditgeber, Banken)
- die Finanzbehörden zur Feststellung der Steuerlast
- die Öffentlichkeit (Produkte, Beschäftigungslage, Umweltpolitik u. Ä.)
- die statistischen Ämter
- die Institute, die sich mit Betriebsvergleichen befassen.

19. Was versteht man unter einem Warenwirtschaftssystem?

Warenwirtschaftssysteme sind Programme der Informationstechnologie, die dazu dienen, den gesamten Warenfluss mengen- und wertmäßig zu erfassen, zu steuern und zu kontrollieren. **Kernstück eines jeden Warenwirtschaftssystems ist die möglichst artikelgenaue Erfassung des Warenein- und -ausgangs.** Die Verknüpfung von Wareneingangs- und Warenausgangsinformationen ermöglicht eine permanente **Lagerbestandsfortschreibung**. Verknüpft man zusätzlich die Bestandsfortschreibung mit einer Lagersteuerung, die für die einzelnen Artikel Mindestbestandsmengen vorgibt, können automatisch Bestellungen ausgelöst oder den Disponenten Bestellvorschläge vorgelegt werden.

20. Welche Aufgaben sollen mithilfe eines Warenwirtschaftssystems erfüllt werden?

Aufgaben eines Warenwirtschaftssystems

Steuerung und Kontrolle des Warenflusses	**Bereitstellung warenbezogener Entscheidungsgrundlagen**
Beispiele:	**Beispiele:**
► mengen- und wertmäßige Erfassung	► Analyse des Käuferverhaltens
► Optimierung des Lagerbestandes	► Lagerkennzahlen
► Beschaffungsparameter	► Preispolitik
► Rationalisierung	► Ermittlung von Kennzahlen (Controlling)

21. In welche Teilsysteme lässt sich ein Warenwirtschaftssystem gliedern?

Teilsysteme (Subsysteme) eines Warenwirtschaftssystems (WWS)

Beschaffung der Ware	Lagerung der Ware	Absatz der Ware
Einkaufssystem	**Wareneingangssystem Lagerwirtschaftssystem**	**Warenausgangssystem**

22. Was versteht man unter Betriebsdatenerfassung (BDE)?

Darunter wird im Allgemeinen das Erfassen betrieblicher Daten, die Datenüberprüfung und die Datenspeicherung verstanden. Teilweise wird der Begriff auch auf die Verarbeitung und Verwendung der Betriebsdaten ausgeweitet. Die Daten können über

- Barcodekarten, RFID
- Stempelkarten
- Sensoren
- Magnetkarten
- manuelle Eingaben

erfasst werden.

Die Betriebsdatenerfassung umfasst daher alle Maßnahmen und Methoden, die dazu dienen, das betriebliche Geschehen transparenter zu machen.

23. Welche Datenarten können mittels BDE erfasst werden?

- Mengen
- Maße
- Ausschuss
- Anwesenheit
- Zeiten
- Formen
- Störungen
- Prozesskennzahlen.

24. Welche internen und externen Informationsquellen lassen sich im Rahmen der Informationstechnologie nutzen?

Informationsquellen	
Interne	**Externe**
Beispiele: ► Umsatzstatistiken ► Auftrags-/Bestellstatistiken ► Kunden-/Außendienstberichte ► eigene Studien über Länder, Kunden und Märkte ► Warenwirtschaftssystem ► Betriebsdatenerfassung	**Beispiele:** ► Publikationen von Ministerien, Behörden, nationaler statistischer Ämter, der Bundesbank ► Archivmaterial/Informationsdienste von nationalen Handelskammern, Wirtschaftsforschungsinstituten ► Online-Datenbanken ► Bibliotheken

1.4 Managementtechniken

1.4.1 Zeit- und Selbstmanagement

1.4.1.1 Bedeutung von Zeit- und Selbstmanagement

INFO

In diesem Abschnitt geht es weniger darum, sich Wissen anzueignen, sondern die eigenen Verhaltensweisen, Einstellungen und Gefühle zum Umgang mit der Zeit zu überprüfen und sich einige Techniken anzueignen, um bewusster mit der Ressource Zeit umzugehen.

Ziel der eigenen Reflexion ist dabei, Störungen zu erkennen, Störungsursachen zu lokalisieren und wirksame Verhaltensalternativen zur Vermeidung „schlechter Angewohnheiten" zu trainieren. Nicht die Kenntnis von Arbeits- und Zeittechniken führt primär zum Ziel, sondern das Einüben einiger weniger Methoden – zugeschnitten auf die eigene Lebens- und Arbeitssituation.

01. Wie viel Zeit hat der Einzelne? Wie verwendet er sie?

Im Allgemeinen kann man für den Tag (mehr oder weniger) folgende Zeitverwendung unterstellen:

- Arbeitsstunden pro Tag inkl. zwei Stunden Fahrzeit: 10
- Schlafstunden pro Tag: 8
- Rüstzeit in Stunden pro Tag (Mahlzeiten, Körperhygiene): 2

Es verbleibt also effektiv nur noch eine Restzeit von vier Stunden pro Tag, über die man tatsächlich frei verfügen kann.

MERKE

Die Zeit ist nicht vermehrbar!

TIPP

Fragen an den Leser:

- Wie ist Ihre Zeitplanung für
  - die nächste Woche?
  - den nächsten Monat?
  - das nächste Jahr?
- Haben Sie genügend Zeit für Kontakte mit Menschen, die Ihnen wichtig sind?
- Bleibt Ihnen genügend Zeit für Spiel, Sport, Entspannung und Muße?
- Empfinden Sie, dass Ihre Zeitrelationen (Arbeit, Schlafen, Freizeit, Erholung, Familie ...) in der Balance sind?
- Bietet Ihnen Ihre derzeitige Zeiteinteilung Lebensqualität?
- Welche Zeitsektoren sind bei Ihnen unterrepräsentiert – nach Ihrem eigenen Empfinden?
  - Worin liegen die Ursachen?
  - Wollen Sie das ändern?
  - Wie wollen Sie das ändern?

02. Wie gehen Manager mit ihrer Zeit um?

R. W. Stroebe (*2002, S. 13 ff.*) ermittelte in seinen Zeitmanagement-Seminaren auf die Frage *„Wie viel zusätzliche Zeit brauche ich, um das zu tun, was ich beruflich gerne tun würde?"* (Voraussetzung: 9 Stunden Arbeitszeit pro Tag):

- Circa 68 % benötigen 20 % mehr Zeit!
- Das heißt, gut ⅔ der Manager könnten einen zusätzlichen Arbeitstag gut gebrauchen!

MERKE

Zeit ist Leben!

Erfüllte Zeit ist erfülltes Leben!

Vergeudete Zeit ist vergeudetes Leben!

(*Alain Lakein*)

Daher resultiert aus schlechtem Zeitmanagement:

- ständiger Zeitdruck
- Anspannung
- Unzufriedenheit
- Stress/Krankheit
- Überforderung.

1.4.1.2 Zeitdiebe, Zeitfresser

01. Wie lassen sich Zeitdiebe/Zeitfresser erkennen und eliminieren?

TIPP

Lassen Sie Ihre Arbeitsmethodik und Ihr Zeitmanagement bewerten durch

- ihre Mitarbeiter,
- ihren Chef,
- ihren (Ehe-)Partner und
- ihre Kollegen.

Vergleichen Sie diese Erkenntnisse mit Ihrer eigenen Meinung sowie mit den nachfolgenden Ergebnissen/Veröffentlichungen/Meinungen:

Der Berater *H. Mintzberg* schrieb bereits im Manager-Magazin 1977 („Was Manager wirklich tun") aufgrund seiner Beobachtung der Arbeitsweise von Vorstandsvorsitzenden:

„Manager arbeiten unstetig, ihre Aktivitäten sind vielfältig, diskontinuierlich und kurz. Manager sind aktionsorientiert und reflektierenden Tätigkeiten abgeneigt."

Der Unternehmensberater *R. A. Mackenzie* kam nach der Tätigkeitsanalyse schwedischer Unternehmensleiter zu der traurigen Schlussfolgerung:

„Bisher hatte ich mir den Chef als Dirigenten eines Orchesters vorgestellt. Jetzt weiß ich, dass dieser Vergleich nicht zutrifft. Ich muss mir den Chef eher als eine Marionette vorstellen, deren Fäden von einer Menge unbekannter und unorganisierter Menschen gezogen werden."

R. W. Stroebe stellte in seinen Seminaren die Frage: *„Welche Zeitverschwender belasten Sie?“* (*Stroebe, 2002, S. 20 ff.*). Er erhielt folgende Antworten (nach der Häufigkeit der Nennungen):

- zu viele Sitzungen,
- zu viele Schwierigkeiten mit Vorgesetzten,
- zu viele Telefonate und
- die Mitarbeiter,
- zu viel Lesestoff,
- die eigene Zeiteinteilung.

02. Wie lässt sich der eigene Arbeitsstil analysieren?

Reflektieren Sie über folgende Fragen:

- Ist mein Schreibtisch aufgeräumt?
- Kann ich im Unternehmen in Ruhe essen?
- Nehme ich häufiger Akten mit nach Hause?
- Lasse ich mich im Urlaub anrufen? Lasse ich mir die Post nachschicken?
- Kann ich meinen Urlaub in Ruhe vorbereiten?
- Agiere ich oder reagiere ich in meiner Arbeitsgestaltung?
- Arbeite ich oder werde ich gearbeitet?
- Bin ich tätigkeitsorientiert oder arbeite ich zielorientiert?
- Bis wann will ich meine Zeitverschwender analysiert haben?
- Habe ich Ansätze einer Arbeitssucht?
- Kann ich in Muße Dinge tun?
- Kann ich nichts tun?
- Neige ich zum Perfektionismus?
- Arbeite ich oft unter Stress? Warum?

MERKE

Störfaktoren kann man nur bearbeiten, wenn man sie kennt, d. h., wenn man sie sich bewusst macht!

Dabei sollte man folgendermaßen vorgehen:

1. Schritt: **Einteilen der Störfaktoren in die zwei Hauptgruppen:**
   - **Außen** (Organisation, Chef, Mitarbeiter, ...) und
   - **Innen** (meine Motivation, Unlust, Hektik, ...)

2. Schritt: **Quantitatives Erfassen der Störungsursachen:**
   Parallel zu Ihren Tagesplänen machen Sie auf einer „Checkliste der Störungen" jeweils am Ende eines Tages mit einer Strichliste Art und Häufigkeit der Störungen sichtbar. Diese Aufschreibung sollten Sie zwei Wochen lang durchführen.

3. Schritt: **Eliminieren oder Vermindern der Störungen:**
   Sie kennen nun Art und Häufigkeit der auftretenden Störungen. Gehen Sie jetzt daran, die Störungsquellen zu analysieren und über Maßnahmen und Mittel zur Eliminierung oder Verminderung nachzudenken.

   Dabei helfen die Fragen:
   - Welche Störungen behindern mich am meisten?
   - Welche Störungen lassen sich (unter den bestehenden Umständen) nicht beeinflussen?
   - Welche lassen sich beeinflussen, mindern, eliminieren? Wie? Wodurch?

Die nachfolgende Abbildung zeigt die möglichen **Störungsquellen:**

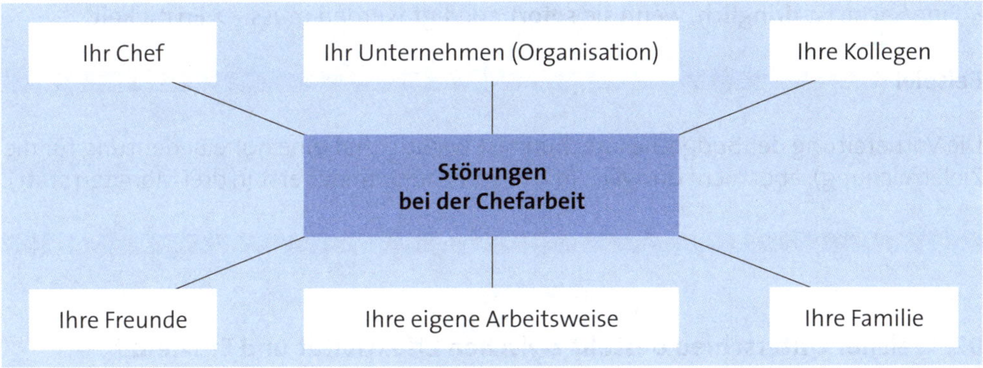

Checkliste zur Erfassung und Gewichtung der Störfaktoren (Beispiel):

- Das Telefon stört mich laufend; viele Gespräche sind unnötig.
- Durch zu viele Besucher komme ich gar nicht zu meiner eigentlichen Arbeit.
- Besprechungen dauern häufig zu lange; die Ergebnisse sind oft unbefriedigend.
- Unangenehme (zeitintensive) Aufgaben schiebe ich vor mir her.
- Morgens habe ich oft keine Lust anzufangen.
- Ich versuche oft, zu viele Aufgaben auf einmal zu erledigen.
- Ich bekomme den Kleinkram einfach nicht vom Schreibtisch.
- Abends bin ich oft unzufrieden mit meinem Arbeitsergebnis.
- Ich arbeite oft (ständig) unter Termindruck.
- Die Kommunikation mit Kollegen (mit dem Chef, mit Mitarbeitern) klappt nicht. Oft gibt es Missverständnisse, Verzögerungen oder sogar Reibereien.
- Ich nehme oft Arbeit mit nach Hause.

1.4.1.3 Unterscheidung zwischen Dringendem und Wichtigem

01. Welcher Unterschied besteht zwischen Wichtigkeit und Dringlichkeit?

- Eine Sache ist **wichtig**, wenn sie für die Zielerreichung von **hoher Bedeutung** ist. → **Priorität**.
- Eine Sache ist **dringlich**, wenn sie **sofort** erledigt werden muss. → **Fristigkeit**.

Beispiel

Die Vorbereitung der Budgetbesprechung ist wichtig (hat eine hohe Bedeutung für die Zielerreichung), aber nicht dringlich (die Besprechung findet erst in drei Monaten statt).

02. Welcher Unterschied besteht zwischen Effektivität und Effizienz?

- **Effektivität → Zielbeitrag: Die richtigen Dinge tun!** (Hebelwirkung) bezieht sich auf die Frage, welchen Beitrag eine Sache zur Erreichung der Ziele leistet.
- **Effizienz → Genauigkeit/Qualität: Die Dinge richtig tun!** beantwortet die Frage, wie eine Sache getan wird (mit welcher Qualität, mit welchem Grad der Genauigkeit usw.).

MERKE

Effektivität geht vor Effizienz.

Beispiel

Für das Ziel „Reduzierung der Personalkosten um 20 % innerhalb der nächsten sechs Monate" ist es effektiv, die Hauptkostenverursacher zu analysieren und hier Kostensenkungsmaßnahmen einzuleiten (große Hebelwirkung). Nicht effektiv wäre es z. B., die Sonderzahlung bei der Geburt eines Kindes aus dem Paket der Sozialleistungen zu streichen, wenn diese Position nur 4.500 € pro Jahr im gesamten Unternehmen ausmacht.

Effizient ist es, Arbeiten, die sich ständig wiederholen, mithilfe von Checklisten und IT-Unterstützung zu lösen. Nicht effizient ist es z. B., eine Sache mit 150%iger Genauigkeit zu erledigen, obwohl die Angelegenheit nur eine untergeordnete Bedeutung hat.

Man kann an diesen Beispielen erkennen, dass die Begriffspaare „Wichtigkeit/Dringlichkeit" und „Effektivität/Effizienz" in einem Zusammenhang stehen. Handlungsempfehlungen bei wichtigen und dringlichen, nicht wichtigen aber dringlichen Angelegenheiten usw. hat Eisenhower in seiner 4-Felder-Matrix (auch: **Zeitmanagementmatrix**) entwickelt (vgl. >> 1.4.1.4).

1.4.1.4 Instrumente des Zeitmanagements

01. Welche Techniken sind geeignet, um die Zeitverwendung durch Setzen von Prioritäten zu verbessern und wie werden sie angewendet?

Techniken (1): Prioritäten setzen

- Eisenhower-Prinzip
- Pareto-Prinzip
- ABC-Analyse
- ALPEN-Methode
- Projektkarte
- Nein-Sagen
- 4-Entlastungsfragen
- Einsparen gefühlsmäßiger und geistiger Energie.

1. Das **Eisenhower-Prinzip** ist ein einfaches, pragmatisches Hilfsmittel, um schnell Prioritäten zu setzen. Man unterscheidet bei einem Vorgang zwischen der

   - **Dringlichkeit** (Zeit-/Terminaspekt) und der
   - **Wichtigkeit** (Bedeutung der Sache)

   in den Ausprägungen „niedrig“ und „hoch“. Ergebnis ist eine 4-Felder-Matrix, die eine einfache aber wirksame Handlungsorientierung bietet:

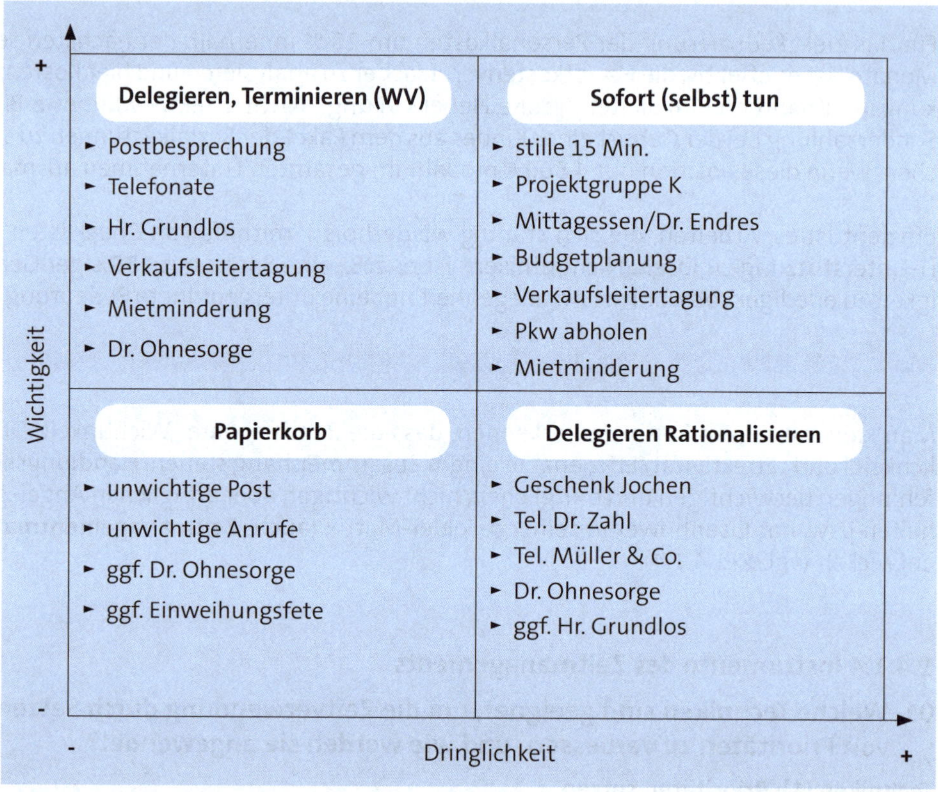

MERKE

Die Vorfahrtsregel lautet: Wichtigkeit geht vor Dringlichkeit!

---

2. Das **Pareto-Prinzip** (Ursache-Wirkungs-Diagramm) (benannt nach dem italienischen Volkswirt und Soziologen *Vilfredo Pareto*, 1848-1923) besagt, dass wichtige Dinge normalerweise einen kleinen Anteil innerhalb einer Gesamtmenge ausmachen. Diese Regel hat sich in den verschiedensten Lebensbereichen als sog. 80 : 20-Regel bestätigt:

   - 20 % der Kunden bringen 80 % des Umsatzes.
   - 20 % der Fehler bringen 80 % des Ausschusses.

Überträgt man diese Regel auf die persönliche Arbeitssituation, so heißt das: 20 % der Arbeitsenergie bringen (bereits) 80 % des Arbeitsergebnisses bzw. die restlichen 80 % bringen nur noch 20 % der Gesamtleistung.

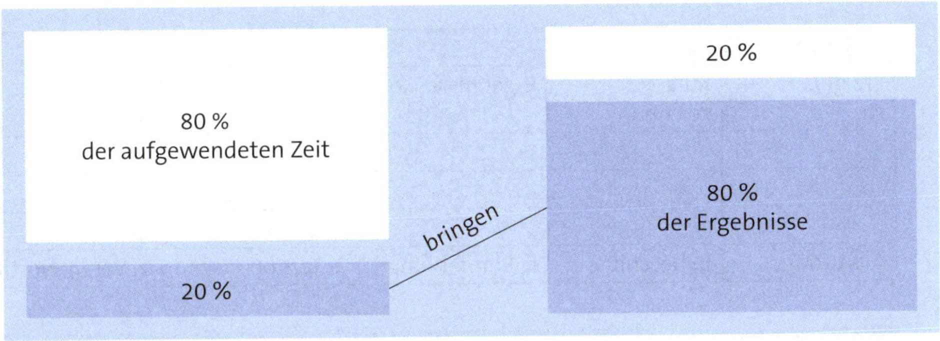

3. **ABC-Analyse:**
   Das Pareto-Prinzip ist ein relativ grobes Verfahren zur Strukturierung der Aufgaben nach dem Kriterium „Wichtigkeit". Der ABC-Analyse liegt die Erfahrung zugrunde, dass
   - 15 % aller Aufgaben 65 % zur Zielerreichung beitragen
   - 20 % aller Aufgaben (nur) 20 % zur Zielerreichung beitragen
   - 65 % aller Aufgaben (nur) 15 % zur Zielerreichung beitragen.

   Kriterien für A-Aufgaben sind z. B.:
   - Welche Aufgaben leisten den größten Zielbeitrag?
   - Welche Einzelaufgaben können gleichzeitig mit anderen gelöst werden (Synergieeffekt)?
   - Welche Aufgaben sichern langfristig den größten Nutzen?
   - Welche Aufgaben bringen im Fall der Nichterledigung den größten Ärger/Schaden („Engpass-Prinzip")?
4. Die **ALPEN-Methode** ist eine weitere Technik, um mehr Zeit für das Wesentliche zu gewinnen:

   A ufgaben zusammenstellen,

   L änge der Zeiten schätzen,

   P ufferzeiten für Unvorhergesehenes reservieren,

   E ntscheidungen für Prioritäten treffen und

   N otizen in ein Planungsinstrument übertragen.
5. **Einsetzen der Projektkarte:**
   - Wichtige Aufgaben (Projekte) werden durchnummeriert.
   - Für jedes Projekt wird eine Karte angelegt (zweckmäßig: Hartkarton, DIN-A5).
   - Die Projektkarte hat einen zweckmäßige Struktur wichtiger Punkte und dient der Kontrolle der einzelnen Arbeitspakete und dem Grad der Zielerreichung.

Beispiel

Aufbau einer Projektkarte

Projekt Nr. :				
Ereignis Nr.	Kurz-zeichen	Ergebnisse, Kommentare		erledigt bis ... durch ...
A: Auftrag	B: Beschluss	E: Empfehlung	T: Termin	V: Verantwortlich

6. **Nein-Sagen** fällt den meisten Menschen schwer. Die Folgen: Sie können sich oft nicht mehr aus dem Netz der sie umgebenden Erwartungshaltungen und Wünsche anderer befreien. Ein „gesunder" und vertretbarer Egoismus schafft oft ungeahnte Zeitreserven – indem man „Nein" sagt. Ein guter Ratgeber ist dabei die Überlegung: „Was passiert bei mir, wenn ich ‚Nein' sage?" „Welche Folgen hat das für den anderen?" Hier gilt es abzuwägen – bewusst, im konkreten Fall und immer wieder.
7. **Die 4-Entlastungsfragen:**
   Häufig wiederkehrende Arbeiten werden oft unreflektiert versehen; man spricht von Routine. Es lohnt sich, das zu ändern, indem man sehr bewusst an die Tagesarbeit herangeht und sich jedesmal vor Beginn einer Aktivität die vier Entlastungsfragen stellt:
   - Warum gerade ich?
     Fazit: Delegieren!
   - Warum gerade jetzt?
     Fazit: Auf Termin legen!
   - Warum so?
     Fazit: Vereinfachen, „schlanke" Lösung, rationalisieren!
   - Warum überhaupt?
     Fazit: Weglassen, beseitigen!
8. **Einsparen gefühlsmäßiger und geistiger Energie:**
   Nicht jede Diskussion ist es wert, dass man sich zu 100 % engagiert. Nicht jeder Ärger ist so bedeutsam, dass man seinen Gefühlshaushalt völlig durcheinander bringt. Man sollte also lernen, seine psychischen und physischen Kräfte dort einzusetzen, „wo es sich lohnt" (z. B. bei wichtigen Angelegenheiten, die eine hohe Bedeutung haben).

02. Mit welchen Techniken lassen sich Arbeitsvorgänge rationalisieren und wie werden sie angewendet?

Techniken (2): Arbeit rationalisieren

- 6-Info-Kanäle
- 3-Körbe-System
- Schreibtischmanagement
- Telefonmanagement
- Termin-, Arbeits- und Zielplanung.

1. Die **6-Info-Kanäle:**
   Was auf den Schreibtisch kommt, ist unterschiedlich wichtig und unterschiedlich dringend. Die „6-Info-Kanäle" kann man nutzen, um die Papiermenge zu beherrschen:

   Kanal 1: Lesen und vernichten

   Kanal 2: Lesen und weiterleiten

   Kanal 3: Lesen und delegieren

   Kanal 4: Wiedervorlage

   Kanal 5: Laufende Vorgänge

   Kanal 6: Sofort selbst erledigen.

2. Das **3-Körbe-System:** Der Schreibtisch hat drei Körbe:
   - den Eingangskorb
   - den Ausgangskorb
   - den Papierkorb.

   TIPP

   - Jedes Schriftstück kommt in den Eingangskorb.
   - Jeder Vorgang wird nur einmal in die Hand genommen.
   - Auf dem Schreibtisch liegt nur der Vorgang, an dem man gerade arbeitet.
   - Eingangskorb, Ausgangskorb und Schreibtisch sind jeden Abend leer.
   - Der Papierkorb ist der „Freund des Menschen".

3. **Schreibtischmanagement:**
   Es gibt Menschen, die gehören zu den „Volltischlern". Ihr Schreibtisch gleicht einer Fundgrube, getreu dem Motto: „Nur ein kleines Hirn braucht Ordnung, ein Genie hat den Überblick über das ganze Chaos."

Andere wiederum räumen ihren Schreibtisch ganz leer, um damit z. B. ihre Besucher zu beeindrucken. Das Chaos und die Fülle in den Schubladen kann der Besucher natürlich nicht sehen. Beide Formen sind Extreme und treffen nur für einen geringen Teil der „Schreibtischarbeiter" zu.

TIPP

Tipps für eine „unsichtbare Schreibtischeinteilung, z. B. so:

- Eingangs-, Ausgangs-, Papierkorb sind rechts (in der Nähe der Tür).
- Das Telefon steht links.
- Links ist ein „Korb" mit Notizen für Telefon-Gesprächsblöcke.
- Links ist ein „Korb" mit den heute zu bearbeitenden Vorgängen.
- Man arbeitet immer von links nach rechts.
- Der Schreibtisch ist jeden Abend leer.

4. **Telefonmanagement:**
   Für ein rationelles Telefonieren sind z. B. folgende Überlegungen hilfreich:

- Wann telefoniere ich?
- Wie plane ich das Telefonat?
- Wen will ich anrufen?
- Wie bereite ich mich vor?
- Welche Gesprächsregeln gelten für das Telefonieren?
- Wann und wie schirme ich mich vor Telefonaten ab?

5. **Terminplanung:**
   Die 5 Schritte der Arbeits- und Terminplanung lauten:

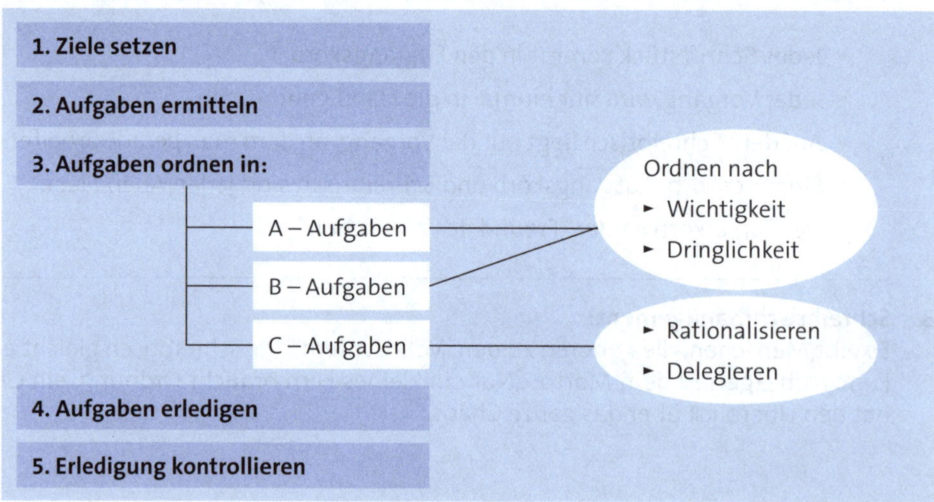

Die Prinzipien der Arbeits- und Terminplanung sind vor allem:

1. **Immer schriftlich planen.**
2. **Nicht den ganzen Tag verplanen** (50 : 50-Regel! Pufferzeiten!).
3. **Planen mit Erfolg:**

E	**E**rfassen von Zielen und Aktivitäten!
R	**R**essourcen beachten!
F	**F**rage: Was benötige ich?
O	**O**rganisieren!
L	**L**ass leben & arbeiten!
G	**G**eh ran, mach es gleich, gut, ganz, gelassen!

1.4.2 Kreativitäts- und Entscheidungstechniken

In diesem Abschnitt werden lt. Rahmenplan behandelt:

Kreativitäts- und Entscheidungstechniken

- Problemdiagnose-techniken
  - Ursache-Wirkungs-Diagramm (Ishikawa-Diagramm)
  - Fehler-Möglichkeits- und Einfluss-Analyse (FMEA)
- Kreativitäts-techniken
  - Brainstorming
  - Brainwriting
  - Mind Mapping
  - 6-3-5-Methode
  - Bionik
  - Morphologischer Kasten
- Entscheidungs-techniken
  - Nutzwertanalyse
  - Entscheidungsmatrix

1.4.2.1 Problemdiagnosetechniken

01. Wie ist der methodische Ansatz beim Ursache-Wirkungs-Diagramm?

Das **Ursache-Wirkungs-Diagramm** (auch: Fischgräten- oder Ishikawa-Diagramm) **ist eine Methode zur Problemanalyse**. Die Ursachen (4-M oder 8-M-Einflussfaktoren) werden in Bezug zu ihrer Wirkung (Problem) gebracht.

Die **6-M-Einflussfaktoren** sind: Management, Maschine, Material, Mensch, Methode und Mitwelt.

Allgemeines Beispiel eines Ishikawa-Diagrammes:

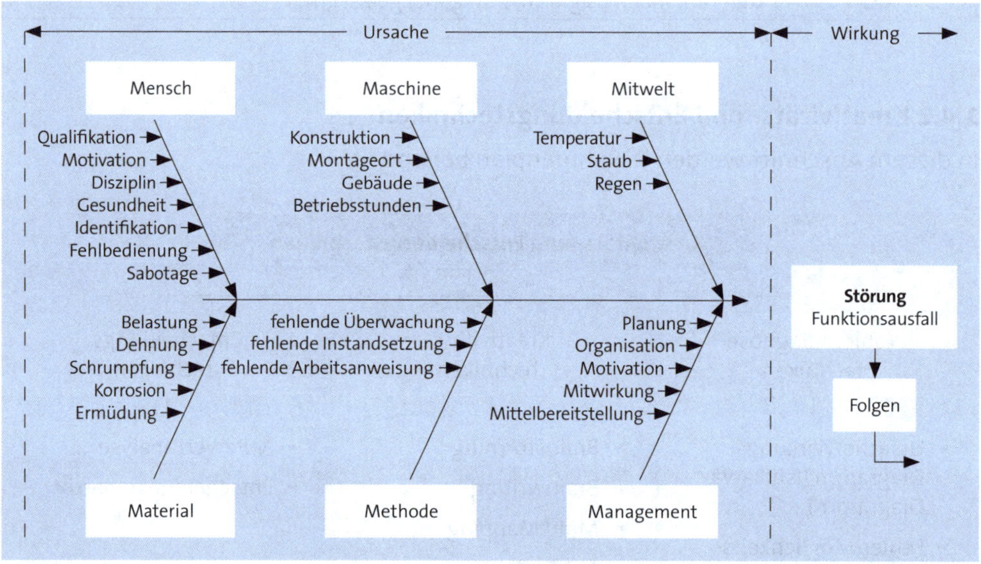

Die Haupteinflussfaktoren werden durch die weitere systematische Analyse mit ihren möglichen Nebenursachen ergänzt. Potenzielle Probleme und Fehler werden auf diese Weise erkennbar und können durch entsprechende Maßnahmen rechtzeitig vermieden werden.

02. Was ist eine FMEA und welche Zielsetzung hat sie?

Die **FMEA** (**F**ehler-**M**öglichkeits- und **E**influss-**A**nalyse) ist ein Werkzeug zur systematischen Fehlervermeidung bereits im Entwicklungsprozess eines Produktes.

Ziele:

- frühzeitige Erkennung von Fehlerursachen, deren Auswirkungen und Risiken
- Festlegung von Maßnahmen zur Fehlervermeidung und Fehlererkennung

- Risikoanalyse durch Bewertung und Gewichtung der möglichen Fehlersituation mithilfe eines einheitlichen Punktesystems
- hohe Kundenzufriedenheit
- stabile Prozessabläufe mit höchster Prozesssicherheit.

03. Welche Arten der FMEA werden unterschieden?

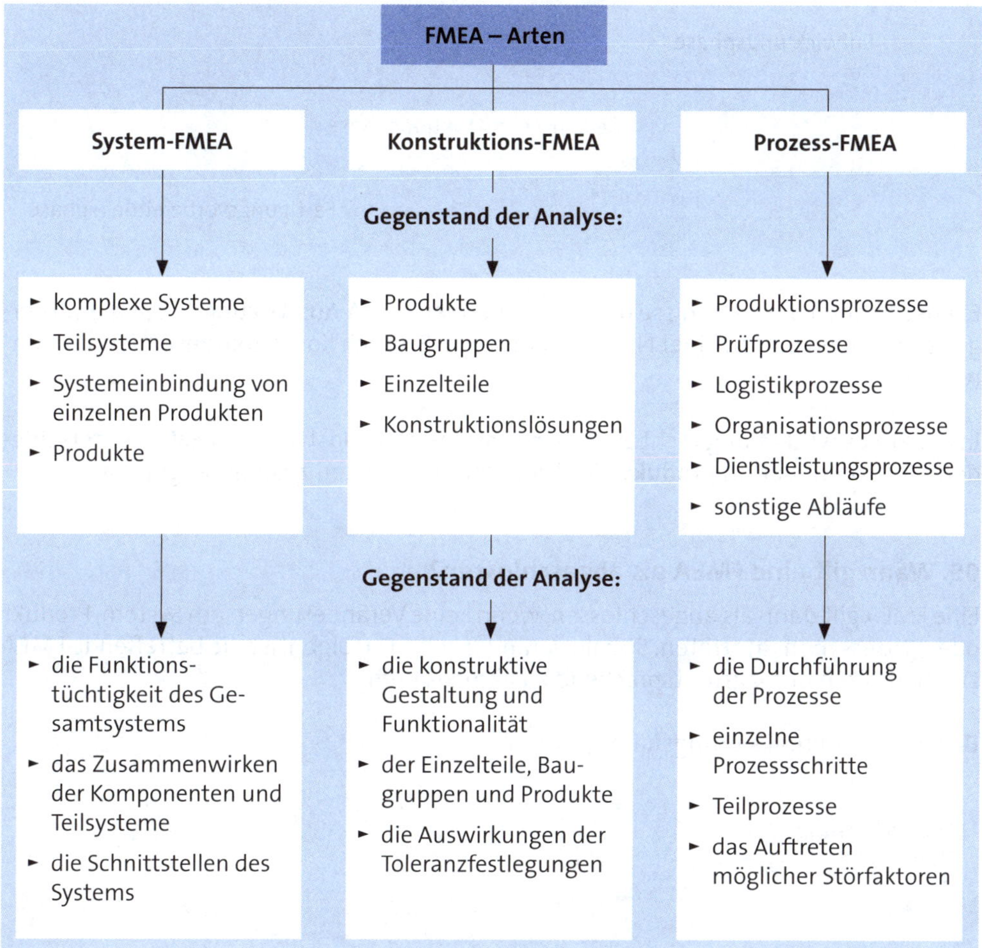

04. Wie stellen sich die Zusammenhänge der unterschiedlichen FMEA dar?

Die einzelnen Arten der FMEA bauen aufeinander auf und bilden ein äußerst komplexes System. Die jeweils vorhergehende FMEA bildet die Grundlage für die nachfolgende:

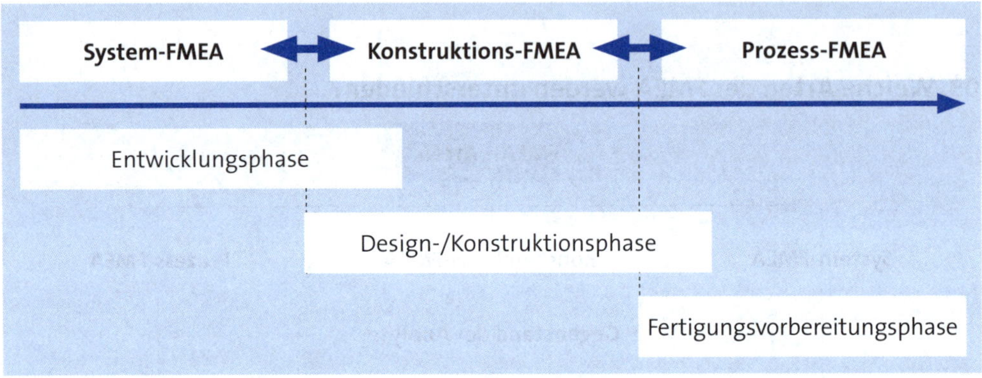

Ebenso können die Ergebnisse der nachfolgenden FMEA Auswirkungen auf die vorhergehende haben und zu einer Neubetrachtung (z. B. durch Konstruktionsänderung) führen.

In der Praxis wird häufig nicht zwischen System- und Konstruktions-FMEA unterschieden. Unter dem Begriff **Produkt-FMEA** werden beide Arten zusammengefasst.

05. Wann gilt eine FMEA als abgeschlossen?

Eine FMEA gilt dann als abgeschlossen, wenn keine Veränderungen am System, Produkt oder Prozess mehr auftreten. Sobald Veränderungen erfolgen, ist die betreffende FMEA zu überprüfen und ggf. entsprechend zu aktualisieren.

Beispiel der Aktualisierungshäufigkeit:

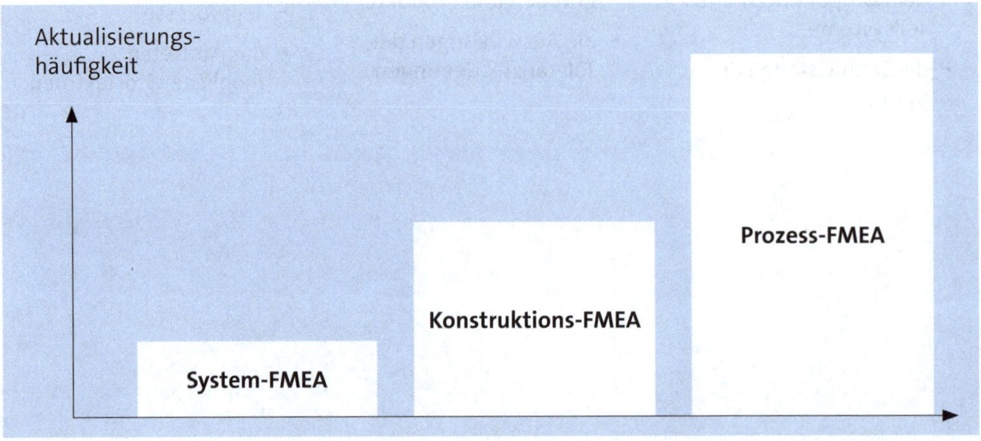

06. Wie wird eine FMEA durchgeführt?

Die acht Schritte der FMEA:

1. **Teambildung** aus Mitarbeitern der Konstruktion, der Arbeitsvorbereitung, dem Qualitätsbereich, der Fertigung und ggf. dem Kunden
2. **organisatorische Vorbereitung**
3. **Systemstruktur** erstellen mit Abgrenzung des Analyseumfanges
4. **Funktionsanalyse** und Beschreibung der Funktionsstruktur
5. **Fehleranalyse** mit Darstellung der Ursache-Wirkungs-Zusammenhänge
6. **Risikobewertung mit Berechnung der Risikoprioritätszahl (RPZ)**
7. **Dokumentation im FMEA-Formblatt**
8. **Optimierung** durchführen mit Neubewertung des Risikos.

07. Wodurch ist die Struktur einer FMEA gekennzeichnet?

Die **Struktur einer FMEA** ist ein Datenmodell zur Darstellung aller für die FMEA relevanten Informationen. Sie stellt die Objekte des Modells und ihre Beziehungen und Verknüpfungen untereinander dar.

Eine FMEA-Struktur sollte **nicht mehr als drei Ebenen** beinhalten. Die 3. Ebene ist durch die **5 M** (Mensch, Maschine, Material, Methode und Mitwelt), soweit zutreffend, gekennzeichnet.

Beispiel: Systemstruktur einer Prozess-FMEA

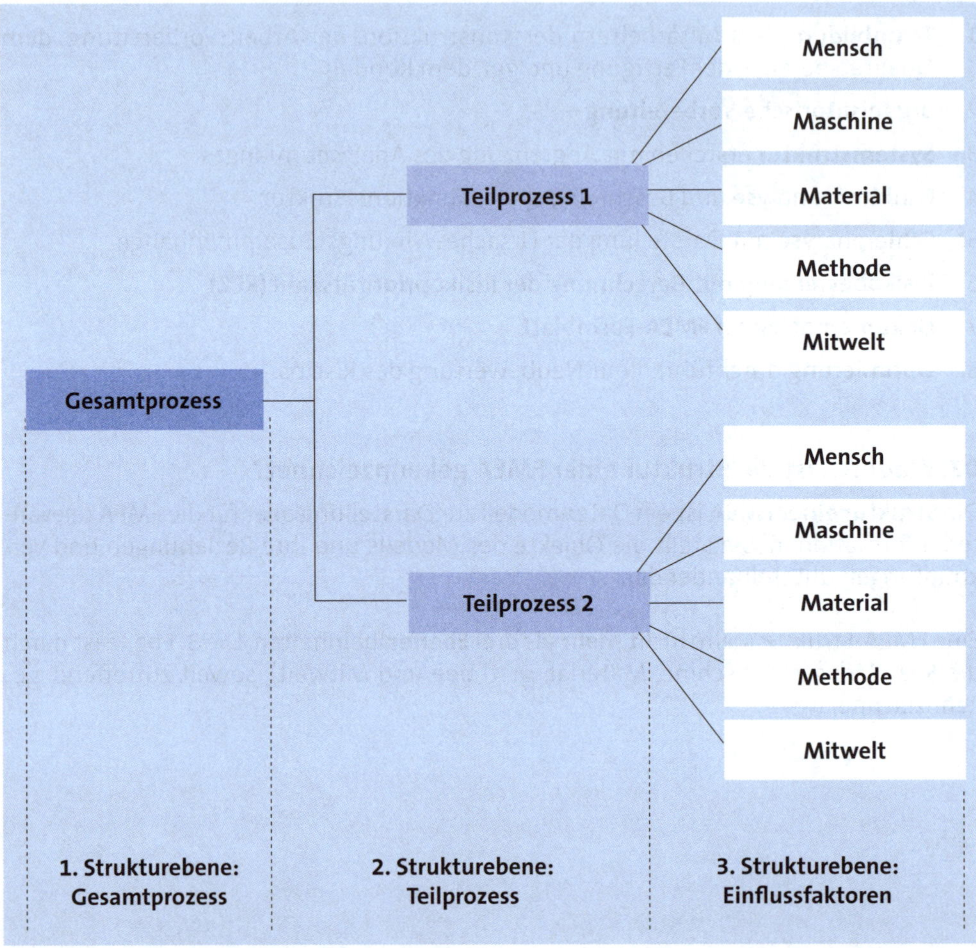

Besteht in der 3. Ebene ein weiterer Teilprozess (z. B. für eine weitere Unterbaugruppe), ist dafür eine neue Teilstruktur zu erstellen und mit der übergeordneten zu verbinden.

08. Wie ist der Zusammenhang zwischen Fehlerursache und Fehlerfolge?

Ausgehend vom obigen Beispiel entstehen die Fehler in den Teilprozessen der 2. Ebene. Die Fehlerursachen liegen in den Prozessmerkmalen. Die Folgen der Fehler wirken auf das Produkt.

Nur das Erreichen der **Prozess**merkmale stellt das Erreichen der **Produkt**merkmale sicher.

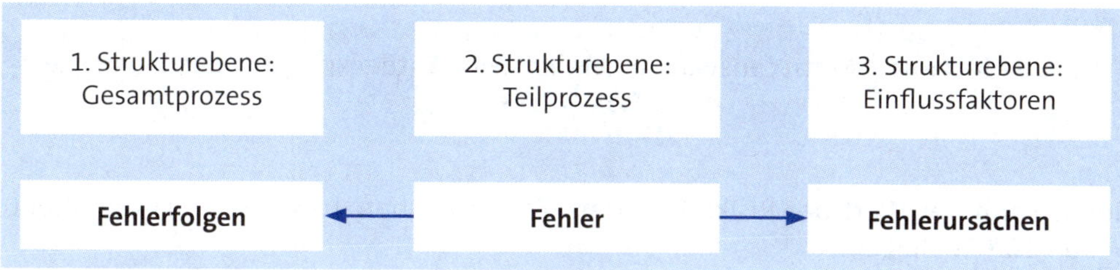

09. Wie erfolgt die Risikobewertung?

Jedes Produkt und jeder Prozess besitzt ein Grundrisiko. Die Risikoanalyse einer FMEA quantifiziert das Fehlerrisiko in Verbindung mit den Fehlerursachen und den Fehlerfolgen. Die Höhe des Risikos wird durch die **Risiko-Prioritäts-Zahl** (**RPZ**) dargestellt.

Die Bewertung erfolgt anhand von drei Kenngrößen:

- die **Wahrscheinlichkeit des Auftretens** eines Fehlers (**A**uftreten **A**) mit seiner Ursache
- die **Bedeutung der Fehlerfolge** für den Kunden (**B**edeutung **B**)
- die **Entdeckungswahrscheinlichkeit** (**E**ntdeckung **E**) der analysierten Fehler und deren Ursachen durch Prüfmaßnahmen.

Bewertet werden diese Kenngrößen mit Zahlen zwischen 1 und 10. Ausgehend von der Bewertungssystematik liegt das **niedrigste Risiko** bei RPZ = 1 und das **höchste Risiko** bei RPZ = 1.000. Je größer der RPZ-Wert ist, desto höher ist das mit der Konstruktion oder dem Herstellungsprozess verbundene Risiko, ein fehlerhaftes Produkt zu erhalten.

Formell lassen sich **drei RPZ-Bereiche** definieren:

- [RPZ < 40]: Es liegt ein beherrschbares Risiko vor.
- [41 ≤ RPZ ≤125]: Risiken sind weitgehend beherrschbar, Optimierungsmaßnahmen sind einem vertretbaren Aufwand gegenüberzustellen.
- [RPZ > 125]: Es sind zwingend geeignete Abstellmaßnahmen festzulegen, deren Abarbeitung und Ergebnisse zu protokollieren sind.

Praktisch gibt es unternehmens- oder branchenbezogen weitere Restriktionen, die je nach Bewertung **einer** Kenngröße bereits Abstellmaßnahmen als zwingend erforderlich vorschreiben.

10. Wie entsteht die Risiko-Prioritäts-Zahl?

Die RPZ ergibt sich aus der Multiplikation der Bewertungsfaktoren der drei Kenngrößen:

RPZ = **B**edeutung • **A**uftretenswahrscheinlichkeit • **E**ntdeckungswahrscheinlichkeit
RPZ = B • A • E

Somit kann der Wert der Risiko-Prioritäts-Zahl zwischen 1 (= 1 • 1 • 1) und 1.000 (= 10 • 10 • 10) liegen.

Beispiel

Bewertungstabelle einer Prozess-FMEA

Bewertungszahl für die Bedeutung B	**Bewertungszahl für die Auftretenswahrscheinlichkeit A**	**Bewertungszahl für die Entdeckungswahrscheinlichkeit E**
Sehr hoch 10 Sicherheitsrisiko, 9 Nichterfüllung gesetzlicher Vorschriften.	**Sehr hoch** 10 Sehr häufiges Auftreten der Fehlerursache, 9 unbrauchbarer, ungeeigneter Prozess.	**Sehr gering** 10 Entdecken der 9 Fehlerursache ist unwahrscheinlich; die Fehlerursache wird oder kann nicht geprüft werden.
Hoch 8 Funktionsfähigkeit des 7 Produktes stark eingeschränkt, Funktionseinschränkung wichtiger Teilsysteme.	**Hoch** 8 Fehlerursache tritt 7 wiederholt auf, ungenauer Prozess.	**Gering** 8 Wahrscheinlich nicht zu entdeckende Fehlerursache; 7 unsichere Prüfung.
Mäßig 6 Funktionsfähigkeit des 5 Produktes eingeschränkt, 4 Funktionseinschränkung von wichtigen Bedien- und Komfortsystemen.	**Mäßig** 6 Gelegentlich auftretende 5 Fehlerursache, weniger 4 genauer Prozess.	**Mäßig** 6 Entdecken der aufgetretenen 5 Fehlerursache ist wahrscheinlich; 4 Prüfungen sind relativ sicher.

Bewertungszahl für die Bedeutung B	Bewertungszahl für die Auftretenswahrscheinlichkeit A	Bewertungszahl für die Entdeckungswahrscheinlichkeit E
Gering 3 Geringe Funktionsbeein- 2 trächtigung des Produktes, Funktionseinschränkung von Bedien- und Komfortsystemen.	**Gering** 3 Auftreten der Fehlerur- 2 sache ist gering, genauer Prozess.	**Hoch** 3 Entdecken der 2 Fehlerursache ist sehr wahrscheinlich; Prüfungen sind sicher, z. B. mehrere voneinander unabhängige Prüfungen.
Sehr gering 1 Sehr geringe Funktionsbeeinträchtigung, nur vom Fachpersonal erkennbar.	**Sehr gering** 1 Auftreten der Fehlerursache ist unwahrscheinlich.	**Sehr hoch** 1 Fehlerursache wird sicher entdeckt.

Die Entscheidung, welche Bewertungszahl innerhalb einer Risiko-Kategorie zutreffend ist, erfolgt innerhalb des FMEA-Teams nach Abwägung aller Risiken.

Beispiel

Nach Durchführung einer FMEA ergibt sich eine Bewertungszahl für die Entdeckungswahrscheinlichkeit von 8. Daraus folgt: Die Wahrscheinlichkeit, den Fehler im Produktionsprozess zu entdecken, ist gering. Es kann der schlechteste Fall eintreten, dass der Fehler erst beim Kunden entdeckt wird.

Die RPZ ergibt sich als Multiplikation der Bewertungsfaktoren B, A, E:

RPZ = Bedeutung • Auftretenswahrscheinlichkeit • Entdeckungswahrscheinlichkeit

Sollte sich aufgrund der Gewichtung mit den Faktoren B und A (bei E = 8) eine RPZ ≥ 125 ergeben, sind geeignete Abstellmaßnahmen festzulegen und zu dokumentieren.

11. Welches sind geeignete Abstellmaßnahmen zur Systemoptimierung?

Typische Abstellmaßnahmen sind z. B.:

- Materialänderungen
- Konstruktive Veränderungen
- Lebensdaueruntersuchungen vor der Material- oder Konstruktionsfreigabe
- Lieferantenvereinbarungen
- redundante technische Lösungen
- prozessbegleitende Qualitätsprüfungen
- Statistische Prozessüberwachung
- Wareneingangs- und Endprüfungen
- Produkt- und Prozessaudits.

1.4.2.2 Kreativitätstechniken

01. Welche Kreativitätstechniken und Methoden der Ideenfindung lassen sich in der Praxis einsetzen?

Ausgewählte Beispiele:

Kreativitätstechniken und Methoden der Ideenfindung (Beispiele)		
Bezeichnung	**Kurzbeschreibung**	**Anwendung**
Brain-storming	Ideen werden gesammelt und visualisiert; die Phase der Bewertung erfolgt später.	Kleingruppe: 5 - 12
Brainwriting auch: Pinnwand-technik	analog zum Brainstorming; die Ideen werden auf Karten notiert, gesammelt, dann bewertet usw.	Kleingruppe: 5 - 12
Synektik	Durch geeignete Fragestellungen werden Analogien gebildet. Durch Verfremdung des Problems will man zu neuen Lösungsansätzen kommen. **Beispiel:** Wie macht man Karriere? Verfremdung: Eigenschaften eines Joggingschuhs, z. B. biegsam, flexibel, dämpfend, stinkig Rücktransformation: Um Karriere zu machen, sollte man biegsam, flexibel, dämpfend und stinkig sein.	Kleingruppe: 5 - 12; auch Einzelarbeit

Kreativitätstechniken und Methoden der Ideenfindung (Beispiele)		
Bezeichnung	**Kurzbeschreibung**	**Anwendung**
Bionik	Ist die Übertragung von Gesetzen aus der Natur auf Problemlösungen. **Beispiel:** Echo-Schall-System der Fledermaus → Entwicklung des Radarsystems	Einzelarbeit, Gruppenarbeit
Morphologischer Kasten	Die Hauptfelder eines Problems werden in einer Matrix mit x Zeilen (Kriterien) und y Spalten (Ausprägung der Kriterien) dargestellt. Zum Beispiel erhält man bei einer „4 x 4-Matrix" 16 grundsätzliche Lösungsfelder.	Kleingruppe; auch Einzelarbeit
Assoziieren	Einem Vorgang/einem Begriff werden einzeln oder in Gruppenarbeit weitere Vorgänge/Begriffe zugeordnet; z. B.: „Lampe": Licht, Schirm, Strom, Birne, Schalter, Fuß, Hitze.	Kleingruppe; auch Einzelarbeit
Methode 6-3-5	**6** Personen entwickeln **3** Lösungsvorschläge; das Formular wird 5-mal weitergereicht.	Kleingruppe; einfache Handhabung
CNB-Methode	Es wird ein gemeinsames Notizbuch angelegt (**C**ollective **Note**b**ook**): In einer Expertengruppe erhält jeder ein CNB und trägt einzeln, über einen Monat lang seine Ideen ein. Der Moderator fasst alle Ideen aller CNBs zusammen. Danach erfolgt eine gemeinsame Arbeitssitzung.	Einzelarbeit + Gruppenarbeit; lange Phase der Ideensammlung
Mindmapping	Dies ist eine Technik, um Informationen und Problemstellungen auf eine übersichtliche Art zu strukturieren und zu dokumentieren; sie ist geeignet für die Analyse von Problemen, aber auch für die Gliederung von Lösungswegen.	Das Problem wird in „Hauptäste" und „Zweige" zerlegt und grafisch veranschaulicht: 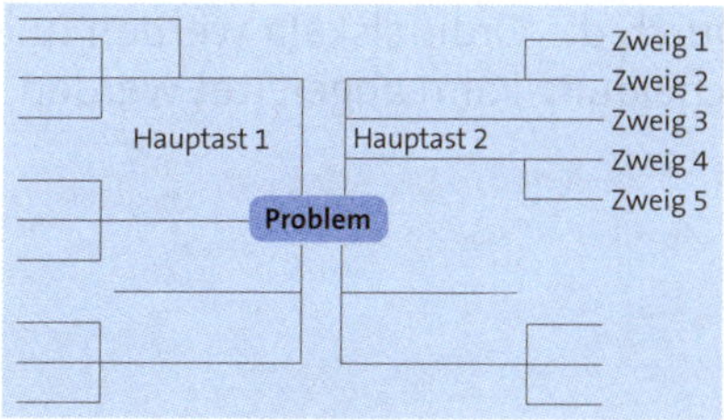

02. Welche Vorteile bieten Kreativitätstechniken?

- setzen Potenziale der Mitarbeiter frei
- Innovationskraft im Unternehmen wird gesteigert
- Vorschläge zur Lösung können rasch entwickelt werden
- Motivation der Mitarbeiter wird gesteigert.

1.4.2.3 Entscheidungstechniken

01. Welche entscheidungstheoretischen Grundlagen sollte der Wirtschaftsfachwirt einsetzen können?

Vgl. dazu ausführlich unter >> 1.1.5.

02. Welches Ziel hat die Nutzwertanalyse?

Das Ziel der Nutzwertanalyse besteht darin, qualitative Merkmale messbar zu machen.

Beispielsweise kann bei einem Lieferantenvergleich das Merkmal „Servicequalität" nicht mit einem Euro-Wert versehen werden. Man benutzt beispielsweise eine Ordinalskala (z. B. 10 = sehr gut ... 1 = schlecht), um eine Klassifikation der Servicequalität bei den Lieferanten zu erreichen. Das Merkmal „Servicequalität" wird gewichtet und dann für jeden Lieferanten bepunktet. Wenn weitere qualitative Merkmale vorhanden sind, dann werden diese ebenso gewichtet und bepunktet. Die Gewichtung und Bepunktung erfolgt häufig im Team, weil dadurch verschiedene Blickwinkel berücksichtigt werden können.

Das Produkt aus Gewichtung und Bepunktung ergibt den Nutzwert. Die Nutzwerte werden pro Lieferant addiert und die Rangfolge ermittelt. Bei der gegebenen Ordinalskala (10 = sehr gut ...) nimmt der Lieferant den Rang 1 ein, der den höchsten Nutzwert hat. Wenn die Skala anders gestaltet wird (1 = sehr gut ... 10 = schlecht), dann erhält der Lieferant den Rang 1 mit dem niedrigsten Nutzwert.

Durch die Ordinalskala werden qualitative Merkmale (quasi) messbar, und eine Entscheidung kann abgeleitet werden.

Nutzwertanalysen werden beispielsweise auch bei Personalauswahlverfahren, Investitions- und Lieferantenentscheidungen eingesetzt.

Kriterien	**Gewichtung**	**Bepunktung Lieferant**		**Nutzwert**	
		A	**B**	**A**	**B**
Servicequalität	0.3	2	4	0,6	1,2
...					
...					
Summe				Nutzwert A Rang	Nutzwert B

03. Welche Arten von Messskalen gibt es?

Man unterscheidet folgende Messskalen:

Messskalen		
Nominalskala	Die Skalenwerte können nur nach dem Kriterium gleich oder verschieden geordnet werden.	a = b oder a ≠ b
Ordinalskala (Rangskala)	Die Skalenwerte können nicht nur nach dem Kriterium gleich oder verschieden geordnet, sondern außerdem in eine natürliche Reihenfolge gebracht werden.	a = b oder a < b oder a > b
Kardinalskalen	Die Skalenwerte sind reelle Zahlen und besitzen alle Ordnungseigenschaften reeller Zahlen. ► Intervallskala, z. B. Längengrade ► Verhältnisskala, z. B. Entfernungen, Flächen, Gewichte ► Absolutskala, z. B. Stückzahlen	

In Nutzwertanalysen wird sehr häufig die Ordinalskala verwendet, z. B. 1 = sehr gut ... 5 = schlecht.

Eine Entscheidung bei der Gestaltung der Skala besteht darin, ob die Skala gerade (1 - 4) oder ungerade (1 - 5) ausgeprägt sein sollte. Auf eine 3er-Skala sollte verzichtet werden. Je breiter die Skala ist, desto mehr Differenzierung ist möglich.

Kardinalskalen sind für Nutzwertanalysen nicht direkt geeignet, da die quantifizierbaren Merkmalsausprägungen direkt miteinander vergleichbar sind.

04. Welche qualitativen Bewertungsmaßstäbe stehen bei der Beurteilung von Investitionsobjekten im Vordergrund?

Qualitative Beurteilungskriterien für Investitionsobjekte

Wirtschaftliche Beurteilungskriterien

Merkmale des Absatzes:

- Preissegment
- Logistik
- ...

Merkmale der Beschaffung:

- Garantie
- Kundendienst
- ...

Technische Beurteilungskriterien

Merkmale der Anlage:

- Energieverbrauch
- Wartungseigenschaften
- Störanfälligkeit
- ...

Merkmale des Arbeitsschutzes:

- Lärmentwicklung
- Bedienbarkeit
- ...

Merkmale des Umweltschutzes:

- Entsorgung
- Recycling
- Trennbarkeit der Materialien
- ...

Rechtliche Beurteilungskriterien

- Vertragskonditionen
- Patente
- Lizenzen
- Einhaltung der Normvorschriften
- Auflagen der Kommune
- ...

Soziale Beurteilungskriterien

- Design
- Ergonomie
- Bedienungsfreundlichkeit
- Einarbeitungsaufwand
- Grad der Arbeitsteilung

Die qualitativen Merkmale können bei einer Nutzwertanalyse eingesetzt werden.

05. Welche Grundsätze sollten bei der Festlegung der Bewertungsmerkmale beachtet werden?

Operationalität	Die Merkmale müssen exakt beschrieben werden und möglichst messbar sein.
Hierarchiebezogenheit	Anordnung der Merkmale in einer sinnvollen, logischen Struktur (Bildung von Oberbegriffen und Subsummierung).
Unterschiedlichkeit	Die Merkmale dürfen sich nicht überschneiden.
Nutzenunabhängigkeit	Die Merkmale müssen voneinander unabhängig sein.

06. In welchen Schritten wird eine Nutzwertanalyse durchgeführt?

Nutzwertanalyse		
Schritte		**Beschreibung**
1.	Festlegung der Merkmale	Auswahl der Merkmale auf der Basis des vorliegenden Problems. Welches Ziel wird verfolgt?
2.	Strukturierung der Merkmale	Schaffen eines Ordnungssystems mit Ober- und Unterbegriffen.
3.	Gewichtung der Merkmale	Gewichtsfaktoren festlegen und den Merkmalen zuordnen.
4.	Teilnutzenermittlung	Für jede Alternative wird der Nutzwert je Merkmal ermittelt.
5.	Nutzwertermittlung	Zusammenfassung der Teilnutzen je Alternative
6.	Beurteilung	Erstellen einer Rangfolge der Nutzwerte. Es wird die Alternative mit dem höchsten Nutzwert ausgewählt.

07. Welche Vorteile und Risiken bietet die Nutzwertanalyse?

Nutzwertanalyse	
Vorteile	**Risiken**
Einfache Handhabung	Festlegung der Merkmale ist subjektiv
Erlaubt eine qualitative Bewertung von Objekten	Festlegung der Gewichtungsfaktoren ist subjektiv
Festlegung der Merkmale je nach Problemsituation möglich	Festlegung der Merkmalsausprägung ist subjektiv
Gewichtung der Merkmale möglich	

08. Was versteht man unter einer Entscheidung?

Bei einer Entscheidung wird eine Auswahl zwischen einer oder mehreren Alternativen getroffen. Wenn sich der Entscheider beispielsweise bei zwei Alternativen A und B für die Alternative A entscheidet, dann verzichtet er auf den Nutzen oder Ertrag der Alternative B. Der Verzicht auf den Nutzen oder Ertrag der Alternative B bezeichnet man als Opportunitätskosten.

09. Worin besteht der Unterschied zwischen Unsicherheit und Risiko?

Bei Unsicherheit ist die Wahrscheinlichkeit des Eintritts eines Ereignisses nicht bestimmbar, während bei Risiko eine Wahrscheinlichkeit schätzbar ist.

Welche Entscheidungsregeln gibt es?

Maximax-Regel:

Szenario / Aktionen	1	2	3	Maximax
1	90	60	20	90
2	110	50	40	110
3	100	70	30	100

Gemäß der Maximax-Regel wird die Aktion 2 gewählt.

10. Was ist eine Entscheidungsmatrix?

Sie ist die knappe Darstellung von Entscheidungssituationen in einer Tabelle. Bei einer Entscheidungsmatrix werden Ergebnisse (A_1 bis A_n) dargestellt, die bei bestimmten Bedingungen (B_1 bis B_n) eintreten (sollen).

Beispiele

Beispiel 1: Allgemein

B_1	J	J	N
B_2	J	N	N
	↓	↓	↓
	A_1	**A_2**	**A_3**

B_i Bedingungen
A_i Ergebnisse, Aktionen
J ja
N nein

Beispiel 2: Annahme eines Schecks; Entscheidungsmatrix für den Bankangestellten

Kreditrahmen überschritten	J	J	N	N
Zahlungsverhalten gut	J	N	J	N
	↓	↓	↓	↓
	Scheck **einlösen**	Scheck **zurückgeben**	Scheck **einlösen**	Scheck **einlösen**

11. Welche Entscheidungsregeln gibt es?

Maximin-Regel:

Szenario / Aktionen	1	2	3	Maximin
1	90	60	20	20
2	110	50	40	**40**
3	100	70	30	30

Gemäß der Maximin-Regel resultiert eine Entscheidung zugunsten der Aktion 2.

Hurwicz-Regel:

Aktionen	Minima der Zeile	Maxima der Zeile	Wert
1	20 • 0,3 = 6	90 • 0,7 = 63	69
2	40 • 0,3 = 12	110 • 0,7 = 77	89
3	30 • 0,3 = 9	100 • 0,7 = 70	79

Nach der Hurwicz-Regel wird die Aktion 2 gewählt.

12. Welche Probleme gibt es bei Entscheidungen?

Aufgrund der Komplexität und Dynamik steht der Entscheider vor einer Vielzahl an Einflussfaktoren, die häufig wechselseitig miteinander verbunden sind. Zudem können aus Kostengründen oder auch aufgrund des Kenntnisstandes nicht alle Informationen für eine Entscheidung aufbereitet werden. Es liegen somit unvollständige Informationen vor. Daher werden quantitative Verfahren mit mathematischen Ansätzen nur bedingt zu einer fundierten Entscheidung bei hoher Komplexität und Dynamik beitragen können. Zudem sind bei sogenannten „high sophisticated"-Verfahren vertiefte mathematische Kenntnisse von Experten notwendig. Daher werden in der Praxis intuitive Verfahren, wie z. B. Expertenschätzungen, Delphi-Methode oder auch Szenarioanalysen eingesetzt. Wenn eine Vielzahl von Experten schätzt oder der Entscheider eine langjährige Erfahrung hat, dann können sich diese subjektiven Wahrscheinlichkeiten dem „objektiven" Wert nähern. Die subjektiven-intuitiven Verfahren funktionieren schneller und man benötigt auch keine ausgeprägten mathematischen Modelle.

1.4.3 Projektmanagement

1.4.3.1 Projektorganisation

01. Wie ist ein Projekt definiert?

Grundsätzlich gibt es zu den Definitionen im Projektmanagement eine DIN 69901[1]:

„Ein Projekt ist ein Vorhaben, das im Wesentlichen durch Einmaligkeit der Bedingungen in ihrer Gesamtheit gekennzeichnet ist, wie z. B. Zielvorgabe, zeitliche, finanzielle, personelle oder andere Begrenzungen, projektspezifische Organisation."

„Projektmanagement ist gemäß DIN 69901-5 die Gesamtheit von Führungsaufgaben, -organisation, -techniken und -mitteln für die Initialisierung, Definition, Planung, Steuerung und den Abschluss von Projekten."

02. Warum ist Projektmanagement in den letzten Jahren so relevant geworden?

- zunehmende Komplexität (Variantenvielfalt, erhöhte Kundenanforderungen)
- gestiegene Dynamik („Sofortness" in der Logistik)
- erhöhte Interdisziplinarität erforderlich; Projektmanagement hat Querschnittsfunktion
- Projektmanagement ist methodisches Rahmeninstrument, z. B. für Organisationsentwicklung, Umzüge, Investitionsvorhaben, Lean Management
- Durch Projektmanagement werden Planungen auch in den Projekten integriert, sodass Kosten, Zeit und Qualität der Leistungen auf einer Subebene kontrolliert und gesteuert werden können, um die Wirtschaftlichkeitsziele des gesamten Unternehmens zu erreichen.
- Durch eine Projektplanung werden auch Risiken offengelegt und Schwachstellen im gesamten Unternehmen erkannt. Projektmanagement ist häufig auch Impulsgeber für neue Ansätze.
- Die Mitarbeiter lernen vernetztes Denken (Arbeiten in Teams) und beachten die betriebswirtschaftlichen Aspekte (z. B. Budgets für das Projekt).
- Die Mitarbeiter wünschen sich häufig kooperative Führungsansätze, die durch das Projektmanagement und die Teamarbeit erfüllt werden können.

---

[1] Quelle: *GPM Deutsche Gesellschaft für Projektmanagement e. V., 2010, S. 27, 29.*

03. Welche Wechselbeziehungen bestehen zwischen Unternehmenskultur und Projektmanagement?

- Die Gesamtheit von Werten, Normen, Verhaltensmustern und Einstellungen nennt man Kultur (z. B. Landeskultur, **Unternehmenskultur**, Führungskultur, Kultur des Individuums).
- Projektmanagement verlangt von den Mitarbeitern und Führungskräften kritische Kreativität, Disziplin sowie die Bereitschaft zur Veränderung. Andererseits stärkt erfolgreiches Projektmanagement genau diese individuellen „Kulturelemente", durch die es gestützt wird. Eine Führungskultur, die Werte, Normen und Einstellungen wie Individualität, Beteiligung der Mitarbeiter, sachorientierte Lösung von Konflikten usw. präferiert, bietet also eine gute Basis für Projektarbeit.
- Je stärker die Werte, Normen und Einstellungen zwischen Unternehmenskultur, Führungskultur, Individualkultur und „Projektmanagement-Kultur", kongruent sind, desto
  - geringer ist das Konfliktpotenzial,
  - desto stärker wirkt die „Keilidee" (Konzentration der Kräfte auf den Markt) und
  - desto effektiver ist das Projektmanagement.

04. Durch welche Merkmale ist ein Projekt bestimmt?

- **Projekte** sind kurzlebige, zeitlich terminierte Aufgabenkomplexe, an denen Experten aus verschiedenen Fachbereichen und Hierarchiestufen arbeiten. Management umfasst alle planenden, organisierenden, steuernden, kontrollierenden und sanktionierenden Tätigkeiten zur Auftragserfüllung.
- **Projektmanagement** ist die überlebensnotwendige Kunst zur Existenzsicherung des Unternehmens, all die Aufgaben zu lösen, die den Leistungsrahmen der klassischen Organisationsformen übersteigen. Projektmanagement dient daher vorrangig der Aufgabe, trotz gegebener Organisationsstruktur die unternehmerische Flexibilität und Zukunftssicherung zu erhalten.

  In der Literatur werden vor allem folgende **Merkmale** hervorgehoben:

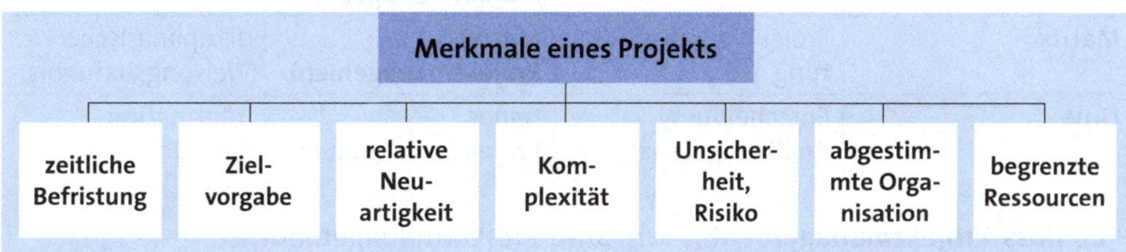

05. In welchem Spannungsfeld bewegen sich Projektsteuerung und -controlling?

Projektsteuerung und Projektcontrolling vollziehen sich im Spannungsfeld eines „magischen" Vierecks (Kontrollmerkmale der Projektsteuerung) mit den Veränderlichen: Zeit, Kosten, Quantität und Qualität.

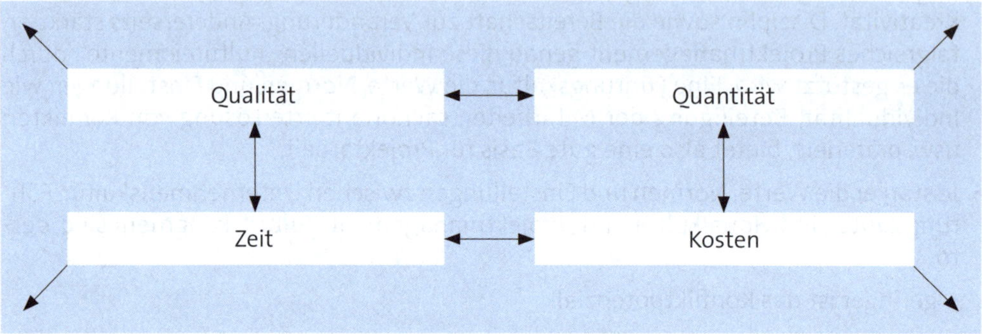

Häufig wird nur der Begriff „magisches Dreieck" (Kosten, Zeit, Leistung) verwendet. Die Leistung beinhaltet die Quantität und Qualität.

06. Wie kann Projektmanagement in die Aufbaustruktur integriert werden?

Hier ist die Aufgabe zu lösen: „Wer macht was und ist wofür verantwortlich?", d. h. es ist eine zeitlich befristete und der Aufgabe/Zielsetzung angemessene Organisation von Projektmanagement zu schaffen. Für die organisatorische Eingliederung des Projektmanagers kommen in der Praxis drei grundsätzliche Formen infrage:

Organisatorische Eingliederung des Projektmanagers	Funktion des Projektmanagers	Form des Projektmanagements	Funktion der Linie
Stab	Information, Beratung	**Einfluss-Projektmanagement**	Entscheidung
Matrix	Projektverantwortung	**Matrix-Projektmanagement**	disziplinarische Weisungsbefugnis
Linie	Entscheidung (Vollkompetenz)	**reines Projektmanagement**	Information, Beratung

- **Einfluss-Projektmanagement** (auch: Stab-Projektmanagement):

  Der Projektmanager hat gegenüber der Linie (nur) eine **beratende Funktion**. Die Entscheidungs- und Weisungsbefugnis verbleibt bei den Linienmanagern (Materialwirtschaft, Produktion usw.).

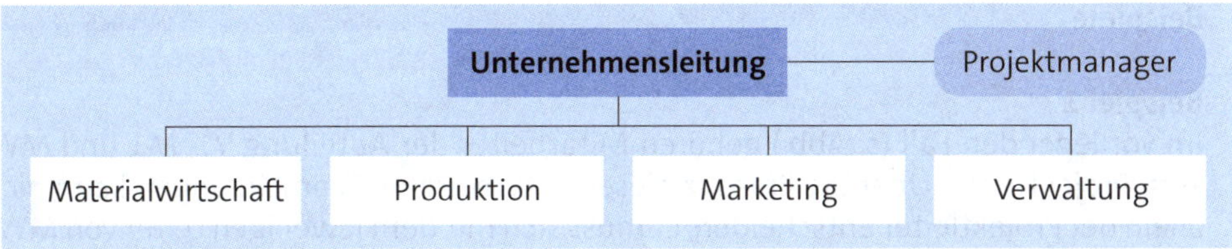

- **Reines Projektmanagement:**

  Das „Reine Projektmanagement" ist der Gegenpol zum „Einfluss-Projektmanagement": Der Projektmanager hat volle Kompetenz in allen Sach- und Ressourcenfragen **im Rahmen des Projektmanagements** und kann die Realisierung von Projektzielen ggf. auch gegen den Willen der Linienmanager durchsetzen. Dies betrifft auch den Zugriff auf Personalressourcen der Linie.

  Die reine Projektorganisation wird häufig auch als „autonome" Projektorganisation bezeichnet. Wenn Unternehmen überwiegend nur mehr Projekte realisieren, dann stellt eine Ausprägung der autonomen Projektorganisation das „projektorientierte Unternehmen" dar.

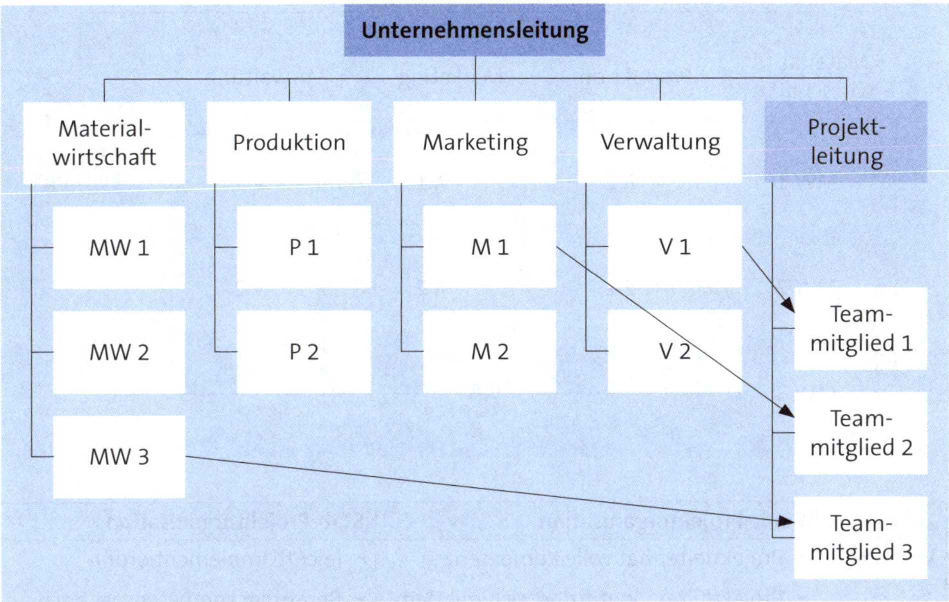

- **Matrix-Projektmanagement:**

  Dies ist eine Mischform aus „Einfluss-Projektmanagement" und „Reinem Projektmanagement": Der Projektleiter hat die volle Kompetenz in allen Fragen, die das Projekt betreffen (Kosten, Termine, Sachziele). Die Linienmanager haben die volle Kompetenz bezogen auf ihren Verantwortungsbereich (z. B. Weisungsbefugnis). Kennzeichnend für die Matrix-Organisation ist der „Einigungszwang": Projektmanager und Linienmanager müssen sich einigen bei der Lösung des Projektauftrages.

Beispiele

Beispiel 1
Im vorliegenden Fall (s. Abb.) gehören Mitarbeiter der Abteilung V1, M1 und MW3 zum Projektteam. Über die Präsenz dieser Mitarbeiter in Teamsitzungen kann nicht allein der Projektleiter entscheiden, er muss sich mit dem jeweiligen Leiter von MW3, M1 bzw. V1 verständigen.

Beispiel 2
Ein Teilauftrag des Projektes sei die Fragestellung, ob ein Ersatzteillager zentral oder dezentral eingerichtet werden soll; die Änderungen betreffen auch den Ressort Marketing und Vertrieb. Hier muss sich die Projektleitung mit dem Leiter Marketing und dem Leiter Materialwirtschaft einigen.

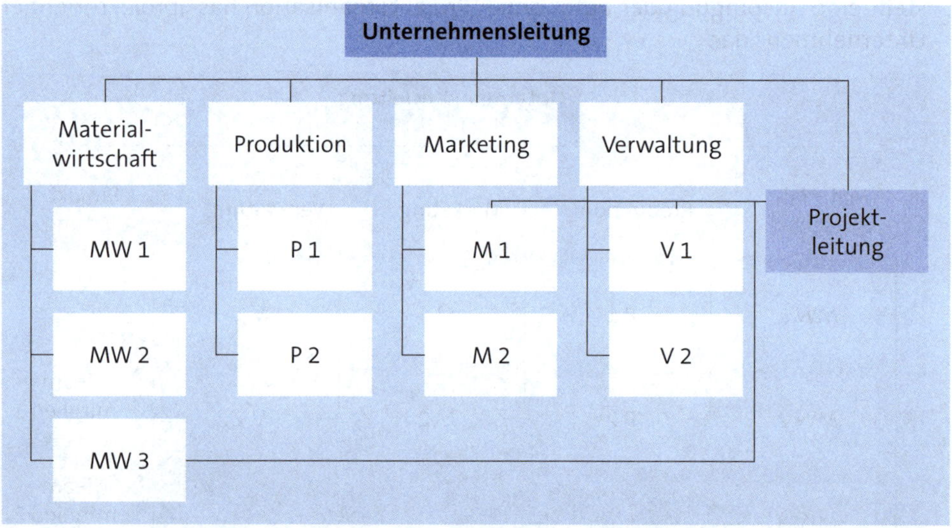

	Reine Projektorganisation	Stab-Projektorganisation
Vorteile	► Projektleiter hat volle Kompetenz ► Projektleiter identifiziert sich mit dem Projekt und kann schnell reagieren ► Projektverantwortung ist eindeutig	► leichte Implementierung ► Beratungskompetenz ist hoch ► geringes Risiko der einseitigen Machtausübung
Nachteile	► schwierige Implementierung ► Rückkehr der Teammitglieder am Ende ► höherer Personalbedarf	► Akzeptanzprobleme in der Linie ► Problem des Zugriffs auf Ressourcen ► kein klares Direktionsrecht

07. Wie erfolgt die Projektbestimmung durch Zielvorgaben?

Projekte haben eigenständige Zielsetzungen. Die Ziele liefern die Richtung für die Planung des Projekts, geben Orientierung für die Steuerung und liefern den Maßstab für die Kontrolle.

- Man unterscheidet **drei Zielfelder** (Sachziele, Terminziele, Kostenziele); sie **konkurrieren** miteinander („Magisches Dreieck des Projektmanagements"):

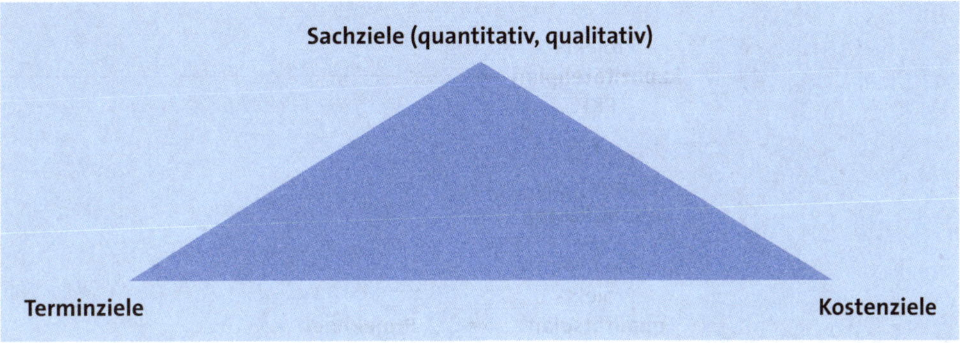

- Ziele können ihre Funktion nur erfüllen, wenn sie **operationalisiert**, d. h. **messbar**, sind. Messbar bedeutet, dass das Ziel hinsichtlich Inhalt, Ausmaß und Zeitaspekt eindeutig beschrieben ist.

Beispiel

Falsch:
Das Ziel „Die Kosten in der Montage müssen deutlich gesenkt werden" ist nicht operationalisiert. Was heißt „deutlich"? „Bis wann?"

Richtig:

Die Kosten	→	Zielinhalt
müssen innerhalb von sechs Monaten	→	Zeitaspekt
um 15 % gesenkt werden.	→	Ausmaß

1.4.3.2 Projektplanung

01. Welche Bestandteile hat die Projektplanung?

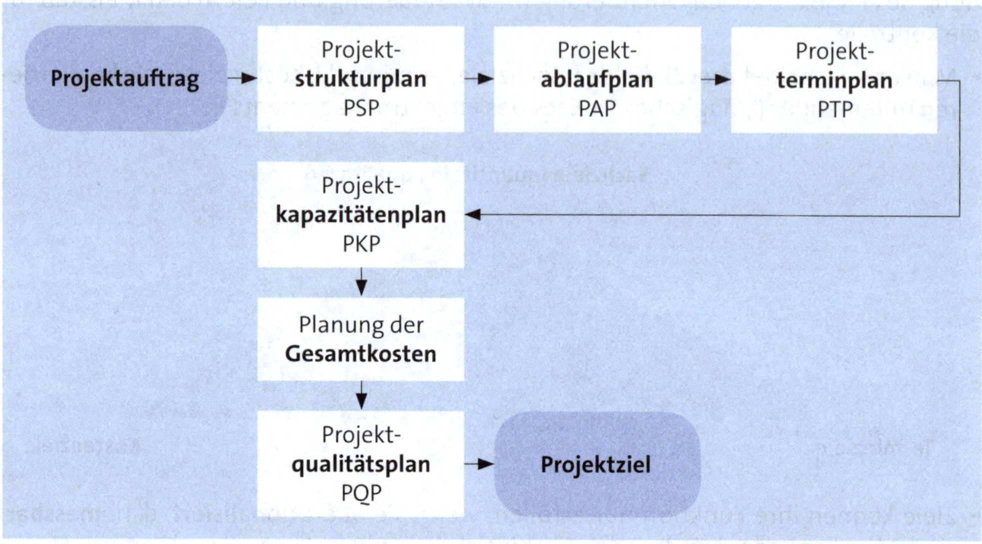

02. Welchen Inhalt haben die einzelnen Teilpläne der Projektplanung?

- Zu Beginn eines Projektes wird der **Projektstrukturplan** (PSP) erstellt; er legt
  - Teilprojekte, Teilaufgaben und
  - Arbeitspakete

  fest und ist somit der **Kern eines jeden Projektes.**

  Inhaltlich kann der Projektstrukturplan funktionsorientiert, erzeugnis(objekt)orientiert oder gemischt-orientiert sein. Der Projektstrukturplan ist an unterschiedlichen Stellen unterschiedlich tief gegliedert. Kriterien für die Detaillierung können sein:
  - Dauer
  - Kosten
  - Komplexität
  - Überschaubarkeit des Ablaufs
  - Risiko
  - organisatorische Einbettung.

Schematischer Aufbau eines Projektstrukturplanes

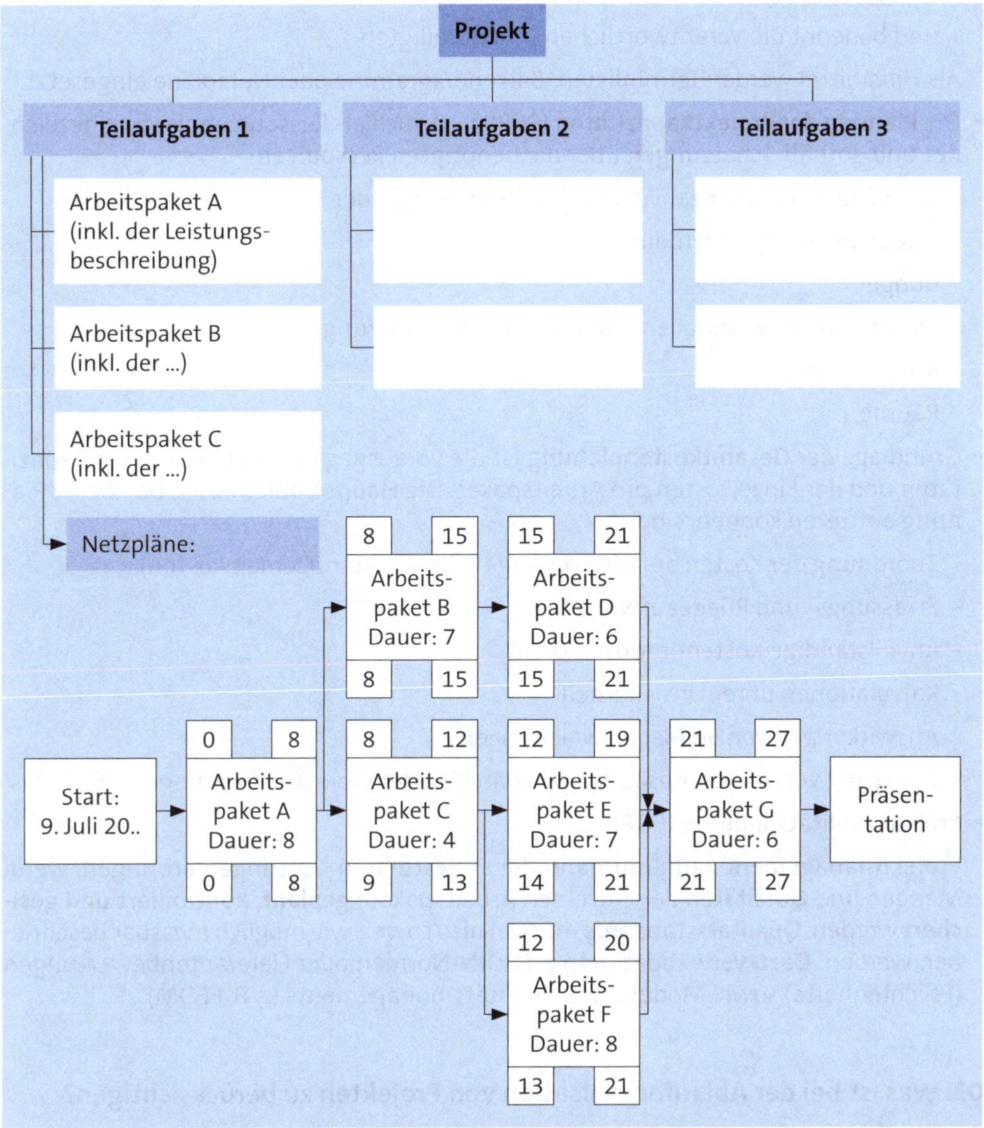

- Der **Projektablaufplan** (PAP) legt die logische Reihenfolge der Bearbeitung fest, z. B.:
  - Welche Arbeitspakete können parallel und welche sequenziell bearbeitet werden?
  - Wie ist der Zeitbedarf pro Arbeitspaket?
  - Welche Ressourcen werden pro Arbeitspaket benötigt?

- Der **Projektterminplan** (PTP)
  - legt die Anfangs- und Endtermine einzelner Teilprojekte und Arbeitspakete fest
  - und benennt die Verantwortlichen und Beteiligten.

  Als Hilfsmittel werden Terminlisten, Balkendiagramme oder Netzpläne eingesetzt.
- Die **Planung der Projektkapazitäten** (PKP) wird auch als Ressourcenplanung bezeichnet und enthält Schätzungen über die benötigten Ressourcen:
  - Qualifikation und Anzahl der Projektteam-Mitglieder
  - Dauer der Strukturelemente
  - Budget
  - Einsatzmittel (Materialien, Anlagen, IT-Unterstützung)
  - Informationen
  - Räume.
- Grundlage der **Gesamtkostenplanung** ist die vorausgegangene Planung der Kapazitäten und der Einzelkosten pro Arbeitspaket. Die Hauptprobleme, die bei dieser Planung auftreten können, sind:
  - Zuordnung der Kosten auf die Vorgänge (Einzelkosten/Gemeinkosten)
  - Erfassungs- und Pflegeaufwand
  - unvollständige Kosten-Informationen
  - Kalkulationen unter Unsicherheit
  - Auswirkungen von Soll-Ist-Abweichungen
  - Erfassung von Änderungsaufträgen während der Projektrealisierung.
- **Projektqualitätsplanung** (PQP):

  Projektmanagement kann nur dann die angestrebten Leistungen erbringen, wenn Mengen und **Qualitäten** der einzelnen Arbeitspakete **geplant, kontrolliert und gesichert** werden. Qualitätsstandards müssen also soweit wie möglich messbar beschrieben werden. Dazu verwendet man z. B. DIN-Normen oder Lieferantenbewertungen (Pflichtenhefte) sowie Modelle des Qualitätsmanagements (z. B. EFQM).

03. Was ist bei der Ablauforganisation von Projekten zu berücksichtigen?

Die Kernfragen lauten hier:

- Was ist wie zu regeln?
- Wie ist vorzugehen?
- Welche Teilziele werden abgesteckt?

Es ist der technisch und wirtschaftlich geeignete Projektablauf festzulegen. Dabei sind zwei grundsätzliche Formen denkbar:

a) **Sequenzielle** Ablaufgestaltung:
Arbeitspakete werden **nacheinander**, schrittweise abgearbeitet.
Beurteilung: zeitaufwendig, aber sicherer.

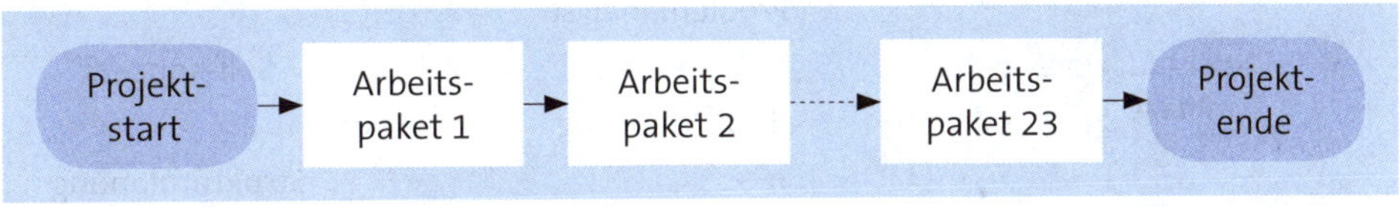

b) **Parallele (simultane)** Ablaufgestaltung:
Arbeitspakete werden ganz oder teilweise gleichzeitig abgearbeitet.
Beurteilung: schneller Projektfortschritt, aber ggf. Risiken bei der Zusammenführung von Teillösungen zur Gesamtlösung.

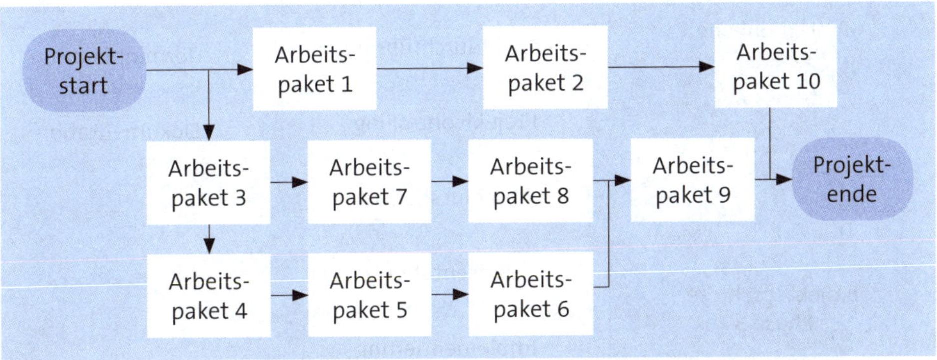

04. In welche Haupt- und Teilphasen lässt sich Projektmanagement strukturieren?

Die Phasen des Projektmanagement folgen grundsätzlich der Logik des Management-Regelkreises (Ziele setzen-planen-organisieren-realisieren-kontrollieren). Die Fachliteratur unterscheidet im Detail zwischen drei bis sieben Phasen (je nach Detaillierungsgrad), wobei die Unterschiede nicht grundlegend sind. Es gibt jedoch noch keine einheitliche Terminologie. Die nachfolgende Darstellung unterscheidet drei Hauptphasen:

1. Projekte auswählen
2. Projekte lenken
3. Projekte abschließen.

Hinter diesen Hauptphasen verbergen sich folgende Teilpläne und -aktivitäten (Gesamtübersicht des Phasenmodells):

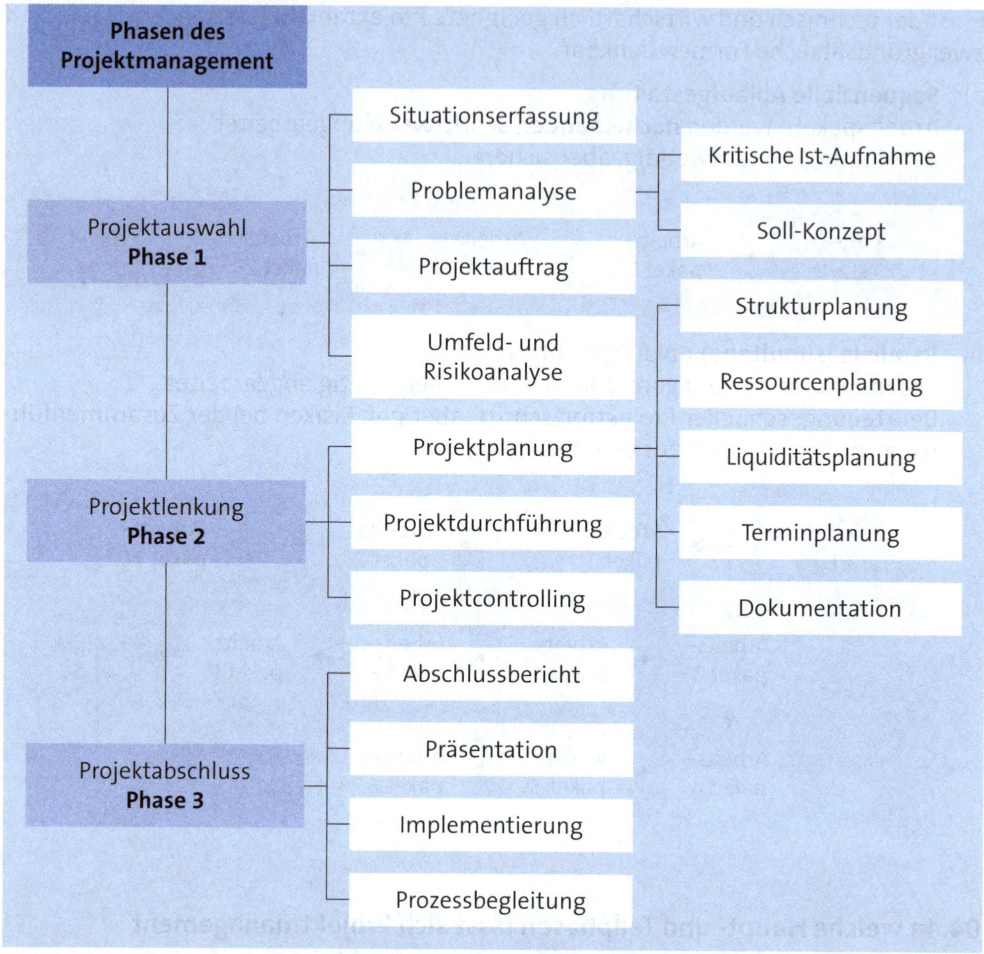

05. Welche Struktur hat die 6-Stufen-Methode nach REFA?

Das oben dargestellte Modell wurde von REFA erweitert und ist als **„6-Stufen-Methode der Systemgestaltung“** (REFA-Standardprogramm Arbeitsgestaltung) für alle Untersuchungen zur Gestaltung bzw. Reorganisation von Aufbau- und Ablaufstrukturen einsetzbar:

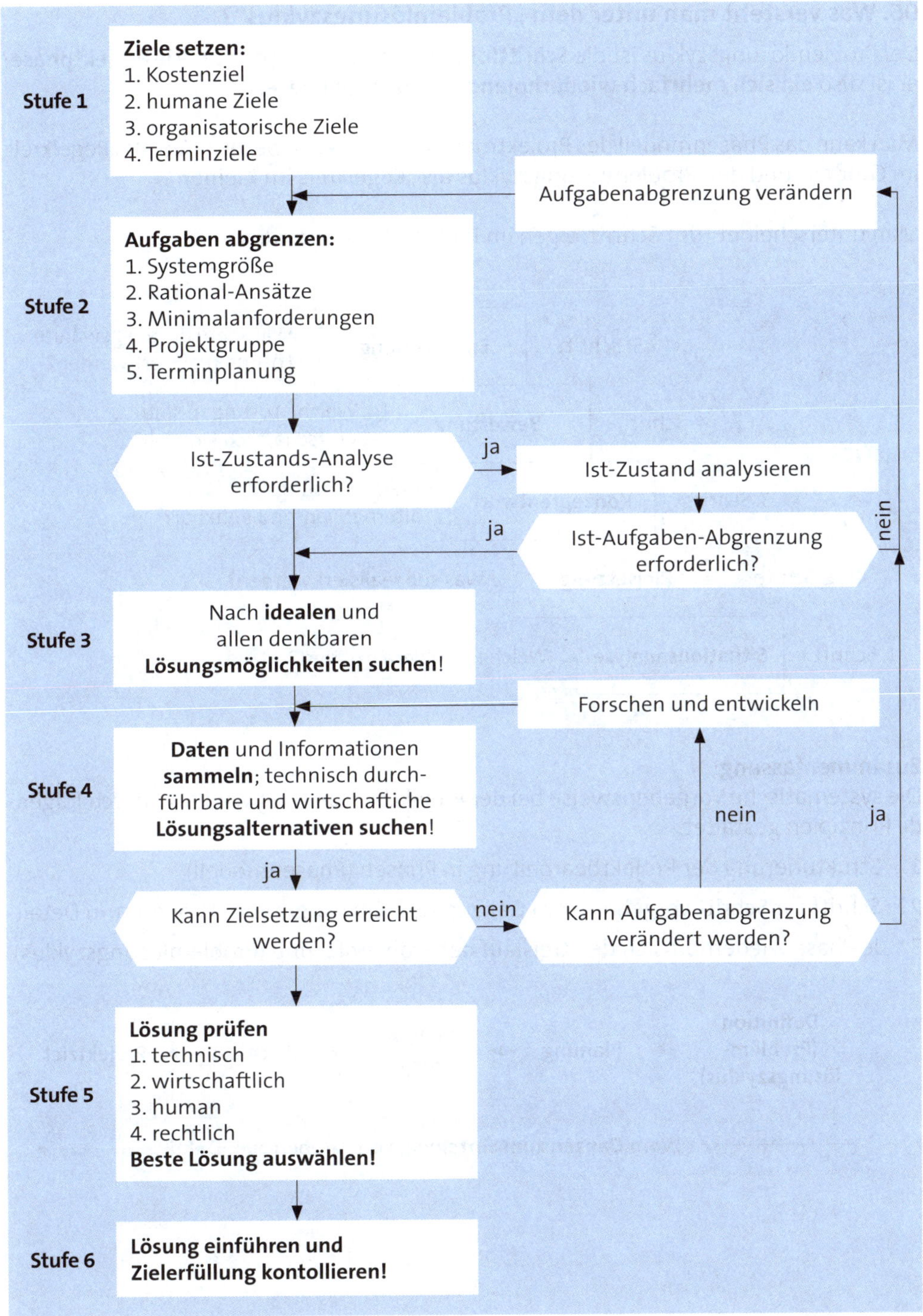
Stufe 1
Ziele setzen:
1. Kostenziel
2. humane Ziele
3. organisatorische Ziele
4. Terminziele
Aufgabenabgrenzung verändern
Stufe 2
Aufgaben abgrenzen:
1. Systemgröße
2. Rational-Ansätze
3. Minimalanforderungen
4. Projektgruppe
5. Terminplanung
Ist-Zustands-Analyse erforderlich?
ja
Ist-Zustand analysieren
ja
Ist-Aufgaben-Abgrenzung erforderlich?
nein
Stufe 3
Nach idealen und allen denkbaren Lösungsmöglichkeiten suchen!
Forschen und entwickeln
Stufe 4
Daten und Informationen sammeln; technisch durchführbare und wirtschaftiche Lösungsalternativen suchen!
nein
ja
ja
Kann Zielsetzung erreicht werden?
nein
Kann Aufgabenabgrenzung verändert werden?
Stufe 5
Lösung prüfen
1. technisch
2. wirtschaftlich
3. human
4. rechtlich
Beste Lösung auswählen!
Stufe 6
Lösung einführen und Zielerfüllung kontollieren!

06. Was versteht man unter dem „Problemlösungszyklus"?

Der Problemlösungszyklus ist die **Schrittfolge** zur Realisierung der Ziele **je Projektphase**; er ist also **ein sich mehrfach wiederholender Prozess je Phase**.

Man kann das Phasenmodell des Projektmanagements auch bezeichnen als „Regelkreis im Großen" und den Problemlösungszyklus als „Regelkreis im Kleinen".

Man unterscheidet fünf Schrittfolgen im Problemlösungszyklus:

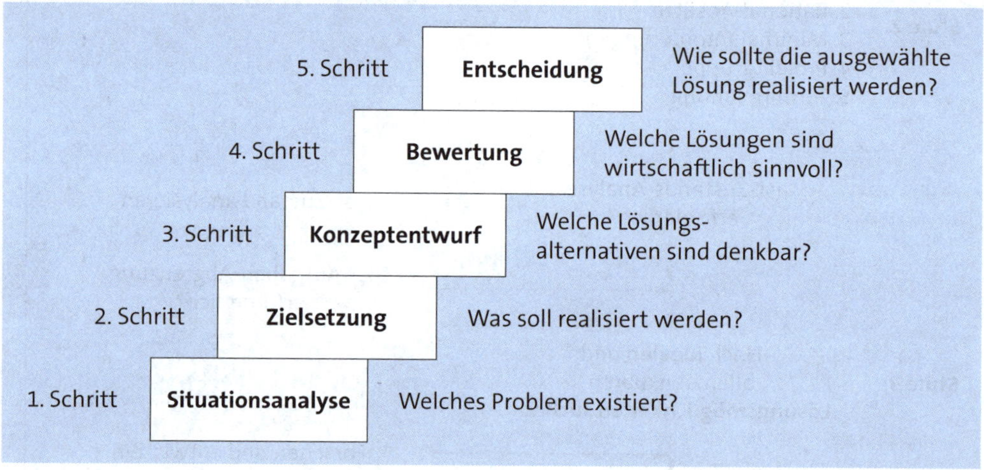

Zusammenfassung:
Die systematische Vorgehensweise bei der Projektbearbeitung wird also durch folgende Prinzipien gestaltet:

1. Strukturierung der Projektbearbeitung in Phasen (Phasenmodell)
2. Schritt für Schritt vorgehen, vom Ganzen zum Einzelnen, vom Groben zum Detail
3. Je Phase wiederholt sich der Kreislauf der Problemlösung (Problemlösungszyklus).

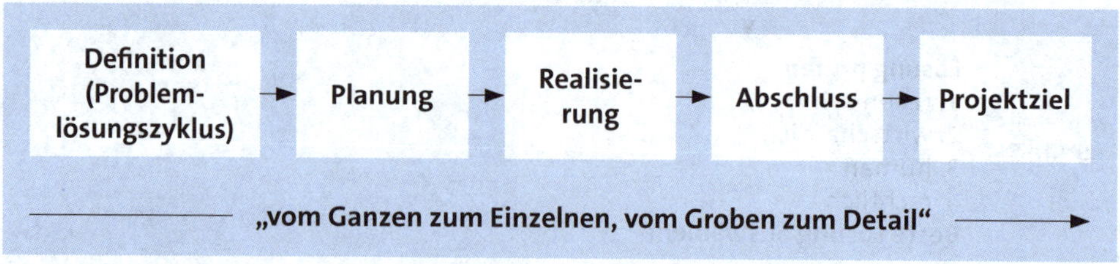

07. Was versteht man unter Meilensteinen?

Meilensteine sind „Ereignisse mit besonderer Bedeutung". Sie werden am Ende einer jeden Projektphase gesetzt. Zu den Meilensteinen finden Meilensteinsitzungen statt, in denen über die Leistungen, Zeit, Kosten und weichen Faktoren bis zu dieser Phase im Projektteam reflektiert wird. Der Projektleiter verfasst einen Report über die wichtigsten Eckpunkte des Projektes (Magisches Dreieck, weiche Faktoren, Risiken, Stakeholderverhalten) und übermittelt sie dem Auftraggeber. Wenn die Soll-Vorstellungen zum Meilenstein erreicht sind, gibt der Auftraggeber des Projektes die nächste Projektphase frei.

Was können „Ereignisse mit besonderer Bedeutung" sein?

- Liefereereignisse (wichtige Rohstoffe werden geliefert)
- Testereignisse (bei Software)
- Projektstart und Projektabschluss.

08. Welche Vorgehensmodelle gibt es?

- Wasserfallmodell: starrer Ablauf, Rücksprünge zur letzten Phase möglich
- agiles Projektmanagement:
  - flexibel, Rücksprünge zur ersten oder anderen Phasen möglich
  - Selbstorganisation steht im Vordergrund
  - „Grüne Bananen werden zum Kunden ausgeliefert": Kunde wird mit eingebunden über Feedback (z. B. bei Software)
- Lebenszyklusmodell:
  - Projektstartphase bis zum Projektziel
  - Nutzungsphase
  - Desinvestitionsphase (z. B. Kraftwerk, große Industrieanlagen)
- V-Modell XT
- Vorgehensmodell nach PRINCE2.

Vorgehensmodelle dienen zur Standardisierung des Projektablaufs und werden auch im Rahmen des Qualitätsmanagements sowie als Vorleistung für Vertragsabschlüsse eingesetzt.

09. Wie muss der Projektauftrag formuliert sein?

Bei der Formulierung des Projektauftrages sind insbesondere folgende Inhalte zu berücksichtigen:

- Projektleiter benennen
- Budget festlegen
- Die zu erbringende Leistung (Zielsetzung und Aufgaben) ist genau zu bezeichnen.
- Auftraggeber ist z. B. ein Bereichsleiter.
- Die Gesamtdauer des Projektes ist zu begrenzen.
- Die Befugnisse sind zu klären: Rolle des Projektleiters, Rolle der unterstützenden Fachbereiche; eventuell Einsatz eines Projektsteuerungs- und -koordinierungsgremiums, das den Projektleiter vom Dokumentations- und Informationssuchaufwand freihält.

Projektauftrag

Projekt: ____________________ Projekt-Nr.: ____________________

Projektleiter: ____________________ Projektteam: ____________________

1. Beschreibung des Problems ____________________
2. Zielsetzung, Prioritäten ____________________
3. Umfeld- und Rahmenbedingungen ____________________
4. Erwartete Wirkung ____________________
5. Budget ____________________

Kostenarten	**Grobplanung**	**Feinplanung**	....
Personal			
Material			
Investitionen			
Fremdleistungen			
Sonstige Ausgaben			
Summe			

6. Projektabschluss ____________________ 7. Berichterstattung ____________________

8. Starttermin ____________________ 9. Auftraggeber ____________________

10. Projektleiter ____________________ 11. Verteiler ____________________

1.4.3.3 Projektsteuerung

01. Welche Funktion hat die Projektsteuerung?

Der Oberbegriff ist Projektlenkung. Er umfasst den Regelkreis der Projektplanung, -durchführung, -steuerung und -kontrolle als permanenten Soll-Ist-Vergleich.

- Das **Planungs-Soll** ist die Ausgangsbasis der Projektdurchführung und -überwachung.
- Bei der **Durchführung** wird periodisch ein **Ist** erfasst. Die **Projektkontrolle** gleicht ab, ob der Ist-Zustand bereits den Soll-Zustand erfüllt.
- Ist dies nicht der Fall, erfolgt eine Abweichungsinformation an die **Projektsteuerung**. Hier wird entschieden, ob die Abweichung durch weitere Maßnahmenbündel behoben werden kann oder ein Änderungsauftrag an die Projektplanung geleitet wird.
- Der Projektleiter und/oder der Projektcontroller dokumentiert die Abweichungen. Die Entscheidung über Maßnahmen fällt der Projektleiter, der interne (oder externe) Auftraggeber oder der Projektlenkungsausschuss. Bei Großprojekten wird häufig ein Änderungsgremium positioniert, das über Annahme oder Ablehnung von Änderungsaufträgen entscheidet.
- **Änderungsaufträge** an die Projektplanung können ein erhebliches Risiko für das Gesamtprojekt (Realisierung von Teilplanungen, Gesamtkosten, Abschlusstermin) beinhalten.

Die nachfolgende Abbildung zeigt schematisch den dynamischen Zusammenhang von Projektplanung, -durchführung, -überwachung und -steuerung:

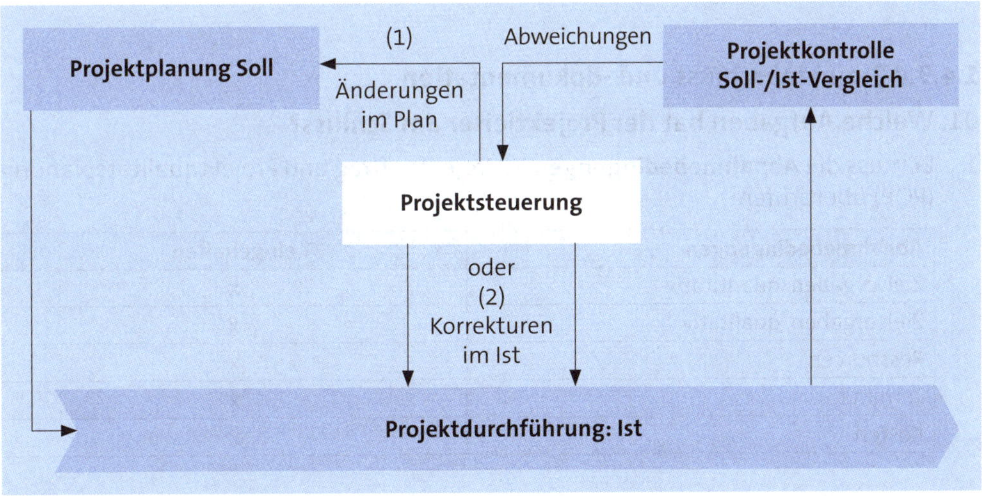

02. Auf welche Aspekte sollte beim Projektcontrolling im Rahmen des Multiprojektmanagement (MPM) geachtet werden?

- **Begriff:**
  Multiprojektmanagement ist die gleichzeitige Planung, Steuerung und Überwachung mehrerer (untereinander abhängiger) Projekte.
- **Aufgaben:**
  Beim Multiprojektmanagement sind strategische und operative Aufgaben zu lösen:
  - **Strategische Aufgaben:**
    - Auswahl der „richtigen" Projekte, z. B. aufgrund von Nutzen- und/oder Risikoanalysen, Bedeutung/Dringlichkeit (→ Anlegen eines Projektportfolios)
    - Zuweisung von Prioritäten an die Einzelprojekte.
  - **Operative Aufgaben:**
    - übergreifende Planung und Steuerung der Termine und Kapazitäten, z. B. Festlegung von Regelungen für Terminkollisionen und beim Zugriff mehrerer Projekte auf gleiche Ressourcen)
    - Standardisierung von Planungsmethoden, Abläufen und Dokumentationen
    - Wissensmanagement: Übertragung und Vernetzung von Erfahrungen/Ergebnissen der Einzelprojekte (Synergie)
    - projektübergreifendes Berichtswesen
    - einheitliches Projektcontrolling
    - einheitliche Qualitätssicherung.

1.4.3.4 Projektabschluss und -dokumentation

01. Welche Aufgaben hat der Projektleiter am Schluss?

1. Er muss die **Abnahmebedingungen** lt. Projektauftrag und Projektqualitätsplanung (PQP) überprüfen:

Abnahmebedingungen	eingehalten
Zielvorgaben, quantitativ	x
Zielvorgaben, qualitativ	x
Ressourcen	x
Termine	x
Kosten	x

2. Er muss den **Abschlussbericht** erstellen. Er besteht aus drei Hauptteilen:
   - **Dokumentation** von Projektauftrag und Projektverlauf:

     Ziele, Struktur, Daten, Termine
   - **Beschreibung** der Projektresultate:

     Ergebnisse, Leistungen, Erfahrungen, Kosten, Zeit
   - **Wegweiser** zur Ergebnis-Implementierung und Akzeptanzsicherung:

     Prozessbegleiter, Projektabnahme (Unterschrift durch Auftraggeber).
   - weiche Faktoren (Kommunikation, Konflikte usw.).

   Der **Verteilerkreis** des Abschlussberichtes umfasst die Betroffenen und Beteiligten sowie evtl. im Projektverlauf hinzugekommene Personen und Fachbereiche. Keineswegs ist er nur an Mitglieder der Unternehmensleitung zu richten. Zu den direkt Beteiligten kommen alle Unterstützer des Projektes und alle von der Implementierung Betroffenen hinzu. Der Umfang der einzelnen Hauptteile kann je nach Betroffenheitsgrad der Adressaten schwanken.
3. Er muss das Projektergebnis in einer **Abschlusssitzung** dem (internen und/oder externen) Auftraggeber präsentieren, d. h. Präsentation der Projektresultate und der geplanten Implementierungsschritte.
   - die frühzeitige Einladung der an der Präsentation teilnehmenden Personen
   - eine geeignete Raum- und Zeitwahl
   - Auswahl der Präsentationsmedien und die Gestaltung der Präsentationsinhalte nach den Ansprüchen der Teilnehmer.
4. Er muss sich in der Projektabschlusssitzung **Multiplikatoren** für die Umsetzung der Projektergebnisse **sichern.**

   Zu viele Projekte mit Veränderungswirkungen auf die Innenorganisation scheitern am Desinteresse oder der Abwehr von Führungskräften und/oder Mitarbeitern. Grundsätzlich gilt die Weisheit: „Der Mensch liebt den Fortschritt und hasst die Veränderung.“ Oft liegt die Abwehrhaltung in zwar unbegründeten, jedoch dominanten Ängsten. Dieses natürliche, menschliche Phänomen kommt während der Implementierungsphase regelmäßig in reduzierter Form vor, **wenn die Betroffenen vorher Beteiligte des Projektes waren**.

5. Er muss **Feedback von den Projektteammitgliedern** einholen.

Feedback zum Projekt „_______________"

1. In welchem Projektteam waren Sie beteiligt?

____

2. Waren Sie mit der Organisation des Projektes zufrieden?

nicht zufrieden				sehr zufrieden
1	2	3	4	5

3. Waren Sie mit der Betreuung zufrieden?

nicht zufrieden				sehr zufrieden
1	2	3	4	5

4. Waren Sie mit der Kommunikation zufrieden?

nicht zufrieden				sehr zufrieden
1	2	3	4	5

...

8. Welche Verbesserungen sollten bei zukünftigen Projektdurchführungen berücksichtigt werden?

____

6. Er muss sich bei dem **Projektteam bedanken** und die **Leistung** der Mitglieder **würdigen**: Dank, Belohnung, Incentives, Beurteilung, Empfehlung.
7. Er muss die **Reintegration der Projektteammitglieder** in die Linie rechtzeitig vorbereiten:

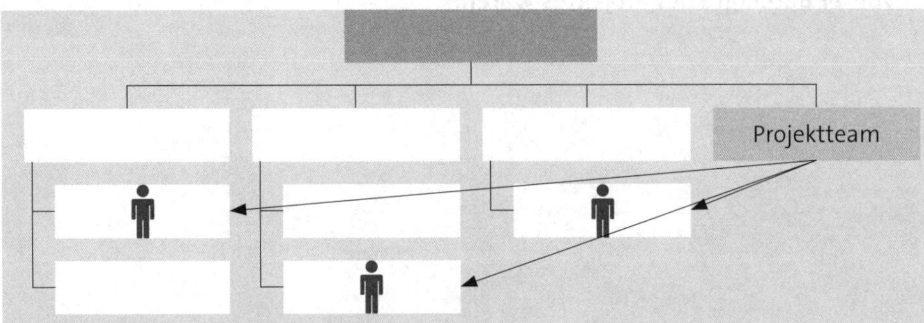

8. Er sollte dafür sorgen, dass die **positiven Erfahrungen und neues Know-how**, die im Rahmen der Projektrealisierung gemacht wurden, im Unternehmen **genutzt werden**.

   Führungskultur im Unternehmen, die Werte, Normen und Einstellungen wie Individualität, Beteiligung der Mitarbeiter, sachorientierte Lösung von Konflikten usw. präferiert, bietet eine gute Basis für Projektarbeit. Analog wird erfolgreiches Projektmanagement die Werte und Normen einer Führungskultur stärken, durch die es gestützt wird.

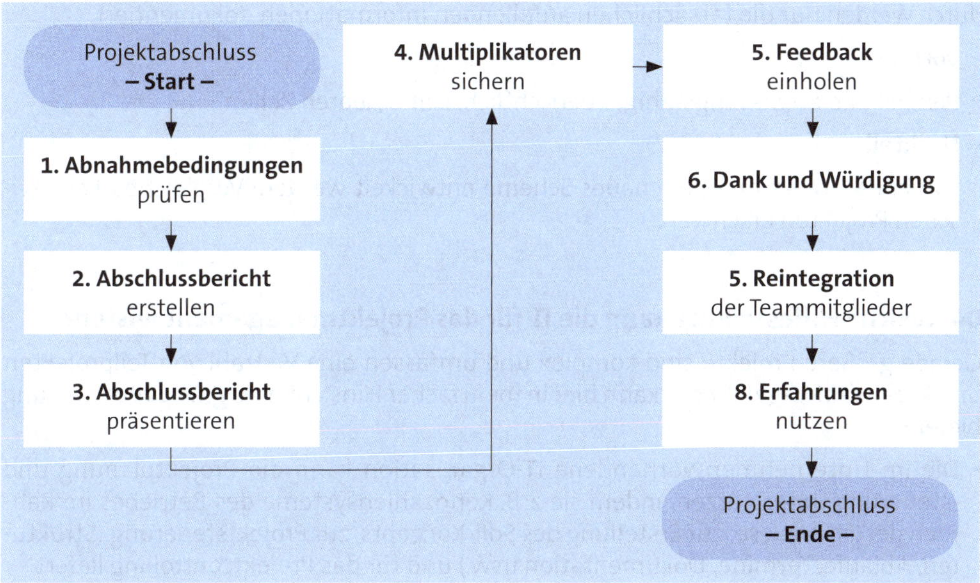

02. Welche Arten der Projektdokumentation gibt es?

Interne Projekt-dokumentation	Abweichungsberichte, Schätzungen des Kernteams, Meilensteinprotokolle, Nachrichten von Teammitgliedern
Externe Projekt-dokumentation	Projektvertrag, Statusbericht bei den Meilensteinen, Projektabschlussbericht, Projektnewsletter

03. Welche Ansätze der Projektdokumentation sind möglich?

Es gibt grundsätzlich zwei Möglichkeiten der Dokumentation:

Fest vorgegebene Projektdokumentation:

Sie zeichnet sich durch einen hierarchischen Aufbau und Vollständigkeit der zu erfassenden Informationen aus. Das Unternehmen verfasst eigene Dokumentationsrichtlinien.

- **Vorteil:**

  Einheitlichkeit der Dokumentation

- **Nachteil:**

  Da Projekte außergewöhnliche Vorhaben sind, entstehen „leere Zellen", da nicht alle Kriterien in jedem Projekt anfallen.

Freie Dokumentationsstruktur:

Die Dokumentation passt sich individuell dem Projekt und seinen Eigenarten an. Dadurch werden nur die tatsächlichen anfallenden Informationen dokumentiert.

- **Vorteil:**

  flexibel und anpassungsfähig, übersichtlich, keine „leeren Zellen"

- **Nachteil:**

  Für jedes Projekt muss ein neues Schema entwickelt werden; Vergleichbarkeit zwischen Projekten erschwert.

04. Welche Hilfestellung kann die IT für das Projektmanagement leisten?

Gerade größere Projekte sind komplex und umfassen eine Vielzahl von Teilprojekten und Arbeitsaufträgen. Die IT kann hier in mehrfacher Hinsicht eine gute Unterstützung bieten:

- Die im Unternehmen vorhandene IT-Organisation kann die Projektplanung und -steuerung unterstützen, indem sie z. B. Kennzahlensysteme des Betriebes im Rahmen der Ist-Analyse, zur Erstellung des Soll-Konzepts, zur Projektsteuerung (Strukturen, Abläufe, Termine, Dokumentation usw.) und für das Projektcontrolling liefert.
- Weiterhin kann mithilfe der IT der Informations- und Bearbeitungsaufwand effizient gestaltet werden (Listen, Grafiken usw.).
- Daneben wird auf dem Markt spezielle Software angeboten, die unmittelbar auf die Erfordernisse von Projektmanagement zugeschnitten ist (Planungsformulare, Checklisten, Dokumentation des Projektfortschritts usw.). Die einschlägige Fachliteratur liefert hier genügend Angebote.

1.4.4 Gesprächs- und Kooperationstechniken

1.4.4.1 Grundlagen der Kommunikation >> 5.2

01. Welche Vorbereitungen und Rahmenbedingungen sind für eine erfolgreiche Gesprächsführung zu beachten?

Obwohl jedes Gespräch – je nach Anlass – Besonderheiten aufweist, gibt es doch allgemein gültige Regeln, die man bei jedem Gespräch einhalten sollte:

1. Vorbereitung/Rahmenbedingungen:
   - Ziel festlegen, Fakten sammeln, ggf. Termin vereinbaren, Notizen anfertigen,
   - geeigneten Gesprächsort und -termin wählen, Gesprächsdauer planen.
2. Gesprächsdurchführung/innere Bedingungen:

   Vertrauen, Offenheit, Takt, Rücksichtnahme, Zuhören, Aufgeschlossenheit, persönliche Verfassung, Vorurteilsfreiheit, Fachkompetenz, Ausdrucksfähigkeit, sich Zeit nehmen

   Zu vermeiden sind: Ablenkung, Zerstreutheit, Ermüdung, Überforderung, Misstrauen, Ängstlichkeit, Kontaktarmut, Vorurteile, Verallgemeinerungen im Sinne von „immer, stets, niemals" usw.
3. Bei jedem Mitarbeitergespräch sollte die Fragetechnik gezielt eingesetzt werden:

   „Wer fragt, der führt!"

   „Fragen statt behaupten!"

   „Fragen stellen und den anderen (selbst) darauf kommen lassen!"
   - Offene Fragen ermutigen den Gesprächspartner, über einen Beitrag nachzudenken und darüber zu sprechen, z. B.:
     - *„Was halten Sie davon?"*
     - *„Wie denken Sie darüber?"*
   - Geschlossene Fragen sind nur mit „ja" oder „nein" zu beantworten und können ein Gespräch ersticken.
   - Die wiederholenden Fragen i. S. einer Wiederholung der Argumente des Gesprächspartners zeigen die Technik des „aktiven Zuhörens" und können z. B. lauten:
     - *„Sie meinen also, dass ..."*
     - *„Sie haben also die Erfahrung gemacht, dass ..."*
     - *„Sie sind also der Überzeugung, dass ..."*
     - *„Habe ich Sie richtig verstanden, wenn ..."*
   - Mit richtungsweisenden Fragen werden im Gespräch Akzente gesetzt und der Gesprächsverlauf gesteuert, z. B.:
     - *„Sie sagten, Ihnen gefällt besonders ..."*
     - *„Dann stimmen Sie also zu, dass ..."*
     - *„Was würden Sie sagen, wenn ..."*

Vgl. zu diesem Abschnitt auch >> 5.2.1, Grundlagen der Gesprächsführung.

02. Welches Gesprächsverhalten ist ziel- und adressatengerecht?

Gespräche sind nur dann erfolgreich, wenn man sich

- zielorientiert verhält
  → Beachtung des Gesprächszieles
- adressatenorientiert verhält
  → sich auf den anderen einstellen.

Die Leitgedanken müssen sein (vgl. Frage 01.):

- Sich auf den anderen einstellen!
  → seine Gedanken, seine Wünsche, Erfahrungen, seine früheren „Verletzungen"
- Widerstände sind keine Kampfansagen, sondern Hinweise auf mögliche Konflikte!
- Worte und Erfahrungswelt des anderen benutzen!
  Für die Ohren des anderen argumentieren!
  → seine Arbeitswelt, seine Sprache, seine Bedürfnisse
- Das Gesprächsziel schriftlich formulieren!
  Die Zielerreichung überprüfen und festhalten!
  Den anderen beim Wort nehmen!

03. Welche Bedeutung hat Kommunikation im beruflichen Alltag?

Menschen sind soziale Wesen und brauchen den Austausch mit anderen. Die zwischenmenschliche Kommunikation befriedigt das **Kontaktbedürfnis**; sie gibt dem Einzelnen **Orientierung** in der Gruppe und schafft das Gefühl der **Zusammengehörigkeit**.

Kommunikation im beruflichen Alltag nimmt bei vielen Mitarbeitern den überwiegenden Teil ihrer Arbeitszeit in Anspruch. Fast immer geht es um **zweckgerichtete Kommunikation:**

- Wir telefonieren mit dem Kunden, weil wir seine Zustimmung zu einem Angebot wollen.
- Wir reden mit dem Kollegen, weil wir von ihm eine Information benötigen.
- Der Vorgesetzte bespricht mit dem Mitarbeiter eine Arbeitsaufgabe, weil er möchte, dass diese sach- und termingerecht erledigt wird.

MERKE

Das Gespräch ist das zentrale Instrument, andere zu erreichen und selbst erreicht zu werden. Führung ohne wirksames Gesprächsverhalten ist nicht denkbar.

Im betrieblichen Alltag erlebt man häufig genug die Aussagen:

- *„Ich rede und rede und keiner hört mir zu!"*
- *„Der hat überhaupt nicht verstanden, was ich meine!"*
- *„Warum erkläre ich meinen Mitarbeitern eigentlich lang und breit, wie das geht, wenn sie es doch nicht kapieren!"*
- *„Diese Abteilungsbesprechung lief ab wie immer: Der Chef schwang die große Rede und alle schwiegen!"*
- *„Warum redet der nicht mit mir? Hat der etwas gegen mich?"*

Dies sind Beispiele für nicht erfolgreiche Gespräche. Obwohl die Kommunikation eine zentrale Bedeutung in der betrieblichen Zusammenarbeit hat, sind manche Menschen nicht fähig, mit anderen wirksam zu kommunizieren.

04. Was ist Kommunikation?

MERKE

Kommunikation ist die Übermittlung von sprachlichen und nicht sprachlichen Reizen vom Sender zum Empfänger.

Praxisfälle „Kommunikation":

1. Mitarbeiter zum Chef: *„Sie werden es nicht noch einmal erleben, dass ich bei einer Gruppenbesprechung den Mund aufmache!"*
2. Kollegin zum Kollegen: *„Ihr Schlips, Herr Müller, ist mal wieder unmöglich!"*
3. Kollegin zum Kollegen: *„Möchten Sie eine Tasse Kaffee?"*

Jeder Kommunikation liegt das Sender-Empfänger-Modell zugrunde (nach *Schulz von Thun*):

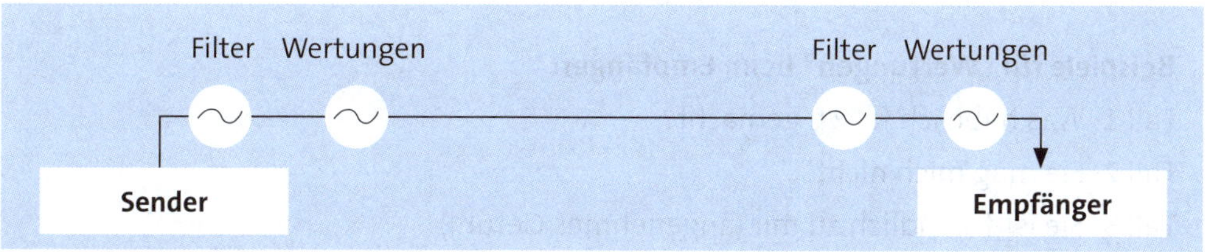

- Der **Sender**
  gibt eine Information. Dabei sagt er nicht unbedingt alles, was er wirklich sagen will, er **filtert** (1). Außerdem verknüpft er seine Aussage mit **Wertungen** (2).

Beispiele

Beispiele für „Filtern" beim Sender:

Fall 1: „... *denn ich fand, dass sich Kollege Heinrich unmöglich verhalten hat ...*"

Fall 2: „... *der ist genau so bunt wie der, den Sie neulich getragen haben ...*"

Fall 3: „... *Sie sehen so müde aus ...*"

Beispiele für „Wertungen" beim Sender:

Fall 1:

- Besprechungen, die der Chef leitet, sind unerträglich.
- Ich komme hier nie zu Wort.

Fall 2:

- Sie haben keinen Geschmack.
- So einen Schlips kann man doch nicht tragen.

Fall 3:

- Ich finde Sie sympathisch.
- Ich möchte mit Ihnen reden.

- Analog verhält sich der **Empfänger**:

  Auch er nimmt nicht (unbedingt) den gesamten Inhalt der Nachricht auf; er filtert. Auch er versieht die angekommene Nachricht mit seiner **Wertung**.

Beispiele

Beispiele für „Filtern" beim Empfänger:

Fall 1: Warum meckert er schon wieder?

Fall 2: Zu meinen neuen Schuhen sagt sie gar nichts.

Fall 3: Kaffee, nein danke, das verträgt mein Blutdruck nicht.

Beispiele für „Wertungen" beim Empfänger:

Fall 1: Was habe ich falsch gemacht?

Fall 2: Sie mag mich nicht.

Fall 3: Sie ist freundlich zu mir (angenehmes Gefühl).

Daraus lässt sich ableiten:

MERKE

Es gibt keine objektive Information, keine objektive Nachricht, keinen objektiven Reiz.

05. Welche vier Aspekte einer Nachricht werden im Kommunikationsmodell unterschieden?

Beispiel

Ein Arbeitskollege kommt in den Büroraum. Er möchte sich eine Tasse Kaffee holen; er stellt fest, dass die Kaffeekanne leer ist und sagt: *„Der Kaffee ist alle!"* Die Kollegin antwortet: *„Wie wäre es, wenn Sie selbst einmal Kaffee kochen würden?"*

Zum Grundwissen über zwischenmenschliche Kommunikation gehört das Modell nach *Schulz von Thun* (Prof. Dr. Friedemann Schulz von Thun, geb. 1944, Hochschullehrer am Fachbereich für Psychologie der Universität Hamburg):

MERKE

Ein und dieselbe Nachricht enthält vier verschiedene Aussagen:

1. Sachaspekt
2. Beziehungsaspekt
3. Aspekt der Selbstoffenbarung
4. Appellaspekt.

1. Der **Sachaspekt** → **Worüber ich informiere.**

   zeigt die Sachinformation.

   Im Beispiel von oben erfahren wir, dass kein Kaffee mehr in der Kanne ist.

2. Der **Beziehungsaspekt** → **Was ich von Dir halte/wie wir zueinander stehen.**

   zeigt, wie der Sender zum Empfänger steht, was er von ihm hält. Zum Ausdruck kommt dies z. B. im Tonfall, in der Wortwahl oder in begleitenden Signalen der Körpersprache.

   Da wir nicht den Tonfall und evtl. begleitende Körpersignale aus dem Beispiel kennen, lässt sich die Beziehung nur vermuten, z. B. der Mitarbeiter missbilligt, dass die Kollegin nicht für neuen Kaffee gesorgt hat.

3. Die **Selbstoffenbarung** → **Was ich von mir selbst kundgebe.**

   zeigt Informationen über die Person des Senders; dieser Anteil an Selbstdarstellung kann gewollt oder unfreiwillig sein.

   Im Beispiel ist zu erkennen: Der Mitarbeiter kennt sich im Büro aus; er weiß, wo die Kaffeemaschine steht und möchte vermutlich Kaffee trinken.

4. Der **Appell** → **Wozu ich Dich veranlassen möchte.**

   ist der Teil der Nachricht, mit dem man auf den Empfänger Einfluss nehmen will. Kaum etwas wird „nur so", ohne Grund gesagt. Fast immer möchte der Sender den Empfänger veranlassen, Dinge zu tun, zu unterlassen oder etwas zu denken oder zu fühlen. Der Appell kann offen oder verdeckt erfolgen.

   Im Beispiel ist anzunehmen, dass der Mitarbeiter möchte, dass die Kollegin neuen Kaffee kocht; evtl. möchte er weiterhin, dass sie zukünftig regelmäßig darauf achtet, dass immer ausreichend Kaffee vorhanden ist.

In der Praxis der betrieblichen Gesprächsführung kann nicht von jedem Vorgesetzten und jedem Mitarbeiter erwartet werden, dass er dieses Kommunikationsmodell beherrscht. Aus der Theorie in die Praxis hat sich jedoch die (reduzierte) Erkenntnis übertragen:

MERKE

Es ist hilfreich, bei jeder Nachricht nicht nur die **Sachinhalte**, sondern auch die **Beziehungsinhalte** zu beachten.

06. Welche Bedeutung haben der Sachaspekt und der Beziehungsaspekt einer Nachricht?

In vielen Fällen liegt die Ursache einer missglückten Gesprächsführung nicht in sachlich begründeten Auffassungsunterschieden, sondern in einer Störung der Beziehungsebene. Trotz aller Beteuerungen, „Lassen Sie uns doch bitte sachlich bleiben!", führt die Diskussion nicht zum Ziel und eskaliert oft genug in Wortgefechten, Scheinargumenten und unnötigen Selbstdarstellungen der Teilnehmer.

Die emotionale Beziehung zwischen Sender und Empfänger wird u. a. geprägt durch die **Wahl der Sprache** (z. B. Wortwahl, Formulierung, begleitende Körpersprache), den **Zeitpunkt** der Kommunikation (z. B. geeignet/ungeeignet, Zeitdruck) und die **emotionale Verfassung** (z. B. aufgeregt, unausgeglichen, empört).

Ist man in seiner Gesprächsführung an einem derartigen Punkt angekommen, so hilft es nur weiter, wenn die Beteiligten bewusst überprüfen, ob ihre Beziehungsebene gestört ist. Man muss die Sachebene verlassen, die Beziehungsebene überprüfen und „reparieren", indem man Störungen aufarbeitet. Dies lässt sich erreichen, indem Gefühle und Befindlichkeiten beim Sender und Empfänger offen ausgesprochen und geklärt werden. Die Aussagen dazu erfolgen in der Ich-Form; in der Psychologie nennt man dies Ich-Botschaften („Von sich selbst darf man sprechen; seine eigenen Gefühle darf man zeigen."):

„Ich glaube, dass Kollege Müller etwas gegen mich hat, weil ..."

„Warum werde ich ständig von Ihnen unterbrochen? Das machen Sie doch bei den anderen nicht ..."

MERKE

Ist eine Kommunikation missglückt aufgrund einer gestörten Beziehung zwischen Sender und Empfänger, muss erst die Beziehungsebene wieder hergestellt werden, bevor auf der Sachebene weiter argumentiert wird.

Beispiel

Der nachfolgende Sachverhalt zeigt einen Streit zwischen zwei Kollegen. Sie müssen den Streit aufarbeiten.

Ahrendt: *„Das lasse ich mir nicht mehr bieten; ich lasse mich in Gegenwart von Kunden nicht so zur Sau machen, vor allem nicht von Ihnen!"*

Burger: *„Ich musste doch einfach eingreifen, wenn Sie wie immer keine Ahnung haben. Wer weiß, was da noch alles passiert wäre? Und überhaupt finde ich, dass Sie ..."*

Es ist hier nicht möglich, den gesamten Vorgang der Konfliktbearbeitung ausführlich darzustellen. Trotzdem wird ein kurzer Lösungsansatz dargestellt: Analysiert man die Aussagen beider Mitarbeiter, so lässt sich erkennen, dass die Beziehung bereits seit längerem gestört ist:

„... vor allem nicht von Ihnen!“

„... Sie wie immer keine Ahnung haben. ... Und überhaupt finde ich, dass Sie ...“

Der Vorgesetzte sollte an dieser Stelle die Störung der Beziehungsebene thematisieren, bevor er mit beiden Mitarbeitern den Sachgehalt der Kommunikation klärt. Ergebnis dieser Gesprächsmoderation sollte nicht nur die Konfliktbearbeitung sein. Der Vorgesetzte sollte den Mitarbeitern auch bewusst machen, warum die Kommunikation scheiterte. Diese Erkenntnis sollten die Mitarbeiter bei zukünftigen Störungen berücksichtigen.

Vorgesetzter: *„Mir scheint, dass Sie beide sich häufiger streiten. Ich denke, dass dies wohl tiefere Ursachen hat. Wie sehen Sie das?”*

07. Welche Formen der Kommunikation gibt es?

Formen der Kommunikation

Verbale Kommunikation

- Sprechverhalten
- aktives Zuhören
- Feedback

Nonverbale Kommunikation

Körpersprache

- Unter **verbaler Kommunikation** versteht man den sprachlichen Inhalt von Nachrichten. Von Bedeutung sind hier Wortschatz und Wortwahl, Satzbauregeln, Regeln für das Zusammenfügen von Wörtern (Grammatik) sowie Regeln für den Einsatz von Sprache, z. B. aktive oder passive Verben.

MERKE

Der Sender hat immer die höhere Verantwortung für das Gelingen der Kommunikation; er muss sich hinsichtlich Wortwahl und Satzbau der Gesprächssituation/dem Empfängerkreis anpassen.

- Unter **nonverbaler Kommunikation** versteht man alle Verhaltensäußerungen außer dem sprachlichen Informationsgehalt einer Nachricht: Körperhaltung, Mimik, Gestik aber auch Stimmmodulation.

Eigentlich ist der oft verwendete Begriff „Körpersprache“ irreführend: Obwohl es in der Interpretation bestimmter Körperhaltungen z. T. ein erhebliches Maß an Übereinstimmung gibt (z. B. hochgezogene Augenbrauen, verschränkte Arme) unterliegen doch die Signale des Körpers einem weniger eindeutigen Regelwerk als das gesprochene Wort. Man unterscheidet folgende Aspekte der „Körpersprache“:

- Eine **willkürliche Mitteilung** ist eine absichtliche Kommunikation, z. B. bewusster Einsatz der Körpersprache.
- Eine **unwillkürliche Mitteilung** ist Ausdruck des inneren Zustandes, z. B. unbewusste Reaktionen des Körpers; Verlegenheit → Erröten.
- **Symbole** sind Zeichen mit fester Bedeutung: Handzeichen „V“ = victory; flache ausgesteckte Hand = „Halt, stopp!“.
- **Symptome** sind unwillkürliche Ausdrucksformen des Körpers: offener Mund = „Staunen“; Mund verziehen = „Ekelgefühl“.

Für den Vorgesetzten ist es nicht wichtig, sich die Formen der Körpersprache und deren Fachbegriffe einzuprägen. Ihm muss bewusst sein, dass nicht nur das gesprochene Wort, sondern auch flankierende Signale des Körpers beim Empfänger Reize auslösen.

MERKE

Jede Nachricht wirkt auf den Empfänger über die Sprache und die sie begleitende Körpersprache.

08. Warum müssen verbale und nonverbale Kommunikation übereinstimmen?

Nachrichten werden nicht nur über das gesprochene Wort, sondern auch über Gestik, Mimik und die Art des Blickkontaktes gesendet und rückgesendet. Im Allgemeinen unterstützt und akzentuiert die Körpersprache die verbale Kommunikation.

Beispiel

„Ich freue mich, Sie zu sehen!“ Der Sender zeigt eine offene Körperhaltung, er lächelt, hat die Arme geöffnet; die Körperhaltung ist vorgebeugt und signalisiert Zuwendung.

Die Körpersprache ist Ausdruck der seelischen Befindlichkeit eines Menschen. Sie ist „grundsätzlich wahrheitsgemäßer als die wörtliche Sprache" (*Horst Rückle*, Managementtrainer). Die Körpersprache ist die Primärsprache. Sie ist überwiegend vom Unbewussten des Einzelnen bestimmt.

Menschen haben gelernt, in schwierigen Situationen kontrolliert zu sprechen. Sie wollen keine Fehler machen. Ergebnis: Es wird nicht das gesagt, was man wirklich denkt oder fühlt, sondern was man für scheinbar richtig hält.

Die Körpersprache ist ehrlicher; sie folgt dieser Verfälschung der sprachlichen Nachricht nicht im gleichen Maße und sendet ehrliche Signale. Die Folge: Sprache und Körpersprache harmonieren nicht miteinander, sie senden unterschiedliche Signale. Beim Empfänger führt dies zur Irritation, zu Misstrauen und Zweifel. Er weiß nicht, welcher Botschaft er glauben soll.

Beispiel

„Ich heiße Sie als neues Mitglied in unserem Team herzlich willkommen und freue mich auf die Zusammenarbeit mit Ihnen."

Die Stimme des Senders zeigt wenig Engagement; die Mimik wirkt kontrolliert, distanziert und drückt „keine Freude" aus; die Arme sind verschlossen. Folge: Für den Empfänger ist die verbale Nachricht nicht überzeugend. Sie steht im Widerspruch zu der registrierten Körpersprache des Senders.

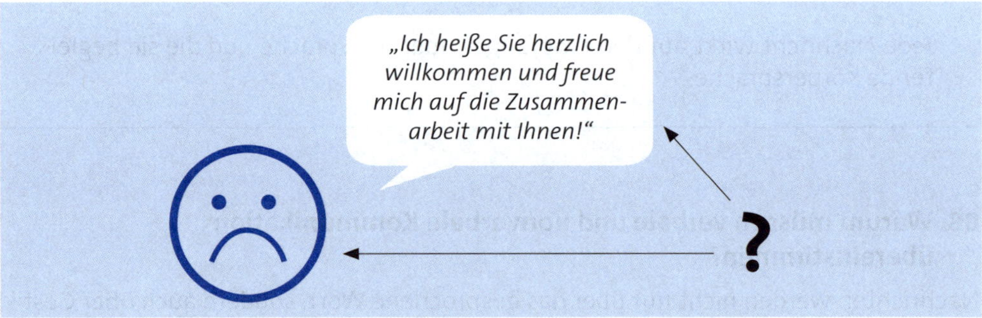

MERKE

Je echter und harmonischer die sprachlichen und nicht sprachlichen Wirkungsmittel eines Menschen sind, desto glaubwürdiger und authentischer wird er von der Umwelt wahrgenommen.

Welche Schlussfolgerungen lassen sich aus diesen Erkenntnissen für die tägliche Führungspraxis des Vorgesetzten ableiten?

1. Formal logisch könnte man antworten, dass es notwendig wäre, die Körpersprache dem gesprochenen Wort anzupassen. Dieses Ansinnen wäre falsch: Es würde dazu führen, dass wir die Körpersprache permanent bewusst steuern würden, um sie gezielt in unterschiedlichen Situationen einzusetzen. Das Ergebnis: Der Mensch verliert seine Spontaneität, er wirkt „kopfgesteuert" und vermittelt keine Glaubwürdigkeit.
2. In einem Unternehmen sollte eine Kommunikationskultur aufgebaut werden, die von Ehrlichkeit und Vertrauen geprägt ist. Eine intakte Beziehungsebene zwischen den Mitarbeitern ist die Basis jeder wirksamen Kommunikation. Liegen hier Störungen vor, die z. B. über die Art der Körpersprache signalisiert wurden, so sind sie zu beachten und aufzuarbeiten.

Es muss erlaubt sein, sich in der betrieblichen Kommunikation ehrlich zu verhalten. Wenn der Einzelne sich z. B. in einer Besprechung missverstanden oder nicht beachtet fühlt, muss es zulässig sein, dies ohne Sanktionen äußern zu dürfen.

MERKE

Störungen in der Kommunikation haben Vorrang! Gefühle und Empfindungen dürfen geäußert werden!

In einer derartigen Kommunikationskultur ist es nicht erforderlich zu taktieren und ständig zu überlegen, was man sagen darf und was nicht. **Man kann das sagen, was man wirklich meint, denkt und fühlt, sodass der Sender ehrliche Botschaften erhält.** Es besteht eine wesentlich geringere Tendenz, dass Sprache und Körpersprache unharmonisch wirken und beim Empfänger widersprüchliche Signale aufgenommen werden.

09. Warum müssen Reden und Handeln des Senders übereinstimmen?

Beispiel

Vorgesetzter (zu seinen Mitarbeitern): *„Sie können sich darauf verlassen, dass ich Sie bei dieser schwierigen Aufgabe, die bis heute Abend erledigt sein muss, nach besten Kräften unterstützen werde."* Ist-Situation: Der Vorgesetzte ist den restlichen Tag über nicht erreichbar, da er Termine in Besprechungen wahrnimmt.

Werden wörtliche Aussagen des Senders nicht eingehalten, so führt dies beim Empfänger zur Frustration, Verärgerung bis hin zur Aggression. Driften Reden und Handeln häufig auseinander, wird das Vertrauen in den anderen belastet. Geschieht dies häufiger, so ist jedes neue Zusammentreffen überschattet von der Frage: „Kann ich mich diesmal auf ihn verlassen? Wird er seine Zusage einhalten?" Der Empfänger empfindet Unsicherheit und Stress. Das wiederholte Einfordern der Übereinstimmung von Reden und Handeln kostet Zeit, verbraucht psychische und physische Ressourcen und mindert das gesamte Leistungspotenzial eines Unternehmens.

MERKE

Reden und Handeln aller Mitarbeiter eines Unternehmens müssen übereinstimmen. Dies schafft eine Atmosphäre des Vertrauens und der Verlässlichkeit.

Konsequenzen für die Führungs- und Kommunikationspraxis:
Der Vorgesetzte muss den Mitarbeitern die Abhängigkeit der eigenen Leistung von der anderer verdeutlichen. In dem gesamten Leistungsprozess ist jeder wechselweise Kunde und Lieferant einer Teilleistung. Jeder Mitarbeiter muss sich auf seine internen Kunden verlassen können und dieses Vertrauen auch bei seinen Kollegen vermitteln, für die er Lieferant ist.

Diese Kultur der Kommunikation und Zusammenarbeit stellt einen Wert dar. Sie muss vom Vorgesetzten vorgelebt und von allen Mitarbeitern eingefordert werden.

10. Welche Regeln der betrieblichen Kommunikation sollte die Führungskraft beachten?

Hier die **Zusammenfassung der** behandelten **Kommunikationsregeln:**

Regel 1:
Das Gespräch ist also das zentrale Instrument, andere zu erreichen und selbst erreicht zu werden.

Führung ohne wirksames Gesprächsverhalten ist nicht denkbar.

Regel 2:
Es gibt keine objektive Information, keine objektive Nachricht, keinen objektiven Reiz.

Regel 3:
Ein und dieselbe Nachricht enthält vier verschiedene Aussagen:

1. Sachaspekt
2. Beziehungsaspekt
3. Aspekt der Selbstoffenbarung
4. Appellaspekt.

Regel 4:
Es ist hilfreich, bei jeder Nachricht nicht nur die **Sachinhalte**, sondern auch die **Beziehungsinhalte** zu beachten.

Regel 5:
Ist eine Kommunikation aufgrund einer gestörten Beziehung zwischen Sender und Empfänger missglückt, muss erst die Beziehungsebene wieder hergestellt werden, bevor auf der Sachebene weiter argumentiert wird.

Regel 6:
Der Sender hat immer die höhere Verantwortung für das Gelingen der Kommunikation; er muss sich hinsichtlich Wortwahl und Satzbau der Gesprächssituation/dem Empfängerkreis anpassen.

Regel 7:
Jede Nachricht wirkt auf den Empfänger über die Sprache und die sie begleitende Körpersprache.

Regel 8:
Je echter und harmonischer die sprachlichen und nicht-sprachlichen Wirkungsmittel eines Menschen sind, desto glaubwürdiger und authentischer wird er von der Umwelt wahrgenommen.

Regel 9:
Störungen in der Kommunikation haben Vorrang!

Gefühle und Empfindungen dürfen geäußert werden!

Regel 10:
Reden und Handeln aller Mitarbeiter eines Unternehmens müssen übereinstimmen. Dies schafft eine Atmosphäre des Vertrauens und der Verlässlichkeit.

11. Welche Aussagen liefert das Erklärungsmodell „Transaktionsanalyse“?

Die Transaktionsanalyse (TA) gehört in der Psychologie zu den Erklärungsmodellen für menschliche Verhaltensweisen. Die TA systematisiert das Verhalten der Menschen und kommt dabei zu dem Ergebnis, dass sich beobachtbare Verhaltensmuster auf **drei Ich-Zustände** zurückführen lassen:

Die Ich-Zustände der Transaktionsanalyse (TA)	
El **Eltern-Ich**	Ich-Zustände, die denen der erlebten Elternfiguren ähneln. Kritisches Eltern-Ich (El^{krit}): Es kritisiert: „Versprechen sind da, um eingehalten zu werden!“ oder Fürsorgliches Eltern-Ich ($El^{fürs}$): Es hilft: „Mach Dir keine Sorgen, das wird schon wieder!“
Er **Erwachsenen-Ich**	Ich-Zustände, die auf die objektive Erfassung und Bewertung der Wirklichkeit ausgerichtet sind. Es fragt nach Fakten und Tatsachen, schätzt Wahrscheinlichkeiten ab, trifft sachliche Aussagen, z. B.: „Können wir den Transport schaffen, wenn wir einen zweiten Lkw einsetzen?“
Ki **Kindheits-Ich**	Ich-Zustände, die an Verhaltensweisen in der Kindheit erinnern. Freies Kindheits-Ich (Ki^{frei}): Reagiert spontan, ungezwungen, zeigt Gefühle: „Das finde ich toll, dass Sie Zeit für mich haben!“ Angepasstes Kindheits-Ich (Ki^{angep}): Es passt sich herrschenden Normen an: „Tut mit leid, dass ich das vergessen habe. Es soll nicht wieder vorkommen!“

Im Überblick:

Eltern-Ich	El^{krit}		$El^{fürs}$
Erwachsenen-Ich		Er	
Kindheits-Ich	Ki^{frei}		Ki^{angep}

Das Eltern-Ich, das Erwachsenen-Ich und das Kindheits-Ich sind keine bloßen Begriffe, sondern es handelt sich um psychische Realitäten. Der jeweilige Ich-Zustand wird hergestellt durch die Wiedergabe von gespeicherten Informationen (also des Denkens, Fühlens und Handelns), die sich auf ein vergangenes Ereignis beziehen und an dem reale Menschen, Orte, Gefühle und Entscheidungen beteiligt waren oder sind.

Die einzelnen Ich-Zustände sind beim Menschen in verschiedenen Zeiten unterschiedlich aktiviert. Eine Person ist dann psychisch gesund, wenn die drei Ich-Zustände situationsgerecht und flexibel gelebt werden. Alles, was sich zwischen Menschen ereignet, ist eine Transaktion der verschiedenen Ich-Zustände.

Die einfache Transaktionsanalyse versucht nun festzustellen, welcher Ich-Zustand den Transaktionsanreiz ausgelöst hat und welcher Ich-Zustand auf diese Transaktion reagiert hat. Dieses Modell ist geeignet, Konfliktsituationen in Gesprächen zu lösen oder von vornherein zu vermeiden, indem man die Ich-Zustände erkennt bzw. gezielt aus einem bestimmten Ich-Zustand heraus reagiert.

Man kann drei Grundformen der Transaktion unterscheiden:

1. die komplementäre Transaktion
2. die überkreuzte Transaktion
3. die verdeckte Transaktion.

1. Die **komplementäre Transaktion** (auch: parallele, sich ergänzende T.):

   Von ihr spricht man dann, wenn auf die Botschaft eines bestimmten Ich-Zustandes die erwartete Antwort kommt („aus dem passenden Ich-Zustand der anderen Person“). Wenn also z. B. eine Frau, die um eine verstorbene Freundin trauert, von ihrem Ehemann getröstet wird, erfolgt auf ihren Wunsch nach Trost die passende Reaktion. Wenn eine komplementäre Transaktion der Situation entspricht und so erwartet wird, dann folgt sie der Ordnung gesunder, zwischenmenschlicher Beziehungen.

   Beispiel

   Er (1): *„Fährst Du mit mir zur Arbeit – morgen früh?“*

   Sie (2): *„Ja, ich komme morgen früh mit.“*

   „Er“ stellt die Frage aus dem Erwachsenen-Ich (Er); „Sie“ antwortet aus dem Erwachsenen-Ich (Er). Beide Ich-Zustände liegen auf einer „Ebene“. **Die Transaktion verläuft parallel**.

→ **Die Kommunikation verläuft ohne Störung.**

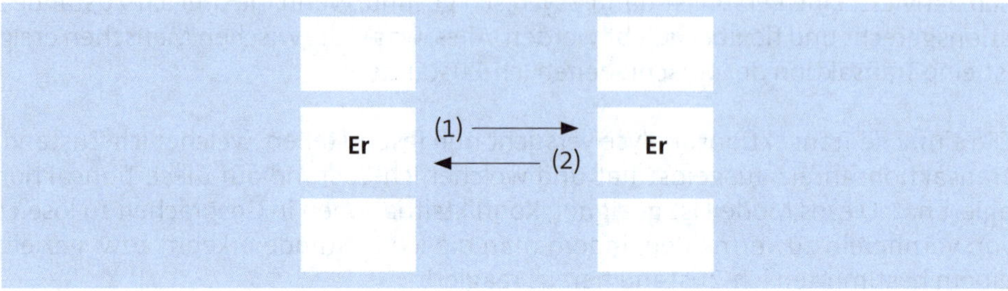

2. Die **überkreuzte Transaktion:**

Beispiel

Er (1): *„Fährst Du mit mir zur Arbeit – morgen früh?"*

Sie (2 leicht aggressiv): *„Um Gottes Willen – bei Deinem Fahrstil; nein, da nehme ich lieber die Bahn."*

„Er" stellt die Frage aus dem Erwachsenen-Ich (Er); sie antwortet aus dem kritischen Eltern-Ich (El^{krit}) und zielt auf das angepaßte Kindheits-Ich (Ki^{angep}). **Die Transaktionslinien verlaufen überkreuz.**

→ **Es kann der Beginn einer Störung in der Kommunikation sein**, z. B., wenn er antwortet: *„Wieso, mein Fahrstil ist doch in Ordnung, Du müsstest Dich mal am Steuer beobachten ... und überhaupt ..."*

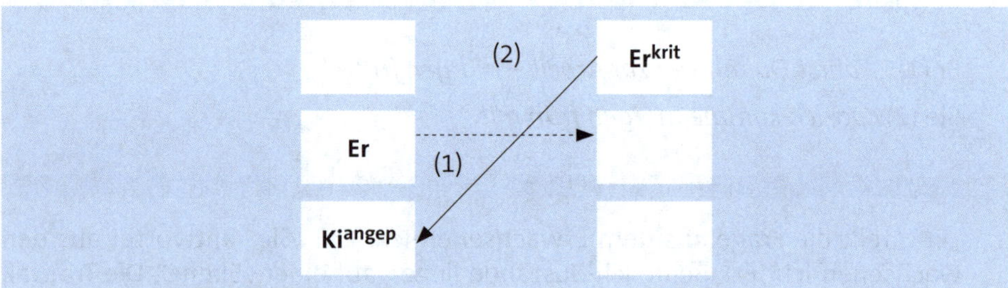

3. Die **verdeckte Transaktion:**

Beispiel

Chef an Mitarbeiter: *„Ich glaube, Sie haben sich bei dieser Sache selbst übertroffen."*

Die verdeckte Transaktion ist schwer zu erkennen. Charakteristisch ist, dass – scheinbar – aus dem Erwachsenen-Ich eine Mitteilung kommt, die beim Anderen auf das Erwachsenen-Ich abzielt (*„Sie haben ..."*). Gemeint ist in Wirklichkeit z. B.: *„So viel Bockmist wie diesmal habe ich noch nie von Ihnen gesehen."* – d. h. eine verdeckte Botschaft aus einem anderen Ich-Zustand als dem Erwachsenen-Ich (hier aus dem kritischen Eltern-Ich an das angepasste Kind-Ich).

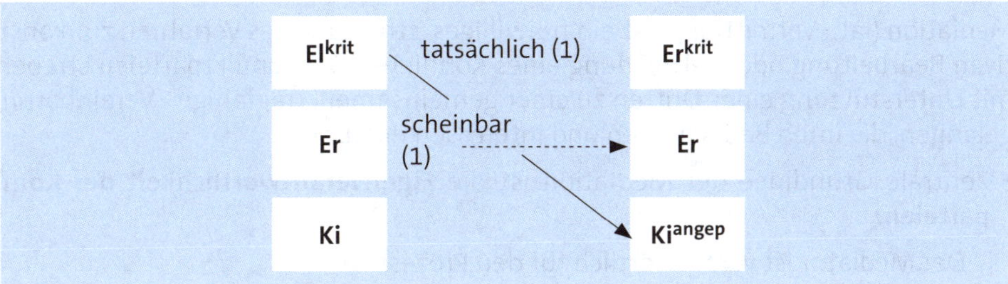

Konsequenzen für die Führungs- und Gesprächspraxis:

- Es ist hilfreich, die Ich-Zustände (beim anderen und bei mir) zu erkennen.
- Auf diese Weise können Überkreuz-Transaktionen vermieden werden.
- Überkreuz-Transaktionen können leicht zu unnötigen Konflikten führen.
- Parallel-Transaktionen sind anzustreben.
- In der Mehrzahl ist die Haltung aus dem Erwachsenen-Ich heraus für die Kommunikation vorteilhaft – sachlich, klar, Nennen der Tatsachen, Suche nach Lösungen usw. Das Erwachsenen-Ich hat die Grundhaltung: „Ich bin o. k." „Der andere ist o. k."
- Allzuoft neigen Menschen dazu, aus dem kritischen Eltern-Ich zu argumentieren – aufgrund ihrer Erziehung, mangelndem Selbstwertgefühl usw. Diese Haltung ist unsinnig; sie führt beim anderen meist zur Verärgerung, zur Rechtfertigung, Rechthaberei usw. – aus dem Zustand „Eltern-Ich" oder „Kind-Ich". Das Ergebnis im Gespräch: Es wird nur noch die Sieg-und-Niederlage-Strategie verfolgt. Sachlich ausgewogene Lösungen bleiben auf der Strecke. In diesem Kommunikations-Krieg lohnt es sich höchstens noch, „die seelischen Wunden der Verletzten zu bestaunen."

1.4.4.2 Vortrag und Präsentation >> 5.7

1.4.4.3 Moderation >> 5.6

1.4.4.4 Konfliktmanagement >> 5.3

INFO

Hinweis zu Kap. 1.4.4.2 - 1.4.4.4
An dieser Stelle sind keine neuen Lerninhalte zu vermitteln. Sie werden unter >> 5.7, >> 5.6 sowie >> 5.3 ausführlich behandelt. Gefordert ist hier das Einüben der genannten Gesprächs- und Kommunikationstechniken im Lehrgang. Der Rahmenplan enthält daher auch die Taxonomie „durchführen" bzw. „beherrschen".

1.4.4.5 Mediation

01. Was versteht man unter Mediation?

Mediation (lat.: Vermittlung) ist ein freiwilliges, strukturiertes Verfahren zur konstruktiven Bearbeitung oder Vermeidung eines Konfliktes. Die Konfliktparteien streben an, mit Unterstützung eines Dritten zu einer gemeinsamen, tragfähigen Vereinbarung zu gelangen, die ihren Bedürfnissen und Interessen entspricht.

- Zentrale Grundidee der Mediation ist die **Eigenverantwortlichkeit der Konfliktparteien:**
  - Der Mediator ist verantwortlich für den Prozess.
  - Die Parteien sind verantwortlich für den Inhalt. Sie wissen selbst am besten, wie der Konflikt zu bearbeiten ist.
- **Voraussetzungen** für die Durchführung einer Mediation sind vor allem:
  - **Freiwilligkeit:** Die Beteiligten einschließlich des Mediators können die Mediation jederzeit abbrechen.
  - **Verschwiegenheit:** Der Mediator äußert sich außerhalb der Mediation nicht zu den Inhalten.
  - **Ergebnisoffenheit:** Die Konfliktparteien müssen mit einer gewissen Verhandlungsbereitschaft in die Mediation gehen.
  - **Allparteilichkeit:** Der Mediator steht auf der Seite jedes Beteiligten. Diese Haltung geht über eine einfache Neutralität hinaus.

02. Welcher Ablauf ist bei der Mediation zu empfehlen?

Phasen der Vermittlung zwischen Streitenden:

1.	**Problemdefinition**	Was ist los?“ „Was ist geschehen?“ „Worum geht es?“ A und B schildern das Problem; der Mediator fasst in eigenen Worten zusammen. Phase 1 ist beendet, wenn A und B zustimmen.
2.	**Positionen, Interessen**	„Wie haben Sie sich gefühlt?“ „Wie ist es Ihnen ergangen?“
3.	**Lösungsmöglichkeiten suchen und sammeln**	„Was würden Sie tun?“ „Was wünschen Sie sich?“
4.	**Lösungsmöglichkeiten bewerten**	„Worauf können Sie sich einigen?“ Wozu sind Sie bereit?“
5.	**Übereinkunft**	Formulieren der Lösung; Umsetzung und Kontrolle klären.
6.	**Umsetzungsphase**	Dank an alle Beteiligten; Umsetzung der gewonnenen Übereinkunft.

1.4.4.6 Interviewtechnik und Bewerbungsgespräch[1] → A 4.

01. Nach welchen Gesichtspunkten werden eingereichte Bewerbungsunterlagen geprüft?

Einen ersten Eindruck über potenzielle Kandidaten erhält das Unternehmen über die Analyse der Bewerbungsunterlagen. Im Normalfall sind das:

- Anschreiben,
- Lebenslauf,
- Lichtbild,
- Arbeitszeugnisse,
- Schulzeugnisse und ggf.
- Unterlagen zur Fortbildung.

---

[1] Das Thema wird bereits im Grundlagenband behandelt (lt. Rahmenplan) und an dieser Stelle aus Gründen der Vollständigkeit wiederholt; vgl. ausführlich unter → A 4. Unternehmensführung.

02. Welche Aussagen lassen sich aus der Analyse der Bewerbungsunterlagen ableiten?

- **Analysekriterien**

  Die Bewerbungsunterlagen werden analysiert nach den Gesichtspunkten **Vollständigkeit, Inhalt, Stil und Form**.

- Beim **Bewerbungsschreiben** wird man vor allem auf folgende Aspekte achten:
  - **Form**, z. B.: ordentlich, sauber, klar gegliedert
  - **Vollständigkeit**, z. B.:
    - Sind alle wesentlichen Unterlagen vorhanden?
    - Sind alle lt. Anzeige geforderten Unterlagen und Angaben vorhanden?
  - **Inhalt**, z. B.:
    - Warum erfolgte die Bewerbung?
    - Welche Tätigkeit hat der Bewerber zurzeit?
    - Welche besonderen Fähigkeiten – bezogen auf die Stelle – existieren?
    - Welche Zusatzqualifikationen liegen vor?
    - Was erwartet der Bewerber von einem Stellenwechsel?
    - Wird auf den Anzeigentext eingegangen?
    - Gibt es Widersprüche? (z. B. zu den Zeugnisaussagen)
    - Ist der Inhalt verständlich gegliedert?
  - **Sprachstil**, z. B.:
    - aktiv, konkret, sachlich, Verwendung von Verben oder passiv, unbestimmt, Verwendung von Substantiven
    - einfacher, klarer Satzbau, logische Satzverbindungen oder Schachtelsätze, unlogische Satzverbindungen
    - großer Wortschatz, treffende Wortwahl oder geringer Wortschatz, „gestelzte" bzw. unpassende Wortwahl.

- Beim **Lebenslauf** sind drei Analysekriterien aufschlussreich:
  - Die **Zeitfolgenanalyse** (= Lückenanalyse) prüft Zeitzusammenhänge, Termine und fragt nach evtl. Lücken in der beruflichen Entwicklung. Wie oft wurde die Stelle gewechselt? Wie war die jeweilige Positionsdauer? Gibt es Abweichungen zu den Angaben in den Arbeitszeugnissen? Sind die beruflichen Stationen mit Monatsangaben versehen? Erfolgte der Positionswechsel während der Probezeit? Sind häufige „Kurzzeiträume" vorhanden? Wie ist die Tendenz bei der zeitlichen Dauer? Steigend oder fallend?
  - Die **Entwicklungsanalyse** fragt nach dem positionellen Auf- oder Abstieg, dem Wechsel und der Veränderung im Arbeitsgebiet bzw. im Berufsfeld. Ist die berufliche Entwicklung nachvollziehbar? Welchen Trend zeigt sie? Ist die Entwicklung

kontinuierlich oder gibt es einen „Bruch“? Werden gravierende Veränderungen begründet? Lassen sich Wechselmotive erkennen?

- Die **Firmen- und Branchenanalyse** untersucht die Fragen: Klein- oder Großbetrieb? Gravierender Wechsel in der Branche? Gibt es – bezogen auf die ausgeschriebene Position – verwertbare Kenntnisse aus vor- oder nachgelagerten Produktionsstufen oder Branchen? Gibt es Gründe für den Branchenwechsel bzw. den Wechsel vom Klein- zum Großbetrieb?

03. Auf welche Tatbestände kann man sich bei der Analyse von Arbeitszeugnissen stützen?

► **Die Analyse der Arbeitszeugnisse erstreckt sich auf**

- **objektive** Tatbestände, z. B.:
    - persönliche Daten
    - Dauer der Tätigkeit
    - Tätigkeitsinhalte
    - Komplexität, Umfang der Aufgaben
    - Anteil von Sach- und Führungsaufgaben
    - Vollmachten wie Prokura, Handlungsvollmacht
    - Termin der Beendigung.
- **Tatbestände**, die einer **subjektiven Bewertung** unterliegen, wie z. B.:
    - die Schlussformulierung
    - der Grund der Beendigung; er ist nur auf Verlangen des Mitarbeiters in das Zeugnis aufzunehmen.
- Formulierungen aus dem sog. Zeugniscodes (vgl. Frage 04.).

► Die Bedeutung von **Schulzeugnissen** nimmt mit zunehmendem beruflichen Alter **ab. Vorsichtige Anhaltspunkte können u. U. – speziell beim Quervergleich mehrerer** Bildungsabschlüsse – über Neigung, Fleiß und Interessenschwerpunkte gewonnen werden. Bei Lehrstellenbewerbern sind sie zunächst die einzigen Leistungsnachweise, die herangezogen werden können.

04. Welche Skalierung wird beim sogenannten Zeugniscode verwendet?

Die Erwähnung negativer Aspekte im Arbeitszeugnis ist rechtlich problematisch. Aus diesem Dilemma befreien sich die Arbeitgeber meist durch die folgenden drei „Strategien“:

1. Anwenden einer **Formulierungsskala** („Zeugniscode"):
   - sehr gut = „stets zur vollsten Zufriedenheit"
   - gut = „stets zur vollen Zufriedenheit"
   - befriedigend = „zur vollen Zufriedenheit"
   - ausreichend = „zur Zufriedenheit"
   - mangelhaft = „im Großen und Ganzen zur Zufriedenheit"
   - ungenügend = „hat sich bemüht"
2. Der Gebrauch von **Spezialformulierungen** ist in der Rechtsprechung umstritten und heute nur noch selten anzutreffen (z. B.: „... war sehr tüchtig und wusste sich zu verkaufen" = war unangenehm, unbequem u. Ä.).
3. - **Unwichtige Eigenschaften und Merkmale** unangemessen **hervorheben** sowie
   - wichtige Aspekte verschweigen (weil negativ) – insbesondere Eigenschaften und Verhaltensweisen, die bei einer bestimmten Tätigkeit von besonderem Interesse sind.

05. Welche Bedeutung hat ein innerbetrieblicher Bewerbungsbogen und welche Rückschlüsse lassen sich aus den Antworten des Bewerbers ziehen?

Der innerbetriebliche Bewerbungsbogen (auch: **Personalfragebogen**) ist meist spezifisch auf den Betrieb zugeschnitten und entspricht in seinem Inhalt und der Anordnung den Fragen der innerbetrieblichen Personalkartei/-datei, damit die Daten leicht übertragen werden können. Man vermeidet damit u. a., dass wichtige Erkenntnisse fehlen (**Prinzip der Vollständigkeit**) bzw. man stellt Fragen in schriftlicher Form, damit sie **rechtlich einwandfrei formuliert** sind. Die gewonnenen Antworten ergänzen die Ergebnisse der mündlich gestellten Fragen bzw. lassen sich mit ihnen vergleichen (z. B. **Widersprüche**). Nach § 94 BetrVG bedürfen Personalfragebogen der **Zustimmung des Betriebsrates**.

06. Wie ist ein Vorstellungsgespräch (auch: Auswahlgespräch, Vorstellungsinterview) zu führen?

- **Ziele**
  - Man erhält einen persönlichen Eindruck vom Bewerber.
  - Der bisherige Eindruck anhand der „Papierform" kann ergänzt, bestätigt oder korrigiert werden (z. B. fehlende Daten zur Person, zum Ausbildungsgang oder Widersprüche zwischen dem Anschreiben, dem Lebenslauf bzw. den Zeugnisangaben u. Ä.).
  - Kennenlernen der Person hinsichtlich Verhalten, Motiven, Erscheinungsbild, Sprache u. Ä.

- Erwartungen und Zielvorstellungen des Bewerbers
- Informationen an den Bewerber über das Unternehmen und den Arbeitsplatz.

► **Vorbereitung**

- Wer nimmt an dem Auswahlgespräch teil?
- In welchem Raum findet das Gespräch statt?
- Wie viel Zeit steht zur Verfügung?
- Welche Unterlagen werden für das Gespräch benötigt?
- Wie ist die „Rollenverteilung" zwischen dem Personalbereich und dem Fachbereich?
- Welche Fragen müssen vor dem Gespräch geklärt werden, die evtl. von dem Bewerber gestellt werden können? (Entwicklungsmöglichkeiten, Gehalt, betriebliche Regelungen usw.)
- genaue Kenntnis des Anforderungsprofils der Stelle
- detaillierte Kenntnis der Unterlagen des Bewerbers.

► **Gesprächsarten**

- Beim **freien Gespräch** ist der Gesprächsablauf nicht fest strukturiert. Der Vorteil liegt darin, dass sich der „Interviewer flexibel der Gesprächssituation anpassen kann" (hohe Erfahrung notwendig).
- Beim **strukturierten Auswahlgespräch** geht man i. d. R. nach Frageblöcken bzw. Fragekomplexen vor, deren Ablauf jedoch variiert werden kann.
- Beim **standardisierten Vorstellungsgespräch** sind die einzelnen Fragen und der Gesprächsablauf fest vorgegeben.
- Beim **Gruppeninterview** werden mehrere Bewerber gleichzeitig „befragt". Hier können unter Umständen direkte Vergleichsmöglichkeiten zwischen den Bewerbern gezogen werden.

► **Grundregeln**

- Der Hauptanteil des Gesprächs liegt beim Bewerber (Faustregel: 80 % der Bewerber, 20 % der Interviewer).
- überwiegend **öffnende Fragen** verwenden; geschlossene Fragen nur in bestimmten Fällen, Suggestivfragen vermeiden
- zuhören, nachfragen und beobachten, sich Notizen machen, zur Gesprächsfortführung ermuntern usw.
- keine ausführliche Fachdiskussion mit dem Bewerber führen (keine Fachsimpelei)
- Die Dauer des Gesprächs der Position anpassen.
- äußerer Rahmen: keine Störungen, kein Zeitdruck, entspannte Atmosphäre.

07. In welche Gesprächsabschnitte (Phasen) kann das Bewerbungsgespräch strukturiert werden?

Phasenverlauf beim Personalauswahlgespräch		
Phase	**Inhalt**	**Beispiele**
I	Begrüßung	► gegenseitige Vorstellung ► Anreisemodalitäten ► Dank für Termin
II	Persönliche Situation des Bewerbers	► Herkunft ► Familie ► Wohnort
III	Bildungsgang des Bewerbers	► Schule ► Weiterbildung
IV	Berufliche Entwicklung des Bewerbers	► erlernter Beruf ► bisherige Tätigkeiten ► berufliche Pläne
V	Informationen über das Unternehmen	► Größe, Produkte ► Organigramm der Arbeitsgruppe
VI	Informationen über die Stelle	► Arbeitsinhalte ► Anforderungen ► Besonderheiten
VII	Vertragsverhandlungen	► Vergütungsrahmen ► Zusatzleistungen
VIII	Zusammenfassung, Verabschiedung	► Gesprächsfazit ► ggf. neuer Termin

Die Reihenfolge einiger Phasen kann verändert werden – je nach Gesprächssituation und Erfahrung des Interviewers.

08. Wie wird das Vorstellungsgespräch ausgewertet?

Sind die Auswahlgespräche abgeschlossen, werden alle Informationen über die infrage kommenden Kandidaten verdichtet. Fachbereich und Personalbereich werden sich also darüber verständigen, welchen Kandidaten sie für den geeignetsten halten. Dies wird in einem **Abschlussgespräch** erfolgen und kann z. B. anhand eines **Entscheidungsbogens** geführt werden.

Abschließend bleibt festzuhalten, **dass der Auswahlvorgang auch bei größter Sorgfalt immer eine subjektive Entscheidung ist**.

1.4.4.7 Mitarbeitergespräche >> 5.2

INFO

An dieser Stelle sind keine neuen Lerninhalte zu vermitteln. Unter >> 5.2 Mitarbeitergespräche führen werden die Grundlagen der Gesprächsführung ausführlich behandelt (vgl. auch ergänzend: → A 4. Unternehmensführung sowie >> 5.4 Mitarbeiterförderung). Gefordert ist hier das Einüben der genannten Gesprächs- und Kommunikationstechniken im Lehrgang – z. B. in Form von Rollenspielen. Der Rahmenplan enthält daher auch die Taxonomie „führen".

1.4.4.8 Verkaufsgespräche

01. Welche Bedeutung hat das Verkaufsgespräch?

Das Verkaufsgespräch ist eine Werbung für das Unternehmen und für die angebotene bzw. nachgefragte Ware. Der Verkäufer muss daher unbedingt Menschenkenntnis, Einfühlungsvermögen, gutes Benehmen und Warenkenntnis besitzen. Der Kunde erwartet eine eingehende Beratung und keine Überrumpelung zum Kauf. Dabei kommt es insbesondere darauf an, dass der Verkäufer zuverlässig die Argumente beherrscht, die für die anzubietende Ware sprechen und auch die Unterschiede kennt, die die nachgefragte Ware zu anderen Artikeln hat. Der Verkäufer muss aber auch den Verwendungszweck im Rahmen des Verkaufsgesprächs erfragen.

02. Was sind Verkaufsargumente?

Verkaufsargumente sind diejenigen Angaben, Aussagen, Hinweise und Andeutungen des Verkäufers über die Beschaffenheit der Ware, über ihren Wert und über den Kauf, welche geeignet sind, die Konsum- und Kaufmotive des Kunden so eindringlich und überzeugend anzusprechen, dass er bereit ist, diesen Argumenten zu folgen und die angebotene Ware zu kaufen.

Man unterscheidet

- informierende,
- inspirierende und
- rationalisierte Verkaufsargumente.

03. Was ist Gegenstand von Verkäuferinformationen?

Verkäuferinformationen müssen diejenigen Fakten und verkaufspsychologischen Aspekte enthalten, die das Produkt unmittelbar an den Endverbraucher verkaufen, wobei neben der Verkaufstechnik auch das Fachwissen eine Rolle spielt. Des Gleichen müssen die Vorzüge gegenüber den Konkurrenzprodukten, evtl. Preisunterschiede und Argumente gegenüber später bekannt gewordenen Nachteilen herausgestellt werden. Die Verkäufer müssen konkrete Fragen der potenziellen Kunden sachkundig und überzeugend beantworten können, weil der Kunde in Zweifelsfällen, die der Verkäufer nicht eindeutig beantworten kann, mit großer Wahrscheinlichkeit auf ein Konkurrenzprodukt ausweicht.

04. Wie verläuft ein Verkaufsgespräch?

Die Form, in der ein Verkaufsgespräch verläuft, besteht aus **Reden, Fragen und Schweigen**. Die Kunst der Kundenbehandlung besteht vor allem in dem Geschick, mit dem Kunden richtig zu sprechen. Wenn der Kunde Interesse für bestimmte Waren zeigt, sind Fragen zweckmäßig um festzustellen, ob der Kunde den Argumenten des Verkäufers folgt und zu kaufen beabsichtigt. Ein guter Verkäufer muss aber auch zuhören und im richtigen Moment schweigen können.

05. In welche Phasen lässt sich die Verkaufsverhandlung einteilen?

Obwohl jede Verkaufsverhandlung sicherlich ihren individuellen Verlauf haben wird (Verkaufen ist keine statische Angelegenheit!), folgt sie doch einem bestimmten Grundmuster:

1.	**Gesprächsvorbereitung**	vgl. Frage 06.
2.	**Begrüßung**	
3.	**Gesprächseröfffnung, Einstieg**	Einstiegsformulierung, Motivation, zuhören, Probleme erkennen, Bedarf ermitteln, gezielte Fragen stellen.
4.	**Präsentation des Angebots**	Nutzen aufzeigen, argumentieren, Preis begründen. Einwände klären.
5.	**Abschluss**	Vertrag unterzeichnen, Vereinbarungen, Abgang, Nachbereitung.

06. Wie sind Verkaufsgespräche vorzubereiten?

Es ist eine Binsenweisheit: „Eine sorgfältige Vorbereitung der Verkaufsverhandlung ist entscheidend für den Erfolg; sie ist die halbe Miete!“ Wichtige Vorbereitungsmaßnahmen sind z. B.:

- Tourenplanung, Besuchsanmeldung
- Verhandlungsplan („Ablaufzettel“) festlegen
- Information auf mehreren Ebenen sicherstellen: Unternehmen, Gesprächspartner, Stand der Verhandlungen, Unterlagen usw.
- Gesprächsziel(e), ggf. Rückzugsziele, Taktik und Techniken „zurechtlegen“, Engpass des Kunden?, mögliche Einwände/Lösungsmöglichkeiten, Gesprächsdauer
- „Verbündete“ suchen (in den eigenen Reihen/beim Kunden)
- Vorbereitung guter Einstiegsformulierungen („Aufhänger“).

Eine sorgfältige Vorbereitung gibt dem Verkäufer Sicherheit, darf aber kein Hemmschuh für Kreativität und flexibles Handeln sein. Unvorbereitet in ein Verkaufsgespräch zu gehen, ist Leichtsinn und zeigt gegenüber dem Kunden mangelnde Wertschätzung.

07. Wie können die Bedürfnisse des Kunden ermittelt und berücksichtigt werden?

Was will der Kunde eigentlich? Auf keinen Fall will der Kunde ein Produkt kaufen!

MERKE

Der Kunde will **eine Problemlösung**!

Der Kunde will **Nutzen**!

Beispiel

Die Annahme, dass eine Hausfrau eine Waschmaschine will, ist nur bedingt richtig. Was sie will, ist saubere Wäsche – schnell, kräftesparend, problemlos. Verkauft wird also nicht ein Produkt, sondern eine Idee, eine Problemlösung („mehr Gewinn, mehr Qualität, mehr Sicherheit“ usw.).

Neben dieser Grundregel lassen sich spezifische **Kundenbedürfnisse** nennen, die im Einzelfall (Besuchsvorbereitung und Verhandlungsdurchführung) herauszuarbeiten sind:

- **Allgemein**, z. B.:
  - gute Beratung und Betreuung
  - maßgeschneidertes Angebot
  - Eingehen auf die spezifische Kundensituation (konkrete Wünsche, Einwände, Engpässe).
- **Wirtschaftlich**, z. B.:
  - Gewinn, Deckungsbeitrag (Mehrgewinn)
  - Kostenersparnis, Rendite, verbessertes Kosten-Nutzen-Verhältnis
  - Bequemlichkeit, Wiederverkaufswert, Wertbeständigkeit.
- **Technisch**, z. B.:
  - Qualität, verschleißarm
  - Sicherheit, Zweckmäßigkeit, kein Risiko
  - umweltfreundlich
  - Einarbeitung.
- **Design**, z. B.
  - schön, zweckmäßig, imageträchtig
  - umweltfreundliche Verpackung.

08. Wie werden Verkaufsverhandlungen systematisch ausgewertet?

Die systematische Auswertung von Verkaufsverhandlungen heißt, zukünftige Verkaufserfolge vorbereiten und Kundenbeziehungen stabilisieren. Gerade im Erfolgsfall (Abschluss) muss der Kunde das absolute Vertrauen gewinnen/behalten, dass seine Entscheidung richtig war.

- **Generelle Nachbereitung**, z. B.:
  - War der eigne Name/die eigene Firma bekannt?
  - Wie verlief das Gespräch?
  - Konnte der Plan eingehalten werden?
  - War die Gesprächsvorbereitung ausreichend?
  - Müssen Kundendaten intern geändert werden?
  - Waren die Argumentationen kundenorientiert?
  - Waren Zeit und Ort der Gesprächsführung richtig gewählt?
  - Was ist im Nachgang zu veranlassen?
  - Welche Vorbereitungen sind für den nächsten Besuch zu treffen?

- Im Erfolgsfall gelten darüber hinaus folgende **Nacharbeiten**, z. B.:
  - Auftragsbestätigung (ggf. persönliches Schreiben),
  - Extrawünsche? Einarbeitung? Sondertermine? Unterlagen nachreichen?
  - Terminvorlage für den Auslieferungstermin (persönlicher Kontakt/Anruf!) sowie
  - bei Terminverschiebung/Lieferproblemen:
    - persönlich den Kunden anrufen!
    - keine Ausreden!
    - bei der Wahrheit bleiben!

2. Investition, Finanzierung, betriebliches Rechnungswesen und Controlling

INFO

Prüfungsanforderungen

Nachweis folgender Fähigkeiten:

- Die Zusammenhänge und Abhängigkeiten zwischen güterwirtschaftlichem und finanzwirtschaftlichem Prozess aufzeigen sowie
- die Aufgaben und Gliederung des betrieblichen Rechnungswesens darstellen.
- Die unterschiedlichen Finanzierungsarten und wesentliche Aspekte der Kosten- und Leistungsrechnung bestimmen sowie
- das Controlling als wesentliches Instrument der Unternehmenssteuerung verstehen.

Qualifikationsschwerpunkte (Überblick)

2.1 Investitionsplanung und -rechnung

2.2 Finanzplanung und Ermittlung des Finanzbedarfs

2.3 Finanzierungsarten

2.4 Kosten- und Leistungsrechnung

2.5 Controlling

2.1 Investitionsplanung und -rechnung

2.1.1 Investition

01. Wie ist der Zusammenhang von Finanzierung und Investition?

- **Finanzierung** im engeren Sinne ist die Beschaffung von Geldkapital, das zur Leistungserstellung benötigt wird (→ Passivseite der Bilanz: Mittelherkunft).
- **Finanzierung im weiteren Sinne** umfasst neben der Kapitalbeschaffung auch die Steuerung der Zahlungsströme und die Kapitaldisposition/-politik (Kapitalumschichtung/-rückzahlung).
- **Investition** ist die Verwendung finanzieller Mittel für Vermögensteile. Sie zeigt sich, in den Positionen Anlage- und Umlaufvermögen auf der Aktivseite der Bilanz.

AKTIVA	**Bilanz**		**PASSIVA**
Anlagevermögen Umlaufvermögen	AV UV	Eigenkapital Fremdkapital	EK FK
Investition = Mittelverwendung		**Finanzierung = Mittelherkunft**	

- Zusammenhang zwischen Finanzierung und Investition:
  Beide Seiten der Bilanz sind also gleich groß. Es ist Aufgabe der Finanzierung, das Kapital zu beschaffen, das für die Investition benötigt wird.

02. Wie werden Investitionen unterschieden?

Investitionsarten		
Merkmal	**Bezeichnung**	**Beispiele**
Investitionsobjekt	**Sachinvestitionen** Beschaffung von Sachanlagevermögen und Sachgütern (Teile des Umlaufvermögens)	Grundstücke, Gebäude, Maschinen, Anlagen, Vorräte, Werkzeuge
	Finanzinvestitionen Beschaffung von Forderungs- oder Beteiligungsrechten	Wertpapiere, Aktien, Geschäftsanteile, Rentenpapiere, Obligationen
	Immaterielle Investitionen Ausgaben zur Stärkung der Wettbewerbsfähigkeit	Ausgaben für folgende Bereiche, z. B.: ► Personalentwicklung ► Sozialwesen ► F & E-Marketing ► Lizenzen, Patente

Investitionsarten		
Merkmal	**Bezeichnung**	**Beispiele**
Investitionszweck	**Nettoinvestitionen**	erstmalig
	Gründungsinvestitionen	bei Gründung/Kauf
	Erweiterungsinvestitionen	Schaffung zusätzlicher Kapazitäten
	Reinvestitionen	Wiederholung
	Ersatzinvestitionen	Beschaffung von Investitionsgütern gleicher Art
	Rationalisierungsinvestitionen	Beschaffung von Investitionsgütern mit verbesserter Technologie
	Umstellungsinvestitionen	mengenmäßige Veränderung in der Fertigung
	Diversifizierungsinvestitionen	Veränderung im Fertigungsprogramm
	Sicherungsinvestitionen	zur Existenzabsicherung, z. B. Beteiligung, Unternehmenserwerb, Erschließung neuer Absatzmärkte
	Desinvestitionen	Verkauf von (stillgelegten) Maschinen/Anlagen
	Bruttoinvestitionen = Nettoinvestitionen + Reinvestitionen	

03. Welche Bedeutung hat die Investitionsplanung?

Die Investitionsplanung als Teilplanung der Unternehmensplanung ist die gedankliche Vorwegnahme der unternehmerischen Aktivitäten zur künftigen Erhöhung der betrieblichen Leistungs- und Absatzmöglichkeiten durch Investitionsobjekte und deren finanzieller Sicherung.

Ihre Bedeutung ergibt sich aus der Wirkung der Investition auf die finanzwirtschaftliche Situation des Unternehmens z. B. durch langfristige Kapitalbindung, Veränderung der Kostenstruktur, durch die Finanzierungsmöglichkeit sowie durch die Veränderung der materiellen Anlagen und Ausrüstungen im Sinne des technischen Fortschritt. Sie kann je nach Zeitraum als strategische, taktische und operative Investitionsplanung angelegt sein.

04. Welche Handlungsschritte umfasst die Investitionsplanung?

Die Investitionsplanung umfasst die Ermittlung des erforderlichen Investitionsbedarfs, die Feststellung der Investitionen nach Art, Anzahl und Preis, die Beurteilung ihrer Notwendigkeit, Eignung und die Abwägung möglicher Alternativen ebenso wie die Ermittlung des dafür benötigten Kapitalbedarfs. Die Ergebnisse werden im Investitionsplan dargestellt, der u. a. als Grundlage für die Investitionsentscheidung dient.

05. Was wird im Investitionsplan dargestellt?

Im Investitionsplan werden die Ausgaben für Investitionsmaßnahmen – in der Reihenfolge ihrer Priorität – tabellarisch dargestellt. Der Investitionsplan ist dem Finanzplan (auch: Finanzierungsplan) gegenüberzustellen.

Übersteigt der Wert der gewünschten Investitionsvorhaben die Finanzierungsmöglichkeiten, so ist zu entscheiden, welche Vorhaben zurückzustellen sind bzw. auf welche Vorhaben verzichtet wird.

06. Welche Phasen der Investitionsentscheidung lassen sich unterscheiden?

Mit der Investitionsentscheidung wird festgelegt, welche der Investitionsobjekte, die die geforderten Kriterien erfüllen, realisiert werden sollen. Voraussetzung für eine sichere Entscheidung sind die Zuverlässigkeit der zugrunde gelegten Ausgangsdaten, die gewählten Bewertungskriterien und Bewertungsmethoden.

Die Entscheidungsfindung geschieht in mehreren Phasen. Gewöhnlich werden sie eingeteilt in: Anregungs-, Such-, Entscheidungs- und Kontrollphase (die Bezeichnung und Anzahl der Phasen sind in der Literatur uneinheitlich).

Phasen der Investitionsentscheidung	
Anregungsphase ↓	Es werden die unternehmensinternen Anregungen aus den Unternehmensbereichen (z. B. zur Produktionserhöhung, Kostensenkung, Qualitätsverbesserung) und die unternehmensexternen Anregungen, die von Marktpartnern wie z. B. Händler, Kunden, Banken und auch vom Gesetzgeber kommen, mit aussagefähiger Beschreibung zur Dringlichkeit und den erwarteten Vor- und Nachteilen erfasst.
Suchphase ↓	Es werden die Bewertungskriterien festgelegt. Dabei wird zwischen quantitativen und qualitativen Bewertungskriterien unterschieden: ► **Quantitative Bewertungskriterien** sind Kosten, Gewinn, Rentabilität, Amortisation, Kapitalwert, Annuität und interner Zinsfuß. Sie sind Gegenstand der statischen und dynamischen Investitionsrechnung. ► **Qualitative Bewertungskriterien** können sich auf wirtschaftliche, technische, soziale und rechtliche Schwerpunkte beziehen. Sie werden über die Nutzwertanalyse ermittelt. In dieser Phase wird auch nach eventuellen Alternativlösungen gesucht.
Entscheidungsphase ↓	Es werden die mit den Investitionsrechnungsmethoden bzw. der Nutzwertrechnung ermittelten Werte zusammengeführt und gewichtet. Daraus wird die Alternative mit dem höchsten oder niedrigsten Nutzwert, je nach Skala, als die optimale Investition bestimmt.

Phasen der Investitionsentscheidung	
Durchführungsphase	Beginn der Vorbereitung und der Investitionsrealisierung
↓	
Kontrollphase	Durch Soll-Ist-Vergleiche wird kontrolliert, ob es Abweichungen zu den geplanten Daten gibt. Auf Abweichungen muss mit entsprechenden Maßnahmen reagiert werden. Das Ergebnis der Analyse fließt auch als Erfahrungswert in die Planung zukünftiger Investitionsvorhaben ein, z. B. als Verbesserung der Planansätze.

07. Welche Kriterien sind zur Beurteilung einer Investition geeignet?

1. **Quantitative Beurteilungskriterien**

   1.1 **Statische Betrachtungsgrößen:**

   - **Kosten** der Investition → Kostenvergleichsrechnung
   - **Gewinn** der Investition → Gewinnvergleichsrechnung
   - **Rentabilität:**
     = Relation von Gewinn und Kapitaleinsatz → Rentabilitätsvergleichsrechnung
   - **Amortisationszeit:**
     = in welcher Zeit die Überschüsse aus der Investition den Kapitaleinsatz decken → Amortisationsvergleichsrechnung

   1.2 **Dynamische Betrachtungsgrößen:**

   - **Kapitalwert** → Kapitalwertmethode
   - **interner Zinsfuß** → Interne Zinsfußmethode
   - **Annuität** → Annuitätenrechnung
   - **Amortisationszeit** → Dynamische Amortisationsrechnung

2. **Qualitative Beurteilungskriterien**

   2.1 **Wirtschaftliche Betrachtungsgrößen**, z. B.:

   - Garantieleistung, Kulanz und Zuverlässigkeit des Herstellers
   - Kundendienst des Herstellers (z. B. Erreichbarkeit)
   - Risiken der Investition, z. B.:
     - langfristige Entscheidung
     - langfristige, hohe Kapitalbindung
     - Gefahr der Überalterung
   - Image

2.2 **Technische Betrachtungsgrößen**, z. B.:
- Stand der Technik der Anlage
- Störanfälligkeit der Anlage
- Leistungsdaten der Anlage
- Dimension der Anlage

3. Beachtung notwendiger **Nebenbedingungen** (Begrenzungsfaktoren), z. B.:
   - Umweltverträglichkeit, z. B. Emissionen
   - Arbeitsschutz-/Arbeitssicherheitsaspekte
   - technische Vorschriften
   - Genauigkeitsgrad, technische Daten
   - Kapazitätsreserven
   - im Betrieb vorhandene Energieversorgung
   - Anpassung an vorhandene Anlagen (Prozessintegration)
   - Lieferzeit.

2.1.2 Investitionsrechenverfahren

2.1.2.1 Arten der Investitionsrechenverfahren (Vergleich)

01. Welche generellen Unterschiede bestehen zwischen statischen und dynamischen Verfahren der Investitionsrechnung?

Verfahren der Investitionsrechnung – Vergleich	
Statische Verfahren	**Dynamische Verfahren**
► sind einfache Verfahren ohne komplexe finanzmathematische Formeln	► betrachten alle Nutzungsperioden der Investition
► verwenden überwiegend die Begriffe Kosten und Erlöse	► berücksichtigen alle Ein- und Auszahlungen der einzelnen Perioden
► gehen nur von einer Periode aus, die als repräsentativ gesehen wird	► basieren auf finanzmathematischen Methoden
► berücksichtigen keine zeitlichen Unterschiede von Aufwendungen oder Kosten sowie von Erträgen oder Leistungen.	► sind wegen der Datenproblematik (Schätzung) in der Zukunft kritisch.

2.1.2.2 Statische Investitionsrechnung

01. Welche statischen Verfahren der Investitionsrechnung gibt es?

Statische Verfahren der Investitionsrechnung

- Kostenvergleichsrechnung
- Gewinnvergleichsrechnung
- Rentabilitätsvergleichsrechnung
- Amortisationsvergleichsrechnung

02. Welches Ziel hat die Kostenvergleichsrechnung?

Die Kostenvergleichsrechnung hat das Ziel, die wirtschaftliche Zweckmäßigkeit von Investitionen zu überprüfen. Es werden die Kosten von zwei oder mehreren Investitionsobjekten/Verfahren gegenübergestellt und verglichen. **Dasjenige Investitionsobjekt/Verfahren ist vorteilhafter, bei dem die Kosten geringer sind.**

Relevant sind folgende **Kostenkomponenten:**

1. **Durchschnittliche kalkulatorische Abschreibung:**
   Der Kapitalverzehr wird auf ein Jahr bezogen (lineare AfA).

   $$AfA = \frac{AW - RW}{n}$$

   n = Nutzungsdauer in Jahren
   AfA = ∅ (lineare) Abschreibung pro Jahr
   AW = Anschaffungswert
   RW = Restwert

2. **Durchschnittliche kalkulatorische Zinsen:**
   Sie werden auf das während der Nutzungsdauer durchschnittlich gebundene Kapital bezogen.

   $$Z = \frac{AW + RW}{2} \cdot i$$

   Z = Zinsen
   i = Kalkulationszinssatz in Dezimalform

   Die durchschnittliche Kapitalbindung pro Jahr besteht aus der Summe des Restwertes und den halben (um den Restwert verminderten) Anschaffungskosten. Dies entspricht der durch 2 dividierten Summe von Anschaffungswert und Restwert.

Beweis:

$$\text{durchschnittliche Kapitalbindung} = RW + \frac{AW - RW}{2}$$

$$2 \cdot \text{durchschnittliche Kapitalbindung} = 2\,RW + AW - RW$$

$$\text{durchschnittliche Kapitalbindung} = \frac{AW + RW}{2}$$

3. **Durchschnittliche sonstige Fixkosten pro Jahr:**
   Dies sind alle Kosten, die mit dem Betrieb des Investitionsobjekts zusammenhängen, jedoch unabhängig von dessen Auslastung entstehen.

4. **Durchschnittliche variable Kosten pro Jahr:**

$$K_v = x \cdot k_v$$

K_v = variable Kosten
x = Ausbringungsmenge
k_v = variable Stückkosten

Aus der Summe der unter Punkt 1. bis 4. aufgeführten Kosten ergeben sich die entscheidungsrelevanten Kosten als ø-Kosten pro Jahr.

03. Welche Varianten der Kostenvergleichsrechnung sind vorherrschend?

Kostenvergleichsrechnung		
Varianten	**Situation**	**Auswahlentscheidung**
Variante 1	**Kostenvergleich identischer Anlagen:** Die Kapazitätsnutzung (Leistungsgrad) der betrachteten Anlagen ist gleich.	Kostenvergleich pro Periode
Variante 2	**Kostenvergleich nicht identischer Anlagen:** Die Kapazitätsnutzung (Leistungsgrad) der betrachteten Anlagen ist verschieden.	Kostenvergleich pro Leistungseinheit (Stückkostenvergleich)
Variante 3	**Kritische Menge:** Die Kapazität der betrachteten Anlagen ist gleich oder verschieden; der zukünftige Leistungsgrad ist ungewiss.	Bestimmung der kritischen Menge durch Vergleich der Gesamtkosten, die in fixe und variable Kosten zerlegt werden.

Kostenvergleichsrechnung		
Varianten	**Situation**	**Auswahlentscheidung**
Variante 4	**Kostenvergleich bei der Ersatzinvestition:** Weiterbetrieb Altanlage oder Beschaffung Neuanlage	$Kosten_{Neuanlage} < Kosten_{Altanlage}$ ▸ Bruttomethode ▸ Nettomethode Kosten Neuanlage: Betriebskosten, kalkulatorische Abschreibung und kalkulatorische Zinsen Kosten Altanlage: Betriebskosten, Zinsverlust und Restwertminderung bei Verschiebung des Verkaufs
Variante 5	**Make-or-Buy:** Eigenfertigung versus Fremdbeschaffung	Eigenfertigung: fixe und variable Kosten Fremdbeschaffung: variable Kosten Ermittlung der kritischen Menge

Allgemein gilt für die Grenzstückzahl bzw. kritische Menge (vgl. Variante 3):

- rechnerisch:

$$\text{Kritische Menge} = \frac{\text{Fixkosten}_2 - \text{Fixkosten}_1}{\text{var. Stückkosten}_1 - \text{var. Stückkosten}_2}$$

$$x = \frac{K_{f2} - K_{f1}}{k_{v1} - k_{v2}} \text{ bzw. } \frac{K_{f1} - K_{f2}}{k_{v2} - k_{v1}}$$

- grafisch:

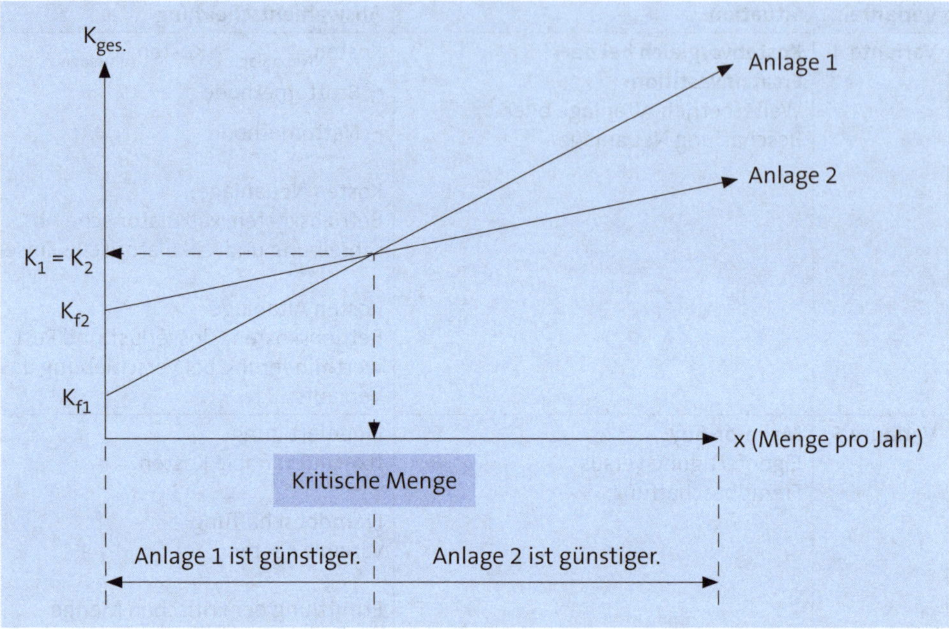

04. Wie wird die Gewinnvergleichsrechnung durchgeführt?

Die Gewinnvergleichsrechnung ergänzt die Kostenvergleichsrechnung um die Größe „Erlöse" und ist damit aussagefähiger. Zu wählen ist diejenige Investition, die den größten durchschnittlichen Gewinn erzielt. Bei gleichen Erlösen pro Leistungseinheit für beide Investitionsobjekte kommt sie selbstverständlich zur gleichen Bewertung wie die Kostenvergleichsrechnung. Die Gewinnvergleichsrechnung setzt voraus, dass die erzielbaren Erlöse je Investitionsalternative über den gesamten Planungszeitraum ermittelt werden können.

Der Gewinn ergibt sich als Differenz von Umsatzerlösen und Kosten:

$$G = U - K$$

$$G = p \cdot x - K_f - k_v \cdot x$$

U = Umsatz
K = Gesamtkosten
K_f = Fixkosten
k_v = variable Stückkosten
x = Menge
p = Verkaufspreis

- Bei einer **Einzelinvestition** gilt:

  Die Vorteilhaftigkeit ist gegeben, wenn der Gewinn positiv ist bzw. ein bestimmter Mindestgewinn erreicht wird:

  $G > 0$ bzw. $G \geq$ Mindestgewinn

- Beim **Vergleich von zwei oder mehreren Investitionsobjekten** gilt:

  Es wird die Investition mit dem größeren Gewinn gewählt.

  $G_I > G_{II} \rightarrow$ Anlage I ist vorteilhafter.

  $G_{II} > G_I \rightarrow$ Anlage II ist vorteilhafter.

- Bei der **Lösung eines Ersatzproblems** (optimaler Ersatzzeitpunkt) werden die Gewinne der alten Anlage denen der neuen gegenübergestellt.

05. Welchen Aussagewert hat die Rentabilitätsvergleichsrechnung?

Es gilt:

$$\text{Rentabilität } R = \frac{\text{Gewinn}}{\varnothing \text{ Kapitaleinsatz}} \cdot 100$$

Anstelle des Gewinns können bei Rationalisierungsinvestitionen die Minderkosten eingesetzt werden. Je nach betrieblicher Besonderheit kann die Gewinngröße durch den Begriff „Betriebsergebnis" ersetzt werden.

- Der durchschnittliche Kapitaleinsatz wird i. d. R. wie folgt ermittelt:

Berechnung des durchschnittlichen Kapitaleinsatzes	
Wertansatz	**Erläuterung**
Anschaffungswert	Damit wird nur die Rentabilität des ersten Nutzungsjahres berechnet.
$\frac{\text{Anschaffungswert + Restwert}}{2} = \frac{AW + RW}{2}$ oder: $\frac{\text{Wiederbeschaffungswert + Restwert}}{2} = \frac{WW + RW}{2}$	Um steigende Rentabilitäten durch abnehmende Buchwerte am Ende des Jahres zu vermeiden, setzt man einen Durchschnittswert an.

- Bei einer **Einzelinvestition** gilt:

  Die Vorteilhaftigkeit ist gegeben, wenn die Rentabilität R eine bestimmte subjektive Mindestverzinsung erreicht oder überschreitet.

  $R \geq$ Mindestverzinsung

- Beim **Vergleich von zwei oder mehreren Investitionsobjekten und beim Ersatzproblem** gilt:

  Es wird die Investition mit der höheren Rentabilität gewählt. Auf Objekte, deren Rendite die geforderte Mindestverzinsung nicht erreicht, sollte verzichtet werden.

  $R_I > R_{II}$ → Anlage I ist vorteilhafter.

  $R_{II} > R_I$ → Anlage II ist vorteilhafter.

06. Welchen Aussagewert hat die Amortisationsvergleichsrechnung?

Die **Amortisationsvergleichsrechnung (auch: Kapitalrückflussmethode, Payback-Methode/Payoff-Methode)** gehört ebenfalls zu den statischen Verfahren der Investitionsrechnung und baut auch auf den Ergebnissen der Kostenvergleichs- bzw. Gewinnvergleichsrechnung auf.

Die Vorteilhaftigkeit einer Investition wird an der Kapitalrückflusszeit t_W gemessen (Amortisationszeit = die Zeit, in der das eingesetzte Kapital wieder in das Unternehmen zurückgeflossen ist). Je geringer die Kapitalrückflusszeit ist, desto vorteilhafter wird das Investitionsvorhaben beurteilt.

- Bei einer **Einzelinvestition** gilt:

  Die Vorteilhaftigkeit ist gegeben, wenn die Amortisationszeit t_W einen bestimmten Zeitwert t* nicht überschreitet:

  $t_W \leq t^*$

- Beim **Vergleich von zwei oder mehreren Investitionsobjekten** gilt:

  Es wird die Investition mit der geringeren Kapitalrückflusszeit gewählt. Auf Objekte, deren Amortisationsdauer den geforderten Zeitwert t* überschreitet, sollte verzichtet werden.

  $t_{WI} < t_{WII}$ → Anlage I ist vorteilhafter.

  $t_{WII} < t_{WI}$ → Anlage II ist vorteilhafter.

Man unterscheidet zwei Berechnungsmethoden:

1. **Durchschnittsmethode:**

$$\text{Kapitalrückflusszeit (Jahre)} = \frac{\text{Kapitaleinsatz}}{\varnothing \text{ Return}}$$

   - Als Kapitaleinsatz wird i. d. R. der Anschaffungswert AW, vermindert um den Restwert RW, verwendet.
   - Häufig werden die Einzahlungsüberschüsse p. a. als durchschnittlicher Return (Rückfluss) angesetzt.
   - Als Größe für den ø Return wird die Summe aus (ø Gewinn + jährliche Abschreibungen) genommen.

Es gilt also:

$$\text{Kapitalrückflusszeit (Jahre)} = \frac{\text{Anschaffungswert - Restwert}}{\text{ø Gewinn + Abschreibungen (p. a.)}}$$

$$t_w = \frac{AW - RW}{G + AfA}$$

Beispiel

Es werden zwei Anlagen miteinander verglichen; es liegen folgende Zahlen vor (in €):

	Anlage I	**Anlage II**
Anschaffungskosten	100.000	200.000
Wiederbeschaffungswert	151.336	200.000
Restwert	0	20.000
Abschreibungen	21.182	20.000
Periodengewinn vor Steuern	13.905	21.525

$$t_{wI} = \frac{100.000 - 0}{13.905 + 21.182} = 2{,}85 \text{ Jahre}$$

$$t_{wII} = \frac{200.000 - 20.000}{21.525 + 20.000} = 4{,}33 \text{ Jahre}$$

Ergebnis: $t_{wI} < t_{wII}$, d. h. aus der Sicht der Kapitalrücklaufzeit ist die Anlage I vorteilhafter.

2. **Kumulationsmethode:**
   Die geschätzten jährlichen Zahlungsströme werden solange aufaddiert, bis der Kapitaleinsatz erreicht ist. Die Kumulationsrechnung ist genauer, da sie nicht mit einem repräsentativen Mittelwert rechnet, sondern die geschätzten Rückflüsse den einzelnen Jahren gesondert zuordnet.

Beispiel

Für eine **Einzelinvestition** soll gelten: AW = 80.000 €; RW = 0; n = 5 Jahre. Es werden folgende Rückflüsse pro Jahr geschätzt:

Jahr	t_1	t_2	t_3	t_4	t_5
Kapitalrückfluss	10.000	25.000	45.000	70.000	100.000
Kapitalrückfluss, kumuliert	10.000	35.000	**80.000**	150.000	250.000

- Nach der Kumulationsmethode ergibt sich: $t_w = t_3$
- Nach der Durchschnittsmethode ist der durchschnittliche Kapitalrückfluss 50.000 (= 250.000 : 5). Daraus ergibt sich:

  $$t_w = \frac{80.000}{50.000} = 1{,}6 \text{ Jahre}$$

- Dies bedeutet: Wenn die Kapitalrückflüsse eine ungleichmäßige Verteilung innerhalb des Nutzungszeitraums aufweisen, kann die Durchschnittsmethode zu Fehlentscheidungen führen.

Die Ergebnisse der Kumulationsmethode sowie der Durchschnittsmethode können durch Interpolation (= Wert zwischen zwei Werten) verbessert werden. Die lineare Interpolation (regula falsi) benutzt eine Gerade (Zwei-Punkt-Geraden-Gleichung), die eine lineare Näherung an das „eigentliche“ Ergebnis bewirkt. Daraus ergibt sich für ein verändertes Zahlenbeispiel:

Jahr	**Nettoeinzahlungen**	**Kumulierte Nettoeinzahlungen**	**Kumulierte Nettoeinzahlungen - Anschaffungsauszahlung (AW = 80.000 €)**
t_1	10.000	10.000	- 70.000
t_2	25.000	35.000	**- 45.000**
t_3	135.000	170.000	**+ 90.000**
t_4	30.000	200.000	120.000
t_5	50.000	250.000	170.000

S_t = Kumulierte Nettoeinzahlungen - Anschaffungsauszahlung am Ende des Jahres t

Bei unregelmäßigen Nettoeinzahlungen sollte die Kumulationsmethode eingesetzt werden. Nach der Kumulationsmethode liegt die Amortisationszeit zwischen dem zweiten und dem dritten Jahr. Die Berechnung erfolgt mit folgender Formel:

$$t_w = t_2 - S_2 \frac{t_3 - t_2}{S_3 - S_2}$$

Entscheidend ist der Vorzeichenwechsel beim zweiten und dritten Jahr, da die Anschaffungsauszahlung in Höhe von 80.000 € zwischen diesen beiden Jahren liegt.

$$= 2 - (-45.000) \cdot \frac{1}{90.000 - (-45.000)} = 2 + 45.000 \cdot \frac{1}{135.000} = 2{,}33 \text{ Jahre}$$

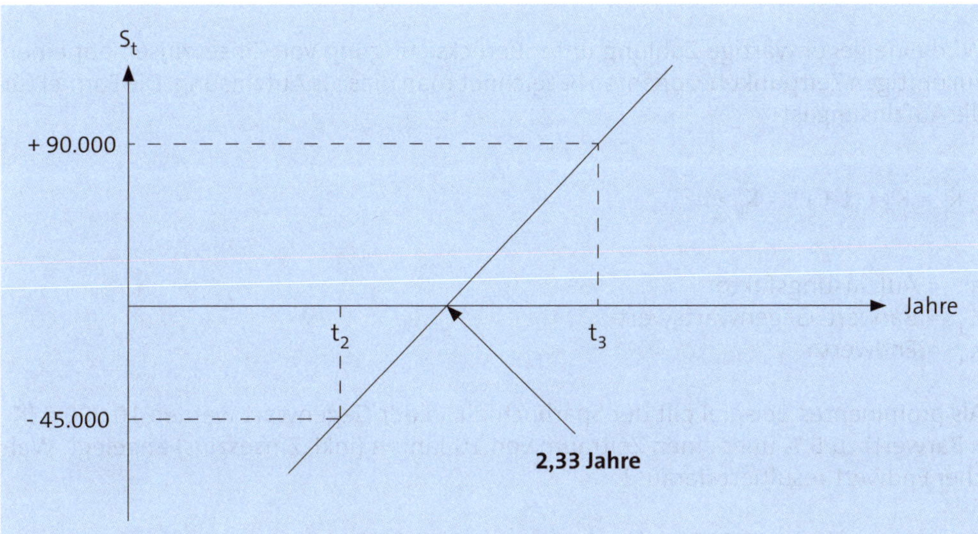

Mit der Durchschnittsmethode wird eine Amortisationszeit von 1,6 Jahren erreicht:

$$\frac{250.000 \text{ €}}{5 \text{ Jahre}} = 50.000 \text{ € p. a.}; \; t = \frac{80.000 \text{ € (AW)}}{50.000 \text{ € pro Jahr}} = 1{,}6 \text{ Jahre}$$

Durch die Kumulationsmethode in Verbindung mit der linearen Interpolation ergeben sich 2,33 Jahre für die statische Amortisationszeit. Die Durchschnittsmethode unterschätzt die Amortisationszeit um 0,73 Jahre.

2.1.2.3 Dynamische Investitionsrechnung

01. Welche Verfahren der dynamischen Investitionsrechnung gibt es?

Dynamische Verfahren der Investitionsrechnung

- Kapitalwertmethode
- Interne Zinsfußmethode
- Annuitätenmethode
- Dynamische Amortisationsrechnung

02. Was versteht man unter Aufzinsung und Abzinsung?

1. Aufzinsung

Wird eine gegenwärtige Zahlung unter Berücksichtigung von Zinseszinsen auf einen zukünftigen Zeitpunkt bezogen, so bezeichnet man dies als Aufzinsung. Die Formel für die Aufzinsung ist:

$$K_n = K_0 \cdot (1 + i)^n = K_0 \cdot q^n$$

q^n = Aufzinsungsfaktor
K_0 = Barwert, Gegenwartswert
K_n = Endwert

Als prominentes Beispiel gilt der Sparbuchfall. In der Gegenwart werden 10.000 € (K_0 = Barwert) zu 5 % über einen Zeitraum von 10 Jahren (inkl. Zinseszins) angelegt. Welcher Endwert resultiert daraus?

Berechnung: $K_{10} = 10.000\ € \cdot (1 + 0{,}05)^{10} = 16.288{,}95\ €$

Es ergibt sich ein Endwert i. H. v. 16.288,95 €.

2. Abzinsung

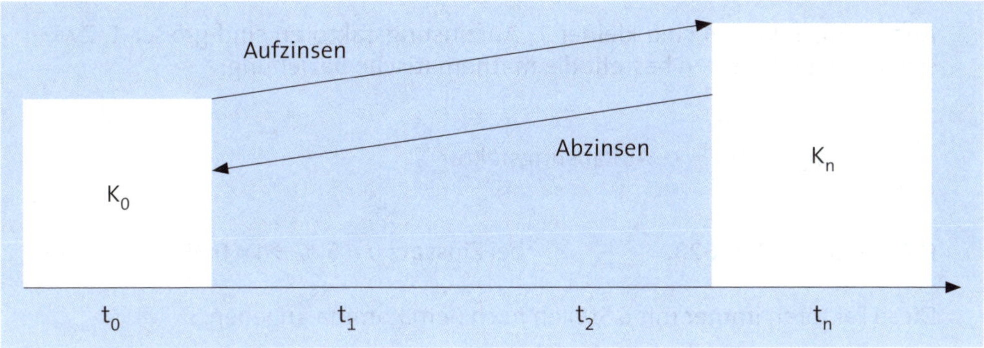

t_n = Zeitpunkt n
K_0 = Barwert, Gegenwartswert
K_n = Endwert

Wenn der Gegenwartswert K_0 von Ein- und Auszahlungen der Perioden 1 bis n oder des Endwertes einer Zahlungsreihe berechnet wird, dann wird dies als Abzinsung bezeichnet. Durch die Abzinsung auf die Basisperiode 0 sind die Ein- und Auszahlungen einer Zahlungsreihe vergleichbar.

Die Formel für die Abzinsung lautet:

$$K_0 = \frac{K_n}{(1 + i)^n} = \frac{K_n}{q^n}$$

$$\frac{1}{q^n} = \text{Abzinsungsfaktor}$$

MERKE

Abzinsungsfaktoren sind kleiner 1; Aufzinsungsfaktoren sind größer 1. Zwischen beiden Faktoren besteht die mathematische Beziehung:

Abzinsungsfaktor = 1 : Aufzinsungsfaktor

0,783526 = 1 : 1,276282 bei Zinssatz p = 5 % → i = 0,05; n = 5 Jahre

Diese Faktoren immer mit 6 Stellen nach dem Komma angeben.

03. Wie ist die Berechnungsweise bei der Kapitalwertmethode?

Die Kapitalwertmethode basiert auf der Überlegung, die Summe aller Einzahlungen mit der Summe aller Auszahlungen einer Investition zu vergleichen, um daraus eine Entscheidung über die Vorteilhaftigkeit der Investition ableiten zu können. Um eine Vergleichbarkeit der Einzahlungen und Auszahlungen unterschiedlicher Perioden vornehmen zu können, sind die **Barwerte K_0** zu ermitteln.

Kriterium für die Vorteilhaftigkeit einer Investition ist der Kapitalwert (C_0). Er ergibt sich aus der Differenz der Summe der Barwerte aller Einzahlungen (C_E) und der Summe der Barwerte aller Auszahlungen (C_A), die durch die Investition verursacht werden.

$$C_0 = C_E - C_A$$

Anstelle einer separaten Berechnung der Barwerte für Einzahlungen und Auszahlungen wird die Berechnung des Kapitalwertes i. d. R über die **Abzinsung der Nettoeinnahmen** eines jeweiligen Jahres $E_1 - A_1$, $E_2 - A_2$ usw. durchgeführt. Ein evtl. Restwert der Investition RW (Liquidationserlös) der zum Zeitpunkt t_n veräußert wird, muss ebenfalls abgezinst werden. Der Anschaffungswert A_0 wird von den abgezinsten Nettoeinnahmen subtrahiert.

Der Kapitalwert C_0 der Investition ergibt sich als:

$$C_0 = \frac{E_1 - A_1}{(1+i)^1} + \frac{E_2 - A_2}{(1+i)^2} + \ldots + \frac{E_n - A_n}{(1+i)^n} + \frac{RW}{(1+i)^n} - A_0$$

bzw. für $(1 + i)^n = q^n$ ergibt sich:

$$C_0 = \frac{E_1 - A_1}{q^1} + \frac{E_2 - A_2}{q^2} + ... + \frac{E_n - A_n}{q^n} + \frac{RW}{q^n} - A_0$$

Unterstellt man den Sonderfall, dass die **Nettoeinzahlungen in jedem Jahr gleich groß** sind, so ergibt sich eine **Vereinfachung der Formel:**

$$C_0 = \ddot{U} \cdot \frac{q^n - 1}{q^n (q - 1)} + \frac{RW}{q^n} - A_0$$

$\ddot{U} = E - A$, konstant

Der Ausdruck $\frac{q^n - 1}{q^n (q - 1)}$ wird als Diskontierungssummenfaktor DSF bezeichnet.

Der DSF wird durch den Kalkulationszinssatz und die Jahre bestimmt.

Eine Investition ist dann vorteilhaft, wenn ihr Kapitalwert C_0 gleich Null oder positiv ist. Es sind folgende Fälle zu unterscheiden:

- Ist der Kapitalwert gleich Null, so wird gerade noch die (subjektive) Mindestverzinsung erreicht und die Anschaffungsauszahlung gedeckt.
- Ist der Kapitalwert positiv, so wird neben der (subjektiven) Mindestverzinsung, der Deckung der Anschaffungsauszahlung, ein zusätzlicher Einzahlungsüberschuss erzielt.
- Ein negativer Kapitalwert zeigt, dass die Mindestverzinsung nicht erreicht und die Anschaffungsauszahlung nicht gedeckt wird. Somit liegt eine Unvorteilhaftigkeit der Investition vor.
- **Im Falle einer Ersatzinvestition** wird eine alte Anlage nur dann ausgetauscht, wenn der Kapitalwert gleich Null oder positiv ist.
- Bei einer **Erweiterungsinvestition** ist die Anlage, die unter den vorhandenen Alternativen den höchsten (positiven) Kapitalwert erreicht, die vorteilhafteste.

04. Wie ist die Berechnungsweise bei der Annuitätenmethode?

Die Annuitätenmethode ist praktisch eine Umkehrung der Kapitalwertmethode; dort wurde unterstellt, dass die während der Laufzeit der Investition zu erwartenden Ein- und Auszahlungen bereits bekannt sind. Eine Annuität stellt eine gleichbleibende Zahlung (Rente) dar. Ein Beispiel zur Annuitätenmethode ist eine ausgezahlte Lebensversicherung, die verrentet werden soll.

Im Jahr 00 wird eine Lebensversicherung an Herrn Maier ausbezahlt. Herr Maier wünscht sich eine jährliche Rente und lässt die Lebensversicherungssumme bei einer Bank verrenten.

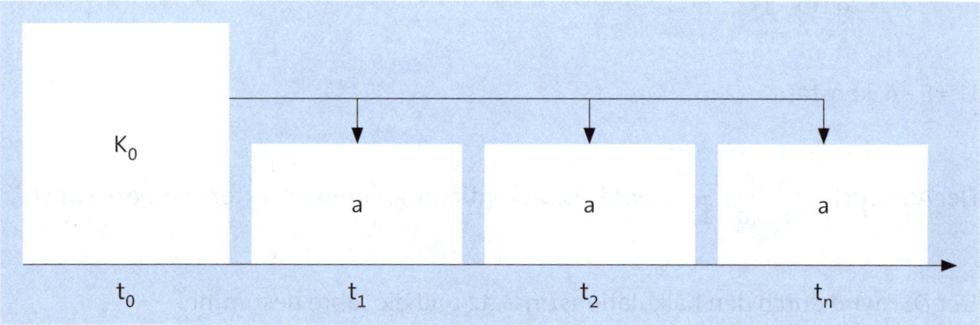

Barwert K_0 = Lebensversicherungssumme im Jahr 00
a = Annuität (Rente), jährlich für die Jahre t_1 bis t_n

Den Ausdruck $\frac{q^n (q - 1)}{q^n - 1}$ bezeichnet man als **Kapitalwiedergewinnungsfaktor** KWF.

Der KWF ist der Kehrwert des DSF und hängt vom Kalkulationszinssatz und den Jahren ab.

Die Annuität a wird durch folgende Formel ermittelt:

$$a = K_0 \cdot KWF_n$$

Der KWF wird dem Tabellenwerk entnommen.

Eine Investition lohnt sich im Rahmen der Annuitätenmethode, wenn die durchschnittlichen Einzahlungen größer oder gleich den durchschnittlichen Auszahlungen sind.

Die Annuitätenmethode kann auch angewandt werden, indem vom Endwert einer Zahlungsreihe ausgegangen wird. Mit dem Restwertverteilungsfaktor RVF werden die Annuitäten erzeugt.

Beispiele

Beispiel 1 – Restwertverteilungsfaktor RVF
Die Annuitäten werden ausgehend vom Endwert K_n berechnet (von t_n bis t_1).

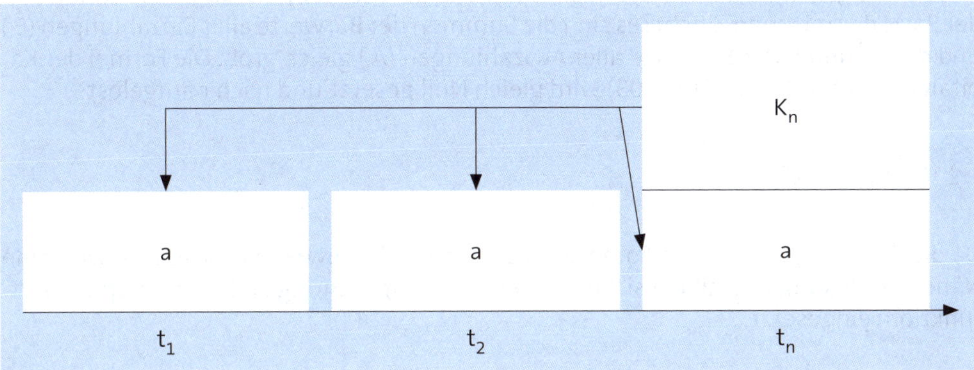

Formel:

$$a = RVF_n \, K_n$$

$$RVF_n = \frac{i}{(1+i)^n - 1}$$

Beispiel 2
Ein privater Haushalt beabsichtigt, dass er bei 5 % Kalkulationszinssatz in 10 Jahren 500.000 € als Endwert hat. Wie viel Euro müsste er jährlich sparen?

RVF_{10} = 0,079505 (aus dem Tabellenwerk entnehmen oder mit dem Taschenrechner ermitteln)

a = 0,079505 • 500.000 € = 39.752,50 €

Der private Haushalt müsste jährlich 39.752,50 € sparen, damit er bei 5 % Kalkulationszinssatz nach 10 Jahren 500.000 € hat.

05. Wie ist die Berechnungsweise bei der internen Zinsfußmethode?

Die interne Zinsfußmethode ist ebenfalls ein Verfahren der dynamischen Investitionsrechnung. Man geht im Gegensatz zur Kapitalwertmethode nicht von einer gegebenen Mindestverzinsung aus, sondern ermittelt den Zinssatz, bei dem der **Kapitalwert einer Investition gleich Null ist**. Dieser Zinssatz wird als **interner Zinsfuß** r bezeichnet. Auf der Basis des internen Zinsfußes sind die Summen der Barwerte aller Einzahlungen (E_i) und die Summen der Barwerte aller Auszahlungen (A_i) gleich groß. Die Formel der Kapitalwertmethode (vgl. Frage 03) wird gleich Null gesetzt und nach r aufgelöst:

$$\sum (E_i - A_i) \cdot (1 + r)^{-n} = 0$$

Da die Gleichung für höhere Potenzen mathematisch schwierig zu lösen ist, wird eine Näherungslösung („regula falsi“) mit einer Geradengleichung (Sehne zur Kapitalwertfunktion) eingesetzt.

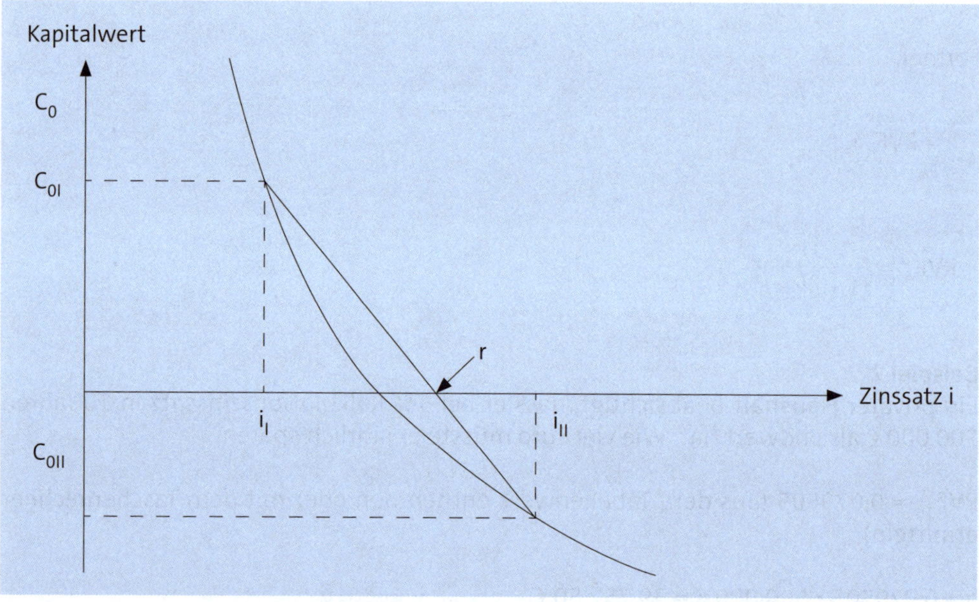

Rechnerisch ermittelt man den internen Zinsfuß r auf folgende Weise:

- Ermittlung der Nettoeinnahmen der Investition
- Berechnung des Kapitalwertes C_{0I} unter Annahme des Versuchszinssatzes i_I
- Berechnung des Kapitalwertes C_{0II} unter Annahme des Versuchszinssatzes i_{II}
- Einsetzen der gewonnenen Werte in die nachstehende Formel:

$$r = i_I - C_{0I} \cdot \frac{i_{II} - i_I}{C_{0II} - C_{0I}}$$

Beurteilung der Vorteilhaftigkeit einer Investition:

r = interner Zinsfuß,
i = Kalkulationszinssatz (subjektive Mindestverzinsung)

Wenn r = i, dann ist die Investition nach der internen Zinsfußmethode gerade noch vorteilhaft, weil $C_0 = 0$ (siehe Ausführungen zu Frage 03).

Wenn r > i, dann $C_0 > 0$, Investition ist vorteilhaft.
Wenn r < i, dann $C_0 < 0$, Investition unvorteilhaft.

2.1.2.4 Wirtschaftliche Nutzungsdauer

01. Was versteht man unter der wirtschaftlichen Nutzungsdauer eines Investitionsobjektes?

Die **wirtschaftliche** (auch: optimale, ökonomische) **Nutzungsdauer** eines Investitionsobjektes ist die Anzahl von Jahren, bei der die Erlöse abzüglich der Kosten zuzüglich dem Restwert noch positiv sind (rein statische Betrachtung, ohne Berücksichtigung einer Verzinsung).

Dazu folgende Modellrechnung (alle Werte in €, netto):

Ein Unternehmen kauft am 01.01. einen Lkw für 120.000 (A_0, Anschaffungswert) und erzielt damit Erlöse (E_i) pro Jahr von 105.000. Das Fahrzeug wird linear über zehn Jahre abgeschrieben (AfA p. a. = 12.000). Die Betriebs- und Instandhaltungskosten entwickeln sich wie folgt: 40.000, 50.000, 60.000, 70.000, 80.000, 85.000, 90.000, 100.000, 110.000, 120.000. Der Restwert (RW) des Lkw hat folgende Werte: 110.000, 80.000, 60.000, 50.000, 40.000, 30.000, 20.000, 10.000, 5.000, 0.

Überschuss p. a. = Erlöse + Restwert - AfA - Betriebs-/Instandhaltungskosten
= E + RW - AfA - Kosten

1. Grafisch

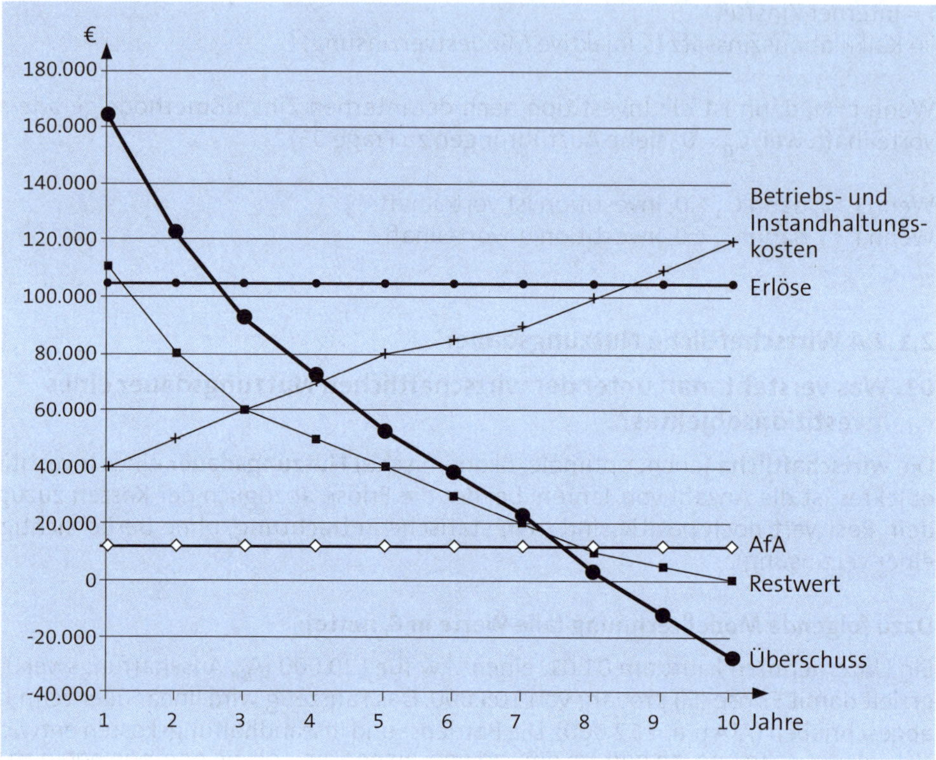

2. Tabellarisch:

	Jahr	1	2	3	4	5	6	7	8	9	10
		Angaben in T€									
1	Erlöse	105	105	105	105	105	105	105	105	105	105
2	Restwert	110	80	60	50	40	30	20	10	5	0
3	AfA	12	12	12	12	12	12	12	12	12	12
4	Betriebs-/ Instandhaltung	40	50	60	70	80	85	90	100	110	120
5	Überschuss	163	123	93	73	53	38	23	3	-12	-27

Die Modellrechnung (hier: statische Betrachtung) zeigt, dass der Überschuss (gerade noch) im 8. Jahr positiv ist und danach die Werte -12.000 € im 9. Jahr und -27.000 € im 10. Jahr annimmt. Das Unternehmen sollte nach dieser Rechnung den Lkw am Ende des 8. Jahres verkaufen/verschrotten.

02. Wie lässt sich die wirtschaftliche Nutzungsdauer ermitteln?

Bei der Bestimmung der wirtschaftlichen Nutzungsdauer unterscheidet man zwei Fälle:

- **Einmalige Investition** (Nichtwiederholung)
- **Wiederholte Investition** (Investitionsketten).

Für jeden der beiden Fälle gibt es eine eigene Entscheidungsempfehlung. Es können sich also bei einer bestimmten Situation rechnerisch unterschiedliche Nutzungsdauern ergeben – je nachdem, ob eine Einmalinvestition oder eine Investitionskette vorliegt.

03. Wie wird die wirtschaftliche Nutzungsdauer bei einer einmaligen Investition berechnet?

Bei einer einmaligen Investition wird die optimale Nutzungsdauer nach der Kapitalwertmethode ermittelt: Der Kapitalwert ergibt als Summe der abgezinsten Nettoeinzahlungen plus Barwert des jeweiligen Restwertes vermindert um die Anschaffungsauszahlung (dynamische Betrachtung). Abschreibungen stellen keine Zahlungen dar und werden nicht berücksichtigt. Es gilt also:

$$C_0 = \sum \frac{E_i - A_i}{q^i} + \frac{RW}{q^i} - A_0$$

C_0 = Kapitalwert
E_i = Einzahlungen
A_i = Auszahlungen
A_0 = Anschaffungswert
$\frac{1}{q^i}$ = Abzinsungsfaktor
$i = 1, ..., n$
RW = Restwert

Für ein Investitionsobjekt (Anschaffungskosten 120.000 €) liegen folgende Einzahlungsüberschüsse und Restwerte vor. Es wird ein Kalkulationszinssatz von 10 % unterstellt.

Nutzungsdauer in Jahren	Einzahlungsüberschüsse (ohne Restwert)	Abzinsungsfaktoren	Barwerte der Einzahlungsüberschüsse	Kumulierte Barwerte der Einzahlungsüberschüsse	Restwerte des Objekts	Barwert der Restwerte	Anschaffungswert A_0	Kapitalwert C_0 (5) + (7) - (8)
	2	3	4	5	6	7	8	9
1	53.000	0,909091	48.182	48.182	110.000	100.000	120.000	28.182
2	43.000	0,826446	35.537	83.719	80.000	66.116	120.000	29.835
3	33.000	0,751315	24.793	108.512	60.000	45.079	120.000	33.591
4	23.000	0,683013	15.709	124.221	50.000	34.151	120.000	**38.372**
5	13.000	0,620921	8.072	132.293	40.000	24.837	120.000	37.130
6	8.000	0,564474	4.516	136.809	30.000	16.934	120.000	33.743
7	3.000	0,513158	1.539	138.348	20.000	10.263	120.000	28.611
8	-7.000	0,466507	- 3.266	135.082	10.000	4.665	120.000	19.747
9	-17.000	0,424098	- 7.210	127.872	5.000	2.120	120.000	9.992
10	-27.000	0,385543	- 10.410	117.462	0	0	120.000	- 2.538

Im vorliegenden Fall beträgt die wirtschaftliche Nutzungsdauer vier Jahre (der Kapitalwert ist maximal). Das Investitionsobjekt sollte also – falls keine Nachfolgeinvestition geplant ist – vier Jahre genutzt werden.

Allgemein gilt die **Entscheidungsregel bei einer einmaligen Investition:** Die Nutzungsdauer ist dann optimal, wenn der **Kapitalwert sein Maximum erreicht.**

04. Wie wird die wirtschaftliche Nutzungsdauer bei einer unendlichen Investitionskette berechnet?

Eine Investitionskette beinhaltet, dass eine Investition durch einen Nachfolger (Ersatzinvestition) ersetzt wird. Wenn eine Ersatzinvestition beispielsweise drei Mal alle zwei Jahre ersetzt wird, dann liegt eine endliche Investitionskette vor. Unternehmen sind häufig nicht zeitlich begrenzt, sodass man auch von einer **unendlichen** Investitionskette ausgehen kann. Für diesen Fall werden die nachfolgenden Verfahrensschritte aufgezeigt. Das Beispiel knüpft an den Fall der Frage 03 an.

Die Ermittlung der optimalen Nutzungsdauer erfolgt in vier Schritten:
1. Schritt:
Es werden die Kapitalwerte C_0 der Nutzungsjahre berechnet (vgl. Spalte 2 der nachfolgenden Tabelle).

2. Schritt:
Die ermittelten Kapitalwerte werden mit dem Kapitalwiedergewinnungsfaktor KWF gewichtet; man erhält den durchschnittlichen jährlichen Einzahlungsüberschuss bei der jeweiligen Nutzungsdauer.

3. Schritt:
Durchschnittliche Einzahlungsüberschüsse werden durch 0,1 (= Kalkulationszinssatz von 10 %) dividiert (Übergang 4. zur 5. Spalte).

4. Schritt:
Die Nutzungsdauer ist optimal, wenn der Kapitalwert seinen Maximalwert erreicht. Dies ist im vorliegenden Fall im 1. Jahr erreicht.

Nutzungsdauer in Jahren	Kapitalwert (letzte Spalte, Tabelle Frage 03)	Kapitalwiedergewinnungsfaktor (KWF mit i = 0,1)	Durchschnittlicher Einzahlungsüberschuss p. a. bei der jeweiligen Nutzungsdauer	Kapitalwert Investitionskette
1	28.182 €	1,100000	31.000 €	**310.000 €**
2	29.834 €	0,576190	17.190 €	171.900 €
3	33.591 €	0,402115	13.507 €	135.070 €
4	38.372 €	0,315471	12.105 €	121.050 €

Bei einer einmaligen Investition sollte der Lkw (siehe Frage 03) nach 4 Jahren ersetzt werden, während im Rahmen einer unendlichen Investitionskette der maximale Kapitalwert bereits am Ende des 1. Jahres festzustellen ist. Das bedeutet, dass der Lkw nach dem Ende des ersten Jahres ersetzt werden sollte. Die zeitliche Differenz (1. Jahr versus 4. Jahr) lässt sich finanzmathematisch so erklären, dass via Annuität Durchschnittswerte ermittelt werden, während dies bei einer einmaligen Ersatzinvestition nicht der Fall ist. Der frühere Ersatzzeitpunkt ist ökonomisch plausibel, da geringere Einzahlungsüberschüsse der Folgejahre vermieden werden und höhere Restwerte zu höheren Einzahlungsüberschüssen führen.

05. Welche Nachteile hat die Berechnung der optimalen Nutzungsdauer?

Die dargestellten Berechnungsarten für eine einmalige Investition bzw. bei Ketteninvestitionen zeigen, dass

- technische Entwicklungen nicht berücksichtigt werden und
- mit konstanten Wiederbeschaffungswerten gerechnet wird.

Die Ermittlung der optimalen Nutzungsdauer hat daher in der Praxis nur geringe Bedeutung.

06. Welche Faktoren bestimmen den optimalen Ersatzzeitpunkt?

Jedes Unternehmen sollte möglichst jährlich prüfen, ob es lohnend ist mit den bestehenden Anlagen weiter zu arbeiten oder ob sie ersetzt werden sollten. Es existiert folgende Grundsituation:

- Bei der Altanlage sind i. d. R. die Betriebs- und Instandhaltungsauszahlungen höher als bei der Neuanlage.
- Die Anschaffung der Neuanlage kann mit Rationalisierungsvorteilen verbunden sein (höhere Stückzahlen, verbesserte Qualität).

Grundsätzlich ist die Beantwortung der Frage „Weiterbetrieb der Altanlage oder Ersatzinvestition?" von folgenden Faktoren abhängig:

- Betriebs- und Instandhaltungsauszahlungen
  - der Altanlage
  - der Neuanlage
- Kalkulationszinssatz
- Restwert
  - der Altanlage
  - der Neuanlage
- Anschaffungsauszahlungen für die Neuanlage
- evtl. Veränderung der Einzahlungen bei Neuanschaffung.

Für eine Entscheidung können Ansätze mit oder ohne Restwert verwendet werden.

Die Altanlage sollte dann ersetzt werden, **wenn die (wegfallenden) Betriebs- und Instandhaltungskosten der Altanlage höher sind als die (neu entstehenden) Auszahlungen für die Neuanlage (= Betriebs- und Instandhaltungskosten$_{neu}$ + Annuität der neuen Anschaffungsauszahlung)**. Der Kapitaldienst der Altanlage wird vernachlässigt, wenn die Finanzierung abgeschlossen ist.

Beispiel

Beispiel ohne Restwert

Bei einer Anlage zur Folienherstellung soll der optimale Ersatzzeitpunkt überprüft werden. Es soll gelten:

	Restwert	Betriebs- und Instandhaltungsauszahlung	Anschaffungsauszahlungen	Kalkulationszinssatz/Jahre
Altanlage	0	2,6 Mio. €		
Neuanlage	0	1,0 Mio. €	8,0 Mio. €	8 %/10 Jahre

(1) $\text{Betriebs.-/Instandh.}_{\text{alt}}$ = 2.600.000

(2) $\text{Betriebs.-/Instandh.}_{\text{neu}}$
+ Anschaffungausz. • KWF = 1.000.000 + 8.000.000 • 0,149029
= 2.192.232

→ $\text{Betriebs.-/Instandh.}_{\text{alt}}$ > $\text{Betriebs.-/Instandh.}_{\text{neu}}$ + Annuität der neuen Anschaffungsauszahlung

→ Die Altanlage sollte ersetzt werden. Das Unternehmen kann dadurch jährlich rd. 400.000 € sparen.

Wenn ein Rest der Altanlage berücksichtigt wird, dann erhöhen sich die Kosten der Altanlage um die Restwertminderung, falls die Anlage nicht verkauft und somit weiter betrieben wird. Die Kosten für die Altanlage steigen auch für den Fall eines nicht realisierten Verkaufs um den Zinsverlust, da die Verkaufserlöse nicht zinsbringend angelegt werden können.

Wenn bei der Neuanlage ein Restwert eingerechnet wird, dann muss der Barwert des Restwertes ermittelt werden, bevor die Annuität zu der Differenz Anschaffungsauszahlung abzüglich Restwertbarwert berechnet wird.

2.2 Finanzplanung und Ermittlung des Kapitalbedarfs

2.2.1 Kapitalbedarfsplanung

01. Warum muss ein Unternehmen seinen Kapitalbedarf planen?

Die Notwendigkeit zur Planung des Kapitalbedarfs eines Unternehmens ergibt sich aus der grundlegenden Situation, dass die periodenbezogenen **Einnahmen und Ausgaben unterschiedlich sind**

- in der **Höhe** und
- bezogen auf den **Zeitpunkt**.

Wären theoretisch die Einnahmen und Ausgaben zu jedem Zeitpunkt und wertmäßig gleich, würde der Kapitalbedarf gleich Null sein und eine Finanzplanung bzw. eine Kapitalbeschaffung wären entbehrlich.

Beispiel

Ein Unternehmen verzeichnet in der 1. bis 6. KW die nachfolgenden Einnahmen und Ausgaben. Der Kapitalbedarf ergibt sich als Saldo der kumulierten Einnahmen und Ausgaben.

Woche	Einnahmen E	Ausgaben A	Saldo E - A	Saldo, kumuliert (= Kapitalbedarf)
1. KW	20.000	30.000	- 10.000	**- 10.000**
2. KW	20.000	30.000	- 10.000	**- 20.000**
3. KW	10.000	30.000	- 20.000	**- 40.000**
4. KW	30.000	30.000	0	**- 40.000**
5. KW	30.000	50.000	- 20.000	**- 60.000**
6. KW	20.000	20.000	0	
Summe	130.000	190.000	- 60.000	**- 60.000**

02. Welche Faktoren bestimmen den Kapitalbedarf eines Unternehmens?

1. Zu den **allgemeinen Faktoren** zählen insbesondere:
   - Absatzmärkte, Marktposition und Nachfrage
   - Situation auf den Beschaffungsmärkten
   - staatliche Maßnahmen (Umweltauflagen können z. B. den Kapitalbedarf erheblich ansteigen lassen)
   - allgemeines Preisniveau und Konjunkturlage
   - Branche (z. B. benötigen Dienstleister weniger Kapital als Produzenten von Investitionsgütern).
2. Zu den **speziellen Faktoren**, die bei der konkreten Ermittlung des Kapitalbedarfs herangezogen werden, rechnet man vor allem:
   - **Unternehmensgründung:**
     Es entsteht Kapitalbedarf für die Grundausstattung des Unternehmens. Dazu gehören z. B. Grundstücke, Gebäude, Betriebs- und Geschäftsausstattung, Miete von Räumlichkeiten, erste Vorräte und Gehälter.
   - **Unternehmensgröße:**
     Vor allem ihre Änderung führt zu einem erhöhten Kapitalbedarf, der meist sprunghaft ansteigt, z. B. Bau eines Zweigwerkes.

- **Prozessanordnung:**
  Dabei handelt es sich um die zeitlich und organisatorisch festgelegte Abfolge von güter- und finanzwirtschaftlichen Vorgängen. Je günstiger sie gestaltet ist, desto geringer ist der Kapitalbedarf.
- **Prozessgeschwindigkeit:**
  Sie bestimmt die Dauer der Kapitalbindungsfristen, denn Auszahlungen und Einzahlungen liegen zeitlich umso näher zusammen, je größer die Prozessgeschwindigkeit ist. Dies bedeutet, dass auch der Kapitalbedarf abnimmt.
- **Beschäftigungsgrad:**
  Eine Steigerung der Beschäftigtenzahl zieht einen erhöhten Kapitalbedarf nach sich. Umgekehrt ist das nicht zwingend der Fall.
- **Investitionen:**
  Kapitalbedarf entsteht für Ersatzinvestitionen und/oder zusätzliche Investitionen (z. B. Rationalisierungsinvestitionen).
- **Markteinführungskosten:**
  Ausgaben für Werbebudgets erhöhen den Kapitalbedarf.
- **Produktions- und Absatzprogramm:**
  Der Kapitalbedarf ist von der Forschung und Entwicklung und eventuellen Produktionsumstellungen abhängig. Außerdem: Je größer die Programmbreite und -tiefe ist, um so höher ist die Mindestlagerhaltung für die einzelnen Erzeugnisse. Dies verursacht einen höheren Kapitalbedarf.

03. Wie wird der Kapitalbedarf eines Unternehmens ermittelt? → A 1.

Man unterscheidet zwei Fälle:

1. Bei **laufendem Geschäftsbetrieb** wird der Kapitalbedarf über den kurz- und mittelfristigen Finanzplan ermittelt.
2. Bei der **Neugründung** bzw. **Erweiterung** wird der Kapitalbedarf für das Anlagevermögen sowie das Umlaufvermögen mithilfe von Näherungsberechnungen ermittelt. Außerdem sind einmalige Kosten der Unternehmensgründung zu berücksichtigen.

Ermittlung des Kapitalbedarfs

bei Neugründung, Erweiterung	**bei laufendem Geschäftsbetrieb**
Berechnung ► des Anlagekapitalbedarfs ► des Umlaufkapitalbedarfs ► der einmaligen Kosten	**Finanzplan** (auch: dynamischer Liquiditätsplan)

Beispiel zur Berechnung des Kapitalbedarfs bei Neugründung bzw. Erweiterung

1. **Berechnung des Anlagekapitalbedarfs:**

	Grundstück		200.000,00
+	Gebäude		600.000,00
+	Maschinen		300.000,00
	Anschaffungskosten	200.000,00	
	+ Transport	30.000,00	
	+ Montage	60.000,00	
	+ Versicherung	10.000,00	
+	Betriebs- und Geschäftsausstattung		100.000,00
Anlagekapitalbedarf			**1.200.000,00**

2. **Berechnung der einmaligen Kosten:**

Gründungskosten			30.000,00
	Notar	6.000,00	
+	Steuerberatung	5.000,00	
+	Gericht	2.000,00	
+	Makler	12.000,00	
+	Grundbuch	5.000,00	
Beratungskosten			270.000,00
	Personalakquise	45.000,00	
+	Markterhebung	65.000,00	
+	Image- und Produktwerbung	80.000,00	
+	Prozessberatung (Fertigung)	60.000,00	
+	Organisation	20.000,00	
Einmalige Kosten			**300.000,00**

3. **Berechnung der laufenden Kosten bis Produktionsbeginn:**

Kostenfaktor	**Wertansatz, mtl.**	**Dauer**	**Kapitalbedarf**
Gehälter	60.000,00	2 Mon.	120.000,00
+ Sozialabgaben	24.000,00	2 Mon.	48.000,00
+ Löhne	260.000,00	1 Mon.	260.000,00
+ Sozialabgaben	104.000,00	1 Mon.	104.000,00
+ Energie	10.000,00	2 Mon.	20.000,00
+ Sonstige	15.000,00	2 Mon.	30.000,00
Laufende Kosten bis Produktionsbeginn			**582.000,00**

4. Die **Berechnung des Umlaufkapitalbedarfs** erfolgt in drei Schritten:

4.1 **Kostenfaktor/durchschnittlicher Wertansatz** pro Produktionstag, z. B.:

RHB-Stoffe	60.000,00
Personalkosten	15.000,00
Gemeinkosten	12.000,00
Gesamt	**87.000,00**

4.2 **Durchschnittliche Kapitalbindungsdauer** in Tagen je Kostenfaktor/Wertansatz, z. B.:

4.2.1 **Kumulative Methode:**

Sie ist eine vereinfachte Berechnung, bei der alle Wertansätze insgesamt mit der durchschnittlichen Kapitalbindungsdauer gewichtet werden:

Eingangslager	10 Tage
Produktion	25 Tage
Fertigteilelager	10 Tage
Kundenziel	30 Tage
Lieferantenziel	-15 Tage
Gesamt	**60 Tage**

Umlaufkapitalbedarf = (durchschn. Kapitaldauer - Lieferantenziel) • durchschn. tägliche Auszahlungen

= 60 Tage • 87.000 €

= 5.220.000 €

4.2.2 **Elektive Methode** (lat.: auswählend):

Sie ist genauer als die kumulative Methode. Für die einzelnen Kostenfaktoren/Wertansätze werden **unterschiedliche Kapitalbindungsdauern** berücksichtigt:

Tage														
5	10	15	20	25	30	35	40	45	50	55	60	65	70	75
Eingangs-lager		Produktion					Fertig-teilelager		Kundenziel					
- Lieferantenziel			Produktion											
		Personalkosten												
			RHB-Stoffe											
Gemeinkosten														

RHB-Stoffe:

Eingangslager	10 Tage
Produktion	25 Tage
Fertigteilelager	10 Tage
Kundenziel	30 Tage
Lieferantenziel	- 15 Tage
Summe	60 Tage • 60.000 €/Tag = 3.600.000 €

Personalkosten:

Produktion	25 Tage
Fertigteilelager	10 Tage
Kundenziel	30 Tage
Summe	65 Tage • 15.000 €/Tag = 975.000 €

Gemeinkosten:		
Eingangslager	10 Tage	
Produktion	25 Tage	
Fertigteilelager	10 Tage	
Kundenziel	30 Tage	
Summe	75 Tage • 12.000 €/Tag	= 900.000 €

4.3 **Umlaufkapitalbedarf insgesamt** (elektiv) = 5.475.000 €

Insgesamt betrachtet kann die Kapitalbedarfsermittlung des Umlaufvermögens nicht mehr als eine Näherungsrechnung sein. Daran ändert auch der Einsatz der elektiven Methode nichts.

5. Ermittlung des Kapitalbedarfs insgesamt durch Addition der Einzelpositionen:

1. Anlagekapitalbedarf	1.200.000,00
2. Einmalige Kosten	300.000,00
3. Laufende Kosten bis Produktionsbeginn	582.000,00
4. Umlaufkapitalbedarf (elektiv)	5.475.000,00
Kapitalbedarf insgesamt	**7.557.000,00**

2.2.2 Finanzierungsplanung → A 1.

01. Welchen Inhalt hat der Finanzierungsplan?

Der Finanzierungsplan zeigt, mit welchen Finanzmitteln der Kapitalbedarf gedeckt werden soll. Er wird im Anschluss an die Kapitalbedarfsermittlung erstellt.

02. Welche grundsätzlichen Aspekte sind bei der Finanzierungsplanung zu beachten?

Die Frage der **optimalen Finanzstrategie** lässt sich nicht allgemeinverbindlich beantworten. Sie ist abhängig von der Art des Unternehmens (Dienstleistung, Handel, Produktion), dem spezifischen Verlauf der Einnahmen- und Ausgabenströme, der Eigenkapitalausstattung, der Kreditwürdigkeit des Unternehmens, der Zahlungsmoral der Kunden usw.

Grundsätzlich lassen sich zur **Finanzstrategie** folgende Empfehlungen geben:

1. **Sichern der Liquidität:**
   laufende Beobachtung der Einnahmen und Ausgaben (Stichtag und Höhe) sowie der Liquiditätsgrade
2. **Ausreichende Eigenkapitalausstattung bzw. Verbesserung der Eigenkapitalbasis:**
   Stichworte: Basel III, horizontale und vertikale Finanzierungsregeln, Entwicklung des Working Capital, Cashflow-Analyse, staatliche Fördermittel, hinreichende Innenfinanzierung
3. **Beachtung der Fristenkongruenz:**
   Langfristiger Kapitalbedarf wird langfristig finanziert usw.

4. **hinreichende Fremdfinanzierung** unter Beachtung des Kapitalmarktes und in Relation zum Eigenkapital (vgl. Kapitalrentabilität, Leverageeffekt)
5. **Erschließen neuer Kapitalquellen:**
   Eigen- und Fremdfinanzierung, Vergleich der Banken hinsichtlich Konditionen, Zusammenarbeit, Zuverlässigkeit der Beratung usw.
6. Notwendige **Finanzierungsentscheidungen** (Kapitalneubedarf, Umschichtung, Entschuldung usw.) sind **rechtzeitig zu treffen**. Dabei ist auf eine hinreichende **Flexibilität** zu achten (z. B. ausreichend variable Zinskonditionen bei zuverlässig positiver Geschäftsentwicklung und Möglichkeit der vorzeitigen Tilgung).

2.2.2.1 Fremdfinanzierung

01. Was ist das Ziel der Fremdfinanzierung?[1]

Fremdfinanzierung dient der Beschaffung von Finanzmitteln in Form von Fremdkapital. Sie ist charakterisiert durch einen Kapitalzufluss von außen und die begrenzte Verfügungsdauer – im Gegensatz zur Eigenfinanzierung. Sie begründet ein Schuldverhältnis und bewirkt Kosten. Die Fremdfinanzierung kann langfristigen oder kurzfristigen Charakter haben.

02. Welche Voraussetzung ist für die Fremdfinanzierung erforderlich?

Zentrale Voraussetzung für die Fremdfinanzierung ist eine ausreichende Eigenkapitalbasis des Unternehmens. Die Banken/Fremdkapitalgeber leiten daraus die Kreditwürdigkeit (Eigenkapitalquote, Rating) ab.

03. Welche Formen der Fremdfinanzierung gibt es?

Grundsätzlich kommen folgende Möglichkeiten der **Fremdfinanzierung** infrage:

- **Förderprogramme:**
  Bund und Länder (öffentliche Mittel/Förderprogramme) helfen Existenzgründern in Form von Darlehen und Beteiligungskapital. Die Konditionen wechseln laufend. Für den Laien ist die Fülle der Möglichkeiten kaum noch transparent. Er sollte sich hier Unterstützung durch die IHK bzw. einen Gründungsberater holen. Beispielsweise stellt die KfW-Bank für Existenzgründer verschiedene vergünstigte Finanzierungsmöglichkeiten bereit. Förderprogramme gibt es auch für bestehende Geschäftsbetriebe.
- **Gläubigerdarlehen:**
  - Darlehen von Banken gegen Gewährung von Sicherheiten. Die Zinssätze können für bestimmte Laufzeiten fest oder variabel sein. Es gibt das Abzahlungs-, Annuitäten- und Blockdarlehen.

[1] Vgl. dazu >> 2.3 Finanzierungsarten.

  - Abzahlungsdarlehen: Durch die jährlichen konstanten Tilgungsraten reduziert sich die Grundlage (Restschuld) für die Berechnung der Zinsen.
  - Annuitätendarlehen: Gleichbleibende Beträge des Kapitaldienstes (Zins und Tilgung), wobei sich die Zusammensetzung aus Zins und Tilgung über die Laufzeit verändert.
  - Blockdarlehen: Gleichbleibende Zinszahlungen pro Periode, da der Darlehensbetrag in einem „Block" im letzten Jahr der Darlehenslaufzeit zurückbezahlt wird.
- Kontokorrentkredit: Überziehung des Kontos bis zu einem Kreditlimit ist möglich. Es werden Sollzinsen berechnet.
- Private Darlehen (Freunde, Familie).

2.2.2.2 Eigenfinanzierung

01. Was ist Eigenfinanzierung?

Eigenfinanzierung: Das Kapital wird durch Eigentümer aufgebracht, z. B. Unternehmer, Gesellschafter, Aktionäre.

02. Welche Möglichkeiten der Beteiligungsfinanzierung gibt es?

Die Beteiligungsfinanzierung (auch: Einlagenfinanzierung) gehört zu den Formen der Eigenfinanzierung: Dem Unternehmen wird Eigenkapital vom Eigentümer (Einzelunternehmen), Miteigentümer (Gesellschafter/Personengesellschaften) oder Anteilseigner (Kapitalgesellschaften) zur Verfügung gestellt. Man unterscheidet:

a) **Beteiligungsfinanzierung bei Einzelfirmen und Personengesellschaften**, z. B.:
   - Einlagen von Geld- und Sachkapital sowie Rechten des Unternehmers bzw. der Gesellschafter
   - Neuaufnahme von Gesellschaftern

b) **Beteiligungsfinanzierung bei Kapitalgesellschaften**, z. B.:
   - GmbH: Aufnahme neuer Gesellschafter oder Erhöhung der Stammeinlage bestehender Gesellschafter
   - AG: Kapitalerhöhung durch Ausgabe neuer (junger) Aktien

c) Überlassung von Kapital durch
   - Einzahlung von Barmitteln
   - Einbringen von Sachwerten (z. B. Rechte, Immobilien).

03. Welche Vor- und Nachteile sind mit der Beteiligungsfinanzierung verbunden?

Beteiligungsfinanzierung	
Vorteile	► Das eingebrachte Eigenkapital erhöht die EK-Quote. ► Sie verursacht weder Zins- noch Tilgungsbelastungen. ► Sie erreicht eine bessere Bonität bei der Bank für evtl. Kreditierung.
Nachteile	► Sie könnte Anteile und Ansprüche verschieben. ► Sie verursacht Kosten, weil evtl. auf höherverzinsliche alternative Anlagen durch die Einlage verzichtet wurde.

04. Wie erfolgt die Beteiligungsfinanzierung bei Einzelunternehmen und Personengesellschaften, und welche Wirkungen sind damit verbunden?

Bei Einzelunternehmen und Personengesellschaften erfolgen die Einlagen aus dem privaten Vermögen des Einzelunternehmers oder Gesellschafters. Einzelunternehmer und Gesellschafter einer Personengesellschaft haften mit dem Geschäfts- und Privatvermögen.

Beteiligungsfinanzierung bei Personengesellschaften	
OHG	Sie erfolgt durch Einlagen alter und neuer Gesellschafter. Bei Aufnahme neuer Gesellschafter hat dies Auswirkungen auf die Geschäftsführung, die Gewinnverteilung, die Liquidationserlöse u. Ä. Jeder Gesellschafter haftet gesamtschuldnerisch (unmittelbar, unbeschränkt, solidarisch).
KG	Sie erfolgt in Form der Kommanditeinlage. Während Komplementäre wie die OHG-Gesellschafter haften, erfolgt die Haftung der Kommanditisten nur bis zur Höhe der geleisteten Kapitaleinlage. Kommanditisten haben keinen Geschäftsführungsanspruch, jedoch ein Kontrollrecht.
Stille Gesellschaft	Die Beteiligung tritt als typisch stille Beteiligung oder als atypische stille Beteiligung auf. ► Der typische stille Gesellschafter ist am Gewinn beteiligt und besitzt ein Kontrollrecht. Ein Rückzahlungsanspruch lässt auf einen Fremdkapitalcharakter der Einlage schließen. ► Der atypische stille Gesellschafter gilt als Mitunternehmer mit den sich daraus ergebenen Mitsprache- und Kontrollrechten und ist mit den stillen Reserven beteiligt. Verluste werden bis zur Höhe der Einlage übernommen. Die Kapitaleinlage wird als Eigenkapital betrachtet.

05. Wie erfolgt die Beteiligungsfinanzierung bei Kapitalgesellschaften, und welche Wirkungen sind damit verbunden?

Beteiligungsfinanzierung bei Kapitalgesellschaften	
GmbH	Sie erfolgt durch Aufnahme neuer Gesellschafter oder durch Erhöhung der Einlagen bereits zur Gesellschaft gehörender Gesellschafter. Die Gesellschafter haben z. B. ein Auskunftsrecht, einen Anspruch auf den Bilanzgewinn (Aufteilung nach Geschäftsanteilen, Gesellschaftsvertrag).
AG	Jede Kapitalerhöhung erfordert die Zustimmung der Hauptversammlung (vertretene Grundkapital) mit mindestens einer ¾-Mehrheit. Die bisherigen Aktionäre erhalten ein gesetzliches Bezugsrecht (vgl. Frage 08.), damit Vermögensnachteile ausgeglichen werden. Zudem entstehen im Rahmen der Kapitalerhöhung verschiedene Emissionskosten (z. B. Druckkosten, Börsenprospekt, Provision für emittierende Bank usw.).

06. Welche Formen der Erhöhung des Grundkapitals einer Aktiengesellschaft gibt es?

Erhöhung des Grundkapitals einer AG

mit Zuführung von Vermögenswerten

- ordentliche Kapitalerhöhung, §§ 182 ff. AktG
- bedingte Kapitalerhöhung, §§ 192 ff. AktG
- genehmigte Kapitalerhöhung, §§ 202 ff. AktG

ohne Zuführung von Vermögenswerten

Kapitalerhöhung aus Gesellschaftsmitteln, §§ 207 ff. AktG

Kapitalerhöhung gegen Einlage	Sie erfolgt durch die Erhöhung der Einlagen der Aktionäre oder durch Ausgabe neuer Aktien. Diese Kapitalerhöhung bedarf der direkten Zustimmung der Hauptversammlung und ist daher eine **direkte Kapitalerhöhung**.
Bedingte Kapitalerhöhung	Hier handelt es sich um eine **indirekte Kapitalerhöhung**. Sie setzt die Zustimmung der Hauptversammlung voraus. Der Vorstand ist jedoch mit Zustimmung des Aufsichtsrates nur berechtigt, sie für bestimmte (bedingte) Zwecke, wie ► Vorbereitung einer Fusion, ► Ausgabe von Belegschaftsaktien, ► Umtauschrechte für Inhaber von Wandelobligationen oder Optionsanleihen, vorzunehmen. Der Nennbetrag der Aktien darf dabei die Hälfte des gezeichneten Kapitals nicht übersteigen (außer für den Fall von Belegschaftsaktion: 10 % des Grundkapitals, § 192 AktG).

Genehmigte Kapitalerhöhung	Es handelt sich um eine **indirekte Kapitalerhöhung.** Bei der genehmigten Kapitalerhöhung liegt ebenfalls die Zustimmung der Hauptversammlung vor und die Genehmigung für den Vorstand mit Zustimmung des Aufsichtsrates diese in den nächsten fünf Jahren vorzunehmen. Auch hier darf der Nennwert höchstens 50 % des Grundkapitals betragen.
Kapitalerhöhung aus Geselschaftsmitteln	In dieser Kapitalerhöhungsart wird kein neues Eigenkapital zugeführt. Der Zuwachs ergibt sich aus einer Umwandlung von Kapital- oder Gewinnrücklagen in gezeichnetes Kapital. Im Ergebnis sinkt der Wert der Stückaktie, was i. d. R. zu einer beabsichtigten Absenkung des Aktienkursniveaus führt, um die Nachfrage nach Aktien durch die große Masse von Kleinanlegern zu impulsieren.

07. Welche Aktienarten unterscheidet man?

	Aktienarten	
Unterscheidung	**Bezeichnung**	**Beschreibung**
Übertragungsart	**Inhaberaktie**	Die Aktie gehört dem jeweiligen Besitzer. Sie wird frei an der Börse gehandelt. Nur die verkaufende Bank kennt den Namen des Inhabers.
	Namensaktie	Die Aktie ist namentlich auf den Inhaber ausgestellt (Eintragung im Aktienregister); Weitergabe ist nur durch Indossament (Übertragungsvermerk) möglich.
	Vinkulierte Namensaktie	Die Indossierung ist nur mit Zustimmung der AG möglich (Vinkulus, lat: Fessel).
Umfang der Rechte	**Stammaktie**	Starke Verbreitung in Deutschland, z. B. mit gleichem Stimmrecht, gleichem Recht auf Dividende usw.
	Vorzugsaktie	Besondere Rechte, z. B. Bevorzugung bei der Gewinnverteilung, erhöhter Liquidationsanteil bei Insolvenz; häufig ist das Stimmrecht ausgeschlossen.
Ausgabezeitpunkt	**Alte Aktie**	Ausgabe bei der Unternehmensgründung
	Junge Aktie	Ausgabe bei Kapitalerhöhungen
Nennwert	**Nennwertaktie**	Grundkapital = Summe der Aktiennennwerte. Die Nennwertaktien dürfen nur zu einem Betrag, der gleich oder über dem Nennwert liegt („über pari"), ausgegeben werden. Der Mindestnennbetrag einer Nennwertaktie beträgt 1 €.
	Stückaktie	Nach § 8 AktG lauten Stückaktien auf keinen Nennbetrag. Der Anteil am Grundkapital bestimmt sich bei Stückaktien nach der Zahl der Aktien: Wert = Grundkapital dividiert durch Anzahl der Aktien.

08. Was ist das Bezugsrecht?

Das **Bezugsrecht** ist das Recht eines Aktionärs auf Bezug neuer Aktien bei einer ordentlichen Kapitalerhöhung. Das Bezugsrecht ist ein Geldwert, der an der Börse gehandelt wird; der tatsächliche Geldwert ergibt sich durch Angebot und Nachfrage. Der Bezugswert kann rein rechnerisch ermittelt werden.

$$\text{Bezugsrecht} = \frac{\text{Kurs}_{\text{alte Aktien}} - \text{Kurs}_{\text{neue Aktien}}}{\frac{\text{Anzahl}_{\text{Aktien alt}}}{\text{Anzahl}_{\text{Aktien neu}}} + 1}$$

2.2.2.3 Mezzanine Kapital

01. Was bezeichnet man als Mezzanine Kapital?

Als Mezzanine[1] Kapital wird eine **Mischung aus Eigen- und Fremdkapital** bezeichnet. Je nach Ausgestaltungsform ist es bilanziell näher dem Eigenkapital oder dem Fremdkapital zuzuordnen.

02. Welches sind die typischen Merkmale des Mezzanine Kapitals?

Typische **Merkmale** sind die Nachrangigkeit in Bezug auf andere Gläubiger, der Verzicht auf Sicherheiten, die Vorrangigkeit gegenüber Stammkapital/Grundkapital und Rücklagen sowie geringerer Zinsaufwand für Fremdkapital durch bessere Refinanzierungskonditionen.

03. Welche Formen des Mezzanine Kapitals gibt es?

Formen des Mezzanine Kapitals	
Nachrangige Darlehen	Dieses in Form von Krediten oder Anleihen verbriefte Kapital muss erst nachrangig zurückgezahlt werden. Das bedeutet, dass erst Ansprüche aus vorrangigen Darlehen bedient werden müssen, ehe ein Anspruch auf Rückzahlung dieses Mezzanine Kapitals besteht. Daher wird vom Kreditnehmer ein hoher Zinssatz angeboten.
Partiarische Darlehen	Bei Gewährung eines **Gesellschafterdarlehens** wird das Eigenkapital nicht aufgestockt. Der Gesellschafter erhält als Kreditgeber niedrige Zinsen sowie eine Gewinn- oder Umsatzbeteiligung (Equity-Kicker).

[1] Das Wort „Mezzanino" stammt aus dem Italienischen und bezeichnet die in der Renaissance typische Bauweise eines Halbgeschosses, das zwischen zwei Hauptgeschossen liegt.

Formen des Mezzanine Kapitals	
Stille Beteiligung	Bei der stillen Beteiligung tritt der Kapitalgeber nach außen nicht in Erscheinung. Es werden zwei Formen unterschieden: ► **typische stille Gesellschaft** ► **atypische stille Gesellschaft**
Genussschein	Der Genussschein verbrieft Vermögens-, nicht aber Mitbestimmungsrechte an einem Unternehmen. Er wird wie ein schuldrechtliches Beteiligungsrecht behandelt, d. h. es ist ein Gläubigerrecht auf Gewinn oder Festzins, jedoch mit reduzierten Gesellschafterrechten.

2.2.2.4 Sicherheiten

01. Welche Voraussetzungen müssen für die Kreditgewährung vorliegen?

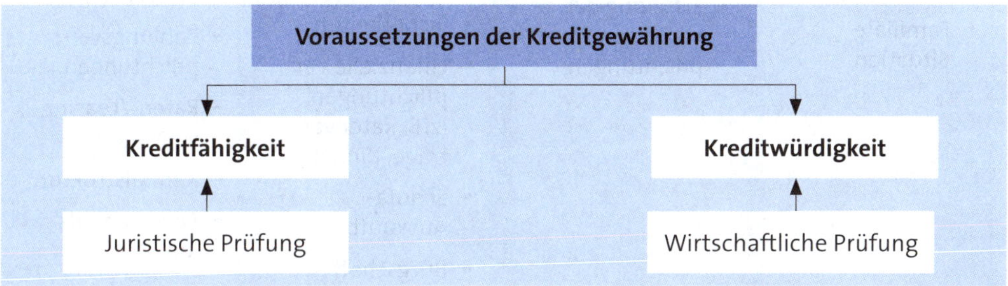

- **Kreditfähigkeit:** Bei der juristischen Prüfung werden die rechtlichen Voraussetzungen geklärt:
  - bei **natürlichen Personen:**
    Geschäftsfähigkeit, Güterstand bei Verheirateten (Haftung)
  - bei **juristischen Personen:**
    Nachweis der Vertretungsvollmacht (z. B. Prokura).
- **Kreditwürdigkeit:** Die Prüfung der Kreditwürdigkeit erstreckt sich auf zwei Bereiche:

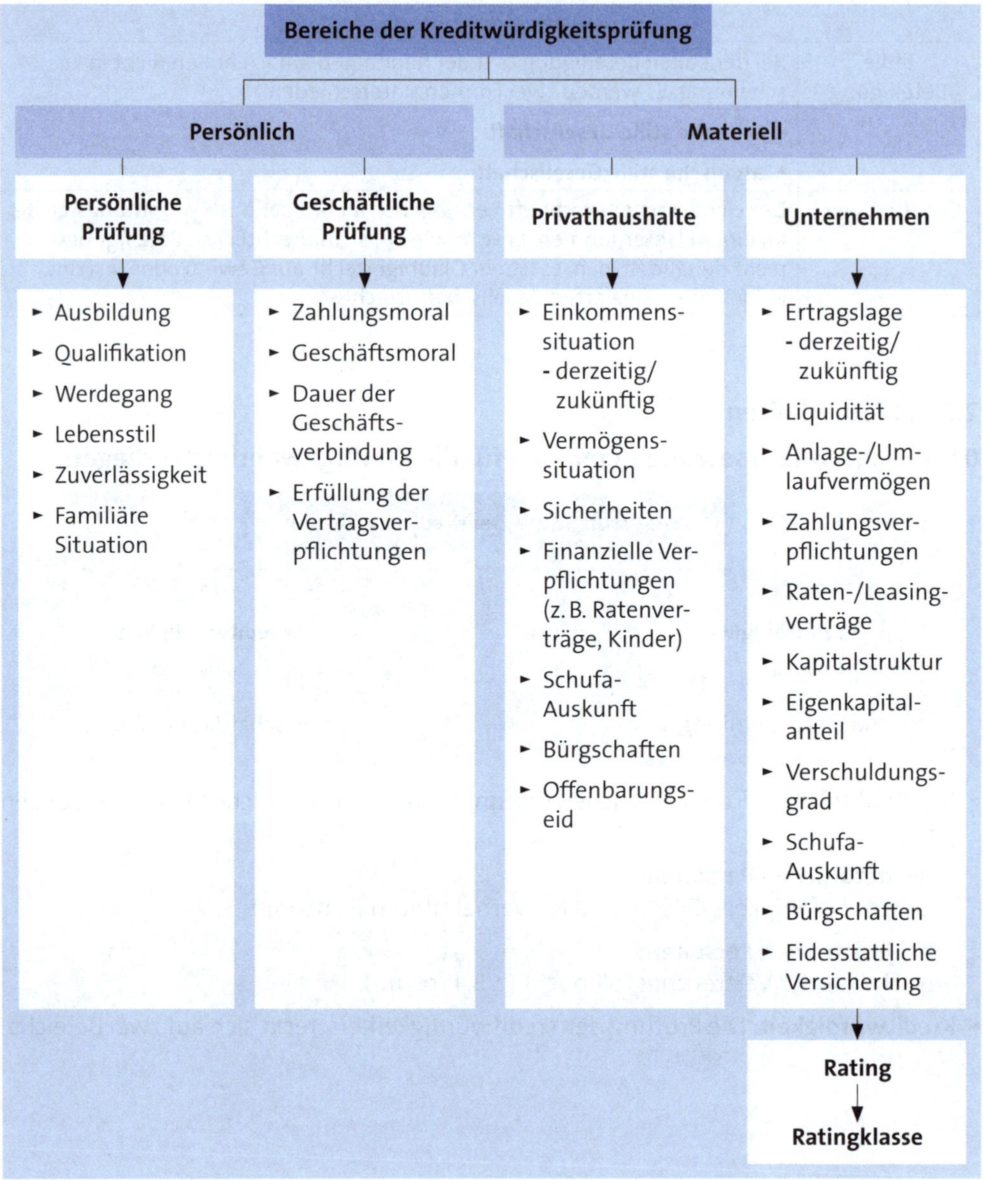
Bereiche der Kreditwürdigkeitsprüfung
Persönlich
Materiell
Persönliche Prüfung
Geschäftliche Prüfung
Privathaushalte
Unternehmen
Ausbildung
Qualifikation
Werdegang
Lebensstil
Zuverlässigkeit
Familiäre Situation
Zahlungsmoral
Geschäftsmoral
Dauer der Geschäftsverbindung
Erfüllung der Vertragsverpflichtungen
Einkommenssituation - derzeitig/zukünftig
Vermögenssituation
Sicherheiten
Finanzielle Verpflichtungen (z. B. Ratenverträge, Kinder)
Schufa-Auskunft
Bürgschaften
Offenbarungseid
Ertragslage - derzeitig/zukünftig
Liquidität
Anlage-/Umlaufvermögen
Zahlungsverpflichtungen
Raten-/Leasingverträge
Kapitalstruktur
Eigenkapitalanteil
Verschuldungsgrad
Schufa-Auskunft
Bürgschaften
Eidesstattliche Versicherung
Rating
Ratingklasse

02. Welche Formen der Kreditsicherung gibt es?

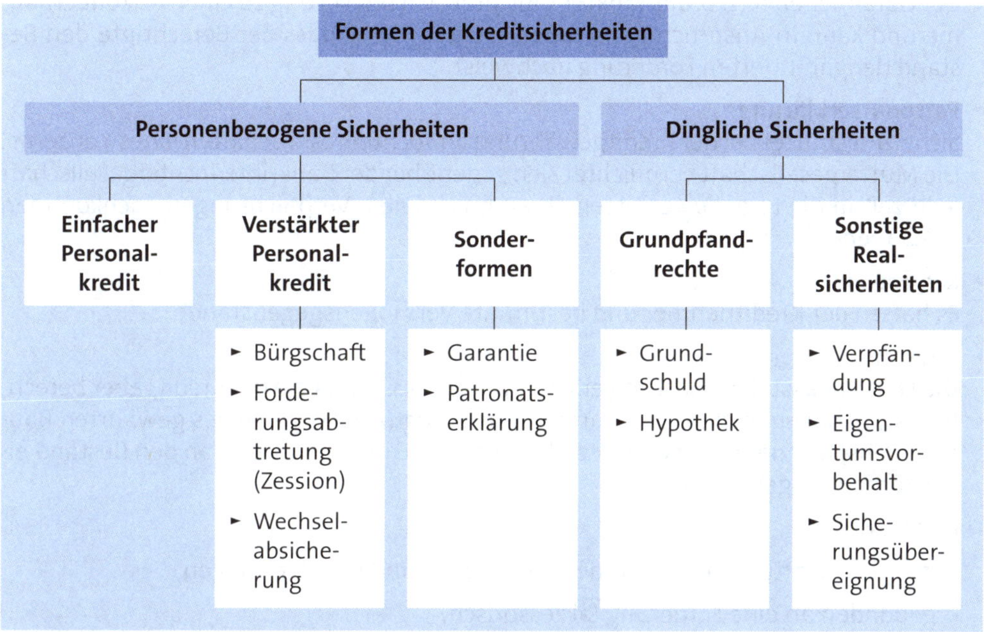

- **Einfacher** (reiner) **Personalkredit** (ungedeckter Kredit, Blankokredit):
  Sicherung des Kredits nur in der Person begründet; i. d. R. kurzfristig.
- **Verstärkter Personalkredit:**
  Neben dem Kreditnehmer haften noch weitere Personen.
- **Bürgschaft:**
  Zwei Verträge: Kreditvertrag + (schriftlicher) Bürgschaftsvertrag; der Bürge haftet für die Verbindlichkeit des Hauptschuldners.
  - **Ausfallbürgschaft:** Bürge haftet erst, wenn Hauptschuldner nicht zahlen kann („Einrede der Vorausklage").
  - **Selbstschuldnerische Bürgschaft:** Bürge haftet wie Hauptschuldner; Verzicht auf Einrede der Vorausklage; bevorzugtes Instrument der Banken.
- **Forderungsabtretung** (Zession):
  Der Schuldner tritt seine Forderungen an Dritte/an die Bank ab; schriftlicher Vertrag.
  - **Offene Zession:** Dem Drittschuldner ist die Zession bekannt; er zahlt an die Bank.
  - **Stille Zession:** Dem Drittschuldner ist die Zession nicht bekannt; er zahlt weiterhin an den Gläubiger (= Kreditnehmer).
  - **Einzelzession:** Eine bestimmte Forderung wird abgetreten.
  - **Mantelzession:** Mehrere, spezifizierte Forderungen werden abgetreten.
  - **Globalzession:** Alle bestehenden und zukünftigen Forderungen werden abgetreten.

- **Garantie:**
  Der Garantiegeber (z. B. die Bank) verpflichtet sich per Vertrag zu einer Risikoübernahme und kann in Anspruch genommen werden, ohne dass der Berechtigte den Bestand der garantierten Forderung nachweist.
- **Patronatserklärung:**
  Sicherungsmittel bei der Kreditgewährung an Tochtergesellschaften eines Konzerns: Die Muttergesellschaft verpflichtet sich gegenüber der Bank, ihre Tochtergesellschaft jederzeit in die Lage zu versetzen, ihren finanziellen Verpflichtungen nachkommen zu können.
- **Realkredit:**
  Es haften der Kreditnehmer und bestimmte Vermögensgegenstände.
- **Hypothek:**
  Die Hypothek ist die Belastung eines Grundstücks, durch die der Kreditgeber berechtigt ist, sich wegen einer bestimmten Forderung (z. B. wegen eines gewährten Baudarlehens) aus dem Grundstück zu befriedigen. Die Hypothek ist an den Bestand einer Forderung gebunden.

  Das heißt:
  - dingliche Haftung sowie mit dem Geschäfts- und Privatvermögen
  - gebunden an eine Forderung (akzessorisch)
  - Nach Rückzahlung der Forderung muss die Hypothek im Grundbuch gelöscht werden.
  - Wenn die Hypothek getilgt ist, kann die Umwandlung in eine Eigentümergrundschuld erfolgen.
- **Grundschuld:**
  - Pfandrecht an einem Grundstück
  - Haftung nur mit der Sache (Grundstück)
  - keine Bindung an eine Forderung notwendig (fiduziarisch).
- **Verpfändung:**
  Schuldner bleibt Eigentümer, verliert aber den Besitz an der Sache.
- **Lombardkredit:**
  Kurzfristiges Darlehen unter Verpfändung beweglicher Sachen, Wertpapiere oder Forderungen.
- **Sicherungsübereignung:**
  Schuldner bleibt Besitzer, verliert aber das Eigentum an der Sache.
- **Avalkredit:**
  Bank als Bürge. Die Bank haftet selbstschuldnerisch aufgrund einer eingegangenen Bürgschaftsverpflichtung, sie gibt ihren guten Namen (Kosten für den Kreditnehmer).
- **Eigentumsvorbehalt:**
  Bei Warengeschäften; übliche Sicherheit bei Lieferantenkrediten; die gelieferte Ware bleibt bis zur vollständigen Bezahlung Eigentum des Verkäufers.

- **Verlängerter Eigentumsvorbehalt:** Lieferant erhält Abtretung der Rechte bei Weiterverkauf der Sache.
- **Erweiterter Eigentumsvorbehalt:** Lieferant bleibt Eigentümer (auch) der weiterverarbeiteten Ware bzw. wird Eigentümer der hergestellten Sache.

2.2.2.5 Leverage-Effekt

01. Was bezeichnet man als Leverage-Effekt?

Man bezeichnet damit den Effekt, dass durch zusätzliches Fremdkapital die Eigenkapitalrendite gehebelt (Hebel = Leverage) wird, wenn die Gesamtkapitalrendite größer ist als der Zinssatz für Fremdkapital. Der Effekt gilt auch umgekehrt (positiver/negativer Leverage-Effekt).

Beispiel

Formel:

$$EKR = GKR + \frac{FK}{EK} \cdot (GKR - FKZ)$$

$$EKR_1 = 10\,\% + \frac{200.000\text{ €}}{800.000\text{ €}} \cdot (10\,\% - 6\,\%) = 11\,\%$$

Nun Erhöhung des Fremdkapitals um 300.000 €.

$$EKR_2 = 10\,\% + \frac{500.000\text{ €}}{800.000\text{ €}} \cdot (10\,\% - 6\,\%) = 12{,}5\,\%$$

Die Eigenkapitalrendite steigt durch die Erhöhung des Fremdkapitals um 300.000 € von 11 % auf 12,5 %.

2.2.3 Liquiditätsplanung

2.2.3.1 Definition der Liquidität

01. Wie ist die Größe „Liquidität" definiert?

- **Liquidität** → Zahlungsfähigkeit: Zeitpunkt + Höhe

  Unter Liquidität versteht man die Fähigkeit, zu jeder Zeit den Zahlungsverpflichtungen nachkommen zu können. Je höher die Liquidität, desto sicherer das Unternehmen.

- Man unterscheidet folgende Liquiditätsbegriffe:
  - Als **absolute Liquidität** bezeichnet man die Eigenschaft von Vermögensteilen, als Zahlungsmittel verwendet oder in flüssige Mittel umgewandelt werden zu können. Ein Vermögensteil hat eine um so höhere **Liquidierbarkeit**, je schneller es sich in Zahlungsmittel umwandeln lässt.
    1. Die **natürliche** (auch: ursprüngliche) **Liquidität** ist die Eigenschaft von Vermögensteilen, durch den betrieblichen Leistungsprozess in flüssige Mittel umgewandelt zu werden. Ein Unternehmen kauft z. B. RHB-Stoffe sowie Baugruppen am Beschaffungsmarkt, fertigt Druckluftverdichter und erhält durch den Verkauf über die Umsatzerlöse wieder liquide Mittel.
    2. Als **künstliche** (auch: vorzeitige) **Liquidität** bezeichnet man den Vorgang, dass Vermögensteile vorzeitig verkauft werden (ggf. mit Wertabschlag). Beispiel: Das Unternehmen muss aufgrund von Absatzproblemen die Fertigung der Druckluftverdichter einstellen. Durch den Verkauf von Rohstoffen und Baugruppen (unter dem Marktpreis) werden Vorräte in liquide Mittel umgewandelt.
  - Die **relative Liquidität** sagt aus, ob ein Unternehmen allen Zahlungsverpflichtungen fristgerecht nachkommen kann.
    1. Die **statische Liquidität** bezieht sich auf einen bestimmten Zeitpunkt. Unterschieden werden folgende Liquiditätsgrade:
       - **Liquidität 1. Grades** (auch: Barliquidität)
       - **Liquidität 2. Grades** (auch: Einzugsliquidität)
       - **Liquidität 3. Grades** (auch: Umsatzliquidität).
    2. Die **dynamische Liquidität** bezieht sich auf einen bestimmten Zeitraum. Sie wird sichergestellt durch den Einsatz der Instrumente „Finanzplanung" und „Finanzdisposition".

2.2.3.2 Statische Liquiditätskennzahlen

01. Welche Liquiditätskennzahlen werden verwendet?

1. Statische Liquiditätsanalyse, kurzfristig		
Liquidität 1. Grades auch: Barliquidität	$= \frac{\text{Flüssige Mittel}}{\text{Kurzfristige Verbindlichkeiten}} \cdot 100$	Kann unter 100 % liegen.
Liquidität 2. Grades auch: Einzugsliquidität	$= \frac{\text{Flüssige Mittel + kurzfr. Forderungen}}{\text{Kurzfristige Verbindlichkeiten}} \cdot 100$	Soll ≥ 100 % erreichen.
Liquidität 3. Grades auch: Umsatzliquidität	$= \frac{\text{Flüssige Mittel + kurzfr. Ford. + Vorräte}}{\text{Kurzfristige Verbindlichkeiten}} \cdot 100$	Soll 200 % erreichen.
Working Capital	= Kurzfristiges Umlaufvermögen - Kurzfristige Verbindlichkeiten	Soll positiv sein.

2. Statische Liquiditätsanalyse, langfristig **Das Prinzip der Fristenkongruenz ist zu beachten.**		
Goldene Bilanzregel I **Anlagendeckungsgrad I**	$\frac{\text{EK}}{\text{AV}} \geq 1$	AV soll mindestens zu 100 % durch EK gedeckt sein.
Goldene Bilanzregel II **Anlagendeckungsgrad II** **oder silberne Bilanzregel**	$\frac{\text{EK + langfr. FK}}{\text{AV}} \geq 1$	AV soll mindestens zu 100 % langfristig finanziert sein.
Goldene Bilanzregel III **Anlagendeckungsgrad III**	$\frac{\text{EK + langfr. FK}}{\text{AV + langfr. UV}} \geq 1$	AV + lfr. UV sollen mindestens zu 100 % langfristig finanziert sein.
Goldene Finanzierungsregeln **auch: Goldene Bankregeln**	$\frac{\text{Kurzfr. Vermögen}}{\text{Kurzfr. Kapital}} = 1$ $\frac{\text{Langfr. Vermögen}}{\text{Langfr. Kapital}} = 1$	Mittelbindung und Kapitalverfügbarkeit sollen sich entsprechen (Fristenkongruenz).

3. Kennzahlen zur Anlagenfinanzierung und zur Kapitalstruktur	
$\text{Verschuldungsgrad (statisch)} = \frac{\text{Fremdkapital}}{\text{Gesamtkapital}} \cdot 100$	Idealerweise liegt der optimale Verschuldungsgrad bei kleiner oder gleich 50 %. Wenn jedoch als Faustformel ein Eigenkapitalanteil von 20 - 30 % gefordert wird, dann liegt der Verschuldungsgrad zwischen 70 - 80 %.
$\text{Verschuldungskoeffizient} = \frac{\text{Fremdkapital}}{\text{Eigenkapital}} \cdot 100$	Wenn 100 % vorliegen, dann entspricht das Fremdkapital dem Eigenkapital. Idealerweise sollte das Eigenkapital größer als das Fremdkapital sein (< 100 %).

4. Dynamische Liquiditätsanalyse	
Cashflow-Analyse	Mithilfe der Cashflow-Anayse können zusätzliche Aussagen über die Finanz- und Ertragskraft des Unternehmens getroffen werden. Der Cashflow (Kassenfluss; auch: Einzahlungsüberschuss) ist der frei verfügbare Mittelstrom einer bestimmten Periode des Unternehmens. Definition und Berechnungsmethode sind nicht einheitlich. Im einfachen Fall wird der Cashflow ermittelt als Jahresüberschussbetrag zzgl. Abschreibung.
Dynamischer Verschuldungsgrad	Die Kennziffer (Fremdkapital zu Cashflow) zeigt, in wie viel Jahren die Verbindlichkeiten durch den Cashflow zurückgezahlt werden können (Entschuldungsdauer).
Bewegungsbilanz	Die Bewegungsbilanz zeigt die Veränderung der Bilanzposten über die Zeit: ► Mittelverwendung: Erhöhung der Aktivposten, Minderung von Passivposten ► Mittelherkunft: Minderung von Aktivposten, Erhöhung von Passivposten.
Kapitalflussrechnung	Die Cashflows aus betrieblicher Tätigkeit, aus Investitions- und Finanzierungstätigkeit werden dargelegt, wobei als Ergebnis die flüssigen Mittel des Geschäftsjahres resultieren.

2.2.3.3 Dynamischer Liquiditätsplan

01. Welche Aufgaben hat die Finanz- und Liquiditätsplanung zu erfüllen?

Dies sind im Wesentlichen:

- Zukunftsorientierte Erfassung, Kontrolle und Fortschreibung der kurzfristig zu erwartenden Zahlungsströme mit dem Ziel, **das finanzielle Gleichgewicht zu erhalten**.
- Mittel- und langfristige **Abstimmung von Kapitalbedarf und Kapitaldeckungsmöglichkeiten** zur Realisierung der gesetzten Unternehmensziele.

02. Wie ist bei Aufstellung eines Finanzplanes vorzugehen und worauf ist zu achten?

- Im Finanzplan werden die **Einnahmen und Ausgaben** gegenübergestellt sowie der Kapitalbedarf und die Kapitaldeckungsmöglichkeiten aufgeführt. Alle Bereiche eines Unternehmens müssen in den Finanzplan miteinbezogen werden, so z. B. der Beschaffungs- und Investitionsplan, der Forschungs- und Entwicklungsplan sowie der Produktionsplan.
- Es muss darauf geachtet werden, dass alle Informationen **vollständig und übersichtlich** erfasst werden. Die **Zukunftsbezogenheit** verlangt, dass die Änderungen bei Löhnen, Zinsen usw. berücksichtigt werden müssen. Bereits getroffene Maßnahmen dürfen nur dann miteingerechnet werden, wenn sie Ein- oder Auszahlungen im Planungszeitraum bewirken.

- Ebenso ist das **Bruttoprinzip** einzuhalten, d. h. es dürfen **keine Saldierungen** von Ein- und Auszahlungen vorgenommen werden. Darunter leidet die Klarheit bzw. Übersichtlichkeit. Die Planungsansätze müssen auf realistischen Annahmen basieren und Absatzerwartungen sowie Lohn- und Preissteigerungen berücksichtigen.
- Die **Termingenauigkeit** verlangt, dass Ein- und Auszahlungen zu den Zeitpunkten erfasst werden, an denen sie anfallen, denn nur so können Rückschlüsse auf die Einhaltung der ständigen Zahlungsfähigkeit gezogen werden.
- Der Finanzplan beruht auf den Einzahlungen und Auszahlungen bzw. den Einnahmen und Ausgaben, wobei bei dem ersten Begriffspaar nur die Kassenbestände und jederzeit verfügbaren Bankguthaben enthalten sind, während bei dem zweiten auch die Kreditvorgänge enthalten sind.

03. Welche Liquiditätszustände werden unterschieden und welche Anpassungsmaßnahmen sind grundsätzlich möglich?

	ZMB, geplant = ZMB, Ist	ZMB, Ist < ZMB, geplant	ZMB, Ist > ZMB, geplant
	↓	↓	↓
	Idealliquidität	**Unterliquidität**	**Überliquidität**
	↓	↓	↓
Risiken:	keine; optimale Versorgung mit ZMB	Zahlungsunfähigkeit	Verlust durch fehlende Zinseinnahmen
	↓	↓	↓
Anpassungsmaßnahmen, z. B.:	keine Maßnahmen	Unterliquidität kann aufgefangen werden durch zusätzliche externe Kapitalquellen (Kredite, Kapitalerhöhungen); unternehmensintern mittels Streichungen von Ausgaben und bessere Durchsetzung der Zahlungsbedingungen.	Um Überliquidität abzubauen, können Investitionen getätigt werden, Schulden zurückgezahlt oder Ausschüttungen an die Eigenkapitalgeber getätigt werden.

ZMB: Zahlungsmittelbestand

04. Wie ist die Finanzplanung strukturiert?

Finanzpläne		
Kurzfristig	**Liquiditätsstatus:** Bei KMU werden Tagesdispositionen vorgenommen, um Kontoüberziehungen und Fristenüberschreitungen bei Zahlungen zu vermeiden bzw. um Tagesgelder anzulegen. Bei Großunternehmen und Banken hat die tagesgenaue Überwachung der Zahlungsströme eine hohe Bedeutung (globale Finanztransaktionen in erheblichem Ausmaß bzw. Finanzdispositionen zwischen den Tochtergesellschaften und der Holding).	
	Zeitraum: 1 - 2 Wochen	Einheit: Tage
	Kurzfristiger Finanzplan: Detaillierter Vorschauplan zur Sicherung der Liquidität mit Angabe möglicher Anpassungsmaßnahmen bei Über-/Unterliquidität.	
	Zeitraum: 1 - 2 Wochen	Einheit: Woche
Mittelfristig	**Mittelfristiger Finanzplan:** Rahmenplan als Vorgabe für die kurzfristige Detailplanung; Teilziele der strategischen Unternehmensplanung werden erfasst, z. B. Vorschauplan für Kapitalbedarfe und Kapitaldeckungsmöglichkeiten.	
	Zeitraum: 6 Monate - 4 Jahre	Einheit: Monate/Quartale
Langfristig	**Langfristiger Finanzplan:** Grobplanung zur Umsetzung von Unternehmensstrategien, z. B. langfristige Kreditsicherung, langfristige Planung der Kapitalstruktur und Vorbereitung großer Investitionsvorhaben.	
	Zeitraum: bis zu 10 Jahren	Einheit: Halbjahre/Jahre

05. Welche Größen müssen in der kurzfristigen Finanzplanung berücksichtigt werden?

1. **Anfangsbestand** an Zahlungsmitteln und den liquiden Mitteln. Hierzu zählen:
   - Bargeld
   - sofort fällige Forderungen
   - evtl. Kreditlinien.
2. **Einzahlungen**, gegliedert nach
   - Einzahlungen aus Umsätzen
   - Finanzvorgängen
   - sonstigen, außerhalb des Geschäftsbetriebs liegenden Vorgängen.
3. **Auszahlungen**, gegliedert nach Auszahlungen
   - für den laufenden Geschäftsbetrieb
   - für Finanzvorgänge
   - sonstige, außerhalb des Geschäftsbetriebs anfallende Vorgänge.

4. Eine festgestellte **Überdeckung** (Liquiditätsreserve) kann z. B. wie folgt verwendet werden:
   - Anlage intern (z. B. für ein Investitionsobjekt)
   - Vergabe von Krediten
   - Erwerb von Beteiligungen
   - vorzeitige Rückführung von Krediten
   - kurzfristige Geldanlage als Festgeld oder Termingeld.

   Eine festgestellte **Unterdeckung** ist auszugleichen. Je nach Umfang und Zeitraum kommen z. B. infrage:
   - Aufnahme von zusätzlichem Kapital
   - Verlagerung von flexiblen und disponiblen Auszahlungen und Einzahlungen.

06. Welche Risiken sind bei der Finanzplanung zu beachten?

- Beim Ausgleich von Unterdeckungen durch zusätzliche Aufnahme von Fremdkapital ist die Entwicklung des Verschuldungsgrades (Stichworte: Bonität, Rating) und der Rentabilitäten zu beachten (Stichwort: positiver/negativer Leverage-Effekt).
- Fehlplanungen bezüglich der Vermögenstruktur (vgl. Finanz-/Bilanzregeln)
- Abweichungen der Zeitpunkte von Kapitalbedarf und Kapitalbereitstellung
- Missachtung der Fristenkongruenz
- Fehleinschätzungen, z. B. Zeitpunkt und Höhe der Ein- und Auszahlungen
- Auswahl des Kreditgebers (Zeitpunkt, Konditionen, Stellung des Kreditgebers).

2.3 Finanzierungsarten

2.3.1 Unterscheidung von Finanzierungsquellen

01. Welche Kriterien zur Unterscheidung von Finanzierungsquellen[1] gibt es?

<table>
<tr><th colspan="5">Merkmale zur Unterscheidung von Finanzierungsquellen</th></tr>
<tr><th colspan="2">Merkmale</th><th colspan="3">Finanzierungsform</th></tr>
<tr><td rowspan="2">1.</td><td rowspan="2">Kapitalherkunft
Woher stammt das Kapital?</td><td>Außen-finanzierung</td><td colspan="2">Das Kapital wird dem Unternehmen von außen zugeführt; es stammt also nicht aus dem betrieblichen Leistungsprozess.</td></tr>
<tr><td>Innen-finanzierung</td><td colspan="2">Das Kapital stammt aus dem Unternehmen selbst, also aus dem betrieblichen Leistungsprozess.</td></tr>
<tr><td rowspan="2">2.</td><td rowspan="2">Rechtsstellung
Welche Rechtsstellung hat der Kapitalgeber?</td><td>Fremd-finanzierung</td><td colspan="2">Das Kapital wird durch außenstehende Gläubiger aufgebracht (Kreditfinanzierung).</td></tr>
<tr><td>Eigen-finanzierung</td><td colspan="2">Das Kapital wird durch Eigentümer aufgebracht, z. B. Unternehmer, Gesellschafter, Aktionäre.</td></tr>
<tr><td rowspan="3">3.</td><td rowspan="3">Fristigkeit
Wie lange steht das Kapital zur Verfügung?</td><td>kurzfristig</td><td>bis 1 Jahr</td><td>z. B. Wechsel, Kontokorrentkredite</td></tr>
<tr><td>mittelfristig</td><td>1 bis 4 Jahre</td><td>z. B. Darlehen</td></tr>
<tr><td>langfristig</td><td>mehr als 4 Jahre</td><td>z. B. Schuldverschreibungen</td></tr>
<tr><td>4.</td><td>Anlass
Warum werden Finanzierungsmittel benötigt?</td><td>► Gründung
► Umwandlung
► Fusion</td><td>► Sanierung
► Expansion
► Rationalisierung</td><td>► Kapitalerhöhung
► Sicherung
► Liquiditätsverbesserung</td></tr>
</table>

Jede Finanzierungsform ist eine Kombination aus den dargestellten Merkmalen. Insgesamt lässt sich folgender **Überblick** über mögliche Finanzierungsformen geben:

[1] In der Literatur auch: Finanzierungsarten/-formen.

Finanzierungsformen

Außenfinanzierung

1. Eigenfinanzierung

Beteiligungsfinanzierung
- Personengesellschaften
- Kapitalgesellschaften

2. Mezzanine Finanzierungen
- Nachrangige Darlehen
- Partiarische Darlehen
- Gesellschafterdarlehen
- Stille Beteiligung
- Wandelschuldverschreibungen
- Genussscheine

3. Fremdfinanzierungen

3.1 **Langfristig**
- Investitionskredit
- Schuldscheindarlehen
- Schuldverschreibungen
- Optionsanleihen
- Null-Kupon-Anleihen
- Zinsvariable Anleihen

3.2 **Kurzfristig**
- Kontokorrentkredit
- Lieferantenkredit
- Kundenanzahlungen
- Wechselkredit
- Lombardkredit
- Dokumentenakkreditiv
- Avalkredit

Innenfinanzierung

1. Selbstfinanzierung aus Gewinn
- offene
- stille

2. Finanzierung aus Kapitalfreisetzung
- Finanzierung aus Abschreibungsgegenwerten
- Vermögensumschichtung
- Erhöhung der Umschlagshäufigkeit
- Rationalisierung
- Sales-and-Lease-back-Verfahren

3. Finanzierung aus Rückstellungen

Sonderformen:
- Leasing
- Factoring
- Forfaitierung
- Asset-Backed-Securities

INFO

Nachfolgend werden nur die im Rahmenplan genannten Finanzierungsformen behandelt.

2.3.2 Innenfinanzierung

01. Welche Formen der Innenfinanzierung sind vorherrschend?

Innenfinanzierung[1]		
1	**Selbstfinanzierung aus Gewinn**	► offene Selbstfinanzierung ► stille (auch: verdeckte) Selbstfinanzierung
2	**Finanzierung aus Abschreibungsgegenwerten**	► für Ersatzinvestitionen ► Kapazitätserweiterungseffekt (**Lohmann-Ruchti-Effekt**)
3	**Finanzierung aus Gegenwerten langfristiger Rückstellungen**	
4	**Finanzierung aus sonstigen Kapitalfreisetzungen**	

02. Was versteht man unter Selbstfinanzierung?

Bei der Selbstfinanzierung werden Teile des Gewinns nicht ausgeschüttet, sondern zurückbehalten (**Gewinnthesaurierung**).

- **Offene Selbstfinanzierung:** → Finanzierung aus versteuertem Gewinn

  Der einbehaltene Gewinn wird

  - bei Einzel- und Personengesellschaften dem EK-Konto zugeschrieben und
  - bei Kapitalgesellschaften dem Rücklagenkonto gutgeschrieben.

- **Stille Selbstfinanzierung:** → Finanzierung aus unversteuertem Gewinn

  Der tatsächliche Gewinn wird gemindert durch Bildung stiller (verdeckter) Reserven:

  - Unterbewertung der Vermögensteile (Aktiva, z. B. hohe AfA, Unterbewertung des Umlaufvermögens) und
  - Überwertung der Schulden (Passiva, z. B. hohe Rückstellungen, hohe Rechnungsabgrenzungsposten).

[1] Formen der Innenfinanzierung lt. Rahmenplan. (Der Rahmenplan verwendet unter Ziffer 6.3.3.4 den falschen Begriff Kapital„freistellung".)

03. Welche Wirkungen sind mit der Selbstfinanzierung verbunden?

- **Steuerstundung:**
  Bei der Bildung stiller Reserven wird der zu versteuernde Gewinn gemindert (Liquiditätsvorteil). Die Auflösung stiller Reserven in der Folgeperiode erhöht den zu versteuernden Gewinn (Liquiditätsbelastung).
- **Zinsvorteil:**
  Der Betrag der Steuerstundung steht zinslos zur Verfügung.
- **Steuernachteil:**
  Die stille Selbstfinanzierung kann sich steuerlich nachteilig auswirken, wenn der Steuersatz in der Folgeperiode (Auflösung stiller Reserven) höher ist als in der Vorperiode (Steuerprogression).

04. Unter welchen Voraussetzungen ist eine Finanzierung aus Umsatzerlösen möglich?

Das Unternehmen erhält beim Verkauf Umsatzerlöse vom Markt (Menge • Preis). In der Regel wird der Verkaufspreis unter Berücksichtigung der Gewinnspanne, der Abschreibungs- und Rückstellungswerte kalkuliert sein.

05. Unter welchen Voraussetzungen ist eine Finanzierung aus Abschreibungsgegenwerten möglich?

Man unterscheidet zwei mögliche **Effekte:**

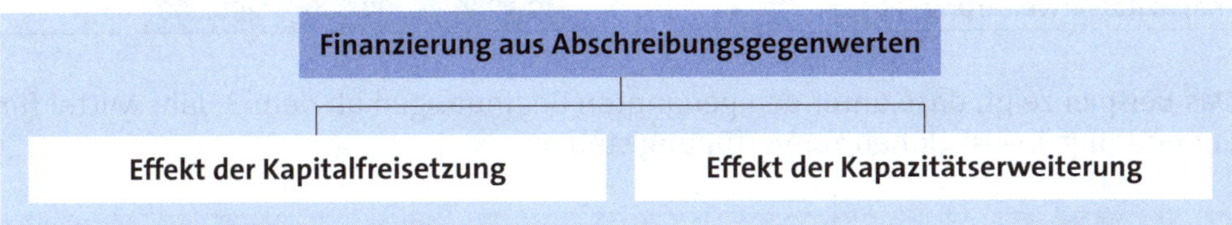

Kapitalfreisetzung

Abschreibungen sind der Aufwand für Wertminderungen bei materiellen und immateriellen Gegenständen. Das Unternehmen kalkuliert diese Abschreibungen bei der Gestaltung seiner Angebotspreise mit ein. Beim Verkauf der Produkte und Leistungen erhält das Unternehmen Einzahlungen (Abschreibungsrückflüsse), die zu Finanzierungszwecken verwendet werden können.

Beispiel

Ein Unternehmen beschafft in vier aufeinander folgenden Jahren eine Transportanlage für Werk 1, danach für Werk 2 usw. Die Anlage wird linear mit 25 % abgeschrieben; der Restwert ist Null. Der Wiederbeschaffungswert für eine neue Anlage liegt konstant bei 200.000 €. Ende des vierten Jahres wird reinvestiert (Ersatzbeschaffung). Sobald die Abschreibungsgegenwerte die Kosten der Neuanschaffung einer Anlage erreicht haben, werden sie reinvestiert.

Kapazitätserweiterung
Die freigesetzten Abschreibungswerte werden sofort für zusätzliche Investitionen (Erweiterungsinvestitionen) eingesetzt. Dadurch werden die Kapazitäten erweitert. Dieser Kapazitätserweiterungeffekt wird Lohmann-Ruchti- oder Marx-Engels-Effekt genannt.

	Jahre					
	1	**2**	**3**	**4**	**5**	**6**
Werk 1	50.000	50.000	50.000	50.000		
Werk 2		50.000	50.000	50.000	50.000	
Werk 3			50.000	50.000	50.000	50.000
Werk 4				50.000	50.000	50.000
Gesamt-AfA pro Jahr	50.000	100.000	150.000	200.000	150.000	100.000
- Ersatzbeschaffung	-			- 200.000	- 200.000	- 200.000
Kapitalfreisetzung	50.000	150.000	300.000	300.000	250.000	150.000
Kapazitätserweiterung	-		- 200.000	- 200.000	- 200.000	-

Das Beispiel zeigt, dass unter den genannten Bedingungen ab dem 3. Jahr Mittel für Erweiterungsinvestitionen zur Verfügung stehen.

06. Welche Finanzierungsformen aus sonstigen Kapitalfreisetzungen sind denkbar?

Finanzierungsformen aus sonstigen Kapitalfreisetzungen	
Finanzierungsform	**Beschreibung, Beispiele**
Finanzierung durch **Rationalisierungsmaßnahmen**	Optimierung der logistischen Prozesse (JIT, Kanban) → Verminderung der Lagerbestände, Reduzierung des Umlaufkapitalbedarfs
	Verbesserung des Forderungsmanagements → Reduzierung der durchschnittlichen Außenstandsdauer
Finanzierung durch **Vermögensumschichtung** auch: Substitutionsfinanzierung	Verkauf von nicht (mehr) benötigten Vermögensgegenständen, z. B.: ► Grundstücke ► Anlagen ► Vorräte ► Wertpapiere
Sale-and-Lease-back-Verfahren	Das Unternehmen verkauft betriebsnotwendige Vermögensstände (i. d. R. Anlagen) an eine Leasinggesellschaft und least diese Gegenstände (Desinvestition + Leasing).
	Vorteile: Kapitalfreisetzung durch Verkauf; Verbesserung der aktuellen Liquiditätslage.
	Risiken: Längerfristige Bindung an die Leasinggesellschaft; Belastung der Liquidität durch laufende Leasingraten; ggf. Auflösung stiller Reserven (→ Buchwert/Verkaufspreis); Veränderung der Bilanzstruktur (→ Rating).

07. Welcher Finanzierungseffekt ergibt sich aus der Bildung von Rückstellungen?

Der Finanzierungseffekt entsteht dadurch, dass in der laufenden Periode ein Aufwand in der Gewinn- und Verlustrechnung gebucht wird, der erst in den Folgeperioden aufgelöst wird. Dadurch wird der Gewinn gemindert, die Steuerbemessungsgrundlage sinkt, und es entsteht ein Liquiditäts- und Zinseffekt, weil reduzierte oder keine Ausschüttungen an Gesellschafter und die Finanzbehörde erfolgen. Bei kurzfristigen Rückstellungen dauert der Finanzierungseffekt häufig nur ein Jahr an.

Interessant sind im Wesentlichen Pensionsrückstellungen: Sind Zuführungen und Auszahlungen annähernd gleich, steht dem Unternehmen ein „Sockelbetrag" für Zwecke der Innenfinanzierung auf Dauer zur Verfügung. Außerdem mindern Pensionsrückstellungen in der Einführungsphase die Ertragssteuer.

2.3.3 Außenfinanzierung

2.3.3.1 Beteiligungsfinanzierung

01. Welche Möglichkeiten der Beteiligungsfinanzierung gibt es?

>> 2.2.2.2/Frage 02. ff.

Die Beteiligungsfinanzierung (auch: Einlagenfinanzierung) gehört zu den Formen der Eigenfinanzierung: Dem Unternehmen wird Eigenkapital vom Eigentümer (Einzelunternehmen), Miteigentümer (Gesellschafter/Personengesellschaften) oder Anteilseigner (Kapitalgesellschaften) zur Verfügung gestellt. Man unterscheidet:

a) **Beteiligungsfinanzierung bei Einzelfirmen und Personengesellschaften**, z. B.:
   - Einlagen von Geld- und Sachkapital sowie Rechten des Unternehmers bzw. der Gesellschafter
   - Neuaufnahme von Gesellschaftern

b) **Beteiligungsfinanzierung bei Kapitalgesellschaften**, z. B.:
   - GmbH: Aufnahme neuer Gesellschafter oder Erhöhung der Stammeinlage bestehender Gesellschafter
   - AG: Kapitalerhöhung durch Ausgabe neuer (junger) Aktien

c) Überlassung von Kapital durch
   - Einzahlung von Barmitteln
   - Einbringen von Sachwerten (z. B. Rechte, Immobilien).

2.3.3.2 Langfristige Fremdfinanzierung

01. Welche wichtigen Formen der langfristigen Fremdfinanzierung gibt es?

Formen der langfristigen Fremdfinanzierung	► Darlehen/Investitionskredit ► Schuldscheindarlehen ► Schuldverschreibungen	
	► Anleihen	- Industrieobligationen - Wandelschuldverschreibungen - Optionsanleihen - Null-Kupon-Anleihen - Anleihen mit variablen Zinssätzen
	► Sonderformen	- Leasing - Factoring

02. Welche Besonderheiten hat das langfristige Bankdarlehen (Investitionskredit)?

Langfristige Bankdarlehen dienen der Finanzierung größerer Investitionsvorhaben. Die Laufzeit beträgt mehr als vier Jahre und kann frei vereinbart werden – bis zu 20 Jahren und mehr. Kreditgebende Banken sind z. B. Hausbank, KfW-Bankengruppe, regionale Banken zu Förderung des Mittelstandes in den jeweiligen Bundesländern (vgl. im Internet, Stichwort Mittelstandförderung). Die Absicherung erfolgt i. d. R. über Grundschulden, Pfandrechte, Sicherungsübereignung und/oder Bürgschaften der öffentlichen Hand.

Bei kürzeren Laufzeiten ist der Zinssatz fest vereinbart oder variabel. Für längere Laufzeitzeiten kann eine Gleitklausel integriert werden bzw. es wird vertraglich eine Neuverhandlung der Vertragsmodalitäten vereinbart. Es können Sondertilgungen vereinbart oder ausgeschlossen werden.

Nach der Rückzahlungsart werden unterschieden: Fälligkeitsdarlehen (Blockdarlehen), Tilgungsdarlehen mit gleich bleibender Annuität und Abzahlungsdarlehen.

03. Welche Besonderheiten hat das Schuldscheindarlehen?

Es werden **langfristige Großkredite** von sogenannten Kapitalsammelstellen (Versicherungen, Banken, Pensionskassen, Sozialversicherungsträger) an Unternehmen gegen Ausfertigung eines **Schuldscheines (Dokument zur Beweiserleichterung, kein Wertpapier)** ausgegeben. Man unterscheidet:

- **Fristenkongruentes Schuldscheindarlehen:**

  Dauer der Kapitalüberlassung = Dauer der Kapitalnutzung

- **Revolvierendes Schuldscheindarlehen:**

  Für ein langfristiges Schuldverhältnis wechseln die Kreditgeber in kürzeren Zeitabschnitten.

04. Welche Besonderheiten hat die Schuldverschreibung?

Emissionsfähige Unternehmen können zur Finanzierung langfristiger Investitionen Schuldverschreibungen (auch: Obligationen, Anleihen, festverzinsliche Wertpapiere) ausgeben. Die Schuldverschreibung wird als Wertpapier an der Börse gehandelt. **Die Börsenzulassung des Kreditnehmers ist also Voraussetzung.** Als Kreditnehmer treten am Markt auf: Bund, Länder, Gemeinden, Post, Bahn, Hypothekenbanken. Die übliche Laufzeit beträgt zehn Jahre. Die Zinszahlung an den Kreditgeber (Anleger) erfolgt jährlich oder halbjährlich. Der Ausgabekurs kann unter dem Nennwert liegen. Die Rückzahlung erfolgt zum Nennwert. Die Kreditvergabe ist gegen Grundschulden bis ca. 40 % des Beleihungswertes abgesichert.

05. Was sind Anleihen?

Anleihen sind Kredite, die gegen Forderungspapiere/Schuldverschreibungen am Kapitalmarkt aufgenommen werden. Zu ihnen gehören/zählen u. a.:

- Industrieobligationen
- Wandelschuldverschreibungen
- Optionsanleihen
- Null-Kupon-Anleihen
- Anleihen mit variablen Zinssätzen.

Sie begründen Forderungsrechte der Inhaber auf Zinsen, Rückzahlungen u. Ä. aber kein Stimmrecht.

06. Welche Besonderheiten haben Industrieobligationen?

Industrieobligationen sind langfristige, festverzinsliche Darlehen, die von einem Industrieunternehmen gegen Teilschuldverschreibungen ausgegeben werden. Sie begründen das Recht auf Verzinsung und Rückzahlung für den Besitzer der Industrieobligation.

07. Was ist eine Wandelschuldverschreibung?

Sie ist eine Sonderform der Schuldverschreibung/Industrieobligation und begründet zusätzlich das Umtauschrecht auf Aktien.

08. Welche Besonderheiten hat die Optionsanleihe?

Der Investor bleibt bis zum Ende der Laufzeit Kreditgeber (im Gegensatz zur Wandelschuldverschreibung) und erhält zusätzlich das Recht (Option, lt.: Erwerbsrecht) zu einem späteren Zeitpunkt Aktien zu erwerben. Bei der Ausgabe einer Optionsanleihe müssen Bezugsverhältnis, -frist und -kurs festgelegt werden. Man unterscheidet bei der Optionsanleihe drei Kursermittlungen:

- inkl. Optionsschein
- exkl. Optionsschein
- nur für den Optionsschein.

09. Welche Besonderheiten hat die Null-Kupon-Anleihe?

Kupons sind durchnummerierte Dividendenscheine für die Auszahlung der Dividende bzw. für die Ausgabe neuer Aktien. Bei der Null-Kupon-Anleihe (dt.: Anleihe ohne Kupon) **wird der gesamte Zinsertrag erst am Ende der Laufzeit ausgezahlt.** Diese Form der Finanzierung ist besonders interessant für Unternehmen mit positiven Gewinnaussichten, da während der Laufzeit keine Zinszahlungen anfallen.

10. Welche Besonderheiten hat die zinsvariable Anleihe?

Sie ist eine Anleihe mit variabler Verzinsung (auch: Floating Rate Note): In bestimmten Zeitabständen, z. B. jeden 3. oder 6. Monat, wird der Zinssatz an einen Referenzzinssatz (z. B. EURIBOR: **Eur**o **I**nter**b**ank **O**ffered **R**ates) angepasst. Die Laufzeit der Anleihe liegt meist zwischen 12 und 24 Monaten. Die Zinsauszahlungen sind jährlich, halbjährlich oder pro Quartal. Die Floating-Rate-Anleihe hat für Kreditnehmer und -geber einen gewissen spekulativen Charakter: Der Anleger „hofft" auf steigende Zinsen, der Kreditnehmer auf sinkende.

2.3.3.3 Kurzfristige Fremdfinanzierung

01. Welche Formen der kurzfristigen Fremdfinanzierung sind vorherrschend?

Formen der kurzfristigen Fremdfinanzierung	▸ Kontokorrentkredit ▸ Lieferantenkredit ▸ Kundenkredit/-anzahlungen ▸ Wechselkredit ▸ Kurzfristige (Bank-)Darlehen	▸ Dokumentenakkreditiv ▸ Avalkredit ▸ Lombardkredit ▸ Factoring

1. **Kontokorrentkredit** (KK): kurzfristiger Bankkredit

   Laufendes Konto (auch: Dispositionskredit bei Privatpersonen): Mit der Bank vereinbarte Kreditlinie (befristet/unbefristet) bei variablen Kreditkosten; abgerechnet werden nicht die einzelnen Zahlungen, sondern der Saldo von Ein-/Auszahlungen. Der KK sollte nur zur Abdeckung kurzfristiger Liquiditätsengpässe genutzt werden, da es ein teurer Kredit ist.

2. **Lieferantenkredit:** kurzfristiger Kredit durch Zahlungsziel des Lieferanten

   Beispiel

   „Die Rechnung ist fällig innerhalb von 30 Tagen ab Rechnungsdatum ohne Abzug, mit 2 % Skonto innerhalb von 10 Tagen." Verzichtet der Unternehmer auf die Ausnutzung von Skonto entsteht ihm ein Nachteil (sog. **Opportunitätskosten**). Bezieht man den Skontosatz auf ein Jahr (Jahreszins) ergeben sich hohe Prozentwerte:

$$\text{Jahreszins} = \frac{\text{Skontosatz} \cdot 360}{\text{Zahlungsziel - Skontofrist}} = \frac{2\,\% \cdot 360\text{ Tage}}{30\text{ Tage} - 10\text{ Tage}} = 36\,\%$$

Der Lieferantenkredit gehört also zu den teuersten Kreditarten.

3. **Kundenanzahlungen:** kurzfristiger Kredit des Kunden
Bei Großprojekten lassen sich zum Teil Kundenanzahlungen am Markt durchsetzen (Anlagen-, Immobilienbau). Kundenanzahlungen haben eine **Kredit- und eine Sicherungsfunktion:** Bei Insolvenz des Kunden während der Ausführung des Auftrags ist der mögliche Verlust geringer. Zinszahlungen erfolgen nicht. Der Kunde kann sich seine Anzahlung durch Bankbürgschaft oder Treuhänderkonto absichern lassen.
4. **Wechselkredit:** kurzfristiger Kredit eines Dritten (z. B. Bank, Lieferant)
Der Verkäufer (Aussteller) von Waren stellt einen Wechsel gegenüber dem Käufer (Bezogener) aus. Der Bezogene akzeptiert den Wechsel und verspricht damit, dass er den geschuldeten Geldbetrag am Ende der vereinbarten Wechsellaufzeit begleicht. Der Wechsel kann durch den Aussteller zum Diskont bei einer Geschäftsbank eingereicht oder dem Bezogenen am Fälligkeitstag vorgelegt werden. Je nach Laufzeit stellt der Wechsel einen kurzfristigen Kredit dar.
5. **Kurzfristige (Bank-)Darlehen:**
Es wird ein bestimmter Geldbetrag für eine bestimmte Zeit kreditiert. Man unterscheidet generell folgende Darlehensarten:

Fälligkeitsdarlehen (Blockdarlehen)	Rückzahlung in einer Summe mit zwischenzeitlichen (gleichbleibenden) Zinszahlungen.	
Tilgungsdarlehen mit gleichbleibender Annuität (Annuitätendarlehen)	Gleichbleibende Rate von Tilgung und Zins; dabei nimmt der Zinsanteil je Rate ab und der Tilgungsanteil steigt (sofortige Verrechnung der Tilgung).	Tilgung + Zins = Annuität 50 + 30 = 80 51 + 29 = 80
Abzahlungsdarlehen	Tilgungsrate gleich hoch; Zinsbeträge sinken, da Restschuld geringer.	Tilgung + Zins = Kapitaldienst 50 + 30 = 80 50 + 29 = 79

6. **Avalkredit:**
Bank als Bürge. Die Bank haftet selbstschuldnerisch aufgrund einer eingegangenen Bürgschaftsverpflichtung oder einer Garantie. Sie gibt ihren guten Namen (Kosten für den Kreditnehmer).

7. Der **Lombardkredit** ist ein kurzfristiges Darlehen unter Verpfändung beweglicher Sachen, von Wertpapieren oder Forderungen, der zu einem festen Termin bereitgestellt bzw. zurückgezahlt wird. Es werden nach dem Objekt der Verpfändung folgende Lombardkredite unterschieden:
   - Effektenlombard (auch Wertpapierlombard)
   - Wechsellombard
   - Edelmetalllombard
   - Warenlombard
   - Forderungslombard.
8. **Dokumentenakkreditiv:**

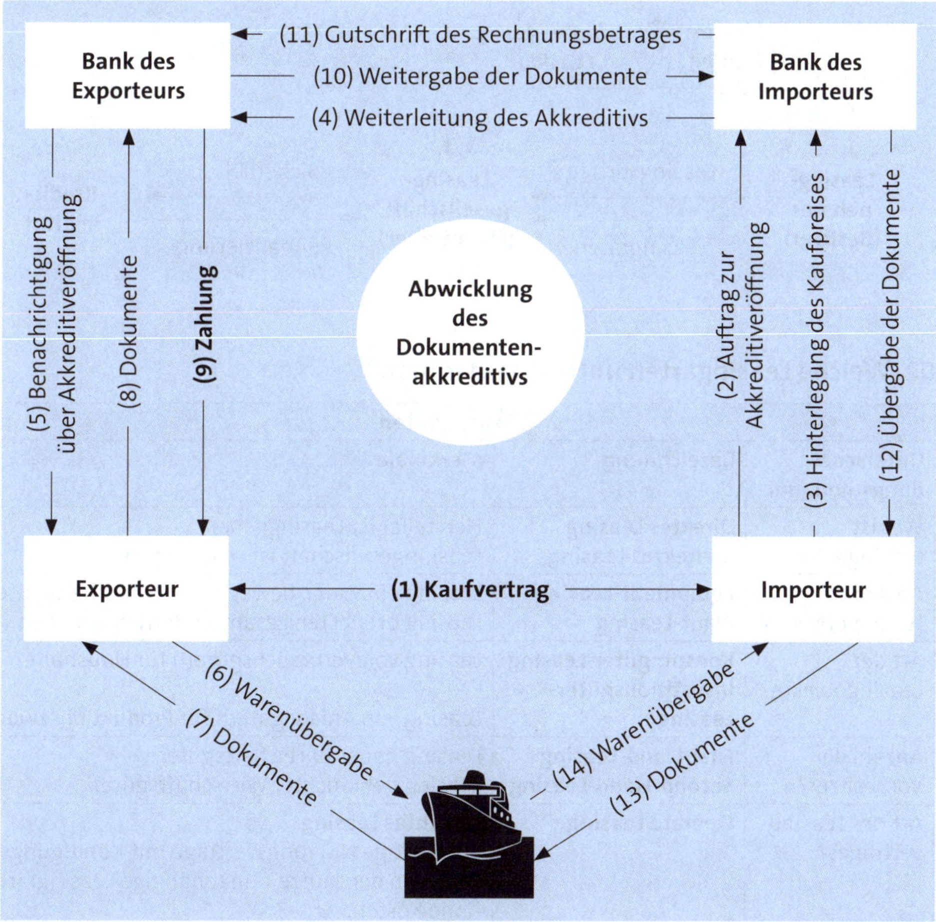

2.3.3.4 Sonderformen der Finanzierung

01. Was ist Leasing?

Leasing (engl.: mieten, pachten) ist die Vermietung bzw. Verpachtung von Anlagen oder Gütern durch Hersteller oder Leasinggesellschaften für eine vereinbarte Zeit gegen Entgelt. Der Leasingnehmer wird Besitzer, aber nicht Eigentümer. Hersteller oder Leasinggesellschaft bleiben Eigentümer.

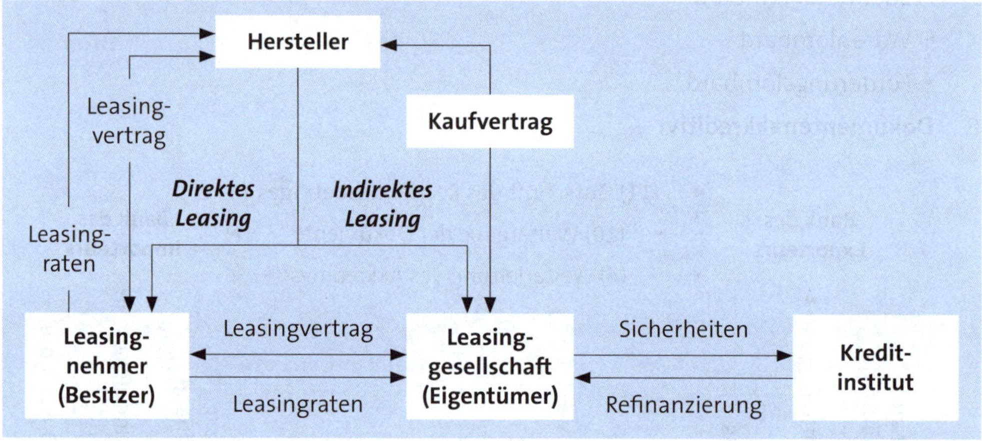

02. Welche Leasingarten unterscheidet man?

Leasingarten		
Unterscheidungsmerkmal	**Bezeichnung**	**Merkmale**
Wer ist Leasinggeber?	**Direktes Leasing** **Indirektes Leasing**	Hersteller ist Leasinggeber. Leasinggesellschaft ist Leasinggeber.
Anzahl der Leasingobjekte?	**Equipment-Leasing** **Plant-Leasing**	Leasing einzelner, beweglicher Wirtschaftsgüter. Leasing ortsfester, gesamter Betriebsanlagen.
Art der Leasingobjekte?	**Konsumgüter-Leasing** **Investitionsgüter-Leasing**	Leasing von Verbrauchsgütern für Haushalte. Leasing von Anlagegütern für Produktionszwecke.
Anzahl der Vorbesitzer?	**First-Hand-Leasing** **Second-Hand-Leasing**	Leasing neuer Wirtschaftsgüter. Leasing gebrauchter Wirtschaftsgüter.
Art des Leasingvertrages?	**Operate Leasing**	**Unechtes Leasing:** Kurzfristige Nutzungsverträge mit Kündigungsfrist; von der Laufzeit unabhängige Leasingrate; hohe Kosten.
	Finance Leasing	**Echtes Leasing:** Längerfristige Nutzungsüberlassung; Leasingrate abhängig von der Anzahlung und der Grundmietzeit; Leasingnehmer trägt die Gefahr des Untergangs des Leasinggegenstandes.

03. Welche steuerlichen Voraussetzungen müssen beim Finance Leasing gegeben sein, damit der Leasingnehmer nicht Eigentümer wird?

Aufgrund mehrerer Erlasse des Bundesfinanzhofes gilt: Ist die Grundmietzeit zwischen 40 und 90 % der betriebsüblichen Nutzungsdauer lt. steuerlicher AfA-Tabelle (z. B. bei Pkw = 6 Jahre, bei IT-Hardware = 3 Jahre) und wurde der Leasing-Vertrag ohne Kauf- oder Verlängerungsoption geschlossen, so ist der Leasing-Gegenstand dem Leasinggeber zuzurechnen. Für den Leasingnehmer sind die Leasingraten Betriebsausgaben und unterliegen der Umsatzsteuer mit 19 %.

04. Was ist Factoring?

Neben dem Leasing, bei dem Anlagegegenstände durch Dritte vorfinanziert werden, stellt das Factoring eine weitere Möglichkeit dar, einen Teil des Vermögens (Umlaufvermögen) durch spezielle Gesellschaften finanzieren zu lassen.

Der Factor kauft von einem Unternehmen die Forderungen aus Warenlieferungen und zahlt die Rechnungsbeträge unter Abzug eines bestimmten Betrages sofort aus. Für das Unternehmen bedeutet dies eine zeitlich verzogene Verflüssigung (Vorschuss), der in den Außenständen gebundenen Geldmittel. Beim Factoring findet demnach ein Gläubigerwechsel statt: Für den Kunden, der die Ware erhält, ist nicht mehr der Lieferant, sondern der Factor der Gläubiger.

MERKE

Factoring ist der regresslose Verkauf von Forderungen.

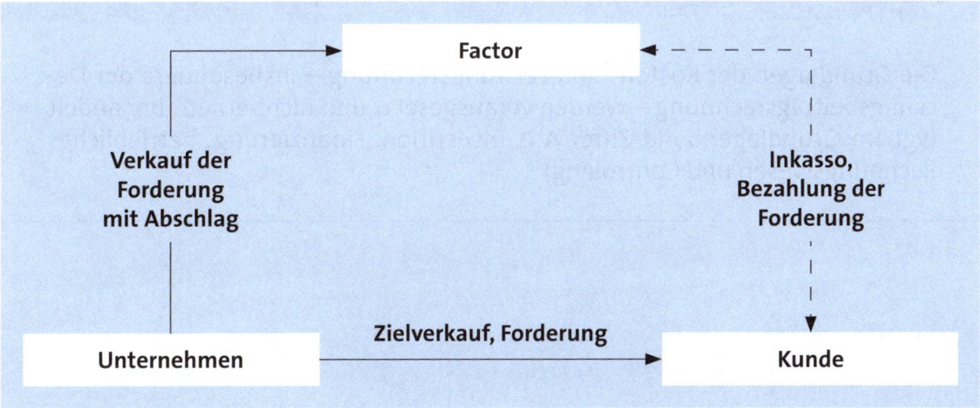

Das Factoring erfüllt bestimmte **Funktionen** (Vorteile) und der Factor kalkuliert mit folgenden Kosten:

Factoring

Funktionen	**Kosten**
1. **Dienstleistungsfunktion:** ► Fakturierung ► Debitorenbuchhaltung ► Mahnwesen ► Inkasso 2. **Finanzierungsfunktion** 3. **Delkrederefunktion:** Der Factor übernimmt das Risiko des Forderungsausfalls (echtes Factoring).	► Factoring- und Delkrederegebühr ► Zinskosten ► Kreditprovision ► Kosten der Buchhaltung

Factoring kommt nur für Unternehmen mit Jahresumsätzen ab 2 Mio. € oder mehr infrage. Der Verbesserung der Liquidität und der Sicherheit des Zahlungseingangs steht ein möglicher Imageschaden bei den eigenen Kunden gegenüber.

2.4 Kosten- und Leistungsrechnung

→ A 2.

TIPP

Die Grundlagen der Kosten- und Leistungsrechnung – insbesondere der Deckungsbeitragsrechnung – werden vorausgesetzt und nicht erneut behandelt (vgl. im Grundlagenband Ziffer A 2. Investition, Finanzierung, betriebliches Rechnungswesen und Controlling).

2.4.1 Deckungsbeitragsrechnung als Entscheidungsrechnung

2.4.1.1 Ein- und mehrstufige Deckungsbeitragsrechnung

→ A 2.

01. Wie ist das Verfahren bei der einstufigen Deckungsbeitragsrechnung?

Die einstufige Deckungsbeitragsrechnung

- erfordert eine Aufteilung der Gesamtkosten in fixe und variable Bestandteile,
- verrechnet die variablen Kosten auf die Bezugsobjekte und
- lässt die fixen Kosten als Block in die kurzfristige Ergebnisrechnung einfließen.

Beispiel

Einstufige Deckungsbeitragsrechnung mit mehreren Produkten (in €)

Bereiche	**Bereich I**				**Bereich II**		**gesamt**
Gruppen	**Erzeugnisgruppe 1**		**Erzeugnisgruppe 2**		**Erzeugnisgruppe 3**		
Produkte	**Produkt 1**	**Produkt 2**	**Produkt 3**	**Produkt 4**	**Produkt 5**	**Produkt 6**	
Umsatzerlöse	30.000	28.000	8.000	31.000	64.000	52.000	213.000
- variable Kosten	12.000	14.000	6.000	16.000	29.000	21.000	98.000
= DB	18.000	14.000	2.000	15.000	35.000	31.000	115.000
- Fixkosten							84.000
= Betriebsergebnis							31.000

02. Wie ist das Verfahren bei der mehrstufigen Deckungsbeitragsrechnung?

Die mehrstufige Deckungsbeitragsrechnung (**Fixkostendeckungsrechnung**)

- ist eine Weiterentwicklung der einstufigen Deckungsbeitragsrechnung und
- verrechnet die variablen Kosten auf die Bezugsobjekte.
- Die fixen Kosten werden stufenweise entsprechend ihrer Zurechenbarkeit berücksichtigt. Man unterscheidet:

Erlöse	
- variable Kosten	
= Deckungsbeitrag I	
- erzeugnisfixe Kosten	Der Teil der fixen Kosten, der sich dem Kostenträger direkt zuordnen lässt, z. B. Kosten einer spezifischen Fertigungsanlage, Spezialwerkzeuge.
= Deckungsbeitrag II	
- erzeugnisgruppenfixe Kosten	Der Teil der fixen Kosten, der sich zwar nicht einem Kostenträger, jedoch einer Kostenträgergruppe (Erzeugnisgruppe) zuordnen lässt.
= Deckungsbeitrag III	
- unternehmensfixe Kosten	Ist der restliche Fixkostenblock, der sich weder einem Erzeugnis noch einer Erzeugnisgruppe direkt zuordnen lässt, z. B. Kosten der Geschäftsleitung/der Verwaltung.
= Betriebsergebnis	

Demzufolge arbeitet man in der mehrstufigen Deckungsbeitragsrechnung mit einer modifizierten Struktur von Deckungsbeiträgen. Selbstverständlich führen beide Verfahren (ein-/mehrstufige DB-Rechnung) zum gleichen Betriebserfolg.

2.4.1.2 Entscheidungsorientierte Teilkostenrechnung

Im Rahmen der entscheidungsorientierten Teilkostenrechnung werden hier behandelt:

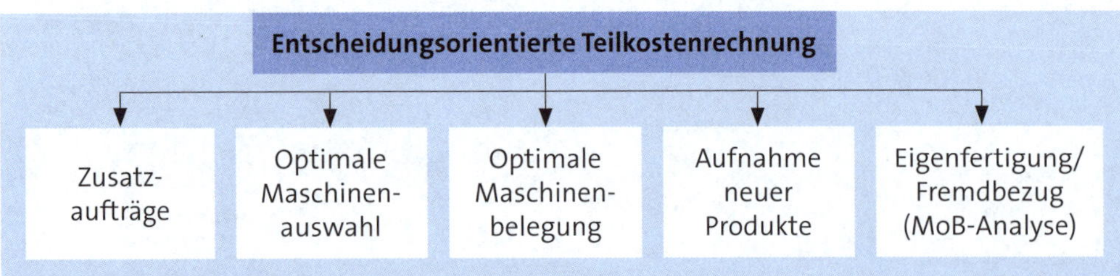

01. Welche Aussagekraft hat die Ermittlung der „kritischen Menge" im Rahmen der Kostenvergleichsrechnung?

- Die **kritische Menge** (auch: Grenzstückzahl) ist die Menge, bei der zwei verschiedene Verfahren die gleichen Kosten aufweisen.
- Allgemein gilt für die kritische Stückzahl x:

$K_1 = K_2$ 1, 2: Verfahren 1, 2

$$K_{f1} + x \cdot k_{v1} = K_{f2} + x \cdot k_{v2}$$

$$x = \frac{K_{f1} - K_{f2}}{k_{v2} - k_{v1}} = \frac{K_{f2} - K_{f1}}{k_{v1} - k_{v2}}$$

$$\text{Grenzstückzahl} = \frac{\text{Fixkosten 1 - Fixkosten 2}}{\text{variable Stückkosten 2 - variable Stückkosten 1}}$$

Betrachtet man die Formel, so lässt sich leicht erkennen, dass die Errechnung der kritischen Menge auf der Differenz der Fixkosten und der Differenz der variablen Stückkosten beruht.

02. Wie ist ein Zusatzauftrag mithilfe der Deckungsbeitragsrechnung zu bewerten?

Als Zusatzauftrag bezeichnet man alle Aufträge, die zu Preisen unterhalb der derzeitigen Verkaufspreise angenommen werden. Dadurch soll erreicht werden:

- bessere Nutzung der zur Zeit nicht ausgelasteten Kapazität
- Verbesserung des Periodenerfolgs
- zusätzliche Ausschöpfung des Marktpotenzials.

Die Annahme eines Zusatzauftrages ist dann vorteilhaft, wenn der Gewinn bei Annahme mindestens so hoch ist wie bei Ablehnung. Der Erlös des Zusatzauftrages muss also mindestens seine variablen Kosten decken. Die fixen Kosten sind bereits durch die Erlöse der bisherigen Fertigung gedeckt.

03. Wie lässt sich die optimale Maschinenauswahl ermitteln?

Die optimale Maschinenauswahl (auch: optimales Fertigungsverfahren) lässt sich z. B. mithilfe der Kostenvergleichsrechnung ermitteln (vgl. Frage 01., kritische Menge):

MERKE

Bei Überschreiten der kritischen Menge ist das kostengünstigere Verfahren zu wählen; es ist das Verfahren, das zwar höhere Fixkosten aber geringere variable Kosten hat.

04. Wie lässt sich kurzfristig die Maschinenbelegung mithilfe der Deckungsbeitragsrechnung optimieren?

Bedingungen:

- Es liegt kein Engpass vor.
- Die Anlagen sind insgesamt nicht ausgelastet.
- Kurzfristig können oder sollen keine neuen Anlagen beschafft werden.
- Das oder die Erzeugnisse können auf allen Anlagen gefertigt werden.

Lösung:
Es werden die Anlagen genutzt, die die geringsten variablen Stückkosten haben bzw. die den höchsten Deckungsbeitrag erwirtschaften. Die fixen Kosten je Anlage bleiben unberücksichtigt, da sie kurzfristig unveränderbar sind.

Beispiel

Derzeit wird auf zwei Anlagen unter folgenden Bedingungen gefertigt:

		Anlage 1	Anlage 2	gesamt
Kapazität	Stück/Monat	8.000	4.000	
Fertigungsmenge (= Absatzmenge)		8.000	4.000	12.000
Variable Kosten	€/Stück	2,50	4,50	
Fixe Kosten	€/Monat	10.000	14.000	24.000
Verkaufspreis	€/Stück	6,50	6,50	

Bedingung:
Im kommenden Monat wird mit einer Verringerung des Absatzes um 3.000 Stück gerechnet. Bei Teilkostenbetrachtung ergibt sich daher folgende Situation:

		Anlage 1	Anlage 2
Stückpreis	€/Stück	6,50	6,50
- variable Stückkosten		2,50	4,50
= db		4,00	2,00

Bei dem Auswahlproblem wird auf Anlage 1 die unveränderte Menge gefertigt, da sie den höchsten Stückkostendeckungsbeitrag erwirtschaftet. Der Absatzrückgang geht zulasten der Anlage 2.

Ergebnis:

Variante 1		Anlage 1: 8.000 Stk.	Anlage 2: 1.000 Stk.	
Deckungsbeitrag	€/Monat	4 • 8.000	2 • 1.000	
		32.000	2.000	34.000

Im Vergleich dazu würde der Absatzrückgang zulasten der Anlage 1 einen insgesamt geringeren Deckungsbeitrag ergeben:

Variante 2		Anlage 1: 5.000 Stk.	Anlage 2: 4.000 Stk.	
Deckungsbeitrag	€/Monat	4 • 5.000	2 • 4.000	
		20.000	8.000	28.000

05. Welche Variablen entscheiden über Eigen- oder Fremdfertigung?

Die Entscheidung über Eigen- oder Fremdfertigung (Make-or-Buy-Analyse; MoB) ist abhängig von

- **qualitativen Gesichtspunkten**, z. B.:

  Abhängigkeit von Lieferanten, Qualitätssicherung beim Lieferanten, Zuverlässigkeit und

- **Kostengesichtspunkten:**

kurzfristige Entscheidung	Kurzfristig wird die vorhandene Produktionsausstattung als Datum gesehen. Liegt kein Engpass vor, so wird eigengefertigt, wenn der Einkaufspreis pro Stück (p) über den variablen Stückkosten (k_v) liegt. Die fixen Kosten werden bei der kurzfristigen Betrachtung nicht beachtet, da sie unabhängig vom Fremd- oder Eigenbezug anfallen. Eigenfertigung, wenn $p > k_v$
langfristige Entscheidung	Hier werden die Produktionsbedingungen als veränderbar gesehen. Eigenfertigung und Fremdbezug werden meist im Wege der Kostenvergleichsrechnung (statische Investitionsrechnung) gegenübergestellt unter Einbeziehung der fixen und variablen Kosten bei der Eigenfertigung und den Bezugskosten der Fremdfertigung. Alternativ können dynamische Verfahren der Investitionsrechnung eingesetzt werden. Die Berechnung ist aufwendiger aber geeigneter.

2.4.1.3 Absolute und relative Deckungsbeiträge

01. Wie kann kurzfristig das optimale Produktionsprogramm ermittelt werden?

Beispiel

Beispiel 1
Ein Unternehmen stellt drei Produkte her. Es existiert **kein** Engpass.

Produkt	Absatz (Stück pro Monat)	Verkaufspreis (p) (€/Stück)	Variable Stückkosten (k_v) (€/Stück)	Deckungsbeitrag pro Stück (€/Stück)
A	8.000	150	160	-10
B	10.000	270	180	90
C	4.000	300	250	50

Es ergeben sich in letzter Tabellenspalte für die Produkte A bis C die absoluten Deckungsbeiträge pro Stück: $db = p - k_v$

Das optimale Produktionsprogramm ohne Engpass ist daher:

- Produkt A wird nicht hergestellt (negativer db); Ausnahme: Produkt A muss aus produktionstechnischen Gründen oder Marktgesichtspunkten hergestellt werden, z. B. der Kunde ordert C häufig in Verbindung mit A.
- Produkt B und C werden mit der Höchstmenge hergestellt.

MERKE

Kurzfristig gilt: Liegt **kein Engpass** vor, so sollte das Unternehmen alle Produkte herstellen, die einen positiven (absoluten) Deckungsbeitrag erwirtschaften.

Beispiel

Beispiel 2

Ein Unternehmen stellt drei Produkte her. Es existiert **ein Engpass:** Die verfügbare Kapazität beträgt nur 3.000 Stunden.

Produkt	**Fertigungszeit** (min/Stück)	**Erwarteter Absatz** (Stück/Monat)	**Verkaufspreis** (€/Stück)	**Variable Stückkosten** (€/Stück)	**Deckungsbeitrag pro Stück** (€/Stück)
A	40	8.000	150	160	-10
B	20	10.000	270	180	90
C	10	4.000	300	250	50

Liegt ein Engpass vor, kann nicht mit dem (absoluten) Deckungsbeitrag gearbeitet werden, da die Fertigungszeiten zu berücksichtigen sind. Man ermittelt daher den **relativen** Deckungsbeitrag. Er ist der Deckungsbeitrag, der pro Engpasszeiteinheit erwirtschaftet wird (im vorliegenden Fall die Fertigungszeit in min/Stück).

$$\text{Relativer Stückdeckungsbeitrag} = \frac{\text{(absoluter) Deckungsbeitrag pro Stück}}{\text{Fertigungszeit pro Stück}}$$

Im vorliegenden Fall ergibt sich für Produkt B und C:

$$\text{Relativer db}_{\text{Produkt B}} = \frac{\text{(absoluter) db}}{\text{min/Stück}}$$

$$= \frac{90}{20} = 4{,}5\ \text{€/min} = 270\ \text{€/Std.}$$

$$\text{Relativer db}_{\text{Produkt C}} = \frac{50}{10} = 5{,}0\ \text{€/min} = 300\ \text{€/Std.}$$

Anhand der relativen Deckungsbeiträge wird das Produktionsprogramm in eine Rangfolge (Priorität) gebracht. Die begrenzte Kapazität ist entsprechend der Rangfolge zu verteilen: Von Produkt C wird die erwartete Absatzmenge hergestellt; von B können nur noch 7.000 Stück produziert werden.

Produkte			
	A	B	C
(absoluter) db	-10	90	50
benötigte Fertigungszeit (min/Stück)	40	20	10
relativer db (€/min)	-0,25	4,50	5,00
Priorität/Reihenfolge	3	2	1
erwarteter Absatz	8.000	10.000	4.000
zugewiesene Fertigungsminuten	0	140.000	40.000
Produktionsmenge	0	7.000	4.000
Deckungsbeitrag je Produkt	0	630.000	200.000
Deckungsbeitrag insgesamt			830.000

MERKE

Kurzfristig gilt: Liegt **ein Engpass** vor, so ist das Produktionsprogramm in der Rangfolge der relativen Deckungsbeiträge aufzustellen.

2.4.2 Normalkostenrechnung

01. Wie ist das System der Vollkostenrechnung gegliedert?

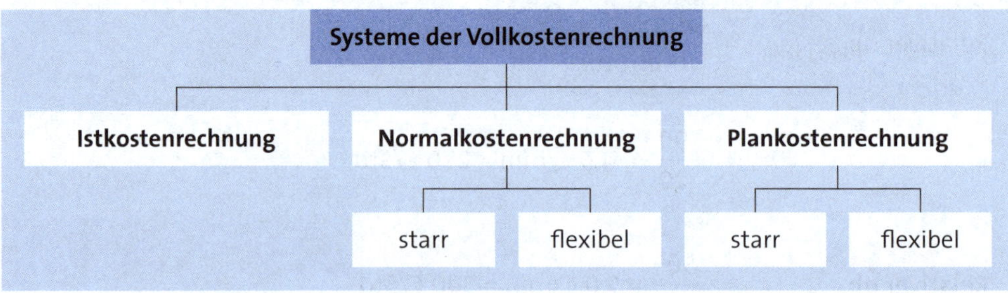

02. Wie unterscheiden sich Istkosten, Normalkosten und Plankosten?

Istkosten:
Tatsächliche Kosten, die nachträglich, d. h. nach einer Abrechnungsperiode, festgestellt wurden.

Normalkosten:
Normalkosten werden durch die Berechnung von Durchschnittswerten (arithmetische Mittel) gebildet. Die Bezugsperiode für die Berechnung kann ein Quartal oder ein Jahr sein. Die Normalkosten sind vergangenheitsorientiert.

Plankosten:
Sie stellen zukunftsorientierte Kosten dar, die sich auf die kommenden Perioden beziehen.

Durch den Vergleich von Ist- und Normalkosten im BAB können Über- und Unterdeckungen festgestellt werden. Auch bei der Zuschlagskalkulation können Abweichungen zwischen Ist- und Normalkosten dokumentiert werden.

03. Wodurch unterscheidet sich die starre von der flexiblen Normalkostenrechnung?

Bei der starren Normalkostenrechnung geht man von einem bestimmten Beschäftigungsgrad aus, wobei die ermittelten Kosten über einen längeren Zeitraum konstant bleiben. Die Kostensätze haben nur für den gewählten Beschäftigungsgrad Bedeutung. In der Praxis kann die starre Normalkostenrechnung z. B. im Forschungsbereich eingesetzt werden, da i. d. R. keine direkte Abhängigkeit von der Auftragslage herrscht. Ein wesentlicher Nachteil der starren Normalkostenrechnung besteht in der mangelnden Anpassungsfähigkeit an veränderte Beschäftigungslagen.

Dieser Nachteil der starren Normalkostenrechnung wird durch die flexible Normalkostenrechnung behoben, weil der Beschäftigungsgrad bei der Ermittlung der Kosten berücksichtigt werden kann. Zudem ermöglicht die flexible Normalkostenrechnung eine Ermittlung der Beschäftigungsabweichung sowie der Verbrauchsabweichung.

2.4.3 Plankostenrechnung

01. Welche Stufen sind beim Aufbau der Plankostenrechnung erforderlich?

Der **Aufbau einer Plankostenrechnung** umfasst:

- Die Kostenartenrechnung:
  Planung der Kostenarten: Erfassung aller zu erwartenden Kosten in der Planperiode (z. B. für das kommende Geschäftsjahr)
- Die Kostenstellenrechnung:
  Zuordnung der zukünftig anfallenden Kosten auf die Kostenstellen (Festlegung der Plankosten je Kostenart und Kostenstelle)

- Soll-Ist-Vergleich:
  Gegenüberstellung geplanter und tatsächlich entstandener Kosten als Hauptziel der Plankostenrechnung
- Kostenträgerrechnung:
  Durchführung der Kostenträgerzeitraumrechnung bzw. der Kostenträgerstückrechnung auf der Basis von Plankosten; Ermittlung der Abweichungen bei einem Kostenträger je Periode bzw. Vergleich der Plankalkulation (auf Basis von Plankosten) mit der Nachkalkulation (auf Basis tatsächlich entstandener Istkosten).

MERKE

Die Istkosten der Plankostenrechnung (PKR) unterscheiden sich von den Istkosten der Istkostenrechnung (IKR):

IKR	Istkostenrechnung (K_{IKR})	→	Istkosten = Istmenge • **Istpreis**
PKR	Plankostenrechnung (K_{PKR})	→	Istkosten = Istmenge • **Planpreis**

Daher gilt:

IKR	Istkosten	= Istmenge • Istpreis = $x_i \cdot p_i$	} **Preisabweichung** (IKR-Istkosten ↔ PKR-Istkosten)
PKR	Istkosten	= Istmenge • Planpreis = $x_i \cdot p_p$ (beim Istbeschäftigungsgrad)	} **Verbrauchsabweichung** (PKR-Istkosten ↔ Plankosten)
	Plankosten	= Planmenge • Planpreis = $x_p \cdot p_p$ (beim Istbeschäftigungsgrad)	

02. Wie ist das Verfahren bei der starren Plankostenrechnung?

- **Merkmale:**
  - Sie führt keine Auflösung der Kosten in fixe und proportionale Bestandteile durch.
  - Die Vorgabe der Kosten (Planwerte) erfolgt primär auf der Basis zukünftiger Entwicklungen (Erwartungen).
- **Vorteile:**
  - Das Verfahren ist relativ einfach.

- **Nachteile:**
  - Der Beschäftigungsgrad wird nicht berücksichtigt.
  - Bei Beschäftigungsschwankungen ist keine exakte Kostenkontrolle möglich.
  - Abweichungen (Soll - Ist) können nur als Ganzes dargestellt werden.

Es gelten bei der starren Plankostenrechnung folgende Beziehungen:

Starre Plankostenrechnung (Formeln)			
1.	**Plankosten**	=	Planmenge • Planpreis
2.	**Istkosten**	=	Istmenge • Planpreis
3.	**Plankostenverrechnungssatz**	=	$\frac{\text{Plankosten}}{\text{Planbeschäftigung}}$
4.	**Verrechnete Plankosten**	=	Istbeschäftigung • Plankostenverrechnungssatz
		=	Beschäftigungsgrad • Plankosten $\text{Beschäftigungsgrad} = \frac{\text{Istbeschäftigung}}{\text{Planbeschäftigung}} \cdot 100$
5.	**Abweichung**	=	Istkosten - verrechnete Plankosten

03. Wie ist das Verfahren bei der flexiblen Plankostenrechnung?

- **Merkmale:**
  - Sie führt eine Auflösung der Kosten in fixe und proportionale Bestandteile durch.
  - Durch die Einführung der **Sollkosten** lässt sich die Gesamtabweichung differenziert in die Verbrauchsabweichung und die Beschäftigungsabweichung darstellen. Die Sollkosten enthalten die geplanten Fixkosten in voller Höhe und die geplanten variablen Kosten in Abhängigkeit vom Beschäftigungsgrad.
- **Vorteile:**
  - Die Kostenkontrolle ist wirksam in der Kostenarten- und in der Kostenstellenrechnung.
  - Durch die Berücksichtigung von Beschäftigungsschwankungen während der laufenden Periode wird erreicht:
    - Die Genauigkeit der Kalkulation wird verbessert.
    - Die Abweichung kann differenziert als **Verbrauchs- und als Beschäftigungsabweichung** ermittelt werden.
- **Nachteil:**

  Die fixen Kosten haben die gleichen Bezugsgrößen wie die variablen Kosten („erzwungene **Proportionalisierung“ der fixen Kosten**).

- **Vorgehensweise:**
  1. Errechnung der **Plankosten je Kostenstelle**.
  2. **Aufspaltung der Plankosten** in fixe und variable Bestandteile.

Es gelten bei der flexiblen Plankostenrechnung folgende Beziehungen:

Flexible Plankostenrechnung (Formeln)			
1.1	**Variable Plankosten-verrechnungssatz**	=	Variable Plankosten : Planbeschäftigung
1.2	**Fixer Plankostenverrechnungssatz**	=	Fixe Plankosten : Planbeschäftigung
1.3	**Plankostenverrechnungssatz** (gesamt) bei Planbeschäftigung	=	Variabler Plankostenverrechnungssatz + Fixer Plankostenverrechnungssatz
		=	Plankosten : Planbeschäftigung
2.	**Verrechnete Plankosten**	=	Istbeschäftigung • Plankostenverrechnungssatz
		=	Plankosten • Beschäftigungsgrad
3.	**Sollkosten**	=	Fixe Plankosten + Variabler Plankostenverrechnungssatz • Istbeschäftigung
		=	Fixe Plankosten + Variable Plankosten • Beschäftigungsgrad
4.	**Beschäftigungsabweichung (BA)**[1] Abweichung, die auf einer Beschäftigungsänderung basiert	=	Verrechnete Plankosten - Sollkosten
5.	**Verbrauchsabweichung (VA)**[1] Abweichung, die nicht auf einer Beschäftigungsänderung basiert	=	Sollkosten - Istkosten (Planmenge bei Istbeschäftigung • Planpreis) - (Istmenge bei Istbeschäftigung • Planpreis)
6.	**Gesamtabweichung (GA)**[1]	=	Verrechnete Plankosten - Istkosten
		=	Verbrauchsabweichung + Beschäftigungsabweichung

[1] Hinweis: Die Definition der BA, VA und GA ist in der Literatur nicht einheitlich. Entscheidend ist letztlich nicht das Vorzeichen, sondern die Interpretation des Ergebnisses.

Generell gilt:

Istbeschäftigung = Planbeschäftigung	Verrechnete Plankosten = Sollkosten Schnittpunkt der Sollkostenfunktion mit der Funktion der verrechneten Plankosten.
Istbeschäftigung < Planbeschäftigung	Plankosten < Sollkosten Ein Teil der fixen Kosten wird nicht verrechnet.
Istbeschäftigung > Planbeschäftigung	Plankosten > Sollkosten Es werden mehr fixe Kosten verrechnet als nach Plan anfallen sollen.

04. Was ist der Soll-Ist-Vergleich?

Der Soll-Ist-Vergleich ist der Hauptzweck der Plankostenrechnung. Den geplanten Kosten werden die tatsächlich entstandenen Kosten gegenüber gestellt. In der Praxis wird der Kostenstellenverantwortliche einen monatlichen Report erhalten, der die Istkosten und die Sollkosten – einzeln je Monat und meist auch aktuell aufgelaufen – enthält. Meist wird der Soll-Ist-Vergleich nicht nur in absoluten Werten, sondern auch in Prozentwerten ausgewiesen. In größeren Betrieben besteht für den Kostenstellenverantwortlichen eine interne Vorgabe, Abweichungen, die einen bestimmten Prozentwert überschreiten, schriftlich zu kommentieren, z. B. Abweichung in % > 5 %.

Eine Ausnahme bilden die Abweichungen, die durch Fehlplanungen oder durch nicht planbare Ereignisse aufgetreten sind.

MERKE

$$\text{Abweichung absolut} = \text{Ist - Soll}$$

Ist - Soll > 0 Kostenüberschreitung!
Ist - Soll ≤ 0 Kostenunterschreitung bzw. Einhaltung der Kostenvorgabe!

$$\text{Abweichung in \%} = \frac{\text{Ist - Soll}}{\text{Soll}} \cdot 100$$

05. Welche Abweichungen werden unterschieden?

Abweichungen

Preisabweichung (PA)	**Verbrauchsabweichung (VA)**	**Beschäftigungsabweichung (BA)**
	Materialabweichung | Lohnabweichung	
Istmenge • **Istpreis** - Istmenge • **Planpreis**	Istkosten - Sollkosten Dabei gilt: Istkosten = Istmenge • Planpreis	Sollkosten - Verrechnete Plankosten

- Die **Preisabweichung** (PA) ergibt sich als Differenz zwischen Sollkosten und Istkosten; die Differenz ergibt sich aus der Unterschiedlichkeit von Planpreis und Istpreis.

MERKE

Es gilt:

PA > 0 → Es sind Mehrkosten entstanden!
PA < 0 → Es wurden zu hohe Kosten verrechnet!

Beispiel

PA = (Istmenge • Istpreis) - (Istmenge • Planpreis)

= (1.000 • 10) - (1.000 • 12)
= - 2.000

Die Istkosten der Plankostenrechnung sind höher als die Istkosten der Istkostenrechnung. Es wurden um 2.000 € höhere Kosten verrechnet als tatsächlich entstanden sind.

- Die **Verbrauchsabweichung** (VA) ergibt sich als Differenz von Istkosten und Sollkosten innerhalb der flexiblen Plankostenrechnung.

MERKE

VA > 0 → Istkosten > Sollkosten:
Verbrauch ist höher als geplant!

VA < 0 → Istkosten < Sollkosten:
Verbrauch ist niedriger als geplant!

- Die VA kann weiter gegliedert werden in Materialkosten und Lohnabweichungen. Die Verantwortung für die VA hat der Kostenstellenleiter.

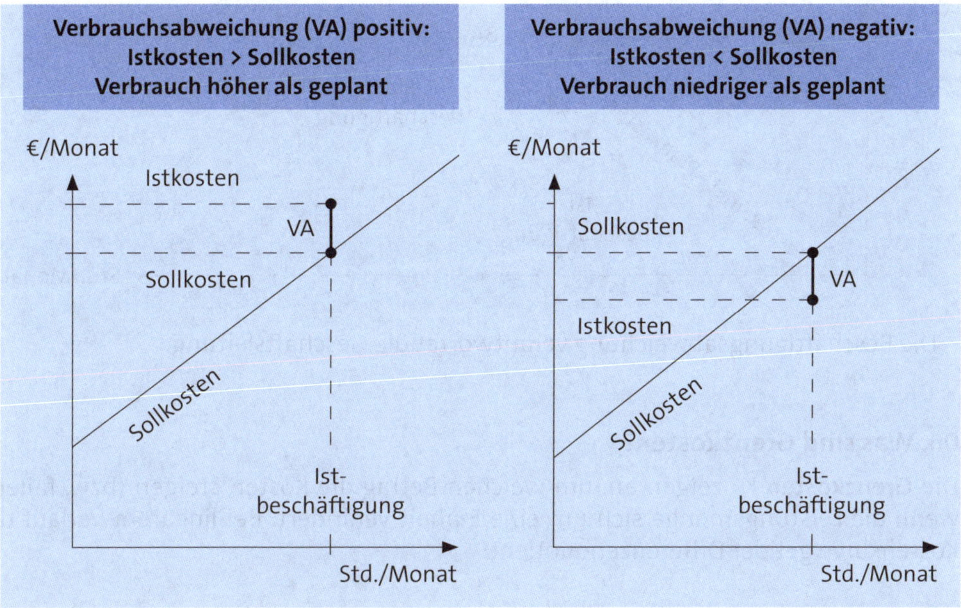

- Die **Beschäftigungsabweichung** (BA) ist die Differenz zwischen Sollkosten und verrechneten Plankosten innerhalb der flexiblen Plankostenrechnung.

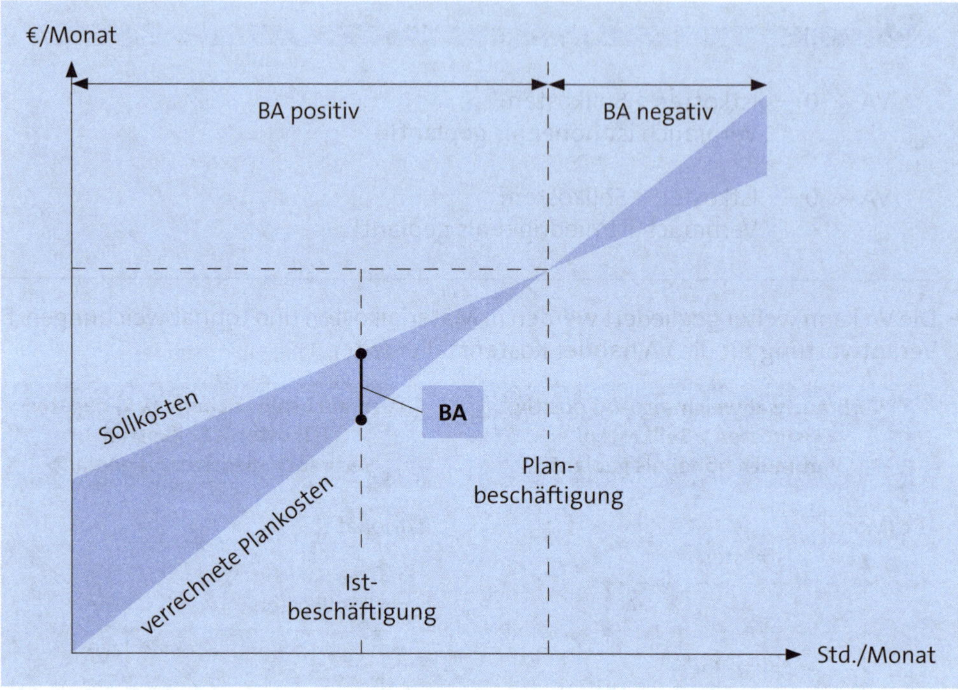

Die Beschäftigungsabweichung verantwortet die Geschäftsleitung.

06. Was sind Grenzkosten?

Die **Grenzkosten** K´ zeigen an, um welchen Betrag die Kosten steigen (bzw. fallen), wenn die Leistungsmenge sich um eine Einheit verändert. Bei linearem Verlauf der Kostenkurve gilt der Differenzenquotient:

$$K' = \frac{\text{Kostenzuwachs}}{\text{Mengenzuwachs}} = \frac{K_2 - K_1}{x_2 - x_1} = \frac{\Delta K}{\Delta x}$$

Beispiel

Bei einer Produktion von 200 Stück betragen die Kosten 800 €; bei einer Produktionsmenge von 300 Stück liegen die Kosten bei 1.000 €. Die Grenzkosten betragen daher:

$$K' = \frac{1.000\text{ €} - 800\text{ €}}{300\text{ Stück} - 200\text{ Stück}} = \frac{200\text{ €}}{100\text{ Stück}} = 2\text{ €/Stück}$$

Bei linearem Verlauf der Gesamtkostenfunktion sind die Grenzkosten gleich den variablen Stückkosten.

2.4.4 Neuere Kostenrechnungsverfahren

2.4.4.1 Target Costing

01. Wie ist der Ansatz bei der Zielkostenrechnung?

Beim Target Costing (Zielkostenrechnung) wird für ein geplantes Produkt der auf dem Markt zu realisierende Preis ermittelt (Schätzung bzw. Marktstudien). Die Fragestellung lautet also nicht „Was kostet das Produkt?", sondern „Was darf das Produkt kosten?" Von der Zielgröße (Marktpreis • Planmenge) wird der gesamte Aufwand subtrahiert. Der traditionelle Bottom-up-Ansatz wird zu einem Top-down-Vorgehen umgekehrt: Forschung & Entwicklung, Fertigung und Vertrieb müssen sich an der Preisbereitschaft der Kunden orientieren. Damit werden die maximal zulässigen Fertigungskosten aus dem möglichen Marktpreis retrograd ermittelt.

Beispiel

Möglicher Marktpreis pro Stück			200 €
Planabsatz			500 Stück
Zielkostenermittlung			
	Planumsatz		100.000 €
-	Mindestgewinn	15 %	- 15.000 €
=	Zwischensumme		85.000 €
-	Vertriebskosten		- 10.000 €
-	Verwaltungskosten		- 9.600 €
=	Zwischensumme		65.400 €
-	Konstruktion		- 20.000 €
-	Arbeitsvorbereitung		- 4.000 €
-	Werkzeuge		- 10.000 €
=	Zwischensumme		31.400 €
-	Materialkosten		- 7.150 €
=	**Zulässige Fertigungskosten**		**24.250 €**

Da der Marktpreis bei stärkerem Wettbewerb häufig ein Datum darstellt, können die Unternehmen die Gewinnziele nur durch Kostensenkungen (Lean Management, Outsourcing usw.) erreichen.

2.4.4.2 Prozesskostenrechnung

01. Was ist ein Prozess?

1. Definition:
Ein Prozess ist eine strukturierte Abfolge von Aktivitäten zwischen einer Ausgangssituation und einer Ergebnissituation.

Ein Prozess hat einen Input (Arbeit, Betriebsmittel usw.), eine Leistungserstellung (Aktivitäten) und einen Output (Produkt, Dienstleistung usw.).

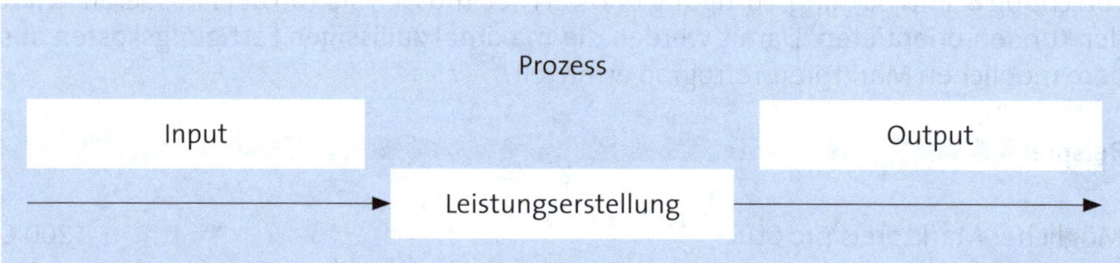

Prozesse haben einen hohen **Wiederholungscharakter**.

2. Definition:
Ein Prozess ist gekennzeichnet durch

- Anfang und Ende,
- sachlich und zeitlich zusammenhängende Aufgaben und
- gemeinsame Informationsbasis.

02. Welche Prozessarten werden unterschieden?

Prozessarten		
nach dem **Inhalt**	nach der **Bedeutung**	nach der **Hierarchie**
► Geschäftsprozesse ► Logistikprozesse ► Fertigungsprozesse	► Kernprozesse (wertschöpfend) ► Supportprozesse (unterstützend) ► Nicht wertschöpfende Prozesse	► Hauptprozesse ► Teilprozesse

03. Von welchem gedanklichen Ansatz geht die Prozesskostenrechnung aus?

Die Prozesskostenrechnung (PKR) sieht das gesamte betriebliche Geschehen als eine Folge von Prozessen (Aktivitäten). Zusammengehörige Teilprozesse werden kostenstellenübergreifend zu **Hauptprozessen** zusammengefasst.

Beispiel

Zusammenfassung von Teilprozessen zu Hauptprozessen (Ausschnitt)

Teilprozesse	Hauptprozesse	
▸ Material disponieren ▸ Material bestellen ▸ Material annehmen, prüfen und lagern	**1**	**Material beschaffen**
▸ Fertigung planen ▸ Fertigung veranlassen ▸ Fertigung steuern ▸ Teile/Baugruppen zwischenlagern ▸ Baugruppen montieren ▸ Versand vorbereiten ▸ Versand ausführen (Transport)	**2**	**Fertigungsaufträge ausführen**
▸ Fertigungsauftrag fakturieren ▸ Rechnung versenden ▸ Zahlungseingang überprüfen ▸ außergerichtliches Mahnwesen steuern ▸ ggf. gerichtliche Mahnung veranlassen	**3**	**Debitorenbuchhaltung steuern**

Bei der Prozesskostenrechnung steht der Prozess im Vordergrund der Betrachtung und nicht mehr die einzelne Kostenstelle – wie bei der Zuschlagskalkulation.

04. Welche Bezugsgrößen wählt die Prozesskostenrechnung (PKR) zur Verteilung der Gemeinkosten?

Die PKR ist eine Vollkostenrechnung und gliedert die Prozesse in

1. **leistungsmengeninduzierte** Aktivitäten (lmi) → variable Kosten
   z. B. Materialbeschaffung: Bestellvorgang, Transport, Ware prüfen
2. **leistungsmengenneutrale** Aktivitäten (lmn) → fixe Kosten
   z. B. Materialwirtschaft: Leitung der Abteilung

Primäre Aufgabe der PKR ist die Ermittlung der sog. **„Kostentreiber"** (Cost Driver) je **leistungsmengeninduzierter Aktivität**.

Typische Beispiele für Kostentreiber sind:

Teilprozesse	Kostentreiber – Beispiele
► Material bestellen ► Fertigung planen ► Fertigung veranlassen ► Fertigung steuern	**Anzahl der Bestellungen** **Anzahl der Fertigungsaufträge**
► Fertigungsabteilung leiten	kein Kostentreiber (lmn)
► Teile/Baugruppen zwischenlagern	**Anzahl der Transportbewegungen** **Anzahl der Teile**
► Baugruppen montieren	**Anzahl der Baugruppen** **Anzahl der Verrichtungen je Montagevorgang**
► Versand vorbereiten	**Anzahl der Versandstücke** **Anzahl der Verrichtungen je Versandvorgang**
► Fertigungsauftrag fakturieren ► Rechnung versenden	**Anzahl der Rechnungen**
► Zahlungseingang überprüfen	**Anzahl der Kunden**

05. Wie wird der Prozesskostensatz ermittelt?

Für die lmi-Teilprozesse ist der Teilprozesskostensatz:

$$\text{Teilprozesskostensatz} = \frac{\text{lmi-Teilprozesskosten}}{\text{Teilprozessmenge}}$$

Beispiel

Datenbasis in Auszügen; geschätzt für eine Periode

	Teilprozess	Kostentreiber	lmi-Prozessmenge (Stück)	Teilprozesskosten (in €)	
				lmi	lmn
1	Angebote einholen	Anzahl der Angebote	300	4.000	
2	Material bestellen	Anzahl der Bestellungen	500	7.500	
3	Abteilung Einkauf leiten	-	-	-	40.000
4	Auftrag fakturieren	Anzahl der Rechnungen	900	10.800	-
Summe der Kosten				22.300	40.000

Berechnung der Teilprozesskostensätze:

Teilprozess	Berechnung	Teilprozesskostensatz
1	4.000 € : 300	= 13,33 €/Angebot
2	7.500 € : 500	= 15 €/Bestellung
4	10.800 € : 900	= 12 €/Rechnung

$$\text{Umlagesatz} = \frac{\text{Imn-Prozesskosten}}{\text{Summe Imi - Prozesskosten}} \cdot \text{Teilprozesskostensatz}$$

Teil-prozess	Umlagesatz	Gesamter Teilprozesskostensatz = Teilprozesskostensatz + Umlagesatz
1	(40.000 € : 22.300 €) • 13,33 €/Angebot = 23,91 €/Angebot	13,33 €/Angebot + 23,91 €/Angebot = 37,24 €/Angebot
2	(40.000 € : 22.300 €) • 15 €/Bestellung = 26,91 €/Bestellung	15 €/Bestellung + 26,91 €/Bestellung = 41,91 €/Bestellung
4	(40.000 € : 22.300 €) • 12 €/Rechnung = 21,52 €/Rechnung	12 €/Rechnung + 21,52 €/Rechnung = 33,52 €/Rechnung

06. Wie werden die Hauptprozesskostensätze ermittelt?

In der Regel wird nicht mit Teilprozesskostensätzen kalkuliert, sondern mit **Hauptprozesskostensätzen**; dazu werden die Teilprozesskostensätze je Hauptprozess addiert.

Beispiel

Schematische Darstellung

Hauptprozess		Teilprozess	Teilprozesskostensatz
		1.1	67
		1.2	12
		1.3	15
1	**Hauptprozesskostensatz**		**94**
		2.1	20
		2.2	10
		2.3	30
		2.4	30
2	**Hauptprozesskostensatz**		**90**
...			

07. Wie ist das Grundschema bei der Kalkulation mit Hauptprozesskostensätzen?

Die Hauptprozesskostensätze werden in die Kostenträgerrechnung übertragen. Dabei ist zu beachten, dass die Hauptprozesskostensätze Teilprozesskostensätze je Kundenauftrag und/oder je Menge (z. B. je 100 Erzeugniseinheiten) beinhalten können.

Grundschema einer Prozesskostenkalkulation			
	Materialeinzelkosten		
+	Materialprozesskosten	Menge/Cost Driver	Hauptprozesskostensatz
+	Rest-Materialgemeinkosten		Zuschlagssatz
=	**Materialkosten**		
	Fertigungseinzelkosten		
+	Fertigungsprozesskosten	Menge/Cost Driver	Hauptprozesskostensatz
+	Rest-Fertigungsgemeinkosten		Zuschlagssatz
+	Sondereinzelkosten der Fertigung		
=	**Fertigungskosten**		
=	**Herstellkosten**		
	Verwaltungsgemeinkosten		Zuschlagssatz
+	Vertriebsprozesskosten	Menge/Cost Driver	Hauptprozesskostensatz
+	Rest-Vertriebsgemeinkosten		Zuschlagssatz
+	Sondereinzelkosten des Vertriebs		
=	**Selbstkosten** (pro Stück/pro Auftrag)		

2.5 Controlling

2.5.1 Begriff und Notwendigkeit des Controllings

01. Was versteht man unter Controlling?

Das Wort **Controlling** kommt aus dem Englischen und bedeutet **steuern.**

Der Vorgang des Controllings umfasst mehrere Schritte:

Controlling		
1. Schritt	Soll-Wert festlegen	Planung (Budgetierung)
2. Schritt	Ist-Wert ermitteln	Realisierung und Informationsbedürfnis
3. Schritt	Vergleich: Soll-Ist	Kontrolle und Analyse
4. Schritt	Information	Reporting
5. Schritt	Steuerung	Geeignete Korrekturmaßnahmen ergreifen

Bildlich dargestellt sieht der „Regelkreis des Controllings" folgendermaßen aus:

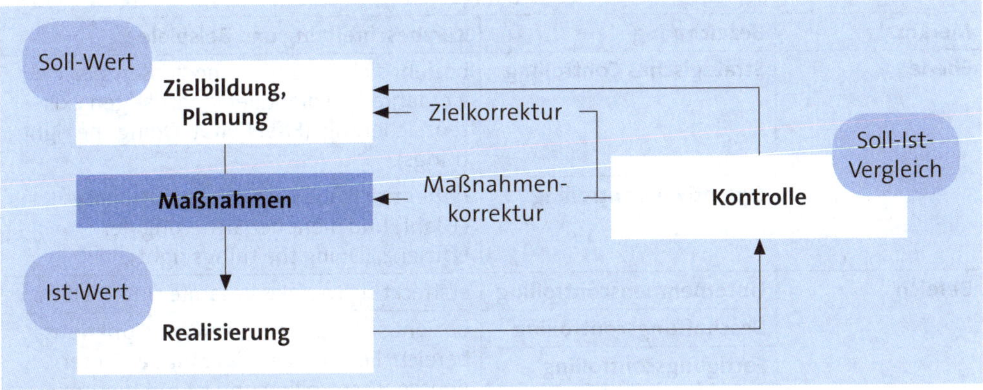

02. Warum ist Controlling ein laufender Prozess?

Controlling ist kein einmaliger Vorgang, sondern ein laufender Prozess: Im Unternehmen werden die zentralen Eckdaten wie z. B. Umsatz, Personalkosten, Produktionskosten, Liquidität, Rentabilität usw. – i. d. R. im Herbst des laufenden Jahres – für das kommende Geschäftsjahr geplant.

Diese Plandaten bzw. Soll-Werte sind nur so gut, wie die Annahmen sind, die das Unternehmen bei seiner Planung einfließen lässt, z. B. Annahmen über Lohnabschlüsse, über den konjunkturellen Verlauf, über die Entwicklung der Einkaufspreise usw. Mit jeder neuen Planung „lernen die Beteiligten aus den Fehlern der alten Planungsperiode und werden so immer treffsicherer – ihre Annahmen werden präziser". Die auf diese Weise gewonnenen Soll-Werte liefern dem Unternehmen dann für das kommende Jahr einen Maßstab, um die Entwicklung der Ist-Werte zu beurteilen. Natürlich gibt es auch Fälle, in denen eine Kurskorrektur durch geeignete Maßnahmen schwierig wird, z. B. wenn das Unternehmen einen nicht planbaren Umsatzeinbruch hat, weil ein wichtiger Kunde insolvent wird. In diesem Fall muss der Planumsatz nach unten korrigiert werden.

MERKE

Controlling ist also ein laufender, zukunftsorientierter Prozess, der zusätzlich zur Kontrolle die Ableitung korrigierender Maßnahmen zur Steuerung des Unternehmens umfasst.

03. Welche Controllingarten werden unterschieden?

Die Controlling-Theorie hat verschiedene Fachbegriffe entwickelt, die auch als „Controllingarten" bezeichnet werden. Die nachfolgende Matrix gibt dazu einen Überblick:

Controllingarten		
Merkmal	**Bezeichnung**	**Kurzbeschreibung und Beispiele**
Ebene	**Strategisches Controlling**	bezieht sich auf Zeiträume größer/gleich vier Jahre und dient der langfristigen Existenzsicherung. (Effektivität: Doing the right things).
	Operatives Controlling	bezieht sich auf kurzfristige Zeiträume (1 Jahr) und dient der Sicherung der Effizienz. (Doing the things right).
Bereich	**Unternehmenscontrolling**	erstreckt sich auf das gesamte Unternehmen.
	Beschaffungscontrolling	bezieht sich auf den jeweiligen Funktionsbereich; liefert Ergebnisse für das Unternehmenscontrolling und ist mit diesem abzustimmen (Wechselbeziehung).
	Fertigungscontrolling	
	Marketingcontrolling	
	...	
Struktur	**Zentrales Controlling**	Alle Aufgaben des Controllings (Planung, Kontrolle, Information und Steuerung) werden zentral ausgeführt.
	Dezentrales Controlling	Teilaufgaben bzw. Teilkompetenzen des Controllings werden an mittlere bis unteren Ebenen oder Geschäftseinheiten delegiert; die Zusammenführung aller Daten erfolgt zentral mit Feedback an das dezentrale Controlling (Wechselwirkung).

Controllingarten		
Merkmal	**Bezeichnung**	**Kurzbeschreibung und Beispiele**
Eingliederung	**Stabscontrolling**	ist dem Top-Management als Stab mit funktionaler Weisungsbefugnis unterstellt (Weisungs-, Entscheidungs- und/oder Vetorecht in Verfahrensfragen).
	Liniencontrolling	ist als gleichberechtigte Linienfunktion in der obersten Leitungsebene eingerichtet.

04. Welche Hauptunterschiede bestehen zwischen dem strategischen und dem operativen Controlling?

Hauptunterschiede zwischen strategischem und operativem Controlling		
Merkmale	**Strategisches Controlling**	**Operatives Controlling**
Ebene/Träger	Top Management	Middle und Lower Management
Zeithorizont	langfristig	kurzfristig
Orientierungsgrößen	zukünftige Erfolgspotenziale: ► strategische Märkte ► neue Produktfelder	aktuelle Erfolgsgrößen: ► Liquidität ► Ertrag
Steuerungsgrößen	► Neue Techniken ► Neue Märkte ► Marktposition ► Strategische Geschäftsfelder (SGF) ► Strategische Geschäftseinheiten (SGE)	► Umsatz (Erlöse) ► Absatz ► Liquidität ► Kennzahlen
Instrumente	► Produktlebenszyklus ► Portfolio-Konzept ► Erfahrungskurve ► Nutzwertanalyse ► Strategische Bilanz ► Strategische Budgetierung ► Strategische Erfolgsfaktoren ► Frühwarnsysteme ► Gap-Analyse ► Stärken-Schwächen-Analyse ► Balanced Scorecard ► Benchmarking	► Kosten-/Leistungsrechnung, insbesondere die Deckungsbeitragsrechnung ► Finanz- und Liquiditätspläne ► Leverage-Effekt Budgetierung: ► Soll-Ist-Vergleich ► Ist-Ist-Vergleich ► Soll-Wird-Vergleich (Vorschaurechnung) ► Verrechnungspreissysteme ► statische und dynamische Verfahren der Investitionsrechnung ► Target Costing

Hauptunterschiede zwischen strategischem und operativem Controlling		
Merkmale	**Strategisches Controlling**	**Operatives Controlling**
Ziele	Doing the right things (Effektivität)	Doing the things right (Effizienz)

05. Welche eigen- und fremdorientierten Faktoren gibt es, die die Notwendigkeit von Controlling begründen können?

Controlling kann danach unterschieden werden, ob die Planung und Kontrolle der relevanten Daten aus eigenem Anlass (eigenorientiert) oder mehr fremdbestimmt (fremdorientiert) erfolgt:

Controllingarten		
Merkmal	**Bezeichnung**	**Kurzbeschreibung und Beispiele**
Orientierung	**Eigen-orientiert**	► Steigerung der Effizienz und Effektivität ► Erhöhung der Wertschöpfung und unternehmerische Existenzsicherung ► Kostenreduktionen ► Überblick über Schwachstellen und deren Analyse
	Fremd-orientiert	► **Internes Überwachungssystem:** Gesetzlich für börsennotierte Unternehmen nach § 91 AktG vorgeschrieben. ► **Lagebericht:** Vorgeschrieben für mittlere und große Kapitalgesellschaften nach § 289 HGB. ► **Testat des Abschlussprüfers:** Bestätigt nach § 317 HGB die Wirksamkeit des internen Überwachungssystems. ► **Bankenrating (Basel II):** Kontrolle und Aufbereitung relevanter Eckdaten zur Verbesserung des Ratings durch die finanzierenden Banken (deren Kontrollpflicht ist gesetzlich vorgeschrieben). ► **Informationspflicht gegenüber der Interessenvertretung der Arbeitnehmer;** vgl. z. B.: - BetrVG, § 106 ff. Wirtschaftsausschuss - Mitbestimmungsgesetz - Drittelbeteiligungsgesetz - Montanmitbestimmungsgesetz.

Controllingarten		
Merkmal	**Bezeichnung**	**Kurzbeschreibung und Beispiele**
		► **Sonstige Berichte und Informationen:** - Vorbereitung von Fusionen und Börsengang - Verkauf des Unternehmens-/Firmennachfolge - Berichte an die Öffentlichkeit, z. B. Geschäftsbericht, Sozialbilanz.

06. Welchen Inhalt kann die Stellenbeschreibung eines operativen Controllers und das daraus abgeleitete Anforderungsprofil haben?

Stellenbeschreibung – Controller (Beispiel)
1. Planung, Steuerung und Kontrolle der betriebsspezifischen Ziele
2. Vergleich der Ist-Daten mit den Soll-Daten (Soll-Ist-Vergleich)
3. Ableitung von Maßnahmen der Gegensteuerung bei Fehlentwicklungen in Zusammenarbeit mit den Fachbereichen
4. Ermittlung der Prognosedaten (Annahmen) und Erstellung von Prognosen
5. Erstellung und Auswertung von Statistiken

Anforderungsprofil – Controller (Beispiel)
Fachlich:
1. Ausbildung als Betriebswirt, Kaufmann (Studium)
2. Berufspraxis und Weiterbildung in Handel und/oder Industrie
3. Kenntnisse der Internetrecherche
4. Erfahrung in der IT-Anwendung
Persönlich:
1. Analysefähigkeit
2. Kommunikationsfähigkeit
3. Präsentationsfähigkeit

2.5.2 Organisatorische Eingliederung des Controllings

01. Wie kann das Controlling in die Unternehmensorganisation eingegliedert sein?

Es gibt zwei grundsätzliche Formen der Eingliederung des Controllings in die Gesamtorganisation eines Unternehmens:

- **Stabscontrolling** ist dem Top-Management als Stab mit funktionaler Weisungsbefugnis unterstellt (Weisungs-, Entscheidungs- und/oder Vetorecht in Verfahrensfragen).
- **Liniencontrolling** ist als gleichberechtigte Linienfunktion in der obersten Leitungsebene eingerichtet.

02. Wie kann eine Eingliederung des Controllings als Stabsfunktion gestaltet sein?

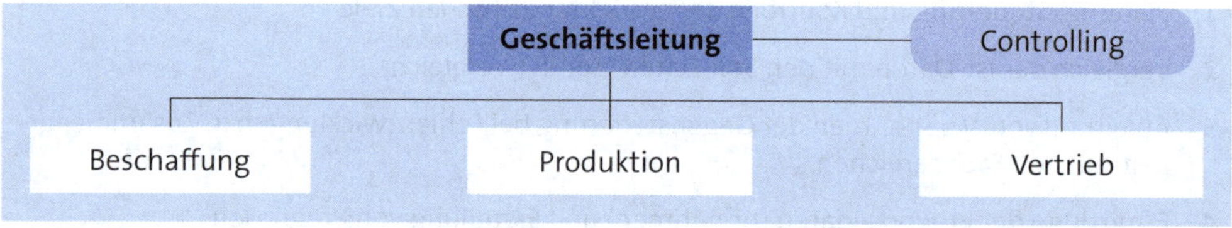

03. Wie kann eine Eingliederung des Controllings als Linienfunktion gestaltet sein?

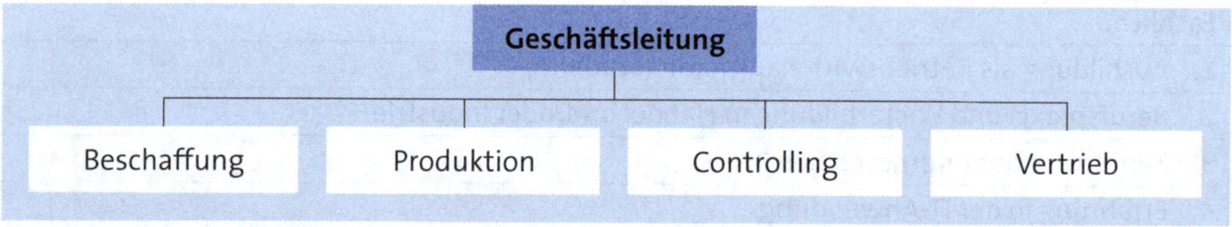

04. Welche Binnenstruktur kann das Controlling in großen Organisationen haben?

- **Zentrales Controlling:**

  Alle Aufgaben des Controllings (Planung, Kontrolle, Information und Steuerung) werden zentral ausgeführt.

- **Dezentrales Controlling:**

  Teilaufgaben bzw. Teilkompetenzen des Controllings werden an mittlere bis untere Ebenen oder Geschäftseinheiten delegiert; die Zusammenführung aller Daten erfolgt zentral mit Feedback an das dezentrale Controlling (Wechselwirkung).

In der Praxis gibt es häufig Mischformen dieser beiden Extreme.

2.5.3 Aufgaben und Ablauf des Controllings

01. Welche Funktionen (auch: Aufgaben) erfüllt das Controlling?

Mit **Funktion** bezeichnet man in der Betriebswirtschaftslehre i. d. R. **die Leistung, die eine Sache oder ein Objekt in einem System erbringt**. Die Frage nach den Funktionen des Controllings kann man also auch umformulieren, indem man untersucht, **was das Controlling im Rahmen der Unternehmensführung zu leisten hat**.

- **Die 1. Funktion des Controllings ist die Planung:**
  Hier hat das Controlling die Aufgabe, die zukünftige Entwicklung des Unternehmens anhand zentraler Eckdaten festzulegen – auf der Basis der erwarteten Marktentwicklung und der kalkulierten Kosten.

  Dabei berücksichtigt der Controller die Absatzpläne, Produktionspläne, Personal- und Finanzpläne. Eine ganzheitliche Planung, welche die Vernetzung (System) der Teilpläne aufzeigt, sollte das Ziel des Controllings sein.

- **Die 2. Funktion des Controllings ist die Kontrollfunktion:**
  Hier geht es darum, die evtl. Abweichungen von den Plan-Werten zu ermitteln (Soll-Ist-Vergleich) und zu analysieren. Mit Analyse bezeichnet man das Erkennen von Strukturen und Zusammenhängen anhand vorliegender Daten.

- **Die 3. Funktion des Controllings ist die Informationsfunktion:**
  Diese Aufgabe ist permanent zu erfüllen und bezieht sich auf alle Phasen des Controllingprozesses: So müssen z. B. in der Planungsphase Informationen über den Markt und den Wettbewerb aufbereitet und in der Realisierungsphase die Ist-Daten ermittelt werden. Dabei ist zu beachten, dass die Daten rechtzeitig, richtig und problembezogen zur Verfügung stehen.

  Die analysierten Abweichungen werden in einem Bericht (Report) an die relevanten Entscheidungsträger weitergeleitet.

- **Daraus abgeleitet ergibt sich die 4. Funktion des Controllings, die Steuerung:**
  Aufgrund der Abweichungsanalyse sind geeignete Maßnahmen zur Verbesserung der Unternehmensentwicklung einzuleiten.

Wichtig ist dabei, dass diese **Funktionen in einem engen Abhängigkeitsverhältnis zueinander stehen**: Kontrolle ist ohne Planung nicht möglich; Steuerung ist ohne vorhergehende Abweichungsanalyse undenkbar. **Die Controllingfunktionen bilden also zusammen einen Regelkreis.**

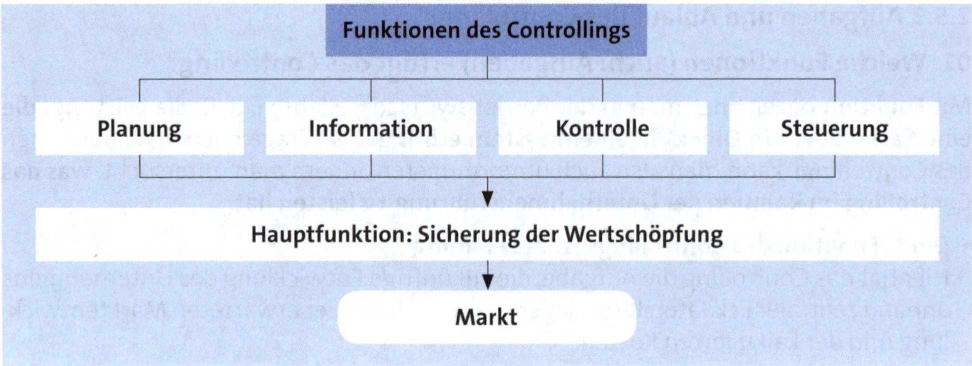

Das Ziel des Controllings, das gegenüber dem Management eine beratende Funktion hat, besteht darin, die Sicherung der Wertschöpfung mit verschiedenen Instrumenten zu unterstützen.

02. Welche Funktion erfüllt die „Kontrolle" im operativen Controllingprozess?

Kontrolle heißt, dass man einen tatsächlichen Wert, also das Ist, mit einem geplanten Wert, also dem Soll, vergleicht.

Der Ist-Wert ergibt sich aus den tatsächlichen Daten der täglichen Praxis des Betriebes; der Soll-Wert muss vor Beginn eines Geschäftsjahres geplant werden. Also besteht der Vorgang der Kontrolle aus den folgenden drei Schritten:

Kontrolle		
1. Schritt:	Soll-Wert festlegen	Planung
2. Schritt:	Ist-Wert ermitteln	Realisierung und Informationsbeschaffung
3. Schritt:	Vergleich: Soll-Ist	Kontrolle

Die Kontrolle kann z. B. durch eine Stichprobe oder eine Vollerhebung der Daten erfolgen. Der Umfang der Kontrolle hängt vom zu erreichenden Wirtschaftlichkeitsgrad ab (Wirtschaftlichkeit = Nutzen oder Ertrag : Aufwand). Häufig verändert sich das Verhalten der zu Kontrollierenden bereits durch die Ankündigung der Kontrolle.

MERKE

Eine zielgerichtete Unternehmensführung setzt die Kontrolle der Planrealisierung voraus.

03. Welche Aufgabe leistet die „Steuerung" im Regelkreis des Controllings?

Die Steuerung ist die vierte Funktion innerhalb des Controllings: Aufgrund der Abweichungsanalyse sind geeignete **Maßnahmen zur Verbesserung der Unternehmensentwicklung** einzuleiten und deren Umsetzung ist wiederum zu kontrollieren. Je nach Branche, Art und Größe des Unternehmens kann sich die Steuerung beziehen

- auf einen bestimmten **Zeitraum:**
  - strategische Steuerung (> 4 Jahre)
  - taktische Steuerung (zwischen 1 und 4 Jahren)
  - operative Steuerung (≤ 1 Jahr)
- auf einen bestimmten **Unternehmensbereich:**
  - Steuerung der Materialwirtschaft (Beschaffungscontrolling)
  - Produktionssteuerung (Produktionscontrolling)
  - Steuerung des Marketings (Marketingcontrolling).

Weiterhin wird unterschieden zwischen der Vorsteuerung und der Nachsteuerung:

- **Vorsteuerung:**

  Es werden präventiv Maßnahmen ergriffen, bevor sich eine drohende Negativentwicklung gravierend auswirkt.

  Beispiel

  Als Reaktion auf einen deutlichen, nachhaltigen und nicht vermeidbaren Absatzrückgang wird Personal abgebaut und die Lagerkapazität verringert, bevor sich eine negative Umsatz-Kosten-Relation ergibt.

- **Nachsteuerung:**

  Nach Eintritt einer Störung bzw. einer Engpasssituation wird aufgrund der Analyse des Soll-Ist-Vergleichs vergangenheitsbezogen reagiert.

Beispiel

Der Soll-Ist-Vergleich weist einen deutlich gestiegenen Anteil des Materialwertes an den Produktionskosten aus; die Abweichungen werden sorgfältig analysiert und geeignete Maßnahmen zur Gegensteuerung ergriffen, z. B. Schulung der Mitarbeiter (Reduzierung von Verschwendung), Wechsel des Lieferanten usw.

2.5.4 Controllinginstrumente

2.5.4.1 Strategische Controllinginstrumente

01. Welche Kontrollaufgaben hat das strategische Controlling?

Kern des strategischen Controllings ist die **Überprüfung der Prämissen** und der angewandten **Verfahren**, die im Rahmen der strategischen Planung unterstellt bzw. eingesetzt wurden. Im Unternehmen müssen hinreichend viele Sensoren (Abteilungen, Experten) implementiert werden, die gravierende Veränderungen der internen und externen Variablen erkennen und an das strategische Controlling weiterleiten (Früherkennung).

Beispiel

Veränderung externer Faktoren
Im Rahmen einer Portfolio-Analyse wurde für einen relevanten Markt ein Wachstum in den nächsten fünf Perioden von durchschnittlich 10 % pro Jahr angenommen. Aufgrund eines konjunkturellen Rückgangs in Verbindung mit einer Produktsubstitution muss die Wachstumserwartung auf 5 % zurückgenommen werden. Dies führt zu einer Überarbeitung der strategischen Planung und i. d. R. zu einer veränderten Strategie in dem betreffenden Geschäftsfeld.

02. Was sind Früherkennungssysteme?

Um auch außerhalb der bestehenden Planungsrhythmen Entwicklungen zu erkennen, die nachhaltig die Erfolgspotenziale des Unternehmens gefährden können, werden **Früherkennungssysteme** eingesetzt. In erweitertem Sinne geht es dabei nicht nur um **Risiken**, sondern auch darum, **Entwicklungschancen** rechtzeitig zu erkennen und in die strategische Planung zu integrieren.

Die Erfassung der Informationen, die relevante Entwicklungen anzeigen, erfolgt durch sogenannte **Frühindikatoren**. Diese sollen möglichst zuverlässig Angaben über die Richtung und das Ausmaß der sich abzeichnenden Veränderungen zur Verfügung stellen und möglichst früh und so weit wie möglich strategische „Überraschungen" vermeiden.

Man unterscheidet:

Frühindikatoren (1)			
Arten		**Beschreibung**	**Beispiele**
A. Beobachtungsfeld	**Interne Indikatoren**	**Gesamtunternehmensbezogen:** Die Indikatoren beziehen sich auf das gesamte Unternehmen.	► Cashflow ► Image ► Globale Kennzahlen der Wirtschaftlichkeit
		Bereichsbezogen: Die Indikatoren beziehen sich auf die einzelnen Funktionsbereiche des Unternehmens, z. B. Beschaffung, Produktion, Marketing usw.	Kennzahlen der ► Materialwirtschaft ► Lagerwirtschaft ► Fertigung ► Logistik ► Absatzwirtschaft ► Entsorgung
	Externe Indikatoren	**Ökonomische** Indikatoren	► Entwicklung des BIP ► Investitionsneigung ► Sparquote ► Konsumneigung ► Lohnentwicklung ► Konjunkturbericht ► Wechselkurse ► Rohstoffpreise
		Indikatoren der Marktentwicklung	► Konzentrationsprozesse ► Entwicklung der Auftragseingänge ► Kfz-Zulassungen
		Technologische Indikatoren	► Patentanmeldungen ► Werkstoffsubstitution ► Umweltschutz
		Soziale Indikatoren	► Demografische Entwicklung ► Ergebnisse der Marktforschung (GfK)
		Politische Indikatoren	► Förderprogramme ► Parteiprogramme ► Gesetzesinitiativen ► Bestrebungen der Gewerkschaft ► EU-Richtlinien ► Zölle

Frühindikatoren (2)			
Arten		**Beschreibung**	**Beispiele**
B. Grad der Detaillierung	**Globalindikatoren**	Sie sind zum Teil geeignet, den Erfolg des Unternehmens zu messen und haben häufig die Form von Kennzahlen, z. B.: ► Soll-Ist-Vergleiche ► Hochrechnungen	► Erfolgspotenziale ► Cashflow ► Rentabilitätskennzahlen
	Einzelindikatoren	Sie messen detailliert bestimmte interne oder externe Einflussgrößen, sodass die Ursachenbezogenheit relativ klar erkennbar ist.	Extern: ► Entwicklung der verfügbaren Einkommen in einer Region ► Bevölkerungsentwicklung einer Region/einer Stadt ► Zahl der Arbeitslosen einer Region Intern: ► Lagerbestände ► Kostenstrukturen ► Ausschussquote ► Reklamationsquote ► Qualifikationsniveau

03. Was ist der Kerngedanke des Konzepts „Balanced Scorecard"?

Die Balanced Scorecard (BSC) ist ein Management-Instrument zur strategischen Führung des Unternehmens mithilfe von Kennzahlen. Die BSC kann dem Unternehmen helfen, den Weg zu den Zielen zu finden und diesen Weg effektiv und effizient zu gehen.

Die BSC **beschränkt sich nicht auf finanzielle Ziele**, sondern sucht nach einer Betrachtung von Zielgrößen, die auch Ziele aus anderen für die Führung des Unternehmens relevanten Perspektiven einbezieht. Außerdem beschränkt sich die BSC nicht auf die Formulierung von Zielgrößen, sondern versucht, für diese Ziele auch Vorgaben und Maßnahmen abzuleiten, mit deren Hilfe die Ziele verwirklicht werden können.

Kerngedanke der Balanced Scorecard ist die Forderung, dass die Ziele nicht allein aus der finanziellen Perspektive heraus entwickelt werden, sondern aus mehreren Perspektiven.

Im Rahmen der BSC werden vier Perspektiven genannt, die je nach Unternehmen gestaltet werden können:

- Finanzperspektive
- Kundenperspektive
- Prozessperspektive
- Mitarbeiter-, Lern- und Innovationsperspektive.

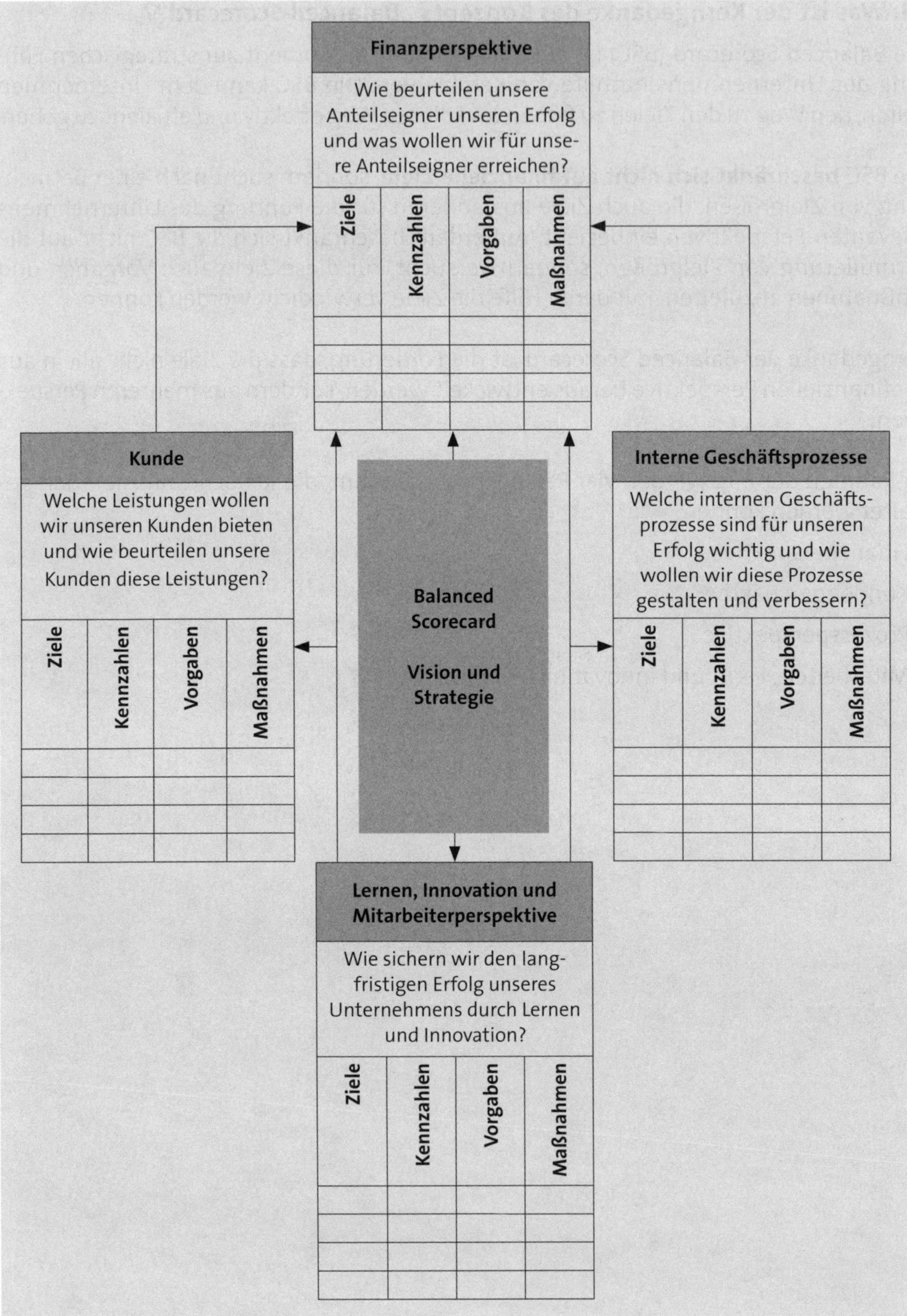
Finanzperspektive
Wie beurteilen unsere Anteilseigner unseren Erfolg und was wollen wir für unsere Anteilseigner erreichen?
Ziele
Kennzahlen
Vorgaben
Maßnahmen
Kunde
Welche Leistungen wollen wir unseren Kunden bieten und wie beurteilen unsere Kunden diese Leistungen?
Ziele
Kennzahlen
Vorgaben
Maßnahmen
Balanced Scorecard
Vision und Strategie
Interne Geschäftsprozesse
Welche internen Geschäftsprozesse sind für unseren Erfolg wichtig und wie wollen wir diese Prozesse gestalten und verbessern?
Ziele
Kennzahlen
Vorgaben
Maßnahmen
Lernen, Innovation und Mitarbeiterperspektive
Wie sichern wir den langfristigen Erfolg unseres Unternehmens durch Lernen und Innovation?
Ziele
Kennzahlen
Vorgaben
Maßnahmen

Die empfohlenen Messgrößen sind:

1. Finanzperspektive	
Ziele	**Messgröße (Kennzahl)**
Steigerung der Rentabilität	Umsatzrentabilität
Erhöhung des Umsatzes	Netto-Umsatz
Sicherung der Finanzkraft	Cashflow
Erhöhung der Produktivität	Betriebsergebnis pro Mitarbeiter
Reduzierung des Kapitalbedarfs	Anlagevermögen, festgebundenes Umlaufvermögen
Erhöhung der Eigenkapitalverzinsung	Return on Investment (ROI)

2. Kundenperspektive	
Ziele	**Messgröße (Kennzahl)**
Kundenzufriedenheit	Kundenbefragung
Termintreue gegenüber den Kunden	Lieferpünktlichkeit
Stärkere Marktdurchdringung	Marktanteile
Produktqualität steigern	Reklamationen

3. Perspektive der internen Geschäftsprozesse	
Ziele	**Messgröße (Kennzahl)**
Flexibilität verbessern	Durchlaufzeiten, Bestellzeiten
Verbesserung der Effizienz	Auslastung der Kapazität
Senkung des Lagerbestandes	Lagerumschlag
Erhöhung der Qualität	Ausschussquote, Reklamationen
Steigerung des Vertriebs	Umsatz pro Mitarbeiter
Erhöhung der Auslastung	Lieferfähigkeit
Einhaltung der Termine	Termintreue

4. Mitarbeiter-, Lern- und Innovationsperspektive	
Ziele	**Messgröße (Kennzahl)**
Erhöhung der Mitarbeiterkompetenz	Weiterbildungskosten pro Mitarbeiter
Verbesserung der Ausbildung der Mitarbeiter	Teilnahme an Schulungen
Erhöhung der Qualität der Produkte	Anzahl der Änderungen
Neue Produkte pro Produktgruppe	Umsatzanteil neuer Produkte
Verbesserung der Motivation	Erhöhte Leistungsbereitschaft
Entwicklung neuer Produkte	Trefferquote/Renner neuer Produkte
Geringere Mitarbeiterfluktuation	Fluktuationsquote

2.5.4.2 Operative Controllinginstrumente

01. Welche Instrumente verwendet das operative Controlling?

Grundsätzlich setzt jeder Controller zur Erfüllung seiner Aufgaben verschiedene Instrumente ein, gleichgültig, ob er in der Industrie oder im Handel tätig ist. Man kann diese Instrumente auch als den „Werkzeugkasten des Controllers" bezeichnen. Dazu gehören einmal der „Soll-Ist-Vergleich", die Budgetierung, das Berichtswesen und das Kennzahlensystem.

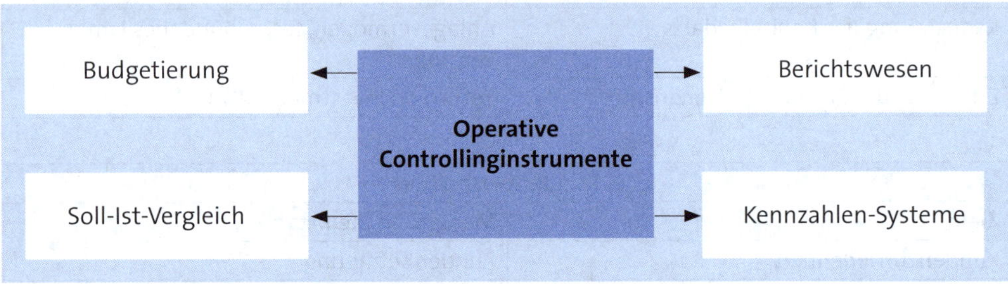

02. Welche Funktion erfüllt die Budgetierung im Rahmen des operativen Controllings?

Der Begriff Budgetierung kommt aus dem Französischen und bedeutet übersetzt „Haushaltsplan, Voranschlag". Im Controlling **erfüllt die Budgetierung die Funktion der Planung** und ist Voraussetzung für die Kontrolle. Ein Budget ist ein detailliertes Zahlengerüst mit Plandaten. Es hat **Vorgabecharakter**. Allgemein gültige Regeln für die Erstellung gibt es nicht. Ein Budget kann z. B. differieren

- in **zeitlicher Hinsicht**, z. B.:
  - Monatsbudget
  - Quartalsbudget
  - Halbjahresbudget usw.
- in **sachlicher Hinsicht**, z. B. kann sich die logische Struktur des Budgets orientieren an der
  - Gewinn- und Verlustrechnung
  - BAB-Rechnung
  - Deckungsbeitragsrechnung usw.

Sehr häufig wird in der Praxis als Gerüst für das Budget die Struktur der Gewinn- und Verlustrechnung verwendet – es wird also ein sogenanntes **Ergebnisbudget** erstellt.

03. Wie wird der Soll-Ist-Vergleich durchgeführt?

- Der **Soll-Ist-Vergleich** ist das dominierende Instrument „im Werkzeugkasten des Controllers". Er gibt Auskunft darüber, ob die Entwicklung des Unternehmens nach Plan verläuft.
- In der Praxis wird parallel sehr häufig der **Ist-Ist-Vergleich** durchgeführt. Er zeigt die Abweichungen zum Vorjahr und lässt die längerfristige Tendenz der Geschäftsentwicklung erkennen.

	absolut	**in %**
Ist-Ist-Vergleich:	$Ist_{Berichtsjahr} - Ist_{Vorjahr}$	$\frac{Ist_{Berichtsjahr} - Ist_{Vorjahr}}{Ist_{Vorjahr}} \cdot 100$
Soll-Ist-Vergleich:	$Ist_{Berichtsjahr} - Soll_{Berichtsjahr}$	$\frac{Ist_{Berichtsjahr} - Soll_{Berichtsjahr}}{Soll_{Berichtsjahr}} \cdot 100$

04. Welche Kennzahlen werden im Rahmen des operativen Controllings eingesetzt?

Mithilfe von Kennzahlen versucht man Sachverhalte in einem Unternehmen in einer Zahlengröße zusammenzufassen, um aus der Entwicklung bzw. dem Trend dieser Größen Entscheidungen zur Planung, Kontrolle und Steuerung des Unternehmens abzuleiten.

Es gibt in der allgemeinen Betriebswirtschaftslehre eine Fülle von Kennzahlen. Entscheidend ist in der Praxis immer die Notwendigkeit, diejenigen Kennzahlen zu beobachten, die speziell für das eigene Unternehmen von besonderer Bedeutung sind. Wenn beispielsweise ein Unternehmen mit hochwertigen und erklärungsbedürftigen Produkten handelt, von denen pro Quartal nur wenige Stücke abgesetzt werden, so muss dieses Unternehmen insbesondere die Kennzahlen der Lagerhaltung und der Kapitalbindung beobachten. Im Industrieunternehmen gilt dies analog bei kapital- bzw. bei lohnintensiver Produktion. Die nachfolgende Matrix zeigt beispielhaft relevante Kennzahlen der Warenwirtschaft:

Kennzahlen der Warenwirtschaft		
Kennzahlen	**Beispiele**	**Berechnung**
der **Beschaffung**	Wareneinsatz (WE)	Absatz • Wareneinstandpreis
	WE-Quote	(WE : Umsatzerlöse) • 100
	Anschaffungsnebenkostenquote beim Wareneinkauf	(Anschaffungsnebenkosten : Anschaffungskosten) • 100
der **Lagerhaltung**	Umschlagshäufigkeit	WE : ø Lagerbestand
	ø Lagerdauer (in Tg.)	360 : ø Lagerbestand
	Lagerkostenanteil (in %)	(Lagerkosten : Gesamtkosten) • 100
des **Absatzes**	Absatzmenge	Menge der verkauften Ware
	Umsatzerlöse	Absatzmenge • Verkaufspreis
	ø Umsatz pro Mitarbeiter	Umsatzerlöse : Anzahl der Mitarbeiter
	ø Umsatz pro Verkaufsfläche	Umsatzerlöse : Verkaufsfläche (in m^2)
	ø Umsatz pro Kasse	Umsatzerlöse : Anzahl der Kassen
des **Personals**	ø Personalkosten/Mitarbeiter	Personalkosten : Anzahl der Mitarbeiter
	Anteil der Personalkosten (in %)	(Personalkosten : Gesamtkosten) • 100
des **Ergebnisses**	Rohgewinn	Umsatzerlöse - WE
	Handelsspanne (in %)	(Rohgewinn : Umsatzerlöse) • 100

Eines der wichtigsten Kennzahlen-Systeme ist das Kennzahlensystem nach Du Pont (vgl. → A 2.).

05. Welche Aufgabe erfüllt das Berichtswesen im Rahmen der Steuerung?

Das Berichtswesen gehört zu den Controllinginstrumenten. Seine Bedeutung wird mitunter vernachlässigt. Controlling ist kein Selbstzweck. Die gewonnenen Ergebnisse dienen der Steuerung des Unternehmens bzw. dem permanenten Erhalt der Wertschöpfung. Es genügt als Controller nicht, „irgendwelche Kennzahlen" miteinander zu vergleichen, sondern er muss bei der Informationsgewinnung und -verteilung mit einer klaren und auf den Betrieb zugeschnittenen Zielsetzung vorgehen:

1. Der Controller muss klären, wer welche Informationen erhebt und wer welche bekommt; es geht also um die Fragen: „Wer?" und „Was?"

2. Weiterhin muss im Betrieb festgelegt werden, wann die Informationen zur Verfügung stehen müssen, auf welchem Wege und mit welcher Zielsetzung; dies sind die W-Fragen „Wann?", „Wie?" und „Wozu?"

Die fünf W-Fragen des Berichtswesens:

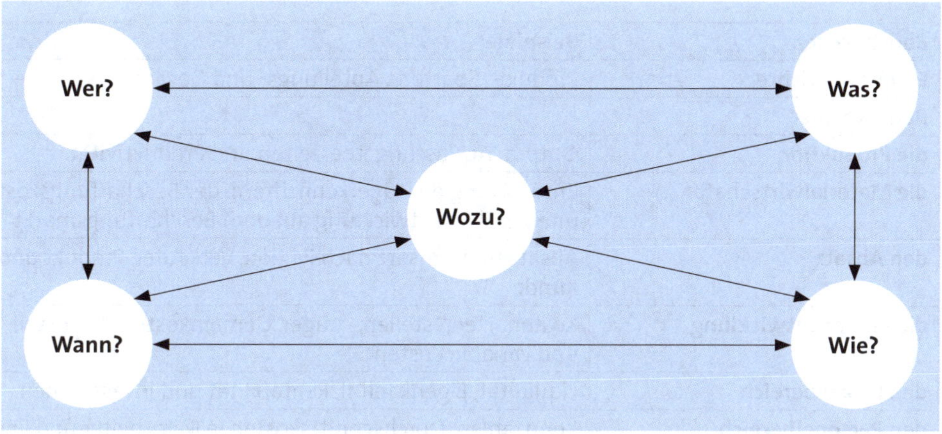

Die Pfeile in der Abbildung sollen verdeutlichen, dass der Controller für eine angemessene Abstimmung zwischen dem Informationsinhalt, dem Informationsweg usw. sorgen muss. Seine Berichte (auch: Reports) müssen zweckbezogen sein. Informationslücken führen zu Fehlentscheidungen, Informationsüberversorgung führt zu Zahlenfriedhöfen, die unnötig Geld und Zeit kosten. Aus diesem Grunde ist das Berichtswesen in einem Unternehmen nicht statisch, sondern muss sich auch einer laufenden Prüfung unterziehen: Existieren zum richtigen Zeitpunkt die zweckmäßig aufbereiteten Informationen, die für die Entscheidungen der Unternehmensleitung und der Führungskräfte benötigt werden?

Man unterscheidet im **Berichtswesen** verschiedene Berichtsarten, z. B.:

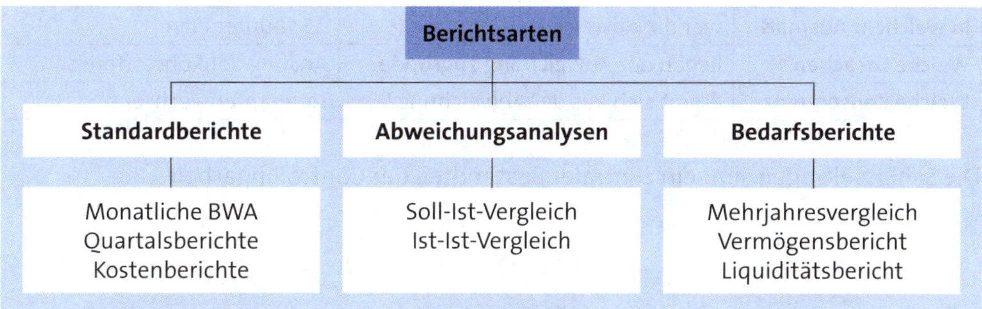

Nach der Art des Inhalts lassen sich z. B. folgende Berichte differenzieren:

Berichtsarten	Beispiele
Ergebnisberichte	Produkt-, Sparten-, Abteilungs- und Gesamtergebnisse
Berichte über	
die Produktion	Output, Auslastung, Leerzeiten und Produktivität
die Materialwirtschaft	Entwicklung der Lagerkennziffern, der Beschaffungskosten und der Preisentwicklung auf dem Beschaffungsmarkt
den Absatz	Absatz und Umsatz nach Region, Verkäufer, Produkt und Kunde
die Kostenentwicklung	Kostenarten, -stellen, -träger, Gemeinkosten, Fixkosten und variable Kosten
den Finanzbereich	Liquidität, Eigenkapital, Rentabilität und Investitionen
den Personalbereich	Kennzahlen, Durchschnittskosten je Mitarbeiter und Entwicklung der Beschäftigung

06. Welches sind die „Schlüsselfragen" des Controllers?

Wenn der Controller Berichte für die Geschäftsleitung erstellt, dann interessieren die wesentlichen und relevanten Entwicklungen. Jeder Controller arbeitet nur dann effektiv, wenn er sich von vier Schlüsselfragen leiten lässt:

Schlüsselfragen im Controlling		Beispiele
Wo	war die Abweichung?	Rohgewinn
Wann	war die Abweichung?	Monat Juni
In welchem Ausmaß	war die Abweichung?	15 % unter Plan
Welche Ursachen	liegen der Abweichung zugrunde?	Anstieg der Rohstoffpreise
Welche Konsequenz	ergibt sich aus der Abweichung?	Lieferantenwechsel

Die Schlüsselfragen sind ein zentraler Bestandteil der Controllingarbeit.

3. Logistik

INFO

Prüfungsanforderungen

Nachweis folgender Fähigkeiten:

- den Gesamtprozess der betrieblichen Leistungserstellung verstehen
- Ziele und Aufgaben der Logistik beschreiben
- die beschaffungspolitischen Instrumente erläutern
- die Bedeutung der Logistik innerhalb der betrieblichen Wertschöpfungskette darlegen können.

Qualifikationsschwerpunkte (Überblick)

3.1 Einkauf und Beschaffung

3.2 Materialwirtschaft und Lagerhaltung

3.3 Wertschöpfungskette

3.4 Aspekte der Rationalisierung

3.5 Spezielle Rechtsaspekte

3.1 Einkauf und Beschaffung

3.1.1 Grundlagen der Logistik

01. Was versteht man unter Logistik?

Eine der wichtigen Aufgaben in einem Unternehmen ist die reibungslose Gestaltung des Material-, Wert- und Informationsflusses, um den betrieblichen Leistungsprozess optimal realisieren zu können. Die Umschreibung des Begriffs „Logistik" ist in der Literatur uneinheitlich:

- Ältere Auffassungen sehen den Schwerpunkt dieser Funktion im Transportwesen – insbesondere in der Beförderung von Produkten und Leistungen zum Kunden (= reine Distributionslogistik).
- Die Tendenz geht heute verstärkt zu einem **umfassenden Logistikbegriff**, der alle Aufgaben miteinander verbindet – und zwar nicht als Aneinanderreihung von Maßnahmen, sondern als ein in sich geschlossenes **logistisches Konzept:**

MERKE

Logistik ist daher die Vernetzung von planerischen und ausführenden Maßnahmen und Instrumenten, um den Material-, Wert- und Informationsfluss im Rahmen der betrieblichen Leistungserstellung zu gewährleisten. Dieser Prozess stellt eine eigene betriebliche Funktion dar.

02. Was sind die Ziele der Logistik?

Die (zum Teil gegenläufigen) Ziele der Logistik sind z. B.:

- hohe Kapazitätsauslastung
- kurze Durchlaufzeiten
- niedrige Bestände an Materialvorräten und Sachanlagen
- hohe Termintreue.

03. Welche Aufgaben hat die Logistik?

Aufgabe der Logistik (6 **„r"** der Logistik) ist es:

1. die **r**ichtigen Objekte (Produkte/Leistungen, Personen, Energie, Informationen),
2. in der **r**ichtigen Menge,
3. an den **r**ichtigen Orten,
4. zu den **r**ichtigen Zeitpunkten,
5. zu den **r**ichtigen Kosten und
6. in der **r**ichtigen Qualität

im Rahmen einer integrierten Gesamtkonzeption zur Verfügung zu stellen.

04. Welche Bedeutung hat die Logistik aus betriebswirtschaftlicher Sicht?

Die Globalisierung führt heute zu einer weltweiten Vernetzung der Beschaffungs- und Absatzmärkte. Unternehmen gewinnen damit Möglichkeiten, dort die Beschaffung vorzunehmen, wo die Kosten gering sind und sich auf den Absatzmärkten zu positionieren, wo hohe Erlöse erzielt werden können.

Die Logistik erfährt aus **betriebswirtschaftlicher Sicht eine Zunahme der Bedeutung**, weil

- die Produktvielfalt und der Produktwechsel ansteigen,
- die Kapitalbindung aufgrund der Lagerhaltung gesenkt werden muss,
- der weltweite Handel zu einer Zunahme der Datenmengen führt, die miteinander vernetzt werden müssen und
- die Vergleichbarkeit und Austauschbarkeit der Produkte die Unternehmen zwingt, sich über Service und logistische Lösungen Wettbewerbsvorteile zu erarbeiten.

Diese Markterfordernisse führen dazu, dass eine **Optimierung der logistischen Prozesse heute als strategischer Faktor der Unternehmensführung angesehen werden muss**. Größere Unternehmen (**Global Player**) werden sich am Markt nur dann behaupten können, wenn es ihnen gelingt,

- durch dezentrale Beschaffung Kontakte zu geeigneten Lieferanten auf der ganzen Welt aufzubauen,
- die Produktion zu dezentralisieren (Inland/Ausland), zu segmentieren und die Fertigungsstufen zu verringern,
- die Lagerhaltungskosten zu senken und trotzdem eine kundennahe Distribution sicherzustellen und
- ein zentral gesteuertes logistisches System aller Beschaffungs-, Fertigungs- und Absatzprozesse einzurichten.

05. Welche Bedeutung hat die Logistik aus volkswirtschaftlicher Sicht?

Die Volkswirtschaft eines Landes kann heute nicht mehr isoliert betrachtet werden; sie ist eingebunden in das Wirtschaftsgeschehen der gesamten Welt. Die Volkswirtschaften einzelner Länder konkurrieren um Beschaffungsressourcen (Energie, Rohstoffe usw.), Standortbedingungen für die Fertigung von Erzeugnissen sowie um Absatzchancen für die inländischen Produkte. Sie tun das, um die Existenz ihrer Volkswirtschaft für die Zukunft zu gewährleisten.

Eine Volkswirtschaft, der es z. B. nicht gelingt, die Energieversorgung des eigenen Landes nachhaltig zu sichern, ist möglicherweise gezwungen, die Ressourcen am Weltmarkt zu Höchstpreisen einzukaufen. Die Folge ist ein nachhaltiger Wettbewerbsnachteil: Hohe Energiekosten führen zu hohen Produktionskosten und beeinträchtigen damit die Wettbewerbsfähigkeit der inländischen Produkte auf dem Weltmarkt. Stagnierender oder sinkender Export führt in der Folge zu einer geringeren Beschäftigung, sinkendem Steueraufkommen und damit zu geringeren Staatseinnahmen. Auftretende Haushaltsdefizite des Staates erschweren die Lösung von Zukunftsaufgaben (Bildung, soziale Sicherung, Beschäftigung usw.).

Aus diesen Gründen muss die Volkswirtschaft eines Landes logistische Voraussetzungen schaffen, um an den weltweiten Prozessen der Beschaffung, Produktion und Distribution teilhaben zu können. Geeignete Maßnahmen dazu sind:

- **Einbindung in internationale Vertragswerke und Organisationen** zur Förderung der Wirtschaftsbeziehungen der Länder (z. B. EU-Binnenmarkt, OECD – Organisation für wirtschaftliche Zusammenarbeit und Entwicklung, WTO – Welthandelsorganisation u. Ä.)
- **Aufbau und Pflege der Verkehrsnetze** für den internationalen Warenverkehr, z. B. Straßennetze, Schifffahrtswege, Containerhäfen, Flughäfen usw.
- **Aufbau und Sicherung nationaler Standortvorteile** als Anreiz für ausländische Investoren, z. B. Genehmigungsverfahren, Infrastruktur, Steuergesetze, Potenzial der inländischen Arbeitnehmer usw.
- Aufbau von Kompetenzen und den **technischen Voraussetzungen zur Nachrichtentechnik** und zum Datentransfer
- Einbindung des nationalen Bankensystems in das internationale Finanzgeschehen (Kapitalbeschaffung und -anlage sowie Finanzierung wirtschaftlicher Vorhaben der Unternehmen und des Staates).

06. Welche Teilbereiche der Logistik werden unterschieden?

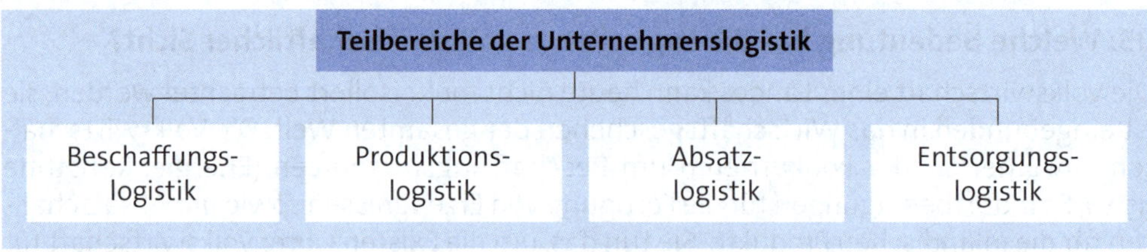

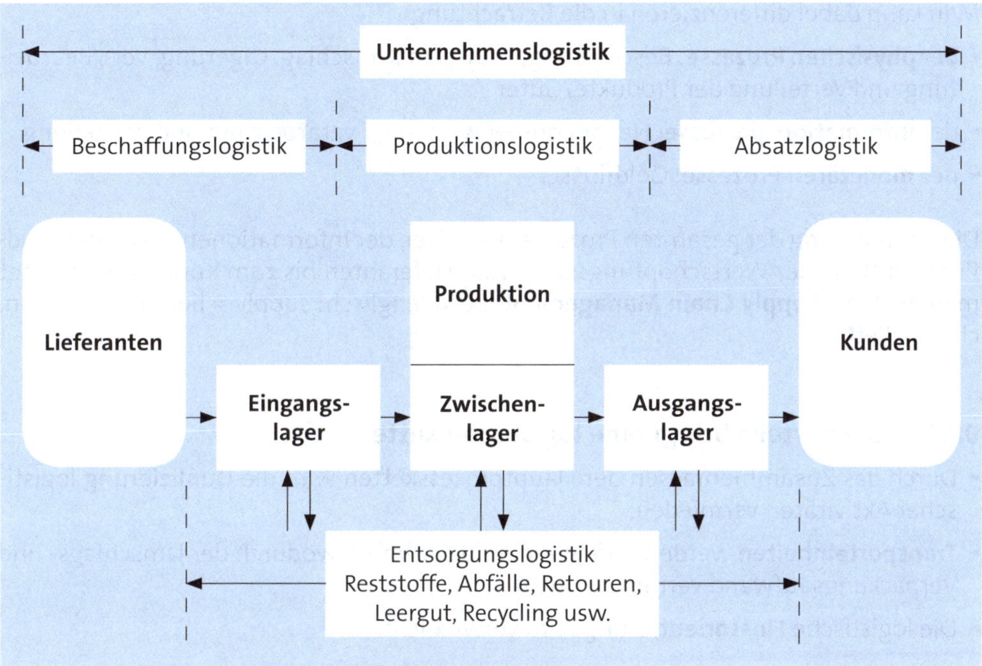

Diese Teilbereiche sind nicht isoliert zu betrachten, sondern müssen als Logistiksystem gestaltet werden (Stichwort: logistische Kette)

Dabei ist:

Beschaffungslogistik	vom Lieferanten zum Eingangslager
Produktionslogistik	Material- und Warenwirtschaft, Verwaltung von Halbfabrikaten in Zwischenlagern
Absatzlogistik	(auch: Distributionslogistik) vom Vertriebslager zum Kunden inkl. Ersatzteillogistik
Entsorgungslogistik	(auch: Reverselogistik) Rücknahme von Abfällen, Leergut, Recycling, aber auch Retouren

07. Was bezeichnet man als „logistische Kette"?

MERKE

Als logistische Kette bezeichnet man die Verknüpfung aller logistischen Prozesse vom Lieferanten bis hin zum Kunden.

Man kann dabei differenzieren in die Betrachtung

- der **physischen Prozesse**: Beschaffung, Transport, Umschlag, Lagerung, Ver-/Bearbeitung und Verteilung der Produkte/Güter
- der **Informationsprozesse**: Nachrichtengewinnung, -verarbeitung und -verteilung
- der **monetären Prozesse**: Geldflüsse.

Die Optimierung der gesamten Prozesse der Güter, der Informationen sowie der Geldflüsse entlang der Wertschöpfungskette vom Lieferanten bis zum Kunden bezeichnet man auch als **Supply Chain Management** (SCM; englisch: supply = liefern, versorgen; chain = Kette).

08. Welche Vorteile bringt eine logistische Kette?

- Durch das Zusammenfassen der Hauptprozessketten wird die **Duplizierung** logistischer Aktivitäten vermieden.
- **Transporteinheiten** werden aufeinander abgestimmt, wodurch der Umschlags- und Verpackungsaufwand vermindert wird.
- Die logistische **Flussorientierung** wird verwirklicht.

09. Was versteht man unter Supply Chain Management (SCM)?

Als Supply Chain wird ein unternehmensübergreifendes virtuelles Organisationsgebilde bezeichnet, das als gesamtheitlich zu betrachtendes Leistungssystem spezifische Wirtschaftsgüter für einen definierten Zielmarkt hervorbringt.

Beispiel

Beispiele für Supply Chains sind etwa die Lieferketten der Automobilindustrie. Im extremen Falle kann die Supply Chain dabei von der Rohstoffgewinnung bis hin zum Recycling (ggf. inkl. der Entsorgung) von Alt-Produkten reichen.

Mit dem Begriff des Supply Chain Management fasst man alle Maßnahmen zusammen, die darauf abzielen, den Wertschöpfungsprozess von den Lieferanten bis hin zu den Abnehmern optimal zu gestalten. Hierzu zählen organisatorische und informationstechnische Maßnahmen, die dazu führen, dass die beteiligten Knoten der Supply Chain miteinander kooperieren können und die dazu über ausreichende Informationen verfügen. Sind diese Voraussetzungen gegeben, dann besteht ein erhebliches Optimierungspotenzial, das durch den Einsatz von Optimierungsmethoden erschlossen werden kann.

10. Welches sind die Ziele eines effizienten Supply Chain Managements?

Das Supply Chain Management (SCM) zielt in diesem Sinne auf eine langfristige, mittelfristige und kurzfristige (operative) Verbesserung von Effektivität und Effizienz industrieller Wertschöpfungsketten ab. Sie dient der Integration aller Unternehmensaktivitäten von der Rohstoffbeschaffung bis zum Verkauf an den Endkunden in einen nahtlosen Prozess.

11. Was sind die charakteristischen Merkmale des Supply Chain Managements?

- ausgedehnte Optimierung der innerbetrieblichen Logistikkette auf externe Partner
- Flexibilisierung der Leistungserstellung in Bezug auf Nachfrageschwankungen
- Erhöhung der Transparenz der Wertschöpfungsstufen.

12. Was sind die Einzelziele des Supply Chain Managements?

- Orientierung am Endkunden
- Steigerung der Kundenzufriedenheit durch bedarfsorientierte Lieferung
- raschere Anpassung an die Änderungen des Marktes
- Reduzierung des Bullwhip-Effekts (vgl. Frage 13)
- Vermeidung von „Out-of-Stock" (kein Lagerbestand, keine Lieferfähigkeit)
- Senkung der Lagerbestände in der gesamten Supply Chain
- Kostenvorteile durch die Gesamt-Optimierung des Lieferprozesses über mehrere Stufen hinweg
- Vereinfachung des Güterflusses
- Verkürzung von Lieferzeiten
- Qualitätsvorteile.

13. Was versteht man unter dem Bullwhip-Effekt?

Der Bullwhip-Effekt (dt.: Peitscheneffekt) ist ein zentrales Problem des Supply Chain Managements, das sich aus dynamischen Prozessen der Wertschöpfungsketten ergibt. Er beschreibt, dass unterschiedliche Bedarfsverläufe bzw. kleine Veränderungen der Endkundennachfrage zu Schwankungen der Bestellmengen führen, die sich entlang der logistischen Kette wie ein Peitschenhieb aufschaukeln können.

Ein Grund für den Aufschaukelungseffekt liegt in der geringen informatorischen Vernetzung der Akteure der Supply Chain. Je ausgeprägter der Informationsfluss (in Echtzeit) zwischen den Supply-Chain-Teilnehmern stattfindet, desto geringer ist der Aufschaukelungseffekt, da Informationen über Veränderungen der Endkundennachfrage bis zum n-ten Lieferanten per IT schnell übermittelt werden können. Die n-ten Lieferanten passen ihr Bestell-, Produktions- und Lagerverhalten der veränderten Situation an.

3.1.2 Einkaufsprozess

01. Wie ist der generelle Ablauf beim Einkaufsprozess?

Der Einkaufsprozess ist Bestandteil des Beschaffungsprozesses (vgl. auch Abb. unter >> 3.1.3.1/Frage 04.).

Ablauf Einkaufsprozess:

Anfrage → Angebot → Bestellung

02. Was ist eine Anfrage aus rechtlicher Sicht?

Die Anfrage ist eine **Aufforderung zur Abgabe eines verbindlichen Angebots**, mit dem Ziel, durch einfache Annahme des Angebots den Vertragsschluss herbeizuführen.

03. Welche Bedeutung hat die Anfrage für den Einkäufer?

Die Anfrage ist für den Einkäufer eine Befragung von potenziellen Lieferanten, ob sie bestimmte Lieferungen und/oder Leistungen zu wettbewerbsfähigen Preisen mit der gewünschten Qualität und zum erforderlichen Zeitpunkt erbringen können.

04. Wann sollten Anfragen erfolgen?

- bei konkretem Bedarf
- bei neuen Produkten
- in größeren Abständen bei häufig benötigtem Material
- in kürzeren Abständen bei Produkten mit hohem Innovationscharakter (z. B. Elektronikmaterial, PCs)
- bei Make-or-Buy-Entscheidungen (MoB).

05. Wie oft sollte angefragt werden?

Bei der Betrachtung der Häufigkeit von Anfragen ist das oberste Gebot die Zweckmäßigkeit und Wirtschaftlichkeit. Auf eine starre Festlegung sollte verzichtet werden. Mit steigendem Wert sollte allerdings die Anzahl der Anfragen zunehmen.

06. Welchen Inhalt sollte eine Anfrage haben?

1. präzise Bedarfs- bzw. Problembeschreibung
2. genaue Mengenangaben (ggf. Toleranzen angeben)
3. Materialart (möglichst präzise Beschreibung)
4. gewünschter Liefertermin
5. Angebotstermin
6. Richtlinie für verspätete Angebote
7. alle preisbeeinflussenden Bedingungen
8. ggf. Hinweis auf Zeichnungen und Muster
9. allgemeine Einkaufsbedingungen beifügen
10. Vertreterbesuche erwünscht: Ja/Nein
11. Hinweis auf Verbindlichkeit und Kostenneutralität des Angebotes.

Der Angebotseingang ist zu überwachen.

07. Stellt ein Angebot den Beginn oder den Abschluss von Vertragsverhandlungen dar?

Ein Angebot bildet den Abschluss der Vertragsverhandlungen, da das Angebot durch ein „ja" angenommen werden kann. Ungenaue Angaben bei Angeboten stellen kein Angebot im rechtlichen Sinne dar.

08. Welche Merkmale sind bei der Prüfung von Angeboten zu beachten?

Prüfung von Angeboten		
1.	**Menge**	► Vergleich der angefragten und angebotenen Menge ► Kann der Lieferant die benötigten Kapazitäten liefern?
2.	**Qualität**	► Prüfung von Mustern und Proben ► Hat der Lieferant ein Qualitätsmanagement? ► Kann der Kunde ein Second-Party-Audit beim Lieferanten durchführen?
3.	**Preise**	► Festpreise ► Preisgleitklausel ► Preisvorbehalte, wie z. B.: - freibleibend - am Tag der Lieferung - Schätzpreis - unverbindlich - Richtpreis

Prüfung von Angeboten			
4.	**Zuschläge**	► Legierungszuschlag ► Mindermengenzuschlag ► Rüstkosten ► Werkzeugkosten	► Teuerungszuschlag ► Schnittkosten ► Modellkosten ► Altölabgabe
5.	**Nachlässe**	► Rabatte	► Boni
6.	**Zahlungsbedingungen**	► Fristen ► Vorauszahlungen	► Skonti
7.	**Transportklauseln**, z. B.	► ab Werk, Bahnstation, Grenze, Flughafen, Seehafen ► frei Werk, Empfangsstation, Haus, Verwendungsstelle, Grenze, Frachtbasis	
8.	**Verpackungsklauseln**	► einschließlich/ausschließlich Verpackung ► Leihverpackung ► Gutschrift bei Rücksendung	
9.	**Nebenkosten**	► Zölle ► Versicherungen ► Garantie	► Abnahmekosten ► Schulungskosten
10.	**Betriebskosten**	► Strom ► Öl ► Gas	► Druckluft ► Wasser
11.	**Folgekosten**	► Wartung ► Ersatzteildienst	► Reparaturen ► Entsorgung
12.	**Lieferzeit**	möglichst genau fixiert	

09. Wie wird der Bezugspreis errechnet?

	Listeneinkaufspreis (netto)
-	Rabatt des Lieferers
=	**Zieleinkaufspreis**
-	Skonto des Lieferers
=	**Bareinkaufspreis**
+	Frachtkosten
+	Rollgelder
+	Verpackungskosten
+	Versicherungskosten
+	Werkzeugkosten
+	Modellkosten
+	Verpackungsrücksendungskosten
+	Zollgebühren und Einfuhrspesen
=	**Bezugspreis (Nettoeinstandspreis)**

10. Welche Ziele werden mit der Vergabeverhandlung (Abschlussverhandlung) verfolgt?

- Konditionsverbesserung (Preise und Bedingungen)
- Unklarheiten des Angebotes beseitigen
- Einholen von erforderlichen Ergänzungen
- Kennenlernen von neuen Lieferanten, Sicherung bestehender Lieferanten
- Substitutionsmöglichkeiten schaffen.

11. Welche Aspekte sollten beachtet werden, um Einkaufsverhandlungen vorzubereiten?

- genauer Zeitpunkt: Start und Ende der Gespräche, Tagesordnung erstellen
- Allen Sitzungsteilnehmern die Raumnummer und den Besuchern eine Anfahrtsbeschreibung mit Parkplatzmöglichkeit zukommen lassen; bei Übernachtungsmöglichkeiten behilflich sein.
- Benennung der Gesprächsteilnehmer; Anfertigen von Namensschildern
- Absprache innerhalb des Einkaufsteams bezüglich der Ziele und Verhandlungsstrategie; Festlegung der Protokollführung und der Gesprächsführung
- Informationen über Lieferanten besorgen (Jahresabschluss, Referenzen, Preis- und Qualitätsvergleiche).

12. Welche Punkte sollte eine Checkliste zur Vorbereitung einer Vergabeverhandlung enthalten?

- Terminabstimmung (Datum, Zeit, Dauer)
- Teilnehmerkreis
- Verhandlungsort
- Thematik vorbereiten
- Bewirtung abklären
- Hilfsmittel planen (Beamer, Laptop, Overhead usw.)
- zeitlicher Ablauf (Pausen gezielt planen)
- Lieferantenbewertung
- Umsatzentwicklung
- Unterlagen zusammenstellen (Angebot, Zeichnungen usw.)
- Verhandlungsargumente formulieren (Wettbewerb, Werbung usw.)
- Verhandlungsschwerpunkte festlegen (Strategie)
- Sitzordnung.

13. Was ist unabdingbarer Bestandteil einer Bestellung[1]?

- Hinweis „Bestellung“
- Vertragsgegenstand
- Preise (Festpreise/Gleitpreise)
- Auftragswert
- Hinweis auf die „Allgemeinen Geschäftsbedingungen“
- Zahlungsbedingungen
- Vorauszahlungen
- rechtsverbindliche Unterschrift
- allgemeine Daten
- Mengen
- Zu-/Abschläge
- Liefertermin
- Lieferbedingungen
- Gewährleistung
- allgemeine Hinweise (Lieferadresse usw.).

14. Welche besonderen Einkaufsverträge[2] gibt es?

- Abrufvertrag
- Sukzessivliefervertrag
- Spezifikationskaufvertrag
- Rahmenvertrag
- Bevorratungsvertrag
- Bedarfsdeckungsvertrag.

15. Was ist der Zweck von allgemeinen Einkaufsbedingungen?

- Sie geben eine höhere Sicherheit bei Vertragsabschluss.
- Sie dienen der Rationalisierung von Beschaffungsabläufen.
- Sie verhindern bereits im Vorfeld Einigungsmängel.

---

[1] Zu den rechtlichen Aspekten vgl. >> 3.5.1.

[2] Zu den rechtlichen Aspekten vgl. >> 3.5.1.

16. Welche Sourcing-Konzepte werden unterschieden?

Man unterscheidet u. a. folgende Sourcing[1]-Konzepte (auch: Beschaffungskonzepte):

Modular Sourcing	auch: Modul-Einkauf; Begriff aus der Beschaffungswirtschaft der Industrie: Es werden überwiegend vorgefertigte **Baugruppen** eingekauft. Meist übernimmt ein Hauptlieferant die Vormontage und die Koordination der Unterlieferanten.
Single Sourcing	Ein Artikel wird nur bei **einem Lieferanten** eingekauft. Vorteile: Mengenrabatt, gleichbleibende Qualität, Verringerung der Transportkosten; Nachteile: Abhängigkeit vom Lieferanten, hohe Mindestbestände erforderlich, keine Anreize bei Lieferanten zur Produktinnovation.
Multiple Sourcing	Ein Artikel/eine Artikelgruppe wird von **mehreren Lieferanten** bezogen. Vorteile: mehr Flexibilität bei der Beschaffung, gute Verhandlungsposition.
Local Sourcing	Die Lieferanten sind **in der Nähe** des beschaffenden Unternehmens.
Global Sourcing	Die Beschaffung erfolgt **international**. Vorteile: keine inlandsbedingten Engpässe, Nutzung der international unterschiedlichen Einkaufspreise (z. B. Indien, Tschechien, Türkei, China). Global Sourcing gewinnt auch für KMU an Bedeutung aufgrund der länderübergreifenden Standardisierung, der Verminderung der Handelsbarrieren und der modernen Kommunikationstechnologie.

17. Welche Aufgaben stehen im Mittelpunkt des Lieferantenmanagement?

- Bildung strategischer Partnerschaften
- Reduzierung der C-Lieferanten
- Standardisierung der Logistikprozesse (Logistikrichtlinie)
- Logistik-Regeltermine mit Lieferanten vereinbaren
- EDI-Anbindung der Lieferanten (**E**lectronic **D**ata **I**nterchange)
- Lieferantenrating bezüglich des Insolvenzrisikos.

[1] Source (engl.): Quelle, Vorrat.

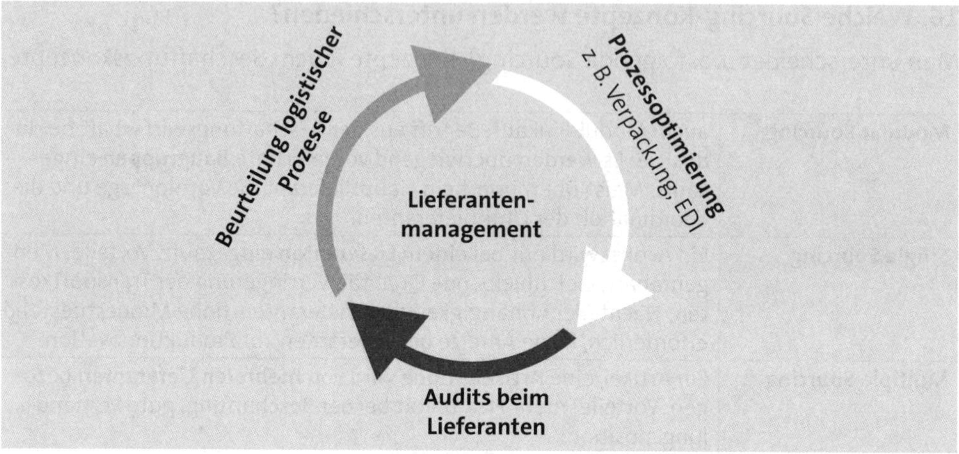

18. Wie erfolgt die Lieferantenbeurteilung?

Die Lieferantenbeurteilung (auch: Lieferantenauswahl) kann in drei Schritten erfolgen:

Segmentierung der Lieferanten → Der Kreis der potenziellen Lieferanten wird vorab grundsätzlich festgelegt anhand geeigneter Kriterien, z. B.:

- Betriebsgröße
- Standort
- Qualitätsaspekte (z. B. Zertifizierung)
- Flexibilität (z. B. Eingehen auf Sonderwünsche).

Dieser Schritt der Bewertung erfolgt im Regelfall durch den Einkauf/die Materialwirtschaft in Abstimmung mit anderen Fachabteilungen: Fertigung, Qualitätssicherung, Vertrieb und Controlling; involviert können ebenfalls Beauftragte sein (Arbeits- und Umweltschutz, Betriebsrat).

Beurteilung und Vergleich der quantitativen Merkmale →

- Listenpreis
- Zahlungsbedingungen (Rabatte, Skonti, Boni)
- Regelung der Transportkosten
- Liefertermin
- quantifizierbare Nebenleistungen
- Marktanteil
- Kostenstruktur

Beurteilung und Vergleich der qualitativen Merkmale →	Neben dem Vergleich der quantifizierbaren Fakten ist eine Beurteilung der qualitativen Daten ergänzend vorzunehmen; relevante Merkmale sind z. B.: ► Rechtsform (Finanzsituation) ► Qualitätsvereinbarungen, Qualitätsmanagementsystem ► Stand der Forschung & Entwicklung ► Kundendienst, Support, Notdienst ► Image ► Bereitschaft zu Gegengeschäften ► Zuverlässigkeit usw.

Bei wichtigen Beschaffungsaktionen kann die Auswahl neuer Lieferanten über eine **Nutzwertanalyse** durchgeführt werden:

- Merkmale festlegen
- Merkmale gewichten
- Skalierung festlegen (z. B. Skala von „5 = sehr hoch“ bis „1 = sehr niedrig“)
- Ausprägung der Merkmale je Lieferant ermitteln
- Summe der gewichteten Merkmale je Lieferant ermitteln.

19. Lösen Sie nachfolgende Aufgabe zum Thema Analysetechnik und Lieferantenbeurteilung.

Folgende Kriterien wurden im Rahmen eines Teamprozesses in einem Unternehmen zur Lieferantenauswahl ermittelt: Kommunikation, Transport, Qualität, Stand der Technik, Service und Flexibilität.

Es wird für die Bewertung der Lieferanten eine Ordinalskala von „1 = sehr gut“ bis „10 = schlecht“ angenommen. Für die Bestimmung der Gewichte der Kriterien gilt: „1 = geringe Bedeutung, ..., 10 = hohe Bedeutung“.

a) Beschreiben Sie die Vorgehensweise bei einer Nutzwertanalyse.

Bei einer Nutzwertanalyse werden die Kriterien über Methoden der Kreativitätstechnik und/oder Teamprozesse gesammelt. Anschließend werden die Kriterien gewichtet. Grundsätzlich besteht die Möglichkeit, dass die Summe der Gewichte 100 % ergibt. Man kann aber auch auf die 100 %-Grenze verzichten. Das ist dann sinnvoll, wenn viele Kriterien anfallen. Würde man bei vielen Kriterien eine 100 %-Grenze setzen, dann würden die Gewichte sehr klein ausfallen und somit der „Gewichtungseffekt“ nicht zur Wirkung kommen. Alternativ kann man in einem derartigen Fall auch eine ordinale Skalierung (1 = geringe Bedeutung, ..., 10 = hohe Bedeutung) verwenden.

In der Regel stellt man eine Tabelle mit den Spalten „Kriterien", „Gewichte", „Bewertung der Lieferanten" und „Nutzwert der Lieferanten" auf. Die Gewichte der Kriterien werden dann mit den Bewertungen der Lieferanten jeweils multipliziert. Die Spaltensummen der Nutzwerte der Lieferanten werden addiert. Um die Rangfolge zu bestimmen, muss sich der Bearbeiter der Nutzwertanalyse im Klaren sein, ob im Rahmen einer Bewertungsskala von beispielsweise „1 bis 10" bei „1" ein „sehr guter" oder „schlechter" Aspekt zugeordnet wird. Wenn „1" sehr gut ist, dann wird der Lieferant den ersten Rang einnehmen, der den geringsten Summenwert bei den Nutzwerten erreicht.

b) Erstellen Sie eine beispielhafte Nutzwertanalyse hinsichtlich eines deutschen und eines chinesischen A-Teile-Lieferanten und legen Sie eine Rangfolge der präferierten Lieferanten fest.

Beispiel

Nutzwertanalyse (angenommene Werte)

Kriterien	Gewichte	Bewertung Deutscher Lieferant (A)	Bewertung Chinesischer Lieferant (B)	Nutzwert A	Nutzwert B
Kommunikation	3	1	7	3	21
Transport	6	2	8	12	48
Qualität	9	1	7	9	63
Stand der Technik	8	1	8	8	64
Service	10	2	8	20	80
Flexibilität	10	2	7	20	70
Summe				72	346
Rangfolge				1	2

Erläuterungen zur Tabelle:

Gewichte: 1= geringe Bedeutung, ..., 10 = hohe Bedeutung

Skala für Bewertung: 1 = sehr gut, ..., 10 = schlecht

Der deutsche Lieferant erhält den ersten Rang.

3.1.3 Beschaffungsprozess

3.1.3.1 Beschaffungslogistik und -prozess

01. Was ist Beschaffung?

Beschaffung umfasst alle Tätigkeiten, die darauf gerichtet sind, dem Unternehmen die zur Bewirkung seiner Aufgaben benötigten Güter (Waren, Dienstleistungen, Rechte und Informationen) bereitzustellen.

02. Welche Aufgabe hat die Beschaffungslogistik?

Die Beschaffungslogistik steht am Anfang der logistischen Kette und umfasst die **Bereitstellung der physischen Güter sowie der Informationen**, die zur Leistungserstellung erforderlich sind. Sie beginnt also nicht erst mit der Prüfung eingehender Waren, sondern bereits bei der Beschaffungsplanung (Welche Lieferanten? Welche Bedarfe? usw.). Die Beschaffungslogistik endet mit der Übergabe der Güter und Informationen an die Produktionslogistik.

03. Welche Entwicklungen und Fragestellungen stehen im Mittelpunkt der Beschaffungslogistik?

Zentrale Fragestellungen und Entwicklungen der Beschaffungslogistik sind u. a.:

1. **Lieferantenauswahl und -bewertung**
2. **Verringerung der Fertigungstiefe**, z. B.:
   - Make-or-Buy-Überlegungen (MoB)
   - Outsourcing

   Durchführung der logistischen Aufgaben in Eigenregie oder durch Fremdvergabe
3. **Produktionssynchrone Anlieferung** der Bedarfsmengen, z. B.:
   - Just-in-Time-Beschaffung (JiT)
   - Optimierung des Materialeingangs, der Material- und Qualitätsprüfung
4. **Globalisierung der Beschaffungsvorgänge (Global Sourcing)**
5. **Einkauf ganzer Funktionsgruppen** statt einzelner Teile **(Modular Sourcing)**

6. **Behebung von Leistungsstörungen im Beschaffungsprozess**, z. B.:

Bereich	Maßnahmen
im Materialbereich:	► Qualitätsmanagement ► Materialflusssysteme ► Vertragsgestaltung
im Personalbereich:	► Personalauswahl, -führung und -entwicklung ► Vertragsgestaltung
im Betriebsmittelbereich:	► Lieferantenauswahl ► Instandhaltungsmanagement
im Informationsbereich:	► Informationsmanagement

04. Wie ist der generelle Ablauf bei der Beschaffung (Beschaffungsprozess)?

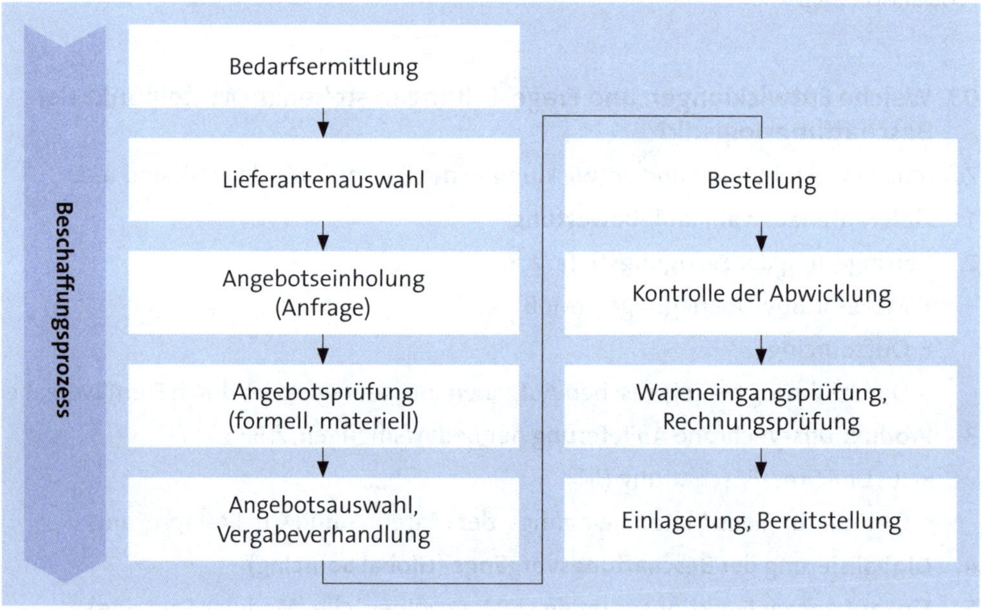

3.1.3.2 Beschaffungsstrategien und -prinzipien

01. Wie kann der Begriff Beschaffungsstrategie erklärt werden?

Der Strategiebegriff ist langfristig und grundsätzlich ausgerichtet. Bei einer Strategie geht es überwiegend um qualitative Aspekte. Die Unternehmensstrategie ist eng mit dem Leitbild und den Visionen verbunden.

Der Begriff „Beschaffung" kann die Beschaffungsmarktforschung, Lieferantenauswahl, Preisverhandlungen, Vertragsabschlüsse bis zur Bedarfsermittlung, Lagerhaltung und Materialflusskontrolle umfassen. Der Begriff „Beschaffung" wird häufig mit „Einkauf" gleichgesetzt.

Wenn beide Begriffe „Strategie" und „Beschaffung" kombiniert werden, dann bedeutet „Beschaffungsstrategie", dass mit strategischen Beschaffungsmaßnahmen die Oberziele des Unternehmens erreicht werden. Dabei steht die Versorgung des Unternehmens mit Gütern an erster Stelle, da ohne „Input" kein „Output" erzeugt werden kann. Unterziele der strategischen Beschaffungsmaßnahmen können der kostenminimale Einkauf, Optimierung des Logistiksystems, die Sicherung der Qualität sowie die Reduktion von Abhängigkeiten gegenüber Lieferanten sein.

02. Welche Beschaffungsstrategien sind möglich?

a) **Abschöpfung:** Einkaufspreis stark reduzieren; aktives Auftreten bzgl. den Forderung gegenüber dem Lieferanten (aber ohne durch Dominanz die Beziehung zu gefährden); geringe Lieferantenstreuung und niedrige Lagerbestände

   Diversifikation: Vertragliche Sicherung des Versorgungsniveaus; neue Lieferanten suchen; Lagerbestände (situativ bei entsprechender Absatznachfrage) aufbauen.

   Abwägung: Situativ günstige Einkaufsmöglichkeiten suchen und wahrnehmen; Lagerbestände als Puffer einbauen, um die situative Abhängigkeit zu reduzieren; hohe Flexibilität

b) Beschaffungsallianzen: Mehrere Unternehmen bündeln den Bedarf, um als Gesamtnachfrager gegen dem Lieferanten auftreten zu können. Ein Vorteil liegt darin, die Nachfragemacht zu stärken und bessere Konditionen (z. B. Rabatte) zu erhalten.

c) Single-, Multiple-, Global- und Modular-Sourcing.

03. Welche Beschaffungsprinzipien werden in der Materialwirtschaft unterschieden?

1. **Vorratsbeschaffung:** Größere Mengen werden beschafft und auf Lager genommen.
2. **Einzelbeschaffung (auch auftragsbezogene Beschaffung):** Fallweise wird das Material unmittelbar je nach Bedarf beschafft.
3. **Fertigungssynchrone Beschaffung:** Auf der Basis von Rahmenverträgen werden nur die unmittelbar benötigten Materialien abgerufen (Prinzip der Just-in-Time-Lieferung; JiT).

04. Was ist eine produktionssynchrone Anlieferung?

Eine produktionssynchrone Anlieferung (auch: Just-in-Time, JiT; Just-in-Sequenz) bezeichnet in der Produktionslogistik ein Konzept zur Materialbereitstellung, das auf die Verkleinerung der Zwischenlager und eine allgemeine Rationalisierung des Produktionsprozesses abzielt. Durch die Einsparung von Lagerhaltungsflächen und -kosten wird Just-in-Time indirekt auch zu einer unternehmerischen Methode zur Kostensenkung in der Materialwirtschaft und Beschaffungslogistik.

JiT hat folgenden Ablauf:

Güter werden von den Zulieferbetrieben erst bei Bedarf – zeitlich möglichst genau berechnet – direkt ans Montageband geliefert. Dazu wird mit einem gewissen Vorlauf die benötigte Menge vom Fließband zurückgemeldet und bestellt. Der Zulieferer muss sich vertraglich verpflichten, innerhalb dieser Vorlaufzeit zu liefern. Am Produktionsort selbst wird also nur so viel Material gelagert, wie unbedingt nötig ist, um die Produktion gerade noch aufrecht zu erhalten. Dadurch entstehen beim Produzenten nur direkt am Band sehr kleine Lagermengen und es entfallen längere Lagerungszeiten.

Beispiel

Just-in-Time-Belieferung der Montage

Just-in-Sequence stellt eine Modifikation von Just-in-Time dar. Bei Just-in-Sequence werden die Teile vom Teile-, Modul- oder Systemlieferanten in der Reihenfolge (sequence) angeordnet geliefert, wie die Teile in den Produktion verarbeitet werden. Die Mitarbeiter des OEM müssen die Teile nicht mehr ordnen. Somit stellt der Teile-, Modul- oder Systemlieferant Zeit- und Kostenvorteile beim OEM zur Verfügung.

05. Welche Ziele werden mit dem Just-in-Time-Konzept verfolgt und welche Probleme können damit verbunden sein?

- **Ziele:** Just-in-Time (JiT) verfolgt als Hauptziel, alle nicht-wertschöpfenden Tätigkeiten zu reduzieren. Jede Verschwendung und Verzögerung auf dem Weg „vom Rohmaterial bis zum Fertigprodukt an den Kunden" ist auf ein Minimum zu senken. Teile und Produkte werden erst dann gefertigt, wenn sie – intern oder extern – nachgefragt werden. Das erforderliche **Material wird fertigungssynchron beschafft**.

  Im Einzelnen kann dies bedeuten:

  - eine Minimierung der Wartezeiten, der Arbeitszeiten, der Rüstzeiten, der Losgrößen, der Qualitätsfehler, der Fertigungsschwankungen
  - schnellste Fehlerbearbeitung und präventive Instandhaltung.

- **Probleme** können dann auftreten, wenn die Voraussetzungen von JiT nicht ausreichend beachtet werden, z. B.:

  - vertrauensvolle Zusammenarbeit zwischen Lieferant und Abnehmer
  - hohe Qualitätssicherheit und hoher Grad der Lieferbereitschaft des Lieferanten
  - Abstimmung zwischen Lieferant und Abnehmer (z. B. Strategie, Planung, Informationstechnologie, Bestandsführung)
  - Zugriff des Abnehmers auf das PPS-System des Lieferanten
  - kontinuierlicher Transport muss sichergestellt werden
  - Wirtschaftlichkeit der Transportkosten.

- **Risiken/Nachteile** von JiT, z. B.:

  - Abhängigkeit vom Lieferanten; jeder Lieferverzug hat Störungen der Produktion zur Folge.
  - Die erhöhten Transportkosten müssen durch eine Reduzierung der Lagerhaltungskosten kompensiert werden.
  - ökologische Kosten der Logistik.

06. Welche Merkmale weist das Kanban-System auf?

Das Kanban-System ist eine von mehreren Möglichkeiten zur Realisierung des JiT-Konzepts: Jede Fertigungsstelle hat kleine Pufferlager mit sog. Kanban-Behältern (jap. Kanban = Karte), in denen die benötigten Teile/Materialien liegen. Wird ein bestimmter Mindestbestand unterschritten, wird eine Identifikationskarte (Kanban) an dem Behälter angebracht. Dies ist das Signal für die vorgelagerte Produktionsstufe, die erforderlichen Teile zu fertigen.

Die Abholung der Teile erfolgt nach dem Hol-Prinzip, d. h. die verbrauchende Stelle muss die Teile von der vorgelagerten Stelle abholen. Auf diese Weise werden die Bestände in den Pufferlagern minimiert bei gleichzeitig hoher Servicebereitschaft.

Die verbrauchende Fertigungsstelle wird **Senke** und die produzierende Stelle wird **Quelle** genannt. Der Informationsstrom läuft von der Senke zur Quelle (via Karte). Das Material wird von der Quelle für die Senke (physischer Strom) bereitgestellt.

Zentrale Merkmale des Kanban-Systems sind:

- Hol-Prinzip (Pull) statt Bring-Prinzip (Push)
- Identifikationskarte (Kanban) als Informationsträger
- geschlossener Regelkreis aus verbrauchender Stelle (Senke) und produzierender Stelle (Quelle)
- Fließfertigung und weitgehend regelmäßiger Materialfluss.

3.1.3.3 Bedarfsrechnung

01. Was versteht man unter der Materialbedarfsermittlung?

Die Materialbedarfsermittlung (auch: Materialbedarfsplanung) ist ein Verfahren zur Ermittlung der in zukünftigen Perioden auftretenden Materialbedarfe nach Art, Menge, Qualität und Zeit.

02. Welche Zielsetzung hat die Materialbedarfsermittlung?

Ziel der Materialbedarfsermittlung ist die kostengünstige Versorgung des Unternehmens mit RHB-Stoffen, Zulieferteilen, Waren und Verschleißwerkzeugen.

03. Wie unterscheidet man Roh-, Hilfs- und Betriebsstoffe (RHB-Stoffe)?

Stoffe		
Rohstoffe	**Hilfsstoffe**	**Betriebsstoffe**
sind Stoffe, die unmittelbar in das zu fertigende Erzeugnis eingehen und dessen Hauptbestandteil bilden, z. B. Eisen.	sind Stoffe, die ebenfalls unmittelbar in das Erzeugnis eingehen, aber im Vergleich zu den Rohstoffen lediglich eine Hilfsfunktion erfüllen, da ihr mengen- und wertmäßiger Anteil gering ist, z. B. Schweißdraht.	sind selbst kein Bestandteil des Erzeugnisses, sondern werden bei Herstellung mittelbar oder unmittelbar verbraucht, z. B. Öl.

04. Welche Materialbedarfsarten werden unterschieden?

Materialbedarfsarten					
	Primärbedarf	**Sekundärbedarf**	**Tertiärbedarf**	**Bruttobedarf**	**Nettobedarf**
Ansatz	**erzeugnisorientiert**		**bedarfsorientiert**	**bestandsorientiert**	
Begriff, Inhalt	Bedarf des Marktes an verkaufsfertigen Erzeugnissen	Bedarf an Rohstoffen, Baugruppen und Ersatzteilen, der zur Deckung des Primärbedarfs erforderlich ist	Bedarf an Hilfs- und Betriebsstoffen sowie Verschleißwerkzeugen, der bei der Fertigung notwendig ist	Materialbedarf ohne Berücksichtigung von Vorräten, Bestellungen und Vormerkungen	Materialbedarf nach Abzug von Vorräten, Bestellungen und Vormerkungen
Basis der Bedarfsermittlung	Kunden-, Lageraufträge, Programme	Stücklisten, Rezepturen	ergibt sich aufgrund von Vergangenheitswerten	aus Sekundärbedarf	aus Sekundärbedarf, Materialbestand und Bestellbestand
Beispiele	Erzeugnisse, Zubehör, Ersatzteile, Handelswaren	Rohstoffe, Halbzeuge, Komponenten, Baugruppen	Verschleißwerkzeuge, Verbrauchsmaterial, Schmiermittel	Rohstoffe, Halbzeuge, Komponenten, Baugruppen	

05. Wie wird der Nettobedarf ermittelt?

Der Nettobedarf wird aus dem Sekundärbedarf ermittelt:

	Sekundärbedarf	Bedarf an Rohstoffen, Baugruppen, Ersatzteilen – abgeleitet aus dem Primärbedarf
+	Zusatzbedarf	Ungeplanter Bedarf aufgrund von Mehrbedarf für ► Wartung und Reparatur ► Nebenbedarf für Sonderzwecke (Versuche usw.) ► Minderlieferung wegen Ausschuss, Schwund usw.
+	Sicherheitsbedarf	Bestand für Versorgungs-, Bestands-, Bedarfsunsicherheiten
=	**Bruttobedarf**	Bedarf, der sich aus Sekundär- und Zusatzbedarf ergibt
-	Lagerbestände	Bestände, die auf Lager tatsächlich vorhanden sind
-	Bestellbestände	Bestellungen, die in Kürze eintreffen werden
+	Vormerkbestände	Bestände, die für andere Aufträge vorgemerkt sind
=	**Nettobedarf**	Bedarf, der von den beschaffenden Stellen zugekauft werden muss, um den Primärbedarf zu decken

06. Welche Ziele, Aufgaben und Funktionen hat die Materialdisposition?

- **Begriff:**
  Die Materialdisposition umfasst alle Tätigkeiten, die erforderlich sind, um ein Unternehmen mit den Objekten der Materialwirtschaft nach Art, Menge und Qualität termingerecht zu versorgen.

- **Aufgaben:**
  - optimale Kombination der Zielsetzungen der Materialwirtschaft: „hohe Lieferbereitschaft ⟷ niedrige Lagerhaltungskosten"
  - Art, Menge und Zeitpunkt des Bedarfs feststellen und unter Berücksichtigung der Lagerbestände in Bestellmengen und -termine umsetzen.

- **Ziele:**
  - Gewährleistung einer hohen Lieferbereitschaft
  - Minimierung der Lagerhaltungskosten

- **Funktionen:**
  1. **Bedarfsermittlung:**
     Ermittlung einer Menge an Material, die zu einem bestimmten Termin für eine bestimmte Periode benötigt wird.
  2. **Bestandsrechnung:**
     Durch Vergleich des Bruttobedarfs mit dem verfügbaren Bestand wird ermittelt, welcher Bedarf (= Nettobedarf) zugekauft werden muss.
  3. **Bestellmengenrechnung:**
     Der Nettobedarf wird kostenoptimiert auf eine gewisse Anzahl von Bestellungen verteilt.

07. Welche Unterlagen werden im Rahmen der Bestands- und Bedarfsanalyse ausgewertet?

Die **Stückliste** beinhaltet wesentliche Informationen über die in der zugehörigen Zeichnung dargestellten Gegenstände, wie z. B. Eigenfertigungsteile, Normteile, fremdbezogene Teile und Materialien.

Die Stückliste ist eine für den jeweiligen Zweck **vollständige** formale Auflistung der Bestandteile eines Gegenstandes, die alle zugehörigen Gegenstände mit **mindestens** der Angabe der Benennung, der Nummerierung, der Menge und der Mengeneinheit enthält.

Stücklisten bilden die Grundlage für weitere betriebliche Abläufe, z. B. Bedarfsplanung, Materialbeschaffung und -bereitstellung, Kostenrechnung, Lagerhaltung, Ersatzteilmanagement, Arbeits- und Kapazitätsplanung.

Technische Zeichnung:

- **Gesamtzeichnung:**
  Sie stellt das Produkt in zusammengebautem Zustand dar. Sie dient als Fertigungsunterlage für die Endmontage und enthält alle für den Zusammenbau relevanten Informationen und Daten.

- **Baugruppenzeichnung:**
  Sie stellt eine Baugruppe in zusammengebautem Zustand dar. Sie dient als Fertigungsunterlage für die Endmontage und enthält alle für den Zusammenbau relevanten Informationen und Daten.

- **Funktionsgruppenzeichnung:**
  Sie stellt das Zusammenwirken funktionell zusammengehöriger Teile und Baugruppen dar.

- **Einzelteilzeichnung:**
  Sie stellt ein Einzelteil in der jeweiligen technologischen Bearbeitungsstufe dar. Sie dient als Fertigungsunterlage und enthält alle für die betreffende Bearbeitungsstufe relevanten Informationen und Daten.

08. Welche Größen bestimmen die Wiederbeschaffungszeit?

	Bedarfsrechnungszeit	Zeit, die benötigt wird, den Bedarf unter Zuhilfenahme der jeweiligen Bedarfsrechnungsverfahren zu bestimmen.
+	Bestellabwicklungszeit	Zeit, die der Einkauf benötigt, um eine rechtsverbindliche Bestellung an den Lieferanten zu übermitteln.
+	Übermittlungszeit zum Lieferanten	Zeit, die benötigt wird, um die Bestellung an den Lieferanten zu übermitteln.
+	Lieferzeit	Zeit zwischen dem Auftragseingang beim Lieferanten und der Anlieferung beim Kunden.
+	Ein-, Ab- und Auslagerungszeit	Zeit, die benötigt wird, um die angelieferte Ware der weiteren Verarbeitung zuzuführen.
=	**Wiederbeschaffungszeit**	

09. Welche Verfahren der Bedarfsermittlung gibt es?

Verfahren der Materialbedarfsermittlung (1)

Stochastische Bedarfsermittlung	**Deterministische Bedarfsermittlung**	**Schätzung**	**Fehlerberechnung**
= auch: verbrauchsorientierte Bedarfsermittlung	= auch: auftragsorientierte, programmorientierte Bedarfsermittlung		

- Die (subjektive) **Schätzung** dient der Ermittlung des Bedarfs geringwertiger Güter. Sie wird angewandt, wenn weder Informationen über das Produktionsprogramm, noch eine ausreichende Anzahl von Vergangenheitswerten vorliegen. Bei der Einführung eines neuen Produktes bleibt häufig nur das Instrument der subjektiven Schätzung. Nach dem Vorliegen erster Verbrauchswerte kann dann auf die stochastischen Verfahren zurückgegriffen werden.

  Man unterscheidet folgende Arten der Schätzung:

  - **Analogschätzung:**

    Der zukünftige Bedarf wird analog zu vergleichbaren Materialien geschätzt.

  - **Intuitivschätzung:**

    Der Bedarf wird intuitiv von einer Person (Lagerleiter, Disponent o. Ä.) geschätzt.

- **Methoden zur Fehlerberechnung in der Disposition**, z. B.:
  - μ = arithmetische Mittel; x_i = Beobachtungswert, Merkmalswert
  - Varianz; mittlere quadratische Abweichung: $\sigma^2 = \sum (x_i - \mu)^2 : N$

    bzw. die positive Quadratwurzel daraus, Standardabweichung; $\sigma = \sqrt{\sigma^2}$
    - Mittlere absolute Abweichung; $d = \sum |x_i - \mu| : N$

10. Welche zentralen Unterschiede bestehen zwischen der deterministischen und der stochastischen Bedarfsermittlung?

	Verfahren der Materialbedarfsermittlung (2)	
	Stochastische Bedarfsermittlung	**Deterministische Bedarfsermittlung**
	Verbrauchsorientiert	**Auftragsorientiert** **auch: programmgesteuert**
Bezugsbasis	Der Bedarf wird ohne Bezug zur Produktion aufgrund von Vergangenheitswerten ermittelt. Relevant sind: ► Vorhersagezeitraum ► Vorhersagehäufigkeit ► Verlauf der Vergangenheitswerte	Der Bedarf wird aufgrund des Produktionsprogramms exakt ermittelt.
Vor-, Nachteile	► einfaches Verfahren ► kostengünstig ► kann mit Fehlern behaftet sein	► sorgfältiges und genaues Verfahren ► kostenintensiv und zeitaufwendig
Informationsbasis	► auf der Basis von Lagerstatistiken ► bestellt wird bei Erreichen des Lagerbestandes	1. Produktionsprogramm: ► Lageraufträge ► Kundenaufträge 2. Erzeugnisstruktur ► Stücklisten ► Verwendungsnachweise ► Rezepturen
Anwendung	► Tertiär- und Zusatzbedarf – wenn deterministische Verfahren nicht anwendbar oder nicht wirtschaftlich sind.	Bei allen Roh- und Hilfsstoffen lässt sich ein direkter Zusammenhang zum Primärbedarf herstellen; meist IT-gestützt.
Dispositionsverfahren	Verbrauchsgesteuerte Disposition: ► Bestellpunktverfahren ► Bestellrhythmusverfahren	Programmgesteuerte Disposition: ► auftragsgesteuerte Disposition ► plangesteuerte Disposition
Methoden	Mittelwertbildung: ► arithmetisches Mittel - gewogen/ungewogen ► gleitender Mittelwert - gewogen/ungewogen	Analytische Materialbedarfsauflösung → Stücklisten
	Regressionsanalyse: ► lineare ► nicht-lineare	Synthetische Materialbedarfsauflösung → Verwendungsnachweise
	Exponentielle Glättung: ► 1. Ordnung ► 2. Ordnung	

11. Wie erfolgt die analytische Materialbedarfsauflösung und welche Verfahren gibt es?

Bei der analytischen Materialbedarfsauflösung werden Baukastenstücklisten und Strukturstücklisten zur Ermittlung des Nettobedarfs verwendet.

- **Fertigungsstufen-Verfahren:** Die Teile des Erzeugnisses werden in der Reihenfolge der Fertigungsstufen aufgelöst.
- Das **Renetting-Verfahren** ist geeignet, den Mehrfachbedarf von Teilen zu berücksichtigen.
- Das **Dispositionsstufen-Verfahren** wird eingesetzt, wenn gleiche Teile in mehreren Erzeugnissen/Fertigungsstufen vorkommen. Alle gleichen Teile werden auf die unterste Verwendungsstufe (Dispositionsstufe) bezogen und nur einmal aufgelöst.
- Das **Gozinto-Verfahren** verwendet mathematische Methoden zur Bedarfsauflösung. Der Gozintograf zeigt die Erzeugnisstruktur.

12. Was ist ein Gozintograf und wie kann man daraus den Bruttobedarf ermitteln?

Der Gozintograf ist eine Visualisierung von Konstruktionszusammenhängen. Er zeigt dabei in Diagrammform, welche Rohstoffe in welche Zwischenfabrikate und welche Zwischenfabrikate und Rohstoffe in welche Endprodukte in welcher Menge eingehen. Die Mengenzusammenhänge werden durch Pfeile mit Mengenangaben dargestellt. Ferner ist der Gozintograf hierarchisch gegliedert.

Beispiel:

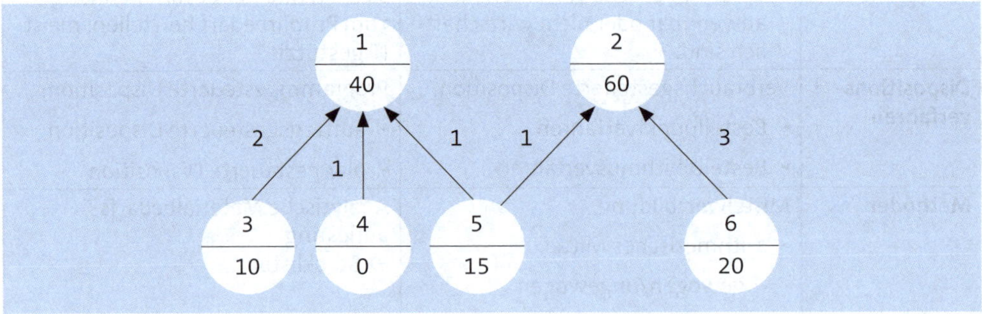

Der Bruttobedarf beträgt:

	Primärbedarf	Sekundärbedarf	Bruttobedarf
1	40		40
2	60		60
3	10	$2 \cdot 40 = 80$	90
4	–	$1 \cdot 40 = 40$	40
5	15	$1 \cdot 40 + 1 \cdot 60 = 100$	115
6	20	$3 \cdot 60 = 180$	200

13. Wie werden der gleitende Mittelwert und der gewogene gleitende Mittelwert berechnet?

1. **Gleitender Mittelwert V:**

$$V = \frac{\sum T_i}{n}$$

i = 1, ..., n
n = Anzahl der Perioden
T_i = Materialbedarf der einzelnen Perioden

Ungerade Ordnung:
Die Beobachtungen (z. B. von drei Perioden) werden addiert (3er gleitender Durchschnitt) und durch 3 dividiert. Der berechnete Durchschnittswert wird in der zweiten Periode positioniert. Dann rückt man eine Position weiter („gleitend") und berechnet von der zweiten bis zur vierten Position den Durchschnittswert. Dieser ermittelte Durchschnittswert wird bei Position 3 dokumentiert.

Gerade Ordnung:
Die Beobachtungen (z. B. von fünf Perioden) werden addiert (4er gleitender Durchschnitt). Dabei wird die erste und fünfte Position mit 0,5 gewichtet. Es wird durch 4 dividiert. Der berechnete Durchschnittswert wird bei Position 3 dokumentiert. Dann rückt man eine Position weiter und das Verfahren wiederholt sich.

2. **Gewogener gleitender Mittelwert V:**

$$V = \frac{\sum T_i \cdot G_i}{\sum G_i}$$

i = 1, ..., n
n = Anzahl der Perioden
T_i = Materialbedarf der einzelnen Perioden
G_i = Gewichtung der einzelnen Perioden

14. Wie erfolgt die stochastische Bedarfsermittlung unter Anwendung der Methode der exponentiellen Glättung 1. Ordnung?

$$V_n = V_a + \alpha (T_i - V_a)$$

i = 1, ..., n
V_n = neue Vorhersage
V_a = alte Vorhersage
T_i = tatsächlicher Bedarf der abgelaufenen Periode
α = Glättungsfaktor

3.1.3.4 Bestelltermin- und Bestellmengenrechnung

01. Welche Dispositionsverfahren werden unterschieden?

Im Wesentlichen werden folgende Dispositionsverfahren (auch: Verfahren der Bestandsergänzung) unterschieden:

Verfahren der Materialbedarfsermittlung (3)

Stochastische Bedarfsermittlung 1. Verbrauchsgesteuerte Disposition:	**Deterministische Bedarfsermittlung 2. Programmgesteuerte Disposition:**
1.1 Bestellpunktverfahren 1.2 Bestellrhythmusverfahren	2.1 Auftragsgesteuerte Disposition 2.2 Plangesteuerte Disposition → Soll-Eindeckungstermin → Ist-Eindeckungstermin

1. **Verbrauchsgesteuerte Disposition:**
Der Bestand eines Lagers wird zu einem bestimmten Termin oder bei Erreichen eines bestimmten Lagerbestandes ergänzt. Das Verfahren ist nicht sehr aufwendig. Die Ergebnisse sind jedoch ungenau. Es ist mit erhöhten Sicherheitsbeständen zu planen. Voraussetzung für diese Dispositionsverfahren sind eine aktuelle und richtige Fortschreibung der Lagerbuchbestände.

1.1 **Bestellpunktverfahren (Mengenverfahren):**
Hierbei wird bei jedem Lagerabgang geprüft, ob ein bestimmter Bestand (Meldebestand oder Bestellpunkt) erreicht oder unterschritten ist.

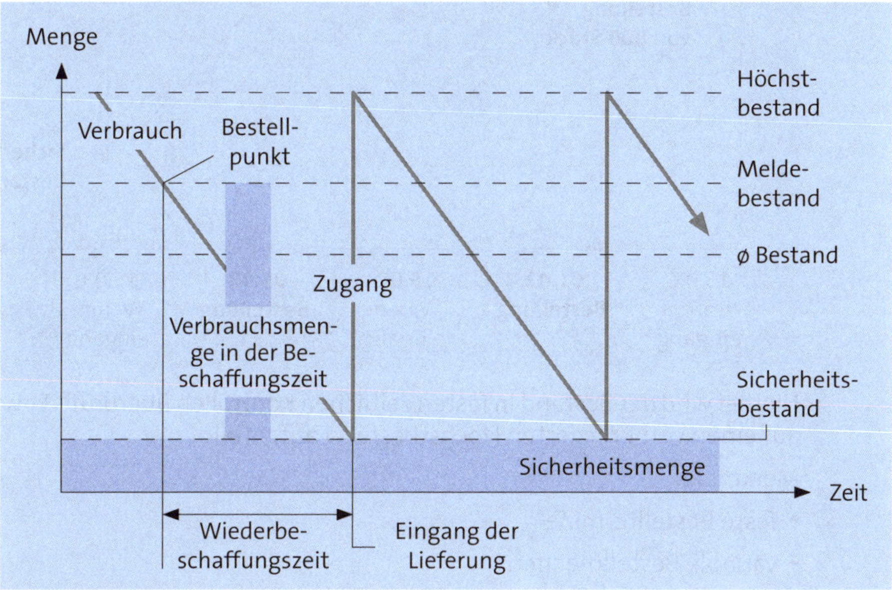

Merkmale:

- feste Bestellmengen
- variable Bestelltermine.

Ermittlung des Bestellpunktes:

Bestellpunkt (Meldebestand) = (ø Verbrauch pro Zeiteinheit • Beschaffungszeit) + Sicherheitsbestand

BP = (DV • BZ) + SB

1.2 **Bestellrhythmusverfahren (Terminverfahren):**

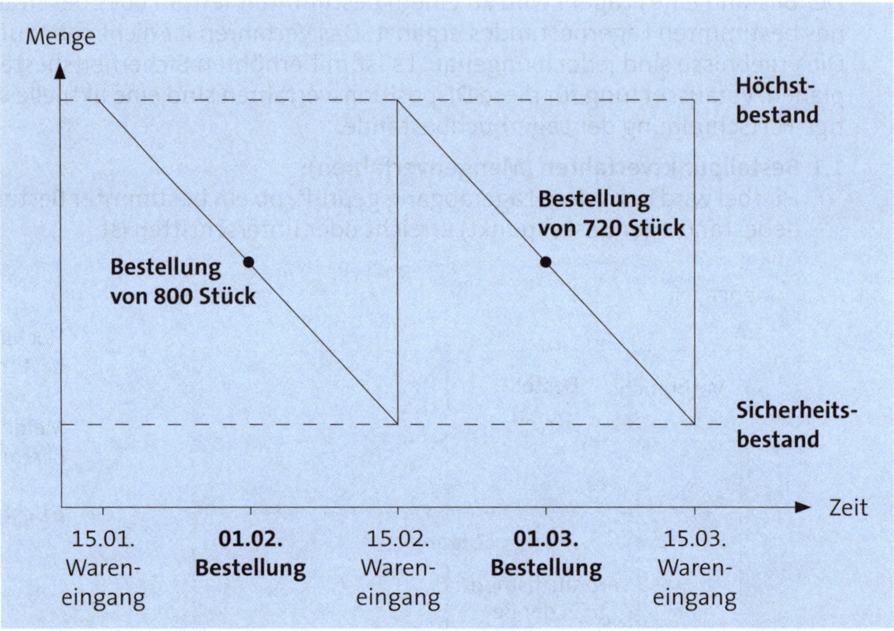

Hierbei wird der Bestand in festen zeitlichen Kontrollen überprüft. Er wird dann auf einen vorher fixierten Höchstbestand aufgefüllt.

Merkmale:

- feste Bestelltermine
- variable Bestellmengen.

Berechnung des Höchstbestandes:

Höchstbestand = ∅ Verbrauch pro Zeiteinheit • (Beschaffungszeit + Überprüfungszeit) + Sicherheitsbestand

HBV = DV • (BZ + ÜZ) + SB

2. **Programmgesteuerte Disposition:**

2.1 **Auftragsgesteuerte Disposition:**
Bestelltermine und Bestellmengen werden entsprechend der Auftragssituation festgelegt. Bestellmengen sind fast immer identisch mit den Bedarfsmengen. In der Regel gibt es keine Sicherheitsbestände, da es weder Überbestände noch Fehlmengen geben kann. Zu unterscheiden ist weiterhin in:

- Einzelbedarfsdisposition
- Sammelbedarfsdisposition.

2.2 **Plangesteuerte Disposition:**
Ausgehend von einem periodifizierten Produktionsplan und dem deterministisch ermittelten Sekundärbedarf wird der Nettobedarf unter Berücksichtigung des verfügbaren Lagerbestandes ermittelt.

02. Was versteht man unter dem Soll-Eindeckungstermin?

Der Soll-Eindeckungstermin ist der Tag, bis zu dem der verfügbare Lagerbestand ausreichen muss, um in der nächsten Periode zeitlich normale Bestellungen abwickeln zu können.

03. Was ist der Ist-Eindeckungstermin?

Der Ist-Eindeckungstermin ist der Tag, bis zu dem der verfügbare Lagerbestand den zu erwartenden Bedarf deckt.

04. Wie ist der Soll-Liefertermin definiert?

Der Soll-Liefertermin ist der letztmögliche Termin, der die Lieferbereitschaft sicherstellen kann. Er ergibt sich aus dem Ist-Eindeckungstermin abzüglich einer Sicherheits-, Einlager- und Überprüfungszeit.

05. Welche Auswirkungen können Fehler in der Bedarfsermittlung haben?

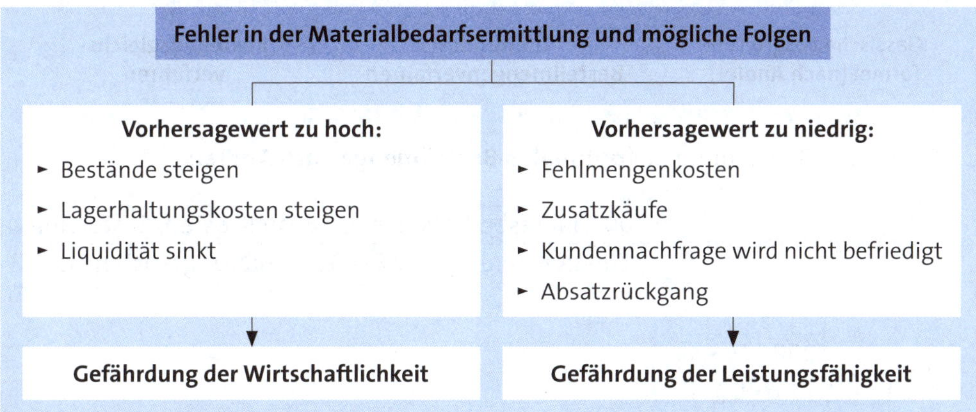

06. Welchen Einflussfaktoren unterliegt die Bestellmenge?

Bestellmenge – Einflussfaktoren			
Materialpreise	Lagerhaltungskosten	Beschaffungskosten	Bestellkosten
Rabatte	Losgrößeneinheiten	Fehlmengenkosten	Finanzvolumen

- **Bestell**(abwicklungs)**kosten** sind die Kosten, die innerhalb eines Unternehmens für die Materialbeschaffung anfallen. Sie sind von der **Anzahl der Bestellungen abhängig**, nicht dagegen von der Beschaffungsmenge.
- **Fehlmengenkosten** entstehen, wenn das beschaffte Material den Bedarf der Fertigung nicht deckt, wodurch der Leistungsprozess teilweise oder ganz unterbrochen wird. Die **Folgen** sind:
  - mögliche Preisdifferenzen
  - entgangene Gewinne
  - Konventionalstrafen
  - Goodwill-Verluste.

07. Mit welchen Verfahren lässt sich die Beschaffungsmenge (Bestellmenge) optimieren?

Verfahren zur Optimierung der Beschaffungsmenge		
Klassische Losgrößenformel (nach Andler)	Gleitendes Bestellmengenverfahren	Kostenausgleichsverfahren

1. Formel zur Berechnung der **optimalen Bestellmenge nach Andler:**

$$\text{Opt. Bestellmenge} = \sqrt{\frac{200 \cdot \text{Jahresbedarfsmenge} \cdot \text{Bestellkosten/Bestellung}}{\text{Einstandspreis pro ME} \cdot \text{Lagerhaltungskostensatz}}}$$

$$x_{opt} = \sqrt{\frac{200 \cdot M \cdot K_B}{E \cdot L_{HS}}}$$

ACHTUNG

In manchen Formelsammlungen steht statt 200 nur eine 2 unter der Wurzel. Der Lagerhaltungskostensatz wird bei der Variante mit „2“ in Dezimalform angegeben. Bei der Variante „200“ wird keine Dezimalform verwendet. Man trägt z. B. bei 5 % die Zahl 5 in die Formel ein.

MERKE

Bei sinkendem Einstandspreis steigt die optimale Bestellmenge; beim Anstieg des Lagerhaltungskostensatzes sinkt die optimale Bestellmenge.

- Voraussetzung für die Anwendung der Andler Formel ist (selbstverständlich), dass die Berechnungsgrößen zuverlässig ermittelt werden können:
  - Bedarfsmenge der betrachteten Periode
  - Bestellkosten je Bestellung
  - Lagerhaltungskosten.
- Die optimale Bestellhäufigkeit N_{opt} lässt sich in Abwandlung der Andlerformel wie folgt errechnen:

$$N_{opt} = \sqrt{\frac{M \cdot E \cdot L_{HS}}{200 \cdot K_B}}$$

N_{opt} = optimale Beschaffungshäufigkeit
M = Jahresbedarfsmenge
E = Einstandspreis pro ME
K_B = Bestellkosten/Bestellung
L_{HS} = Lagerhaltungskostensatz

Ferner gilt auch:

$$N_{opt} = \frac{M}{x_{opt}}$$

2. **Beschaffungsmengenoptimierung unter Anwendung des gleitenden Bestellmengenverfahrens:**
Die Ermittlung der optimalen Bestellmenge erfolgt in einem schrittweisen Rechenprozess, in dem die Summe der anfallenden Bestell- und Lagerhaltungskosten pro Mengeneinheit für jede einzelne Periode ermittelt wird. Die Kosten werden für jede Periode miteinander verglichen. In der Periode mit den geringsten Kosten wird die Rechnung abgeschlossen. Der bis dahin aufgelaufene Bedarf ist die optimale Beschaffungsmenge.

3. **Beschaffungsmengenoptimierung unter Anwendung des Kostenausgleichsverfahrens:**
Rechnerisch erfolgt die Ermittlung der optimalen Beschaffungsmenge, indem die kumulierten Lagerhaltungskosten stufenweise für jede Periode ermittelt werden, bis sie in ihrer Höhe den Bestellkosten (im Wesentlichen) entsprechen (Kostenausgleich). Der bis dahin ermittelte kumulierte Nettobedarf stellt die optimale Bestellmenge dar.

Die optimale Bestellmenge ist die Menge, bei der die Summe der Bestell- und Lagerkosten pro Mengeneinheit ihr Minimum hat.

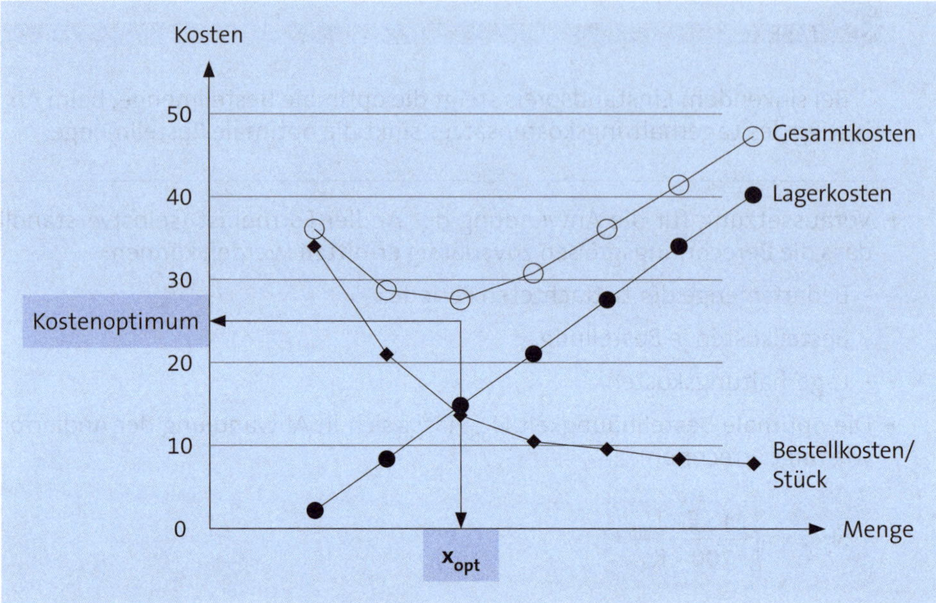

08. Wie ist der Sicherheitsbestand definiert?

Der Sicherheitsbestand (auch: eiserner Bestand, Mindestbestand, Reserve) ist der Bestand an Materialien, der normalerweise nicht zur Fertigung herangezogen wird. Er stellt einen Puffer dar, der die Leistungsbereitschaft des Unternehmens bei Lieferschwierigkeiten oder sonstigen Ausfällen gewährleisten soll.

09. Welche Funktion hat der Sicherheitsbestand?

Er dient zur Absicherung von Abweichungen, verursacht durch

- Verbrauchsschwankungen
- Überschreitung der Beschaffungszeit
- quantitative Minderlieferung
- qualitative Mengeneinschränkung
- Fehler innerhalb der Bestandsführung
- Ausfall eines Lieferanten.

10. Welche Folgen können aus einem zu ungenau bestimmten Sicherheitsbestand entstehen?

Fall 1: Der Sicherheitsbestand ist im Verhältnis zum Verbrauch zu hoch: → Es erfolgt eine unnötige Kapitalbindung.

Fall 2: Der Sicherheitsbestand ist im Verhältnis zum Verbrauch zu niedrig: → Es entsteht ein hohes Fehlmengenrisiko.

11. Wie kann der Sicherheitsbestand bestimmt werden?

Der Sicherheitsbestand kann bestimmt werden:

- aufgrund subjektiver **Erfahrungswerte**
- mithilfe grober **Näherungsrechnungen:**
  - durchschnittlicher Verbrauch je Periode mal Beschaffungsdauer
  - errechneter Verbrauch in der Zeit der Beschaffung plus Zuschlag für Verbrauchs- und Beschaffungsschwankungen
  - längste Wiederbeschaffungszeit minus herrschende Wiederbeschaffungszeit mal durchschnittlichem Verbrauch je Periode
  - arithmetisches Mittel der Lieferzeitüberschreitung je Periode mal durchschnittlichem Verbrauch je Periode
- **mathematisch** (Fehlerfortpflanzungsgesetz)
- durch **Festlegung**
  - einer pauschalen Sicherheitszeit
  - eines konstanten Sicherheitsbestandes
  - eines konstanten Sicherheitsbestandes nach dem Fehlerfortpflanzungsgesetz
- **statistische Bestimmung** des Sicherheitsbestandes: Sicherheitsfaktor für unterschiedliche Servicegrade mal mittlere absolute Abweichung.

3.1.3.5 Feinabruf

01. Was ist ein Lieferabrufsystem (LAB-System)?

Lieferabrufsysteme (LAB-Systeme) sind rechnergestützte, vernetzte Systeme und Verfahren zur Abwicklung der Material- und Güterdisposition zwischen Abnehmer und Lieferanten. LAB-Systeme sind aus Abnehmersicht die rechtzeitige, in Menge und Umfang kostenoptimale Güterversorgung durch Abruf in Raten. Aus der Sicht des Lieferanten sind mit der Einbindung in ein LAB-System üblicherweise Mengenvorteile aufgrund längerfristiger Belieferung (Rahmenverträge) verbunden.

02. Aus welchen Komponenten besteht ein LAB-System?

1 Planungs- und Dispositionssystem beim Abnehmer

2 Abrufsystem beim Lieferanten

3 Kommunikationssystem (Technische Verbindung; Abnehmer ⟷ Lieferant).

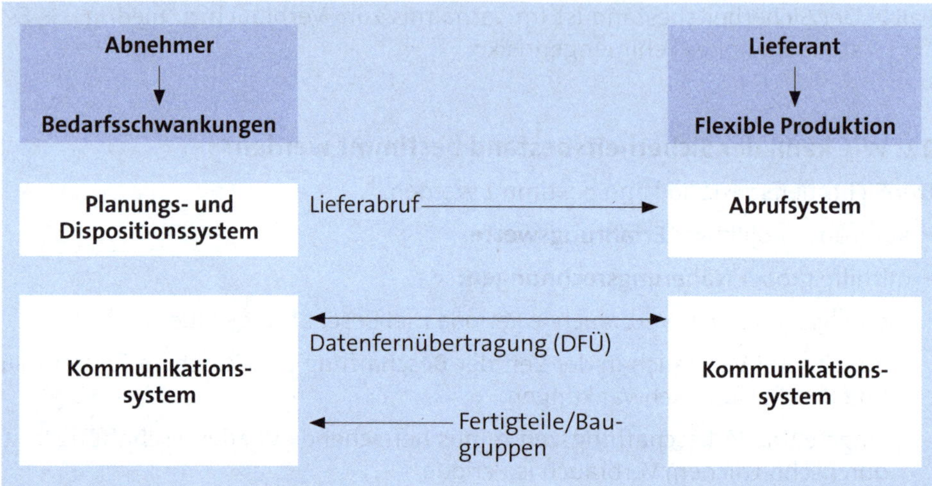

Das LAB-System ist in der Automobilindustrie am Weitesten entwickelt. Nach VDA (Verband der Automobilindustrie) gibt es folgende Systematik:

Systematik der Lieferabrufe nach VDA				
Art des Abrufs	**Zeithorizont**	**Raster**	**Zyklus**	**Mengentoleranz**
Lieferabruf	6 Monate	Tage/Wochen	wöchentlich	± 20 %
Feinabruf	14 Arbeitstage	Tag	täglich	± 5 %
Sequenzabruf	unmittelbar	Fahrzeugimpuls	kontinuierlich	± 0 %

Mit dem Feinabruf (spezifiziert nach VDA 4915 in der Automobilindustrie) wird der kurzfristige Planungshorizont bis 14 Arbeitstage vor Ist-Abruf festgelegt. Zeitraster und Planungszyklus sind dabei Tage. Da es sich hier ebenfalls um Plan-Zahlen handelt, ist eine Mengentoleranz von +/- 5 % möglich. Der Sequenzabruf (spezifiziert nach VDA 4916 in der Automobilindustrie) beinhaltet schließlich den tatsächlichen Ist-Abruf (keine Mengentoleranz), d. h. die abgerufene Komponente (z. B. Autositz, Stoßfänger) gelangt unmittelbar nach Abruf und Transport zum Hersteller in die Fahrzeug-Endmontage.

Beispiel

Versorgungsmodelle
Beispielweise kennt die BMW Group (bei firmeninterner Bezeichnung) folgende „Versorgungsmodelle“:

Versorgungsmodelle der BMW Group		
Versorgungsmodell	**Versorgungsgenauigkeit**	**Anwendung**
Lieferabruf	wochen-/monatsgenau	für alle Teile, die zur Vormaterial- und Kapazitätsplanung beim Lieferanten erforderlich sind
Feinabruf	tagesgenau	für wertige Teile, z. B. Getriebe, Motoren
Produktionssynchroner Abruf	produktionssynchron	für ausgewählte wertige Teile, z. B Türverkleidung, Kabelbäume

03. Welche Bedeutung hat der Feinabruf im Rahmen des Beschaffungsmanagements?

Der **Feinabruf**[1] dient der tagesgenauen Bedarfsvorschau, d. h. Teile können tagesgenau vom Lieferanten, mit dem ein Kontrakt in Form eines **Lieferplans**[2] besteht, abgerufen werden. Der Feinabruf dient zur genaueren Planung im Vergleich zum Lieferabruf und ist lieferrelevant. Während der Lieferabruf lediglich eine Mengenangabe ist, stellt der Feinabruf den Auftrag dar, entsprechend zu liefern.

Der Feinabruf wird durch die Bedarfsplanung erzeugt. Bedarfsverursacher sind Sekundärbedarfe und Reservierungen.

04. Wie kann ein LAB-System in der Praxis konkret aussehen?

Beispiel

Die Dynamit Nobel Kunststoff GmbH in Weißenburg liefert lackierte Kunststoff-Stoßfängermodule für die Automobilindustrie. Ein großer Teil dieser Stoßfänger wird se-

1 Für den Transport dürfen die Feinabrufe nicht auf Basis des Kundentermins, sondern auf Basis des Versandtermins aus der untertägigen Versandlosbildung gebildet werden. Alle Teile, die z. B. in einem Lkw verschickt werden sollen, bekommen im Feld Materalbereitstellung im FAB den identischen Wert (Datum + Uhrzeit).

2 Im Kontext der Automatisierung von Geschäftsbeziehungen zwischen Unternehmen mittels EDI wird unter einem Lieferplan eine elektronische Nachricht verstanden, die einen konkreten Lieferplan über einen gewissen Zeitraum beinhaltet, und damit eine Vorhersage über Lieferabrufe bildet.

quenzgenau an die Produktion unterschiedlicher Fahrzeughersteller geliefert (extrem variantenreiches Produktspektrum muss in engen Zeitfenstern zugestellt werden).

1. Zur Versorgung des Audi A6 in Neckarsulm wurde gemeinsam mit der Rhenus AG als Logistiksystemdienstleister ein sogenanntes Systemzentrum in Heilbronn aufgebaut. Dort werden aus den Stoßfängerkomponenten die unterschiedlichen Varianten montiert.
2. Der Kunde übermittelt seine Lieferabrufe (wochenweise) und seine Feinabrufe (tageweise) mittels DFÜ an Dynamit Nobel.
3. Für die gelieferten Waren werden die Rechnungsdaten und Gutschriften per DFÜ ausgetauscht.
4. Das Systemzentrum erhält vom Kunden die Sequenzabrufe, woraufhin die Montageschritte ausgeführt und die Stoßfänger beim Kunden angeliefert werden.
5. Der Lieferschein wird vom Systemzentrum ebenfalls per DFÜ übermittelt.
6. Jeder Transport von Dynamit Nobel an das Systemzentrum wird avisiert. Nach der Anlieferung der Waren im Systemzentrum wird eine Wareneingangsbestätigung gesendet. Einmal täglich überträgt man einen Tagessammellieferschein an Dynamit Nobel. Lediglich der Warenbegleitschein wird noch zwischen Lieferant und Systemzentrum physisch ausgetauscht.

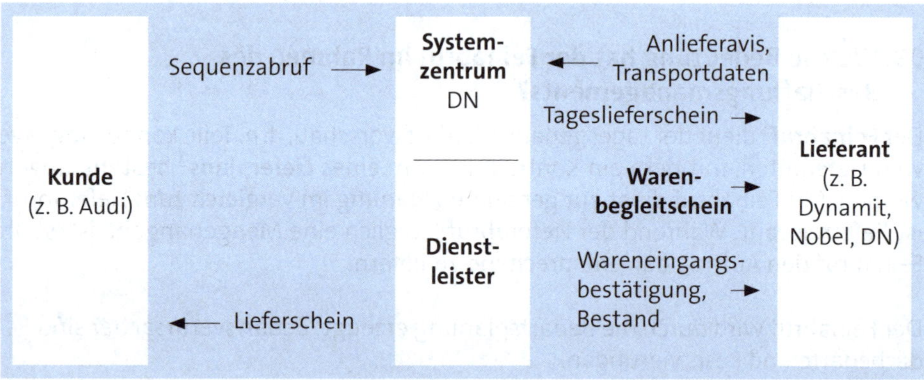

05. Was ist EDI?

EDI (Electronic Data Interchange) ist der Austausch von strukturierten Geschäftsdaten (z. B. Lieferabruf, Feinabruf, Lieferschein- und Transportdaten, Gutschrift) zwischen den Informationssystemen von externen Partnern auf Basis von Nachrichtenstandards (z. B. VDA, ODETTE, EDIFACT) und Kommunikationsstandards (ODETTE File Transfer Protokoll für den Bereich der europäischen Automobilindustrie).

3.2 Materialwirtschaft und Lagerhaltung

3.2.1 Materialwirtschaft

01. Wie ist der organisatorische Ablauf bei der Warenannahme?

Annahme des Materials	→	Prüfen der Liefer-berechtigung (Identifikation)	→	Prüfen des Materials: Art, Menge, Zeit, Qualität	→	Erstellen der Material-eingangs-papiere	→	Einlagern

- **Prüfung der Lieferberechtigung:**
  - Nach Identifizierung des Materials (meist anhand der Begleitpapiere) erfolgt die Prüfung, ob die gelieferte Ware auch bestellt wurde.
  - Diese Prüfung erfolgt i. d. R. anhand des Bestellsatzes. Bei fehlenden Bestellsätzen oder Lieferpapieren sind die zuständigen Beschaffungs- bzw. Verbrauchsstellen zu informieren.
- **Art- und Mengenprüfung:**
  - Stimmt die **Art** der gelieferten Ware
    - mit der auf den Lieferpapieren angegebenen Art überein?
    - mit der auf der Bestellung angegebenen Art überein?
  - Stimmt die **Menge** der gelieferten Ware
    - mit der auf den Lieferpapieren angegebenen Menge überein?
    - mit der auf der Bestellung angegebenen Menge überein?
  - Bei Abweichungen sind die Beschaffungsstellen zu informieren.
- **Qualitätsprüfung:**
  Man unterscheidet folgende, grundlegende Arten der Qualitätsprüfung:

Vergleichende Prüfung	Messende Prüfung
Prüfen von Anforderungen durch Beurteilung, Lehren, Vergleichen, teilweise unter Verwendung von Prüfmitteln (Grenzlehrdorn, Vergleichsnormale, Checklisten nach dem Gut-Schlecht-Prinzip)	Prüfen von numerisch definierten Anforderungen (Durchmesser, Gewicht, Druck) mittels Messmittel (Messschieber, Feinwaage, Kraftmessdose) auf Einhaltung innerhalb vorgegebener Toleranzen.

- Die Ergebnisse der Wareneingangsprüfung (Art, Menge, Zeit, Qualität) sollten in die Lieferantenbeurteilung einfließen.

02. Warum sollte die Prüfung der Ware unmittelbar nach deren Eingang erfolgen?

1. Nach § 377 Abs. 1 HGB hat bei einem zweiseitigen Handelskauf der Käufer die Ware **unverzüglich** nach der Ablieferung zu prüfen und wenn sich ein Mangel zeigt, dem Verkäufer unverzüglich Anzeige zu machen (Mängelrüge; bitte Gesetzestext lesen!). Unterlässt der Käufer die Anzeige, so gilt die Ware als genehmigt, es sei denn, dass der Mangel bei der Untersuchung nicht erkennbar war (§ 377 Abs. 2 HGB).
2. Bei erkennbaren Beschädigungen ist mit den Beschaffungs- oder Fertigungsstellen die weitere Vorgehensweise abzustimmen.

03. Was ist die Aufgabe der Rechnungsprüfung im Einkauf?

Bei der Rechnungsprüfung (im Einkauf) wird die Lieferantenrechnung mit den entsprechenden Bestellpapieren, Auftragsbestätigungen, Lieferscheinen und Prüfberichten verglichen. Die Prüfung erfolgt i.d.R. sachlich, preislich und rechnerisch. Sind Rechnungsdatum, Mehrwertsteuersatz, -betrag und Leistungsdatum nicht korrekt oder fehlen, ist der Vorsteuerabzug gefährdet.

04. Wie ist der Wareneingang baulich, technisch und organisatorisch zu gestalten?

Im Wareneingang erfolgen die Warenannahme, die administrative Erfassung der Teile und Einbuchung, die Zuordnung zum Lagerplatz und die physische Wareneingangsbearbeitung. Bei der Gestaltung des Wareneingangs sind eine Reihe baulicher, technischer und organisatorischer Bedingungen zu erfüllen. Bei der Neuplanung von Lagereinrichtungen in der Praxis werden diese Voraussetzungen von speziellen Planungsbüros geprüft und dokumentiert.

Quelle: © *Jürgen Effner – Fotolia.com*

Bauliche Gestaltung: Wareneingang

- Einhaltung der Bestimmungen des Baugesetzbuches (BauGB), der Baunutzungsverordnung (BauNV) sowie des kommunalen Bebauungsplanes (B-Plan)
- Einhaltung der statischen Bestimmungen
- Besonderheiten der Fundamentierung
- Aufteilung: Verkehrswege, Lagerflächen, Pufferfläche, Sozialraum
- räumliche Anordnung des Wareneingangs
  - sodass eine kurze Anbindung für den Verkehrsträger besteht (Schiene/Straße)
  - kurze Wege für die Mitarbeiter gewährleistet sind (innerhalb des Kernbereichs von Wareneingang, Lager und Warenausgang)
- Eigenschaften der Laderampe (Ladehöhe, Überdachung, Anfahr- und Wendemöglichkeit, Be- und Entlademöglichkeit)
- ausreichende Belichtung der Arbeitsplätze (Beleuchtungsstärke in Lux; Anordnung der Leuchten; Art der Arbeitsplätze, z. B. Prüfarbeitsplatz)
- Klimatisierung/Belüftung
- Einhaltung der Arbeitsschutzbestimmungen (insbesondere beim Handling von Gefahrstoffen)
- Einrichtung von Zonen (z. B. Prüfbereich, Transportbereich, Reklamationen).

Beispiel

Kurzbeschreibung eines Beispiels aus der Praxis (großes Handelsunternehmen, Food)
Die Platzierung der Büros der Wareneingangs- und -ausgangskontrolle in diesem Gebäudeteil ermöglicht den Mitarbeitern einen freien Blick auf den LKW-Verkehr in der Ladezone. Die Bereiche sind flächendeckend mit einer Sprinkleranlage ausgestattet. Durch den Anbau der Verladerampe mit acht Andockstationen werden Wareneingang und -ausgang optimiert, diverse Schnittstellen beseitigt, Lieferfrequenzen erhöht und Kosten reduziert.

Beispiel aus dem Food-Handel (Laderampe mit Andockstationen)

Quelle: © *garteneidechse – stock.adobe.com*

Quelle: © *Ilan Amith – stock.adobe.com*

Technische Gestaltung:

- Lastaufnahmemittel
- Transportsysteme/Fördermittel
- Prüfsysteme (Waagen und andere Prüfmittel)
- PSA (Persönliche Schutzausrüstung)
- Feuerlöscheinrichtung (z. B. Sprinkleranlage)
- Warenerfassungssystem (Barcodeleser u. Ä.).

Beispiel

Kurzbeschreibung eines Beispiels aus der Praxis (Automobilindustrie)
Der Transport der Ware in den Warenausgang/Versand erfolgt je nach Lagerzone mit Staplern, Schleppzug oder bei Kleinteilen über eine automatische Behälterförderanlage, die den Wareneingang, die Kleinteilekommissionierzonen und den Warenausgang verbindet.

Organisatorische Gestaltung:

- Festlegen der Prozessarten per Arbeitsanweisung (Warenannahme; Warenprüfung; Behandlung von Reklamationen/Retouren). Mängelbehaftete Waren werden so lange im Wareneingang aufbewahrt, bis die Reklamation abgeschlossen ist. Anschließend werden sie entweder zurückgesandt, vernichtet oder dem Bestand zugeordnet.
- Generell sollte die Warenanlieferung nur an einer Stelle erfolgen.
- ggf. Abstimmung und Koordination der Anlieferungszeitpunkte mit den Lieferanten (z. B. Lieferungsavis per EDI)
- kurze Wege für Mitarbeiter
- Zuständigkeiten/Verantwortlichkeiten
- Schnittstellengestaltung (Einkauf, Fachabteilungen, Warenausgang)
- kurze Informationswege
- Vollständigkeit und Aktualität der Informationserfassung (Lieferant, Warenart, Menge, Zeitpunkt der Anlieferung usw.)
- Schulung der Mitarbeiter.

Vgl. dazu ergänzend die Ausführungen unter » 3.2.2, Lagerhaltung.

05. Welche Aufgaben umfasst das Beschaffungscontrolling?

Das Beschaffungscontrolling sollte in der Materialwirtschaft einen hohen Stellenwert haben.

Die Aufgaben des operativen Beschaffungscontrollings bestehen darin, die Beschaffungskosten zu senken, die Beschaffungszeit zu optimieren und die Qualität der beschafften Güter zu erhöhen. Die Abhängigkeit von den Lieferanten sollte reduziert werden.

Das operative Beschaffungscontrolling beinhaltet die konkrete Planung der Güterart, der Mengen, die Kontrolle der Qualität sowie die Beobachtung der Preisentwicklungen und der Kosten (z. B. Transportkosten).

Instrumente des Beschaffungscontrolling:

- ABC- und XYZ-Analysen
- Lieferantenbeurteilungen
- Beschaffungskostenvergleiche zwischen den Lieferanten
- Total Cost of Ownership
- Prozessanalysen für die Optimierung der Logistik im Rahmen von „supply chain“
- Balanced Scorecard für die Beschaffung.

Der IHK-Rahmenstoffplan sieht folgende Aspekte an dieser Stelle vor:

Kontrolle

- der Beschaffungskosten
- der Bestellkosten
- der Lagerhaltungskosten
- der Fehlmengenkosten
- Bestellmengenkontrolle
- Lieferterminkontrolle.

06. Was ist Gegenstand der Kostenkontrolle?

<table>
<tr><th colspan="2">Kostenkontrolle</th></tr>
<tr><td>Materialwirtschaftskosten</td><td>Sie sind die Summe aus Bestellkosten, Lagerhaltungskosten, Logistikkosten (Transport und Steuerung des Transports) sowie Kosten der Entsorgung (Sammeln, Lagern, Entsorgen, Recyceln).</td></tr>
<tr><td rowspan="3">Beschaffungskosten</td><td>Sie ergeben sich aus der Multiplikation der Einstandspreise mit den Beschaffungsmengen. Zu überprüfen sind:</td></tr>
<tr><td>Preisvergleich mit:
► vergangenen Perioden
► durchschnittlichen Marktpreisen
► geplanten Standardpreisen (vgl. Plankostenrechnung)</td></tr>
<tr><td>Preisvergleich mithilfe von Kennzahlen:
$$\text{Preisindex des Materials X} = \frac{\text{Preis im Berichtsmonat} \cdot 100}{\text{Preis im Basismonat}}$$
$$\text{Preisabweichung vom ø Preis in \%} = \frac{\text{Höchster Einstandspreis in € pro ME des Materials X} \cdot 100}{\text{ø Einstandspreis in € pro ME des Materials X}}$$
Rabattvergleich, absolut oder mithilfe von Kennzahlen, z. B.:
$$\text{Preisnachlassquote} = \frac{\text{Erzielte Preisnachlässe} \cdot 100}{\text{Durchschnittspreis}}$$</td></tr>
</table>

Kostenkontrolle	
Bestellkosten	Kontrolle mithilfe von Kennzahlen, z. B.: $$\text{Kosten einer Bestellung in €} = \frac{\text{Bestellkosten pro Monat/Jahr}}{\text{Anzahl der Bestellungen pro Monat/Jahr}}$$ $$\text{Bestellkosten in \% der Beschaffungskosten} = \frac{\text{Bestellkosten pro Monat/Jahr} \cdot 100}{\text{Beschaffungskosten pro Monat/Jahr}}$$
Lagerhaltungskosten	Die Kontrolle der Lagerhaltungskosten erfolgt in der Praxis vor allem über die Ermittlung der Lagerumschlagshäufigkeit: $$\text{Lagerumschlagshäufigkeit} = \frac{\text{Materialverbrauch pro Jahr}}{\text{ø Lagerbestand}}$$
Fehlmengenkosten	Geringe Kosten deuten auf eine gute Lagerorganisation hin. In der Praxis ist eine exakte Berechnung schwierig.

Legende:
ø = Durchschnitt; durchschnittlich
ME = Mengeneinheit

07. Was ist Gegenstand der Bestellmengen- und Lieferterminkontrolle?

Bestellmengen- und Lieferterminkontrolle	
Bestellmengenkontrolle	Übersichtliche (IT-gestützte) Ermittlung der durchgeführten Bestellungen nach ► Materialart ► Mengen ► Lieferterminen ► Lieferanten und Durchführung notwendiger Korrekturen (z. B. Über-/Fehlbestände, Qualitätsmängel).
Lieferterminkontrolle	► manuell über Terminkalender, Karteikarten (mit Reiter) ► IT-gestützt (Darstellung der überfälligen Posten; Vernetzung der Beschaffungswirtschaft mit der Lagerwirtschaft

Quelle: in Anlehnung an: *Oeldorf/Olfert, 2013, S. 275 f.*

3.2.2 Lagerhaltung

01. Was ist ein Lager?

Ein Lager ist der Aufbewahrungsort für Erzeugnisse. Der Begriff Lager deckt aber auch die mengen- und wertmäßige Summe der eingelagerten Gegenstände ab.

02. Was sind die Ziele der Lagerwirtschaft?

- Bereitstellung ausreichender Lagerkapazität
- Optimierung der Volumennutzung
- Einsatz wirtschaftlicher Technik
- Gewährleistung eines reibungslosen Materialflusses
- Sicherstellung einer sachgerechten Lagerung.

03. Welche Aufgaben werden der Lagerwirtschaft zugerechnet?

- Lagergestaltung (zentral/dezentral, Eigenlager/Fremdlager)
- Lagertechnik (Hochregal, Paletten, chaotische Lagerung usw.)
- Einlagerung: Warenannahme, -prüfung (qualitativ und quantitativ)
- Bestandsführung (Inventur, Bewertung)
- Umformung
- Auslagerung.

04. Welche Funktionen hat das Lager?

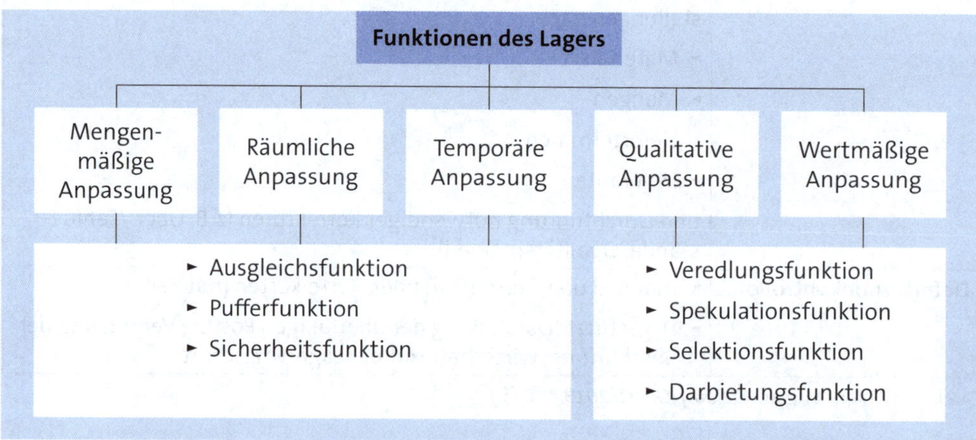

Im Einzelnen:

- Der Bedarf der Händler bzw. der Verbraucher hat in vielen Fällen einen anderen Rhythmus als die Produktion, sodass durch das Lager ein **zeitlicher Ausgleich** zwischen dem Zeitpunkt der Herstellung und dem Zeitpunkt des Verbrauchs hergestellt werden muss, d. h. es müssen Bedarfsschwankungen ausgeglichen werden.
- Die Waren werden nicht immer dort erzeugt, wo sie gebraucht werden und müssen daher gelagert werden, um diesen **räumlichen Ausgleich** zwischen dem Ort der Herstellung und dem Ort des Verbrauchs herbeizuführen.
- Viele Waren können nur zu bestimmten **Zeiten** hergestellt werden oder bedürfen der Reifung, sie werden aber ganzjährig benötigt
- Die Industriebetriebe stellen in größeren **Mengen** her. Diese Mengen müssen durch die Lagerung auf eine Vielzahl von Händlern verteilt werden.
- Viele Waren müssen noch durch **Umformen/Manipulieren** verkaufsfertig gemacht werden, sei es, dass andere Verpackungseinheiten hergestellt werden müssen, sei es, dass die Ware zusammengesetzt werden muss.
- Die Ware muss **umgruppiert** werden, um sie kundengerecht anbieten zu können.
- Es müssen **Lieferschwierigkeiten** ausgeglichen werden.

05. Was versteht man unter Lagerpolitik?

Unter Lagerpolitik versteht man:

- die Bestimmung optimaler **Lagerbestände**
- die optimale Gestaltung der **Lagergebäude**. Hierzu zählen sowohl die Einrichtungstechnik als auch die Technik der Zusammenstellung der Aufträge, d. h. die rationelle Gestaltung der Betriebsabläufe in organisatorischer Hinsicht.

06. Was versteht man unter der Mengendisposition im Rahmen der Lagerpolitik?

Mengendisposition erfordert die Bestimmung der Melde-, Mindest- und Höchstbestände für jeden Artikel oder jede Artikelgruppe im Rahmen der ABC-Analyse unter Berücksichtigung der Lagerkarteien und der Bestandsbuchführung.

07. Was versteht man unter der Zeitdisposition im Rahmen der Lagerpolitik?

Unter der Zeitdisposition versteht man den Zeitpunkt der Lagerauffüllung unter Berücksichtigung des Lagerumschlags und der besonderen Verhältnisse der Lieferanten- und Absatzsituation sowie der Wiederbeschaffungskosten.

08. Was versteht man unter der Finanzdisposition im Rahmen der Lagerpolitik?

Unter der Finanzdisposition versteht man die Finanzierung des Einkaufs unter Berücksichtigung der Liquidität, des Lagerumschlags und der Kapitalbeschaffung.

09. Was versteht man unter Lagersteuerung?

Unter dem Begriff Lagersteuerung wird die Planung und Durchführung des internen Material- und Informationsflusses verstanden. In größeren Betrieben wird sie IT-gestützt durchgeführt (z. B. über SAP).

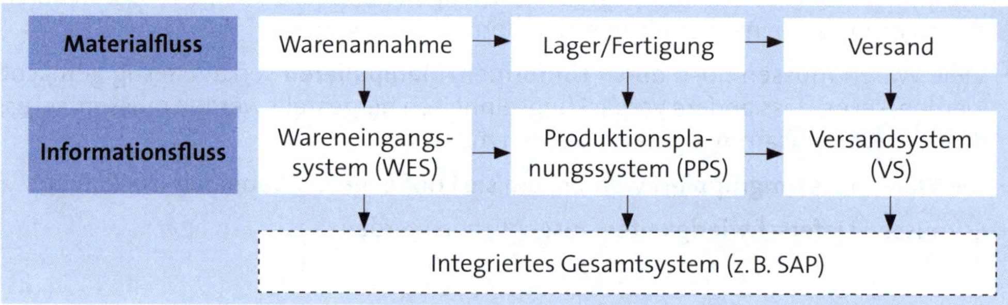

10. Nach welchen Kriterien können Läger gegliedert bzw. aufgebaut sein?

Man unterscheidet z. B. folgende **Lagerarten**:

Funktion	► Beschaffungslager ► Verkaufslager	► Fertigungslager ► Reservelager	► Absatzlager ► Manipulationslager
Lagergüter	► Materiallager ► Werkzeuglager	► Erzeugnislager ► Material-abfalllager	► Handelswarenlager ► Büromateriallager
Bedeutung	► Hauptlager	► Nebenlager	► Zwischenlager
Standort	► Innenlager	► Außenlager	► Speziallager
Eigentümer	► Eigenlager	► Fremdlager: Konsignationslager, Kommissionslager, Lagereien	
Bauart	► offene Lager, ► halboffene Lager	► geschlossene Lager: Baulager, Speziallager	
Lagertechnik	► Flachlager ► Blocklager	► Bodenlager ► Regallager	► Stapellager
Produktionsstufe	► Eingangslager	► Werkstattlager	► Erzeugnislager
Automatisierungsgrad	► manuelle Lager	► mechanisierte Lager	► automatische Lager
Zentralisierung	► Zentrallager	► dezentrale Lager	

11. Welche Vorteile bietet ein Zentrallager gegenüber dezentralen Lägern?

- durch hohe Lagermengen wirtschaftliche Lagerung (hohe Umschlagshäufigkeit, geringe Kapitalbindung)
- bessere Nutzung der Raumkapazität
- geringer Personaleinsatz durch IT-Anwendungen und Automatisierung
- effiziente und effektive Nutzung der Lagertechnik durch hohen Automatisierungsgrad.

12. Welche Nachteile weisen Zentrallager auf?

- Aufgrund der Lagergröße liegt eine Trägheit und geringe flexible Anpassungsmöglichkeiten an veränderte Rahmenbedingungen vor.
- Es entstehen hohe Kosten, wenn die Kapazitäten bei Nachfrageschwankungen nicht voll ausgenutzt werden.
- hoher Organisations- und Bürokratieaufwand
- längere Zugriffszeiten auf die gelagerten Güter
- längere Transportstrecken zu den Bedarfsträgern.

13. Was ist ein Regallager?

Ein Regallager ist ein eingeschossiges Lager, dessen Stapelhöhe aufgrund der Leistungsfähigkeit der modernen Hochregalstapler bis zu 12 m betragen kann, in der Praxis aber häufig nur 6 m beträgt. Das Regallager eignet sich für die Lagerung unterschiedlicher Größen und Formen. Es erfordert nur geringe Investitionen, aber große Grundflächen und hohe Betriebskosten. Es ist einfach zu bedienen und lässt sich relativ schnell Veränderungen im Sortiment anpassen.

14. Was ist ein Durchlauflager?

Ein Durchlauflager besteht aus Rollen, wobei die Waren auf der einen Seite beladen und jeweils weitergeschoben werden, während die Entnahme auf der anderen Seite erfolgt. Ein Durchlauflager ermöglicht zwar eine konzentrierte Lagerung und es ist ein hoher Automatisierungsgrad möglich; die Regalkonstruktion ist jedoch wegen der Rollen sehr teuer, zusätzlich sind Bremsen und andere Vorrichtungen notwendig, um den Durchlauf zu steuern. Da pro Kanal nur ein Gut gelagert werden kann, ist ein solches Durchlauflager nur bei relativ kleinem Sortiment anwendbar.

15. Was versteht man unter einem Hochregallager?

Ein Hochregallager ist ein eingeschossiges Regallager mit einer Höhe bis zu 40 m und einer Länge bis zu 200 m, bei dem die Bedienung durch Hochregalstapler erfolgt. Ein solches Lager weist eine hohe Umschlagsleistung, eine niedrige Grundfläche, aber hohen Investitionsbedarf auf.

Beispiel

Beispiel für ein Hochregallager (Lagerfreiplatzverwaltung, chaotische Lagerung)
Alle Artikel und alle Lagerplätze werden (z. B. durch Palettierung) auf ein einheitliches Format gebracht. Der Transport erfolgt durch Kletterkräne, die weit über die Stapelhöhen von z. B. Gabelstaplern hinausgehen. Im Gegensatz zum Magazinierprinzip können dadurch bei einem automatisierten Hochregallager alle Artikel an jedem beliebigen, freien Platz eingelagert werden. Jeder Lagerplatz wird per Nummerung gekennzeichnet.

Beispiel: Regalplatz 148
1 = Regalwand
4 = Regalhöhe (Niveau)
8 = Regaltiefe

Beispiel: Im Bau befindliches Hochregallager

Quelle: © *Ingo Bartussek – stock.adobe.com*

16. Welche besonderen Lagerformen sind in der Praxis üblich?

Für Güter, die infolge besonderer Anforderungen an die Regaltechnik – etwa weil das Gewicht, das die Tragfähigkeit der Regale übersteigt – oder aus Wirtschaftlichkeitsüberlegungen nicht in herkömmlichen Lägern untergebracht werden können, wurden für stapelfähige Güter Blocklager, Tanklager für Heizöl, Getränke und Chemikalien und Schüttgutlager für staubförmige, feinkörnige oder grobkörnige Güter entwickelt. Schüttgutlager, die sich zur Lagerung von Getreide, Kohle oder Sand eignen, haben die Form eines Silos oder einer offenen oder überdachten Lagerhalde.

17. Welche Prinzipien der Lagerhaltung und -organisation sind zu beachten?

Prinzipien der Lagerhaltung und -organisation	
Prinzipien	**Beispiele**
Lageranpassung	Anpassung der Lagerräume und -einrichtungen an die Besonderheit der Lagergüter: staubfrei, trocken, Größe der Lagerräume passend zur Größe der Lagergüter und zu den erforderlichen Transportwegen, spezielle Lagerung von Gefahrstoffen, Temperatur (Haltbarkeit/Funktionserhalt von Ölen, Fetten und Lacken), Luftfeuchtigkeit (speziell bei der Lagerung von Metallen und Gegenständen der Optik und Feinwerktechnik), Sonneneinstrahlung, Klima-/Kühlanlage, permanente Be- und Entlüftung, Vermeidung von Kondenswasserbildung
Übersicht, Ordnung, Sauberkeit	Aufbewahrung nach einem Lagerplan, Schutz vor Verderb/Beschädigung/Schmutz, Freihalten der Transportwege, geeignete Lagerorganisation, Hygiene (speziell bei der Lebensmittellagerung)
Lagerverfahren (Lagerorganisation)	Einlagerungs-/Auslagerungsprinzipien, geeignete Lager-/Packmittel
Transportmittel	Eignung der Transport-/Pack-, Lagermittel und der sonstigen Hilfsmittel (Wiege-/Messeinrichtungen)
Sicherheitsvorkehrungen	Einbruch, Diebstahl, Feuer, Schädlingsbefall
Pflege der Lagergüter	Umlagern, Korrosions-/Staubvermeidung
Lageraufzeichnungen	Lagerkartei/-datei, Lagerfachkarten, Eingangs-/Entnahme-/Rücklieferungsscheine

18. Welche Arbeiten sind im Lager erforderlich?

Lagerarbeiten	
Materialeinlagerung	**Materialauslagerung**
Materialeingang	Auftragsvorbereitung
Materialnummerierung (Identifikation)	Kommissionierung
Positionierung: ► Magazinierprinzip ► Lokalisierprinzip	Bereitstellung: ► statisch ► dynamisch
Technische Einlagerung: ► Fördermittel ► Einlagerungsmittel	Entnahme: ► manuell ► mechanisch ► automatisch
Lagerpflege	Materialauslagerung
Lagerkontrolle	Entsorgung

19. Welche Einlagerungssysteme gibt es?

Einlagerungssysteme	
Magazinierprinzip	**Festplatzsystem (statische Lagerung):** Jedes Material hat seinen festen Lagerplatz (Nummerierung der Gänge, Regale, Fächer z. B. entsprechend der ABC-Analyse).
	Vorteile: ohne IT, keine Störanfälligkeit, häufig entnommene Waren sind im vorderen Lagerbereich
	Nachteile: keine optimale Ausnutzung der Lager- und Regalflächen
Lokalisierprinzip	**Freiplatzsystem (chaotische Lagerung):** Die Festlegung des Lagerplatzes erfolgt bei jedem Eingang neu.
	Vorteile: optimale Ausnutzung der Lager- und Regalflächen, Reduzierung des Platzbedarfs
	Nachteile: Kosten der IT, bei Störungen kann ein Artikel nicht entnommen werden, ggf. längere Entnahmewege; nur Fachpersonal ist befähigt

20. Welche wesentlichen Packmittel gibt es?

Wesentliche Packmittel sind:

- Behälter
- Kartons
- Container
- Dosen
- Fässer
- Collicos
- Säcke
- Flaschen/Gläser
- Kästen.

21. Welche Lagermittel werden eingesetzt?

Lagermittel	Lagerbehälter	Vitrinen	Schränke
Regale	Umlaufregal	Verschieberegal	Durchlaufregal
	Fachregal	Ständerregal	
Paletten	Rungenpaletten	Flachpaletten	Boxpaletten
Einrichtungen	Zähleinrichtungen	Wiegeeinrichtungen	Messeinrichtungen

22. Wovon ist die Größe des Lagers abhängig?

Die Größe des Lagers ist von folgenden Faktoren abhängig:

- der Betriebsgröße
- der Breite und Tiefe des Sortiments
- der Umschlagshäufigkeit
- den Konjunkturschwankungen
- den Schwankungen im Absatz oder in der Beschaffung
- den Zinskosten
- der Ausnutzung der Vorteile des Großeinkaufs
- den Bestellmengen
- der Wiederbeschaffungszeit.

23. Was ist bei der Einrichtung eines Lagers zu beachten?

Das Lager ist von den Besonderheiten der Branche und der Betriebsstruktur abhängig. Hat man es mit Artikeln zu tun, die jederzeit nachbestellt werden können, so kann anders disponiert werden, als wenn es sich um saisonabhängige und insbesondere starken Bedarfsschwankungen unterliegende Waren handelt. Im letzteren Fall ist man gezwungen, sich größere Warenbestände auf Lager zu legen.

Hat man ein zu kleines Lager, wird das Sortiment in einem nicht zu vertretenden Maße beschränkt. Dies wirkt sich auf die Anziehungskraft gegenüber den Kunden negativ aus und ein häufiges Nachbestellen wird erforderlich. Die Ware kann letztlich nicht verkaufswirksam dargeboten werden. Ist das Lager hingegen zu groß, entstehen hohe Kosten, es besteht die Gefahr des Verderbs und von Mode- und Geschmacksänderungen.

24. Wann ist die optimale Lagergröße erreicht?

Die optimale Lagergröße ist zunächst vom Umsatz, der Verkaufsfläche und der beschäftigten Personen abhängig. Bei der Beschaffung von größeren Mengen für einen längeren Zeitraum fallen infolge der Ausnutzung von Mengenrabatten die Beschaffungskosten, es steigen die Lager- und Zinskosten und ein höherer Kapitalbetrag ist im Lager gebunden; der Bestellung kleinerer Mengen liegen höhere Beschaffungskosten und niedrigere Zins- und Lagerkosten bei niedrigerer Kapitalbindung zugrunde.

Es stellt sich somit das Problem, denjenigen Lagerbestand zu ermitteln, bei dem die Beschaffungs- und Lagerkosten minimiert sind, was bedeutet, dass die Hauptkosten wie Personalkosten, Kosten des Unterhalts des Lagers, Warenkosten laufend festgehalten und bestimmte Kennzahlen ermittelt werden.

25. Wovon ist die Lagerplanung abhängig?

Die Lagerplanung ist abhängig von:

- der Gesamtzahl der Artikel
- dem maximalen Lagerbestand pro Artikel
- der Umschlagshäufigkeit
- den Abmessungen und Gewichten
- den besonderen Lagerbedingungen (Raumtemperatur, Geruchsempfindlichkeit, Feuchte, Feuerschutz).

26. Welches System der Verpackungseinheiten ist optimal?

Ein zentrales Steuerungskriterium bei der physischen Distribution ist das System der Verpackungseinheiten, insbesondere die kombinierte Verpackungs-, Lade- und Lagereinheit und möglichst auch Verkaufseinheit.

Im Bereich der physischen Distribution wird angestrebt:

Verpackungseinheit = Transporteinheit = Lagereinheit = Umschlagseinheit = Versandeinheit

27. Welche Warenarten müssen beim Lagerbau berücksichtigt werden?

Die Lagerhaltung wird in besonderem Maße durch die Art der Waren bestimmt. Für eine flächenrelevante Differenzierung der Waren lassen sich aufgrund der Ähnlichkeit der auf den Wareneigenarten beruhenden Anforderungen an Transport und Lagerung nennen:

- **Umschlagsorientierte Waren:**
  - verderbliche Waren
  - Stückgut.
- **Lagerorientierte Waren:**
  - Produktionsgüter
  - Konsumgüter.

28. Welche Kosten entstehen durch die Lagerhaltung?

Kosten der Lagerhaltung: Kosten für ...

Lagerräume, -einrichtung

- Miete/Pacht
- AfA auf Gebäude
- AfA auf Einrichtungsgegenstände
- Verzinsung des investierten Kapitals
- Energie
- Instandhaltung
- Gebäudeversicherung

Lagervorräte

- Warenversicherung
- Schwund/Leckage
- Lagerzinsen: Verzinsung des investierten Kapitals
- Wertverluste aufgrund Überalterung
- Diebstahl

Lagerverwaltung

- Gehälter und Löhne der im Lager beschäftigten Mitarbeiter
- anteilige Lohngemeinkosten
- Organisation
- Hilfsmittel

29. Welche Lagerkosten sind i. d. R. fix und welche sind variabel?

Fixe Lagerkosten	z. B. Miete/Pacht, Abschreibungen, Gebäudeversicherung
Variable Lagerkosten	sind von der Menge der gelagerten Waren abhängig, z. B. Energiekosten, Förderkosten, Lagerzinsen, Schwund/Leckage, Hilfsmittel

30. Welche Maßnahmen sind geeignet, die Lagerkosten zu senken?

Maßnahmen sind z. B.:

- Kauf auf Abruf
- Rabatte
- Streckengeschäft
- Erhöhung des Lagerumschlags
- Optimierung der Lagerfläche und -einrichtung
- Cross Docking (Warenvertriebssystem ohne Bestandshaltung im Distributionslager)
- Just-in-Time.

31. Wie unterscheiden sich Lagerkosten- und Lagerhaltungskostensatz?

$$\textbf{Lagerkostensatz} = \frac{\text{Lagerkosten}}{\text{durchschnittlicher Lagerbestandswert}} \cdot 100$$

$$\textbf{Lagerhaltungskostensatz} = \text{Zinssatz des im Lager gebundenen Vorratskapitals} + \text{Lagerkostensatz}$$

Bei der Berechnung des Lagerzinssatzes ist der Kapitalmarktzins auf die Dauer der Kapitalbindung, d. h. auf die Lagerdauer zu beziehen:

$$\textbf{Lagerzinssatz} = \frac{\text{Kapitalmarktzinssatz}}{360} \cdot \text{durchschnittliche Lagerdauer}$$

$$\text{z. B.} \quad = \frac{10\ \%}{360\ \text{Tage}} \cdot 200\ \text{Tage} = 5{,}56\ \%$$

Der Lagerzinssatz gibt den Prozentsatz an, mit dem die Verzinsung des gebundenen Kapitals in die Lagerkosten eingeht.

$$\textbf{Lagerzinsen} = \text{durchschnittlicher Lagerbestand} \cdot \text{Lagerzinssatz}$$

$$\text{z. B.} \quad = 2.000\ € \cdot 0{,}0556 = 111{,}20\ €$$

Die Lagerzinsen entsprechen der Verzinsung des im Lagerbestand gebundenen Kapitals für die Dauer eines Lagerumschlags, d. h. für den Zeitraum der durchschnittlichen Lagerdauer.

MERKE

Sollen die Lagerzinsen für ein Jahr berechnet werden, muss mit dem Marktzins (hier 10 %) gerechnet werden.

Näherungsweise können die Lagerhaltungskosten auch ermittelt werden:

Lagerhaltungskosten = durchschnittlicher Lagerbestand • Lagerhaltungskosten je Stück

32. Was sind Fehlmengenkosten und welche Folgen können sich daraus ergeben?

Fehlmengenkosten entstehen durch ...	Folgen
► falsche Disposition	► Mitarbeiterkosten
► zu späte Bestellung	► Überpreise
► nicht ausreichende Menge	► Vertragsstrafen
► Falschlieferung	► Imageverlust
► Reklamation	

33. Welche Kennzahlen der Lagerhaltung gibt es?

Beispiele:

$$\textbf{Flächennutzungsgrad} = \frac{\text{genutzte Lagerfläche}}{\text{vorhandene Lagerfläche}}$$

$$\textbf{Raumnutzungsgrad} = \frac{\text{genutzter Lagerraum}}{\text{vorhandener Lagerraum}}$$

$$\textbf{Höhennutzungsgrad} = \frac{\text{genutzte Lagerhöhe}}{\text{vorhandene Lagerhöhe}}$$

$$\textbf{Nutzungsgrad der Lagertransportmöglichkeit} = \frac{\text{transportierte Menge}}{\text{Transportkapazität}}$$

$$\textbf{Einsatzgrad} = \frac{\text{Einsatzzeit}}{\text{Arbeitszeit}}$$

$$\textbf{Ausfallgrad} = \frac{\text{Stillstandszeit}}{\text{Einsatzzeit}}$$

$$\textbf{Durchschnittlicher Lagerbestand} = \frac{\text{Anfangsbestand} + \text{Endbestand}}{2}$$

$$\textbf{Durchschnittlicher Lagerbestand} = \frac{\text{Jahresanfangsbestand} + 12 \text{ Monatsendbestände}}{13}$$

$$\textbf{Durchschnittsbestand} = \frac{\text{Summe der Tagesbestände}}{\text{Anzahl der Tage}}$$

$$\textbf{Umschlagshäufigkeit}\text{ auf Mengenbasis} = \frac{\text{Jahresverbrauch}}{\text{durchschnittlicher Lagerbestand (in Stk.)}}$$

$$\textbf{Umschlagshäufigkeit}\text{ auf Wertbasis} = \frac{\text{Jahresverbrauch}}{\text{durchschnittlicher Lagerbestand (zu EP)}}$$

$$\textbf{Durchschnittliche Lagerdauer} = \frac{360 \text{ (Tage)}}{\text{Umschlagshäufigkeit}}$$

$$\textbf{Sicherheitskoeffizient} = \frac{\text{Sicherheitsbestand}}{\text{durchschnittlicher Bestand}}$$

$$\textbf{Lagerhaltungskostensatz} = \text{Zinssatz des im Lager gebundenen Vorratskapitals} + \text{Lagerkostensatz}$$

$$\textbf{Lagerkostensatz} = \frac{\text{Lagerkosten}}{\text{durchschnittlicher Lagerbestandswert}} \cdot 100$$

$$\textbf{Lagerzinssatz} = \frac{\text{Kapitalmarktzinssatz}}{360} \cdot \text{durchschnittliche Lagerdauer}$$

$$\textbf{Lagerzinsen} = \text{durchschnittlicher Lagerbestand} \cdot \text{Lagerzinssatz}$$

$$\textbf{Lagerreichweite} = \frac{\text{durchschnittlicher Lagerbestand}}{\text{durchschnittlicher Bedarf}}$$

$$\textbf{Lagerbestand in \% des Umsatzes} = \frac{\text{Lagerbestand}}{\text{Umsatz}} \cdot 100$$

$$\textbf{Materialumschlag} = \frac{\text{Materialverbrauch}}{\text{durchschnittlicher Materialbestand}} \cdot 100$$

$$\textbf{Lagerdauer (in Tagen)} = \frac{\text{Anzahl der Tage/Betrachtungszeitraum}}{\text{Umschlagshäufigkeit}} \cdot 100$$

$$\textbf{Reklamationsquote} = \frac{\text{Anzahl der reklamierten Artikel}}{\text{Gesamtanzahl der Artikel}} \cdot 100$$

$$\textbf{Servicegrad} = \frac{\text{Anzahl der erfüllten Lieferungen}}{\text{Anzahl der Lieferwünsche}} \cdot 100$$

34. Welche Vor- und Nachteile gibt es bei Eigen- und Fremdlagerung?

	Eigenlagerung	Fremdlagerung
Vorteile	► Unabhängigkeit ► Integration des Lagers in den Gesamtbetriebsablauf und geringere Schnittstellenprobleme	► Spezialisierung auf die Besonderheiten der jeweiligen Ware und Kostendegressionseffekte
Nachteile	► hoher Investitionsaufwand und Kapitalbindung ► Mangel an spezialisierten Fachkräften	► Lagerkapazitäten evtl. nicht ausreichend ► Abhängigkeit vom Dienstleister

35. Was versteht man unter einem Konsignationslager?

Die Merkmale des Konsignationslagers liegen darin, dass der Lieferant beim Kunden ein Lager unterhält. Die Berechnung der Ware erfolgt erst nach der Entnahme durch den Kunden. Durch das Konsignationslager besteht ein hoher Servicegrad. Da die Ware bereits im Haus des Kunden ist, besteht ein hoher Versorgungsgrad. Die Kapitalbindung wird für den Kunden stark reduziert, da er erst mit der Entnahme der Ware aus dem Lager die Rechnung begleicht.

36. Erläutern Sie, was man unter Kommissionierung versteht und nennen Sie die Einflussfaktoren bei der Kommissionierung.

Aus den Lagerbeständen werden für interne Kunden (z. B. Produktion) oder externe Kunden Artikel entsprechend den Bedarfsanforderungen separat zusammengestellt.

Wesentliche Einflussfaktoren bei der Kommissionierung:

- genaue Bedarfsinformationen bzgl. Artikelbezeichnung, Menge, Liefertermin
- Verschiedenartigkeit der Artikel und Zahl der Zugriffe pro Artikel
- Anzahl und Häufigkeit der Kommissionieraufträge
- verfügbare Transportmittel und Kommissioniersysteme
- viele verschiedene Einzelkunden oder ein Kunde mit Sammellieferung.

37. Welche Arten von Kommissioniersystemen gibt es?

Kommissioniersysteme (1)	
Statisch	**„Mann zur Ware“:** Lagerpersonal geht zum Regal und entnimmt die Ware; geringe Kommissionierleistung pro Stunde; geeignet für kleine Unternehmen, geringe Investitionen für Lagersysteme. 
Dynamisch	**„Ware zum Mann“:** Die Ware wird durch automatische Fördereinrichtungen zum Lagerpersonal gebracht; hohe Kommissionierleistung pro Stunde; hohe Investitionen für Lagersysteme. **Kommisionierung im Regalgang dynamisch:** 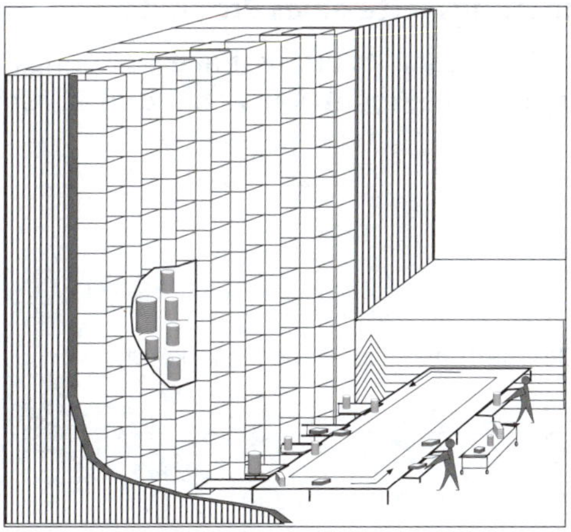

Kommissioniersysteme (2)	
Einstufig	Jeder Auftrag wird einzeln kommissioniert.
Mehrstufig	**Beispiel:** Es wird in der 1. Stufe artikelbezogen kommissioniert; in der 2. Stufe erfolgt die Aufteilung nach Aufträgen.
Seriell	Die Positionen eines Auftrags werden nacheinander abgearbeitet.

Kommissioniersysteme (2)	
Parallel	Große Läger sind in Zonen eingeteilt. Für jede Zone ist ein Mitarbeiter verantwortlich. Die Aufträge werden in Teilaufträge entsprechend den Zonen zerlegt. Jeder Mitarbeiter kommissioniert die Waren je Auftrag aus seiner Zone. Danach werden im Ausgangsbereich die Teilaufträge zum jeweiligen Kundenauftrag zusammengestellt. Bei diesem Verfahren besteht ein höheres Risiko der Falsch- oder Fehllieferung.

3.3 Wertschöpfungskette

3.3.1 Wertschöpfung (Supply Chain)

01. Was bezeichnet man als „betriebliche Wertschöpfung"?

Die **betriebliche Wertschöpfung** ist der wertmäßige Unterschied zwischen den Vorleistungen anderer Wirtschaftseinheiten, die der Betrieb zur Erzeugung/Veredlung seiner Leistungen braucht und den vom Betrieb erzeugten und abgesetzten Leistungen.

Erlöse - Vorleistungen = Wertschöpfung

02. Was ist die Wertschöpfungskette eines Produkts?

Die Wertschöpfungskette eines Produkts umfasst alle Fertigungs- und Absatzschritte von der Rohstoffgewinnung über die Produktion bis hin zum Transport zum Konsumenten.

Wertschöpfungskette

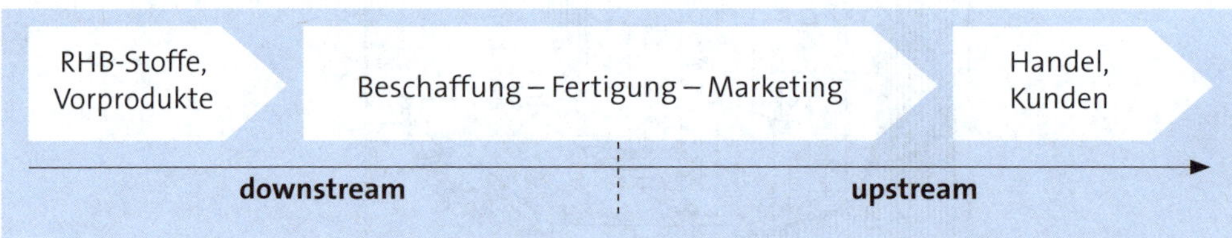

Eine typische Versorgungs- und Wertschöpfungskette (**Supply Chain**) ist z. B. der Lebensmittelhandel, vom Produzenten über den Großhändler bis zur Distribution auf die Zwischen- und Endverkäufer. Zu einer Versorgungs- und Wertschöpfungskette zählen neben den physischen Aktivitäten des Produzierens, Lagerns oder Transportierens auch begleitende, nichtmaterielle Informationsflüsse sowie die Geldströme.

Die nachfolgende Abbildung zeigt die Stufen des industriellen Wertschöpfungsprozesses im Zusammenhang mit der Umweltbelastung (Rohstoffgewinnung/Ressourcenverbrauch, Abfall, Emissionen, Immissionen, Abfall, Energierückgewinnung):

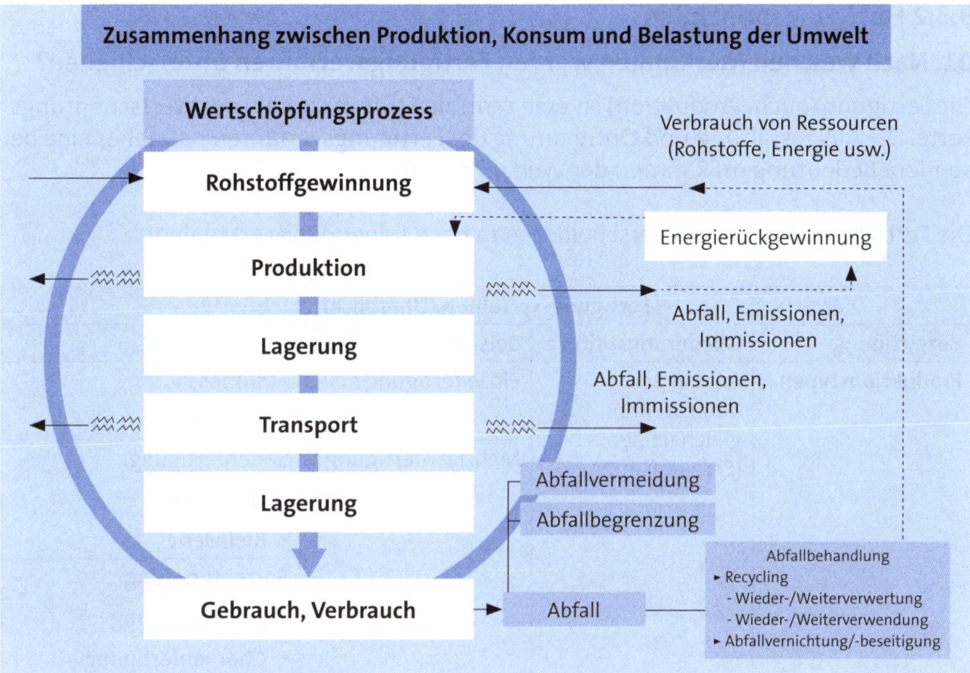

03. Welches sind die Ziele eines effizienten Supply Chain Management?

Das Supply Chain Management (SCM) zielt auf eine langfristige, mittelfristige und kurzfristige (operative) Verbesserung von Effektivität und Effizienz industrieller Wertschöpfungsketten ab. Sie dient der Integration aller Unternehmensaktivitäten von der Rohstoffbeschaffung bis zum Verkauf an den Endkunden in einen nahtlosen Prozess.

Die Einzelziele sind dabei z. B.:

- Orientierung am Endkunden
- Steigerung der Kundenzufriedenheit durch bedarfsorientierte Lieferung
- raschere Anpassung an die Änderungen des Marktes
- Reduzierung des Bullwhip-Effekts
- Vermeidung von „Out-of-Stock“ (kein Lagerbestand, keine Lieferfähigkeit)
- Senkung der Lagerbestände in der gesamten Supply Chain
- Kostenvorteile durch die Gesamt-Optimierung des Lieferprozesses über mehrere Stufen hinweg
- Vereinfachung des Güterflusses (intern und extern) und der Transportbewegungen
- Rationalisierung der Fertigungssysteme.

3.3.2 Fertigungsprinzipien

01. Nach welchen Merkmalen werden Fertigungsverfahren unterschieden?

Die Fertigung (auch: Produktion) ist eine zentrale Stufe innerhalb der Wertschöpfungskette. Die Ausgestaltung und Optimierung der Fertigungsverfahren hat daher eine besondere Bedeutung im Rahmen der Wertschöpfung.

Die Fertigungsverfahren unterscheidet man nach folgenden Merkmalen:

Fertigungsverfahren (Überblick)			
Bezeichnung	**Gliederungsprinzip**	**Beispiele**	
Produktionstypen	Anzahl der hergestellten, gleichartigen (Erzeugnismenge)	Einzelfertigung:	► sukzessiv ► simultan
		Mehrfachfertigung:	Serienfertigung: ► Großserie ► Kleinserie
			Sortenfertigung: ► Partiefertigung ► Chargenfertigung
			Massenfertigung: ► Parallelfertigung ► Kuppelproduktion
Organisations-typen	Anordnung der Betriebsmittel (Fertigungsablauf)	Verrichtungsprinzip:	► **Werkstattfertigung** ► Werkstättenfertigung
		Flussprinzip:	► Reihenfertigung ► **Fließfertigung**
		Objektprinzip:	Baustellenfertigung
		Mischform:	Gruppenfertigung, z. B. **Fertigungsinseln**
Fertigungstechnik	Grad der Automation	keine	Handarbeit
		teilweise	Mechanisierung
		total	Vollautomation

Die **fett gedruckten** Verfahren sind im Rahmenplan genannt.

Fertigungsverfahren – Überblick 2

nach der Fertigungstechnik

- Handarbeit
- Mechanisierung
- Automation

hinsichtlich der Fertigungstypen

- Einzelfertigung
- Mehrfachfertigung:
  - Serienfertigung
  - Sortenfertigung
  - Massenfertigung

hinsichtlich der Fertigungsorganisation

- **Werkstattfertigung**
- **Fließfertigung:**
  - Reihenfertigung
  - Fließbandfertigung
- Gruppenfertigung:
  - Fertigungsinseln
  - Boxenfertigung
  - Sternfertigung
  - Bearbeitungszentren
  - flexible Fertigungszellen
  - Teilautonome Gruppen
- Baustellenfertigung

INFO

Laut Rahmenplan sind die Fertigungsprinzipien (auch: Fertigungsorganisation) zu behandeln und hier insbesondere Werkstattfertigung, Fließfertigung und Fertigungsinseln.

02. Welche charakteristischen Merkmale haben die einzelnen Organisationstypen (Fertigungsprinzipien)?

1. Bei der **Werkstattfertigung** (auch: **Werkstättenfertigung**) wird der Weg der Werkstücke vom Standort der Arbeitsplätze und der Maschinen bestimmt. Als Werkstattfertigung werden daher die Verfahren bezeichnet, bei denen die zur Herstellung oder zur Be- bzw. Verarbeitung erforderlichen Maschinen an einem Ort, der Werkstatt, zusammengefasst sind. Die Werkstücke werden von Maschine zu Maschine transportiert. Dabei kann die gesamte Fertigung in einer **einzigen Werkstatt** erfolgen oder **auf verschiedene Spezialwerkstätten** verteilt werden. Die Werkstattfertigung ist dort zweckmäßig, wo eine Anordnung der Maschinen nicht nach dem Arbeitsablauf erfolgen kann und eine genaue zeitliche Abstimmung der einzelnen Arbeitsgänge nicht möglich ist, weil die Zahl der Erzeugnisse mit unterschiedlichen Fertigungsgängen sehr groß ist. Bei der Werkstattfertigung sind **längere Transportwege** meist unvermeidlich. Gelegentlich müssen einzelne Werkstücke auch mehrmals zwischen den gleichen Werkstätten hin- und her transportiert werden. Werkstattfertigungen haben oftmals auch eine längere Produktionsdauer, sodass meist **Zwischenlagerungen für Halberzeugnisse** notwendig werden.

Werkstattfertigung – Fertigung nach dem Verrichtungsprinzip

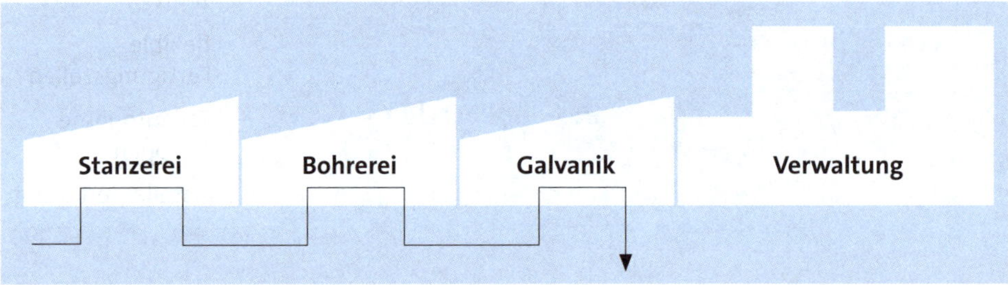

Voraussetzungen:

- Einsatz von Universalmaschinen
- hohe Qualifikation der Mitarbeiter, flexibler Einsatz
- optimale Maschinenbelegung.

Werkstattfertigung	
Vorteile	**Nachteile**
► geeignet für Einzelfertigung und Kleinserien ► flexible Anpassung an Kundenwünsche ► Anpassung an Marktveränderungen ► geringere Investitionskosten ► hohe Qualifikation der Mitarbeiter	► relativ hohe Fertigungskosten ► lange Transportwege ► Zwischenläger erforderlich ► hoher Facharbeiterlohn ► aufwendige Arbeitsvorbereitung ► aufwendige Kalkulation (Preisgestaltung)

2. Die **Fließfertigung** ist eine örtlich fortschreitende, **zeitlich bestimmte, lückenlose Folge von Arbeitsgängen**. Bei der Fließfertigung ist der Standort der Maschinen vom Gang der Werkstücke abhängig und die **Anordnung der Maschinen und Arbeitsplätze wird nach dem Fertigungsablauf** vorgenommen, wobei sich der Durchfluss des Materials vom Rohstoff bis zum Fertigprodukt von Fertigungsstufe zu Fertigungsstufe ohne Unterbrechung vollzieht. Die Arbeitsgänge erfolgen pausenlos und sind zeitlich genau aufeinander abgestimmt, sodass eine **Verkürzung der Durchlaufzeiten** erfolgen kann.

Sonderformen der Fließfertigung:

2.1 Bei der **Reihenfertigung** werden die Maschinen und Arbeitsplätze dem gemeinsamen Arbeitsablauf aller Produkte entsprechend angeordnet. Eine zeitliche Abstimmung der einzelnen Arbeitsvorgänge ist wegen der unterschiedlichen Bearbeitungsdauer nur begrenzt erreichbar. Deshalb sind Pufferlager zwischen den Arbeitsplätzen notwendig, um Zeitschwankungen während der Bearbeitung auszugleichen.

Reihenfertigung: Anordnung der Maschinen und Arbeitsplätze in der durch den Fertigungsprozess bestimmten Reihenfolge

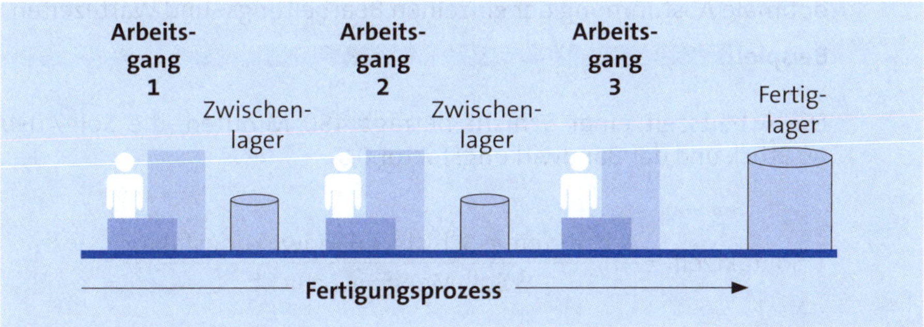

Reihenfertigung	
Vorteile	**Nachteile**
► geeignet für größere Serien ► Verkürzung der Durchlaufzeit ► Spezialisierung der Tätigkeiten ► verbesserte Maschinenauslastung ► verbesserter Materialfluss	► Flexibilität der Fertigung nimmt ab ► höhere Investitionskosten für Maschinen ► Anfälligkeit bei Störungen ► höhere Lagerkosten (Zwischenläger) ► repetitive Teilarbeit

2.2 Die **Fließbandfertigung** ist eine Sonderform der Fließfertigung – **mit vorgegebener Taktzeit**. Die Voraussetzungen sind:

- große Stückzahlen
- weitgehende Zerlegung der Arbeitsgänge
- Fertigungsschritte müssen abstimmbar sein.

Fließbandfertigung: Taktgebundene Fließbandarbeit mit genauer Taktabstimmung ohne Zwischenlager

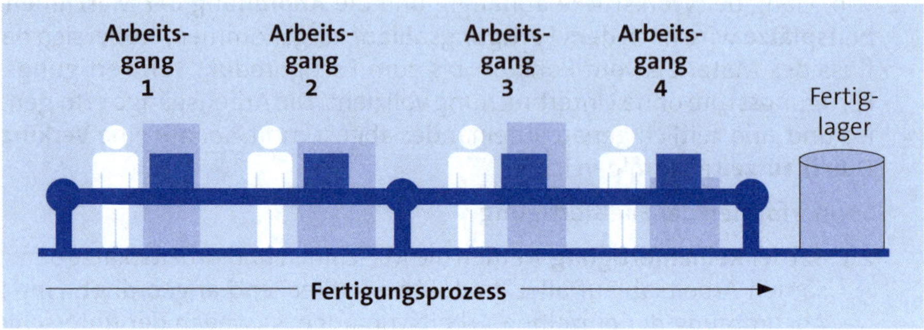

Nach REFA ist die **Taktzeit** die Zeitspanne, in der jeweils eine Mengeneinheit fertiggestellt wird:

Der Bandwirkungsfaktor berücksichtigt Störungen der Anlage, die das gesamte Fließsystem beeinträchtigen. Er ist deshalb immer kleiner als 1,0. Die ideale Taktabstimmung wird in der Praxis nur selten erreicht. Entscheidend ist eine optimale Abstimmung der einzelnen Bearbeitungs- und Wartezeiten.

Beispiel

Die Arbeitszeit einer Schicht beträgt 480 Minuten, die Soll-Ausbringung 80 Stück und der Bandwirkungsfaktor 0,9.

$$\text{Solltaktzeit} = \frac{\text{Arbeitszeit je Schicht} \cdot \text{Bandwirkungsfaktor}}{\text{Soll-Menge je Schicht}}$$

$$\frac{480 \text{ min} \cdot 0{,}9}{80 \text{ Stk.}} = 5{,}4 \text{ min/Stk.}$$

3. Die **Gruppenfertigung** ist eine **Zwischenform zwischen Fließfertigung und Werkstattfertigung**, welche die Nachteile der Werkstattfertigung vermeidet. Bei diesem Verfahren werden verschiedene Arbeitsgänge zu Gruppen zusammengefasst und innerhalb jeder Gruppe nach dem Fließprinzip angeordnet.

Schematische Darstellung einer Gruppenfertigung als Inselfertigung

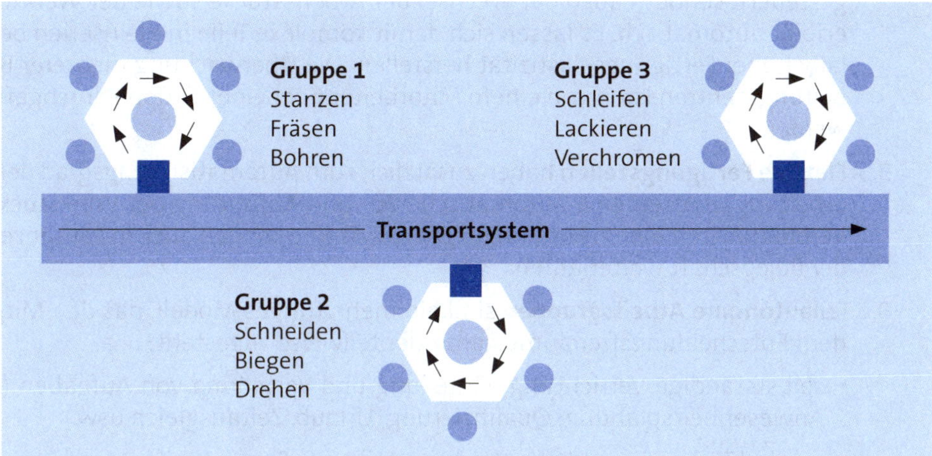

Gruppenfertigung	
Vorteile	**Nachteile**
▸ Eigenverantwortung der Gruppe ▸ Motivation der Mitarbeiter ▸ Abwechslung durch Rotation ▸ Einsatz des Gruppenakkords	▸ Verantwortungsdiffusion: Zuordnung der Leistung zu einer Einzelperson ist nicht mehr möglich ▸ setzt intensive Vorbereitung voraus: Ausbildung, Teamentwicklung, Gruppendynamik

Sonderformen der Gruppenfertigung:

3.1 **Fertigungsinseln:** Bestimmte Arbeitspakete (z. B. Motorblock) werden – ähnlich der ursprünglichen Werkstattfertigung – gebündelt. Dazu werden die notwendigen Maschinen und Werkzeuge zu sogenannten Inseln zusammengefügt. Erst nach Abschluss mehrerer Arbeitsgänge verlässt das (Zwischen-)Erzeugnis die Fertigungsinsel.

3.2 Bei der **Boxen-Fertigung** werden bestimmte Fertigungs- oder Montageschritte von einer oder mehreren Personen – ähnlich der Fertigungsinsel – räumlich zusammengefasst. Typischerweise wird die Boxen-Fertigung bzw. -Montage bei der Erzeugung von Modulen/Baugruppen eingesetzt (z. B. in der Automobilproduktion).

3.3 Die **Stern-Fertigung** ist eine räumliche Besonderheit der Fertigungsinsel bzw. der Boxen-Fertigung, bei der die verschiedenen Werkzeuge und Anlagen nicht insel- oder boxförmig, sondern im Layout eines Sterns angeordnet werden.

3.4 **Bearbeitungszentren:** Nicht nur die Bearbeitungsmaschine arbeitet computergesteuert, sondern auch der Wechsel der Arbeitsstücke sowie der Werkzeuge erfolgt automatisch. Es lassen sich damit komplexe Teile in Kleinserien bei relativ hoher Fertigungselastizität herstellen. Die Überwachung mehrerer Bearbeitungszentren kann von einem Mitarbeiter oder einer Gruppe durchgeführt werden.

3.5 **Flexible Fertigungszellen** haben zusätzlich zum Automatisierungsgrad der Bearbeitungszentren eine automatische Zu- und Abführung der Werkstücke in Verbindung mit einem Pufferlager. Diese Systeme können auch in Pausenzeiten der Belegschaft weiterlaufen.

3.6 **Teilautonome Arbeitsgruppen** sind ein mehrstufiges Modell, das den Mitgliedern Entscheidungsfreiräume ganz oder teilweise zugesteht; u. a.:

- selbstständige Verrichtung, Einteilung und Verteilung von Aufgaben (inkl. Anwesenheitsplanung: Qualifizierung, Urlaub, Zeitausgleich usw.)
- selbstständige Einrichtung, Wartung, teilweise Reparatur der Maschinen und Werkzeuge
- selbstständige (Qualitäts-)Kontrolle der Arbeitsergebnisse.

4. Bei der **Baustellenfertigung** ist der **Arbeitsgegenstand** entweder völlig **ortsgebunden** oder kann zumindest während der Bauzeit nicht bewegt werden. Die Materialien, Maschinen und Arbeitskräfte werden an der jeweiligen Baustelle eingesetzt. Die Baustellenfertigung ist i. d. R. bei Großprojekten im Hoch- und Tiefbau, bei Brücken, Schiffen, Flugzeugen sowie dem Bau von Fabrikanlagen anzutreffen.

Baustellenfertigung	
Vorteile	**Nachteile**
► Einsatz von Normteilen ► Einsatz vorgefertigter Teile ► rationelle Fertigung durch Standards ► internationale Arbeitsteilung (z. B. Airbus)	► Kosten: Errichtung/Abbau der Baustelle ► Transportkosten für Stoffe, Mitarbeiter und Betriebsmittel (Logistikaufwand)

03. Erläutern Sie, was man unter Outsourcing versteht und gehen Sie auf Vor- und Nachteile ein.

Begriff „Outsourcing":

Die Quelle (source) der Wertschöpfung (z. B. Konstruktionsabteilung, eine Werkstatt usw.) verlagert das Unternehmen nach außen (out). Dadurch ist ein Abbau von fixen Kosten verbunden. Die Leistungen können von den neu gegründeten Unternehmen beschafft werden. Allerdings müssen mehrere Lieferanten gesucht und ausgewählt sowie entsprechende Vertragsverhandlungen geführt werden. Diese Aktivitäten verursachen Transaktionskosten. Die Leistungen der Unternehmen, die von außen beschafft werden, stellen aus Unternehmenssicht variable Kosten dar. Unter quantitativen Gesichtspunkten sollten die variablen Kosten sowie die Transaktionskosten kleiner als die fixen Kosten sein. Allerdings spielen nicht nur die quantitativen, sondern auch qualitative Kriterien eine Rolle. Eine Outsourcing-Entscheidung basiert auf einer „Make-or-Buy-Entscheidung".

Vor- und Nachteile des Outsourcing	
Vorteile	**Nachteile**
► Abbau von fixen Kosten ► geringe Kapitalbindung und höhere Liquidität ► Konzentration auf das Kerngeschäft ► Nutzung des Spezialwissens des Lieferanten ► Auslagerung von kritischen Tätigkeiten (Emissionen, Lärm usw.)	► geringere Qualität als bei Eigenfertigung ► Mengen- und Terminprobleme ► Abhängigkeit gegenüber Lieferanten ► Informationsweitergabe an Lieferanten ► geringere Fertigungstiefe

3.3.3 Transportsysteme

01. Was ist Transport?

Transport stellt die räumliche Überwindung des Transportgutes dar. Es wird zwischen innerbetrieblichem (internem) und außerbetrieblichem (externem) Transport unterschieden.

- In der **Logistik** unterscheidet man folgende Vorgangsarten:

Transportieren	ist das Verbringen von Gütern außerhalb eines Werksbereichs von A nach B, ohne die Gebrauchseigenschaften zu ändern (außerbetrieblicher Transport).
Umschlagen	ist das Umladen von Transportgütern beim Wechsel der Transportmittel. Das Umschlagen erfolgt an dem Umschlagspunkt (Transshipment-Point). Das Umschlagen kann erfolgen, weil Transportgüter des Fernverkehrs auf Fahrzeuge des Nahverkehrs (z. B. Kurierdienste) umgeladen werden. Ein Umschlag kann in einem Güterverkehrszentrum oder im Rahmen des Cross Docking erfolgen.
Fördern	ist das Verbringen von Gütern innerhalb eines Werkbereichs von A nach B. Die eingesetzten Instrumente und Einrichtungen im Rahmen des innerbetrieblichen Transports heißen Fördermittel.
Speichern	ist das Aufbewahren von Stoffen (im Handel: Lagern).

- Von daher können dem Transport folgende Prozesse vor- oder nachgelagert sein:
  - Verpacken (z. B. Transportverpackung, Umverpackung)
  - Umladen
  - Speichern (Verteilungslager, Verkaufslager, Zwischenlager).

  Man bezeichnet daher die Gesamtheit der Materialprozesse auch als TUL-Prozesse. Es sind die Kernprozesse des Materialflusses.

  TUL-Prozesse = Transfer (Transport) – Umschlag – Lagerung

- In der **Fertigungswirtschaft** ist die Transportzeit Bestandteil der Durchlaufzeit:

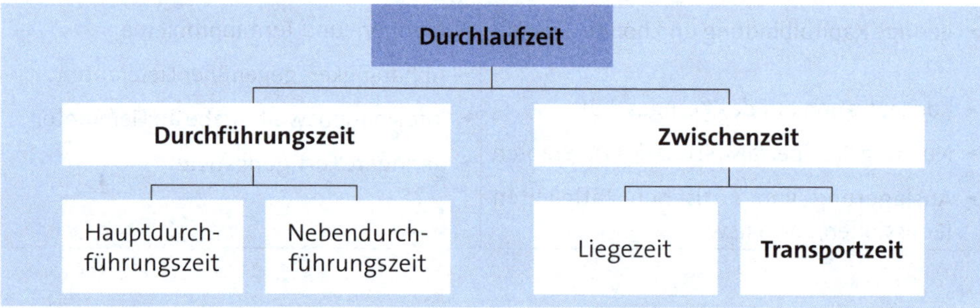

  Die Transportzeit ist der Zeitbedarf für die Ortsveränderung des Werkstücks. Es gilt:

  Transportzeit = Förderzeit + Übergangszeit

02. Welche Bedeutung hat der Transport innerhalb der Wertschöpfungskette?

Neben der Beschaffung, der Fertigung, dem Absatz und der Entsorgung ist der Transport (inner- und außerbetriebliche) eine wesentliche Stufe im Wertschöpfungsprozess. Die Auswahl geeigneter Transportmittel sowie die Effizienz der Transportprozesse entscheidet u. a. wesentlich über das Verhältnis von Kosten und Leistungen und damit über den Grad der Wertschöpfung (= Erlöse - Vorleistungen).

03. Welche Transportsysteme werden unterschieden?

Aufgabe von Transportsystemen ist die Überwindung der räumlichen Distanz. Man unterscheidet:

Transportsysteme

Außerbetriebliche Transportsysteme	**Innerbetriebliche Transportsysteme**
Verkehrsträger, z. B.: ► Straßenverkehr ► Schienenverkehr ► Schiffsverkehr ► Luftverkehr ► kombinierter Verkehr ► Rohrleitungsverkehr	► Fördermittel ► Förderhilfsmittel ► Technik der Lagereinrichtung

04. Welche wichtigen Verkehrsträger gibt es?

- Straße: Straßengüterverkehr (Ladungsverkehr und Sammelgutverkehr)
- Schiene: Eisenbahngüterverkehr
- Schifffahrt (Binnenschifffahrt, Seeschifffahrt)
- Lufttransport
- kombinierter Verkehr
- Rohrleitungssystem.

05. Welche Merkmale sind bei der Auswahl außerbetrieblicher Transportsysteme maßgeblich?

Merkmale bei der Auswahl außerbetrieblicher Transportsysteme (Transportmittel)			
Merkmale	**Beispiele**		
Rechtliche Merkmale	Gesetze/Verordnungen, z. B. GGVSEB (Gefahrgutverordnung Straße, Eisenbahn, Binnenschifffahrt)	Fahr-/Lenkzeiten, -verbote	Steuern/Abgaben (z. B. Maut)
		Tarife (Einfluss des Staates, der EU; z. B. Maut)	
Infrastruktur	Straßennetz, Schienennetz, Wasserstraßen	Standorte der Verkehrsdienstleister	Klimatische Bedingungen
Transportkosten	Frachtkosten und Frachtzusatzkosten, z. B.: Handlingkosten, Maut, Liegegebühren im Hafen, Zollgebühren; maßgeblich sind: Gewicht, Versandart, Transportgeschwindigkeit, Abmessungen des Transportgutes, Transportzeit		
Leistung, Eignung des Transportmittels	Transportzeit, Transportfrequenz	Flexibilität	Sicherheit, Zuverlässigkeit
	Transportkombinationsmöglichkeiten (z. B. Schiene – Straße)	Anfangs- und Endpunkte des Transportsystems	Eignung des Transportträgers für Versendungsart/Warenart
Transportgut	Art des Transportgutes, z. B. Gefahrgut	Qualitätsvorgaben	Maße und Gewicht

06. Welche Vor- und Nachteile bieten die einzelnen Transportsysteme?

Vergleich der Transportsysteme		
Transportsystem	**Vorteile**	**Nachteile**
Straße	► kostengünstig ► Nah- und Flächenverkehr ► flexibel, anpassungsfähig ► spezifische Anforderungen können erfüllt werden	► Terminabstimmung ► keine „Fahrpläne“ ► witterungsabhängig ► Ladebegrenzung ► nicht für alle Gefahrgüter zugelassen
Schiene	► hohes Ladungsgewicht ► transparente Fahrpläne ► witterungsunabhängig ► auch für Gefahrgüter	► Gleisanschluss erforderlich ► Zusatzkosten bei kombiniertem Verkehr
Binnenschifffahrt	► hohes Ladungsgewicht ► sehr große Ladungsräume ► sehr gut für Schüttgüter ► kostengünstig ► Spezialschiffe, z. B. Treibstoffe	► Anlegestelle erforderlich ► Zusatzkosten bei kombiniertem Verkehr ► witterungsabhängig (Wasserstand, Eisbildung) ► begrenztes Wasserstraßennetz

Vergleich der Transportsysteme		
Transportsystem	**Vorteile**	**Nachteile**
Seeschifffahrt	► hohes Ladungsgewicht ► sehr große Ladungsräume ► Spezialschiffe	► Verkehrsanbindung zu großen Häfen (Hamburg, Rotterdam) erforderlich ► Zusatzkosten bei kombiniertem Verkehr ► witterungsabhängig ► meist an Schifffahrtsrouten gebunden
Lufttransport	► sehr schnell ► keine Seeverpackung ► zuverlässig, termingenau	► hohe Kosten ► Umweltschäden ► wenige Flughäfen
Rohrleitungs-transport	► große Mengen transportierbar ► schont die Umwelt ► stabile Versorgung	► hohe Investitionskosten ► Gefahr durch Anschläge ► politische Auseinandersetzung (siehe Ostseepipeline Nord Stream 2)
Kombinierter Verkehr	► nutzt in Kombination die Vorteile der unterschiedlichen Transportsysteme	► Zeitnachteile wegen Güterumschlag (ggf. Wartezeiten) ► Störungen bei mangelhafter Planung der Kombination

Quelle: in Anlehnung an: *Ehrmann, 2012, S. 65*

07. Welche Formen des kombinierten Verkehrs gibt es?

Beim kombinierten Transport versucht man, die Vorteile der einzelnen Transportsysteme zu verbinden (z. B. Schiene – Wasser – Straße – Luft).

Formen des kombinierten Verkehrs	
Straße – Schiene (Huckepackverkehr)	**Rollende Landstraße:** Komplette Lastzüge werden auf die Schiene verladen.
	Transport von Sattelaufliegern: Der Sattelauflieger wird ohne die Zugmaschine auf die Schiene verladen.
	Wechselbehälter werden vom Lkw auf die Schiene verladen.
Straße – Schifffahrt (Ro/Ro-Verkehr)	**Schwimmende Landstraße:** Lkws werden auf Schiffe umgeladen und befördert.
Binnenschifffahrt – Seeschifffahrt	**Lash-Verkehr:** Schwimmende Leichter werden auf Seeschiffe verladen und transportiert.
Straße – Schiene – Luftfracht – Schifffahrt	**Container** wechseln laufend das Transportmittel.
	Rail Ro Cargo: Haus-zu-Haus-Verkehr unter Einsatz von Straße, Schiene, Schifffahrt und Lufttransport

Quelle: in Anlehnung an: *Ehrmann, 2012, S. 65*

08. Welche Variablen bestimmen die Höhe der Transportkosten?

- Transportstrecke
- Ladungsgewicht
- Art des Beförderungsgutes (Größe, Sperrigkeit, zerbrechlich usw.)
- Handlingkosten.

09. Welche außerbetrieblichen Transporteure gibt es?

Transport	
zu Land	Deutsche Post AG (z. B. DHL Paket Services), Deutsche Bahn AG, private Paket- und Kurierdienste, private Fuhrunternehmen
zu Wasser	Binnenschifffahrt, z. B. Einzelschiffer, Reedereien, Befrachter
	Seeschifffahrt, z. B. Reedereien
in der Luft	Luftpost; Luftfracht, z. B. Lufthansa Cargo

10. Welche Merkmale sind bei der Entscheidung „Eigen- oder Fremdtransport" zu berücksichtigen?

- **Quantitative Merkmale**, z. B.:
  - Investitionskosten für den eigenen Fuhrpark (Lkw/AfA, Kapitalbindung, Stellflächen/Garagen, Betankungsanlage usw.)
  - variable Kosten (Treibstoffe, Wartungskosten, Steuern, Personalkosten usw.)
  - Lizenzgebühren, Maut
  - ggf. Subventionen/Investitionsförderhilfen/Steuervorteile für eigenen Fuhrpark
  - externe Frachtkosten/Frachtsätze
  - Fragen der Haftung und Versicherung.
- **Qualitative Merkmale**, z. B.:
  - Know-how, ggf. Know-how-Verlust
  - Verfügbarkeit über die Transportkapazität/Flexibilität
  - Einflussnahme auf die Besonderheiten der Beförderung
  - Nutzen der Werbefläche bei eigenem Fuhrpark (Image).

11. Welche Bedeutung hat die Bündelung von Transportleistungen für Hersteller und Handel?

Durch die Bündelung von Transportleistungen können Handelsunternehmen in Zusammenarbeit mit Herstellern erhebliche Kostenreduzierungen beim Service, Handling und Transport realisieren, z. B. Reduzierung der Transportdisposition und -überwachung, der Anzahl der Anlieferungen an der Laderampe, der Umschlagsvorgänge und der Lagerkosten. Große Handelsunternehmen haben für diese Querschnittsfunktion eine eigene Abteilung bzw. Gesellschaft (vgl. bei der METRO Group die MGL, METRO Group Logistics, die für fast alle Vertriebslinien in Europa spartenübergreifend zuständig ist).

12. Welche innerbetrieblichen Transportsysteme werden eingesetzt?

1. Fördermittel
   - Stetigförderer
   - Unstetigförderer
     - Flurförderfahrzeuge (Gabelstaplerarten usw.)
     - Hebezeuge
2. Förderhilfsmittel:

   Paletten, Behälter, Rollen, Gebinde, Gitterboxpaletten, Container, Kisten usw.
3. Technik der Lagereinrichtung:

   Regallager, Bodenlager, Hochregallager usw.

13. Nach welchen Merkmalen werden Fördermittel systematisiert (Fördermittelarten)?

Die **Einteilung der Fördermittel** kann nach folgenden **Merkmalen** erfolgen:

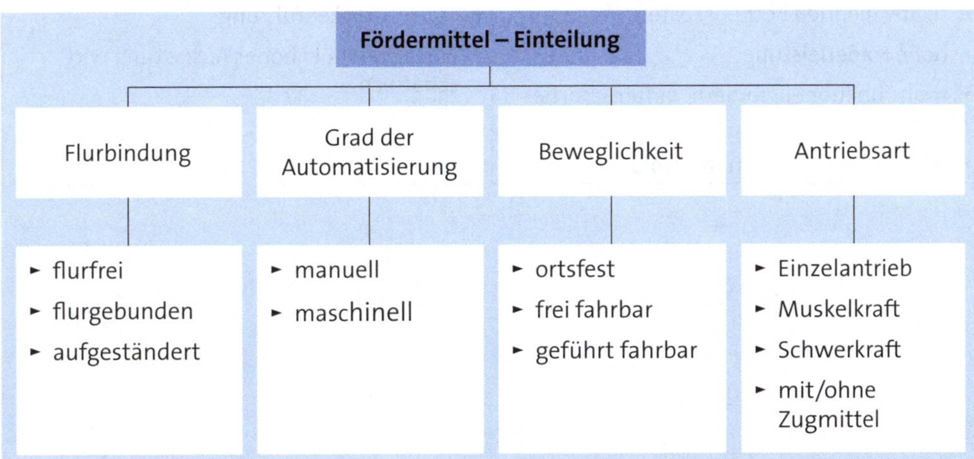

Eine häufige Gliederung der **Fördermittelarten** ist die Unterteilung in **Stetig- und Unstetigförderer**. Ein weiteres Gliederungsmerkmal ist, ob sie auf der Flur (**Flurförderer**) oder über der Flur (**flurfreie Förderer**) arbeiten. Die **Hebetechnik** (Hebezeuge, Krananlagen) ist ein wichtiges Teilgebiet der Fördertechnik. Einen Gesamtüberblick gibt die Abbildung auf der nächsten Seite.

14. Wann werden Stetigförderer eingesetzt und welche Vor- und Nachteile sind damit verbunden?

Stetigförderer bringen das Transportgut stetig fließend über einen festen, gleichbleibenden Förderweg oder pulsierend (wie z. B. bei Becherwerken) von der Aufgabe- zur Abgabestelle. Ihr Einsatz ist dort wirtschaftlich, wo große Mengen gleichartiger Güter auf gleichartigen Wegen gefördert werden müssen.

Zu den Stetigförderern gehören z. B.:

- Gurtförderer
- Kettenförderer/Schüttgutförderer
- Rollenbahnförderer
- Schwingrinnen
- Schneckenförderer
- Deckenkreisförderer.
- Becherwerke.

Stetigförderer	
Vorteile	**Nachteile**
► permanente Einsatzbereitschaft ► relativ geringer Personalbedarf ► relativ niedrige Betriebskosten ► hohe Förderleistung ► multifunktionell: fördern, puffern, sortieren ► relativ einfach automatisierbar	► hohe Investitionskosten (€ pro lfd. m) ► meist ortsgebundene Installation ► starre Streckenführung ► Einsatz erst bei hoher Auslastung wirtschaftlich

Fördermittel im Überblick

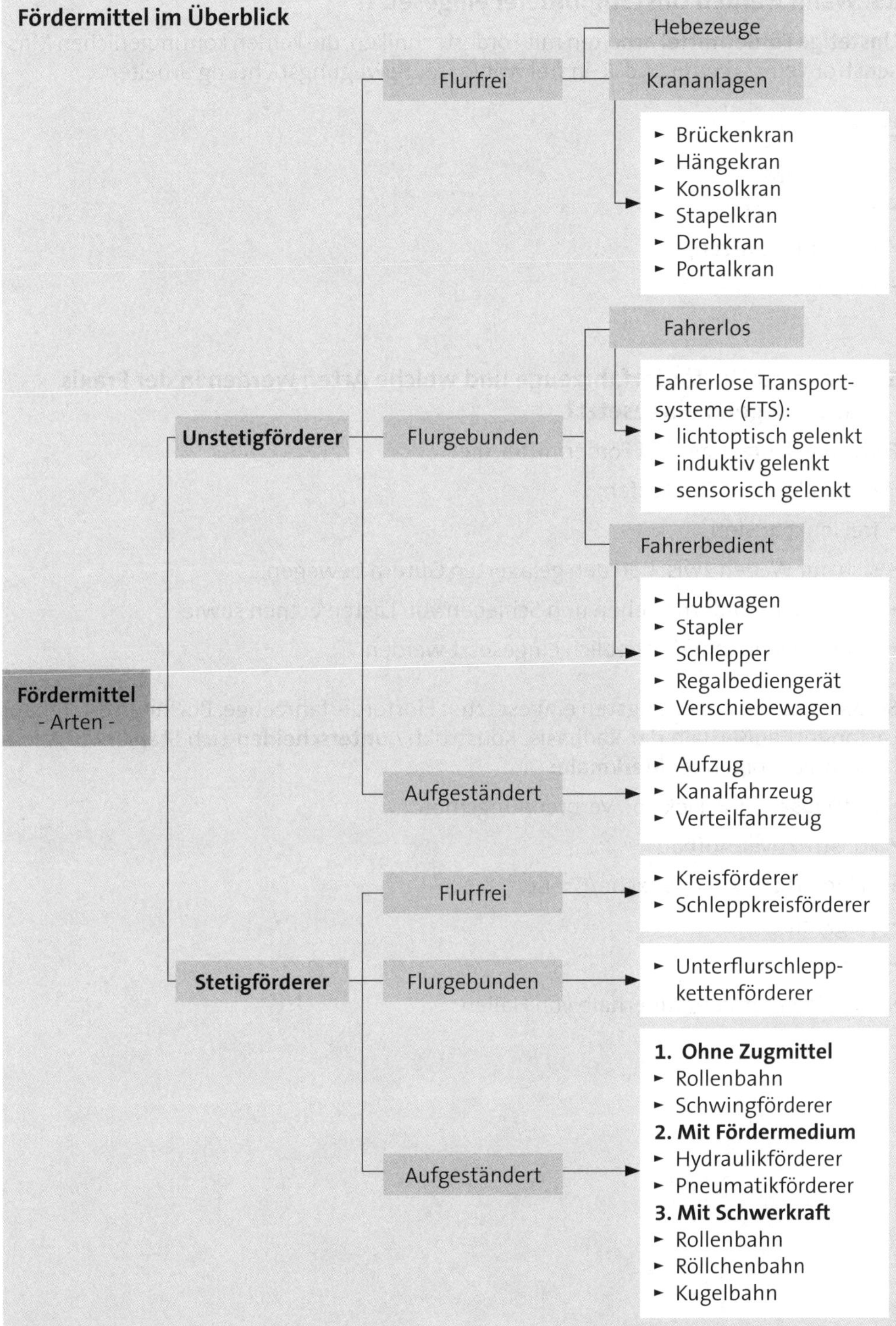

15. Wann werden Unstetigförderer eingesetzt?

Unstetige Fördermittel arbeiten mit Fördertechniken, die keinen kontinuierlichen Massenstrom zulassen und i. d. R. in frei wählbarer Bewegungsrichtung arbeiten.

Dazu zählen z. B.:

- Krananlagen
- Serienhebezeuge
- Flurförderfahrzeuge
- Aufzüge.

16. Was sind Flurförderfahrzeuge und welche Arten werden in der Praxis überwiegend eingesetzt?

Flurförderfahrzeuge sind Fördermittel, die

- mit Rädern auf Flur laufen,
- frei lenkbar sind,
- sich auf Wegen zwischen den gelagerten Gütern bewegen,
- sich zum Befördern, Ziehen und Schieben von Lasten eignen sowie
- überwiegend innerbetrieblich eingesetzt werden.

Stapler sind die am häufigsten eingesetzten Flurförderfahrzeuge. Bei ihnen erfolgt der Lastangriff außerhalb der Radbasis. Konstruktiv **unterscheiden** sich Stapler vor allem hinsichtlich folgender **Merkmale:**

- Antriebsart, z. B. Elektro-, Verbrennungsmotor
- konstruktiver Aufbau
- erforderliche Arbeitsfläche/Größe
- Tragkraft
- Gabelsystem
- Einsatz innerhalb/außerhalb von Hallen.

Am häufigsten kommen folgende Bauarten zum Einsatz:

Stapler – Ausgewählte Bauarten	
Frontstapler	► Last ist freitragend vor den Vorderrädern. ► Fahrersitz: in Fahrtrichtung ► Einsatz: außen und innen, hohe Traglasten, hohe Geschwindigkeiten
Schubmaststapler	► Bei Lastaufnahme/-abgabe wird der Mast an die Vorderräder geschoben. ► Fahrersitz: quer zur Fahrtrichtung ► Einsatz: überwiegend innen, Palettenlagerung, nicht für große Lasten geeignet
Gabelhubwagen	► Antrieb: Muskelkraft oder Elektroantrieb ► Einsatz: überwiegend innen, Palettenlagerung
Seitenstapler	► Einsatz: Transport von Langgut ► Mast ist quer zur Fahrtrichtung
Schmalgangstapler auch: Regalstapler	► mit Schwenkhub- oder Teleskopgabel ► Einsatz: für Stückgüter in Lagerhallen, enge Arbeitsgänge, große Stapelhöhen, optimale Nutzung der Lagerkapazität ► hohe Arbeitsgeschwindigkeit

17. Welche Grundsätze der Arbeitssicherheit sind beim Einsatz von Staplern zu beachten?

1. Beachten der Tragkraft.
2. Unter schwebenden Lasten dürfen sich keine Personen aufhalten.
3. Stapler dürfen nur von ausgebildetem Personal bedient werden (Nachweis der Berechtigung).
4. Es dürfen nur geeignete Traglastmittel eingesetzt werden (z. B. genormte Paletten).

18. Wie werden Hebezeuge unterschieden?

Hebezeuge – Arten

Ortsfeste Hebezeuge

- Aufzüge
- Hebebühnen
- Hebebaum
- Hebezug

Fahrbare Hebezeuge

- Brückenkrane
- Portalkrane
- Laufkrane
- Fahrzeugkrane
- Säulenschwenkkrane
- Stapelkrane
- Drehkrane
- Hängekrane
- Wandschwenkkrane

Krananlagen bieten folgende **Vorteile**:

- kein Blockieren der Bodenfläche als Transportweg
- geeignet für große Höhen/Flächen.

Die folgende Abbildung zeigt Prinzipskizzen verschiedener Kranausführungen:

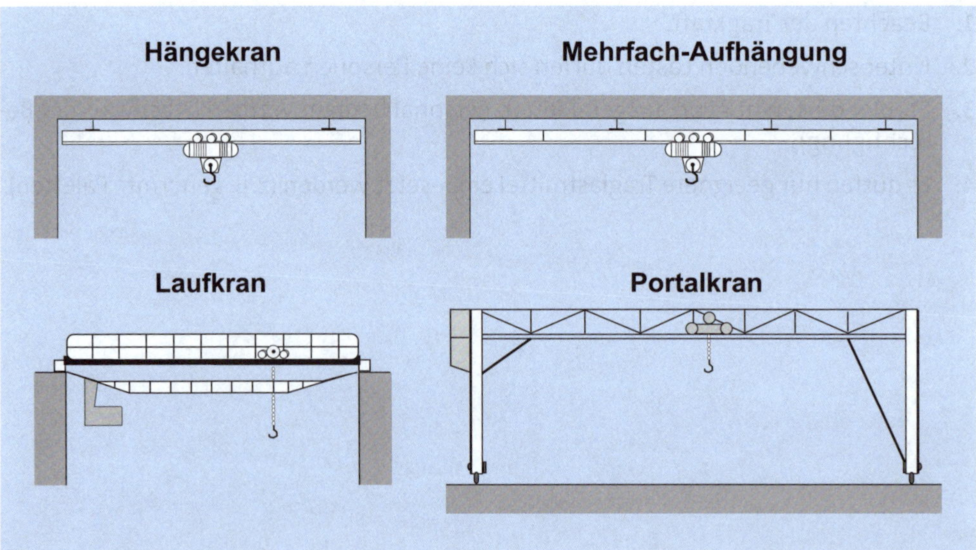

19. Welche Informationssysteme werden in der Logistik eingesetzt?

Unter dem Begriff **E-Logistik** (auch: E-Logistic) werden alle informationstechnisch gestützten Verfahren zur Planung und Steuerung der logistischen Prozesse zusammengefasst (z. B. Nutzung der Internet- und Intranet-Technologie).

Beispiele

- **Sendungsverfolgung** (auch: Tracking, Tracing):
  Diese ist ein Mittel, mit dem der Status einer Lieferung vor der Zustellung überwacht und festgestellt werden kann. Der jeweilige Status der Sendung und der aktuelle Aufenthaltsort sind jederzeit erkennbar.

  Bei der Sendungsverfolgung werden Pakete mit maschinell lesbaren Etiketten versehen (beispielsweise durch Barcode oder **R**adio **F**requency **Id**entification, RFID-Chip) und automatische Sortierstationen können anhand der Etiketten erkennen, wohin das Paket geleitet werden soll. Der Scanvorgang wird in einer zentralen Datenbank gespeichert. Sowohl Kunden als auch der Paketdienst können über diese Datenbank nachvollziehen, zu welchem Zeitpunkt sich das Paket an welchem Ort befindet.
- **RFID:**
  Auf einem RFID-Chip können Daten bei der Erstellung, z. B. eines Etikettes, gespeichert (geladen) werden. Diese können dann berührungslos, z. B. am Bestimmungsort, gelesen werden. Dies führt zu erheblichen Handling-Vorteilen, z. B. beim Wareneingang. Große Handelsketten wie Rewe, Metro oder WAL-Mart werden künftig ihren Lieferanten den Einsatz von RFID-Etiketten vorschreiben.
- **Container-Informations- und Kommunikationssysteme**, z. B.:
  Seedos, Taldos, Condicos, Contradis, Ships u. a.
- **CIR** (Computer Integraded Railroading):
  Computergestützte Zugsteuerung der Deutschen Bahn AG
- **EDI** (Electronic Data Interchange):
  Elektronischer Datenaustausch der Deutschen Bahn AG über Internet mit ihren Kunden, soweit diese vernetzt sind.
- **Verkehrsmanagementsysteme**, z. B.:
  Einsatz erd- oder satellitengestützter Systeme der Kommunikation und Navigation (z. B. Verkehrsleitsysteme, Fahrerassistenzsysteme, Flottenmanagement für Spediteure).

20. Welche Systeme der Warenerfassung und -kennzeichnung sowie der Informationserfassung und -übertragung werden im Handel eingesetzt?

Kleines ABC der Informationstechnologie im Handel:

AM	Akustomagnetische Technik der Warensicherung: Im Ausgangsbereich des Verkaufsraums sendet ein System Ultraschall-Schwingungen aus, die zwei dünne Metallplättchen in der Warenetikettierung in Schwingung versetzen. Das System erkennt diese Schwingungen und löst Alarm aus. Bei ordnungsgemäßer Bezahlung der Ware wird das Etikett entfernt oder deaktiviert.
AA	Autoaktive Technik der Warensicherung: Aktive Sicherungsetiketten an der Ware lösen beim Versuch, sie zu entfernen oder zu manipulieren, selbsttätig Alarm aus.
CPFR	Collaborative Planning, Forecasting and Replenishment (dt.: gemeinsame Planung, Prognose und Management): Innovativer, internetbasierter Prozess zur Optimierung der Informations- und Warenströme zwischen Hersteller und Handel, der Ende der 90er-Jahre entwickelt wurde.
Data Warehouse	Datenbanksystem, das interne und externe Daten (Datenbanken) verknüpft, bündelt und selektive Datenabfragen erlaubt.
EAN	EAN-Code: Artikelkodierung (Internationale Artikelnummerierung; früher: Europäische Artikelnummerierung); maschineller Strichcode auf der Ware. Die Vergabe der EAN an den Hersteller erfolgt durch die GS1. Die EAN ist Bestandteil des EPC (Electronic Product Code).
EDI	Electronic Data Interchange (Elektronischer Datenaustausch innerhalb eines Unternehmens oder zwischen Unternehmen): Ziel ist die Beschleunigung des Datenaustausches, die Fehlerreduzierung und die Kostensenkung. EDI erlaubt eine Senkung der Warenbestände bei gleichzeitiger Verbesserung der Warenverfügbarkeit.
EAS	Europäische Artikelsicherung: Verhindert durch Anbringen von Sicherungsetiketten Warendiebstahl, Manipulation der Warenauszeichnung bzw. Vertauschen der Verpackung. Es gibt vier Systeme: AM, AA, EM, RFID.
EM	Elektromagnetische Technik zur Warensicherung: Das System erkennt ein speziell ausgewähltes Metall an der Ware und löst Alarm aus.
ESL	Electronic Shelf Labeling (Elektronische Preisauszeichnung): Die Verkaufsregale sind mit elektronischen Preisschildern ausgestattet (Displays). Über ein WLAN (Wireless Local Area Network) können Preisänderungen direkt an das Regaldisplay sowie an die Kasse gesendet werden. Das System wird bereits vereinzelt eingesetzt (vgl. Cash & Carry-Märkte der METRO Group).
EPC	Electronic Product Code: Identifikationsnummer, die sich aus der EAN und einer neunstelligen Seriennummer zusammensetzt. Damit können zusätzliche Artikeldaten (Hersteller, Markenbezeichnung) gespeichert werden, sodass der Warenfluss lückenlos zu identifizieren ist. Trägertechnologie ist die RFID.

GS1-128-Code	Internationaler EAN-Standard zur Kodierung logistischer Informationen (Herstellungs- und Verfallsdatum, Gewicht, Größe, Chargennummer usw.), der Anfang der 90er-Jahre entwickelt wurde. Es lassen sich mehr als 70 Datenelemente darstellen. Zentraler Bestandteil ist die Nummer der Versandeinheit (NVE; international auch: SSCC = Serial Shipping Container Code).
GS1	Global Standards One: Zusammenschluss von EAN International mit der amerikanischen Organisation UCC (Uniform Code Council) im Jahr 2004 zur international ausgerichteten Organisation GS1. Ziel ist die Entwicklung eines einzigen, weltweit gültigen Standards der Artikelnummerierung.
GLN	Global Location Number: International gültige, eindeutige und überschneidungsfreie Nummer zur Identifizierung von Unternehmen, Tochtergesellschaften und Niederlassungen.
GTIN	Global Trade Item Number: International gültige, eindeutige und überschneidungsfreie Artikelnummer nach EAN-Standard; Voraussetzung für die Zuteilung ist die GLN.
Kennzeichnungspflicht	Pflicht zur Warenkennzeichnung aufgrund gesetzlicher Vorgaben (z. B. Mindesthaltbarkeit, Materialzusammensetzung, Pflegeanleitung; als Text und/oder Symbol); Grundlage ist das Lebensmittel- und Bedarfsgegenständegesetz.
RFID	Radiofrequenz-Identifikation: Die Artikelnummer (EPC) ist auf einem Smart-Chip unter dem Warenetikett angebracht. Der Smart Chip verfügt über eine Miniantenne, sodass die EPC ohne Sichtverbindung von einem Empfangsgerät (Reader) gelesen werden kann. Die Reichweite liegt zwischen einem und zehn Metern. Die RFID kann auch zur Warensicherung eingesetzt werden: Mithilfe von Sende- und Empfangsantennen wird ein räumlich begrenztes Frequenzfeld erzeugt. Wird eine Ware aus diesem Feld entfernt, ertönt ein Alarmsignal.
SSCC	Serial Shipping Container Code (auch: NVE, Nummer der Versandeinheit): Weltweit eindeutige und überschneidungsfreie Nummer der Versandeinheit (Palette, Karton usw.) als Strichcode. Damit kann jede Transporteinheit innerhalb des logistischen Prozesses eindeutig identifiziert werden.
SINFOS	Dienstleistungsunternehmen, das Artikelstammdaten sammelt und weitergibt. Damit wird ein Datenpool geschaffen, der die Informationsgewinnung für Lieferanten und Handelsunternehmen auf eine Datenbank konzentriert.

Quellen: Die Beschreibungen basieren auf Darstellungen im *Metro-Handelslexikon 2015/2016* und eigenen Internet-Recherchen.

21. Welche Nummern- und Codiersysteme werden heute bei der IT-gestützten Transportsteuerung eingesetzt?

Zur Optimierung der inner- und außerbetrieblichen Transportlogistik (Waren-, Daten- und Wertlogistik) werden heute mithilfe von EAN-Standards logistische Informationen (Artikelkennzeichnung, Adressen/Herkunft, Versandeinheiten) numerisch verschlüsselt und maschinell lesbar gemacht. Gleichzeitig wird damit eine optimale Entsorgungslogistik sowie eine Rückverfolgung der Herkunft möglich.

Man bedient sich dabei des Strichcodes (Barcode). Ein weit verbreiteter Code ist der EAN-Code (**E**uropean **A**rticle **N**umber). Die EAN-Organisation wurde mit einer amerikanischen Code-Organisation zu GS1 (**G**lobal **S**tandards 1) zusammengelegt (Quelle: *www. logistikknowhow.com*).

Man unterscheidet im Wesentlichen drei Nummern- und Codiersysteme:

- die Internationale Lokationsnummer ILN
- die Internationale Artikelnummer EAN-Code bzw. GTIN (Global Trade Item Number)
- die Nummer der Versandeinheit NVE bzw. SSCC (Serial Shipping Container Code).

22. Was sind fahrerlose Transportsysteme (FTS)?

Fahrerlose Transportsysteme (FTS) haben keine feststehenden mechanischen Führungen. Der Weg der Fahrtrichtung wird durch am Boden verlegte Leitlinien (optisch, magnetisch, induktiv) vorgegeben oder über rechnergestützte Umweltmodelle (Bildverarbeitung, Ultraschall) gesteuert. FTS haben zwei Ebenen:

- physische Ebene (Fahrzeug, Fahrtrichtung, Lastübergabe)
- informatorische Ebene:
  - Die Fahrzeugsteuerung ist die Zielsteuerung.
  - Die Anlagensteuerung soll Kollisionen vermeiden.

Quelle: © *tiero – stock.adobe.com*

23. Welche Entwicklungen und Fragestellungen stehen im Mittelpunkt der Distributionslogistik?

Zentrale Fragestellungen und Entwicklungen der Distributionslogistik (Distribution = Verteilung) sind u. a.:

1. **Lagerlogistik**, z. B.:
   - **Tendenz zur zentralen Lagerhaltung** (vgl. den Aufbau von Logistikzentren großer Firmen wie z. B. Lidl, Aldi, DHL)
   - **Optimierung der Lagertechnik**, z. B.:
     - Automatisierung, chaotische Lagerhaltung
     - Identifikationssysteme, Lagerbeschilderung
     - Kommissioniersysteme und -techniken
   - **Make-or-Buy-Überlegungen**, z. B.:
     - Eigenlager/Fremdlager
     - Eigentransport/Fremdtransport
2. **Optimierung der Auftragsabwicklung**
3. **Entscheidungen über geeignete Distributionskanäle**, z. B.:
   - direkter/indirekter Absatz
   - Sonderformen (z. B. E-Commerce, FOC – Factory-Outlet-Center)
4. **Optimierung der Absatzwege**, z. B.:
   - unternehmenseigene Absatzorgane, z. B.: Geschäftsleitung, Mitarbeiter der Marketingabteilung, Reisende
   - unternehmensfremde Absatzorgane, z. B.: Handelsvertreter, Kommissionäre, Makler
5. **Einsatz der Telekommunikation beim Transport**, z. B.:
   - Funktelefonsysteme
   - mobile Datenkommunikation (Laptop, ISDN, DSL)
   - satellitengestützte Systeme (z. B. GPS – Global Positioning System)
6. **Optimierung der Tourenplanung**, z. B.:
   - Minimierung von: Transportstrecke/-zeit, der variablen Kosten, der Anzahl der Fahrzeuge
   - Einsatz von Softwaresystemen zur Tourenplanung
7. **Tendenzen:**
   - Die Individualisierung des Kundenbedarfs wird mit einer **Anonymisierung der Versorgung** beantwortet, z. B. Kostensenkung durch Zusammenfassung von Transportaufträgen (zeitlich und mengenmäßig)
   - Unterstützung der Güter- und Informationsverteilung durch IT-Einsatz und Telekommunikation

- Abkehr vom Bestandsmanagement hin zum Bewegungsmanagement: Neue Informationstechnologien erlauben das frühzeitige Erkennen von Planabweichungen in den Prozessen; Störungsbehebungen werden nicht mehr durch eine Steuerung der Bestände, sondern durch eine Beschleunigung/Verzögerung der Prozesse vorgenommen.

24. Welche Speditionskonzepte hinsichtlich des Transports gibt es?

- **Ladungsverkehr:**
  - **Komplettladungsverkehr:**

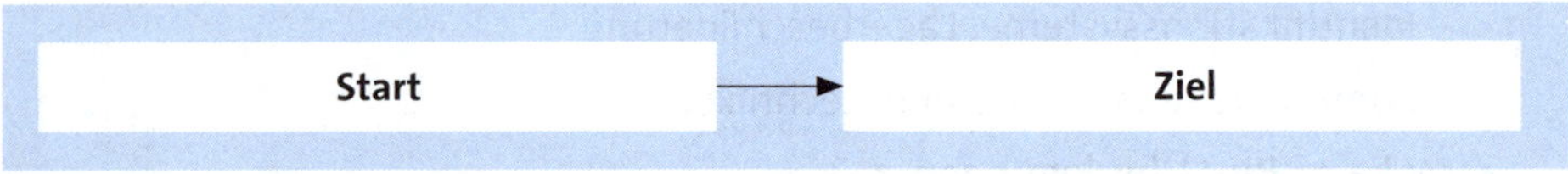

Lkws mit hoher Nutzlast von z. B. 24 t werden eingesetzt, um dem Empfänger ohne Zwischenumschlag die Komplettladung zuzustellen. Wesentlich ist dabei, dass die Ladekapazitäten voll ausgelastet sind und die Leerkosten minimiert werden.

  - **Teilladungsverkehr:**
    Der Lkw nimmt im Quellgebiet verschiedene Sendung auf, realisiert den Hauptlauf und entlädt im Zielgebiet Schritt für Schritt den Lkw. Beim Teilladungsverkehr entstehen Leerkosten.

- **Milk Run:**

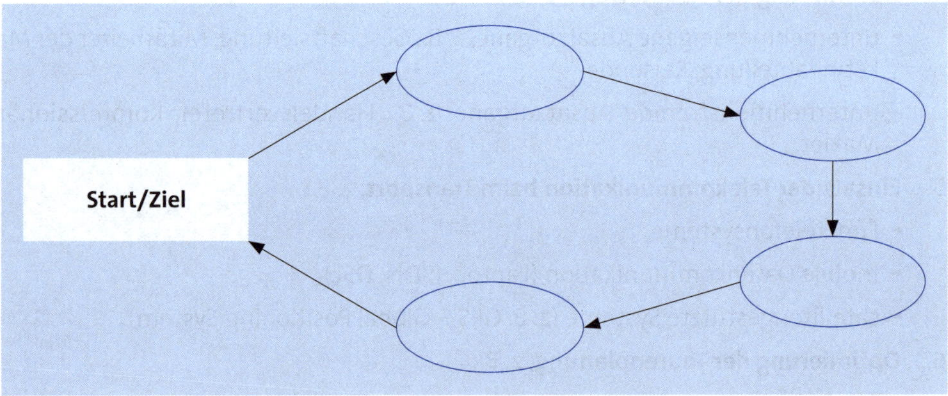

Wenn die Auslieferungsfahrzeuge nach einem Rundtrip wieder zurückkehren, dann spricht man von einem Milk Run. Bei diesem Konzept spielen die Tourenplanungen (Methoden des Operations Research) sowie Umweltaspekte eine große Rolle. Die Fahrzeuge können auf dem Rückweg z. B. Behälter oder bei Werkstätten zu entsorgende Teile mitnehmen.

- **Transshipment-Konzept:**

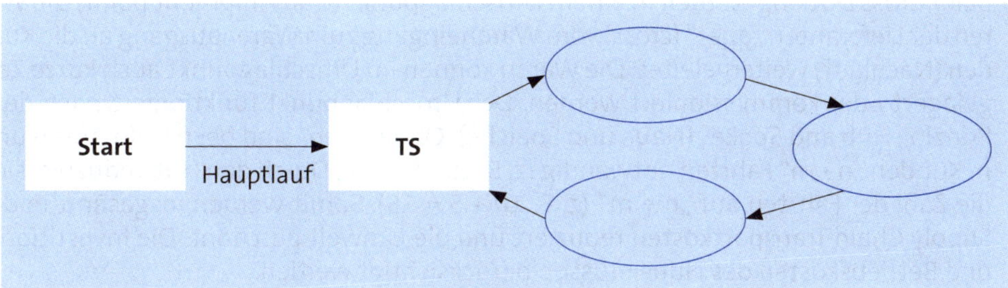

TS = Transshipment-Point (Umschlagpunkt)

Dem Transshipment-Point, der ein Netzknoten ist, geht ein Hauptlauf voraus, der dazu dient, die großen räumlichen Distanzen zu überwinden. Im Transshipment-Point erfolgt ein Umschlag der Waren, die dann in einem Nachlauf, der als Milk Run organisiert sein kann, beispielsweise an die Kunden (Filialen) verteilt werden. Bei den Nachlauf-Touren können die Kosten „der letzten Meile" (Stopps beim Kunden, Entladevorgänge, häufig City-Touren mit Ampelstopps, Leerkosten durch Teilentladungen usw.) entstehen.

- **Gebietsspediteursystem:**

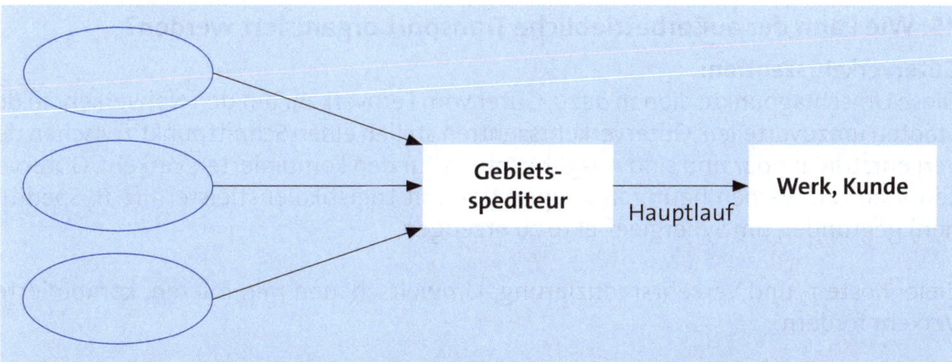

Durch die Komplexität der Produkte werden mehr Lieferanten benötigt. Aufgrund der individuellen Anforderungen werden die Losgrößen pro Lieferant geringer. Zudem kann die Zahl der Fahrten steigen, wenn vom Kunden **„sofortness"** gefordert wird. Der Gebietsspediteur sammelt im Rahmen eines Vorlaufes die Einzelsendungen der Lieferanten und führt den Hauptlauf mit hohen Auslastungen durch. Dadurch sinken die Transportkosten und die Umweltbelastung, wenn ein Vergleich insofern durchgeführt wird, dass jeder einzelne Lieferant mit möglicherweise geringer Auslastung das Werk oder den Kunden beliefert. Durch eine zentrale Disposition beim Gebietsspediteur können administrative Kosten reduziert werden. Das Gebietsspediteurkonzept ist dem Konzept des Sammelgutspediteurs sehr ähnlich, der eine entsprechende Fähigkeit zur Abwicklung der Speditionsaufgaben vorweisen sollte. Er sollte den Fernverkehr abwickeln können, eine entsprechende Liefertreue und IT aufweisen sowie über die adäquaten Einrichtungen zur Bedienung der Aufträge verfügen.

- **Cross Docking sowie „Hub and Spoke"**
  Beim Cross Docking werden in einem Umschlagpunkt (transshipment point) die Waren der Lieferanten „quer" (cross) vom Wareneingang zum Warenausgang an die Kunden (Nachlauf) weitergeleitet. Die Waren können im Umschlagpunkt auch kurze Zeit gelagert oder kommissioniert werden. Der Umschlagpunkt funktioniert nach dem Prinzip „Hub and Spoke" (Nabe und Speiche). Ohne „Hub" sind bei n Lieferanten und m Kunden „n • m" Fahrten notwendig (z. B. 10 • 5 = 50). Durch den Hub reduziert sich die Zahl der Fahrten auf „n + m" (z. B. 10 + 5 = 15). Somit werden insgesamt in der Supply Chain Transportkosten reduziert und die Umwelt geschont. Die Investitions- und Betriebskosten des Hubs müssen berücksichtigt werden.

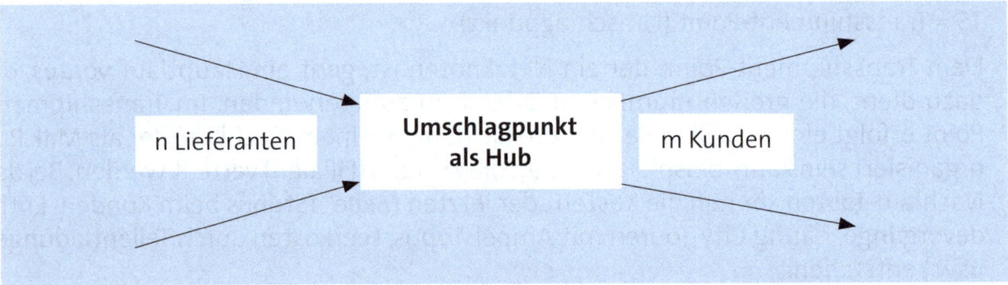

25. Wie kann der außerbetriebliche Transport organisiert werden?

Güterverkehrszentren:
Diese Umschlagpunkte dienen dazu, Güter vom Fernverkehr auf den Nahverkehr in den Städten umzuverteilen. Güterverkehrszentren stellen einen Schnittpunkt zwischen den Verkehrsträgern dar und sind Ausgangspunkt für den kombinierten Verkehr. Güterverkehrszentren werden häufig in Kooperation mit Logistikdienstleistern (z. B. Speditionen) gegründet, um Synergieeffekte zu erzeugen.

Ziele: Kosten- und Verkehrsreduzierung, Umweltschäden minimieren, kombinierten Verkehr fördern.

City-Logistik:
Kooperation verschiedener Logistikdienstleister, um Auslieferungstouren zu bündeln.

Ziele: Reduktion von Umweltschäden in den Städten, Verkehrsreduzierung, Kosten senken.

Einsatz der IT:
Informations- und Kommunikationssysteme (Bordcomputer im Lkw, Verbindung zur Leitzentrale) spielen eine zunehmende Rolle. Es können über den Bordcomputer die Fahrzeugdaten, Standort usw. festgestellt werden. Bei Störungen können anhand von Modellen Ausweichrouten und -pläne erstellt werden. Die Grundlage für die Steuerung stellt ein Supply Chain Modell dar.

Über Edifact (**E**lectronic **d**ata **i**nterchange **f**or **a**dministracion **C**ommerce and **T**ransport) können zwischen Spediteuren, Frachtführern und Empfängern Daten ausgetauscht werden.

Frachtbörsen:
Die Spediteure können im Rahmen von Frachtbörsen Daten austauschen. Es können Aufträge (online) ausgeschrieben werden, die ein Spediteur im Rahmen einer Rückfahrt und freien Kapazitäten nutzen kann.

Tourenplanung:
Einsatz von Software im Zusammenhang mit Operations Research Methoden, um die optimale Tour im Hinblick auf Transportkosten und Umwelt zu gestalten.

3.3.4 Verpackung

01. Welche Funktionen erfüllt die Verpackung?

Funktionen der Verpackung	
Technische Funktion[1]	Schutzleistung (Beschädigung, Schwund, Umwelteinflüsse, Schutz von Menschen/der Umwelt), Lager- und Transportleistung (z. B. normierte Abmessungen), kostengünstig
Absatzwirtschaftliche Funktion[2]	Information (Inhalt, Art, Unterscheidung), Kaufanreiz, Verwendung
Ökologische Funktion[3]	umweltverträglich, Mehrwegfunktion, Nachfüllpackungen, recyclefähig

Festlegung der Verpackung im Rahmen der Lieferbedingungen – Beispiele	
Konstruktion	Verpackungsart: Papier, Pappe, Metall usw.; Erfüllung bestimmter Funktionen: Schutz, Transport, Lagerfähigkeit, Wiederverwendung u. Ä.
Form	Größe, Proportionen, in Teilen, als Ganzes
Bestandteile	Zubehör, Gebrauchsanleitung
Kosten	Vereinbarung, wer die Kosten der Verpackung trägt (Schuldner oder Gläubiger).
Entsorgung	Vereinbarungen über Rücknahme, Rückvergütung, Kosten der Entsorgung usw.

02. Welcher Zusammenhang besteht zwischen dem Verpackungsgesetz und dem Kreislaufwirtschaftsgesetz?

Zwischen dem Kreislaufwirtschaftsgesetz und dem neuen Verpackungsgesetz (in Kraft seit 01.01.2019) besteht folgender Zusammenhang. Das Verpackungsgesetz (VerpackG) legt mit § 1 die Anforderungen an die Produktverantwortung nach § 23 Kreislaufwirtschaftsgesetz für Verpackungen fest. Das Ziel des VerpackG besteht darin, die Auswirkungen von Verpackungsabfällen auf die Umwelt zu vermeiden oder zu verrin-

[1] Verantwortlich für die transportsichere Verpackung ist der Absender. Er haftet für evtl. Schäden (§ 411 HGB).

[2] Die Verpackung ist ein Bestandteil der Lieferbedingungen.

[3] Die Verpackung kann aufgrund wertanalytischer Ergebnisse ökonomisch und ökologisch verbessert werden (Einsatz kostenreduzierter und umweltgerechter Verpackungen; Verbesserung der Wertschöpfung und Umweltschutz).

gern. Die Recyclingquoten sollen erhöht werden. Die Produktions- und Produktverantwortung liegt bei den Herstellern, zukünftige Abfälle durch das Produkt bereits bei der Entwicklung und Herstellung zu vermindern.

03. Welche Verpackungsbegriffe gibt es nach dem Verpackungsgesetz?

Das Verpackungsgesetz (VerpackG), das zum 01.01.2019 in Kraft getreten ist, ersetzt die bisherige Verpackungsverordnung. In § 3 VerpackG werden verschiedene Verpackungsbegriffe definiert.[1]

RECHTSGRUNDLAGEN

(1) **Verpackungen** sind aus beliebigen Materialien hergestellte Erzeugnisse zur Aufnahme, zum Schutz, zur Handhabung, zur Lieferung oder zur Darbietung von Waren, die vom Rohstoff bis zum Verarbeitungserzeugnis reichen können, vom Hersteller an den Vertreiber oder Endverbraucher weitergegeben werden und

1. typischerweise dem Endverbraucher als Verkaufseinheit aus Ware und Verpackung angeboten werden (**Verkaufsverpackungen**); als Verkaufsverpackungen gelten auch Verpackungen, die erst beim Letztvertreiber befüllt werden, um
   a) die Übergabe von Waren an den Endverbraucher zu ermöglichen oder zu unterstützen (**Serviceverpackungen**) oder
   b) den Versand von Waren an den Endverbraucher zu ermöglichen oder zu unterstützen (**Versandverpackungen**),
2. eine bestimmte Anzahl von Verkaufseinheiten nach Nummer 1 enthalten und typischerweise dem Endverbraucher zusammen mit den Verkaufseinheiten angeboten werden oder zur Bestückung der Verkaufsregale dienen (**Umverpackungen**) oder
3. die Handhabung und den Transport von Waren in einer Weise erleichtern, dass deren direkte Berührung sowie Transportschäden vermieden werden, und typischerweise nicht zur Weitergabe an den Endverbraucher bestimmt sind (**Transportverpackungen**); Container für den Straßen-, Schienen-, Schiffs- oder Lufttransport sind keine Transportverpackungen.

04. Welche wesentlichen Elemente beinhaltet das Verpackungsgesetz?

Das neue Verpackungsgesetz (seit 01.01.2019) ersetzt die bisherige Verpackungsordnung. Ausgewählte wesentliche Elemente sind:[2]

---

[1] Quelle: *VerpackG - Gesetz über das Inverkehrbringen, die Rücknahme und die hochwertige Verwertung von Verpackungen, https://www.gesetze-im-internet.de/verpackg/BJNR223410017.html,* Abrufdatum 01.12.2020.

[2] Quelle: *Deutscher Bundestag – Wissenschaftliche Dienste, Sachstand – Neuregelungen durch das Verpackungsgesetz gegenüber der Verpackungsverordnung, 2018,* Abrufdatum 01.12.2020.

- § 3 Abs. 8 VerpackG: *„**Systembeteiligungspflichtige Verpackungen** sind mit Ware befüllte Verkaufs- und Umverpackungen, die nach Gebrauch typischerweise beim privaten Endverbraucher als Abfall anfallen.“*
- *„**Hersteller** ist derjenige Vertreiber, der Verpackungen erstmals gewerbsmäßig in Verkehr bringt. Als Hersteller gilt auch derjenige, der Verpackungen gewerbsmäßig in den Geltungsbereich dieses Gesetzes einführt.“* (§ 3 Abs. 14 VerpackG)
- § 9 VerpackG: Hersteller müssen sich vor dem Inverkehrbringen von Verpackungen bei der **Zentralen Stelle** registrieren.
- Die „Stiftung Zentrale Stelle Verpackungsregister“ mit Sitz in Osnabrück wurde von Hersteller, Vertreibern sowie Interessensverbänden gegründet. Die Zentrale Stelle wird durch das Umweltbundesamt fachlich beaufsichtigt.
- § 10 VerpackG: Die Hersteller müssen an die Zentralstelle **Daten** (z. B. Materialart und Masse der beteiligten Verpackungen) im Rahmen einer „Systembeteiligung“ **melden**.
- Was ist ein System nach dem VerpackG? Ein **System** ist „eine privatrechtliche organisierte juristische Person oder Personengesellschaft“, die in Verbindung mit § 18 VerpackG die Kapazitäten hat, Sammel-, Sortier- und Verwertungsaktivitäten durchzuführen.

  Es gibt derzeit ca. zehn derartige Systeme. **Bekannte Systemanbieter** sind: „Der Grüne Punkt – Duales System Deutschland GmbH“ oder z. B. Landbell AG.
- § 7 VerpackG: *„Hersteller von systembeteiligungspflichtigen Verpackungen haben sich mit diesen Verpackungen zur Gewährleistung der flächendeckenden Rücknahme an einem oder mehreren Systemen zu beteiligen. Dabei haben sie **Materialart und Masse** [...] anzugeben.“*
- § 16 VerpackG: Für Papier, Glas, Metalle, Kunststoffe usw. werden mit Zeitzielen **zunehmende Recyclingquoten** festgelegt.
- § 21 VerpackG: Bei der Bemessung der Beteiligungsentgelte werden **ökologische Kriterien** eingesetzt, um die Hersteller zu impulsieren, Verpackungsmaterialien zu verwenden, die **hohe Recyclinganteile** beinhalten.
- **Ausweitung der Pfandpflicht** (§ 31 VerpackG) sowie **Hinweispflicht für Handel** bei Einweg- und Mehrwegverpackungen (§ 32 VerpackG)

Erstes Gesetz zur Änderung des Verpackungsgesetze

Der Deutsche Bundestag hat am 26.11.2020 dem Verbot von leichten Plastiktüten (Kunststofftragetaschen mit und ohne Tragegriff von 15 bis 50 Mikrometer Wandstärke) zugestimmt. Hierfür wird der § 5 des Verpackungsgesetzes geändert. Kunststofftragetaschen mit weniger als 15 Mikrometer Wandstärke sind nicht verboten (z. B. dünne Plastikbeutel für Gemüse oder Fleisch).

Durch dieses Verbot wird eine ineffiziente Ressourcennutzung, eine Umweltbelastung in der Landschaft und den Gewässern durch die Plastiktüten vermieden. Die Vermeidung der Plastiktüten ist auch im Sinne des Kreislaufwirtschaftsgesetzes, da Vermeidung Vorrang vor allen anderen Maßnahmen der Abfallbewirtschaftung hat.[1]

---

[1] Vgl. *Gesetzentwurf der Bundesregierung, Entwurf eines Ersten Gesetzes zur Änderung des Verpackungsgesetzes, Drucksache 19/16503, https://dip21.bundestag.de/dip21/btd/19/165/1916503.pdf sowie vgl. https://www.bundestag.de/dokumente/textarchiv/2020/kw48-de-verpackungsgesetz-807758,* Abrufdatum 01.12.2020.

05. Welche Anforderungen bestehen für Verpackungen nach dem Produktsicherheitsgesetz (ProdSG)?

RECHTSGRUNDLAGEN

§ 3 Allgemeine Anforderungen an die Bereitstellung von Produkten auf dem Markt
(1) Soweit ein Produkt einer oder mehreren Rechtsverordnungen nach § 8 Absatz 1 unterliegt, darf es nur auf dem Markt bereitgestellt werden, wenn es

1. die darin vorgesehenen Anforderungen erfüllt und
2. die Sicherheit und Gesundheit von Personen oder sonstige in den Rechtsverordnungen nach § 8 Absatz 1 aufgeführte Rechtsgüter bei bestimmungsgemäßer oder vorhersehbarer Verwendung nicht gefährdet.

(2) Ein Produkt darf, soweit es nicht Absatz 1 unterliegt, nur auf dem Markt bereitgestellt werden, wenn es bei bestimmungsgemäßer oder vorhersehbarer Verwendung die Sicherheit und Gesundheit von Personen nicht gefährdet. Bei der Beurteilung, ob ein Produkt der Anforderung nach Satz 1 entspricht, sind insbesondere zu berücksichtigen:

1. die Eigenschaften des Produkts einschließlich seiner Zusammensetzung, seine **Verpackung** [Hervorhebung durch Verfasser], die Anleitungen für seinen Zusammenbau, die Installation, die Wartung und die Gebrauchsdauer.

§ 6 Zusätzliche Anforderungen an die Bereitstellung von Verbraucherprodukten auf dem Markt
(1) Der Hersteller, sein Bevollmächtigter und der Einführer haben jeweils im Rahmen ihrer Geschäftstätigkeit bei der Bereitstellung eines Verbraucherprodukts auf dem Markt

1. sicherzustellen, dass der Verwender die Informationen erhält, die er benötigt, um die Risiken, die mit dem Verbraucherprodukt während der üblichen oder vernünftigerweise vorhersehbaren Gebrauchsdauer verbunden sind und die ohne entsprechende Hinweise nicht unmittelbar erkennbar sind, beurteilen und sich gegen sie schützen zu können,
2. den Namen und die Kontaktanschrift des Herstellers oder, sofern dieser nicht im Europäischen Wirtschaftsraum ansässig ist, den Namen und die Kontaktanschrift des Bevollmächtigten oder des Einführers anzubringen,
3. eindeutige Kennzeichnungen zur Identifikation des Verbraucherprodukts anzubringen.

Die Angaben nach Satz 1 Nummer 2 und 3 sind auf dem Verbraucherprodukt oder, wenn dies nicht möglich ist, auf dessen **Verpackung** [Hervorhebung durch Verfasser] anzubringen. Ausnahmen von den Verpflichtungen nach Satz 1 Nummer 2 und 3 sind zulässig, wenn es vertretbar ist, diese Angaben wegzulassen, insbesondere weil sie dem Verwender bereits bekannt sind oder weil es mit einem unverhältnismäßigen Aufwand verbunden wäre, sie anzubringen.

06. Welche Rolle spielen das Duale System und die Zentrale Stelle?

Als 1991 die Verpackungsverordnung (VerpackV) eingeführt wurde, mussten die Hersteller und Vertreiber (Erstinverkehrbringer) von Verpackungen im Rahmen der Produktverantwortung eine Rücknahme- und Verwertungspflicht übernehmen. Zur öffentlichen Abfallentsorgung der Kommunen wurde ein zweites privates Entsorgungssystem (daher duales System) für Verkaufsverpackungen eingeführt. Es wurde die Gesellschaft „Duales System Deutschland – der grüne Punkt" gegründet, das Sammel-, Sortier- und Recyclingaufgaben übernahm. Im Laufe der Jahre kamen weitere Anbieter von dualen Systemen hinzu. Inzwischen gibt es ca. zehn Anbieter.

Durch das neue Verpackungsgesetz (seit 01.01.2019) sind die Anbieter der dualen Systeme bei der „Zentralen Stelle" auch für Umverpackungen und Versandverpackungen meldepflichtig. Die Erstinverkehrbringer müssen sich mit einem Systembeteiligungsvertrag im Verpackungsregister (Name: LUCID) der Stiftung Zentrale Verpackungsregister Stelle (ZSVR) registrieren. Ob die Verpackungen der Hersteller oder Händler systembeteiligungspflichtig sind, kann unter *www.verpackungsregister.org* in einem Katalog zur Systembeteiligungspflicht recherchiert werden. Durch die Zentrale Stelle Verpackungsregister soll eine „transparente und faire Verteilung der Entsorgungskosten im Markt" realisiert werden. [1]

Das Ziel besteht darin, die Recyclingquoten zu erhöhen und die Entgelte für die dualen Systeme mehr an ökologischen Kriterien auszurichten.

07. Was ist eine Pendelverpackung?

Eine Pendelverpackung ist eine Mehrwegverpackung. Durch ein Anreizsystem (Pfand, Gelderstattung, kostenlose Rücknahme, Übernahme der Transportkosten) wird der Abnehmer bewogen, die Verpackung an den Lieferanten zurückzugeben. Beispiele hierfür sind Euro-Paletten, Pfandflaschen, Tonerkassetten.

08. Welche Anforderungen werden an das Behältersystem gestellt?

Behältersysteme, die für den Transport oder in der Fertigung verwendet werden, müssen mehreren Anforderungen entsprechen.

Das Behältersystem muss

- der Qualität und den Eigenschaften des aufzunehmenden Materials entsprechen
- identifizierbar bzw. unterscheidbar sein
- ihrer Dimension entsprechend hohe Tragfähigkeit besitzen
- mit den üblichen Transportmitteln oder manuell transportierbar sein

---

[1] Quellen: *Deutscher Bundestag – Wissenschaftliche Dienste, Sachstand – Neuregelungen durch das Verpackungsgesetz gegenüber der Verpackungsverordnung, 2018; www.verpackungsregister.org,* Abrufdatum 01.12.2020.

- handhabbar sein
- stapelbar sein mit der Möglichkeit, Transporteinheiten (Gebinde) zu bilden
- die Erfüllung von rechtlichen Bestimmungen und Vorschriften gewährleisten
- standardisiert und als Behältersystem verfügbar sein.

Beispiele

Behältersystem

KLT (Kleinladungsträger)

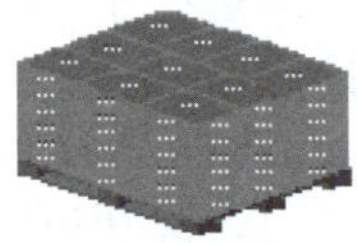

KLT-Gebinde auf Europalette

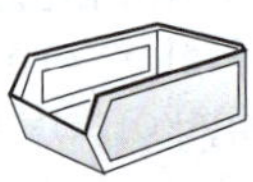

Greifbehälter

Euro-Gitterboxpalette

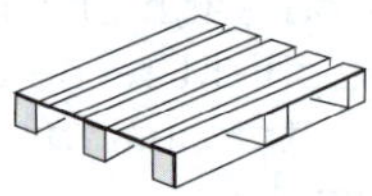

Europalette (Holz)

09. Welche Zielsetzung hat das EUL-Konzept?

EUL (**E**fficient **U**nit **L**oads) ist ein System zur effizienten Gestaltung logistischer Einheiten. Das System ist dann effizient, wenn alle Komponenten entlang der Transportkette so aufeinander abgestimmt sind, dass die Ziele der Transportlogistik bestmöglichst erreicht werden können. Die Komponenten der **Transportkette** sind:

Effiziente Gestaltung der

- Verpackung
- Transportträger (z. B. Paletten, Regale, Behälter, Container)
- Lkw-Ladeflächen, Frachtdimensionen der sonstigen Verkehrsträger (Flugzeug, Schiene, Schifffahrt)
- Laderampen
- Wareneingangs- und -ausgangstore
- innerbetriebliche Fördermittel (z. B. Transportbänder, Flurförderfahrzeuge)
- der Warenumschlags- und Lagereinrichtung.

Durch die Einführung des EUL-Konzepts können die Logistikkosten deutlich gesenkt werden.

3.3.5 Warenausgang

01. Welche Arbeiten werden gewöhnlicherweise im Warenausgang ausgeführt?

Der Warenausgang (vielfach auch: Versand) beginnt mit der Abförderung des Lagergutes aus den Regalen und endet mit der Bereitstellung für die Auslieferung. Der Warenausgang ist damit die Schnittstelle zwischen dem Betrieb des Käufers und dem des Abnehmers.

Beispiel

Die Mitarbeiter des Warenausgangs lagern fertig produzierte Fenster im Versandlager ein, stimmen den Auslieferungstermin mit dem Kunden und der Objektmontage ab und sorgen für die organisatorische Abwicklung des Versandes über Spediteure.

Zu den typischen Aufgaben des Warenausgangs gehören:

- Identifikation und Prüfung auf Vollständigkeit der Waren mit dem Kundenauftrag
- Vergabe eines Abstellplatzes für die Kundenkommission und Organisieren der Versandabwicklung
- Auswahl der Versandart
- Erstellen der Ladelisten, Versandpapiere und Etiketten
- Vergabe des Speditionsauftrages
- Ermittlung der Frachtkosten
- Zusammenarbeit mit den Zollbehörden
- Verladung und Übergabe an Transportdienstleister (vgl. → A 3.).

Die administrativen Aufgaben werden in der Praxis häufig von der Auftragsabwicklung oder anderen Abteilungen erledigt und die Mitarbeiter im Warenausgang sind lediglich für das physische Warenhandling zuständig.

02. Welche Bestimmungen enthält die Abgabenordnung (AO) zum Wareneingang und -ausgang?

Die steuerrechtlichen Buchführungsvorschriften ergeben sich aus den §§ 140 ff. AO (Abgabenordnung). Im Wesentlichen sind dies:

- § 143 Aufzeichnung des Wareneingangs
- § 144 Aufzeichnung des Warenausgangs.

3.3.6 Verladung

01. Welche Bedeutung hat die Ladungssicherung?

In den letzten Jahren sind Verbesserungen bei der Ladungssicherung erkennbar: erweiterte Ausstattung der Fahrzeuge, Einsatz von Spezialfahrzeugen für bestimmte Ladegüter, Hilfsmitteln zur Ladungssicherung, z. B. textile Zurrgurte. Weiterhin ist ein verstärktes Sicherheitsbewusstsein der für den schadensfreien Transport Verantwortlichen erkennbar. Trotzdem berichten nach wie vor die Medien täglich über schwere Unfälle, die auf ungenügende oder gar fehlende Ladungssicherung zurückzuführen sind:

- Fahrer beim Bremsen von eigener Ladung im Führerhaus zerquetscht.
- Ladung verrutschte – Umkippender Anhänger begrub Pkw.
- Pkw verlor Couch auf BAB – Massenkarambolage.
- In der Kurve vom Lkw gerollt – Kabeltrommel erschlug Radfahrer.
- Tod lauerte hinter Lkw-Bordwand – Zwei Entladearbeiter erschlagen.

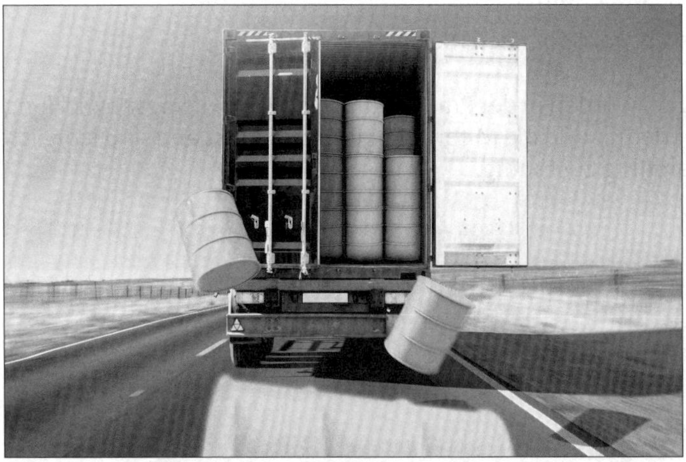

Quelle: © *lassedesignen – stock.adobe.com*

02. Wer ist für die Ladungssicherung verantwortlich?

Verantwortlich für eine sachgemäße Ladungssicherung ist jeder, der an der Verladung und der Beförderung beteiligt ist. Also nicht nur der **Fahrzeugführer**, sondern auch der **Verlader** (z. B. Staplerfahrer = Erfüllungsgehilfe des Absenders), der **Absender (und seine Erfüllungsgehilfen)**, der **Fahrzeughalter** und der Arbeitgeber/**Unternehmer**.

03. Welche Pflichten hat der Fahrzeugführer bezüglich der Ladungssicherung?

Der Fahrzeugführer (= Erfüllungsgehilfe des Frachtführers) hat u. a. zu beachten:

- **Vor Fahrtantritt:**
  - Kontrolle der Lastverteilung
  - Kontrolle auf Überladung
  - Kontrolle der Ladungssicherung
- **Während der Fahrt:**
  - Fahrverhalten unter Beachtung der Ladung
  - Nachkontrolle, gegebenenfalls Nachbesserung der Ladungssicherung
  - Geschwindigkeit
  - Witterungsverhältnisse
- **Bei Gefahrgut:**
  - Kein Versandstück befördern, dessen Verpackung beschädigt oder undicht ist.
  - Bei Tankfahrzeugen, Aufsetztanks und Batteriefahrzeugen: Füllungsgrad beachten.

Weitere Informationen enthält die BGI 649 „Ladungssicherung auf Fahrzeugen“.

Quelle: © *GM Photography – stock.adobe.com*

04. Welche Grundregeln zur Ladungssicherung sind zu beachten?

Folgende Grundregeln sind zu beachten:

- Das Fahrzeug muss für das Ladegut geeignet sein, d.h. die durch die Ladung auftretenden Kräfte müssen durch Aufbau und Ausrüstung des Fahrzeuges aufgenommen werden können.
- Die Ladung ist auf der Ladefläche so zu platzieren, dass der Ladungsschwerpunkt möglichst auf der Längsmittellinie des Fahrzeuges liegt und so niedrig wie möglich gehalten wird (Lastverteilungsplan).
- Beim Beladen und beim Transport dürfen das zulässige Gesamtgewicht bzw. die zulässigen Achslasten nicht überschritten werden. Die Mindestachslast der Lenkachse darf nicht unterschritten werden. Sonst ist das Lenkverhalten des Fahrzeuges stark beeinträchtigt. Teilladungen sind so zu verteilen, dass alle Achsen anteilig belastet werden.
- Die Ladung ist so zu verstauen oder durch geeignete Hilfsmittel zu sichern, dass sie unter üblichen Verkehrsbedingungen nicht verrutschen, verrollen, umfallen, herabfallen oder ein Kippen des Fahrzeuges verursachen kann. Zu den üblichen Verkehrsbedingungen gehören Vollbremsungen, scharfe Ausweichmanöver oder Unebenheiten der Fahrbahn. Hilfsmittel sind z. B. rutschhemmende Unterlagen, Zurrgurte und -ketten, Klemmbalken, Schutzkissen, Netze, Kantenschoner u. v. m.
- Die Fahrgeschwindigkeit ist je nach Ladegut auf die Straßen- und Verkehrsverhältnisse sowie auf Fahreigenschaften des Fahrzeuges abzustimmen.
- Beim Einsatz von Gurten und Ketten sind grundsätzlich die vorhandenen Zurrpunkte zu verwenden.

Quelle: *Ladung sichern – aber richtig; Info des Freistaates Sachsen*

05. Welche Rechtsgrundlagen, Richtlinien, Normen und Informationen sind bei der Ladungssicherung zu beachten?

Die Ladungssicherung ist je nach Branche, Transportmittel (z. B. Krane, Flurförderfahrzeuge, Fahrzeuge usw.) mit spezifischen Details geregelt. Weiterführende Informationen sind auf der Internetseite der BG Verkehr abrufbar.[1]

Beispielhaft soll nachfolgende Tabelle[2] die verschiedenen Vorschriften und Regeln für die Ladungssicherung auf Fahrzeugen der Bauwirtschaft aufzeigen.

---

[1] *https://www.bg-verkehr.de/arbeitssicherheit-gesundheit/branchen/gueterkraftverkehr/laden-und-sichern,* Abrufdatum 01.11.2020.

[2] Quelle: *Berufsgenossenschaft der Bauwirtschaft, Ladungssicherung auf Fahrzeugen der Bauwirtschaft, 2016,* Abrufdatum 01.11.2020.

Die wichtigsten Vorschriften und Regeln für die Ladungssicherung auf Fahrzeugen der Bauwirtschaft	
BGV A 1	Grundsätze der Prävention
BGV D 29	Fahrzeuge
DGUV Vorschrift 70	
BGI 649	Ladungssicherung auf Fahrzeugen
DGUV Information 214-003	
StVO	Straßenverkehrs-Ordnung
StVZO	Straßenverkehrs-Zulassungs-Ordnung
VDI 2700 ff.	Ladungssicherung auf Straßenfahrzeugen
DIN 75410 Teil 1 - 3	Ladungssicherung auf Straßenfahrzeugen
DIN ISO 27956:2011	Ladungssicherung in Lieferwagen (Kastenwagen)
DIN EN 12195-1	Berechnung von Zurrkräften
DIN EN 12195-2	Zurrgurte aus Chemiefasern
DIN EN 12195-3	Zurrketten
DIN EN 12195-4	Zurrdrahtseile
DIN EN 12640	Zurrpunkte an Nutzfahrzeugen zur Güterbeförderung > 3,5 t zGM
DIN EN 12642	Aufbauten an Nutzfahrzeugen > 3,5 t zGM

3.3.7 Entsorgungslogistik >> 3.5.4

01. Welche Aufgabe hat die Entsorgungslogistik?

Die Entsorgungslogistik (auch: Retrologistik, Reverselogistik) befasst sich mit der Planung, Steuerung und Kontrolle der Reststoffströme sowie der Retouren einschließlich der dazugehörigen Informationsflüsse.

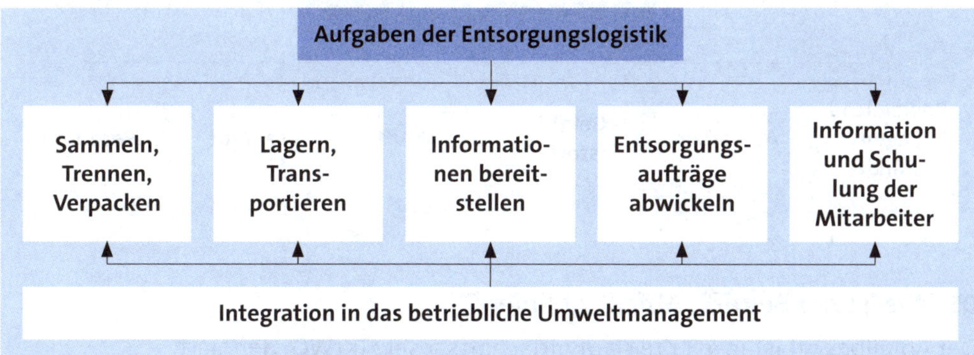

02. Welche Ziele hat die Entsorgungslogistik?

Die Entsorgungslogistik hat sowohl **ökonomische als auch ökologische Ziele**. Ökonomische Ziele sind beispielsweise die Reduzierung von Logistikkosten. Ökologische Ziele setzen sich zusammen aus der Schonung der natürlichen Ressourcen und der Minimierung der Emissionen im Rahmen entsorgungslogistischer Prozesse.

Sowohl Zielsetzungen als auch Aufgaben der Entsorgungslogistik werden durch gesetzliche Bestimmungen definiert. Vor allem im Bezug auf die Reihenfolge der Rückstandsbehandlung gibt es eine Fülle von gesetzlichen Vorschriften.

03. Warum hat die Entsorgungslogistik an Bedeutung zugenommen?

Für die ansteigende Bedeutung der Entsorgungslogistik sowie der Abfallwirtschaft (als Teilelement) lassen sich folgende Ursachen nennen:

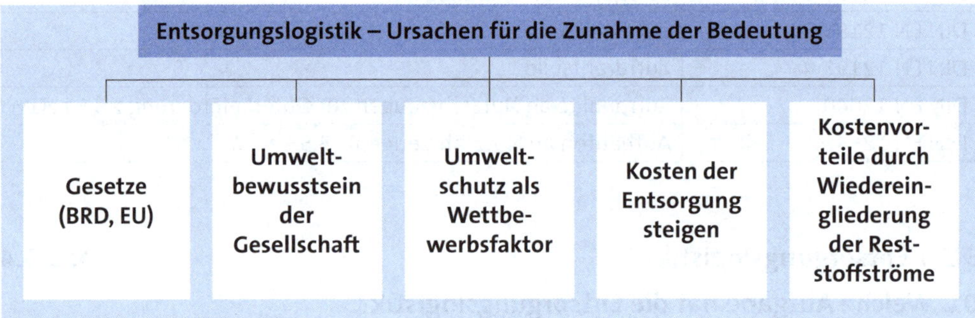

04. Mit welchen Objekten befasst sich die Entsorgungslogistik?

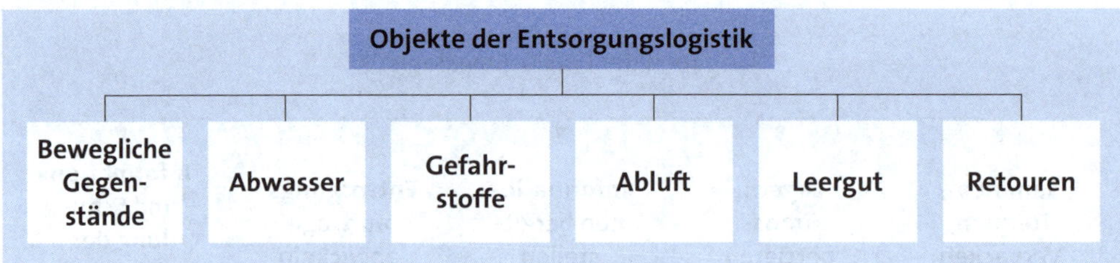

05. Wie ist der Begriff „Abfall“ definiert?

Der Abfallbegriff ist in § 3 Kreislaufwirtschaftsgesetz (KrWG) definiert.

RECHTSGRUNDLAGEN

§ 3 KrWG

(1) Abfälle im Sinne dieses Gesetzes sind alle Stoffe oder Gegenstände, derer sich ihr Besitzer entledigt, entledigen will oder entledigen muss. Abfälle zur Verwertung sind Abfälle, die verwertet werden; Abfälle, die nicht verwertet werden, sind Abfälle zur Beseitigung.

(2) Eine Entledigung im Sinne des Absatzes 1 ist anzunehmen, wenn der Besitzer Stoffe oder Gegenstände einer Verwertung im Sinne der Anlage 2 oder einer Beseitigung im Sinne der Anlage 1 zuführt oder die tatsächliche Sachherrschaft über sie unter Wegfall jeder weiteren Zweckbestimmung aufgibt.

(3) Der Wille zur Entledigung im Sinne des Absatzes 1 ist hinsichtlich solcher Stoffe oder Gegenstände anzunehmen,

1. die bei der Energieumwandlung, Herstellung, Behandlung oder Nutzung von Stoffen oder Erzeugnissen oder bei Dienstleistungen anfallen, ohne dass der Zweck der jeweiligen Handlung hierauf gerichtet ist, oder
2. deren ursprüngliche Zweckbestimmung entfällt oder aufgegeben wird, ohne dass ein neuer Verwendungszweck unmittelbar an deren Stelle tritt.

Für die Beurteilung der Zweckbestimmung ist die Auffassung des Erzeugers oder Besitzers unter Berücksichtigung der Verkehrsanschauung zugrunde zu legen.

06. Was versteht man unter Abfallvermeidung?

Gemäß § 3 Abs. 20 KrWG wird unter „Vermeidung“ diejenige Aktivität verstanden, um einen Stoff, Material oder Erzeugnis nicht zu Abfall werden zu lassen. Zudem sollen Handlungen eingeleitet werden, um die Abfallmenge zu reduzieren.

RECHTSGRUNDLAGEN

§ 3 Abs. 20 KrWG

(20) Vermeidung im Sinne dieses Gesetzes ist jede Maßnahme, die ergriffen wird, bevor ein Stoff, Material oder Erzeugnis zu Abfall geworden ist, und dazu dient, die Abfallmenge, die schädlichen Auswirkungen des Abfalls auf Mensch und Umwelt oder den Gehalt an schädlichen Stoffen in Materialien und Erzeugnissen zu verringern. Hierzu zählen insbesondere

- die anlageninterne Kreislaufführung von Stoffen,
- die abfallarme Produktgestaltung,
- die Wiederverwendung von Erzeugnissen oder die Verlängerung ihrer Lebensdauer sowie ein Konsumverhalten, das auf den Erwerb von abfall- und schadstoffarmen Produkten sowie die Nutzung von Mehrwegverpackungen gerichtet ist.

07. Welche Vermeidungsstrategien für Abfälle gibt es?

Ereignis	Vermeidungsstrategie
Ausschuss	► Schulung der Mitarbeiter ► Aufstellen von Regeln und Frühwarnsystemen ► Instandhaltung von Maschinen
Verpackungsmaterial	Design und Konstruktion des Produkts unter Berücksichtigung der Verpackung (raumsparend); Mehrwegverpackungen integrieren
Veraltete Roh- und Hilfsstoffe	Optimierung der Bestellmenge und des Lagerbestandes
Unfertige und fertige Erzeugnisse, die nicht mehr absetzbar sind.	Stärkere Vernetzung der Produktion mit dem Absatzbereich und höhere Anpassung bei Nachfrageschwankungen
Abfälle	Effiziente Verfahren (neuester „Stand der Technik") einsetzen, um die Abfälle so gering wie möglich zu halten, und um möglichst hohe Wiederverwertbarkeit zu erreichen.
Produkte	Lebensdauer erhöhen, Einkauf von abfall- und schadstoffarmen Erzeugnissen, Wiederverwendbarkeit von Produkten

08. Welche Rolle spielt die Produktverantwortung bei der Abfallverminderung?

Gemäß § 23 KrWG („Produktverantwortung") sind Erzeugnisse bei ihrer Herstellung und ihrem Gebrauch darauf auszurichten, dass Abfälle vermindert werden. Im Rahmen des § 23 KrWG beinhaltet die Produktverantwortung die Entwicklung und Produktion von Erzeugnissen, die langlebig und mehrfach verwendbar sind. Darüber hinaus sind Sekundärrohstoffe oder verwertbare Abfälle vorrangig bei der Herstellung von Erzeugnissen einzusetzen.

Das Kreislaufwirtschaftsgesetz wurde aufgrund Artikel 1 des „Gesetzes zur Umsetzung der Abfallrahmenrichtlinie der Europäischen Union"[1] novelliert. Am 29.10.2020 traten die Änderungen des Kreislaufwirtschaftsgesetzes in Kraft. Dabei wurde auch der § 23 (Produktverantwortung) in der neuen Fassung detaillierter gegenüber der alten Fassung gestaltet. Neue Aspekte bei § 23 KrWG sind z. B.:[2]

- Beim Vertrieb der Erzeugnisse soll die Gebrauchstauglichkeit erhalten bleiben und diese nicht zu Abfall werden.
- Bei der Entwicklung, Herstellung und beim Inverkehrbringen von Erzeugnissen ist auf die **Ressourceneffizienz, mehrfache Verwendbarkeit, technische Langlebigkeit und Reparierbarkeit** zu achten.

---

[1] Quelle: *https://www.bgbl.de/xaver/bgbl/start.xav?startbk=Bundesanzeiger_BGBl&start=//*[@attr_id=%27bgbl120s2232.pdf%27]#__bgbl__%2F%2F*%5B%40attr_id%3D%27bgbl120s2232.pdf%27%5D__1604758217250*, Abrufdatum 07.11.2020.

[2] Vgl. *https://www.buzer.de/gesetz/10089/al112481-0.htm*, Abrufdatum 07.11.20.20.

- Die Herstellung von Erzeugnissen soll durch den vorrangigen Einsatz von verwertbaren Abfällen oder sekundären Rohstoffen, insbesondere durch **Rezyklate** (z. B. Kunststoffe, die recycelt wurden) realisiert werden.
- **sparsamer** Einsatz von kritischen Rohstoffen
- Die **Wiederverwendung** von Erzeugnissen, insbesondere die Unterstützung von Systemen zur Wiederverwendung und Reparatur soll gestärkt werden.
- Senkung des Gehalts an gefährlichen Stoffen
- Information und Beratung der Öffentlichkeit über Möglichkeiten der Vermeidung, Verwertung und Beseitigung von Abfällen
- Für die vertriebenen Erzeugnisse gilt eine **Obhutspflicht**, auch für die Rücknahme oder Rückgabe; es soll die Gebrauchstauglichkeit der Erzeugnisse erhalten bleiben und es ist dafür zu sorgen, dass die Erzeugnisse nicht zu Abfall werden.

Die Obhutspflicht wurde in die Produktverantwortung aufgenommen, weil in der Wirtschaftspraxis z. B. Online-Händler die Retouren den Abfällen zuordnen anstatt sie als B-Ware zu verkaufen oder an Organisationen, die Unterstützung brauchen, zu spenden.

09. Was versteht man unter Recycling?

Unter Recycling wird der Prozess der Wiederverwertung und -verwendung von in Produktionsrückständen, Produkten und Altstoffen gebundenen natürlichen Ressourcen in der Güterproduktion verstanden. Das Recycling stellt die am weitesten verbreitete Form der Umweltentlastung durch die Unternehmen dar. Ein als Kreislaufprozess verstandenes Recycling soll eine möglichst weitgehende Rückgewinnung der bei der Produktion eingesetzten natürlichen Ressourcen ermöglichen und damit die Neuzufuhr von Energie und Rohstoffen minimieren.

Formen des Recycling		
Verwertung	**Wieder-verwertung**	Abfallstoffe werden in ihre Bestandteile zerlegt und dem gleichen Rohstoffkreislauf zugeführt, z. B. Altpapier zur Papierherstellung, Autoschrott zur Eisen- und Stahlherstellung.
	Weiter-verwertung	Abfallstoffe werden einem anderen als dem ursprünglichen Rohstoffkreislauf zugeführt, z. B. Verbrennung von Abfallstoffen und Energiegewinnung.
Verwendung	**Wieder-verwendung**	Produkte werden für den gleichen Zweck erneut verwendet; ggf. ist eine Vorbehandlung erforderlich, z. B. Glasflaschen, runderneuerte Autoreifen.
	Weiter-verwendung	Abfallstoffe werden einem anderen Gebrauch zugeführt, z. B. Kunststoffabfälle zur Verwendung als Wärmeisolierung oder Baustoff.

10. Erläutern Sie verschiedene Recyclingarten.

Recyclingarten	Erläuterung
Papierrecycling	Altpapier wird gesammelt und zu neuem Papier verarbeitet.
Glasrecycling	Glas wird in Containern gesammelt und eingeschmolzen. Dadurch können neue Glasprodukte erzeugt werden.
Kupferrecycling	Kupfer wird gesammelt und eingeschmolzen. Das Kupfer kann für neue Verwendungen eingesetzt werden.
Handwerkliches Recycling	Autoreifen werden zu Schuhen verarbeitet. Bei Computern werden kleinere Defekte behoben und voll funktionsfähig am Markt angeboten.

11. Zeigen Sie Vor- und Nachteile der gemischten und getrennten Sammlung auf.

	Gemischte Sammlung	Getrennte Sammlung
Vorteile	geringe Zahl von Containern und somit niedrige Kosten	Sortieraufwand im Lager entfällt, Einsparung von Prozesskosten durch Vorsortierung
Nachteile	zusätzlicher Sortieraufwand im Lager und dadurch zusätzliche Kosten	Mehrere Behälter werden benötigt; hohe Kosten (evtl. auch Leerkosten), hoher Platzbedarf

3.4 Aspekte der Rationalisierung

3.4.1 Optimierung des Produkt-Portfolios

01. Wie ist der Ansatz bei der Portfolio-Analyse? >> 4.1.4/Frage 04.

Die Portfolio-Analyse (auch: BCG-Matrix; **B**oston-**C**onsulting-**G**roup; 4-Felder-Matrix) ist eine Marktwachstum-Marktanteils-Matrix:

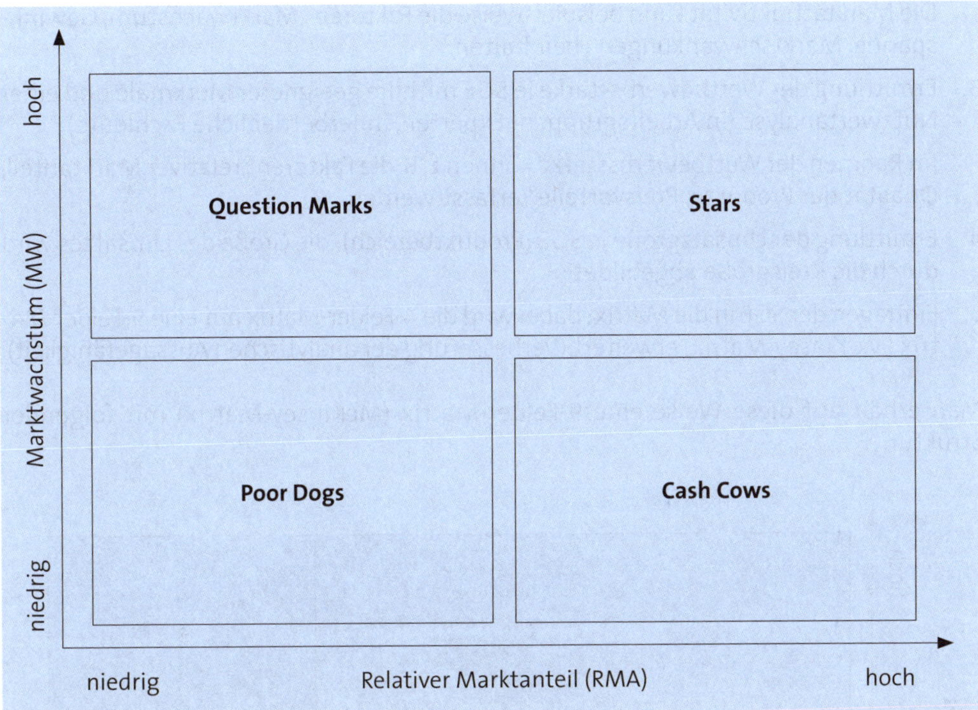

- Auf der Ordinate (y-Achse) wird das **Marktwachstum** (MW) des relevanten Marktes in Prozent abgetragen – mit der Skalierung „niedrig/hoch“. Ein Wert von 10 % und mehr wird als „hoch“ angesehen.
- Die Abszisse (x-Achse) erfasst den **relativen Marktanteil** (RMA) der SGEs im Verhältnis zum größten Wettbewerber – mit der Skalierung „niedrig/hoch“.
- Es entsteht eine 4-Felder-Matrix, die vier Typen von SGEs (Strategische Geschäftseinheiten) ausweist.

  Beachten Sie, dass manchmal in der Literatur die Achsen sowie die Skalierung zum Teil in unterschiedlicher Anordnung dargestellt werden, sodass sich daraus eine veränderte Positionierung der SGE-Typen ergibt.

  Statt von einem SGE-Portfolio wird häufig auch (vereinfachend) von einem Produkt-Portfolio gesprochen (vgl. die Terminologie im Rahmenplan).

02. Wie wird die Produkt-Portfolio-Analyse durchgeführt?

Es empfiehlt sich folgende Vorgehensweise:

1. Einteilung des Unternehmens in SGE (ersatzweise in Produktbereiche mit klarer Trennung)
2. Ermittlung der Marktattraktivität je SGE mithilfe geeigneter Merkmale und einer Bepunktung mit einer Nutzwertanalyse (in Arbeitsgruppen: Experten, innerbetriebliche Fachleute)

Die Marktattraktivität kann beispielsweise die Faktoren „Marktwachstum, Gewinnspanne, Marktschwankungen" beinhalten.

3. Ermittlung der Wettbewerbsstärke je SGE mithilfe geeigneter Merkmale und einer Nutzwertanalyse (in Arbeitsgruppen: Experten, innerbetriebliche Fachleute)

   Im Rahmen der Wettbewerbsstärke können z. B. die Faktoren „relativer Marktanteil, Qualität der Produkte, Preisvorteile" erfasst werden.

4. Ermittlung der Umsatzgröße je SGE (Produktbereich); die Größe des Umsatzes wird durch die Kreisgröße abgebildet

5. Eintragen der SGE in die Matrix; dabei wird die 4-Felder-Matrix auf eine 9-Felder-Matrix (Mc Kinsey-Matrix) erweitert (Verbesserung der analytischen Aussagefähigkeit).

Man erhält auf diese Weise eine 9-Felder-Matrix (McKinsey-Matrix) mit folgender Struktur:

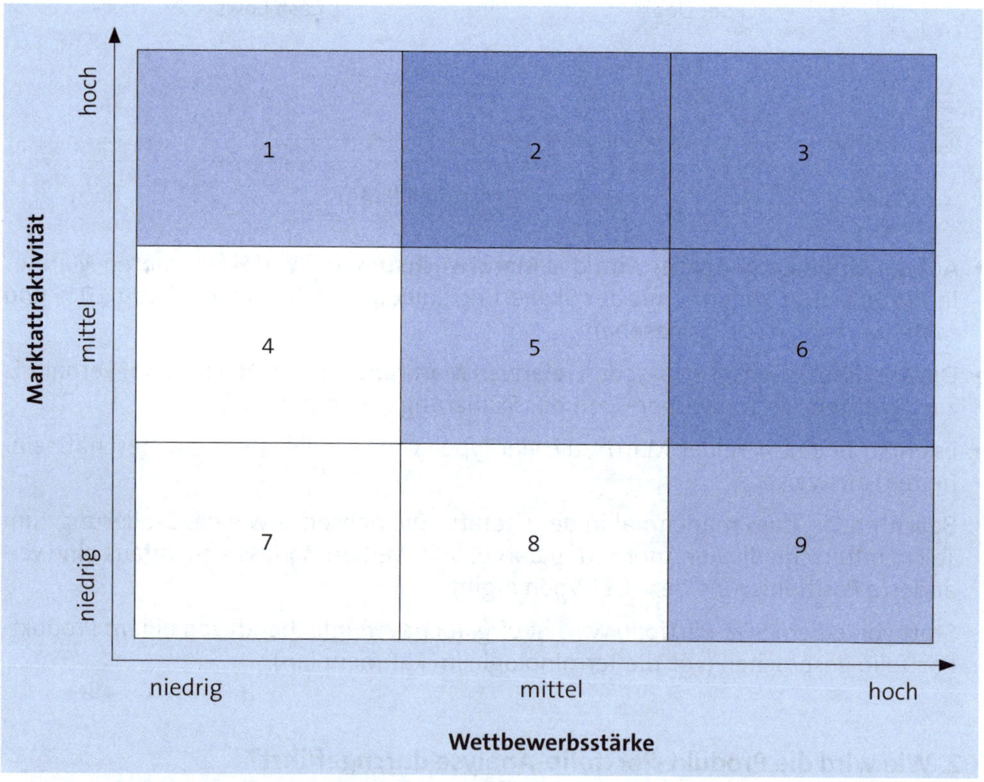

- Investition und Wachstum: Felder 2, 3 und 6

  Neue Absatzchancen werden durch Investitionen ermöglicht und neue Kunden können gewonnen werden.

- Abschöpfung und Desinvestition: Felder 4, 7 und 8

  Unattraktive SGE oder Produkte werden eliminiert (Produktion einstellen).

- Abwägen und Selektion: Felder 1, 5 und 9

Indifferenter Bereich: Expansion, Verteidigung oder Rückzug der Marktposition.

Quelle: *Ziegenbein, 2012, S. 301*

Beispiel

Ist-Portfolio

Die Größe des Kreises symbolisiert den Umsatz der SGEs/der Produktbereiche und zeigt ihre Bedeutung für das Unternehmen.

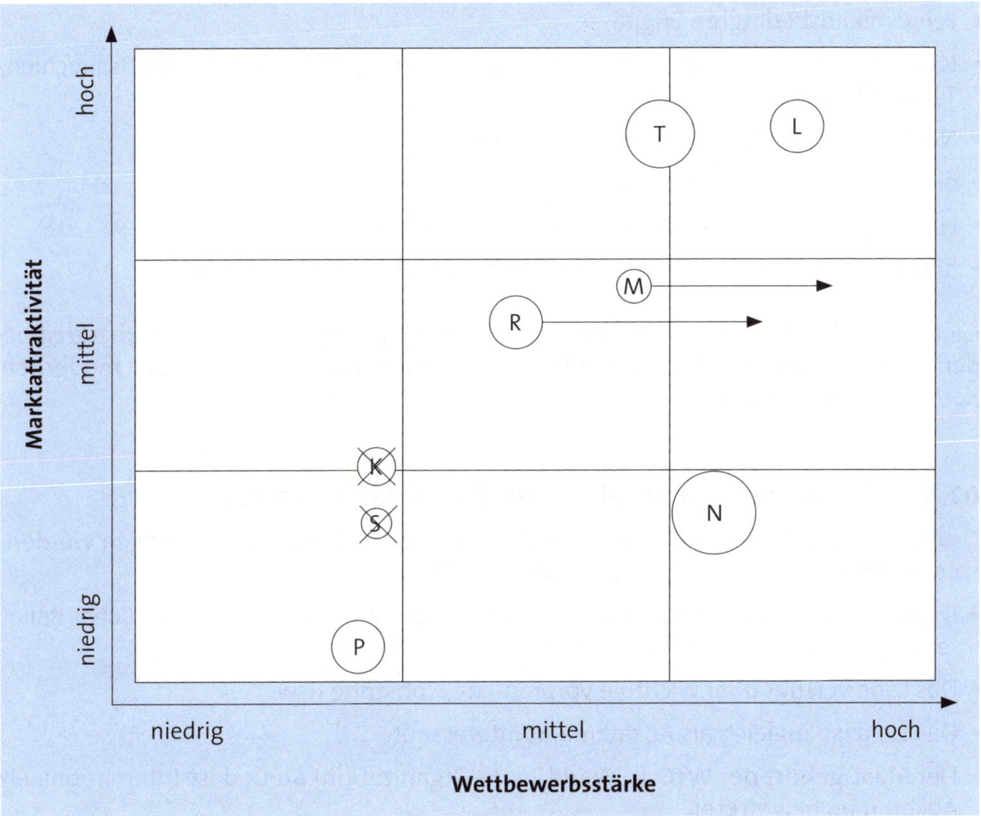

Produkt	Strategie
K	Verteidigen oder Eliminieren
S	Aussteigen
P	Eliminieren vorbereiten
N	Verteidigen
M, R	Wachstum (Investieren)
L	Sichern
T	Sichern oder Expansion

3.4.2 Weltweiter Einkauf

01. Welche Vorteile bietet der weltweite Einkauf?

Die Globalisierung führt heute zu einer weltweiten Vernetzung der Beschaffungs- und Absatzmärkte. Unternehmen gewinnen damit Möglichkeiten, dort die Beschaffung vorzunehmen, wo die Kosten gering sind (Global Sourcing: Die Beschaffung erfolgt international.).

Vorteile:

- keine inlandsbedingten Engpässe
- Nutzung der international unterschiedlichen Einkaufspreise (z. B. Indien, Tschechien, Türkei, China)
- Nutzung des weltweiten Lieferanten-Know-hows
- billiger Einkauf durch den Bezug in Niedriglohnländern
- Nutzung des Wechselkursrisikos (Wechselkurschance)
- billigere Preise durch geringere Umweltstandards (problematisch!).

Global Sourcing gewinnt auch für KMU an Bedeutung aufgrund der länderübergreifenden Standardisierung, der Verminderung der Handelsbarrieren und der modernen Kommunikationstechnologie.

02. Welche Länder kommen als Beschaffungsmärkte infrage?

Grundsätzlich können Waren von Unternehmen aus allen Staaten bezogen werden, sofern diese Staaten die folgenden Kriterien erfüllen:

- Die politische Situation ist stabil, sodass staatliche Willkürakte (z. B. staatliches Belieferungsverbot) unwahrscheinlich sind.
- Das Land verfügt über wichtige Vorprodukte, Rohstoffe usw.
- Das Land ist zugleich als Absatzmarkt interessant.
- Der Staat gehört der WTO (= World Trade Organization) an und ist Internationalen Abkommen beigetreten.

03. Nach welchen Gesichtspunkten wählt man Lieferer aus?

>> 3.1.2/Frage 18

Die Auswahlkriterien sind dieselben, die man auch an Lieferer aus der eigenen Volkswirtschaft anlegen würde: Preis, Zahlungsbedingungen und Lieferbedingungen. Diese Kriterien schlagen sich im Einstandspreis nieder. Darüber hinaus sind die qualitativen Auswahlgesichtspunkte von Bedeutung: Werden Zahlungsziele eingeräumt? Wie lange sind sie? Wie schnell kann geliefert werden? Kann man sich auf Zusagen des Lieferers verlassen? Hält er Termine ein? Sind die gelieferten Waren einwandfrei oder weisen sie Mängel auf? Wie kulant verhält sich der Lieferer?

Weiterhin müssen bei der Lieferantenauswahl im Im- und Exportgeschäft insbesondere die Länder- und Währungsrisiken gegenübergestellt werden.

04. Welche Arten von Risiken gibt es im Außenhandel?

Risiken im Außenhandel

Politische Risiken
Risiken, die durch unternehmerisches Handeln nicht zu beeinflussen sind

- Krieg, Boykott, Streik, Zollpolitik
- Konvertierungsrisiko
- Transferrisiko
- Zahlungsverbotsrisiko
- Moratoriumsrisiko

Ökonomische Risiken
Risiken, die durch unternehmerisches Handeln beeinflusst werden können

- Marktrisiko (Beschaffungs-/ Abnahmerisiko)
- Zahlungsausfallrisiko
- Währungsrisiko
- Transportrisiko

Darüber hinaus sind z. B. auch Naturkatastrophen ein Risiko für den Außenhandel:

- Tsunami in Japan
- Erdbeben, Vulkanausbrüche
- Corona-Virus.

05. Wie kann man Länderrisiken analysieren?

Bevor ein Unternehmen erstmals in einem anderen Land Geschäftsbeziehungen eingeht, wird es sich ein Bild über die damit verbundenen Risiken machen wollen. Dabei wird es nicht nur in Erfahrung bringen wollen, welche Risiken bestehen, sondern auch, wie wahrscheinlich es ist, dass der Risikofall eintreten wird (**Country Rating**). Das Unternehmen kann das eher unsystematisch und zufällig tun, indem es z. B. bei Messen, Kongressen oder geschäftlichen Treffen die Erfahrungen anderer erfragt; man spricht hierbei nicht von einer Risikoanalyse, sondern von einer **Risikoerkundung**.

Es kann aber auch systematisch und mit wissenschaftlichen Methoden Informationen sammeln und auswerten; dann handelt es sich tatsächlich um eine **Risikoanalyse**. Sie ist aufwendig, zeitintensiv und erfordert methodisches Wissen. Dafür dürfte i. d. R. im Unternehmen nicht genug Kapazität frei sein, sodass es die Risikoanalyse fremd erstellen lässt, d. h. entweder Analysen eigens erstellen lässt oder vorhandene aktuelle Analysen erwirbt.

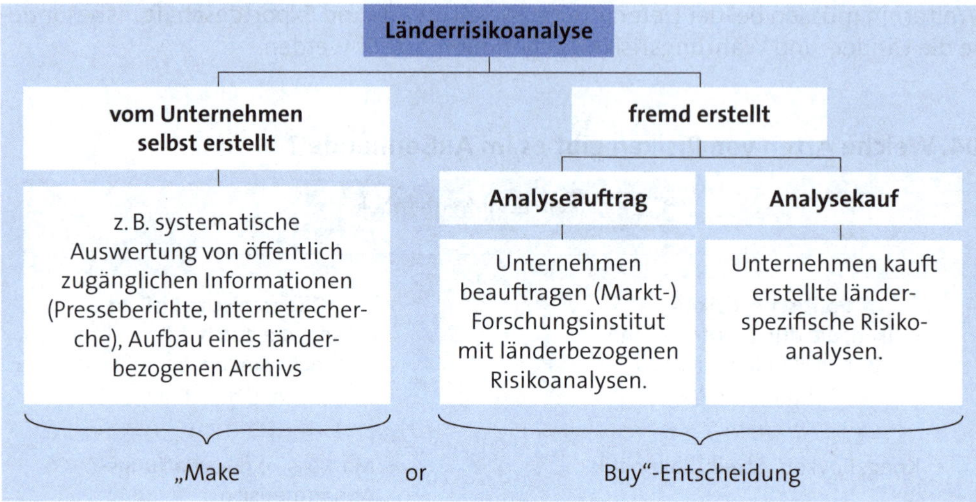

06. Worin liegt der Vorteil eines Analyseauftrags?

Der Vorteil besteht darin, dass das Unternehmen nur für die Analyseleistung bezahlen muss, die es auch benötigt und daher in Auftrag gegeben hat. Bei einer vorgefertigten Analyse zahlt es auch für Informationen, die es gar nicht benötigt.

07. Von wem kann man Risikoanalysen erwerben?

Es gibt Fachverlage, die länderspezifische Risiken analysieren. Anders als beim Analyseauftrag stehen diese Analysen jedem Erwerber zur Verfügung, d. h. wer die Risikoanalyse erwirbt, besitzt keine Exklusivinformationen.

Darüber hinaus besteht die Möglichkeit, Länderrisikoanalysen von Universitäten bzw. deren angeschlossenen wissenschaftlichen Instituten zu kaufen. Eine der berühmtesten und erfolgreichsten Analysen findet sich im **Business Environment Risk Index** (BERI), der das aktuelle Geschäftsklima in verschiedenen Ländern mittels 15 gewichteter Kriterien ausdrückt. Der BERI beruht auf der Befragung von Managern aus Industrie und Banken sowie von Wirtschaftsinstituten, die in den analysierten Ländern ihren Sitz haben. Der BERI stellt ein Frühwarnsystem zum Investitionsklima dar. Ihm steht mit dem **Political Risk Index** (PRI) ein Instrument zur Seite, das aufgrund einer Panel-Befragung von Politikwissenschaftlern eine Einschätzung der politischen Stabilität eines Landes ermöglicht.

08. Mit welchen Fragestellungen misst der Political Risk Index (PRI) das politische Risiko eines Landes?

Der PRI analysiert das politische Risiko anhand der folgenden Fragestellungen:

- Ist das zu analysierende Land von einer unfreundlich gesinnten Großmacht abhängig?
- Haben regionale politische Kräfte einen ungünstigen Einfluss auf das Land?
- Wie zersplittert ist das Parteiensystem in diesem Land?
- Wie heterogen sind Sprachen, ethnische Herkunft und religiöse Überzeugungen in diesem Land?
- Hält sich die Regierung des zu analysierenden Landes durch Unterdrückung an der Macht?
- In welchem Ausmaß existiert in dem Land Fremdenfeindlichkeit?
- Wie ist die soziale Lage?
- Welchen Einfluss haben kommunistische Organisationen in dem Land?

Ob in dem Land ein positives (geringes Risiko) oder negatives (hohes Risiko) Investitionsklima besteht, misst der BERI (Index zur Länderrisikoanalyse) u. a. mithilfe folgender Fragen:

- Wie ist die Einstellung gegenüber ausländischen Investitionen und Gewinnen?
- Gibt es Enteignungen und Verstaatlichungen?
- Wie hoch ist die Inflation und welche Maßnahmen werden dagegen ergriffen?
- Wie sieht die Zahlungsbilanz des zu analysierenden Landes aus?
- Wie effizient bzw. wie bürokratisch verhalten sich Zoll und die öffentliche Verwaltung?
- Wie hoch ist das langjährige Wirtschaftswachstum?
- Ist die Landeswährung konvertierbar?
- Besteht im Land Vertragstreue oder gibt es mentalitätsbedingte Schwierigkeiten bei der Erfüllung von Verträgen?
- Wie hoch sind die Lohnkosten und die Arbeitsproduktivität?
- Sind im Land Dienstleistungen und Beratungs-Know-how vorhanden?
- Wie ausgebaut ist das Transport- und Informationswesen?
- Gibt es qualifiziertes einheimisches Führungspersonal?
- Ist der Zugang zu Kreditmöglichkeiten offen?

09. Worin besteht das Währungsrisiko?

Ein Währungsrisiko besteht bei Außenhandelsgeschäften nur, wenn

- der Exporteur ein Angebot in der Währung des Kunden (Fremdwährung) abgeben soll und das Angebot auf der Basis von Kursen kalkuliert, die bei Auftragserteilung nicht mehr gelten;
- der Exporteur die Rechnung in der Fremdwährung fakturiert, dem Kunden ein Zahlungsziel einräumt und sich der Währungskurs zwischen dem Tag des Vertragsabschlusses und dem Tag der Zahlung ungünstig verändert; sodass er für denselben Fremdwährungsbetrag weniger Euro bekommt als kalkuliert;
- der Importeur die Rechnung in Fremdwährung (d. h. in Euro) zu begleichen hat und sich der Währungskurs zwischen Vertragsabschluss und Zahlung ungünstig verändert, sodass er für denselben Fremdwährungsbetrag mehr aufwenden muss.

10. Wer erleidet das Währungsrisiko?

Das Risiko kann sowohl Importeur als auch Exporteur treffen. Ist vereinbart, dass in Fremdwährung fakturiert wird, so muss der Exporteur beim Zahlungseingang vielleicht feststellen, dass er weniger als Gegenwert für die Fremdwährung erhält als er für den gleichen Fremdwährungsbetrag am Tag des Vertragsabschlusses bekommen hätte. Umgekehrt kann es dem Importeur passieren, dass er am Tag des Zahlungsausgangs mehr inländische Währung für die Fremdwährung aufwenden muss als er es am Tag des Vertragsabschlusses hätte tun müssen.

11. Wie berechnet sich das Währungsrisiko für den Importeur?

Beispiel

Ein deutscher Importeur bezieht lt. Rechnung von einem amerikanischen Lieferer Waren im Wert von 320,000.00 USD. Die Zahlungsbedingung lautet cash on delivery. Vertragsabschluss war am 10.01. d. J., Liefer- und Zahlungstermin ist der 31.03. d. J.

Am 10.01. betrug der Kurs 1,1978 $/€.

Kurs 1,1978 bedeutet, dass 1 € den Wert von 1,1978 $ hat.

a) Wie viele Euro müsste der Importeur am 10.01. aufwenden?

1,1978 $ entsprechen 1 €

320.000.00 $ entsprechen x €

Es handelt sich um einen Dreisatz mit geradem Verhältnis („mehr Dollar, mehr Euro“).

Bei geradem Verhältnis wird „schräg“ multipliziert (↙).

$$x = \frac{1\,€ \cdot 320.000\,\$}{1{,}1978\,\$} = 267.156{,}45\,€$$

Um 320.000.00 $ bezahlen zu können, müsste der deutsche Importeur am 10.01. also 267.156,45 € aufwenden.

b) Wie viele Euro müsste der Importeur am 31.03. aufwenden, wenn der Kurs dann 1,1234 $/€ beträgt?

1,1234 $ entsprechen 1 €

320.000.00 $ entsprechen x €

$$x = \frac{1\,€ \cdot 320.000\,\$}{1{,}1234\,\$} = 284.849{,}56\,€$$

Bei diesem Kurs benötigt der deutsche Importeur 284.849,56 €, um 320.000.00 $ bezahlen zu können.

c) Wie viele Euro müsste der Importeur am 31.03. aufwenden, wenn der Kurs dann 1,1990 $/€ beträgt?

1,1990 $ entsprechen 1 €

320.000.00 $ entsprechen x €

$$x = \frac{1\,€ \cdot 320.000\,\$}{1{,}1990\,\$} = 266.889{,}07\,€$$

Bei diesem Kurs müsste der deutsche Importeur 266.889,07 € aufwenden, um 320.000.00 $ bezahlen zu können.

Der Risikofall trifft den deutschen Importeur also nur, wenn die Fremdwährung im Vergleich zum Vertragsabschluss bei Zahlungseingang teurer ist. Im Fall b) wären vom Importeur 17.693,11 € mehr für dieselbe Dollarsumme aufzuwenden gewesen.

Grund: Am 10.01. kostete 1 $ ca. 0,83 € (Kehrwert von 1,1978), während am 31.03. der Dollar nur für 0,89 € (Kehrwert von 1,1234) zu haben war.

Wäre der Dollar am 31.03. – wie im Fall c) – billiger als bei Vertragsabschluss gewesen, so hätte der Importeur am 31.03. hingegen 267,38 € gespart.

Der Exporteur bekommt bei jedem Kurs den vereinbarten Erlös von 320.000.00 $ und hat somit kein Kursrisiko!

12. Was muss man sich zum Thema „Währungsrisiken“ merken?

Der Euro wird gegenüber dem Dollar seit Einführung des Euros als Bargeld (01.01.2002) in Mengennotierung dargestellt.

Stand 16.03.2016: 1,1065 $/€
Interpretation: Ein Euro kostet 1,1065 US-Dollar.

Wenn der Wechselkurs ($/€) zunimmt, dann liegt eine Aufwertung des Euros vor (im umgekehrten Fall eine Abwertung des Euros).

Steigt beispielsweise der Wechselkurs von 1,1065 $/€ auf 1,2000 $/€, dann verbilligt sich der Einkauf.

10.000 $ Einkaufswert

10.000 $ dividiert durch 1,1065 $/€ = 9.037,51 €

10.000 $ dividiert durch 1,2000 $/€ = 8.333,33 €

Durch die Aufwertung des Euros bzw. Abwertung des Dollars spart der Importeur 704,18 €.

Im Rahmen der Aufwertung des Euros erfährt der Euro einen höheren Wert gegenüber dem Dollar, sodass der Importeur mit dem Euro eine höhere Kaufkraft hat. Der Importeur kann somit günstiger einkaufen.

3.4.3 Prozesse auf Verschwendung überprüfen

01. Was ist Verschwendung?

In der Ökonomie ist Verschwendung ein Vorgang, bei dem Ressourcen (z. B. Zeit, Geld, Energie) unnötigerweise und nicht nutzbringend verbraucht werden.

02. Welche Arten der Verschwendung gibt es?

Insbesondere aus der Produktionstechnik abgeleitet werden vor allem folgende sieben Arten der Verschwendung (sieben Mudas) gesehen:

- Korrekturen (Correction)
- Überproduktion (Overproduction)
- unnötige Bewegungen (Motion)
- unnötige Materialbewegungen (Material movement)
- Wartezeiten (Waiting)
- überhöhte Bestände (Inventory)
- fehlerhafte Verarbeitung (Processing).

Dabei muss im Rahmen der Verschwendungsanalyse jede einzelne Stufe im Wertschöpfungsprozess untersucht werden.

03. Welche Rationalisierungskonzepte gibt es?

- Lean Management (schlankes Management)
- Lean Production (schlanke Produktion)
- Lean Administration (schlanke Verwaltung)
- Kaizen (jap. kai = ändern; zen = das Gute; wörtlich: Verbesserung) auf der Basis der sog „6 S“: Sicherheit, Sortieren, sichtbare Ordnung, Säubern, Standardisieren, Selbstdisziplin.
- Kontinuierlicher Verbesserungsprozess (KVP):
  Der KVP ist ein in Anlehnung an das Prinzip des Kaizen entwickeltes Rationalisierungskonzept. Auch hier sollen positive Veränderungen im Unternehmen stetig durch viele kleine Verbesserungen herbeigeführt werden. Beim KVP sollen alle Mitarbeiter ermutigt werden, die Prozesse am eigenen Arbeitsplatz durch Verbesserungsvorschläge zu optimieren. Gruppenarbeit wird im Hinblick auf den KVP als förderlich angesehen. Hauptanliegen des KVP sind:
  - Vermeidung von Verschwendung
  - Verkürzung der Durchlaufzeiten
  - Steigerung der Produktivität.

04. Welche Maßnahmen der Rationalisierung lassen sich nutzen?

Maßnahmen der Rationalisierung sind beispielsweise:

Standardisierung	
Normung	Vereinheitlichung von Einzelteilen
Typung	Vereinheitlichung von Fertigerzeugnissen
Baukastensystem	Durch Kombination von standardisierten Bauteilen/Baugruppen können verschiedene Endprodukte hergestellt werden.
Montagegerechte Produktentwicklung	Einsparung von Montagezeit/-kosten durch montagefreundliche Konstruktion

Spezialisierung/Konzentration	
Produktspezialisierung	Beschränkung des Fertigungsprogramms auf wenige Produktarten
Outsourcing	Ausgliederung/Fremdvergabe von Arbeitsgängen (Verringerung der Fertigungstiefe)
Arbeitsteilung	Spezialisierung der Arbeiter auf bestimmte Tätigkeiten

Materialeinsatz reduzieren	
Design to Cost	Kostenorientierte Produktentwicklung (u. a. im Hinblick auf kostengünstige Materialien)
Recycling	Wiederaufbereitung, Wiederverwertung, Wiederverwendung von Stoffen, die im Fertigungsprozess als Abfall anfallen

Materialfluss und Bestände optimieren	
Just-in-Time	Fertigungssynchrone Belieferung
Kanban	Pull-Prinzip: Die nachgelagerte Fertigungsstufe steuert die vorgelagerte.
Konsignationslager	Der Lieferer stellt Material beim Kunden auf eigene Kosten zur bedarfsweisen Entnahme bereit. Die Verrechnung erfolgt erst nach Entnahme bzw. Verarbeitung
One-Piece-Flow	Jedes einzelne Werkstück durchläuft die Fertigung ohne Zwischenlagerung (Losgröße = 1).

Produktivität erhöhen	
Automatisierung	Ersatz menschlicher Arbeitskraft durch selbstständig arbeitende Maschinen (Roboter usw.)
Offline-Programmierung	CNC-Maschinen werden offline für den nächsten Fertigungsauftrag programmiert (Rüstzeitminimierung).
Online-Fehlerbehebung	Störungen/Fehler bei Maschinen werden online durch Hersteller behoben. Störungsbedingte Stillstandszeiten werden minimiert.

Flexibilisierung	
Flexible Arbeitszeiten	Anpassung der Arbeitszeit an die Auftragslage
Flexible Fertigungsverfahren	Einsatz flexibler Maschinen bzw. Fertigungssysteme, die zur Bearbeitung unterschiedlicher Produkte geeignet sind.

Humanisierung der Arbeit	
Job Enlargement	Erweiterung um vor- oder nachgelagerte Arbeitsgänge gleicher Wertigkeit
Job Enrichment	Anreicherung der Arbeit (mehr Verantwortung, Gestaltungsspielraum)
Job Rotation	Arbeitsplatzwechsel/-tausch
Teilautonome Arbeitsgruppen	Eine Arbeitsgruppe erledigt eine mehrstufige Aufgabe in eigener Regie.
Ergonomische Arbeitsplatzgestaltung	Anpassung des Arbeitsplatzes an den Menschen

05. Wie lassen sich Rationalisierungserfolge messen?

Rationalisierungskennzahlen sind notwendig, um

- Schwachstellen und damit Rationalisierungspotenziale zu erkennen und
- den Erfolg der durchgeführten Maßnahmen beurteilen zu können.

Beispiele für Rationalisierungskennzahlen:

Kapazitätskennzahlen
Kapazität = Maximale Ausbringungsmenge bzw. Arbeits-/Maschinenstunden

$$\text{Beschäftigungsgrad (Auslastung)} = \frac{\text{tatsächliche Ausbringungsmenge}}{\text{max. Ausbringungsmenge}} \cdot 100$$

Materialverlust

$$\text{Abfallquote} = \frac{\text{Abfallmenge}}{\text{Materialeinsatz}}$$

Produktivitätskennzahlen

$$\text{Arbeitsproduktivität} = \frac{\text{Ausbringungsmenge}}{\text{Arbeitsstunden}}$$

bzw.

$$\text{Arbeitsproduktivität} = \frac{\text{Ausbringungsmenge}}{\text{Mitarbeiterzahl}}$$

$$\text{Maschinenproduktivität} = \frac{\text{Ausbringungsmenge}}{\text{Maschinenstunden}}$$

$$\text{Kapitalproduktivität} = \frac{\text{Output}}{\text{Kapitaleinsatz}}$$

Logistik

$$\text{Umschlagshäufigkeit} = \frac{\text{Jahresverbrauch}}{\varnothing\ \text{Lagerbestand}}$$

$$\text{Lieferbereitschaftsgrad} = \frac{\text{Anzahl der termingerechten Lieferungen}}{\text{Gesamtanzahl an Bedarfsanforderungen}} \cdot 100$$

$$\text{Lagerzinsen} = \text{Lagerbestand} \cdot \text{Lagerzinssatz}$$

Zeitersparnis
Durchlaufzeit
Die Durchlaufzeit in der Fertigung ist die Zeitspanne zwischen dem Beginn des ersten Arbeitsganges und dem Ende des letzten Arbeitsganges.

Rüstzeit
Zeit, die benötigt wird, um einen Arbeitsplatz für die Durchführung eines Arbeitsvorganges vorzubereiten und anschließend wieder in den Ausgangszustand zurückzuversetzen.

Liegezeit
Zeit, in der Werkstücke zwischen den Arbeitsschritten liegen, ohne bearbeitet oder transportiert zu werden.

Maschinennutzung

$$\text{Maschinennutzungsgrad} = \frac{\text{Maschinenlaufzeit}}{\text{Betriebszeit}} \cdot 100$$

$$\text{Zeitverlustquote} = \frac{\text{Störzeit}}{\text{gesamte Fertigungszeit}} \cdot 100$$

Qualität

$$\text{Fehlerquote} = \frac{\text{fehlerhafte Prozesse bzw. Teile}}{\text{Gesamtzahl der Prozesse bzw. Teile}} \cdot 100$$

$$\text{Ausschussquote} = \frac{\text{Ausschussmenge}}{\text{gesamte Produktionsmenge}} \cdot 100$$

06. Was versteht man unter einer Wertstromanalyse?

Ein Wertstrom umfasst Aktivitäten (Prozesse) vom Auftragseingang bis zur Lieferung an den Kunden. Beispielsweise werden Teile lackiert, zusammengebaut und funktionsfähig gemacht. Mit jedem Prozessschritt wird der zu erstellenden Leistung ein höherer Wert zugefügt. Durch die Wertstromanalyse wird untersucht, ob die Leistungserstellung auch nicht wertschöpfende Tätigkeiten (z. B. Wartezeiten) beinhaltet. Die Prozesslandschaft wird i. d. R. visualisiert dargestellt.

Nicht wertschöpfende Aktivitäten sollten eliminiert oder weitgehend reduziert werden, weil der Kunde meist nur für Leistungen bezahlt, die einen Nutzen oder Ertrag erbringen. Wenn der voraussichtliche Nutzen oder Ertrag für den Kunden kleiner ist als der vom Hersteller angebotene Wert der Leistung, dann wird der Kunde möglicherweise nicht kaufen. Daher sollte der Hersteller bestrebt sein, mit einer Wertstromanalyse die Verschwendung zu minimieren, sodass möglichst viel wertschöpfende Aktivitäten stattfinden, und die Leistung somit günstiger angeboten werden kann.

Wertstrommanagement vollzieht sich also in drei Phasen:

Beispiel

Wertstrom-Istanalyse

Betrachtet man die Aufzeichnung der Wertstrom-Istanalyse (mit festgelegten Symbolen, auf die hier nicht eingegangen wird), stellt man fest:

Bei einer Gesamtdurchlaufzeit (DLZ) von 21 Tagen (= 10 Tage/Rohmaterial + 8 Tage/Produktion + 3 Tage/Versand) ist die reine Bearbeitungszeit 462 Sekunden. Wertschöpfend an dem dargestellten Prozess sind also nur die 462 Sekunden, in denen das Werkstück bearbeitet wird (Vorfertigung + Endmontage). Die restliche Zeit ist entweder unvermeidbare Nicht-Wertschöpfung oder aber Verschwendung, die es zu minimieren gilt.

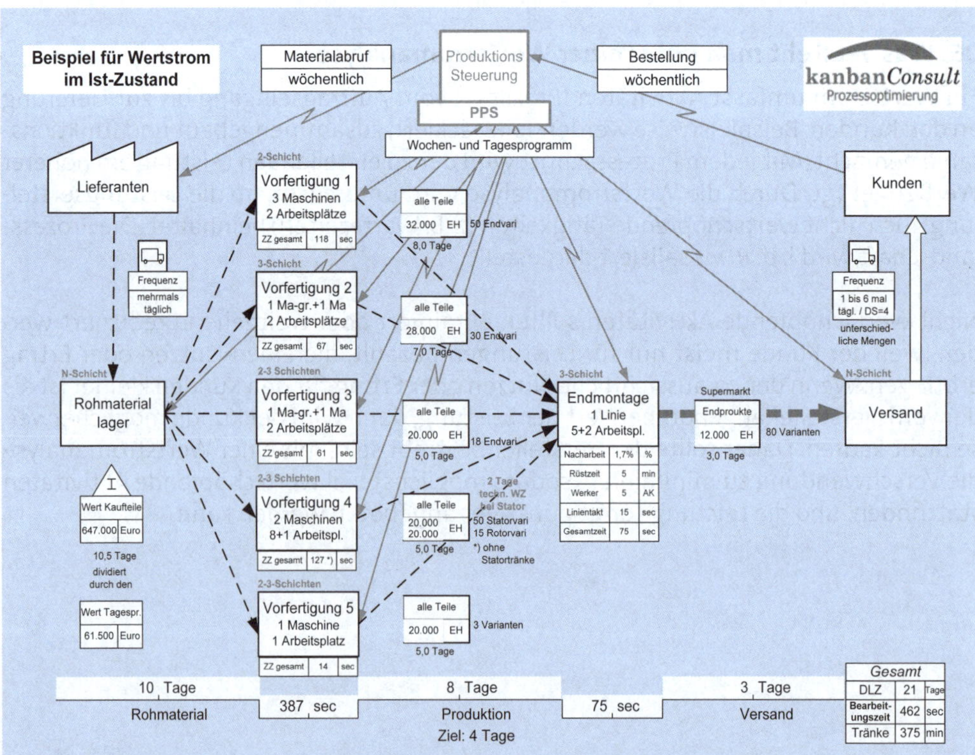

Quelle: *www.kanban.eu*

Erläuterung zur Abbildung:
Relevant bei der Auswertung einer Wertstrom-Istanalyse sind vor allem zwei Erkenntnisse:

1. **Zeitlinie:**
   Die sog. **Zeitlinie** (vgl. in der Abbildung unten stehende Darstellung) zeigt, an welchen Engstellen im Produktionsfluss Stauungen des Materials entstehen und wie hoch das Potenzial zur Verkürzung der Durchlaufzeit ist. Aus dem Verhältnis von Durchlaufzeit und Bearbeitungszeit (hier: 21 Tage : 462 sec), dem Flussgrad, lässt sich ableiten, wie „träge" eine Produktion ist.

2. **Taktabstimmung:**
   Weiterhin lässt sich aus der Ist-Analyse ableiten, wie gut oder schlecht zueinander passend die verfügbaren Betriebsmittel ausgelegt sind Der sog. Kundentakt (Takt) ist der Zeitraum, in dem der Kunde (theoretisch) ein Teil abruft, d. h. der Zeitraum, der verstreicht, bis wieder ein fertiges Erzeugnis die Fertigung verlassen muss, um dem Jahresbedarf des Kunden gerecht zu werden. Er wird folgendermaßen errechnet (fiktives Beispiel):

Jahresbedarf des Kunden	=	30.000 Stück
Fertigungskapazität p. a.	=	50 Wochen (je 5 Arbeitstage im Zweischichtbetrieb mit 8 Arbeitsstunden)
	=	480 Minuten pro Schicht
Fertigungskapazität pro Woche	=	Jahresbedarf : Arbeitswochen
	=	30.000 Stk. : 50 Wochen
	=	600 Stk. pro Woche
Fertigungskapazität pro Tag	=	Wochenbedarf : Tage pro Woche
	=	600 Stk. pro 5 Tage
	=	120 Stk. pro Tag
Fertigungskapazität pro Schicht	=	Tagesbedarf : Schichten pro Tag
	=	120 Stk. : 2 Schichten
	=	60 Stk. pro Schicht
Kundentakt	=	Zeit pro Schicht : Fertigung pro Schicht
	=	480 Minuten : 60 Stk.
	=	8 min
	=	**480 sec**

3.5 Spezielle Rechtsaspekte

3.5.1 Einkaufsverträge

→ A 3.

01. Welche rechtlichen Grundlagen gelten für Einkaufsverträge?

Wenn ein Unternehmen von einem anderen Güter kauft, so liegt ein **Handelskauf** vor, der im BGB und ergänzend im HGB geregelt ist. Die allgemeine Rechtsgrundlage von Einkaufsverträgen stellen **Kaufverträge** dar. Die Einzelheiten regeln die §§ 433 ff. BGB.

02. Erklären Sie, wie ein Einkaufsvertrag zustande kommt?

Ein Vertrag kommt im Rahmen von Angebot und Annahme durch zwei übereinstimmende Willenserklärungen zustande. Bei beiden Vertragsparteien muss der (bewusste) Wille für den Vertrag vorhanden sein, und der Wille muss auch erklärt werden. Die Erklärung ist in vielen Fällen an keine Form gebunden, sodass sie auch konkludent erfolgen kann. Ein Schweigen wird überwiegend nicht als Willenserklärung gewertet.

03. Was ist ein Angebot?

Ein Angebot im rechtlichen Sinne besteht in einer Willenserklärung in der Art, dass für einen Vertragsabschluss das Angebot ohne Änderung mit einem „Ja" vom Vertragspartner angenommen werden kann.

04. Ist ein Vertrag bei einem offenen Einigungsmangel zustande gekommen?

Da ein sogenannter „offener Einigungsmangel" nach § 154 Abs. 1 BGB vorliegt, ist „im Zweifel" kein Vertrag geschlossen worden.

05. Welchen Angaben enthält eine Bestellung?

- Material/Ware (Art, Qualität)
- Preis, Menge
- Verpackung
- Liefer- und Zahlungsbedingungen
- Erfüllungsort und Gerichtsstand.

06. Welche Formvorschriften enthält die Bestellung?

Der Gesetzgeber schreibt keine bestimmte Form vor. Unter Kaufleuten ist allerdings die Schriftform vorherrschend (Beweisunterlage in Zweifelsfällen; innerbetriebliche Dokumentation; Vergleich der Bestelldaten mit den Lieferangaben).

07. Welche Rechtsvorgänge sind i. d. R. einer Bestellung vorausgegangen?

- Angebot des Lieferanten aufgrund einer Anfrage
- unverlangtes Angebot
- Angebot aufgrund von Einkaufsverhandlungen
- Abruf innerhalb eines Rahmenvertrages.

08. Welche Rechtswirkung hat die Bestellung bei einem Angebot mit Freizeichnungsklauseln?

Erfolgt die Bestellung aufgrund eines Angebots mit Freizeichnungsklausel[1], so kommt der Kaufvertrag erst mit der Auftragsbestätigung zustande.

09. Welche gesetzlichen Regelungen gelten im Rahmen der Lieferbedingungen für Leistungsort und Leistungszeit?

Leistungsort:
Wenn kein spezieller Leistungsort bestimmt ist, dann ist nach § 269 BGB der Wohnsitz des Schuldners der Leistungsort.

Leistungszeit:
Nach § 271 BGB ist sofort zu leisten, wenn kein konkreter Zeitpunkt bestimmt ist.

10. Wie können die Zahlungs- und Lieferbedingungen durch die AGB gestaltet werden?

Allgemeine Geschäftsbedingungen (AGB) sind alle für eine Vielzahl von Verträgen vorformulierten Vertragsbedingungen, die eine Vertragspartei der anderen Partei bei Abschluss eines Vertrages stellt. Sind Vertragsbedingungen einzeln ausgehandelt, liegen keine Allgemeinen Geschäftsbedingungen vor (§ 305b BGB; vgl. auch unter >> 4.5.3).

Es werden nur die Klauseln der AGBs Vertragsbestandteil, die nicht widersprüchlich sind. Bei wesentlichen widersprüchlichen Regelungen, z. B. über Lieferverzug, sind diese AGB-Teile nicht vertragsrelevant. Es gelten stattdessen die gesetzlichen Bedingungen. Die AGB brauchen nicht für jedes Folgegeschäft vereinbart werden (§ 305 Abs. 3 BGB).

---

[1] Bei sog. **Freizeichnungsklauseln** kann der Lieferant sein Angebot einschränken oder aufheben, z. B. „freibleibend", „so lange der Vorrat reicht", „Preise freibleibend".

11. Welchen Nutzen haben die Incoterms?

Im Rahmen eines ausgeprägten Welthandels dienen die Incoterms dazu, bei **Warenkaufverträgen** die Pflichten der Vertragsparteien, den Gefahrenübergang und die Kosten eindeutig darzulegen, um Rechtsstreitigkeiten zu vermeiden.

Pflichten der Vertragsparteien	Welche Vertragspartei ist für den Transport, die Versicherung, die Organisation der Frachtpapiere oder der Aus- und Einfuhrgenehmigungen zuständig?
Gefahrenübergang	An welchem Lieferort (genauer: Lieferstelle) geht zu welchem Zeitpunkt die Gefahr der Warenlieferung vom Verkäufer auf den Käufer über?
Kosten	Welche Vertragspartei trägt die Transport-, Verpackungs-, Lade- und Entladekosten, Kosten für Überprüfungen und sicherheitsbezogene Kosten?

Die Incoterms-Regeln sind kein Ersatz für einen Vertrag. Sie werden in einen Vertrag aufgenommen und stellen einen **Bestandteil** des Kaufvertrags dar. Wesentlich ist, dass bei der Integration der Incoterms-Klausel ausgewiesen wird, ob es sich um eine Incoterms-Klausel 2010 oder 2020[1] (gültig ab 01.01.2020) handelt, weil die „2010-Klauseln" weiterhin verwendet werden können.

Das Kriterium „Klarheit bei Verträgen" wird erfüllt, wenn die Incoterms-Klauseln

- eindeutig benannt werden,
- der Hafen und
- der Ort bzw. (auch die Stelle, z. B. Straße, so genau wie möglich)

genau dokumentiert werden.

12. Wie können die Incoterms 2020 gegliedert werden?

Die Incoterms 2020[2] legen elf Handelsklauseln aus, die jeweils mit drei Buchstaben abgekürzt werden. Die Klauseln sind wie folgt gruppiert:

1 Quelle: *Incoterms 2020, Die Regeln der ICC zur Auslegung nationaler und internationaler Handelsklauseln, International Chamber of Commerce („ICC"), 2019.*
Informationen zu den Incoterms 2020 auf der offiziellen Webseite: *www.incoterms2020.de*

2 Quelle: *Incoterms 2020, Die Regeln der ICC zur Auslegung nationaler und internationaler Handelsklauseln, International Chamber of Commerce („ICC"), 2019.*

Klauseln für alle Transportarten	Klauseln für den See- und Binnenschiffstransport
EXW (ab Werk)	FAS (Frei Längsseite Schiff) FOB (Frei an Bord)
FCA (Frei Frachtführer) CPT (Frachtfrei) CIP (Frachtfrei versichert)	CFR (Kosten und Fracht) CIF (Kosten, Versicherung und Fracht)
DAP (Geliefert benannter Ort) DPU (Geliefert benannter Ort entladen) DDP (Geliefert verzollt)	

13. Welche wesentlichen Änderungen ergaben sich durch die Umstellung der Incoterms 2010 auf die Incoterms 2020?

Ausgewählte wesentliche Änderungen der Incoterms-Regeln 2010 zu Incoterms 2020 sind:

- Verbesserte Abgrenzung, Darstellung und Kommentierung der Incoterms-Regeln, um den Nutzern die Auswahl der passenden Klausel für die Einbeziehung in die Verträge zu erleichtern.
- Veränderte Reihenfolge der Incoterms-Klauseln, um die Kriterien „Lieferung" und „Gefahrübergang" herauszustellen.
- Bei einem Warenverkauf als Seefracht mit FCA-Incoterms-Klausel kann ein Bordkonnossement erforderlich sein (optionaler Fall).
- Deckungshöhen des Versicherungsschutzes bei CIF und CIP:
  Verkäufer muss auf eigene Kosten eine Transportversicherung abschließen, welche eine Deckung gemäß den Klauseln des Institute Cargo Clauses (Lloyd's Market Association/International Underwriting Association – LMA/IUA) beinhaltet.

  Für CIF gilt: Klausel (C) der Institute Cargo Clauses; die C-Klauseln decken bestimmte Gefahren im Seegüterhandel ab, jedoch weniger als die (A)-Klauseln, wobei die Vertragsparteien höhere Deckungen vereinbaren können.

  Für CIP gilt: (A)-Klauseln der Institute Cargo Clauses, jedoch geringere Mindestdeckung kann vertraglich vereinbart werden.
- Bei FCA, DAP, DPU und DDP-Klauseln: Organisation des Transports mit eigenen Transportmitteln möglich; bei Incoterms-2010 wurde dieser Aspekt nicht berücksichtigt.
- Klausel DAT (Incoterms 2010) ändert sich zu DPU (Incoterms 2020)
  Der Begriff „Terminal" bei DAT (Delivered at Terminal) war irreführend. Die Ware muss nicht an einem Terminal entladen werden, sondern kann an einem beliebigen (vereinbarten) Ort entladen werden. Um diesen Aspekt zu unterstreichen, wurde DPU (Delivered at Place unloaded; geliefert benannter Ort entladen) eingeführt.

14. Welche wesentlichen Merkmale weisen die einzelnen Klauseln von Incoterms 2020 auf?

Incoterms 2020 – Klauseln für alle Transportarten		
Gruppe	**Klausel**	**Beschreibung**
E	**EXW** Ex Works (ab Werk)	Der Gefahrenübergang auf den Verkäufer erfolgt direkt ab Werk des Verkäufers. Bei dieser Klausel entstehen für den Verkäufer die geringsten Verpflichtungen.
F	**FCA** Free Carrier (frei Frachtführer)	Der Verkäufer verpflichtet sich, die Ware auf seine Kosten einem vom Käufer benannten Frachtführer an einem benannten Ort zu übergeben. Das ist der Ort der Übergabe der Ware an den ersten Frachtführer am Abgangsort. Ab diesem Zeitpunkt trägt der Käufer die Transportkosten sowie das Risiko von Transportschäden. Optional kann die FCA-Klausel mit einem Bordkonnossement verknüpft werden.
C	**CPT** Carriage paid to (frachtfrei)	Der Verkäufer trägt sämtliche Transportkosten der Ware bis zum Bestimmungsort. Der Gefahrenübergang auf den Käufer erfolgt bereits bei der Übergabe der Ware an den ersten Frachtführer.
C	**CIP** Carriage and Insurance paid to (frachtfrei versichert)	Im Unterschied zur CPT-Klausel ist der Verkäufer hier zusätzlich verpflichtet, auf seine Kosten zugunsten des Käufers eine Transportversicherung abzuschließen. Der Gefahrenübergang auf den Käufer erfolgt wie bei CPT bei der Übergabe der Ware an den ersten Frachtführer.
D	**DAP** Delivered at Place (geliefert benannter Ort)	Der Verkäufer ist verpflichtet, die Ware am Bestimmungsort **unentladen** zur Verfügung zu stellen. Er trägt alle Transportkosten und -gefahren, bis die Ware dem Käufer auf dem ankommenden Beförderungsmittel entladebereit am benannten Bestimmungsort zur Verfügung gestellt wird.
D	**DPU** Delivered at Place unloaded (geliefert benannter Ort entladen)	Der Verkäufer der Ware verpflichtet sich, am benannten Bestimmungsort oder an der vereinbarten Stelle an diesem Ort, die Ware zur Verfügung zu stellen, nachdem sie vom ankommenden Transportmittel **entladen** wurde. Der Verkäufer trägt alle Gefahren und Kosten, die mit der Beförderung der Ware und der Entladung am benannten Bestimmungsort entstehen. Der Verkäufer sollte in der Lage sein, die Entladung am Bestimmungsort zu organisieren. Wenn der Verkäufer mit dem Käufer vereinbart, dass die Gefahr und die Kosten der Entladung nicht zu tragen sind, dann sollte die DAP-Klausel gewählt werden.
D	**DDP** Delivered, Duty paid (geliefert verzollt)	Der Verkäufer ist verpflichtet, dem Käufer die Ware am im Kaufvertrag festgelegten Ort im Einfuhrland zur Verfügung zu stellen. Alle entstehenden Kosten und Gefahren für die gesamte Transportstrecke sowie die Einfuhrverzollung sind vom Verkäufer zu tragen. Der Käufer ist lediglich noch für das Entladen des Transportfahrzeugs verantwortlich. Bei dieser Klausel entsteht eine maximale Verantwortlichkeit des Verkäufers.

Incoterms 2020 – Klauseln für den See- und Binnenschiffstransport		
Gruppe	**Klausel**	**Beschreibung**
F „Schiff“	**FAS** Free alongside ship (frei LängsseiteSchiff)	Der Verkäufer hat seine vertraglichen Pflichten dann erfüllt, wenn er die Ware in dem benannten Verschiffungshafen bis an die Längsseite des vom Käufer benannten Schiffes verbracht hat. Ab diesem Zeitpunkt trägt der Käufer die weiteren Transportkosten der Reederei und das Transportrisiko.
F „Schiff“	**FOB** Free on board (frei an Bord)	Die Lieferpflicht des Verkäufers endet, wenn die Ware im benannten Hafen auf das vom Käufer benannte Schiff verladen wurde. Ab diesem Zeitpunkt trägt der Käufer die weiteren Transportkosten sowie das Risiko, dass die Ware beim Transport beschädigt wird.
C „Schiff“	**CFR** Cost and Freight (Kosten & Fracht)	Hier trägt der Verkäufer die Frachtkosten bis zum vertraglich vereinbarten Bestimmungshafen, also die Kosten für die Haupttransportstrecke. Die Transportgefahr geht (wie bei FOB) auf den Käufer über, wenn die Ware auf das benannte Schiff verladen wurde. Der Verkäufer hat keinerlei Verpflichtung bzgl. eines Versicherungsschutzes.
C „Schiff“	**CIF** Cost, Insurance and Freight (Kosten, Versicherung und Fracht)	Neben den Kosten der Reederei für die Transportstrecke zwischen Verlade- und Entladehafen trägt der Verkäufer zusätzlich auf seine Kosten zugunsten des Käufers eine Seeschadensversicherung (Transportversicherung); eingeschränkter Versicherungsschutz nach Klausel (C) der Institute Cargo Clauses; Klausel (A) mit umfassenderem Versicherungsschutz kann vereinbart werden. Die Transportgefahr geht (wie bei CFR und FOB) auf den Käufer über, wenn die Ware auf das benannte Schiff verladen wurde.

3.5.2 Verkaufsverträge → A 3.

01. Erläutern Sie die Pflichten von Verkäufer und Käufer im Rahmen eines Kaufvertrags.

Nach § 433 BGB ist der Verkäufer verpflichtet, die Sache dem Käufer zu übergeben, wobei die Sache frei von Sach- und Rechtsmängeln sein sollte. Dem Käufer ist das Eigentum an der Sache zu verschaffen. Aufgrund des gegenseitigen Vertrags ist der Käufer verpflichtet, die Gegenleistung durch Bezahlung der Ware zu erbringen. Zudem muss der Käufer dem Verkäufer die Ware abnehmen.

02. Erklären Sie die wesentlichen Merkmale eines Werkvertrags.

Der Auftragnehmer verpflichtet sich, das versprochene Werk herzustellen. Der Besteller ist zur Bezahlung der Leistungen verpflichtet (§ 631 BGB). Der Auftraggeber muss das Werk abnehmen. Der Auftraggeber muss das Werk körperlich entgegennehmen und dem Auftragnehmer erklären, dass das Werk vertragsgemäß erstellt wurde.

03. Erläutern Sie die Besonderheit des Werklieferungsvertrags anhand eines Beispiels.

Die Besonderheit des Werklieferungsvertrags besteht darin, dass der Auftragnehmer eigene Stoffe für die Herstellung des Werks verwendet. Bei einem „echten" Werklieferungsvertrag, dem die Herstellung nicht vertretbarer Sachen zugrunde liegt, gilt vor allem das Werkvertragsrecht. Ein Hersteller baut in einem Unternehmen eine spezielle Heizungsanlage ein und legt die Leitungen im gesamten Unternehmen.

3.5.3 Zollrecht beim Im- und Export

01. Welche Möglichkeiten des Protektionismus gibt es?

Im Rahmen eines Protektionismus (to protect = schützen) versucht ein Land durch tarifäre und nicht-tarifäre Handelshemmnisse die heimische Wirtschaft zu schützen.

Importbeschränkungen:

- Tarifäre Handelshemmnisse: Zölle
- Nicht tarifäre Handelshemmnisse: Bürokratieaufbau, technische Normen, Importkontingente.

Exportförderung:

- Subventionierung
- Dumping (geringerer Angebotspreis im Ausland als im Inland).

02. Welche Funktion haben Zölle?

Staaten erheben Zölle, um die eigene Wirtschaft zu schützen (Schutzzölle). Darüber hinaus dienen Zölle als Einnahmequelle. Zölle können jedoch die Handelsbeziehungen zu anderen Ländern negativ beeinflussen, da durch Zölle der Import (Nachfrage des Auslands) rückläufig sein kann.

03. Nennen Sie die Rechtsbereiche im grenzüberschreitenden Warenverkehr.

- Außenwirtschaftsrecht
- Europäisches Zollrecht (insbesondere der Zollkodex (ZK))
- AWG (Außenwirtschaftsgesetz)
- AWV (Außenwirtschaftsverordnung)
- Einschlägige Europäische Verordnungen (EVO)
- Umsatzsteuergesetz (UStG)
- Umsatzsteuerdurchführungsverordnung (UStDVO).

04. Erklären Sie, wie die Nomenklatur für die Gruppierung der Waren aufgebaut ist.

Die Warencodierung im Rahmen der Nomenklatur erfolgt mithilfe einer Codenummer.

05. Was wird verzollt?

Die meisten Zölle sind **Wertzölle**, d. h. sie werden auf den Zollwert erhoben. Es gibt aber auch Produkte, bei denen nicht der Zollwert, sondern das Zollnettogewicht die Basis für die Verzollung bildet, z. B. Stahl. Zur Unterscheidung vom Wertzoll bezeichnet man diesen Zoll als **Gewichtszoll**. Desgleichen ist eine Kombination der Zollbasis aus Wert und Gewicht denkbar, sodass Mischzölle entstehen.

06. Wie ermittelt man den Zollwert?

Soweit der Zoll als **Wertzoll** erhoben wird, errechnet sich der Zollwert wie folgt:

	Warenwert
-	Liefererskonto (auch wenn er später nicht in Anspruch genommen wird)
+	Verpackungskosten
+	Auslandsfracht (= Transportkosten bis zur EU-Außengrenze)
=	**Zollwert**

Der Zollwert ist also vereinfacht gesagt der Wert der Ware beim Grenzübertritt in das Zollgebiet der Europäischen Union.

07. Was ist die Handelsrechnung (commercial invoice)?

Sie ist das wichtigste Papier bei Im- und Exportgeschäften. Als **commercial invoice** dokumentiert sie, wer wann an wen welche Waren in welchen Mengen und in welchen Verpackungseinheiten geliefert hat. Sie ist zugleich **Grundlage für die Berechnung des Zollwertes**.

08. Wie berechnet man die Einfuhr-Umsatzsteuer?

Die Berechnungsbasis für die Einfuhr-Umsatzsteuer ergibt sich wie folgt:

	Zollwert (siehe Frage 06.)
+	Zoll (auf den Zollwert bezogen)
+	ggf. Verbrauchssteuern (z. B. Kaffeesteuer)
+	Inlandsfracht (Transportkosten innerhalb der EU)
=	**Berechnungsbasis für die Einfuhr-Umsatzsteuer**

Faktisch ist die Einfuhr-Umsatzsteuer also auch eine „Steuer auf die Steuer“ und eine „Steuer auf den Zoll“. Buchhalterisch ist sie Vorsteuer und verringert im Zuge des Vorsteuerabzugs die Umsatzsteuerschuld.

09. Was ist ein Zolllager?

Als Zolllager bezeichnet man ein Lager, in dem ein EU-ansässiges Unternehmen importierte Ware unverzollt (zwischen-)lagert. Erst wenn der Importeur diese Ware weiterverarbeitet oder an Kunden versendet, wird sie verzollt. Für den Importeur hat das den Vorteil, dass seine Zollschuld (bestehend aus Zoll und Einfuhr-Umsatzsteuer) nicht schon zum Zeitpunkt des Imports fällig ist, sondern erst, wenn sie aus dem Zolllager entnommen wird. Ein Großhändler, der mit einem Abnehmer einen Kauf auf Abruf vereinbart hat, zahlt also nur in dem Maß Zollschulden, wie der Abnehmer Ware abruft. Die Menge, die der Kunde abruft, wird aus dem Zolllager entnommen und wird verzollt und versteuert.

Man muss sich ein Zolllager nicht als ein separates Gebäude vorstellen; es genügt, dass die noch unverzollte Ware – deutlich als solche gekennzeichnet – von der übrigen Ware separiert ist.

Ein Unternehmen, das wegen des o. g. Vorteils daran interessiert ist, in seinem Lager ein Zolllager einzurichten, muss dies beantragen. Die Errichtung eines Zolllagers bedarf nämlich der Genehmigung. Die Genehmigung wird erteilt, wenn das Unternehmen bestimmte Voraussetzungen erfüllt. Es muss sich als vertrauenswürdig erwiesen haben, dem Finanzamt keinen Grund zur Beanstandung gegeben haben, weil seine Buchführung nicht ordnungsmäßig war und es muss die Zollbürgschaft einer Bank beibringen. Das bedeutet, die Bank des Unternehmens muss dem Zoll für die Einfuhrabgaben des Importeurs bürgen. Die Höhe der Zollbürgschaft entspricht den durchschnittlichen Jahreszollabgaben des Unternehmens, zu denen bei bestimmten Produkten (z. B. Kaffee, Tee) noch die Verbrauchssteuern sowie die Einfuhrumsatzsteuer kommen. Die Einfuhrumsatzsteuer bemisst sich an dem Betrag, der sich aus der Addition des vom Zollwert berechneten Zolls, den Inlandstransportkosten und den Verbrauchssteuern ergibt.

Manchmal ist das **Konsignationslager** zugleich Zolllager. Verzollt wird die Ware erst, wenn sie an den Kunden ausgeliefert wird.

10. Welche Bedeutung hat ein Lager im Freihafen?

Waren, die in Freihäfen lagern, unterliegen nicht dem Zoll, d. h. sie sind – vorerst – frei von Zöllen. Verzollt werden sie erst, wenn sie aus dem Freihafen ins Wirtschaftsgebiet gehen. Es kommt auf die physische Bewegung der Produkte an, d. h. erst wenn sie wirklich aus dem Freihafen ins Wirtschaftsgebiet transportiert werden, fällt der Zoll an. Wann der Kaufvertrag geschlossen wurde, ist unerheblich.

Freihäfen gehören zwar zum Staatsgebiet, sind aber nicht Zollgebiet. Freihäfen sind räumlich exakt definiert und gegenüber dem Wirtschaftsgebiet abgegrenzt. Klassische Freihäfen sind in Deutschland die Seehäfen in Hamburg, Bremerhaven und Cuxhaven.

Ein deutsches Unternehmen, das Ware aus dem Drittstaatsgebiet, also von außerhalb der EU, bezieht und diese Ware im Freihafen lagert, hat diese Ware rechtlich noch nicht importiert. Verkauft das Unternehmen diese Ware an einen Kunden in einem Drittstaatsgebiet weiter, liegt also auch kein Export vor, da sich die Ware ja gar nicht erst im Wirtschaftsgebiet befand.

11. Was bescheinigt die Zollfaktura (customs invoice)?

Beispiel: Ein kanadisches Unternehmen kauft von einem deutschen Großhändler Waren zur Lieferung nach Kanada.

Die Außenwirtschaftsbestimmungen der USA und der Commonwealth-Staaten (dazu gehört auch Kanada) verlangen die Vorlage der Zollfaktura. Ihr liegt die Handelsrechnung (commercial invoice) des Exporteurs zugrunde. Der Exporteur lässt sich auf einem amtlichen Vordruck von seiner Industrie- und Handelskammer bestätigen, dass der in der commercial invoice genannte Preis marktüblich ist. An dieser Bescheinigung ist der kanadische Zoll interessiert. Da der berechnete Preis die Basis zur Ermittlung des Zollwertes bildet, weiß die kanadische Zollbehörde nun, dass der kanadische Kunde den Zoll nicht betrügen wird. Es hätte ja sein können, dass auf der Rechnung ein viel zu niedriger Preis ausgewiesen wird, sodass der Importeur viel weniger Zoll entrichten müsste. Die Differenz zwischen dem auf der Rechnung ausgewiesenen fiktiven niedrigen Preis und dem tatsächlich vom Kunden zu zahlenden Wert würde dann in einer zweiten Rechnung gestellt werden; als Rechnungsgrund wäre ein Sachverhalt angegeben, der nach kanadischem Recht nicht zollpflichtig ist (z. B. Beratungsdienstleistung o. Ä.).

12. Worüber geben Ursprungszeugnisse Auskunft?

Auf Ursprungszeugnissen (certifications of origin) wird bezeugt, dass eine gelieferte Ware in einem bestimmten Land hergestellt wurde. Diese Herkunftsbescheinigung ist bei Importen besonders wichtig, weil Produkte, die aus bestimmten Ländern stammen, mit einem anderen Zollsatz belegt werden als die gleichen Produkte, die von anderswo stammen.

13. Wer bezeugt beim Certificate of Origin die Herkunft?

Das Certificate of Origin benötigt der Exporteur, wenn es entweder die Zollbehörde des Importlandes verlangt oder weil es der Kunde wünscht (um damit seinen Kunden gegenüber die Herkunft der Produkte dokumentieren zu können). Der Exporteur beantragt es bei der IHK, wenn er die Ware versandbereit hat.

14. Wer benötigt das Certificate of Origin Form A?

Die Form A benötigt ein Importeur, wenn er bestimmte landwirtschaftliche, industrielle oder textile Produkte aus Entwicklungsländern importieren und er für diese Importe Zollvergünstigungen in Anspruch nehmen möchte. Diese Zollvergünstigungen beruhen auf bi- oder multilateralen Staatsabkommen.

Der Exporteur in dem Entwicklungsland beantragt die Form A bei den Behörden seines Landes. Bescheinigt wird, dass die betreffenden Waren in diesem Land erzeugt bzw. bearbeitet oder verarbeitet wurden.

15. Was sind Präferenznachweise?

Wie das Certificate of Origin bezeugen die Präferenznachweise, dass die Produkte aus einem bestimmten Land stammen, dort erzeugt, be- oder verarbeitet worden sind. Aufgrund ihrer Herkunft werden sie von den Zollbehörden des Importlandes bevorzugt, d. h. präferiert. Die Präferenz, die diese Produkte genießen, indem sie z. B. mit einem geringeren Zoll belegt werden, fußt auf Abkommen, die die Europäische Gemeinschaft mit Drittstaaten abgeschlossen hat.

16. Wann benötigt man die Warenverkehrsbescheinigung EUR. 1?

Sie ist für den Warenverkehr mit Staaten erforderlich, mit denen die EG

- Freihandelsabkommen,
- Präferenzabkommen,
- Kooperationsabkommen oder
- Assoziierungsabkommen

abgeschlossen hat.

Ausgestellt wird EUR. 1 von der zuständigen Versandzollstelle. Die Warenverkehrsbescheinigung kann sowohl den Export von Waren als auch den Import präferieren, d. h. zweiseitig gelten. Es ist aber ebenso vorstellbar, dass die Warenverkehrsbescheinigung nur einseitig gilt, also nur den Import begünstigt.

17. Wofür wird die Warenverkehrsbescheinigung A. Tr. benötigt?

Der Präferenznachweis EUR. 1 ist sehr viel häufiger zu finden als die Warenverkehrsbescheinigung A. Tr. Sie betrifft industrielle Waren der Kapitel 27 bis 97 des gemeinsamen Zolltarifs der EG für Waren, die unmittelbar von der Türkei in die EU oder von der EU in die Türkei befördert werden. Sie gilt nicht für Kohle und Stahl sowie bestimmte landwirtschaftliche Produkte.

18. Erklären Sie den Unterschied zwischen Gemeinschaftswaren und Nichtgemeinschaftswaren.

Gemeinschaftswaren sind Waren, die vollständig im Zollgebiet der Gemeinschaft gewonnen oder herstellt wurden. Zudem können es Waren aus nicht zum Zollgebiet der Gemeinschaft gehörenden Ländern sein, die in den zollrechtlich freien Verkehr der Gemeinschaft überführt worden sind (vgl. Zollkodex Art. 4 Nr. 7).

Nichtgemeinschaftswaren sind gemäß Zollkodex Waren, die nicht unter Art. 4 Nr. 7 Zollkodex fallen. Dazu gehören alle Waren, die aus Drittländern kommen, aber nicht zum freien Verkehr zugelassen wurden. Wenn ein freier Verkehr möglich ist, sind die Waren Gemeinschaftswaren.

19. Erklären Sie die Unterschiede zwischen aktiver und passiver Veredelung.

Aktive Veredelung:
Nach Art. 114 - 129 Zollkodex werden Nichtgemeinschaftswaren zur Be- und Verarbeitung eingeführt und anschließend wieder ausgeführt. Wenn die Einfuhrwaren in den Ausfuhrwaren vollständig enthalten sind und der Veredelungsverkehr genehmigt wurde, fallen keine Einfuhrabgaben an.

Passive Veredelung:
Werden Waren aus der Europäischen Gemeinschaft (Europäischen Union) zur Be- und Verarbeitung in ein Drittland ausgeführt und anschließend wieder eingeführt, dann liegt eine passive Veredelung gemäß Art. 145 - 160 Zollkodex vor. Da die veredelten Teile bei der Wiedereinfuhr Vorprodukte der Gemeinschaft enthalten, werden Zollermäßigungen nach verschiedenen Berechnungsverfahren gewährt.

20. Was sind Freihandelszonen?

Freihandelszonen führen verschiedene staatliche Territorien zu einem Gebiet (Zone) zusammen, auf dem freier Handel herrscht, also keine Zölle erhoben werden. Neben der Mercosur-Zone in Amerika ist der **Europäische Wirtschaftsraum (EWR)** die größte Freihandelszone. Der EWR wurde 1993 nach der Vollendung des EU-Binnenmarktes geschaffen und umfasst die Mitgliedsstaaten der Europäischen Gemeinschaft und die Mitgliedsstaaten der früheren EFTA[1] (European Free Trade Area), jedoch ohne die Schweiz.

Unternehmen aus einem EFTA-Land (außer der Schweiz) werden so behandelt wie die Unternehmen der Europäischen Gemeinschaft. Sie haben (zoll)freien Zugang zum gemeinsamen Markt und umgekehrt können Unternehmen aus einem EG-Land ungehindert Waren an ein Unternehmen in einem EFTA-Land liefern; auf die Ware wird kein Zoll erhoben.

---

[1] Derzeit sind in der EFTA die Länder Island, Liechtenstein, Norwegen und Schweiz.

In der EFTA schlossen sich einst die europäischen Staaten zusammen, die zwar eine wirtschaftliche Integration, aber keine politische wollten. Im Gegensatz zur EFTA war für die Gründungsmitglieder der Europäischen Union die wirtschaftliche Integration Europas nur die Vorstufe zur politischen Einheit Europas. Sie strebten nicht nur die wirtschaftliche Gemeinschaft an, sondern ebenso die politische Zusammenarbeit. Mit dem Vertrag von Maastricht ist dieses Ziel im Bereich der Währungspolitik gelungen; in anderen Bereichen ist eine gemeinsame europäische Politik ausdrücklich angestrebt: Außen- und Sicherheitspolitik, Innen- und Rechtspolitik.

21. Was sind Präferenzabkommen?

Mit diesen Abkommen wird es Unternehmen aus bestimmten Ländern leichter gemacht, ihre Waren auf dem Europäischen Binnenmarkt anzubieten. Sie stoßen dort auf keine Marktzutrittsschranken und stehen damit günstiger als Unternehmen, denen gegenüber in Form des Zolls der Marktzugang erschwert wird. Denn Produkte, auf die Zoll zu entrichten war, können auf dem Markt natürlich nicht so günstig angeboten werden, wie Waren, die durch niedrigere Zölle oder sogar völlige Zollfreiheit begünstigt werden. In (un)guter Erinnerung ist noch der Bananenstreit zwischen der EU und den USA, die ihren Grund in der unterschiedlichen Zollbehandlung hatten. Die „Dollar-Bananen" mussten bei der Einfuhr in die Europäische Gemeinschaft verzollt werden, während die Einfuhr von Bananen aus z. B. Martinique nicht verzollt werden musste, weil sie unter ein Präferenzabkommen fiel.

22. Haben sich Präferenzabkommen bewährt?

Das wohl bekannteste Präferenzabkommen ist das sog. **AKP-Abkommen**. Staaten aus **A**frika, der **K**aribik und des **P**azifiks einerseits und die Europäische Union andererseits vereinbarten erstmals im Pakt von Lomé, dass Unternehmen der AKP-Staaten ihre Waren zollfrei auf dem Europäischen Binnenmarkt anbieten können. Umgekehrt gilt natürlich, dass auch auf Warenlieferungen von Unternehmen aus dem Gemeinschaftsgebiet von den AKP-Staaten keine Zölle erhoben werden. Dieses erste Abkommen ist inzwischen mit immer mehr Staaten aus dem AKP-Raum durch weitere Abkommen erweitert und ergänzt worden.

Kritiker wenden ein, dass damit die AKP-Staaten dauerhaft in Abhängigkeit von modernen Volkswirtschaften bleiben. Die Unternehmen des AKP-Raumes haben zwar freien Zugang zum Binnenmarkt; da sie im Wesentlichen jedoch Rohprodukte auf dem Europäischen Binnenmarkt anbieten und verkaufen, werden sie zum einen niemals soviel einnehmen, wie sie für den Import von Fertigerzeugnissen ausgeben müssen. Um die Importe bezahlen zu können, müssen sie sich weiter verschulden.

Dieser Sichtweise ist entgegenzuhalten, dass der freie Zugang zum Europäischen Binnenmarkt den Unternehmen aus dem AKP-Raum mehr Umsatz bringt. Sie entrichten dementsprechend mehr Steuern, sodass die AKP-Staaten höhere Steuereinnahmen erzielen. Mit diesen Einnahmen kann die örtliche Infrastruktur verbessert werden, was wiederum die Wettbewerbsfähigkeit der Unternehmen steigert. Präferenzabkommen sind also praktizierte Entwicklungspolitik.

Im Jahr 2000 wurde in Cotonou (Benin) ein Nachfolgeabkommen unterzeichnet, das 2003 in Kraft getreten ist. Wesentliche Aspekte des Cotonou-Abkommens sind: Bekämpfung der Arbeit, Entwicklungszusammenarbeit. Im Bereich der Politik wird „good governance" (z. B. keine Verletzung der Menschenrechte, keine Terrorunterstützung, Förderung der Demokratie usw.) vorausgesetzt. Die Handelsvorteile zwischen den AKP-Staaten und der EU mussten 2007 beendet werden, weil keine Konformität mit den WTO-Regeln vorhanden war. Seitdem werden mit den einzelnen AKP-Staaten bilaterale Abkommen geschlossen.[1]

23. Was bewirken Assoziierungsabkommen?

Mit Assoziierungsabkommen werden Drittstaaten mit der Europäischen Gemeinschaft verbunden. Der Drittstaat (und die darin ansässigen Unternehmen und Bürger) wird so behandelt, als sei er kein Drittstaat, sondern Mitglied der Europäischen Gemeinschaft. So besteht z. B. zwischen der Türkei und der EU ein Assoziierungsabkommen. Das hat zur Folge, dass die meisten türkischen Produkte zollfrei auf dem Europäischen Binnenmarkt angeboten werden können, ohne dass es der Türkei möglich ist, Einfluss auf die Politikgestaltung der EU zu nehmen.

24. Welche Beratungsleistungen erbringt die Bundesagentur für Außenwirtschaft?

Folgende Beratungsleistungen werden von der **Bundesagentur für Außenwirtschaft** (bfai) erbracht:

- Informationen über den ausländischen Markt
- Zollwesen
- Steuerrecht
- Direktinvestitionen

usw.

[1] Vgl. *http://www.bmz.de/de/ministerium/wege/ez_eu/eu-wege/akpstaaten/index.html,* Abrufdatum 01.12.2020.

3.5.4 Abfallwirtschaft

>> 3.3.7

01. Welchen allgemeinen Umweltbelastungen gibt es? Welche wichtigen, einschlägigen Gesetze und Verordnungen sind zu beachten?

Gegenstand/ Medium	Allgemeine Umweltbelastungen	Gesetze, Verordnungen – Beispiele	
Luft	Emissionen, Immissionen (Gase, Dämpfe, Stäube)	BImSchG ChemG StörfallV	TA Luft TA Lärm
Wasser	Entnahme von Rohwasser, Einleiten von Abwasser	WHG AbwAG WRMG	ChemG Landes-wasserrecht
Boden	Stoffliche/physikalische Einwirkungen, Beeinträchtigung der ökologischen Leistungsfähigkeit; Gewässerverunreinigung durch kontaminierte Böden; Kontaminierung durch Immissionen, Altdeponien und ehemalige Industrieanlagen	BBodSchG ChemG Strafgesetzbuch AltölV	Bundesnaturschutzgesetz Ländergesetze
Abfall	Fehlende/fehlerhafte Abfallvermeidung, Abfallverwertung, Abfallentsorgung	KrWG AltölV BestbüAbfV	NachwV ElektroG Reach[1]
Natur	Beeinträchtigung des Naturhaushalts und des Landschaftsbildes durch Bauten, deren wesentliche Änderung und durch den Bau von Straßen	Bundesnaturschutzgesetz Bauleitplanung	Bebauungspläne Flächennutzungspläne

02. Welche wesentlichen Bestimmungen enthält das Kreislaufwirtschaftsgesetz?

Die Umsetzung der Abfallrahmenrichtlinie der Europäischen Union führte zu einer Novellierung des Kreislaufwirtschaftsgesetzes. Die Gesetzesänderung trat am 29.10.2020 in Kraft. Die Kernziele der Novelle liegen darin, die Ressourceneffizienz zu verbessern und die Abfälle zu vermeiden. Wichtige **ausgewählte** Änderungen sind:

[1] „Registrierung, Bewertung, Zulassung und Beschränkung chemischer Stoffe (REACH) und Schaffung einer Europäischen Agentur für chemische Stoffe".

RECHTSGRUNDLAGEN

- **§ 5 KrWG, Ende der Abfalleigenschaften** wurde konkretisiert:

  (1) Die Abfalleigenschaft eines Stoffes oder Gegenstandes endet, wenn dieser ein Recycling oder ein anderes Verwertungsverfahren durchlaufen hat und so beschaffen ist, dass

  1. er üblicherweise für bestimmte Zwecke verwendet wird,
  2. ein Markt für ihn oder eine Nachfrage nach ihm besteht,
  3. er alle für seine jeweilige Zweckbestimmung geltenden technischen Anforderungen sowie alle Rechtsvorschriften und anwendbaren Normen für Erzeugnisse erfüllt sowie
  4. seine Verwendung insgesamt nicht zu schädlichen Auswirkungen auf Mensch oder Umwelt führt.

- **§ 20 Abs. 2 KrWG, Getrenntsammlungspflicht von Abfällen**

  Bei Abfällen aus privaten Haushaltungen werden die öffentlich-rechtlichen Entsorgungsträger verpflichtet, getrennt zu sammeln. Die Getrenntsammlungspflicht von Abfällen wurde spezifiziert. Dies betrifft Bio-, Kunststoff-, Metall-, Papier- und Textilabfälle, Glas, Sperrmüll und gefährlich Abfälle. Ab 01.01.2025 gilt eine Getrenntsammlungspflicht für Textilabfälle.

- **§ 14 Abs. 1 KrWG, Anpassung und Neuberechnung der Recyclingquoten**

  Die Vorbereitung zur Wiederverwendung und das Recycling von Siedlungsabfällen sollen betragen:

  1. spätestens ab dem 1. Januar 2020 insgesamt mindestens 50 Gewichtsprozent,
  2. spätestens ab dem 1. Januar 2025 insgesamt mindestens 55 Gewichtsprozent [...]

- **§§ 23 ff. KrWG** (siehe auch >> 3.3.7 Aufgabe 8)

  Detaillierte Darlegung der Produktverantwortung: Ressourceneffizienz steigern; sparsamer Einsatz von kritischen Stoffen; Wiederverwendung und Reparatur von Erzeugnissen ermöglichen; Obhutspflicht bei Rücknahme oder Rückgabe, um die Gebrauchstauglichkeit der Erzeugnisse zu erhalten und Abfälle vermeiden.

- **§ 45 KrWG**

  (1) Die Behörden des Bundes sowie die der Aufsicht des Bundes unterstehenden juristischen Personen des öffentlichen Rechts, Sondervermögen und sonstigen Stellen sind verpflichtet, durch ihr Verhalten zur Erfüllung des Zweckes des § 1 beizutragen.

  (2) Die Verpflichteten nach Absatz 1 haben, insbesondere unter Berücksichtigung der §§ 6 bis 8, bei der Gestaltung von Arbeitsabläufen, bei der Beschaffung oder Verwendung von Material und Gebrauchsgütern, bei Bauvorhaben und sonstigen Aufträgen, ohne damit Rechtsansprüche Dritter zu begründen, Erzeugnissen den Vorzug zu geben, die

1. in rohstoffschonenden, energiesparenden, wassersparenden, schadstoffarmen oder abfallarmen Produktionsverfahren hergestellt worden sind,
2. durch Vorbereitung zur Wiederverwendung oder durch Recycling von Abfällen, insbesondere unter Einsatz von Rezyklaten, oder aus nachwachsenden Rohstoffen hergestellt worden sind,
3. sich durch Langlebigkeit, Reparaturfreundlichkeit, Wiederverwendbarkeit und Recyclingfähigkeit auszeichnen oder
4. im Vergleich zu anderen Erzeugnissen zu weniger oder schadstoffärmeren Abfällen führen oder sich besser zur umweltverträglichen Abfallbewirtschaftung eignen.

03. Wie wird die Abfallhierarchie nach dem KrWG gestaltet?

RECHTSGRUNDLAGEN

§ 6 KrWG

(1) Maßnahmen der Vermeidung und der Abfallbewirtschaftung stehen in folgender Rangfolge:
1. Vermeidung,
2. Vorbereitung zur Wiederverwendung,
3. Recycling,
4. sonstige Verwertung, insbesondere energetische Verwertung und Verfüllung,
5. Beseitigung.

04. Erläutern Sie die Aufgaben eines Systems zur Rücknahme von Verpackungen sowie zum Recycling.

Der Endverbraucher führt eine Trennung der Verpackungen (Papier/Pappe/Karton; Glas getrennt nach Farben; Leichtverpackungen mit Kunststoffen, Aluminium usw.) durch. Die Anbieter des dualen Systems sammeln in Kooperation mit den Kommunen, z. B. mithilfe von Sammelcontainern (**Bringsystem**), die Materialien. Diese werden wiederaufbereitet (Recycling) und z. B. im Falle von Papier den Papierfabriken zur Verfügung gestellt. Glas wird über Wiederaufbereitungsanlagen den Glashütten zur weiteren Verwendung zur Verfügung gestellt. Ein **Holsystem** liegt durch Abholung des Gelben Sacks vor.

4. Marketing und Vertrieb

INFO

Prüfungsanforderungen

Nachweis folgender Fähigkeiten:

- Verstehen der marketing- und vertriebspolitischen Instrumente.
- Kriterien der Marketingplanung beschreiben.
- Die Bedeutung der Distribution verstehen.
- Die zentrale Funktion des Bereichs Marketing und Vertrieb innerhalb eines Unternehmens und unter Berücksichtigung außenwirtschaftlicher und interkultureller Kommunikationsaspekte darlegen können.

Qualifikationsschwerpunkte (Überblick)

4.1 Marketingplanung

4.2 Marketinginstrumentarium/Marketingmix

4.3 Vertriebsmanagement

4.4 Internationale Geschäftsbeziehungen und Geschäftsentwicklung/Interkulturelle Kommunikation

4.5 Spezielle Rechtsaspekte

4.1 Marketingplanung

4.1.1 Marketingprozess

01. Was versteht man unter Absatz?

Der Begriff **Absatz** wird unterschiedlich verwendet:

Absatz – Begriffe	
Menge, x	die in einer Periode verkauften Güter
Wert, x • p (Umsatz)	verkaufte Gütermenge x multipliziert mit dem Preis p; in dieser Verwendung ist der Begriff identisch mit dem Umsatz (= x • p)
weitere Blickwinkel	Unter Absatz versteht man nicht nur die reine Verkaufstätigkeit, sondern auch die Vorbereitung, Anbahnung, Durchführung und Abwicklung der vertriebs- und absatzorientierten Tätigkeit eines Unternehmens. Der Absatzbereich stellt den letzten Hauptfunktionsbereich der Kette „Beschaffung – Produktion – Absatz“ dar.

02. Was versteht man unter Marketing?

Nach Meffert ist „Marketing die bewusst marktorientierte Führung des gesamten Unternehmens, die sich in Planung, Koordination und Kontrolle aller auf die aktuellen und potenziellen Märkte ausgerichteten Unternehmensaktivitäten niederschlägt.“ Man kann diesen logischen Ablauf der Marketingaktivitäten – analog zum Managementregelkreis – als **Kreislauf des Marketings** darstellen (auch: Marketingphasen):

03. In welche Phasen lässt sich der Marketingprozess gliedern?

Wie jeder andere Entscheidungsprozess – entsprechend dem Management-Regelkreis – lässt sich der Marketingprozess in sechs Phasen zerlegen:

Phasen	Beispiele
1. Problemerkennung	zunehmender Wettbewerb, Preisverfall
2. Informationsbeschaffung	Marktforschung: Daten sammeln; Ist-Analyse: Aufbereitung und Bewertung der Daten
Datenanalyse Risiko- und Stakeholderanalyse	interne/externe Daten (Rechnungswesen, Ergebnisse der Marktforschung), Risikomanagement, Untersuchung der internen und externen Interessensgruppen (Stakeholder)
3. Zielsetzung, Konzeption	Leitbild, Corporate Identity, Unternehmensphilosophie, strategische und operative Eckpunkte im Konzept darlegen
4. Planung	Entwicklung und Auswahl von strategischen Marketingzielen (Programm, Marktsegmente), Entwicklung und Optimierung des Marketingmix (operativ), Verabschiedung des Marketingplans und des Marketingbudgets durch eine Managemententscheidung
5. Realisierung	Umsetzung der Marketingkonzeption; innere und äußere Marketingorganisation
6. Kontrolle	Controlling des Marketingplans (Soll-Ist-Vergleich)

4.1.2 Marketingziele und -aufgaben

01. Welche Ziele hat das Marketing?

Ebenso wie in anderen betrieblichen Teilfunktionen kann man die Ziele des Marketings nach unterschiedlichen Gesichtspunkten differenzieren:[1]

Ziele des Marketing

Allgemeine Ziele[1]	**Spezielle Ziele**	**Quantitative Ziele**	**Qualitative Ziele**
Beispiele			
► **Produktziele**, z. B. Sortimentsbereinigung ► **Distributionsziele**, z. B. Erschließung des Marktes X ► **Kontrahierungsziele**, z. B. Verbesserung der Verkaufskonditionen ► **Kommunikationsziele**, z. B. Verbesserung des Bekanntheitsgrades	► Verbesserung des Marktanteils ► Erhöhung des Bekanntheitsgrades ► Kundenorientierung, Neukundengewinnung ► Einführung neuer Produkte ► Imageverbesserung	► Umsatzziele ► Gewinnziele ► Marktanteilsziele ► Kostenziele	► Bekanntheitsgrad ► Image ► Qualität ► Vertrauen ► Kundenzufriedenheit

[1] Zieldefinition in Bezug zu den Marketinginstrumenten.

02. Welche Aufgaben hat das Marketing?

Die Aufgaben des Marketings leiten sich aus den Zielen ab und sind zweigeteilt:

Aufgaben des Marketings	
1. Informationsbeschaffung	**2. Einsatz der Marketinginstrumente**
Marktforschung und Marktbeobachtung Die Erfassung von Daten über die einzelnen Märkte, z. B. die Zahl der Abnehmer, deren regionale Verteilung, deren Kaufkraft usw. Die Erforschung der Konkurrenzsituation, der Kapazität der Konkurrenten, deren Marktanteile sowie die Untersuchung der Produkte.	Optimaler Einsatz der Instrumente zur Marktgestaltung: ► **Produktpolitik** z. B. Sortimentspolitik, Produktgestaltung, Produktprogrammpolitik, Kundendienst ► **Preispolitik** (auch: Kontrahierungspolitik) z. B. Rabattpolitik, Zahlungs- und Lieferbedingungen ► **Distributionspolitik** z. B. Absatzwege, Logistik ► **Kommunikationspolitik** z. B. Werbung, persönlicher Verkauf, Verkaufsförderung, Public Relations, Sponsoring

- Primäre Marktforschung: Erhebung neuer Daten (**field research**)

  Interviews (mündlich, telefonisch) mit Kunden (oder Lieferanten bei der Beschaffungsmarktforschung), Besuche bei den Kunden, Beobachtungen des Käuferverhaltens

- Sekundäre Marktforschung: Auswertung bereits vorhandener Daten (**desk research**)

  Analyse von Berichten über die Kunden, (bei Beschaffungsmarktforschung: Qualität der Produkte, technische Verfahren, Zuverlässigkeit der Lieferanten durch Referenzanalysen), statistische Analysen, Internetrecherchen, Durchführung von Bilanz- und Konkurrenzanalysen anhand von Geschäftsberichten, gesamtwirtschaftliche Branchenanalysen

- Optimaler Einsatz der Instrumente zur Marktgestaltung:
  - **Produktpolitik**
    z. B. Sortimentspolitik, Produktgestaltung, Produktprogrammpolitik, Kundendienst
  - **Preispolitik** (auch: Kontrahierungspolitik)
    z. B. Rabattpolitik, Zahlungs- und Lieferbedingungen

- **Distributionspolitik**
  z. B. Absatzwege, Logistik
- **Kommunikationspolitik**
  z. B. Werbung, persönlicher Verkauf, Verkaufsförderung, Public Relations, Sponsoring.

4.1.3 Marketingstrategien

01. Was ist eine Marketingstrategie?

Eine Marketingstrategie ist eine **langfristig orientierte Grundsatzentscheidung** zur Erreichung der Marketingziele. Sie übernimmt die Funktion, Marketingmaßnahmen zu kombinieren und zu koordinieren und damit einen gemeinsamen Handlungsrahmen zu bilden. Marketingstrategien sind ausgerichtet auf Bedarfssituationen und/oder Wettbewerbssituationen auf Märkten bzw. dienen der Entwicklung des unternehmenseigenen Leistungspotenzials. Grundsätzlich sollten die „richtigen Dinge" („Doing the right things") hinsichtlich des Marketings verfolgt werden.

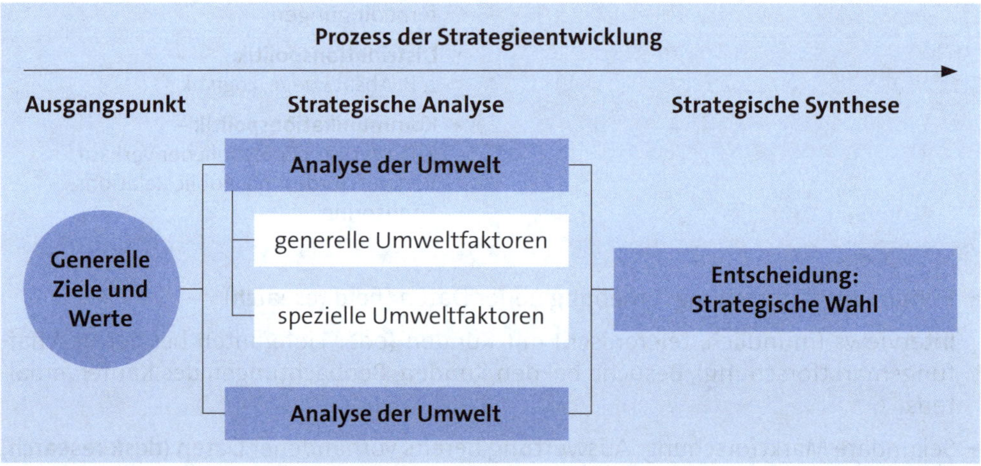

02. Welche Strategien sind geeignet, um das eigene Unternehmen in einem neuen Markt zu positionieren?

Wenn ein Unternehmen in einen neuen Markt eintritt, dann muss es sich auf diesem Markt **positionieren:**

- Es muss vom Kunden als Anbieter wahrgenommen werden.
- Es muss den Nutzen seiner Produkte gegenüber den Kunden vermitteln.
- Der Nutzen der Produkte muss im Verhältnis zur Konkurrenz höher sein.
- Das Unternehmen muss sich in der **Wahrnehmung** des Kunden vom Wettbewerb abheben (Politik der Differenzierung).

Es gibt eine Vielzahl von **Strategien und Maßnahmen, das eigene Unternehmen am Markt zu positionieren**, z. B.:

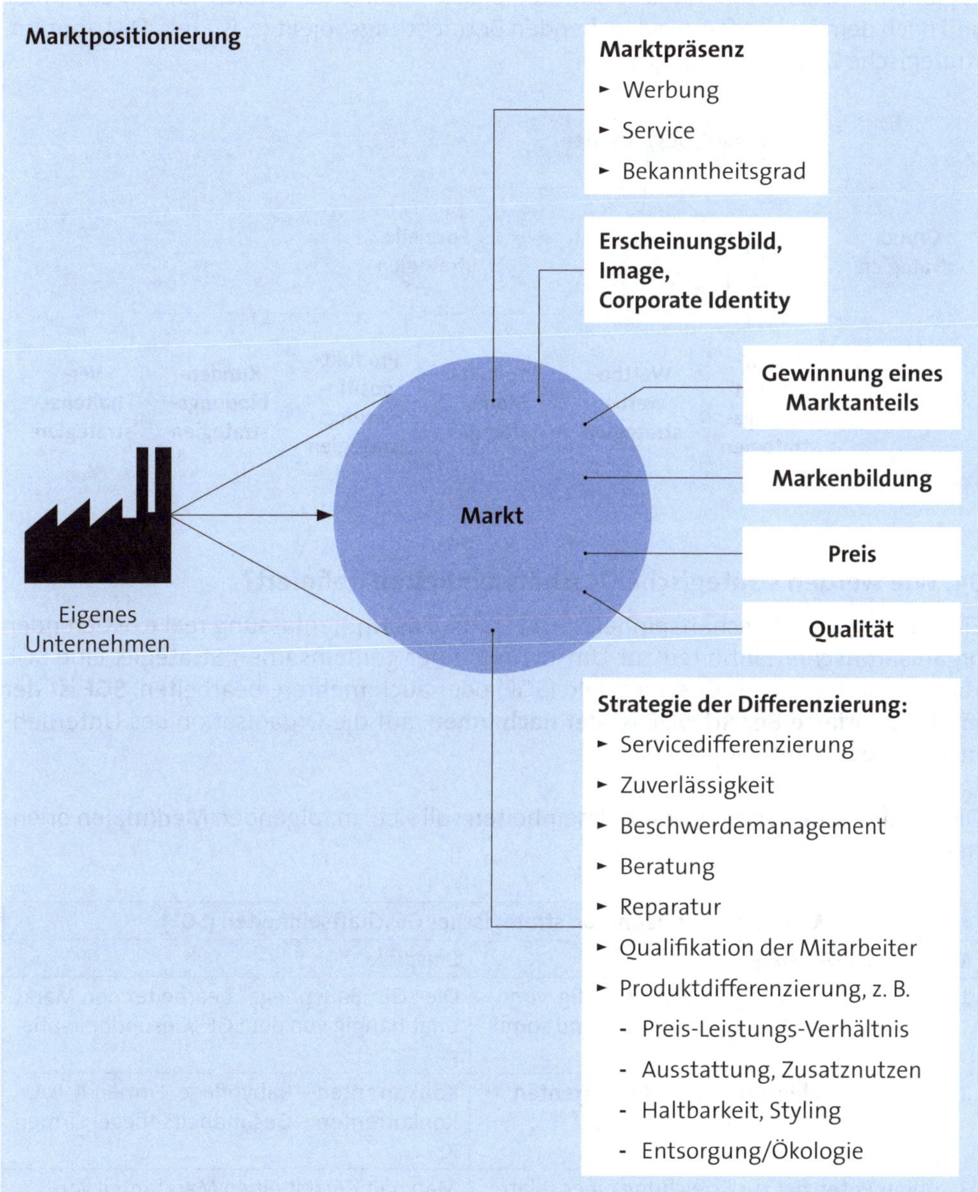

03. Welche Marketingstrategien können von den Unternehmen eingesetzt werden?

Es gibt eine Vielzahl von Marketingstrategien. Sie unterscheiden sich nach ihrem Inhalt und nach dem im Vordergrund stehenden Betrachtungsobjekt (z. B. Preis, Distribution, strategische Geschäftseinheit u. Ä.):

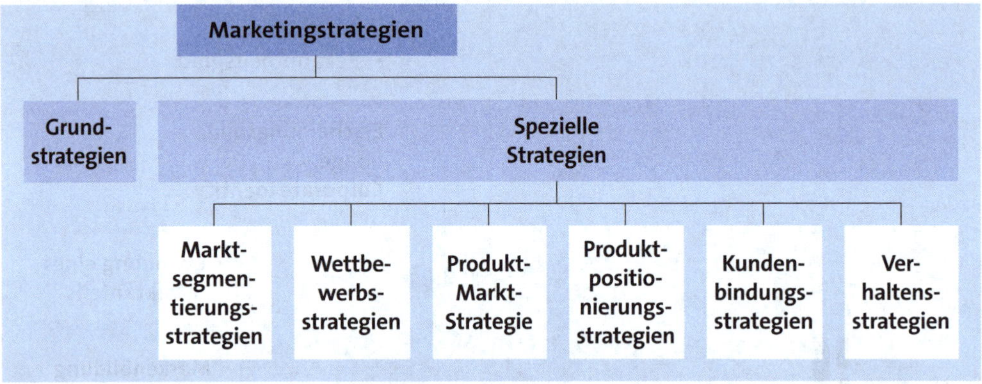

04. Wie werden strategische Geschäftseinheiten definiert?

Eine strategische Geschäftseinheit (SGE) ist die Zusammenfassung real existierender, organisatorischer Einheiten zur Umsetzung einer gemeinsamen Strategie. Eine SGE kann ein strategisches Geschäftsfeld (SGF) oder auch mehrere bearbeiten. **SGF ist der marktorientierte Begriff. SGE ist der nach innen**, auf die Organisation des Unternehmens **ausgerichtete Begriff**.

Die Bildung strategischer Geschäftseinheiten soll sich an folgenden **Merkmalen** orientieren:

Merkmale zur Definition strategischer Geschäftseinheiten (SGE)		
Merkmale: SGEs sollen ...		**Beispiele**
1	in ihrer **Marktaufgabe eigenständig**, von anderen SGEs unabhängig sein, und somit	Die SGE „Babypflege" bearbeitet den Markt unabhängig von der SGE „Gesundheitspflege".
2	eindeutig **identifizierbare Konkurrenten** haben,	Konkurrenten – Babypflege: Firmen A, B, C Konkurrenten – Gesundheitspflege: Firmen X, Y
3	über **Potenzial** zur Erreichung eines relativen Wettbewerbsvorteils verfügen,	Man hält derzeit einen Marktanteil von 25 % für erforderlich. Die Aussichten für eine weitere Marktdurchdringung werden positiv beurteilt.

Merkmale zur Definition strategischer Geschäftseinheiten (SGE)		
Merkmale: SGEs sollen ...		**Beispiele**
4	in sich möglichst **homogen** (Produkt-/Marktkombination) und bezogen auf andere SGEs möglichst **heterogen** sein,	Die Produktpalette der SGE „Babypflege" ist weitgehend geschlossen und ergänzt sich (Homogenität). Sie unterscheidet sich von der „Gesundheitspflege" hinsichtlich Preis, Verwendung, Ausstattung und Substituierbarkeit (Heterogenität).
5	über ausreichende **Kompetenz** verfügen.	Die SGE „Babypflege" hat im Management und im Kreis der ausführenden Mitarbeiter ausgeprägte Fachkompetenz; die Technologie ist auf hohem Niveau.

05. Welche Grundsatzstrategien werden unterschieden?

Als Grundsatzstrategie (auch: Marktstrategie) bezeichnet man die prinzipielle Ausrichtung des Gesamtmarketing eines Unternehmens. Man unterscheidet:

- **Differenzierungsstrategie:**
  Das Unternehmen will sich von den Wettbewerbern unterscheiden.

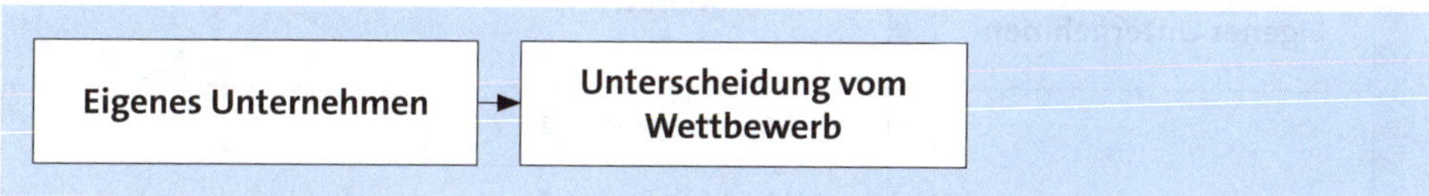

- **Anpassungsstrategie:**
  Das Unternehmen will sich den Wettbewerbern anpassen.

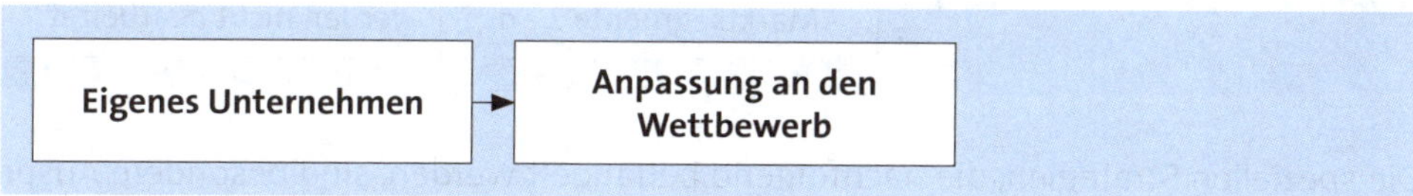

- **Undifferenzierte Strategie:**
  Das Unternehmen versucht den Gesamtmarkt oder Teile des Marktes mit **einer** (Global-)Marketingstrategie zu bearbeiten.

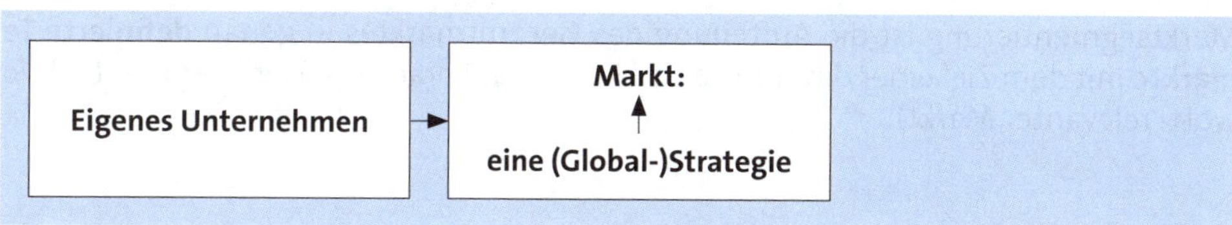

- **Differenzierte Strategie:**
  Der Gesamtmarkt wird in unterschiedliche Marktsegmente eingeteilt. Die Marktsegmente werden mit unterschiedlichen Strategien bearbeitet.

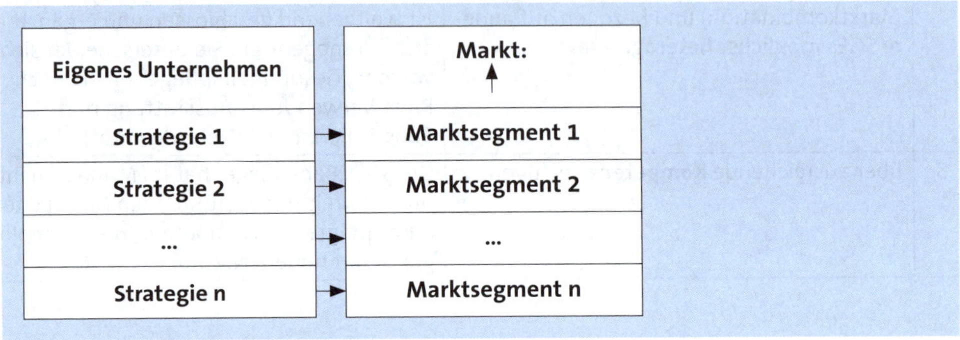

- **Segmentorientierte Strategie:**
  Das Unternehmen bearbeitet nur eine begrenzte Anzahl von Marktsegmenten des Gesamtmarktes. Für diese ausgewählten Marktsegmente wird eine geeignete Strategie entwickelt:

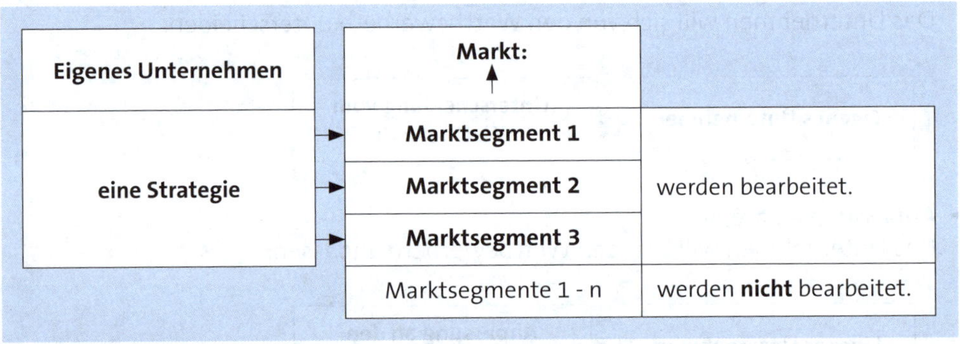

Die speziellen Strategien, die nachfolgend behandelt werden, sind besondere Ausprägungen oder Kombinationen der Grundstrategien.

06. Was bezeichnet man als Marktsegmentierung?

Marktsegmentierung ist die Aufteilung des Gesamtmarktes in genau **definierte Teilmärkte** mit dem Ziel einer differenzierten Kundenansprache (= Marktsegmente; Stichwort: relevanter Markt).

Vorteile der Marktsegmentierung:

- differenzierter Einsatz des Marketingmix
- spezielles Eingehen auf Kundenbedürfnisse
- präzise Markterfassung und -prognose möglich
- präzise Marktabgrenzung möglich
- Abgrenzung zum Wettbewerb.

Die Marktsegmentierung nach relevanten Merkmalen ist Grundlage der Zielgruppenbestimmung. Als **Zielgruppe** bezeichnet man eine relativ homogene Gruppe existierender oder potenzieller Kunden, die mit einem Produkt oder einem bestimmten Marketingkonzept angesprochen werden soll. Ein Problem liegt in der Dynamik der Zielgruppe (sie verändert sich im Zeitablauf: Gewohnheiten, Geschmack u. Ä.).

Der Gesamtmarkt kann nach folgenden Kriterien segmentiert werden:

Kriterien der Marktsegmentierung	
Geografische Merkmale	Stadt, Stadtteile, Regionen, Bundesland, Nord/Süd usw.
Soziodemografische Merkmale	Geschlecht, Alter, Familienstand, Berufsgruppe, Wohnsituation u. Ä.
Psychografische Merkmale	Herkunft, Lebensstil, Lebensgewohnheiten, Wertvorstellungen, soziale Gruppe/Schicht, Interessen/Freizeit usw.
Verhaltens-merkmale	Traditionsbewusstsein, Einstellungen, Verhaltens- und Wertemuster, Produkt-/Markentreue
Medienorientierte Merkmale	Zeitungsleser, Internetnutzer, Radiohörer

07. Welche Strategien der Marktsegmentierung sind möglich?

- **Segmentkonzentration**
  = begrenzte Produktpalette auf einem kleinen Teilmarkt
- **Produktspezialisierung**
  = ein Produkt für den gesamten Markt
- **Marktspezialisierung**
  = mehrere Produkte für einen bestimmten Markt
- **selektive Spezialisierung**
  = bestimmte Produkte (z. T. unterschiedlich) auf bestimmten Märkten
- **Marktabdeckung**
  = für einen Gesamtmarkt werden alle dazugehörigen Produkte angeboten.

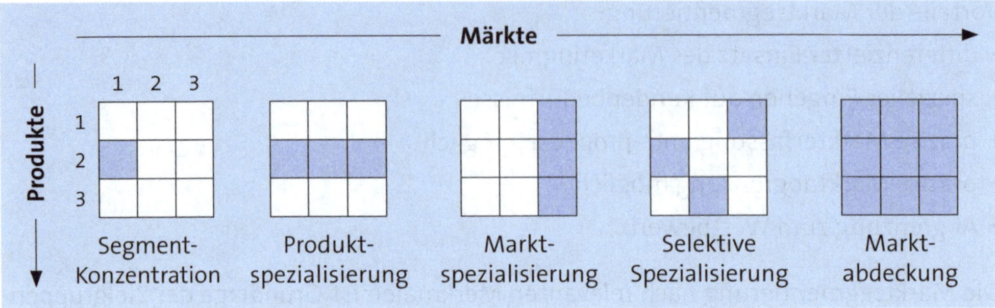

08. Welchen Wert haben Marketingstrategien für den Eintritt in internationale Märkte?

Marktstrategien, die sich im Inland bewährt haben, können nicht ungeprüft auf internationale Märkte übertragen werden („Der ausländische Kunde denkt anders!"). Diese Erkenntnisse haben eine Reihe von Unternehmen schmerzlich erfahren müssen:

Beispiel

Bei Philips machte man in Japan erst dann Gewinne, als man die Kaffeemaschinen so verkleinerte, dass sie zu den japanischen Küchen passten, und die Rasierapparate verkleinerte, sodass sie in die kleineren Hände der japanischen Männer passten.

Coca-Cola musste seine 2-Liter-Flaschen in Spanien zurückziehen, nachdem man entdeckt hatte, dass nur wenige Spanier Kühlschränke besaßen, deren Kühlfächer dafür groß genug waren.

Quelle: *Kotler/Keller/Bliemel, 2007, S. 624*

Der Eintritt in internationale Märkte ist ungleich schwieriger und mit mehr Risiken verbunden als der Markteintritt in nationale (Teil-)Märkte:

- Markteintrittsbarrieren (gesetzlich, Schutz heimischer Produkte)
- Entscheidung über die Art des Markteintritts (z. B. indirekter/direkter Export, Lizenzvereinbarung, Joint Ventures)
- Entscheidung über den Handelsmittler, z. B. Export-/Importkommissionär, Handelsmakler, Franchise-Partner
- Berücksichtigung ethnologischer Besonderheiten (z. B. japanische Kultur, indische Kultur)

- Beachtung gesellschaftlicher Widerstände (vgl. den Rückzug von Coca-Cola vom indischen Markt)
- Anpassung von Preis, Kommunikation und Produkt an den ausländischen Markt (Verbrauchererwartung, Einkommen, Preisniveau, Sprache).

09. Wie sind Marketingstrategien zu implementieren?

Als Implementierung (dt.: einbauen, einpflanzen) bezeichnet man die Art und Weise, in der eine Strategie (längerfristiges Handlungskonzept) in konkrete Aktionen umgesetzt wird.

Die Implementierung von Marketingstrategien gelingt nur, wenn

- die Handlungsmaxime in konkrete Aktionen umgesetzt werden und diese in die Unternehmensgesamtplanung integriert sind (Kompatibilität aller Teilpläne),
- die Organisation, die Prozesse und die Unternehmenskultur der Strategie angepasst sind bzw. angepasst werden (vgl. »1.2 Organisations- und Personalentwicklung) und
- die Mitarbeiter motiviert und mobilisiert werden im Sinne der Strategie (Akzeptanz, aktive Unterstützung, Überwindung von Widerständen).

10. Welche Wettbewerbsstrategien können eingesetzt werden?

Neben einer Strategie zur Marktaufteilung muss das Unternehmen generell entscheiden, wie es sich im Wettbewerb behaupten will (Verhaltensstrategien gegenüber dem Wettbewerb).

Nach *Porter* ist die Wettbewerbsstrategie abhängig von fünf „Wettbewerbskräften" (five forces):

- potenzielle, neue Konkurrenten
- Gefahr der Produktsubstitution
- Verhandlungsstärke gegenüber Lieferanten
- Verhandlungsmacht der Kunden
- Grad der Rivalität unter den Wettbewerbern.

Je nach Ausprägung dieser fünf Wettbewerbsfaktoren können mehrere Strategietypen Erfolg versprechend sein:

Strategie der umfassenden Kostenführerschaft	Ziel ist die Bildung interner Kostenvorteile; dies setzt eine permanente Kontrolle der Kosten und hohe Marktanteile (Degression der Fixkosten) voraus. Gefordert sind hohe Wirtschaftlichkeit, Produktivität und Rentabilität.
Strategie der Qualitätsführerschaft	Qualität kann sich in der Zuverlässigkeit (z. B. bei Pkws) zeigen, aber auch andere Qualitätsdimensionen sind vorstellbar, wie z. B. Leistung, geringer Spritverbrauch, Innovationen usw.

Strategie der Zeitführerschaft	schnelle Markteinführung von Innovationen, Zeitvorteile für die Kunden durch das Produkt oder die Dienstleistung, z. B. Besuch einer Vorlesung versus E-Learning, selbst zu bereitetes Essen versus Fertiggericht
Kombination Preis, Qualität, Zeit	*Porter* betrachtete nur drei Strategietypen. Heutzutage wirken mehrere Faktoren auf die Wettbewerbsstrategie, weil die Komplexität und Dynamik auf den Märkten zunimmt. Daher sind Kombinationen zwischen Preis und Qualität, Preis und Zeit sowie Qualität und Zeit vorstellbar. (Quelle: *Weis, 2012, S. 155 f.*)
Strategie der Differenzierung	Die eigenen Produkte und Leistungen müssen in der Branche als einzigartig erscheinen (Preis, Produktnutzen, Qualität).
Strategie der Konzentration auf Schwerpunkte	Der Unternehmenserfolg besteht in der Konzentration auf bestimmte, abgegrenzte Märkte und/oder Produktbereiche. Auf maximale Umsätze und Marktanteile wird verzichtet.

11. Welche Produkt-Markt-Strategie ist möglich?

Neben der Stregie der Marktsegmentierung und dem Verhalten gegenüber dem Wettbewerb muss das Unternehmen entscheiden, wie es sich bei alten und neuen Produkten auf bestehenden und alten Märkten verhalten soll. Man bezeichnet dies als Produkt-Markt-Strategie (auch: Produktstrategie).

Für die Bearbeitung **alter und neuer Märkte** bietet die Produkt-Markt-Matrix (nach *Ansoff*) geeignete Ansatzpunkte:

Produkt-Markt-Matrix (nach Ansoff)			
		Märkte	
		alt, vorhanden	**neu,** nicht vorhanden
Produkte	**alt,** vorhanden	**Marktdurchdringung:** ► Marktbesetzung ► Verdrängung	**Marktentwicklung:** ► Internationalisierung ► neue Marktsegmente
	neu, nicht vorhanden	**Produktentwicklung:** ► Produktinnovation ► Produktdifferenzierung ► Produktvariation	**Diversifikation:** ► vertikal ► horizontal ► lateral

► Die Strategie der **Marktdurchdringung**

  zielt darauf ab, mit bestehenden Produkten auf „alten" Märkten den Gesamtmarkt oder Teilmärkte stärker zu besetzen bzw. Wettbewerber vom Markt zu verdrängen. Geeignete Maßnahmen dazu sind z. B.:

  - Verwendungsmöglichkeiten des Produkts erhöhen
  - Neukundengewinnung durch geeignete Maßnahmen (z. B. Preissenkung)

  - Verstärkung von Werbung und Verkaufsförderung
  - Gewinnung neuer Zielgruppen für das Produkt (vgl. z. B. Kinderschnitte für Kinder und auch für Erwachsene).

- Die Strategie der **Produktentwicklung** umfasst folgende Varianten: Produktneuentwicklung (Produktinnovation), Produktdifferenzierung und Produktvariation.

  Im Einzelnen:

Produktinnovation	Neuentwicklung und Einführung von Produkten
Produktdifferenzierung	Erweiterung innerhalb einer bestehenden Produktgruppe
Produktvariation	Veränderung bestehender Produkte

  Die Strategie der **Marktentwicklung** umfasst z. B.:
  - die Erschließung geografisch neuer Märkte
  - die Erschließung neuer Marktsegmente
  - die Gewinnung neuer Zielgruppen.

- Die Strategie der **Diversifikation** ist der Ansatz, neue Produkte in das Absatzprogramm aufzunehmen, die in einem bestimmten Zusammenhang mit den bestehenden Produkten stehen, z. B.
  - horizontal: Produkte auf gleicher Wirtschaftsstufe

    Beispiel: Hersteller von Mittelklasse-Fahrzeugen bietet Kleinwagen an.
  - lateral: neue, artfremde Produkte

    Beispiel: Bio-Handelsunternehmen steigt in Rüstungsgeschäfte ein.
  - vertikal: Produkte auf vor- oder nachgelagerter Wirtschaftsstufe
    - vorgelagert: Bio-Großhändler baut selbst Produkte an
    - nachgelagert: Bio-Großhändler eröffnet mehrere Filialen (Einzelhandel).

12. Welche Verhaltensstrategien sind möglich?

Grundsätzlich kann eine offensive oder eine defensive **Marktstrategie** aufgestellt werden.

- **Offensive** Marktstrategie: neue Märkte erobern, neue Produkte einführen, Marktanteil erhöhen, Kunden der Konkurrenz abwerben
- **Defensive** Marktstrategie: Kunden und Qualitätsniveau halten.

Es sind auch offensive oder defensive **Kundenstrategien** möglich:

- Offensive Kundenstrategie: ehemalige Kunden zurückerobern, neue Kunden gewinnen, aktives Beschwerdemanagement
- Defensive Kundenstrategie: Kundenbindung und Kundenzufriedenheit erhöhen.

Darüber hinaus können als **Verhaltensstrategien** die Ansätze

- Market pull (Orientierung am Bedarf des Kunden) und
- Technology push (Innovationen können den Markt verändern)

verwendet werden.

Quelle: *Weis, 2012, S. 162 - 164*

4.1.4 Techniken der strategischen Marketingplanung und-analyse

01. Welche Techniken der strategischen Marketingplanung und -analyse werden in der Praxis eingesetzt?

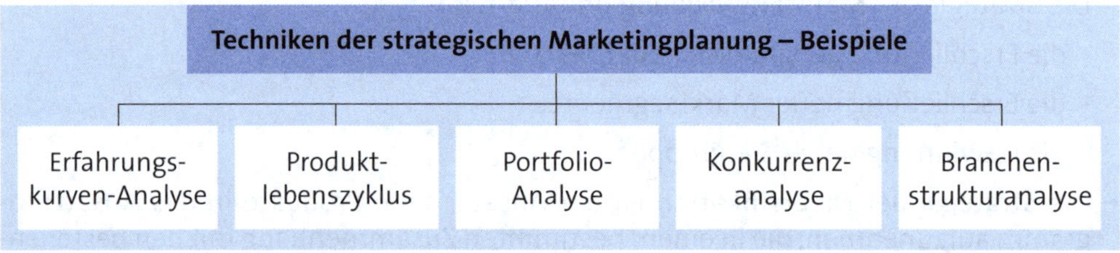

Vgl. dazu auch >> 1.1.4 sowie >> 2.5.4.1.

Kurzbeschreibung der **strategischen Instrumente im Überblick:**

Produktlebenszyklus	Darstellung des idealtypischen Verlaufs eines Produktes und Ableitung von Erkenntnissen über Umsatz- und Gewinnentwicklung in den einzelnen Phasen
Erfahrungskurve	Erkenntnis der Kostendegression bei **Verdopplung** der Stückzahlen
Portfolio-Methode (BCG-Matrix)	Im Rahmen der Matrix (Tabelle) der Boston-Consulting-Group werden der relative Marktanteil sowie das Marktwachstum verwendet, um eine Gruppierung der Geschäftsfelder oder Produkte in Fragezeichen, Stars, Cash Cows und Poor Dogs zu erreichen. Aus der Positionierung in der Matrix kann das Portfolio (strukturiert dargestelltes Produktspektrum) aufgezeigt werden.
Konkurrenzanalyse	Analog zur Stärken-Schwächen-Analyse (Betrachtung und Bewertung des eigenen Unternehmens) werden relevante Wettbewerber mithilfe geeigneter Merkmale untersucht und bewertet, z. B. Qualität, Technologie, Preis, Kundenorientierung.
Branchenstrukturanalyse	Von *Porter* (1980) als sog. „Fünf-Kräfte-Modell" eingeführtes Verfahren zur Analyse der strategischen Situation einer Branche. *Porter* postuliert, dass fünf Kräfte für die Gesamtsituation einer Branche relevant sind: ► der **brancheninterne Wettbewerb mit den Unternehmen**, die bereits tatsächlich Konkurrenten sind, also vergleichbare Produkte oder Leistungen im gleichen Marktsegment anbieten ► **potenzielle Wettbewerber**, die zwar (noch) keine Konkurrenten sind, aber vergleichbare Produkte oder Leistungen im gleichen Marktsegment anbieten könnten ► **Ersatzprodukte**, die im Markt von Nicht-Konkurrenten angeboten werden, die aber das eigene Produkt bzw. die eigene Leistung aus Sicht des Kunden ersetzen könnten ► **Zulieferer**, die in der Wertkette vorgeschaltet Bedarfsgegenstände bereitstellen ► **Kunden**, die die von der Unternehmung hergestellten Produkte oder Leistungen kaufen oder nutzen.

02. Welche Aussagen liefert das Konzept „Produktlebenszyklus"?

Die Beschreibung des Produktlebenszyklus wurde in den 20er-Jahren des letzten Jahrhunderts in Anlehnung an den Ablauf des biologischen Prozesses (z. B. Ausbreitung von Viren usw.) entwickelt. In der Regel werden in der Literatur vier oder fünf Phasen unterschieden:

- die Einführungsphase
- die Wachstumsphase
- die Reifephase
- die Sättigungsphase
- die Schrumpfungsphase oder der Rückgang.

In der Praxis sollte noch die Entwicklungsphase vorangestellt werden, die sich aus den Phasen der Produktplanung, der Produktentwicklung, der Vorbereitung zur Produktion und den Maßnahmen für die Produkteinführung zusammensetzt.

Dem Produktlebenszyklus liegt die Annahme zugrunde, dass die Existenz von Produkten am Markt zeitlich begrenzt ist. Die nachfolgende Abbildung verdeutlicht den Zusammenhang zwischen dem „idealtypischen" Lebenszyklus eines Produktes und den von ihm erwirtschafteten Umsatz und Gewinn.

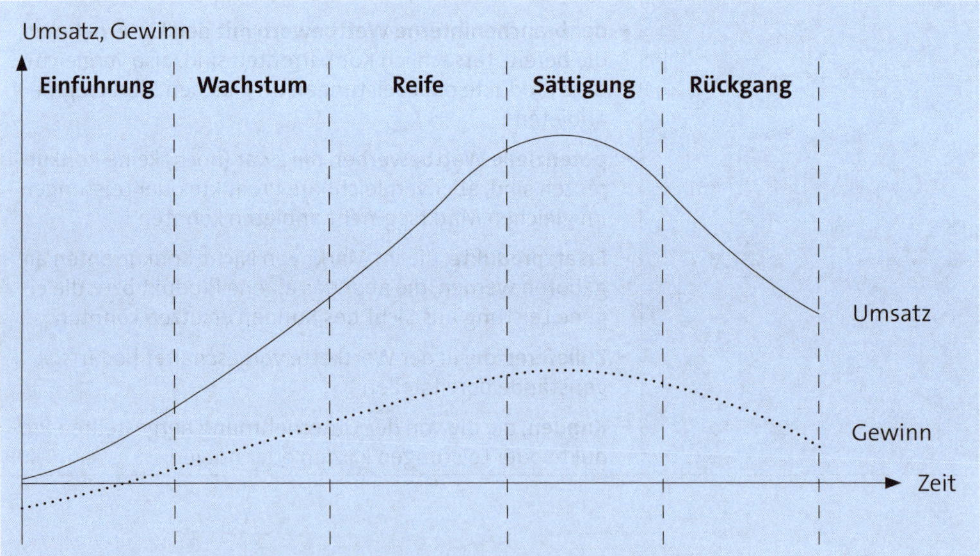

Die nachfolgende Tabelle zeigt die Ausprägungen der Merkmale Umsatz, Gewinn und Werbung im Rahmen des „idealtypischen" Produktlebenszyklus.

	Produktlebenszyklus – Phasen				
	Einführung	**Wachstum**	**Reife**	**Sättigung**	**Rückgang**
Umsatz	gering, steigend	stark ansteigend	stark steigend bis konstant; Spitzenabsatz		rückläufig
Gewinn	negativ	steigend	hoch, konstant, dann fallend		stark rückläufig
Werbung	bei Absatzmittlern bekannt machen	beim Verbraucher bekannt machen	Produktunterschiede/-vorteile herausstellen		Erhaltungswerbung bis rückläufig

Die Produktlebenszyklusbetrachtung stellt immer **auf das einzelne Produkt ab.**

03. Welche Bedeutung hat die Erfahrungskurven-Analyse für die strategische Marketingplanung?

Bei einer **Verdoppelung** der Produktionsmenge eines Produktes sinken die Stückkosten beispielsweise um 10 - 20 %. Die Stückkostenkurven können in logarithmierter Form dargelegt werden (siehe unten) oder in Hyperbelform, welche dann einer Kostendegressionskurve ähnlich sind.

Bei einer Zunahme des Absatzes (z. B. Wachstumsbereich Produktlebenszyklus oder Star-Bereich BCG-Matrix) kann der Kostenrückgang zu einer erhöhten Wertschöpfung beitragen. Diese ist bei Unternehmen möglich, die höhere Marktanteile generieren können.

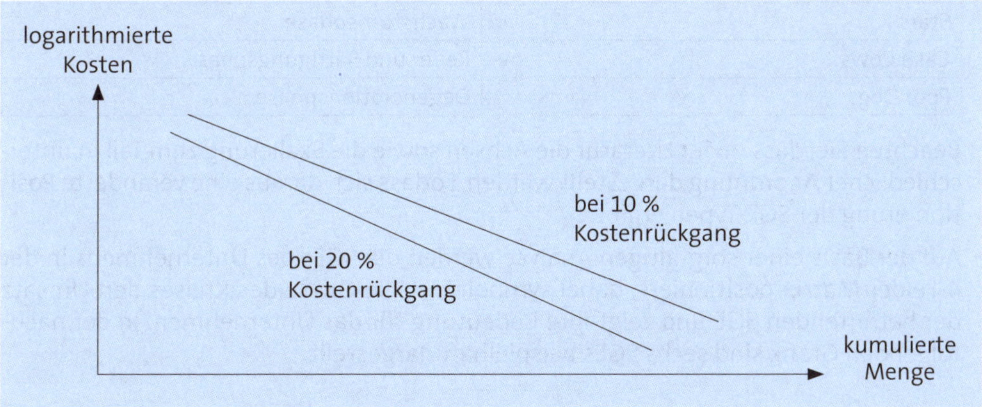

Die Ursachen für den Kostensenkungseffekt liegen darin, dass bei höheren Produktionsmengen Lerneffekte auftreten, die Effizienz der Produktionsprozesse erhöht sowie der Ausschuss aufgrund der Erfahrungen (= Häufigkeit der Fälle) sinkt.

Für die strategische Marketingplanung sind die Erkenntnisse aus der Erfahrungskurven-Analyse wesentlich, da durch höhere Marktanteile starke Kostenvorteile möglich sind, die wiederum die Nachfrage impulsieren können.

04. Wie ist der Ansatz bei der Portfolio-Analyse? → A 4.

Die Portfolio-Analyse (auch: BCG-Matrix; **B**oston-**C**onsulting-**G**roup) ist eine Marktwachstum-Marktanteils-Matrix:

- Auf der **Ordinate** (y-Achse) wird das **Marktwachstum** (MW) des relevanten Marktes in Prozent abgetragen – mit der Skalierung „niedrig/hoch".
- Die **Abszisse** (x-Achse) erfasst den **relativen Marktanteil** (RMA) der SGEs im Verhältnis zum größten Wettbewerber – mit der Skalierung „niedrig/hoch".
- Es entsteht eine 4-Felder-Matrix, die vier Typen von SGEs (Strategische Geschäftseinheiten) ausweist:
  - Milchkühe (Cash Cows)
  - Stars
  - Fragezeichen (Question Marks)
  - Arme Hunde (Poor Dogs).

  Die einzelnen Felder der BCG-Matrix können mit den Phasen des Produktlebenszyklus verknüpft werden.

BCG-Matrix-Feld	Produktlebenszyklus-Phase
Question Marks	Einführungsphase
Stars	Wachstumsphase
Cash Cows	Reife- und Sättigungsphase
Poor Dogs	Degenerationsphase

  Beachten Sie, dass in der Literatur die Achsen sowie die Skalierung zum Teil in unterschiedlicher Anordnung dargestellt werden, sodass sich daraus eine veränderte Positionierung der SGE-Typen ergibt.

- Auf der Basis einer sorgfältigen Analyse werden die SGEs des Unternehmens in der 4-Felder-Matrix positioniert; dabei symbolisiert die Größe des Kreises den Umsatz der betreffenden SGE und zeigt ihre Bedeutung für das Unternehmen. In der nachfolgenden Grafik sind sechs SGEs beispielhaft dargestellt.

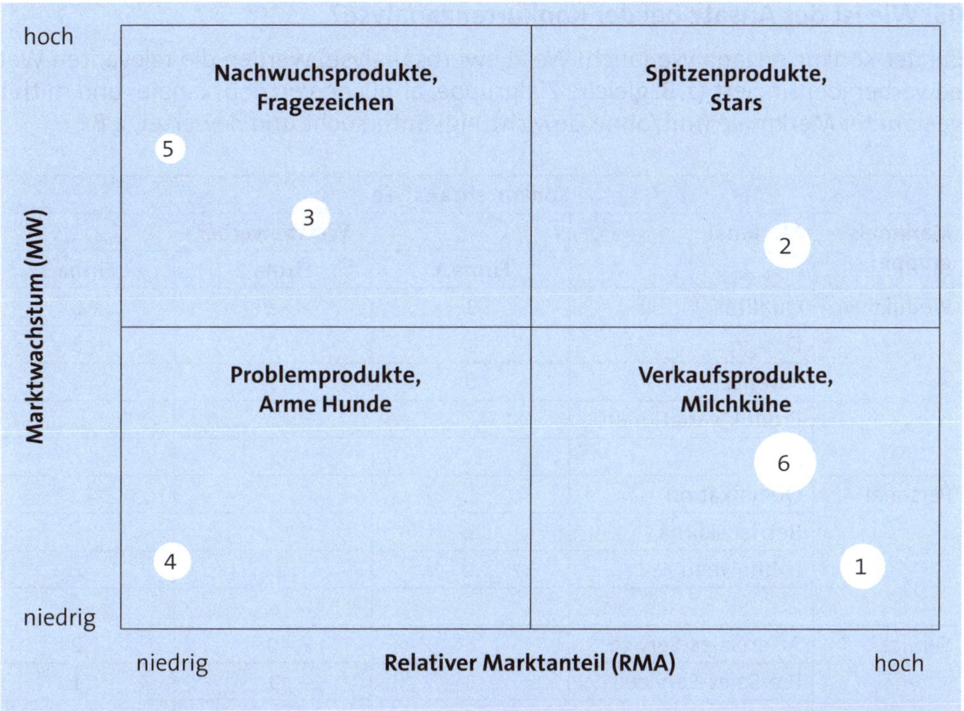

Das Unternehmen hat zwei Milchkühe (SGE 1 und 6), einen Star (SGE 2), zwei Fragezeichen (SGE 3 und 5) und nur einen armen Hund (SGE 4).

Im nächsten Schritt muss das Unternehmen klären, welche Strategie je Geschäftseinheit eingeschlagen und in welchem Maße Ressourcen je SGE zur Verfügung gestellt werden sollen. Dazu bietet die BCG-Matrix **Normstrategien** an. Die nachfolgende Abbildung zeigt mögliche Alternativen:

Normstrategien auf der Grundlage der BCG-Matrix		
Normstrategien	**Beschreibung**	**Beispiele**
Ausbauen	Es werden Mittel investiert, um den Marktanteil der SGE zu vergrößern; dabei wird ein kurzfristiger Gewinnverzicht in Kauf genommen.	Erfolgversprechende **Fragezeichen** bzw. **Stars**, z. B. SGE 5 und/oder 3
Ernten	Geringer Mitteleinsatz; ggf. geringfügige Überarbeitung der Produkte. Weiterhin ernten zur Bildung von Investitionsmitteln für Stars.	Lukrative **Milchkühe**, z. B. SGE 1 und/oder 6
Erhalten	Hohe Marktanteile bei hohem Marktwachstum so lange wie möglich erhalten.	SGE 2
Eliminieren	Eliminieren bedeutet, die SGE verkaufen oder aufgeben.	**Arme Hunde**, SGE 4
		Fragezeichen, die nicht Erfolg versprechend sind

05. Wie ist der Ansatz bei der Konkurrenzanalyse?

Bei der Konkurrenzanalyse (auch: Wettbewerbsanalyse) werden die relevanten Wettbewerber identifiziert (z. B. gleiche Zielgruppe, ähnliche Vertriebskanäle) und mithilfe geeigneter Merkmale (mit/ohne Gewichtung) untersucht und bewertet, z. B.:

Konkurrenzanalyse				
Merkmalsgruppe	**Merkmal**	**Wettbewerber**		
		Firma 1	**Firma 2**	**Firma 3**
Produkt	Qualität	3	2	0
	Design	1	0	3
	Patente	0	1	1
	Produktvariationen	...	...	...
	...	...	...	...
Personal	Qualifikation	...	...	...
	Betriebsklima	...	...	...
	Lohnniveau	...	...	...
	...	...	...	...
Service	After-Sales-Service	3	0	2
	Pre-Sales-Service	3	1	1
	Beratung	2	0	2
	Reparatur	...	...	...
	...	...	...	...
Marketing	Marktanteil	...	...	...
	CI-Politik	...	...	...
	Internet-Präsenz	...	...	...
	Bekanntheitsgrad	...	...	...
	...	...	...	...
...	...	...	...	...
	∑	12	4	9
Skalierung: 0, 1, 2, 3; 0 = niedrige Bewertung; 3 = hohe Bewertung				

4.1.5 Marketingplan

01. Was ist Gegenstand des Marketingplans?

Der Marketingplan enthält die schriftlich formulierten Überlegungen über die zu realisierenden Marketingziele sowie die dazu einzusetzenden Mittel und Wege und orientiert sich am Unternehmensleitbild („Wer wollen wir sein?") sowie den übergeordneten Unternehmenszielen.

02. Welche Formen des Marketingplans werden unterschieden?

Marketingplan – Formen			
Merkmale	**Beispiele**		
Zeithorizont	► die strategische Planung (= Entwicklung der marketingpolitischen langfristigen Ziele) ► die operative Planung (= Planung des Einsatzes der marketingpolitischen Instrumente)		
Inhalt	► Integrierte Gesamtpläne ► Nichtintegrierte Teilpläne	► Umsatz-/ Absatzpläne ► Zielpläne	► Maßnahmenpläne ► Marktbearbeitungspläne
Genauigkeit	► Grobpläne	► Globalpläne	► Detailpläne
Primäre Zielsetzung	► Produktplanung ► Umsatzplanung	► Werbeplanung ► Verkaufsplanung	► Preisplanung ► Absatzwegeplanung

03. Was sind die Grundlagen des Marketingplans?

Grundlagen des Marketingplans sind Prognosen über die zukünftigen Markt- und Absatzentwicklungen. Auf dieser Grundlage muss das Absatzprogramm aufgestellt werden, wobei die vermuteten Kundenwünsche im Hinblick auf Produkt- und Sortimentsgestaltung, Preishöhe, Qualität und Verwendungsmöglichkeiten ausreichend berücksichtigt werden müssen.

04. In welche Phasen lässt sich der Prozess der Marketingplanung zerlegen?

Wie jeder andere Entscheidungsprozess lässt sich die Entstehung eines Marketingplans – entsprechend dem Management-Regelkreis – in fünf Phasen zerlegen:

Erstellung des Marketingplans		
	Phasen	**Beispiele**
1.	**Problemerkennung** ↓	zunehmender Wettbewerb, Preisverfall
2.	**Situationsanalyse** ↓	Marktforschung: Daten, Fakten sammeln Ist-Analyse: Aufbereitung und Bewertung der Daten
3.	**Zielsetzung** ↓	Marketingzielsetzung: Ableitung von Zielen aus der Situationsanalyse
4.	**Planung** ↓	Entwicklung und Auswahl von Marketingstrategien Entwicklung und Optimierung des Marketingmix Entscheidung durch das Management: Verabschiedung des Marketingplans
5.	**Realisierung** ↓	Umsetzung des Marketingplans
6.	**Kontrolle**	Controlling des Marketingplans (Soll-Ist-Vergleich)

05. Welche Bedeutung hat die Situationsanalyse?

Die Situationsanalyse ist die Ausgangsbasis der Marketingplanung. Man unterscheidet dabei

- die Unternehmensanalyse und
- die Umweltanalyse.

06. Was ist Gegenstand der Unternehmensanalyse?

Gegenstand der Unternehmensanalyse (interne Betrachtung) ist:

- die (vergangenheitsorientierte) Dokumentation der Erlöse, des Absatzes, der Gewinnentwicklung usw.
- die Analyse der internen Rahmenbedingungen (Ressourcen, Standort, Personal, Technik, Finanzen, Investitionen usw.)
- die Prognose über die zukünftige Entwicklung.

07. Was ist Gegenstand der Umweltanalyse?

Externe Betrachtung:

- die rechtlichen, politischen und ökologischen Rahmenbedingungen
- die Entwicklung des Wettbewerbs (z. B. Marktanteile, Konzentration, Sortimente)
- die spezielle Entwicklung der Branche
- der Beschaffungsmarkt (z. B. Arbeitsmarkt, Rohstoffe, Entwicklung der Einkaufspreise)
- der Absatzmarkt (z. B. Entwicklung der Verbrauchergewohnheiten)
- die gesamtwirtschaftliche Entwicklung (z. B. Preise, Zinsniveau, Konjunktur, globale Entwicklung).

08. Welche Entscheidungshilfen (Hilfsmittel und Methoden) gibt es für die Marketingplanung? >> 4.1.4/Frage 01.

- **Operative Instrumente**, z. B.:

  betriebswirtschaftliche Kennzahlen, statistische Maßzahlen, Deckungsbeitragsrechnung, Break-even-Analyse.

- **Strategische Instrumente**, z. B.:

  Portfolio-Analyse, Nutzwertanalyse, Stärken-Schwächen-Analyse.

09. Welche Inhalte und Funktionen enthält ein Leitbild in Bezug auf den Marketingplan?

In einem Leitbild werden die Unternehmensphilosophie (z. B. ökologisch, technik-orientiert usw.) sowie die Unternehmensgrundsätze dargelegt. Zu den Unternehmensgrundsätzen zählen Themen wie z. B. die Position des Unternehmens in der Gesellschaft, Verhalten gegenüber Mitarbeitern (Führungsstile), Lieferanten, der Konkurrenz (aggressiv, defensiv) sowie gegenüber Kunden (z. B. Preis- und Kommunikationspolitik).

In einem Leitbild werden die Grundlagen für die Unternehmenskultur abgebildet, die den Mitarbeitern eine Orientierung geben können sowie zur Entwicklung einer Corporate Identity dienen. Das Leitbild stellt für die Kunden eine Informationsmöglichkeit dar. Dabei werden in einem Leitbild auch die Mission (Auftrag, Unternehmenszweck) und Vision (zukünftiger Pfad des Unternehmens) dargelegt. Die Leitbilder werden im Rahmen der Öffentlichkeitsarbeit positiv dargestellt. Manchmal können Differenzen zwischen den Wunschvorstellungen im Leitbild und der Realität festgestellt werden.

Das Leitbild kann der Marketingplanung als Ausgangspunkt dienen, weil in den Unternehmensgrundsätzen die Informationen enthalten sind, welche einen Bezugspunkt für die strategischen und operativen Marketingziele bilden.

10. Welche Inhalte kann ein Strategiekatalog im Rahmen eines Marketingplans enthalten?

Ein Strategiekatalog kann beispielsweise folgende Aspekte beinhalten:

- portfoliobezogene Strategien: Investitionsstrategie, Abschöpfungsstrategie, Desinvestitionsstrategie
- Produkt-Markt-bezogene Strategien: Marktdurchdringung, Marktentwicklung, Produktentwicklung, Diversifikation
- hinsichtlich des Wachstums: Expansion, Halten, Kontraktion
- bezüglich des Verhaltens: aggressive Strategie, defensive Strategie
- Preisstrategien: Preisdifferenzierung, Niedrig- oder Hochpreisstrategie
- Kommunikationsstrategien: Werbung, PR, Verkaufsstrategie
- Distribution: Universalabsatz, direkter und indirekter Absatz
- Wettbewerb: Strategie der Kosten- und/oder Qualitätsführerschaft.

4.2 Marketinginstrumentarium

4.2.1 Marketinginstrumente

01. Wie kann das Marketinginstrumentarium grundsätzlich aufgegliedert werden (= konstitutives Marketingmix)?

Der konstitutive Marketingmix (= grundlegende, generelle Unterscheidung der Subsysteme des Marketingmix; vgl. >> 4.2.6) umfasst folgende Bereiche:

- **Produktmix** (-politik): Produktqualität, Produktdesign, Markierung, Verpackung, Image, Kundendienst/Service, Sortiment
- **Distributionsmix** (-politik): Standort, Absatzkanal, Außendiensteinsatz, Logistik (physische Distribution)
- **Kontrahierungsmix** (-politik; auch: Preispolitik im engeren Sinne): Listenpreis, Rabatte, Lieferungsbedingungen, Zahlungsbedingungen, Verpackungs-/Frachtkosten
- **Kommunikationsmix** (-politik): Werbung, Verkaufsförderung, Public Relations.

Man bezeichnet die vier Marketinginstrumente auch als die „4-P Aktionsparameter" des Marketing in der Bedeutung:

- product → Produktmix
- price → Kontrahierungsmix
- place → Distributionsmix
- promotion → Kommunikationsmix.

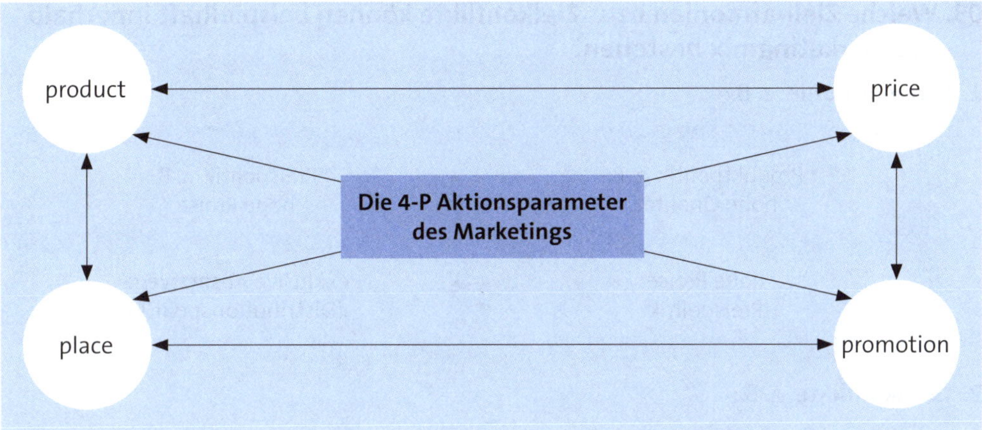

02. Was ist Gegenstand der einzelnen Marketinginstrumente?

Produktmix (-politik)	**Distributionsmix (-politik)**
► Produktgestaltung ► Produktqualität ► Produktdesign ► Markenpolitik ► Verpackung ► Image ► Kundendienst/Service ► Sortiments-/Programmpolitik ► Gestaltung der Produktlebenszyklen	► Standort ► Wahl der Absatzkanäle (direkt, indirekt) ► Außendiensteinsatz ► Logistik und Transportmittel (physische Distribution)

Kontrahierungsmix (-politik) (auch: Preispolitik im engeren Sinne)	**Kommunikationsmix (-politik)**
► Gestaltung der Listenpreise - Kostenführerschaft - Preisführerschaft - Preisdifferenzierung ► Rabatte ► Lieferbedingungen ► Zahlungsbedingungen ► Verpackungs-/Frachtkosten	► Werbung ► Verkaufsförderung ► Öffentlichkeitsarbeit (Public Relations)

03. Welche Zielharmonien bzw. Zielkonflikte können beispielhaft innerhalb des Marketingmix bestehen?

1. **Zielharmonie**, z. B.:

Produktpolitik, z. B. hohe Qualität	⇄	Preispolitik, z. B. hohe Preise
hohe Preise (Preispolitik)	⇄	exklusive Absatzwege (Distributionspolitik)

2. **Zielkonflikte**, z. B.:

Produktpolitik, z. B. ausgewählte Zielgruppen	⇄	Kommunikationspolitik, z. B. Breitenwerbung (z. B. TV)
Distributionspolitik, z. B. Absatz über exklusiven Fachhandel	⇄	Servicepolitik, z. B. geringer Service

4.2.2 Produktpolitik

01. Welche Aufgaben und Formen hat die Produktpolitik?

Zu den Aufgaben der Produktpolitik gehören z. B.:

- die Suche und Entwicklung neuer Produkte
- die Markteinführung neuer Produkte
- die Gestaltung der Produkte (Veränderung und Variation)
- die Qualitätssicherung der Produkte.

1.	**Produktinnovation**		Neuentwicklung und Einführung neuer Produkte
	1.1	**Produktdifferenzierung**	Erweiterung innerhalb einer bestehenden Produktgruppe (Produktvarianten)
	1.2	**Produktdiversifikation**	Erweiterung durch neue (andersartige) Produkte
			1.2.1 **Horizontale Diversifikation:** auf gleicher Wirtschaftsstufe mit/ohne engem sachlichem Zusammenhang, medial (= neu, artverwandt) oder lateral (= neu, artfremd)
			1.2.2 **Vertikale Diversifikation:** auf vor- oder nachgelagerter Wirtschaftsstufe
2.	**Produktvariation**		Veränderung bestehender Produkte (Anpassung an Markterfordernisse)
3.	**Produktelimination**		Herausnahme von Produkten/Produktgruppen

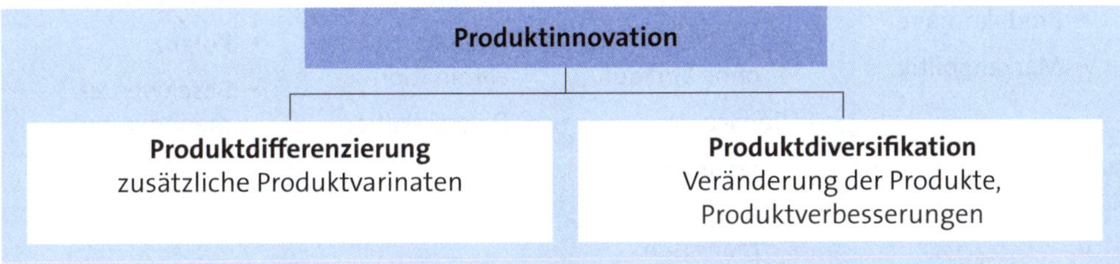

02. In welche Bereiche kann die Produktpolitik gegliedert werden?

Produkt- und Sortimentspolitik (im weiteren Sinne)

Produktpolitik im engeren Sinne	**Kundendienst-(Service-)politik**	**Programm- und Sortimentspolitik**	**Garantieleistungs-politik**
► Qualität ► Nutzen ► Verpackung ► Design ► Prestige ► Produktimage ► Markenpolitik	► Service - vor dem Verkauf - während des Verkaufs - nach dem Verkauf - ohne Verkauf ► Service - technisch - kaufmännisch	► Programmbreite ► Programmtiefe ► Sortimentsbreite ► Sortimentstiefe ► Produktelimination ► Diversifikation	► Sachgarantie ► Funktionsgarantie ► Zeitgarantie ► Reklamationsbearbeitung ► Kulanz ► Beschwerdemanagement

03. Welche Produkteigenschaften bestimmen über den Verkaufserfolg?

Im Einzelnen können folgende Produkteigenschaften für den Verkauferfolg entscheidend sein:

- Verfügbarkeit
- Image
- Marke
- Lebensdauer
- Qualität
- Form
- Erhältlichkeit
- Preis
- Nutzen
- Ökologie
- Service
- Verpackung.

04. Welche Voraussetzungen müssen für eine erfolgreiche Produktgestaltung vorliegen?

Voraussetzungen einer erfolgreichen Produktgestaltung

Technische Produktentwicklung
Technische Realisierung der Produktgestaltung unter Beachtung von Funktion, Lebensdauer, Verbräuchen, Kosten, Fertigungsbedingungen, Material, Ressourcen usw.

Produktideen
↓
Bewertung und Auswahl der Ideen
↓
Prototyp
↓
Erprobung, Nullserie
↓
Markterprobung
↓
Markteinführung

Kontrolle des Marketingsystems
Das Produkt für den Markt/die Zielgruppe attraktiv machen unter Beachtung der Markterfordernisse, Kundenwünsche, Trends usw. (z. B. Design, Funktion, Qualität, Gebrauchseigenschaft, Farbe usw.).

1. Beachtung der Ergebnisse der Marktforschung
2. Verbesserung der Marktattraktivität aufgrund von Testergebnissen (Kundentests, Produkteinführungstests)
3. Nutzung innerbetrieblicher Erkenntnisse und Potenziale, z. B. BVW, TQM, Innovationszirkel

Beispiel

Produktgestaltung eines „Bügeleisens" (vereinfachtes Beispiel)
Bei der Produktgestaltung eines „Bügeleisens" sind z. B. folgende Bauteile zu überdenken bezüglich fertigungs- und marktrelevanter Eigenschaften:

- Form
- Material
- Funktion
- montagegerechte Konstruktion
- Recyclingfähigkeit
- Ressourcenverbrauch/Energieklasse u. Ä.

05. Warum ist das Produktdesign so wichtig?

Das Produktdesign wird bestimmt durch die Form, das Material und die Farbe. Immer wichtiger wird auch der Duft des Produktes. Das Produktdesign spielt gegenüber den anderen Merkmalen, wie z. B. Technik, Sicherheit, Langlebigkeit, Wiederverkaufswert, eine große Rolle, da mit dem Produktdesign die Emotionen angesprochen werden.

Man sollte jedoch zwischen einem gewerblichen Abnehmer und einem private Konsumenten unterscheiden, wobei für die letztere Gruppe das Produktdesign tendenziell wichtiger als bei gewerblichen Abnehmern ist.

- Material: Leder, Holz oder Kunststoff
  Je nach Zielgruppe kann das Material billig wirken, z. B. Kunststoff bei Premiumprodukten.
- Farben: Können unterschiedliche Gefühle aktivieren:
  - Rot: aggressiv, leidenschaftlich
  - Blau: kühl, friedlich
  - Grün: beruhigend.

  Quelle: *Weis, 2012*
- Form: Kann Tradition, Funktionalität oder Modernität ausdrücken.

06. Welche Rolle spielt die Produktqualität?

Die Produktqualität beinhaltet technische Merkmale, jedoch auch die subjektive Wahrnehmung des Produktes. Dabei können das Fühlen, Riechen, Sehen, Hören und Erleben eine hohe Relevanz für die Kaufentscheidung erfahren.

Weitere Einflussfaktoren sind:

- Image
- ökologische Faktoren.

Eine hohe Lebensdauer des Produktes führt zu einer Imagesteigerung beim Hersteller. Das wirkt sich positiv auf den Umsatz aus. Eine verkürzte Lebensdauer, um den Umsatz kurzfristig zu steigern, kann langfristig das Gegenteil, einen Umsatzrückgang, bewirken.

07. Was bezeichnet man als Programm- bzw. Sortimentspolitik?

Der Begriff Sortiment bzw. Sortimentspolitik ist i. d. R. im Handel üblich, während man in der Industrie den Begriff Programmpolitik verwendet.

- Das **Produktionsprogramm** eines Herstellers umfasst also selbst hergestellte Waren und ggf. fremd bezogene Handelswaren.
- Die **Sortimentspolitik** beinhaltet die Zusammenstellung verschiedener Artikel oder Artikelgruppen in der Weise, dass sie den Kunden „ansprechen" und ihn zum Kauf anregen. Das Warensortiment kann dabei zusätzlich mit Dienstleistungen, wie Beratung oder Kreditgewährung, verbunden sein.

Die Programm- bzw. Sortimentspolitik umfasst vor allem zwei Dimensionen:

- **Programm-/Sortimentsbreite:**
  Anzahl der unterschiedlichen Produkte (additive Betrachtung)
- **Programm-/Sortimentstiefe:**
  Anzahl der verschiedenen Ausführungen je Produkt (alternative Betrachtung).

08. Welche Ziele verfolgt die Sortimentspolitik?

Hauptziel der Sortimentspolitik ist die Realisierung der Unternehmensziele (z. B. Umsatz, Gewinn, Marktanteil u. Ä.). Als eigenständige Unterziele existieren:

- klares Erscheinungsbild des Sortiments
- für den Kunden erkennbare Abstufung der Preislagen
- Profilierung gegenüber dem Wettbewerb
- Image der Betriebsform/des Unternehmens.

09. Welche Warenklassifikation ist üblich (Sortimentspyramide)?

Warenart	Food, Non-Food
↓	
Warengruppe	Mehl, Hilfsstoffe
↓	
Artikelgruppe	Silomehl, Sackmehl
↓	
Artikel	Roggen, Weizen
↓	
Sorte/Typ	Roggen 815, Roggen 997

10. Was bezeichnet man als Sortimentsbreite und Sortimentstiefe?

- Ein **breites Sortiment** hat eine große Anzahl von Warenarten und Warengruppen, z. B. Tante-Emma-Laden, von der Glühlampe bis zur Ramschware.
- Ein **tiefes Sortiment** hat ein großes Angebot innerhalb einer Warengruppe, z. B. Spezialgeschäft, viele Angebote von Süßigkeiten.

11. Welche Sortimentsarten lassen sich unterscheiden?

1. Nach der **Bedeutung des Sortiments:**

Sortimentsarten nach der Bedeutung			
Kernsortiment	Saisonsortiment	Spitzensortiment	Neuheitensortiment
Randsortiment	Ramschsortiment	Branchenfremdes Sortiment	

2. Nach der **Ausrichtung des Sortiments:**

Sortimentsarten nach der Ausrichtung		
Herkunftsbezogenes Sortiment	Materialien gleicher Herkunft oder gleicher Technik	Textilien, Porzellan, Hifi-Geräte
Hinkunftsbezogenes Sortiment	Unterschiedliche Materialien für eine bestimmte Zielgruppe	Sportartikel, Anglerbedarf
Preislagenbezogenes Sortiment	Waren werden nach dem Preisniveau zusammengestellt (meist: Niedrigpreisniveau).	Resteverwerter, Insolvenzware, Kleinpreisgeschäft

12. Welche Faktoren bestimmen die Sortimentsbildung?

1. **Interne Faktoren der Sortimentsbildung:**

Kosten	Je tiefer ein Sortiment ist, um so mehr nimmt die Erklärungsbedürftigkeit der Produkte zu. Dies erfordert fachkundiges Personal (Anzahl der Verkäufer, hohe Personalkosten).
	Ein breites und tiefes Sortiment erfordert eine große Verkaufsfläche.
Finanzausstattung, Liquidität	Breite, Tiefe und Warenverfügbarkeit sind abhängig von der Finanzkraft des Unternehmens.
Geschäftspolitik	Es werden z. B. hochpreisige Artikel angeboten, weil hier die Gewinnspannen besser sind.

2. **Externe Faktoren der Sortimentsbildung:**

Branche, Betriebsform	Die Branche bzw. die Betriebsform bestimmen das Sortiment. **Beispiel:** Vom Warenhaus erwartet der Kunde ein breites Sortiment.
Produkteigenschaften, Marken	Die Eigenschaften eines Produkts (vgl. unten) können für den Verkaufserfolg entscheidend sein (Image, Lebensdauer usw.). Von daher können sich Notwendigkeiten ergeben, bestimmte Produkte oder Marken in das Sortiment aufzunehmen.
Kaufverhalten der Kunden	Der Handel muss sich je nach Betriebsform und Branche schnell auf veränderte Kundenwünsche einstellen (Mode, Trend, Neuerscheinungen, Substitution von Produkten, Testberichte, Rückrufaktionen, ökologische Veränderungen).
Kundenstruktur	In einer Region mit geringer Kaufkraft ist es nicht profitabel, ein hochpreisiges Sortiment zu führen.
Herstellerwerbung	Hersteller betreiben zum Teil eigene, direkte Kundenwerbung, sodass der Kunde umworbene Artikel nachfragt und der Handel gezwungen ist, diese in sein Sortiment aufzunehmen.
Randsortiment	Bei bestimmten Warengruppen erwartet der Kunde, dass auch ergänzende Artikel, die zum Hauptprodukt gehören, mit angeboten werden (Staubsauger + Staubsaugerbeutel).
Wettbewerb	Ein Händler kann gezwungen sein, einen Artikel/eine Artikelgruppe mit in das Sortiment aufzunehmen, weil der Wettbewerber dies anbietet und die Kunden entsprechend nachfragen.

13. Was versteht man unter der Sortimentsgestaltung?

Unter Sortimentsgestaltung versteht man das Bestreben, das geführte Sortiment vor allem in **Breite, Tiefe und Preisklassen** (Preisniveau) so auf die Wünsche der Kunden abzustellen, dass den Kunden eine breite Auswahl geboten wird, ohne dass die Vergrößerung des Angebots um weitere Produkte zu einer wesentlichen Erhöhung der Kosten der Verkaufsorganisation, der Verkaufsfläche, des Lagers und der Transportwege führt.

14. Welche Gestaltungsmöglichkeiten gibt es im Rahmen der Sortimentspolitik?

Sortimentserweiterung	Das Sortiment wird durch die Aufnahme artverwandter Ware oder neuer Ware verbreitert oder vertieft.
Sortimentsbereinigung	Schlecht absetzbare oder unrentable Ware wird aus dem Regal genommen. Die Interessenlage der Kunden ist dieser Politik entgegengesetzt. Sie verlangen oder erwarten ein reichhaltiges Sortiment, um besser auswählen zu können. Ein Kompromiss ist oftmals schwer zu finden. Überdies stehen Sortimentsbereinigungen aufgrund von ABC-Analysen und die Einführung neuer Produkte mitunter im Widerspruch.

Differenzierung	Zu den vorhandenen Artikeln werden neue aufgenommen, die zur gleichen Artikelgruppe passen, z. B. das Sortiment Frischkäse wird durch „Frischkäse + Knoblauch" und „Frischkäse + Bärlauch" ergänzt.
Diversifikation	Aufnahme neuer Betriebsformen und/oder Geschäftsaktivitäten und/oder Warengruppen.
	Horizontale Diversifikation: Aufnahme von Ware, die zu dem bestehenden Sortiment artverwandt sind, z. B. bisher: Sportbekleidung; zukünftig: Angebotserweiterung um Sportschuhe.
	Vertikale Diversifikation: Erweiterung um eine Betriebsform auf vor- oder nachgelagerte Wirtschaftsstufen, z. B. eine Kaffeerösterei gründet ein Filialnetz für den Absatz der eigenen Produkte.
	Laterale Diversifikation: Aufnahme völlig neuer Produkte, die zum bestehenden Sortiment nicht artverwandt sind, z. B. Verkauf von Textilien usw. in Tchibo-Filialen.
Modifikation	Sortimentsmodifikation bedeutet, dass Artikel/Sorten ausgelistet und durch andere ersetzt werden; die Gesamtzahl der Artikel bleibt im Wesentlichen gleich. **Beispiel:** Die Wurstprodukte der Firma Müller werden ausgelistet und durch Waren eines regionalen Anbieters ersetzt (häufig bei Netto und Aldi zu beobachten).
SLO	Selfliquidating Offers: Temporäre Aufnahme neuer Artikel, um die Attraktivität der Betriebsstätte zu erhöhen; die Artikel sind besonders preisgünstig (ggf. auch sehr hochwertig); ursprünglich als Maßnahme der Verkaufsförderung eingesetzt; heute als eigenständige Sortimentspolitik auf Dauer genutzt (vgl. Tchibo).
Präsentation, Verpackung	Die Warenpräsentation hängt ab von der Betriebsform und der Preispolitik.
Markenpolitik	Massenartikel sind für den Verbraucher i. d. R. homogene Güter. Industrie und Handel versuchen durch die Bildung von Handelsmarken (Retail Brand) diese Homogenität aufzuheben. Handelsmarken sollen das eigene Produkt vom Wettbewerb abheben und bestimmte Eigenschaften signalisieren.
Preispolitik, Preisniveaupolitik	Die Preispolitik entscheidet wesentlich über den Verkaufserfolg der Unternehmung und die Höhe des erzielten Gewinns. Es muss also versucht werden, einen Preis zu finden, der einen optimalen Absatz garantiert, entsprechenden Gewinn bringt und sich am Markt durchsetzen lässt.
Rabattpolitik	Preisnachlässe sollen die Betriebsstätte und/oder bestimmte Artikel in den Augen des Kunden attraktiver erscheinen lassen. Die vielerorts zu beobachtende „Rabattitis" ist jedoch langfristig kein Weg zur Kundengewinnung/-bindung und mindert langfristig die Erlössituation.
Servicepolitik	Servicepolitik ist die Summe aller zielorientierten Entscheidungen über die Gestaltung des immateriellen Leistungsangebotes eines Handelsunternehmens an die Kunden.

15. Welche Maßnahmen werden zur Sortimentskontrolle eingesetzt?

Maßnahmen der Sortimentskontrolle

Präsenzkontrolle

- Überprüfung der Bestände
- Abstimmung von Nachfrage, Beständen und Einkauf

Ergebniskontrolle

- Absatz, Umsatz, Ergebnis
- Deckungsbeitrag
- Lagerumschlag
- Renner-/Penner-Listen
- Handelsspanne
- ABC-Analyse
- Portfolio

16. Welche Schwierigkeiten sind bei der Einführung eines neuen Produktes zu überwinden?

Jedes neue Produkt ruft einen sog. primären Marktwiderstand hervor. Die Verbraucher bringen dem Neuen zunächst Skepsis entgegen. Sie wollen nicht „Versuchskaninchen" sein und warten ab, bis andere das Produkt ausprobiert haben. Erst dann, wenn sich Nachahmer gefunden haben und sich das Produkt durchgesetzt hat, vielleicht gar zum Prestigeobjekt geworden ist, lässt es sich in größerem Rahmen verkaufen.

17. Was kann generell getan werden, um bekannte („ältere") Produkte am Markt besser zu positionieren?

Man kann bisherige Produkte unter einem anderen Namen verkaufen, man kann die Verpackung ändern, andere Funktionen einführen, zusätzliche Verwendungsmöglichkeiten schaffen.

18. Welche Erscheinungsformen sind bei sogenannten „neuen Produkten" erkennbar?

Nicht alle neuen Produkte sind wirklich neu. Oftmals sind nur geringfügige **Änderungen** bestehender Produkte feststellbar. Andere neue Produkte sind zwar in der Form beibehalten worden, erfüllen jedoch durch technische Änderungen **neue Funktionen**. Schließlich gibt es **völlig neue** Produkte, die sich von den bisherigen wesentlich unterscheiden.

19. Welche Zielsetzung hat die Markenpolitik?

Massenartikel sind für den Verbraucher i. d. R. homogene Güter. Industrie und Handel versuchen diese Homogenität durch die Bildung von (Handels-)Marken aufzuheben. Marken sollen das eigene Produkt vom Wettbewerb abheben und bestimmte Eigenschaften signalisieren.

20. Welche generellen Merkmale weisen Marken auf?

- einheitliches Erscheinungsbild (Verpackung, Aufmachung)
- gleichbleibende, hohe Qualität
- hoher Absatz
- hoher Bekanntheits- und Verbreitungsgrad
- direkte Verbraucherwerbung
- Kennzeichnung der Produktherkunft
- Wiedererkennungsfunktion.

21. Welche Markenarten gibt es?

Bildung von Marken		
Strategien	**Beschreibung**	**Beispiele**
Monomarke	Für jedes einzelne Produkt wird ein spezieller Markenname gewählt. Eine Verbindung zum Firmennamen besteht nicht. **Vorteil:** Kein Einfluss auf das Firmenimage. **Nachteil:** Keine Überstrahlungseffekte auf andere Produkte des Unternehmens.	► Ata ► Tempo ► Persil ► Weißer Riese ► Pril
Dachmarke	Es wird ein einziger Dachname für alle Produkte gewählt. **Vorteil:** Überstrahlungseffekt der Werbung (Goodwill-Transfer), geringere Werbeaufwendungen je Einzelprodukt.	► Ritter-Sport ► Maggi ► Knorr ► Kraft ► BMW ► Porsche
Kombinationsmarke	Kombination von (Produktname + Firmenname).	► AEG-Lavamat ► VW-Passat ► Audi-Quattro
Familienmarke	Es wird ein Name für eine Produktgruppe und Produktlinie bestimmt.	► Nivea ► Milka ► Tesa

Bildung von Marken		
Strategien	**Beschreibung**	**Beispiele**
Herstellermarke	Hersteller kennzeichnen ihre Produkte mit einer Marke.	► BMW
Handelsmarken	Handelsunternehmen gestalten Eigenmarken für bestimmte Produkte.	► Elite
Gattungsmarken	„No-name"-Produkte, durch Gattung gekennzeichnet, einfach verpackt, niedriger Preis	► Gattung Zucker, Mehl
Premiummarken	Steigerung der Markenqualität, meist hoher Preis und intensive Werbung	► Audi

22. Warum müssen Marken gepflegt werden?

Marken dürfen daher nicht durch widersprüchliche Unternehmenspolitik beschädigt werden (Materialverwendung, Qualität). Der Wert der Marke besteht in der Verbindung zum Kundenkreis, der der Marke treu bleibt (Markenkapital ist Kundenkapital; vgl. *Kotler/Keller/Bliemel, 2007, S. 684*). Daher müssen die Eigenschaften und Merkmale der Marke erhalten und verbessert werden (Qualität, Funktionseigenschaften, Langlebigkeit, Bekanntheitsgrad usw.).

Zur Pflege der Marke setzen die Firmen folgende Maßnahmen ein:

- Einrichtung spezieller Produktmanager (Markenkapital-Manager)
- gezielte F&E-Investitionen zur Verbesserung der Marke
- gezielte Werbung
- Serviceverbesserung
- Qualitätsmanagement.

23. Welche Markenstrategien sind möglich?

- vertikale Markenstrategie (Herstellermarke, Handels- und Gattungsmarke)
- individuelle Markenstrategie
  - Einzelmarke: Persil, Odol
  - Familienmarke: Nivea
  - Dachmarken: BMW
- internationale Markenstrategie: McDonalds, CocaCola.

Zudem kann eine Markenstrategie verfolgt werden, indem sie an die „Preis-Qualitäts-Irradition“ gekoppelt ist.

- hohe Qualität und hoher Preis: Premiummarke
- niedrige Qualität und niedriger Preis: Gattungsmarke.

Zwischen diesen beiden Polen befinden sich die Handelsmarke sowie die „normalen“ Markenartikel.

24. Was beinhaltet der Begriff „Servicepolitik“?

Servicepolitik ist die Summe aller zielorientierten Entscheidungen über die **Gestaltung des immateriellen Leistungsangebotes** eines Unternehmens an die Kunden. Bekannte Formen sind z. B.:

- Reparatur, Wartung
- Hol-/Bringservice
- Zusatzangebote (z. B. kostenloses Aufmaß)
- besondere Ausprägung der Beratung (z. B. Beratung im Hause des Kunden)
- eigene Parkplätze (kostenlos oder kostengünstig)
- die Bereitstellung von Spiel- oder Babyecken
- Verlängerung der Gewährleistungsfrist.

25. Welche Bedeutung hat die Servicepolitik für Kunden und Unternehmen?

Eine ausgeprägte Servicepolitik kann z. B. für die Kaufentscheidung ausschlaggebend sein. Für Unternehmen kann ein derartiger Reparaturservice z. B. zu einem Preis angeboten werden, der auch Gewinn erwirtschaftet, die volle Kostendeckung beinhaltet oder ggf. nur einen Teil der entstandenen Kosten deckt.

26. Wie kann die Durchführung von Serviceleistungen organisiert sein?

Je nach der technischen Beschaffenheit der Geräte kann diese Leistung

- von einem Beauftragten des Händlers (z. B. Miele-Kundendienst, Siemens-Kundendienst),
- vom Handelsunternehmen selbst – etwa im Bereich des Radio- und Fernsehhandels – oder
- von einem Partner des Handelsunternehmens

durchgeführt werden.

Handelt es sich um einen freien Partner, so wird die Serviceleistung im vollen Umfang vom Kunden bezahlt werden müssen. Wird der Service von dem Unternehmen vorgenommen, das die Geräte verkauft hat, so können gewisse, später anfallende Wartungskosten bereits im Verkaufspreis berücksichtigt werden. Das Handelsunternehmen wird jedoch bei einem vielseitigen Warenangebot – insbesondere, wenn es technisch hochwertig ist – kaum in der Lage sein, für alle Sparten entsprechende Dienstleistungen vorzuhalten. Es wird daher notwendigerweise auf die Gewinnung von Partnern angewiesen sein.

27. Wie unterscheiden sich Gewährleistung, Garantie und Kulanz?

Die Gewährleistungspolitik lässt sich der Servicepolitik zurechnen. Es wird unterschieden zwischen:

- **Gewährleistung:**
  Sie ist eine **gesetzlich festgelegte Verpflichtung**. Sie sichert dem Kunden bei einem Produktmangel eine kostenlose Beseitigung des Mangels zu. Das gilt bei neuen Produkten ab dem Kaufdatum **zwei Jahre** lang. Der Fehler kann durch **Reparatur** oder **Umtausch** des Geräts beseitigt werden. Für die Gewährleistung haftet der Händler gegenüber dem Kunden, nicht der Hersteller. Nach § 477 BGB erfolgt eine Beweislastumkehr im Gewährleistungsfall zugunsten des Verbrauchers bei einem Verbrauchsgüterkaufvertrag. Innerhalb von sechs Monaten nach Gefahrenübergang wird bei einem Sachmangel vermutet, dass die Sache bereits bei Gefahrenübergang Mängel hatte.
- **Garantie:**
  Die Garantie ist eine **freiwillige Zusatzleistung** vom Hersteller oder vom Händler. Sie kann von der gesetzlichen Gewährleistung abweichen. Die Garantiebedingungen legen Hersteller und Händler selbst fest, etwa die Gültigkeitsdauer oder die Abwicklung.
- **Kulanz:**
  Sie ist ein freiwilliges Entgegenkommen des Verkäufers über die Gewährleistungs- und Garantiepflicht hinaus.

4.2.3 Preispolitik

01. Welche Instrumente umfasst die Kontrahierungspolitik?

Im Rahmen der **Kontrahierungspolitik** hat der Unternehmer folgende Steuerungsinstrumente:

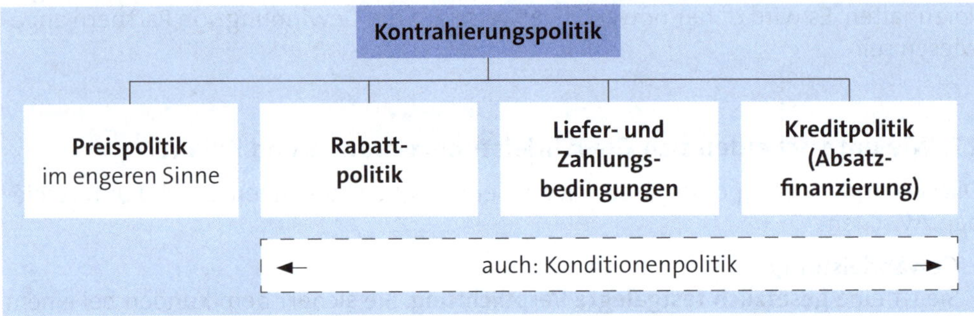

02. Welche Ziele können mithilfe der Preispolitik realisiert werden?

- die Maximierung des Umsatzes
- Kundengewinnung und Kundenerhaltung
- Gewinnung von Marktanteilen
- Ausschaltung von Konkurrenten.

03. Welche Aufgaben hat die Preispolitik?

Es gilt,

- das generelle Preissegment festzulegen,
- den Preis neuer Produkte festzulegen,
- gegebenenfalls Preisdifferenzierungen zu planen und
- Vergleiche mit den Preisen der Konkurrenz durchzuführen.

04. Welche Bedeutung hat die Preispolitik?

Die Preispolitik entscheidet wesentlich über den Verkaufserfolg der Unternehmung und die Höhe des erzielten Gewinns. Es muss also versucht werden, einen Preis zu finden, der einen optimalen Absatz garantiert, entsprechenden Gewinn bringt und sich am Markt durchsetzen lässt.

05. Welche Faktoren bestimmen die Preisbildung?

Neben der Einbindung in ein wirkungsvolles Marketingmix können folgende Faktoren (Determinanten) für die Preisbildung maßgebend sein:

Determinanten der Preispolitik

Einflussgrößen der Preisbildung	Preisstrategien
► Marktformen ► Verhalten der **Nachfrager*** ► Verhalten der **Konkurrenz*** ► **Kostenentwicklung*** ► Produktlebenszyklus ► Gesetzliche Vorschriften * = **Magisches Dreieck** der Preispolitik	► Prämien-/Promotionspreise ► Abschöpfungs-/Penetrationspreise ► Preisdifferenzierung: - räumlich - zeitlich - personell - mengenmäßig ► Preispolitischer Ausgleich ► Psychologische Preisgestaltung

Da die Faktoren „Nachfrage", „Kosten" und „Konkurrenz" eine zentrale Rolle im preispolitischen Spielraum der Unternehmen bilden, werden sie auch als **Magisches Dreieck** der Preispolitik bezeichnet.

Von daher unterscheidet man drei grundsätzliche **Ansätze der Preisgestaltung:**

Kostenorientierte Preisgestaltung	Die Kosten des Unternehmens bilden die Basis der Preisgestaltung. Es werden die Selbstkosten eines Produktes zugrunde gelegt, denen ein einheitlicher Gewinnzuschlag zugerechnet wird. Die Preisbildung kann auf Vollkostenbasis und auf Teilkostenbasis erfolgen. Für die Preisgestaltung auf Vollkostenbasis sprechen z. B. folgende Marktgegebenheiten: überragendes Produktimage, stabile Nachfrage, begrenzte Anzahl der Anbieter.
Nachfrageorientierte Preisgestaltung	Das Verhalten der Nachfrager dominiert die Preispolitik des Unternehmens. Die nachfrageorientierte Preisgestaltung berücksichtigt vor allem: Preisvorstellung der Nachfrager; Elastizität der Nachfrage; Qualität und Image des Produkts aus der Sicht der Nachfrager. Die Preise sind so festzulegen, dass sie den Marktverhältnissen entsprechen und dem Unternehmen zu einem dauerhaften Absatz verhelfen. Dabei müssen die Gesamterlöse langfristig die Kosten decken und einen bestimmten Gewinn erbringen.

Konkurrenzorientierte Preisgestaltung	Der eigene Preis wird am Preis der Konkurrenz (Leitpreis; Branchendurchschnitt) ausgerichtet. Diese Orientierung führt dazu, dass der festgelegte Preis selbst bei veränderter Kostensituation beibehalten wird, andererseits bei einer Änderung des Leitpreises der eigene Preis ebenfalls variiert. Konkurrenzorientierte Preisgestaltung ist im Prinzip ein Verzicht auf aktive Preispolitik zugunsten einer vermeintlichen Risikominimierung.

06. Welche preispolitischen Strategien gibt es?

Das Unternehmen kann sich bei seiner Preispolitik auf **eine bestimmte Strategie** stützen; es kann **aber auch Strategien in** Kombination einsetzen. Im Überblick:

Niedrigpreisstrategie	Mit **Penetrationspreisen** wird versucht, durch niedrige Preise eine schnelle Markteinführung zu erreichen (kurzfristige Preise). **Promotionspreise** sind „Niedrigpreise auf Dauer".
Hochpreisstrategie	**Prämienpreise** sind „Hochpreise auf Dauer", z. B. aufgrund von Image, Qualität, technischem Vorsprung usw. **Skimmingpreise** sind Hochpreise in der Einführungsphase des Produkts. Man versucht den Markt „abzuschöpfen", bevor Konkurrenten „nachziehen".
Psychologische Preisgestaltung	Jeder Endverbraucher kennt diese Form der Preisgestaltung: Preise „unterhalb runder Preise" sind vermeintlich billiger, z. B. 4,98 € statt 5 €. Dazu gehört auch die Preisgestaltung von Multipacks, z. B. 5 Dosen Bier für 2,75 € statt 1 Dose für 0,59 €; ebenso die Politik, bestimmte Schwellenwerte nicht zu überschreiten (z. B. 1 Tafel Schokolade für ≤ 0,99 €).
Preisabstufungen	Die Praxis dieser Preisgestaltung kennt man besonders im Automobilsektor: Je nach Modellvariante werden verschiedene Preisstufen gestaltet. Diese Stufen sollten Unterschiede in den Kosten, dem Wert und dem Preis der Konkurrenten berücksichtigen. Ähnliches gilt für die **Preisabstufungen bei Sonderausstattungen**.
Preispolitischer Ausgleich	Insbesondere der Handel nutzt die Möglichkeit, Artikel mit schlechter Handelsspanne durch Artikel mit guter Handelsspanne zu stützen. Gewinnartikel sollen Verlustartikel stützen.

Formen der Hochpreis-/Niedrigpreisstrategie:

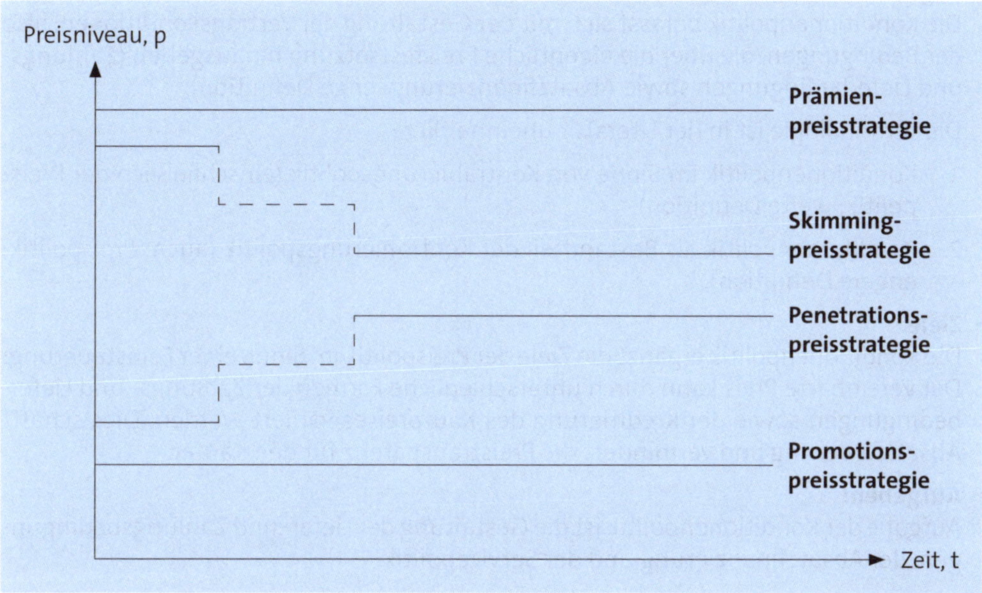

07. Welche Kriterien (Arten) der Preisdifferenzierung gibt es?

Das Instrument der Preisdifferenzierung wird von vielen Unternehmen eingesetzt. Es gibt verschiedene Arten:

- **Räumliche** Preisdifferenzierung liegt vor, wenn ein Unternehmen auf regional abgegrenzten Märkten seine Waren zu verschieden hohen Preisen verkauft (z. B. Stadt, Land, Inland, Ausland, Nord, Süd).
- **Zeitliche** Preisdifferenzierung liegt dann vor, wenn ein Unternehmen für gleiche Leistungen je nach zeitlicher Inanspruchnahme verschieden hohe Preise fordert (z. B. Tag, Nacht, werktags, sonntags).
- **Sachliche Preisdifferenzierung**
  - Preisdifferenzierung nach Absatzmengen ist dann gegeben, wenn ein Unternehmen seine Preise nach der Menge der abgenommenen Waren staffelt (z. B. Großkunden, Kleinkunden).
  - Preisdifferenzierung nach dem Verwendungszweck liegt dann vor, wenn die Preise nach dem Verwendungszweck der Erzeugnisse unterschiedlich festgesetzt werden (z. B. Heizöl, Dieselkraftstoff). Liegen jedoch Qualitätsunterschiede vor, so ist es nicht gerechtfertigt von Preisdifferenzierung zu sprechen.
  - Bei der **persönlichen** Preisdifferenzierung wird ein unterschiedlicher Preis je nach Personenstatus gefordert (z. B. Rentner, Studenten, Schüler, Preise für Einzelpersonen/Gruppen).

08. Welche Ziele und Aufgaben hat die Konditionenpolitik?

- **Begriff:**
  Die Konditionenpolitik befasst sich mit der Gestaltung der Vertragskonditionen, also der Bedingungen, die über die eigentliche Preisfestsetzung hinausgehen (Zahlungs- und Lieferbedingungen sowie Absatzfinanzierung; enge Definition).

  Die Terminologie ist in der Literatur uneinheitlich:

  1. Konditionenpolitik im Sinne von Kontrahierungspolitik (einschließlich der Preispolitik; weite Definition)
  2. Konditionenpolitik als Bestandteil der Kontrahierungspolitik (auch: Preispolitik; engere Definition).

- **Ziele:**
  Die Konditionenpolitik ergänzt die Ziele der Preispolitik im Sinne einer Feinsteuerung: Der vereinbarte Preis kann durch unterschiedliche Formen der Zahlungs- und Lieferbedingungen sowie der Kreditierung des Kaufpreises variiert werden. Dies schafft Absatzförderung und vermindert die Preistransparenz für den Käufer.

- **Aufgaben:**
  Aufgabe der Konditionenpolitik ist die Gestaltung der Liefer- und Zahlungsbedingungen, der Absatzfinanzierung und der Servicepolitik.

09. Welche Gestaltungsfelder hat der Unternehmer im Rahmen der Konditionenpolitik?

Die Darstellung ist in der Literatur uneinheitlich. Überwiegend werden folgende Instrumente genannt:

Konditionenpolitik – Instrumente

Zahlungsbedingungen*	**Lieferbedingungen***	**Absatzfinanzierungspolitik**
Festlegung von ► Zahlungsbetrag ► Zahlungsart ► Zahlungsort ► Zahlungszeitpunkt	Festlegung von ► Lieferzeit ► Lieferort ► Lieferart ► Verpackung ► Lieferkosten	Festlegung der Kreditpolitik ► gegenüber Absatzorganen ► gegenüber Konsumenten

* Ergänzung/Spezifizierung durch:

- nationale Standards, internationale Standards (Incoterms)
- allgemeine Geschäftsbedingungen.

10. Wie lassen sich die Zahlungsbedingungen gestalten?

1. Festlegung des Zahlungsbetrages, z. B. Zahlungsziel, Minderung durch ...	
Rabatt[1]	sofortiger Abzug aus bestimmten Gründen
	Rabattarten, z. B.: ► **Funktionsrabatte** werden dem Groß- und Einzelhandel zur Deckung seiner Funktionskosten eingeräumt. ► **Mengenrabatte** werden bei Abnahme größerer Mengen gewährt (z. B. als Bar- oder Naturalrabatte; Boni, vgl. unten). ► **Zeitrabatte** werden bei Abnahme zu bestimmten Zeitpunkten oder innerhalb bestimmter Zeiträume eingeräumt (z. B. Einführungs-, Saison-, Vordispositions- oder Auslaufrabatte). ► **Barzahlungsrabatte**: bei Barzahlung
Skonto	Abzug bei vorzeitiger Zahlung
Bonus	nachträglicher Abzug bei Erreichen bestimmter Mengen (Werte) bezogen auf eine Geschäftsperiode (auch: Jahresumsatzrabatt)

[1] Die Bunderegierung hat am 13.12.2000 die Abschaffung des Rabattgesetzes und der Zugabeverordnung beschlossen.

1. Festlegung des Zahlungsbetrages, z. B. Zahlungsziel, Minderung durch ...	
Preisnachlass	aus besonderen Gründen (Kulanz, Ausgleich für frühere Lieferungen u. Ä.)
Inzahlungnahme	des gebrauchten Artikels bei Neukauf; vgl. Fahrzeugbranche, Waschmaschinen u. Ä.

2. Festlegung der Zahlungsart	
Barzahlung	Bezahlung mit Bargeld
Halbbare Zahlung	Bareinzahlung auf das Konto des Verkäufers oder Zahlung per Nachnahme
Bargeldlose Zahlung	Zahlung per Überweisung oder per V-Scheck; Sonderfälle: Dauerauftrag, Lastschriftverfahren

3. Festlegung des Zahlungsortes	
Zahlungsort	ist der Wohnort des Gläubigers bzw. die Niederlassung des Gläubigers (§ 270 BGB).

4. Festlegung des Zahlungszeitpunkts	
Zahlung vor Leistung	Anzahlung, Vorauszahlung
Zahlung bei Leistung	Zahlung bei Übergabe; „Zug um Zug", z. B. Ware gegen Bargeld an der Kasse im Warenhaus
Zahlung in Raten	bei vereinbarter Ratenzahlung; bei Zahlung nach Baufortschritt
Zahlungsziel	Einräumen einer Zahlungsfrist nach Rechnungsstellung (mit/ohne Skonto)

11. Wie lassen sich die Lieferbedingungen gestalten?

1. Festlegung der Lieferzeit	
Leistungszeit	Ist keine besondere Vereinbarung getroffen, so ist sofort zu liefern (zu leisten); § 271 BGB.

2. Festlegung des Lieferortes	
Leistungsort	Ist der Wohnsitz des Schuldners bzw. der Niederlassungsort des Schuldners (§ 269 BGB) soweit nichts anderes bestimmt ist.

3. Festlegung der Lieferart	
Beförderungsweg, Transportmittel	per Straße, Schiene, Flugzeug, Schiff oder kombiniert

4. Festlegung der Verpackung – Beispiele	
Konstruktion	Verpackungsart: Papier, Pappe, Metall usw.; Erfüllung bestimmter Funktionen: Schutz, Transport, Lagerfähigkeit, Wiederverwendung u. Ä.
Form	Größe, Proportionen, in Teilen, als Ganzes
Bestandteile	Zubehör, Gebrauchsanleitung
Kosten	Vereinbarung, wer die Kosten der Verpackung trägt (Schuldner oder Gläubiger).
Entsorgung	Vereinbarungen über Rücknahme, Rückvergütung, Kosten der Entsorgung usw.

5. Lieferkosten	
Kostenarten	Fracht, Rollgeld, Versicherung, Kosten der Zwischenlagerung
Kostenübernahme	Ist nichts anderes vereinbart, so trägt der Schuldner der Leistung die Kosten bis zum Erfüllungsort.
Nationale Standards	**ab Werk:** Der Käufer trägt alle Kosten.
	unfrei: Der Verkäufer trägt die Transportkosten bis zur Absendestation (z. B. Bahnhof).
	frachtfrei: Der Verkäufer trägt die Transportkosten bis zur Empfangsstation (z. B. Bahnhof).
	frei Haus: Der Verkäufer trägt alle Transportkosten.

12. Wie können die Zahlungs- und Lieferbedingungen durch die AGB bzw. die Incoterms gestaltet werden?

- **Allgemeine Geschäftsbedingungen** (AGB) sind alle für eine Vielzahl von Verträgen vorformulierten Vertragsbedingungen, die eine Vertragspartei der anderen Partei bei Abschluss eines Vertrages stellt. Sind Vertragsbedingungen einzeln ausgehandelt, liegen keine Allgemeinen Geschäftsbedingungen vor (vgl. >> 4.5.3).
- Die **Incoterms** sind internationale Handelsklauseln (**I**nternational **C**ommercial **T**erms). Sie regeln vorwiegend den Gefahrenübergang und die Transportkosten im internationalen Handelsverkehr (vgl. >> 3.5.1).

13. Welche Varianten der Absatzfinanzierung gibt es?

Die Absatzfinanzierung soll den Verkauf der Produkte durch bestimmte Kreditangebote an den Kunden fördern. Man unterscheidet z. B.:

Direkte Kreditvergabe	Der Hersteller/Händler gewährt selbst das Zahlungsziel bzw. den Ratenkredit.
Indirekte Kreditvergabe	Der Hersteller vermittelt den Kredit (Hausbank oder Verbraucherbank).

4.2.4 Distributionspolitik

01. Welche Aufgaben hat die Distributionspolitik?

- Festlegung der **Absatzwege:**
  - direkter oder indirekter Absatzweg
  - unternehmenseigene oder unternehmensfremde Absatzorgane.
- Festlegung der **physischen Distribution** (Marketing-Logistik), z. B.:
  - Standortfrage und Anzahl der Läger
  - Eigen- oder Fremdläger
  - Transportmittel
  - Verpackung.

02. Welche Elemente sollte ein Distributionssystem enthalten? Über welche Merkmale muss entschieden werden?

- Auf der **strategischen Ebene:**
  - Distributionskanäle (direkt/indirekt)
  - Vertreter/Reisende
  - Lagerstandorte (zentral/dezentral, Eigen-/Fremdlager, Lagerstufen)
  - Eigentransport/Fremdtransport
  - Make-or-Buy-Entscheidungen (MoB)
  - Mindestauftragsgrößen.
- Auf der **operativen Ebene:**
  - Auftragsabwicklung (zentral/dezentral, IT-Unterstützung)
  - Warentransport (Transportmittel, Kosten)
  - Tourenplanung (Standardtouren, tägliche Tourenplanung)
  - Ersatzteillogistik (zentral/dezentral, Transportwesen).

03. Welche Absatzwege sind möglich?

Als Absatzweg (auch: Vertriebsweg, Absatzform, Absatzkanal, Distributionskanal) bezeichnet man die Form, in der die Produkte vom Hersteller zum Verbraucher gelangen.

- Beim direkten Absatzweg bedient man sich nicht des Handels (Absatz vom Hersteller direkt an den Endkunden).
- Beim indirekten Absatzweg wird der Handel eingesetzt, um die räumliche und zeitliche Distanz zum Verbraucher zu überbrücken.

Überblick (1):

Direkte Absatzwege	**Unternehmenseigene Absatzorgane**, z. B.:	► Reisende ► Geschäftsleitung ► Innendienst ► Verkaufsbüros ► Verkaufsniederlassungen ► E-Commerce: - Business-to-Business: B2B - Business-to-Customer: B2C
	Unternehmensfremde Absatzorgane, z. B.:	► Handelsvertreter ► Kommissionäre ► Makler ► Franchise-Systeme
Indirekte Absatzwege	**Einzelhandel**, z. B.:	► Gemischtwarengeschäft ► Fachhandel ► Spezialhandel ► Filialunternehmen ► Supermarkt ► SB-Warenhaus ► Versandhaus ► Einkaufzentrum
	Großhandel, z. B.:	► Sortimentsgroßhandel ► Zustellgroßhandel ► Spezialgroßhandel ► Abholgroßhandel ► Rack-Jobber

Überblick (2):

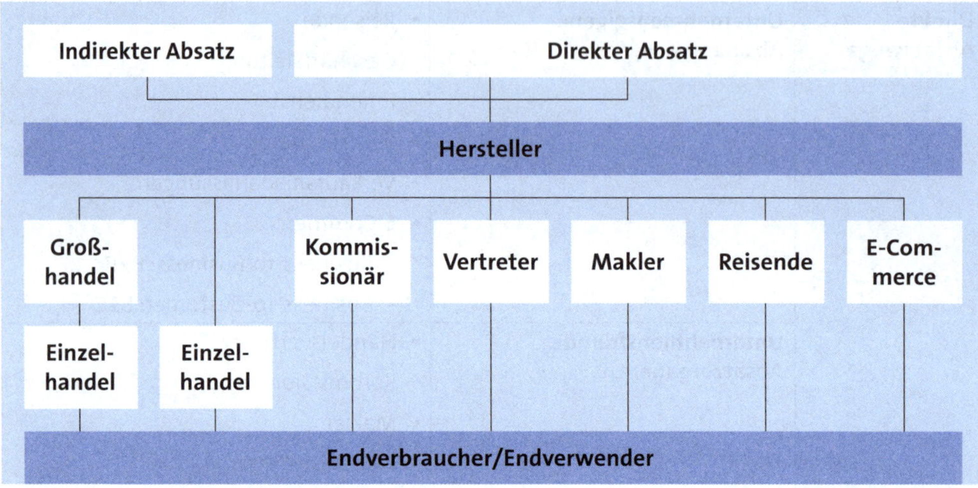

Quelle: in Anlehnung an: *Weis, 2010, S. 157*

Die grundsätzliche Entscheidung über die Wahl des Absatzwegs ist insbesondere von folgenden Faktoren abhängig:

- Produktart (Food/Non-Food, verderblich/nicht verderblich usw.)
- Marktgröße
- Anzahl und Struktur der Kunden
- Größe des eigenen Unternehmens und Marktanteil
- Größe und Verhalten der Wettbewerber
- rechtliche Vorgaben (z. B. Zigaretten, Gefahrstoffe, Arzneimittel).

04. Wann ist der direkte Absatz zweckmäßig?

Der direkte Absatz ist nur dann zu empfehlen, wenn Fertigung und Verbrauch räumlich nicht zu weit entfernt liegen, der Hersteller die Waren bereits in konsumfähiger Größe und Verpackung liefert, die Qualität gleichbleibend ist, Fertigung und Absatz gleichmäßigen Marktschwankungen unterworfen sind oder bei Objekten, die nur auf Bestellung geliefert werden.

05. Wann ist der indirekte Absatz vorherrschend?

Der indirekte Absatz ist notwendig, wenn der Vertrieb nicht von den Herstellern selbst vorgenommen werden soll oder kann. Das trifft i. d. R. zu bei Massenprodukten, die in kleinen Mengen verbraucht werden, wie z. B.:

- beim sogenannten Aufkaufhandel
- bei einer Weiterverarbeitung durch den Handel

- bei technisch aufwendiger Lagerhaltung und schwierigem Transport
- bei der Notwendigkeit besonderer Sachkenntnis von Waren und Marktverhältnissen
- beim Absatz komplementärer Güter
- bei großen Qualitätsunterschieden in der Produktion, denen beim Verbraucher ein Bedarf nach gleichwertigen Erzeugnissen gegenübersteht
- bei weitgehender Spezialisierung der Produktion, die als Folge des Fehlens eines Vollsortiments die Zwischenschaltung des Handels erfordert.

06. Wie ist die Distributionsquote definiert?

Die Distributionsquote (auch: Distributionsgrad) ist insbesondere für den Hersteller interessant. Sie gibt an, wie stark sein Produkt X im Handel vertreten ist:

$$\textbf{Distributionsquote} = \frac{\text{Anzahl der Handelsbetriebe, die das Produkt X führen}}{\text{Anzahl der Handelsbetriebe insgesamt}}$$

07. Welche Absatzorgane gibt es?

Absatzorgane – Beispiele		**Rechtsstellung**	**Aufgaben**
Geschäftsleitung	–	Organ der Unternehmensleitung	Beratung und Akquisition von Schlüsselkunden; Erschließung neuer Märkte
Reisende	§§ 59 ff. HGB	Handlungsgehilfe, Angestellter eines Unternehmens	Verkauf und Kundenberatung, Neukundenakquisition
Handelsvertreter	§§ 84 ff. HGB	Selbstständiger Gewerbetreibender, der für einen anderen Unternehmer Geschäfte vermittelt oder in dessen Namen abschließt	Vermittlung oder Abschluss von Geschäften; Informations- und Sorgfaltspflicht (§ 86 HGB)
Kommissionär	§§ 383 ff. HGB	K. ist, wer für Rechnung eines anderen (Kommittenten) in eigenem Namen Waren oder Wertpapiere kauft oder verkauft	Sorgfaltspflicht, Wahrnehmung der Interessen des Kommittenten und Beachtung der Weisungen, Rechenschaftspflicht
Makler	§§ 93 ff. HGB	Selbstständiger Gewerbetreibender, der die Vermittlung von Verträgen übernimmt	vermittelt den Vertragsabschluss zwischen anderen Parteien

08. Wann werden zur Intensivierung des Absatzes Handelsvertreter und wann Reisende eingesetzt?

- **Handelsvertreter** sind rechtlich selbstständige Kaufleute und üben ihre Tätigkeit auf eigenes Risiko aus.
- **Reisende** hingegen sind angestellte Mitarbeiter des Unternehmens.

Es ist daher zu prüfen, ob die Kosten der Reisenden oder die der Handelsvertreter höher sind. Die Handelsvertreter erhalten eine umsatzabhängige Provision, die Reisenden ein umsatzunabhängiges Gehalt und eine umsatzabhängige Prämie.

Jedoch dürfen Kostengesichtspunkte nicht allein ausschlaggebend sein, da die Handelsvertreter i. d. R. nur die erfolgversprechenden Kunden aufsuchen. Durch Reisende, deren Aufgabe auch eine intensivere Betreuung der Kunden und potenzieller Abnehmer ist, lässt sich der vorhandene Markt für die eigenen Produkte besser erschließen.

09. Welche Rechtsverhältnisse liegen beim Franchising vor?

Franchise (engl.) = Konzession = Vertriebssystem zwischen Hersteller (Franchisegeber) und Händler (Franchisenehmer) aus den USA: Der Franchisegeber überträgt dem Franchisenehmer das alleinige Recht für den Vertrieb seiner Produkte in einer bestimmten Region unter Verwendung gemeinsamer Namen, Warenzeichen, Erscheinungsbild. Der Franchisegeber stellt sein Absatzkonzept zur Verfügung, übernimmt die Werbung und kontrolliert die Einhaltung des Erscheinungsbildes und der Qualitätsstandards. Beispiele: Jannys Eiskaffee, OBI, McDonald, NORDSEE. Der Franchisenehmer ist rechtlich selbstständig.

Franchising	
Vorteile – Beispiele	**Risiken – Beispiele**
► Bekanntheitsgrad (Marke)	► Abhängigkeit vom Franchisegeber
► einheitliche Qualität und Erscheinung	► wenig Flexibilität beim Franchisenehmer
► schnelle Expansion am Markt	► Kontrollen des Franchisegebers erforderlich

10. Welche Vertriebssysteme gibt es?

Bei der Gestaltung von Vertriebssystemen werden vorrangig zwei Fragestellungen bearbeitet:

- Soll das Vertriebssystem **zentral** oder **dezentral** aufgebaut sein?

  Zentrale Marktbearbeitung liegt dann vor, wenn der Hersteller vom Standort des Unternehmens aus den Markt bedient.

Eine **dezentrale** Marktbearbeitung kann wahlweise durch ein werkseigenes Vertriebssystem, ein werksgebundenes Vertriebssystem oder durch ein rechtlich und wirtschaftlich ausgegliedertes Vertriebssystem erfolgen.

- Soll das Vertriebssystem in **eigener Hand** aufgebaut werden oder sollen die Aufgaben **Dritten übertragen** werden?

Im Einzelnen unterscheidet man:

Alleinvertrieb	Der Hersteller wählt zuverlässige Handelspartner aus und überträgt ihnen (meist) Gebietsschutz.
Vertragshändler	Der Hersteller vertreibt über ausgewählte Händler, die sich verpflichten, nur seine Produkte zu verkaufen.
Franchising	Vgl. Frage 09.
Konsignation	Das Konsignationslager ist ein Warenlager eines Herstellers, das sich im Unternehmen des Abnehmers befindet. Die Ware verbleibt im Eigentum des Lieferanten, bis der Kunde sie verkauft. Erst zum Zeitpunkt der Entnahme findet eine Lieferung als Grundlage der Rechnungsstellung statt. Der Händler hat hier die Funktion eines Kommissionärs.

4.2.5 Kommunikationspolitik

01. Was ist Kommunikation im Rahmen des Marketings?

Unter Kommunikation versteht man generell den verbalen und nonverbalen Austausch von Informationen zwischen mindestens zwei Partnern, die ggf. räumlich getrennt sein können.

Der Begriff „Kommunikation“ hat im Marketing eine andere Bedeutung: Hier steht die einseitige Informationsübermittlung vom Anbieter/Hersteller zum potenziellen Abnehmern im Mittelpunkt des Interesses.

02. Welche Bedeutung hat die Kommunikation im Rahmen des Marketings?

Kommunikation ist keine Errungenschaft des modernen Marketings: Bereits im Mittelalter gab es Marktschreier, die versuchten, lautstark ihr Publikum zu Kaufentscheidungen zu bewegen. Die Bedeutung der Kommunikationspolitik hat zugenommen:

Viele Produkte werden heute auf gesättigten Märkten angeboten und sind zum Teil homogen in der Einschätzung der Verbraucher. Die vielfältigen Ansätze der Kommunikationspolitik über die zahlreichen Medien (Rundfunk, TV, Internet, Plakate usw.) versuchen, diesen Sachverhalt zu verschieben, indem sie mit der Öffentlichkeit und den potenziellen Abnehmern frühzeitig in Kontakt treten, um Präferenzen für ihr Unternehmen und ihre Produkte aufzubauen. Wie wichtig heute die Kommunikation von Unternehmen in Richtung Öffentlichkeit ist, erlebt man beinahe wöchentlich, wenn z. B. technische Störfälle oder „Skandale“ bekannt werden (Gammelfleisch, kontaminiertes

Spielzeug aus China; weltweiter Rückruf von Toyota wegen klemmender Brems- und Gaspedale – geschätzte Kosten ca. 1,8 Mrd. €). Eine Beschönigung hilft hier nicht, sondern nur schnelle, umfassende Information der Öffentlichkeit und sofortige Einleitung von Gegenmaßnahmen.

03. Welche Aufgaben und Ziele hat die Kommunikationspolitik?

Die Kommunikationspolitik ist ein weiteres Instrument des Marketings. Aufgabe der Kommunikationspolitik ist es, auf persönlichem und/oder unpersönlichem Wege einen Kontakt zwischen Anbieter und potenziellem Abnehmer herzustellen, der letztlich zu einem Verkaufsabschluss führen kann. Zielsetzung ist dabei, Meinungen, Einstellungen und Verhaltensweisen des kaufentscheidenden Publikums in geeigneter Weise zu beeinflussen.

04. Welche Instrumente können im Rahmen der Kommunikationspolitik eingesetzt werden?

Die Instrumente der Kommunikationspolitik sind:

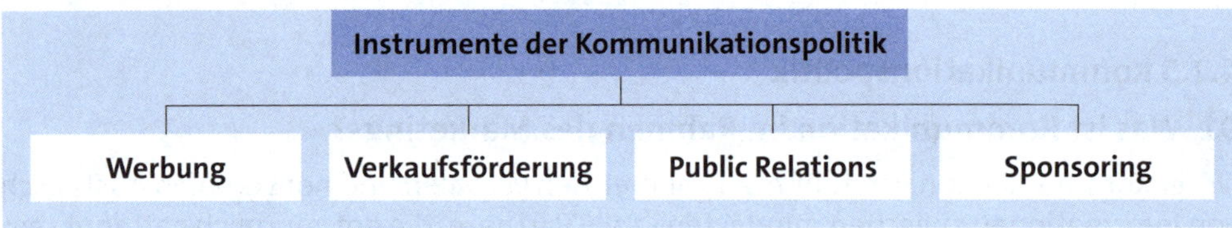

05. Was versteht man unter Werbung?

Werbung ist der gezielte Einsatz von Kommunikationsmitteln, um das Verhalten bestimmter Zielpersonen zu beeinflussen, deren Aufmerksamkeit man gewinnen will und deren Kaufentscheidung man für das werbende Unternehmen herbeiführen möchte.

Werbung und Verkaufsförderung (Sales-Promotion) lassen sich über folgende Merkmale voneinander abgrenzen:

Sales-Promotion	Werbung
► bietet Anreize: „Produkt zum Kunden“ ► kurzfristig und einmalig ► Wirkung: eher schnell (oder nicht) ► Mix aus speziellen Instrumenten ► eher nachrangiges Kommunikationsmittel	► bietet Kaufmotive: „Kunde zum Produkt“ ► längerfristig, kontinuierlich, wiederkehrend ► Wirkung: eher längerfristig (oder nicht) ► bestimmtes Werbemittel dominiert ► eher vorrangiges Kommunikationsmittel

06. Welche Aufgaben hat die Werbung im Einzelnen?

- Gewinnung von Aufmerksamkeit und Interesse
- Unterrichtung und Information
- Beeinflussung mit dem Ziel der Begründung von Überzeugungen
- Weckung von Bedarf und Kaufbereitschaft
- Gewinnung, Erweiterung und Sicherung von Märkten
- Schaffung von Transparenz im Absatz- und Beschaffungsmarkt
- Einführung oder Wiedereinführung von Erzeugnissen, Marken oder Herstellernamen
- Identifizierung von Erzeugnissen oder Marken, Leistungs- und Qualitätsgarantien
- Absatz- und Verkaufserleichterungen
- Hilfe im Vertrieb
- Verbrauchs- und Umsatzsteigerungen
- Gewinnung von Vertrauen
- gezielte Beeinflussung des Wettbewerbs.

07. Welche Ziele verfolgt die Werbung?

Ökonomische Ziele	Steigerung/Erhaltung von Umsatz, Ergebnis, Deckungsbeitrag, Marktanteil und/oder ähnliche Ziele unter Beachtung der Werbekosten.
Außerökonomische Ziele (besser: indirekte Ziele)	Bekanntheitsgrad, Image, Vertrauen beim Kunden zum Unternehmen und zum Produkt; damit soll indirekt und langfristig die Ertragslage stabilisiert/verbessert werden.

08. Welche Arten von Werbung werden unterschieden?

Fasst man die Arten der Werbung unter Oberbegriffen zusammen, so lässt sich z. B. folgender Überblick geben:

Arten der Werbung			
nach der Zahl der Werbenden	**nach der Zielsetzung**	**nach der Wirkung**	**nach der Zahl der Umworbenen**
► Einzelwerbung ► Sammelwerbung ► Verbundwerbung ► Huckepack-werbung	► Einführungs-werbung ► Expansions-werbung ► Erhaltungs-werbung	► Suggestivwerbung ► Informations-werbung ► vergleichende Werbung	► Einzelwerbung ► Gruppenwerbung

Arten der Werbung			
nach dem Werbeobjekt	**nach der Art der Ansprache**	**nach dem Werbenden**	**nach der psychologischen Gestaltung**
► Produktwerbung ► Imagewerbung	► Massenwerbung ► Individualwerbung	► Herstellerwerbung ► Handelswerbung	► offene Werbung ► verdeckte Werbung ► unterschwellige Werbung

09. Was versteht man unter Werbemitteln und welche werden unterschieden?

Werbemittel erfüllen den Zweck, die Werbung wirksam werden zu lassen. Man unterscheidet:

- **Optische Werbemittel:** Dazu gehört die Ware selbst, die als Warenprobe und in der Packung werblich aufgemacht wird oder in Schaufenstern, Schaukästen, auf Messen oder Ausstellungen ausgebreitet werden kann.
- **Grafische Werbemittel:** Werbebriefe, Drucksachen, Handzettel, Flugblätter, Anzeigen und Plakate; der Einsatz von Film und Licht in Form von Werbefilmen, Flutlicht, Schaufensterbeleuchtung, Werbeleuchtschriften und -schilder
- **Geschenkwerbung** in Form von Werbegeschenken, Zugaben, Gutscheinen, Gewinnen bei Preisausschreibungen usw., wobei allerdings die einschlägigen gesetzlichen Vorschriften wie UWG, Zugabenverordnung u. a. beachtet werden müssen.
- **Werbung im Straßenverkehr**, wie z. B. in Werbewagen, Werbekolonnenfahrten, Werbeumzüge und Werbebeschriftung von Fahrzeugen; Plakatträger und Werbemittel in der Luft
- **architektonische Werbemittel**, wie z. B. Gebäudegestaltung, besondere Repräsentationsräume, Schaufenstergestaltung, Firmenschilder, Ladeneinrichtungen
- **akustische Werbemittel** und zwar das Wort, wie z. B. bei Verkaufsgesprächen durch Verkäufer, Reisende, Ausrufer, Werbeversammlungen sowie durch Film und Funk, wie Werbefilme und Werbefernsehen, Werbehörfunk, Lautsprecherwerbung
- weiterhin den Service, wie z. B. Kundendienst und Verkaufshilfen.

Im Überblick: Elemente der Werbung:

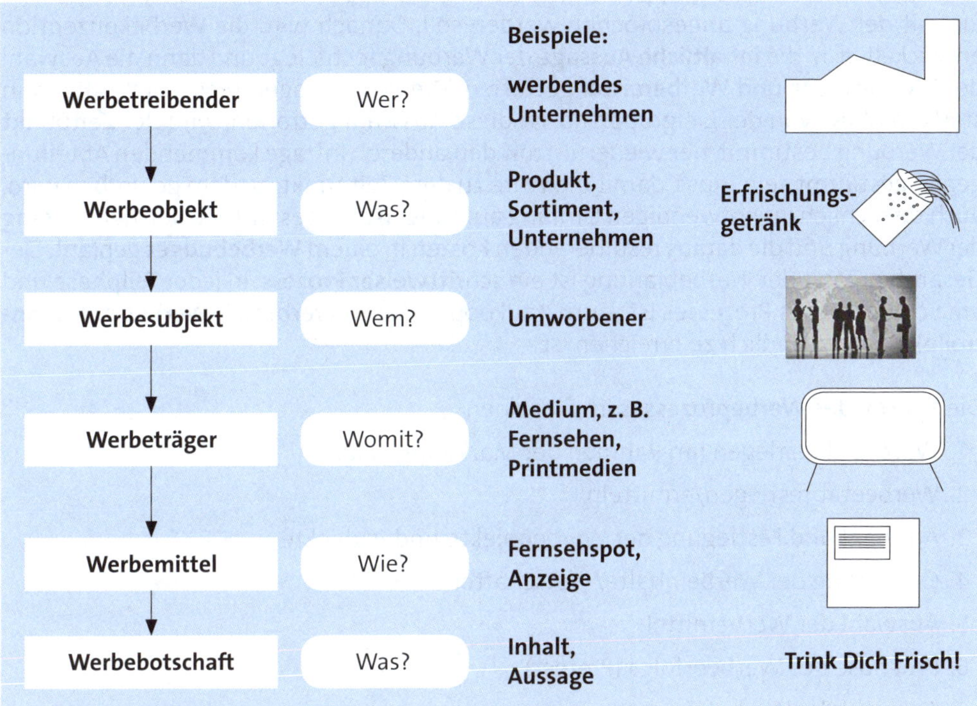

10. Was versteht man unter einem Werbeträger?

Werbeträger sind zum einen die **Materialien**, aus denen die Werbemittel hergestellt sind, wie z. B. aus Holz, Papier, Filme und zum anderen die **Hilfsmittel**, auf denen die Werbemittel angebracht sind, wie z. B. die Zeitung für das Inserat, das Schaufenster für die ausgestellte Ware, die Plakatsäule für das Plakat, die Fernsehanstalten für den Fernsehspot, die Kinos für den Werbefilm usw. Es ist entscheidend, dass der Werbeträger dazu beiträgt, die Werbewirkung des Werbemittels zu erhöhen und nicht etwa zu zerstören.

11. Was versteht man unter einem Werbeplan?

Der Werbeplan beruht auf den Ergebnissen der Marktforschung und der Absatzplanung und zeigt auf, in welcher Weise für die Erzeugnisse geworben werden soll.

12. Wie wird ein Werbeplan aufgestellt?

Es wird zunächst die **Zielgruppe** definiert, d. h. die Gruppe der Verbraucher festgestellt, die mit der Werbung angesprochen werden soll. Danach wird die Werbekonzeption entwickelt, d. h. die **inhaltliche Aussage** der Werbung festgelegt und dann die Auswahl der **Werbeträger und Werbemittel** getroffen. Die Werbeträger wiederum hängen in starkem Maße von der Zielgruppe ab. Ist diese Auswahl getroffen, wird der **Zeitpunkt** der Werbung bestimmt, der wiederum mit den anderen infrage kommenden Abteilungen abgestimmt sein muss, damit die Ware zu dem Zeitpunkt, zu dem geworben wird, auch tatsächlich im notwendigen Umfang auf Lager ist. Insgesamt werden der Umfang der Werbung und die daraus resultierenden Kosten in einem **Werbebudget** geplant. Der Gesamtvorgang der Werbeplanung ist ein **schrittweiser Prozess**. In jeder Teilphase und am Schluss dieses Prozesses ist „zurückzukoppeln" zum Werbeziel (**Werbeerfolgskontrolle**), das letztendlich zu erreichen ist.

Die **Phasen des Werbeprozesses** im Einzelnen:

1. Werbeziel festlegen (im Rahmen der Marketingziele)
2. Werbeetat festlegen/ermitteln
3. Auswahl und Festlegung der Werbeobjekte und -subjekte
4. Gestaltung der Werbeinhalte/-botschaften
5. Auswahl der Werbemittel
6. Prognose des Werbeerfolgs (Pretest)
7. Auswahl der Werbeträger
8. Auswahl der Werbezeitpunkte, -zeiträume, -gebiete:
   - Zeitpunkt, Intensität
9. Dauer, Häufigkeit
   - pro-/antizyklisch
   - massiert, verteilt, pulsierend
10. Durchführung der Werbung

    Werbeerfolgskontrolle:
    - Kommunikativer Erfolg: Testverfahren, z. B. Recall-Test
    - Ökonomischer Erfolg (Mehrumsatz, Mehrgewinn).

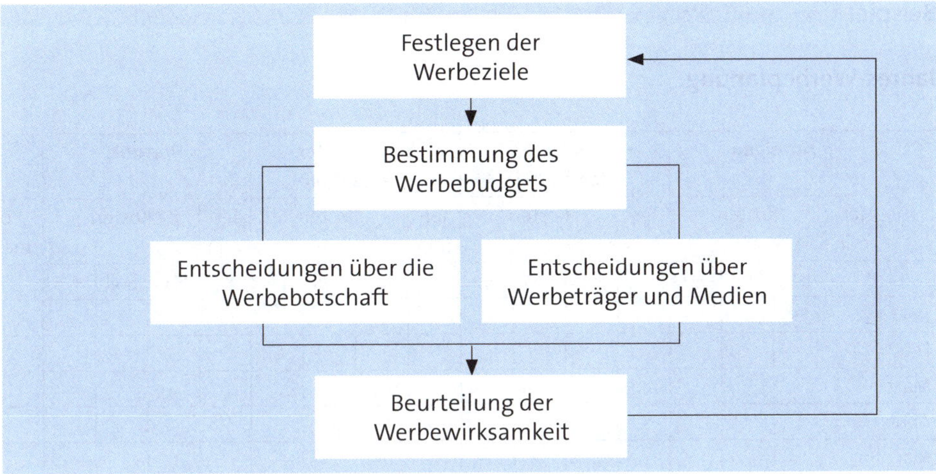

13. An welchen Eckdaten wird sich die Höhe des Werbebudgets orientieren?

Die Höhe des Werbebudgets wird vorrangig bestimmt durch die Ziele und Aufgaben der betreffenden Werbemaßnahme (z. B. Einführungswerbung oder Erinnerungswerbung).

Daneben können natürlich die Werbeaktivitäten der Konkurrenz und die vorhandenen eigenen finanziellen Ressourcen sowie die Ertragslage nicht außer Acht bleiben. Die Orientierung an Kennzahlen (z. B. Prozentzahlen vom Umsatz oder Anteile vom Gewinn) ist weniger geeignet.

Im Einzelnen unterscheidet man bezüglich des Werbebudgets folgende Orientierungsgrößen:

Entscheidungen über die Höhe des Werbebudgets	
Entscheidungskriterien	**Bewertung der Kriterien**
Fester Prozentsatz vom Umsatz	Vorteil: leicht zu bestimmen
Fester Prozentsatz vom Gewinn	Nachteil: prozyklische Höhe des Werbebudgets
Verfügbare Finanzen	Ggf. prozyklische Werbung; ggf. unklare Höhe der Finanzen
Geplante Werbeziele	Empfehlenswert: Orientierung an den Werbezielen/am Werbebedarf

Nachdem das Werbebudget ermittelt wurde, kann es mithilfe einer weiteren Matrix auf die einzelnen Werbeträger/Medien/Aktionen je Zeitabschnitt je Produkt usw. verteilt werden.

Beispiel

Jahres-Werbeplanung

	Anzeigen				Prospekte, Handzettel				Schaufenster, Dekoration				Hörfunk				
	Termin	Kosten			Termin	Kosten			Termin	Kosten			Termin	Kosten			Kommentar
		Ist	Soll	+/-		Ist	Soll	+/-		Ist	Soll	+/-		Ist	Soll	+/-	
Jan.																	
Feb.																	
März																	
April																	
Mai																	
Juni																	
Juli																	
Aug.																	
Sept.																	
Okt.																	
Nov.																	
Dez.																	
gesamt																	

Das ermittelte Gesamtbudget kann **gleichmäßig** auf die einzelnen Monate aufgeteilt oder aber **nach Schwerpunkten** (Saisonartikel, geplante Sonderverkäufe etc.) verteilt werden.

Das monatliche Budget wird anschließend auf die infrage kommenden Werbeträger bzw. -mittel umgelegt. Die geplanten Kosten werden am Ende der jeweiligen Werbeaktion mit den tatsächlichen Kosten verglichen. Dieser Soll-Ist-Vergleich ermöglicht eine Kostenkontrolle und dient gleichzeitig auch als Anhaltspunkt für die zukünftige Planung des Werbebudgets.

In der Spalte „Kommentar" können z. B. Werbeaktivitäten von Konkurrenzunternehmen, beworbene Produkte etc. vermerkt werden.

14. Welche Bedeutung hat die Werbeerfolgskontrolle?

Mithilfe der Werbeerfolgskontrolle soll festgestellt werden, ob die durchgeführte Werbung den beabsichtigten Effekt (Werbeerfolg) erzielt hat. Eine solche Feststellung ist jedoch in der Praxis häufig sehr schwer zu treffen: Zum einen sind die Werbeziele oft nicht operational (messbar) gestaltet. Zum anderen lässt sich meist keine direkte kausale Beziehung zwischen der Werbung für ein bestimmtes Produkt und der Entwicklung des Absatzes herstellen. Trotz dieser Problematik gibt es Ansätze zur Systematisierung des Werbeerfolgs.

1. Beim **außerökonomischen Werbeerfolg** (auch: Kommunikationserfolg) konzentriert man sich auf Untersuchungsgrößen wie
   - Bekanntheitsgrad des Produktes
   - Informationsstand über das Produkt
   - Image des Produkts u. Ä.
   - Testverfahren zur Wiedererkennung (z. B. Recognition)
   - Testverfahren zur Kontaktmessung („Kommen die Werbesubjekte mit der Werbebotschaft bzw. den Trägern der Werbebotschaft in Berührung?").
2. Der **ökonomische Werbeerfolg** – z. B. gemessen an Kenngrößen wie Absatz oder Umsatz – wirft Probleme auf. Trotzdem gibt es auch hier Verfahrensansätze, die in der Praxis zufriedenstellende Ergebnisse liefern können wie z. B.:
   - **B**estellung **u**nter **B**ezugnahme **a**uf das **W**erbemittel (Bu-BaW-Verfahren)
   - Methoden der Direktbefragung („... welche Werbemaßnahme hat zu dieser Kaufentscheidung geführt ...")
   - Messung des Werbeerfolgs in Testmärkten.

$$\text{Werbeerfolg, z. B.} = \frac{\text{werbebedingter Umsatzzuwachs}}{\text{Werbeaufwand}}$$

Werbeerfolg, z. B. = werbebeeinflusster Umsatz - werbeloser Umsatz

15. Welche Formen der Außen- und der Medienwerbung sowie der Werbung am Point of Sale lassen sich nennen und welche Wirkung haben sie?

	Formen	Wirkung
Medienwerbung	TV- und Radiowerbung, Internet, Printmedien	TV-Werbung ist sehr teuer; keine zielgruppenspezifische Ansprache möglich.
Außenwerbung	Außenplakate, Werbegerüste, Anschläge, Litfaßsäulen, Lichtreklame, optische Laufbänder	Meist geringer Informationsgehalt; meist nur bei sehr großer, homogener Zielgruppe sinnvoll.
Werbung am Point of Sale	Display, Verkaufsgespräch, Art der Präsentation, Poster	Hoher Informationsgehalt, meist ist die Wirkung sofort erfassbar, zielgruppenspezifisch.

16. Was ist bei der Werbung durch die Ware zu beachten?

Bei der Ware muss bereits die äußere Formgebung und auch die Verpackung werbegerecht sein, d. h. sie muss ansprechen und die Verbraucher zum Kauf anreizen. Die Ware muss aber auch, soweit sie im Verkaufsraum ausgestellt ist, leicht zu besichtigen sein. Es darf nicht der Eindruck eines Kaufzwanges entstehen und es muss durch die Art der Platzierung eine günstige Atmosphäre zur Vorbereitung eines Kaufes geschaffen werden.

17. Auf welche Weise wird die Werbung beeinträchtigt?

Die Adressaten der Werbung fühlen sich durch die Reizüberflutung durch die Werbung und die Medien überfordert. Aus diesem Grunde prägen sich Werbespots und Anzeigen nur noch ein, wenn sie sich von anderen Spots und Anzeigen deutlich abheben. Inserate werden nicht mehr gelesen, wenn sie alltäglich wirken. Überdies neigen viele Fernsehzuschauer nach den Feststellungen von Marktforschungsinstituten dazu, während der Werbezeiten die Tasten der Fernbedienung zu betätigen und auf andere Sender überzugehen, wenn sie sich von der Werbung nicht angesprochen fühlen. Diese Situation zwingt die Werbetreibenden und die Werbeagenturen zu sorgfältigen Überlegungen und zu neuen Konzepten, um angesichts der Werbevielfalt und der Ermüdungserscheinungen beim Konsumenten weiterhin Aufmerksamkeit zu erregen. Dieses gelingt i. d. R. nur mit besonders originellen Texten und Bildern.

18. Vor welchen Problemen steht die Telefonwerbung?

Die Telefonwerbung ist das umweltfreundlichste Werbemittel, weil sich Werbebriefe zum größten Teil später als mühsam zu beseitigendes Abfallprodukt erweisen und überdies viele vorgesehene Empfänger solcher Werbebriefe durch einen entsprechenden Aufdruck den Empfang im Briefkasten ablehnen.

Daneben empfinden aber viele Bürger die Telefonwerbung als einen ungebetenen Eingriff in ihre häusliche Privatsphäre und haben diese Auffassung vom Bundesgerichtshof in mehreren Grundsatzentscheidungen bestätigt bekommen. Erlaubt ist aufgrund dieser Entscheidungen die telefonische Werbung bei Privatpersonen nur unter der Voraussetzung, dass der Betroffene ausdrücklich einem Anruf zustimmt oder einen entsprechenden Hinweis auf einer Werbung nicht durchstreicht bzw. ein Geschäftskontakt besteht.

19. Welche Funktion erfüllt das Schaufenster?

Das Schaufenster ist **das optische Hauptwerbemittel des Einzelhandels**, das die Kaufwünsche der Vorübergehenden wecken und diese zum Betreten des Ladens auffordern soll. Es vermittelt den Passanten, die davor stehen bleiben, einen allgemeinen Eindruck von der Art und den Preisen der Ware, die das Geschäft führt. Aber das Schaufenster will den Betrachter nicht nur sachlich informieren, sondern es will vor allem auf sie durch die Dekoration der Waren und die Beleuchtung des Fensters attraktiv wirken.

20. Welche Schaufensterarten werden unterschieden?

- Das **Stapelfenster** (auch: Katalog- oder Spezialfenster genannt) ist sachlich und einheitlich aufgebaut und will durch die Menge von Artikeln der gleichen Warenart oder Warengruppe und deren Preisherausstellung wirken.
- Das **Ideenfenster** (auch: Fantasiefenster, Stimmungsfenster) ist ein Fenster für gehobene Erzeugnisse und Luxuserzeugnisse und zeigt nur wenige, besonders ausgesuchte Stücke des gleichen Artikels oder auch verschiedener Waren in fantasievoller und farbenprächtiger, aber ruhig und vornehm wirkender Aufmachung.
- Das **kombinierte Fenster** steht i. d. R. unter einem besonderen Leitgedanken (z. B. alles für die Ferienreise, das schöne Heim) und ist dementsprechend mit verschiedenartigen Artikeln dekoriert.
- Das **Sonderveranstaltungsfenster** wird nur bei bestimmten Anlässen (Weihnachten, Ostern) dekoriert und kann Stapelfenster, Ideenfenster oder kombiniertes Fenster sein.

21. Was ist eine Aktion?

Eine Aktion ist eine Maßnahme, die ein Anbieter im Rahmen seiner Werbung oder Verkaufsförderung durchführt. Aktionen können allein, aber auch in Kooperation mit Herstellern oder Einkaufsvereinigungen durchgeführt werden. **Eine Aktion strebt eine hohe Publikumswirkung an**. Beispiele sind Dichterlesungen, Ausstellungen, Versteigerungen, Verkauf von Wein im Beisein der Weinkönigin usw.

22. Wodurch unterscheiden sich Werbung und Verkaufsförderung?

In der Praxis wird die Verkaufsförderung im Vergleich zur Werbung und zum persönlichen Verkauf meist als zweitrangig eingestuft. Allerdings sollte man nicht unterschätzen, dass der geschickte Einsatz dieses Kommunikationsmittels einen wichtigen Beitrag zum Marketingerfolg leisten kann. **In den letzten Jahren hat die Bedeutung der Verkaufsförderung stetig zugenommen.** Unternehmen, die es verstehen, die Mittel der Verkaufsförderung gekonnt einzusetzen, sind in der Lage, einen deutlichen Wettbewerbsvorteil zu erzielen. **Verkaufsförderung** umfasst eine Vielzahl von Anreizen (meist kurzfristiger Natur), um den Handel oder den Verbraucher zum Kauf zu stimulieren. Der zentrale Unterschied zwischen Werbung und Verkaufsförderung lässt sich folgendermaßen auf den Punkt bringen:

- **Werbung** gibt einen Kaufgrund (Motivbildung)!
  „Kunde zum Produkt!“
- **Verkaufsförderung** bietet einen Anreiz, den Kauf zu vollziehen!
  „Produkt zum Kunden!“

Etwas erklärungsbedürftig sind hierbei die „Anreize“, die zur Erhöhung des Kaufvolumens führen sollen. Kaufanreize werden meist durch besondere zusätzliche Leistungen zum Produkt ausgelöst. Beispiele für solche Kaufanreize sind Gutscheine auf Verkaufsverpackungen und attraktive Displays (z. B. von Süßigkeiten in Kassennähe oder kleine Geschenke), auf denen meist auch eine Werbebotschaft aufgedruckt ist (z. B. Gratisproben des Produkts) oder aber Preisnachlässe (Rabatte) oder Treueprämien für Käufer, die ein Produkt in größerem Umfang kaufen. Die Anreize können sich an die Konsumenten, Absatzmittler oder das Verkaufspersonal richten. Verkaufsförderungsaktionen sind zeitlich begrenzt, deshalb spricht man auch von „kurzfristigen“ Kaufanreizen – im Gegensatz zu Werbemaßnahmen, die mehr oder weniger längerfristig/konstant auf ein Produkt oder eine Dienstleistung aufmerksam machen.

Kaufanreize können auf vielfältige Weise gegeben werden und verfolgen unterschiedliche Zwecke: Gratisproben sollen den Verbraucher zum Testen eines Produkts anregen (Gewinnung von Neukunden), Treueprämien belohnen Kunden, die häufig ein bestimmtes Produkt kaufen oder sie zielen auf eine Erhöhung der Wiederholungskäufe von gelegentlichen Verwendern (Markenwechsler). Eine kostenlose Betriebsberatung für den Händler soll die langfristige Geschäftsbeziehung mit ihm festigen.

Man spricht bei allen Mitteln, die kurzfristig Kaufanreize auslösen sollen, von Instrumenten der Verkaufsförderung. Ziel dabei ist immer, das „Produkt zum Kunden zu bringen“, während die Werbung „den Kunden zum Produkt bringen“ soll!

23. Welche Formen der Verkaufsförderung lassen sich unterscheiden?

Welche Instrumente der Verkaufsförderung zum Einsatz kommen, hängt u. a. davon ab, welche Zielgruppe angesprochen werden soll. In der Regel besteht der angesprochene Personenkreis entweder aus den Endabnehmern eines Produkts (Verbraucherpromotion, Consumer Promotion), den Handelspartnern (Händlerpromotion, Trade Promotion) oder aber aus den Verkäufern (Außendienstpromotion, Trade Promotion). Dementsprechend lassen sich verschiedene Formen der Verkaufsförderung mit ihren unterschiedlichen Ausprägungen unterscheiden:

Verkaufsförderung (Sales Promotion) – „Produkt zum Kunden“

Verbraucherpromotion	Händlerpromotion	Verkaufspromotion
Beispiele: ► Gewinnspiele ► Einführungspreise ► Treuerabatte ► Kundenzeitschrift ► Produktvorführungen ► Produktproben ► Gutscheine ► Tauschaktionen („Alt für Neu“)	Beispiele: ► Einführungsrabatte ► Werbekostenzuschüsse ► Händlerpreisausschreiben ► Tagungen/Schulungen ► Schaufenstergestaltung ► Warenplatzierung ► Einführungsmuster ► Produktvorführungen ► Displays	Beispiele: ► Verkaufstraining ► Sonder-Verkaufsprämien ► Ideenwettbewerbe ► Produktmuster ► Verkaufswettbewerbe ► Incentives ► Verkaufsmedien ► Auszeichnungen

24. Welche Formen der Verbraucherpromotion (Kundenförderung) lassen sich unterscheiden?

Verbraucher-Promotion kann vom Hersteller initiiert **(Herstellerpromotion)** oder aber von den Einzelhändlern **(Einzelhändlerpromotion)** durchgeführt werden. Es folgen einzelne Beispiele:

- **Geschenke** sind Waren, die entweder kostenlos oder zu einem niedrigen Preis angeboten werden. Die Verbraucher erhalten damit die Möglichkeit, das Produkt kennenzulernen.
- **Gutscheine und Coupons** garantieren dem Inhaber beim Kauf eines bestimmten Produkts eine genau festgelegte Ersparnis. Einerseits lassen sich mit diesem Mittel bei Produktneueinführungen neue Kunden gewinnen oder im Fall nachlassender Verkaufszahlen bei Produkten, die in die Reifephase des Produktlebenszyklus eingetreten sind, können die Verkaufszahlen ggf. wieder gesteigert werden.
- **Rückvergütungsrabatte** sind Preisermäßigungen, die dem Verbraucher durch Einschicken eines Kaufnachweises nachträglich gewährt werden. Das Produkt wird häufig mit Treuepunkten versehen.
- **Treueprämien** stellen Belohnungen dar, die in Form von Geld, Waren oder sonstigen Werten für den häufigen Kauf von Produkten vergeben werden.
- **Gewinnspiele** bieten die Chance, Waren, Geld, Gutscheine oder Reisen zu gewinnen. Der Teilnehmer muss meist eine Aufgabe lösen und den Teilnahmeschein an den Veranstalter schicken. Aus rechtlicher Sicht muss jedoch der Veranstalter darauf ach-

ten, dass der Kunde keinem Kaufzwang unterliegt, d. h. die Teilnahme am Gewinnspiel muss vom Produktkauf unabhängig sein, die Gewinnchancen dürfen z. B. durch den Kauf nicht erhöht werden.

- **Probenutzungsangebote** sind eine Einladung an den potenziellen Käufer, ein Produkt kostenlos für eine festgelegte Zeitspanne zu testen. Der testende Verbraucher soll von den Vorzügen des Produkts überzeugt und damit angeregt werden, das Produkt zu kaufen.
- **Sonderpreispackungen** bieten dem Verbraucher ein oder mehrere Produkte zu einem ermäßigten Preis an. Häufig findet man Mehrfachpackungen (z. B. drei Einzelpackungen werden zum Preis von zweien angeboten) oder aber Koppelungspackungen (z. B. Waschmittel und Weichspüler werden zusammen angeboten).
- **Produktproben** sollen den Verbraucher dazu animieren, ein Produkt kostenlos zu testen. Produktproben werden meist als Minipackungen im Laden verteilt, anderen Produkten beigelegt oder durch Verteiler oder auf dem Postweg dem Verbraucher angeboten.
- **Garantieleistungen** gewähren dem Verbraucher eine Sicherung der Funktionsfähigkeit des Produkts. Garantieleistungen sind bei qualitätsbewussten Verbrauchern ein starkes Verkaufsargument, da diese von der Garantieleistung auf die Qualität des Produkts schließen.
- **POP-Displays und -vorführungen** (POP = Point of purchase; z. B. Hinweisschilder, Plakate, Aufsteller, Regalstopper) sollen die Aufmerksamkeit des Verbrauchers auf ein bestimmtes Produkt bzw. eine Produktgruppe richten. Die Displays werden am Ort des Verkaufs angebracht oder aufgestellt. Da viele Händler sich nicht gern die Mühe für das Aufstellen des Schaumaterials machen, wird dies häufig vom Hersteller übernommen.

25. Welche Formen der Händler-Promotion (Händlerförderung) gibt es?

Die auf den Handel ausgerichtete Verkaufsförderung hat aufgrund der zunehmenden Konzentration von Einkaufsmacht weniger großer Einzelhandelsorganisationen in den letzten Jahren immer mehr an Bedeutung gewonnen. Dies ermöglicht es dem Handel, verstärkt auf die Unterstützung der Hersteller zurückzugreifen.

Beispiele

Kaufnachlässe

Kaufnachlässe sind Preisnachlässe, die dem Händler vom Hersteller als direkter Abzug vom Listenpreis für Käufe innerhalb eines festgelegten Zeitraumes gewährt werden. Die Händler sollen dadurch animiert werden, größere Mengen als üblich zu kaufen oder neue Produkte zu führen, die ansonsten nicht in das Sortiment aufgenommen würden. Der Händler kann die Preisersparnis wiederum für Preissenkungen, für Werbeaktionen etc. nutzen.

Funktionsrabatte
Funktionsrabatte sind Rabatte, die dem Händler vom Hersteller dafür gewährt werden, dass dieser die Produkte eines Herstellers besonders herausstellt. Wird das Produkt werblich speziell positioniert, wird dieser Rabatt auch als Werberabatt bezeichnet (in Zeitungsbeilagen, Werbezetteln etc.). Wird das Produkt dagegen durch besondere Warendisplay-Aktionen hervorgehoben, bezeichnet man ihn als Display-Rabatt.

Gratiswaren
Gratiswaren werden als zusätzliche Warensendungen an die Absatzmittler abgegeben, wenn Umsatzgrenzen überschritten werden oder wenn bestimmte Produkt-Charakteristika wie Geschmacksrichtung oder Packungsgrößen werblich besonders herausgestellt werden. Es kann sich dabei auch um Werbegeschenke des Herstellers (Geschenkartikel mit Aufdruck des Firmennamens, wie z. B. Kugelschreiber, Kalender etc.) oder einfach um Bargeld handeln. Letzteres bezeichnet man auch als Verkaufsförderungsprämien.

26. Welche Formen der Außendienst-Promotion (Außendienstförderung) lassen sich unterscheiden?

Die Förderung der Außendienstarbeit wird im Vergleich zu den anderen beiden Arten der Verkaufsförderung meist nur in zweiter Linie verfolgt. Die Ausgaben in diesem Bereich sind i. d. R. auch weitaus geringer als die Ausgaben für die anderen beiden Bereiche. Folgende Instrumente können zum Einsatz kommen:

- **Messen und Ausstellungen** unterstützen die Arbeit des Außendienstes und bieten die Möglichkeit, auch Kunden anzusprechen, die normalerweise nicht über die Verkaufsorganisation zu erreichen sind. Messen bieten den Unternehmen die Möglichkeit, ihre (neuen) Produkte durch Gespräche mit potenziellen Neukunden vorzustellen. Da die Teilnahme allerdings nicht gerade günstig ist, muss eine Messe sorgfältig vorbereitet werden.
- **Verkaufswettbewerbe** richten sich direkt an die eigene Verkaufsorganisation oder den Handel und sollen zur Verbesserung der Verkaufsergebnisse innerhalb eines bestimmten Zeitraums dienen. Für erfolgreiche Verkäufer werden Preise in Form von Bargeld, Geschenken oder Reisen (Incentives) vergeben.
- **Geschenkartikel** werden vom Verkaufspersonal an potenzielle oder bestehende Kunden verteilt. Meist befindet sich ein Aufdruck des Firmennamens oder des Firmenlogos auf den Waren und/oder eine Werbebotschaft. Größere Geschenke sind allerdings rechtlich problematisch.

27. Wie muss eine Verkaufsförderungsmaßnahme geplant und realisiert werden?

Eine Verkaufsförderungsmaßnahme muss sorgfältig geplant werden. Mehrere Entscheidungen müssen getroffen werden. Zunächst muss sich das Unternehmen über die angestrebten Verkaufsförderungsziele Gedanken machen und dann entsprechend der ins Auge gefassten Ziele angemessene Verkaufsförderungsinstrumente auswählen.

Soweit es die finanzielle Situation zulässt, ist es dann auch sinnvoll, die angewandten Instrumente vor deren Einsatz und nach der Durchführung der Verkaufsförderungsaktion durch Tests auf ihre Wirksamkeit hin zu untersuchen. Eine Kontrolle und Bewertung der Aktion kann auch durch den Vergleich der Verkaufszahlen vor und nach der Aktion oder allgemein durch Rentabilitätsberechnungen oder Kosten-Nutzen-Vergleiche erfolgen. Es existiert auch bei der Planung und Durchführung von Verkaufsförderungsaktionen der bekannte Regelkreis:

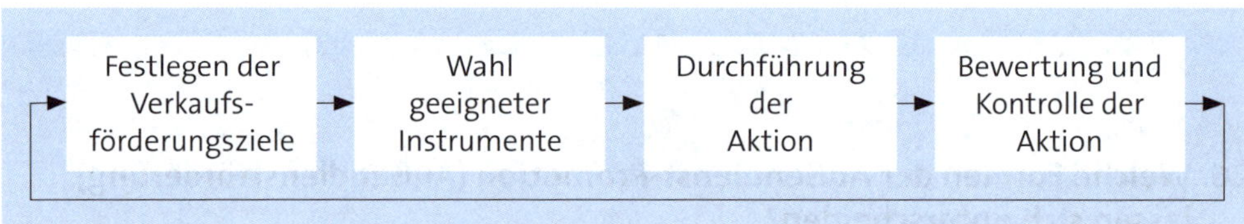

28. Welche Ziele beinhaltet Public Relations?

Public Relations wird auch als Öffentlichkeitsarbeit bezeichnet. Das Ziel von Public Relations besteht darin,

- den Bekanntheitsgrad des Unternehmens zu steigern,
- ein positives Image aufzubauen,
- eine vertrauensvolle, glaubwürdige und ehrliche Beziehung zwischen Unternehmen und Öffentlichkeit zu gestalten und
- die Stakeholder (Mitarbeiter, Bewerber, Kunden, Lieferanten usw.) für das Unternehmen durch Informationen zu begeistern.[1]

29. Wie wird Public Relations (PR) betrieben und welche Instrumente werden eingesetzt?

Mithilfe der Public Relations (PR) werden Informationen über das Unternehmen, seine Tätigkeit und seine Produkte an Kunden, Lieferanten, Banken, Konkurrenten, Verbände, Behörden, Parteien, Schulen und nicht zuletzt an die eigenen Mitarbeiter gegeben. Zu diesem Zweck wird eine Öffentlichkeitsabteilung eingerichtet, die je nach Betriebsgröße eigene Firmenzeitschriften herausgibt oder sich mit der Herausgabe von Berichten über die Geschäftsentwicklung, Fachartikel usw. begnügt. Es werden aber auch Messen und

[1] Vgl. *Weis, 2012, S. 576.*

Ausstellungen beschickt, auf denen die Leistungen des Unternehmens herausgestellt werden. Oftmals empfehlen sich auch Tage der offenen Tür und Pressekonferenzen.

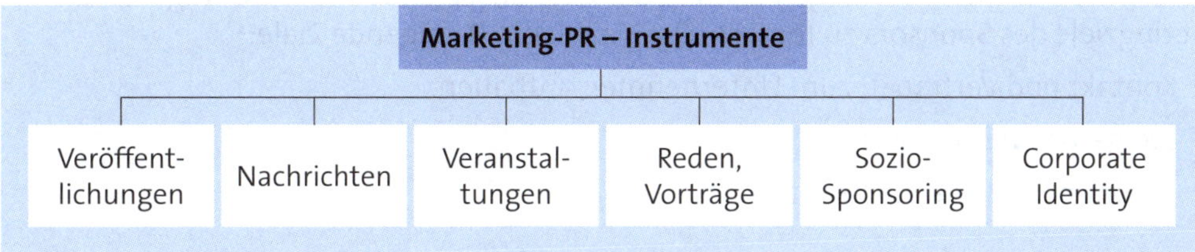

30. Welche externen Instrumente der PR werden unterschieden?

Betriebs-besichtigungen	Interessenten können sich z. B. durch Werksführungen einen Eindruck von dem Unternehmen, der Produktion sowie von den Mitarbeitern und der Unternehmenskultur verschaffen. Dies kann das Vertrauen stärken.
Kundenzeitschrift	Herausgabe einer Kundenzeitschrift: allein, im Verbund mit anderen Unternehmen oder als Branchenzeitschrift; Inhalte sind: Warenkunde/-präsentation, Testberichte, Pressemitteilungen über das Unternehmen/über erfolgreiche Produkte, Veranstaltungskalender, Veränderungen im Unternehmen, Leserbriefe u. Ä.
Lobbyismus	Präsenz und Engagement des Inhabers/des Vorstands in Vereinen, Verbänden, auf Fachtagungen oder in politischen Ausschüssen; Kontakt, Meinungsbildung, Multiplikatoren, Einfluss auf Vorhaben des Gesetzgebers
Product Placement	Präsentation und Positionierung von Marken oder Name des Unternehmens in Fernsehsendungen, Filmen und Hörfunk
Pressearbeit	Kontakt zu den Redakteuren der regionalen und überregionalen Presse, Vorbereitung von Pressemitteilungen – generell und anlassbezogen (Jubiläum, Eröffnung neuer Filialen, Wechsel in der Führungsetage, von Auszubildenden usw.), Interviews in der Presse

31. Welche internen Instrumente der PR gibt es?

Interne Kommunikationsinstrumente der PR sind z. B.:

- BVW, Betriebssportgruppen, Incentives, Quality Circle u. Ä.
- Mitarbeiterzeitschriften, Intranet, Broschüre für (neue) Mitarbeiter
- Schwarzes Brett
- Sozialbericht
- Betriebsversammlung, -feste, Weiterbildung
- Sozialleistungen, Veranstaltungen für „Ehemalige“.

32. Welche Ziele und welche Sponsoringarten gibt es?

Die Gesponserten erhalten Geld und/oder Sachmittel (Leistung) von einem Sponsor (z. B. Unternehmen). Die Gegenleistung des Gesponserten soll dazu beitragen, die Marketingziele des Sponsors zu fördern. Dazu zählen z. B. folgende Ziele:[1]

- Kontakt und Vertrauen zum Unternehmen aufbauen
- Steigerung des Images
- Erhöhung der Marktpräsenz.

Man unterscheidet z. B. folgende Arten des Sponsoring:

Arten	Beschreibung, Beispiele
Sportsponsoring	Unterstützung von Sportvereinen und -veranstaltungen
Kultursponsoring	Unterstützung von Ausstellungen, Messen, Tournee und Konzerten
Sozialsponsoring	Unterstützung sozialer Einrichtungen (z. B. für bedürftige Bevölkerungsgruppen)
Umweltsponsoring	Unterstützung von Aktivitäten zum Schutz der Umwelt (Naturschutzgebiete, bedrohte Tierarten)
Programmsponsoring	Unterstützung bestimmter Radio- und Fernsehprogramme

Der Zusammenhang zwischen Public Relations und Sponsoring besteht z. B. darin, dass Veranstaltungen mit gesponserten Prominenten das Public Relations unterstützen können.[2]

4.2.6 Marketingmix

01. Was bedeutet der Begriff „operativer Marketingmix"?

Operativer Marketingmix bedeutet, dass das System des Marketingmix nicht starr sein darf, sondern sich den jeweiligen Marktverhältnissen und -veränderungen anpassen muss. Marketingmix ist immer die zu einem bestimmten Zeitpunkt getroffene Auswahl von Marketingaktivitäten in einer bestimmten Ausprägung.

02. Was beinhaltet der Produktmix im Einzelnen?

Der Produktmix umfasst alle Entscheidungstatbestände, die sich auf die Gestaltung der Absatzleistungen beziehen. Diese sind die Gesamtheit der Güter, die den Kunden angeboten werden. Die Frage, die seitens des Unternehmens zu entscheiden ist, lautet: Welche Leistungen und Problemlösungen sollen wie am Markt angeboten werden? In der Produktpolitik sind Entscheidungen über Neuentwicklungen, Differenzierung, Änderung oder Herausnahme von Produkten zu treffen, aber auch über die Produktgestal-

1 *Weis, 2012, S. 551.*

2 *Vgl. Weis, 2012, S. 553.*

tung, die Materialart, den Verwendungszweck, Form und Farbe. Die Produktpolitik ist dabei nicht als ein rein technisches, sondern als marktbezogenes Problem zu sehen. Mit dem Produktmix ist die Verpackungsgestaltung und Namensgebung eng verbunden und zwar insbesondere im Hinblick auf Markenzeichen. Diese Markenzeichen sollen zum einen das eigene Produkt von denen der Konkurrenz deutlich unterscheiden und sind andererseits Voraussetzung für den Einsatz anderer absatzpolitischer Entscheidungen, wie z. B. von Werbung und Verkaufsförderung. Das Produktmix steht im engen Zusammenhang mit der Sortimentspolitik, die die art- und mengenmäßige Zusammensetzung des Absatzprogramms beinhaltet.

03. Was beinhaltet der Distributionsmix im Einzelnen?

Das Distributionsmix bezieht sich auf alle Entscheidungen, die im Zusammenhang mit dem Weg eines Produktes zum Endverkäufer stehen. Sie umfasst sowohl die Wahl der Absatzkanäle als auch die physische Distribution des Produkts.

04. Was beinhaltet der Kontrahierungsmix im Einzelnen?

Der Kontrahierungsmix umfasst die Gesamtheit vertraglicher Vereinbarungen über das Leistungsangebot, wobei Entscheidungen über die Preis- und Rabattpolitik, die Lieferungs- und Zahlungsbedingungen sowie über die Kreditpolitik (Absatzfinanzierung) zu treffen sind. Rabattpolitische Entscheidungen sind im Hinblick auf die Art der eingeräumten Rabatte zu treffen, d. h. ob Funktions-, Mengen-, Zeit- oder Treuerabatte gewährt werden sollen, einschließlich der Rabatthöhe und der Rabattstaffelung.

Die Lieferungsbedingungen können ebenfalls in unterschiedlicher Weise gestaltet werden, wobei die Lieferbereitschaft, die Lieferzeit, die Warenzustellung, Umtausch- und Rückgabemöglichkeiten, die Berechnung der Verpackungs-, Fracht- und Versicherungskosten ebenfalls einzubeziehen sind.

Die Kreditpolitik (Absatzfinanzierung) spielt in verschiedenen Branchen (z. B. Pkw, Lkw) eine große Rolle. Die Finanzierungskonditionen (Leasingrate, Finanzierungsrate) werden häufig mit den Rabatten kombiniert. Bei einer Null-Prozent-Finanzierung sind meist kaum mehr größere Rabatte möglich.

05. Was beinhaltet der Kommunikationsmix im Einzelnen?

Der Kommunikationsmix beschäftigt sich mit der bewussten Gestaltung der auf den Absatzmarkt gerichteten Informationen eines Unternehmens zum Zweck einer Verhaltenssteuerung der tatsächlichen und der potenziellen Käufer. Der systematischen Käuferbeeinflussung dienen z. B. der persönliche Verkauf, die Werbung, die Verkaufsförderung und die Öffentlichkeitsarbeit von Hersteller und Handel.

06. Von welchen Faktoren hängt der optimale Marketingmix ab?

Die einzelnen Instrumente der Produkt-, Preis-, Distributions- und Kommunikationspolitik werden hinsichtlich eines bestimmten Ziels (z. B. Gewinnmaximierung) kombiniert. Welche Kombination sinnvoll ist, hängt ab

- vom Produkt (Konsum- oder Investitionsgut, Alltagsgut oder Luxusgut)
- von der Zielgruppe (preiselastisch)
- vom Ausbreitungsziel des Produktes (regional, national, international)
- von den soziologischen (Schicht, Einkommensklasse) und demografischen Faktoren (Altersklasse: Jugend, Senioren usw.).

Das Marketingmanagement kann eine Nutzwertanalyse erstellen und den einzelnen Marketingpolitiken sowie Produkten oder Produktgruppen gemäß einer Skala eine Rangordnung zuweisen. Dabei wird mit Unterstützung der Marktforschung festgestellt, ob für das jeweilige Produkt die Preispolitik oder die Distributionspolitik stärker maßgeblich ist. Durch eine Vernetzung via Ursache-Wirkungs-Diagramm können die Konsequenzen der einzelnen Marketingpolitiken mit Darlegung der Wechselwirkungen dokumentiert und visualisiert werden. Durch Trial-and-Error entsteht im Laufe der Zeit eine Markterfahrung sowie ein Gefühl, welche Kombinationen für das jeweilige Produkt relevant sind.

4.3 Vertriebsmanagement

4.3.1 Vertriebsorganisation

01. Was versteht man unter der Vertriebsorganisation?

Die Gesamtheit aller Regelungen, die sich auf die Funktion Vertrieb beziehen, kann als **Vertriebsorganisation** bezeichnet werden.

Im Mittelpunkt der Vertriebsorganisation stehen folgende Regelungen/Entscheidungen:

1. indirekter und/oder direkter Vertrieb (Handel und/oder Reisende/Vertreter)
2. Organisation des Innen- und Außendienstes
3. Anzahl der Vertriebskanäle (Vertriebskanalsteuerung; z. B. Multi-Channel, Online-Vertrieb)
4. Möglichkeiten der Vermarktung über Empfehlungen und Multiplikatoren
5. Aufteilung nach Zielgruppen, Länder und Regionen
6. innere Organisation des Vertriebs (z. B. Linien-, Sparten-, Produkt-, Matrix- oder Tensororganisation)
7. Möglichkeiten der Kundenbindung und der Neukundengewinnung
8. Einsatz von IT (Cloudzugriff, Laptop usw.) im Außendienst, um dem Kunden sofort individuelle Informationen zu liefern.

02. Nach welchen Aspekten lässt sich die Vertriebsstruktur gliedern?

- nach den Produkten (Sparten)
- nach den Kunden (z. B. Key-Account-Management)
- nach Gebieten/Regionen.

03. Welche Zielsetzung verbirgt sich hinter dem Begriff „Customer Relationship Management" (CRM) und welche Arten von CRM gibt es?

- **Customer Relationship Management** kann übersetzt werden mit Kundenbeziehungsmanagement und Kundenbindungsmanagement. Ziel ist es, vorhandene Kunden zu binden und potenzielle Kunden zu gewinnen (z. B. durch geeignete Servicemaßnahmen und kundenorientiertes Sortiment). Die Beziehung zum Kunden soll verbessert bzw. stabilisiert und die Abwanderung vermieden werden.
- **Arten:**
  - **kommunikatives** CRM:
    Verbesserung und Ausbau der Kommunikationskanäle zum Kunden (z. B. über den persönlichen Kontakt, Telefon, Internet, Direktmailing, Teleshopping)
  - **operatives** CRM:
    Verbesserung einer Reihe von Aktivitäten (z. B. marketing-, produkt- und servicebezogen, Marktsegmentierung, ABC-Analyse)
  - **analytisches** CRM:
    Erfassung und Auswertung der Kundendaten (z. B. Veränderungen, Verhaltensweisen der Kunden).

4.3.2 Vertriebscontrolling

01. Was versteht man unter Vertriebscontrolling?

Unter Vertriebscontrolling versteht man die zielgerichtete Steuerung des Vertriebs eines Unternehmens. Das Vertriebscontrolling ist ein Teil des Unternehmenscontrolling.

02. Welche Aufgaben hat das Vertriebscontrolling?

Aufgaben des Vertriebscontrollings sind z. B.:

- systematische Informationsgewinnung und -auswertung
- Stärken und Schwächen im Vertrieb erkennen
- Märkte einschätzen, z. B. Markt- und Branchenanalysen erstellen
- Kunden analysieren, z. B. Kundenumsatzanalysen erstellen
- Wettbewerber beurteilen, z. B. Wettbewerbsanalysen erstellen
- Produkt- und Dienstleistungsangebote am Markt positionieren
- Vertriebsorganisationen bewerten und ausrichten

- Vertriebsprozesse erfassen und verbessern
- Vertriebswege beurteilen
- Aufbau eines Frühwarnsystems mithilfe geeigneter Indikatoren.

03. Welche Kennzahlen sind geeignet, um die Vertriebsleistung zu messen?

Kennzahlen sind z. B.:

- Verkaufsgespräche pro Tag und Mitarbeiter
- Verkäufe pro Mitarbeiter pro Periode
- Auftragseingang pro Monat/pro Quartal/pro Jahr
- Umsatz pro Monat/pro Quartal/pro Jahr
- Verhältnis Neukunden zu Bestandskunden in Prozent
- Verlust an Kunden pro Periode
- Anzahl der Neukunden pro Periode
- Anzahl der Termine bis zum Abschluss
- durchschnittliche Auftragssumme.

4.4 Internationale Geschäftsbeziehungen und Geschäftsentwicklung/Interkulturelle Kommunikation

4.4.1 Einführung in den Außenhandel

01. Was bezeichnet man als Außenhandel?

Der Außenhandel umfasst die Beschaffung und/oder den Absatz von Waren über die nationalen Grenzen eines Staates hinaus. Den Gegensatz bildet der Binnenhandel.

Die Grundformen des Außenhandels sind:

- Import
- Export
- Transithandel.

02. Welchen Stellenwert hat der Außenhandel für Deutschland (Bedeutung und Tendenzen)?

Die Wirtschaft der Bundesrepublik Deutschland ist in sehr hohem Maße vom Außenhandel abhängig:

- Rund ein Drittel der im Inland produzierten Güter wird exportiert.
- Mehr als jeder vierte deutsche Arbeitsplatz ist exportabhängig.
- Deutschland ist eine der weltgrößten Exportnationen.

- Der Export von Gütern stützt die relativ schwache Inlandsnachfrage und sichert damit die Beschäftigungssituation.
- „Exportschlager" sind Autos, Maschinen, chemische Erzeugnisse und Metalle/Metallerzeugnisse.
- Der deutsche Außenhandel erstreckt sich auf alle Länder der Erde. Der Schwerpunkt des Exports entfällt auf die EU (rd. 70 %), die USA (rd. 12 %), Japan (rd. 9 %) sowie Schwellen- und Entwicklungsländer (rd. 10 %).

03. Welche Faktoren stützen die Marke „Made in Germany"?

Trotz hoher Inlandskosten und einem damit verbundenen hohen Preisniveau deutscher Produkte auf dem Weltmarkt sowie mancher Negativerscheinungen (Rückrufaktionen, Korruption in Vorstandsetagen deutscher Unternehmen, qualitative Mängel) werden als „Trümpfe deutscher Produkte" immer noch überwiegend genannt:

- Qualität
- Erfahrung
- Termintreue
- Lieferbereitschaft
- Umfang und Flexibilität im Service
- Technologievorsprung und Innovation
- Zahlungs- und Lieferkonditionen.

04. Welche Entwicklungen werden mit den Begriffen „Internationalisierung" und „Globalisierung" umschrieben?

Mit Globalisierung bzw. Internationalisierung bezeichnet man die Zunahme der internationalen **Verflechtung der Wirtschaft** und das **Zusammenwachsen der Märkte** über die nationalen Grenzen hinaus. Einerseits versuchen die Unternehmen, ihre internationale **Präsenz auf den Absatzmärkten** zu festigen durch Gründung von Tochtergesellschaften im Ausland, Firmenzusammenschlüsse und Joint Ventures, andererseits ist man bestrebt, sich neue **Einkaufsquellen** zu erschließen, um dem wachsenden Kostendruck zu entgehen.

05. Welche Tendenzen lassen sich als Folge der Globalisierung erkennen?

Als Folge der Globalisierung sind folgende Tendenzen zu verzeichnen (die nachfolgende Aufzählung kann nur unvollständig sein):

- **Informationstechnologie**, Informationsgewinnung:
  Zunahme der Informationsgeschwindigkeit (Computervernetzung); Verdichtung von Raum und Zeit; damit gewinnt der „Rohstoff Wissen" als Grundlage der wirtschaftlichen Entwicklung an Bedeutung.

Wissensintensive Industrien und Dienstleistungen weisen in allen entwickelten Volkswirtschaften die größten Wachstumsraten auf. Die Unternehmen sind gezwungen, sich diesen Veränderungen der Produktionsbedingungen und Märkte flexibel anzupassen. Neue unternehmensorientierte Dienstleistungen, die Weiterentwicklung und breite Anwendung von Informations- und Kommunikationstechnik, Multimedia sowie bio- und gentechnische Innovationen zeigen beispielhaft, welche Beschäftigungschancen der Strukturwandel bietet.

Speziell im Handel werden neue Angebots- und Vertriebsformen auf elektronischer Basis weiterhin zunehmen (grenzüberschreitende Vernetzung informationstechnischer Systeme; B2B, B2C usw.).

- **Internationale Arbeitsteilung:**
  Konkurrenz des Produktionsfaktors Arbeit (z. B. unterschiedliches Lohnniveau deutscher, holländischer und polnischer Bauarbeiter); die Globalisierung der Märkte sowie die Verkürzung der Produktlebenszyklen führen u. a. zu einem ansteigenden Kostendruck und damit zu dem Zwang, den Faktor Arbeit noch wirtschaftlicher einzusetzen. Zum Beispiel: Entwicklung und Konstruktion eines neuen Produkts in Deutschland, Herstellung der Teile in Polen und Tschechien, Montage in Spanien, Vertrieb weltweit.

  Die Globalisierung der Märkte verlangt immer häufiger Fremdsprachenkompetenz der Mitarbeiter.

- **Konkurrenz der Standorte:**
  Tendenz zur Verlagerung der Produktionsstandorte in das Ausland mit einhergehenden Chancen und Risiken (Abbau von Arbeitsplätzen am nationalen Standort, Kostenvorteile, ggf. Qualitätsprobleme)

- **Logistik:**
  Zunahme des internationalen Verkehrsaufkommens und der Bedeutung der Logistik

- **Internationale wirtschaftliche Verflechtung:**
  Wachsende Abhängigkeit der nationalen Unternehmens- und Wirtschaftsentwicklung vom Weltmarkt (z. B. Abhängigkeit der deutschen Wirtschaft von den Entwicklungen in den USA und in Japan); zunehmende Abhängigkeit der Güter- und Geldmärkte; durch die zunehmende Globalisierung nimmt die Komplexität der Beschaffung immer mehr zu.

  Neben dem politischen Willen, den freien Handel international zu fördern (z. B. erklärtes Ziel der EU), schützt am besten die gegenseitige Abhängigkeit der Volkswirtschaften davor, dass dauerhaft Handelshemmnisse errichtet werden. Keine Volkswirtschaft ist autark. Globalisierung ist somit nicht nur die Folge freien Handels, sondern garantiert ihn zugleich.

- **Wachsende internationale Einflüsse auf nationale Wirtschafts- und Sozialpolitiken:**
  Als Folge der Globalisierung hat z. B. die Arbeitsmarktpolitik mit zusätzlichen Schwierigkeiten zu kämpfen. Durch die Globalisierung werden nationalstaatliche Maßnahmen und Sozialsysteme z. T. „ausgehebelt".

- **Rechtssysteme, Patente/Lizenzen:**
  Angesichts der fortschreitenden Globalisierung wird es immer wichtiger, auch für Auslandsinvestitionen einheitliche internationale rechtliche Rahmenbedingungen zu schaffen; die Bedeutung gewerblicher Schutzrechte – weltweit – nimmt zu.

  Die steigende Standortflexibilität von Unternehmen führt dazu, dass neue, innovative Produkte und Verfahren häufig dort entstehen, wo die Infrastruktur für Forschung und Entwicklung sowie der Produktion besonders günstig sind. Damit ist der weltweite Wettstreit der großen ökonomischen Kraftfelder Japan, China, Indien, USA und Europa mittlerweile auch zu einem Wettstreit von Patenten und Lizenzen geworden. Wer auf diesem Feld nichts zu bieten hat, der kann in dem globalen Kampf um die Märkte nicht mithalten.

06. Was ist der europäische Binnenmarkt?

Durch die Bildung der Europäischen Union (EU) als Fortentwicklung der EWG und später der EG und weitergehender Integration der Mitgliedstaaten sowie dem Beitritt weiterer Staaten ist ein neuer Binnenmarkt entstanden, der die Grenzen zwischen den Mitgliedsstaaten abgeschafft und inzwischen weltweit neben den USA die größte Bedeutung erlangt hat. Im europäischen Binnenmarkt besteht vollständige Freiheit des Waren-, Dienstleistungs- und Kapitalverkehrs, die Freizügigkeit für Personen und die Niederlassungsfreiheit für Selbstständige. Probleme, die bislang erst zum Teil gelöst sind; die gegenseitige Anerkennung von beruflichen Qualifikationen, da die vermittelten Bildungsinhalte teilweise große Unterschiede aufweisen. Probleme entstehen auch bei der Führung des Meistertitels im Handwerk, der in der deutschen und österreichischen Form in den übrigen Mitgliedsstaaten nicht vergeben wird sowie bei der Überwindung von Sprachschwierigkeiten.

07. Ist die Euro-Stabilität gesichert?

Die Diskussion um die Euro-Stabilität wurde vor allem durch das schwindende Vertrauen der Finanzmärkte in die griechische Wirtschaft entfacht. Das tiefergehende Problem liegt in der fehlenden Wettbewerbsfähigkeit einiger Staaten der EU (z. B. Spanien, Irland, Portugal und Italien). Unabhängig vom Euro-Rettungsschirm (ESM) wird gelten: Wenn es gelingt, die Wettbewebsfähigkeit der Euro-Staaten anzugleichen, die Flexibilität des europäischen Arbeitsmarktes zu steigern und die unterschiedlichen Steuer- und Sozialsysteme der Länder mit gemeinsamer Euro-Währung anzupassen, wird man es schaffen, die Euro-Stabilität langfristig zu retten. Möglicherweise sind auch die „Vereinigten Staaten von Europa“ (ein Gesamtstaat) notwendig, um den Euro zu „retten“.

08. Welche Staaten sind Mitglied der EU?

Belgien, Bundesrepublik Deutschland, Frankreich, Italien, Luxemburg, Niederlande, Dänemark, Irland, Griechenland, Portugal, Spanien, Finnland, Österreich und Schweden; die hier „unterstrichenen“ Länder sind sog. „pre-ins“, d. h. sie betreiben noch eine eigenständige Geld- und Währungspolitik.

Beitritt 2004: Zum 01.05.2004 wurden folgende Staaten Mitglied der EU: Estland, Lettland, Litauen, Malta, Polen, Slowakei, Slowenien, Tschechien, Ungarn, Zypern.

Das Vereinigte Königreich ist am 01.02.2020 aus der EU ausgetreten.[1]

Die Europäische Union mit ihren 27 Mitgliedstaaten hat 448 Mio. Einwohner.[2]

09. Welche Ziele verfolgt die EU?

Die wirtschafts-, währungs- und sozialpolitischen Ziele der EU sind:

- Förderung eines ausgewogenen und dauerhaften wirtschaftlichen und sozialen Fortschritts über folgende Maßnahmen:
  - Binnenmarkt
  - Wirtschafts- und Währungsunion
  - Abstimmung einzelner Politikbereiche, z. B. Verkehrs-, Kommunikationspolitik, gemeinsame Forschung, Umwelt- und Verbraucherschutz, Wettbewerb
- gemeinsame Außen- und Sicherheitspolitik (GASP)
- gemeinsame Innen- und Rechtspolitik, z. B. Bekämpfung der Kriminalität, Asylrecht.

10. Welche Wirtschafts- und Währungsbeziehungen existieren zwischen den Mitgliedsstaaten der EU?

1. **Zollunion:**
   Ein- und Ausfuhrzölle sowie Abgaben zwischen den Mitgliedsstaaten der EU sind verboten. Gegenüber Drittländern existiert ein gemeinsamer Zolltarif.
2. **Gemeinsamer Markt:**
   Der EU-Markt ist ein „Gemeinsamer Markt", der
   - die Freiheit des Waren- und Kapitalverkehrs garantiert sowie
   - die Freizügigkeit für Arbeitnehmer und die Niederlassungsfreiheit für Unternehmer gewährleistet (für das Neumitglied Kroatien gibt es Übergangsfristen).
3. **Währungsunion:**
   Das Ziel einer gemeinsamen Währung ist zum Teil innerhalb der EU seit 2002 erreicht (Ausnahme: z. B. Dänemark).

11. Welche Voraussetzungen müssen die Mitgliedsländer der EU für die Aufnahme in das Eurosystem erfüllen?

Die im sog. Maastricht-Vertrag festgelegten **Konvergenzkriterien**, die ein Mitgliedsstaat der EU erfüllen muss, um den Euro einführen zu können, sind:

---

[1] Quelle: *https://www.bundesregierung.de/breg-de/themen/brexit/brexit-wichtigste-infos-1712620*, Abrufdatum 09.11.2020.

[2] Quelle: *https://www.destatis.de/Europa/DE/Home/_inhalt.html*, Abrufdatum 09.11.2020.

1. Die Inflationsrate darf nicht mehr als 1,5 Prozentpunkte über der Inflationsrate jener drei Mitgliedsstaaten liegen, die auf dem Gebiet der Preisstabilität das beste Ergebnis erzielt haben.
2. Die öffentlichen Budget-Defizite dürfen höchstens 3 % des Bruttoinlandsprodukts betragen.
3. Die Staatsverschuldung soll 60 % des Bruttoinlandsprodukts nicht überschreiten.
4. Der Wechselkurs der Landeswährungen muss sich zwei Jahre innerhalb der Bandbreite (± 15 %) des Wechselkursmechanismus II bewegt haben und die Währung darf nicht abgewertet worden sein.
5. Der Nominalzins für langfristige staatliche Wertpapiere darf um nicht mehr als zwei Prozentpunkte über dem Satz der drei Länder mit der besten Preisstabilität liegen.

12. Was versteht man unter Wechselkursmechanismus II?

Die EU-Länder, die den Euro noch nicht einführten, müssen am Wechselkursmechanismus II (WKM II; seit 1999; vor 1999 Europäisches Währungssystem, EWS I oder WKM I) teilnehmen. Es gibt für verschiedene Länder Sonderregelungen (z. B. Dänemark). Der WKM II sieht eine Bandbreite von ± 15 % um den zum Euro festgelegten Leitkurs vor (für Dänemark ± 2,25 %).

Der Zweck des WKM II besteht darin, die potenziellen Euro-Beitrittsländer auf eine Wirtschaftspolitik ohne Abwertung vorzubereiten. Wenn der Euro eingeführt ist, dann können die Länder nicht mehr individuell abwerten, um ihre Wirtschaft anzukurbeln.

Daher soll jedes Land, das am WKM II teilnimmt, zwei Jahre lang spannungsfrei den Wechselkurs innerhalb der Bandbreiten bewegen, wobei die Bandbreiten mit jedem Land auch individuell vereinbart werden können.

Um den Wechselkurs innerhalb dieser Bandbreiten zu halten, sind unbegrenzte Devisenmarktinterventionen der beteiligten Zentralbanken vorgesehen. Das Oberziel der Preisniveaustabilität darf durch die Devisenmarktinterventionen nicht verletzt werden.

13. Welche betriebs- und volkswirtschaftlichen Änderungen (z. B. Vorteile/ Nachteile für Unternehmen, private Haushalte) haben sich durch die Einführung der Europäischen Währungsunion in Deutschland ergeben?

- **Vorteile/Risiken für deutsche Unternehmen**, z. B.:
  - keine Devisentransaktionskosten
  - kein Wechselkursrisiko
  - verbesserte Preistransparenz für die Unternehmen
  - Ausdehnung des in einer Währung abrechnenden Absatzmarktes

- verbesserter Zugang zum europäischen Kapitalmarkt
- verstärkter Wettbewerb mit entsprechendem Preisdruck.

► **Nachteile/Risiken für deutsche private Haushalte**, z. B.:
- ggf. Kaufkraftverlust durch Inflation (als Folge einer nicht ausreichend stabilitätsorientierten Geldpolitik des ESZB)
- Wertverlust bei der individuellen Altersversorgung (Vertrauensverlust der europäischen Währung, Niedrigzinspolitik)
- ggf. Wertverlust bei Gläubigern langfristiger Anleihen
- Risiko des Arbeitsplatzverlustes (verschärfter und transparenterer Wettbewerb im Euroland).

► Vor allem zwei wichtige wirtschaftspolitische Bereiche gehen in die **Zuständigkeit der Europäischen Währungsunion** über:
- die Geld-/Zinspolitik
- die Wechselkurspolitik.

► **Veränderte Bedeutung der nationalen Wirtschaftspolitik**, z. B.:
Durch die Ausgliederung der Geld- und Wechselkurspolitik aus der nationalen Wirtschaftspolitik können konjunkturelle Schwankungen im Wesentlichen nur noch durch eine adäquate Lohnpolitik und ggf. durch eine antizyklische Fiskalpolitik korrigiert werden. Die Tarifparteien gewinnen damit an wirtschaftspolitischer Bedeutung. Zu empfehlen ist daher, dass die Staaten im Euroland ihre Arbeitsmärkte weniger regulieren und damit stärker flexibilisieren sowie grenzüberschreitende Netzwerke der Vermittlung und Beratung etablieren.

14. Welche Organe hat die EU?

Entsprechend dem demokratischen Staatsaufbau bestehen folgende Organe:

1. der Europäische Rat (Mitglieder: Staats- und Regierungschefs, Kommissionspräsident).

   Aufgaben: Festlegung allgemeiner politischer Ziele und Prioritäten, Befassung mit sensiblen und komplexen Problemen zwischen den Staaten
2. Rat der Europäischen Union (Ministerrat) – nicht zu verwechseln mit dem Europäischen Rat – nationale Fachminister der EU-Mitgliedstaaten der jeweiligen Politikfelder (z. B. Umwelt, Wirtschaft, Finanzen usw.)

   Aufgaben: Verabschiedung der Rechtsvorschriften der EU, Abstimmung der Grundzüge der Wirtschaftspolitik in den Mitgliedstaaten, Genehmigung Haushaltsplan EU, gemeinsame Außen- und Sicherheitspolitik der EU.
3. Die Kommission ist die Exekutive (Verwaltung Haushaltsplan der EU, EU-Recht durchsetzen, Vertretung der EU auf internationaler Ebene usw.).
4. Das Europäische Parlament übt Haushalts- und Kontrollrechte aus und stellt die gesetzgebende Gewalt dar (Legislative).
5. Der Europäische Gerichtshof ist das oberste rechtsprechende Organ, d. h. die Judikative.

6. sonstige Organe:
   - Europäischer Rechnungshof
   - Wirtschafts- und Sozialausschuss (WSA)
   - Ausschuss der Regionen
   - Europäische Zentralbank (EZB)
   - Europäische Datenschutzbeauftragte.

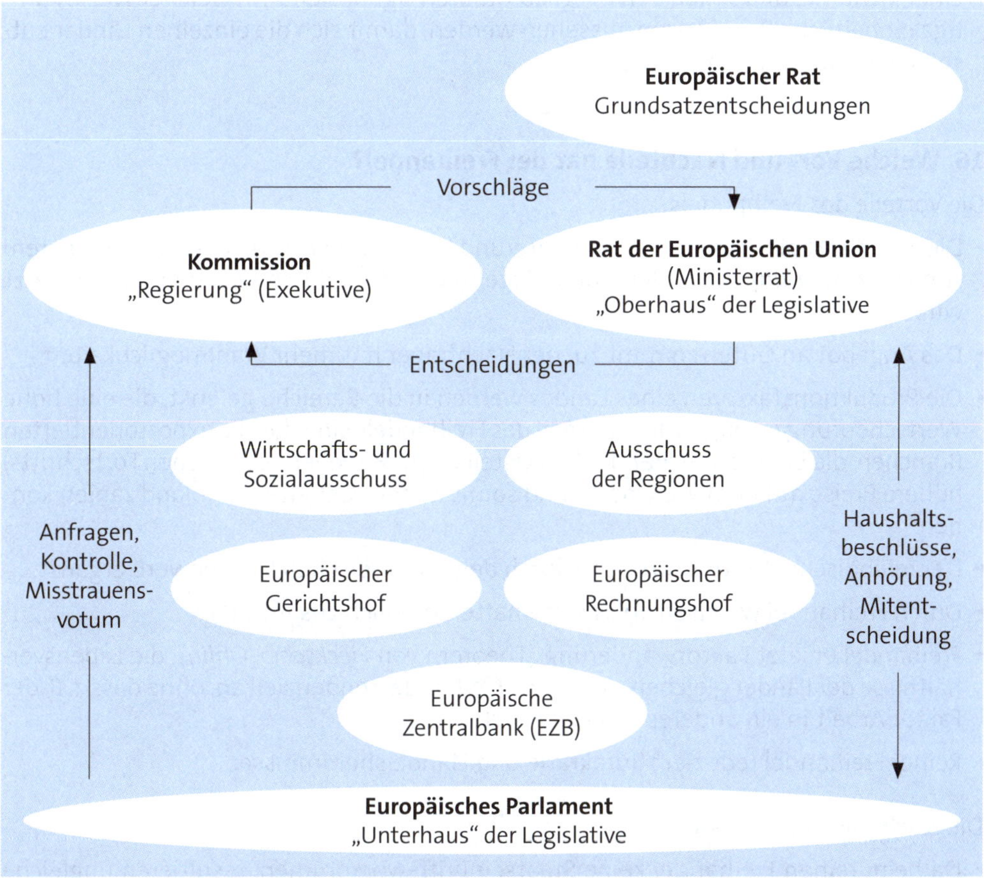

15. Welchen Rechtscharakter haben Verordnungen, Richtlinien und Empfehlungen der EU?

- **Verordnungen** der EU werden unmittelbar in allen Mitgliedsstaaten Gesetz. Eine EU-Verordnung steht im Zweifels- oder Streitfall über jedem nationalen Gesetz. Eine EU-Verordnung darf nicht mit dem deutschen Begriff Rechtsverordnung verwechselt werden.

- **Richtlinien** der EU sind gewissermaßen Gesetzesrahmen, die erst noch ausgefüllt werden müssen. Jedes Mitgliedsland der EU ist verpflichtet, innerhalb einer vorgegebenen Frist nationale Gesetze zu erlassen, die gewährleisten, dass das in der Richtlinie geforderte Ziel erreicht wird. Erst durch diese nationale Gesetzgebung wird eine Richtlinie in geltendes Recht verwandelt. Versäumt ein Mitgliedsstaat die gesetzliche Frist, kann er von der Kommission ermahnt und nach einer weiteren Frist vor dem Europäischen Gerichtshof verklagt werden.
- **EU-Empfehlungen** haben keine bindende Wirkung. Sie sind aber i. d. R. die Vorstufe einer Richtlinie und sollen den Mitgliedsstaaten signalisieren, in welcher Weise künftige einheitliche Regelungen aussehen werden, damit sich die einzelnen Länder entsprechend vorbereiten können.

16. Welche Vor- und Nachteile hat der Freihandel?

Die Vorteile des Freihandels:

- Die Wohlfahrt eines Landes nimmt aufgrund (komparativer) Kostenvorteile (Theorem von *David Ricardo*) zu, da die teurere Eigenproduktion durch billige Importe ersetzt wird.
- Das Angebot an Gütern nimmt zu; der Nachfrager hat mehr Wahlmöglichkeiten.
- Die Produktionsfaktoren eines Landes werden in die Bereiche gelenkt, die eine hohe Wertschöpfung erzeugen. Im Rahmen des Freihandels sind das die exportorientierten Branchen, die bei entsprechender Marktstellung (z. B. wegen technischen Fortschritts) höhere Preise auf dem Weltmarkt und somit höhere Gehälter im Inland zahlen können.
- Der inländische Wettbewerb wird durch den ausländischen Wettbewerb ergänzt.
- Durch Freihandel wachsen Volkswirtschaften friedlich zusammen.
- Freihandel ersetzt Faktorwanderung (Theorem von *Heckscher-Ohlin*); die Lebensverhältnisse der Länder gleichen sich durch Freihandel tendenziell an, ohne dass z. B. der Faktor Arbeit in ein anderes Land wandert.
- Reiner Freihandel reduziert Bürokratie und Handelshemmnisse.

Die Nachteile des Freihandels:

- Da beim reinen Freihandel keine Staatseingriffe vorkommen, resultieren ungleiche Einkommens- und Vermögensverteilungen. Durch den Liberalismus werden tendenziell die Bezieher höherer Einkommen und Vermögen noch reicher und die Bezieher geringerer Einkommen noch ärmer.
- Verlierer gibt es in den Branchen, die nicht exportorientiert sind und keine hohen Gehälter zahlen können.
- Arbeitskräfte wandern in die exportorientierten Branchen mit hohen Einkommen, sodass sie in anderen Branchen fehlen (z. B. Handwerker arbeiten in der Automobilbranche).

17. Welche Möglichkeiten des Protektionismus gibt es?

Im Rahmen eines Protektionismus (to protect = schützen) versucht ein Land durch tarifäre und nicht tarifäre Handelshemmnisse die heimische Wirtschaft zu schützen.

- Importbeschränkungen:
  - tarifäre Handelshemmnisse: Zölle
  - nicht tarifäre Handelshemmnisse: Bürokratieaufbau, technische Normen, Importkontingente.
- Exportförderung:
  - Subventionierung
  - Dumping (geringerer Angebotspreis im Ausland als im Inland).

18. In welche Bereiche gliedert sich die WTO?

Die World Trade Organization wird in drei Kernbereiche unterteilt:

- GATT (General Agreement on Tarifs and Trade)
  - Gründung 1947
  - Liberalisierungsprinzip, Verbot protektionistischer Maßnahmen
  - Prinzip der Meistbegünstigung: Wird einem WTO-Mitgliedsland eine Handelsvergünstigung gewährt, muss es auch den anderen Mitgliedsländern oder Drittstaaten gewährt werden.
- GATS (General Agreement on Trade in Services): betrifft den Dienstleistungssektor
- TRIPS (Agreement on Trade Related Aspects of Intellectual Property Rights): Markenschutz, Produktpiraterie, Urheberrechte.

Ein Kernziel der WTO besteht darin, den (freien) Welthandel zu fördern.

19. Welche weiteren internationalen Organisation gibt es im Welthandel?

- Internationaler Währungsfonds (IWF):
  - gegründet 1944 in Bretton Woods (USA)
  - Sitz in Washington; rechtlich selbstständige Organisation der UN
  - Einzahlungen durch Mitgliedsländer
  - Fondsvermögen wird durch Sonderziehungsrechte (SZR) bewertet
  - Kredite aus dem Fondsvermögen, wenn Mitgliedsländer in Zahlungsbilanzschwierigkeiten sind
  - IWF agiert auf makroökonomischer Ebene

- Weltbank:
  - vergibt Kredite an Mitgliedsländer für Entwicklungs- und Aufbauprojekte
  - Armutsbekämpfung
- OECD (Organisation für wirtschaftliche Zusammenarbeit und Entwicklung)
  - Gründung 1961; Mittel des Marshallplans verteilen
  - Förderung der wirtschaftlichen und sozialen Entwicklung
  - Wirtschaftsprognosen, Wirtschaftsstatistiken
  - Verhinderung diskriminierender Praktiken im Welthandel
  - Forum zur Abstimmung der internationalen Wirtschaftsbeziehungen.

20. In welcher Weise vereinfacht SEPA den zwischenstaatlichen Handel?

Mit SEPA (Single Euro Payment Area) soll ein einheitlicher Euro-Zahlungsverkehrsraum geschaffen werden. Bisher existierende Unterschiede bei der Abwicklung von grenzüberschreitenden Zahlungen werden damit schrittweise aufgehoben. Bankkunden in der EU müssen die neue internationale Kontonummer mit 22 Stellen (IBAN; **I**nternational **B**ank **A**ccount **N**umber) sowie die BIC (**B**ank **I**dentifier **C**ode) verwenden.

4.4.2 Kooperationen im Außenhandel

01. Welche Kooperationen sind im Außenhandel vorherrschend?

Kooperationen sind der Zusammenschluss von wirtschaftlich und rechtlich selbstständigen Unternehmen. Im Außenhandel wird damit meist eine langfristige Zusammenarbeit („Strategische Allianz“) angestrebt, um z. B. folgende Ziele zu realisieren:

- Synergieeffekte in- und ausländischer Unternehmen
- Bündelung von Know-how (Forschung & Entwicklung)
- Erschließung von Absatzmärkten
- Sicherung der Versorgung mit Rohstoffen.

Vorherrschend sind vier Kooperationsformen:

Kooperationsformen im Außenhandel	
Horizontale Kooperation	Zusammenschluss von Unternehmen gleicher Produktionsstufe und Branche, z. B.: ► Fluggesellschaften bedienen gleiche Flugrouten. ► Pharmaunternehmen betreiben eine gemeinsame Forschungseinrichtung.
Vertikale Kooperation	Zusammenschluss von Unternehmen unterschiedlicher Produktionsstufen aber meist gleicher Branche, z. B.: ► Mehrere Automobilhersteller entwickeln und produzieren gemeinsam bestimmte Baugruppen.
Komplementäre Kooperation	Zusammenschluss von Unternehmen mit sich ergänzenden Produkten auf gleichen Auslandsmärkten, z. B.: ► gemeinsame Nutzung einer Vertriebsorganisation (Vertriebskanal, Lager, Ausstellungsfläche)
Heterogene Kooperation	Zusammenschluss verschiedenartiger Unternehmen (unterschiedliche Produktionsstufe, unterschiedliche Branche) bei gemeinsamer Interessenlage, z. B.: ► Exportgemeinschaft verschiedener Hersteller für einen Rohstoff

Quelle: in Anlehnung an: *Jahrmann, 2010, S. 72*

02. Was ist ein Joint Venture? → A 1.

Bei einem Joint Venture gründen zwei oder mehrere rechtlich selbstständige und voneinander unabhängige Unternehmen ein **Gemeinschaftsunternehmen** unter gemeinsamer Leitung der Gesellschafterunternehmen (z. B. XY AG in Deutschland mit der Z AG in China; Zweck: Bau und Vertrieb landwirtschaftlicher Traktoren). Die Gründung von Gemeinschaftsunternehmen ist besonders häufig bei Investitionen im Ausland gegeben, wenn der ausländische Staat die Beteiligung von Ausländern beschränkt bzw. die Zusammenarbeit mit einheimischen Unternehmen fordert.

03. Welche Möglichkeiten gibt es beim internationalen Franchising?

Durch Franchising erhält der Franchisenehmer vom Franchisegeber ein Nutzungsrecht an einem Markt- und Vertriebskonzept. Der Franchisenehmer erhält die Übertragung der Rechte, wie z. B. Markennamen, Logo, und wird durch den Franchisegeber beim Geschäftsaufbau sowie bei Werbemaßnahmen unterstützt. Der Franchisenehmer zahlt eine Franchisegebühr an den Franchisegeber.

Grundsätzlich wird zwischen direktem und indirektem Franchising unterschieden:

- Ein Franchisegeber aus Land A schließt Franchiseverträge mit Franchisenehmern aus Land B jeweils individuell ab (direktes Franchising).
- Beim indirekten Franchising vergibt der Franchisegeber aus Land A im Rahmen eines internationalen Franchisevertrages die Rechte an einem Masterfranchisenehmer, der in seinem Land Subfranchisenehmer hat.

Die Vorteile des internationalen Franchising liegen darin, den Absatz schnell mit geringen Kosten zu erhöhen. Zudem können Wettbewerbsvorteile entstehen, wenn das inländische Franchisekonzept im Ausland ausgebreitet wird. Aufgrund der höheren Absatzmengen durch die Internationalisierung können Einkaufsvorteile resultieren.

4.4.3 Interkulturelle Kommunikationsdimensionen

01. Was bezeichnet man als „interkulturelle Kommunikation"?

Als interkulturelle Kommunikation bezeichnet eine soziale Interaktion von Akteuren aus unterschiedlichen Kulturen. Diese Akteure können z. B. Individuen, soziale Gruppen, Organisationen, Gemeinden, Gesellschaften und Staaten sein.

Die Bedeutung der interkulturellen Kommunikation ist darin zu sehen, dass bestimmte Aspekte der Kommunikation eine höhere Bedeutung haben als bei der Kommunikation innerhalb einer Kultur, z. B.:

- Missverständnisse durch Ausdrucks-, Darstellungs- und Handlungsweisen wie Lautstärke, Tonfall, Mimik, Gestik, Grad der Höflichkeit/Freundlichkeit.
- Vorurteile können Probleme verursachen. Sie sind meist negativ besetzt und können zu Missverständnissen oder Konflikten führen.

Interkulturelle Kommunikation hat durch zunehmende Globalisierung und weltweiten Handel eine verstärkte Bedeutung erfahren.

02. Welche Kulturunterschiede lassen sich nennen?

Beispiele für Aspekte kultureller Unterschiede (in Anlehnung an: *Geert Hofstede, Michael Harris Bond, Michael Minkov, Edward T. Hall*):

Kulturunterschiede		Beispiele
Individualismus ↓↑ **Kollektivismus**	individuelle Anreize ↓↑ Gruppenzugehörigkeit (Jobidentität, geringe Individualität)	eigene Fähigkeiten, Ausbildung, Beruf, Einkommen, Vermögen Solidarität, geringe Mobilität
Femininität ↓↑ **Maskulinität**	Konfliktlösung durch Gleichheitsprinzip, Orientierung zu Gesamtheitlichkeit und Lebensqualität ↓↑ Konfliktlösung durch fairen Kampf, Wettbewerbsorientierung	Frauen: bescheiden, sensibel, sich versorgen lassen Männer sollen stark und leistungsorientiert sein; Statussymbole
Grad der Unsicherheitsvermeidung	Bedürfnis nach Formalismus ↓↑ Widerstand gegen Formalismus	Regeln Emotionalität ausdrücken
Distanz zur Macht	tatsächlicher oder empfundener Unterschied zwischen hierarchischen Stufen	hohe Machtdistanz: starke Abhängigkeit zwischen dem Vorgesetzten und Angestellten, Gehorsam, Respekt gegenüber Lehrern niedrige Machtdistanz: Diskussion möglich, Kooperation
Langzeitorientierung ↓↑ **Kurzzeitorientierung**	zukunftsorientiert ↓↑ gegenwartsorientiert	sparen, investieren Konsum, „Ich lebe heute!“
Partikularismus ↓↑ **Universalismus**	ausschließend, nach Unabhängigkeit strebend ↓↑ universal	Beziehungen, Freundschaften maßgeblich Gesetze werden als allgemeine Regeln für wichtig erachtet
monochron ↓↑ **polychron**	eins nach dem andern ↓↑ vieles gleichzeitig	Pünktlichkeit, Disziplin mehrere Aufgaben gleichzeitig
Risikobereitschaft ↓↑ **Risikominimierung**		Freiheit, Möglichkeit von hohem Einkommen und Vermögen Sicherheit, Sozialstaat

Strukturmerkmale	z. B. Werteorientierung, Zeit- und Raumerleben, selektive Wahrnehmung, nonverbale Kommunikation und Verhaltensmuster

Konkrete Beispiele für Aspekte kultureller Unterschiede:

Aspekte kultureller Unterschiede – Beispiele	
Wahrnehmung	In arabischen Ländern werden **Gerüche** häufig differenzierter wahrgenommen als z. B. in Nordamerika. In asiatischen Ländern ist das **Zeitgefühl** eher an der Vergangenheit orientiert (Vorfahren, Werte). In lateinamerikanischen, afrikanischen sowie südeuropäischen Ländern ist das Zeitgefühl eher an der Gegenwart und in Westeuropa sowie Nordamerika eher an der Zukunft orientiert (Ziele erreichen).
Verhalten und Gesten	Ein aufwärtsgerichteter **Daumen** bedeutet in Europa, den USA und Lateinamerika Erfolg (Sieg) während es in einigen islamischen Ländern als ein unanständiges Zeichen verstanden wird. Daumen und Zeigefinger, die **ein „O"** bilden, bedeuten in westeuropäischen Ländern, besonders zwischen Piloten und Tauchern, „Alles in Ordnung". Dieses Zeichen bedeutet in Japan „Wir können jetzt über Geld sprechen"; im südlichen Frankreich bedeutet es das Gegenteil: „Es gibt nichts ohne irgendeinen Wert". In einigen lateinamerikanischen Ländern, Osteuropa und Russland ist es eine unanständige Geste. In Indien, Bulgarien und Griechenland bedeutet das **Kopfschütteln** „ja", ganz im Gegensatz zur entsprechenden westlichen Interpretation. Ist man in einigen asiatischen Ländern und in Mittelamerika zum Mittagessen eingeladen, beweist man gute Manieren, **wenn man direkt nach dem Essen aufbricht:** Diejenigen, die nicht gleich gehen, weisen auf diese Art darauf hin, dass sie noch nicht genug gegessen haben. Wer dagegen in Indien, Nordamerika oder Mitteleuropa gleich geht, erscheint unhöflich, denn dort bedeutet dieses Verhalten, dass es dem Gast nur ums Essen ging, nicht aber um die Gesellschaft mit den Gastgebern. Im Mittelmeerraum, in Lateinamerika und im südlichen Afrika ist es normal oder wird es zumindest weitgehend toleriert, wenn man etwa eine halbe Stunde **zu spät** bei einer Einladung zum Abendessen erscheint. In Deutschland und der Schweiz ist dies eine Beleidigung des Gastgebers. **Augenkontakt** zu vermeiden oder auf den Boden zu starren, während man mit seinen Eltern oder einer höhergestellten Person spricht, ist in Afrika ein Zeichen von Respekt. Im Gegensatz dazu gilt dieselbe Handlung in Nordamerika und dem größten Teil Europas als Signal von unangemessener Scheu oder Unehrlichkeit.
Aussagen und Sprechen	Wenn man in Afrika südlich der Sahara einer Freundin, die man eine Weile nicht gesehen hat, sagt, sie **„hätte zugenommen"**, ist dies ein Kompliment für ihre gute Gesundheit. In Europa, Nordamerika und Australien würde diese Aussage als Beleidigung aufgefasst.

Aspekte kultureller Unterschiede – Beispiele	
	Im Vereinigten Königreich, Irland und dem Commonwealth hat das Wort **„Kompromiss"** eine positive Bedeutung. Der Kompromiss gilt als Abmachung bzw. Vereinbarung, die beiden Parteien zugute kommt. In Nordamerika hat der Kompromiss eher eine negative Bedeutung: die Parteien verlieren einen Teil ihrer Macht. Vielreden (USA, arabischer Sprachraum) steht der **Wortkargheit** bis hin zum **Schweigen** gegenüber in Japan, wo dem Schweigen zwischen den Wörtern entscheidende, sogar in den Worten entgegengesetztem Sinne, Bedeutung zukommt. Langes Schweigen wird dort durchaus als behaglich empfunden, während dies in Indien, Europa und Nordamerika bald zu Unsicherheit und Verlegenheit führt.

Quelle: vgl. *Broszinsky-Schwabe, 2011*

03. Welche Kriterien zur interkulturellen Kommunikation liefert die „Kulturzwiebel"?

Die Kulturzwiebel zeigt verschiedene Ebenen, welche sich an der Haut der Zwiebel orientieren:

- Erste Ebene (äußerste Hautschicht): Symbole
  - direkt wahrnehmbar
  - Kleidung, Sprache, Nahrung, Architektur
- Zweite Ebene: Helden

  James Bond, berühmte Fussballer oder Läufer
- Dritte Ebene: Rituale
  - Fasching im Rheinland, Rio
  - Oktoberfest München
- Vierte Ebene: Werte
  - Regeln, wie Normen
  - Kleidervorschriften (Schleier für Frauen usw.).
- Kern der Zwiebel: Fundamentale Annahmen der Gesellschaft, wie z. B. Freiheit (USA), Sozialstaat (Schweden).

Quelle: vgl. *Broszinsky-Schwabe, 2011, S. 85*

4.5 Spezielle Rechtsaspekte

4.5.1 Wettbewerbsrecht

01. Welche Bestimmungen enthält das Gesetz gegen den unlauteren Wettbewerb (UWG)?

Das Gesetz gegen den unlauteren Wettbewerb (UWG, zuletzt geändert am 18.04.2019) integriert einen umfassenden Verbraucherschutz.

UWG	
Kapitel	**Inhalt**
1.	Allgemeine Bestimmungen (Ziele, Definitionen)
2.	Rechtsfolge
3.	Verfahrensvorschriften
4.	Straf- und Bußgeldvorschriften

Nachfolgend werden einige Auszüge und Beispiele aus dem UWG dargelegt:

RECHTSGRUNDLAGEN

§ 3 UWG, Verbot unlauterer geschäftlicher Handlungen

(1) Unlautere geschäftliche Handlungen sind unzulässig.

(2) Geschäftliche Handlungen, die sich an Verbraucher richten oder diese erreichen, sind unlauter, wenn sie nicht der unternehmerischen Sorgfalt entsprechen und dazu geeignet sind, das wirtschaftliche Verhalten des Verbrauchers wesentlich zu beeinflussen.

(3) Die im Anhang dieses Gesetzes aufgeführten geschäftlichen Handlungen gegenüber Verbrauchern sind stets unzulässig.

(4) Bei der Beurteilung von geschäftlichen Handlungen gegenüber Verbrauchern ist auf den durchschnittlichen Verbraucher oder, wenn sich die geschäftliche Handlung an eine bestimmte Gruppe von Verbrauchern wendet, auf ein durchschnittliches Mitglied dieser Gruppe abzustellen.

Folgende **exemplarische** geschäftliche Handlungen sind gemäß Anhang (§ 3 Abs. 3 UWG) gegenüber Verbrauchern stets unzulässig:

Nr. 2	die Verwendung von Gütezeichen, Qualitätskennzeichen oder Ähnlichem ohne die erforderliche Genehmigung
Nr. 16	die Angabe, durch eine bestimmte Ware oder Dienstleistung ließen sich die Gewinnchancen bei einem Glücksspiel erhöhen
Nr. 25	das Erwecken des Eindrucks, der Verbraucher könne bestimmte Räumlichkeiten nicht ohne vorherigen Vertragsabschluss verlassen
Nr. 30	die ausdrückliche Angabe, dass der Arbeitsplatz oder Lebensunterhalt des Unternehmers gefährdet sei, wenn der Verbraucher die Ware oder Dienstleistung nicht abnehmen

§ 4 UWG, Mitbewerberschutz

Unlauter handelt, wer

1. die Kennzeichen, Waren, Dienstleistungen, Tätigkeiten oder persönlichen oder geschäftlichen Verhältnisse eines Mitbewerbers herabsetzt oder verunglimpft;
2. über die Waren, Dienstleistungen oder das Unternehmen eines Mitbewerbers oder über den Unternehmer oder ein Mitglied der Unternehmensleitung Tatsachen behauptet oder verbreitet, die geeignet sind, den Betrieb des Unternehmens oder den Kredit des Unternehmers zu schädigen, sofern die Tatsachen nicht erweislich wahr sind.

§ 5 UWG, Irreführende geschäftliche Handlungen

(1) Unlauter handelt, wer eine irreführende geschäftliche Handlung vornimmt. Eine geschäftliche Handlung ist irreführend, wenn sie unwahre Angaben enthält oder sonstige zur Täuschung geeignete Angaben über folgende Umstände enthält.

Beispiele:

Nr. 5	die Notwendigkeit einer Leistung, eines Ersatzteils, eines Austauschs oder einer Reparatur
Nr. 7	Rechte des Verbrauchers, insbesondere solche auf Grund von Garantieversprechen oder Gewährleistungsrechte bei Leistungsstörungen

(2) Eine geschäftliche Handlung ist auch irreführend, wenn sie im Zusammenhang mit der Vermarktung von Waren oder Dienstleistungen einschließlich vergleichender Werbung eine Verwechslungsgefahr mit einer anderen Ware oder Dienstleistung oder mit der Marke oder einem anderen Kennzeichen eines Mitbewerbers hervorruft.

§ 6 UWG, Vergleichende Werbung

(1) Vergleichende Werbung ist jede Werbung, die unmittelbar oder mittelbar einen Mitbewerber oder die von einem Mitbewerber angebotenen Waren oder Dienstleistungen erkennbar macht.

(2) Unlauter handelt, wer vergleichend wirbt, wenn der Vergleich

1. sich nicht auf Waren oder Dienstleistungen für den gleichen Bedarf oder dieselbe Zweckbestimmung bezieht,
2. nicht objektiv auf eine oder mehrere wesentliche, relevante, nachprüfbare und typische Eigenschaften oder den Preis dieser Waren oder Dienstleistungen bezogen ist,

Beispiele:

- „Die Z-Bank – die und keine andere!“ Zulässig!
- „Kommen Sie vor die Tore der Stadt und kaufen dort ein bei uns finden Sie Parkplätze!“ Zulässig!
- „Bei Aldi kostet der Z-Riegel 0,55 € – bei uns nur 0,49 €!“ Zulässig!
- „Bei uns können Sie auf die Qualität vertrauen – im Gegensatz zu unseren Mitbewerbern!“ Unzulässig!

§ 7 UWG, Unzumutbare Belästigungen

(1) Eine geschäftliche Handlung, durch die ein Marktteilnehmer in unzumutbarer Weise belästigt wird, ist unzulässig. Dies gilt insbesondere für Werbung, obwohl erkennbar ist, dass der angesprochene Marktteilnehmer diese Werbung nicht wünscht.

(2) Eine unzumutbare Belästigung ist stets anzunehmen

1. bei Werbung unter Verwendung eines in den Nummern 2 und 3 nicht aufgeführten, für den Fernabsatz geeigneten Mittels der kommerziellen Kommunikation, durch die ein Verbraucher hartnäckig angesprochen wird, obwohl er dies erkennbar nicht wünscht;
2. bei Werbung mit einem Telefonanruf gegenüber einem Verbraucher ohne dessen vorherige ausdrückliche Einwilligung oder gegenüber einem sonstigen Marktteilnehmer ohne dessen zumindest mutmaßliche Einwilligung,

[...]

02. Wie erfolgt die Beseitigung und Unterlassung unlauterer Wettbewerbshandlungen?

Wer unlautere Wettbewerbshandlungen nach § 3 oder § 7 UWG vornimmt, kann

- auf **Beseitigung** und
- bei Wiederholungsgefahr auf **Unterlassung**

in Anspruch genommen werden (§ 8 UWG).

03. Wann kann Schadenersatz nach § 9 UWG verlangt werden?

Jeder Mitbewerber kann bei vorsätzlichen oder fahrlässigen Zuwiderhandlungen gegen § 3 oder § 7 UWG vom Verursacher Ersatz des daraus entstehenden Schadens verlangen.

04. Was bedeutet Gewinnabschöpfung nach § 10 UWG?

Rechtsfähige Verbände, qualifizierte Einrichtungen, Industrie- und Handelskammern sowie Handwerkskammern können vom Verursacher unlauterer Handlungen die Herausgabe des Gewinns an den Bundeshaushalt verlangen, wenn die Handlung vorsätzlich war und zulasten einer Vielzahl von Abnehmern zu einem Gewinn führte.

05. Welche Bestimmungen enthält das Gesetz gegen Wettbewerbsbeschränkungen (GWB)?

Der Zweck des GWB ist die Aufrechterhaltung des Wettbewerbs als Basis für das Funktionieren marktwirtschaftlicher Strukturen.

RECHTSGRUNDLAGEN

§ 1 GWB, Verbot wettbewerbsbeschränkender Vereinbarungen
Vereinbarungen zwischen Unternehmen, die eine Verhinderung, Einschränkung oder Verfälschung des Wettbewerbs bezwecken, sind verboten.

§ 2 GWB, Freigestellte Vereinbarungen
Vom Verbot des § 1 ausgenommen sind Vereinbarungen, die unter angemessener Beteiligung der Verbraucher an dem entstehenden Gewinn zur Verbesserung der Warenerzeugung/-verteilung oder zur Förderung des technischen/wirtschaftlichen Fortschritts beitragen.

§ 3 GWB, Mittelstandskartelle
Rationalisierungsvereinbarungen zwischen Unternehmen sind nach § 2 dann zulässig, wenn der Wettbewerb nicht wesentlich beeinträchtigt und die Wettbewerbsfähigkeit kleiner und mittlerer Unternehmen (KMU) verbessert wird.

§ 18 GWB, Marktbeherrschung
(1) Ein Unternehmen ist marktbeherrschend, soweit es als Anbieter oder Nachfrager einer bestimmten Art von Waren oder gewerblichen Leistungen auf dem sachlich und räumlich relevanten Markt

1. ohne Wettbewerber ist,
2. keinem wesentlichen Wettbewerb ausgesetzt ist oder
3. eine im Verhältnis zu seinen Wettbewerbern überragende Marktstellung hat.

[...]

(4) Es wird vermutet, dass ein Unternehmen marktbeherrschend ist, wenn es einen Marktanteil von mindestens 40 Prozent hat.

Der Leser möge das GWB und den umfangreichen § 18 GWB bitte lesen.

§ 19 GWB, Missbrauch einer marktbeherrschenden Stellung
(1) Der Missbrauch einer marktbeherrschenden Stellung durch ein oder mehrere Unternehmen ist verboten.

§ 42 GWB, Ministererlaubnis
(1) Die Bundesministerin oder der Bundesminister für Wirtschaft und Energie erteilt auf Antrag die Erlaubnis zu einem vom Bundeskartellamt untersagten Zusammenschluss, wenn im Einzelfall die Wettbewerbsbeschränkung von gesamtwirtschaftlichen Vorteilen des Zusammenschlusses aufgewogen wird oder der Zusammenschluss durch ein überragendes Interesse der Allgemeinheit gerechtfertigt ist.

---

06. Welche Änderungen beinhaltet die 10. Novelle des GWB (Januar 2021)?

Am 19.01.2021 ist durch die Veröffentlichung im Bundesgesetzblatt vom 18.01.2021 die 10. Novelle des Gesetzes gegen Wettbewerbsbeschränkung in Kraft getreten. Das Gesetz zur Änderung des Gesetzes ist das **„GWB-Digitalisierungsgesetz“**. Gemäß dem Titel des Gesetzes soll ein „proaktives und digitales Wettbewerbsrecht 4.0“ geschaffen werden.[1]

[1] Quelle: *Bundeskartellamt, Novelle des Gesetzes gegen Wettbewerbsbeschränkungen*, Abrufdatum 02.02.2021.

Der Anlass für derartige Gesetzesaktivitäten liegt in der Dynamik der Digitalwirtschaft sowie im schnellen Wachstum der Plattformen. Das Bundeskartellamt kann durch diese Novelle bestimmte Verhaltensweisen der Big-Tech-Unternehmen bereits früh untersagen. Somit kann die Marktmacht großer Plattformen beschränkt werden.

Nachfolgend werden wesentliche Änderungen aufgezeigt:[1]

- Eine bedeutende Änderung durch die 10. GWB-Novelle ist der neue Paragraph 19a. Das Bundeskartellamt kann frühzeitig gegen große Digitalkonzerne bei Wettbewerbsgefährdungen agieren, indem Verhaltensweisen vorbeugend untersagt werden (z. B. bei Selbstbevorzugung von konzerneigenen Diensten, Behinderung des Marktzutritts von Dritten). Entscheidend ist nicht die „klassische Marktmacht", sondern die „überragende marktübergreifende Bedeutung für den Wettbewerb", den das Bundeskartellamt anhand eines Kriterienkatalogs ermittelt.
- Entscheidungen des Bundeskartellamtes im Rahmen des neuen § 19a werden direkt vom Bundesgerichtshof entschieden.
- Grundsätzlich wurde durch die 10. GWB-Novelle für die Marktmachtanalyse die „Intermediationsmacht" als Kriterium eingeführt, um die Marktmacht der Plattformen hinsichtlich deren Vermittlung zu erfassen (§ 18 Abs. 3b, § 20 Abs. 1 GWB).
- Das Kriterium „Zugang zu wettbewerbsrelevanten Daten" sowie das Verbot der Zugangsverweigerung (z. B. Daten, Netze) marktbeherrschender Digitalunternehmen wurden in das GWB integriert (§ 18 Abs. 3, § 19 Abs. 2 Nr. 4), um Missbrauch einer marktbeherrschenden Stellung zu vermeiden.
- Um das „Tipping" (Kippen) von Märkten zu Monopol- oder stark konzentrierten Märkten frühzeitig zu verhindern, wurde mit § 20 Abs. 3a GWB eine neue Möglichkeit für das Bundeskartellamt geschaffen. Hinweise für ein „Tipping" sind z. B. Verbot oder Behinderung des Plattformwechsels.
- Für die Fusionskontrolle wurden die Schwellenwerte angehoben.
- Mit § 39a GWB kann das Bundeskartellamt Unternehmen unter bestimmten Voraussetzungen verpflichten, jeden Zusammenschluss mit anderen Unternehmen anzumelden. Ein Kriterium ist, dass der Zusammenschluss den inländischen Wettbewerb in einem bestimmten Wirtschaftszweig behindert.
- Zudem sind im Rahmen der Kartellverfolgung Unternehmen und Mitarbeiter verpflichtet, an der Aufklärung des Sachverhalts mitzuwirken. Das Kronzeugenprogramm wurde gesetzlich verankert.

---

1 Quelle: *Norton Rose Fulbright, Weitreichende Änderungen im deutschen Kartellrecht – 10. GWB-Novelle verabschiedet*, Abrufdatum 02.02.2021.

4.5.2 Markenrecht

01. Wie ist der Rechtsschutz von Erzeugnissen und Verfahren gesetzlich geregelt?

Rechtsschutz der Erzeugnisse und Verfahren

Schutz von Erfindungen
- Patentschutz
- Lizenzen

Schutz bestimmter Erfindungen
- eingetragene Designs (früher Geschmacksmuster)
- Gebrauchsmuster

Schutz der Kennzeichnung und Qualität
- Markenzeichen
- Gütezeichen

Patent	Schutz der Erfindung vor Nachahmung; deutsches Patent- und Markenamt hat Dienststellen in München, Jena und Berlin; Anforderungen: neuartig, gewerbliche Nutzung, zum Zeitpunkt der Anmeldung nicht in der Öffentlichkeit bekannt; max. 20 Jahre; gebührenpflichtig bei Anmeldung und ab dem 3. Jahr laufend pro Jahr; Sach-/Erzeugnis-/Verfahrenspatente; Patentgesetz (PatG). **Beispiele:** Aspirin, Nylon, Glühbirne Im Mai 2009 hat der Deutsche Bundestag den Gesetzentwurf zur Vereinfachung und Modernisierung des Patentrechts beschlossen. Das Gesetz verbessert die Rechtslage bei der Anmeldung von Patenten und Marken und vereinfacht das Rechtsmittelsystem. Auch das Verfahren bei Arbeitnehmererfindungen wurde vereinfacht.
Lizenz	Überlassung der Patentnutzung gegen Entgelt.
Gebrauchsmuster	Schutz des Arbeits- oder Gebrauchszwecks einer Sache; neuartige Anordnung oder Vorrichtung von Arbeits-/Gebrauchsgegenständen; kann parallel zum Patent bestehen, ist jedoch ein schneller erwerbbares und billigeres Recht; deutsches Patentamt; der Grad der Neuheit wird im Unterschied zum Patent nicht geprüft; Gebrauchsmusterschutzgesetz (GebrMG); Schutzdauer 10 Jahre (§ 23 GebrMG). **Beispiele:** Faltkartons, Stecksysteme im Sanitär-/Elektrobereich

Eingetragene Designs (früher Geschmacksmuster)	Schutz von flächigen oder dreidimensionalen Modellen; § 2 Designgesetz (DesignG): als eingetragenes Design wird ein Design geschützt, das neu ist und Eigenart hat; Schutzdauer: 25 Jahre (§ 27 DesignG). **Beispiele:** Textil-/Stoff-/Tapetenmuster, Formgebung (Monitore, Besteck)
Markenschutz	(bis 1984: Warenzeichen) Schutz der Warenkennzeichnung, z. B. Firmen-, Sortiments-, Produktmarke; Unterscheidung vom Wettbewerb, z. B. Wort-/Buchstaben-/Bildzeichen, Farbgebung; deutsches Patentamt: Zeichenrolle; Markengesetz (MarkenG); Schutzfrist: zehn Jahre + mehrmalige Verlängerung um 10 Jahre. **Beispiele:** Apple Symbol, Krokodil von Lacoste, Persil (Schriftzug und Farbe)
Gütezeichen	Erzeugnisse gleicher Art weisen eine bestimmte Mindestqualität auf, z. B. RAL, GS; Zusammenschluss von Herstellern in Verbänden; Überwachung: Rationalisierungsausschuss für Lieferbedingungen. **Beispiele:** hochwertige Farben, Möbel, Stoffe **Der Blaue Engel** ist ein Gütezeichen und darf bei Produkten verwendet werden, die bestimmte Umweltkriterien erfüllen (Emissionen, Inhaltsstoffe, sparsame Verwendung der Ressourcen). Prüfung durch das Bundesumweltamt bzw. durch RAL.

02. Welchen Inhalt hat das Markengesetz?

Das **Gesetz über den Schutz von Marken und sonstigen Kennzeichnungen** (MarkenG) ist das umfangreichste wettbewerbsrechtliche Nebengesetz. Das Markenrecht ist eine Verbindung von Wettbewerbsschutz und Verbraucherschutz: Waren eines Unternehmens sollen bewusst durch entsprechende Zeichen von Waren anderer Wettbewerber unterschieden werden können. Sie erlangen den Schutz durch die Eintragung als Marke in das vom Patentamt geführte Register oder durch die im geschäftlichen Verkehr erlangte Verkehrsgeltung (§ 4 MarkenG). Nach erfolgter Registrierung und dem Ablauf der 3-monatigen Widerspruchsfrist wird die angemeldete Marke bestandskräftig und darf mit dem Zusatz ® geführt werden (z. B. InDesign® = DTP-Software, mit der dieses Buch erstellt wurde).

Das Markengesetz (MarkenG) wurde novelliert durch das Markenrechtsmodernisierungsgesetz (MaMoG), das am 14.01.2019 in Kraft trat. Mit der Novellierung ist „keine grundsätzliche Neuregelung" verbunden, aber mehrere Änderungen des deutschen Markenrechts. [1]

[1] Vgl. *Deutsches Patent- und Markenamt, Zur Novellierung des Markengesetzes, https://www.dpma.de/dpma/veroeffentlichungen/hintergrund/markenrechtsreform/index.html*, Abrufdatum 25.03.2020.

Eine wesentliche Änderung ist die Einführung einer **„Gewährleistungsmarke"** (vgl. Frage 03).

RECHTSGRUNDLAGEN

§ 3 Abs. 1 MarkenG
Als Marke können alle Zeichen, insbesondere Wörter einschließlich Personennamen, Abbildungen, Buchstaben, Zahlen, Klänge, dreidimensionale Gestaltungen einschließlich der Form einer Ware oder ihrer Verpackung sowie sonstige Aufmachungen einschließlich Farben und Farbzusammenstellungen geschützt werden, die geeignet sind, Waren oder Dienstleistungen eines Unternehmens von denjenigen anderer Unternehmen zu unterscheiden.

03. Was versteht man unter einer Gewährleistungsmarke?

Nach dem MarkenG gibt es die **Individualmarke** (im Sinne des § 3 MarkenG, z. B. Einzelmarke eines Herstellers) und die Kollektivmarke (§§ 97 ff. MarkenG, z. B. Dresdner Christstollen, Thüringer Bratwurst). Durch das Markenrechtsmodernisierungsgesetz wurde eine neue Markenkategorie möglich: Die Gewährleistungsmarke.

Der Markeninhaber übernimmt die Gewähr für bestimmte Eigenschaften der Waren und Dienstleistungen anderer Anbieter.

Die erste eingetragene Gewährleistungsmarke (Juli 2019) war der „Grüne Knopf". Der Markeninhaber, das Bundesministerium für wirtschaftliche Zusammenarbeit und Entwicklung, übernimmt die Gewähr, dass die Textilanbieter die Sozial- und Umweltstandards berücksichtigen.[1]

04. Wie lassen sich Markenrecherchen durchführen?

Es gibt Markenrechte auf nationaler, europäischer und internationaler Ebene (nationale Marken, EU-Marken, IR-Marken). Will ein Unternehmen eine bestimmte Kennzeichnung als Marke registrieren lassen, muss der lokale Geltungsbereich festgelegt werden und es ist in den betreffenden Ländern zu recherchieren, ob ggf. kollidierende Markenrechte bereits existieren. Einen groben Vorcheck kann man selbst über das Internet durchführen: Es gibt Firmen, die gegen Honorar eine umfangreiche Recherche professionell durchführen und diesen Vorcheck kostenlos anbieten (vgl. z. B. *www.tulex.de*). Der Vorcheck kann natürlich keine Rechtssicherheit bieten. Weiterhin bieten derartige Firmen eine professionelle Überwachung der eigenen Markenrechte an (Monitoring).

---

[1] Quelle: *Deutsches Patent- und Markenamt, Erste Gewährleistungsmarke eingetragen, Stand 30.10.2019, https://www.dpma.de/dpma/veroeffentlichungen/hintergrund/erste_gewaehrleistungsmarke/index.html*, Abrufdatum 25.03.2020.

05. Welche Bedeutung hat heute die Markenpiraterie?

Den deutschen Unternehmen (Markeninhabern) entstehen heute durch Fälschung und Imitation von Markenprodukten finanzielle Schäden in Milliardenhöhe. Hinzu kommt die Imageschädigung der betreffenden Marken. Mittlerweile gibt es organisierte Fälscherbanden auf der ganzen Welt, die ihre Herstellungs- und Vertriebssysteme laufend verfeinern, sodass der Laie nicht ohne Weiteres die Imitation vom Original unterscheiden kann. Bevorzugt im Visier der Fälscher sind z. B. Luxusartikel (Schuhe, Designer-Uhren) und Produkte der Kfz-Technik (Bremsbeläge, Stoßdämpfer). Trotz spektakulärer Erfolge der Zollbehörden ist der Wirkungskreis der Bandenkriminalität auf diesem Sektor weltweit ungebrochen.

4.5.3 Verbraucherschutz

01. Welche Rechtsquellen zählen zum Verbraucherschutz?

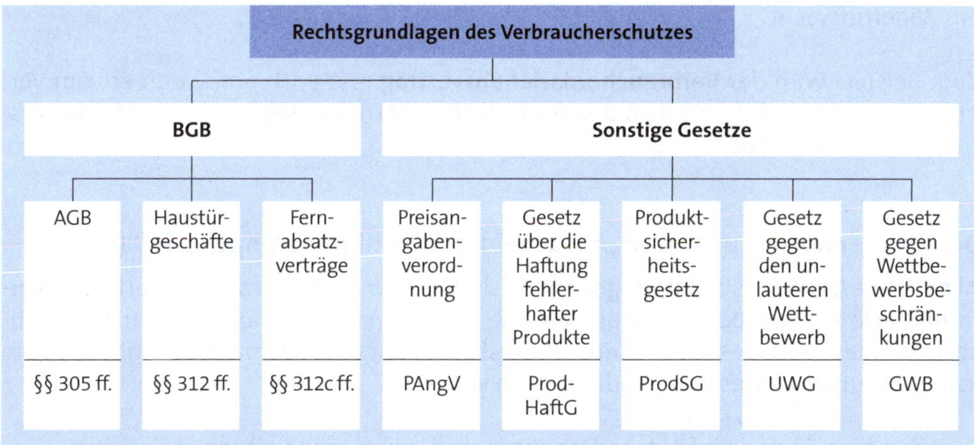

INFO

Nachfolgend werden nur die im Rahmenplan genannten Bestimmungen behandelt (Verbrauchsgüterkauf, Widerrufsrecht bei Verbraucherverträgen, Einbeziehung von AGB).

02. Welche Besonderheiten gelten für den Verbrauchsgüterkauf?

Nach § 474 BGB ist ein Verbrauchsgüterkauf der Kauf einer beweglichen Sache durch einen Verbraucher (§ 13 BGB) als Käufer von einem Unternehmer (§ 14 BGB) als Verkäufer (B2C-Geschäft).

Bestimmte allgemeine Regelungen des Kaufrechts finden auf den Verbrauchsgüterkauf keine Anwendung. Es sind:

- die Haftungsbeschränkung bei öffentlicher Versteigerung (§ 445 BGB)
- der Gefahrübergang auf den Käufer bereits durch Absendung beim Versendungskauf (§ 447 BGB)
- *„Zeigt sich innerhalb von sechs Monaten seit Gefahrübergang ein Sachmangel, so wird vermutet, dass die Sache bereits bei Gefahrübergang mangelhaft war, es sei denn, diese Vermutung ist mit der Art der Sache oder des Mangels unvereinbar.“* (§ 477 BGB, **Beweislastumkehr**)

03. Welches Widerrufsrecht steht dem Verbraucher zu?

Bei bestimmten Vertragsarten (Verbraucherdarlehen, Teilzeit-Wohnrechteverträge) bzw. Vertriebswegen (z. B. Haustürgeschäfte, Fernabsatzverträge) hat der Verbraucher ein Widerrufsrecht.

Zum Beispiel wird der **Verbraucherdarlehensvertrag** erst wirksam, wenn er vom Verbraucher nicht nach § 355 BGB und § 495 BGB widerrufen worden ist. Die Widerrufsfrist beträgt zwei Wochen.

04. Was versteht man unter „Allgemeinen Geschäftsbedingungen“ (AGB)?

Allgemeine Geschäftsbedingungen (AGB) sind alle für eine Vielzahl von Verträgen vorformulierte Vertragsbedingungen, die eine Vertragspartei der anderen Partei bei Abschluss eines Vertrages stellt. Sind Vertragsbedingungen einzeln ausgehandelt, liegen keine Allgemeinen Geschäftsbedingungen vor.

Beispiele hierfür sind Einkaufsbedingungen und Verkaufsbedingungen.

05. Wo sind die einschlägigen Bestimmungen zum Umgang mit den „Allgemeinen Geschäftsbedingungen“ geregelt?

Die §§ 305 - 310 regeln jetzt „die Gestaltung rechtsgeschäftlicher Schuldverhältnisse durch Allgemeine Geschäftsbedingungen“.

06. Welchen Inhalt haben i. d. R. „Allgemeine Geschäftsbedingungen“?

Inhalt von Allgemeinen Geschäftsbedingungen können alle diejenigen Abreden sein, die auch Inhalt von Verträgen sein können.

Beispiele hierfür sind:

- Gerichtsstand
- Erfüllungsort

- Eigentumsvorbehalt
- Gewährleistung
- Haftung
- Angaben zum Zahlungsverkehr
- Transportversicherung
- technische Normen
- Verpackung.

07. Welchen Zweck verfolgen „Allgemeine Geschäftsbedingungen"?

Allgemeine Geschäftsbedingungen sollen die im Gesetz verankerten Vertragstypen interessengerecht ergänzen bzw. neu gestalten. Sie helfen dabei, ein einheitliches Gerüst von Regelungen zu erstellen, das dann allen entsprechenden Verträgen zugrunde gelegt wird. Sie vermeiden damit die Verpflichtung, allgemeine Klauseln bei jedem Vertragsabschluss immer wieder neu zu vereinbaren.

08. Wie werden die „Allgemeinen Geschäftsbedingungen" Vertragsbestandteil (Einbeziehung)?

Nach § 305 BGB werden Allgemeine Geschäftsbedingungen nur Vertragsbestandteil wenn

- der Verwender bei Vertragsschluss die andere Vertragspartei ausdrücklich (oder wenn ein ausdrücklicher Hinweis wegen der Art des Vertragsschlusses nur unter unverhältnismäßigen Schwierigkeiten möglich ist) durch deutlich sichtbaren Aushang am Ort des Vertragsschlusses auf sie hinweist und
- der anderen Vertragspartei die Möglichkeit verschafft, in zumutbarer Weise von ihrem Inhalt Kenntnis zu nehmen und
- wenn die andere Vertragspartei mit ihrer Geltung einverstanden ist.

09. Welche Folgen ergeben sich nach BGB, wenn sich Einkaufs- und Verkaufsbedingungen widersprechen?

Im BGB § 306 ist hierzu Folgendes geregelt:

1. Sind Allgemeine Geschäftsbedingungen ganz oder teilweise nicht Vertragsbestandteil geworden oder unwirksam, so bleibt der Vertrag im Übrigen wirksam.
2. Soweit die Bestimmungen nicht Vertragsbestandteil geworden oder unwirksam sind, richtet sich der Inhalt des Vertrags nach den gesetzlichen Vorschriften.
3. Der Vertrag ist unwirksam, wenn das Festhalten an ihm eine unzumutbare Härte für eine Vertragspartei darstellen würde.

Der Vertrag kommt somit nur durch beiderseitige Erfüllungshandlung zustande. Es gelten dann die einschlägigen gesetzlichen Bestimmungen.

10. Wie wird die Inhaltskontrolle der AGB vollzogen?

Die inhaltliche Kontrolle der AGB wird in den §§ 307 - 309 BGB vollzogen. Es ist nach § 307 Abs. 1 BGB zu prüfen, ob die Inhalte der AGB den Kunden unangemessen benachteiligen.

In den §§ 308 - 309 BGB werden Fälle aufgezeigt, bei denen die AGB unwirksam sind. Wenn der Kunde Unternehmer ist (§ 310 Abs. 1 BGB), dann sind die §§ 308 - 309 BGB nicht zu prüfen, jedoch aber der § 307 BGB. Ist § 307 BGB nicht unwirksam, dann sind die AGB-Bestimmungen Vertragsbestandteil geworden.

Wenn die AGB oder einzelne Klauseln nicht wirksam sind, dann ist der Vertrag nach § 306 BGB trotzdem wirksam, jedoch ohne die nicht wirksam integrierten AGB-Bestimmungen.

5. Führung und Zusammenarbeit

INFO

Prüfungsanforderungen

Nachweis folgender Fähigkeiten:

- Zielorientiert mit Mitarbeitern, Auszubildenden, Geschäftspartnern und Kunden kommunizieren. Dabei soll gezeigt werden, dass Mitarbeiter, Auszubildende und Projektgruppen geführt werden können.
- Weiterhin soll bei Verhandlungen und in Konfliktfällen lösungsorientiert gehandelt werden. Methoden der Kommunikation und Motivationsförderung sollen dabei berücksichtigt werden.

Qualifikationsschwerpunkte (Überblick)

5.1 Zusammenarbeit, Kommunikation und Kooperation

5.2 Mitarbeitergespräche

5.3 Konfliktmanagement

5.4 Mitarbeiterförderung

5.5 Ausbildung

5.6 Moderation von Projektgruppen

5.7 Präsentationstechniken

5.1 Zusammenarbeit, Kommunikation und Kooperation

5.1.1 Zusammenhang von Persönlichkeit und beruflicher Entwicklung

01. Welcher Zusammenhang lässt sich zwischen dem Lebenslauf eines Menschen, seiner Persönlichkeit sowie seiner beruflichen Entwicklung formulieren?

Jeder Mensch entwickelt sich im Laufe seines Lebens **anlage- und umweltbedingt** zu einer unverwechselbaren Person/Persönlichkeit (Wesensart, Charakter, Denk- und Verhaltensweisen).

Als **Persönlichkeit** bezeichnet man

a) grundsätzlich: → alle für einen Menschen charakteristischen Eigenschaften

b) speziell: → einen Menschen mit herausragender Position in der Gesellschaft.

Zwischen dem Lebenslauf, der beruflichen Entwicklung und der Persönlichkeitsentwicklung bestehen Zusammenhänge; dazu zwei Beispiele:

Beispiele

Beispiel 1

Lebenslauf eines Managers		Persönlichkeit
► geb. 1957 in der damaligen DDR ► Flucht in die Bundesrepublik ► dort häufiger Schulwechsel ► Abitur ► Bundeswehr ► Heirat, 1 Kind ► Dozent, Erwachsenenbildung ► Leitungsfunktionen in Industrie und Handel (Personalentwicklung, Controlling, Personalleitung) ► selbstständiger Unternehmensberater	→	► ergeizig ► aktiv ► zielstrebig ► risikofreudig ► leistungsorientiert ► eher dominant/weniger Teamarbeiter

Man kann daraus folgende, vorsichtige Schlussfolgerung ziehen: Neben der genetisch bedingten Veranlagung prägten einige Stationen des persönlichen und beruflichen Werdegangs besonders nachhaltig die Persönlichkeitsentwicklung dieses Managers:

- Flucht/Schulwechsel: → Einzelkämpfer, sich behaupten müssen
- hohe Selbstständigkeit in den beruflichen Stationen;
  breites Wissensspektrum: → selbstständiger Unternehmensberater.

Beispiel 2

(2) Lebenslauf eines Chorleiters		Persönlichkeit
► 1960 in Erfurt geboren ► aufgewachsen in musikalischer Umgebung ► Abitur ► Ausbildung in Klavier und Mitglied der Dresdner Kapellknaben, Orgelspiel und erste Dirigate ► Studium der Musik in Weimar; Diplom und Staatsexamen ► Lehrer an einer Kreismusikschule ► Kreismusikschuldirektor und Intendant des Preußischen Kammerorchesters	→	**???** **Bitte entwickeln Sie eigene Vorstellungen davon, welche Persönlichkeit sich vermutlich hinter diesem Lebenslauf verbirgt!**

02. Welche Bereiche (Dimensionen) bestimmen die individuelle Persönlichkeit eines Menschen?

Aus den dargestellten Bereichen (Dimensionen) ergibt sich die unverwechselbare, individuelle Persönlichkeitsstruktur eines Menschen (folgende Abb.):

- Es lassen sich die Bereiche „Temperament" und „Körperbau" kaum verändern; sie sind im Wesentlichen **genetisch bedingt** (angeboren).
- Anders verhält es sich bei den übrigen Bereichen: Sie sind überwiegend **erlernt und somit veränderbar.** Das bedeutet, das der Einzelne in diesen Bereichen Einfluss nehmen kann – er hat die Chance zur Veränderung bzw. Entfaltung dieser Persönlichkeitsdimensionen.

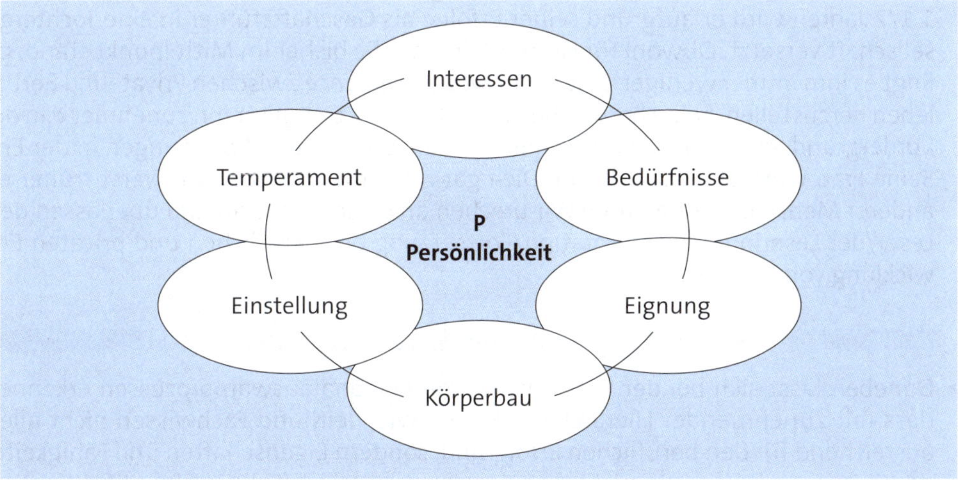

03. Welche Wechselwirkung kann zwischen der Persönlichkeit eines Menschen und seiner beruflichen Entwicklung bestehen?

Im Allgemeinen prägt die Familie (Primärgruppe) die Entwicklung bestimmter Persönlichkeitsmerkmale besonders nachhaltig (vgl. Frage 02.: erlernte Bereiche wie z. B. Einstellungen, Interessen).

In der späteren beruflichen Entwicklung lässt sich Folgendes beobachten (verkürzt dargestellt):

- Die Gesellschaft/die Arbeitgeber bewerten bestimmte Wesenszüge positiv; sie fördern und honorieren i. d. R. diese Eigenschaften. Andere wiederum werden negativ bewertet und ihre Entfaltung wird behindert.

Beispiel

Meist wird der fleißige, anpassungsfähige, intelligente und ehrgeizige Mitarbeiter (be-)gefördert, während z. B. Wesenszüge wie Großzügigkeit, Einfühlungsvermögen und Unabhängigkeitsstreben bei Weitem nicht immer „auf Gegenliebe" stoßen.

- Im Allgemeinen wiederholt der Mensch das, womit er Erfolg hat und er vermeidet die Handlungen/Verhaltensmuster, die zum Misserfolg führen. Daraus lässt sich ableiten, dass die Gesellschaft/die Arbeitgeber gerade die Persönlichkeitsmerkmale verstärken und fördern, die nach der herrschenden Wertekultur erwünscht sind. Es entsteht ein sich selbst nährender Kreislauf.

Beispiel

Herr N. ist verheiratet und hat zwei Kinder im Alter von sechs und acht Jahren. Aufgrund seiner überdurchschnittlichen Leistungen wird ihm die Leitung eines Fachbereichs übertragen. Die Tätigkeit ist mit häufigen Dienstreisen verbunden. Bereits nach 1 1/2 Jahren wird er aufgrund seiner Erfolge als Geschäftsführer in eine Tochtergesellschaft versetzt. Obwohl für Herrn N. die Familie bisher im Mittelpunkt stand, gelingt es ihm immer weniger, eine ausgewogene Balance zwischen Privat- und Berufsleben herzustellen. Seine beruflichen Zielsetzungen treten für ihn zunehmend in den Vordergrund, er vernachlässigt seine Familie; es kommt zu Spannungen in der Ehe. Seine Frau wörtlich: „Ich erkenne Dich gar nicht mehr wieder. Du warst früher ein anderer Mensch." Anmerkung: Wir brechen an dieser Stelle ab und überlassen dem Leser/der Leserin die Interpretation/Fortsetzung der beruflichen und privaten Entwicklung von Herrn N.

- Daneben lässt sich bei der Betrachtung von Personalauswahlprozessen erkennen, dass mit zunehmender Hierarchie Faktoren wie Fleiß und Fachwissen nicht allein ausreichend für den beruflichen Erfolg sind, sondern Eigenschaften und Fähigkeiten dominieren müssen, die nicht positionsbezogen sind (Schlüsselqualifikation wie Lern-, Kommunikations-, Analyse- und Moderationsfähigkeit).

04. Was versteht man unter dem Big-Five-Modell?

Das Erklärungsmodell zur Persönlichkeit von *Paul Costa* und *Robert McCrae* beinhaltet folgende Merkmale (*Roth, 2011, S. 36*):

- Extraversion: gesprächig, aktiv, offen oder still, scheu
- Verträglichkeit: mitfühlend, herzlich oder hartherzig, kalt
- Gewissenhaftigkeit: zuverlässig oder unordentlich
- Neurotizismus: ängstlich, empfindlich oder stabil, ruhig
- Offenheit: fantasievoll, geistreich oder gewöhnlich, ohne Tiefgang.

5.1.2 Entwicklung des Sozialverhaltens

01. Welche Bereiche und Phasen menschlicher Entwicklung haben Einfluss auf das Sozialverhalten?

Menschen entwickeln sich im Laufe ihres Lebens. Diese Entwicklung vollzieht sich in mehreren Bereichen:

Organischer Bereich	→ Entwicklung der Organe und der Körperfunktionen
Bereich des Wissens	→ Entwicklung der kognitiven Fähigkeiten
Bereich der Fähigkeiten zur Handhabung von Werkzeugen, Maschinen usw.	→ Psychomotorik
Bereich des Verhaltens	→ Affektiver Bereich

Für die Entwicklung des Verhaltens, speziell des **Sozialverhaltens,** sind **folgende Fragen von Bedeutung**:

- Wie setzt sich eine Person mit ihrer Umwelt auseinander?
- Welche Normen übernimmt die Person, und welche lehnt sie ab?
- Ist die Person in der Lage, Verhaltensmuster zu entwickeln, die sie in Einklang mit anderen bringt, ohne dass die berechtigten Wünsche zurückgestellt werden?
- Reflektiert (denkt nach) die Person über das eigene Verhalten und über das von anderen Individuen, um dabei schrittweise für sich und für andere erfolgreiche Verhaltensmuster zu entwickeln (**soziales Lernen**)?
- **Phasen menschlicher Entwicklung:**
  Der Mensch entwickelt sich permanent weiter – es ist ein kontinuierlicher Prozess. Nun haben sich Wissenschaften wie u. a. die Psychologie und die Soziologie darum bemüht, **Erklärungsmodelle** für menschliche Verhaltensweisen aufzustellen. Diese Modelle – es gibt davon eine ganze Reihe – haben den Vorteil, dass sie zum Verständnis beitragen. **Sie ordnen und strukturieren menschliche Verhaltensmuster nach ver-**

schiedenen Phänomenen. Die Beschäftigung mit solchen Modellen kann z. B. dem Vorgesetzten helfen, Ursachen für bestimmte Reaktionen besser zu verstehen.

Ein derartiges Modell ist die Gliederung der menschlichen Entwicklung in verschiedene Phasen. Dabei orientiert man sich einerseits an unterschiedlichen **Altersabschnitten** und versucht diesen, in der Realität „nachgewiesene" **Verhaltensmuster** zu zuordnen.

Die nachfolgende Abbildung zeigt einen vereinfachten Ausschnitt aus diesem Phasenmodell, wie es von der Wissenschaft schrittweise verfeinert wurde:

Phasenmodell der menschlichen Entwicklung			
Entwicklungs-bereiche	**Pubertät:** ca. 13 - 18 Jahre	**Heranwachsender:** 18 - 21 Jahre	**Erwachsener:** 21 - 40/50 Jahre
Werte-orientierung	Kritik; Dinge infrage stellen; Wechsel von Leitbildern	Entwicklung eigener Maßstäbe und Leitmotive	Eigene Maßstäbe, Gewohnheiten und Erfahrungen
Sozialverhalten	Lösung von den Eltern; Suche nach neuer Gruppenzugehörigkeit; Geltungsbedürfnis; Drang nach Anerkennung und Bestätigung; gelegentlich: extrem und intolerant	Entstehen eines eigenen Rollenverhaltens; Suche nach Freundschaft, Liebe und sozialen Kontakten	Streben nach stabilen Sozialbindungen; hohe Bedeutung des Arbeitslebens und der Familie
Körperliche Entwicklung	Längenwachstum; Ausbildung der Geschlechtsreife; ungelenke Bewegungen; allmähliche Proportionierung der körperlichen Gestalt	Abschließende Entwicklung der Innenorgane	Bis zum 30. - 40. Lj.: Höhepunkt der Muskelkraft, danach: Abnahme der Muskelkraft und Nachlassen der Sinnesorgane
Emotionaler Bereich	Schwankende Gefühlswelt; instabile Emotionen; Drang nach Erlebnissen	Wachsende Selbstsicherheit; zunehmend emotionale Stabilität	Im Allgemeinen emotional stabil und ausgewogen
Gedächtnis	Noch schwankend in der Sicherheit und Ausdauer; später zunehmende Gedächtnisleistung	Abschluss der Funktionssicherheit	Nachlassendes Lerntempo; nachlassendes Ultrakurzzeitgedächtnis; verstärkter Rückgriff auf das Langzeitgedächtnis und Erfahrungen

Bei der Beschäftigung mit solchen Modellen muss man berücksichtigen, dass sie keine exakten Gesetzmäßigkeiten wie in den Naturwissenschaften darstellen, sondern **Quasigesetze** sind, die in einer Mehrzahl von Fällen zutreffen – jedoch nicht immer. Die menschliche Entwicklung ist komplex und eben nicht „einfach erklärbar“:

- Der Einzelfall kann von den Grundzügen des Modells abweichen.
- Es gibt „Früh- und Spätentwickler“.
- Es existieren fördernde und hemmende Entwicklungsfaktoren.
- Die Entwicklung der Geschlechter (Jungen/Mädchen) verläuft unterschiedlich (Jungen entwickeln sich meist zwei Jahre später als Mädchen).

02. Welche Bedeutung haben Anlagen und Umwelteinflüsse für die menschliche Entwicklung?

Die Frage, **„ob die Anlagen oder die Umwelt für die Prägung eines Menschen verantwortlich sind“**, wird häufig gestellt. Der Stand der Erkenntnis ist heute:

- Beide Faktoren sind erforderlich und prägen die Entwicklung eines Menschen.
- Nur wenn eine bestimmte Anlage vorhanden ist, kann sie sich überhaupt über die Umwelt ausprägen.
- Auch eine noch so günstige Veranlagung kann sich nicht entwickeln (wird zu keinem Ergebnis führen), wenn sie nicht auf günstige Umweltbedingungen trifft.

MERKE

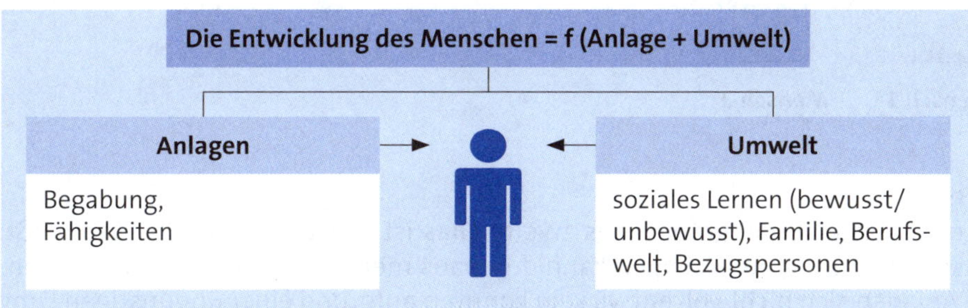

Sehr anschaulich wurde dieses Thema von *Ralf Horn* behandelt in: „Ausbildung der Ausbilder, Fernsehkurs im Medienverbund TR Verlagsunion 1973, Heft 5.“ Trotz der Jahreszahl „1973“ ist die Aussage nicht veraltet: Die nachfolgende Abbildung (nach Horn, Ralf) zeigt drei mögliche Fälle menschlicher Prägung durch Anlage und Umwelt (die Höhe der Gläser bedeutet die Anlage von Mensch 1 und Mensch 2):

Fall 1:
Eine **günstige Umwelt** sorgt dafür, dass sich die **Anlagen voll entwickeln**. Beide Gläser (Mensch 1 und Mensch 2) sind gefüllt. Der genetisch bedingte **Unterschied bleibt** bestehen.

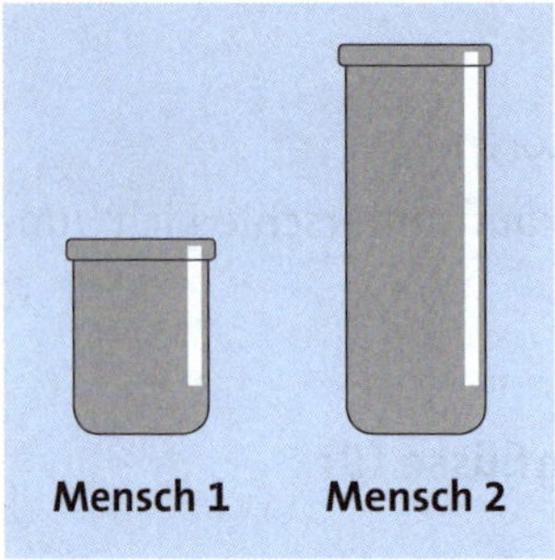

Fall 2:
Eine ungünstige Umwelt verhindert, dass sich die Anlagen voll entwickeln. Beide Gläser sind nur teilweise gefüllt. Der genetisch bedingte **Unterschied bleibt** bestehen – allerdings auf einem niedrigen Level.

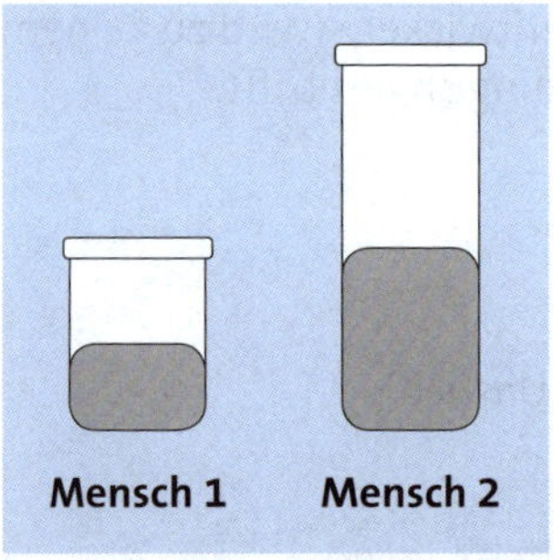

Fall 3:
Das erste Glas ist voll gefüllt; das zweite Glas ist nur wenig gefüllt. Das heißt: Ein Mensch mit geringeren Anlagen kann durchaus mehr leisten als jemand, dessen größere Anlagen sich nicht voll entwickeln konnten aufgrund einer ungünstigen Umwelt.

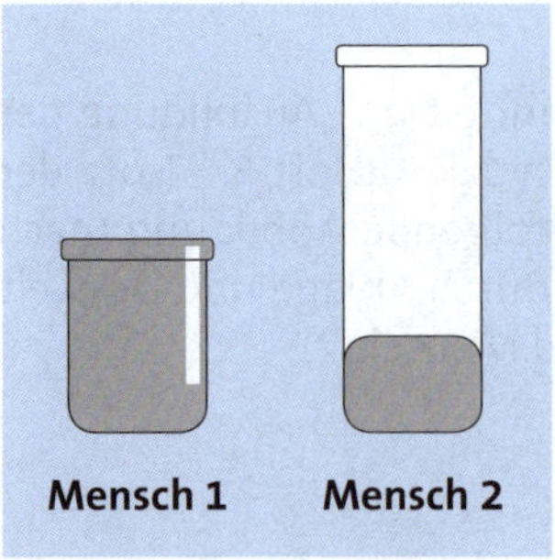

03. Was ist Lernen? Was ist soziales Lernen?

- **Lernen ist jede Veränderung des Verhaltens und der Einstellung**, die sich als Reaktion auf Reize der Umwelt ergibt.

Beispiel

Das Kind verbrennt sich an der Herdplatte den Finger. Die Mutter erklärt, dass die Herdplatte heiß ist, wenn eine rote Lampe „Restwärme“ anzeigt. Das Kind ändert sein Verhalten: Es fasst nicht mehr an die Herdplatte, wenn die rote Lampe brennt.

- **Soziales Lernen ist die Aneignung von Verhaltensnormen und Wissensbeständen**, die ein Mensch braucht, um in der Gesellschaft zu existieren.

Beispiel

Ein Stadtmensch zieht in ein Dorf. Im Laufe der Zeit ändert er sein Verhalten in Bezug auf die Mitbewohner des Dorfes: Er gibt dem Drängen nach, doch endlich dem örtlichen Schützenverein beizutreten; er sorgt peinlich genau dafür, dass der Vorgarten gepflegt aussieht; jeden Freitag wird die Straße gekehrt usw. Dies wird von den Dorfbewohnern erwartet und belohnt mit einem freundlichen „Na, mal wieder fleißig!“

04. Welche Phasen des Lernprozesses sind beim sozialen Lernen zu berücksichtigen?

In der Lerntheorie kennt man zwei Grundrichtungen:

a) **Aneignung von Wissensinhalten:**

Lernen findet z. B. durch „Versuch und Irrtum“ statt; bekannt geworden sind hier die „4-Stufen-Methode des Lernens“ (vgl. AEVO) und die „6 Lernstufen nach H. Roth“.

b) **Aneignung von Werten und Verhaltensmustern:**

Im Bereich des sozialen Lernens, d. h. der Veränderung von Verhalten und Einstellungen eines Menschen, hat sich die Ansicht durchgesetzt, dass **Lernen die Folge von Konsequenzen ist.** Dazu drei grundsätzliche Erkenntnisse:

1. Der Mensch tut das, womit er Erfolg hat oder was ihm angenehm ist.

   Mehrmaliger Erfolg führt also zu einer Stabilisierung des Verhaltens.

2. Der Mensch vermeidet das, womit er Misserfolg hat oder was ihm unangenehm ist.

   Mehrmaliger Misserfolg führt zu einer Änderung des Verhaltens.

3. Erfolg ist das, was der einzelne Mensch als angenehm empfindet.

   Angenehm ist alles, was zur Befriedigung von Bedürfnissen führt (vgl. *Maslow*).

Beispiel

Aktion: Ein Mitarbeiter kommt häufiger zu spät zu einer Besprechung. Dieses Verhalten ist unerwünscht; es ist dem Mitarbeiter aber angenehm (hat keine Lust zur Besprechung).

Reaktion 1: Der Vorgesetzte unternimmt nichts. Folge: Der Mitarbeiter kommt weiterhin zu spät. Das unerwünschte Verhalten ist erfolgreich oder wird als angenehm empfunden und stabilisiert sich daher.

Reaktion 2: Der Vorgesetzte kritisiert das Fehlverhalten des Mitarbeiters. Wenn nun

a) pünktliches Erscheinen belohnt wird („ist angenehm" → Stabilisierung) oder

b) bei weiterem unpünktlichen Erscheinen eine „Strafe" droht (erneute, aber scharfe Kritik o. Ä.; „ist unangenehm" → Vermeidung/Misserfolg), so kann unerwünschtes Verhalten geändert werden.

05. Was versteht man unter „Habitualisierung"?

Habitus bedeutet Gewohnheit. Mit Habitualisierung bezeichnet man also den Vorgang, dass ein bestimmtes Verhalten zur Gewohnheit wird; es wird verinnerlicht. Vorgesetzte müssen insbesondere die Qualifikationen verinnerlichen, die eine zentrale Bedeutung im Führungsprozess besitzen.

5.1.3 Psychologische und soziologische Aspekte bestimmter Personengruppen

01. Wie lässt sich die Integration jugendlicher Mitarbeiter fördern?

Zu den Jugendlichen zählen nach dem Gesetz die 15- bis unter 18-Jährigen. Ihre Entwicklung ist noch nicht abgeschlossen. Der Vorgesetzte hat Jugendliche zu führen und zu betreuen als Auszubildende, Anzulernende, Praktikanten, jugendliche Facharbeiter u. Ä. Er sollte bei Jugendlichen verstärkt auf folgende Punkte achten und dies ggf. auch dem „Stammpersonal" verdeutlichen:

- Die körperliche Reife (Größenwachstum) kann mitunter dazu führen, dass die Körperkraft oder die sonstige Leistungsfähigkeit des Jugendlichen überschätzt wird. Also: **keine Überforderung, keine Überbelastung**.
- Bei Jugendlichen sind besondere **Schutzbestimmungen** einzuhalten (vgl.: BBiG, ArbZG, JArbSchG; z. B. Zeiten für den Besuch der Berufsschule, Pausenzeiten, Gestaltung des Arbeitsplatzes).

- Jugendliche befinden sich **noch in einem Reife- und Lernprozess**. Daher: Geduld, ggf. auch mehrmals erklären, keine sofortige Fehlerfreiheit erwarten, ermuntern usw.
- Der Jugendliche befindet sich in der Phase des **Übergangs von der Schule zum Berufsleben**. Er muss sich an den „8-Stunden-Tag“ gewöhnen, Disziplin in der Aufgabenerfüllung erlernen usw.
- Bei Jugendlichen können verstärkt **Motivationsprobleme** auftreten: Stimmungsschwankungen, mangelnde Zukunftsaussichten auf dem Arbeitsmarkt, Misserfolge beim Erlernen von Fähigkeiten oder in der Berufsschule, familiäre/private Probleme u. Ä. Daher: Mut machen, Erfolge erleben lassen, Unterstützung geben, Sinn in der Arbeit vermitteln, häufiger Rückmeldung geben als bei Erwachsenen, richtige Verhaltensweisen stabilisieren.

02. Wie kann der Vorgesetzte die Zusammenarbeit von Frauen und Männern fördern?

Zunächst einige Fakten zu diesem Thema:

- **Mehr als ein Drittel** aller Erwerbstätigen in Deutschland sind Frauen. In der ehemaligen DDR war der Anteil der erwerbstätigen Frauen und Männer in etwa gleich groß; ein interessanter Aspekt im gesellschaftlichen Vergleich.
- Die **Gleichberechtigung** von Frauen und Männern sowie die Verpflichtung zur Gleichbehandlung ist **gesetzlich** mehrfach **verankert:**
  - Grundgesetz (GG, Art. 3, Abs. II)
  - Allgemeines Gleichbehandlungsgesetz (AGG)
  - Betriebsverfassungsgesetz (BetrVG, § 75).

Der Vorgesetzte kann die Zusammenarbeit von Frauen und Männern fördern, indem er folgende Erkenntnisse berücksichtigt und diese auch in seinem Verantwortungsbereich nachdrücklich vermittelt:

- **Abbau von Vorurteilen**, z. B.:
  „Frauen sind weniger leistungsfähig!“ „Frauen sind häufiger krank!“ Derartige und ähnliche Vorurteile werden weder durch die Praxis noch durch wissenschaftliche Untersuchungen bestätigt.

  Richtig sind vielmehr folgende Fakten, die der Vorgesetzte kennen und in seinem Führungsverhalten berücksichtigen sollte – dabei sind die nachfolgenden Aussagen zu verstehen im Sinne von **„im Allgemeinen“, „in der Regel“ bzw. „im Durchschnitt“:**

  - Frauen haben eine **geringere Körperkraft** als Männer; ihre **Geschicklichkeit** bei **feinmotorischen Arbeiten** ist meist höher. Es gibt Untersuchungen, die die Vermutung stützen, dass Frauen sich schneller erholen und psychisch auf Dauer stärker belastbar sind; die Gründe werden in einem anderen Stoffwechsel sowie in einem veränderten Hormonhaushalt als bei Männern gesehen.

- Die allgemeine Intelligenz von Frauen und Männern ist gleich. In den Punkten **„Einfühlungsvermögen" und „sprachliche Fähigkeiten"** schneiden Frauen etwas besser, bei den Segmenten „Abstraktion, mathematisch/physikalische Vorgänge" etwas schlechter ab als ihre männlichen Kollegen.
- Unterschiede zwischen Frauen und Männern ergeben sich auch aus der **gesellschaftlichen Rollenzuweisung** der Frau und der biologischen Tatsache, dass Frauen die Kinder gebären.
- Interessant ist: Neuere Untersuchungen gehen davon aus, dass Frauen eine **stärkere moderatorische Kompetenz** haben. Sie sind in ihrem Verhalten weniger auf Rivalität und Dominanz angelegt als ihre männlichen Kollegen. Dies hat in der Führung und Zusammenarbeit den Vorteil, dass betriebliche Themen mit mehr Einfühlungsvermögen und einer **stärkeren Bereitschaft zum tragfähigen Kompromiss** angegangen werden (unterschiedlicher kommunikativer Stil).
- Frauen legen tendenziell mehr Wert auf äußere Erscheinung, freundliche und korrekte Umgangsformen, ansprechende Arbeitsräume und auf **„Wertschätzungen im Alltag"** (Begrüßen, Zuhören, Aufmerksamkeit und Interesse zeigen).
- Nicht vergessen werden darf auch die Tatsache, dass in der Zusammenarbeit zwischen Männern und Frauen die **geschlechterspezifische, natürliche Spannungssituation** eine Rolle spielt. Befragungen aus dem Berufsalltag zeigen immer wieder das Bild, dass „Mann" und „Frau" lieber in Arbeitsgruppen tätig sind, in denen beide Geschlechter vertreten sind. **Das Betriebsklima ist nachweislich besser**, wenn Frauen und Männer zusammenarbeiten und in Teams gleichermaßen vertreten sind.
- Man weiß heute, dass ein **emotionaler Rückhalt in der Familie** eine wesentliche Voraussetzung für Leistung ist. Frauen verfügen über wichtige soziale Kompetenzen, die sie in der Familienarbeit erworben haben.

Diese Erkenntnisse sollte der Vorgesetzte in der Führung seiner Mitarbeiter und Mitarbeiterinnen, aber auch bei der Zusammensetzung von Arbeitsgruppen nutzen.

03. In welcher Form sollte der Vorgesetzte die Stellung älterer Mitarbeiter im Betrieb berücksichtigen?

Zunächst einige Fakten zu diesem Thema:

- **Bevölkerungsentwicklung:**
  Man muss davon ausgehen, dass in den nächsten Jahren aufgrund der demografischen Entwicklung in Deutschland mehr über 50-Jährige am Erwerbsleben teilnehmen als unter 30-Jährige.

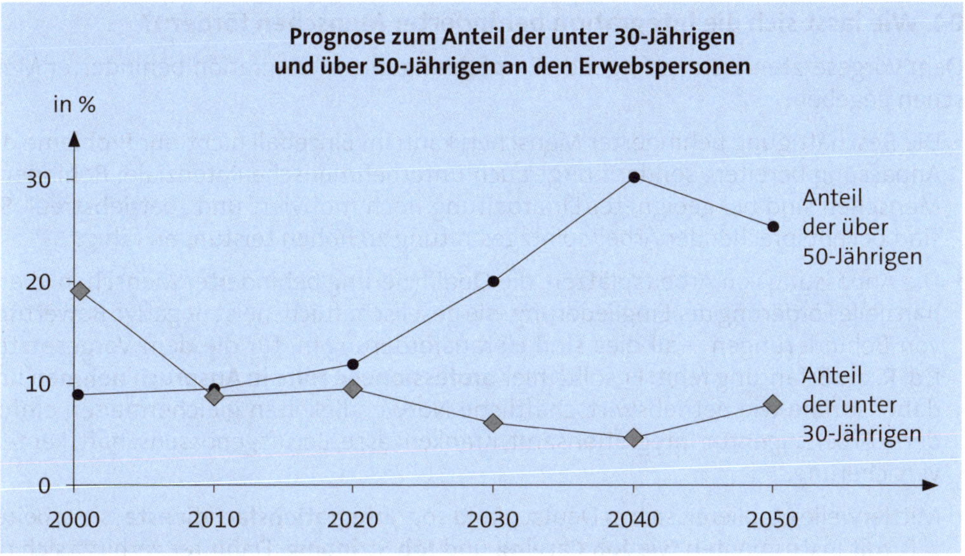

Quelle: *eigene Darstellung nach Angaben des Statistischen Bundesamtes*

- Mit dem Alter **verringern sich tendenziell** u. a.:
  - die **geistige Wendigkeit** und Umstellungsfähigkeit, die **Wahrnehmungsgeschwindigkeit** sowie die Geschwindigkeit in der Informationsverarbeitung und damit das Reaktionsvermögen, besonders bei komplexer Aufgabenstellung
  - die Abstraktionsfähigkeit, das Kurzzeitgedächtnis, die Lernfähigkeit, die Muskelkraft
  - die Widerstandsfähigkeit gegenüber hoher psychischer und physischer Dauerbelastung, gegenüber wechselnden Belastungen und negativen Umwelteinflüssen
  - die Leistungsfähigkeit der Sinnesorgane, wie Sehvermögen, Gehör und Tastsinn.
- **Mit dem Alter wachsen** in der Regel u. a.:
  - **die Arbeits- und Berufserfahrung, die Urteilsfähigkeit, das Auffassungsvermögen**
  - **die Selbstständigkeit** und Fähigkeit zu dispositivem Denken
  - die Fähigkeit, mit Menschen umzugehen und mit Menschen zusammenzuarbeiten (**Sozialkompetenz**)
  - **die Gesprächsfähigkeit,** die Treffsicherheit bei Zuordnungs- und Konstruktionsaufgaben

- die Geübtheit in geistigen und körperlichen Fähigkeiten
- **Verantwortungsbewusstsein und Zuverlässigkeit**
- Ausgeglichenheit und Kontinuität
- **menschliche Reife** und positive Einstellung zur Arbeit
- **das Streben nach Sicherheit.**

04. Wie lässt sich die Integration behinderter Menschen fördern?

Dem Vorgesetzten werden folgende **Empfehlungen** zur Integration behinderter Menschen gegeben:

- Die Beschäftigung behinderter Menschen kann im Einzelfall nicht nur Probleme der Anpassung bereiten, sondern birgt auch unternehmerische Potenziale: Behinderte Menschen sind bei geeigneter Einarbeitung hoch motiviert und „betriebstreu“. Sie sind bei entsprechender Arbeitsplatzgestaltung zu hohen Leistungen fähig.
- Die Anpassung von Arbeitsplätzen, die Qualifizierung behinderter Menschen, die finanzielle Förderung der Eingliederung, die gesellschaftlich meist negative Bewertung von Behinderungen – all dies sind Herausforderungen, für die dem Vorgesetzten i. d. R. die Erfahrung fehlt. Er sollte hier **professionelle Hilfe in Anspruch nehmen** und dabei soziale wie betriebswirtschaftliche Notwendigkeiten gleichermaßen einfordern: Arbeitsagentur, Integrationsamt, Krankenkasse, Berufsgenossenschaft, Rentenversicherung.

  Mittlerweile etablieren sich in Deutschland sog. **Integrationsfachdienste**; sie arbeiten z. B. mit Instrumenten wie **Job Carving** und **Job Stripping**. Dahinter verbirgt sich die Vervollständigung von Arbeitsplätzen bzw. das Herauslösen von Teilaufgaben – ausgerichtet an der Leistungsmöglichkeit des behinderten Menschen.
- Bei der Zusammenarbeit mit behinderten Menschen sollte der Vorgesetzte darauf achten, dass Spott oder unangemessenes Mitleid fehl am Platz sind. **Behinderte Menschen wollen weitgehend wie „normale Mitarbeiter“ behandelt und in ihrer Leistungsfähigkeit anerkannt werden.**

05. Wie lässt sich die Integration von Mitarbeitern mit Migrationshintergrund fördern?

Arbeitnehmer mit Migrationshintergrund erwirtschaften in der BRD mehr als 10 % des Bruttoinlandsproduktes.

Konsequenzen für die Führungspraxis:

- Die **sprachliche Barriere** ist oft ein Hindernis. **Empfehlung:** betriebsinterne Sprachkurse, Förderung der Privatinitiative zum Erlernen der deutschen Sprache, Nutzen der vielfältigen Förderungsangebote der Bundesagentur für Arbeit u. Ä.
- **Dolmetscher** im Betrieb und die **Übersetzung** wichtiger betriebstechnischer Informationen sowie der Unfallverhütungsvorschriften sollten selbstverständlich sein.

- Eine fremdsprachige Rubrik in der Werkszeitung könnte zur wirksamen Integration ein Übriges tun.
- Veränderte Essgewohnheiten aufgrund der Kultur oder des Glaubens können Schwierigkeiten bereiten; Empfehlung: Verständnis, Rücksicht, ggf. spezielles Angebot in der Kantine.
- Sich mit der Kultur von Mitarbeitern mit Migrationshintergrund vertraut machen und dies auch in der Arbeitsgruppe vermitteln; diesen Mitarbeitern betriebliche und gesetzliche Regelungen erläutern und Einsicht in die Einhaltung der Bestimmungen vermitteln.
- Gleichbehandlung aller Mitarbeiter, auch der Mitarbeiter mit Migrationshintergrund.

5.1.4 Zielorientiertes Führen

01. Was heißt „Mitarbeiter führen"?

Begriff	Führen heißt, das Verhalten der Mitarbeiter zielorientiert beeinflussen, sodass die betrieblichen Ziele erreicht werden – unter Beachtung der Ziele der Mitarbeiter.
Ziele der Führungsarbeit	a) Betrieblicher Aspekt (**Zielerfolg**) ► Leistung zu erzeugen, ► Leistung zu erhalten und ► Leistung zu steigern. b) Mitarbeiteraspekt (**Individualerfolg**) ► Erwartungen und Wünsche der Mitarbeiter zu berücksichtigen in Abhängigkeit von den betrieblichen Möglichkeiten und ► Mitarbeiter zu motivieren.

02. Welche Grundsätze sind bei zielorientierter Führung zu beachten?

1. Die Leistung der Mitarbeiter muss sich stets **zielorientiert** entfalten, d. h. Führung hat die Aufgabe, alle Kräfte des Unternehmens zu bündeln und auf den Markt zu konzentrieren (Führung → Ziele → zielorientierte Aufgabenerfüllung → Leistung → Wertschöpfung → Zielerreichung).
2. Die Ziele des Unternehmens werden aus der **Wechselwirkung von Unternehmen und Markt/Kunde** gewonnen. Sie werden „heruntergebrochen" in Zwischen- und Unterziele für nachgelagerte Führungsebenen (z. B. Gruppe/Abteilung).
3. Führung bildet dabei die Funktion der **Klammer, der Koordination und der Orientierung**.
4. Führung muss dabei den „Spagat" zwischen der Beachtung ökonomischer und sozialer Ziele herbeiführen:

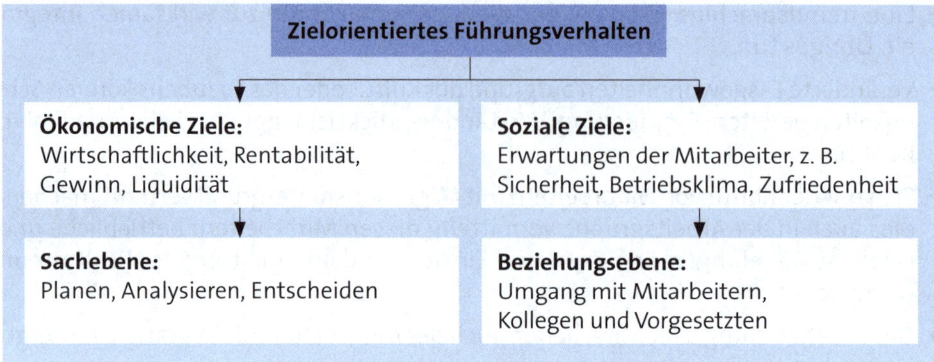

5. Zielorientierte Führung schafft durch **geeignete Maßnahmen/Instrumente** die Voraussetzungen für Leistung: Fähigkeit, Bereitschaft, Möglichkeit.
6. Zielorientierte Führung orientiert sich am **Management-Regelkreis**:

Ziele setzen → Planen → Organisieren → Durchführen → Kontrollieren

7. Ziele müssen **messbar** sein, d. h. sie müssen eine Festlegung enthalten in den Punkten:

Zielelement	Beispiel
► **Inhalt**	„die Anzahl der Schichtmitarbeiter verringern“
► **Ausmaß**	„um sechs Personen“
► **Zeit**	„bis zum Ende dieses Quartals“

8. Die Ziele sollten Merkmale enthalten, die sich an der SMART-Regel orientieren:

S = Ziele **s**pezifisch und eindeutig darlegen

M = Ziele **m**essbar gestalten

A = Ziele sollten für die Mitarbeiter **a**ttraktiv sein

R = Ziele sollten **r**ealistisch sein

T = Ziel sollte **t**erminiert sein

03. Besteht zwischen dem praktizierten Führungsstil und dem Führungserfolg ein kausaler Zusammenhang?

Die Diskussion der Führungsstillehre in der Literatur mündet im Kern auf drei Verhaltensmodelle (vgl. ausführlich → A 4.):

1-dimensionaler Führungsstil	Zur Erklärung wird eine Dimension herangezogen, der Grad der Mitarbeiterbeteiligung; im Ergebnis führt dies zu dem Kontinuum der Führung (nach *Tannenbaum*): **Autoritär ⟷ Kooperativ**
2-dimensionaler Führungsstil	Zur Erklärung werden zwei Dimensionen herangezogen: (Mitarbeiter-)Menschorientierung + Sachorientierung; **Grid-Modell** nach *Blake/Mouton*
3-dimensionaler Führungsstil	Zur Erklärung werden drei Dimensionen herangezogen: Mensch + Sache + Situation; im Ergebnis führt dies zum **situativen Führungsstil** (vgl. auch: 3D-Theorie der Führung nach *Reddin*).

Jeder Ansatz in der Führungsstillehre versucht zu erklären, unter welchen Bedingungen Führung erfolgreich ist. Obwohl jede dieser Theorien nützliche Empfehlungen enthält, gibt es keinen eindeutigen Kausalzusammenhang zwischen dem praktizierten Führungsstil und der sich daraus ergebenden Führungsleistung (Führungserfolg).

Erfolgreiche Führung wird heute als das Zusammenwirken mehrerer Faktoren betrachtet, die insgesamt ein „Spannungsfeld der Führung" ergeben. Man bezeichnet diesen Ansatz als „situatives Führen". Danach lautet die Empfehlung:

Es ist Aufgabe der Führungskraft,

1. die jeweils spezifische Führungssituation zu erfassen (**Situationsgespür:** Führungskultur, Zeitaspekte, Besonderheit der Aufgabe usw.),
2. die Ziele des Handelns zu fixieren und den Mitarbeitern transparent zu machen (**zielorientierte Führung**),
3. die Wahl und Ausgestaltung der Führungsmittel auf die jeweiligen Persönlichkeiten der Mitarbeiter/der Gruppe abzustellen (Stilflexibilität in Bezug auf Erfahrung, Persönlichkeit, Motivstruktur der Mitarbeiter) und dabei
4. die Vorzüge und Stärken seiner eigenen Persönlichkeit (Entschlusskraft, Sensibilität, Systematik o. Ä.) einzubringen.

Beispiel

Führungsstil (verkürztes Beispiel)
Ein autoritärer Führungsstil ist grundsätzlich weder positiv noch negativ – entgegen mancher Meinungen in der Praxis sowie in der Literatur. Es kommt im Wesentlichen auf die Situation, den Mitarbeiter und den Vorgesetzten an: Bei einem Eilauftrag eines Kunden und wenig erfahrenen Mitarbeiter kann und muss der Vorgesetzte autoritär füh-

ren, d. h. er muss alle wesentlichen Abläufe zur Durchführung detailliert vorgeben (er entscheidet selbst, autoritär). Hier bleibt kein Raum für Kooperation (Beteiligung der Mitarbeiter an der Entscheidung). Die teilweise im Sprachgebrauch vorherrschende Negativbesetzung des Begriffs „autoritär" ist daher unangebracht.

MERKE

„Die eigentliche und einzige Aufgabe eines Managers besteht darin, effektiv zu sein. Die Effektivität muss daher am Ertrag (output) und nicht am Einsatz (input) gemessen werden, an dem, was ein Manager erreicht und nicht an dem, was er tut." (*Reddin*)

04. Welche Führungsmethoden und welche Führungsmittel stehen dem Vorgesetzten zur Verfügung, um auf das Verhalten der Mitarbeiter zielgerichtet Einfluss nehmen zu können?

1. **Führungsmethoden** (auch: Führungsprinzipien, Führungsstilmittel)
   Der Vorgesetzte kann – im Rahmen seiner Möglichkeiten und „passend" zu seinem Persönlichkeitsprofil – den eigenen Führungsstil variieren, indem er die jeweils spezifische Führungssituation angemessen erfasst und dabei Persönlichkeit, Reifegrad und Erfahrung des Mitarbeiters angemessen berücksichtigt (Flexibilität des Führungsstils; vgl. Frage 03.).

   Beispiel

   Herr N. ist seit kurzem Leiter der Versandabteilung und Packerei. Gefertigt werden Euro-Paletten und Paletten für den Eigenbedarf. Die Mitarbeiter sind überwiegend ungelernt; die Fluktuation liegt über dem Durchschnitt. Der Vorgänger von Herrn N. war – laut Aussage der Mitarbeiter – ein recht grobschlächtiger Chef, der keinen Widerspruch duldete. Herr N. merkt bald, dass sein „mehr kooperativer Führungsstil" von den Mitarbeiter kaum verstanden wird und sie seine Verhaltensmuster als Schwäche auslegen.

2. **Führungsmittel (auch: Führungsinstrumente)** sind Mittel und Verfahren, die zur Gestaltung des Führungsprozesses bewusst und zielgerichtet eingesetzt werden können. Dem Vorgesetzten stehen zur Verfügung:

   Arbeitsrechtliche Führungsmittel:
   Insbesondere aus dem Arbeitsvertrag ergeben sich für den Mitarbeiter u. a. Pflichten (Leistungspflicht, Gehorsamspflicht, Pflicht zur Vertraulichkeit, Schweigepflicht usw.). Aufseiten des Vorgesetzten stehen dem u. a. gegenüber:

- das Weisungsrecht
- das Recht zur Anordnung
- das Recht zum Festlegen von Richtlinien (z. B. im Bereich des Unfallschutzes).

Der Vorgesetzte kann diese arbeitsrechtlichen Führungsmittel gezielt zur Gestaltung des Führungsprozesses einsetzen (Anweisungen treffen, sich auf Richtlinien berufen, ermahnen, abmahnen usw.). Er kann sich dabei auf die unterschiedlichen, bekannten Rechtsquellen des Arbeitsrechts berufen.

Anreizmittel, z. B.:

- monetäre Anreize (Zulagen, leistungsorientierte Entlohnung)
- Statusanreize (Ernennung zum Vorarbeiter, zum leitenden Angestellten)
- Entwicklungsanreize (Aufzeigen von Entwicklungschancen).

Kommunikationsmittel, z. B.:

- informieren
- mit dem/n Mitarbeiter/n reden
- präsentieren.

05. Welche Maßnahmen sind geeignet, um eigene Führungsdefizite zu erkennen und zu verringern?

Bei der Verbesserung und dem Training des eigenen Führungsverhaltens geht es nicht darum, die eigene Persönlichkeit „zu verbiegen", sondern um die Beantwortung der Fragen:

- Welche **Chancen** bietet die eigene Persönlichkeit?

  Welche Verhaltensmuster sind positiv und müssen daher stabilisiert werden?
- Welche **Risiken** sind mit der eigenen Persönlichkeit verbunden?

  Welche Verhaltensweisen wirken sich im Führungsprozess negativ aus?

Die Antworten darauf können gewonnen werden durch

- **Fremdbeobachtung** (Fremdanalyse),

  z. B. Feedback von Vorgesetzten, Kollegen, Mitarbeitern, Mentoren, Trainern
- **Eigenbeobachtung** (Eigenanalyse),

  z. B. Reflexion über Erfolg oder Misserfolg in der Bewältigung bestimmter Führungsaufgaben, durch Selbstaufschreibung geeigneter Beobachtungen.

Führungskräfte sollten also

- den eigenen Führungsstil erkennen,
- sich bewusst machen, an welchen Prinzipien und Normen sie sich in ihrem Führungsverhalten orientieren,
- reflektieren, welche positiven und negativen Wirkungen ihr Führungsstil entfaltet und
- bereit sein, den eigenen Führungsstil kritisch aus der Sicht **„Eigenbild"** und **„Fremdbild"** zu betrachten sowie Stärken herauszubilden und Risiken zu mildern.
- Resultate schlechter Führung, z. B.:
  - hohe Fluktuation
  - hohe Fehlzeiten
  - schlechtes Betriebsklima
  - viele Konflikte (Mobbing)
  - wenig Kommunikation
  - wenig Kooperation
  - geringe Kreativität.
- Wünsche/Erwartungen der Mitarbeiter, z. B.:
  - Respekt
  - Wertschätzung
  - Geradlinigkeit und Zuverlässigkeit des Vorgesetzten
  - Interesse am Mitarbeiter als Mensch
  - freundlicher Umgangston
  - Zeit und Unterstützung bei Problemen.

5.1.5 Grundsätze der Zusammenarbeit

01. Welches Sozialverhalten der Mitarbeiter/Gruppenmitglieder ist für eine effiziente Zusammenarbeit erforderlich (Grundsätze/Regeln der Zusammenarbeit)?

Vorab zur Klarstellung:

- **Effektiv** heißt, die richtigen Dinge tun! (Hebelwirkung)
- **Effizient** heißt, die Dinge richtig tun! (Qualität)

Die Mitarbeiter in einem Unternehmen sind nicht grundsätzlich „aus dem Stand heraus“ effizient in ihrer Zusammenarbeit. **Teamarbeit entwickelt sich nicht von allein, sondern muss gefördert und erarbeitet werden.** Neben den notwendigen **Rahmenbedingungen** (Ziel, Aufgabe, Kompetenz, Arbeitsbedingungen) müssen die Mitarbeiter **Verhaltensweisen** beherrschen/erlernen und Grundsätze beachten, um zu einer echten Teamarbeit zu gelangen:

Jeder Mitarbeiter

1. muss nach dem **Grundsatz** handeln:
   „Nicht jeder für sich allein, sondern alle gemeinsam und gleichberechtigt!“
2. muss die **Ausgewogenheit/Balance** zwischen den Zielen der Arbeitsgruppe, der Einzelperson, der Gesamtgruppe und denen des Unternehmens anstreben!

   Beispiel

   Die Einzelperson darf in ihrer Persönlichkeit und ihren Bedürfnissen nicht in der Gruppe „untergehen“. Störungen in der Gruppenarbeit, die ein Einzelner empfindet, müssen respektiert und geklärt werden.

3. respektiert das andere Gruppenmitglied im Sinne von *„Ich bin o. k., du bist o. k.!“*
4. erarbeitet mit den anderen schrittweise **Regeln** der Zusammenarbeit und der Kommunikation, die eingehalten werden, solange sie gelten.

   Beispiel

   - Vereinbarte Termine und Zusagen werden eingehalten!
   - Jeder hat das Recht, auszureden!
   - Jede Meinung ist gleichberechtigt!
   - Kritik wird konstruktiv und in der Ich-Form vorgebracht!

5. verfügt über die Bereitschaft sowie erlernt die Fähigkeit, notwendige **Veränderungen mitzutragen.**

02. Welche Verhaltensregeln im Betrieb sind zu beachten?

Eine geordnete Zusammenarbeit von Menschen im Betrieb ist nur möglich, wenn Regeln der Zusammenarbeit **existieren und** den Mitarbeitern **bekannt sind**. Der Vorgesetzte muss auf die Einhaltung dieser Bestimmungen einwirken. Je größer ein Unternehmen ist, desto höher ist die Notwendigkeit, Fragen der Ordnung und des Verhaltens im Betrieb zu regeln.

In vielen Betrieben sind folgende Sachverhalte geregelt:

- Vereinbarungen über die Arbeitszeit (z. B. Flexibilisierungsmodelle)
- Regelung von Überstunden
- Vorschriften über **S**icherheit, **O**rdnung und **S**auberkeit am Arbeitsplatz (z. B. durch zusätzliche Schilder „S-O-S")
- Umgang mit Werkzeugen
- Maßnahmen zum Unfallschutz
- Unterschriftsregelungen
- Grundsätze der Führung und Zusammenarbeit
- Arbeitsordnungen (früher: Betriebsordnung) sind Betriebsvereinbarungen, die Regelungen des Arbeitsschutzes, der Berufsgenossenschaften usw. enthalten. Bei Verstößen kann gegenüber dem Mitarbeiter ein Bußgeld verhängt werden.

03. Welche Prinzipien sollten bei der Umsetzung von Verhaltensregelungen im Betrieb eingehalten werden?

1. Konsequente Handhabung und Umsetzung!
   (sonst wird die Ausnahme zur Regel)
2. Gleiches Recht und gleiche Pflichten für alle!
3. Appell und Einsicht sind wirksamer als Drohungen!
4. Anwendung einheitlicher Maßstäbe!
5. Nicht Unmögliches verlangen!

5.2 Mitarbeitergespräche

5.2.1 Grundlagen der Gesprächsführung

01. Welche generelle Zielsetzung haben Mitarbeitergespräche?

Im betrieblichen Alltag gibt es verschiedene Gesprächsanlässe: Beratung, Beurteilung, Kritik, Anerkennung, Konflikt, Zielvereinbarung usw. **Jedes dieser Gespräche hat eine spezifische Zielsetzung,** die in » 5.2.2 behandelt wird.

Unabhängig davon wird generell der **Erfolg von Gesprächen und Besprechungen an drei Bewertungskriterien** gemessen:

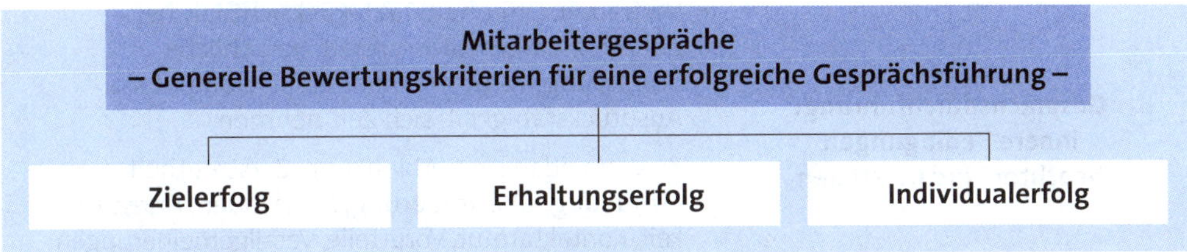

1. Der **Zielerfolg** ist dann realisiert, wenn das Thema inhaltlich angemessen bearbeitet wurde; dabei ist das Prinzip der Wirtschaftlichkeit zu beachten: Der Zeit- und Kostenaufwand hat in einem vertretbaren Verhältnis zur Bedeutung des Problems zu stehen.
2. Mit dem **Erhaltungserfolg** ist gemeint, dass eine Besprechung die Zusammenarbeit zwischen dem Mitarbeiter und dem Vorgesetzen (Einzelgespräch) bzw. zwischen den Gruppenmitgliedern verbessert und stabilisiert. Bei Gruppenbesprechungen soll das Wir-Gefühl gestärkt werden und das Bewusstsein, dass Besprechungen im Team bei bestimmten Themen bessere Ergebnisse erbringen als in Einzelarbeit.
3. Der **Individualerfolg** setzt voraus, dass jedes Gruppenmitglied als Einzelperson respektiert wird und seine (berechtigten) persönlichen Bedürfnisse erfüllt worden sind: Fragen des einzelnen Mitarbeiters werden beantwortet, Bedenken werden berücksichtigt, auf spezielle Arbeitssituationen wird eingegangen u. Ä.

Grundsätzlich **gehört das Gespräch** mit dem einzelnen Mitarbeiter oder der Gruppe **zu den zentralen Führungsinstrumenten.** Mitarbeiter führen heißt, ihr Verhalten gezielt (und berechtigt) zu beeinflussen und dies bedeutet, „mit ihnen verbal oder nonverbal zu kommunizieren".

MERKE

Der sprachlose Vorgesetzte führt nicht!

02. Welche Vorbereitungen und Rahmenbedingungen sind für erfolgreiche Mitarbeitergespräche zu treffen bzw. zu beachten?

Obwohl jedes Gespräch je nach Anlass Besonderheiten aufweist, gibt es doch allgemein gültige **Regeln**, **die der Vorgesetzte bei jedem Gespräch einhalten sollte:**

Vorbereitung, Rahmenbedingungen schaffen	► Ziel festlegen, Fakten sammeln, Notizen anfertigen ► geeigneten Gesprächsort und -termin wählen, Gesprächsdauer planen
↓	
Gesprächsdurchführung: innere Bedingungen beachten und herstellen	► Vertrauen, Offenheit, Takt, Rücksichtnahme, Zuhören, Aufgeschlossenheit, persönliche Verfassung, Vorurteilsfreiheit, Fachkompetenz, Ausdrucksfähigkeit, sich Zeit nehmen ► Zu vermeiden sind: Ablenkung, Zerstreutheit, Ermüdung, Überforderung, Misstrauen, Ängstlichkeit, Kontaktarmut, Vorurteile, Verallgemeinerungen im Sinne von „immer, stets, niemals" usw.
↓	
Phasen der Gesprächsführung beachten und einhalten	

03. Welche Empfehlung lässt sich für den Ablauf von Mitarbeitergesprächen geben?

Eine allgemein gültige Regel gibt es nicht, da jedes Gespräch je nach Anlass spezifische Besonderheiten aufweist.

Trotzdem lässt sich als „grobe Orientierung" folgende, allgemeine **Gesprächsgliederung** empfehlen:

Allgemeine Gliederung für Mitarbeitergespräche	
1.	**Analyse** des Sachverhalts/des Problems
2.	**Zielsetzung** des Gesprächs
3.	**Diskussion** alternativer Lösungsansätze unter Beteiligung der Betroffenen
4.	Gemeinsame Entscheidung für einen **Lösungsansatz**
5.	Formulierung von **Maßnahmen**; **Kontrakte** für die Zukunft
6.	**Feedback** über den Gesprächsverlauf
7.	**Vereinbarung** über das weitere Vorgehen

04. Welches Frageverhalten des Vorgesetzten (des Senders) ist zu empfehlen?

Bei jedem Gespräch sollte die **Fragetechnik** gezielt eingesetzt werden:

- *„Wer fragt, der führt!"*
- *„Fragen statt behaupten!"*
- *„Fragen stellen und den anderen selbst darauf kommen lassen!"*

Mithilfe richtiger (vorbereiteter) Fragestellungen führt der Moderator/der Vorgesetzte die Gruppe zum Ziel (Arbeitsergebnis). Er kann mithilfe der Fragetechnik den Prozess steuern, unterstützend eingreifen und schwierige Situationen meistern. Der Moderator/der Vorgesetzte muss die Fragetechnik beherrschen.

Grundsätzlich können folgende **Fragetechniken** zum Einsatz kommen (ausgewählte Beispiele):

Fragetechniken	Beispiele
Offene Fragen	W-Fragen: Wer, was, wie, welche, wozu usw.; man nennt sie auch „öffnende Fragen": Die Teilnehmer „öffnen sich" und liefern ihre Erfahrung.
Geschlossene Fragen	Die Antwort lautet „ja" oder „nein". Geschlossene Fragen dienen der Abgrenzung und Entscheidungsfindung. „Wollen wir so vorgehen?"
Alternativfragen	werden eingesetzt, wenn eine Entscheidung zwischen Wahlmöglichkeiten erforderlich ist.
Rhetorische Fragen	sind keine echten Fragen, da (eigentlich) keine wörtliche Antwort erwartet wird; in der Moderation eher selten.
Suggestivfragen	geben dem Zuhörer die Antwort vor. „Sie müssen mir doch zustimmen, dass ..." ; in der Moderation eher selten.
Gegenfragen	Eine Frage wird mit einer Frage beantwortet. Hat in der Moderation dann ihren Sinn, wenn unterschiedliche Standpunkte verdeutlich werden sollen; sonst ungeeignet.
Höflichkeitsfragen	Fragen, die indirekt mit einer „Entschuldigung" verbunden sind: *„Darf ich Sie kurz stören?"* (obwohl keine Störung zulässig ist)
Informationsfragen	Direkte Frage nach einer Auskunft: *„Stellt Ihr Unternehmen dieses Produkt her?"*
Wiederholende Fragen	im Sinne einer Wiederholung der Argumente des Gesprächspartners zeigen die Technik des „aktiven Zuhörens" und können z. B. lauten: ► *„Sie meinen also, dass ..."* ► *„Sie haben also die Erfahrung gemacht, dass ..."* ► *„Sie sind also der Überzeugung, dass ..."* ► *„Habe ich Sie richtig verstanden, wenn ..."*

Fragetechniken	Beispiele
Mit richtungsweisenden Fragen	werden im Gespräch Akzente gesetzt und der Gesprächsverlauf gesteuert, z. B.: ► *„Sie sagten, Ihnen gefällt besonders ...“* ► *„Dann stimmen Sie also zu, dass ...“* ► *„Was würden Sie sagen, wenn ...“*
Beim aktiven Zuhören	ist es das Ziel, den Mitarbeiter zum Weiterreden zu animieren. Dies kann geschehen durch Reaktionen wie *„hm, hm, hm“*, durch Bestätigen bzw. durch Wiederholen seiner letzten Aussage. **Beispiel:** Mitarbeiter: *„Sie haben eben von leistungsgerechter Bezahlung gesprochen. Nun, so großartig ist das ja bei uns auch nicht.“* Vorgesetzter: *„Sie meinen, die Bezahlung ist in unserem Unternehmen nicht leistungsgerecht?“* Mitarbeiter: *„Genau das! Wenn ich mir anschaue, wie mein Kollege in der Sparte X, der genau den gleichen Job macht wie ich, bezahlt wird, dann kann ich das nur als ungerecht empfinden.“*

5.2.2 Anerkennung

01. Was ist Anerkennung und welche Bedeutung hat sie als Führungsmittel?

Anerkennung ist die **Bestätigung positiver (erwünschter) Verhaltensweisen**. Da tendenziell jeder Mensch nach Anerkennung durch seine Mitmenschen strebt, verschafft die Anerkennung dem Mitarbeiter ein Erfolgsgefühl und bewirkt eine Stabilisierung positiver Verhaltensmuster. Wichtig ist: Anerkennung und Kritik sollten sich die Waage halten.

Befragungen in Betrieben „Was dem Arbeitnehmer wichtig ist?“, führen fast alle zu dem selben Ergebnis: Neben der Sicherheit des Arbeitsplatzes, der Freude an der Arbeit und einer kollegialen Zusammenarbeit **rangiert die Anerkennung durch den Vorgesetzten noch vor dem Faktor Lohn:**

Zur Unterscheidung: Feedback als **Anerkennung** oder **Lob**

- **Anerkennung** bezieht sich auf die **Leistung:**

  „Dieses Werkstück ist passgenau angefertigt. Danke!“

- In besonderen Fällen ist **Lob** angebracht. Lob ist die sprachlich stärkere Form und eine Bestätigung der (ganzen) **Person:**

  „Sie sind ein sehr guter Fachmann!“

MERKE

Mehrmaliger Erfolg führt zur Stabilisierung des Verhaltens.

Mehrmaliger Misserfolg führt zu einer Änderung des Verhaltens.

- **Falsch ist** (die Haltung):
  - *„Wenn ich nicht meckere, ist das Anerkennung genug."*
  - *„Gute Leistungen sind selbstverständlich, schließlich werden die Mitarbeiter dafür bezahlt."*
- **Richtig ist:**
  - Anerkennung und Erfolgserlebnisse sind die wichtigsten Motivationsfaktoren.
  - Wer keine Anerkennung zeigt, der führt schlecht.

02. Welche Phasen des Anerkennungsgesprächs sind zu beachten?

In vielen Fällen der Praxis erfolgt die Anerkennung durch nonverbale oder kurze verbale Hinweise (vgl. oben). Außerdem ist die Anerkennung meist kein Gespräch, sondern überwiegend eine Einwegkommunikation. Der Vorgesetzte erkennt die positive Leistung an, der Mitarbeiter hört zu.

Trotzdem lässt sich für das richtige **Verhaltensmuster des Vorgesetzten bei der „1-Minuten-Anerkennung"** eine Empfehlung geben:

1. Kommen Sie **sofort** und **ohne Umwege** zum Thema!

   „Guten Tag, Herr Merger, ich sehe, dass Sie die Vorrichtung schon fast fertig haben."

2. Sagen Sie **konkret**, was der Mitarbeiter gut gemacht hat! Gehen Sie ins **Detail.**

3. **Zeigen** Sie dem Mitarbeiter, dass Sie sich über seine Leistung **freuen** – angemessen, ohne Übertreibung!

   „Ich freue mich, dass Sie das trotz Termindruck noch erledigen konnten und (der Vorgesetzte betrachtet die Vorrichtungskonstruktion) Sie haben ja sogar an die Neujustierung gedacht."

4. **Vermitteln** Sie dem anderen das **Gefühl**: „Weiter so!"

   „Prima, dann kommen wir ja mit dem Projekt voran."

5. Geben Sie dem Mitarbeiter die Hand oder **tun Sie etwas** Ähnliches!

   Er soll wissen, dass Sie an seiner Leistung interessiert sind und ihn unterstützen.

   „Also – vielen Dank (Vorgesetzter berührt mit seiner Hand leicht die Schulter des Mitarbeiters und geht)."

5.2.3 Kritikgespräch

01. Welches Ziel verfolgt das Kritikgespräch?

Hauptziel des Kritikgesprächs ist die Überwindung des fehlerhaften Verhaltens eines Mitarbeiters in der Zukunft. Es gilt, sich nicht in der Vergangenheit aufzuhalten, sondern positiv nach vorne zu schauen. Um dieses Hauptziel zu erreichen, werden zunächst die folgenden zwei **Unterziele** verfolgt:

1. **Die Ursachen** des fehlerhaften Verhaltens werden im gemeinsamen 4-Augen-Gespräch sachlich erforscht. Dabei ist mit emotionalen Reaktionen auf beiden Seiten zu rechnen. Der Mitarbeiter wird die Kritik nur dann akzeptieren, wenn seine Gefühle vom Vorgesetzten ausreichend berücksichtigt werden und das Gespräch in einem allgemein ruhigen Rahmen verläuft.

2. **Bewusstwerden und Einsicht** in das fehlerhafte Verhalten durch den Mitarbeiter zu erreichen, ist das nächste Unterziel. Eine besonders schwierige Führungsaufgabe im Kritikgespräch ist es, die Affekte zu bewältigen und Einsicht in die notwendige Verhaltensänderung zu erzielen.

02. Welche Grundsätze müssen bei der Kritik eingehalten werden?

1. **Der Maßstab** für das kritisierte Verhalten **muss o. k. sein**, d. h.
   - Er muss **existieren:**
     z. B.: Gleitzeitregelung aufgrund einer Betriebsvereinbarung.
   - Er muss **bekannt** sein:
     z. B.: Dem Mitarbeiter wurde die Gleitzeitregelung ausgehändigt.
   - Er muss **akzeptiert** sein:
     z. B.: Der Mitarbeiter erkennt die Notwendigkeit dieser Regelungen.
   - Die **Abweichung** ist eindeutig:
     z. B.: Der Mitarbeiter verstößt nachweisbar gegen die Gleitzeitregelung (Zeugen, Zeiterfassungsgerät).
2. Kritik muss **mit Augenmaß** erfolgen (sachlich, angemessen, konstruktiv, zukunftsorientiert). **Kritikgespräche sind Fördergespräche.**
3. Das Kritikgespräch muss vorbereitet und strukturiert geführt werden.
4. Nicht belehren, sondern **Einsicht erzeugen** (fragen statt behaupten!).
5. Kritik
   - an der Sache und nicht an der Person
   - sprachlich einwandfrei (keine Beschimpfung)
   - nicht vor anderen

- nicht über Dritte
- nicht bei Abwesenheit des Kritisierten
- nicht per Telefon.

6. Die Wirkung des negativen Verhaltens aufzeigen.
7. Bei der Sache bleiben, nicht abschweifen! Keine ausufernde Kritik! Keine „Nebenkriegsschauplätze", z. B.: *„... und überhaupt, was ich immer schon mal sagen wollte ..."*.

03. Welche Formen der Kritik sind denkbar?

Empfehlungen:

- Nicht jede unerwünschte Verhaltensweise erfordert eine ausführliche Kritik in Verbindung mit einem Kritikgespräch. Oft wird die **Verhaltenskorrektur mit „einfachen Mitteln"** erreicht:

  „Bitte noch einmal überarbeiten!"; „Am Werkstück X ist die Toleranz zu groß!"; „Beim Kunden ... ist die Reklamation noch nicht bearbeitet. Bitte sofort erledigen!"

- Sprachliche bzw. arbeitsrechtliche **Sonderformen** der Kritik sind: Ermahnung, Abmahnung, Verweis, Betriebsbuße aufgrund einer Arbeitsordnung.

04. Wie sollte das Kritikgespräch geführt werden (Gesprächsphasen)?

1. Phase:
Der Vorgesetzte: → Kontakt/Begrüßung, Sachverhalt
Sachlich-nüchterne, präzise Beschreibung des Gesprächs- und Kritikanlasses durch den Vorgesetzten. Dabei soll er auf eine klare, prägnante und ruhige Sprache achten.

2. Phase:
Der Mitarbeiter: → Seine Sicht der Dinge
Der Mitarbeiter kommt zu Wort. Auch wenn die Sachlage scheinbar klar ist, der Mitarbeiter muss zu Wort kommen. Nur so lassen sich Vorverurteilungen und damit Beziehungsstörungen vermeiden. Diese Phase darf nicht vorschnell zu Ende kommen. Erst wenn die Argumente und Gefühle vom Mitarbeiter bekannt gemacht wurden, ist fortzufahren.

3. Phase:
Vorgesetzter/Mitarbeiter: → Ursachen erforschen
Gemeinsam die Ursachen des Fehlverhaltens feststellen – liegen sie in der Person des Mitarbeiters oder der des Vorgesetzten, oder in der betrieblichen Situation usw.

4. Phase:
Vorgesetzter/Mitarbeiter: → Lösungen/Vereinbarungen für die Zukunft
Wege zur zukünftigen Vermeidung des Fehlverhaltens vereinbaren (schriftlich). Erst jetzt erreicht das Gespräch seine produktive, zukunftsgerichtete Stufe. Auch hier gilt es, die Vorschläge des Mitarbeiters mit einzubeziehen.

5.2.4 Beurteilungsgespräch

01. Welche Zielsetzungen sind mit der Personalbeurteilung verbunden?

- **Aus betrieblicher Sicht** hat die Personalbeurteilung folgende Zielsetzungen:
  - Soll zur **Objektivierung** der Personalarbeit beitragen (klarer Maßstab bei personalrelevanten Entscheidungen wie z. B. Versetzung, Förderung).
  - Soll dazu führen, dass sich die Führungskräfte mit ihrer Führungssituation und mit den **Ergebnissen** ihrer Führungsarbeit auseinander setzen.
  - Soll dazu beitragen, dass **Leistungsdefizite** und Förderungsnotwendigkeiten klarer erkannt werden.
- **Aus der Sicht der Mitarbeiter** hat die Beurteilung folgende Ziele:
  - Kann **Leistungsanreize** und Orientierungsmöglichkeiten schaffen.
  - Der Mitarbeiter erfährt, wie er im Unternehmen „gesehen wird" („Spiegelfunktion"; **Feedback**).
  - Der Mitarbeiter hat ein **Recht** auf die Beurteilung seiner Leistungen (§ 82 Abs. 2 BetrVG).
  - Schutz vor völlig subjektiver Beurteilung.
  - Potenzielle Chancen des Aufstiegs/der **Verbesserung** sind für den Mitarbeiter besser erkennbar.

02. Welche Arten und Anlässe der Personalbeurteilung (Mitarbeiterbeurteilung) lassen sich unterscheiden?

Arten der Personalbeurteilung

Form	Inhalt	Regelmäßigkeit	Kriterien	Merkmalsdifferenzierung	Personalumfang
► freie ► gebundene ► teilweise gebundene	► Potenzialbeurteilung ► Leistungsbeurteilung	► planmäßig ► außerplanmäßig	► quantitative ► qualitative	► summarisch ► analytisch	► Einzelbeurteilung ► Gesamtbeurteilung

Die Unterschiede zwischen freier und gebundener Personalbeurteilung werden nachfolgend dargelegt:

Freie Personalbeurteilung	Gebundene Personalbeurteilung
► kein Standardbeurteilungsbogen ► Beurteiler hat freie Wahl der Beurteilungskriterien ► Beurteilungskriterien können individuell an Aufgaben des Mitarbeiters orientiert werden ► ausgeprägte Subjektivität der Beurteilung ► kaum Vergleich der Beurteilung mit anderen Beurteilungen	► vorgegebener Beurteilungsbogen ► Struktur des Beurteilungsbogens dient zur Orientierung während des Beurteilungsgesprächs ► Beurteilung anhand einer Skala möglich ► Einheitlichkeit und Vergleichbarkeit mit anderen Beurteilungen ► Kriterien bieten jedoch Interpretationsspielräume, da sie häufig allgemein sind ► Entscheidungen anhand der Beurteilung treffen

Als Anlässe der Beurteilung kommen infrage:

- **regelmäßige Leistungsbeurteilungen:**
  - vor Ablauf der Probezeit
  - vor Beginn des Kündigungsschutzes (6-Monats-Frist; § 1 KSchG)
  - im Rahmen der (meist) jährlichen Entgeltüberprüfung
  - in bestimmten Zeitabständen (z. B. alle zwei Jahre – entsprechend dem Zeitraster im Beurteilungssystem).

- **außerplanmäßige Leistungsbeurteilungen,** d. h. im jeweiligen Einzelfall:
  - bei Versetzungen oder Wechsel des Arbeitsplatzes
  - bei Disziplinarmaßnahmen
  - bei Wechsel des Vorgesetzten
  - bei Beförderungen
  - in Verbindung mit Fortbildungsmaßnahmen
  - auf Wunsch des Vorgesetzten oder des Mitarbeiters
  - bei außerplanmäßiger Entgeltanpassung
  - beim Ausscheiden des Mitarbeiters als Grundlage für die Zeugniserteilung.

03. Welche Voraussetzungen muss eine Beurteilung erfüllen?

Beurteilungen müssen

- sich auf **Beobachtungen** stützen,
- sie müssen **beschreibbar, bewertbar** und
- **vergleichbar** sein.

04. Wie müssen die Beobachtungen gestaltet sein?

Die Beobachtungen müssen so erfolgen, dass sie das natürliche Verhalten des Mitarbeiters im Arbeitsprozess erfassen, d. h. die festgestellten Arbeitsergebnisse im Hinblick auf Arbeitstempo, Arbeitsergebnisse, Genauigkeit und Fertigkeiten umfassen und auch das Arbeitsverhalten berücksichtigen.

05. Was bedeutet Bewertbarkeit?

Die Bewertbarkeit beruht auf einem **Maßstab, der eine qualitative und quantitative Abstufung ermöglicht (Skalierung).** Die Beurteilung ist an einem Normalverhalten oder an einer durchschnittlichen Leistung gegenüber bestimmten Anforderungen des Arbeitsplatzes orientiert.

06. Was bedeutet Vergleichbarkeit der Beurteilung?

Die Beurteilungen müssen untereinander vergleichbar sein. Zur Bildung eines gültigen Urteils führt das Vergleichen von Merkmalen untereinander bei einer Person oder ein- und desselben Merkmals bei mehreren Personen.

07. Welche Merkmale (Kriterien) können für eine Beurteilung herangezogen werden?

Im Allgemeinen werden das Arbeitsverhalten, das Denkverhalten und das mitmenschliche Verhalten beurteilt, wobei die zu bewertenden Beurteilungskriterien bei weniger qualifizierten Mitarbeitern mehr nach **Leistungsmerkmalen** und bei höher qualifizierten Mitarbeitern, insbesondere bei solchen mit Vorgesetztenfunktionen, mehr nach **Persönlichkeitsmerkmalen** ausgewählt werden. Im konkreten Fall richten sich die Kriterien nach den **Anforderungen des Arbeitsplatzes** (vgl. Anforderungsarten nach REFA sowie Genfer Schema).

Auf der internationalen Konferenz für Arbeitsbewertung in Genf (1950) wurden zur Arbeitsbewertung nach den Oberbegriffen „Können“ und „Belastung“ folgende Anforderungen festgelegt:[1]

	Können	Belastung
Geistige Anforderungen	x	x
Körperliche Anforderungen	x	x
Verantwortung	-	x
Arbeitsbedingungen	-	x

Das obige „Genfer Schema“ wird den analytischen Arbeitsbewertungsverfahren zugeordnet und stellte die Grundlagen für weitere Verfahren dar. Im Rahmen der Rangreihenverfahren, die ebenso zu den analytischen Arbeitsbewertungsverfahren zählen, entwickelte die REFA Richtbeispiele („Brückenbeispiele“), die nach der Anforderungshöhe (Rangplatz) geordnet sind. Kriterien sind: Arbeitskenntnisse, geistige Belastung, Geschicklichkeit, Muskelbelastung, Verantwortung, Umgebungseinflüsse.[2]

Da die Arbeitswelt im Wandel ist, können die Anforderungen aus den 50er Jahren des letzten Jahrhunderts nicht mehr vollständig maßgeblich sein. Das Entgeltrahmenabkommen (ERA) für die Metall- und Elektroindustrie bildet seit 2003 die Grundlage für die tarifvertraglich festgelegten Anforderungsmerkmale:[3]

- Können (Arbeitskenntnisse, Fachkenntnisse, Berufserfahrung)
- Handlungs- und Entscheidungsspielraum
- Kooperation
- Mitarbeiterführung.

Die Arbeitsbewertung nach ERA basiert auf dem Stufenwertzahlverfahren, das auch ein analytisches Arbeitsbewertungsverfahren darstellt.

1 Quelle: *Schlick/Bruder/Luczak, 2010, S. 641.*

2 Vgl. *Schlick/Bruder/Luczak, 2010, S. 644.*

3 *Schlick/Bruder/Luczak, 2010, S. 644 - 645.*

Beurteilungsmerkmale – Beispiele	
Arbeitsverhalten	Arbeitsmenge, -qualität, -geschwindigkeit, vorhandenes Fachwissen, Engagement, Einsatzbereitschaft, Belastbarkeit, Kreativität
Zusammenarbeit	Verhalten gegenüber Kollegen und Kunden (Kontakt, Freundlichkeit, Bereitschaft zur Integration in die Gruppe)
Führungsverhalten	Fähigkeit zur Planung und Analyse, Entscheidungs- und Durchsetzungsfähigkeit, Kontrolle, Motivation (Eigenmotivation/Antrieb und Motivation der Mitarbeiter)
Kognitive Fähigkeiten	Auffassungsgabe, Merkfähigkeit, Konzentration, Logik

08. Welche Beurteilungsmaßstäbe sind geeignet?

Die Ergebnisse der Mitarbeiterbeobachtungen müssen bewertet werden. Dazu benötigt man einen geeigneten Beurteilungsmaßstab. Geeignet sind folgende Verfahren zur Bildung eines Maßstabs:

Beurteilungsmaßstäbe		
1.	**Skalen:**	Skalen sind Reihen, Stufenfolgen.
	Skalenwertbeschreibung	Es werden geeignete Skalenwerte gebildet und jeder Skalenwert wird eindeutig beschrieben: Hervorragend: Die Arbeitsleistung liegt weit über dem Durchschnitt. ... Ungenügend: Die Arbeitsleistung liegt weit unter dem Durchschnitt.
	Ordinalskala	Es werden auf- oder absteigende Zahlenfolgen gebildet. Jeder Skalenwert muss eindeutig beschrieben werden, z. B.: 1–2–3–4–5–6–7 1 = hervorragend 7 = nicht ausreichend
	Grafische Skala	Die möglichen Beurteilungswerte sind beschrieben und werden grafisch abgebildet (Skalenstrahl oder Skalenscheibe).
2.	**Rangfolgeverfahren**	Für jedes Beurteilungsmerkmal (1, 2, 3 ...) werden die Mitarbeiter (A, B, ...) paarweise in eine Rangfolge gebracht, z. B.: Merkmal 1: A = B, B < C

Beurteilungsmaßstäbe		
3.	**Grad der Zielerreichung (MbO)**	Dem Mitarbeiter werden messbare Ziele vorgegeben oder mit ihm vereinbart. **Beispiel:** Umsatzanstieg im kommenden Quartal um 12 %. Die Beurteilung erfolgt am Grad der Zielerreichung, z. B. der Mitarbeiter hat einen Umsatzanstieg von 8 % erreicht (= 67 % Zielerreichung).
4.	**Critical Events**	Anhand der Methode der kritischen Vorfälle erfolgt eine Bewertung (häufig in Verbindung mit anderen Verfahren), z. B.: Positive Vorfälle: Verkaufsabschluss, Neukundengewinnung, Termineinhaltung usw.

09. Welche Phasen sind bei einem Beurteilungsvorgang einzuhalten?

Ein wirksamer Beurteilungsvorgang setzt die Trennung folgender Phasen voraus:

Phasen der Beurteilung		
1.	**Beobachtung**	Gleichmäßige Wahrnehmung der regelmäßigen Arbeitsleistung und des regelmäßigen Arbeitsverhaltens.
2.	**Beschreibung**	Möglichst wertfreie Wiedergabe und Systematisierung der Einzelbeobachtungen im Hinblick auf das vorliegende Beurteilungsschema.
3.	**Bewertung**	Anlegen eines geeigneten Maßstabs an die systematisch beschriebenen Beobachtungen.
4.	**Beurteilungsgespräch**	Zweier-Gespräch zwischen dem Vorgesetzten und dem Mitarbeiter über die durchgeführte Beurteilung.
5.	**Gesprächsauswertung**	Initiierung erforderlicher Maßnahmen/Kontrakte (Verhaltensänderung, Schulung, Aufstieg, Versetzung usw.)

10. Welche Elemente enthält ein strukturiertes Beurteilungssystem?

Jedes Beurteilungssystem/-verfahren enthält **mindestens drei Elemente** – unabhängig davon, in welchem Betrieb oder für welchen Mitarbeiterkreis es eingesetzt wird:

- Merkmale/Merkmalsgruppen
- Gewichtung
- Skalierung/Bewertungsmaßstab.

Strukturierter Beurteilungsbogen – Beispiel						
Merkmale	**Gewichtung**	**Skalierung**				
		entspricht selten den Erwartungen	**entspricht im Allgemeinen den Erwartungen**	**entspricht voll den Erwartungen**	**liegt über den Erwartungen**	**liegt weit über den Erwartungen**
		1	**2**	**3**	**4**	**5**
Arbeitsquantität	0,3					
Arbeitsqualität	0,2					
Fachkenntnisse	0,2					
Arbeitskenntnisse	0,1					
Zusammenarbeit	0,2					
Summe	1,0					

11. Wie ist die Auswertung der Beurteilung durchzuführen?

Die Beurteilung ist mit dem Mitarbeiter zu besprechen (vgl. Frage 12). Das Gespräch wird mit einer **Maßnahmenvereinbarung** abschließen: Verhaltensänderung, Verhaltensstabilisierung, Entwicklungsmaßnahme; Kontrolle der eigenen Zusagen (Vorgesetzter), Kontrolle der Zusagen des Beurteilten.

12. Wie ist ein Beurteilungsgespräch vorzubereiten?

Beurteilungsgespräche müssen, wenn sie erfolgreich verlaufen sollen, **sorgfältig vorbereitet werden.** Dazu empfiehlt sich für den Vorgesetzten, folgende Überlegungen anzustellen bzw. Maßnahmen zu treffen:

- Dem Mitarbeiter rechtzeitig den **Gesprächstermin** mitteilen und ihn bitten, sich ebenfalls vorzubereiten.
- Den **äußeren Rahmen** gewährleisten: Keine Störungen, ausreichend Zeit, keine Hektik, geeignete Räumlichkeit, unter „vier-Augen“ usw.
- **Sammeln und Strukturieren der Informationen:**
  - Wann war die letzte Leistungsbeurteilung?
  - Mit welchem Ergebnis?
  - Was ist seitdem geschehen?
  - Welche positiven Aspekte?

- Welche negativen Aspekte?
- Sind dazu Unterlagen erforderlich?

- **Was ist das Gesprächsziel?**
  - Mit welchen Argumenten?
  - Was wird der Mitarbeiter vorbringen?

13. Wie ist das Beurteilungsgespräch zu führen?

Für ein erfolgreich verlaufendes Beurteilungsgespräch gibt es kein Patentrezept. Trotzdem ist es sinnvoll, dieses Gespräch in Phasen einzuteilen, das heißt, das Gespräch zu strukturieren und dabei eine Reihe von Hinweisen zu beachten, die sich in der Praxis bewährt haben:

1. **Eröffnung:**
   - sich auf den Gesprächspartner einstellen, eine zwanglose Atmosphäre schaffen
   - die Gesprächsbereitschaft des Mitarbeiters gewinnen, evtl. Hemmungen beseitigen
   - ggf. Verständnis für die Beurteilungssituation wecken.
2. Konkrete Erörterung der **positiven Gesichtspunkte**:
   - nicht nach der Reihenfolge der Kriterien im Beurteilungsraster vorgehen
   - ggf. positive Veränderungen gegenüber der letzten Beurteilung hervorheben
   - Bewertungen konkret belegen
   - nur wesentliche Punkte ansprechen
   - den Sachverhalt beurteilen, nicht die Person.
3. Konkrete Erörterung der **negativen Gesichtspunkte:**
   - analog wie Phase 2
   - negative Punkte zukunftsorientiert darstellen (Förderungscharakter).
4. Bewertung der Fakten durch den **Mitarbeiter:**
   - den Mitarbeiter zu Wort kommen lassen
   - interessierter und aufmerksamer Zuhörer sein.
5. Vorgesetzter und Mitarbeiter **diskutieren** alternative Strategien und **Maßnahmen** zur Vermeidung zukünftiger Fehler:
   - Hilfestellung nach dem Prinzip „Hilfe zur Selbsthilfe" („ihn selbst darauf kommen lassen")
   - ggf. konkrete Hinweise geben und Unterstützung zeigen.

6. **Positiver Gesprächsabschluss mit Aktionsplan:**
   - wesentliche Gesichtspunkte zusammenfassen
   - Gemeinsamkeiten und Unterschiede klarstellen
   - ggf. zeigen, dass die Beurteilung überdacht wird
   - gemeinsam festlegen:
     - Was unternimmt der Mitarbeiter?
     - Was unternimmt der Vorgesetzte?

14. Welche Beurteilungsfehler sind in der Praxis anzutreffen?

A. Fehleinschätzungen in der Wahrnehmung	
Halo-Effekt	Es wird von einer Eigenschaft auf andere Merkmale geschlossen, z. B. von „Pünktlichkeit" auf „Genauigkeit in der Arbeitsausführung".
Nikolaus-Effekt	Hier basiert die Beurteilung speziell auf Verhaltensweisen, die erst in jüngster Zeit beobachtbar waren bzw. stattgefunden haben.
Selektions-Effekt	Hier erkennt der Vorgesetzte nur bestimmte Verhaltensweisen, die ihm relevant erscheinen.

B. Fehlerquellen im Maßstab	
Vorurteile	**Beispiel:** Mitarbeiter mit dunkler Hautfarbe sind unzuverlässig.
Primacy-Effekt	Die zuerst erhaltenen Informationen werden in der Beurteilung sehr viel stärker berücksichtigt.
Kleber-Effekt	Mitarbeiter, die über einen längeren Zeitraum nicht befördert wurden, werden unbewusst unterschätzt und entsprechend schlechter beurteilt.
Hierarchie-Effekt	Mitarbeiter einer höheren Hierarchieebene werden besser beurteilt als Mitarbeiter der darunter liegenden Ebenen.
Lorbeer-Effekt	In der Vergangenheit erreichte Leistungen werden unangemessen stark berücksichtigt, obwohl sie in der jüngeren Vergangenheit nicht mehr bestätigt wurden.
Phänomen des ersten Eindrucks	**Beispiel:** Ein Mitarbeiter ist während der Einarbeitung noch unsicher; später beherrscht er sein Arbeitsgebiet. Trotzdem bleibt beim Vorgesetzten der Anfangseindruck maßgeblich für die Beurteilung.
Sympathiefehler	Ein Mitarbeiter wirkt auf den Vorgesetzten sympathisch und wird deshalb (unangemessen) positiv beurteilt.

B. Fehlerquellen im Maßstab	
Tendenz	
► **zur Mitte**	→ Die Beurteilung zeigt nur mittlere Ausprägungen.
► **zur Milde**	→ Der Vorgesetzte hat nicht den Mut, eine unzureichende Arbeitsleistung mit einer negativen Ausprägung zu bewerten.
► **zur Strenge**	→ Der Vorgesetzte beurteilt Mitarbeiter tendenziell mit „schlechteren Ausprägungen" als andere Vorgesetzte.

5.2.5 Rückkehrgespräche

01. Welche Ziele kann ein Rückkehrgespräch haben?

Ziele sind z. B.:

- Verbesserung der Mitarbeiterzufriedenheit
- Erkennen von Problemsituationen in der Abteilung
- Integration der Mitarbeiter nach längerer Abwesenheit
- Förderung des Gesundheitsbewusstseins
- Ausüben der Fürsorgepflicht des Arbeitgebers
- Reduzierung von Fehlzeiten
- Realisierung der Unternehmensziele und Sicherung der Arbeitsplätze.

02. Welche Gründe (positiven Aspekte) können für ein Rückkehrgespräch angegeben werden?

Gründe sind z. B.:

- Informationsgewinnung (Aspekte der Erkrankung)
- Grundlage für strategische Entscheidungen (z. B. Schulung der Führungskräfte)
- zukünftige Vermeidung von Fehlzeiten
- Senkung der Kosten aufgrund von Fehlzeiten.

03. Welche Maßnahmen können zur Senkung der Fehlzeiten führen?

Maßnahmen sind z. B.:

- Schulung der Führungskräfte (Verbesserung des Betriebsklimas)
- Rücknahme der Arbeitsbelastung
- Verbesserung der Teambildung (z. B. Grundsätze der Zusammenarbeit erarbeiten)
- mehr Anerkennung in der Praxis.

5.3 Konfliktmanagement

5.3.1 Konflikte und Ursachen

01. Was sind Konflikte?

Konflikte sind **der Widerstreit gegensätzlicher Auffassungen**, Gefühle oder Normen von Personen oder Personengruppen.

Konflikte gehören zum Alltag eines Betriebes. Sie sind normal, allgegenwärtig, Bestandteil der menschlichen Natur und nicht grundsätzlich negativ.

Die Wirkung von Konflikten kann **destruktiv** oder **konstruktiv** sein.

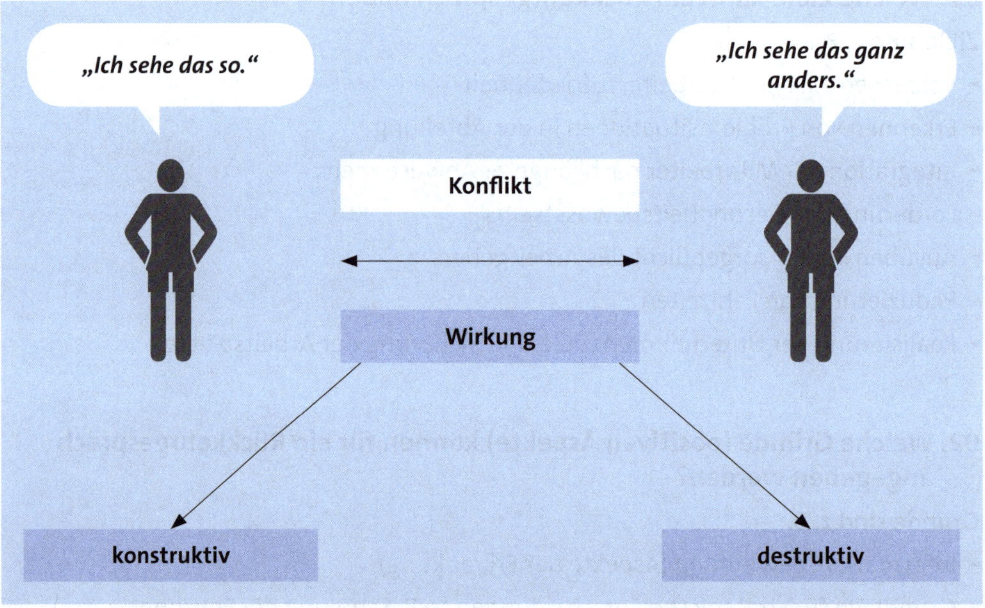

02. Welche Konfliktarten werden unterschieden?

Konfliktarten	
Wahrnehmung, Intensität	► Latente Konflikte sind unterschwellig. ► Offene Konflikte sind für die Beteiligten erkennbar.
Beteiligte	► Intrapersonell: innerhalb einer Person (innere Widersprüche) ► Interpersonell: zwischen zwei Personen ► zwischen einer Person und einer Gruppe ► innerhalb einer Gruppe ► zwischen mehreren Gruppen
Inhalt (Dimension)	► Sachkonflikte: Der Unterschied liegt in der Sache, z. B. unterschiedliche Ansichten darüber, welche Methode der Bearbeitung eines Werkstückes richtig ist. ► Emotionelle Konflikte (Beziehungskonflikte): Es herrschen unterschiedliche Gefühle bei den Beteiligten: Antipathie, Hass, Misstrauen. ► Wertekonflikte: Der Unterschied liegt im Gegensatz von Normen; das Wertesystem der Beteiligten stimmt nicht überein.
	Achtung: Sachkonflikte und emotionelle Konflikte überlagern sich häufig. Konflikte auf der Sachebene sind mitunter nur vorgeschoben; tatsächlich liegt ein Konflikt auf der Beziehungsebene vor. Beziehungskonflikte erschweren die Bearbeitung von Sachkonflikten.

Die Mehrzahl der Konflikte tragen Elemente aller drei Dimensionen (siehe oben) in sich und es bestehen **Wechselwirkungen**.

03. Wie ist der „typische" Ablauf bei Konflikten?

Kein Konflikt gleicht dem anderen. Trotzdem kann man im Allgemeinen sagen, dass folgendes Ablaufschema „typisch" ist:

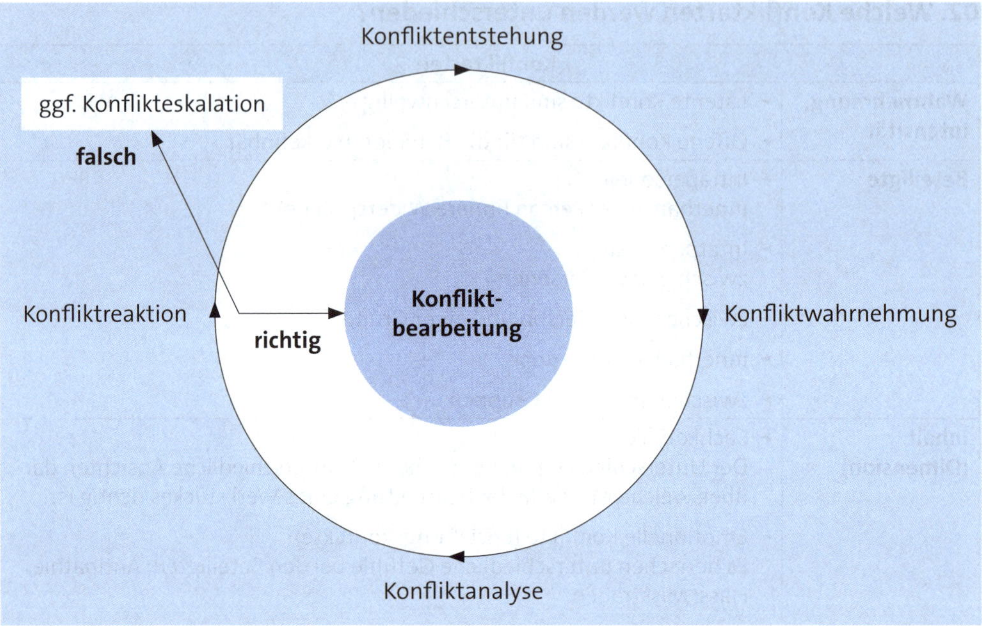

04. Wie lassen sich Konfliktsignale frühzeitig wahrnehmen?

Die Mehrzahl der betrieblichen Konflikte hat eine „Entstehungsgeschichte“. Oft kann man bereits in einem frühen Stadium sogenannte Konfliktsignale wahrnehmen; dies können sein:

- **offene Signale**: mündliche oder schriftliche Beschwerden
- **verdeckte Signale**: Desinteresse, förmliches Verhalten, unnötiges Beharren auf dem eigenen Standpunkt.

Geht der Vorgesetzte mit Konfliktsignalen bewusst um, so bietet sich ihm die Chance, bestehende Differenzen frühzeitig zu klären, bevor die Gegensätze kaum noch überbrückbar sind.

5.3.2 Maßnahmen zur Vermeidung von Konflikten und Maßnahmen im Umgang mit Konflikten

01. Welche Maßnahmen zur Vermeidung und zum bewussten Umgang mit Konflikten sind wirksam?

- **Ziel der Konfliktbewältigung** ist es, durch offenes Ansprechen eine sachliche Problemlösung zu finden, aus der Situation gestärkt hervorzugehen und den vereinbarten Konsens gemeinsam zu tragen.
- **Konfliktstrategien:**

  Dazu bietet sich nach *Blake/Mouton* (1980) an, eine **gleichmäßig hohe Gewichtung** zwischen den **Interessen des Gegenübers** (Harmoniestreben) und **Eigeninteressen** (Macht) vorzunehmen: **Konsens zu stiften** (vgl. auch: Win-Win-Strategie; Gordon-Führungstraining; Harvard-Konzept).

  - Fließen die Interessen beider Parteien nur halb ein, dann ist das Ergebnis (nur) ein **Kompromiss.**
  - Wird der Konflikt nur schwach oder gar nicht thematisiert (Flucht/Vermeidung/„unter den Teppich kehren"), ist nichts gewonnen.
  - Dominiert der andere, ist ebenfalls wenig gewonnen, man gibt nach, verzichtet auf den konstruktiven Streit. Setzt man sich allein durch, ist das Resultat erzwungen und wird mit Sicherheit von der Gegenpartei nicht getragen.

<table>
<tr><td colspan="2" rowspan="3"></td><td colspan="3">Konflikt</td></tr>
<tr><td>unvermeidbar</td><td colspan="2">vermeidbar</td></tr>
<tr><td colspan="2">Ausgleich nicht möglich</td><td>Ausgleich möglich</td></tr>
<tr><td rowspan="3">Reaktion</td><td rowspan="2">aktiv</td><td>Kämpfe</td><td>Rückzug (eine Partei gibt auf)</td><td>Problemlösung</td></tr>
<tr><td>Vermittlung, Schlichtung</td><td>Isolation</td><td>tragfähiger Kompromiss</td></tr>
<tr><td>passiv</td><td>zufälliges Ergebnis</td><td>Ignorieren des anderen</td><td>(friedliche) Koexistenz</td></tr>
</table>

Der Vorgesetzte sollte die Reaktionen fördern, die für eine Konfliktbearbeitung konstruktiv sind (siehe gerasterte Felder):

- Vermittlung, Schlichtung
- Problemlösung
- ausgewogener tragfähiger Kompromiss bzw.

- Bedingungen im Vorfeld von Konflikten vermeiden, die eine konstruktive Bearbeitung unmöglich werden lassen, z. B. länger andauernde irreparable „Verletzungen“ durch Mobbing o. Ä.

02. Wie ist ein Konfliktgespräch zu führen?

Bei der Behandlung von Konflikten gilt für den Vorgesetzten grundsätzlich:

MERKE

Nicht Partei ergreifen, sondern die Konfliktbewältigung moderieren!

Dazu sollte er bei der Moderation von Konfliktgesprächen in folgenden Schritten vorgehen:

1.	**Kontaktphase**	entspannen, emotionale Beziehung herstellen
2.	**Orientierungsphase**	Konflikt erkennen und definieren: Worum geht es den Parteien – auf der Sachebene, auf der Beziehungsebene?
3.	**Argumentations-/ Diskussions-/ Bearbeitungsphase**	Logisch argumentieren, zuhören; die Meinung des anderen respektieren/nicht interpretieren; Lösungsalternativen suchen; dabei alle Beteiligten einbeziehen.
4.	**Entscheidungs- und Kontraktphase**	► Lösungsalternativen bewerten: Was spricht für Alternative 1, was spricht dagegen? ► Vereinbarungen (Kontrakte) treffen; den anderen dabei nicht überreden. ► Wege der Umsetzung ermitteln.
5.	**Abschlussphase**	Rückschau: Wird die vereinbarte „Lösung“ allen Beteiligten gerecht? Wird das Problem gelöst? Formen der Umsetzungskontrolle verabschieden; Emotionen glätten, „nach vorn schauen“; sich höflich und verbindlich verabschieden (Wertschätzung).

Die Bearbeitung von (tatsächlichen) **Sachkonflikten** ist auch über **Anweisungen** oder einseitige Regelungen (mit Begründung) durch den Vorgesetzten möglich; z. B. Festlegung von Arbeitsplänen.

Bei **Beziehungs- und Wertekonflikten** führt dies nicht zum Ziel. Hier ist es als Vorstufe zur Konfliktregelung wirksam, dass die Konfliktpartei jeweils dem anderen sagt, wie sie die Dinge sieht oder empfindet. Man zeigt damit dem anderen seine eigene Haltung, ohne ihn zu bevormunden.

In der Psychologie bezeichnet man dies als **„Ich-Botschaften“**, z. B.:

- *„Ich sehe es so.“*
- *„Ich empfinde es so.“*
- *„Auf mich wirkt das ...“*
- *„Mich ärgert, wenn Sie ...“*

Destruktiv sind Formulierungen wie:

- *„Sie haben immer ...“*
- *„Können Sie nicht endlich mal ...“*
- *„Kapieren Sie eigentlich gar nichts?“*

Abgesehen vom Tonfall wird bei destruktiven Formulierungen der andere auf **„Verteidigungsposition“** gehen, seinerseits seine „verbalen Waffen aufrüsten und zurückschießen“, da er diese Aussagen als Bevormundung empfindet; sein Selbstwertgefühl ist gefährdet.

Wechselwirkung zwischen Sachebene und Beziehungsebene:

In vielen Fällen des Alltags beruht der Konflikt nicht in dem vermeintlichen Unterschied in der Sache, sondern in einer Störung der Beziehung:

„Der andere sieht mich falsch, hat mich verletzt, hat mich geärgert ...“

Der Vorgesetzte muss hier zunächst die Beziehungsebene wieder tragfähig herstellen, bevor das eigentliche Sachthema erörtert wird. Sachkonflikte sind häufig Beziehungskonflikte (vgl. oben).

5.3.3 Möglichkeiten zur Überwindung von Widerständen gegen Veränderungen

01. Welche Möglichkeiten (Strategien) zur Überwindung von Widerständen der Mitarbeiter gegenüber Veränderungen sind geeignet?

Unternehmen sind auf Dauer nur dann erfolgreich, wenn sie sich den Erfordernissen der Umwelt in richtiger Weise anpassen. Dieser Wandel kann geplant oder ungeplant verlaufen; er kann aktiv durch entsprechende Konzepte des Managements oder gezwungenermaßen durch Krisen ausgelöst werden.

Veränderungen im Unternehmen lösen beim Mitarbeiter unterschiedliche Reaktionen hervor – je nach Erfahrung, Ausbildungsstand und Persönlichkeit, z. B.:

- **Unsicherheit:** Gewohnheit schafft Sicherheit und gibt eine klare Orientierung für das eigene Verhalten.
- **Ängste:** Die Auswirkungen von Veränderungen können nicht eingeschätzt werden. Ungewissheit über die Folgen und Bedenken, den Veränderungen nicht gewachsen zu sein, führen zu Ängsten.
- **Neugier, positive Spannung:** Was kommt an Neuem? Was kann ich hinzulernen?

Dem Management stehen grundsätzlich zwei Extremansätze zur Überwindung von Widerständen in der Organisation zur Verfügung (in Anlehnung an: *Staehle, 2014*):

1. Extrem	
Strategien der einseitigen Machtausübung; Top-down-Prinzip; ohne Beteiligung (Partizipation) der Mitarbeiter. Denkbar sind folgende Methoden:	
1.1	**Befehl:** Knappe und im Tonfall verbindliche Anweisung an den Mitarbeiter, die keinen Widerspruch duldet; Sonderfall der Arbeitsanweisung (vgl. arbeitsrechtlich: Direktionsrecht).
1.2	**Anordnung:** Synonym für „Befehl"; wird im Gegensatz zum Befehl auch schriftlich erteilt.
1.3	**Manipulation:** Bewusste Beeinflussung der Mitarbeiter mit unehrlichen/egoistischen Zielen des Vorgesetzten.
1.4	**Bombenwurfstrategie:** Das Management entwickelt ein geheimes Veränderungskonzept und wirft es ohne Vorbereitung wie eine Bombe in das gesamte Unternehmen. Zweck dieser Strategie ist es, massiven Widerstand durch unveränderbare Ganzheitlichkeit und aufgrund des Überraschungseffekts zu vermeiden.
2. Extrem	
Strategie der delegierten Macht; Bottom-up-Prinzip; Wandel durch Beteiligung der Betroffenen.	

Zwischen den beiden Extremen lassen sich abgestufte Ausprägungen der Machtverteilung zwischen Management und Mitarbeiter ansiedeln, z. B. die **Strategie der gemeinsamen Machtausübung**.

Für die Strategie der delegierten Machtausübung und die der gemeinsamen Machtausübung bieten sich u. a. folgende Verfahren/Methoden an:

- Führen durch Zielvereinbarung (MbO)
- Delegation
- Information und Feedback (Holen und Geben)
- Mitarbeiterzeitschrift
- Lernstatt, Qualitätszirkel, KVP, TQM
- Projektmanagement
- Arbeitsstrukturierung, z. B. Teilautonomie in der Gruppenarbeit.

Aus der Sozialpsychologie weiß man, dass Veränderungen im Unternehmen dann von den Mitarbeitern tendenziell eher mitgetragen werden, wenn

- der Nutzen des Wandels rational nachvollziehbar ist und
- die Mitarbeiter in die Veränderungs- und Lernprozesse (möglichst frühzeitig) einbezogen werden: „Mache die Betroffenen zu Beteiligten!“

MERKE

In der Mehrzahl der geplanten Veränderungen im Unternehmen wird also die Strategie der Beteiligung (Partizipation) erfolgreicher sein als die einseitige Machtausübung durch das Management.

In Ausnahmesituationen, z. B. unvorhersehbaren Krisen, kann der Einsatz einseitiger Top-down-Strategien notwendig werden. Das Aufgeben von Widerständen wird erzwungen.

02. Welcher gedankliche Ansatz wird mit dem Konzept „Change Management“ verbunden?

Die Märkte, die Anforderungen der Kunden und die Produkte ändern sich heute mit rasanter Geschwindigkeit. Das Unternehmen muss sich den gegebenen Veränderungen anpassen.

Change Management bedeutet übersetzt „**Veränderungsmanagement**“ und setzt sich zusammen aus den Worten „change“ (verändern, wandeln oder umstellen) und „manage“ (behandeln, führen, steuern). Change Management bedeutet also, Veränderungen möglich machen und beinhaltet die systematisch-konzeptionelle, flexible Anpassung des Unternehmens an die ständigen Veränderungen der Umwelt.

5.4 Mitarbeiterförderung

5.4.1 Personalentwicklung als Mittel der Steuerung und Förderung der personellen Ressourcen

01. Was ist Personalentwicklung, welche Ziele verfolgt die Personalentwicklung und warum ist eine systematische Förderung und Steuerung der personellen Ressourcen notwendig?

Siehe >> 1.2.3 in diesem Buch.

02. Wie hängen Personalentwicklung und Unternehmensziele zusammen?

Die Ziele können in strategische und operative Ziele unterschieden werden.

Strategische Ziele, z. B.:	**Personalentwicklung**, z. B.:
► Erhöhung des Marktanteils für E-Cars bis 2025 um 5 %	► Förderung der Mitarbeiter der Produktion zur Batterietechnologie
► Steigerung der IT-Vernetzung in der Supply Chain	► Ausbildung von 20 % mehr Fachinformatikern die nächsten 5 Jahre
Operative Ziele	**Personalentwicklung**, z. B.:
► Senkung der Fehlzeiten bei den Mitarbeitern um 10 % die nächsten 6 Monate	► Führungskräfteseminar
► Reduktion der Durchlaufgeschwindigkeit um 5 % innerhalb eines Jahres	► Seminare zu Lean Management

03. Welcher Zusammenhang besteht zwischen Personalentwicklung und Unternehmensphilosophie?

Jeder Unternehmer hat seine eigenen Vorstellungen, wie er sein Unternehmen im Hinblick z. B. auf die Wettbewerber, die Mitarbeiter oder die Umwelt gestaltet. Im Rahmen der Unternehmensphilosophie werden z. B. die Werte für das Unternehmen definiert.

Unternehmensphilosophie (Grundsätze)	Personalentwicklung
► „Wir verhalten uns gegenüber unseren Mitarbeitern fair."	► Seminar zur Achtsamkeit und zur Kommunikation
► „Unsere Organisation soll flexibel sein, damit wir auf den Wettbewerb reagieren können."	► Job-Rotation
► „Unsere Führungskräfte sollen die Mitarbeiter motivieren."	► Durch Coaching Motivation steigern

5.4.2 Potenzialanalyse von Mitarbeitern

Zur Potenzialanalyse siehe auch >> 1.2.3.

01. Welche Gründe sprechen für die Potenzialanalyse, um die Entwicklungsprozesse der Mitarbeiter zu fördern?

Eine Potenzialanalyse bildet im Rahmen einer Momentaufnahme, das Potenzial eines Mitarbeiters ab. Das Potenzial ist der Zustand, der sich über mehrere Jahre aufgrund von z. B. individuellem Lernen, Erfahrungen, Umwelteinflüsse sowie genetische Grundausstattung herausbildete.

Jede Stelle beinhaltet Soll-Anforderungen, welche für die Stellenausschreibung zur Personalakquisition, für die Entlohnung sowie für das Beurteilungs- und Personalentwicklungsgespräch wesentlich sind.

- Die Potenzialanalyse trägt dazu bei, die Differenzen zwischen den Soll-Anforderungen und dem Ist-Potenzial des Mitarbeiters zu identifizieren. Die festgestellten Schwachstellen können Anhaltspunkte liefern, damit die Entwicklung des Mitarbeiters gefördert wird.
- Die Mitarbeiter als auch die Vorgesetzten können durch die Potenzialanalyse feststellen, ob der Mitarbeiter über- oder unterfordert ist. Der Flow-Ansatz wurde von *Mihalyi Csikszentmihalyi* entwickelt.[1] Die Fähigkeiten der Mitarbeiter und die Anforderungen der Stellen können in einem Koordinatensystem dargestellt werden.

Punkt A **Überforderung des Mitarbeiters**	hohe Anforderungen durch Stelle; geringe Fähigkeiten des Mitarbeiters
Punkt B **Unterforderung des Mitarbeiters**	hohe ausgeprägte Fähigkeiten des Mitarbeiters; geringe Anforderungen durch Stelle

Im Idealfall agiert der Mitarbeiter im Flow-Kanal.

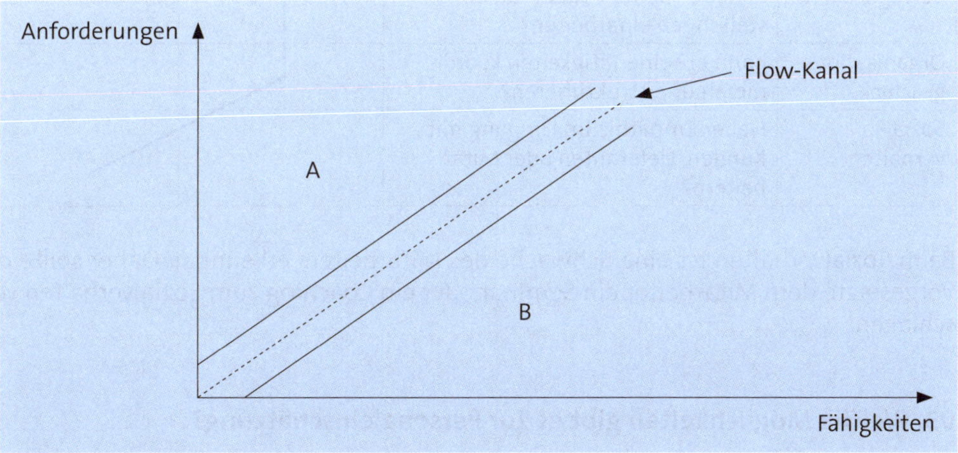

Durch die Potentialanalyse kann z. B. eine Über- oder Unterforderung des Mitarbeiters festgestellt werden. Bei einer Überforderung sollte der Vorgesetzte sowie der Mitarbeiter gemeinsam überlegen, ob durch Personalentwicklungsmaßnahmen die Überforderung reduziert werden kann. Wenn dies nicht der Fall ist, empfiehlt sich ein Stellenwechsel.

Bei einer Unterforderung sollten die Anforderungen an die Stelle erhöht werden (z. B. Job Enlargement oder Job Enrichment) oder ein Stellenwechsel veranlasst werden.

1 Zum Flow-Ansatz von *Csikszentmihalyi* siehe: *https://tu-dresden.de/mn/psychologie/ipep/lehrlern/ressourcen/dateien/lehre/lehramt/lehrveranstaltungen/motivationsfoerderung/folder-2011-11-01-8121459277/e_Flow.pdf?lang=en*, Abrufdatum 10.11.2020.

02. Welche Faktoren können im Rahmen der Potenzialeinschätzung für ein Stärke-Schwäche-Profil verwendet werden?

Es können folgende Faktoren für die Potenzialeinschätzung eines Mitarbeiters sowie zur Erstellung eines Stärke-Schwäche-Profils verwendet werden.

Kriterien	Erläuterung (beispielsweise)	Stärke			Schwäche	
		++	+	0	-	--
Fach-qualifikation	Beherrschung der Grundlagen, der Instrumente sowie Lösung von spezifischen Fachfragen					
Lern-bereitschaft	Wie viele Seminare hat der Mitarbeiter pro Jahr besucht? Studiert er nebenbei? Kann er eine Knowledge-Matrix vorlegen?					
Leistungs-bereitschaft	Wie ist das Verhältnis der Produktivität oder Qualität gegenüber dem Durchschnitt der Mitarbeiter?					
Geistige Beweglichkeit	Kann sich der Mitarbeiter schnell in neue Themen oder Problemstellungen einarbeiten?					
Organisations-geschick	Kann er seine Tätigkeiten koordinieren und strukturieren?					
Sozial-verhalten	Hat er Empathie im Umgang mit Kunden, Lieferanten oder Mitarbeitern?					

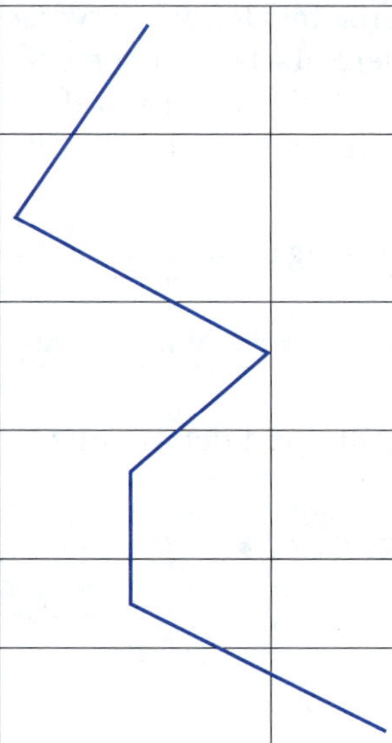

Beim Sozialverhalten ist eine Schwäche des Mitarbeiters erkennbar. Daher sollte der Vorgesetzte dem Mitarbeiter ein Seminar oder ein Coaching zum Sozialverhalten vorschlagen.

03. Welche Möglichkeiten gibt es zur Personaleinschätzung?

Grundsätzlich gibt es die Möglichkeit, dass

- das Selbstbild des Mitarbeiters von seinem Potenzial und
- das Fremdbild durch Vorgesetzte, Kunden, Lieferanten oder andere Mitarbeiter genutzt wird (360 Grad Beurteilung).

Weiterhin besteht die Möglichkeit, ein **Mitarbeitergespräch** zur Personaleinschätzung zu führen. Dabei sollte der Vorgesetzte versuchen, den Mitarbeiter zu einer Selbstbewertung zu impulsieren und seine Wünsche zu äußern, welche Aufgaben ihn „wirklich glücklich" machen.[1]

[1] Vgl. *Wunderer/Jaritz, 2002, S. 133.*

Im Rahmen eines Mitarbeitergesprächs kann auch eine Beratung oder Betreuung des Mitarbeiters resultieren. Dies kann durch Aufzeigen von Entwicklungsmöglichkeiten durch Seminare, zusätzliches Studium, Job Rotation oder Stellenwechsel erfolgen.

Für ein **Beurteilungsgespräch** (siehe auch >> 5.2.4) kann ein Beurteilungsbogen verwendet werden, der z. B. die Beurteilungskriterien Arbeitsverhalten (Produktivität, Kundenorientierung), Innovations- und Kommunikationsfähigkeit, Führungskompetenz usw. enthalten kann. Die Kriterien sollten messbar sein oder anhand von Kriterien messbar gemacht werden, um den subjektiven Einfluss des Vorgesetzten (Sympathie, Antipathie usw.) zu reduzieren.

Darüber hinaus können auch externe Coaches, Psychologen oder auf Personalthemen spezialisierte Berater eine Personaleinschätzung vornehmen.

5.5 Ausbildung

5.5.1 Rechtliche Rahmenbedingungen

01. Welche Tatbestände sind für das duale System der Berufsausbildung in Deutschland charakteristisch?

- Der **Betrieb** (der Ausbildende) ist für den **praktischen Teil** und
- die **Berufsschule** ist für den **theoretischen Teil** der Ausbildung verantwortlich.

02. Welche Ziele und Inhalte sind mit der betrieblichen Ausbildung verbunden?

- gesellschaftliche Verpflichtung der Betriebe (insbesondere der Großunternehmen)
- Weiterentwicklung von Berufsbildern
- Bedarfsdeckung von Fach- und Führungskräften aus den eigenen Reihen
- betriebsspezifische Ausrichtung der Ausbildung.

03. Welche Rechtsbestimmungen sind zu beachten?

- Der **betriebliche Teil** der Ausbildung (Sache des Bundes) wird geregelt durch:
  - das Berufsbildungsgesetz, BBiG: Die wichtigsten Änderungen im Rahmen der Novelle (in Kraft seit 01.01.2020) des BBiG sind auf der Internetseite des Bundesministeriums für Forschung und Entwicklung[1] dargelegt. Es gelten zukünftig z. B. die Abschlussbezeichnungen „Geprüfte/r Berufsspezialist/in", „Bachelor Professional" und „Master Professional".

[1] *https://www.bmbf.de/*, Abrufdatum 11.12.2020.

- die Ausbildungsordnung: Sie enthält die Berufsbezeichnung, die Dauer der Ausbildung, die zu vermittelnden Kenntnisse und Fertigkeiten, den Ausbildungsrahmenplan und die Prüfungsordnung sowie
- die Berufsbilder.

► **Rahmenstoffpläne** (Ländersache) bestimmen den Unterricht in **der Berufsschule:**
  - Die Ausbildung muss in einem **anerkannten Ausbildungsberuf** erfolgen (derzeit 325)[1].
  - Die **Prüfung** wird vor einem Verband oder einer Kammer abgelegt.
  - Die **Kosten** der Ausbildung trägt das Unternehmen.

► Auszubildende werden nach dem **Berufsbildungsgesetz**, Jugendliche nach dem **Jugendarbeitsschutzgesetz** und dem Gesetz über den Schutz der Jugend in der Öffentlichkeit und ferner durch das Jugendgerichtsgesetz besonders geschützt.

Ergänzend ist bei der Planung und Durchführung der betrieblichen Ausbildung das Betriebsverfassungsgesetz (BetrVG) zu beachten.

04. Welche Beteiligungsrechte hat der Betriebsrat in Fragen der Berufsbildung?

► **Nach § 96 Abs. 1 BetrVG**
  - hat der Arbeitgeber auf Verlangen des Betriebsrates mit diesem über Fragen der Berufsbildung zu beraten
  - kann der Betriebsrat hierzu **Vorschläge machen**.

► **Nach § 96 Abs. 2 BetrVG**
  - haben Arbeitgeber und Betriebsrat **darauf zu achten**, dass den Arbeitnehmern die Teilnahme an Maßnahmen der Berufsbildung ermöglicht wird – unter Berücksichtigung der betrieblichen Notwendigkeiten
  - haben beide in diesem Zusammenhang die Belange älterer Arbeitnehmer **zu berücksichtigen**.

► **Nach § 97 Abs. 1 BetrVG** haben Arbeitgeber und Betriebsrat über
  - die Errichtung und Ausstattung betrieblicher Einrichtungen zur Berufsbildung,
  - die Einführung betrieblicher Bildungsmaßnahmen und
  - die Teilnahme an außerbetrieblichen Berufsbildungsmaßnahmen

  zu beraten.

► Das bedeutet, dass der Betriebsrat in den Fällen der §§ 96, 97 BetrVG (Maßnahmen der Berufsbildung allgemein sowie speziell bei Einrichtung und Einführung von Berufsbildungsmaßnahmen) grundsätzlich **ein Mitwirkungsrecht** hat.

---

1 Quelle: *Bundesinstitut für Berufsbildung, Verzeichnis der anerkannten Ausbildungsberufe 2020 (Stand: 01.10.2019); https://www.bibb.de/veroeffentlichungen/de/publication/show/16754*, Abrufdatum 12.11.2020.

- **Nach § 97 Abs. 2 BetrVG**

  hat der Betriebsrat ein **Mitbestimmungsrecht** bei der Einführung von Maßnahmen der betrieblichen Berufsbildung.

- **Nach § 98 Abs. 1 - 6 BetrVG**

  - hat der Betriebsrat bei der Durchführung von Maßnahmen der betrieblichen Berufsbildung **mitzubestimmen**; im Streitfall entscheidet die Einigungsstelle
  - kann der Betriebsrat der Bestellung einer Person, die mit der Durchführung der betrieblichen Berufsbildung beauftragt ist (z. B. betrieblicher Ausbilder oder Leiter der Aus- und Fortbildung), widersprechen oder ihre Abberufung **verlangen**. Im Fall der Nicht-Einigung entscheidet das Arbeitsgericht auf Antrag des Betriebsrates.
  - kann der Betriebsrat **Vorschläge** für die Teilnahme von Arbeitnehmern an internen und externen Lehrgängen/Seminaren **machen**; im Fall der Nicht-Einigung entscheidet die Einigungsstelle.

Das bedeutet, dass der Betriebsrat ein Mitbestimmungsrecht hat bei der Durchführung betrieblicher Bildungsmaßnahmen, bei der Bestellung von Ausbildern, bei der Teilnahme von Arbeitnehmern sowie neuerdings ein Initiativrecht hat bei der Qualifizierung der Mitarbeiter.

05. Welche wichtigen Einzelbestimmungen enthält das Jugendarbeitsschutzgesetz?

Wichtige Bestimmungen sind:

- tägliche Arbeitszeit: 8 Stunden; die tägliche Arbeitszeit kann auf 8 ½ Stunden erhöht werden, wenn an einzelnen Tagen weniger als 8 Stunden gearbeitet wird.
- wöchentliche Arbeitszeit: 40 Stunden.
- Ruhepausen: Bei mehr als 4 ½ bis 6 Stunden eine Pause von 30 Minuten, bei mehr als 6 Stunden eine Pause von 60 Minuten; Pausen betragen mindestens 15 Minuten und müssen im Voraus festgelegt werden.
- Samstagsarbeit: Jugendliche dürfen an Samstagen nicht beschäftigt werden; Ausnahmen sind z. B. offene Verkaufsstellen, Gaststätten, Verkehrswesen.
- Sonntagsarbeit: Jugendliche dürfen an Sonntagen nicht beschäftigt werden; Ausnahmen sind z. B. im Gaststättengewerbe.
- Urlaub: Mindestens 30 Werktage, wer zu Beginn des Kalenderjahres noch nicht 16 Jahre alt ist; mindestens 27 Werktage, wer noch nicht 17 Jahre alt ist; mindestens 25 Werktage, wer noch nicht 18 Jahre alt ist.
- Berufsschulbesuch: Jugendliche sind für die Teilnahme am Berufsschulunterricht freizustellen und nicht zu beschäftigen:
  - an einem vor 9:00 Uhr beginnenden Unterricht
  - an einem Berufsschultag mit mehr als 5 Unterrichtsstunden von mindestens je 45 Minuten Dauer einmal in der Woche

- in Berufsschulwochen mit Blockunterricht von 25 Stunden an 5 Tagen. Berufsschultage werden mit 8 Stunden auf die Arbeitszeit angerechnet.

- Freistellungen für Prüfungen: Freistellung muss erfolgen für die Teilnahme an Prüfungen und an dem Arbeitstag, der der schriftlichen Abschlussprüfung unmittelbar vorangeht.
- ärztliche Untersuchungen und gesundheitliche Betreuung: Beschäftigungsaufnahme nur, wenn innerhalb der letzten 14 Monate eine erste Untersuchung erfolgt ist und hierüber eine Bescheinigung vorliegt. Ein Jahr nach Aufnahme der ersten Beschäftigung erfolgte eine Nachuntersuchung, sie darf nicht länger als 3 Monate zurückliegen (nur bis zum 18. Lebensjahr).

5.5.2 Ausbilder-Eignungs-Verordnung (AEVO)

01. Wie strukturiert die AEVO die „Ausbildung der Ausbilder"?

Die AEVO strukturiert die „Ausbildung der Ausbilder" in vier Handlungsfelder:

Handlungsbereiche der AEVO		
Handlungsbereiche		**Inhalte/zu erledigen – Beispiele**
1.	Ausbildungsvoraussetzungen prüfen und Ausbildung planen	Gründe für die Ausbildung? Rahmenbedingungen? Ausbildungsberufe? Eignung? Organisation?
2.	Ausbildung vorbereiten und bei der Einstellung von Auszubildenden mitwirken	Auswahlverfahren? Anmeldung/Eintragung bei IHK?
3.	Ausbildung durchführen	Ausbildungsplätze? Lernerfolgskontrollen? Lern-/Arbeitstechniken? Kontakte halten? Kurzvorträge? Lehrgespräche? Teambildung?
4.	Ausbildung abschließen	Prüfungsvorbereitung/-anmeldung? Zeugnis?

02. Wie ist die Ausbilder-Eignungsprüfung gegliedert?

Die Prüfung besteht aus einem schriftlichen und einem praktischen Teil:

Gliederung der Ausbilder-Eignungsprüfung		
Im **schriftlichen Teil** (max. 180 min)	soll der Prüfungsteilnehmer in **höchstens drei Stunden** aus mehreren Handlungsfeldern **fallbezogene Aufgaben unter Aufsicht** bearbeiten.	
Der **praktische Teil** (max. 30 min)	besteht aus ► der **Präsentation oder** ► **praktischen Durchführung** einer Ausbildungseinheit	**und** einem **Prüfungsgespräch.**
	Der Prüfungsteilnehmer wählt dazu eine Ausbildungseinheit aus. Die Auswahl und Gestaltung der Ausbildungseinheit hat der Prüfungsteilnehmer **in dem Prüfungsgespräch zu begründen.** Die Prüfung im praktischen Teil soll höchstens 30 Minuten dauern.	

Die Ausbilder-Eignungsprüfung besteht also aus zwei Teilen, dem schriftlichen und dem praktischen Teil, wobei der praktische Teil wiederum unterteilt ist in die Durchführung oder Präsentation einer Ausbildungseinheit und dem (eigentlichen) Prüfungsgespräch. Schriftlicher und praktischer Teil müssen je für sich bestanden sein. Wird nur ein Teil nicht bestanden, so braucht auch nur dieser wiederholt zu werden.

5.5.3 Anforderungen an die Eignung der Ausbilder und Ausbilderinnen

01. Welche Voraussetzungen müssen bei Ausbildungsbeginn erfüllt sein?

Voraussetzungen für die Eignung als Ausbildungsbetrieb		
Eignung der Ausbildungsstätte	Die **Ausbildungsstätte** muss nach Art und Einrichtung für die Berufsausbildung geeignet sein.	§ 27 Abs. 1 Nr. 1 BBiG
	Die **Zahl der Auszubildenden** muss in einem angemessenen Verhältnis zur Zahl der Ausbildungsplätze (zur Zahl der Fachkräfte) stehen.	§ 27 Abs. 1 Nr. 2 BBiG
	Es müssen alle erforderlichen Fertigkeiten, Kenntnisse und Fähigkeiten vermittelt werden können; ist dies nicht der Fall, so sind sie außerhalb anzubieten (z. B. Verbundausbildung).	§ 27 Abs. 2 BBiG
Eignung von Ausbildenden und Ausbildern/ Ausbilderinnen	**Persönliche Eignung:** Nicht geeignet ist, wer Kinder und Jugendliche nicht beschäftigen darf bzw. wer wiederholt oder schwer gegen geltende Bestimmungen verstoßen hat (BBiG, JArbSchG, JSchG).	§ 28, 29 BBiG

Voraussetzungen für die Eignung als Ausbildungsbetrieb		
Eignung von Ausbildenden und Ausbildern/ Ausbilderinnen	**Fachliche Eignung;** Fachlich geeignet ist, wer die beruflichen sowie die berufs- und arbeitspädagogischen Fertigkeiten, Kenntnisse und Fähigkeiten besitzt. **Berufliche Voraussetzungen:** Abschlussprüfung in einem Ausbildungsberuf entsprechender Fachrichtung und eine angemessene Zeit der Berufspraxis. **Berufs- und arbeitspädagogische Voraussetzungen:** Nachweis der Prüfung gemäß AEVO (bis Juli 2008 ausgesetzt).	§ 28, 30 BBiG
Eignung der Auszubildenden	Es müssen die körperlichen, geistigen und charakterlichen Voraussetzungen für einen erfolgreichen Abschluss vorliegen.	Untersuchungen nach §§ 32 ff. JArbSchG

02. Welche Maßnahmen der Verhaltensbeeinflussung und der Förderung des Lernerfolgs sind geeignet?

Ausbilder und Ausbilderinnen müssen persönlich und methodisch in der Lage sein, negative, unerwünschte Verhaltensmuster bei Auszubildenden zu erkennen und geeignete Maßnahmen zur Gegensteuerung zu ergreifen. Dies gilt insbesondere dann, wenn nachhaltige Lernschwierigkeiten auftreten und die Realisierung der Ausbildungsziele gefährdet ist.

Als Empfehlung lassen sich z. B. folgende Maßnahmen und Einstellungen nennen:

- die Auszubildenden „dort abholen, wo sie alterspezifisch und individuell sind" („Bahnhofsmodell"); dies bedeutet z. B. Über- und Unterforderung vermeiden, keine unrealistischen Ziele setzen u. Ä.
- mit den Auszubildenden reden und ihnen zuhören; Vertrauen entgegenbringen; Anerkennung/Lob sowie Kritik mit Augenmaß praktizieren; laufende Rückmeldung über die erbrachten Leistungen geben („Erfolge erleben lassen")
- Unterstützung bei Lernproblemen anbieten (Ausbilder und/oder andere Auszubildende).

5.5.4 Beteiligte und Mitwirkende an der Ausbildung

01. Welche Personen und Einrichtungen sind direkt oder indirekt an der Ausbildung zu beteiligen?

- Ausbilder-Kollegen/-Kolleginnen
- Ausbildungsbeauftragte
- Betriebsrat
- Führungskräfte

- Eltern (nur bei Minderjährigen!)
- zuständige Stelle (z. B. IHK)
- ggf. Arbeitsagentur
- Fachverbände
- ggf. überbetriebliche Ausbildungseinrichtung
- selbstverständlich: die Auszubildenden.

02. Warum müssen Ausbildungsbetrieb und Berufsschule miteinander kooperieren?

1. **Gründe:**
   Rechtlich betrachtet ist der Ausbildungsbetrieb für den Erfolg der Ausbildung allein verantwortlich. Trotzdem ist nur durch eine enge Kooperation mit der Berufsschule dieser Erfolg zu gewährleisten.

   Gegenstand der IHK-Prüfung ist nicht nur der praktische Teil der betrieblichen Ausbildung, sondern auch der Lehrstoff der Berufsschule (§ 38 BBiG).

2. **Geeignete Maßnahmen:**
   Ausbilder und Berufsschullehrer sollten den persönlichen Kontakt suchen und sich über folgende **Fragen abstimmen:**

Themenkreise	Betrieb	Berufsschule
Koordination der Ausbildungsinhalte: ► inhaltliche Abstimmung ► zeitliche Abstimmung ► Verzahnung von Betrieb/Berufsschule ► Vorwissen ► fehlendes Wissen ► aktueller Leistungsstand ► Lernstörungen	Ausbildungsstation von ... bis, Name ... Ausbildungsjahr ...	Unterricht von ... bis mit den Inhalten ... Name ... Klasse ...
Tätigkeitsanforderungen im Betrieb		Information
Arbeitsmaterialien, Lernsoftware der Berufsschule	Information	
Arbeitsmittel, Unterweisungsmaßnahmen des Betriebs		Information

Weiterhin sind folgende Maßnahmen geeignet, die Koordination und das gegenseitige Verständnis für die jeweiligen Probleme des anderen zu fördern:

- Exkursionen, Betriebsbesichtigungen (Klasse und Berufschullehrer in Ausbildungsbetrieben)
- Einrichtung von Arbeitskreisen (ggf. unter Betreuung der IHK)

- gegenseitige Hospitation von Ausbilder und Berufschullehrer im Unterricht
- Betriebspraktika der Berufsschullehrer in Ausbildungsbetrieben
- Einrichtung eines Pools für Ausbildungsmittel/Medien.

5.5.5 Ablauf der betrieblichen Ausbildung und ergänzende individuelle Bildungsmaßnahmen

01. In welchen Phasen wird die betriebliche Ausbildung geplant, durchgeführt und kontrolliert?

Die Planung, Durchführung und Kontrolle der Ausbildung ist ein geschlossener **Regelkreis,** der folgende Phasen und Einzelaspekte umfasst:

<table>
<tr><th colspan="3">Ablauf der betrieblichen Ausbildung als Regelkreis</th></tr>
<tr><td rowspan="8">Planung der Ausbildung</td><td colspan="2">Betriebliche Planung:</td></tr>
<tr><td>Voraussetzungen lt. BBiG prüfen</td><td>Eignung des Unternehmens (§ 27 BBiG)
Eignung der Ausbilder (§§ 28 ff. BBiG)</td></tr>
<tr><td>Ziele festlegen</td><td rowspan="3">Anerkennung von Ausbildungsberufen, § 4 BBiG
Ausbildungsordnung, § 5 BBiG
Ausbildungsrahmenplan
Anrechnung beruflicher Vorbildung auf die Ausbildungsdauer § 7 BBiG
Prüfungsordnung
Prüfungswesen, §§ 37 ff. BBiG</td></tr>
<tr><td>Inhalte festlegen und koordinieren</td></tr>
<tr><td>Planung der Zeiten:
► Ausbildungsdauer
► Ausbildungsverkürzung
► Urlaubszeit
► betriebliche Ausbildungsorte
► Koordination: Schule/Betrieb
► Prüfungen</td></tr>
<tr><td colspan="2">Schulische Planung:</td></tr>
<tr><td>► Rahmenlehrplan
► Berufsschulunterricht</td><td>Wochenunterricht
Blockunterricht</td></tr>
<tr></tr>
<tr><td rowspan="2">Durchführung der Ausbildung</td><td>Didaktische Koordination von praktischer Ausbildung im Betrieb und theoretischer Ausbildung in der Berufsschule; dabei sind die Formen des Unterrichts zu berücksichtigen (Blockunterricht, Unterricht an einzelnen Wochentagen).</td><td rowspan="2">Didaktik
Methodik
Unterweisungsformen
Unterweisungsmethoden
Unterweisung vor Ort
Lehrgespräch
Fallmethode
Lehrwerkstatt
Übungsfirma usw.
betrieblicher Ergänzungsunterricht
Lehr- und Lernmittel
Arbeitsmittel
Ausbildungsmittel
Ausbildungsräume</td></tr>
<tr><td>Methoden und Medien der Ausbildung organisieren.</td></tr>
</table>

Ablauf der betrieblichen Ausbildung als Regelkreis		
Kontrolle der Ausbildung	Interne Kontrollinstrumente	Berichtshefte prüfen Zwischenprüfung (soweit erforderlich; vgl. § 48 BBiG) Abschlussprüfung, § 37 BBiG Beurteilungen der Fachabteilung (Beurteilungssystem) Leistungen in der Berufsschule
	Externe Kontrollinstrumente	
	Zielkontrolle	
	Maßnahmenkontrolle	
	Wirtschaftlichkeitskontrolle: Kosten-Nutzen-Analyse	

02. Wie ist der individuelle Ausbildungsplan zu erstellen?

Der individuelle Ausbildungsplan ist die konkrete Planung des Ausbildungsverlaufs eines (bestimmten) Auszubildenden. Er ist dem Ausbildungsvertrag beizufügen (vgl. § 11 Abs. 1 Nr. 1 - 4 BBiG) und der IHK zusammen mit dem Ausbildungsvertrag vorzulegen. Der Ausbildungsplan wird erstellt auf der Grundlage der **Ausbildungsordnung** (§ 5 BBiG), des **Ausbildungsberufsbildes** (§ 5 Abs. 1 Nr. 3 BBiG) und des Ausbildungsrahmenplans (§ 5 Abs. 1 Nr. 4 BBiG). Der Betriebsrat hat dabei ein Mitbestimmungsrecht (§ 98 Abs. 1 BetrVG). Der Ausbildungsplan soll sachlich und zeitlich mit dem Lehrplan der Berufsschule abgestimmt sein. Er wird die persönlichen und betrieblichen Besonderheiten beachten und dabei die Anzahl der Auszubildenden sowie die Anzahl der Ausbildungsbeauftragten je Berufsbild berücksichtigen.

Im Überblick:

Überblick

Ausbildungsordnung:	Berufsschule:	Ausbildungsbetrieb:
▸ Ausbildungsberufsbild ▸ Ausbildungsrahmenplan	▸ Lehrplan ▸ Blockunterricht ▸ ausbildungsbegleitender Unterricht	▸ Anzahl der Ausbildungsplätze ▸ Anzahl der Ausbilder ▸ Anzahl der Ausbildungsbeauftragten ▸ betriebsinterner Unterricht

↓

Betrieblicher Ausbildungsplan

+ Berücksichtigung persönlicher Aspekte des Auszubildenden (Eignung, Neigung, Vorwissen, Ausbildungsverkürzung usw.)	+ Berücksichtigung betrieblicher Aspekte (Urlaubszeiten, Betriebsurlaub, externe Maßnahmen, Spezialkenntnisse usw.)

↓

Individueller Ausbildungsplan von Herrn .../Frau ...

Über die allgemeinen und fachlichen Inhalte der Ausbildungspläne zu den jeweiligen Berufen informieren die Industrie- und Handelskammern sowie die Handwerkskammern.

Beispiel

Auszug aus dem individuellen Ausbildungsplan von Gerd Lustig

Individueller Ausbildungsplan			
Ausbildender: RAAB KARCHER AG, Essen		**Ausbilder:** Hubert Kernig	
Auszubildender: Gerd Lustig		**Ausbildungsberuf:** Kaufmann für Büromanagement	
Zeit	**Ziffer des Ausbildungsberufsbildes**	**Zu vermitteln sind folgende Fertigkeiten und Fähigkeiten**	**Lernort**
01.10. - 30.11.20..	2.1 Leistungserstellung und Leistungsverwertung	a) Grundfunktionen des Ausbildungsbetriebes erläutern	Unterrichtsgebäude, Raum 4; Begehung der Betriebsbereiche
		b) Leistungen des Ausbildungsbetriebes beschreiben	
	1.3 Arbeitssicherheit, Umweltschutz und traditionelle Energieversorgung	a) Bedeutung von Arbeitssicherheit, Umweltschutz und rationeller Energieversorgung an Beispielen des Ausbildungsbetriebes erklären	Abt. Sicherheit, Abt. Umweltschutz, Heizkraftwerk, Abt. Controlling
...	...	...	...

03. Welche ergänzenden Bildungsmaßnahmen können den Ausbildungserfolg unterstützen?

Ergänzende Bildungsmaßnahmen (individuell oder kollektiv, intern oder extern) können wirksam den Ausbildungserfolg unterstützen, z. B.:

- Exkursionen
- Kontakte/Hospitation zu/bei Lieferanten/Kunden
- betrieblicher Ergänzungsunterricht
- Übungsfirmen
- Übungsbüros
- Lernen im Team
- interne Projekte
- Lernsoftware.

5.5.6 Prüfungsdurchführung

01. Wie ist der Auszubildende auf Prüfungen vorzubereiten?

Es wird empfohlen, den Auszubildenden über folgende Aspekte zu informieren bzw. ihn in den genannten Punkten bei der Prüfungsvorbereitung zu begleiten:

Auszubildende auf Prüfungen vorbereiten		
Information über die Art der Prüfung	Zwischenprüfung	Zunehmend entfallen Zwischenprüfungen nach § 48 Abs. 2 BBiG
	Abschlussprüfung	§§ 37 ff. BBiG
Information über die Arbeit des Prüfungsausschusses	Besetzung	§§ 39 ff. BBiG
	mindestens 3 Mitglieder	
	die Mitglieder haben Stellvertreter	
	ehrenamtliche Tätigkeit für 5 Jahre	
	Der Ausschuss beschließt mit Stimmenmehrheit; bei Stimmengleichheit entscheidet die Stimme des Vorsitzenden	
	Beschlüsse sind Verwaltungsakte; Widerspruch und Klage sind zugelassen.	
	Über Inhalt und Ablauf gibt es Materialien: IHKn, DIHK, BiBB	
Vorbereitung der Auszubildenden	Empfehlungen geben zum Umgang mit der Prüfungssituation (Stress, Vorbereitung, Systematik usw.).	
	Originalprüfungsaufgaben aus zurückliegenden Jahren bearbeiten – unter Echtbedingungen!	
	Mündliche Prüfungssituation simulieren und auswerten.	

02. Welche Bedingungen müssen bei der Zulassung zur Abschlussprüfung erfüllt sein (Anmeldung)?

Im Regelfall wird der Ausbildende (der Betrieb) den Auszubildenden zur Abschlussprüfung bei der zuständigen Stelle anmelden (vgl. §§ 15, 37, 43 BBiG; Ausnahme, z. B.: § 45 Abs. 2, 3 BBiG). Zur Abschlussprüfung ist zuzulassen, wer die Voraussetzungen nach § 43 BBiG erfüllt.

5.5.7 Anforderungen an Ausstattung und Ergonomie der Arbeitsumgebung

01. Welche Aspekte ergonomischer Arbeitsplatzgestaltung sind zu berücksichtigen?

Ausführliche Checklisten zur ergonomischen Gestaltung von Arbeitsplätzen halten die Berufsgenossenschaften bereit.

Aspekte ergonomischer Arbeitsplatzgestaltung	
	Beispiele
Anthropometrische Aspekte Beachtung der Körpermaße	► sitzend/stehend ► Arbeitstisch/-stuhl ► Griffbereich ► Bildschirm
Physiologische Aspekte Beachtung der Körperkräfte	Verbesserung des Wirkungsgrades der Muskeln, Vermeidung statischer Muskelarbeit, Körperhaltung, Arbeitsgeschwindigkeit
Psychologische Aspekte	Farbgebung, Licht, Raumklima, Geräusche, Lärm
Technische Aspekte Wahrnehmung und Übertragung optischer/akustischer Signale am Arbeitsplatz	Gestaltung der Bedienungselemente, der Anzeigeinstrumente; Kommunikationstechnik
Sicherheitstechnische Aspekte Beachtung des Unfallschutzes	Sicherheitsfarben nach DIN 4844, Kennzeichnungsfarben nach DIN 2403
Organisatorische Aspekte	Aufbau- und Ablaufstrukturen, Maßnahmen der Arbeitsstrukturierung, Einzel-/Gruppenarbeitsplätze

02. Welche Ziele verfolgt die ergonomische Gestaltung der Arbeitsplätze?

- Ergonomie ist die Lehre von der Erforschung der menschlichen Arbeit; untersucht werden die Eigenarten und Fähigkeiten des menschlichen Organismus (z. B.: Wann führt dauerndes Heben von Lasten zu gesundheitlichen Schäden?). Die Ergebnisse dienen dem Bestreben, die Arbeit dem Menschen anzupassen und die menschlichen Fähigkeiten wirtschaftlich einzusetzen.
- Humanisierung der Arbeit ist die umfassende Bezeichnung für alle Maßnahmen, die auf die Verbesserung der Arbeitsinhalte und der Arbeitsbedingungen gerichtet sind.

Im Zusammenhang mit der Gestaltung der Arbeitsplätze, der Arbeitsmittel und der Arbeitsumgebung sind die Unfallverhütungs- und Arbeitsschutzvorschriften der Berufsgenossenschaften sowie zahlreiche gesetzliche Auflagen zu beachten, z. B.:

- Gestaltung der Maschinen und Werkzeuge
- Elektrische Anlagen und Geräte (GS-Zeichen; Geprüfte Sicherheit)
- Gestaltung von Bildschirmarbeitsplätzen

  (z. B. Augenuntersuchung; keine Überbeanspruchung der Augen, des Rückens, der Nerven; vgl. Bildschirmarbeitsverordnung)
- Arbeitsmaterialien (z. B. Heben und Tragen von Lasten)

- Umgang mit gefährlichen Stoffen (z. B. Gefahrstoffdatenblätter der Hersteller und Lieferanten; ggf. Einhaltung arbeitsmedizinischer Vorsorgeuntersuchungen)
- präventive Vermeidung von Berufskrankheiten
- Vermeidung psychomentaler (nervlich-seelischer) Belastungen
- Ausgabe persönlicher Schutzausrüstungen.

5.5.8 Unterweisung

01. Was ist eine Unterweisung?

Unter der planmäßigen (Arbeits-)Unterweisung wird eine Form des organisierten Lehrens und Lernens verstanden, die sich an einer systematischen und methodischen Weise der Kenntnis- und Fertigkeitsvermittlung orientiert. Ebenso integriert sie das Verantwortungsbewusstsein des Einzelnen zur Erfüllung der Arbeitsaufgaben in die Lehrmethodik. Anwendung findet die planmäßige Unterweisung besonders bei Neueinstellungen, Versetzungen oder Änderungen im Arbeitsablauf.

Im Bereich der Ausbildung fällt dieser Art der Unterweisung ein zentraler Stellenwert zu, sodass sie als 4-Stufen-Methode (Ausbildung) bzw. TWI-Methode (training within industry; Unterweisung Erwachsener am Arbeitsplatz) folgende Schrittfolge berücksichtigt:

Die 4-Stufen-Methode

1. Vorbereiten (Vorbereitungsphase)
2. Vormachen und erklären (Erklärungsphase)
3. Nachmachen lassen (Kontrollphase)
4. Üben lassen (Sicherung des Lernerfolgs).

Bei der 4-Stufen-Methode führt der Unterweisende den Auszubildenden in vier Stufen sicher zum Handlungsziel; die zentralen acht Punkte dazu sind jeweils:

1. Stufe: Vorbereiten (Vorbereitungsphase)	
1.	Arbeitsmaterial/Medien bereitstellen
2.	Unterweisungsplatz zweckmäßig vorbereiten
3.	Begrüßung/Vorstellung
4.	Befangenheit abbauen, Kontakt herstellen
5.	Vorkenntnisse ermitteln, Anknüpfungspunkte herstellen
6.	Interesse wecken, motivieren, positives Ausbilderverhalten (z. B. freundlich, aufgeschlossen)
7.	Lernziel benennen, Sinn und Zweck der Aufgabe erklären
8.	Lernziel im ausbildungsorganisatorischen Gesamtzusammenhang darstellen

2. Stufe: Vormachen und erklären (Erklärungsphase)	
1.	Aufgabe vorführen
2.	Lernabschnitte in Kernpunkten und Begründungen verdeutlichen: ► **Was** wird gemacht? ► **Wie** wird es gemacht? ► **Warum** wird es gemacht?
3.	Lernschritte dabei dosieren
4.	Arbeitsgliederung berücksichtigen
5.	Unterweisungs- und Hilfsmittel (Medien) zweckmäßig einsetzen
6.	Lern- und Lösungshilfen geben
7.	Bewertungskriterien nennen
8.	Wesentliche Punkte verdeutlichen

3. Stufe: Nachmachen und erklären lassen (Kontrollphase)	
1.	Aufgabe nachvollziehen lassen
2.	Wenn erforderlich: korrigierend eingreifen
3.	Wenn erforderlich: Übungshilfen geben
4.	Verständnis- und Kontrollfragen stellen
5.	Begründen lassen: ► **Was** wird gemacht? ► **Wie** wird es gemacht? ► **Warum** wird es gemacht?
6.	Aufgabe eventuell wiederholen lassen
7.	Sicherheit geben
8.	Zum Nachvollzug wertend Stellung nehmen: Anerkennung bzw. Kritik

4. Stufe: Selbstständig anwenden (Sicherung des Lernerfolgs)	
1.	Zusammenfassung der wesentlichen Punkte durch den Lernenden veranlassen
2.	Fertigkeits- und Kenntnislücken schließen
3.	Übungserfolg besprechen: Anerkennung
4.	Bezug zur Praxis herstellen
5.	Fragen und fragen lassen
6.	Weitere selbstständige Vertiefung veranlassen
7.	Verabschiedung, Hinweis auf nächste Unterweisung
8.	Nach dieser Unterweisung selbstständig weiterarbeiten lassen.

Quelle: in Anlehnung an: *Reibold, 2015, S. 37 ff.*

02. Was versteht man unter der Leittext-Methode?

Leittexte sind schriftliche Anleitungen zum Lernen. Sie führen durch Fragen und Aufgaben die Teilnehmer zur selbständigen *Informationssuche* und zur Arbeit mit Medien, Quellen und Materialien. Die Intention liegt auf der systematischen Erkundung in der Praxis oder auf der Lösung konkreter Aufgaben. Das Grundprinzip der Leittext-Methode besteht darin, Auszubildende so anzuleiten, dass sie möglichst viel eigenständig lernen. Ein Leittext besteht i. d. R. aus Leitfragen, Arbeitsplan, Kontrollbogen und Leitsatz.

03. Was ist das Modell der vollständigen Handlung?

Das Modell der vollständigen Handlung ist ein Lehr- und Lernmodell des Unterrichts von Auszubildenden. Es soll einer Handlung der Praxis entsprechen und den Lernenden helfen, Arbeitsprozesse später selbstständig durchzuführen. Das Modell hat sechs Stufen (Regelkreis):

1.	**Informieren**	Informationen beschaffen (selbst oder durch Ausbilder).
2.	**Planen**	Der Arbeitsablauf ist zu erstellen.
3.	**Entscheiden**	Mit anderen prüfen und entscheiden, welcher Lösungsweg gewählt wird.
4.	**Ausführen**	Der Auszubildende erledigt die erforderlichen Arbeitsschritte (möglichst im Team).
5.	**Kontrollieren**	Soll-Ist-Vergleich (selbst oder durch andere).
6.	**Bewerten**	Das Arbeitsergebnis ist zu bewerten (Merkmale, Reflexion).

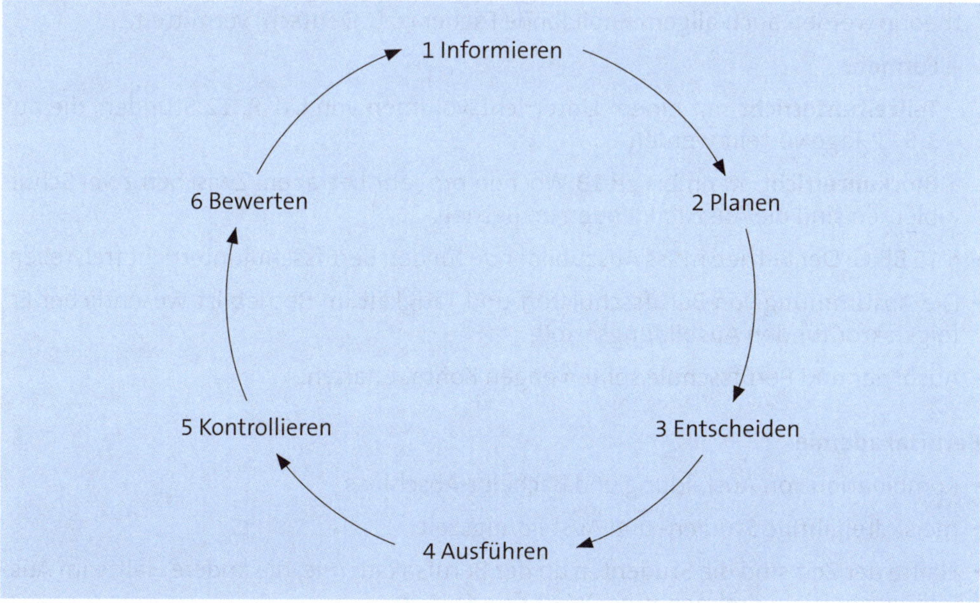

04. Welche Unterweisungsmethoden gibt es (Überblick)?

Unterweisungsmethoden		
Überwiegend **besprechend**	Überwiegend **darbietend**	Überwiegend **erarbeitend**
Beispiele		
► Lehrgespräch ► Rundgespräch ► Diskussion ► Brainstorming	► Demonstration ► 4-Stufen-Methode	► Metaplan-Technik ► Rollenspiel ► Fallmethode ► Planspiel ► Leittext-Methode ► Projekt-Methode ► Computer based Training (CBT)

5.5.9 Außer- und überbetriebliche Ausbildung

01. Welche Formen der außerbetrieblichen Ausbildung gibt es?

In § 2 BBiG wird die außerbetriebliche Ausbildung angeführt. Die Berufsausbildung wird auch in „sonstigen Berufsbildungseinrichtungen außerhalb der schulischen und betrieblichen Berufsausbildung (außerbetriebliche Berufsbildung)“ durchgeführt.

Berufsschule

- Die Berufsschule ist ein wichtiges Element der dualen Berufsausbildung. Neben Fachtheorie werden auch allgemeinbildende Fächer (z. B. Deutsch) vermittelt.
  - **Formen:**

    Teilzeitunterricht mit einem Unterrichtsvolumen von i. d. R. 12 Stunden, die auf 1,5 - 2 Tage verteilt werden.

    Blockunterricht: Kann bis zu 13 Wochen pro Jahr betragen. Zwischen zwei Schulblöcken sind die Auszubildenden im Betrieb.
- § 15 BBiG: Der Betrieb muss Auszubildende für den Berufsschulunterricht freistellen.
- Die Abstimmung von Berufsschulstoff und Tätigkeit im Betrieb ist wesentlicher Erfolgsfaktor für den Ausbildungserfolg.
- Ausbilder und Berufsschule sollten engen Kontakt halten.

Berufsakademie

- Kombination von Ausbildung und Bachelor-Abschluss
- meist dreijährige Studien- und Ausbildungszeit
- Hälfte der Zeit sind die Studenten an der Berufsakademie, die andere Hälfte im Ausbildungsbetrieb; dreimonatiger Wechselrythmus
- Studenten erhalten vom Betrieb eine Ausbildungsvergütung.

Agentur für Arbeit

- außerbetriebliche Ausbildung für benachteiligte Auszubildende, die keinen Ausbildungsplatz gefunden haben
- bei externen Bildungsträgern im Auftrag der Agentur für Arbeit
- Dauer: ein Jahr
- Förderung von Fachkenntnissen und der Persönlichkeit, um eine „normale“ Ausbildung zu erhalten.

Externe Bildungsträger
Generell können die Auszubildenden an Seminaren bei externen Bildungsträgern teilnehmen, um den neuesten technischen, wirtschaftlichen oder sozialen Fortschritt zu erfahren. Dadurch erhöht sich das Ausbildungsniveau.

02. Welche Möglichkeiten der überbetrieblichen Ausbildung sind vorhanden?

Organisation der Ausbildung
Der Ausbildende sollte den Auszubildenden über die Schwachstellen während der Ausbildung informieren, bevor der Vertrag unterzeichnet wird. Der Auszubildende sollte sich auf eine überbetriebliche Ausbildung oder Verbundausbildung einstellen können.

Überbetriebliche Ausbildung

- Der Ausbildungsbetrieb kann dem Auszubildenden nicht alle Kenntnisse und Fertigkeiten vermitteln.
- Bei einem Partner (z. B. Handwerkskammerm usw.) kann der Auszubildende die fehlenden Fertigkeiten oder Kenntnisse erwerben.
- Vertragspartner bleibt der ursprüngliche Ausbildungsbetrieb.

Verbundausbildung

- Verbundausbildung für Auszubildende in Unternehmen mit hohem Spezialisierungsgrad
- Verantwortlichkeit für die einzelnen Ausbildungsabschnitte muss sichergestellt sein (§ 10 BBiG)
- Vorteil für Auszubildenden: lernt andere Unternehmen und Mitarbeiter kennen.

5.5.10 Maßnahmen der Personalentwicklung

01. Welche Rolle spielt die Personalentwicklung während und zum Ende der Ausbildung?

Während der Ausbildung:

- Feststellung des Potenzials des Auszubildenden im Rahmen der Probezeit
- Identifikation der Lücken

- Aufstellung der persönlichen Entwicklungsziele (z. B. sicheres Auftreten im Verkauf) sowie Orientierung an den fachlichen Ausbildungszielen
- Besprechung mit dem Auszubildenden und Gestaltung eines Personalentwicklungsplanes (Entwicklungsvereinbarung)
- mögliche Maßnahmen:
  - Interne und externe Trainings sind geeignet, um die Fertigkeiten und Kenntnisse für das Ausbildungsziel zu sichern.
  - Bei erkennbaren fachlichen und persönlichen Schwachstellen des Auszubildenden können Nachhilfe und Coachings zur weiteren Entwicklung beitragen.
- Kontrolle des Erfolgs (Test, Zwischenprüfung usw.) der Personalentwicklungsmaßnahme und Evaluierung.

Zum Ende der Ausbildung:

- Welche Position wird der Auszubildende nach der Ausbildung im Unternehmen einnehmen können?

  Potenzialanalyse:
  - Bedarf des Unternehmens an Potenzial
  - Ist- oder Wird-Potenzial des Auszubildenden: Kann die Lücke durch Personalentwicklungsmaßnahmen mit großer Wahrscheinlichkeit in einer definierten Zeit geschlossen werden?
- Hat der Auszubildende die Fähigkeiten, weiterführende Aufgaben im Unternehmen zukünftig zu übernehmen?
- Unternehmen kann sich mit der Ausbildung ein Basispotenzial mit einer bestimmten Menge an Qualifikation an einem bestimmten Ort (Filiale, Zweigwerk usw.) zu einem bestimmten Zeitpunkt (Ende der Ausbildung prognostizierbar) sichern.
- Mitarbeitersicht:
  - Welche Präferenzen hat der Mitarbeiter?
  - Arbeitet er gerne mit Zahlen oder mit Menschen?
  - Welche Entwicklungsziele hat der Mitarbeiter?
- Wesentlich ist, dass die Präferenzen des Mitarbeiters mit den Zielen des Unternehmens übereinstimmen.
- Bei Übernahme aus dem Ausbildungs- in ein Angestelltenverhältnis wird der zukünftige Fachvorgesetzte eine Entwicklungsvereinbarung mit dem Mitarbeiter schließen. Diese Vereinbarung wird im Rahmen eines Mitarbeitergespräches vereinbart. Wesentliche Bestandteile sind neben den quantitativen Zielen (z. B. zukünftige Verkaufszahlen) auch qualitative Ziele (z. B. Umgang mit Mitarbeitern und Kunden).

Die Unternehmen können sich mit der Ausbildung von Mitarbeitern sowie mit einer entsprechenden Personalentwicklung Nachwuchskräfte sichern und somit den Fachkräftemangel minimieren.

INFO

Vertiefende Inhalte zur Personalentwicklung, die in der Ausbildung und/oder nach der Ausbildung im Rahmen eines „normalen“ Mitarbeiterverhältnisses einsetzbar sind, werden nachfolgend aufgezeigt.

02. Wie kann der Vorgesetzte die Ziele von PE-Maßnahmen arbeitsnah gestalten?

Die Zielplanung ist die zweite Phase innerhalb eines Personalentwicklungskonzepts – im Anschluss an die Planung des PE-Bedarfs. Die Zielplanung wird eingeteilt in die Planung der Leistungsziele, der Prozessziele und der Ressourcenziele:

Personalentwicklungsziele – Arten

Leistungsziele	Prozessziele	Ressourcenziele
► Aufgaben ► Kompetenzkategorien ► kognitive/affektive sowie psychomotorische Lernziele	► Maßnahmen ► Inhalte ► Methoden ► Verantwortlichkeiten ► Zielgruppen ► Feedback ► Evaluierung	► Dauer ► Arbeits-/Freizeit ► Mentoren ► Trainer ► Kosten ► Liquidität

- **Leistungsziele** beschreiben, was im Rahmen einer Qualifizierung zu lernen ist. Man unterscheidet hier:
  - **Kompetenzfelder** (Fach-, Methoden-, Sozialkompetenz) und
  - **Lernzielkategorien** (kognitive, affektive, psychomotorische Lernziele).
- **Prozessziele** enthalten Aussagen über die Art und Weise, wie bei der Qualifizierung vorgegangen werden soll:
  - Welche Maßnahmen?
  - Welche Methoden sollen eingesetzt werden?
  - Intern/extern?
  - Wer ist für welche Aktivität verantwortlich?
  - Wie wird die Erfolgskontrolle (Evaluierung) durchgeführt?

- **Ressourcenziele** zeigen, welche personellen, finanziellen und zeitlichen Rahmenbedingungen gelten, z. B.:
  - Welche Kosten entstehen für die Qualifizierung?
  - Welche Kostenstelle wird belastet?
  - Wer unterstützt intern die Lern- und Umsetzungsprozesse?
  - Wann findet die Qualifizierung statt? Freizeit und/oder Arbeitszeit?

03. Welche Kompetenzfelder gibt es?

Kompetenz hat hier die Bedeutung von „Befähigung"; bezogen auf die Befähigungsinhalte unterscheidet man folgende **Kompetenzfelder:**

- **Fachkompetenz**:

  = fachliche Qualifikationen/Sachkenntnisse, z. B.: Schweißverfahren; Grundlagenkenntnisse der Hydraulik und Pneumatik; Beherrschen von Drehautomatensystemen; Grundlagen der Instandhaltung

- **Methodenkompetenz:**

  = überfachliche Qualifikationen = Beherrschen von Methoden und Techniken der Präsentation, Moderation, Entscheidungsfindung, Analyse, Problemlösung usw., z. B.: Wertanalyse, Mindmapping, Techniken der Visualisierung, Moderation von Gruppengesprächen, Präsentationstechnik

- **Sozialkompetenz:**

  = soziale Qualifikationen = nicht fachliche Qualifikationen = Fähigkeit, mit anderen konstruktiv in Kontakt zu treten, z. B.: Fähigkeit zur Kommunikation, Kooperation, Integration; soziale Verantwortung für das eigene Handeln übernehmen; Führungskompetenz ist Teil der Sozialkompetenz

- **Handlungskompetenz:**

  umschließt als Obergriff die Fach-, Methoden- und Sozialkompetenz und bezeichnet die Fähigkeit, sich beruflich und privat sachlich angemessen sowie individuell und gesellschaftlich verantwortungsvoll zu verhalten.

04. Was sind Schlüsselqualifikationen?

Damit sind Qualifikationen gemeint, die relativ **positionsunabhängig** und **langfristig** von Bedeutung sind, z. B. die Moderation, d. h. die Fähigkeit, Gruppenaktivitäten ausgewogen steuern zu können; ähnlich: Präsentationsfähigkeit, Führungsfähigkeit, analytisches Denken. Schlüsselqualifikationen sind die Basis („der Schlüssel") zum Erwerb spezieller Fachqualifikationen.

05. Welche Lernzielkategorien gibt es?

- **Kognitive** Lernziele:

  betreffen die geistige Wahrnehmung: Kenntnisse, Wissen; z. B. Kenntnis der Sicherheitsvorschriften, Beherrschen der Zuschlagskalkulation.

- **Affektive** Lernziele:

  beziehen sich auf die Veränderung des Verhaltens und der Gefühle, z. B. Einsicht in die Notwendigkeit der Teamarbeit, Respektieren der Meinung anderer sowie seine eigene Meinung überzeugend vertreten.

- **Psychomotorische** Lernziele:

  umfassen den Bereich der körperlichen Bewegungsabläufe; z. B. Bedienen eines Gewindeschneiders, Anfertigen einer Schweißnaht, Zweihandbedienung einer Presse.

06. Wie unterscheidet man Qualifizierungsvorgänge im Lernfeld und im Funktionsfeld?

- Als **Lernfeld** bezeichnet man den Ort, an dem sich Lernen außerhalb des Arbeitsplatzes vollzieht, z. B. Lernen im Seminar, im Lehrgang, in der Schulung beim Lieferanten.
- Als **Funktion** bezeichnet man in der Betriebswirtschaftslehre die Betätigungsweise und die Leistung von Bereichen eines Unternehmens. So unterscheidet man im Wesentlichen die betrieblichen Funktionen: Leitung, Beschaffung, Fertigung, Materialwirtschaft usw.
- Das **Funktionsfeld** ist ein Teilbereich einer betrieblichen Funktion; beispielsweise lässt sich die Fertigung gliedern in die Funktionsfelder Materialdisposition, Arbeitsplanung, Dreherei, Schweißerei, Lackieren, Montage 1, Montage 2, Lager usw.

  Lernen im Funktionsfeld bedeutet also Lernen vor Ort, am zugewiesenen Arbeitsplatz.

07. Welcher Zusammenhang besteht zwischen Lernzielkategorien, Kompetenzfeldern und dem Leistungserfolg eines Mitarbeiters?

Die **Lernzielkategorie** legt den Inhalt der Qualifizierung fest: „Der Mitarbeiter soll nach der Unterweisung die Bedeutung der Sicherheitsvorschrift XYZ erkennen und sie bei der Maschinenbedienung einhalten." → kognitives und affektives Lernziel.

Das **Kompetenzfeld** beschreibt, welche Befähigung erweitert werden soll. Im vorliegenden Beispiel wird durch die Unterweisung die Fachkompetenz verbessert.

Kompetenz (das „Können") ist die Grundlage der **Leistungsfähigkeit**. Sie ist notwendig, aber nicht hinreichend. Hinzukommen muss die **Leistungsbereitschaft** (das „Wollen") des Mitarbeiters und die Motivation durch den Vorgesetzten. Die untenstehende Abbildung zeigt den Zusammenhang:

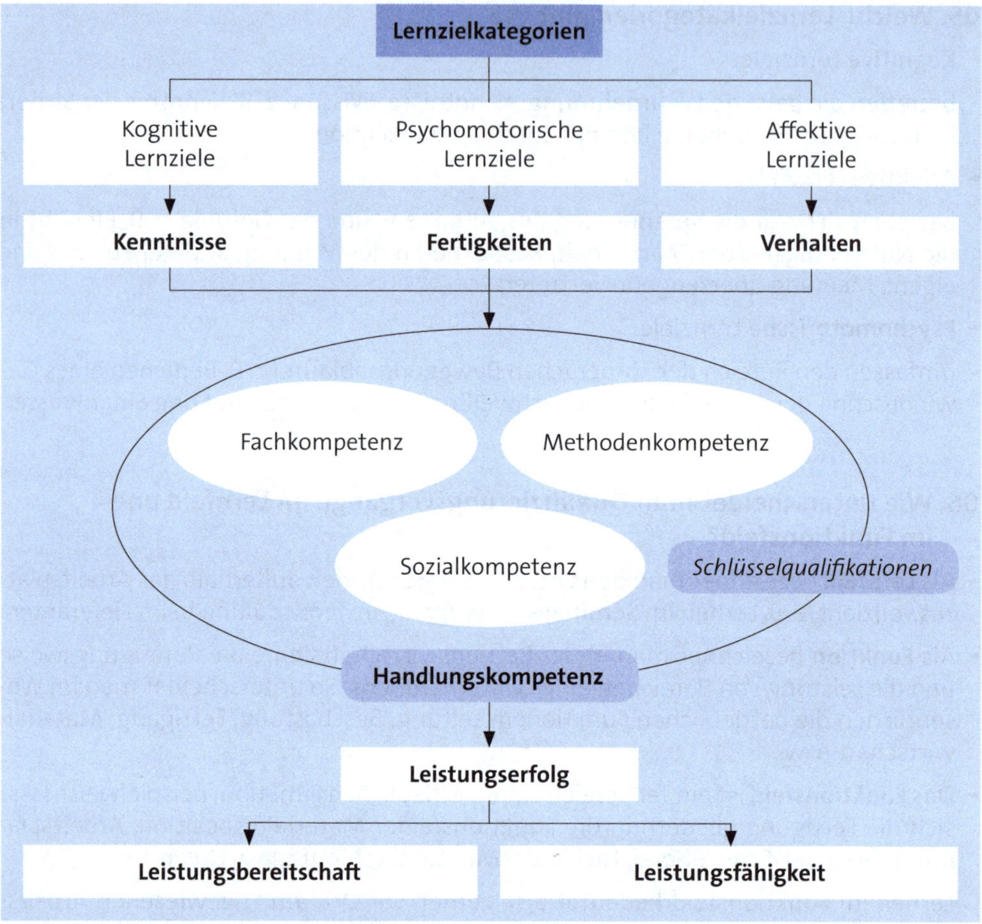

08. Wie müssen Personalentwicklungs-Ziele festgelegt bzw. vereinbart werden?

Nachdem die Ziele eines PE-Prozesses zugeordnet und fixiert wurden, müssen sie dem Mitarbeiter bekannt gemacht werden. Nur wenn er die Ziele kennt und akzeptiert, kann er auf die Realisierung Einfluss nehmen.

Der Vorgesetzte hat zwei Möglichkeiten: Er kann die Ziele ermitteln und dem Mitarbeiter verbindlich vorgeben (**„Zieldiktat"**). Wirksamer ist es jedoch i. d. R., die Ziele mit dem Mitarbeiter gemeinsam zu erarbeiten und mit ihm (in einem machbaren Rahmen) zu vereinbaren (**„Zielvereinbarung"**).

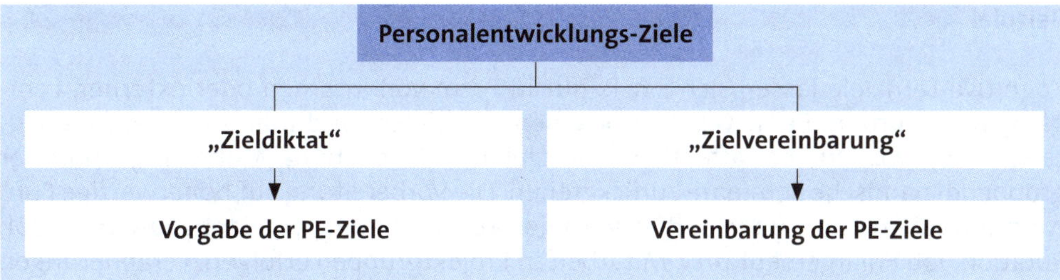

Dieser Teilprozess ist die erste Phase des PE-Gesprächs. Es müssen vorrangig folgende Fragen geklärt werden:

- Welche **Entwicklungsziele** werden angestrebt?
- Welche **Kompetenzfelder** sollen gefördert werden?
- Welche **Lernzuwächse** sind besonders wichtig und müssen in jedem Fall erreicht werden?
- Welche **Maßnahmen** sind geplant?
  - Wann?
  - In welcher Zeit?
  - Mit welchen Mitteln?
  - Von wem?
- Welche **Führungsverantwortung** hat dabei der Vorgesetzte (Aufgaben: Vorbereitung, Unterstützung, Transferhilfen u. a.) und welche **Handlungsverantwortung** muss der Mitarbeiter übernehmen (Aufgaben: Termine einhalten, Lernziele beachten und erfüllen, den Vorgesetzten über Fortschritte oder Hemmnisse unterrichten usw.)?
- Welche **Teilschritte der Transferkontrolle** werden vereinbart?
  - Welche Maßstäbe werden angelegt?
  - Welche Lernzielkategorien werden wie und wann überprüft?

09. Welche Aspekte muss der Vorgesetzte bei der Umsetzung von PE-Maßnahmen berücksichtigen?

Bei der **Durchführung** vereinbarter Qualifizierungsziele sind die spezifisch erforderlichen Maßnahmen zu planen, zu veranlassen und zu kontrollieren. Der Vorgesetzte muss dabei folgende Aspekte berücksichtigen:

- Welche **Maßnahmen** sind im vorliegenden Fall besonders geeignet?
- Welche **Methoden** und **Instrumente** „passen“ speziell zu den angestrebten Entwicklungszielen?

Beispiel

Kognitive Lernziele lassen sich i. d. R. gut in Form von internen oder externen Lehrgängen vermitteln. Bei psychomotorischen Lernzielen wird man meist auf die Unterweisung vor Ort, bei affektiven Lernzielen auf Coaching, Mentoring und/oder gruppendynamische Seminare zurückgreifen. Die Vorbereitung auf höherwertige Führungsaufgaben kann über Methoden wie Stellvertretung, Assistenzaufgaben, Job Rotation, Job Enlargement bzw. Mitarbeit in Projektgruppen erfolgen. Veränderungen in der Arbeitsstrukturierung können durch interne Maßnahmen der Teamentwicklung unterstützt werden.

Die Entscheidung des Vorgesetzten bei der Wahl geeigneter Seminare, ist vor allem eine Frage

- der angestrebten Entwicklungsziele (Inhalte)
- des jeweiligen Teilnehmerkreises (z. B. einzelne Mitarbeiter oder Gruppen)
- der Ressourcen (z. B. Zeiten, Kosten, Personen, innerbetriebliche Schulungsmöglichkeiten)
- Termin, Dauer
- Methoden, Instrumente
- Orte.

10. Welche Maßnahmen der Personalentwicklung kommen grundsätzlich infrage?

Die Maßnahmen der Personalentwicklung sowie der Aus-, Fort- und Weiterbildung sind vielfältig und lassen sich nach unterschiedlichen Gesichtspunkten klassifizieren; dabei gibt es zwischen den einzelnen Formen Überschneidungen:

1. Unterscheidung der Qualifizierungs-Maßnahmen **nach der Phase der beruflichen Entwicklung:**

Maßnahmen der Qualifizierung (1)		
Berufsausbildungs-vorbereitung, Berufsausbildung	► Berufsausbildung (Lehre) ► Traineeausbildung ► Übungsfirma	► Anlernausbildung ► Einarbeitung ► Praktikum
Fortbildung, Weiterbildung, Umschulung	► interne/externe Seminare ► Coaching ► Junior Board	► Lernstattmodelle ► allgemeine Beratung und Förderung der Mitarbeiter

Maßnahmen der Qualifizierung (1)		
Aufgaben-strukturierung	► Job Enlargement ► Job Enrichment ► Job Rotation ► Bildung von Arbeitsgruppen/ Teambildung ► teilautonome Arbeitsgruppen	► Projekteinsatz ► Sonderaufgaben ► Assistentenmodell ► Auslandsentsendung ► Qualitätszirkel ► Stellvertretung
Karriereplanung, Nachfolgeplanung	► horizontale/vertikale Versetzung ► innerbetriebliche Stellenausschreibung (innerbetrieblicher Stellenmarkt) ► Bildung von Parallelhierarchien ► Nachfolge-, Laufbahnplanung	

2. Qualifizierungs-Maßnahmen können in „Aktivitäten des Betriebes" und „Selbstständige Maßnahmen des Mitarbeiters" unterteilt werden:

Maßnahmen der Qualifizierung (2)		
Maßnahmen des Betriebes, z. B.:		**Maßnahmen der Mitarbeiter**, z. B.:
Intern:	**Extern:**	
► Fachliteratur ► Fachzeitschriften ► Lehrgänge ► Kurse ► Unterweisungen ► Betriebsführungen ► Workshops ► Zirkel ► Lernstatt	► Messen ► Ausstellungen ► Seminare ► Erfahrungsaus-tauschgruppen	► Studium (berufsbegleitend) ► Akademiebesuch ► Seminare ► Fernlehrgänge ► Aufstiegsfortbildung der IHKn ► Fachbücher

Die Eigeninitiative der Mitarbeiter kann der Betrieb unterstützen; z. B. durch

- finanzielle Zuschüsse zu den Fortbildungskosten
- Empfehlungen an bestimmte Bildungsträger zur Durchführung spezieller Maßnahmen
- unterschiedliche Formen der Freizeitgewährung
- andere Formen der Unterstützung (Bereitstellung von Räumen, Lernmitteln u. Ä.).

3. Weiterhin lassen sich Qualifizierungs-Maßnahmen nach **„Zielsetzung, Inhalt und Dauer“** gliedern:

Maßnahmen der Qualifizierung (3)				
Zielsetzung/Inhalt				**Dauer**
Aufstiegsfortbildung	Fachkompetenz	Seminare	schulische Abschlüsse	Vollzeit
Anpassungsfortbildung	Methodenkompetenz	Lehrgänge	berufliche Abschlüsse	Teilzeit
Erhaltungsfortbildung	Sozialkompetenz	mit Prüfung		Tage, Wochen
Erweiterungsfortbildung		ohne Prüfung		Jahre (lebenslanges Lernen)

Die Erhaltungsqualifizierung will mögliche Verluste von Kenntnissen und Fertigkeiten ausgleichen (z. B. Auffrischung von CNC-Kenntnissen, SPS-Kenntnissen, die über längere Zeit nicht eingesetzt werden konnten).

Die Erweiterungsqualifizierung soll zusätzliche Berufsfähigkeiten vermitteln (z. B. Erwerb von „Elektronikzertifikaten“ eines gelernten Elektrotechnikers).

Die Anpassungsfortbildung hat zum Ziel, eine Angleichung an veränderte Anforderungen am Arbeitsplatz sicherzustellen (z. B. Erwerb von Kenntnissen zur Maschinenbedienung beim Hersteller, wenn eine neue Maschinengeneration in Betrieb genommen wird.).

Die Aufstiegsfortbildung soll auf die Übernahme höherwertiger Aufgaben oder Führungsaufgaben vorbereiten (z. B. Beförderung zum Teamsprecher, zum Vorarbeiter, zum Einrichter usw.).

4. Häufig wird auch eine Unterscheidung der Qualifizierungs-Maßnahmen **„nach der Nähe zum Arbeitsplatz“** vorgenommen:

Maßnahmen der Qualifizierung (4)

on the job am Arbeitsplatz	**near the job** in der Nähe des Arbeitsplatzes	**off the job** außerhalb des Arbeitsplatzes
► Assistenz ► Stellvertretung ► Arbeitskreis ► Projektgruppe ► Unterweisung ► Job Enlargement ► Job Enrichment ► Job Rotation ► Auslandseinsatz ► Teilautonome Arbeitsgruppe	► Lernstattmodelle ► Zirkelarbeit ► Coaching ► Mentoring ► Entwicklungs-gespräche ► Ausbildungswerkstatt ► Gruppendynamik ► Konflikttraining ► Übungsfirma ► Routinebesprechungen	► Vortrag ► Tagung ► Fernlehrgang ► Förderkreise ► Lehrgespräch ► Online-Training ► CBT-Training ► Planspiel ► Fallstudie ► Programmierte Unterweisung

5.6 Moderation von Projektgruppen

5.6.1 Arbeitsgruppen, Teams und Projektgruppen

01. Welche Merkmale hat eine soziale Gruppe?

In der Soziologie, der Wissenschaft zur Erklärung gesellschaftlicher Zusammenhänge, bezeichnet man als soziale Gruppe mehrere Individuen mit einer bestimmten Ausprägung sozialer Integration (Eingliederung, Zusammenschluss).

In diesem Sinne hat eine **Gruppe** folgende **Merkmale**:

1. direkter Kontakt zwischen den Gruppenmitgliedern (Interaktion)
2. physische Nähe
3. Wir-Gefühl (Gruppenbewusstsein)
4. gemeinsame Ziele, Werte, Normen
5. Rollendifferenzierung, Statusverteilung
6. gegenseitige Beeinflussung
7. relativ langfristiges Überdauern des Zusammenseins.

Eine zufällig zusammentreffende Mehrzahl von Menschen (z. B. Fahrgäste in einem Zugabteil, Zuschauer im Theater) ist daher keine Gruppe im Sinne dieser Definition; ihr fehlen z. B. die Merkmale 3, 5 und 7.

02. Welche Gruppenarten unterscheidet man in der Soziologie?

Gruppenarten aus soziologischer Sicht		
nach der **Größe**	nach der **Entstehung**	nach der **Intimität des Kontakts**
► Kleingruppe ► Großgruppe	► formelle Gruppe ► informelle Gruppe	► Primärgruppe ► Sekundärgruppe

► **Kleingruppe/Großgruppe:**

Es gibt keine gesicherte Erkenntnis über die ideale Gruppengröße bzw. eine exakte zahlenmäßige Abgrenzung zwischen Klein- und Großgruppe. Häufig wird als Kleingruppe eine Mitgliederzahl von drei bis sechs genannt; der kritische Übergang zur Großgruppe wird vielfach bei 20 - 25 Mitgliedern gesehen.

In der Praxis wird die **Arbeitsfähigkeit** einer Kleingruppe von den Variablen Zeit, Aufgabe, Bedingungen und soziale Qualifikation der Mitglieder abhängen.

► **Formelle Gruppen**

entstehen durch bewusste Planung und Organisation; im Betrieb entsprechen diese Gruppen den festgelegten Organisationseinheiten: die Arbeitsgruppe in der Montage von Produkt X, die Abteilung Z, die Hauptabteilung Y. Die Verhaltensweisen der Mitglieder sind von außen vorgegeben und normiert, z. B. Arbeitszeit, Arbeitsort, Arbeitsmenge und -qualität.

Formelle Gruppen können auf Dauer (Abteilung) oder befristet (Projektgruppe) gebildet werden.

► **Informelle Gruppen**

können innerhalb oder neben formellen Gruppen entstehen. **Gründe** für die Bildung informeller Gruppen sind die Bedürfnisse der Menschen nach Kontakt, Nähe, Freundschaft, Sicherheit, Anerkennung, Orientierung und Geborgenheit. **Anlässe** zur Bildung informeller Gruppen können sein:

- **Im Betrieb:**

  Organisatorische Gelegenheiten und Vorgaben fördern die Entstehung informeller Gruppen; z. B.:

  - Fünf der zwanzig Montagemitarbeiter nehmen regelmäßig ihre Mahlzeit gemeinsam in der Kantine ein.
  - Innerhalb einer Projektgruppe (formelle Gruppe) bildet sich im Verlauf mehrerer Sitzungstermine eine informelle Gruppe: Die Gruppenmitglieder stehen regelmäßig in den Sitzungspausen beieinander und unterhalten sich; sie begrüßen sich zu jedem Sitzungsbeginn betont herzlich und suchen bei ihrer Sitzordnung physische Nähe.

- **Außerhalb des Betriebes:**

  Gemeinsame Interessen, Ziele oder Nutzenüberlegungen führen zur Bildung informeller Gruppen; Beispiele: Fahrgemeinschaft, Sportgruppe, private Treffen und Feiern.

  Der Einfluss informeller Gruppen auf das Betriebsgeschehen kann positiver oder negativer Natur sein.

- **Primärgruppen**

  sind Kleingruppen mit besonders stabilen, meist lang andauernden und intimen Kontakten. Es besteht eine hohe emotionale Bindung und eine starke Prägung der Verhaltensmuster der Mitglieder durch die Gruppe. Als Beispiel für eine Primärgruppe wird als Erstes die Familie angeführt; denkbar sind jedoch auch Freundschaften aus der Militärzeit, Cliquen aus der Jugendzeit, Freundschaften aus langjähriger Zusammenarbeit im Arbeitsleben.

- Die **Sekundärgruppe**

  ist nicht organisch gewachsen, sondern bewusst extern vorgegeben und organisiert. Es besteht keine oder nur eine geringe emotionale Bindung der Mitglieder untereinander.

03. Welche Bedeutung hat die betriebliche Arbeitsgruppe für den Prozess der Leistungserstellung gewonnen?

MERKE

Die betriebliche Arbeitsgruppe ist eine formell gebildete Sekundärgruppe zur Bewältigung einer gemeinsamen Aufgabe; sie kann eine Klein- oder Großgruppe sein.

Zum Begriff „Team als Sonderform der Arbeitsgruppe“ vgl. Frage 04.

Bis etwa 1930 interessierte man sich in der Betriebswirtschaftslehre und der Führungsstillehre überwiegend für den arbeitenden Menschen als Einzelperson. Es wurde untersucht, unter welchen Bedingungen der Mitarbeiter zur Leistung bereit und fähig ist und wie diese Arbeitsleistung gesteigert werden kann.

Erst schrittweise wurden Erkenntnisse der Soziologie in die Betriebswirtschaftslehre übertragen. Man begann den arbeitenden Menschen weniger als Individuum, sondern mehr als Gruppenmitglied zu begreifen. **Die Bildung und Führung von Gruppen als Instrument zur Verbesserung der Produktivität und der Zufriedenheit der Mitglieder wurde zum zentralen Gegenstand.**

In der Folgezeit entwickelte die Betriebswirtschaftslehre sowie die Führungsstillehre eine Vielzahl fast unüberschaubarer Formen betrieblicher Arbeitsgruppen (vgl. Frage

05. ff.). Der Glaube an die Überlegenheit der Gruppenarbeit gegenüber der Einzelarbeit geht teilweise auch heute noch soweit, **dass Arbeit in Gruppen als Allheilmittel aller betrieblichen Effizienz- und Produktivitätsprobleme betrachtet wird** (vgl. *Staehle, 1999, S. 241 ff.*).

MERKE

Gruppenarbeit
Hier ist Skepsis angebracht:

- Gruppenarbeit ist nicht nur mit Vorteilen verbunden, sondern birgt auch Risiken in sich!
- Gruppenarbeit führt nur dann zu einer Verbesserung der Produktivität des Arbeitssystems und der Zufriedenheit der Mitarbeiter, wenn die notwendigen Voraussetzungen vorliegen!

Beispiele für notwendige Voraussetzungen:
Klare Zielsetzung und Zuweisung der Verantwortlichkeiten, passende Aufgabenstellung, Umgebungsbedingungen, Führung der Gruppe u. Ä.; zu den Einzelheiten vgl. Frage 07.

04. Was ist ein Team?

Der Oberbegriff ist Gruppenarbeit. **Das Team ist eine Sonderform der Gruppenarbeit.**

Das Team ist eine Kleingruppe

► mit intensiven Arbeitsbeziehungen und einem ausgeprägten Gemeinschaftssinn, der nach außen hin auch gezeigt wird,	→	Wir sind ein Team!
► mit spezifischer Arbeitsform und	→	Teamwork!
► einem relativ starken Gruppenzusammenhalt	→	Teamgeist!

Beispiel

Informelle Teambildung
Im Versand für Kleinartikel arbeiten vier Frauen (Arbeitsgruppe Versand). Im Laufe der Zusammenarbeit entwickelt die Arbeitsgruppe ohne äußere Einflüsse, aber mit Zustimmung des Vorgesetzten, eine spezielle Form der Zusammenarbeit:

Die Einzelarbeiten werden entsprechend dem Ablauf auch nach Neigung und Fähigkeit der Gruppenmitglieder zugeordnet. Die Vertretung bei kurzer Abwesenheit wird selbstständig geregelt. Telefonanrufe anderer Abteilungen werden von der Mitarbeiterin entgegengenommen, die gerade Zeit hat; die Gruppenmitglieder verstehen sich gut untereinander und treten nach außen hin geschlossen auf; sie sind stolz auf ihre reibungslose Zusammenarbeit und das Arbeitsergebnis ihrer Gruppe. Bei auftretenden Problemen helfen sie sich untereinander.

Umgangssprachlich werden diese Unterschiede von Gruppenarbeit und Teamarbeit nicht immer eingehalten.

Im Rahmen der Organisationsentwicklung wird versucht, die Gruppenarbeit zur Teamarbeit zu gestalten (extern initiierte Teamentwicklung) in der Überzeugung, dass Teamarbeit die allgemeinen Vorzüge der Gruppenarbeit weiter steigern kann (weniger Reibung, mehr Effizienz, mehr Zufriedenheit u. Ä.).

05. Welche Chancen und Risiken können mit der Gruppenarbeit verbunden sein?

Gruppenarbeit führt **nicht automatisch** zu bestimmten Vorteilen (vgl. oben/Frage 03.). Ebenso wenig ist jede Gruppenarbeit immer mit Nachteilen verbunden. Deshalb werden hier die Begriffe Chancen und Risiken verwendet. Die in der nachfolgenden Tabelle dargestellten Aussagen sind im Sinne von „möglich, tendenziell" zu bewerten. Die Aufstellung ist nicht erschöpfend:

Gruppenarbeit	
Chancen	**Risiken**
► breites Erfahrungsspektrum ► unterschiedliche Qualifikationen ► Korrektur von Einzelmeinungen; weniger Fehlentscheidungen ► Formen der Beteiligung führen zu mehr Akzeptanz der Lösungen und Identifikation mit den Ergebnissen. ► Die Erfahrung der Mitglieder wird erweitert. ► Training der Sozial- und der Methodenkompetenz; die Gruppe als lernende Organisation ► Stimulanz im Denken; mehr Assoziationen ► „Wir-Gefühl" entsteht; Leistungsausgleich/-unterstützung; Kontakt/Geborgenheit in der Gruppe	► Gefahr von Konflikten ► hoher Koordinationsaufwand ► Gefahr bei risikoreichen Entscheidungen und unklarer Verantwortlichkeit: „Keiner muss die Folgen der Entscheidung verantworten." ► Intelligente Lösungen werden unterdrückt; „die unfähige Mehrheit dominiert." ► Spielregeln werden nicht eingehalten; Folgen: hoher Zeitaufwand, geringe Qualität der Lösung u. Ä. ► Informelle Gruppennormen stören betriebliche Normen. ► Unvereinbarkeit der Erwartungen der Gruppenmitglieder

06. Welche Maßstäbe sind geeignet, um den Erfolg von Gruppenarbeit zu messen?

1. **Zielerfolg:**

   Gruppenarbeit ist dann erfolgreich, wenn die übertragene Aufgabe umfassend bewältigt und das vereinbarte Ziel erreicht wurde. In Verbindung damit wird meist zusätzlich die Verbesserung des Arbeitssystems gefordert, z. B. Mengen-, Qualitäts-, Ablaufverbesserung, Senkung der Kosten usw.

2. **Individualerfolg:**

   Hiermit ist gemeint, dass die (berechtigten) Erwartungen der Gruppenmitglieder erfüllt werden, z. B. Kontakt, Respektieren der Meinung, gerechte Entlohnung beim Gruppenakkord u. Ä.

3. **Erhaltungserfolg:**

   Neben dem Ziel- und Individualerfolg ist der Zusammenhalt der Gruppe durch geeignete Maßnahmen zu sichern.

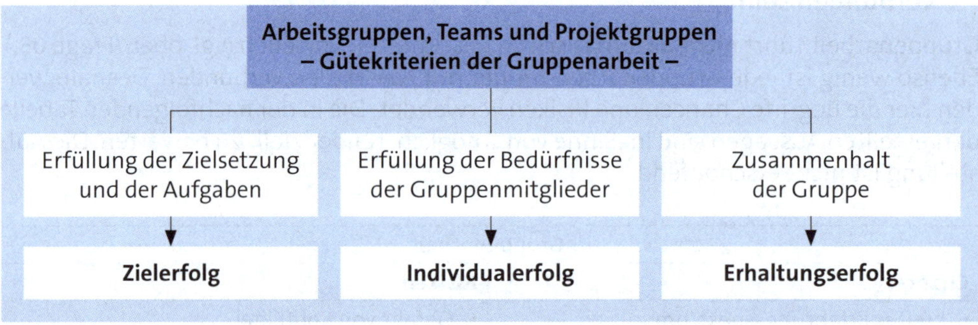

07. Welche Bedingungen muss der Vorgesetzte gestalten, um Gruppenarbeit zum Erfolg zu führen?

Damit betriebliche Arbeitsgruppen erfolgreich sein können, müssen

1. die **Ziele** messbar formuliert sowie die **Aufgabenstellung** klar umrissen sein, z. B.
   - Art und Schwierigkeitsgrad der Aufgabe?
   - Befugnisse der Gruppe bzw. Restriktionen?
   - Befugnisse einzelner Gruppenmitglieder?
   - ausgewogene fachliche Qualifikation der Gruppenmitglieder im Hinblick auf die Gesamtaufgabe (Alter, Geschlecht, Erfahrungshintergrund?
   - laufende Information über Veränderungen im Betriebsgeschehen?
2. die **Bedürfnisse der Gruppenmitglieder** berücksichtigt werden, z. B.
   - Sympathie/Antipathie?
   - bestehende informelle Strukturen berücksichtigen und nutzen?
   - gegenseitiger Respekt und Anerkennung?

3. Maßnahmen zum inneren **Zusammenhalt der Gruppe** gesteuert werden, z. B.
   - Größe der Gruppe?
   - Solidarität untereinander?
   - Bekanntheit und Akzeptanz der Gruppe im Betrieb (Gruppensprecher)?
   - Stellung der Gruppe innerhalb der Organisation?
   - Arbeitsstrukturierung (Mehrfachqualifikation, Rotation, Springer)?
   - Förderung der Lernbereitschaft und der Teamfähigkeit durch den Führungsstil des Vorgesetzten
   - Gespräche über Probleme in Sachfragen sowie in Bezug auf die Beziehungsebene und gemeinsame Lösungsfindung
   - Prinzip der „gegenseitigen Hilfe" praktizieren.

08. Wie wird eine Projektgruppe richtig besetzt?

Die Ziele von Projektmanagement sind immer:

- **Erfüllung des Sachziels:**

  Der Projektauftrag muss **quantitativ** und **qualitativ** erfüllt werden.
- **Einhaltung der Budgetgrößen:**

  Termine und **Kosten**.

Eine der Voraussetzungen zur Realisierung der Projektziele ist **die richtige Besetzung der Projektgruppe** (synonym: Projektteam). Dies bedeutet, dass **folgende Aspekte** bei der Bildung der Projektgruppe **geprüft werden müssen**:

1. Hinsichtlich der **Zielvorgabe:**

   In der Projektgruppe müssen die Fachbereiche vertreten sein, deren *Kompetenz* gefordert ist. Die Bedeutung des Projektziels entscheidet u. a. darüber, in welcher Form das Projektteam in die Organisation eingebunden ist und ob die Mitglieder für die Arbeit im Projekt freigestellt sind oder nicht.
2. **In personeller Hinsicht:**
   - Anzahl der Mitglieder?

     Bei großen, komplexen Projekten sind ggf. ein **Kernteam** (vier bis sieben Mitglieder), **spezielle Fachteams** und/oder **Ad-hoc-Teams** (fallweise Inanspruchnahme) zu bilden.
   - Freistellung der Mitglieder oder nicht?
   - Erforderliche Fach-, Methoden- und Sozialkompetenz vorhanden?

3. **In sachlicher Hinsicht:**
   - Sind die entsprechenden betrieblichen Funktionen vertreten, deren
     - Kompetenz benötigt wird (Experten)?
     - Entscheidung benötigt wird (Leiter)?
     - Bereich von Veränderungen betroffen ist?
   - Sind Mentoren und Machtpromotor erforderlich?
   - Verfügt das Projektteam über ausreichende Befugnisse?
4. **In finanzieller Hinsicht:**
   - Ist die Gruppe mit finanziellen Mitteln angemessen ausgestattet?
     Mittel zur Fremdvergabe? Reisekosten? Beschaffung von Sachmitteln? usw.
5. **In zeitlicher Hinsicht:**

   Stehen Projektaufwand und -komplexität in ausgewogenem Verhältnis zur Kapazität des Projektteams?

Beispiel

Bildung eines Projektteams (verkürzt)
Die Tronk GmbH (160 Mitarbeiter) stellt Baustoffe her und beliefert den Großhandel mit eigenem Fuhrpark. Die Geschäftsleitung erteilt den Projektauftrag „Tronk-Logistik 2011". Ziel ist die Prozessoptimierung der Annahme, Ausführung und Auslieferung der Kundenaufträge. Das Projekt ist von existenzieller Bedeutung für das Unternehmen. Die Kapazitätsbedarf des Projekts wird mit 36 Mitarbeitermonaten (MM) veranschlagt; die Projektdauer darf neun Monate nicht überschreiten. In mehreren Entscheidungsrunden wird folgendes Projektteam gebildet:

Struktur der personellen Ressourcen		Kommentar
Projektleiter	Herr Gerd Herder, Leiter der IT	Er verfügt über die erforderliche Fach-, Methoden- und Sozialkompetenz und kennt das Unternehmen seit neun Jahren; wird durch einen Stellvertreter für die Dauer des Projekts entlastet. Vor zwei Jahren hat H. bereits das interne Projekt „Umstellung auf SAP" erfolgreich geleitet.
Projektmitglieder (Kernteam)	1 Mitarbeiter – Einkauf	zu 50 %
	1 Mitarbeiter – Rechnungswesen	zu 50 %
	1 Mitarbeiter – Fertigung	Assistent des Betriebsleiters; kennt aufgrund eines Job-Rotation-Programms alle Funktionsfelder der Fertigung
	1 Mitarbeiter – Fertigung	Meister; Mitglied des Betriebsrats
	1 Mitarbeiter – Fuhrpark	zu 50 %
	1 Mitarbeiter – Verkauf	zu 50 %

Struktur der personellen Ressourcen		Kommentar
Projekt-mitglieder (erweitertes Team)	Fallweise stehen interne Experten aus den Fachbereichen zur Verfügung. Für komplexe Fragen wurde eine externe Consultingfirma (Logistikexperten) verpflichtet.	
Interne Auftraggeber	Der kaufmännische Geschäftsführer hat sich zur Teilnahme an Meilensteinsitzungen verpflichtet.	→ Verpflichtung eines Machtpromotors

Der überschlägige Vergleich von Kapazitätsbedarf und personeller Ausstattung ergibt, dass das Projektteam in personeller Hinsicht hinreichend ausgestattet ist (die Kapazität des Projektleiters sowie des externen Beraters bleibt bei der Berechnung unberücksichtigt):

Kapazitätsbedarf : Mitarbeiteranzahl = Projektdauer (geplant)
36 MM : (2 • 100 % + 4 · 50 %) = 9 Monate

5.6.2 Moderieren von Arbeits- und Projektgruppen

01. Was versteht man unter „Moderation“?

Moderation kommt aus dem Lateinischen (= **moderatio**) und bedeutet, das **„rechte Maß finden, Harmonie herstellen“**. Im betrieblichen Alltag bezeichnet man damit eine **Technik**, die hilft,

- Einzelgespräche,
- Besprechungen und
- Gruppenarbeiten (Lern- und Arbeitsgruppen)

so zu steuern, dass das Ziel erreicht wird.

02. Welche Aufgaben hat der Moderator?

Das Problem bei der Moderation liegt darin, dass die traditionellen Strukturen der Gruppenführung noch nachhaltig wirksam sind. Die Mitarbeiter sind es gewohnt, Anweisungen zu erhalten; die Vorgesetzten verstehen sich i. d. R. als Leiter einer Gruppe mit hierarchischer Kompetenz und Anweisungsbefugnissen.

Bei der Moderation von Gruppengesprächen müssen diese traditionellen Rollen abgelegt werden:

MERKE

Der Vorgesetzte als Moderator einer Besprechung steuert mit Methodenkompetenz den Prozess der Problemlösung in der Gruppe und nicht den Inhalt!

Der Moderator ist der erste Diener der Gruppe!

Der Vorgesetzte als Moderator ist **kein „Oberlehrer“**, der alles besser weiß, sondern er ist **primus inter pares** (Erster unter Gleichen). Er beherrscht das „Wie“ der Kommunikation und kann Methoden der Problemlösung und der Visualisierung von Gesprächsergebnissen anwenden. In fachlicher Hinsicht muss er nicht alle Details beherrschen, sondern einen Überblick über Gesamtzusammenhänge haben.

Eine der schwierigsten Aufgaben für den Moderator ist es, die Fähigkeit zu erlangen, **seine eigenen Vorstellungen** zur Problemlösung denen der Gruppe **unterzuordnen**, sich selbst zurückzunehmen und ein erforderliches Maß an **Neutralität** aufzubringen. Dies verlangt ein Umdenken im Rollenverständnis des Vorgesetzten.

Der Moderator hat somit folgende **Aufgaben:**

1. **Er steuert den Prozess und sorgt für eine Balance** zwischen Individuum, Gruppe und Thema!

   Ablauf der Besprechung, Kommunikation innerhalb der Gruppe, roter Faden der Problembearbeitung, Anregungen, Zusammenfassen, kein Abschweifen vom Thema, verschafft allen Gruppenmitgliedern Gehör.

2. **Er bestimmt das Ziel** und den Einsatz der **Methodik** und der **Techniken**!

   Die Gruppe bestimmt vorrangig die Inhalte und Lösungsansätze.

3. Er sorgt dafür, dass **Spannungen und Konflikte thematisiert** werden!

   Sachliche Behandlung.

4. **Er spielt sich nicht (inhaltlich) in den Vordergrund**!

   Zuhören, ausreden lassen, kein Besserwisser, Geduld haben.

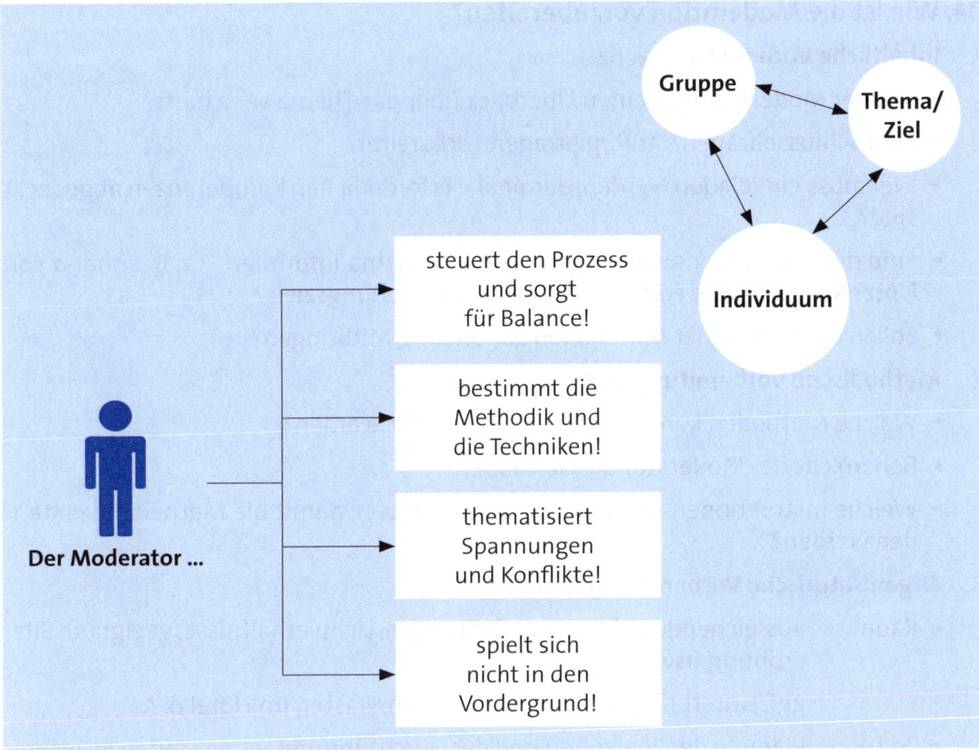

03. Wie ist der Ablauf der Moderation und welche Methoden können je Phase z. B. eingesetzt werden?

Phase	Beispiele
1. Einstieg	Begrüßung, Marktplatz, Plakat
2. Problemorientierung	Zielorientierte Schlüsselfragen, Kartenabfrage, Mindmapping
3. Problembearbeitung	Kleingruppenarbeit, Themenspeicher
4. Ergebnisorientierung	Themenbewertung, Prioritätensetzung
5. Abschluss, Präsentation	To-do-Liste, Zusammenfassung, Stimmungsbarometer
6. Nachbereitung	Protokoll, Dokumentation, Feedback

04. Wie ist die Moderation vorzubereiten?

1. **Inhaltliche Vorbereitung**, z. B.:
   - Hat der Moderator sich einen Überblick über das Thema verschafft?
   - Sind Schlüsselfragen/Strategiefragen vorbereitet?
   - Wer muss eingeladen werden, damit alle erforderlichen Kompetenzen abgedeckt sind?
   - Sind die Teilnehmer ausreichend über das Thema informiert – z. B. anhand von Unterlagen? Präzise Formulierung des Besprechungsziels?
   - Sollen die Teilnehmer Materialien zur Sitzung mitbringen?
2. **Methodische Vorbereitung**, z. B.:
   - Welche Methoden können/müssen eingesetzt werden?
   - Beherrscht der Moderator die Methoden?
   - Welche Instruktionen muss er der Gruppe geben, damit die Methoden verstanden werden?
3. **Organisatorische Vorbereitung**, z. B.:
   - Raum: ausreichende Größe, ohne Störungen, Lichtverhältnisse, geeignete Sitzordnung usw.

     ggf. Unterbringung von Teilnehmern/Gästen im Hotel o. Ä.
   - Zeit: Planung der Rüstzeiten und der Durchführungszeiten; Zeiten je Besprechungs- und Arbeitsphase usw.

     Rechtzeitige Einladung der Teilnehmer?
   - Technik: Bereitstellung der Technik und Hilfsmittel; vollständig und funktionsfähig?
   - Pausen: Kaffeepausen, Mahlzeiten, Getränke im Raum?
4. **Persönliche Vorbereitung**, z. B.:
   - Ausreichend Schlaf am Vortag!
   - Rechtzeitig vor Sitzungsbeginn erscheinen.

     (Pufferzeit, falls noch Änderungen oder Komplikationen auftreten; sich mit den Räumlichkeiten vertraut machen)
   - Sich positiv einstimmen: Auf das Thema und die Teilnehmer freuen und sich den persönlichen Nutzen verdeutlichen.
   - Lernen, mit dem Lampenfieber fertig zu werden!

     (Entspannung, Atmung, Ablenken, sich einen Fehler erlauben u. Ä.)

05. Wann empfiehlt sich die Moderation zu zweit?

Die Steuerung von Kleingruppen bei einfach strukturierten Problemen lässt sich von einem geübten Moderator allein bewältigen.

Insbesondere bei Großgruppen und/oder komplexen Themen bietet die **Moderation zu zweit** (auch: geteilte Moderation, Teammoderation) **Vorteile**, da die Vielzahl der Wahrnehmungs- und Steuerungsprozesse eine Person überfordern kann.

Vorteile der Teammoderation:

- **Arbeitsteilung**, z. B.:
  - Ein Moderator steuert den Gruppenprozess, der andere visualisiert.
  - Ein Moderator leitet die Diskussion in der Gruppe, der andere bereitet die nächste Moderationsphase vor (z. B. Kartenabfrage, Kleingruppenarbeit, Auswertung).
- **Stimulanz**, z. B.:
  Die Gruppe erlebt zwei Personen mit ihren unterschiedlichen Erfahrungen und Verhaltensweisen: Fach- und Methodenkenntnisse, Persönlichkeit, Sprache, Einsatz von Techniken u. Ä.

  Dies schafft zusätzliche Aufmerksamkeit und regt zur Mitarbeit an. Man kennt diese Erfahrung aus dem „Lehren zu zweit" (Team-Teaching).
- **Unterstützung, Hilfe, Coaching**, z. B.:
  Die Steuerung der Gruppenprozesse verlangt vom Leiter permanent eine präzise Wahrnehmung der Vorgänge bei hoher Konzentration. Dies führt zu einer psychischen Ermüdung mit der Gefahr, den roten Faden zu verlieren. Beide Moderatoren können sich hier wechselseitig unterstützen bzw. dem anderen Hilfestellung leisten.

  Gruppensteuerung im Team bietet einem weniger erfahrenen Moderator die Möglichkeit, von dem anderen zu lernen. Im Anschluss an die Veranstaltung können beide gemeinsam über den Prozessablauf reflektieren und Verbesserungsansätze besprechen (Coaching-Ansatz).

Voraussetzung für die Moderation zu zweit ist, dass sich beide Personen gut kennen und den Ablauf gemeinsam vorbereitet haben. Die unterschiedlichen Arbeitsbeiträge müssen im Grundsatz abgesprochen sein. Die „Chemie" zwischen beiden muss stimmen; sie müssen den anderen in seiner persönlichen Eigenart respektieren. Falsches Konkurrenzdenken kann schnell zum Misserfolg der Moderation zu zweit führen.

06. Was ist Kreativität?

Als Kreativität bezeichnet man die Fähigkeit eines Menschen, **neue Problemlösungen hervorzubringen.** Voraussetzung dafür ist die Fähigkeit/Bereitschaft, **von alten Denkweisen abzurücken** und zwischen bestehenden Erkenntnissen neue Verbindungen herzustellen. Man unterscheidet u. a. zwei Arten der Kreativität:

Arten der Kreativität	
Assoziative Kreativität	Assoziieren = Verbinden, Zuordnen, Verknüpfen
	Beispiel für **assoziative Kreativität:** Der Mitarbeiter verbessert den Ablauf bei der Motormontage und stützt sich dabei auf seine bisherige Erfahrung und betriebliche Erkenntnisse.
Originäre Kreativität	Originär = etwas völlig Neues schaffen
	Beispiel für **originäre Kreativität:** Der Mitarbeiter einer Druckerei entwickelt ein völlig neues Verfahren, um bei der Bearbeitung und dem Transport von Papierbögen die elektromagnetische Aufladung des Papiers zu verringern.

07. Welche Kreativitätstechniken und Methoden der Ideenfindung lassen sich in der Praxis einsetzen?

Dazu ausgewählte Beispiele (die Aufzählung kann nicht erschöpfend sein):

Kreativitätstechniken und Methoden der Ideenfindung (Beispiele)		
Bezeichnung	**Kurzbeschreibung**	**Anwendung**
Brainstorming	„Gedankensturm“: Ideen werden gesammelt und visualisiert; die Phase der Bewertung erfolgt später:	Kleingruppe: 5 - 12
Brainwriting auch: Pinnwandtechnik	analog zum Brainstorming; die Ideen werden auf Karten notiert, gesammelt, dann bewertet usw.	Kleingruppe: 5 - 12
Synektik	Durch geeignete Fragestellungen werden Analogien gebildet. Durch Verfremdung des Problems will man zu neuen Lösungsansätzen kommen. **Beispiel:** Wie macht man Karriere? Verfremdung: Eigenschaften eines Joggingschuhs, z. B. biegsam, flexibel, dämpfend, stinkig Rücktransformation: Um Karriere zu machen, sollte man biegsam, flexibel, dämpfend und stinkig sein.	Kleingruppe: 5 - 12; auch Einzelarbeit

Kreativitätstechniken und Methoden der Ideenfindung (Beispiele)		
Bezeichnung	**Kurzbeschreibung**	**Anwendung**
Bionik	Ist die Übertragung von Gesetzen aus der Natur auf Problemlösungen. **Beispiel:** Echo-Schall-System der Fledermaus → Entwicklung des Radarsystems	
Morphologischer Kasten	Die Hauptfelder eines Problems werden in einer Matrix mit x Zeilen (Kriterien) und y Spalten (Ausprägung der Kriterien) dargestellt. Zum Beispiel erhält man bei einer „4 x 4-Matrix" 16 grundsätzliche Lösungsfelder.	Kleingruppe; auch Einzelarbeit
Assoziieren	Einem Vorgang/einem Begriff werden einzeln oder in Gruppenarbeit weitere Vorgänge/Begriffe zugeordnet; z. B.: „Lampe": Licht, Schirm, Strom, Birne, Schalter, Fuß, Hitze.	Kleingruppe; auch Einzelarbeit
Methode 6-3-5	**6** Personen entwickeln **3** Lösungsvorschläge; jeder hat pro Lösungsvorschlag **5** Minuten Zeit. Das Formular wird 5-mal weitergereicht.	Kleingruppe; einfache Handhabung
CNB-Methode	Es wird ein gemeinsames Notizbuch angelegt (**C**ollective **N**ote**b**ook): In einer Expertengruppe erhält jeder ein CNB und trägt einzeln, über einen Monat lang seine Ideen ein. Der Moderator fasst alle Ideen aller CNBs zusammen. Danach erfolgt eine gemeinsame Arbeitssitzung.	Einzelarbeit + Gruppenarbeit; lange Phase der Ideensammlung
IO-Analyse, Pareto-Analyse	Vgl. Fragen 08. und 09.	
Mindmapping	Dies ist eine Technik, um Informationen und Problemstellungen auf eine übersichtliche Art zu strukturieren und zu dokumentieren; sie ist geeignet für die Analyse von Problemen, aber auch für die Gliederung von Lösungswegen.	Das Problem wird in „Hauptäste" und „Zweige" zerlegt und grafisch veranschaulicht: 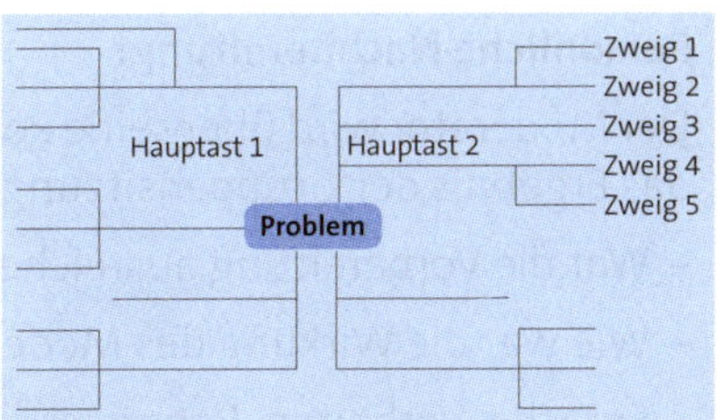

08. Wie wird die IO-Methode eingesetzt?

Die IO-Methode (= **I**nput-**O**utput-Methode) ist ein analytischer Weg, der hauptsächlich auf komplizierte dynamische Systeme angewendet wird (z. B. Bewegung, Energie, Konstruktion). Die Bearbeitung des Problems erfolgt in vier Stufen:

IO-Methode		
Stufen	**Vorgang**	**Beispiel**
Stufe 1	Das erwünschte Ergebnis wird festgesetzt. **= Output**	Warnsignal bei Feuer!
Stufe 2	Die gewünschte Ausgangsbasis wird festgelegt. **= Input**	Zu hohe Wärme!
Stufe 3	Man fügt die Nebenbedingungen hinzu, ohne den Fluss der Kreativität einzuschränken.	z. B.: Das Warnsignal muss wartungsfrei sein; die Kosten dürfen nicht ...
Stufe 4	Es werden Lösungen entwickelt.	?

09. Welche Erkenntnisse liefert die Pareto-Analyse?

Das **Pareto-Prinzip** (Ursache-Wirkungs-Diagramm; auch: Pareto-Analyse; benannt nach dem italienischen Volkswirt und Soziologen Vilfredo Pareto, 1848 - 1923) besagt, dass wichtige Dinge normalerweise einen kleinen Anteil innerhalb einer Gesamtmenge ausmachen. Diese Regel hat sich in den verschiedensten Bereichen betrieblicher Fragestellungen als sog. **80 : 20-Regel** bestätigt:

MERKE

80 : 20-Regel:

- 20 % der Kunden „bringen" 80 % des Umsatzes.
- 20 % der Fehler sind für 80 % des Ausschusses verantwortlich.

10. Wie erfolgt die Nachbereitung der Moderation?

Die Moderation ist persönlich und organisatorisch nachzubereiten:

- **Persönliche Nachbereitung:**

  Der Moderator wird über seine Rolle, die eigene Wirkung im Moderationsprozess und das Ergebnis der Gruppensitzung reflektieren:

  - War die Vorbereitung ausreichend?
  - Wie war die Wirkung des Moderators?

    Sprache, Verhalten, Beherrschen der Techniken
  - Wurde das gesetzte Ziel erreicht?

Das Ergebnis dieser Analyse wird einzeln oder mit dem Co-Moderator durchgeführt und mündet in Verbesserungsaktionen für die nächste Sitzung.

- **Organisatorische Nachbereitung:**
  - Erstellen des Protokolls
  - Steuern, Überwachen und Unterstützen der Erledigung von Aufgabenpaketen bis zur nächsten Sitzung
  - Dokumentieren von Merkpunkten für die nächste Sitzung
  - Rückgabe von Medien und Hilfsmitteln
  - Sitzungszimmer aufräumen.

5.6.3 Steuern von Arbeits- und Projektgruppen

01. Welche Phasen der Teamentwicklung werden unterschieden?

Wenn eine Arbeits- oder Projektgruppe gebildet wird, so benötigen Menschen eine hinreichende Entwicklungszeit, um zu einer effizienten Zusammenarbeit zu gelangen. Der amerikanische Psychologe Tuckmann teilt den Prozess der Gruppenbildung in vier Phasen ein:

Der Gruppenentwicklungsprozess – Phasen der Teamentwicklung nach Tuckmann				
Forming Formende Phase	**Storming** Stürmische Phase	**Norming** Regelungsphase	**Performing** Phase der Zusammenarbeit	**Adjourning** Auflösungsphase
► Kontaktaufnahme ► Kennenlernen ► Höflichkeit ► Unsicherheiten	► Machtkämpfe ► Egoismen ► Frustrationen ► Konflikte ► Statusdemonstrationen	► Lernprozesse ► Spielregeln ► Vertrauen und Offenheit ► sachliche Auseinandersetzung	Reifephase: Entwicklung zu einem leistungsfähigen Team	► Projekte sind befristet; Trennung des Teams vorbereiten ► Sach- und Beziehungsebene reflektieren ► Für Teammitglieder die Rückkehr in die Linie oder die Beschäftigung in einem anderen Projekt in Aussicht stellen

Der Vorgesetzte und der Moderator müssen diese Entwicklungsphasen kennen; die Prozesse sind bei jeder Gruppenbildung mehr oder weniger ausgeprägt und gehören zur „Normalität“. Der Zeitaufwand, „bis die Gruppe sich gefunden hat“ ist notwendig und muss eingeplant werden.

Es kann in der Praxis auch vorkommen, dass Gruppen die Phasen 1 bis 2 nicht überwinden und sehr ineffizient arbeiten; ggf. muss dann die Gruppe neu gebildet werden, wenn die Voraussetzungen einer Teamarbeit nicht gegeben sind.

02. Welche besonderen Rollen werden zum Teil von einzelnen Gruppenmitgliedern wahrgenommen? Welcher Führungsstil ist jeweils angebracht?

Dazu ausgewählte Beispiele:

- Der **„Star“** ist meist der informelle Führer der Gruppe und hat einen hohen Anteil an der Gruppenleistung.

  → fördernder Führungsstil, Anerkennung, tragende Rolle des Gruppen-„Stars“ nutzen und einbinden in die eigene Führungsarbeit, Vorbildfunktion des Vorgesetzten ist wichtig.

- Der **„Freche“:**

  Es handelt sich hier meist um extrovertierte Menschen mit Verhaltenstendenzen wie Provozieren, Aufwiegeln, „Quertreiben“, unangemessenen Herrschaftsansprüchen (Besserwisser, Angeber, Wichtigtuer usw.).

  → sorgfältig beobachten, Grenzen setzen, mitunter auch Strenge und vor allem Konsequenz zeigen; Humor und Geduld nicht verlieren.

- Der **„Intrigant“:**

  → negatives Verhalten offen im Dialog ansprechen, bremsen und unterbinden, auch Sanktionen „androhen“.

- Der **„Problembeladene“:**

  → ermutigen, unterstützen, Hilfe zur Selbsthilfe leisten, (auch kleine) Erfolge ermöglichen, Verständnis zeigen („Mitfühlen aber nicht mitleiden“)

- Der **„Drückeberger“:**

  → fordern, anspornen und Erfolg „erleben“ lassen, zu viel Milde wird meist ausgenutzt.

- Der **„Neuling“:**

  → Maßnahmen zur Integration, schrittweise einarbeiten, Orientierung geben durch klares Führungsverhalten, in der Anfangsphase mehr Aufmerksamkeit widmen und betreuen.

- Der **„Außenseiter“:**

  → versuchen, den Außenseiter mit Augenmaß und viel Geduld zu integrieren, es gibt keine Patentrezepte, mitunter ist das vorsichtige Aufspüren der Ursachen hilfreich.

03. Welche „Signale“ können Hinweise auf Störungen im Gruppenprozess sein?

Störungen im Gruppenprozess sind u. a. erkennbar an folgenden „Signalen“:

- unverhältnismäßig hoher Zeitaufwand bei der Bearbeitung gestellter Aufgaben
- geringe Produktivität der Leistung

- nicht ausreichende Qualität der Leistung
- Beschwerden der Gruppenmitglieder und Unzufriedenheit
- verbale Aggression, Streit
- Cliquenbildung
- Absonderung
- fehlende Mitarbeit
- Absentismus (Abwesenheit, „Fehlen").

04. Welche Arten von Störungen im Gruppenprozess können auftreten?

Störungen im Gruppenprozess lassen sich folgenden Ebenen zuordnen (Variablen = Störungsursachen): Dabei hat der Vorgesetzte/Moderator verschiedene Instrumente und Verhaltensweisen, um Störungen im Gruppenprozess zu bearbeiten; es folgen ausgewählte Beispiele:

Störungen im Gruppenprozess – Ebenen/Variablen – Instrumente		
Ebenen	**Variablen**	**Instrumente**, z. B.
Persönlichkeit des Einzelnen	Persönlichkeit einzelner Gruppenmitglieder; Persönlichkeit des Moderators: Interrollenkonflikte	Einzelgespräch; Einsicht in fehlerhaftes Verhalten erzeugen
Beziehung zwischen zwei Gruppenmitgliedern	Sympathie, Antipathie, Rivalität, Konkurrenz, Vorurteile; Sach- und Beziehungskonflikte	Strategien der Konfliktbearbeitung
Beziehung zwischen dem Einzelnen und der Gruppe	Rollen, Intrarollenkonflikte, Erwartungen, Normen, Kommunikation; Einzelziele versus Gruppenziele	Einzelgespräch; Klären und Vermitteln; vgl. Strategien der Konfliktbearbeitung
Beziehung zwischen der Gruppe und dem Moderator	Personale und fachliche Autorität, gegenseitige Erwartungen, Kommunikation, Befugnisse, informeller Führer	Reflexion über das eigene Verhalten; Sichern der fachlichen Autorität; Beherrschen der Techniken; Aussprache mit der Gruppe: Konflikt thematisieren (Methode „Blitzlicht").
Beziehungen von Gruppen untereinander	Konflikte zu anderen Gruppen, Konflikte innerhalb der Gruppe, Cliquenbildung, Gruppengröße beachten	Gemeinsame Sitzung der rivalisierenden Teams: Konflikt thematisieren, Erwartungen klären, Regeln der Zusammenarbeit vereinbaren.

Störungen im Gruppenprozess – Ebenen/Variablen – Instrumente			
Ebenen		**Variablen**	**Instrumente**, z. B.
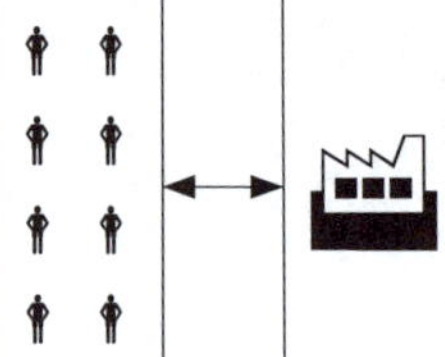	**Beziehung der Gruppe zur Organisation (Unternehmen)**	Werte, Normen, Erwartungen, Ziele, Stellung der Gruppe innerhalb der Organisation, Restriktionen/Auflagen, Führungskultur	Erwartungen der Gruppe an das Management formulieren und vortragen; unterschiedliche Werthaltungen thematisieren und Konsens anstreben; Stellung der Gruppe in der Organisation klären; Unterstützung im Management suchen.

05. Wie lassen sich Störungen in der Gruppenarbeit bearbeiten/lösen?

Der Vorgesetzte/Moderator hat verschiedene **Instrumente** und **Verhaltensweisen**, um Störungen im Gruppenprozess zu bearbeiten; es folgen ausgewählte Beispiele:

Ebene	Beispiele
1	Einzelgespräch; Einsicht in fehlerhaftes Verhalten erzeugen.
2	vgl. Strategien der Konfliktbearbeitung; » 5.3
3	Einzelgespräch; klären und vermitteln; vgl. Strategien der Konfliktbearbeitung; » 5.3
4	Reflexion über das eigene Verhalten; Sichern der fachlichen Autorität; Beherrschen der Techniken; Aussprache mit der Gruppe: Konflikt thematisieren (Methode „Blitzlicht“).
5	Gemeinsame Sitzung der rivalisierenden Teams: Konflikt thematisieren, Erwartungen klären, Regeln der Zusammenarbeit vereinbaren.
6	Erwartungen der Gruppe an das Management formulieren und vortragen; unterschiedliche Werthaltungen thematisieren und Konsens anstreben; Stellung der Gruppe in der Organisation klären; Unterstützung im Management suchen.

06. Warum muss der Vorgesetzte über das Ergebnis von Gruppenprozessen reflektieren?

Über den Ablauf der Arbeit in Gruppen zu reflektieren heißt, sich Gruppenprozesse bewusst zu machen. Stärken bzw. Schwachstellen im Gruppenprozess zu erkennen und zu analysieren bietet die Möglichkeit, bewusst positive Entwicklungen zu stärken und bei negativen gegenzusteuern. Dazu wird der Vorgesetzte/der Moderator sein **Instrumentarium** einsetzen, z. B.:

- seine Persönlichkeit und Erfahrung
- das Beherrschen der Moderations- und Kommunikationstechniken
- Kenntnisse über Gruppenprozesse und die „Gütekriterien“ erfolgreicher Gruppenarbeit
- Strategien zur Konfliktbearbeitung.

5.6.4 Projektabschluss

01. Welche Aufgaben hat der Projektleiter am Schluss?

1. Er muss die **Abnahmebedingungen** lt. Projektauftrag und Projektqualitätsplanung (PQP) überprüfen:

Abnahmebedingungen	eingehalten
Zielvorgaben, quantitativ	x
Zielvorgaben, qualitativ	x
Ressourcen	x
Termine	x
Kosten	x

2. Er muss den **Abschlussbericht** erstellen. Er besteht aus drei Hauptteilen:
   - **Dokumentation** von Projektauftrag und Projektverlauf:

     Ziele, Struktur, Daten, Termine
   - **Beschreibung** der Projektresultate:

     Ergebnisse, Leistungen, Erfahrungen, Kosten
   - **Wegweiser** zur Ergebnis-Implementierung und Akzeptanzsicherung:

     Prozessbegleiter, Projektabnahme (Unterschrift durch Auftraggeber).

     Der **Verteilerkreis** des Abschlussberichtes umfasst die Betroffenen und Beteiligten sowie evtl. im Projektverlauf hinzugekommene Personen und Fachbereiche. Keineswegs ist er nur an Mitglieder der Unternehmensleitung zu richten. Selbstverständlich kann der Umfang der einzelnen Hauptteile je nach Betroffenheitsgrad der Adressaten schwanken. Zu den direkt Beteiligten kommen alle Unterstützer des Projektes und alle von der Implementierung Betroffenen hinzu.
3. Er muss das Projektergebnis in einer **Abschlusssitzung** dem Auftraggeber präsentieren, d. h. Präsentation der Projektresultate und der geplanten Implementierungsschritte.
4. Er muss sich in der Projektabschlusssitzung **Multiplikatoren** für die Umsetzung der Projektergebnisse **sichern.**
5. Er muss **Feedback von den Projektteammitgliedern** einholen.
6. Er muss sich bei dem **Projektteam bedanken** und die **Leistung** der Mitglieder **würdigen**.
7. Er muss die **Reintegration der Projektteammitglieder** in die Linie rechtzeitig vorbereiten.
8. Er sollte dafür sorgen, dass die **positiven Erfahrungen und neues Know-how,** die im Rahmen der Projektrealisierung gemacht wurden, im Unternehmen **genutzt werden**.

02. Welche Empfehlungen kann/sollte der Projektleiter nach dem Abschluss des Projekts geben?

Er sollte dafür sorgen, dass die **positiven Erfahrungen und neues Know-how,** die im Rahmen der Projektrealisierung gemacht wurden, im Unternehmen **genutzt werden**:

Eine Führunqskultur im Unternehmen, die Werte, Normen und Einstellungen wie Individualität, Beteiligung der Mitarbeiter, sachorientierte Lösung von Konflikten usw. präferiert, bietet eine gute Basis für Projektarbeit. Analog wird erfolgreiches Projektmanagement genau die Werte und Normen einer Führungskultur stärken, durch die es gestützt wird.

03. Welche Arbeitsschritte umfasst der Projektabschluss (Überblick)?

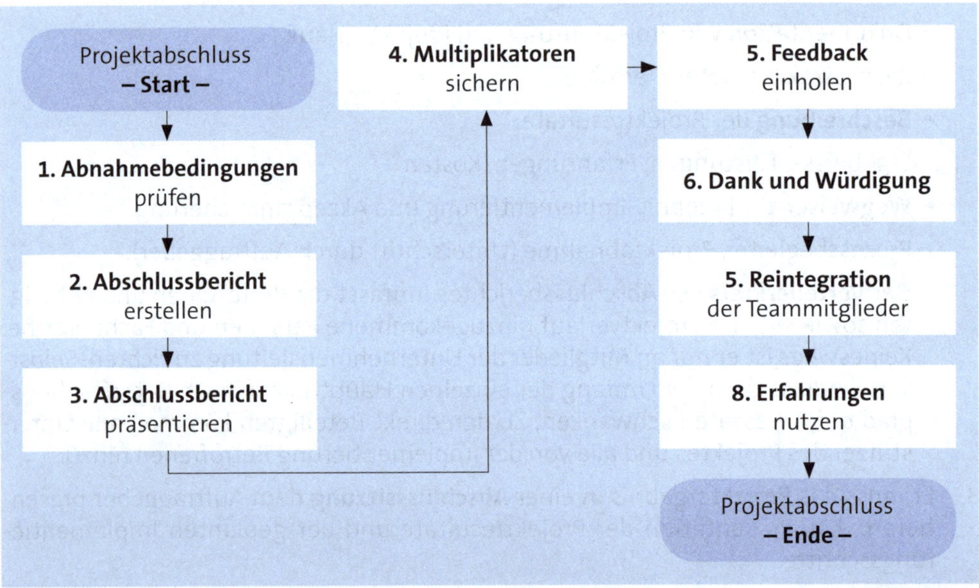

5.7 Präsentationstechniken

5.7.1 Ziel und Gegenstand der Präsentation

01. Was ist das Ziel der Präsentation?

Präsentieren heißt, **eine Idee zu verkaufen**. Der Begriff „Idee" ist dabei gleichbedeutend mit „Konzept, Angebot, Entwurf, Vorschlag" usw.

MERKE

- Jede Idee muss präsentiert werden, wenn der Urheber seine Idee auch realisieren will.
- Präsentieren ist nicht nur Weitergabe von Informationen.
- Präsentieren ist: Andere für seine Ideen begeistern.

Der Präsentator hat immer zwei Ziele:

- **Sachliche Präsentationsziele:**
  - Die anderen sollen verstehen, welchen Nutzen seine Idee für potenzielle Interessenten und für sie selbst hat.
  - Die Zuhörer sollen seine Idee akzeptieren.
  - Die Adressaten der Präsentation sollen sich für seine Idee entscheiden.
- **Persönliche Präsentationsziele:**
  - Der Präsentator will Anerkennung als Fachmann.
  - Der Präsentator will Bestätigung als Mensch.

Gerade die persönlichen Wirkungsmittel sind mitbestimmend für den Präsentationserfolg. Jeder, der eine Idee präsentiert, präsentiert auch sich selbst. Eine noch so gute Präsentationstechnik hilft nicht, wenn die Zuhörer unterschwellig spüren, dass man nicht hinter seiner Idee steht.

5.7.2 Voraussetzungen einer erfolgreichen Präsentation

01. Welche Voraussetzungen müssen für eine erfolgreiche Präsentation erfüllt sein?

Eine Präsentation wird dann erfolgreich sein, wenn der Präsentator folgende Voraussetzungen sicherstellt:

1. **Adressatenanalyse:**
   Wen habe ich vor mir? Auf welchem Niveau kann ich präsentieren? Welche Zeit habe ich zur Verfügung?
2. **Fachlich gut vorbereitet sein:**
   Stichwortmanuskript o. k.? Raum und Medien vorbereitet? Funktioniert die Technik?
3. **Mental gut vorbereitet sein:**
   ausgeschlafen, positive Stimmung, munter, agil, innerlich „aufgeräumt“.

4. **In der Präsentationstechnik geübt sein:**
Vorher: üben, üben, ... Helfer suchen! (Kollegen, Familie); Vortragsweise, Wortwahl.
5. **Visualisierungsmittel vorbereiten:**
Overheadprojektor/Folien, Flipchart, Wandtafel, Pinnwand, Visualizer.

MERKE

Eine Präsentation ohne Visualisierung ist keine Präsentation!

02. Was ist eine improvisierte Präsentation? Welche Empfehlungen lassen sich nennen?

Nicht selten besteht für Führungskräfte die Notwendigkeit, im Rahmen von Mitarbeiterbesprechungen oder Gesprächen mit dem Kunden eine Problemsituation, einen Sachverhalt, einen Schadensfall an einer komplexen Anlage o. Ä. „aus dem Stand heraus" zu verdeutlichen (zu präsentieren). Auch in dieser Situation geht es darum, ein bestimmtes Ziel zu erreichen und den anderen zu überzeugen.

Daher sollte auch im „improvisierten Fall einer Präsentation" das gesprochene Wort durch eine geeignete Visualisierung unterstützt werden.

Es kommt nicht auf „Schönheit und Perfektion" an, sondern entscheidend ist, dass durch Klarheit und Systematik in „Wort und Bild" die beabsichtigte Wirkung erreicht wird. Im einfachsten Fall kann eine einfache, aber strukturierte und verständliche Handskizze (auf Papier, auf Pappe, ggf. auf der Wand des Rohbaus) das gesprochene Wort zutreffend unterstützen.

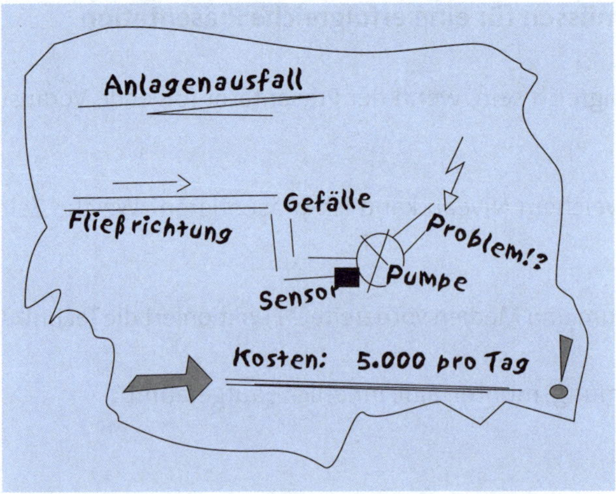

03. Welche Gestaltungselemente können eingesetzt werden? Was ist jeweils zu beachten?

1. Grundregel der Präsentation	Für die Präsentation gilt eine im Volksmund bekannte Grundregel in abgewandelter Form:	**Reden ist Silber, zeigen ist Gold!**
2. Erkenntnisse der Lerntheorie	In der Lerntheorie gilt im Allgemeinen: Für den Präsentator heißt dies: Das gesprochene Wort wird nicht nur durch Körpersprache unterstützt, sondern auch durch **geeignete Visualisierung** (Medien, Techniken der Gestaltung).	**Der Mensch behält** 20 % durch Hören 30 % durch Sehen **50 % durch Hören und Sehen.**
3. Einsatz geeigneter Medien und Hilfsmittel	**Beispiele:** ► Leinwand ► Flipchart ► Wandtafel, Whiteboard ► TV/Monitor ► Großbildschirm	► PC, Beamer ► Videorekorder, DVD-Player ► Video-/Tonkassette ► Fotografie/Projektor ► Internet/Intranet ► Visualizer
	Die Regel lautet: Medien und Hilfsmittel vorbereiten und erproben; den Einsatz der Technik vorher üben. Gestaltungselemente der Visualisierung richtig einsetzen	
4. Textgestaltung	► gut lesbar ► richtige Schriftgröße (mind. Schriftgrad 16) ► ggf. unterschiedliche Schriftgrößen ► von links nach rechts anordnen	Achten Sie auf die richtige Schriftgröße!
	► Groß- und Kleinbuchstaben verwenden	GROSSBUCHSTABEN SIND NICHT GUT ZU ERKENNEN!
	► Druckschrift statt Schreibschrift	*Schreibschrift ist schwerer zu lesen* als Druckschrift
	► nur kurze Aussagen ► Blöcke bilden, gliedern ► nicht überfrachten (z. B. bei der Transparentfolie: ca. 5 Zeilen) ► ggf. farbliche Markierung (sparsam!)	

<table>
<tr><th colspan="3">5. Freie Grafiken, Symbole, Diagramme und optische Pointierungen gezielt einsetzen</th></tr>
<tr><td>5.1 Freie Grafik</td><td colspan="2">Blattaufteilung und Anordnung der Elemente:
► Überschrift
► Grafik (Maßstab)
► ggf. Text
► Quelle

Beispiel:
Montageablauf
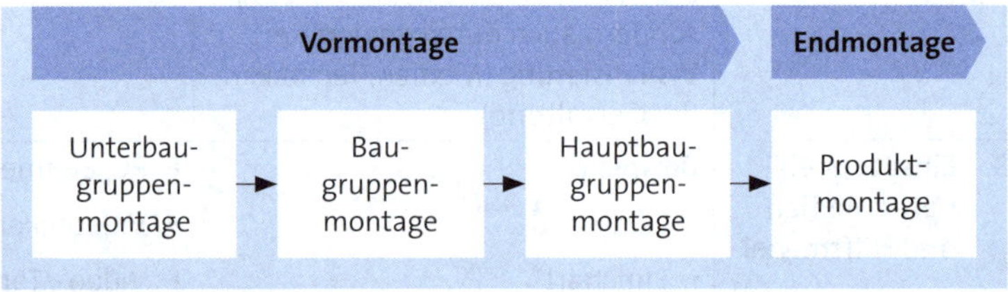

Quelle: eigene Darstellung</td></tr>
<tr><td rowspan="2">5.2 Diagramme</td><td>Beispiele:
► Kurvendiagramm
► Struktogramm
► Säulen-/Balkendiagramm
► Kreis-/Tortendiagramm
► Flächendiagramm
► Kartogramm
► Piktogramm/Bildstatistik
► Organigramm
► Flussdiagramm
► Netzplan</td><td>► Varianten, z. B.:
- mit/ohne Schatten
- 2-D/3-D-Darstellung
- normiert auf 100 %
- gedreht
- mit/ohne explodierendem Segment
- neben-/übereinander</td></tr>
<tr><td colspan="2">Bei Grafiken/Diagrammen bzw. bei Konzeptarbeiten: Abbildungen fortlaufend nummerieren.</td></tr>
<tr><td>5.3 Symbole</td><td>Standardisierte Symbole, z. B.:
</td><td>Freie Symbole, z. B.:
</td></tr>
</table>

<table>
<tr><td>5.4 Bilder</td><td>Bilder, Fotos, Zeichnungen und Karikaturen (gescannt oder selbst erstellt) sparsam verwenden; keine komplexen Darstellungen. Quellenangabe bzw. Urheberrecht beachten.</td><td colspan="2">Montageträger

Quelle: eigene Darstellung</td></tr>
<tr><td>5.5 Farben</td><td>Sparsam verwenden; i. d. R. nicht mehr als drei Farben pro Seite/Chart. Keine dunklen Farben einsetzen. Gängige Signalwirkung beachten:</td><td colspan="2">Rot = Gefahr
Gelb = Achtung
Grün = Sicherheit
Blau = Hinweis
Weiß = Führung</td></tr>
<tr><td>6. Tabellen</td><td colspan="3">Anzahl der Spalten und Zeilen begrenzen; Beschriftung nur horizontal und eindeutig. Jede Zeile und Spalte wird bezeichnet.</td></tr>
<tr><td colspan="4">7. Anordnung der Gestaltungselemente</td></tr>
<tr><td colspan="2">Dynamik</td><td>Reihung</td><td>Rhythmus</td></tr>
<tr><td colspan="2">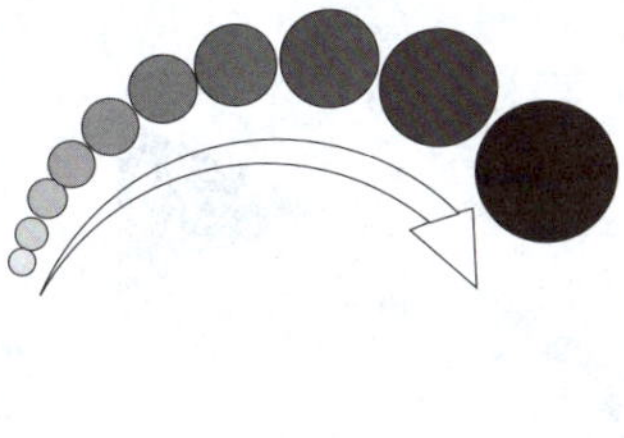</td><td>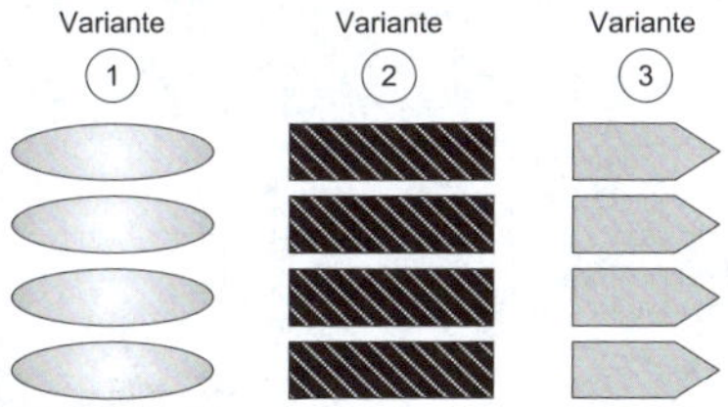</td><td>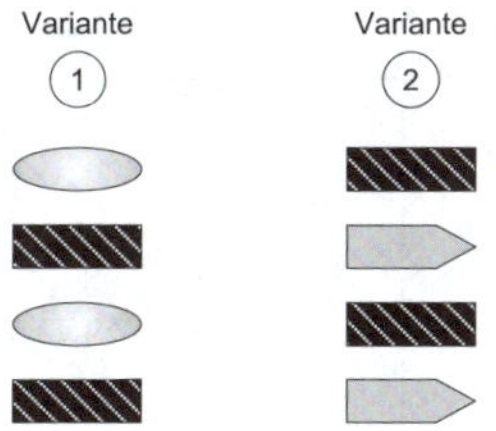</td></tr>
<tr><td>8. Layout</td><td colspan="3">Einheitlich, übersichtlich, keine permanente Änderung der Gestaltungselemente, keine Überfrachtung, wichtige Aussagen im Zentrum.</td></tr>
</table>

04. Wie lassen sich statistische Ergebnisse grafisch darstellen?

Die grafische Darstellung statistischer Ergebnisse ist mithilfe von

- Strecken und Kurven (z. B. Linien-, Stab- bzw. Säulendiagramme),
- Flächen (z. B. Kreisdiagramme, Struktogramme),
- 3-dimensionalen Gebilden,
- Kartogrammen oder
- Bildstatistiken

möglich.

Beispiel: Säulendiagramm, vertikal

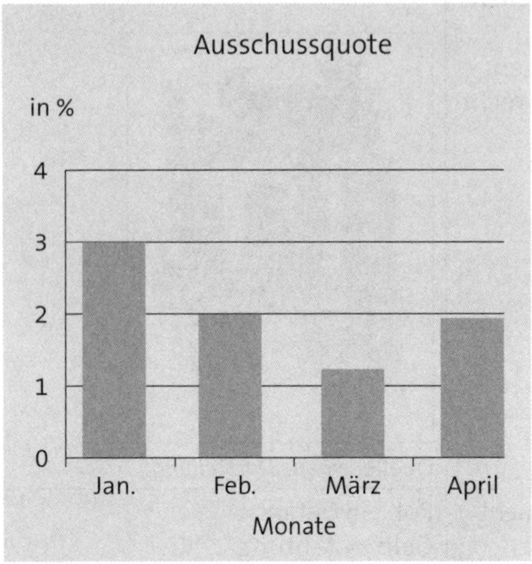

Beispiel: Balkendiagramm, horizontal

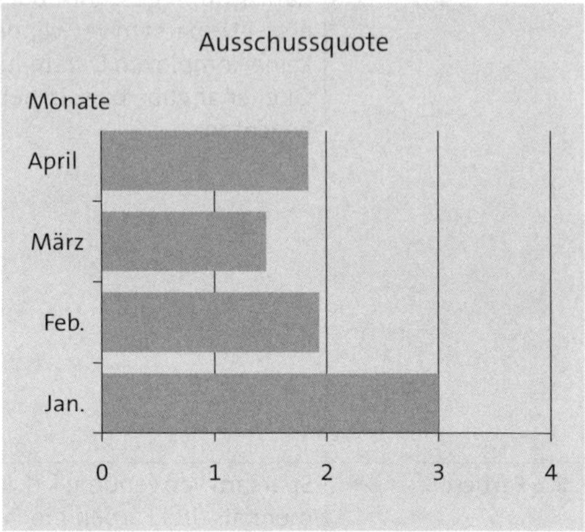

Beispiel: Liniendiagramm

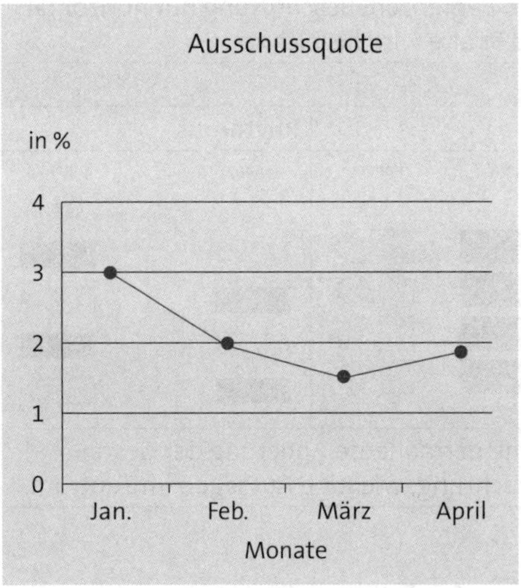

Beispiel: Flächendiagramm

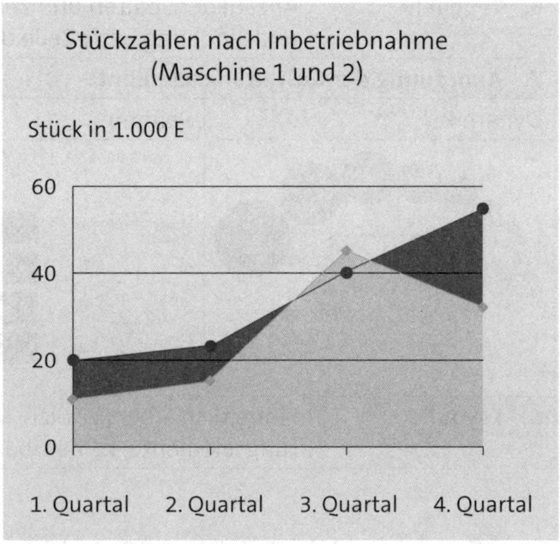

Beispiel: Kreisdiagramm
Vergleich mit explodiertem Segment

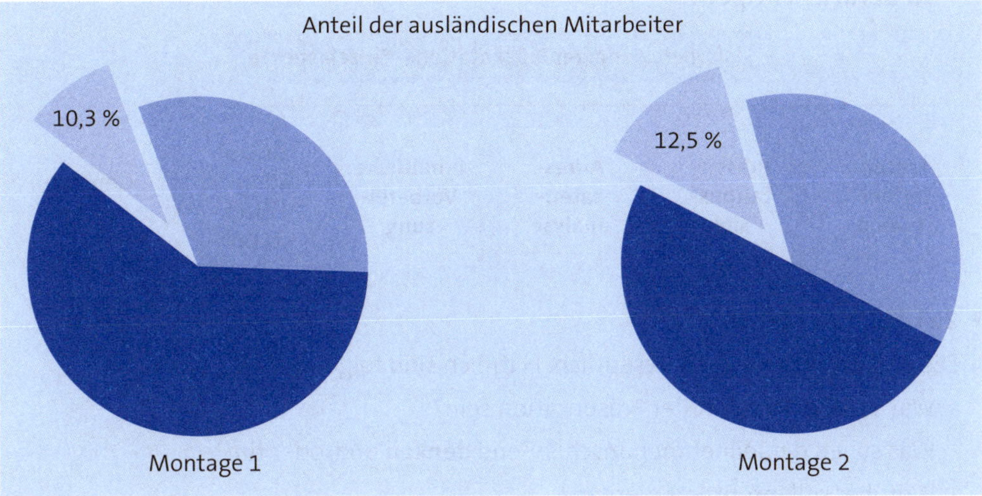

Beispiel: Struktogramm
Vergleich, mit Legende, mit Normierung auf 100 %, 3-D-Darstellung

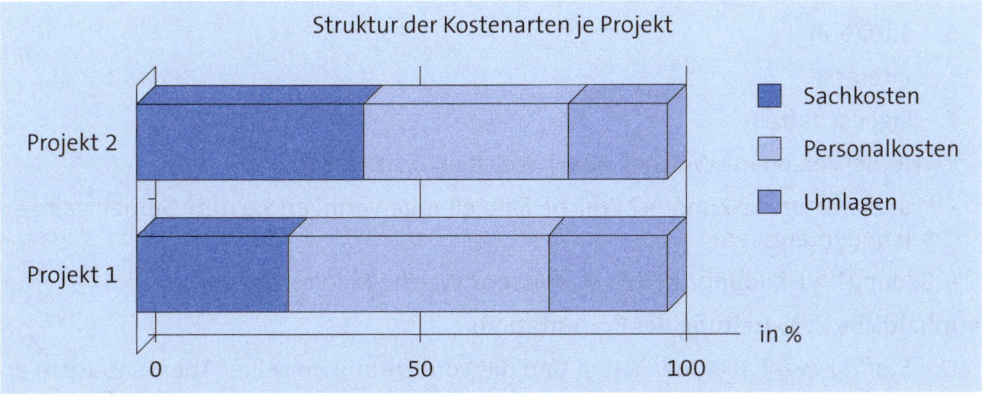

05. Welche Einzelaspekte sind bei der Erstellung von Diagrammen zu beachten?

1. Für die Ordinate (Senkrechte; y-Achse) und die Abszisse (Waagerechte; x-Achse) sind ein geeigneter **Maßstab** zu wählen, sodass die grafische Darstellung die Entwicklung in der Realität widerspiegelt.
2. Jede **Achse** ist zu **bezeichnen.**
3. Jedes Diagramm hat eine **Überschrift** und ggf. einen **Quellenhinweis** (z. B. Darstellung nach betriebsinternen Daten der Kostenrechnung).
4. Bei Konzeptarbeiten empfiehlt es sich, die **Abbildungen zu nummerieren**.

5.7.3 Vorbereitung der Präsentation

01. Welche Einzelaspekte sind bei der Vorbereitung der Präsentation zu berücksichtigen?

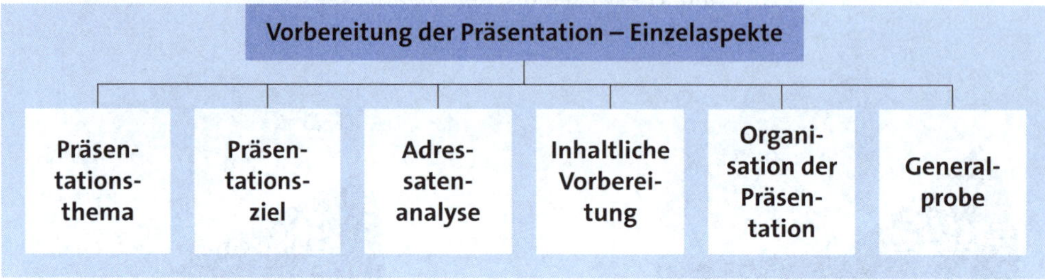

- **Ziel der Präsentation:**

  Die **Zielformulierung** ist wesentlich. Hilfreich sind folgende Schlüsselfragen:
  - Was soll das **Resultat** der Präsentation sein?
  - Was sollen die Teilnehmer anschließend **denken** und/oder **tun**?
  - Worüber soll **informiert** werden?
  - Welcher **Nutzen** soll angeboten werden?

- **Adressatenanalyse:**

  Hilfreich ist die **„SIE-Formel“**:

  S Situation

  I Interesse

  E Eigenschaften

  - Wie viel Personen? Welches Alter? Welches Geschlecht?
  - Was erwarten die Zuhörer? Welche Einstellungen bringen Sie mit? Gemeinsamkeiten und Interessen?
  - Bildung? Ausbildung? Beruf? Vorwissen? Welche Medien passen?

- **Inhaltliche Vorbereitung der Präsentation:**

  Die Stoffauswahl, die Bewertung und die Verdichtung einzelner Themenpunkte erfolgt in Verbindung mit der Zielsetzung und der Adressatenanalyse. Empfehlungen dazu: Der Stoffinhalt und -umfang lässt sich über die **„SAGE-Formel“** gestalten:

  S Sammeln

  A Auswählen

  G Gewichten

  E Einteilen

- Die nächste Fragestellung, die innerhalb der Vorbereitung zu bearbeiten ist, lautet: „Wie präsentiere ich?" Eine Gedankenbrücke dazu liefert die **„VLAK-Formel":**

  V Verständlich

  L Lebendig

  A Anschaulich

  K Kompetent

  Zur Vorbereitung gehört, die notwendigen Medien und **Hilfsmittel** auszuwählen, zu erproben und bereit zu legen (Flipchart, Folien, Beamer, Unterlage für die Teilnehmer usw.).

- **Aufbau/Gliederung der Präsentation (Ablauflogik):**

  Generell gilt folgender Ablauf:

  Einleitung → **Hauptteil** → **Schluss**.

  Innerhalb des Hauptteils kann gegliedert werden nach:

  - Ist → Fakten → Soll → Gründe → Maßnahmen + Nutzen ...
  - Ist → Fakten → Soll/Pro-Argumente → Soll/Contra-Argumente → Bewertung ...

  Im Allgemeinen ist es falsch, ein Wort-für-Wort-Manuskript zu erstellen. Besser ist es, **ein Stichwort-Manuskript als gut gegliedertes Drehbuch mit Regieanweisungen** zu gestalten (s. folgende Abbildung).

  Der **linke Teil** enthält das Themengerüst (sortiert nach Muss- und Kann-Themen).

  Der **rechte Teil der Abbildung** erinnert an Hilfsmittel, Medieneinsatz und besondere Aktivitäten (rhetorische Frage, Appell, Zusammenfassung).

  Mit einem **Textmarker** können besondere Punkte hervorgehoben werden. Sehr geeignet sind Karteikarten in DIN-A5-Format.

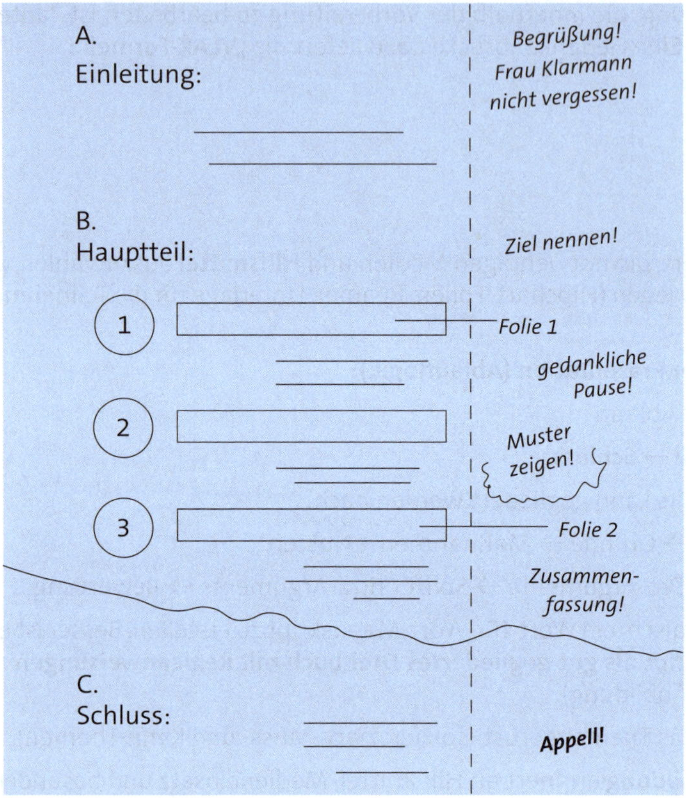

- **Organisation der Präsentation:**
  Die organisatorische Seite erledigt der Präsentator am besten mithilfe einer **Checkliste.**
  - Ist der **Ort** geeignet (ggf. Anreiseweg, gut zu finden usw.)?
  - Ist der **Raum** rechtzeitig reserviert, groß genug (Teilnehmer, Medien)?
  - Sind **Zeitpunkt und Dauer** richtig gewählt?
    (weniger geeignet z. B.: Freitag nachmittags, Anreise zu einer Zeit mit hoher Verkehrsdichte u. Ä.)
  - Müssen **Pausen/Getränke** eingeplant werden?
  - Sind die **Medien und Materialen** rechtzeitig fertig und im Raum vorhanden?
  - Müssen **Unterlagen für die Teilnehmer** vorbereitet werden (sog. Handouts)?
  - Ist der Präsentator persönlich vorbereitet?
    - Gut gelaunt?
    - Ausgeschlafen?
    - Hat er sich mit der Räumlichkeit vertraut gemacht?
    - Sind die Medien störungsfrei einsetzbar?
      (Ersatzbirne, ausreichend Flipchartpapier, Stifte nicht ausgetrocknet usw.)

- **Generalprobe:**
  Eine Präsentation, die auf dem Papier tadellos aussieht, kann trotzdem weniger erfolgreich verlaufen. Die Gründe können sein:
  - Die Ausführungen fließen noch nicht in freier Rede. Dies muss geübt werden! Der Präsentator muss den Inhalt seiner Aussagen „im Schlaf können", damit er auch bei unvorhergesehenen Unterbrechungen den **„roten Faden"** wiederfindet und er seine volle Konzentration der Sprechtechnik und den Zuhörern widmen kann.
  - Die Verzahnung von Sprache und Visualisierung muss geübt werden. Die Regel heißt: „Erst sprechen, dann schreiben oder umgekehrt; nicht gleichzeitig".
  - Erst im Echtbetrieb lassen sich Schwachstellen erkennen (zu wenig Licht, Bestuhlung nicht geeignet, Medien nicht richtig platziert, Schriftgröße der Folien ungeeignet u. Ä.).
  - Es tauchen noch Schwachstellen in der persönlichen Wirkung auf (Sprache, Körpersprache).

Aus diesen Gründen sollte kein Präsentator auf die Generalprobe verzichten: Mithilfe von z. B. Kollegen aus dem Betrieb wird unter Echtbedingungen die Präsentation simuliert. Diese „Helfer" geben Feedback und wirksame Verbesserungsmöglichkeiten; u. U. ist auch der Einsatz einer Videoaufzeichnung sinnvoll.

5.7.4 Umsetzen der Präsentation

01. Wie ist der Ablauf einer Präsentation?

1. **Ablauflogik:**
   Für die Präsentation gibt es verschiedene Möglichkeiten, seine Argumente logisch miteinander zu verknüpfen; in jedem Fall gilt: Der Stoff muss gegliedert dargeboten werden.

   1.1 **Vor dem Beginn:**
   „Spannungspause" und Blickkontakt aufnehmen; erst zu sprechen beginnen, wenn sich alle Teilnehmer zugewandt haben. Den Beginn der Präsentation signalisieren!

   1.2 **Sich persönlich vorstellen:**
   Name, Funktion, Bezug zum Thema (kkp = kurz, konkret, präzise)

   1.3 **Thema und Ziel** nennen sowie Gliederung aufzeigen, z. B.:

Einleitung	Hauptteil	Schluss
► Begrüßung ► ggf. sich vorstellen ► Zielsetzung	► Ist-Situation ► Daten, Fakten ► Konsequenzen	► Fazit ► zum Handeln auffordern

Innerhalb des **Hauptteils** kann gegliedert werden nach:

- Ist → Fakten → Soll → Gründe → Maßnahmen + Nutzen ...
- Ist → Fakten → Soll/Pro-Argumente → Soll/Contra-Argumente → Bewertung ...

2. **Durchführung der Präsentation:**
   - Blickkontakt und Anrede zu Beginn
   - sich persönlich vorstellen
   - Thema nennen und Gliederung zeigen
   - Zusammenfassungen geben
   - Präsentation richtig abschließen (nicht: „Ich bin am Ende.")

   Der Schluss einer Präsentation hat besonderen Stellenwert. Der Präsentator sollte hierzu eine geeignete Formulierung eingeübt haben. Generell lautet die Aussage am Schluss immer:

   „Zum Handeln, zum Denken, zum Überdenken auffordern!"

   Die Aussage, „ich danke für Ihre Aufmerksamkeit" ist zwar nicht falsch, wirkt aber müde und abgegriffen. Nachfolgend sind Beispiele für richtige und falsche Schlussaussagen dargestellt:

So nicht!	**Besser so!**
„Ich bin am Ende!" *„Ich habe fertig!"* *„Ich bin fertig!"*	*„Die Kosten der Entsorgung werden deutlich ansteigen. Wir haben aber die Chance ... Lassen Sie uns das gemeinsam angehen ... ich bitte Sie um Ihre Unterstützung!"*

3. **Nachbereitung der Präsentation:**
   Die Nachbereitung der Präsentation umfasst eine Reihe von Anschlussarbeiten. Außerdem steht sie im Zeichen der „Verbesserung zukünftiger Präsentationen". Im Einzelnen sind folgende Fragen zu beantworten bzw. Arbeiten durchzuführen:
   - War die Präsentation wirksam? Ist das Ziel erreicht worden?
   - Was kann bei zukünftigen Präsentationen wirksamer gestaltet werden? Hier hilft die Bitte an die Teilnehmer, ein unmittelbares Feedback zu geben.
   - Müssen die Teilnehmer ggf. ein Protokoll der anschließenden Diskussion erhalten?
   - Welche Aktionen sollen/müssen aufgrund der Präsentation ausgelöst werden? Wer macht was, wie, bis wann?

02. Welche ergänzenden Einzelempfehlungen lassen sich für die Durchführung einer wirksamen Präsentation geben?

Durchführung einer Präsentation	
Begrüßung (davor)	Es empfiehlt sich vor dem Beginn (vor der Präsentation), die Teilnehmer persönlich zu begrüßen, falls dies der Situation angemessen ist; dies schafft Kontakt.
Kleidung	Überprüfen, ob das „Outfit" o. k. ist. Die Kleidung sollte dem Anlass und der Zielgruppe entsprechen.
Inhalte	Seien Sie tagesaktuell und nehmen Sie Bezug auf die Interessenslage der Hörer (zeitlicher Bezug/zeitliche Nähe, Hinweis auf knappe Ressourcen u. Ä.).
Ich-Botschaften	Sprechen Sie konkret in der Ich-Form; Formulierung mit „man" vermeiden. Die Psychologie nennt dies Ich-Botschaften. **Beispiel:** „Man hat allgemein die Erfahrung gemacht, dass ..."; besser: „Ich habe im Außendienst die Erfahrung gemacht, dass ..."
Sie-Ansprache	Der Bezug zu den Hörern kann durch die Sie-Anrede hergestellt werden. Die Teilnehmer fühlen sich angesprochen. **Beispiel:** „Viele von Ihnen waren bei dem Projekt ... beteiligt und haben Folgendes festgestellt ..." „Wenn Sie auf die letzten fünf Jahre Ihrer Tätigkeit zurückschauen, dann ..."

03. Was tun Sie bei Störungen während der Präsentation?

Keine noch so effektive und sorgfältige Vorbereitung der Präsentation kann vermeiden, dass während der Durchführung Störungen auftreten können. Der Begriff „Störungen" ist hier nicht negativ besetzt, sondern soll einfach „Abweichungen von Ihrem Plan" (unvorgesehene Ereignisse) bezeichnen. Dazu werden einige Empfehlungen gegeben (ohne Anspruch auf Vollständigkeit):

Störungen	Beispiel	Empfehlung
in der **Technik:**	**Versagen der Technik**, z. B. Ausfall der Glühbirne des OH-Projektors, Fehlen der Ersatzrolle, Fehlen von Stiften/Flipchart-Papier u. Ä.	Sprechen Sie den Aspekt kurz an (ohne Dramatik) und beheben Sie in einfachen Fällen den Fehler/den Mangel; je nach Kontakt zum Hörerkreis können Sie um Unterstützung bitten. Beim Versagen anspruchsvoller Technik, z. B. Beamer, sollten Sie auf ein Ersatzmedium ausweichen.

Störungen	Beispiel	Empfehlung
beim **Präsentator:**	**Roter Faden** ist verloren gegangen; Black Out	Ruhe bewahren; im Konzept/in den Karteikarten neu orientieren; ggf. ansprechen: *„Einen kleinen Moment, ich muss den roten Faden wieder richtig aufnehmen“*; ggf. sich helfen lassen: *„Ich glaube, im Moment stehe ich auf der Leitung. Können Sie mir beim roten Faden helfen?“* – oder ähnlich.
aus der **Gruppe:**	Kurze **Zwischenfrage** aus dem Hörerkreis **Beispiel:** *„Was ist mit dem Begriff ... gemeint?“*	Kurz beantworten, falls möglich; danach Feedback holen: *„Ist das o. k.?“ „Reicht diese kurze Antwort im Moment?“* Dann in der Präsentation fortfahren.
	Problematisierende Frage aus dem Zuhörerkreis: **Beispiel:** *„Vor dem Hintergrund der derzeitigen Preisentwicklung auf den globalen Märkten erscheint mir Ihr Vorhaben schwierig.“*	Kurz beantworten, falls möglich und um Vertagen auf die Pause/an den Schluss bitten bzw. auf die anschließende Diskussion „verweisen“. Keine Fachsimpelei während der Präsentation; sie ist primär eine **Einweg-Kommunikation**.
	Killerphrase **Beispiel:** *„Sie glauben doch nicht im Ernst an das Märchen ...“*	Nicht direkt aufgreifen, sondern **sachlich** auf persönliches Gespräch am Schluss/in der Pause bzw. auf die anschließende Diskussion verweisen.
	Störende Unterhaltung zwischen zwei Teilnehmern	1. Stufe: Blickkontakt aufnehmen und so „zurückgewinnen“. 2. Stufe: Positiv, direkt ansprechen: *„Ich sehe, dieser Punkt beschäftigt Sie; kann ich ...“* 3. Stufe: Direkt ansprechen und bitten, die Unterhaltung einzustellen: *„Herr Müller ... ich bitte um Verständnis, dass ich Sie direkt anspreche. Ich habe Mühe, mich zu konzentrieren – danke.“*
	Unruhe in der Gruppe	Oftmals ist der Vorschlag einer „Kurzpause“ zum Lüften (5 min) hilfreich.

04. Was ist der Fünfer-Rhythmus beim mediengestützten Vortrag?

1. Inhalt der nächsten Darstellung kurz ankündigen
2. Darstellung zeigen, auflegen bzw. einblenden – Sprechpause einlegen, damit die Darstellung vom Publikum aufgenommen werden kann
3. Darstellung erklären
4. Darstellung inhaltlich kommentieren
5. Währenddessen immer zeigen, wo Sie gerade sind.

Quelle: *Nitor-Lernsysteme, www.nitor.de*

Klausurtypischer Teil

Die Rechtsverordnung vom 01.09.2008 sieht für die schriftliche Prüfung der Wirtschaftsfachwirte folgende Regelung vor (§ 5 Abs. 6):

Auf der Grundlage einer betrieblichen Situationsbeschreibung werden zwei aufeinander abgestimmte, gleichwertig daraus abgeleitete Aufgabenstellungen verfasst. Die gesamte Bearbeitungsdauer soll 480 Minuten nicht unterschreiten.

Die schriftliche Prüfung umfasst die Handlungsbereiche:

1. Betriebliches Management
2. Investition, Finanzierung, betriebliches Rechnungswesen und Controlling
3. Logistik
4. Marketing und Vertrieb
5. Führung und Zusammenarbeit.

Die **folgenden klausurtypischen Fragestellungen** bearbeiten für alle fünf Handlungsbereiche die Schwerpunkte des Rahmenplans, die für die schriftliche Prüfung besonders relevant sind (vgl. Taxonomie des Rahmenplanes: Kenntnis, Fähigkeit, Beherrschung, Vertrautheit usw.). Dieser Übungsteil soll die Leser auf die Bearbeitung der IHK-Klausuren vorbereiten.

Die **Lösungen** zu den klausurtypischen Aufgabenstellungen finden Sie ab Seite 803.

Inhalt und Ablauf der schriftlichen und mündlichen Prüfung (Fachgespräch) werden im Vorspann zu den beiden Musterklausuren (nach § 5 Abs. 6 der Rechtsverordnung) ab Seite 777 ausführlich behandelt.

1. Betriebliches Management

1.1 Betriebliche Planungsprozesse

Aufgabe 1: Betriebliches Zielsystem

Schwerpunktthema des diesjährigen Führungskräftetreffens ist die Überarbeitung der Unternehmensziele für den kommenden 5-Jahres-Zeitraum. Alle Führungskräfte sind dazu aufgefordert, Beiträge aus ihrem Verantwortungsbereich zu leisten.

a) Beschreiben Sie kurz den Begriff „strategische Erfolgsfaktoren" und nennen Sie vier Beispiele.

b) Im Rahmen der Ist-Analyse sind externe Einflussfaktoren zu untersuchen. Nennen Sie vier Faktoren, die innerhalb der Umweltanalyse zu betrachten sind.

Lösung s. Seite 803

Aufgabe 2: Formulierung operativer Zielvorstellungen

In Ihrem Unternehmen wird nach dem Prinzip „Management-by-Objectives" geführt. Bei der Zielkontrolle kommt es verstärkt zu Differenzen zwischen den Führungskräften. Eine genaue Analyse der Ursachen zeigt, dass die vereinbarten Ziele überwiegend nicht messbar formuliert wurden.

a) Nennen Sie die Bestandteile einer messbaren Zielformulierung.

b) Derzeit haben Sie eine Fehlzeitenrate von 12 %. Sie wollen die Situation verbessern. Formulieren Sie zu diesem Sachverhalt ein messbares Ziel.

Lösung s. Seite 803

Aufgabe 3: Zielarten, Zielbeziehungen

Ziele können grundsätzlich in unterschiedlicher Beziehung zueinander stehen. Die nachfolgenden Abbildungen zeigen dazu drei charakteristische Fälle:

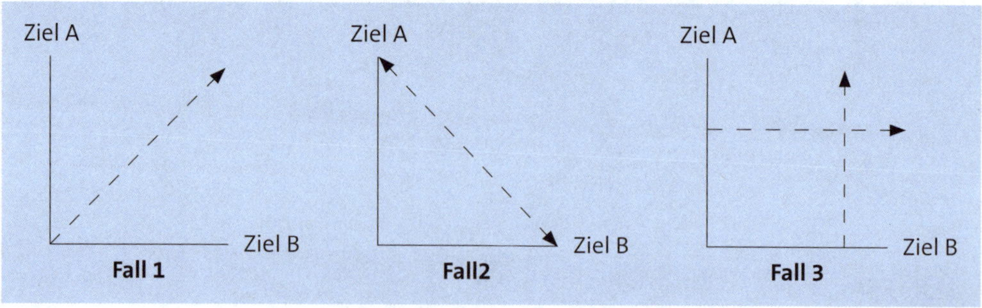

a) Beschreiben Sie die Zielbeziehungen der Fälle 1 - 3.

b) Für den kommenden Planungszeitraum von drei Jahren hat ein Unternehmen ein Zielbündel strategischer und operativer Ziele formuliert. Nachfolgend sind jeweils zwei Zielpaare gegenübergestellt:

   1. Steigerung des Gewinns/Steigerung des Umsatzes
   2. Steigerung des Gewinns/Senkung der Kosten
   3. Verminderung der Umweltbelastung/Verbesserung der Altersstruktur
   4. Erhöhung des Marktanteils/Verbesserung des Firmenimage
   5. Sicherung der Beschäftigung/Verbesserung der Produktqualität
   6. Gewinnsteigerung/Verbesserung der Personalentwicklung.

   Ordnen Sie jeweils die Zielpaare 1 - 6 den Fällen 1 - 3 zu.

c) Eine derartige schematische Zuordnung (Zielpaare/Zielbeziehung) in Frage b) ist problematisch, da die Betrachtung kurzfristig und statisch angelegt ist. Zeigen Sie am Beispiel 6, dass sich das Verhältnis der Ziele zueinander – langfristig gesehen – ändern kann.

d) Nennen Sie drei charakteristische Merkmale für strategische Ziele. Welche der o. g. Ziele kann als strategisch betrachtet werden?

e) Ziele können in monetäre und nicht (direkt) monetäre unterteilt werden. Nennen Sie aus den o. g. Zielen drei Beispiele für nicht-monetäre Ziele.

Lösung s. Seite 803

Aufgabe 4: Zielkonflikt: Shareholder Value und Stakeholder Value

a) Erklären Sie vor dem Hintergrund der Konfliktsituation zwischen wirtschaftlichen und sozialen Zielen die Begriffe „Shareholder Value“ und „Stakeholder Value“.

b) Im März des lfd. Jahres stehen in einem großen Konzern der Automobilindustrie (AG) Verhandlungen über die neuen Lohntarife an (Haustarif). Die Ertragslage des Unternehmens ist vorzüglich. Der Anstieg der Lebenshaltungskosten im zurückliegenden Jahr betrug 2,5 %. Die innerbetriebliche Produktivität ist um 3 % verbessert worden (Inbetriebnahme einer neuen Fertigungsstraße). Die im Betrieb vertretene Gewerkschaft fordert mit Nachdruck eine Anhebung der Löhne und Gehälter um 6,5 %. Die Unternehmensleitung lehnt dies strikt ab und hält eine Anpassung der Löhne und Gehälter in Höhe von 2,8 % gerade noch für machbar.

   Formulieren Sie jeweils vier Argumente, die von Vertretern des Shareholder Value-Ansatzes und des Stakeholder Value-Ansatzes vorgebracht werden könnten, um die bestehenden Forderungen zu untermauern.

Lösung s. Seite 804

Aufgabe 5: Finanzwirtschaftliche Zielkonflikte

Die Ziele des betrieblichen Finanzmanagements sind Liquidität, Rentabilität, Sicherheit und Unabhängigkeit. Diese Ziele können nicht konfliktfrei realisiert werden.

Erläutern Sie beispielhaft drei finanzwirtschaftliche Zielkonflikte.

Lösung s. Seite 805

Aufgabe 6: Zusammenhang von strategischer und operativer Planung

Erläutern Sie den Zusammenhang von strategischer und operativer Planung. Gehen Sie dabei auf die Bedeutung des betrieblichen Zielsystems für den Planungsprozess ein.

Lösung s. Seite 806

Aufgabe 7: Strategische Erfolgsfaktoren

Auf der letzten Betriebsversammlung hielt die Geschäftsleitung ein Grundsatzreferat über die Prinzipien der Unternehmensführung. Unter anderem wurde behauptet: *„Strategische Erfolgsfaktoren beruhen wesentlich auf einem qualitativ hohen Stand der Unternehmensführung."*

Nehmen Sie (begründet) Stellung zu dieser Aussage.

Lösung s. Seite 806

Aufgabe 8: Wirtschaftlichkeit der Planungsinstrumente

Auf einer Betriebsversammlung fordert der Betriebsratsvorsitzende, endlich Maßnahmen zu ergreifen, um die Ertragslage des Unternehmens zu verbessern: *„Es kommt nicht primär darauf an, dass wir sofort prüfen, ob diese Maßnahmen Erfolg haben oder nicht, sondern wir müssen alle Maßnahmen berücksichtigen, die zielführend sein können; der Erfolg wird sich dann schon einstellen. Also bitte, wir müssen etwas tun und nicht nur dauernd diskutieren!"*

a) Nehmen Sie Stellung zu der Aussage des Betriebsratsvorsitzenden (mit Begründung).

b) Nennen Sie zehn Instrumente zur Planung und Kontrolle einer wirtschaftlichen Unternehmensführung.

Lösung s. Seite 806

Aufgabe 9: Benchmarking

Ihr Unternehmen beabsichtigt ein Benchmarking durchzuführen, um die strategische Ausrichtung zu verbessern. Sie sollen dazu ein Papier erarbeiten, das auf folgende Fragestellungen eingeht:

a) Was ist Benchmarking?

b) Welche Formen des Benchmarking gibt es? Nennen Sie drei Beispiele.

c) In welchen Phasen wird ein Benchmarking-Prozess durchgeführt?

d) Nennen Sie vier Probleme, die bei der Aktualität der Datenerhebung entstehen können.

Lösung s. Seite 807

Aufgabe 10: Zeitvergleich (Soll-Ist-Vergleich, Ist-Ist-Vergleich)

Aus der Buchhaltung liegen Ihnen folgende Zahlen des Produktes X vor:

Jahr	Umsatz in €	Absatz in Stück
1	40.400	450
2	45.200	460

Aus den Berichten über die Budgetgespräche wissen Sie, dass für das Jahr 2 ein Plan-Umsatz von 48.000 € – bei einem Plan-Absatz von 450 Stück – festgeschrieben war.

a) Führen Sie einen innerbetrieblichen Vergleich durch. Unterscheiden Sie dabei

   1. Ist-Ist-Vergleich und
   2. Soll-Ist-Vergleich und zeigen Sie jeweils die mengenmäßigen und wertmäßigen Veränderungen sowie die Veränderung der Erlöse pro Stück – ausgewiesen in Prozent – auf.

b) Präsentieren Sie die gewonnenen Ergebnisse der Geschäftsleitung in einer übersichtlichen Matrix sowie einem Schaubild und geben Sie einen Gesamtkommentar der Entwicklung.

Lösung s. Seite 808

Aufgabe 11: Prozess der Unternehmensführung (Managementprozess), Entscheidungsprozess in der betrieblichen Planung

Die Lebensmittelkette Laudi & Söhne plant, eine weitere Filiale zu eröffnen.

a) Stellen Sie grafisch den Kreislauf der Unternehmensführung in fünf Phasen dar und geben Sie zu jeder Phase zwei Beispiele für erforderliche Managementaktivitäten.

b) Nennen Sie ergänzend vier weitere Teilpläne der Phase 2, die die Lebensmittelkette Laudi & Söhne bei ihren Überlegungen erstellen muss.

c) Erläutern Sie den Entscheidungsprozess in der betrieblichen Planung anhand eines Beispiels.

Lösung s. Seite 810

Aufgabe 12: Entscheidungsprozess in der betrieblichen Personalplanung

Der Entscheidungsprozess lässt sich in fünf Teilschritte zerlegen. Erläutern Sie den Entscheidungsprozess am Beispiel der betrieblichen Personalplanung mithilfe eines Beispiels.

Lösung s. Seite 812

Aufgabe 13: Analysetechniken

Erläutern Sie drei Techniken zur Analyse von Kernprozessen.

Lösung s. Seite 812

Aufgabe 14: Planung als Abfolge von Entscheidungsprozessen

Planungsprozesse sind zu einem großen Teil Entscheidungsprozesse. Der Ablauf muss systematisch sein.

Erläutern Sie ausführlich den Ablauf eines Planungsprozesses und gehen Sie dabei auf die Teilphasen ein.

Lösung s. Seite 813

1.2 Organisations- und Personalentwicklung

Aufgabe 1: Auswirkungen betrieblicher Planungsprozesse auf die Organisation

Von einem großen Automobilkonzern wurde ein neues Produktionswerk in Chemnitz eröffnet. In der Pressemitteilung des Vorstands heißt es dazu:

„... sind in diesem Werk bereits die Weichen gestellt für das nächste Jahrtausend. Durch die Reduzierung der Hierarchien und veränderte Produktionsverfahren sowie neue Strukturen der Arbeitsorganisation sind wir flexibler in Bezug auf Marktveränderungen. Entscheidungswege werden vereinfacht und effizienter gestaltet."

a) Welche Zielsetzungen verbergen sich (können sich verbergen) im Detail hinter diesen Schlagworten? Geben Sie vier konkrete Beispiele.

b) Das Unternehmen hatte in der alten Struktur folgende Leitungsebenen: Vorstand, Ressortleiter, Direktoren, Hauptabteilungsleiter, Abteilungsleiter, Gruppenleiter/ Meister.

   Beschreiben Sie, wie eine Reduzierung der Hierarchien konkret aussehen könnte (drei Beispiele) und zu welchen Konsequenzen dies führen würde (drei Beispiele)?

c) Beschreiben Sie beispielhaft sechs Maßnahmen der Organisations- und Personalentwicklung, die Sie im neuen Produktionswerk für erforderlich halten.

Lösung s. Seite 814

Aufgabe 2: Konzepte der Organisationsentwicklung

Vergleichen Sie die folgenden Konzepte der Organisationsentwicklung (auch: Management-Philosophien) „Change Management, Balanced Scorecard, Kontinuierlicher Verbesserungsprozess (KVP), Kanban, Reengineering und Lean Management" hinsichtlich folgender Merkmale:

- Zielsetzung
- Kernelemente
- Rolle des Vorgesetzten
- Rolle des Mitarbeiters.

Lösung s. Seite 816

Aufgabe 3: Klassische Organisationslehre und Organisationsentwicklung (OE) im Vergleich

a) Stellen Sie die Unterschiede der klassischen Organisationslehre und der OE vergleichend gegenüber.

b) Nennen Sie beispielhaft fünf Zielsetzungen, die mit dem OE-Ansatz erreicht werden sollen.

c) Geplanter Wandel in und von Organisationen vollzieht sich selten lautlos und unauffällig. Es kann zu Widerständen kommen. Nennen Sie sechs Beispiele für Erscheinungsformen des Widerstandes gegen geplante Veränderungen.

d) Formulieren Sie beispielhaft fünf Argumente/Gründe, die von Mitarbeitern häufig gegen geplante Veränderungen vorgebracht werden.

e) Nennen Sie sieben grundsätzliche Maßnahmen der Unternehmensleitung zur Überwindung derartiger Widerstände und favorisieren Sie vier davon.

Lösung s. Seite 816

Aufgabe 4: Phasen des OE-Prozesses nach K. Lewin

In einem Produktionsunternehmen soll die bisherige Vorratsbeschaffung der Komponenten und Bauteile auf eine fertigungssynchrone Beschaffung umgestellt werden. Dazu wurde eine Projektgruppe unter Beteiligung der Lieferanten gebildet. Gegen Ende des Projekts wird diskutiert, wie die gewonnenen Ergebnisse in die Praxis umzusetzen sind (Implementierung). Man entscheidet sich für eine Vorgehensweise nach dem Phasenmodell für OE-Prozesse von *Kurt Lewin* (Unfreezing, Moving, Refreezing).

a) Beschreiben Sie allgemein und mithilfe eines Beispiels die drei Phasen des Modells.

b) Geben Sie zu jeder Phase stichwortartig Beispiele anhand des Sachverhalts.

c) In der Diskussion über die geplanten Veränderung fallen auch die Stichworte „Ergonomie“ und „Humanisierung“. Grenzen Sie beide Begriffe voneinander ab.

Lösung s. Seite 818

Aufgabe 5: Ziele der Arbeitsplatzgestaltung

Nennen Sie sechs Zielsetzungen der Arbeitsplatzgestaltung, und geben Sie jeweils zwei Beispiele.

Lösung s. Seite 819

Aufgabe 6: Lernende Organisation

Erläutern Sie die Stufen einer Organisationskultur im Sinne der „lernenden Organisation“ als Weiterentwicklung der Organisationsentwicklung und geben Sie Beispiele für organisationales Lernen.

Lösung s. Seite 820

Aufgabe 7: Managen von Veränderungsprozessen

Veränderungsprozesse zu managen ist schwierig und muss daher systematisch gestaltet werden. Beschreiben Sie den Zyklus, in dem Veränderungsprozesse zu managen sind.

Lösung s. Seite 821

Aufgabe 8: Personalentwicklungskonzeption

Die SEIKERT Bekleidungs-GmbH hat sich in den letzten Jahren erfreulich entwickelt. Per 31.03.20.. hatte das Unternehmen 280 Mitarbeiter. Auch für die Zukunft wird mit einer stabilen Auftragslage und einem verhaltenen Wachstum gerechnet. Um die künftige Entwicklung auch von der Personalseite her auf ein sicheres Fundament zu stellen, erwartet die Geschäftsleitung von Ihnen eine Personalentwicklungskonzeption für die nächsten drei Jahre. Derzeit existieren keine personalpolitischen Instrumente. Die Lohn- und Gehaltsabrechnung wird intern über SAP-Software durchgeführt.

Präsentieren Sie in Ihrem Strategiepapier neun konkrete Arbeitsschritte in sachlogischer Reihenfolge, die im Rahmen der zukünftigen Personalentwicklung angegangen werden sollen.

Lösung s. Seite 821

Aufgabe 9: Stellenbeschreibung

In Ihrem Hause sollen für die Ebene der Führungskräfte Stellenbeschreibungen verfasst werden. Entwerfen Sie das Muster einer Stellenbeschreibung für Führungskräfte.

Lösung s. Seite 822

Aufgabe 10: Externe Anbieter für Personalentwicklungsmaßnahmen

Nennen Sie sieben Merkmalsgruppen mit je drei Aspekten (Fragen), nach denen Sie externe Anbieter für PE-Maßnahmen auswählen.

Lösung s. Seite 822

Aufgabe 11: Förder- und Entwicklungsgespräche

Welches Ziel verfolgen Förder- und Entwicklungsgespräche?

Nennen Sie vier Beispiele für Fragestellungen, die hier im Vordergrund stehen.

Lösung s. Seite 824

Aufgabe 12: Potenzialbeurteilung

Ihr Betrieb wird im nächsten Jahr damit beginnen, ein schlüssiges Konzept für die Nachfolgeplanung zu entwickeln. Dazu müssen u. a. Potenzialbeurteilungen der Führungs- und Führungsnachwuchskräfte erstellt werden.

a) Beschreiben Sie die Aussagekraft der Potenzialbeurteilung und unterscheiden Sie dabei die sequenzielle und die absolute Potenzialanalyse.

b) Nennen Sie sechs zielführende Fragestellungen, die im Rahmen der Potenzialanalyse zu beantworten sind?

c) Erläutern Sie in diesem Zusammenhang drei Kompetenzfelder mithilfe von Beispielen.

Lösung s. Seite 824

Aufgabe 13: Arbeitsstrukturierung

Als Instrumente zur Förderung der Mitarbeiter kennt man u. a. Maßnahmen wie z. B.

- Job Enrichment und
- Job Enlargement.

Geben Sie je ein konkretes Beispiel aus Ihrem betrieblichen Alltag für jede dieser Fördermaßnahmen und erklären Sie dabei den begrifflichen Unterschied.

Lösung s. Seite 825

Aufgabe 14: Job Rotation

Im Rahmen der betrieblichen Fortbildung werden in der Praxis eine Fülle unterschiedlicher Methoden/Maßnahmen angewandt – z. B. Job Rotation, Projektmanagement, Fallmethode und Planspiel.

a) Erläutern Sie Job Rotation als PE-Instrument.

b) Beschreiben Sie vier Vorteile eines Job Rotation-Programms.

Lösung s. Seite 825

Aufgabe 15: Personalentwicklungsmethoden

Zwischen den Maßnahmen und den Methoden der Personalentwicklung gibt es zum Teil Überschneidungen. Außerdem ist vielfach eine bestimmte PE-Maßnahme mit einer speziellen Methode verbunden.

Nennen Sie jeweils zwei geeignete Methoden oder einen Methodenmix zur Vermittlung von

- Lernzielen in der Berufsausbildung,
- affektiven Lernzielen und
- Fachwissen.

Lösung s. Seite 826

Aufgabe 16: Förderung von Nachwuchskräften

Ihr Vorgesetzter bittet Sie, ein Konzept zur Förderung von Nachwuchskräften zu erstellen. Insbesondere werden Antworten auf folgende Fragen erwartet:

a) Welcher Mitarbeiterkreis ist mit „Nachwuchskräften" gemeint? Geben Sie eine Erläuterung.

b) Welche Schulungsmaßnahmen stehen inhaltlich bei der Nachwuchsförderung im Vordergrund? Geben Sie fünf Beispiele.

c) Nennen Sie beispielhaft sechs Methoden (PE-Instrumente), die sich besonders für die Förderung von Nachwuchskräften eignen.

d) Als ein weiteres Element dieses Konzeptes sollen Sie zusammen mit einem externen Berater ein Assessment-Center (AC) zur Auswahl und Förderung von Nachwuchskräften vorschlagen. In Gesprächen mit den Ressortleitern Ihrer Firma werden Sie als ersten Schritt relevante Schlüsselqualifikationen für dieses AC herausarbeiten.

   1. Erläutern Sie, was man unter einer Schlüsselqualifikation versteht.
   2. Nennen Sie sechs Beispiele für Schlüsselqualifikationen.
   3. Wählen Sie aufgrund Ihrer Praxiserfahrung eine Schlüsselqualifikation aus und beschreiben Sie zwei geeignete Fördermaßnahmen.

e) Erläutern Sie den Inhalt eines Traineeprogramms.

Lösung s. Seite 826

1.3 Informationstechnologie und Wissensmanagement

Aufgabe 1: Wissensmanagement

Das in ihrem Unternehmen geplante Wissensmanagementsystem übernimmt neben der Bereitstellung der Daten auch die Aufgaben eines Datenbankmanagementsystems.

a) Nennen Sie sechs Aufgaben eines Datenbankmanagementsystems.

b) Welche Anforderungen muss ein Wissensmanagementsystem bezüglich der Datenorganisation erfüllen? Nennen Sie vier Anforderungen.

c) Nennen Sie vier Aspekte (Grundthemen/Elemente), die beim Aufbau eines Wissensmanagements in einem Unternehmen zu beachten sind.

d) Erläutern Sie die Bedeutung der Kontextualisierung beim Aufbau eines Wissensmanagements.

e) Wie können die Inhalte eines Wissensmanagements den Mitarbeitern im Unternehmen zugänglich gemacht werden? Beschreiben Sie zwei Varianten.

Lösung s. Seite 828

Aufgabe 2: Informationstechnologie

a) Welchen operativen und strategischen Beitrag kann die Informationstechnologie zur Erfüllung der Unternehmensziele leisten? Nennen Sie jeweils vier Beispiele.

b) Die Anzahl der nutzbaren Informationsquellen ist vielfältig. Nennen Sie jeweils drei Beispiele für „konventionelle“ Quellen sowie elektronisch lesbare Quellen und unterscheiden Sie beide Quellenarten anhand von drei Merkmalen.

Lösung s. Seite 829

1.4 Managementtechniken

Aufgabe 1: Pareto-Prinzip

Am Jahresende sind Sie dabei, Ihre persönlichen und beruflichen Ziele für das kommende Jahr zu notieren.

a) Welche Bedeutung haben Ziele für das persönliche Zeitmanagement?

b) Eines Ihrer persönlichen, beruflichen Ziele für das nächste Jahr heißt: *„Aufstieg innerhalb der Firma in eine höher bezahlte Tätigkeit mit mehr Gestaltungsfreiraum und mehr Führungsverantwortung".* Erstellen Sie eine Liste mit fünf geeigneten Maßnahmen zur Erreichung dieses Zieles. Erläutern Sie das Pareto-Prinzip und wenden Sie es auf Ihren Maßnahmenkatalog an.

Lösung s. Seite 830

Aufgabe 2: Umgang mit anderen

Formulieren Sie als Führungskraft sechs Regeln für eine effektive Zeitverwendung „im Umgang mit anderen".

Lösung s. Seite 830

Aufgabe 3: Informationskanäle, Körbe-System

Nach Rückkehr von einer längeren Dienstreise finden Sie auf Ihrem Schreibtisch einen Postberg von ca. 25 cm vor. Der Postberg ist unsortiert und enthält alle Schriftstücke, wie Sie es aus der Praxis kennen (Telefonnotizen mit Bitte um Rückruf, interne Post, externe Post, Werbung usw.).

a) Erläutern Sie das „3-Körbe-System" sowie die „6 Informationskanäle" und zeigen Sie, wie Sie damit die Post bearbeiten – anhand von sieben typischen Beispielen.

b) Nennen Sie sechs weitere Regeln im Umgang mit „Papier".

Lösung s. Seite 831

Aufgabe 4: Telefonmanagement

Formulieren Sie sechs Regeln für ein effektives Telefonmanagement.

Lösung s. Seite 832

Aufgabe 5: Zeitplanung

Nennen Sie fünf Vorteile der schriftlichen Zeitplanung.

Lösung s. Seite 832

Aufgabe 6: Tagesplanung

Vor Ihnen liegt ein Auszug aus dem Terminkalender von Hubert Kernig, dem neuen Assistenten der Betriebsleitung, den Sie zurzeit als Mentor betreuen. Der Firmensitz ist Hilden (im Großraum Düsseldorf). Kernig ist verheiratet (ohne Kinder; seine Frau heißt Lisa) und bewohnt ein Reihenhaus im Norden von Leverkusen (ca. 30 Min. Fahrzeit zur Arbeit). Es folgen Hinweise zu einzelnen Vorgängen/Sachverhalten:

- Herr Grundlos ist ein neuer Mitarbeiter (Techniker); es geht um die Vermittlung von Einblicken in Betriebsabläufe; dafür sind mehrere Gespräche angesetzt.
- Herr Dr. Ohnesorge ist der technische Berater einer Consulting-Firma, der „auf der Durchreise" ist und sein neues Konzept „Transportautomatisierung" vortragen möchte. Herr Dr. Ohnesorge hatte Kernig vor drei Wochen bei einem Termin „versetzt".

Terminkalender			
Dienstag	**05.09.**		**Hubert Kernig**
Zeit	**Termine**	**erledigt**	**Notizen**
7:00			Tel. Müller & Co./Reklamation
8:00	Besprechung mit Dr. Ohnesorge, Werk, Raum 5		Tel. Lisa/Geschenk Jochen
9:00	Meeting Projektgruppe K, ca. 2 - 2,5 Std., Konferenzraum, Verwaltung		Brief Fr. Strackmann/Mietminderung
10:00			Tel. Dr. Zahl/IT-Liste, Budgetbesprechung für kommendes Jahr
11:00	Postbesprechung mit Sekretärin Fr. Knurr, ca. 30 Min.		Auto abholen von Inspektion
12:00	Mittagessen mit Dr. Endres; neue Marketingstudie, neueste Verkaufszahlen		
13:00			
14:00	Präsentation für Verkaufsleitertagung am Fr. vorbereiten		
15:00	Einweisung von Herrn Grundlos		
16:00	Budgetplanung für kommendes Jahr: Vorbereitung der Unterlagen für Do.-Morgen, 9:00 - 10:30 Uhr		
17:00			
18:00			
19:00	Privat: Einweihungsfete bei Jochen in Ratingen		
20:00			
21:00			

a) Nennen Sie sieben Prinzipien der Tagesplanung, gegen die Kernig verstößt und geben Sie ein Beispiel für eine „kritische Terminplanung“ (= vorhersehbare Verzögerung bzw. Unvereinbarkeit von Vorgängen bzw. Terminkollision).

b) Gestalten Sie eine neue Tagesplanung aufgrund der Ihnen vorliegenden Informationen, und berücksichtigen Sie dabei die in Frage a) geschilderten Prinzipien. Nennen Sie beispielhaft sechs markante Veränderungen Ihrer Wahl.

c) Übertragen Sie die Termine und Vorhaben von Hubert Kernig in die 4-Felder-Matrix nach Eisenhower.

Lösung s. Seite 832

Aufgabe 7: Pareto-Analyse

Bei einem Hersteller sensorischer Messgeräte wurden im Zeitraum Oktober - Dezember bei den Zulieferteilen für das Produkt *Analysator*® folgende Fehlerarten festgestellt:

Fehlerart			**Absolute Häufigkeiten in Einheiten (E)**
Nr.	**Kurzbeschreibung**	**Klassifikation nach DIN 40 080**	
1	Ein-/Ausschalter nicht bedruckt	Hauptfehler	1 Charge von 1.200 E
2	Einfallstellen an einem Gehäuseteil für einen Rauchgassensor	Kritischer Fehler	2 Chargen je 500 E
3	Einfallstellen an zwei komplementären Kunststoffteilen		1 Charge von 500 E
4	Sensoren nicht langzeitstabil, Lieferant Monolux		70 % einer Charge von 1.000 E
5	Sensoren nicht langzeitstabil, Lieferant IT GmbH		15 % von 5 Chargen je 500 E

Ermitteln Sie die Rangordnung der Fehlerarten mithilfe der Pareto-Analyse. Verbessern Sie dabei die Aussagefähigkeit der Analyse, indem nicht die (einfache) relative Häufigkeit in eine Rangordnung gebracht werden, sondern jede Fehlerart mit einem Faktor gewichtet wird. Verwenden Sie folgendes Gewichtungsschema:

- Kritische Fehler: Gewichtungsfaktor 10 (für F2 - F5)
- Hauptfehler: Gewichtungsfaktor 5 (für F1).

Lösung s. Seite 835

Aufgabe 8: Problemdiagnosetechnik: Ursache-Wirkungs-Diagramm

Sie sind Mitglied in einem Qualitätszirkel. Zum Einstieg für die nächste Sitzung sollen Sie eine Präsentation halten. Insbesondere wird die Bearbeitung folgender Aufgaben erwartet.

a) Beschreiben Sie das Ursache-Wirkungs-Diagramm.

b) Nennen Sie drei Anwendungsgebiete.

c) Nennen Sie vier Randbedingungen, die zu beachten sind.

d) Nennen Sie jeweils zwei Vor- und Nachteile.

e) Stellen Sie den Ablauf bei der Bearbeitung dar.

Lösung s. Seite 835

Aufgabe 9: Problemdiagnosetechnik: FMEA

a) Beschreiben Sie Methode „FMEA".

b) Nennen Sie drei Anwendungsgebiete.

c) Nennen Sie zwei Randbedingungen, die zu beachten sind.

d) Nennen Sie jeweils zwei Vor- und Nachteile.

Lösung s. Seite 837

Aufgabe 10: Kreativitätstechniken: Brainstorming, Methode 6-3-5

In einem Qualitätszirkel haben Sie die Aufgabe, Ideen zur Problemlösung zu entwickeln.

a) Beschreiben Sie die methodische Arbeitsweise beim Brainstorming.

b) Beschreiben Sie jeweils einen Vorteil und einen Nachteil beim Brainstorming.

c) Beschreiben Sie Inhalt und Ablauf der Methode 6-3-5.

d) Nennen Sie drei weitere Kreativitätstechniken.

Lösung s. Seite 838

Aufgabe 11: Kreativitätstechniken: Morphologischer Kasten

a) Beschreiben Sie die Kreativitätstechnik „Morphologischer Kasten".

b) Die Metallbau GmbH will auf der nächsten Messe eine neue Generation von Rasenmähern herausbringen. Mögliche Gestaltungsvarianten sollen in der kommenden Teamsitzung mithilfe eines morphologischen Kastens gefunden werden. Es wurden vom Moderator der Teamsitzung folgende Parameter vorgegeben: Antrieb, Schneidwerk, Fahrgestell, Material für den Korpus.

   Bilden Sie für jeden Parameter vier Ausprägungen und entwerfen Sie mithilfe des morphologischen Kastens eine Gestaltungsvariante für den Rasenmäher.

Lösung s. Seite 839

Aufgabe 12: Entscheidungstechniken: Nutzwertanalyse

a) Für einen Artikel mit geringem Wert aber hohem monatlichen Verbrauch soll eine Lieferantenauswahl mithilfe der Nutzwertanalyse durchgeführt werden. Es werden die folgende Kriterien, Sollwerte und Gewichtungen zugrunde gelegt; dabei ergaben sich bei den Lieferanten X, Y und Z die genannten Ist-Werte:

Nutzwertanalyse – Lieferantenauswahl							
Kriterien	**Gewichtung**	**Bepunktung Lieferant**			**Nutzwert**		
		X	**Y**	**Z**	**X**	**Y**	**Z**
Service	0,5	2	2	4			
Image	0,1	1	4	3			
Lieferart	0,2	1	3	4			
Qualität	0,2	1	3	3			
Summe	1,0						
Rang							

Ordinalskala: 1 = sehr gut, ..., 5 = schlecht

Ergänzen Sie die Tabelle und erstellen Sie mithilfe der Nutzwertanalyse ein Ranking der Lieferanten.

b) Nennen Sie drei Einsatzgebiete der Nutzwertanalyse.

Lösung s. Seite 840

Aufgabe 13: Entscheidungstechniken: Entscheidungsmatrix

Sie arbeiten bei einem Industrieunternehmen, das Kühlschränke und Elektroherde für das In- und Ausland herstellt. Zur Zeit betreuen Sie ein Personalauswahlverfahren. Zu besetzen ist im Versand die Vollzeitstelle eines qualifizierten Lagerarbeiters. Die wesentlichen Aufgaben der Stelle sind: innerbetrieblicher Transport mit Flurförderfahrzeugen, Verpackung, Kommissionierung, Zusammenstellen der Versandpapiere. Ihre Stellenanzeige hat eine gute Resonanz ergeben. Entwerfen Sie eine Entscheidungsmatrix zur Vorauswahl von fünf aus zehn Bewerbern. Zweck der Matrix: Entscheidung zur Einladung für das Vorstellungsgespräch. Gefordert sind sechs Merkmale mit jeweils einer Gewichtung.

Lösung s. Seite 840

Aufgabe 14: Projektmanagement (1)

Zur Erweiterung der Fertigungskapazitäten ihres Zweigwerkes in Szczecin, das eine gute Auftragslage verzeichnet, wurden in Frankfurt an der Oder drei CNC-Automaten von einem Insolvenzverwalter angekauft. Sie werden beauftragt, das Projekt „Transport und Inbetriebnahme CNC" innerhalb von drei Monaten zu organisieren und durchzuführen. Die Inbetriebnahme der Maschinen ist nach EU-Standards vorzunehmen. Zu beachten ist dabei die Integration der „neuen" Maschinen in die Fertigungslinie vor Ort.

a) Nennen Sie vier Hauptaufgaben, die Sie als verantwortlicher Projektleiter wahrnehmen müssen. Beschreiben Sie zwei davon und beziehen Sie sich dabei konkret auf den Sachverhalt.

b) Beschreiben Sie vier Aspekte, die Sie bei der Zusammensetzung Ihres Projektteams berücksichtigen müssen.

TIPP

In der Antwort werden konkrete Bezüge zum Sachverhalt erwartet.

c) Die Literatur bietet zahlreiche Vorschläge für die Gliederung von Projekten in einzelne Phasen.

   Beschreiben oder skizzieren Sie ein Phasenkonzept, dass für das Projekt „Transport und Inbetriebnahme CNC" geeignet ist, und begründen Sie Ihre Entscheidung.

d) Als Instrument zur Gestaltung der Projektablaufplanung werden häufig Netzpläne eingesetzt.

   Nennen Sie je drei Vor- und Nachteile dieses Instruments.

e) Zur Verbesserung der Effizienz der Projektsteuerung beabsichtigen Sie, eine Standardsoftware zu kaufen.

   1. Nennen Sie vier Einsatzmöglichkeiten von Standardsoftware im Rahmen von Projektmanagement.
   2. Nennen Sie vier Nachteile (Risiken), die mit der Anschaffung von Standardsoftware im Allgemeinen verbunden sind.

Lösung s. Seite 841

Aufgabe 15: Das Projekt der Motor OHG

Die Firma Motor OHG beschäftigt sich als mittelständisches Unternehmen mit der Herstellung von Motoren. Das Unternehmen besitzt bisher kein eigenes IT-System. Die gesamte Datenverarbeitung wird von einem externen Rechenzentrum erledigt. Die Anschaffung eines eigenen IT-Systems wurde vor einiger Zeit von der Geschäftsleitung als strategisches Ziel definiert. Zur Realisierung dieses Zieles hat die Geschäftsleitung vor etwa einem halben Jahr die Stelle „Organisation" geschaffen, die mit Ihnen besetzt wurde. Die Stelle ist bis heute zwar nur durch Sie als einzigem Mitarbeiter besetzt, doch wird durch die Bezeichnung „Leiter Organisation" der strategischen Bedeutung der Stelle Rechnung getragen.

Bei der Besetzung der Stelle gab es neben Ihnen noch mehrere Bewerber. Wie Sie inzwischen erfahren haben, fiel damals die Wahl auf Sie wegen Ihrer guten IT-Kenntnisse. Auch haben Sie die Geschäftsleitung beim Einstellungsgespräch durch Ihr Auftreten und Ihre Bereitschaft, an diesem strategischen Ziel mitzuarbeiten, überzeugt. Zu Ihren bisherigen Tätigkeiten in der Firma Motor OHG gehörte u. a. die Koordination zwischen den einzelnen Fachabteilungen und dem externen Rechenzentrum. Dabei haben Sie bereits einige ausgewogene Entscheidungen getroffen. Es stellte sich allerdings im Laufe der Zeit heraus, dass sich der „Leiter Verwaltung" nicht gerade kooperativ verhält.

Sie haben nunmehr aus eigener Initiative ein Konzept erarbeitet, wie das Ziel „eigenes IT-System" umgesetzt werden soll. Nach diesem Konzept soll zunächst die Verwaltung und anschließend die Produktion auf die eigene IT umgestellt werden. Die Geschäftsleitung ist mit diesem Konzept einverstanden, hat jedoch die Durchführung mit Auflagen versehen:

So darf die Unternehmensleitung nicht mit Detailentscheidungen belastet werden. Außerdem soll die laufende Aufgabenerfüllung in den Funktionsabteilungen weitgehend unberührt von der Durchführung des Projektes bleiben, da bereits wegen der knappen Personaldecke die Erfüllung der laufenden Aufgaben nur durch einen hohen Überstundenanteil der Mitarbeiter erreicht wird. Falls Neueinstellungen von zusätzlichen IT- bzw. Organisationsmitarbeitern für die Dauer des Projektes notwendig sein sollten, sind diese zu berücksichtigen. Die Projektarbeit ist von abteilungs- bzw. ressortpolitischen Gesichtspunkten freizuhalten.

a) Begründen Sie, warum der dem Leiter der Organisation übertragene Auftrag die Kriterien für die Durchführung in Form einer Projektorganisation erfüllt.

b) Schlagen Sie die zu realisierende Form der Organisation des anstehenden Projektes vor. Begründen Sie den Vorschlag detailliert aufgrund der betriebsinternen Gegebenheiten und weisen Sie nach, dass die von der Unternehmensleitung gesetzten Restriktionen in Ihrer Organisationsform berücksichtigt wurden.

c) Legen Sie fest, wer die Projektleitung übernehmen soll und erläutern Sie anhand der Ausgangssituation, welche allgemeinen persönlichen Auswahlkriterien bei dieser Wahl erfüllt sein müssen.

d) Was sind die Merkmale einer hierarchiefreien Projektgruppe? Nennen Sie zwei wesentliche Aspekte im Zusammenhang mit dem Projektmanagement.

e) Obwohl bei der hierarchiefreien Projektgruppe alle Mitglieder gleich sein sollen, kann es dennoch vorkommen, dass sich eine informelle Hierarchie entwickelt. Nennen Sie drei Möglichkeiten dafür.

f) Wann empfiehlt sich der Einsatz einer hierarchiefreien Gruppe?

g) Der Kostenbericht der Arbeitspakete stellt einen wichtigen Teil des Berichtswesens eines Projektes dar. Entwerfen Sie ein Formular für einen solchen Kostenbericht mit den notwendigen Informationen und ordnen Sie diese Informationen in Ihrem Formular sinnvoll an.

h) Ein neues Projekt muss vor Beginn der Arbeiten sorgfältig geplant werden. Erstellen Sie die allgemeine chronologische Vorgehensweise bei einer Projektplanung.

i) Diskutieren Sie die Aussage: „Ein Standardstrukturplan steht im Widerspruch zu dem Begriff Projekt, aus diesem Grund sollte ein Standardstrukturplan bei der Projektplanung keine Verwendung finden."

j) Bei der Projektstrategie werden zwei Arten als Extreme unterschieden. Nennen Sie diese.

Lösung s. Seite 843

Aufgabe 16: Projektmanagement (2)

Parallel zum laufenden Projekt „Transport und Inbetriebnahme CNC“ (vgl. Aufgabe 1.) werden Sie mit dem Projekt „Reorganisation der Auftragsabwicklung-Bayreuth“ beauftragt. Die bereits durchgeführte Grobstudie hat folgende Teilprojekte 1 - 6 mit dem dazugehörigen Aufwand in Mitarbeiter-Tagen ergeben:

Projekt Reorganisation der Auftragsabwicklung – Bayreuth						
	Teilprojekte					
	1	**2**	**3**	**4**	**5**	**6**
Aufwand (in Mitarbeiter-Tagen)	30	46	28	46	38	44
Kalkulation (in € pro Mitarbeiter-Tag)	1.200	1.500	1.300	1.400	1.500	1.700

a) Ermitteln Sie die Projektkosten insgesamt.

b) Die kalkulierten Projektkosten sind der Geschäftsleitung zu hoch. Sie werden aufgefordert, bis zum nächsten Meeting drei begründete Vorschläge zur Senkung der Projektkosten zu präsentieren.

c) Die Auftragserteilung für das zweite Projekt kommentierte das zuständige Vorstandsmitglied mit den Worten: *„Ich bin sicher, Sie werden das schaffen. Außerdem können Sie gleich unter Beweis stellen, dass Sie Multiprojektmanagement beherrschen.“*

Erläutern Sie, was man unter Multiprojektmanagement (MPM) versteht und beurteilen Sie die Aussage des Vorstandsmitglieds.

Lösung s. Seite 845

Aufgabe 17: Projektstrukturplan, Arbeitspakete

Der Projektstrukturplan (PSP) ist ein zentrales Element innerhalb der Projektplanung.

a) Beschreiben Sie die Aufgabe des PSP.

b) Beschreiben Sie die Funktion von Arbeitspaketen.

c) Nennen Sie vier Inhalte einer Arbeitspaketbeschreibung.

Lösung s. Seite 846

Aufgabe 18: Projektorganisation

Die Integration von Projektmanagement (Formen der Projektorganisation) kann grundsätzlich erfolgen als

- Einfluss-Projektmanagement,
- Matrix-Projektmanagement und
- reines Projektmanagement.

Die Wahl der geeigneten Organisationsform hängt von einer Reihe von Merkmalen ab, deren Ausprägung für das betreffende Projekt kennzeichnend ist. Eines dieser Merkmale ist die „Bedeutung des betreffenden Projekts für das Unternehmen" – z. B. in der Ausprägung „gering", „groß" oder „sehr groß".

Vervollständigen Sie die nachstehende Tabelle, indem Sie weitere sechs Merkmale und die Ausprägung je Projektorganisationsform nennen.

Wahl der Projektorganisationsform			
Merkmale des betreffenden Projekts	**Projektform**		
	Einfluss-Projektmanagement	**Matrix-Projektmanagement**	**Reines Projektmanagement**
Bedeutung für das Unternehmen	gering	groß	sehr groß
...	...	...	...

Lösung s. Seite 846

Aufgabe 19: Vorgangsliste

Die Fertigung von Komponenten erfolgt derzeit in einem Zweigwerk. Da der Standort ungünstig ist und zudem der Pachtvertrag ausläuft, erhalten Sie als Projektverantwortlicher die Aufgabe, für die bestehende Produktionsanlage (wird komplett verlagert) einen neuen Standort auszuwählen, die erforderlichen Verträge unterschriftsreif vorzubereiten und den Umzug vollständig zu planen.

a) Erstellen Sie eine Vorgangsliste mit Angabe der geplanten Zeitdauer in Tagen. Die Vorgangsliste muss nicht sachlogisch geordnet sein.

b) Für die Feinplanung des Projekts muss jeder Vorgang genau spezifiziert werden bezüglich

- der Zielsetzung,
- der Verantwortlichkeit,
- der Nennung von Vorgänger und Nachfolger und
- der erforderlichen Ressource bzw. Anzahl/Qualifikation der Mitarbeiter.

Nehmen Sie für drei Vorgänge diese Spezifikation vor.

c) Nennen Sie zu den in b) genannten Spezifikationsmerkmalen drei weitere.

Lösung s. Seite 847

Aufgabe 20: Kommunikationsmodell nach Schulz von Thun

Zur Verbesserung der Kommunikation in den Teamsitzungen Ihrer Projektgruppe beschäftigen Sie sich mit verschiedenen Kommunikationsmodellen.

a) Nennen Sie die „4 Nachrichten" (auch: Aspekte; „die vier Seiten einer Nachricht") im Kommunikationsmodell nach Schulz von Thun.

b) Sie sind auf dem Weg zu Ihrem Gruppenleiter, weil Sie eine Information von ihm benötigen. Dabei werden Sie Zeuge, wie der Gruppenleiter zu einem Mitarbeiter sagt: *„Die Tonerkassette an ihrem Drucker ist schon ziemlich leer."*

Interpretieren Sie die „4 Seiten einer Nachricht“ (nach Schulz von Thun) aus der Sicht des Mitarbeiter und aus der Sicht des Gruppenleiters.

Lösung s. Seite 848

Aufgabe 21: Transaktionsanalyse (TA)

Die TA systematisiert das Verhalten der Menschen und kommt dabei zu dem Ergebnis, dass sich beobachtbare Verhaltensmuster auf drei Ich-Zustände zurückführen lassen. Die einfache Transaktionsanalyse versucht festzustellen, welcher Ich-Zustand den Transaktionsanreiz ausgelöst hat und welcher Ich-Zustand auf diese Transaktion reagiert hat. Dieses Modell ist geeignet, Konfliktsituationen in Gesprächen zu lösen oder von vornherein zu vermeiden, indem man die Ich-Zustände erkennt bzw. gezielt aus einem bestimmten Ich-Zustand heraus reagiert. Bearbeiten Sie in diesem Zusammenhang folgende Aufgaben:

a) Nennen Sie bei den nachfolgenden Gesprächsausschnitte den jeweils zutreffenden Ich-Zustand:

   1 a) Frage: *„Wie spät ist es?“*

   1 b) Antwort: *„Es ist jetzt 15:20 Uhr.“*

   1 c) Antwort: *„Geht Deine Zwiebel mal wieder nicht?“*

   2 *„Bei dem schönen Wetter habe ich überhaupt keine Lust, hier im Büro herumzusitzen.“*

   3 *„Also wenn Sie mich fragen – die Arbeitslosen sind doch alles Drückeberger.“*

   4 *„Machen Sie sich nichts daraus, Frauen fällt das immer schwer.“*

   5 *„Kommen Sie, ich helfe Ihnen, dann kommen Sie schon wieder auf die Beine.“*

   6 *„Also, ich muss schon sagen, allmählich müssten Sie das aber allein können.“*

   7 *„Ich habe jetzt aber wirklich keine Lust mehr, Sie können ihren Kram allein machen.“*

   8 *„Ich weiß mir nicht mehr zu helfen. Können Sie mal draufschauen, Sie haben doch so viel Erfahrung.“*

b) Beurteilen Sie, welche(r) Ich-Zustand/Zustände den nachfolgenden Aussagen zugeordnet werden kann/können und beurteilen Sie die Auswirkung auf den Kommunikationsverlauf.

   „Ich finde, Sie haben sich das ganz schön einfach gemacht. Auf den ersten Blick mag so eine Tabelle ja ganz schön sein – aber wenn man wirklich einmal sachlich hinterfragt ...“

c) Nennen Sie fünf „Gesprächsstörer“ und fünf „Gesprächsförderer“ im Sinne der Transaktionsanalyse.

Lösung s. Seite 849

Aufgabe 22: Moderation, Entscheidungsfähigkeit von Gruppen

Entscheidungsprozesse in der Gruppe können mit Defiziten behaftet sein, z. B.:

- Der Zeitaufwand ist unangemessen hoch.
- Es beteiligen sich nur wenige Mitglieder.
- Die Suche nach Alternativen fällt schwer.
- Das Problem wird nicht hinreichend erkannt.
- Es werden nicht alle für die Entscheidung relevanten Faktoren berücksichtigt.

Im Ergebnis ist die Quantität und/oder Qualität der Entscheidung mit Mängeln behaftet. Der Moderator muss derartige Schwächen in der Entscheidungsfähigkeit der Gruppe erkennen und Maßnahmen zur Verbesserung einleiten.

Die Entscheidungsfähigkeit der Gruppe hängt von einer Vielzahl von Variablen (auch: Einflussfaktoren) ab; sie stehen zum Teil in wechselseitigen Abhängigkeit.

Nennen Sie fünf Faktoren, die die Entscheidungsfähigkeit der Gruppe beeinflussen und geben Sie entsprechende Handlungsempfehlungen für den Moderator.

Lösung s. Seite 850

Aufgabe 23: Präsentation, Projekt

Ihr Unternehmen hat im Rahmen einer Erhebung festgestellt, dass die Kundenzufriedenheit deutlich zurückgegangen ist. Ursache ist die nachlassende Qualität Ihrer Produkte.

a) In der kommenden Teamsitzung sollen Sie die aufgetretenen Probleme präsentieren. Beschreiben Sie drei Aufgaben, die Sie im Rahmen der inhaltlichen Vorbereitung der Präsentation zu bearbeiten haben.

b) Sie sind der Auffassung, dass das Thema „Kundenzufriedenheit" als Projekt begriffen werden muss. Nennen Sie der Geschäftsleitung dafür zwei Argumente.

Lösung s. Seite 851

Aufgabe 24: Präsentation: Visualisierung

Aufgrund des Vorschlags einer Unternehmensberatung sollen in Ihrem Hause die innerbetrieblichen Logistikprozesse verbessert werden. Ihre Aufgabe ist es, diese Veränderungen der Ablauforganisation in der nächsten Sitzung der Führungskräfte zu präsentieren.

a) Nennen Sie vier geeignete Visualisierungsmedien und beschreiben Sie bei drei Medien jeweils zwei Vor- und Nachteile.

b) Nennen Sie zwei geeignete Grafiken/Diagramme, die für die Darstellung des Themas geeignet sind.

c) Beschreiben Sie zwei Vorteile, die eine geeignete Visualisierung von Sachverhalten bietet.

d) Nennen Sie zwei Ziele, die Sie im Rahmen Ihrer Präsentation erreichen wollen.

e) Ergänzend sollen Sie bei der Sitzung auf das Thema „Fehlzeiten" eingehen. Dazu hat Ihnen der Controller folgende Matrix ausgedruckt:

	Jahr 01	Jahr 02	Jahr 03	Jahr 04	Jahr 05
Fehlzeiten in Tagen	1.000	1.400	1.600	1.600	1.500

1. Visualisieren Sie die Entwicklung der Fehlzeiten mithilfe eines geeigneten Diagramms.
2. Nennen Sie vier Angaben, die bei der Abbildung erforderlich sind.

Lösung s. Seite 852

Aufgabe 25: Moderation

Sie führen ein internes Seminar für innerbetriebliche Referenten durch. Beschreiben Sie den Teilnehmer fünf zentrale Aufgaben des Moderators.

Lösung s. Seite 854

Aufgabe 26: Konfliktmanagement (1)

Die beiden Mitarbeiterinnen Frau Brack und Frau Wacker haben für einen Arbeitsplatz Jobsharing vereinbart. In letzter Zeit häufen sich bei Ihnen als Gruppenleiter die Beschwerden von Frau Brack über Frau Wacker: „... Arbeitsplatz unaufgeräumt, ... Vorgänge bleiben liegen, Termine nicht eingehalten ..."

a) Sie sind gehalten, den Konflikt zu bearbeiten. Entwerfen Sie für den Sachverhalt den geeigneten Ablauf eines Konfliktgesprächs.

b) Nennen und erläutern Sie in knapper Form fünf Konfliktstrategien.

Lösung s. Seite 854

Aufgabe 27: Konfliktmanagement (2)

Im Gespräch mit Ihrem Mitarbeiter entstand ein Sachkonflikt bezüglich der Priorität abteilungsinterner Vorgänge. Im Verlauf des (ruhigen) Gesprächs haben Sie sich „letztlich mit Ihrer Auffassung durchgesetzt". Die Beziehung zu Ihrem Mitarbeiter ist ohne Störung.

Wie vermeiden Sie zukünftig in derartigen Situationen, dass sich der Mitarbeiter nicht „als Verlierer fühlt"? Beschreiben Sie vier Argumente.

Lösung s. Seite 855

Aufgabe 28: Handlungsschritte der Personalauswahl

Für Ihren Chef, den Leiter des Verkaufsbereichs 1 sollen Sie eine Personalvorauswahl treffen und dann geeignete Bewerber präsentieren. Für die zu besetzende Stelle „Substitut-Herrenoberbekleidung" existiert eine Stellenbeschreibung. Die Stelle wurde von der Personalabteilung intern und extern ausgeschrieben. Es liegen zahlreiche Bewerbungen vor.

Nennen Sie alle wesentlichen Handlungsschritte der Personalauswahl – in sachlogischer Reihenfolge – und berücksichtigen Sie dabei geeignete Auswahlverfahren.

Lösung s. Seite 856

Aufgabe 29: Analyse der Bewerbungsunterlagen

Beschreiben Sie sechs Aspekte, nach denen Sie den Lebenslauf eines Bewerbers analysieren.

Lösung s. Seite 857

Aufgabe 30: Personalauswahl

Die Brotland GmbH sucht zur Verstärkung ihrer Mannschaft einen Bäcker. Auf Ihre Anzeige in der Aachener Volkszeitung erhielt Sie eine ausreichende Anzahl von Zuschriften. Gefordert wird in der Anzeige u. a. „selbstständiges Arbeiten und Erfahrung in der Unterweisung Auszubildender".

a) Analysieren Sie das Bewerbungsschreiben sowie den Lebenslauf des Bewerbers Herbert Kahl; gehen Sie dabei auf vier wichtige Aspekte des Anschreibens und drei Aspekte des Lebenslaufes ein.

b) Werden Sie Herrn Kahl zum Gespräch einladen? Begründen Sie Ihre Entscheidung.

c) Geben Sie 20 Beispiele für Fragen, die Sie dem Bewerber Herbert Kahl stellen werden.

Anschreiben von Herbert Kahl:

Herbert Kahl
Mirgelgasse 200
41000 Aachen

17. März 2011

Brotland GmbH
Personalabteilung
Frau Haber
Postfach 13 12 10
41888 Heinberg

Ihre Anzeige in der Aachener Volkszeitung vom 13. März 2019

Sehr geehrte Damen und Herren,

am letzten Wochenende habe ich Ihre Anzeige mit großer Freude gelesen. Ihr Stellenangebot, in dem Sie einen Bäcker suchen, interessiert mich außerordentlich und ich möchte mich darauf bewerben.

Ich bin seit langen Jahren in der Bäckerei Waffeleisen in Aachen tätig. Meine Spezialität ist das Backen von Vollkornbroten und die Herstellung von Feingebäck, besonders aus Blätterteig.

Augenblicklich arbeite ich in ungekündigter Stellung, daher könnte ich meine neue Arbeit frühestens ab dem 1. Mai aufnehmen.

Mit freundlichen Grüßen

gez. Herbert Kahl

Anlagen:

- Lebenslauf
- Zeugniskopien

Lebenslauf von Herbert Kahl:

Lebenslauf

Name:	Herbert Kahl
Anschrift:	Mirgelgasse 200 41000 Aachen
Geburtsdatum:	20.12.1977
Familienstand:	verh., 1 Kind
Schulbesuch:	August 1984 - Juli 1994, Hauptschule
Berufsausbildung:	August 1994 - Juli 1997, Ausbildung zum Bäcker, Bäckerei Waffeleisen, Aachen
Wehrdienst:	Oktober 1997 - September 1999
Berufstätigkeit:	Okt. 1999 - März 2001 als Bäcker mit Spezialisierung auf Vollkornprodukte, Bäckerei Waffeleisen, Aachen April 2001 - 20. Mai 2001, Großbäckerei Kornblume, Köln Juli 2001 bis heute (ungekündigt), Bäckerei Waffeleisen, Aachen

Lösung s. Seite 858

Aufgabe 31: Bewerbungsgespräch, Grundsätze

Nennen Sie sechs Grundsätze, die bei der Durchführung eines Bewerbungsgesprächs (Auswahlinterview) zu berücksichtigen sind.

Lösung s. Seite 861

Aufgabe 32: Zeugnisanalyse

Bei der Analyse eines Bewerberzeugnisses fällt Ihnen auf, dass im Text keine Aussagen über die Führungsqualifikation enthalten sind. Nach eigener Darstellung ist der Bewerber derzeit als Meister in einem kleinen Familienunternehmen tätig und hat eine Personalverantwortung für 25 gewerbliche Mitarbeiter.

Wie ist dieser Sachverhalt zu werten? Begründen Sie Ihre Antwort.

Lösung s. Seite 861

Aufgabe 33: Analyse von Bewerbungsschreiben

Im Rahmen einer Personalbeschaffungsaktion sichten Sie die eingegangenen Bewerbungen.

a) Beurteilen Sie die folgenden Beispiele in den auszugsweise dargestellten Bewerbungsschreiben:

> Sehr geehrte Damen und Herren,
>
> mit großem Interesse habe ich am Wochende Ihre Anzeige gelesen, die mich besonders interessiert. Da ich seit ca. drei Jahren im Verkauf tätig bin, glaube ich, dass ich mich für diese Aufgabe eigne.
>
> Lebenslauf und Arbeitszeuge sind beigewfügt.
>
> Mit freundlichen Grüßen
>
> *Hubertus Streblich*
>
> Hubertus Streblich

> Sehr geehrter Frau Zimmer-Adelmann,
>
> die ausgeschribene Stelle Ihrer Firma interessiert mich sehr. Erlauben Sie mir, mich kurz vorzustellen:
>
> Aus o. g. Gründen möchte ich mich wieder dem Bereich Verkauf zuwenden und mich möglichst bald ... Während meiner Tätigkeit legte ich immer besonders großen Wert auf ... Als Gehalt stelle ich mir einen Betrag von 2.600 € vor. Falls ich noch bis Ende nächste Woche von Ihnen hören sollte, könnte ich noch zum Monatsenbde kündigen und Ihnen ab Januar zur Verfügung stehen.
>
> Mit freundlichen Grüßen
>
> *Gerd Grausam*
>
> Gerd Grausam

b) Beurteilen Sie folgende Beispiele in den auszugsweise dargestellten Arbeitszeugnissen:

> Zeugnis
>
> Herr Hubertus Streblich, geb. am 18. Oktober 1980 in Kassel, war vom ... bei uns beschäftigt.
>
> Herr Streblich war hilfsbereit und höflich. Sein Verhalten zu Vorgesetzten und Mitarbeitern war einwandfrei. Die von ihm erbrachten Leistungen stellten uns zufrieden.
>
> Kapp Handels-GmbH
>
> *Gernegroß* *Meier*
>
> ppa. Gernegroß i.V. Meier

> Zeugnis
>
> Herr Gerd Grausam war vom 1.4.2016 bis 4.5.2016 als Verkäufer bei uns tätig. ... Gerne bestätigen wir, dass Herr Grausam an den Einführungsveranstaltungen in unserem Hause regelmäßig und pünktlich teilgenommen hat. Herr Grausam schied am 4.5.2016 aus unserer Firma aus.
>
> Für seinen weiteren Berufsweg wünschen wir ihm alles Gute.
>
> Roland Kahne GmbH
>
> *Kahne*

c) Nennen Sie die einzelnen Stufen der Zeugniscodierung (Formulierungsskala).

d) Beschreiben Sie ausführlich die Aussagekraft von Bewerberfotos. Welche Schlüsse lassen sich ziehen?

Lösung s. Seite 861

Aufgabe 34: Zeugniscodierung

Im Arbeitszeugnis eines Bewerbers lesen Sie u. a.: „Herr Kernig war tüchtig und wusste sich zu verkaufen ... Seine Leistungen stellten uns voll zufrieden." Das Zeugnis wurde von der Personalabteilung eines großen Unternehmens verfasst und gegengezeichnet. Wie sind diese Aussagen zu werten?

Lösung s. Seite 863

Aufgabe 35: Analyse von Schulzeugnissen

Der 48-jährige Hubert Kernig ist derzeit als Meister tätig und bewirbt sich auf die Stelle des stellvertretenden Betriebsleiters. Sein Realschulzeugnis und das Zeugnis der Berufsschule zeigen überwiegend ausreichende Leistungen. Im Fach „Sport“ und im Fach „Technik“ hat er in beiden Zeugnissen die Note „gut“. Welche Schlussfolgerungen sind zulässig?

Lösung s. Seite 863

Aufgabe 36: Konferenz-/Besprechungsregeln

In den ersten Gruppenbesprechungen mit Ihrer Abteilung, die Sie vor kurzem übernommen haben, lässt sich sehr schnell feststellen, dass Ihre Mitarbeiter wenig Erfahrung haben, Gruppenbesprechungen themenzentriert und effektiv durchzuführen. Die Diskussion „geht wild durcheinander“, einige Mitarbeiter kommen zu spät usw.

Entwerfen Sie zehn Regeln für effektive Besprechungen/Konferenzen, die Sie mit Ihren Mitarbeitern diskutieren werden.

Lösung s. Seite 863

Aufgabe 37: Mitarbeitergespräche, Praxisfall „Keine Wortmeldung“

Sie sind Abteilungsleiter. An Sie berichtet Gruppenleiter G. Er hat sechs Mitarbeiter zu einer Besprechung eingeladen. In Punkt 1 geht es um die Beschaffung eines Analysegerätes für die Qualitätsprüfung im Wareneingang. Alle Mitarbeiter haben vorher verschiedene Angebote vergleichen können. Herr G. eröffnet die Besprechung:

„Meine Herren, ich glaube nicht, dass wir lange diskutieren müssen. Ich habe mir selbst einige Zeit Gedanken gemacht und glaube, dass das Angebot von Fischer & Seldimann unseren Vorstellungen voll entspricht. Aber bitte, ich will Ihnen nicht vorgreifen ...“ (Daraufhin gibt es keine Wortmeldungen.)

Humorvoll wendet sich Herr G. an einen Teilnehmer:

„Nun, Herr Richter, kein Widerspruch von Ihnen ...? Das ist ja ganz ungewöhnlich; ist Ihnen heute nicht wohl?“

Sie haben an der Besprechung teilgenommen, um zu anderen Punkten der Tagesordnung Stellung zu nehmen. So wie bei dieser Eröffnung verhält sich Herr G. oft. Sie wollen Herrn G. helfen, in Zukunft wirksamer mit seinen Mitarbeitern zu kommunizieren. In einer Stunde haben Sie ein Gespräch mit ihm.

a) Was macht Herr G. falsch? Beschreiben Sie drei Aspekte aus dem Sachverhalt.

b) Was können Sie tun, um eine Verhaltensänderung einzuleiten? Beschreiben Sie zwei geeignete Maßnahmen.

Lösung s. Seite 864

Aufgabe 38: Mitarbeitergespräche, Reflexionstechnik

Erläutern Sie, wie mithilfe der Reflexionstechnik Erkenntnisse aus Mitarbeitergesprächen gewonnen werden können. Beschreiben Sie dabei zwei unterschiedliche Ansätze der Reflexionstechnik.

Lösung s. Seite 864

Aufgabe 39: Verkäuferschulung

a) Sie sind Mentor eines jungen Verkäufers in Ihrer Abteilung. Ihre Aufgabe ist es, der Nachwuchskraft einen Vorschlag zur Strukturierung eines typischen Verkaufsgesprächs zu vermitteln.

b) Beschreiben Sie fünf inhaltliche Beispiele einer Verkäuferschulung.

Lösung s. Seite 865

2. Investition, Finanzierung, betriebliches Rechnungswesen und Controlling

2.1 Investitionsplanung und -rechnung

Aufgabe 1: Investitionsformen (-arten)

Für das kommende Jahr stehen in Ihrem Betrieb folgende Investitionen an:

1. Bau einer neuen, zusätzlichen Fertigungsstraße
2. Anschaffung von zwei Lkw gleichen Bautyps wie bisher aufgrund der Beendigung der Nutzungsdauer
3. Finanzielle Beteiligung an einem Zulieferbetrieb zur Verbesserung und Typisierung der Materialversorgung.

Tragen Sie die genannten Investitionsformen (auch: -arten) in die nachfolgende Tabelle ein (Markierung mit einem „X"):

	neue, zusätzliche Fertigungsstraße	Lkw (Ende der Nutzungsdauer)	Finanzielle Beteiligung an ...
Sachinvestition			
Finanzinvestition			
immaterielle Investition			
Nettoinvestition			
Ersatzinvestition			
Rationalisierungsinvestition			

Lösung s. Seite 867

Aufgabe 2: Verfahren der statischen Investitionsrechnung und Break-even-Menge: Drei Objekte, ohne Restwert, gleiche Kapazität, gleiche Nutzungsdauer

Die Metallbau GmbH in Prignitz beabsichtigt für die kommende Periode die Anschaffung eines Bearbeitungszentrums. Vom Einkauf wurden drei Angebote vorgelegt:

	Objekt 1	Objekt 2	Objekt 3
Anschaffungskosten	250.000 €	300.000 €	280.000 €
Nutzungsdauer	10 Jahre	10 Jahre	10 Jahre
Nennleistung	50.000 Stück/Jahr	50.000 Stück/Jahr	50.000 Stück/Jahr
Auslastungsgrad	80 %	80 %	80 %
Kalkulatorischer Zinssatz, i	0,06	0,06	0,06
Verkaufspreis	10 €/Stück	10 €/Stück	10 €/Stück

	Objekt 1	Objekt 2	Objekt 3
Sonstige Fixkosten p. a.	120.500 €	110.000 €	129.600 €
Variable Kosten pro Jahr bei 100 % Auslastung:			
► Fertigungslohn	100.000 €	70.000 €	80.000 €
► Material	60.000 €	60.000 €	60.000 €
► Energie	12.000 €	8.000 €	7.000 €
► Sonstige variable Kosten	7.000 €	9.000 €	9.000 €

Ermitteln Sie mithilfe

a) der Kostenvergleichsrechnung,

b) der Gewinnvergleichsrechnung,

c) der Rentabilitätsvergleichsrechnung sowie

d) der statischen Amortisationsrechnung,

welches der drei Objekte vorteilhafter ist. Die Geschäftsleitung hat eine Sollamortisationszeit von drei Jahren festgelegt.

e) Berechnen Sie die Menge im Break-even-Point für Objekt 2 und 3.

f) Das Kostenvergleichsverfahren hat einige Nachteile, die seine Anwendung in der Praxis einschränken. Nennen Sie vier Beispiele.

Lösung s. Seite 867

Aufgabe 3: Kostenvergleichsrechnung und kritische Menge Zwei Objekte, mit Restwert, gleiche Kapazität, gleiche Nutzungsdauer

Eine kleine Maschine soll angeschafft werden. Infrage kommen zwei Objekte:

Daten	Objekt 1	Objekt 2
Anschaffungskosten, AK	50.000 €	40.000 €
Restwert, RW	5.000 €	0
Nutzungsdauer, n	5 Jahre	5 Jahre
Material	2.000 €	2.000 €
Löhne	2.500 €	5.000 €
Energie	3.500 €	8.000 €
Sonstige fixe Kosten	4.000 €	1.200 €
Kapazität, K	12.000 Stück/Jahr	12.000 Stück/Jahr
Kalkulatorischer Zinssatz	10 %	10 %

a) Treffen Sie die Objektauswahl mithilfe der Kostenvergleichsrechnung.

b) Ermitteln Sie die kritische Stückzahl.

Lösung s. Seite 871

Aufgabe 4: Berechnung der kritische Menge

Zur Herstellung eines Rohteils stehen die beiden Verfahren I und II zur Disposition. Aufgrund der vorliegenden Daten ist rechnerisch zu ermitteln, welches Produktionsverfahren bei gegebener Losgröße kostengünstiger ist bzw. bei welcher Menge beide Verfahren kostengleich sind.

		Verfahren I	**Verfahren II**
Rüsten	Vorgabezeit	0,5 Std.	6,5 Std.
	Stundensatz	20 €/Std.	42 €/Std.
Fertigen	Vorgabezeit	2,2 min/Stk.	0,8 min/Stk.
	Stundensatz	24 € /Std.	48 €/Std.

Lösung s. Seite 872

Aufgabe 5: Verfahren der dynamischen Investitionsrechnung Zwei Objekte, ohne Restwerte, unterschiedliche Kapazität, gleiche Nutzungsdauer

Die Metallbau Stettin GmbH, Neustrelitz, beabsichtigt für die kommende Periode die Anschaffung einer Bearbeitungsmaschine. Vom Einkauf wurden zwei Angebote vorgelegt:

Objekt 1					
Anschaffungsauszahlung (A_0):		300.000 €			
Nutzungsdauer (n):		5 Jahre			
Nennleistung p. a.:		20.000 Stück			
Kalkulatorischer Zinssatz:		10 %			
	1. Jahr	**2. Jahr**	**3. Jahr**	**4. Jahr**	**5. Jahr**
Auslastungsgrad	75 %	75 %	75 %	85 %	85 %
Jahresstückleistung	15.000	15.000	15.000	17.000	17.000
Verkaufspreis, €/Stk.	22	23	23	24	25
Personalkosten, €	80.000	85.000	90.000	95.000	97.000
Materialkosten, €	130.000	130.000	130.000	160.000	160.000
Raumkosten, €	12.000	12.000	12.000	14.000	14.000
Energiekosten, €	8.000	9.000	10.000	11.000	12.000
Sonstige Kosten, €	26.000	30.000	30.000	30.000	30.000

Objekt 2					
Anschaffungsauszahlung (A_0):	400.000 €				
Nutzungsdauer (n):	5 Jahre				
Nennleistung p. a.:	25.000 Stück				
Kalkulatorischer Zinssatz:	10 %				
	1. Jahr	**2. Jahr**	**3. Jahr**	**4. Jahr**	**5. Jahr**
Auslastungsgrad	60 %	60 %	60 %	70 %	70 %
Jahresstückleistung	15.000	15.000	15.000	17.500	17.500
Verkaufspreis, €/Stk.	22	23	23	24	25
Personalkosten, €	65.000	67.000	69.000	72.000	75.000
Materialkosten, €	165.000	165.000	165.000	170.000	170.000
Raumkosten, €	8.400	8.400	8.400	8.400	8.400
Energiekosten, €	5.000	6.000	7.000	8.000	9.000
Sonstige Kosten, €	8.000	6.000	5.000	5.000	4.000

Ermitteln Sie mithilfe

a) der Kapitalwertmethode und

b) der Annuitätenmethode,

welche der zwei Objekte vorteilhafter ist.

Lösung s. Seite 873

Aufgabe 6: Kapitalwertmethode

Der Finanzinvestor Schrecken AG beabsichtigt, die Metallbau GmbH zu einem Kaufpreis von 31,25 Mio. € zu erwerben. Entsprechend der Finanzstrategie soll das Unternehmen nach sieben Jahren mit Gewinn veräußert werden. Die Erwartungen liegen bei einem Verkaufspreis von 55 Mio. €. Es wird mit einem Kalkulationszinsfuß von 9 % gerechnet.

Um die Marktstellung der Metallbau GmbH zu verbessern, geht die Schrecken AG davon aus, dass in den ersten drei Jahren erhebliche Investitionen in den Maschinenpark erforderlich sind, sodass nach Saldierung der laufenden Einzahlungen und Auszahlungen **Verluste** in folgender Höhe entstehen werden:

1. Jahr: 1,60 Mio. €

2. Jahr: 1,25 Mio. €

3. Jahr: 0,60 Mio. €

In den Folgejahren werden **Einzahlungsüberschüsse** erwartet:

4. Jahr: 1,20 Mio. €

5. Jahr: 1,65 Mio. €

6. Jahr: 1,90 Mio. €

7. Jahr: 2,05 Mio. €

a) Ermitteln Sie mithilfe der Kapitalwertmethode, ob für die Schrecken AG die Übernahme der Metallbau GmbH lohnend ist.

b) Nennen Sie vier Risiken, die in den Annahmen der Schrecken AG enthalten sind.

Lösung s. Seite 874

Aufgabe 7: Annuitätenmethode

Ein Hotelbetrieb in Zinnowitz muss in diesem Jahr seine Heizungsanlage erneuern. Es liegt ein Angebot der Firma LUCHS über ein Blockheizkraftwerk (BHK) in Höhe von 83.037,51 € vor, das bereits die Installationskosten der Anlage enthält. Die Nutzungsdauer der Anlage wird von der Firma mit 15 Jahren angegeben. Aufgrund der Verbrauchswerte des Hotelbetriebes hat die Firma Luchs auf der Basis eines von ihr erstellten Rechenmodells eine jährliche Einsparung der Neuanlage (Gasminderverbrauch + Stromeinspeisung in das Netz + Förderungsmittel) gegenüber einer konventionellen Gasheizung von 8.000 € ermittelt. Die Investition kann über ein Darlehen mit fester Laufzeit und fester Zinsbindung (5,0 %) von 15 Jahren über die Hausbank finanziert werden.

a) Ermitteln Sie die Vorteilhaftigkeit der Investition mithilfe der Annuitätenmethode.

b) Nennen Sie Ihrem Mandanten fünf Risiken (Variablen), die diese Modellrechnung enthält.

c) Geben Sie Ihrem Mandanten unter Berücksichtigung der Ergebnisse von a) und b) eine Empfehlung bezüglich der anstehenden Investition.

Lösung s. Seite 875

Aufgabe 8: Interne Zinsfußmethode, Kapitalwertmethode

Ein Unternehmen plant, seine Fertigungskapazität durch einen Automaten zu erweitern. Es liegen zwei Angebote vor:

1. Kauf auf Kredit: Es liegt bereits – bei dem im Unternehmen verwendeten Kalkulationszinssatz von 8 % – ein Kapitalwert in Höhe von 23.553,75 € vor. Es wird von einer Effektivverzinsung von 12,1 % ausgegangen.
2. Leasing-Angebot, bei dem keine Kaufoption ausgeübt wird. Es liegen folgende Angaben vor (alle Beträge in T€):

	t_0	t_1	t_2	t_3	t_4	t_5
Sonderzahlung	30					
Leasingrate		45	45	45	45	45
anteilige Löhne		70	74	78	83	88
Materialkosten		28	30	31	34	36
Umsatzerlöse		140	150	160	170	220

a) Treffen Sie eine Entscheidung mithilfe der Kapitalwertmethode, welche Finanzierungsalternative zu bevorzugen ist.

b) Überprüfen Sie mithilfe der internen Zinsfußmethode, ob der Angebotsvergleich zu dem gleichen Ergebnis wie unter a) führt. Verwenden Sie dabei einen Versuchszinssatz von 8 % bzw. 20 % und die Näherungsformel:

$$r = i_1 - C_{01} \frac{i_2 - i_1}{C_{02} - C_{01}}$$

i_1 = Versuchszinssatz 1

i_2 = Versuchszinssatz 2

C_{01} = Kapitalwert bei Versuchszinssatz 1

C_{02} = Kapitalwert bei Versuchszinssatz 2

Lösung s. Seite 876

Aufgabe 9: Verfahren der Investitionsrechnung im Vergleich

a) Nennen Sie in einer vergleichenden Gegenüberstellung jeweils zwei charakteristische Merkmale der statischen und der dynamischen Investitionsrechnungsverfahren.

b) Nennen Sie jeweils zwei Nachteile der Kostenvergleichsrechnung, der Gewinnvergleichsrechnung, der Rentabilitätsvergleichsrechnung sowie der Amortisationsvergleichsrechnung.

c) Nennen Sie jeweils zwei Nachteile der Kapitalwertmethode und der internen Zinsfußmethode.

Lösung s. Seite 877

Aufgabe 10: Optimaler Ersatzzeitpunkt

Für einen Kommissionierautomaten betrugen die Anschaffungskosten (AK) 500.000 €. Es wird ein Kalkulationszinssatz von 6 % unterstellt. Der Restwert beträgt im Jahr t_1 480.000 € und sinkt jedes Jahr um weitere 60.000 €.

Nutzungsdauer	Einzahlungsüberschuss
t_1	140.000 €
t_2	120.000 €
t_3	190.000 €
t_4	100.000 €
t_5	180.000 €
t_6	50.000 €

a) Berechnen Sie den optimalen Ersatzzeitpunkt, wenn eine einmalige Investition unterstellt wird.
b) Berechnen Sie die optimale Nutzungsdauer, wenn eine (identische) unendliche Investitionskette unterstellt wird. Erläutern und reflektieren Sie das Ergebnis.

Lösung s. Seite 878

2.2 Finanzplanung und Ermittlung des Kapitalbedarfs

Aufgabe 1: Kapitalbedarf bei Neugründung

Die Metallbau GmbH plant die Gründung einer Zweigniederlassung in Rumänien.

a) Für die Steuerung des Materialbedarfs ist die Einrichtung eines Sicherheitsbestandes vorgesehen. Erläutern Sie die Bedeutung des Sicherheitsbestandes und begründen Sie, warum dieser langfristig finanziert werden muss.
b) Nach Abschluss der Planungsarbeiten zeigt sich, dass der Kapitalbedarf für die Gründung und Ingangsetzung der Zweigniederlassung um ca. 150.000 € über der Kreditzusage der Hausbank liegt. Die Finanzierungslücke wird durch eine zusätzliche Fremdfinanzierung geschlossen. Beschreiben Sie drei Konsequenzen, die sich aus dieser Situation ergeben können.
c) Nennen Sie vier Schwachstellen des Modells der Kapitalbedarfsrechnung.
d) Nennen Sie drei Möglichkeiten zur Senkung des Kapitalbedarfs.

Lösung s. Seite 878

Aufgabe 2: Mezzanine Finanzierungsformen

Die Bedeutung von Mezzanine Kapital als Form der Finanzierung hat zugenommen.

a) Beschreiben Sie vier Merkmale dieser Finanzierungsform.
b) Erläutern Sie, für welche Unternehmen diese Finanzierungsform geeignet ist.
c) Vergleichen Sie vier Mezzanine Kapitalformen anhand von vier relevanten Merkmalen.

Lösung s. Seite 879

Aufgabe 3: Einzelaufgaben zur Kreditsicherung

a) Kreuzen Sie in der folgenden Übersicht an, für welche Form der Kreditsicherung die genannten Aktiva geeignet sind.

	Eigentumsvorbehalte	Zessionen	Akkreditiv	Sicherungsübereignung	Lombardkredit	Hypothek	Grundschuld
Unbebaute Grundstücke							
Bebaute Grundstücke							
Finanzanlagen (Wertpapiere)							
Betriebs- und Geschäftsausstattung							
Fuhrpark							
Warenbestand							
Forderungen							

b) Erklären Sie, weshalb die Klausel „Die Ware bleibt bis zur vollständigen Bezahlung unser Eigentum." für zweiseitige Handelskäufe kein geeignetes Instrument ist, um das Zahlungsausfallrisiko des Lieferers zu verringern.

c) Was ist bei den „Realkrediten" real?

Lösung s. Seite 881

Aufgabe 4: Möglichkeiten zur Absicherung einer Forderung

Ein Großhändler will an einen Einzelhändler 30 Rasenmäher vom Typ „Glattschnitt" verkaufen. Der Einzelhändler möchte sofortige Lieferung und Bezahlung der Waren in vier Monatsraten. Noch vor Abschluss des Kaufvertrages erfährt der Großhändler, dass der Einzelhändler in der Vergangenheit gelegentlich Zahlungsschwierigkeiten hatte.

Beschreiben Sie vier Gestaltungsmöglichkeiten, über die der Großhändler seine Forderung rechtlich absichern kann und bewerten Sie das Maß der Absicherung.

Lösung s. Seite 882

Aufgabe 5: Sicherungsübereignung

Eine Firma hat zur Absicherung einer Forderung eine Maschinenanlage an die Bank sicherungsübereignet.

Erklären Sie diesen Begriff und stellen Sie den Unterschied zum Pfandrecht dar.

Lösung s. Seite 882

Aufgabe 6: Cashflow-Finanzierung, Verhältnis von Eigen- und Fremdfinanzierung, Leverage-Effekt

Für die Maschinenbau GmbH wurde die Bilanz für das Jahr 02 erarbeitet. Zum Vergleich sind die Vorjahreszahlen beigefügt. In der Gewinn- und Verlustrechnung werden ausgewiesen:

Position	**Jahr 02**	**Jahr 01**
Umsatz	42.376 T€	(40.518 T€)
Abschreibungen auf Sachanlagen	2.647 T€	(2.610 T€)
Zinsaufwand für Fremdkapital	630 T€	(860 T€)
Sonstige Aufwendungen (Verbrauch Roh-, Hilfs- und Betriebsstoffe, Löhne, Gehälter usw.)	35.000 T€	32.000 T€

Der Bilanzgewinn in beiden Geschäftsjahren wird zu 100 % an die Gesellschafter ausgeschüttet.

Für die Sitzung der Geschäftsleitung mit den Anteilseigner sollen Sie einige Ergebnisse erläutern.

Bilanz zum Jahr 02 der Maschinenbau GmbH (in T€):

AKTIVA			**Jahr 02**	**Jahr 01**
A.	Anlagevermögen			
	I.	Immaterielle Vermögensgegenstände	34	10
	II.	Sachanlagen	9.500	8.515
	III.	Finanzanlagen	7.967	7.789
	Summe Anlagevermögen		17.501	16.314
B.	Umlaufvermögen			
	I.	Vorräte	7.370	6.162
	II.	Forderungen und sonst. Vermögensgegenstände	12.340	11.900
	III.	Wertpapiere	5.141	3.061
	VI.	Kassenbestand, Guthaben bei Kreditinstituten	4.631	8.063
	Summe Umlaufvermögen		29.482	29.186
	Summe Aktiva		46.983	45.500

PASSIVA			Jahr 02	Jahr 01
A.	Eigenkapital			
	I.	Gezeichnetes Kapital	5.800	5.800
	II.	Kapitalrücklage	1.864	1.900
	III.	Gewinnrücklagen	12.685	13.000
	IV.	Bilanzgewinn	3.064	1.638
	Summe Eigenkapital		23.413	22.338
B.	Rückstellungen			
	I.	Für Pensionen und ähnliche Rückstellungen	16.150	14.900
	II.	Steuerrückstellungen	120	562
	III.	Sonstige Rückstellungen	4.100	4.200
	Summe Rückstellungen		20.370	19.662
C.	Verbindlichkeiten		3.200	3.500
	Summe Passiva		46.983	45.500

a) Nennen Sie vier Vorteile der Cashflow-Finanzierung im Vergleich zur Finanzierung durch Fremdkapital.

b) Ermitteln Sie die Entwicklung der Eigen- und der Gesamtkapitalrentabilität und kommentieren Sie das Ergebnis.

c) Die Maschinenbau GmbH plant für die kommende Periode eine Erweiterungsinvestition in Höhe von 6.000 T€. Es besteht die Möglichkeit, im Rahmen des Konjunkturpaketes die Anschaffung über die KfW-Bank fremd zu finanzieren zu einem Zinssatz von 5 %.

   Beschreiben Sie, welche Auswirkungen diese Maßnahme auf die Eigenkapitalrendite hat (die übrigen Bedingen sind unverändert).

d) Berechnen Sie die goldene Bilanzregel (Deckungsgrad I oder A).

Lösung s. Seite 882

Aufgabe 7: Rentabilitätsvergleich

Was ist das Ziel eines Rentabilitätsvergleichs? Welche Rentabilität des Eigenkapitals ist im folgenden Fall günstiger:

Kapitalbedarf:	100.000 €
Gewinn (vor Zinsaufwand):	15.000 €
Zinssatz für das Fremdkapital:	10 %

Die Rentabilität des Eigenkapitals ist bei einem Verschuldungsgrad von 0 %, 50 % und 80 % zu untersuchen.

Lösung s. Seite 883

Aufgabe 8: Finanzierungsregeln, Liquiditätsgrade

Die Bilanz der Metall GmbH enthält zum 31.12. d.J. folgende Daten:

AKTIVA		Bilanz		PASSIVA
		€		€
Anlagevermögen		600	Eigenkapital	400
Vorräte	400		Langfristiges Fremdkapital	550
Forderungen aus LL	350		Kurzfristiges Fremdkapital	450
Zahlungsmittel	50			
Summe Umlaufvermögen		800		
		1.400		1.400

Analysieren Sie die Bilanzstruktur anhand der nachfolgenden Kennzahlen und kommentieren Sie jeweils das Ergebnis Ihrer Rechnung.

a) Verschuldungsgrad (statisch)

b) Anlagendeckungsgrad I und II

c) Liquidität 1. - 3. Grades

Lösung s. Seite 884

Aufgabe 9: Beurteilung der Liquiditätsgrade

Zur Ermittlung der Liquidität verwendet man unterschiedliche Liquiditätsgrade (Barliquidität, Liquidität auf kurze Sicht/auf mittlere Sicht). Die Aussagefähigkeit dieser Kennzahlen ist eingeschränkt. Beschreiben Sie dazu zwei Beispiele.

Lösung s. Seite 885

Aufgabe 10: Monatliche Finanzplanung (1)

In der Metallbau GmbH sollen Sie die monatliche Finanzplanung für das erste Halbjahr der kommenden Periode erstellen. Es liegen folgende Planwerte vor (Angaben in €):

Finanzplan 20.. – 1. Halbjahr						
	Januar	**Februar**	**März**	**April**	**Mai**	**Juni**
Auszahlungen:						
Material	131.387,30	127.854,52	157.588,29	140.964,90	136.725,85	127.488,20
Personal	266.572,00	264.799,67	265.057,13	280.689,21	290.057,61	335.582,24
Investitionen	22.000,00	282.000,00	147.458,00	92.500,00	572.500,00	144.000,00
Instandhaltung	5.000,00	5.000,00	32.100,00	26.400,00	27.850,00	49.850,00
Sonstige	91.040,70	39.345,81	35.796,58	28.445,89	34.866,54	8.079,56
Einzahlungen:						
Umsätze	475.590,69	716.572,15	751.333,24	796.509,67	768.970,61	734.132,13
Sonstige	1.409,31	427,85	666,76	1.490,33	1.029,39	80.867,87

Das Girokonto hat im Januar einen Anfangsbestand (AB) von 50.000 €. Mit der Hausbank ist ein Kontokorrentkredit über 50.000 € bis Mitte nächsten Jahres vertraglich vereinbart. Für den Monat Juni ist eine Tilgungsrate von 50.000 € für ein Darlehen über 200.000 € fällig.

Erstellen Sie für den Halbjahreszeitraum die monatliche Liquiditätsentwicklung (Liquiditätsbedarf bzw. -überschuss).

Lösung s. Seite 886

Aufgabe 11: Monatliche Finanzplanung (2)

Der Bilanzwert zum 31.12.20.. des Kassenbestandes und des Guthabens bei der Bank beträgt 100 T€. Für das kommende Halbjahr Januar bis Juni wird mit folgenden Zahlungsvorgängen gerechnet (Angaben in T€):

- Einzahlungen aus Umsatzerlösen: 1.000, 1.100, 1.000, 1.200, 1.000, 1.300
- Einzahlungen aus Anlagenverkäufen im Februar, Mai und Juni: 30, 50, 50
- Auszahlungen für Material: 300 im Januar bis Mai; 350 im Juni
- Auszahlungen für Löhne: 500 im Januar bis Mai; 650 im Juni
- Auszahlungen für Sachkosten: 200 im Januar; in den Folgemonaten jeweils ein Anstieg um 10 T€ gegenüber dem Vormonat.
- Auszahlungen für Investitionen: März und Mai: 150 und 400
- Auszahlung für Annuitätendarlehen: jeweils am Quartalsende: 30.

Das Unternehmen hat einen Kontokorrentkredit von 150 T€.

a) Erstellen Sie einen monatlichen Finanzplan für das erste Halbjahr der kommenden Periode und weisen Sie jeweils den Zahlungsmittelbestand pro Monat aus. Gehen Sie zur Vereinfachung davon aus, dass sich keine Tagesspitzenwerte ergeben, der Monatsendbestand also für den gesamten Monat Gültigkeit hat. Umsatzsteuer ist nicht zu berücksichtigen.

b) Schlagen Sie vor, wie eine evtl. Liquiditätsunterdeckung kurzfristig finanziert werden kann.

Lösung s. Seite 886

Aufgabe 12: Finanzplanung für das IV. Quartal inkl. Umsatzsteuerzahllast

Für die Finanzplanung des IV. Quartals eines Unternehmens legen Sie bitte folgende Angaben zugrunde:

- Der Bestand an liquiden Mitteln beträgt Ende September 30.000 €.
- Die Umsatzerlöse betragen ab Oktober monatlich netto 100.000 €. Davon gehen 60 % im gleichen Monat, 30 % im Folgemonat und 10 % nach zwei Monaten ein. Die Umsatzsteuer ist 19 %.
- Ende des Jahres ist ein Darlehen zu bedienen: 30.000 € Tilgung, 8.000 € Zinsen.
- Die Ausgaben für Personal betragen gleichmäßig 35.000 € pro Monat.
- Die monatlichen Material- und Sachausgaben belaufen sich auf 47.600 € inkl. 19 % Vorsteuer.
- Im November wird ein Firmen-Pkw bar bezahlt (Einkaufspreis: 23.800 € inkl. 19 % USt).
- Für den September ergibt sich eine Umsatzsteuerzahllast von 4.000 €, die am 10. des Folgemonats fällig ist.

Erstellen Sie eine Finanzplanung.

Lösung s. Seite 887

Aufgabe 13: Finanzplanung, Maßnahmen zur Verbesserung der Liquidität

Drohender Unterliquidität kann im Rahmen der Finanzplanung durch geeignete Maßnahmen zur Verbesserung der Einzahlungsseite und/oder durch Möglichkeiten zur Entlastung der Auszahlungsseite entgegen gewirkt werden. Nennen Sie jeweils vier generell geeignete Maßnahmen.

Lösung s. Seite 888

2.3 Finanzierungsarten

Aufgabe 1: Finanzierungsformen (-arten)

Kennzeichnen Sie (X) in der nachfolgenden Matrix, welche Finanzierungsform vorliegt:

Sachverhalt		Finanzierung mit Eigenkapital	Finanzierung mit Fremdkapital	Außenfinanzierung	Innenfinanzierung	Beteiligungsfinanzierung
1.	Aufnahme eines neuen Gesellschafters					
2.	Einbehalten der Gewinne und Verwendung für Investitionszwecke					
3.	Umwandlung eines kurzfristigen Kredits in einen langfristigen					
4.	Aufnahme eines zusätzlichen Kredits					
5.	Finanzierung einer Ersatzinvestition aus Abschreibungsbeträgen					
6.	Bildung von Pensionsrückstellungen					
7.	Kauf einer Maschine mit Zahlungsziel vier Monate					
8.	Leasing eines Firmen-Lkws					
9.	Verkauf einer Altanlage zur Verbesserung der Liquidität					

Lösung s. Seite 889

Aufgabe 2: Fremdfinanzierung, Vor-/Nachteile

Nennen Sie jeweils zwei Vorteile bzw. Nachteile der Fremdfinanzierung.

Lösung s. Seite 889

Aufgabe 3: Innenfinanzierung (1)

Ein Unternehmen erwirtschaftet in der zurückliegenden Periode 10 Mio. € Nettoerlöse. Weiterhin sind der GuV-Rechnung zu entnehmen:

4 Mio. € Materialkosten

3 Mio. € Personalkosten

0,75 Mio. € Steuer

0,25 Mio. € Abschreibung.

In der kommenden Periode sollen Nettoinvestitionen in Höhe von 4,5 Mio. € getätigt werden. Berechnen Sie den Cashflow und ermitteln Sie den Prozentsatz der Investitionsfähigkeit aus Mitteln der Innenfinanzierung.

Lösung s. Seite 890

Aufgabe 4: Innenfinanzierung (2)

Für die Metallbau GmbH haben Sie die vorläufige Bilanz des zurückliegenden Geschäftsjahres erstellt:

AKTIVA		Bilanz zum 31.12.20..	PASSIVA
	T€		T€
Sachanlagen		**Eigenkapital**	
1. Bebaute Grundstücke	330	1. Gezeichnetes Eigenkapital	870
2. Maschinen	470	2. Kapitalrücklage	270
Umlaufvermögen		3. Jahresüberschuss	150
1. Vorräte		**Rückstellungen**	
▸ Rohstoffe	600	1. Pensionsrückstellungen	110
▸ unfertige Erzeugnisse	70	2. Steuerrückstellungen	140
▸ fertige Erzeugnisse	300	3. Sonstige Rückstellungen	120
2. Forderungen aus LL	1.100	**Verbindlichkeiten**	
3. Wertpapiere	70	1. gegenüber Kreditinstituten	320
4. Flüssige Mittel	120	2. aus LL	1.080
	3.060		3.060

Die Geschäftsleitung plant die Errichtung einer Zweigniederlassung. Es wurde ein Kapitalbedarf von 1,4 Mio. € (ohne Umsatzsteuer) ermittelt. Die Hausbank ist bereit, das Vorhaben mit einem langfristigen Kredit über 600 T€ zu finanzieren. Als Kreditsicherung akzeptiert sie Sicherungsübereignung und Grundschuld. Noch in diesem Jahr sollen zwei Altanlagen für 40 T€ (Buchwert) nach Tschechien veräußert werden. Die Gewinnausschüttung betrug in der Vergangenheit regelmäßig 80 T€ pro Jahr. 80 % der Pensionsrückstellungen stehen dem Unternehmen langfristig zur Verfügung. 50 % des Forderungsbestandes können verkauft werden. Steuerliche Aspekte sind nicht zu beachten.

a) Schlagen Sie der Geschäftsleitung vier Möglichkeiten der Innenfinanzierung vor, um die bestehende Finanzierungslücke insgesamt zu decken. Nennen Sie dabei jeweils die Form (Art) der Finanzierung.

b) Ermitteln Sie, welcher Kapitalfreisetzungseffekt sich ergibt, wenn die derzeitige Lagerumschlagshäufigkeit der Rohstoffe durch Rationalisierungsmaßnahmen und/oder Veränderung der Bestellverfahren um 50 % verbessert wird. Gehen Sie dabei von einem durchschnittlichen Wareneinsatz der Rohstoffe pro Jahr von 1.800 T€ aus. Der Bilanzwert kann vereinfachend als durchschnittlicher Lagerbestand angesetzt werden.

c) Nennen Sie drei Maßnahmen, die geeignet sind, die Lagerumschlagshäufigkeit zu verbessern.

d) Erläutern Sie allgemein die Finanzierungsart „Umfinanzierung".

e) Beschreiben Sie das Rechtsinstitut „Sicherungsübereignung".

f) Was ist eine Grundschuld? Geben Sie eine ausführliche Erläuterung und gehen Sie dabei auf den Unterschied zur Hypothek ein.

g) Die Metallbau GmbH hatte als weitere Sicherheit eine selbstschuldnerische Bürgschaft der PULS AG angeboten, mit der sie seit langem eng zusammenarbeitet. Die PULS AG ist ebenfalls in der Metallbranche tätig. Die Hausbank hatte dies abgelehnt. Beschreiben Sie zwei mögliche Gründe für diese Ablehnung.

h) Die Metallbau GmbH unterbreitet als Generalunternehmer einer polnischen Firma ein Angebot über die Errichtung einer Fertigungsstraße zum Gesamtpreis von 800.000 €. 25 % des Verkaufspreises sind bei Vertragsunterzeichnung, 50 % nach der halben Bauzeit und 25 % bei Fertigstellung zu zahlen. Die Metallbau GmbH garantiert eine Fertigstellungsdauer von 12 Monaten. Die polnische Firma lehnt das Angebot ab und besteht auf einer Einmalzahlung bei Fertigstellung. Aufgrund der krisenbedingten, unzureichenden Auslastung der Fertigungskapazitäten geht die Metallbau GmbH auf den Vorschlag ein. Ermitteln Sie den dadurch entstehenden Kalkulationsnachteil bei einem Kreditzinssatz von 11,5 %.

Lösung s. Seite 890

Aufgabe 5: Kapitalfreisetzung, Kapazitätserweiterung

Die Metallbau GmbH erweitert Anfang des Jahres ihren Maschinenpark um zehn Anlagen zu je 60.000 €. Die Abschreibung erfolgt linear für n = 3 Jahre. Jeweils am Ende eines Jahres werden die aus Abschreibungsgegenwerten freigesetzten Mittel dazu verwendet, neue Maschinen des gleichen Typs zu unverändertem Preis zu kaufen. Nicht verwendete, liquide Mittel werden kumuliert und stehen für die Folgeperiode für Investitionszwecke zur Verfügung.

a) Stellen Sie in der nachfolgenden Tabelle für die Perioden 1 - 7 die Finanzierung aus Abschreibungsgegenwerten dar:

Periode	Anlagenbestand zu Beginn des Jahres (Stk.)	Gesamt-AfA p. a. (€)	Neu-/Re-investition (Stk.)	Anlagen-abgänge (Stk.)	freie, liqui-de Mittel (€)
1					
2					
3					
4					
5					
6					
7					

b) Beschreiben Sie den Kapitalfreisetzungseffekt sowie den Kapazitätserweiterungseffekt und nennen Sie jeweils zwei Voraussetzungen.

c) Kritiker des Kapazitätserweiterungsmodells argumentieren: „In der Praxis werden bei einer Kapazitätserweiterung Teile der freigesetzten Mittel in zusätzlich erforderlichem Umlaufvermögen gebunden“. Nehmen Sie Stellung zu dieser Argumentation.

Lösung s. Seite 892

Aufgabe 6: Lieferantenkredit, Skonto

Der Metallbau GmbH liegt eine Eingangsrechnung über 45.000 € vor, zahlbar mit 3 % Skonto innerhalb von 10 Tagen oder in 30 Tagen netto Kasse.

a) Die Metallbau GmbH müsste für die Ausnutzung des Skontos den Kontokorrentkredit ihrer Bank mit 14 % in Anspruch nehmen. Zeigen Sie rechnerisch, welchen finanziellen Vorteil die Skontogewährung unter diesen Bedingungen ergibt.

b) Berechnen Sie die Zinstage, bei denen die Kontokorrentzinsen gleich dem Skontobetrag sind.

c) Nennen Sie jeweils zwei Vor- und Nachteile des Lieferantenkredits aus der Sicht des Lieferanten bzw. des Kunden.

d) Nennen Sie drei Argumente, warum Kunden die Skontogewährung nicht in Anspruch nehmen, obwohl der Lieferantenkredit zu den teuren Kreditformen gehört.

Lösung s. Seite 893

Aufgabe 7: Leasing, Barkauf und Kreditkauf (Vor- und Nachteile)

Welche Vor- und Nachteile bestehen für den Leasingnehmer beim Leasing im Vergleich zum Barkauf mit Eigenkapital bzw. zum Kreditkauf mit Abzahlung während der Laufzeit? Nennen Sie jeweils zwei Vor- und zwei Nachteile.

Lösung s. Seite 894

2.4 Kosten- und Leistungsrechnung

Aufgabe 1: Deckungsbeitragsrechnung, Preispolitik

Ihr Betrieb plant die Errichtung einer Pkw-Waschanlage für seine Kunden und will damit eine Absatzförderung erreichen. An den umliegenden Tankstellen liegt der Preis für eine Pkw-Komfortwäsche bei durchschnittlich 6,50 €.

Die Investitionssumme beläuft sich auf 230.000 €. Die Abschreibung erfolgt linear mit 12,5 % pro Jahr. Für das Bedienungspersonal hat man monatliche Kosten von 9.000 € ermittelt. An Verwaltungsgemeinkosten werden monatlich 3.000 € umgelegt. An kalkulatorischen Zinsen erfolgt ein Ansatz von 10 % der Investitionssumme. Man rechnet mit variablen Kosten pro Waschvorgang von 0,70 €. Die Waschanlage soll an 280 Tagen im Jahr geöffnet sein.

a) Wie viele Pkw-Wäschen pro Tag müssen im Kostendeckungspunkt bei einem Preis von 4 € pro Wäsche durchschnittlich durchgeführt werden?

b) Zeigen Sie das Ergebnis von Aufgabenstellung a) grafisch.

c) Wie hoch ist der Deckungsbeitrag pro Stück im Break-even-Point?

Lösung s. Seite 895

Aufgabe 2: Mehrstufige Deckungsbeitragsrechnung mit mehreren Produkten

Ein Unternehmen hat drei Erzeugnisgruppen. Aus der Kosten- und Leistungsrechnung liegen folgende Angaben vor:

Bereiche	**Bereich I**				**Bereich II**	
Gruppen	**Erzeugnisgruppe 1**		**Erzeugnisgruppe 2**		**Erzeugnisgruppe 3**	
Produkte	**Produkt 1**	**Produkt 2**	**Produkt 3**	**Produkt 4**	**Produkt 5**	**Produkt 6**
Umsatzerlöse	30.000	28.000	8.000	31.000	64.000	52.000
variable Kosten	12.000	14.000	6.000	16.000	29.000	21.000
Erzeugnisfixkosten	8.000	9.000	4.000	11.000	21.000	10.000
Erzeugnisgruppenfixkosten		2.000		3.000		4.000
Bereichsfixkosten				2.000		4.000
Unternehmensfixkosten						6.000

Ermitteln Sie das Betriebsergebnis in Prozent der Umsatzerlöse und interpretieren Sie das Ergebnis Ihrer Rechnung.

Lösung s. Seite 897

Aufgabe 3: Bewertung des Produktionsprogramms auf Vollkosten- und Teilkostenbasis

Ein Unternehmen stellt drei Produkte her. Die fixen Kosten betragen 290.000 €. Es wurden die dargestellten Werte ermittelt (Angaben in Euro):

	Produkt 1	**Produkt 2**	**Produkt 3**
Erlöse	200.000	320.000	300.000
variable Kosten	130.000	220.000	160.000
Selbstkosten	190.000	350.000	260.000

a) Entscheiden Sie über das Produktionsprogramm auf Basis der Vollkostenrechnung.

b) Ermitteln Sie das Betriebsergebnis auf Vollkostenbasis bei Eliminierung von Produkt 2 und kommentieren Sie das Ergebnis.

c) Entscheiden Sie über das Produktionsprogramm (Produkt 1 - 3; Fragestellung a)) auf Basis der Teilkostenrechnung und kommentieren Sie das Ergebnis.

d) Ermitteln Sie das Betriebsergebnis auf Teilkostenbasis bei Eliminierung von Produkt 1 und kommentieren Sie das Ergebnis.

e) Entscheiden Sie über das Produktionsprogramm (Produkt 1 - 3) mithilfe der mehrstufigen Deckungsbeitragsrechnung und kommentieren Sie das Ergebnis. Die fixen Kosten in Höhe von 290.000 € sollen folgendermaßen aufteilbar sein:

Struktur der Fixkosten	**Produkt 1**	**Produkt 2**	**Produkt 3**	**Summe**
erzeugnisfixe Kosten	-20.000	-90.000	-60.000	-170.000
erzeugnisgruppenfixe Kosten	-40.000		–	-40.000
unternehmensfixe Kosten				-80.000

f) Bearbeiten Sie die Fragestellung e) bei Eliminierung von Produkt 2 und kommentieren Sie das Ergebnis.

g) Bearbeiten Sie die Fragestellung e) auf Basis des Stückdeckungsbeitrags db II und kommentieren Sie das Ergebnis, wenn von Produkt 1 und 3 jeweils 1.000 Stück und 100 Stück von Produkt 2 hergestellt und abgesetzt werden.

Lösung s. Seite 898

Aufgabe 4: Fixkostendeckungsrechnung

Aus der Periode I liegen aus der Kosten- und Leistungsrechnung für die Produkte 1 - 4 folgende Zahlenwerte vor:

Periode I			Produkt 1	Produkt 2	Produkt 3	Produkt 4
Nettoverkaufspreis	p	€	5,00	7,00	3,00	6,50
Absatzmenge	x	Stk.	800	1.200	400	600
variable Stückkosten	k_v	€/Stk.	3,50	3,00	1,50	3,50
Selbstkosten pro Stück	Sk	€/Stk.	6,00	4,50	2,50	5,00

a) Ermitteln Sie für die Periode I das Betriebsergebnis der Produktgruppe 1 - 4 in Prozent der Umsatzerlöse und interpretieren Sie das Ergebnis.

b) Das Betriebsergebnis von Produkt 1 ist negativ. Für die Periode II ist eine Ausweitung der Produktion (= abgesetzte Menge) um 10 % geplant. Prüfen Sie, welche Auswirkung diese Planung auf die Umsatzrentabilität hat und kommentieren Sie Ihr Ergebnis. Eine Veränderung der variablen Stückkosten sowie der Fixkosten gegenüber der Periode I wird nicht erwartet.

c) Erläutern Sie für den vorliegenden Fall, wie die Deckungsbeitragsrechnung gestaltet werden könnte, um eine differenzierte Betrachtung der Fixkosten zu ermöglichen.

Lösung s. Seite 902

Aufgabe 5: Zusatzauftrag bei Einproduktunternehmen ohne Kapazitätsbeschränkung

Das Unternehmen fertigt nur ein Produkt. Für die Entscheidung über einen Zusatzauftrag liegen Ihnen folgende Angaben vor:

	Fertigung ohne Zusatzauftrag (1.000 Stück)	Zusatzauftrag (200 Stück)
Stückpreis (€/Stk.)	130	90
variable Stückkosten (€/Stk.)	50	50
Fixkosten, gesamt (€)	65.000	

Kapazitätsbeschränkungen: keine

Entscheiden Sie rechnerisch über den Zusatzauftrag und kommentieren Sie das Ergebnis Ihrer Berechnung.

Lösung s. Seite 903

Aufgabe 6: Produktionsprogrammplanung, Engpassrechnung für vier Produkte

In einem Chemiewerk werden vier Produkte mit einem bestimmten Granulat gefertigt. Für den kommenden Monat soll das Produktionsprogramm geplant werden. Dazu liegen folgende Daten vor:

	Produkt 1	Produkt 2	Produkt 3	Produkt 4
Verkaufspreis (€/Stk.)	35,00	40,00	28,00	16,00
variable Kosten (€/Stk.)	10,00	11,00	6,00	4,00
Verbrauch, Granulat (kg/Stk.)	7,00	5,00	12,50	4,00
Kapazität (Stk.)	600	600	400	1.000

Die Fixkosten pro Monat betragen 30.000 €. Wegen eines Lieferengpasses stehen für den Planungsmonat nur 10.000 kg Granulat zur Verfügung.

a) Ermitteln Sie das Produktionsprogramm und das Betriebsergebnis.

b) Bestimmen Sie das Produktionsprogramm mithilfe des relativen Stückdeckungsbeitrags und ermitteln Sie das Betriebsergebnis. Vergleichen Sie die Betriebsergebnisse aus a) und b).

Lösung s. Seite 903

Aufgabe 7: Wahl des Fertigungsverfahrens

Für einen Auftrag stehen zwei Maschinen (Verfahren) mit folgenden Daten zur Verfügung:

Kostenart		Verfahren 1	Verfahren 2
		CNC-Maschine	Bearbeitungsautomat
K_f	Rüstkosten	50 €	300 €
k_v	Materialkosten	3 €/Stk.	3 €/Stk.
	Fertigungslohn	10 €/Stk.	5 €/Stk.

Ermitteln Sie die kritische Menge für beide Verfahren:

a) rechnerisch und

b) grafisch.

Lösung s. Seite 904

Aufgabe 8: Eigen- oder Fremdfertigung (langfristige Betrachtung)

Für die Fertigung werden Blechgehäuse Typ T2706 seit längerer Zeit fremd zugekauft. Der Lieferant hat zu Jahresbeginn seine Konditionen angehoben und bietet Ihnen jetzt folgende Bedingungen an: Listeneinkaufspreis 100 € je Stück, 10 % Rabatt und 3 % Skonto innerhalb von 10 Tagen oder 30 Tage ohne Abzug. Die Bezugskosten betragen 2,70 € pro Stück. Aufgrund der Preisanhebung soll geprüft werden, ob die Eigenfertigung des Blechgehäuses unter Kostengesichtspunkten vertretbar ist. Der Jahresbedarf wird bei rd. 1.800 Stück liegen.

Für die Eigenfertigung wurden folgende Plandaten ermittelt: Anschaffung einer Fertigungslinie (Stanzen, Pressen, Lackieren) zum Preis von 400.000 €; die Anlage soll auf zehn Jahre linear abgeschrieben werden mit einem Restwert von 50.000 €. Der Zinssatz für die kalkulatorische Abschreibung wird mit 8 % angenommen (Eigenfinanzierung). Sonstige Fixkosten p. a. in Höhe von 9.000 € sind zu berücksichtigen. Der Fertigungslohn beträgt 25 € je Stück, die Materialkosten 15 € je Stück.

Zu ermitteln ist rechnerisch und grafisch, bei welcher Stückzahl die kritische Menge liegt und welche Kostendifferenz sich bei dem geplanten Jahresbedarf ergibt.

Lösung s. Seite 905

Aufgabe 9: Normalkostenrechnung

Erläutern Sie den Unterschied zwischen Istgemeinkosten und Normalgemeinkosten.

Lösung s. Seite 907

Aufgabe 10: Kostenüber- bzw. Kostenunterdeckung (1)

Erläutern Sie, wie die Kostenüber- bzw. Kostenunterdeckung ermittelt wird.

Lösung s. Seite 907

Aufgabe 11: Kostenüber- bzw. Kostenunterdeckung (2)

Ein Unternehmen kalkuliert mit Normalzuschlagssätzen auf Basis der Einzelkosten; in der Abrechnungsperiode wurden folgende Istgemeinkosten sowie ein Minderbestand von 10.000 € ermittelt:

	Material	Fertigung	Verwaltung	Vertrieb
Normal-Zuschlagssätze	50 %	120 %	20 %	10 %
Einzelkosten	50.000 €	140.000 €		
Istgemeinkosten	30.000 €	154.000 €	84.840 €	46.080 €

Es ist die Kostenüber-/Kostenunterdeckung der Kostenstellen zu ermitteln und zu kommentieren.

Lösung s. Seite 908

Aufgabe 12: Kostenrechnungsverfahren (Vergleich der Zielsetzung)

Stellen Sie die Zielsetzung der Istkostenrechnung, Normalkostenrechnung, Plankostenrechnung und Teilkostenrechnung vergleichend gegenüber.

Lösung s. Seite 909

Aufgabe 13: Ermittlung der Kostenüber- und -unterdeckung eines Auftrags

Das Unternehmen hat für ein Angebot Selbstkosten in Höhe von 358.397,50 € auf Basis der Normalkosten ermittelt.

Vorkalkulation	Normalkosten	%
Materialeinzelkosten	90.000,00	
Materialgemeinkosten	5.400,00	6
Fertigungslohnkosten	80.500,00	
Fertigungsgemeinkosten	120.750,00	150
Herstellkosten der Fertigung	296.650,00	
Bestandsminderung	15.000,00	
Herstellkosten des Umsatzes	311.650,00	
Verwaltungs-/Vertriebsgemeinkosten	46.747,50	15
Selbstkosten	358.397,50	

Für die Nachkalkulation liegen folgende Angaben vor:

Materialgemeinkosten: 8.300

Fertigungsgemeinkosten: 117.830

Bestandsminderung: 15.000

Verwaltungs-/Vertriebsgemeinkosten: 71.700

Ermitteln Sie die Kostenüber- bzw. -unterdeckung und interpretieren Sie das Ergebnis Ihrer Rechnung.

Lösung s. Seite 910

Aufgabe 14: Starre Plankostenrechnung

Für die Kostenstelle 23031 betragen die Plankosten 50.000 € bei einer Planbeschäftigung von 5.000 Stunden. Die Istbeschäftigung lag bei 4.000 Stunden, die Istkosten bei 30.000 €.

Ermitteln Sie die Abweichung rechnerisch und grafisch.

Lösung s. Seite 910

Aufgabe 15: Flexible Plankostenrechnung (1)

Für die Kostenstelle 23031 existieren nach Ablauf einer Periode folgende Werte:

Kostenstelle: 23031		Monat	
		Gesamt	Fixe Kosten
Plan	Plankosten (in €)	300.000	100.000
	Planbeschäftigung (in Std.)	10.000	
Ist	Istkosten	250.000	
	Istbeschäftigung	9.000	

Ermitteln Sie rechnerisch und grafisch die Beschäftigungsabweichung, die Verbrauchsabweichung sowie die Gesamtabweichung und analysieren Sie das Ergebnis.

Lösung s. Seite 912

Aufgabe 16: Flexible Plankostenrechnung (2)

Eine Kostenstelle weist für den Juni folgende Daten aus:

Plan	
Planfixkosten	25.000 €
Plankosten	60.000 €
Planbeschäftigung	1.000 Std.

Ist	
Istkosten	85.000 €
Istbeschäftigung	25 % über Plan

a) Ermitteln Sie rechnerisch bei flexibler Plankostenrechnung auf Vollkostenbasis die Beschäftigungsabweichung, die Verbrauchsabweichung sowie die Gesamtabweichung.

b) Kommentieren Sie das Ergebnis aus a).

Lösung s. Seite 914

Aufgabe 17: Flexible Plankostenrechnung, Kostenfunktion

Für eine Kostenstelle waren folgende Kosten geplant:

Kostenart	Plankosten (in €)	Anteil, variabel
Fertigungslöhne	90.000	100 %
Energiekosten	20.000	80 %
Instandhaltung	8.000	60 %
Sonstige Kosten	12.000	50 %

Die Planbeschäftigung betrug 3.400 Stunden.

a) Führen Sie eine Kostenaufspaltung durch.

b) Ermitteln Sie die Gesamtkostenfunktion.

Lösung s. Seite 915

Aufgabe 18: Beurteilung des Konzepts der Prozesskostenrechnung

Beurteilen Sie den Aussagewert der Prozesskostenrechnung (z. B. Vor-/Nachteile, im Verhältnis zur Teilkostenrechnung, Anwendung in der Praxis).

Lösung s. Seite 915

Aufgabe 19: Einführung einer Prozesskostenrechnung, Cost Driver

Ein Unternehmen befasst sich mit der Einführung der Prozesskostenrechnung (PKR).

a) Nennen Sie für folgende Prozesse/Teilprozesse Beispiele für typische Kostentreiber:

1. Berechnung der Nettolöhne
2. Personalbeschaffung
3. Personalentwicklung
4. Fertigungsversorgung
5. Beratung der Geschäftleitung durch interne Stellen
6. Kundenbetreuung
7. Absatzlogistik.

b) Die Geschäftsleitung hat sich entschieden, für einen Teilbereich des Unternehmens die PKR als Pilotprojekt einzuführen. Nennen Sie zentrale Arbeitsschritte in sachlogischer Reihenfolge bei der Einführung der PKR.

Lösung s. Seite 916

2.5 Controlling

Aufgabe 1: Controlling, Begriff und betriebliche Bedeutung

Controlling wird heute in jedem Unternehmen als eine unverzichtbare Funktion angesehen.

Erläutern Sie Begriff und Bedeutung des Controllings und gehen Sie dabei auf die Aufgaben (Funktionen) ein.

Lösung s. Seite 917

Aufgabe 2: Organisatorische Eingliederung des Controllings

Unternehmensberatungen betonen immer wieder die Notwendigkeit der hohen hierarchischen Eingliederung des Controllings in das Unternehmen.

a) Begründen Sie diese Notwendigkeit.

b) Controlling kann generell als Stabs- oder als Linienfunktion in das Unternehmen eingegliedert werden. Nennen Sie jeweils für beiden Formen zwei Vorteile.

c) Beurteilen Sie die nachfolgend abgebildete Eingliederung des Controllings:

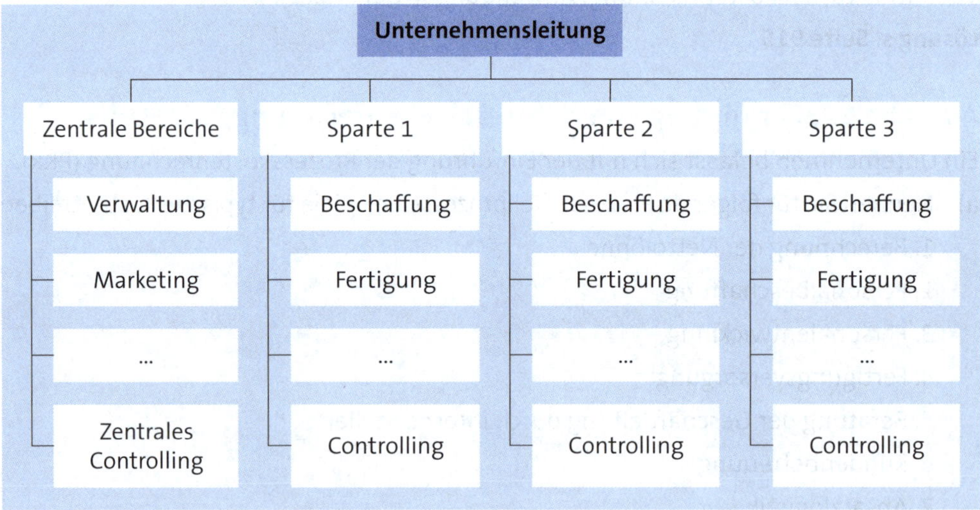

Lösung s. Seite 917

Aufgabe 3: Stabscontrolling

Häufig wird das Controlling der Unternehmensleitung als Stabsfunktion zugeordnet. Wie lassen sich trotzdem die Nachteile von Stäben reduzieren?

Lösung s. Seite 918

Aufgabe 4: Dezentrales Controlling

Auf dem diesjährigen Jahresabschlusstreffen der Spartenleiter eines Mischkonzerns wird mit erheblicher Zeitverzögerung bekannt, dass es im süddeutschen Netz der Verkaufsniederlassungen zu Verlusten aufgrund von Unterschlagung und Manipulationen gekommen ist. Der langjährig erfolgreiche Spartenleiter Kernig attackiert geradezu wütend den Controller der Holding, Herrn Gunter Kruse: *„Ich habe Ihnen ja schon bei Ihrem Amtsantritt gesagt, dass ich vom zentralen Controlling nichts halte. Jetzt haben wir den Salat. Unter meiner Regie vor Ort wäre das nicht passiert.“* Die Geschäftsleitung bittet um Versachlichung der Diskussion und verspricht die Frage des zentralen/dezentralen Controllings zu prüfen.

Erstellen Sie für das nächste Meeting ein Thesenpapier, das Chancen und Risiken des dezentralen Controllings gegenüberstellt.

Lösung s. Seite 918

Aufgabe 5: Strategisches und operatives Controlling (Unterschiede)

Zwischen dem strategischen und dem operativen Controlling gibt es gravierende Unterschiede.

a) Stellen Sie diese Unterschiede stichwortartig mithilfe der nachfolgenden Tabelle zusammen:

Merkmale	Strategisches Controlling	Operatives Controlling
Zeitraum		
Schwerpunkt		
Art der Kontrolle		
Häufigkeit		
Abweichungen		
Auswirkungen auf die Planung		

b) Nennen Sie beispielhaft jeweils sechs Instrumente des strategischen und des operativen Controllings.

Lösung s. Seite 919

Aufgabe 6: Zentrales und dezentrales Controlling

In großen Unternehmen kann das Controlling grundsätzlich zentral oder dezentral organisiert sein.

Nennen Sie jeweils acht Aspekte, die für und gegen ein zentrales Controlling sprechen.

Lösung s. Seite 920

Aufgabe 7: Strategische Erfolgsfaktoren

Auf der letzten Betriebsversammlung hielt die Geschäftsleitung ein Grundsatzreferat über die Prinzipien der Unternehmensführung. Unter anderem wurde behauptet: *„Strategische Erfolgsfaktoren beruhen wesentlich auf einem qualitativ hohen Stand der Unternehmensführung."*

Nehmen Sie Stellung zu dieser Aussage.

Lösung s. Seite 920

3. Logistik

3.1 Einkauf und Beschaffung

Aufgabe 1: Logistikaufgaben im Handelsbetrieb

Nennen Sie sechs Logistikaufgaben (auch: logistische Teilprozesse) im Handelsbetrieb und ergänzen Sie jeweils Teilaspekte/-aufgaben.

Lösung s. Seite 921

Aufgabe 2: Efficient Consumer Response (ECR) und Supply Chain Management (SCM)

Erläutern Sie den Zusammenhang zwischen ECR und SCM.

Lösung s. Seite 921

Aufgabe 3: Instrumente der Logistikkontrolle

Welche strategischen und operativen Instrumente lassen sich zur Kontrolle und Optimierung der Logistik einsetzen? Nennen Sie jeweils vier Beispiele.

Lösung s. Seite 921

Aufgabe 4: Beurteilung der Leistungsfähigkeit eines Lieferanten

Sie sind Beschaffungsmarktforscher eines großen Industrieunternehmens. Ihrem Einkauf liegt von einem neuen Lieferanten eine sehr günstige Offerte für einige Ihrer Rohstoffe vor. Sie sind aufgefordert, die **Leistungsfähigkeit des Lieferanten** zu beurteilen.

Welche Kriterien sind hierbei zu beachten? Nennen Sie zehn Aspekte.

Lösung s. Seite 922

Aufgabe 5: Angebotsbewertung und -analyse

Beim Motorenhersteller „Kurzschluss GmbH" ist die Produktion von kleinen Normmotoren nicht mehr wirtschaftlich. Um dem Absatzmarkt jedoch eine möglichst umfassende Produktpalette anbieten zu können, wurde durch die Geschäftsführung beschlossen, diese zuzukaufen. Sie sind der Einkaufsleiter der Kurzschluss GmbH und sollen für das kommende Jahr einen Rahmenvertrag hierzu abschließen. Die voraussichtliche Absatzmenge beläuft sich auf 750 Stück.

Für den Typ „Drehstrommotor mit Käfigläufer, IP55, IC411, 1000 min^{-1}, 3 kW" liegen folgende Angebote vor:

Fa. Bongarts	Fa. Klammer	Fa. Esser	Fa. Walter
495 €/Stück	486 €/Stück	492 €/Stück	476 €/Stück
- 30 % Rabatt	- 39 % Rabatt	- 37 % Rabatt	- 41 % Rabatt
ab Werk	frei Verwendungsstelle	ab Werk	ab Werk
ausschl. Verpackung	einschl. Verpackung	ausschl. Verpackung	ausschl. Verpackung
Zahlung: 14 Tage - 2 % Skonto	Zahlung: 30 Tage netto	Zahlung: 30 Tage netto	Zahlung: 10 Tage - 2 % Skonto

Für Fracht und Verpackung hat die Speditionsabteilung 4,5 % vom Warenwert ermittelt. Die Lieferzeiten sind bei allen Anbietern gleich.

a) Erstellen Sie einen übersichtlichen **Preisvergleich**, der Grundlage für eine Kaufentscheidung sein kann.

b) Aufgrund des Preisvergleiches wurden drei Firmen zu Vergabeverhandlungen eingeladen. Diese Verhandlungen führten zu folgendem Ergebnis:

Fa. Klammer	Fa. Esser	Fa. Walter
keine weiteren Zugeständnisse	- 3 % Skonto innerhalb von 8 Tagen nach Lieferung	übernimmt Fracht und Verpackung

Korrigieren Sie den Preisvergleich und treffen Sie eine Kaufentscheidung.

Lösung s. Seite 923

Aufgabe 6: Beschaffungsstrategien

Die Beschaffungsstrategie eines Unternehmens legt mittelfristig die Verteilung der Beschaffung von Waren und Dienstleistungen auf einzelne Lieferanten fest (z. B. Single Sourcing).

Beschreiben Sie sechs Beschaffungsstrategien und nennen Sie jeweils zwei Vor- und Nachteile.

Lösung s. Seite 924

Aufgabe 7: Kapazität, Beschäftigungsgrad, Nettobedarf

Im Herbst letzten Jahres wurde eine neue Lackieranlage angeschafft. Eine Überprüfung der Kapazitätsauslastung ergab einen durchschnittlichen Beschäftigungsgrad der letzten drei Monate von 60 %. Die Kapazität der Anlage liegt monatlich bei einem 1-Schicht-Betrieb bei 160 Betriebsstunden.

a) Wie viel Betriebsstunden wurden auf der Lackieranlage in den letzten drei Monaten durchschnittlich realisiert?

b) Der Betriebsleiter stellt fest: *„Wir haben den Auftrag von Kunert bekommen: 1.000 Blechteile, grundiert. Wir müssen morgen damit beginnen. Rechnen Sie aus, ob wir mit der Grundierung hinkommen oder ob wir noch bestellen müssen."* Sie wissen, dass pro Blechteil 0,5 l Grundierung gebraucht werden und mit einem Farbverlust von rund 10 % zu rechnen ist. Laut IT-Auszug sind von der Grundierung noch 300 l auf Lager und 150 l bestellt (mit Liefertermin morgen); außerdem sind 100 l reserviert für zwei andere Aufträge, die morgen erledigt werden; ein Sicherheitsbestand von 200 l muss grundsätzlich eingehalten werden.

Lösung s. Seite 927

Aufgabe 8: Beschaffung und Internet

Welche Erfolgspotenziale kann E-Commerce im Rahmen der Beschaffung bieten? Nennen Sie fünf Beispiele.

Lösung s. Seite 927

Aufgabe 9: PC-Disposition (Bestellmenge und Bestellzeitpunkt)

Die Marketingabteilung eines PC-Herstellers mit mehreren Verkaufsfilialen plant für das kommende Ostergeschäft 2.000 Einheiten des Computertyps „RUNGOOD" zu verkaufen. Die PCs sollen ab dem 11.03. in den Verkaufsräumen verfügbar sein. Die Transportzeit (Verteilung auf die einzelnen Filialen) beträgt zehn Tage.

Die PCs sind als Multimediarechner ausgelegt, werden jedoch ohne Lautsprecher ausgeliefert. Diese Lautsprecher sollen den Kunden optional angeboten werden.

Als Disponent/in sollen Sie die **Bestellmenge** und den **Bestellzeitpunkt** für die Lautsprecher ermitteln. Zur Durchführung Ihrer Disposition stehen Ihnen folgende weitere Informationen zur Verfügung:

- Die Lautsprecher werden als Komponenten zugekauft (d. h. Bedarf je PC ein Stück). Die Abteilung Marketing rechnet, dass 80 % der PCs mit diesen Lautsprechern verkauft werden.
- Der Lagerbestand beträgt 950 Stück.
- Es soll ein Sicherheitsbestand von 400 Stück gehalten werden.
- Die Bearbeitungszeit für Disposition und Bestellung ist ein Arbeitstag.
- Der Postweg beträgt drei Arbeitstage.
- Die Lieferzeit beträgt fünf Arbeitstage.
- Der Prüfzeitraum für Wareneingang und Lagerung beträgt zwei Arbeitstage.
- Der Einkauf hat bereits 800 Lautsprecher bestellt. Diese Lieferung ist noch nicht eingetroffen.
- Für einen anderen Auftrag wurden bereits 150 Lautsprecher reserviert.

Für die Terminierung steht Ihnen folgender Universalkalender zur Verfügung (Samstage und Sonntage sind keine Arbeitstage):

Februar						
Mo	Di	Mi	Do	Fr	Sa	So
			1	2	3	4
5	6	7	8	9	10	11
12	13	14	15	16	17	18
19	20	21	22	23	24	25
26	27	28	29			

März						
Mo	Di	Mi	Do	Fr	Sa	So
				1	2	3
4	5	6	7	8	9	10
11	12	13	14	15	16	17
18	19	20	21	22	23	24
25	26	27	28	29	30	31

Lösung s. Seite 927

Aufgabe 10: Optimale Bestellmenge (nach Andler)

Sie sind Disponent des Maschinenbauers Stahlhart GmbH. Bei einer Wirtschaftlichkeitsprüfung Ihrer Abteilung wurde durch Kennzahlenanalyse festgestellt, dass insbesondere die Anzahl der Bestellungen sehr hoch ist. Dies gilt auch für Materialien von geringem Wert.

Ermitteln Sie für die „Sechskantschraube, DIN 933, 8.8, verzinkt, M16 x160 mm“ die **optimale Bestellmenge**.

Hierzu liegen folgende Daten vor:

Jahresbedarf: 5.200 Stück

Einstandspreis: 0,33 €

Bestellkosten je Bestellung: 20 €

Lagerhaltungskostensatz: 12 %

Lösung s. Seite 928

Aufgabe 11: Bestellmenge nach Andler

Die klassische Losgröße nach Andler ist nur anwendbar, wenn eine Reihe von Voraussetzungen gegeben sind. Nennen Sie fünf davon.

Lösung s. Seite 929

Aufgabe 12: Bestellmenge

In Ihrem Unternehmen werden häufig bestimmte Kleinteile in größeren Mengen benötigt. Die Disposition erfolgt verbrauchsgesteuert unter Beachtung der Bestell- und Lagerkosten. Für das Material Z wurden folgende Abhängigkeiten der Bestellkosten und der Lagerkosten von der jeweils bestellten Menge ermittelt:

Bestellmenge (in €)	Bestellkosten (in €)	Lagerkosten (in €)
100	200	200
200	200	220
300	200	250
400	200	380
500	200	900

a) Ermitteln Sie die Menge, bei der die Gesamtkosten pro Einheit ein Minimum haben.

b) Nennen Sie fünf Beispiele, warum in der Praxis von der optimalen Bestellmenge (Andler) abgewichen wird.

Lösung s. Seite 929

Aufgabe 13: Optimale Bestellmenge, Meldebestand, durchschnittlicher Lagerbestand, optimale Bestellhäufigkeit

In Ihrem Unternehmen sind die Beschaffungskosten eines häufig bezogenen Artikels zu hoch. Man möchte das Bestellwesen optimieren. Es liegen folgende Daten vor:

Jahresbedarf: 6.120 Stk.

Einstandspreis: 12,50 €/Stk.

Lieferzeit: 5 Tage

interne Prüfkontrolle: 1 Tag

Sicherheitsbestand: 680 Stk.

Bestellkosten: 150 €/Bestellung

Lagerhaltungskostensatz: 20 %

a) Berechnen Sie den Meldebestand.

b) Beschreiben Sie die Bestellmengenoptimierung nach Andler.

c) Errechnen Sie die optimale Bestellmenge.

d) Errechnen Sie den durchschnittlichen Lagerbestand.

e) Wie hoch ist die optimale Bestellhäufigkeit pro Jahr?

Lösung s. Seite 929

Aufgabe 14: Durchschnittlicher Lagerbestand

Die Lagerbuchhaltung weist für das zurückliegende Jahr folgende Zahlenwerte aus:

Datum	Wareneingang	Warenausgang	Bestand
01.01.			500
15.01.	250		
05.02.		350	
05.04.	100		
05.06.		150	
20.08.		250	
05.10.	200	150	
05.12.	200		
08.12.	350		
20.12.		200	

a) Ergänzen Sie die Tabelle und berechnen Sie den durchschnittlichen Lagerbestand auf der Basis der Monatsendbestände.

b) Nennen Sie vier weitere, generelle Berechnungsmodalitäten (Formeln) für den durchschnittlichen Lagerbestand.

Lösung s. Seite 930

3.2 Materialwirtschaft und Lagerhaltung

Aufgabe 1: Auswahl von Software und Lieferanten

Für die Anschaffung einer neuen E-Mail-Software in einem Unternehmen soll ein Anbieter ausgesucht werden, der neben dem Verkauf der Software auch Installation und Service anbieten kann. Da die Firma keine eigene IT-Abteilung unterhält, ist die Auswahl des Anbieters eine wichtige Aufgabe. Als Vorgesetzter mit entsprechenden IT-Kenntnissen sollen sie für die Einkaufsabteilung des Unternehmens Kriterien für eine Angebotsbewertung erstellen. Welche Kriterien sind für die Bewertung der unterschiedlichen Angebote auch in Bezug auf Installation und Service wichtig?

Nennen Sie sechs relevante Merkmalsgruppen mit je vier Merkmalen (Kriterien).

Lösung s. Seite 932

Aufgabe 2: Wareneingang (1)

Der Wareneingang im Zentrallager des Süßwarenherstellers Leckermäulchen GmbH wird zurzeit noch von der Funktion „Lager“ ausgeführt. Aufgrund von Umstrukturierungsmaßnahmen soll der Wareneingang eine eigenständige Funktionseinheit werden.

Entwerfen Sie ein **Ablaufschema** für den Wareneingang mithilfe eines Flussdiagramms und beschreiben Sie die erforderlichen Tätigkeiten.

Lösung s. Seite 933

Aufgabe 3: Wareneingang (2)

Beschreiben Sie Bedeutung, Aufgaben und Funktionen des Wareneingangs. Nennen Sie jeweils drei Aspekte.

Lösung s. Seite 935

Aufgabe 4: Beschaffungskontrolle

Bearbeiten Sie zum Thema „Beschaffungskontrolle" folgende Fragen:

a) Welche Abteilung (betriebliche Funktion) führt die Beschaffungskontrolle durch?

b) Welche Aufgaben gehören zur Beschaffungskontrolle?

c) Welche Termine sind vorrangig zu kontrollieren? Nennen Sie vier Beispiele.

Lösung s. Seite 935

Aufgabe 5: Lagerprozess

Beschreiben Sie den Lagerprozess.

Lösung s. Seite 936

Aufgabe 6: Lageraufbau und Kommissioniertechniken

In der Beinhart KG wird der Bau eines neuen Lagers erwogen. Dieses Bauvorhaben wird mithilfe des Projektmanagements realisiert. Sie sind als Lagerleiter dazu aufgefordert, den Mitgliedern des Projektteams die Grundlagen der Strukturierung eines Lagers zu erläutern. Schwerpunkte sollten dabei sein:

a) Lagertypen

b) Automatisierungsgrad

c) Kommissioniertechniken (einschließlich der Vor- und Nachteile).

Lösung s. Seite 937

Aufgabe 7: Kosten der Lagerhaltung

Nennen Sie alle Einzelkosten der Lagerhaltung und gehen Sie dabei auf den Unterschied zwischen Lagerkosten und Lagerhaltungskosten ein.

Lösung s. Seite 939

Aufgabe 8: Eigenlager, Fremdlager, Rack Jobber

Vergleichen Sie die wesentlichen Merkmale von Eigen- und Fremdlager – jeweils vier Argumente – und erläutern Sie die Funktion eines Rack Jobbers.

Lösung s. Seite 939

Aufgabe 9: Lagerkennzahlen

Das Lagerwesen der XY KG soll einer gründlichen Prüfung mit darauffolgender Umorganisation unterzogen werden. Nach Durchführung der Maßnahmen sollen die Ergebnisse unter Zuhilfenahme von signifikanten **Lagerkennzahlen** überprüft werden.

Nennen Sie sechs wichtige **Lagerkennzahlen** und erläutern Sie kurz deren Bedeutung.

Lösung s. Seite 940

Aufgabe 10: Lagerkosten

Bei dem Metallbauunternehmen Nietweck GmbH soll die Rentabilität der Abteilung „Kleinfertigungen" überprüft werden. In diesem Projekt sollen auch die Lagerkosten durchleuchtet werden.

Ermitteln Sie:

a) den durchschnittlichen Lagerbestand

b) die Umschlagshäufigkeit

c) die durchschnittliche Lagerdauer

d) die jährlichen Lagerzinsen.

Die Lagerabgänge sind gleichmäßig. Aus der Lagerbuchhaltung stehen für das abgelaufene Jahr folgende Eckdaten zur Verfügung:

Lageranfangsbestand: 125.000 €

Lagerzugänge: 1.438.000 €

Lagerendbestand: 240.000 €

kalkulatorischer Zinssatz: 9 %

Lösung s. Seite 942

Aufgabe 11: Warenfluss und Datentechnik

Welche Grunddaten müssen vorliegen, um den Warenfluss im Lager und im außerbetrieblichen Bereich zu steuern? Beschreiben Sie vier Beispiele.

Lösung s. Seite 943

Aufgabe 8: Verpackung

a) Erläutern Sie sechs Fachbegriffe des Verpackungswesens nach DIN 55405.

b) Nennen Sie fünf Aufgaben, die eine Verpackung erfüllen soll.

c) Nennen Sie vier Verpackungsarten im Sinne der Verpackungsverordnung.

Lösung s. Seite 949

Aufgabe 9: Entscheidung über Transportlösung

Die neu errichtete Lagerzentrale eines Filialunternehmens in Thüringen benötigt Transportmittel für die Warenbeschaffung und für die Belieferung der Filialen in Deutschland.

Schlagen Sie ein Transportkonzept für die Warenbeschaffung im Zentrallager und für die Belieferung der Filialen vor.

Lösung s. Seite 949

Aufgabe 10: Verpackungs- und Logistikeinheiten, Umweltschutz

a) Welche Anforderungen werden in Logistiksystemen an die Verpackung gestellt?

b) Beschreiben Sie die Merkmale von Paletten, Collico-Behältern und Containern.

c) Nennen Sie vier generelle Maßnahmen (Prinzipien), wie Sie den Umweltschutz im Betrieb unterstützen können.

Lösung s. Seite 950

3.4 Aspekte der Rationalisierung

Aufgabe 1: Optimierung des Sortimentsportfolios

Erstellen Sie für die nachfolgenden Sorten ein Sortimentsportfolio (Positionieren der Sorten im Portfolio): Dazu werden auf der Ordinate der Deckungsbeitrag (DB) und auf der Abszisse die Lagerumschlagshäufigkeit abgetragen.

Entwickeln Sie für Sorte 4 eine Strategie (vier Empfehlungen):

Sorte	Einkaufspreis (EP)	Verkaufspreis (VP)	Absatz	ø Lagerbestand (LB)
1	5,00	7,00	12.000	300
2	8,00	8,80	9.000	250
3	6,20	7,50	17.000	250
4	6,80	9,90	3.000	200
5	6,50	7,30	3.000	100

Lösung s. Seite 951

Aufgabe 2: ABC-Analyse

Sie sind in der Materialwirtschaft der Durchlauf KG tätig. Zur Sicherung des Unternehmens und zur Kompensation des enormen Kostendrucks, sind Optimierungspotenziale in allen Unternehmensbereichen zu ermitteln und geeignete Maßnahmen einzuleiten. Im Bereich Materialwirtschaft scheint hierbei eine Analyse der **Jahresverbrauchswerte** der Lagermaterialien erforderlich.

Aus der Lagerbuchhaltung liegen folgende Angaben vor:

Artikel-nummer	Verbrauch/Monat (in Einheiten)	Preis je Einheit (in €)
9004	30.000	0,30
9790	15.000	0,10
10576	200	3,00
11362	5.000	0,08
12148	8.000	0,04
12934	500	0,50
13720	720	0,25
18990	6.000	0,02
19416	10.000	0,07
19842	9.000	5,00
20268	250	1,40
20694	6.000	0,01
21120	4.000	0,07
21546	1.200	5,00
21972	1.500	0,90
22398	600	0,05
22824	800	3,75
45425	10	15,00
47424	315	0,73
49423	200	125,00
51422	4.000	0,05
53421	715	0,70
55420	15.000	0,02
57419	2.000	0,19
59418	5.000	1,00

Errechnen Sie den Verbrauchswert je Position. Ordnen Sie die Artikel nach fallenden Verbrauchswerten und teilen Sie in die Gruppen A, B und C ein. Erarbeiten Sie eine

Studie für Ihre Geschäftsleitung und zeigen Sie darin geeignete Maßnahmen zur Kostenoptimierung für A-, B- und C-Teile auf.

Lösung s. Seite 953

Aufgabe 3: Optimierung des Produkt-Portfolios

Die Metallbau AG fertigt für die Bauwirtschaft Maschinen, Werkzeuge, Werkstatteinrichtungen und Befestigungsteile. Das Sortiment wird durch Handelsware ergänzt. Der Bekanntheitsgrad des Unternehmens ist hoch. Die Produkte gelten bei den Kunden als qualitativ hochwertig.

Allerdings wird das Unternehmen als konservativ eingeschätzt. Bemängelt wird die wenig innovative Sortiments-/Servicepolitik. Aufgrund seines relativ hohen Preisniveaus gerät die Metallbau AG zunehmend in Bedrängnis durch zwei international agierende Anbieter aus Fernost. Dies hat in den letzten zwei Jahren zu einem drastischen Gewinnrückgang geführt, sodass der finanzielle Rahmen für das kommende Geschäftsjahr vom Vorstand eng gesteckt wurde. Vor diesem Hintergrund wurde die Unternehmensberatung G. K. Consulting Group beauftragt, die Ursachen für die Geschäftsentwicklung der Metallbau AG zu analysieren.

Die G. K. Consulting Group erstellt eine Portfolio-Analyse und kommt dabei zu folgendem Ergebnis:

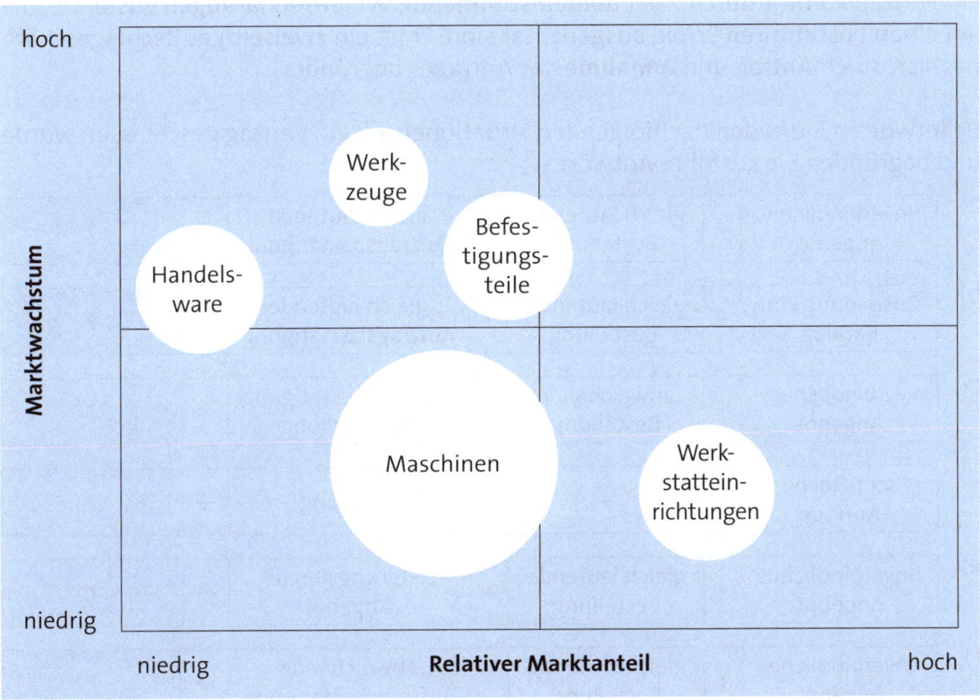

Legende:
Die Größe der Kreisflächen symbolisiert den Jahresumsatz der Metallbau AG je Produkt.

a) Erläutern Sie die strategische Ausgangsposition der Metallbau AG anhand des Portfolios.

b) Empfehlen Sie für den Produktbereich „Befestigungsteile" eine Normstrategie und begründen Sie Ihre Aussage.

c) Nennen Sie vier weitere Instrumente, die ebenfalls geeignet sind, um die strategische Ausgangsposition der Metallbau AG zu analysieren.

Lösung s. Seite 955

Aufgabe 4: Kaizen, KVP

Um den Rationalisierungsprozess in Ihrem Unternehmen konsequent voran zu bringen, soll das Konzept „KAIZEN" eingeführt werden.

a) Erläutern Sie den KVP-Ansatz (Kontinuierlicher Verbesserungsprozess).

b) Nennen Sie vier Verschwendungsarten.

Lösung s. Seite 956

3.5 Spezielle Rechtsaspekte

Aufgabe 1: Vertragsschluss

Ein Vertrag kommt durch zwei **übereinstimmende Willenserklärungen** zustande, die auf einen bestimmten Erfolg ausgerichtet sind. Er ist ein **zweiseitiges Rechtsgeschäft**, das sich durch **Antrag** und **Annahme** des Antrages begründet.

Beantworten Sie in den nachfolgenden Situationen, ob ein Vertrag geschlossen wurde und begründen Sie kurz Ihre Antwort.

a)	unverbindliches Angebot	+	gleich lautende Bestellung	+	gleich lautende Auftragsbestätigung	→	?
b)	Zusendung von Katalog	+	gleich lautende Bestellung	+	gleich lautende Auftragsbestätigung	→	?
c)	verbindliches Angebot	+	abweichende Bestellung	+	Auftragsbestätigung lt. Bestellung	→	?
d)	schriftliche Anfrage		+		Lieferung	→	?
e)	unverbindliches Angebot	+	gleich lautende Bestellung	+	Lieferung gemäß Angebot	→	?
f)	unverbindliches Angebot	+	gleich lautende Bestellung	+	abweichende Auftragsbestätigung	→	?

Lösung s. Seite 957

Aufgabe 2: Vertragsarten (1)

a) Das BGB bestimmt in §§ 454 f. den „Kauf auf Probe“. Erläutern Sie den Inhalt dieses Vertrages und grenzen Sie in ab zum „Kauf zur Probe“ und zum „Kauf nach Probe“.

b) Die Kaufvertragsarten lassen sich nach verschiedenen Merkmalen systematisieren, z. B.:

Arten des Kaufvertrages – Unterscheidung nach ...		
... der Art der Ware	**... der Lieferzeit**	**... dem Erfüllungsort**
► Stückkauf ► Gattungskauf ► Typenkauf ► Spezifikationskauf	► Sofortkauf ► Terminkauf ► Fixkauf ► Kauf auf Abruf ► Teillieferungskauf	► Versendungskauf ► Fernkauf ► Platzkauf ► Handkauf

Beschreiben den Inhalt der einzelnen Vertragsarten.

c) Weiterhin haben sich in der Praxis besondere Vertragsarten herausgebildet. Beschreiben Sie den Inhalt folgender Sonderformen:

- Abrufvertrag
- Konsignationslagervertrag
- Bedarfsdeckungsvertrag
- Kommissionskauf
- Sukzessivliefervertrag
- Rahmenvertrag
- Bevorratungsvertrag.

Lösung s. Seite 958

Aufgabe 3: Vertragsarten (2) (Besondere Arten des Kaufvertrages)

Entscheiden Sie in den nachfolgenden Fällen, welche Kaufvertragsart vorliegt:

1. Ein Händler erhält eine Warensendung. In dem Begleitschreiben steht u. a.: „Entsprechend Ihrer Anfrage erhalten Sie die Ware mit Rückgaberecht innerhalb von 14 Tagen.“
2. Ein Fertigungsunternehmen erhält die bestellte Sonderanfertigung einer Transportzuführung.
3. Ein Einzelhändler bestellt eine geringe Menge einer Ware und teilt dabei mit, dass er weitere Bestellungen ordern werde, wenn die Ware seinen Erwartungen entspricht.
4. Ein Händler bestellt aufgrund eines zugesandten Musters 25 Stück der Ware.
5. Ein Händler kauft Ware in eigenem Namen für fremde Rechnung.
6. Als Liefertermin wurde vereinbart: „Liefertermin ist der 14.11.“

7. Ein Händler bestellt ein größere Menge einer Ware. Den Liefertermin kann er selbst bestimmen.
8. Ein Händler kauft eine Ware. Die näheren Einzelheiten über Sorte usw. kann er innerhalb einer bestimmten Frist näher bestimmen.
9. Der Käufer einer Ware muss die Rechnung erst innerhalb einer festgelegten Frist begleichen.

Lösung s. Seite 960

Aufgabe 4: Kaufvertrag/Werkvertrag (Rechte und Pflichten)

Nennen Sie jeweils zwei Rechte und Pflichten der Vertragsparteien beim Kaufvertrag sowie beim Werkvertrag.

Lösung s. Seite 960

Aufgabe 5: Vertragsart (Projektierung einer zusätzlichen Fertigungslinie)

Die Metallbau AG hatte vor drei Jahren das Planungsbüro Dr. Ing. Plan mit der Projektierung einer zusätzlichen Fertigungslinie beauftragt. Das Leistungsverzeichnis der Dr. Ing. Plan umfasste auch die Berechnung der Fundamente, auf denen die neue Fertigungslinie heute steht. Die Rechnung wurde damals nach Abnahme der Arbeiten ordnungsgemäß beglichen.

Vor einem Monat meldete der zuständige Meister, dass im Fundament Risse aufgetreten sind. Der von der Metallbau AG beauftragte Sachverständige stellt fest, dass die Fundamentierung falsch berechnet wurde und dieser Umstand für die Risse im Boden ursächlich ist. Der zuständige Hauptabteilungsleiter beauftragt Sie, sich der Sache anzunehmen.

a) Wie bezeichnet man den Vertrag, der zwischen der Metallbau AG und dem Planungsbüro Dr. Ing. Plan geschlossen wurde?

   Begründen Sie Ihre Antwort.

b) Welche Pflichten ergeben sich aus dem Vertrag zwischen der Metallbau AG und dem Planungsbüro Dr. Ing. Plan für den Auftragnehmer (Unternehmer) und den Auftraggeber (Besteller)?

c) Als die Metallbau AG Nacherfüllung und Ersatz der Gutachterkosten verlangt, weist die Dr. Ing. Plan diese Forderungen mit dem Hinweis auf die regelmäßige Verjährungsfrist zurück. Nehmen Sie Stellung zu der Rechtslage.

Lösung s. Seite 960

Aufgabe 6: Allgemeine Geschäftsbedingungen (AGB)

Nachfolgend werden Auszüge aus den Allgemeinen Geschäftsbedingungen verschiedener Firmen dargestellt. Entscheiden Sie jeweils mithilfe des BGB, ob die gesetzlichen Bestimmungen eingehalten werden oder nicht.

a) *„Wir sind berechtigt, das Fahrzeug auch in einer anderen Farbe zu liefern als bestellt."*

b) *„Reklamationen über die Beschaffenheit der Ware sind nur innerhalb von zehn Tagen möglich."*

c) *„Die gelieferte Ware bleibt bis zur völligen Bezahlung Eigentum des Verkäufers."*

d) *„Grundsätzlich gelten die AGB. Schriftlich oder mündlich getroffene Vereinbarungen sind unzulässig."*

Lösung s. Seite 961

Aufgabe 7: INCOTERMS

a) Erläuten Sie Inhalt und Bedeutung der INCOTERMS.

b) Nennen Sie drei weitere Beispiele und bestimmen Sie den Gefahren- und Kostenübergang mithilfe der nachfolgenden Matrix:

Klausel	Lieferort	Gefahrenübergang	Kostenübergang
EXW	Werk des Verkäufers	Werk des Verkäufers	Werk des Verkäufers
	...	...	...
...	...	...	...
...	...	...	...

Lösung s. Seite 961

Aufgabe 8: Incoterms und Transportversicherung

Beantworten Sie folgende Fragen zum Thema „Incoterms":

a) Welche Sachverhalte regeln Incoterms und welche regeln sie nicht?

b) Ein Verkäufer in Greifswald will nach Xian/China liefern. Welche Klausel muss er wählen, wenn er außer den Verpackungskosten keine weiteren Kosten für den Versand übernehmen und weiterhin die Kosten für die Transportversicherung ausschließen will?

c) Bei welcher Klausel übernimmt der Verkäufer die Kosten für die Transportversicherung?

d) Welche Incoterm-Gruppe ist für den Verkäufer bezüglich der Kosten und der Haftung am ungünstigsten?

e) Welche Vorteile bieten Incoterms im Gegensatz zu frei ausgehandelten Verträgen?

f) Welche Incoterms eignen sich nur für See-/Binnenschifftransporte?

Lösung s. Seite 962

Aufgabe 9: Verkaufsverträge gestalten

Ihnen wurde der mehrseitige Verkaufsvertrag mit der Mehring AG zur Unterschrift vorgelegt.

Nennen Sie fünf inhaltliche Bestandteile des Verkaufsvertrages, die Sie besonders vor Abgabe Ihrer Unterschrift prüfen werden.

Lösung s. Seite 963

Aufgabe 10: Vertragsart, Vertragsstörung

Eine Druckerei hat für den Kaufmann Müller Visitenkarten mit einer Auflage von 2.000 Stück hergestellt. Nach Auslieferung der Visitenkarten teilte Herr Müller unverzüglich mit, dass der Druck mangelhaft (unstreitiger Schreibfehler) ist. Er werde daher die Abnahme verweigere, den vereinbarten Preis nicht zahlen und im Übrigen vom Vertrag zurücktreten.

a) Welche Vertragsart liegt vor?

b) Ist Herr Müller berechtigt, vom Vertrag zurückzutreten?

c) Empfehlen Sie der Druckerei eine Lösung des Problems.

d) Wer hat die Kosten für die Nacherfüllung zu übernehmen?

Geben Sie jeweils eine kurze Begründung.

Lösung s. Seite 963

Aufgabe 11: Umweltschutz

a) Nennen Sie sechs Rechtsgrundlagen, die beim Umweltschutz zu berücksichtigen sind.

b) Nennen Sie sechs Merkmale einer umweltbewussten Produktion.

Lösung s. Seite 963

Aufgabe 12: Produktorientierter Umweltschutz

Der Umweltschutz ist heute in allen Teilprozessen der Produktion zu beachten. Dies gilt auch für die Phase der Konstruktion. Eine der Forderungen ist die demontagegerechte Produktgestaltung.

a) Nennen Sie die Zielsetzung der demontagegerechten Produktgestaltung.

b) Nennen Sie vier Vorteile der demontagegerechte Produktgestaltung.

c) Beschreiben Sie zwei Beispiele, bei denen die Forderung der demontagegerechten Produktgestaltung nicht zu erfüllen ist.

Lösung s. Seite 964

Aufgabe 13: Entsorgungskonzept

a) Ihr Unternehmen plant eine Zweigproduktion zu errichten und will dabei vor Inbetriebnahme ein Entsorgungskonzept erstellen.

Beschreiben Sie sechs Aspekte eines wirksamen Entsorgungskonzepts.

b) Ihr Unternehmen hat ein benachbartes Gelände gekauft, um dort ein Zusatzlager zu errichten. Auf diesem Gelände steht ein verfallenes Gebäude (ehemaliger Milchhof). Aus den Vorrecherchen weiß man, dass das Gebäude kontaminiert ist (z. B. enthalten die ehemaligen Kühlräume noch Teer-Kork-Isolierungen, die beim Abbruch des Gebäudes separiert werden müssen; ebenso müssen Dacheindeckungen aus Asbest-Zement umweltgerecht entsorgt werden).

Entwerfen Sie fünf inhaltliche Bestandteile eines Entsorgungskonzeptes.

Lösung s. Seite 965

4. Marketing und Vertrieb

4.1 Marketingplanung

Aufgabe 1: Zielbildung

Durch verschiedene Einflüsse sind die Besucherzahlen in der Region eines Fremdenverkehrsverbands in den letzten fünf Jahren deutlich zurückgegangen. Die Region hat einiges zu bieten: Seenlandschaft, ausgedehnte Mischwälder, idyllisch gelegene Dörfer, Alleenstraßen, im Sommer blühende Rapslandschaften. Der Verband hat beschlossenen, der beschriebenen Entwicklung gegenzusteuern.

a) Leiten Sie aus der Ausgangslage ab:
   - ein strategisches Ziel
   - ein operatives Ziel
   - ein Marketingziel.

b) Nennen Sie vier geeignete Maßnahmen zur Realisierung des von Ihnen formulierten Marketingziels.

Lösung s. Seite 966

Aufgabe 2: Verbrauchertyp

Auf welchen Verbrauchertyp müssen sich die Unternehmen heute in ihrer Marketingpolitik einstellen? Geben Sie eine Erläuterung.

Lösung s. Seite 966

Aufgabe 3: Marketingstrategie, -taktik

Marketingmaßnahmen lassen sich unterteilen in strategische und taktische.

a) Erläutern Sie den Unterschied zwischen Strategie und Taktik im Rahmen des Marketings.

b) Nennen Sie drei grundlegende Strategien des Marketings.

c) Geben Sie jeweils zwei Beispiele für Marketinginstrumente, die eher strategischen bzw. eher taktischen Charakter haben.

Lösung s. Seite 966

Aufgabe 4: Marktpotenzial, Marktvolumen, Absatzpotenzial, Absatzvolumen, Marktanteil

Grenzen Sie die oben genannten Begriffe voneinander ab, und zeigen Sie den Zusammenhang in einer geeigneten Grafik.

Lösung s. Seite 967

Aufgabe 5: Marktanteil, Sättigungsgrad

Erläutern Sie den Unterschied zwischen den Begriffen „Marktanteil" und „Sättigungsgrad".

Lösung s. Seite 968

Aufgabe 6: Produkt-Markt-Matrix (Ansoff-Matrix)

a) Für Wachstumsmärkte wurden von Ansoff in einer Matrix die grundlegenden Handlungsalternativen aufgestellt. Erstellen Sie diese Matrix und erläutern Sie die einzelnen Optionen.

b) Ihr Unternehmen produziert und vertreibt Tiernahrung in Deutschland (Vertriebsnetz). Nennen sie für jede Option der Ansoff-Matrix ein fallbezogenes Beispiel und bewerten Sie es.

Lösung s. Seite 969

Aufgabe 7: Entscheidungshilfen für Marketingentscheidungen (Produktlebenszyklus 1)

Für das Kinderspielzeug „HILO" war ein Lebenszyklus von ca. zwei Jahren geplant. Für den zurückliegenden Zeitraum haben sich die nachfolgenden Quartalsumsätze (in T€) ergeben:

Quartal	Umsatz	Quartal	Umsatz
03/00	510	03/01	2.400
06/00	1.100	06/01	2.800
09/00	1.900	09/01	2.500
12/00	2.300	12/01	2.050

a) Zeichnen Sie ein Liniendiagramm der Quartalsumsätze und ordnen Sie die Phasen des Produktlebenszyklus zu.

b) Charakterisieren Sie die Umsatzentwicklung und die Tendenz des Cashflows innerhalb der einzelnen Phasen des Produktlebenszyklus.

c) Geben Sie der Geschäftsleitung eine strategische Empfehlung zum Kinderspielzeug „HILO" aufgrund der vorliegenden Daten.

Lösung s. Seite 970

Aufgabe 8: Entscheidungshilfen für Marketingentscheidungen (Produktlebenszyklus 2)

a) Der Produktlebenszyklus eines Produktes zeigt einen Verlauf vom Typ der Normalverteilung. Ordnen Sie den einzelnen Phasen des Lebenszyklus die typischen Normstrategien (= produktpolitische Strategien) zu.

b) Beschreiben Sie in Stichworten die nachfolgenden Produktlebenswege und stellen Sie diese in einem Diagramm dar:
   - Flop
   - erfolgreiches Produkt
   - nostalgisches Produkt
   - langsam aussterbendes Produkt
   - Produkt-Relaunch.

Lösung s. Seite 970

Aufgabe 9: Marketingaudit

a) Auf welche Teilgebiete erstreckt sich das Marketingaudit?

b) In welchen Schritten erfolgt der Prüfprozess?

Lösung s. Seite 971

Aufgabe 10: Strukturieren eines operativen Marketingplans

Die Pumpen AG stellt seit Langem Pumpen unterschiedlicher Größe her, die überwiegend im Profi-Bausektor eingesetzt und indirekt vertrieben werden. Die Produkte haben sich als zuverlässig und preiswürdig am Markt der Profi-Kunden etabliert.

Das Produktionsprogramm soll um ein weiteres Standbein erweitert werden. Man hat sich daher entschlossen, eine kleine, aber leistungsfähige und wartungsfreie Gartenteichpumpe „Immerklar" auf den Markt zu bringen. Das Unternehmen will mit der Erweiterung ihres Produktprogramms den Umsatz im kommenden Jahr um 10 % steigern.

Nach einer Analyse der Beratungsfirma G. K. Consulting, Neustrelitz, scheint im ersten Jahr ein Absatz von 450.000 Stück realisierbar. „Immerklar" soll beim Endkunden für 89,99 € angeboten werden. In der Einführungsphase kann ein Rabatt an Zwischenhändler von maximal 40 % gewährt werden. Die Marketingkosten sollen im ersten Jahr 700.000 € nicht überschreiten. Die Herstellungskosten der Fertigung betragen pro Stück 52 €.

Ihr Chef, Herr Günter Hurtig, Marketingleiter der Pumpen AG, hat bereits damit begonnen, das Gerüst des operativen Marketingplans für „Immerklar" zu entwerfen:

Operativer Marketingplan für 20.. – Produkt „Immerklar"		
Verfasser: Günter Hurtig		**Datum: 23.07.20..**
1.	**Zusammenfassung der wichtigsten Ergebnisse des Marketingplans:** (Kurzkommentar)	
2.	**Marktsituation der Pumpen AG:**	
3.	**Marketingziele:**	
4.	**Marketingstrategien:**	
5.		
...	...	

Am Morgen des nächsten Tages muss Herr Hurtig dringend für drei Tage zu einem Großkunden nach Berlin, weil es dort Probleme mit dem Rahmenvertrag gibt. Er bittet Sie, die begonnene Aufgabe zu beenden.

a) Ergänzen Sie den Marketingplan um sechs weitere, inhaltlich notwendige Aspekte und füllen Sie den Marketingplan mit konkreten Aussagen auf, die Sie aus dem Sachverhalt und der Unternehmenssituation der Pumpen AG ableiten.

b) Erstellen Sie auf der Basis der Angaben im Sachverhalt und der Angaben in Ihrem Marketingplan eine Planergebnisrechnung. Geben Sie für jede Position der Planergebnisrechnung eine kurze Begründung.

Lösung s. Seite 972

4.2 Marketinginstrumentarium

Aufgabe 1: Marketinginstrumente analysieren

Sie sind seit kurzem in einem Verband tätig, der die Mitglieder konzeptionell in Marketingfragen berät. Als Teil eine Studie sollen Sie bei den nachfolgenden Produkten die Bedeutung einiger Instrumente im Marketingmix einschätzen und Ihre Bewertung kurz begründen.

Wählen Sie folgende Bewertung (Skalierung):

1 = geringe Bedeutung
5 = hohe Bedeutung.

Tragen Sie den Wert in die Tabelle ein und begründen Sie kurz Ihre Entscheidung.

Instrumente im Marketingmix	Produkte					Begründung der Bewertung
	Zahnpasta	Brötchen	Fernsehgerät	Herrenanzug	Bausparvertrag	
	A	B	C	D	E	
Produktpolitik						
Preispolitik						
Werbung						
Absatzwege						
Persönlicher Verkauf						
Kundendienst						

Lösung s. Seite 974

Aufgabe 2: Markenstrategie

Die WMK AG will ihr Lieferprogramm um Dampfgartöpfe erweitern. Aus Kostengründen entscheidet man sich dafür, die Produktpalette von einem Produzenten aus China zu beziehen. Derzeit wird geprüft, ob die Dampfgartöpfe unter der eigenen Hausmarke vertrieben werden sollen.

a) Welche Merkmale sind für einen Markenartikel charakteristisch? Beschreiben Sie vier Aspekte.

b) Beschreiben Sie drei Risiken, die mit der geplanten Vertriebsstrategie für die Dampfgartöpfe verbunden sein können.

Lösung s. Seite 975

Aufgabe 3: Produktpolitik: Veröffentlichung von Testergebnissen

Ihrem Sortiment haben Sie u. a. die Hochleistungsrasenmäher A - D. Nehmen Sie an, Sie würden in der Veröffentlichung einer Verbraucherzeitschrift folgende Ergebnisse (in Auszügen) lesen:

Produkt	Preis in €	Technische Prüfung	Sicherheitsprüfung	Eigenschaften	Handhabung	Testurteil
		Gewichtung der Merkmale				
		25 %	15 %	35 %	25 %	
A	370	+	++	+	-	zufriedenstellend
B	460	+	+	-	-	mangelhaft
C	490	-	++	-	-	mangelhaft
D	580	+	++	+	+	gut

a) Erläutern Sie, welche produktpolitischen Maßnahmen Sie dem Hersteller der Produkte A - D empfehlen?

b) Welche generellen Kritikansätze lassen sich zu dem Testurteil vorbringen? Geben Sie drei Beispiele.

Lösung s. Seite 975

Aufgabe 4: Sortimentspolitik

Die Maternus GmbH ist eine Kette aus 50 Einzelhandelsfilialen und vertreibt Drogerieartikel. Man musste feststellen, dass der Umsatz der älteren Filialen in den letzten 1½ Jahren stagnierte. Die Geschäftsleitung veranstaltet einen Workshop unter der Leitung des erfahrenen Beraters Cruse-Heuning. Die eingesetzte Metaplantechnik kristallisiert heraus, dass die Teilnehmer eine „Sortimentserweiterung" in den älteren Filialen als Maßnahme zur Problemlösung favorisieren. Als weiteren Schritt innerhalb des Workshops werden Arbeitsgruppen gebildet.

Als Mitglied einer dieser Arbeitsgruppen haben Sie die Aufgabe, die grundsätzlichen Möglichkeiten der Sortimentserweiterung dem Plenum zu präsentieren und zu jeder der Varianten ein konkretes Beispiel aus Ihrer Praxis zu bilden.

Lösung s. Seite 976

Aufgabe 5: Produktdifferenzierung, -variation, -diversifikation, Marktsegmentierung

Sie arbeiten in einem Herstellungsbetrieb für Herrenoberbekleidung. Im Zusammenhang mit der Überprüfung des Produktionsprogramms sollen Sie für die nächste Strategiesitzung der Geschäftsleitung folgende Fragestellungen vorbereiten:

a) Wie unterscheiden sich die folgenden Programmstrategien:

- Produktdifferenzierung
- Produktvariation
- Produktdiversifikation.

Geben Sie jeweils ein Beispiel für Ihren Betrieb.

b) Welche Marketingstrategie ist Grundlage der Produktdifferenzierung?

c) Wie könnte Ihr Betrieb seine Produktlinie verlängern? Geben Sie konkrete Empfehlungen für Maßnahmen der Produktdifferenzierung. Gehen Sie in Ihren Beispielen davon aus, dass Ihr Betrieb bisher Herrenoberbekleidung – und zwar Mäntel, Sakkos, Hosen und Anzüge – hergestellt hat.

d) Mit welchen Risiken kann die Strategie der Produktdifferenzierung verbunden sein? Nennen Sie vier Beispiele

e) Stellen Sie jeweils an einem Beispiel oder einer Grafik die folgenden Varianten der Marktsegmentierung dar:

keine Marktsegmentierung, totale Marktsegmentierung, Segmentierung nach Einkommensgruppen 1 - 3, Segmentierung nach Alter A - C, Segmentierung nach Einkommen 1 - 3 und Alter nach A - B.

Lösung s. Seite 977

Aufgabe 6: Servicepolitik

Gehen Sie davon aus, dass Sie in einem großen Einkaufszentrum als stellvertretender Center-Leiter tätig sind. Für den kommenden Workshop steht die Servicepolitik, die gerade im Einzelhandel eine hohe Bedeutung hat, auf dem Programm. Sie bereiten sich auf diese Sitzung vor.

a) Entwickeln Sie einen Ideenzettel mit jeweils sechs Maßnahmen der Servicepolitik:

- vor dem Verkauf
- während des Verkaufs
- nach dem Verkauf.

Versetzen Sie sich bei der Bearbeitung der Aufgabe in die Rolle des Kunden: „Welchen Service wünscht der Kunde?“ „Welcher Service erzeugt Kundenzufriedenheit?“

b) Beschreiben Sie vier Merkmale der Servicepolitik.

Lösung s. Seite 978

Aufgabe 7: Preispolitik: Nachfrage und Preisentwicklung

Bei einem Gut stellt man fest, dass die Nachfrage steigt, obwohl der Preis angehoben wurde. Wie erklären Sie sich diesen Vorgang? Geben Sie drei plausible Beispiele.

Lösung s. Seite 979

Aufgabe 8: Preispolitik und Rabattpolitik

a) Erläutern Sie den Zusammenhang zwischen Preispolitik und Rabattpolitik.

b) Beschreiben Sie drei Rabattarten.

c) Welche Ziele verfolgt ein Unternehmen mit der Rabattpolitik? Nennen Sie vier Argumente.

Lösung s. Seite 979

Aufgabe 9: Preisdifferenzierung

Ein Handelsunternehmen verkauft Elektroartikel und hat drei Filialbetriebe:

- im Zentrum der Stadt (Lage A)
- in der Randlage der Stadt (Lage B)
- in einem Einkaufszentrum (Kette) „auf der grünen Wiese“ (Lage C).

a) Das Handelsunternehmen will das preispolitische Instrument der Preisdifferenzierung stärker nutzen. Was versteht man generell darunter?

b) 1. Welche Art der Preisdifferenzierung (unabhängig vom Sortiment) kann das Handelsunternehmen im vorliegenden Fall praktizieren?

   2. Welchen Entscheidungsspielraum hat das Unternehmen in den Lagen A - C hinsichtlich der Preisdifferenzierung?

c) Welcher Zusammenhang besteht zwischen dem Grad der Preisdifferenzierung und der Nachfragehäufigkeit einer Ware?

Lösung s. Seite 979

Aufgabe 10: Preisstrategie

Der Lebensmittel-Großhändler TACKI bezieht seine Milchprodukte ausschließlich von der Nordmilch AG. Sie befinden sich auf einer gemeinsamen Strategiesitzung über die Einführung neuer Produkte, die der Hersteller nicht ohne ihre Fachkompetenz entscheiden möchte.

Aufgrund einer Marktanalyse gibt es gesicherte Erkenntnisse, dass die Nachfrage nach sojaangereicherten Produkten für Diabetiker ansteigen wird. Sie wollen daher das Produkt „Schlucki“ (Magermilch + Sojazusätze + Kakao + Süßungsmittel) in ihr Verkaufsprogramm aufnehmen. Bisher ist nicht bekannt, dass der Wettbewerb plant, ähnliche Produkte in sein Sortiment aufzunehmen. Für die Produkteinführung stehen zwei Strategien zur Diskussion – die Skimmingpreisstrategie und die horizontale Preisdifferenzierung.

Erläutern Sie fallbezogen beide Preisstrategien und nennen Sie jeweils zwei Vorteile.

Lösung s. Seite 980

Aufgabe 11: Preiselastizität der Nachfrage

Erläutern Sie die Aussagekraft der Preiselastizität der Nachfrage und geben Sie ein Rechenbeispiel.

Lösung s. Seite 980

Aufgabe 12: Handelskaufleute (Kommissionär, Makler), Rack Jobber

a) Vergleichen Sie die beiden Vertriebsorgane „Kommissionär“ und „Makler“.

b) Erläutern Sie die Funktion eines Rack Jobbers.

c) Erklären Sie Merchandising.

Lösung s. Seite 981

Aufgabe 13: Beschränkungen im Rahmen der Distributionspolitik

a) Welche Beschränkungen hat der Unternehmer gegebenenfalls im Rahmen der Distributionspolitik zu beachten? Beschreiben Sie zwei Beispiele.

b) Nennen Sie zwei Beispiele für Abnehmerbeschränkungen, die der Hersteller vornehmen kann.

Lösung s. Seite 982

Aufgabe 14: Absatz (vermischte Aufgaben)

Bearbeiten Sie die nachfolgenden Aufgaben zum Themenkreis „Absatz“:

a) Nennen Sie jeweils drei Vor- und Nachteile des indirekten Absatzes.

b) Nennen Sie vier Merkmale der Distribution per Internet.

c) Ergänzen Sie die folgende Tabelle durch zutreffende, knappe Aussagen:

Merkmale	Absatzmittler			
	Handelsvertreter	Handlungsreisende	Handelskommissionär	Handelsmakler
direkter oder indirekter Absatz?				
Selbstständig oder angestellt?				
Tätig in wessen Namen?				
Tätig für wessen Rechnung?				

Merkmale	Absatzmittler			
	Handels-vertreter	Handlungs-reisende	Handels-kommissionär	Handels-makler
Fallweise oder permanent tätig?				
Kosten: variabel oder fix?				

d) Nennen Sie je zwei Vorteile des Ein-Kanal-Systems und des Mehr-Kanal-Systems.

e) Ein Großhändler hat überwiegend qualitativ hochwertige Waren in seinem Sortiment, die er im Hochpreissegment positioniert hat. Begründen Sie, welchen Absatzkanal Sie dem Großhändler empfehlen.

f) Ein Unternehmen möchte wissen, bei welchem Umsatz es günstiger ist, mit Handlungsreisenden statt mit Handelsvertretern zu arbeiten. Es liegen folgende Bedingungen vor:

	Handlungsreisender	Handelsvertreter
Festgehalt, monatlich	2.800 €	–
Personalzusatzkosten, monatlich	600 €	–
Spesen, monatlich	500 €	300 €
Umsatzprovision	5 %	8 %

Ermitteln Sie rechnerisch den kritischen Umsatz und begründen Sie Ihr Ergebnis.

Lösung s. Seite 982

Aufgabe 15: Werbung und Verkaufsförderung

Stellen Sie den Zusammenhang zwischen Werbung und Verkaufsförderung (Händler-, Verbraucherpromotions) in einer Skizze grafisch dar.

Lösung s. Seite 984

Aufgabe 16: Werbeplanung

Ihr Unternehmen bereitet eine Werbeplanung vor.

Nennen Sie acht Aspekte, die bei der Werbeplanung zu berücksichtigen sind.

Lösung s. Seite 984

Aufgabe 17: Werbeetat

In der letzten Sitzung des „Arbeitskreises Werbung“ Ihres Unternehmens stellte der zuständige Abteilungsleiter den Antrag, den Werbeetat für die nächste Periode unbedingt um 120.000 € zu erhöhen. Laut seiner Aussage würden die zusätzlichen Ausgaben für Werbung einen Mehrumsatz von 800.000 € bewirken.

Würden Sie den Antrag des Abteilungsleiters befürworten, wenn in Ihrem Unternehmen eine Umsatzrendite von 10 % unterstellt werden darf?

Zeigen Sie eine rechnerische Lösung.

Lösung s. Seite 984

Aufgabe 18: AIDA-Formel

Erläutern Sie die AIDA-Formel und geben Sie zu jedem Aspekt der Formel ein Beispiel anhand des Fachgeschäftes Buchhandlung.

Lösung s. Seite 985

Aufgabe 19: Werbeträger, Werbekosten

Für die Neueröffnung einer Filiale sollen Sie in der Samstags-Ausgabe der regionalen Tageszeitung eine Werbeanzeige schalten. Die Anzeige soll 250 mm (Höhe) und 5-spaltig sein. Der mm-Preis beträgt 1,20 €. Da die Anzeige 5-mal geschaltet werden soll, gewährt die Zeitung einen Rabatt von 8 %.

Berechnen Sie die Anzeigen-Gesamtkosten.

Lösung s. Seite 985

Aufgabe 20: Sales Promotion

Als Großhändler haben Sie vor kurzem den Universalbohrer „BORI“ in ihr Programm aufgenommen. Da das neue Produkt nur schleppend vom Kunden angenommen wird, wollen Sie geeignete Maßnahmen der Verkaufsförderung durchführen.

Nennen Sie auf den Sachverhalt bezogen drei geeignete Maßnahmenbereiche und geben Sie dazu jeweils zwei Beispiele.

Lösung s. Seite 986

Aufgabe 21: Public Relations

Die Zielsetzungen der Öffentlichkeitsarbeit wird oft von denen der Werbung nicht klar unterschieden.

a) Beschreiben Sie anhand von vier Beispielen, an welche Zielgruppen sich die Öffentlichkeitsarbeit wendet.

b) Nennen Sie je Zielgruppe drei Beispiele für geeignete Kommunikationsmaßnahmen, die sich im Rahmen der Öffentlichkeitsarbeit einsetzen lassen.

Lösung s. Seite 986

Aufgabe 22: Verkaufsförderung, Öffentlichkeitsarbeit

Die ROHR-GmbH hat die Hochleistungspumpe „SCHLUCK“ in ihr Verkaufsprogramm aufgenommen. Die Anwendung ist Kellerentwässerung und Gartenbewässerung. Die Marketingabteilung geht davon aus, dass gezielte Maßnahmen der Verkaufsförderung den Absatz steigern werden.

a) Welche verkaufsfördernden Maßnahmen können im vorliegenden Fall geeignet sein? Nennen Sie vier fallbezogene Beispiele.

b) Beschreiben Sie die unterschiedliche Zielsetzung von Verkaufsförderung und Öffentlichkeitsarbeit anhand von jeweils drei Beispielen.

Lösung s. Seite 987

Aufgabe 23: Verkaufsförderungsaktionen

Sie sind Mitglied in der Projektgruppe „Verkaufsförderung für das neue Produkt X“. Die Ziele und Instrumente der Verkaufsförderungsaktion im kommenden Quartal sind bereits erarbeitet worden.

a) Erläutern Sie, über welche Parameter im nächsten Schritt entschieden werden muss. Erwartet werden fünf Aktionsparameter.

b) Beschreiben Sie anhand von drei Beispielen, wie der Erfolg der Verkaufsförderungsaktion bewertet werden kann.

Lösung s. Seite 987

Aufgabe 24: Marketingmix bei Handel und Hersteller

Handel und Hersteller haben hinsichtlich der Zielsetzung und Gestaltung der „klassischen Marketinginstrumente“

- Produktpolitik,
- Distributionspolitik,
- Kommunikationspolitik und
- Kontrahierungspolitik

zum Teil gegenläufige Auffassungen.

Zeigen Sie die Unterschiede in einer Matrix. Erwartet werden jeweils zwei Argumente.

Lösung s. Seite 989

Aufgabe 25: Marketingmix im Einzelhandel, Betriebsformen

Relevante Betriebsformen im Einzelhandel sind u. a. das Fachgeschäft, der Fachmarkt, das Kaufhaus und der Discounter.

Zeigen Sie in einer Gegenüberstellung, welche grundsätzlichen Entscheidungen im Rahmen des Marketingmix in der Praxis anzutreffen sind, indem Sie bei jeder genannten Betriebsform folgende Instrumente untersuchen.

Betriebsform	Standortpolitik	Sortimentspolitik	Servicepolitik	Preispolitik

Lösung s. Seite 989

Aufgabe 26: Marketingpolitische Instrumente

Man unterscheidet im Marketingmix zwischen den vier Aktionsparametern: Produkt-, Kontrahierungs-, Distributions- und Kommunikationspolitik.

Nennen Sie für jeden Aktionsparameter sechs Einzelinstrumente.

Lösung s. Seite 990

Aufgabe 27: Marktsegmentierung, Kommunikationsmittel

Herr Lanz ist Inhaber des Fahrradfachgeschäfts „PEDAL-POINT" mit vier Filialen im Landkreis Mecklenburg-Strelitz. Er vertreibt Markenfahrräder verschiedener Hersteller: Touren-, City-, Cross- und Trekkingräder, Mountainbikes, Renn- sowie Kinderfahrräder.

Darüber hinaus hat er Fahrradteile und -zubehör im Programm wie z. B. Sättel, Lenker, Beleuchtung, Bereifung, Fahrradanhänger, Schläuche, Gepäckträger, Wanderkarten, Wasserflaschen, Puls- und Blutdruckmessgeräte, Regenbekleidung sowie Zeltausrüstung.

Vor Kurzem hat Herr Lanz noch BMX-, Fitness- und Elektrofahrräder in das Programm aufgenommen.

a) Angesichts der schwierigen wirtschaftlichen Gesamtlage will Herr Lanz seine Vertriebsstrategie überdenken. Bisher verkauft er in allen vier Filialen direkt an den Endkunden. Er hat jedoch zunehmend Schwierigkeiten, seine qualitativ hochwertigen und hochpreisigen Produkte „an den Mann zu bringen". Die laufenden Aktionen der umliegenden Supermärkte und des ansässigen Baumarktes bereiten ihm Probleme.

   Um seine Entscheidung auf eine gesicherte Informationsbasis zu stellen, will Herr Lanz die derzeitige Ist-Situation hinreichend analysieren. Nennen Sie fünf Analysetechniken, die dafür geeignet sind.

b) Um die Neukundengewinnung sowie die Bindung des vorhandenen Kundenstamms zu verbessern, plant Herr Lanz eine Marktsegmentierung nach Zielgruppen.

Bilden Sie vier geeignete Zielgruppen und ordnen Sie jeder Zielgruppe vier geeignete Produkte aus dem Programm der Firma PEDAL-POINT zu.

c) Um die Zielgruppenansprache spezifisch zu gestalten, sollen Sie Herrn Lanz je Zielgruppe zwei geeignete Kommunikationsinstumente vorschlagen und dabei zwei Kommunikationsmaßnahmen beschreiben.

Lösung s. Seite 991

4.3 Vertriebsmanagement

Aufgabe 1: Vertriebskonzept

Die TRINKAUS GmbH ist ein Getränkegroßhandel am Stadtrand von Frankfurt (Oder). Der Standort des Zentrallagers (Abhol- und Zustellhandel) liegt in der Nähe der Autobahn und ist weiterhin über zwei Bundesstraßen erreichbar. Die Unternehmensberatung G. K. Consulting GmbH hat das nachfolgend dargestellte Vertriebskonzept erarbeitet:

Direktvertrieb (Abhol-/Zustellhandel)	**Indirekter Vertrieb**	**Sondersysteme**
► Gaststätten ► große Firmen ► Großveranstaltungen ► Hausverkauf ► Versandhandel ► Online-Bestellung der Exklusivmarken	► Lebensmitteleinzelhandel ► Vertriebspartner: Hausverkauf ► Einzelhandelsketten	► Großhändler-Franchise-System: Die TRINKAUS GmbH vergibt Lizenz und Konzept für Getränkeeinzelhandel. ► In der Warengruppe „Biere“ gibt es zwei Exklusivmarken (Eigenmarken). ► Die TRINKAUS GmbH ist Franchisenehmer bei Coca Cola (Abfüllrechte). ► Kooperation mit einem grenznahen polnischen Großhändler auf der Beschaffungs- und der Vertriebsseite.

Beschreiben Sie die Elemente des Vertriebssystems der TRINKAUS GmbH, gehen Sie dabei auf mögliche Strategiekonflikte ein und begründen Sie Ihre Auffassung. Überlegen Sie bitte, ob das Vertriebssystem noch durch weitere Absatzkanäle ergänzt werden könnte.

Lösung s. Seite 992

Aufgabe 2: Key-Account-Manager

Welche Aufgaben hat ein Key-Account-Manager?

Lösung s. Seite 992

Aufgabe 3: Marktchancen, Vertriebswege

Die Firma SOLATEC GmbH plant, einen neuen Typ von Sonnenkollektoren zur Unterstützung der Brauchwasseraufbereitung für Einfamilienhäuser bis 150 m² in ihr Sortiment aufzunehmen. Mit dem neuen Typ lässt sich 30 % mehr Wirkungsgrad als mit herkömmlichen Kollektoren erzielen.

a) Erläutern Sie drei relevante Fragestellungen, um die Marktchancen des neuen Typs beurteilen zu können.

b) Als Interessenten kommen vor allem Bauherren von Einfamilien-, Doppel- und Reihenhäusern infrage. Im Rahmen der Distribution werden zwei Vertriebswege diskutiert:

   1. Lieferung über den Fachhandel und das Handwerk (Heizungsinstallationsbetriebe und Dachdeckermeister) unter Nutzung des vorhandenen Kundendienstes.
   2. Direktvertrieb mit einem noch aufzubauenden, zentralen firmeneigenen Kundendienst.

   Beschreiben Sie für die beiden Vertriebswege je zwei Vor- und Nachteile.

Lösung s. Seite 992

Aufgabe 4: Vertriebscontrolling

Sie sind Assistent des Vertriebsleiters der A-Tronic-GmbH. Für die zurückliegende Periode hat Ihnen der Vertriebsleiter die Umsatzwerte (Plan- und Ist-Werte in Mio. €) der Verkaufsregionen 1 - 3 (Verkaufsgebiet Mecklenburg-Vorpommern) vorgelegt. Die Regionen werden von dem Verkäufer Herrn Swotschinek betreut.

Region 1			Region 2			Region 3		
Kunde	**Plan**	**Ist**	**Kunde**	**Plan**	**Ist**	**Kunde**	**Plan**	**Ist**
1	85	80	5	240	220	9	60	50
2	60	50	6	180	190	10	50	50
3	50	60	7	110	120	11	45	40
4	120	110	8	70	80	12	35	30

a) Ermitteln Sie den Zielerreichungsgrad je Region und insgesamt.

b) Bei der nächsten Verkäufertagung sollen Sie einige Ergebnisse des Vorjahres präsentieren. Stellen Sie die Umsätze je Kunde nach Plan und Ist grafisch dar und erläutern Sie das Diagrammergebnis.

c) Vergleichen Sie die Istumsätze je Region.

d) Erstellen Sie für die Kunden 1 - 12 rechnerisch und grafisch eine ABC-Analyse und kommentieren Sie das Ergebnis.

e) Geben Sie eine Empfehlung zur Veränderung der Vertriebsorganisation bezüglich der C-Kunden.

f) Nennen Sie zwei Kennzahlen zur Effizienzmessung der Vertriebsorganisation.

g) Nennen Sie beispielhaft zwei Fragestellungen, die im Rahmen der Gestaltung der Vertriebsorganisation zu beantworten sind.

Lösung s. Seite 993

4.4 Internationale Geschäftsbeziehungen und Geschäftsentwicklung, interkulturelle Kommunikation

Aufgabe 1: Globalisierung

Ihr Unternehmen exportiert weltweit.

a) Nennen Sie Sie acht mögliche Auswirkungen der fortschreitenden Globalisierung.

b) Nennen Sie fünf Kompetenzen, über die ins Ausland zu entsendende Mitarbeiter verfügen müssen.

Lösung s. Seite 996

Aufgabe 2: Außenhandel

Als Mitarbeiter/-in eines exportorientierten Industrieunternehmens werden Sie von einem für Ihr Unternehmen tätigen Handelsvertreter informiert, dass eine Firma in der Dominikanischen Republik Interesse an Produkten Ihres Sortiments hat und einen Auftrag von mehr als 125.000 € in Aussicht gestellt habe.

a) Sie versuchen, sich über die wirtschaftliche und politische Situation in der Dominikanischen Republik zu informieren. Ebenso suchen Sie Informationen über den potenziellen Kunden. Nennen Sie vier außerbetriebliche Informationsmöglichkeiten.

b) Sollte es zu Geschäften mit dem Kunden in der Dominikanischen Republik kommen, wollen Sie das Wechselkursrisiko und das Transportrisiko verringern. Geben Sie für jedes der beiden genannten Risiken zwei Möglichkeiten der Risikoreduzierung an.

c) Gelegentlich kommt es bei Geschäften mit Kunden aus Süd- und Mittelamerika zu Forderungsausfällen, die politisch bedingt sind. Schlagen Sie eine Zahlungsbedingung vor, durch die Sie auf jeden Fall die Zahlung in voller Höhe erhalten.

d) Sie sind sich noch nicht sicher, ob Sie für den Export in die Dominikanische Republik eine Ausfuhrgenehmigung benötigen. Wo müssen Sie diese erforderlichenfalls beantragen?

e) Unglücklicherweise ist das Produkt, an dem der dominikanische Kunde Interesse zeigt, eine Embargoware. In diesem Fall darf die Ware nicht exportiert werden. Erklären Sie, was unter einem Embargo zu verstehen ist.

Lösung s. Seite 997

Aufgabe 3: Kooperationen im Außenhandel

Sie arbeiten in einem mittelständischen Unternehmen des Spezialmaschinenbaus. Da die Inlandsnachfrage krisenbedingt zurückgegangen ist, müssen Sie versuchen, den Export Ihrer Produkte vorzubereiten.

Geben Sie Ihrer Geschäftsleitung eine ausführliche Übersicht mit fünf Möglichkeiten des Einstiegs in Auslandsmärkte.

Lösung s. Seite 999

Aufgabe 4: Joint Venture

Joint Venture ist eine gute Möglichkeit der Kooperation auf internationalen Märkten.

a) Nennen Sie vier Vorteile, die mit einem Joint Venture verbunden sein können.

b) Erläutern Sie zwei Risiken, die mit einem Joint Venture verbunden sein können.

Lösung s. Seite 1000

Aufgabe 5: INCOTERMS

a) Wer definiert die Incoterms?

b) Was regeln Incoterms?

c) Erläutern Sie, bei welchen Klauseln die minimalen und maximalen Verpflichtungen des Verkäufers im Rahmen der INCOTERMS 2020 auftreten.

Lösung s. Seite 1000

Aufgabe 6: Interkulturelle Kommunikationsdimensionen

Für Ihre neu eingerichtete Abteilung „Außenhandel" suchen Sie Mitarbeiter mit „Interkultureller Kompetenz".

a) Erläutern Sie, was man unter dieser Anforderung versteht.

b) Beschreiben Sie zwei Beispiele für kulturelle Unterschiede.

Lösung s. Seite 1000

4.5 Spezielle Rechtsaspekte

Aufgabe 1: UWG (Vermischte Aufgaben 1)

a) Ein Fachgeschäft für Motorradbekleidung hat aus einer besonderen Kollektion noch eine sehr schöne Lederkombination der Größe 54 am Lager. Da in Kürze „neue Ware hereinkommt", schaltet der Einzelhändler folgende Anzeige in der regionalen Tageszeitung:

> Lederkombination,
> erstklassig verarbeitet, aus unserer speziellen Kollektion
> – jetzt zum Sonderpreis von nur 498 € –
> nutzen Sie die Gelegenheit!

Nehmen Sie dazu Stellung.

b) Ein Einzelhändler für Eisenwaren schaltet die folgende Anzeige in der Tagespresse:

> 10.000 Stück Fittings,
> jetzt zum Sonderpreis ab 8,95 € in allen Größen.
> Nehmen Sie Kontakt auf unter Chiffre 274511.

Nehmen Sie dazu Stellung.

Lösung s. Seite 1001

Aufgabe 2: UWG (Vermischte Aufgaben 2)

Nehmen Sie Stellung zu den nachfolgenden Sachverhalten:

a) Der Eisenwarengroßhändler Menzler bestellt bei seinem Lieferanten eine größere Partie Kleineisen. Dabei lässt er am Telefon verlauten: *„Haben Sie schon gehört, die Firma Metallhandel Hartig & Co. soll pleite sein. Ich glaube, die haben letzte Woche Insolvenzantrag gestellt. Nun ja, so kann es kommen."*

b) Der Möbelhändler K & H freut sich über den seit neuem florierenden Direktimport italienischer Kleinmöbel von der Firma Luigi della Rocci, einer kleinen Fabrik aus Oberitalien, die aufgrund des Einsatzes neuer Fertigungsautomaten sehr günstige Preise anbieten kann. K & H inseriert daher u. a.: *„Italienische Kleinmöbel, echte Handarbeit, viele Einzelstücke – zu erstaunlichen Preisen ..."*.

c) Der Handelsvertreter Loose schenkt der Chefsekretärin eines Einkaufsleiters, Karin Fahl, diesmal eine besonders schöne Handtasche – *„Ein Mitbringsel"*, wie er erklärt, und bittet sie, seine Angebote *„wie gewohnt – in spezieller Manier – ihrem Chef in Erinnerung zu rufen"*.

Lösung s. Seite 1001

Aufgabe 3: UWG, Folgen von Wettbewerbsverstößen

Mit welchen Rechtsfolgen muss ein Unternehmen rechnen, wenn es gegen Bestimmungen des UWG verstößt?

Erläutern Sie zwei Beispiele.

Lösung s. Seite 1001

Aufgabe 4: Rechtsschutz für Erzeugnisse (1)

Ihre Firma hat einen neuen „bahnbrechenden" Hybridantrieb entwickelt. Der Leiter der Entwicklung und Konstruktion hat vor zwei Monaten in einem Vortragskonzept für Fachleute der Branche bereits eine Darstellung der wesentlichen technischen Daten dargestellt. Zwischenzeitlich kommen Bedenken, ob dieser Schritt nicht zu voreilig war.

Stellen Sie dar, ob und in welcher Weise der neue Hybridantrieb rechtlich abgesichert werden könnte.

Lösung s. Seite 1001

Aufgabe 5: Rechtsschutz für Erzeugnisse (2)

a) Stellen Sie den unterschiedlichen Rechtsschutz zwischen Patent, Gebrauchsmuster, Marke und eingetragenem Design dar. Vergleichen Sie dabei die Merkmale
   - Gegenstand des Rechtsschutzes,
   - Voraussetzungen,
   - zuständige Behörde und
   - Schutzdauer.

b) Geben Sie jeweils zwei Beispiele für den Patentschutz, den Gebrauchsmusterschutz und den Schutz bei eingetragenem Design.

Lösung s. Seite 1002

Aufgabe 6: Sachmängelhaftung

Sie betreiben einen Autohandel. Bei Ihnen kauft Herr Meierdirks am 12.11. einen gebrauchten VW Polo für 14.800 €. Zehn Tage später kommt der Kunde zu Ihnen und reklamiert das Schaltgetriebe. Es stellt sich heraus, dass ein Defekt vorliegt und das Getriebe komplett ausgewechselt werden muss. Die Reparaturkosten betragen 2.186,24 €.

a) Wie lautet der Fachbegriff für den Kaufvertrag, der zwischen Ihnen und Herrn Meierdirks entstanden ist?

b) Welche Rechte hat Herr Meierdirks? Wer muss die Kosten für die Reparatur tragen? Muss Herr Meierdirks beweisen, dass der Schaden schon vorher bestanden hat?

Lösung s. Seite 1003

5. Führung und Zusammenarbeit

5.1 Kommunikation und Kooperation

Aufgabe 1: Sozialisation und Instinkt

Erläutern Sie anhand eines Beispiels den Unterschied zwischen menschlichen Verhaltensreaktionen aufgrund des Sozialisationsprozesses und aufgrund instinktiver Verhaltensweisen.

Lösung s. Seite 1004

Aufgabe 2: Reife und Wachstum

Geben Sie ein anschauliches Beispiel für den Reife- und Wachstumsprozess Jugendlicher.

Lösung s. Seite 1004

Aufgabe 3: Anlagen und Umwelteinflüsse

Sie sitzen in der Mittagspause mit Ihrem Chef, mit dem Sie sich gut verstehen, zusammen und diskutieren allgemein über Mitarbeiterführung und das Verhalten von Menschen. Ihr Chef meint in diesem Zusammenhang: „Ein Mensch ist so, wie er nun mal geboren wird. Er hat seine Anlagen und damit muss er zurechtkommen; ändern kann er daran nichts. Seine Erbanlagen bestimmen seinen Charakter und damit sein Handeln."

Wie sehen Sie das? Teilen Sie die Meinung Ihres Chefs? Begründen Sie Ihre Antwort in wenigen Sätzen und geben Sie ein praktisches Beispiel.

Lösung s. Seite 1004

Aufgabe 4: Soziales Lernen

Der Vorgesetzte kann sein Führungsverhalten selbst positiv durch soziales Lernen beeinflussen.

Erläutern Sie drei Beispiele für unterschiedliche Lernarten, die es einer Führungskraft ermöglichen, ihr Führungsverhalten zu verbessern.

Lösung s. Seite 1004

Aufgabe 5: Selbstwertgefühl und Abwehrmechanismen

Das Selbstwertgefühl bestimmt in weiten Strecken das Handeln von Menschen. Besteht die Gefahr, dass dieses Selbstwertgefühl angegriffen wird, „mobilisieren" Menschen Abwehrmechanismen. Formulieren Sie je ein betriebliches Beispiel für folgende Abwehrhaltungen:

- Kompensation
- Resignation.

Lösung s. Seite 1005

Aufgabe 6: Sozialisation und imitatives Lernen

Beschreiben Sie mithilfe von zwei Beispielen, welche Bedeutung imitatives Lernen für den Prozess der Sozialisation hat.

Lösung s. Seite 1005

Aufgabe 7: Verhaltensänderung

Beschreiben Sie mithilfe von Beispielen, wie der Vorgesetzte beim Mitarbeiter angestrebte Verhaltensänderungen erreichen kann. Welche Handlungsempfehlungen lassen sich geben?

Lösung s. Seite 1005

Aufgabe 8: Lernen im Sinne von Konditionieren

Beschreiben Sie, was man unter „Lernen im Sinne von Konditionieren" versteht und geben Sie vier Beispiele aus dem betrieblichen Alltag.

Lösung s. Seite 1005

Aufgabe 9: Gewohnheitsmäßiges Verhalten

Das Ergebnis von Lernprozessen zeigt sich u. a. in der Verinnerlichung von Verhaltensmustern. Gewohnheit hat positive, aber auch negative Aspekte. Bilden Sie dazu jeweils ein Beispiel und beschreiben Sie, was der Vorgesetzte unternehmen kann, um „falsche Gewohnheiten" bei seinen Mitarbeitern zu ändern.

Lösung s. Seite 1006

Aufgabe 10: Einsatz älterer Mitarbeiter und Jugendlicher

Im nächsten Monat werden Sie auf eigenen Wunsch in die Abteilung Qualitätssicherung versetzt. Der Anteil der älteren Mitarbeiter liegt dort deutlich über dem Durchschnitt. Außerdem werden Sie erstmalig Jugendliche im Ausbildungsverhältnis führen.

Im Rahmen Ihrer Vorbereitung auf die neue Aufgabe sollen Sie stichwortartig auflisten,

a) welche Aspekte beim Einsatz älterer Mitarbeiter zu berücksichtigen sind und

b) welche äußeren und inneren Veränderungen sich in der Pubertät beim Jugendlichen vollziehen sowie

c) welche Gesichtspunkte bei der Führung Jugendlicher zu beachten sind.

Lösung s. Seite 1007

Aufgabe 11: Besonderheiten der Führung ausgewählter Adressatengruppen (1)

Mitunter begegnet man in der betrieblichen Praxis der pauschalen Aussage: „Ältere Menschen sind weniger leistungsfähig."

a) Geben Sie zu dieser Behauptung eine differenzierte Aussage, indem Sie jeweils fünf konkrete Beispiele bilden für Komponenten der Leistungsfähigkeit,

- die sich mit dem Alter tendenziell verringern,
- die weitgehend altersbeständig sind und
- die mit dem Alter i. d. R. wachsen.

b) Eine rückläufige Geburtenziffer sowie eine nach wie vor steigende Lebenserwartung werden das Durchschnittsalter der Bevölkerung in Deutschland auch weiterhin erhöhen. Geben Sie einen Überblick über mögliche personalpolitische Maßnahmen, die geeignet sind, die Arbeitsbedingungen für ältere Mitarbeiter zu erleichtern bzw. einen „gleitenden" Übergang in den Ruhestand zu ermöglichen.

c) Nennen Sie beispielhaft drei Konsequenzen, die sich daraus für Ihre tägliche Führungspraxis ergeben.

Lösung s. Seite 1009

Aufgabe 12: Besonderheiten der Führung ausgewählter Adressatengruppen (2)

Besonders die Führung ausländischer Mitarbeiter verläuft nicht immer konfliktfrei. Die Quellen können darin liegen, dass der Vorgesetzte bestimmte Besonderheiten dieser Zielgruppe nicht beachtet oder nicht kennt.

Beschreiben Sie beispielhaft sechs Aspekte, die bei der Führung ausländischer Mitarbeiter zu berücksichtigen sind, um den potenziellen Besonderheiten dieser Adressatengruppe gerecht zu werden. Geben Sie dabei begründete Handlungsempfehlungen.

Lösung s. Seite 1010

Aufgabe 13: Besonderheiten der Führung ausgewählter Adressatengruppen (3)

a) Erläutern Sie, welche gesetzlichen Pflichten der Arbeitgeber bei der Beschäftigung behinderter Menschen zu beachten hat.

b) Wie sollten nach Ihrer Meinung behinderte Menschen geführt werden? Begründen Sie Ihre Antwort.

Lösung s. Seite 1011

Aufgabe 14: Besonderheiten der Führung ausgewählter Adressatengruppen (4)

Der Vorgesetzte hat es in seinem Verantwortungsbereich mit Jugendlichen und Erwachsenen zu tun. Von daher sind vor allem entwicklungsfördernde und -hemmende Faktoren für die Phase der Pubertät und des Erwachsenenalters von Bedeutung.

Beschreiben Sie jeweils vier fördernde und vier hemmende Faktoren.

Lösung s. Seite 1012

Aufgabe 15: Besonderheiten der Führung ausgewählter Adressatengruppen (5)

Nennen Sie drei Handlungsempfehlungen zur Führung jugendlicher Mitarbeiter.

Lösung s. Seite 1013

Aufgabe 16: Zusammenarbeit von Frauen und Männern

Mehr als ein Drittel aller Erwerbstätigen in Deutschland sind Frauen. Die Vorurteile gegenüber Frauen im Berufsleben sind bekannt und halten sich dennoch hartnäckig; hier drei der am häufigsten geäußerten Aussagen:

- „Frauen sind weniger leistungsfähig."
- „Frauen sind häufiger krank."
- „Die Berufsentwicklung bei Frauen ist immer mit Unterbrechungen belastet."

Die Benachteiligung von Frauen in der beruflichen Entwicklung beschreibt anschaulich der nachfolgende Presseartikel:

INFO

Frauen zahlen hohen Preis für Berufserfolg
Zu wenig Förderung und flexible Arbeitszeiten

München. Frauen zahlen noch immer einen hohen Preis für ihren beruflichen Erfolg: Im Privatleben und in der Partnerschaft müssten sie hohe Abstriche machen, sagte Professor Jürgen Schultz-Gambard (München) am Mittwoch auf dem 40. Kongress der deutschen Gesellschaft für Psychologie in München. Männern bleibe dagegen alles: Karriere, Ehefrau, Kinder und ein Zuhause. Gleichzeitig hätten deutsche Unternehmen Programme zur Förderung von Frauen in den vergangenen Jahren deutlich verringert.

Der Psychologe hatte ... berufstätige Männer und Frauen befragt, wer für die Kinder zuständig sei: 94 % der Männer antworteten: „Meine Frau". 100 % der Frauen: „Ich selbst". „Die Balance zwischen Familie und Beruf bleibt eine zentrale Lebensaufgabe der Frau", erläuterte der Psychologe Gerhard Blicke (Erlangen).

Ergebnis: Für Frauen existierten kaum Quotierungen, weder bei Einstellungen noch bei der Weiterbildung. Auch bei flexiblen Arbeitszeitmodellen machten die Firmen seit Jahren kaum Fortschritte.

Der Anteil der Frauen im Management stagniert ... bei 2 bis 3 % *„Es gibt keine Besserung, sondern im Gegenteil Stagnation bis Rückgang"*, sagte Schultz-Gambard. Die Gehälter von Frauen und Männern in der Führungsebene entwickelten sich nach 4 bis 5 Berufsjahren deutlich auseinander. (dpa)

Gibt es nach Ihrer Auffassung Unterschiede in der Leistungsfähigkeit und Leistungsbereitschaft von Frauen und Männer, die der Vorgesetzte in seiner täglichen Führungspraxis berücksichtigen sollte?

Geben Sie eine begründete Antwort anhand von vier Aspekten.

Lösung s. Seite 1013

Aufgabe 17: Führungsgrundsätze, Führungsrichtlinien

Ihre Geschäftsleitung erwägt die Einführung von Führungsgrundsätzen. In den kommenden Wochen sollen dazu grundlegende Auffassungen mit den Führungskräften Ihres Unternehmens diskutiert werden. Sie haben die Aufgabe, ein Diskussionspapier zu erarbeiten.

a) Formulieren Sie sechs Thesen zum Zweck (Zielsetzung) von Führungsgrundsätzen.

b) Die Umsetzung von Führungsgrundsätzen im betrieblichen Alltag kann mit Schwierigkeiten verbunden sein.

   Beschreiben Sie dazu drei Beispiele und geben Sie jeweils einen Lösungsansatz.

Lösung s. Seite 1014

Aufgabe 18: Grid-Konzept (Fallbeispiel)

In einer Abteilungsleiterbesprechung geht es um die Schließung des Profitcenters in Hameln, das „rote Zahlen schreibt". Sie hören u. a. folgende Aussagen:

Müller: *„Ich denke nicht, dass wir hier noch lange diskutieren müssen. Die Sachlage ist eindeutig. Meine Entscheidung steht."*

Huber: *„Bevor wir übereilte Entscheidungen treffen, schlage ich vor, dass wir eine Projektgruppe bilden – unter Beteiligung der betroffenen Mitarbeiter – und sehen, was dabei herauskommt. Außerdem sollten wir uns das Know-how eines externen Beraters zu Nutze machen und hören, wie unsere Marktforschung die Sache sieht."*

Meier: *„Ich fürchte, dass das die Mitarbeiter auf die Barrikaden bringt. Wir sollten sie fragen, was sie darüber denken. Zu beachten sind auch die einschneidenden Folgen für die privaten Lebensumstände der Mitarbeiter. Das Profitcenter lief doch früher gut."*

Charakterisieren Sie die im Gesprächsverhalten angedeuteten Führungsstile mithilfe des Grid-Konzeptes. Positionieren Sie dabei die Führungsstile der Herren Müller, Huber und Meier im Managerial Grid.

Lösung s. Seite 1015

Aufgabe 19: Rückdelegation

Bei einem Ihrer Mitarbeiter stellen Sie fest, dass er häufiger versucht, die ihm übertragenen Aufgaben an Sie zurück zu delegieren.

Beschreiben Sie acht mögliche Ursachen für dieses Verhalten.

Lösung s. Seite 1015

Aufgabe 20: Führungsstile (1)

a) Unterscheiden Sie den autoritären, den kooperativen Führungsstil sowie den Führungsstil „Laissez faire" nach folgenden Gesichtspunkten:
   - Grad der Mitarbeiterbeteiligung
   - Delegationsumfang
   - Art der Kontrolle
   - Art der Information
   - Art der Motivation.

b) Nennen Sie jeweils zwei Vor-/Nachteile des kooperativen, des autoritären und des Laissez-faire-Führungsstils.

c) Vergleichen Sie die Führungstechniken „Management by Delegation" und „Management by Objectives" anhand der Kriterien:
   - Voraussetzungen
   - Chancen
   - Risiken.

Lösung s. Seite 1016

Aufgabe 21: Führungsstile (2)

Nachfolgend sind einige Führungssituationen kurz beschrieben. Entscheiden Sie jeweils, ob eher der autoritäre oder der kooperative Führungsstil tendenziell mehr Erfolg verspricht:

1. Immer wiederkehrende Arbeit unter zeitlicher Anspannung.
2. Ein Expertenteam bearbeitet ein Projekt.
3. Arbeiten im Versand; die Mitarbeiter sind angelernte Kräfte mit geringer Qualifizierung.
4. Arbeiten in einem Team von Werbefachleuten; Kreativität ist gefragt.
5. Es entsteht eine Notfallsituation.
6. Mit den Mitarbeitern wurde eine Ergebnisvereinbarung getroffen; über die Instrumente und Wege können sie eigenverantwortlich entscheiden.
7. Just-in-Time-Lieferungen an einen Großkunden: Es kommt zu Störungen.

Lösung s. Seite 1018

Aufgabe 22: Führungsstile (3)

Sie haben vor einiger Zeit eine Abteilung mit vier Gruppenleitern übernommen. Der bisherige Chef der Abteilung hatte den „Ruf", autoritär zu führen. Sie wollen das ändern und auch Ihre Gruppenleiter für einen mehr kooperativen Führungsstil gewinnen, weil sie davon überzeugt sind, dass dieser langfristig effektiver ist.

Bereiten Sie für das nächste Meeting mit Ihren Mitarbeitern stichwortartig einen Vergleich der beiden Führungsstile „autoritär" und „kooperativ" vor. Verwenden Sie bei diesem Vergleich vier Merkmale. Eines dieser Merkmale kann z. B. „Art der Kontrolle" sein.

Lösung s. Seite 1018

Aufgabe 23: Situatives Führen

Von Ihrem Betriebsleiter haben Sie um 15:00 Uhr einen eiligen Kundenauftrag bekommen und auch angenommen, der heute noch bis 20:00 Uhr ausgeliefert werden muss. Ihre Firma macht 35 % des Ergebnisses mit diesem Kunden. Die Sache duldet keinen Aufschub.

Die reguläre Arbeitsschicht Ihrer Gruppe endet um 18:00 Uhr. Um 15:10 Uhr treffen Sie sich mit Ihrem Stellvertreter und den zwei Gruppenleitern (alles langjährige, erfahrene Mitarbeiter) und erklären:

„Also die Sache ist so, wir haben da noch einen Auftrag hereinbekommen. Ich finde es ja auch ärgerlich, – aber Sie kennen ja unseren Betriebsleiter. Er muss ja immer nach oben glänzen. An uns wird dabei ja nie gedacht. Wie dem auch sei, – machen Sie Ihren Leuten mal klar, dass sie bis 20:00 Uhr arbeiten müssen – auch wenn die maulen. Also, auf geht's,

ich erwarte Ergebnisse. Um 19:30 Uhr komme ich 'mal runter, und werd' sehen, ob die Sache geklappt hat."

In diesem Gespräch läuft Einiges falsch.

a) Beschreiben Sie jeweils in wenigen Sätzen konkret anhand der dargestellten Aussagen, was an diesem Gesprächsverhalten falsch oder zumindestens ungeschickt ist und gehen Sie dabei auf
   - die konkrete Situation,
   - die Mitarbeiter (Stellvertreter sowie zwei Gruppenleiter),
   - das Verhältnis zum Betriebsleiter sowie
   - das „Kontrollverhalten" des Vorgesetzten ein.

b) Geben Sie in wenigen Sätzen ein Beispiel in wörtlicher Rede, wie Sie die Sache Ihren drei Mitarbeitern tatsächlich erklärt hätten.

c) Charakterisieren Sie kurz den Führungsstil, der in dem Gesprächsverhalten zum Ausdruck kommt. Begründen Sie Ihre Antwort mit konkreten Hinweisen aus dem Sachverhalt.

Lösung s. Seite 1019

Aufgabe 24: Führungsdefizite und Maßnahmen zur Abhilfe

Welche Ansätze gibt es, um das eigene Führungsverhalten zu erkennen und zu verbessern? Beschreiben Sie drei Möglichkeiten.

Lösung s. Seite 1019

Aufgabe 25: Führungsmittel

Führungsinstrumente (= Führungsmittel) sind Mittel und Verfahren zur Gestaltung des Führungsprozesses.

a) Geben Sie drei Beispiele für arbeitsrechtliche Führungsmittel, die der Vorgesetzte zur Gestaltung des Führungsprozesses einsetzen kann.

b) Nennen Sie jeweils zwei Beispiele für
   - Anreizmittel,
   - Kommunikationsmittel und
   - Führungsstilmittel.

Lösung s. Seite 1020

Aufgabe 26: Zielvereinbarung

In einem Presseartikel lesen Sie folgende Auffassung zur Mitarbeiterführung:

„Wir brauchen einen neuen Mitarbeitertypus. Nicht mehr der „NvD", der „Nicker vom Dienst" ist gefragt, der Arbeitsanweisungen erledigt, sondern der eigenverantwortlich handelnde, gut ausgebildete Mitarbeiter ist die Leistungssäule der Zukunft. Nicht die Arbeitsweise des Einzelnen steht im Vordergrund der Betrachtung, sondern die Arbeitsergebnisse, die im Dialog mit ihm verabschiedet wurden. Aufgabe der Führungskräfte wird es primär sein, die Voraussetzungen für die angestrebten Ziele zu schaffen."

a) Wie nennt man die im Presseartikel angesprochene Managementtechnik (Führungsprinzip)?

b) Nennen Sie vier Voraussetzungen zur Einführung dieses Führungsprinzips.

Lösung s. Seite 1021

Aufgabe 27: Delegationsbereiche

Sie vereinbaren mit Ihren Mitarbeitern feste Delegationsbereiche. Welche der nachfolgenden Aufgaben

- müssen Sie selbst wahrnehmen? (Vorgesetzter)
- können Sie delegieren? (Mitarbeiter)
- müssen Sie mit Ihren Mitarbeitern gemeinsam wahrnehmen? (Vorgesetzter + Mitarbeiter)

Aufgaben:

1. Entscheidungen im Aufgabengebiet des Mitarbeiters treffen.
2. Für die richtige Information des Mitarbeiters sorgen.
3. Das Arbeitsergebnis kontrollieren.
4. Die Einzelaufgabe richtig ausführen.

Kennzeichnen Sie jede Aufgabe mit „Vorgesetzter", „Mitarbeiter" bzw. „Vorgesetzter + Mitarbeiter" und geben Sie jeweils eine kurze Begründung für Ihre Entscheidung.

Lösung s. Seite 1021

Aufgabe 28: Motivationsprobleme und Handlungsempfehlungen

Es ist Freitagnachmittag und Sie sitzen mit Ihren drei Teamsprechern im wöchentlichen „Jour fixe" zusammen. Zum wiederholten Mal steht die mangelnde Arbeitsmotivation einiger Mitarbeiter auf der Tagesordnung. Die Teamsprecher wollen von Ihnen konkrete Handlungsempfehlungen hören: „Was kann man tun, um bei unmotivierten Mitarbeitern die Leistungsbereitschaft zu verbessern?"

Bearbeiten Sie die Aufgabe stichwortartig.

Lösung s. Seite 1021

Aufgabe 29: Motivatoren, Hygienefaktoren (Herzberg)

Die 2-Faktoren-Theorie nach *Herzberg* spricht von „Faktoren, die zu besonderer Arbeitszufriedenheit (= Motivatoren) bzw. zu besonderer Arbeitsunzufriedenheit (= Hygienefaktoren) bei Mitarbeitern führen können".

a) Nennen Sie je drei Beispiele aus Ihrem betrieblichen Alltag für „Positiv-" bzw. „Negativ-Faktoren".

b) Welche Konsequenzen können Sie – trotz mancher Kritik an diesem Modell – aus der Theorie von *Herzberg* für Ihre betriebliche Führungsarbeit ziehen?

   Schildern Sie drei Argumente.

Lösung s. Seite 1022

Aufgabe 30: Motivation (Maslow)

Maslow hat die menschlichen Bedürfnisse strukturiert und in eine hierarchische Ordnung gefasst. In seiner Bedürfnispyramide unterteilt er Wachstumsbedürfnisse und Defizitbedürfnisse in insgesamt fünf Stufen:

1. physiologische Grundbedürfnisse (als Basis der Bedürfnispyramide)
2. Sicherheitsbedürfnisse (längerfristige Sicherung der Befriedigung der Grundbedürfnisse)
3. soziale Bedürfnisse
4. Statusbedürfnisse
5. Bedürfnis nach Bestätigung, Liebe, Kreativität, Persönlichkeitsentfaltung u. Ä.

a) Erläutern Sie die Begriffe Motiv und Motivation.

b) Mitunter wird in der Praxis eine vereinfachte Kausalkette beim Thema Motivation unterstellt, indem man meint, „ein bestimmtes Motiv führe immer zu einer bestimmten Handlung – und das bei jedem Mitarbeiter". Erläutern Sie drei Kritikansätze zu dieser Auffassung.

c) Leiten Sie aus den Stufen der Bedürfnispyramide beispielhaft vier Motive ab, die Sie im Allgemeinen bei der Mehrzahl Ihrer Mitarbeiter unterstellen können und geben Sie jeweils ein konkretes Beispiel für die Verhaltensweise eines Mitarbeiters, in der die jeweiligen Motive zum Ausdruck kommen.

d) *Maslow* selbst hat dazu aufgefordert, seine Theorie der Bedürfnispyramide nicht unkritisch zu verallgemeinern. Erläutern Sie beispielhaft zwei Argumente zur Kritik an seiner Theorie.

e) Nennen Sie beispielhaft fünf konkrete Führungsmaßnahmen, die geeignet sind, die nach *Maslow* bekannten Bedürfnisse zu befriedigen.

f) Unterscheiden Sie extrinsische und intrinsische Motivation und beschreiben Sie jeweils ein Beispiel.

Lösung s. Seite 1022

Aufgabe 31: Verhaltensregeln im Betrieb

Welche Maßnahmen zur Einhaltung der Verhaltensregeln im Betrieb kann der Vorgesetzte anwenden?

Beschreiben Sie zwei Beispiele.

Lösung s. Seite 1024

5.2 Mitarbeitergespräche

Aufgabe 1: Lob, Anerkennung

Ihr Gruppenleiter „tut sich sehr schwer", gute Leistungen der Mitarbeiter anzuerkennen. In einem persönlichen Gespräch mit ihm wollen Sie helfen.

a) Nennen Sie vier Grundregeln für Anerkennung und gehen Sie dabei auf den Unterschied zwischen Lob und Anerkennung ein.

b) Nennen Sie beispielhaft vier Formen der Anerkennung aus der Praxis.

Lösung s. Seite 1025

Aufgabe 2: Beschwerden und Kritik

a) Nennen Sie fünf Grundsätze, die der Vorgesetzte bei der Behandlung von Beschwerden berücksichtigen sollte.

b) Nennen Sie vier plausible Phasen des Kritikgesprächs.

Lösung s. Seite 1026

Aufgabe 3: Kritikgespräch „Im Versand"

Rudi Hurtig ist verantwortlich für Qualität und Termine im Versand. Innerhalb der letzten Monate kam es wiederholt zu Störungen in seinem Arbeitsbereich. Die Qualitätsprobleme im Versand haben sich verstärkt. Die Kollegen beschweren sich über mangelnde Zusammenarbeit und Unterstützung durch Hurtig. Sie sind Vorgesetzter von Herrn Hurtig und haben ihn in diesen Punkten bereits mehrfach angesprochen und dabei auch Hinweise gegeben, wie er durch standardisierte Abläufe die Qualitätsnormen besser einhalten sowie Terminverzögerungen vermeiden kann. Am Mittwoch einer jeden Woche gibt es einen „Jour fixe", an dem Kundenprobleme, Terminsachen und Qualitätsstandards besprochen werden. Herr Hurtig kommt – obwohl Sie diese Verpflichtung bereits mehrfach „angemahnt" haben – nur selten zu diesem Termin.

Am Donnerstag der letzten Woche hatte Hurtig zugesagt, eine späte Auslieferung von 12 Teilen für 18:00 Uhr beim Pförtner I für den Kunden Gram zu hinterlegen. Um 18:20 Uhr werden Sie vom Pförtner angerufen, dass der Kunde Gram sein Material abholen möchte. Ihre Recherchen (bis 19:35 Uhr) ergeben: Das Material steht im Arbeitsraum von Hurtig – aber nur fünf Teile sind fertig verpackt.

Sie beschließen, am kommenden Dienstag mit Herrn Hurtig ein Kritikgespräch zu führen.

a) Was sagen Sie Hurtig (Phasen und Inhalte Ihrer Gesprächsführung)?

b) Was wollen Sie dabei erreichen (Zielsetzung)?

c) Mit welchen möglichen Gegenargumenten müssen Sie rechnen? Nennen Sie drei Beispiele.

Lösung s. Seite 1026

Aufgabe 4: Mitarbeiterbeurteilung, Beurteilungs- und Fördergespräch

a) Beschreiben Sie kurz die Phasen der Mitarbeiterbeurteilung und erläutern Sie vier Beurteilungsfehler, die in der Praxis häufig gemacht werden.

b) Nennen Sie je vier Merkmale zur Beurteilung von Führungskräften bzw. gewerblichen Mitarbeitern.

c) Formulieren Sie jeweils vier Ziele (auch: Vorteile) der Mitarbeiterbeurteilung aus der Sicht des Unternehmens und aus der Sicht der Mitarbeiter.

Lösung s. Seite 1027

Aufgabe 5: Gesprächsführung im Rahmen der Beurteilung

Beurteilungsgespräche sind für den Vorgesetzten eine anspruchsvolle Aufgabe. Neben der Gestaltung der Gesprächsatmosphäre sind Wortwahl und Tonart mitentscheidend für den Erfolg.

a) Geben Sie jeweils ein Beispiel in wörtlicher Rede für

   1. eine positive Gesprächseröffnung,
   2. eine richtig formulierte Beanstandung und
   3. die Überleitung des Gesprächs an den Mitarbeiter

   im Rahmen von Beurteilungsgesprächen.

b) Beurteilen Sie folgende Gesprächsbeobachtungen (im Rahmen von Beurteilungsgesprächen):

   1. *„Sie arbeiten fehlerhaft und nachlässig."*
      „Ihre Bereitschaft, sich engagiert in die neu gebildete Gruppe einzubringen, lässt noch sehr zu wünschen übrig."
   2. *„Sie sind doch wohl mit mir auch der Meinung, dass ...?"*
      „Ich glaube kaum, dass Sie behaupten können, dass ..."
   3. *„Das kann man so doch wohl nicht sehen."*
   4. Unangemessen langes Schweigen des Vorgesetzten (mit „Pokerface").

c) Beschreiben Sie acht Grundsätze für die Durchführung von Beurteilungsgesprächen.

Lösung s. Seite 1028

Aufgabe 6: Beurteilungsgespräch, Vorbereitung und Phasen

a) Am Donnerstag der nächsten Woche werden Sie das Beurteilungsgespräch mit Ihrem türkischen Mitarbeiter Ali Gynseng führen. Wie bereiten Sie dieses Gespräch vor? Gehen Sie auf zehn Aspekte ein und bringen Sie diese in eine sachlogische Struktur.

b) Für ein erfolgreich verlaufendes Beurteilungsgespräch gibt es kein Patentrezept. Trotzdem ist es sinnvoll, dieses Gespräch in Phasen einzuteilen, d. h. das Gespräch zu strukturieren und dabei eine Reihe von Hinweisen zu beachten, die sich in der Praxis bewährt haben. Nehmen Sie dazu ausführlich Stellung.

Lösung s. Seite 1029

Aufgabe 7: Beurteilung und Mitbestimmung

a) In der letzten Woche war Ihr Mitarbeiter Ali Gynseng bei Ihnen mit der Bitte, ihn zu beurteilen, da er jetzt seit über zwei Jahren in Ihrer Gruppe arbeitet. Sie haben diese Bitte freundlich aber bestimmt abgelehnt – mit dem Hinweis, der Betrieb habe kein Beurteilungssystem und im Übrigen gebe es auch keinen Betriebsrat. Zu Recht? Begründen Sie Ihre Antwort.

b) Sie sind u. a. Beauftragter für die Ausbildung der Industriekaufleute Ihres Betriebes. Sie erhalten die Aufgabe, das derzeit existierende Beurteilungsverfahren für Auszubildende „auf den neuesten Stand zu bringen". Müssen Sie bei dieser Überarbeitung den Betriebsrat einschalten? Begründen Sie Ihre Antwort.

Lösung s. Seite 1031

5.3 Konfliktmanagement

Aufgabe 1: Schwelende Konflikte, Folgen

Welche betrieblichen Folgen können sich aus schwelenden Konflikten ergeben, die nicht thematisiert werden?

Nennen Sie sechs Beispiele.

Lösung s. Seite 1032

Aufgabe 2: Konfliktbearbeitung, Gesprächsverlauf

Für die nächste Woche haben Sie Ihren Mitarbeiter, Herrn Hurtig, zwei Tage für wichtige Sonderaufgaben abgestellt, die schon lange geplant waren. Sie erfahren heute (Mittwoch), dass Ihr Chef Herrn Hurtig in der nächsten Woche für die Betriebsbegehung mit einem wichtigen Kunden unbedingt braucht. Er hatte noch keine Zeit, Ihnen seine Absicht mitzuteilen. Der Kontakt zu Ihrem Chef ist unbelastet. Am Nachmittag haben Sie ein Gespräch mit ihm, um die Sache zu klären. Wie werden Sie das Gespräch strukturieren?

Lösung s. Seite 1032

Aufgabe 3: Empfehlungen im Umgang mit Konflikten

Welche praktischen Empfehlungen im Umgang mit Konflikten haben sich bewährt?

Beschreiben Sie fünf Beispiele.

Lösung s. Seite 1032

Aufgabe 4: Konflikte in der Kargen GmbH

INFO

Die nachfolgende Aufgabe ist komplex und anspruchsvoll in der Bearbeitung. Sie überschreitet von daher den Bearbeitungsumfang einer klausurtypischen Fragestellung in der Prüfung. Der Sinn dieser Aufgabenstellung liegt in dem hohen Praxisbezug und der breiteren Lernmöglichkeit zum Thema „Konflikte".

Ausgangslage:
Wir befinden uns in der Kargen GmbH, einem mittelständischen Hersteller eingelegter Konservenprodukte (süß-saure Gurken, Kürbis, Artischocken usw.) im Raum Mönchengladbach. Das Unternehmen ist in den zurückliegenden Jahren stark gewachsen und konnte sich erfreulich gegenüber dem Hauptkonkurrenten, der Firma Kühne, behaupten. In den letzten Monaten häuften sich jedoch die Probleme.

Es kommt zu Stockungen in der Materialversorgung; dies führt zu Stillstandszeiten der Verpackungsanlage. Die Belegschaft in der Fertigung beschwert sich zunehmend über ungerechte Vorgabezeiten. Terminüberschreitungen bei Kundenaufträgen häufen sich. Außerdem geht in der Belegschaft das Gerücht um, die Firmenleitung wolle den Standort nach Thüringen verlegen, weil dort bessere Produktionsbedingungen angeboten würden. Insgesamt hat sich die Ertragslage der Kargen GmbH verschlechtert.

Der Meisterbereich 1 wird seit sechs Jahren von Herrn Knabe geleitet; er berichtet an Herrn Kurz, Leiter der Fertigung. Herr Knabe ist ein erfahrener Meister. Aufgrund seiner betriebswirtschaftlichen Weiterbildung machte er sich bis vor kurzem Hoffnung, Nachfolger von Herrn Kurz zu werden, der im nächsten Jahr altersbedingt seine Tätigkeit beenden wird. Vor zwei Wochen hat die Geschäftsleitung entschieden, die Stelle extern zu besetzen. Herr Knabe erfuhr davon auf Umwegen.

Herrn Knabe sind unmittelbar vier Mitarbeiter unterstellt:
Frau Balsam ist Werkstattschreiberin und „Mädchen für Alles". Sie ist gutmütig und arbeitet pflichtbewusst. Leider gibt es häufiger „Zusammenstöße" mit dem Vorarbeiter, Herrn Merger, der wenig Kontakt mit den Kollegen pflegt; außerdem findet er, „dass Frauen in der Fertigung nichts zu suchen haben".

Herr Knabe wird vertreten durch Herrn Kern, der vor Kurzem von außen eingestellt wurde; er befindet sich noch in der Probezeit und ist der zukünftige Schwiegersohn des Inhabers. Die Mitarbeiter in der Fertigung beschweren sich zunehmend über seinen rüden Umgangston; es zeichnen sich Führungsprobleme ab. Herr Kern scheint recht isoliert im Meisterbereich zu sein. Keiner „wird mit ihm richtig warm". Herr Hurtig ist ebenfalls Vorarbeiter. Von seiner bisher zügigen Art, auftretende Probleme anzupacken, ist kaum noch etwas zu merken; er vernachlässigt seine Arbeit und wälzt Aufgaben an Frau Balsam ab. Zwischen den Herren Hurtig und Merger klappt die Vertretung bei kurztägigen Abwesenheiten nicht.

a) Zeichnen Sie das Organigramm der Kargen GmbH und tragen Sie alle personenbezogenen Angaben lt. Sachverhalt ein (Darstellung der formalen Strukturen).

b) Zeichnen Sie ansatzweise ein Soziogramm, das die Beziehungen/Konflikte im Meisterbereich 1 grafisch/verbal veranschaulicht (Darstellung der informellen Strukturen).

c) Erstellen Sie eine Übersicht (Matrix) mit allen Konfliktfeldern der Kargen GmbH. Unterscheiden Sie dabei,
   - welche Konflikte kurzfristig und welche langfristig gelöst werden können/müssen und
   - welche Konflikte tendenziell mehr „Sachkonflikte" und welche mehr „Beziehungskonflikte" sind.

d) Beschreiben Sie in Stichworten, wie die vorhandenen Konflikte zu bearbeiten sind.

Lösung s. Seite 1033

Aufgabe 5: Überwindung von Widerständen der Mitarbeiter

Nachfolgend sind zwei Aussagen von Vorgesetzten aus der betrieblichen Praxis wiedergegeben.

Benennen und bewerten Sie die in den Aussagen enthaltene Strategie zur Überwindung von Mitarbeiterwiderständen.

1 *„Ich kann Ihnen versprechen, ... wenn Sie diese Aufgabe lösen, wird sich das auf jeden Fall für Sie lohnen!"*

2 Vorstand auf der Betriebsversammlung: *„Ich darf Ihnen mitteilen, dass unser Wettbewerber, die norwegische ZZ-Gruppe, uns übernehmen wird. Alle Verträge sind bereits unter Dach und Fach. Ich kann Ihnen versprechen, dass soziale Härtefälle im Rahmen der Übernahme selbstverständlich abgefedert werden. Es wurde an alles gedacht. Einzelheiten erfahren Sie aus dem Rundschreiben der Personalabteilung."*

Lösung s. Seite 1035

Aufgabe 6: Strategieansätze des Veränderungsmanagements

Beschreiben Sie vier Strategieansätze der Organisationsentwicklung/des Veränderungsmanagements, die grundsätzlich zur Überwindung von Widerständen der Mitarbeiter geeignet sind.

Lösung s. Seite 1035

Aufgabe 7: Erfolgs- und Misserfolgsfaktoren des organisatorischen Wandels (1)

Nennen Sie jeweils sechs Erfolgs- und Misserfolgsfaktoren des organisatorischen Wandels in Unternehmen.

Lösung s. Seite 1036

Aufgabe 8: Erfolgs- und Misserfolgsfaktoren des organisatorischen Wandels (2)

Ihr Unternehmen steht vor gravierenden Veränderungen. Zum Beispiel sollen die derzeitigen Gruppenarbeitskonzepte überdacht werden. Dies kann zu einer Neuzusammensetzung der Arbeitsgruppen führen. In den Reihen der Mitarbeiter gibt es bereits wütende Reaktionen.

Nennen Sie sechs konkrete Maßnahmen, die geeignet sind, die Widerstände der Mitarbeiter zu überwinden.

Lösung s. Seite 1037

5.4 Mitarbeiterförderung

Aufgabe 1: Umsetzung von Qualifizierungsergebnissen

Erkenntnisse aus Qualifizierungsmaßnahmen der Mitarbeiter müssen Eingang finden bei zukünftigen Personalentwicklungsmaßnahmen.

a) Nennen Sie drei Fragestellungen, die geeignet sind, diese Thematik zu erfassen.

b) Damit wichtige Punkte bei der Planung und Umsetzung von PE-Maßnahmen nicht verloren gehen, empfiehlt sich der Einsatz einer Checkliste.

   Entwerfen Sie eine geeignete Checkliste. Erwartet werden fünf Aspekte.

Lösung s. Seite 1037

Aufgabe 2: Umsetzung von Potenzialeinschätzungen

Sie sind als Referent in der Zentrale eines deutschlandweit operierenden Handelsunternehmens mit über 200 Tochtergesellschaften und Niederlassungen tätig. Die Analyse der Altersstruktur hat u. a. ergeben, dass in den nächsten fünf Jahren 45 Niederlassungsleiter das Unternehmen altersbedingt verlassen werden.

Die zentralen Aufgaben eines Niederlassungsleiters sind vor allem

- Führung der 25 unterstellten Mitarbeiter
- Ergebnisverantwortung für die Niederlassung
- Verantwortung für Verwaltung, Ein- und Verkauf sowie Logistik
- Zusammenarbeit mit der Zentrale, insbesondere mit dem Rechnungswesen und der IT.

Für die Auswahl der Führungsnachwuchskräfte für die Position „Niederlassungsleiter" – bevorzugt werden Mitarbeiter aus den eigenen Reihen – soll ein internes Assessment-Center entwickelt werden.

a) Nennen Sie sechs Informationsquellen, die Ihnen Aufschluss über den Kreis geeigneter Nachwuchskräfte geben können.

b) Beschreiben Sie fallbezogen vier Kompetenzkategorien mit je drei Beispielen, die bei der Potenzialeinschätzung von geeignet erscheinenden Mitarbeiter bewertet werden sollen.

c) Weiterhin soll für Herrn Zewinek, derzeit Sachbearbeiter im Rechnungswesen, ein zielgerichtetes Personalentwicklungsprogramm erstellt werden, da er in 1 ½ Jahren die Aufgabe des Gruppenleiters (mit fünf Mitarbeitern) in der Buchhaltung übernehmen soll.

   Erstellen Sie für Herrn Zewinek einen Katalog mit sechs möglichen Bildungs-/Fördermaßnahmen und nennen Sie die dabei die jeweilige Kompetenzart.

d) Erläutern Sie ausführlich die Bedeutung des Fördergesprächs im Rahmen der Potenzialeinschätzung und schlagen Sie einen Leitfaden für das Fördergespräch vor.

Lösung s. Seite 1038

5.5 Ausbildung

Aufgabe 1: Ausbildungsvertrag und Formvorschriften

Anette Tronto, 19 Jahre, hat sich bei der Chemikalien-Handels AG in Leipzig für eine Ausbildung als Chemielaborantin beworben. Am 22.05. ist sie dort zu einem Bewerbungsgespräch eingeladen. Das Gespräch verläuft für beide Seiten positiv und man wird sich einig, dass Anette die Ausbildung am 01.08. des Jahres beginnen wird. Am 29.05. erhält Anette den Ausbildungsvertrag, den sie unterzeichnet. Der Vertrag geht der Chemikalien AG am 02.06. zu.

Wann ist der Ausbildungsvertrag zustande gekommen? Geben Sie eine Erläuterung.

Lösung s. Seite 1040

Aufgabe 2: Planung der betrieblichen Ausbildung

Nennen Sie beispielhaft fünf grundsätzliche Einzelfragen (Voraussetzungen) mit jeweils zwei Beispielen, die vor Beginn einer Ausbildung im Lernort Betrieb zu klären sind.

Lösung s. Seite 1040

Aufgabe 3: Aufgaben des Ausbilders, Delegation

Bisher waren Sie selbst für die Ausbildung in Ihrem Unternehmen zuständig. Im nächsten Monat beginnt bei Ihnen ein neuer Mitarbeiter, dem Sie die Ausbildung verantwortlich übertragen werden.

Nennen Sie sieben Aufgaben, die dieser Mitarbeiter eigenverantwortlich im Rahmen der Ausbildung übernehmen soll.

Lösung s. Seite 1040

Aufgabe 4: Einstellungsgespräche mit Ausbildungsplatzbewerbern

Wie sind Einstellungsgespräche mit Ausbildungsplatzbewerbern zu führen?

Beschreiben Sie Zielsetzung, Vorbereitung, Durchführung und Auswertung von Auswahlgesprächen mit Ausbildungsplatzbewerbern.

Lösung s. Seite 1041

Aufgabe 5: Beurteilung der Auszubildenden

Beurteilungsgespräche im Rahmen der Ausbildung haben eine zentrale Bedeutung.

a) Beschreiben Sie zwei Anlässe der Beurteilung von Auszubildenden.
b) Erläutern Sie die Zielsetzung der Beurteilungsgesprächs.
c) Entwerfen Sie einen Beurteilungsbogen für Auszubildende mit vier Merkmalsgruppen und geeigneten Merkmalsausprägungen.

Lösung s. Seite 1042

Aufgabe 6: Förderung des Lernerfolgs in der Ausbildung

Der Ausbilder kann den Lernerfolg fördern, indem er geeignete Prinzipien der Führung und Kommunikation einsetzt. Gemeint sind hier Prinzipien wie z. B. „dem Auszubildenden Geduld, Verständnis und Einfühlungsvermögen entgegenbringen".

Nennen Sie in diesem Zusammenhang sechs weitere Prinzipien dieser Art.

Lösung s. Seite 1043

Aufgabe 7: Vorbereitung der Auszubildenden auf die IHK-Prüfung

a) Im internen Ergänzungsunterricht sind Sie dabei, die Auszubildenden auf die Inhalte und den Ablauf der IHK-Prüfung vorzubereiten. Selbstverständlich müssen Sie dazu auch selbst über die erforderlichen Kenntnisse verfügen.

Bearbeiten Sie daher die nachfolgende Aufgabe aus der IHK-Prüfung (Ausbildungsberuf „Industriekaufmann/Industriekauffrau"):

12. Aufgabe		
Ihr Lieferant für Kopierer möchte einen neue Wartungsvertrag abschließen, weil der alte fristgerecht abgelaufen ist. Welchen Vertrag müssen Sie abschließen? (Zutreffende Ziffer eintragen)		
1	Werkvertrag	
2	Pachtvertrag	
3	Dienstvertrag	
4	Mietvertrag	
5	Arbeitsvertrag	

b) Sie befinden sich in der schriftlichen IHK-Prüfung nach AEVO.

Bearbeiten Sie die nachfolgende Aufgabe, die (original) aus einer Ausbilder-Eignungsprüfung stammt.

Sie müssen als Ausbilder/in der X GmbH Ihre Auszubildenden zur Abschlussprüfung anmelden. Welche Bedingungen müssen i. d. R. erfüllt sein, damit die Industrie- und Handelskammer die Zulassung erteilt?

(4 richtige Antworten; ☒)

- ☐ Zuzulassen ist, wer die Ausbildungszeit zurückgelegt hat.
- ☐ Zuzulassen ist, wessen Berufsausbildungsverhältnis in das Verzeichnis der Berufsausbildungsverhältnisse eingetragen ist.
- ☐ Zuzulassen ist, wer die entsprechenden Leistungen in der Berufsschule und im Betrieb erbracht hat.
- ☐ Zuzulassen ist, wer ein vom Ausbilder verfasstes Empfehlungsschreiben vorlegen kann.
- ☐ Zuzulassen ist, wer an der vorgeschriebenen Zwischenprüfung teilgenommen und vorgeschriebene Berichtshefte geführt hat.
- ☐ Zuzulassen ist, wer eine ärztliche Bescheinigung (1. Nachuntersuchung) vorlegen kann.
- ☐ Zuzulassen ist, wer die Ausbildungszeit zurückgelegt hat oder wessen Ausbildungszeit nicht später als zwei Monate nach dem Prüfungstermin endet.
- ☐ Zuzulassen ist, wer nicht mehr als 30 Ausbildungstage versäumt hat.
- ☐ Zuzulassen ist, wer die Zwischenprüfung bestanden hat.

Lösung s. Seite 1044

Aufgabe 8: Unterweisung, Vorteile der innerbetrieblichen Ausbildung

a) Nennen Sie fünf Vorteile der betrieblichen Unterweisung.

b) Nennen Sie sechs Vorteile der innerbetrieblichen Ausbildung.

Lösung s. Seite 1045

Aufgabe 9: Erfolgskontrolle in der Ausbildung, Schlichtungsausschuss

a) Nennen Sie vier Rechtsquellen, die als Maßstab bei der Erfolgskontrolle der Ausbildung heranzuziehen sind.

b) Der Ausbilder hat den Erfolg der durchgeführten Ausbildungsmaßnahmen zu überprüfen. Nennen Sie sechs geeignete Maßnahmen (inner- und überbetrieblich) zur Erfolgskontrolle in der Ausbildung.

c) Beschreiben Sie, welche Aufgabe der Schlichtungsausschuss im Rahmen der Ausbildung hat.

Lösung s. Seite 1045

Aufgabe 10: Verbundausbildung

Die Kreaft GmbH stellt Folienderivate her. Ihr Firmensitz ist in der dünn besiedelten Lüneburger Heide. Von daher hat die Ausbildung im Verbund mit anderen Unternehmen einen hohen Stellenwert.

a) Erläutern Sie, was man unter einer Verbundausbildung versteht.

b) Beschreiben Sie vier Voraussetzungen, die für die Durchführung einer Verbundausbildung vorliegen müssen.

c) Nennen Sie vier Probleme, die bei der Durchführung der Verbundausbildung auftreten können.

Lösung s. Seite 1046

Aufgabe 11: 4-Stufen-Methode, Grundsätze der Ausbildung

Sie sind für die Berufsausbildung der Industriekaufleute in Ihrem Betrieb verantwortlich. Einige Ausbildungsinhalte können nur mit der 4-Stufen-Methode vermittelt werden.

a) Erläutern Sie ausführlich die Schritte der 4-Stufen-Methode.

b) Formulieren Sie fünf Grundsätze, die bei der Planung von Lernprozessen zu beachten sind.

c) Vor Kurzem hat Ihr Unternehmen einen kleineren Betrieb im weit entfernten Saarland gekauft. Im kommenden Jahr soll dort mit der Ausbildung von Mechatronikern begonnen werden.

   Nennen Sie fünf Arbeitsschritte in sachlogischer Reihenfolge, die erforderlich sind, damit im Herbst kommenden Jahres mit der Ausbildung begonnen werden kann.

Lösung s. Seite 1047

Aufgabe 12: Maßnahmen der Personalentwicklung: Schlüsselqualifikationen

Bei der Diskussion über die Personalentwicklungsmaßnahmen der kommenden Jahre hält Ihnen der Geschäftsführer vor: „Wir haben bisher versäumt, insbesondere Schlüsselqualifikationen zu fördern."

a) Erläutern Sie, was man unter einer Schlüsselqualifikation versteht.

b) Nennen Sie drei Beispiele für Schlüsselqualifikationen und beschreiben Sie jeweils zwei geeignete Fördermaßnahmen.

Lösung s. Seite 1048

Aufgabe 13: Transferkontrolle

Die Effektivität von Fortbildungsmaßnahmen ist eng verbunden mit der Frage, ob das „Gelernte in die Praxis umgesetzt werden kann" (Transfer).

Erläutern Sie vier Maßnahmen einer geeigneten Transferkontrolle bei Weiterbildungsmaßnahmen.

Lösung s. Seite 1048

Aufgabe 14: „Die Neuen kommen"

„Es ist immer das Gleiche. Morgen kommen die drei Neuen in der Mechanik, Abteilung Pressen und nichts ist vorbereitet. Dabei ist die Sache doch so wichtig – auch im Hinblick auf den Unfallschutz", schimpft der Betriebsleiter und sucht händeringend nach einem Schuldigen.

Erstellen Sie als Vorgesetzter einen Leitfaden zur Einarbeitung für neue Mitarbeiter (Vorbereitung, Durchführung, Sonstiges).

Lösung s. Seite 1049

Aufgabe 15: Mitarbeiterförderung

Die Beratung und Förderung Ihrer Mitarbeiter ist ein zentrales Element Ihrer Führungsarbeit.

a) Wie unterscheiden sich „Mitarbeiterförderung" und „Personalentwicklung"? Nehmen Sie eine Abgrenzung vor.

b) Nennen Sie sechs Einzelziele der Mitarbeiterförderung.

Lösung s. Seite 1050

5.6 Moderation von Projektgruppen

Aufgabe 1: Entscheidungsfähigkeit von Gruppen

Entscheidungsprozesse in der Gruppe können mit Defiziten behaftet sein, z. B.:

- Der Zeitaufwand ist unangemessen hoch.
- Es beteiligen sich nur wenige Mitglieder.
- Die Suche nach Alternativen fällt schwer.
- Das Problem wird nicht hinreichend erkannt.
- Es werden nicht alle für die Entscheidung relevanten Faktoren berücksichtigt.

Im Ergebnis ist die Quantität und/oder Qualität der Entscheidung mit Mängeln behaftet. Der Moderator muss derartige Schwächen in der Entscheidungsfähigkeit der Gruppe erkennen und Maßnahmen zur Verbesserung einleiten.

Die Entscheidungsfähigkeit der Gruppe hängt von einer Vielzahl von Variablen (auch: Einflussfaktoren) ab; sie stehen zum Teil in wechselseitigen Abhängigkeit.

Beschreiben Sie fünf Faktoren, die die Entscheidungsfähigkeit der Gruppe beeinflussen und geben Sie jeweils eine Handlungsempfehlung.

Lösung s. Seite 1050

Aufgabe 2: Förderung des Gruppenbildungsprozesses

Neu gebildete Arbeitsgruppen sind i. d. R. nicht sofort effektiv in ihrer Arbeitsweise. Der Prozess der Gruppenbildung verläuft nach Tuckmann in mehreren Phasen.

Beschreiben Sie für jede Phase eine Maßnahme des Projektleiters, die geeignet ist, den Gruppenbildungsprozess zu fördern.

Lösung s. Seite 1052

Aufgabe 3: Besondere Rollen in Gruppen und ihre Bedeutung für die Führungsarbeit

Innerhalb einer Gruppe werden mitunter von einzelnen Gruppenmitgliedern besondere „Rollen" wahrgenommen oder ihnen zugewiesen (z. B. der „Star", der „Anführer", der „Clown" u. Ä.). Hier ist der Vorgesetzte in seiner Führungsfähigkeit besonders gefordert, um auch bei diesen Mitarbeitern Leistungsbereitschaft und -fähigkeit zu erhalten und zu fördern. Es gibt keine Patentrezepte, wie derartige Mitarbeiter zu führen sind. Trotzdem lassen sich einige Führungsstilmittel nennen, die erfolgsversprechender sind als andere.

Geben Sie für die nachfolgenden „Gruppenmitglieder mit besonderer Rolle" jeweils eine kurzgefasste Handlungsempfehlung für Vorgesetzte

- der „Star"
- der „Freche"
- der „Intrigant"
- der „Ehrgeizling".

TIPP

Die jeweilige Rolle, die vom Gruppenmitglied wahrgenommen wird, ist nicht zu erläutern. Sie wird als bekannt vorausgesetzt.

Lösung s. Seite 1052

Aufgabe 4: Projektteam: Zusammensetzung, Konflikte, Information

Im Rahmen eines Projekts „Category-Management" sollen Sie für ein Teilprojekt ein geeignetes Team bilden.

a) Nennen Sie vier Merkmale, die Sie bei der Gruppenbildung beachten müssen.

b) Innerhalb der ersten Teamsitzungen kann es zu Konflikten in der Gruppe kommen.

- Nennen Sie zwei geeignete Strategien der Konfliktbearbeitung.
- Nennen Sie drei Beispiele für untaugliche Verhaltensmuster.

c) Für den reibungslosen Ablauf der Projektarbeit ist es erforderlich, dass Ihr Team über den aktuellen Stand der Bearbeitung permanent auf dem Laufenden ist. Nennen Sie dazu drei geeignete Maßnahmen.

Lösung s. Seite 1053

Aufgabe 5: Formelle/informelle Gruppe, soziale Rolle, Normen, Teamsprecher

Sie führen eine Arbeitsgruppe von 12 Mitarbeitern. Vier dieser Mitarbeiter treffen sich regelmäßig beim Mittagessen in der Kantine.

a) Nennen Sie vier charakteristische Merkmale einer sozialen Gruppe.

b) Soziologisch unterscheidet man die beiden, oben beschriebenen Gruppen („Arbeitsgruppe/Gruppe beim Mittagessen"). Mit welchen Fachbegriffen bezeichnet man diese beiden Gruppen? Nennen Sie je zwei charakteristische Unterschiede.

c) Welche Bedeutung kann die „Gruppe beim Mittagessen" für Ihren Führungserfolg in der Arbeitsgruppe haben? Erläutern Sie zwei Argumente.

d) Welche Bedeutung hat die soziale Rolle, die ein Mensch innerhalb einer Gruppe wahrnimmt (wahrzunehmen hat)?

e) Erläutern Sie, welche Bedeutung Normen für den Gruppenprozess haben und bilden Sie zwei geeignete Beispiele?

f) Welche Rollen und Aufgaben übernimmt heute typischerweise ein Teamsprecher? Nennen Sie zehn Beispiele.

Lösung s. Seite 1053

Aufgabe 6: Informeller Führer, Gruppenstörungen, Regeln des Verhaltens sozialer Gruppen

a) Geben Sie ein Beispiel dafür, wann sich innerhalb einer formalen Gruppe ein informeller Führer herausbilden wird, wodurch die formale Leitungsfunktion des Vorgesetzten gestört werden kann.

b) Geben Sie drei Beispiele für Ursachen, die zu massiven Gruppenstörungen bis hin zum Zerfall einer Gruppe führen können.

c) Das Verhalten betrieblicher Arbeitsgruppen unterliegt meist verschiedenen Mustern (sog. Regeln des Verhaltens sozialer Gruppen), die vom Vorgesetzten in seiner Führungsarbeit zu beachten sind. Beispiele für derartige Regeln sind:

   - die Interaktionsregel
   - die Angleichungsregel
   - die Distanzierungsregel.

   Erläutern Sie zwei dieser Regeln.

Lösung s. Seite 1055

Aufgabe 7: Rollenverhalten in einer Gruppe

Innerhalb Ihrer Gruppe gibt es einen Mitarbeiter, Herrn Schneider, der ausgesprochen ehrgeizig ist, oft gute Argumente hat und diese auch präzise vorzutragen weiß. Der Mitarbeiter dominiert und „weiß grundsätzlich alles besser". Die Gruppe ärgert sich mittlerweile recht massiv über sein Verhalten.

a) Was können Sie tun, um den Mitarbeiter wieder positiv in die Gruppe zu integrieren?

b) Da Herr Schneider ein schwieriger Mitarbeiter ist, bitten Sie Ihren Vorgesetzten, „mit Schneider mal ein ernstes Wort zu reden".

   Beurteilen Sie dieses Führungsverhalten.

Lösung s. Seite 1056

Aufgabe 8: Moderation (1)

In ca. zwei Monaten werden Sie das Projekt „Qualitätsverbesserung in Montage 2" übernehmen. Ihre erste Aufgabe ist die Unterweisung der vier Teamleiter aus den Fachabteilungen in die Techniken der Moderation. Bearbeiten Sie dazu folgende Fragestellungen:

a) Welche Ziele lassen sich mit der Moderation realisieren?

b) Welche Rolle hat der Moderator wahrzunehmen? Über welche persönlichen Eigenschaften sollte er verfügen? Geben Sie jeweils drei Beispiele.

c) Erläutern Sie, in welchen Fällen die Moderation einsetzbar ist?

d) Wie ist der Ablauf der Moderation zu strukturieren? Erläutern Sie fünf Stufen.

Lösung s. Seite 1056

Aufgabe 9: Moderation (2)

Sie nehmen als Gast an der Arbeitsbesprechung Ihres Gruppenleiters Wutke teil. Wie des Öfteren, so stellen Sie auch hier wieder fest, dass seine Mitarbeiter teilweise gar nicht verstehen, was er meint. Woran könnte das liegen?

a) Nennen Sie sechs prozessbezogene Faktoren, die die Wirksamkeit einer Moderation beeinflussen.

b) Nennen Sie drei Faktoren, die in der Person „Wutke“ begründet sein können.

Lösung s. Seite 1058

Aufgabe 10: Gruppenstörungen

Geben Sie drei Beispiele für Ursachen, die zu massiven Gruppenstörungen bis hin zum Zerfall einer Gruppe führen können.

Lösung s. Seite 1059

Aufgabe 11: Projektgruppen: Auswahl der Teammitglieder, Kommunikationstechniken

Die Qualitätsmängel im Produktbereich 3, elektronische Messgeräte, sind signifikant angestiegen. Sie werden daher aufgefordert eine Task Force zu bilden, um die anstehenden Probleme innerhalb von drei Monaten zu lösen.

a) Nennen Sie fünf Merkmale, die Sie beachten müssen, um eine arbeitsfähige Projektgruppe bilden zu können.

b) Um das Gelingen des Projekts sicherzustellen, ist es erforderlich, dass die Teammitglieder über die erforderlichen Kompetenzen verfügen.

   Führen Sie vier Beispiele aus unterschiedlichen Kompetenzfeldern auf und begründen Sie jeweils die Notwendigkeit für das Projekt.

c) Gerade zu Beginn der Projektarbeit müssen Sie sich darauf einstellen, dass es in der Gruppe zu Kommunikationsstörungen kommen kann.

   Nennen Sie fünf Techniken der Gesprächsführung (Kommunikation), die geeignet sind, Störungen zu vermeiden oder zu mindern.

d) In der kommenden Teamsitzung müssen drei neue Projektmitglieder vorgestellt werden. Schlagen Sie mit fünf Einzelaspekten vor, wie Sie diesen Punkt der Tagesordnung gestalten werden.

e) Ein Projekt stellt an die Arbeitsweise des Teams hohe Anforderungen. Formulieren Sie vier Maßstäbe, mit denen die Effizienz des Teams erfasst werden kann.

Lösung s. Seite 1059

Aufgabe 12: Kickoff-Meeting, Ablauf

Sie sind Leiter des Projekts „Neugestaltung der Auftragsabwicklung“, das ca. ein Jahr in Anspruch nehmen wird. Zur ersten Sitzung der Projektmitglieder (Kickoff-Meeting) sind 12 Mitarbeiter eingeladen. Die Sitzung ist von 8:00 - 12:00 Uhr geplant.

Sie sollen den Ablaufplan für das Kickoff-Meeting nach folgendem Muster inhaltlich gestalten:

Nr.	Thema	Ziel	verantwortlich?	Methode	Zeit in min

Lösung s. Seite 1061

5.7 Präsentationstechniken

Aufgabe 1: Präsentation: Ziele, Visualisierung, Diagrammformen

Die Abläufe im Wareneingang und in der Lagerhaltung sind nach Abschluss eines erfolgreichen Projekts komplett neu gestaltet worden. Ihr Vorgesetzter beauftragt Sie, der Belegschaft die wesentlichen Änderungen zu präsentieren.

a) Nennen Sie vier geeignete Medien zur Visualisierung Ihres Themas.

b) Zur Darstellung betrieblicher Abläufe gibt es geeignete Diagrammformen. Nennen Sie zwei Beispiele.

c) Nennen Sie drei Vorteile der Visualisierung.

d) Keine Präsentation erfolgt ohne Zielsetzung. Nennen Sie vier Einzelziele Ihrer Präsentation und beziehen Sie sich dabei auf den Sachverhalt.

Lösung s. Seite 1062

Aufgabe 2: Präsentation: Vorbereitung

a) Beschreiben Sie sechs Aktivitäten, die Sie bei der Vorbereitung Ihrer Präsentation beachten müssen.

b) Welche Sprech- und Redetechniken muss der Präsentator beherrschen?

   Nennen Sie vier Aspekte.

Lösung s. Seite 1063

Aufgabe 3: Präsentation und Kritikgespräch (Datenschutz)

Ihr Mitarbeiter Hubertus hat von Ihnen den Auftrag erhalten, für die nächste Abteilungsleiterbesprechnung die Ausfallzeiten Ihres Verantwortungsbereichs auszuwerten. Der Datenschutzbeauftragte ist informiert und Hubertus (und nur er) hat Zugriffsberechtigung auf die Zeitsummenkonten Ihrer Mitarbeiter; der Zugang zu den Daten ist über Passwort geschützt. In der Bedienung der Software ist nur Hubertus unterwiesen.

Hubertus ist gerade dabei, die Stammdaten aufzurufen, die erste Bildschirmmaske erscheint, als der Pförtner anruft und ihm mitteilt: *„Ihre Frau ist am Tor und muss Sie unbedingt sofort sprechen."* Etwas in Sorge macht sich Hubertus auf den Weg zum Tor.

Kurz danach betreten Sie den Raum von Hubertus, weil Sie sich nach dem Stand der Arbeiten erkundigen wollen und sehen, dass der PC eingeschaltet und das Programm „Zeiterfassung und -auswertung" aufgerufen ist.

a) Was unternehmen Sie? Beschreiben Sie zwei Maßnahmen.

b) Sie nehmen den Vorfall zum Anlass, um generell mit Ihren Mitarbeitern im nächsten Meeting über diese Angelegenheit zu sprechen. Einleitend werden Sie dazu eine 5-Minuten-Präsentation zum Thema Datenschutz halten. Beantworten Sie im Zusammenhang damit folgende Fragen:

   1. Wie bereiten Sie die Präsentation vor? Erwartet werden vier Aspekte.
   2. Welche Gliederungspunkte enthält Ihre Präsentation? Erwartet werden vier Aspekte.

Lösung s. Seite 1063

Aufgabe 4: Präsentation: Visualisierung (1)

Für die kommende Besprechung aller Bereiche haben Sie die Aufgabe übernommen, den Verlauf der Unfallhäufigkeit in der Fertigung sowie die Entwicklung der Kosten der neuen Baugruppe Z im ersten Halbjahr zu präsentieren. Aus dem Rechnungswesen erhalten Sie folgendes Zahlenmaterial:

1. Baugruppe Z:

	Quartal I.	**Quartal II.**
Fixe Kosten pro Stück: Variable Kosten pro Stück:	40 € 200 €	45 € 180 €

2. Entwicklung der Unfallzahlen in der Fertigung im 1. Halbjahr:

Monat	1	2	3	4	5	6
Anzahl der Unfälle	3	1	0	6	2	1

a) Welcher Diagrammtyp eignet sich für die jeweilige Darstellung? Nennen Sie jeweils zwei Beispiele.

b) Entwerfen Sie jeweils ein Diagramm als Folienvorlage.

Lösung s. Seite 1064

Aufgabe 5: Präsentation: Visualisierung (2)

Für zukünftige Präsentationen sollen Sie Ihre Visualisierungstechnik mithilfe von Diagrammen verbessern.

Erstellen Sie daher eine Übersicht, welche Diagrammtypen für die Darstellung welcher Sachverhalte besonders geeignet sind:

Es sollen folgende Sachverhalte dargestellt werden:

1 die Häufigkeit von Merkmalsausprägungen

2 die Veränderung eines Merkmals im Zeitablauf

3 die Zusammensetzung der Belegschaft nach Altersgruppen

4 der Energieverbrauch pro Halbjahr mithilfe geeigneter Symbole

5 die Verteilung/die Orte der Servicestationen Ihres Unternehmens in Deutschland.

Lösung s. Seite 1065

Aufgabe 6: Präsentation: Visualisierung (3)

Welche Medien eignen sich für die Visualisierung?

Nennen Sie fünf Beispiele.

Geben Sie dabei jeweils zwei Vorteile und zwei Nachteile an sowie die Eignung des Mediums und einen Hinweis, der speziell bei diesem Medium besonders zu beachten ist.

Lösung s. Seite 1066

Musterprüfungen

1. Prüfungsanforderungen der Wirtschaftsfachwirte für die 2. Teilprüfung Handlungsspezifische Qualifikationen

1.1 Zulassungsvoraussetzungen

(1) Zur 2. Teilprüfung, Handlungsspezifische Qualifikationen, ist zuzulassen, wer

1. die 1. Teilprüfung (Wirtschaftsbezogene Qualifikationen; Grundlagenteil) abgelegt hat, die nicht länger als fünf Jahre zurückliegt, und
2. eine einschlägige Berufspraxis nach § 2 Abs. 2 Nr. 2 der Rechtsverordnung nachweist.

(2) Abweichend davon, kann auch zugelassen werden, wer durch Vorlage von Zeugnissen oder auf andere Weise glaubhaft macht, dass er Kenntnisse, Fertigkeiten und Fähigkeiten (berufliche Handlungsfähigkeit) erworben hat, die die Zulassung zur Prüfung rechtfertigen.

1.2 Prüfungsfächer und Gliederung der Prüfung

1.2.1 Schriftliche Prüfung

Die schriftliche Prüfung besteht aus zwei aufeinander abgestimmten Situationsaufgaben von insgesamt 480 Minuten auf der Basis einer (gemeinsamen) betrieblichen Situationsbeschreibung. Inhalt der schriftlichen Prüfung sind die Handlungsbereiche nach § 5 der Rechtsverordnung:

- Betriebliches Management
- Investition, Finanzierung, betriebliches Rechnungswesen und Controlling
- Logistik
- Marketing und Vertrieb
- Führung und Zusammenarbeit.

Das Ergebnis der schriftlichen Prüfungsleistung ist aus der Punktebewertung für die beiden gleichgewichtigen schriftlichen Teilergebnisse zu bilden.

Hilfsmittel:
Es wird Ihnen von der IHK mit den Prüfungsaufgaben eine bundeseinheitliche Formelsammlung zur Verfügung gestellt. In der Regel sind auch unkommentierte Gesetzestexte und nicht programmierbare Taschenrechner zugelassen. Informieren Sie sich bitte rechtzeitig vor der Prüfung bei Ihrer zuständigen Industrie- und Handelskammer.

Der **Punkteschlüssel** der Industrie- und Handelskammern hat folgende Struktur:

Punkte		Note
100 - 92	=	1
91 - 81	=	2
80 - 67	=	3
66 - 50	=	4
49 - 30	=	5
29 - 00	=	6

1.2.2 Mündliche Prüfung (Präsentation und Fachgespräch)

Die 2. Teilprüfung, Handlungsspezifische Qualifikationen, umfasst weiterhin eine mündliche Prüfung – das situationsbezogene Fachgespräch (Präsentation und Fachgespräch). Die mündliche Prüfung wird erst nach dem erfolgreichen Abschluss der schriftlichen Teilprüfungen durchgeführt.

Die Rechtsverordnung enthält zur mündlichen Prüfung folgende Regelungen:

1 **Vorbereitung:** Der Teilnehmer erhält für die mündliche Prüfung eine Vorbereitungszeit von maximal 30 Minuten (in der Kammer, ungestörter Vorbereitungsraum).

2 **Dauer:** Die mündliche Prüfung soll nicht länger als 30 Minuten dauern.

3 **Inhalt:** Die mündliche Prüfung bezieht sich inhaltlich auf die wirtschaftsbezogenen sowie die handlungsspezifischen Qualifikationen und soll ihren Schwerpunkt im Handlungsbereich „Führung und Zusammenarbeit" haben.

Zur Vorbereitung und Durchführung der mündlichen Prüfung geben wir folgende Empfehlungen:

1. **Vorbereitung der mündlichen Prüfung:**
   Der Teilnehmer erhält vom Prüfungsausschuss während der Prüfung eine Aufgabenstellung mit dem Schwerpunkt „Führung und Zusammenarbeit" und bearbeitet die Aufgabenstellung mit einer **Vorbereitungszeit von maximal 30 Minuten**.

   Der Teilnehmer wird seine Lösung zunächst präsentieren. Im Anschluss daran werden vom Prüfungsausschuss ergänzende Fragen gestellt (eigentliches Prüfungsgespräch). Der Teilnehmer sollte sich für diesen Fall nochmals mit den Schwerpunkten der Präsentationstechnik vertraut machen und die Techniken der Visualisierung beherrschen (vgl. „Führung und Zusammenarbeit", >> 5.7 Präsentationstechniken).

   Die notwendigen Hilfsmittel zur Präsentation werden von der Kammer gestellt. Unter den verschiedenen Techniken der Visualisierung (Tafel, Flipchart usw.) hat sich in der Prüfungssituation die Präsentation der Agenda mit Overheadprojektor und OH-Folien oder mit Visualizer und DIN A4-Blatt Papier bewährt. Zudem wird empfohlen, für die Präsentation der Inhalte Kärtchen und Pinnwand zu verwenden.

Wiederholen Sie daher noch einmal die zentralen Aspekte der Erstellung von Präsentationsvorlagen (nicht überladen; saubere, ausreichend große Schrift usw.).

Erkundigen Sie sich vor der mündlichen Prüfung bei der Kammer, ob Hilfsmittel zugelassen sind (z. B. Arbeitsgesetze).

2. **Durchführung der mündlichen Prüfung:**
Die Rechtsverordnung enthält dazu lediglich die Vorgaben, dass die Zeit der Durchführung auf maximal 30 Minuten begrenzt ist und sich die Prüfung in die Präsentation und das (eigentliche) Fachgespräch gliedert. Bewährt hat sich folgender Ablauf des Prüfungsgesprächs – Einzelheiten entscheidet jedoch die jeweils zuständige Kammer:

Der Teilnehmer stellt sich vor: ca. 2 min

- Name, Firma, Aufgabengebiet u. Ä.
- Regel: kkp = kurz, knapp, präzise.

Der Teilnehmer präsentiert seine Lösung der Aufgabenstellung mithilfe geeigneter Visualisierungstechniken: ca. 5 - 7 min

- Empfehlung: Folien (OH) oder Blatt Papier (Visualizer) für Agenda, Kärtchen für Pinnwand.
- Persönliche Wirkungsmittel beachten (Sprache, Gestik/Mimik).
- Gliedern, zusammenfassen, Schlusssatz, Zeitlimit einhalten.
- Inhalt: zutreffend, fundiert, praxisnah und ausreichend komplex.

Der Prüfungsausschuss stellt ergänzende Fragen bzw. problematisiert das gestellte Thema. ca. 15 min

Empfehlung:

- Simulieren Sie dieses Prüfungsgespräch im Lehrgang mit Ihrem Dozenten oder trainieren Sie zur Prüfungsvorbereitung mit einem **Coach**.
- Beachten Sie die Prüfungstipps am Schluss dieses Kapitels.
- Bereiten Sie sich gezielt auf den Schwerpunkt der mündlichen Prüfung vor.

1.3 Bewerten der Prüfungsteile und Bestehen der Prüfung

Für die 2. Teilprüfung, Handlungsspezifische Qualifikationen, ist eine Note aus dem arithmetischen Mittel der Punkte aus der schriftlichen und der mündlichen Leistung zu bilden.

Bei der mündlichen Prüfung geht die Präsentation mit einem Drittel in die Bewertung ein.

Die Prüfung ist insgesamt bestanden, wenn in allen Prüfungsleistungen mindestens die Note 4 erbracht wurde.

1.4 Wiederholung der Prüfung

Eine Teilprüfung, die nicht bestanden ist, kann zweimal wiederholt werden.

In der Wiederholungsprüfung ist eine Befreiung von einzelnen Prüfungsleistungen, die zuvor bestanden wurden, möglich. Dabei ist ein Zeitraum von zwei Jahren zu beachten.

1.5 Ausbildereignung

Wer die 2. Teilprüfung, Handlungsspezifische Qualifikationen, bestanden hat, ist von der schriftlichen Prüfung nach der AEVO befreit. Er kann somit eine zusätzliche mündliche Prüfung nach AEVO beantragen (Präsentation/praktische Durchführung und Prüfungsgespräch). Hat er diese bestanden, so erwirbt er damit die berufs- und arbeitspädagogische Eignung nach dem Berufsbildungsgesetz.

2. Tipps und Techniken zur Prüfungsvorbereitung

An dieser Stelle sollen einige Eckpunkte zur Prüfungsvorbereitung aufgeführt werden.

Vor der Prüfung:

- Sorgen Sie vor der Prüfung für ausreichend Schlaf. Stehen Sie rechtzeitig auf, sodass Sie „aufgeräumt" und ohne Stress beginnen können.
- Akzeptieren Sie eine gewisse Nervosität und beschäftigen Sie sich nicht permanent mit Ihren Stresssymptomen.
- Beginnen Sie frühzeitig mit der Vorbereitung. Portionieren Sie den Lernstoff und wiederholen Sie wichtige Lernabschnitte. Setzen Sie inhaltliche Schwerpunkte: Insbesondere sollten Sie die Gebiete des Rahmenplans mit hoher Lernzieltaxonomie beherrschen. Es heißt dort „... Kenntnis, Vertrautheit, Fertigkeit, Beherrschung, Verständnis ..." (Lernzielbeschreibung). Lernen Sie nicht „bis zur letzten Minute vor der Prüfung". Dies führt meist nur zur „Konfusion im Kopf". Lenken Sie sich stattdessen vor der Prüfung ab und unternehmen Sie etwas, das Ihnen Freude bereitet.

Während der Prüfung:

- Lesen Sie jede Fragestellung konzentriert und in Ruhe durch – am besten zweimal. Beachten Sie die Fragestellung, die Punktgewichtung und die Anzahl der geforderten Argumente.

  Beispiel:

  - *„Nennen Sie fünf Verfahren der Personalauswahl ..."* Das bedeutet, dass Sie fünf (!) Argumente auflisten – am besten mit Spiegelstrichen – und ohne Erläuterung.
  - *„Erläutern Sie zwei Verfahren der Marktforschung und geben Sie jeweils ein Beispiel"* heißt, dass Sie zwei Verfahren nennen – jedes der Verfahren mit eigenen Worten beschreiben – (als Hinweis über den Umfang der erwarteten Antwort kann die Punktzahl nützlich sein) und zu jedem Argument ein eigenes Beispiel (keine Theorie) bilden.

- Es kann auch vorkommen, dass eine Fragestellung recht allgemein gehalten ist und Sie zu der Aufgabe keinen Zugang finden. „Definieren" Sie selbst, wie Sie die Frage verstehen. „Klammern" Sie sich nicht an diese Aufgabe – Sie verlieren dann wertvolle Prüfungszeit – sondern bearbeiten Sie die anderen Fragen, die Ihnen leichter fallen.
- Hilfreich kann mitunter auch folgendes Lösungsraster sein – insbesondere bei Fragen mit „offenen Antwortmöglichkeiten":

  Sie strukturieren die Antwort nach einem allgemeinen Raster, das für viele Antworten passend ist:

  - interne/externe Betrachtung (Faktoren)
  - kurzfristig/langfristig
  - hohe/geringe Bedeutung
  - Arbeitgeber-/Arbeitnehmersicht
  - Vorteile/Nachteile
  - sachlogische Reihenfolge nach dem „Management-Regelkreis": Ziele setzen, planen, organisieren, durchführen, kontrollieren
  - Unterschiede/Gemeinsamkeiten.
- Beachten Sie die Bearbeitungszeit: Wenn z. B. für ein Fach 90 Minuten zur Verfügung stehen, ergibt sich ein Verhältnis von 0,9 Min. je Punkt; beispielsweise haben Sie für eine Fragestellung mit 8 Punkten ca. sieben Minuten Zeit.
- Speziell für die mündliche Prüfung gilt: Üben Sie zu Hause „laut" die Beantwortung von Fragen. Bitten Sie den Dozenten, die Prüfungssituation zu simulieren. Gehen Sie ausgeglichen in die mündliche Prüfung. Sorgen Sie für emotionale Stabilität, denn die Psyche ist die Plattform für eine angemessene Rhetorik. Kurz vor der Prüfung: „Sprechen Sie sich frei", z. B. durch lautes „Frage- und Antwort-Spiel" im Auto auf dem Weg zur Prüfung. Damit werden die Stimmbänder aktiv und der Kopf übt sich in der Bildung von Argumentationsketten. – Auch Lach-Yoga kann helfen (siehe Homepage Dr. Eisenschink).
- Zum Schluss: Wenn Sie sich gezielt und rechtzeitig vorbereiten und einige dieser Tipps ausprobieren, ist ein zufriedenstellendes Punkteergebnis fast unvermeidbar. **Die nachfolgenden „Musterklausuren" liefern dazu reichlich Stoff zum Üben.**

Die Autoren wünschen Ihnen viel Erfolg bei der Vorbereitung sowie in der bevorstehenden Prüfung.

Musterklausuren

INFO

Ausgangssituation zu allen Aufgaben

Die Gloria GmbH mit Hauptsitz in Magdeburg ist ein mittelständisches Unternehmen, das Rasenmäher herstellt und vertreibt. Das Unternehmen hat derzeit drei Leitungsebenen (Geschäftsführung, Abteilungsleiter, Gruppenleiter/Meister) mit insgesamt 250 Mitarbeitern. Die Fertigung besteht im Wesentlichen aus der Montage der fremd beschafften Teile. Das Qualitätsniveau ist hoch, da mit allen A-Lieferanten Qualitätssicherungsvereinbarungen abgeschlossen wurden. Die Produkte genießen bei den Kunden einen sehr guten Ruf. Dies ist auch auf die hohe Fachkompetenz der Mitarbeiter in der Fertigung zurückzuführen. Die Kunden- und Lieferantenbeziehungen sind seit Jahren stabil.

Die Organisation ist produktorientiert (Produkte 1 - 4). Der Gewinn- und Verlustrechnung (GuV) wurden für die zurückliegende Periode folgende Zahlenwerte entnommen:

Gloria GmbH	Produkt 1 „Glattschnitt“	Produkt 2 „Standard“	Produkt 3 „Luxus“	Produkt 4 „Ersatzteile“
Umsatz, T€	6.000	21.000	15.000	18.000
Gewinn, T€	180	630	300	225

Die Bilanz der Gloria GmbH enthält zum 31.12. der zurückliegenden Periode folgende Daten (Angaben in T€):

AKTIVA		Bilanz		PASSIVA
Anlagevermögen		3.600	Eigenkapital	2.400
Vorräte	2.400		Langfristiges Fremdkapital	3.300
Forderungen aus LL	2.100		Kurzfristiges Fremdkapital	2.700
Zahlungsmittel	300			
Summe Umlaufvermögen		4.800		
		8.400		8.400

Sie sind Leiter des Produktbereichs 4 und außerdem für die interne und externe Logistik zuständig. Ihr Verantwortungsbereich hat keine Fertigung. Alle Teile werden fremd bezogen. Ihnen unterstehen drei Gruppenleiter (insgesamt 25 Mitarbeiter). Zu Ihrem Verantwortungsbereich gehört das Ersatzteillager. Es sichert den Mengenbedarf der Produktion und enthält einen großen Vorrat an Ersatzteilen für externe Kunden. Der durchschnittliche Lagerbestand beträgt dort wertmäßig 800 T€. Als Kapitalmarktzins kann derzeit 6 % angenommen werden.

1. Situationsaufgabe

Bearbeitungszeit: 240 Minuten
Gesamtpunktzahl: 100 Punkte

Aufgabe 1:

15 Punkte

Zur Vorbereitung der Budgetgespräche für die kommende Planungsperiode soll zunächst die Ist-Situation der Gloria GmbH beurteilt werden.

a) Vergleichen Sie Umsatzrentabilität Ihres Produktbereichs mit der Umsatzrentabilität der anderen Produktgruppen und mit der Umsatzrentabilität insgesamt.

(3 Punkte)

b) Berechnen Sie die statische Liquidität der Gloria GmbH anhand der Liquiditätsgrade 1 - 3, vergleichen Sie jeweils den Wert mit der banküblichen Forderung und kommentieren Sie das Ergebnis.

(4 Punkte)

c) Ermitteln Sie die Rentabilität des Eigenkapitals und des Gesamtkapitals. Der Zinssatz für kurz- und langfristiges Fremdkapital kann mit 6 % angenommen werden. Kommentieren Sie das Ergebnis Ihrer Rechnung.

(4 Punkte)

d) Die Gloria GmbH plant eine neue Lagerhalle auf dem betriebseigenen Grundstück. Das Investitionsvolumen soll 600.000 € betragen, und die zusätzliche Investition wird voraussichtlich vollständig fremdfinanziert. Berechnen und interpretieren Sie den Leverage-Effekt.

(4 Punkte)

Lösung s. Seite 1070

Aufgabe 2:

13 Punkte

Für die kommende Planungsrunde hat sich die Geschäftsleitung ehrgeizige Ziele gesetzt: So soll der Umsatz im kommenden Jahr gesteigert werden; als Zielkorridor sind 5 - 8 % vorgegeben.

a) Leiten Sie aus dem Oberziel Ihr abteilungsspezifisches Ziel ab und zeigen Sie vier fallbezogene Maßnahmen auf, die einen Beitrag zur Zielrealisierung leisten können. Aus einer Überschlagsrechnung wissen Sie, dass der Durchschnittspreis über alle verkauften Ersatzteile bei rd. 45 €/Stk. liegt. Außerdem ist bei Ihnen eine Kundenanalyse nach A-, B- und C-Kunden vorgenommen worden:

	A-Kunde	B-Kunde	C-Kunde
Durchschnittlicher Jahresumsatz je Kunde	500.000 €	200.000 €	10.000 €

Aus den zurückliegenden Jahren ist bekannt, dass (unvermeidbar) pro Jahr ein A-Kunde, zwei B-Kunden und rd. 50 C-Kunden verloren gehen.

(6 Punkte)

b) Ihre Geschäftsleitung möchte in der Budgetsitzung auf keinen Fall den Aspekt der strategischen Planung vernachlässigen. „Wir müssen nach neuen Erfolgspotenzialen suchen!", so die Aussage des Geschäftsführers. Gehen Sie vereinfachend davon aus, dass die Gloria GmbH derzeit vier strategische Geschäftseinheiten hat, die mit den Produktgruppen identisch sind.

Formulieren Sie für die Gloria GmbH ein weiteres strategisches Geschäftsfeld, das zu einem zukünftigen Umsatz- und Ergebnisträger werden kann. Leiten Sie Ihren Ansatz aus dem Unternehmenspotenzial der Gloria GmbH ab und berücksichtigen Sie dabei die Ergebnisse aus Aufgabe 1.

(3 Punkte)

c) Nennen Sie zwei geeignete Maßnahmen, um den Lagerbestand zu senken.

(2 Punkte)

d) Ihr Geschäftsführer war auf einem Seminar für Einkäufer. Dort wurde u. a. das Konzept „Global Sourcing" favorisiert. Sie raten ihm ab und begründen dies mit vier Nachteilen, die Global Sourcing für Ihr Unternehmen hat.

(2 Punkte)

Lösung s. Seite 1071

Aufgabe 3:

6 Punkte

Einer Ihrer Gruppenleiter, Herr Müller, ist für den Versand zuständig. Sie merken seit Langem, dass Herr Müller überlastet erscheint. Er klagt häufig über Arbeitsmenge und Zeitdruck. Am Freitagnachmittag nehmen Sie sich Zeit und führen mit Herrn Müller ein Gespräch. Da Ihre Zusammenarbeit unbelastet ist, schildert Ihnen Herr Müller ganz offen einen typischen Arbeitstag:

„Also, morgens, bin ich immer pünktlich um 08:00 Uhr im Büro. Ich räume dann zuerst den Schreibtisch auf und sehe die Postmappe vom Vortag durch. Dann lege ich mir die Unterlagen für die Arbeit zurecht, die an dem Tag ansteht. Gestern musste ich z. B. bei der Lektüre der Postmappe zwei lange Telefonate mit Herrn Ernst (Produktbereich 2) führen, weil der die Unterlagen für seinen Bericht anforderte. Und dann hatte Herr Ernst noch Fragen zu der anstehenden Budgetrunde. Ich wollte ihn da nicht im Regen stehen lassen, er ist ja noch neu hier. Außerdem fand ich in der Post zwei wichtige Artikel zur Versandoptimierung – ein Thema, das uns ja alle angeht.

Danach habe ich begonnen, den Jour fixe mit Ihnen am Nachmittag vorzubereiten. Ich war noch nicht einmal 10 Minuten dabei, als Herr Dr. Gramlos vom Rechnungswesen anrief und die Aufstellung über die Kundenbefragung vom Vortag anmahnte. Sie kennen ihn ja, es ist bei ihm alles immer supereilig. Also habe ich die Aufstellung noch eben fertig gemacht. Da der Kopierer auf unserer Etage mal wieder defekt war, musste ich noch bis zur Verwaltung laufen. Unterwegs lief ich Herrn Sorglos, unserem Personalreferenten, in die Arme, der von mir wissen wollte, wie weit das Projekt „Ausbildungsbeauftragte" in meinem Bereich gediehen ist. Und dann folgte noch eine kurze Beschreibung seines wirklich phantastischen Urlaubs in der Dominikanischen Republik. Herr Sorglos sieht ja wirklich beneidenswert erholt aus.

Als ich zurückkam, warteten schon zwei Mitarbeiter auf mich, denen ich dringende Fragen beantworten musste. Anschließend kam schon Frau Schneider mit Kaffee und Post. Da es schon 10:30 Uhr war, haben wir den Rest der Postbesprechung vertagt. Meine Vorbereitungsarbeiten für die Besprechung mit Ihnen gingen mir vor.

Um 11:30 Uhr musste ich noch zu der Konferenz, in der ich Sie vertreten sollte. Da ich in der Zwischenzeit vier Anrufe von draußen hatte und noch mal kurz in den Versand musste, weil unsere Verpackungsmaschine mal wieder streikte, konnte ich die Konferenzunterlagen nur kurz überfliegen. Sie sehen, ich habe wirklich viel um die Ohren."

Beschreiben Sie sechs ungeeignete Verhaltensweisen im Zeitmanagement von Herrn Müller, und geben Sie jeweils zwei Empfehlungen zur Abhilfe.

Lösung s. Seite 1073

Aufgabe 4:

20 Punkte

Als Sie am Montag in ihr Büro kommen, werden Sie sofort zur Geschäftsleitung gerufen. Der Geschäftsführer eröffnet Ihnen: *„Heute morgen erhielt ich die Kündigung von Herrn Sorglos. Er schreibt etwas von persönlichen Gründen und ist ab sofort nicht mehr verfügbar, da ihm noch Resturlaub zusteht. Ich selbst bin für eine Woche in Süddeutschland wegen der anstehenden Gespräche mit unseren Lieferanten und eine weitere Woche in Urlaub, der sich nicht verschieben lässt. Da ich weiß, dass Sie aus Ihrer Fortbildung zum Wirtschaftsfachwirt auch Erfahrung in der Analyse von Bewerbungsunterlagen haben, bitte ich Sie, die Suche nach einem Nachfolger von draußen für Herrn Sorglos sofort in Angriff zu nehmen"*, so die Bitte des Geschäftsführers.

In den Unterlagen von Herrn Sorglos finden Sie zum Glück die Stellenbeschreibung „Personalreferent, Gloria GmbH". Der Stellenbeschreibung entnehmen Sie das Anforderungsprofil:

Anforderungsprofil, fachlich:

- abgeschlossene Berufsausbildung
- fundierter theoretischer Hintergrund (z. B. FH-Studium mit Schwerpunkt Personalwesen; ggf. auch Bewerber mit ausreichender Praxis und einer Fortbildung als Geprüfter Wirtschaftsfachwirt)
- mindestens drei Jahre Praxis im Personalwesen möglichst in unterschiedlichen Funktionen („Generalist")
- Kenntnisse in der Lohn- und Gehaltsabrechnung
- sichere Beherrschung des Arbeits- und Sozialrechts.

Anforderungsprofil, persönlich:

- überzeugend und ausgewogen in der Persönlichkeit
- emotional stabil
- kontaktfähig und sicher im Auftreten
- vertrauenserweckend in der Gesprächsführung
- sichere Behandlung von Konfliktsituationen.

Am 24.08.20.. schalten Sie eine entsprechende Personalanzeige in der überregionalen Presse (Samstagsausgabe). Am 28.08.20.. liegen Ihnen bereits die ersten Bewerbungen vor. Darunter auch die von Herrn Hubertus Streblich.

a) Analysieren Sie das folgende Bewerbungsschreiben.

   (6 Punkte)

b) Analysieren Sie das Arbeitszeugnis.

   Beurteilen Sie dabei jeweils zwölf Aspekte konkret aufgrund des Sachverhalts.

   (6 Punkte)

Bewerbungsschreiben von Herrn Hubertus Streblich

Hubertus Streblich
Am Knötchenbogen 33
40001 Düsseldorf
0211/756 66 66

Düsseldorf, den 20.08.20..

Gloria GmbH
Ernst-Reuter-Gasse 222
39104 Magdeburg

Bewerbung

Sehr geehrte Damen und Herren,

wie in unserem gestrigen Telefonat vereinbart, überreiche ich Ihnen anliegend meine Bewerbungsunterlagen mit der Bitte um Prüfung. Meine Qualifikationen entnehmen Sie bitte dem beigefügten Lebenslauf.

Ich suche ein vielseitiges und interessantes Aufgabenfeld, in dem ich sowohl meine umfangreichen Erfahrungen auf dem Gebiet der Personalbeschaffung und -betreuung einsetzen kann als auch meine Spezialerfahrung und -kenntnis im Sektor „Eignungsdiagnostik" Eingang finden kann. Besonders hervorheben möchte ich, dass ich berufsbegleitend und auf eigene Kosten die Ausbildereignungsprüfung absolviert habe und diese auch in meiner jetzigen Position vorteilhaft einsetzen konnte. Neben dem Ausbildereignungsschein verfüge ich über en REFA-Schein Teil A und B. Selbstverständlich bin ich jederzeit gern bereit, über meine dienstliche Obliegenheiten mich fortwährend weiterzubilden und mich mit betrieblichen Neuerungen und Erkenntnissen zu beschäftigen.

Seit Beginn meiner Tätigkeit in meiner jetzigen Firma oblagen mir vielfältige, eigenverantwortliche Aufggaben. Dazu gehörten z. B. die Bearbeitung von Projekten im Personalwesen und die Umsetzung neuer, interner Reisekostenrichtlinien. In diesem Zusammenhang wurde mir die Aufgabe gestellt, ein innerbetriebliches Marketing der neuen Richlinien zu verfassen, welches ich erfolgreich durchführen konnte. Außerdem bin ich mit der Ausarbeitung bzw. Überarbeitung von Arbeitsverträgen befasst.

Im Laufe meiner beruflichen Tätigkeit kristallisierte sich besonders die Arbeit mit Menschen heraus. Daher suche ich eine erfolgreiche Weiterführung meiner beruflichen Karriere in einem anderen Unternehmen.

Ich möchte dabei betonen, dass ich eine berufliche Veränderung aus rein persönlichen Gründen suche. Berufliche bundesweite Mobilität und Flexibilität können Sie dabei bei mir als selbstverständlich voraussetzen.

Ich würde mich freuen, Sie in einem persönlichen Gespräch von meiner Selbständigkeit, Teamfähigkeit und von meinem Engagement überzeugen zu können.

Sollten meine Bewerbung nicht von Interesse sein, bitte ich Sie, die Unterlagen an mich zurückzusenden. Meinen Arbeitsvertrag kann ich jederzeit mit der gesetzlichen Kündigungsfrist kündigen.

Da ich mich in einem ungekündigten Arbeitsverhältnis befinde, bitte ich Sie, meine Bewerbung mit der entsprechenden Vertraulichkeit zu handhaben.

Mit frdl. Grüßen

Hubertus Streblich

Anlagen

- Lebenslauf
- Zeugnis „G.W.F.-Zeitarbeit", Wattenscheid
- Zeugnis „Internationales Logistikunternehmen", Düsseldorf

Lebenslauf von Herrn Hubertus Streblich

Lebenslauf

Angaben zur Person

Name:	Hubertus Streblich
Geburtsdatum:	26.07.1974
Geburtsort:	Düsseldorf
Familienstand:	verheiratet seit 2007
Kinder:	keine
Anschrift:	Am Knötchenbogen 33 40001 Düsseldorf
Telefon:	(02 11) 756 66 66

Schulbildung

1981 - 1988	Katholische Volksschule Viersen
1988 - 1995	Städtisches Jungengymnasium Kaarst
20.06.1995	Ablegen der Reifeprüfung
1995 - 2000	Studium der Wirtschaftswissenschaften an der Gesamthochschule in Bochum mit dem Schwerpunkt Unternehmensführung und Personalwesen
26.06.2001	Diplomprüfung zum Diplom-Ökonom
	Diplomarbeit: Psychologische Testverfahren bei der Bewerberauswahl, Note: 3,5
20.08.2002	Ausbildereignungsprüfung vor der IHK Düsseldorf
08/02 - 11/02	Verschiedene Aushilfstätigkeiten

Berufsweg

01.02.2002	G.W.F.-Zeitarbeit, Wattenscheid; bis Ende Juli als Personaldisponent
30.11.2002	zuständig für Personalbeschaffung, -betreuung und Lohnbuchhaltung; seit August: Abteilungsleiter; Übernahme der Ressorts Arbeitsrecht und Allgemeine Verwaltung
01.12.2002 - 18.06.2003	arbeitslos
19.06.2003 - 30.08.2006	Sachbearbeiter im Personalwesen eines großen internationalen Logistikunternehmens mit den Schwerpunkten: Personalbeschaffung, -betreuung und allgemeine Verwaltung, Düsseldorf
seit 01.10.2006	Hauptsachbearbeiter, Personalwesen und Dienstreisen der International Insurance Company, Köln, Handlungsvollmacht in Aussicht gestellt

c) Da die Anzeigenaktion recht erfolgreich war, wollen Sie die Anzahl der Bewerber, die Sie zum persönlichen Gespräch einladen, begrenzen und entscheiden sich, eine Vorauswahl anhand eines Telefoninterviews zu treffen.

   Beschreiben Sie vier Vorteile, die ein Telefoninterview bieten kann.

   (2 Punkte)

d) Das Auswahlgespräch (Interview) kann z. B. standardisiert oder nicht standardisiert geführt werden.

   Nennen Sie für beide Interviewformen zwei Vorteile und einen Nachteil.

   (3 Punkte)

e) Im Rahmen einer weiteren Beschaffungsaktion (Sie suchen eine Ersatzkraft für die Lagerbuchhaltung) lesen Sie bei der Analyse der Bewerbungsunterlagen in einem Arbeitszeugnis: „Frau Mischberger konnte den an sie gestellten Aufgaben weitgehend gerecht werden, wenn diese nicht termingebunden und überschaubar waren. Ihre Leistungen waren zu unserer Zufriedenheit. Zu ihren Kolleginnen hatte sie ein sehr freundschaftliches Verhältnis.“ Das Zeugnis trägt zwei Unterschriften und wurde von einem bekannten, großen Unternehmen ausgestellt.

   Interpretieren Sie die Zeugnisformulierung.

   (3 Punkte)

Lösung s. Seite 1075

Aufgabe 5:

10 Punkte

Ihnen ist der Gruppenleiter Herr Kalle unterstellt. Herr Kalle wird innerhalb der nächsten drei Monate das Unternehmen aus persönlichen Gründen verlassen: Seine Ehefrau ist Lehrerin und hat sich nach Mecklenburg-Vorpommern versetzen lassen.

Herr Schmied ist Mitarbeiter von Herrn Kalle, seit fünf Jahren im Unternehmen, ein äußerst versierter Fachmann, der auch Sonderaufgaben problemlos löst. Er hat außerdem Herrn Kalle einige Male bei dessen Abwesenheit vertreten. Fachlich gab es dabei keine Beanstandungen. Herr Schmied zeigte jedoch deutliche Führungsschwächen, die sich nach Auskunft von Herrn Kalle nicht grundsätzlich beheben lassen. Herr Schmied geht davon aus, dass er Nachfolger von Herrn Kalle werden wird und hat diese Erwartung bereits geäußert. Nach reiflicher Überlegung entscheiden Sie sich dafür, die frei werdende Stelle von Herrn Kalle mit einem externen Bewerber zu besetzen, der überzeugende Fach- und Führungskompetenzen nachweisen kann. In der nächsten Woche ist ein Gespräch zwischen Ihnen und Herrn Schmied angesetzt, in dem Sie ihm Ihre Entscheidung mitteilen wollen. Sie kennen Herrn Schmied, Störungen zwischen ihnen beiden gibt es keine.

a) Entwickeln Sie einen Leitfaden für dieses schwierige Gespräch und beschreiben Sie dabei Lösungsansätze für die erkennbare Konfliktsituation.

(6 Punkte)

b) Nennen Sie vier Kommunikationsregeln, die Sie bei diesem schwierigen Mitarbeitergespräch beachten werden.

(2 Punkte)

c) Erläutern Sie die Bedeutung der Beziehungsebene bei diesem Gespräch und beziehen Sie sich dabei auf den Sachverhalt.

(2 Punkte)

Lösung s. Seite 1077

Aufgabe 6:

11 Punkte

Sie vertreten zurzeit Ihren Kollegen, Herrn Kirsch, der in Urlaub ist. Für eine Montageanlage müssen 16 Werkstückträger für das Bandsystem beschafft werden. Sie erstellen ein Lastenheft und holen Angebote bei drei Lieferanten ein. Das Angebot soll innerhalb von fünf Werktagen bei Ihnen eingehen. Geforderter Liefertermin ist vier Wochen nach Auftragserteilung.

a) Erläutern Sie den Unterschied zwischen einem Lasten- und einem Pflichtenheft und nennen Sie vier Beispiele für wesentliche Inhalte.

(3 Punkte)

b) Vor Ihnen liegen die Angebote der Lieferanten A - C. Lieferant A bietet den Werkstückträger für 240 €/Stk., B für 225 €/Stk. und C für 260 €/Stk. an. A liefert frei Haus/Lieferfrist 14 Tage, B berechnet Frachtkosten von 150 €/Lieferfrist sechs Wochen und C liefert frei Haus/Lieferfrist vier Wochen. Lieferant A gewährt 2 % Skonto, Lieferant C 3 % Skonto.

1. Erstellen Sie einen Angebotsvergleich und kommentieren Sie das Ergebnis. **(6 Punkte)**
2. Welche weiteren, hier nicht genannten Kriterien, sind bei der Lieferantenauswahl von Bedeutung. Nennen Sie vier Merkmale.

   (2 Punkte)

Lösung s. Seite 1078

Aufgabe 7:

13 Punkte

Anfang des neuen Jahres hat sich die Geschäftsleitung nun doch entschlossen, die neue Lagerhalle auf dem betriebseigenen Gelände zu errichten (vgl. Aufgabe 1 d). Der Generalunternehmer muss jedoch aufgrund staatlicher Auflagen (z. B. Brandschutz) die Investitionssumme auf 800.000 € erhöhen. Die Geschäftsleitung hat bereits einen Darlehensvertrag über 600.000 € zu 6 % bei einer Laufzeit von sechs Jahren unterzeichnet. Die Bank verlangt dafür verschiedene Sicherheiten (z. B. Sicherungsübereignung mehrerer Lkws). In der Gesellschafterversammlung wurde beschlossen, dass vom Jahresüberschuss der zurückliegenden Periode 1.185.000 € als Dividende ausgeschüttet werden. Durch den Bau der neuen Lagerhalle werden einige Regal- und Fördereinrichtungen überflüssig, die zu 50.000 € netto verkauft werden können.

a) Ermitteln Sie die Finanzierungslücke.

(1 Punkt)

b) Empfehlen Sie der Geschäftsleitung, mit welchen Mitteln der Innenfinanzierung die Finanzierungslücke geschlossen werden kann und nennen Sie die jeweilige Finanzierungsart.

(3 Punkte)

c) Beurteilen Sie die teilweise Fremdfinanzierung der Investition unter Berücksichtigung der Ergebnisse aus Aufgabe 1. Erläutern Sie zwei Argumente.

(3 Punkte)

d) Erläutern Sie das Instrument „Sicherungsübereignung“.

(2 Punkte)

e) Die Gloria GmbH möchte Ihre Eigenkapitalbasis durch Beteiligungsfinanzierung verbessern.

Nennen Sie zwei Möglichkeiten.

(1 Punkt)

f) Nennen Sie zwei Formen von Mezzanine Kapital und beurteilen Sie, ob diese Finanzierungsform für die Gloria GmbH infrage kommt.

(3 Punkte)

Lösung s. Seite 1079

Aufgabe 8:

12 Punkte

In Zusammenarbeit mit einigen Großkunden soll die Distributionslogistik optimiert werden. Die Geschäftsleitung hat Ihnen diese Aufgabe übertragen und die Sache als „Projekt RFID“ bewilligt. Die ersten Ergebnisse sollen in einem Meeting in neun Monaten präsentiert werden.

a) Mit welchen Fragestellungen/Entscheidungen beschäftigt sich die Distributionslogistik? Nennen Sie vier Beispiele.

(6 Punkte)

b) Nennen Sie vier Merkmale, die Sie bei der Bildung des Projektteams berücksichtigen müssen.

(2 Punkte)

c) Als Projektleiter haben Sie für das Gelingen des Projekts eine zentrale Bedeutung.

Beschreiben Sie acht Funktionen (Rollen), die Sie als Projektleiter erfüllen müssen.

(4 Punkte)

Lösung s. Seite 1080

2. Situationsaufgabe

Bearbeitungszeit: 240 Minuten
Gesamtpunktzahl: 100 Punkte

Aufgabe 1:

12 Punkte

Sie sind dabei, die Bestände Ihres Lagers zu überprüfen. Die Lagerbuchhaltung eines A-Artikels weist für die zurückliegende Periode die folgenden, monatlichen Endbestände (in Stk.) aus:

Monat	Endbestand
Januar	300
Februar	350
März	500

Monat	Endbestand
April	280
Mai	440
Juni	420

Monat	Endbestand
Juli	360
August	380
September	410

Monat	Endbestand
Oktober	300
November	340
Dezember	320

Der Lagerbestand des A-Artikels betrug am 31.12. des Vorjahres 300 Stk.

a) Wie hoch ist der durchschnittliche Lagerbestand (in Stk.)?

(4 Punkte)

b) Wie hoch ist die durchschnittliche Kapitalbindung bei einem durchschnittlichen Einstandspreis des Artikels von 30 €?

(1 Punkt)

c) Es wurde folgender Lagerabgang verzeichnet (in Stk.):

Januar	80
Februar	0
März	120

April	200
Mai	50
Juni	166

Juli	70
August	90
September	0

Oktober	180
November	130
Dezember	0

Berechnen Sie den Lagerumschlag.

(2 Punkte)

d) Berechnen Sie die durchschnittliche Lagerdauer in Tagen.

(1 Punkt)

e) Berechnen Sie auf der Basis der zurückliegenden Periode die optimale Bestellmenge sowie die optimale Bestellhäufigkeit. Den Lagerhaltungskostensatz haben Sie mit 12 % ermittelt. Die Kosten pro Bestellung betragen 25 €.

(4 Punkte)

Lösung s. Seite 1082

Aufgabe 2:

16 Punkte

Bisher wurde der Transport überwiegend mit eigenem Lkw durchgeführt. Da eine Ersatzinvestition für den Lkw erforderlich wird, soll geprüft werden, ob die Beauftragung eines Spediteurs kostengünstiger ist als der Eigentransport.

Für die Ersatzinvestition liegen folgende Daten vor:

AfA: 70.000 € p. a.; Steuern und Versicherung: 7.000 € p. a.; monatliche Gehaltskosten des Fahrers inkl. Gehaltsnebenkosten: 4.000 €; laufende Treibstoffkosten: 0,30 € pro km; lfd. Wartungskosten: 0,10 € pro km.

Das Angebot des Spediteurs lautet: mtl. Fixbetrag für Servicebereitschaft: 2.000 €; 2,20 € pro Transportkilometer.

a) Ermitteln Sie rechnerisch den kritischen km-Wert, bei dem das Angebot des Spediteurs mit den Kosten des Eigentransports identisch ist.

   (4 Punkte)

b) Zeigen Sie grafisch die Lösung von Aufgabe a) mithilfe einer Freihandzeichnung.

   (3 Punkte)

c) Neben dem Kostenvergleich gibt es generelle Kriterien, die bei der Entscheidung „Eigentransport versus Fremdtransport" herangezogen werden sollten.

   (3 Punkte)

d) Zur Messung und Optimierung des Logistikprozesses bedient man sich geeigneter Kennzahlen.

   Entwickeln Sie für den Logistikbereich „Materialfluss und Transport" zwei Wirtschaftlichkeitskennzahlen sowie zwei Qualitätskennzahlen, die geeignet sind, logistische Prozesse zu quantifizieren.

   (4 Punkte)

e) Die Geschäftsleitung fragt Sie: „Sollten wir nicht mehr auf das Transportsystem Schiene ausweichen?"

   Nennen Sie der Geschäftsleitung vier Vorteile des Transportsystems Straße.

   (2 Punkte)

Lösung s. Seite 1083

Aufgabe 3:

6 Punkte

Sie haben eine interessante Anfrage aus Südafrika bekommen. Sie wollen sich auf eine evtl. Lieferung vorbereiten und wissen, dass Incoterms u. a. die Transportkosten, das Transportrisiko und die Transportkapazität regeln.

a) Nennen Sie zu den nachfolgenden Sachverhalten den zutreffenden Incoterm.

- Der Exporteur trägt die Kosten bis an das Schiff.
- Der Exporteur trägt die Kosten bis an das Schiff einschließlich der Verladungskosten.
- Der Exporteur trägt alle Kosten des Schiffstransports inkl. Fracht- und Versicherungskosten.

(3 Punkte)

b) Beschreiben Sie die Hauptaufgabe der Institutionen WTO, Weltbank und IWF im Rahmen der Weltwirtschaft.

(3 Punkte)

Lösung s. Seite 1084

Aufgabe 4:

9 Punkte

Die Industrie- und Handelskammern empfehlen seit der Erweiterung des EU-Binnenmarktes auch den KMU (kleine und mittlere Unternehmen) sich verstärkt neue Absatzmärkte durch Direktinvestitionen zu sichern.

a) Erläutern Sie den Begriff „Direktinvestitionen“.

(1 Punkt)

b) Nennen Sie zwei Formen der Direktinvestition.

(1 Punkt)

c) Beschreiben Sie anhand von zwei Beispielen, welche Vorteile sich für KMU aus einer Direktinvestition im EU-Binnenmarkt ergeben können.

(2 Punkte)

d) Beschreiben Sie zwei Probleme, die sich aus diesen Aktivitäten ergeben können.

(2 Punkte)

e) Erläutern Sie, was man unter einem Joint Venture versteht.

(3 Punkte)

Lösung s. Seite 1085

Aufgabe 5:

10 Punkte

In Ihrer Verkaufsniederlassung in Hannover, die mit 15 Mitarbeitern besetzt ist, haben Sie geklärt, dass die Voraussetzungen für den Ausbildungsberuf „Kaufmann/Kauffrau im Einzelhandel" vorliegen. Es ist vorgesehen zunächst einen Ausbildungsplatz zu besetzen. Sie beginnen nun mit den Planungsarbeiten.

a) Nennen Sie sechs Aspekte, die Sie bei Ihrer Planungsarbeit berücksichtigen müssen.

(3 Punkte)

b) Beschreiben Sie Ihrem Ausbildungsbeauftragten, was ein Lehrgespräch ist.

(3 Punkte)

c) Erläutern Sie die einzelnen Schritte der 4-Stufen-Methode.

(4 Punkte)

Lösung s. Seite 1086

Aufgabe 6:

9 Punkte

Obwohl das Qualifikationsniveau der Mitarbeiter der Gloria GmbH gut ist, will die Geschäftsleitung in ihrem Bemühen um eine solide Personalentwicklung nicht nachlassen. „Wer rastet, der rostet", so der Geschäftsführer etwas jovial. Er beauftragt Sie, ein Personalentwicklungskonzept zu entwerfen.

Beschreiben Sie in sechs, sachlogisch gegliederten Schritten, wie Sie bei der Erstellung der Konzeption vorgehen werden.

Lösung s. Seite 1086

Aufgabe 7:

12 Punkte

Der Führungsstil des Vorgesetzten ist für das Leistungsergebnis der Mitarbeiter von zentraler Bedeutung. Er ist u. a. abhängig von der Persönlichkeit des Vorgesetzten.

a) Nennen Sie sechs weitere Faktoren, die den Führungsstil des Vorgesetzten nachhaltig beeinflussen.

(3 Punkte)

b) Man unterscheidet ein- und mehrdimensionale Führungsstile.

Vergleichen Sie den eindimensionalen und den zweidimensionalen Führungsstil.

(2 Punkte)

c) Stellen Sie das Grid-Konzept grafisch dar, tragen Sie den kooperativen und den autoritären Führungsstil in das Diagramm ein und begründen Sie die Positionierung.

(3 Punkte)

d) Nach Aussage Ihres Geschäftsführers ist nur der situative Führungsstil wirklich erfolgversprechend. Sie stimmen dem zu. Erklären Sie an einem konkreten Beispiel das Verhaltensmuster eines situativ führenden Vorgesetzten.

(4 Punkte)

Lösung s. Seite 1087

Aufgabe 8:

16 Punkte

Beim Besuch der Verkaufsniederlassung in Hannover werden Sie Zeuge, wie es mit einem Privatkunden zu Ärgernissen kommt. Der Kunde hat vor fünf Monaten das Modell „Glattschnitt" gekauft. Erst jetzt, im April, bemerkt er zu seinem Ärger, dass der Rasenmäher nach kurzer Betriebsdauer ausgeht. „Ja, und dann tritt einfach Ruhe ein. So habe ich mir das nicht vorgestellt", so der Kunde. Er lehnt die von Ihnen vorgeschlagene Reparatur ab und verlangt ein neues Gerät.

a) Erläutern Sie, welche gesetzlichen Ansprüche der Kunde hat.

(2 Punkte)

b) Muss der Kunde beweisen, dass der Defekt bereits beim Kauf des Rasenmähers vorlag? Geben Sie eine begründete Antwort.

(2 Punkte)

c) Die Strategiediskussion in Ihrem Hause hat zu einem ersten Teilergebnis geführt: Man überlegt, das Produktprogramm um eine sehr leistungsfähige Zierteichpumpe zu erweitern. Die Pumpe hat eine technische Besonderheit, die sie vom Wettbewerb abhebt und sie soll unter dem Markennamen „Gloria Klar" vertrieben werden. Als Testmarkt soll der Großraum Hannover dienen. Der Vertrieb erfolgt vorrangig über Baumärkte.

1. Entwerfen Sie aufgrund der Ausgangslage eine Preisstrategie für „Gloria Klar" und erklären Sie diese Strategie.

   (3 Punkte)

2. Die Geschäftsleitung erwartet für „Gloria Klar" eine Preisuntergrenze für die erste Periode der Produkteinführung aufgrund folgender Angaben:

hergestellte Menge = abgesetzte Menge	= 50.000 Stk./Periode
Fixkosten (Herstellung)	= 800.000 €/Periode
variable Kosten pro Stk.	= 45 €/Stk.
Markteinführungskosten	= 200.000 €
Gewinnspanne	= 20 %

   (3 Punkte)

3. Machen Sie der Geschäftsleitung einen Vorschlag, in welchem Intervall sich der tatsächliche Verbraucherendpreis von „Gloria Klar“ bewegen sollte.

   (3 Punkte)

4. Nennen Sie jeweils drei Maßnahmen der Pre-Sale- und der After-Sale-Servicepolitik, die bei „Gloria Klar“ wirksam sein können.

   (3 Punkte)

Lösung s. Seite 1088

Aufgabe 9:

4 Punkte

In der Zwischenzeit steht die erste Präsentation von Teilergebnissen des „Projekts RFID“ vor der Geschäftsleitung an. Sie bitten ein Teammitglied, Sie bei der Erstellung der Präsentationsvorlagen mithilfe eines PCs zu unterstützen.

a) Neben der Möglichkeit der Textgestaltung wollen Sie die Charts durch Einsatz verschiedener Tools (Werkzeuge) anregend gestalten.

   Nennen Sie dafür drei geeignete Werkzeuge. Außerdem wollen Sie nach Abschluss der Präsentation einigen Führungskräften, die verhindert sind, die zentralen Inhalte der Präsentation per E-Mail zuschicken. Nennen Sie ein Dateiformat, in das Sie Ihre Präsentation umwandeln werden, sodass der Inhalt vom Empfänger nicht veränderbar ist.

   (2 Punkte)

b) Beschreiben Sie zwei Ziele, die Sie mit Ihrer Präsentation erreichen wollen.

   (2 Punkte)

Lösung s. Seite 1090

Aufgabe 10:

6 Punkte

Der Lieferant Herbig teilt mit, dass im kommenden Monat wegen eines Betriebsunfalls vorübergehend nur 7.000 m eines Spezialkabels geliefert werden können. Sie wissen, dass es nicht lohnend ist, für diese kurze Zeit einen Ersatzlieferanten zu recherchieren. Weitere Fertigungsbeschränkungen existieren nicht.

Ermitteln Sie unter diesen Bedingungen das optimale Fertigungsprogramm für den kommenden Monat.

Dazu liegen Ihnen aus der Kosten- und Leistungsrechnung folgende Daten vor:

	Produkt 1	Produkt 2	Produkt 3
Verkaufspreis (€/Stk.), p	350	200	450
Plan-Absatz für den kommenden Monat (Stk./Monat), x	1.400	8.700	2.700
Kabellänge: Verbrauch pro Stk. (m)	1,0	0,5	2,0
variable Kosten (€/Stk.), k_v	160	110	180

Lösung s. Seite 1090

1. Betriebliches Management

1.1 Betriebliche Planungsprozesse

Lösung zu Aufgabe 1: Betriebliches Zielsystem

a) Strategische Erfolgsfaktoren sind unternehmensspezifische Voraussetzungen, die für die Realisierung des späteren Erfolgs notwendig, beizubehalten und/oder zu entwickeln sind.

Beispiele:

- die Qualität der Unternehmensführung
- die Qualifikation des Personals
- die Leistungsfähigkeit der Organisation
- die Investitionsintensität in Produktentwicklung und Service
- Bekanntheitsgrad und Marke.

b) Die Umweltanalyse umfasst vor allem folgende Faktoren:

- das politische Umfeld
- die gesetzlichen Umweltbedingungen
- die gesellschaftliche Entwicklung
- die gesamtwirtschaftliche Entwicklung
- die ökologische Umwelt
- die technologische Umwelt.

Lösung zu Aufgabe 2: Formulierung operativer Zielvorstellungen

a) Bestandteile einer messbaren Zielformulierung:

- Zielinhalt
- Zielausmaß
- Zielzeitpunkt.

b) Beispiel: *„Die Fehlzeitenrate soll bis 31.12 auf 6 % gesenkt werden."*

Lösung zu Aufgabe 3: Zielarten, Zielbeziehungen

a) Fall 1: komplementäre Zielbeziehung

Fall 2: konkurrierende Zielbeziehung

Fall 3: indifferente Zielbeziehung.

b) 1. Steigerung des Gewinns/Steigerung des Umsatzes
→ Fall 1

2. Steigerung des Gewinns/Senkung der Kosten
→ Fall 1

3. Verminderung der Umweltbelastung/Verbesserung der Altersstruktur
→ Fall 3
4. Erhöhung des Marktanteils/Verbesserung des Firmenimage
→ Fall 1 oder Fall 2 oder Fall 3
5. Sicherung der Beschäftigung/Verbesserung der Produktqualität
→ Fall 1
6. Gewinnsteigerung/Verbesserung der Personalentwicklung
→ Fall 2.

c) 6. Gewinnsteigerung/Verbesserung der Personalentwicklung:

- **Kurzfristig** stehen beide Ziele in Konkurrenz zueinander:

  Maßnahmen der Personalentwicklung führen kurzfristig zu Kostensteigerungen und damit zunächst zu einer Gewinnreduzierung.

- **Langfristig** können Investitionen im Personalsektor (PE) die Qualifikation der Mitarbeiter erhöhen, zu einem schwer imitierbaren Wettbewerbsvorteil werden und damit auf lange Sicht die Ertragssituation des Unternehmens verbessern.

d)
- strategische Ziele, z. B.:
  - langfristiger Zeithorizont
  - relativ hohes Abstraktionsniveau
  - geringer Detaillierungsgrad
  - Globalkennziffern.
- Beispiele:
  3. Verminderung der Umweltbelastung/Verbesserung der Altersstruktur
  4. Erhöhung des Marktanteils/Verbesserung des Firmenimage
  5. Sicherung der Beschäftigung/Verbesserung der Produktqualität.

e) Beispiele:

- Verbesserung der Altersstruktur
- Verbesserung des Firmenimage
- Verbesserung der Personalentwicklung.

Lösung zu Aufgabe 4: Zielkonflikt: Shareholder Value und Stakeholder Value

a) **Shareholder Value:**

Wert des Unternehmens für die Anteilseigner, Aktionäre, Betonung der Realisierung wirtschaftlicher Ziele wie Gewinnmaximierung, Marktanteilserhöhung, Aktienkurs.

Stakeholder Value:

Wert eines Unternehmens unter Einbeziehung der Interessen der Belegschaft, Betonung der sozialen Ziele wie Lohnniveau, Sozialleistungen, Unternehmenskultur.

Kurzfristig ist der Zielkonflikt nicht überwindbar. Langfristig besteht die Möglichkeit, dass beide Ziele sich ergänzen.

b) **Argumente aus der Sicht der Gewerkschaft:**

- Die Arbeitnehmer tragen zur guten Ertragslage des Unternehmens bei und sollten deswegen auch daran teilhaben.
- Die Arbeitnehmer benötigen einen Ausgleich für den Anstieg der Lebenshaltungskosten.
- Die Produktivitätsverbesserung ist auch dem Faktor Arbeit zuzurechnen.
- Eine angemessene Lohnanhebung dient als Leistungsanreiz/Motivation.

Argumente aus der Sicht der Unternehmer:

- Die Lohnsteigerungen führen „automatisch" zu Kostensteigerungen; dies mindert den Gewinn und damit auch die Finanzkraft des Unternehmens (Finanzierung zukünftiger Investitionen aus Überschussanteilen).
- Der Absatzmarkt lässt eine Überwälzung steigender Lohnkosten auf die Preise nicht zu.
- Lohnsteigerungen haben eine negative Wirkung auf den Aktienkurs.
- Die Produktivitätssteigerung ist allein dem Faktor Kapital (Neuinvestition: neue Fertigungsstraße) zuzurechnen.

Lösung zu Aufgabe 5: Finanzwirtschaftliche Zielkonflikte

Finanzwirtschaftliche Zielkonflikte (Beispiele)	
Rentabilität ↑↓ Liquidität	Das Bereithalten liquider Mittel kann die ertragreiche Anlage von Kapital (Investition) ausschließen.
	Langfristig können positive Ertragslagen nur gesichert werden, wenn kontinuierlich die erforderlichen Investitionen getätigt werden. Dies kann zu Liquiditätsengpässen führen.
Rentabilität ↑↓ Sicherheit	In der Regel sind ertragreiche Investitionen mit höheren Risiken verbunden.
	Unter dem Aspekt der Sicherheit könnte eine möglichst hohe Finanzierung durch Eigenkapital gefordert werden. Dagegen kann die Aufnahme von Fremdkapital aufgrund des positiven Leverage-Effektes stehen.
Liquidität ↑↓ Unabhängigkeit	Die Aufnahme von Fremdkapital führt zu hoher Liquidität und damit zur Abhängigkeit von Kreditgebern.

Lösung zu Aufgabe 6: Zusammenhang von strategischer und operativer Planung

Planung ist die zweite Stufe im Prozess der Unternehmensführung. Ihr vorgeschaltet ist die Formulierung der Unternehmensziele. Ziele sind (möglichst) messbare Größen und Maßstab des unternehmerischen Handels. Insofern hat das **Zielsystem Vorgabecharakter für die Planung.**

Die strategische Planung ist langfristig und potenzialorientiert (Erfolgspotenziale: Marktchancen, SGE/SGF, zukunftsträchtige Produkte). Sie hat den Charakter der Vorsteuerung für die operative Planung.

Die operative Planung ist aus der strategischen Planung abzuleiten. Sie ist kurzfristig und ergebnisorientiert (Umsatz, Gewinn, Cashflow, ROI).

Lösung zu Aufgabe 7: Strategische Erfolgsfaktoren

Die Aussage ist einseitig und trifft so nicht zu: Eine hohe Qualität der Unternehmensführung ist zwar ein wichtiger Faktor für den Erfolg des Unternehmens und gehört zu den sog. internen Erfolgsfaktoren. Daneben gibt es jedoch noch weitere interne Faktoren wie z. B. Qualifikation der Mitarbeiter, Standort, Finanzausstattung, Kostenniveau und -struktur usw.; außerdem dürfen externe Faktoren nicht außer Acht gelassen werden, z. B. Konjunkturentwicklung, politische Rahmenbedingungen, Weltwirtschaft usw.

Lösung zu Aufgabe 8: Wirtschaftlichkeit der Planungsinstrumente

a) Die Aussage des Betriebsratsvorsitzenden ist nicht zutreffend: Abgesehen von Maßnahmen im Bereich der Routineaufgaben müssen die Instrumente zur Planung und Kontrolle einer wirtschaftlichen Unternehmensführung selbst dem Prinzip der Wirtschaftlichkeit unterzogen werden. Aufwand und Ertrag (Kosten und Leistungen/Nutzen) müssen gerechtfertigt sein. Ein „bloßer Aktionismus" – wie vom Vorsitzenden gefordert, ist nicht förderlich bzw. zielorientiert und verschwendet wertvolle Ressourcen (z. B. Finanzmittel, Arbeitskraft, Energie).

b) Als Instrumente zur Planung und Kontrolle einer wirtschaftlichen Unternehmensführung kommen z. B. in Betracht:

- die Break-even-Analyse
- die Stärken-Schwächen-Analyse
- die Wertanalyse
- die Nutzenanalyse
- Benchmarking
- Operation Research (OR)
- die ABC-Analyse
- die Investitionsrechnung
- die Vergleichsrechnung (Soll-Ist-Vergleich, Ist-Ist-Vergleich)

- die Planungsrechnung
- Betriebsstatistiken
- die Analyse relevanter betrieblicher Kennzahlen z. B. Wirtschaftlichkeit, Produktivität, Liquidität, Rentabilität, ROI).

Lösung zu Aufgabe 9: Benchmarking

a) **Benchmarking** (Begriff, Inhalt):
Benchmarking ist ein kontinuierlicher und systematischer Vergleich der eigenen Effizienz in Produktivität, Qualität und Prozessablauf mit den Unternehmen und Organisationen, die Spitzenleistungen repräsentieren (Konkurrenten und Nicht-Konkurrenten).

b) **Formen des Benchmarking:**

- **Internes Benchmarking** ist vor allem zum Einstieg empfohlen, da hierbei Befürchtungen vor dem Instrument genommen werden. Es werden damit meist innerbetriebliche Prozesse bei Konzernen analysiert und optimiert.
- Beim **externen/wettbewerbsorientierten Benchmarking** werden die internen Prozesse, Produkte und Beziehungen mit denen von Wettbewerbern verglichen.
- **Funktionales Benchmarking:** Hier wird der Vergleich mit einem Benchmarkpartner durchgeführt, der auf einem anderen Sektor als das eigene Unternehmen tätig ist (Beispiel: ein Versandhaus wird als Maßstab für die Optimierung im Bereich der Kommissionierung gewählt).
- Beim **System-Benchmarking** wird ein unternehmensumfassender Vergleich durchgeführt.

c) **Phasen des Benchmarking:**

1. Vorbereitung
2. Bestimmen des Gegenstandes des Benchmarking: betrieblicher Funktionsbereich mit seinen „Produkten" (physische Produkte, Aufträge, Berichte).
3. Leistungsbeurteilungsgrößen: ausgewählte monetäre und nicht-monetäre Kennzahlen (z. B. im Personalbereich: Funktions-, Krankheits-, Lohnquote).
4. Vergleichsunternehmen festlegen: Konkurrenten und Nicht-Konkurrenten
5. Informationsquellen bestimmen: Primär- und Sekundärinformationen (z. B. Betriebsbesichtigungen bzw. Jahresberichte, Tagungsbände, externe Datenbanken)
6. Analyse des Datenmaterials
7. Bestimmen der Leistungslücken: Kosten- und Qualitätsunterschiede in Bezug auf das Vergleichsunternehmen
8. Ursachen der Leistungslücken ermitteln
9. Maßnahmen umsetzen
10. Erfolg der Maßnahmen kontrollieren.

d) ► Aktualität der Datenbasis
► Festlegung des Vergleichsunternehmens
► Auffinden adäquater Vergleichsdaten
► Begrenztheit der Quellen
► Datenschutz.

Lösung zu Aufgabe 10: Zeitvergleich (Soll-Ist-Vergleich, Ist-Ist-Vergleich)

a) 1. ► **Ist-Ist-Vergleich, Aspekt „Menge"** (Absatz):

Absatz Jahr 1: 450

Absatz Jahr 2: 460

Die Änderungsrate Δ x lautet allgemein:

$$\Delta x = \frac{x_{t1} - x_{t0}}{x_{t0}} \cdot 100$$

$$= \frac{x_2 - x_1}{x_1} \cdot 100$$

$$= \frac{460 - 450}{450} \cdot 100 = 2{,}22\ \%$$

► **Ist-Ist-Vergleich, Aspekt „Wert" (Umsatz):**

Die Berechnung erfolgt analog zu oben:

$$\Delta U = \frac{45.200 - 40.400}{40.400} \cdot 100 = 11{,}88\ \%$$

► **Ist-Ist-Vergleich, Aspekt „Erlöse pro Stück":**

Jahr 1: 40.400 : 450 = 89,78 €

Jahr 2: 45.200 : 460 = 98,26 €

$$\Delta U/Stk. = \frac{98{,}26 - 89{,}78}{89{,}78} \cdot 100 = 9{,}45\ \%$$

2. ► **Soll-Ist-Vergleich, Aspekt „Menge":**

Die Änderungsrate lautet:

$$\Delta x = \frac{x_{Ist} - x_{Soll}}{x_{Soll}} \cdot 100$$

$$= \frac{460 - 450}{450} \cdot 100 = 2{,}22\ \%$$

- **Soll-Ist-Vergleich, Aspekt „Wert“:**

$$\Delta U = \frac{45.200 - 48.000}{48.000} \cdot 100 = -5{,}83\ \%$$

- **Soll-Ist-Vergleich, Aspekt „Erlöse pro Stück“:**

$$\Delta U/Stk. = \frac{98{,}26 - 106{,}67}{106{,}67} \cdot 100 = -7{,}88\ \%$$

b) Die Präsentation könnte folgendermaßen aussehen:

- Präsentation als Tabelle:

	Veränderungen gegenüber dem Vorjahr (Jahr 2/Jahr 1)	Abweichungen vom Budget (Ist Jahr 2/Soll Jahr 2)
Absatz	2,22 %	2,22 %
Umsatz	11,88 %	- 5,83 %
Erlöse pro Stück	9,45 %	- 7,88 %

- Präsentation als Chart in Form eines Säulendiagramms:

Innerbetrieblicher Vergleich der Kennzahlen Jahr 2/Jahr 1 (Soll-Ist, Ist-Ist):

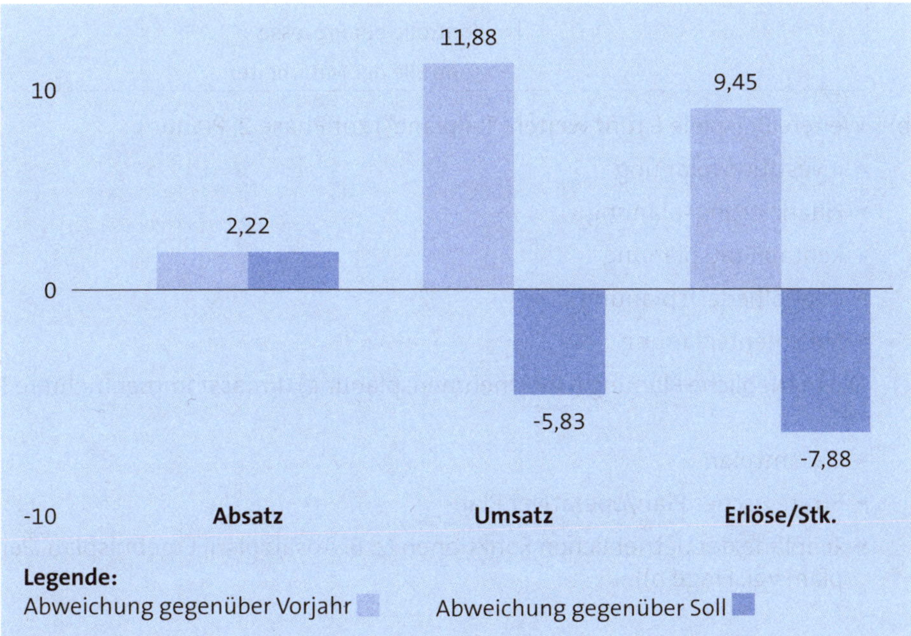

Gesamtkommentar:

- Der **Umsatz** stieg deutlich an, blieb aber um rund 6 % unter Plan.
- Der **Absatz** stieg leicht an und war geringfügig über Plan.
- Der **Umsatz** pro Stück stieg deutlich an, blieb aber um rund 8 % unter Plan.

Lösung zu Aufgabe 11: Prozess der Unternehmensführung (Managementprozess), Entscheidungsprozess in der betrieblichen Planung

a)

Prozess der Unternehmensführung		
	Phasen	**Beispiele**
1.	**Betriebliches Zielsystem** ↓	► Nettoumsatz: 1,6 Mio. € p.a. ► Handelsspanne: 16 %
2.	**Planung** ↓	► Standort: Woldekg ► Verkaufsfläche: 600 m^2 ► Mitarbeiteranzahl: 5
3.	**Organisation** ↓	► Aufbaustruktur ► Ablaufstruktur
4.	**Durchführung** ↓	► Verkaufsraum pachten ► Personal beschaffen ► Ware beschaffen und präsentieren
5.	**Kontrolle**	► Kontrolle der Umsatz-/Ergebniszahlen ► Kontrolle der Prozesse ► Kontrolle der Mitarbeiter

b) Weitere Beispiele („fünf weitere Teilpläne") zur Phase 2, Planung:

- Investitionsplanung
- Finanzierungsplanung
- Rentabilitätsplanung
- Kapitalbedarfsplanung
- Sortimentsplanung.

c) Die betriebliche Planung (Unternehmensplanung) umfasst immer mehrere Teilpläne:

- Gesamtplan
- Strategischer Plan/operativer Plan
- Teilpläne der betrieblichen Funktionen (z. B. Absatzplan, Ergebnisplan, Personalplan; vgl. Frage b)).

Jede Teilplanung durchläuft einen Entscheidungsprozess in folgenden Schritten:

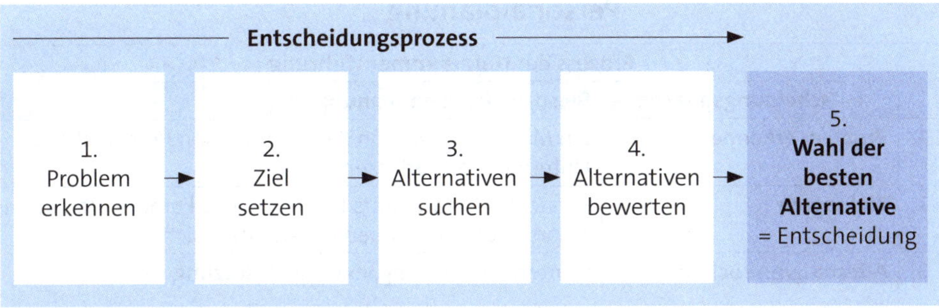

Beispiel für den Entscheidungsprozess im Rahmen der Investitionsplanung:

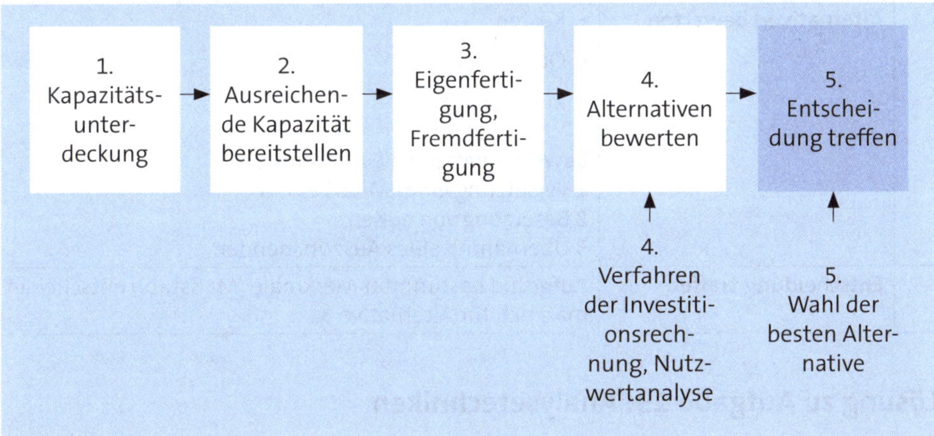

Lösung zu Aufgabe 12: Entscheidungsprozess in der betrieblichen Personalplanung

Prozess der Unternehmensführung		
	Entscheidungsphasen	Beispiel „Personalplanung“
1.	**Problem erkennen**	Ein Mitarbeiter wird in der kommenden Jahreshälfte das Unternehmen verlassen.
2.	**Ziel setzen**	Ersatz des Mitarbeiters bis Ende März kommenden Jahres; Einarbeitung des neuen Mitarbeiters sichern.
3.	**Alternativen suchen**	► interne Besetzung, externe Besetzung ► befristete/unbefristete Einstellung ► Zeitarbeitsunternehmen (Personalleasing)
4.	**Alternativen bewerten**	► Kosten ► Qualifikation ► Zuverlässigkeit Bewertet werden die Alternativen: 1 Versetzung eines Mitarbeiters 2 Besetzung von außen 3 Übernahme eines Auszubildenden
5.	**Entscheidung treffen**	Aufgrund bestimmter Merkmale (Maßstab!) entscheidet man sich für Alternative 3.

Lösung zu Aufgabe 13: Analysetechniken

Prozessportfolio:
Die Aufgaben werden in eine Matrix nach dem „Eisenhower-Prinzip“ (wichtig/dringlich) unterteilt: z. B. werden A-Aufgaben (sehr wichtig/sehr dringlich) sofort selbst wahrgenommen.

ABC-Analyse:
Die Aufgaben werden entsprechend ihrer Häufigkeit in A-, B- und C-Aufgaben eingeteilt. Im Ergebnis: Die Erfüllung von A-Aufgaben erbringt häufig bereits 60 bis 80 % des Leistungssolls. Diese Aufgaben stehen im Vordergrund.

Flussanalyse:
Die Teilprozesse (Tätigkeiten) werden in ihrem logischen Ablauf dargestellt (Fluss-/Balkendiagramm, Netzplantechnik).

Weitere Techniken, z. B. Benchmarking, Stärken-Schwächen-Analyse, Zeit-/Mengen-Analysen.

Lösung zu Aufgabe 14: Planung als Abfolge von Entscheidungsprozessen

1. Problemformulierung
2. Informationsbeschaffung
3. Entwicklung von Planalternativen
4. Bewertung der ausgearbeiteten Alternativen
5. Auswahl und Entscheidung
6. Realisierung
7. Kontrolle
8. Abweichungsanalyse.

1. **Problemformulierung**
   Die Unternehmensleitung sucht einen Weg, erfolgreich zu wirtschaften und Gewinne zu erzielen. Die Zielplanung weiß zwar, dass ein attraktives Leistungsangebot erforderlich ist, um dieses Ziel zu erreichen, aber sie weiß noch nicht genau, wie dieses Leistungsangebot aussehen soll. Hieraus ergibt sich die Problemformulierung (z. B. Welche Produkte? Welche Märkte? Mit welchen Ressourcen?).
2. **Informationsbeschaffung**
   Es werden die für die Planung relevanten Informationen beschafft. Das sind in erster Linie Informationen vom Absatzmarkt und den Beschaffungsmärkten (Produktionsfaktoren).
3. **Entwicklung von Planalternativen**
   Die Entwicklung von Planalternativen ist im Planungsprozess ein ganz entscheidender Punkt, der bei allen Methoden der Entscheidungsfindung vorkommt. Ohne Alternativen ist nicht nur die Flexibilität der Planung geringer als mit Alternativen, sondern die Entscheidungen der Planer gewinnen auch wesentlich mehr an Sicherheit, die sich daraus ergibt, dass der Vergleich der Planalternativen eine intensive Beschäftigung mit der Planungsaufgabe und deren Problemen erzwingt. Unter Umständen ist auch die Beschaffung zusätzlicher Informationen erforderlich.
4. **Bewertung der ausgearbeiteten Alternativen**
   Bei der Bewertung der Planalternativen ergeben sich unter Umständen weitere Fragen, die vorher nicht gestellt wurden und die weitere zusätzliche Informationen erfordern. Außerdem müssen Bewertungsmerkmale ausgearbeitet werden. Das steigert die Sicherheit der Entscheidungen zusätzlich. Besonders die Bewertung qualitativer Merkmale ist nicht einfach, darf aber nicht unterlassen werden. Bei der Bewertung der Planalternativen sollte auch an die Durchsetzbarkeit der Planung bei Aufsichtsräten, Betriebsräten, Mitarbeitern und Behörden gedacht werden. Im Zusammenhang mit der Durchsetzbarkeit ist auch darüber nachzudenken, wie die Planungsentscheidungen am verständlichsten formuliert und am wirkungsvollsten präsentiert werden können.

5. **Auswahl und Entscheidung**
   Es wird die am besten erscheinende Alternative ausgewählt (Entscheidung). Da hierbei aus einer Menge von Alternativen ausgewählt wird, kann man sicher sein, dass meist die beste, zumindest aber eine gute Alternative für die Verwirklichung vorgesehen wird.

6. **Realisierung**
   Der ausgewählte Weg wird beschritten, die geplanten Maßnahmen werden realisiert.

7. **Kontrolle**
   Die erzielten Ergebnisse, z. B. Umsatz, Handelsspanne oder Kosten werden kontrolliert. Die tatsächlichen Ist-Werte werden den Soll-Werten der Planung gegenübergestellt.

8. **Abweichungsanalyse**
   Die Analyse der Ursachen von Abweichungen ist sowohl bei Nichterreichen des Soll-Wertes wie auch bei einem Übertreffen erforderlich: Werden z. B. Marketing-Ziele übertroffen oder Kosten-Ziele unterschritten, so hat dies zur Folge, dass man Marktchancen nicht ausreichend nutzt oder möglicherweise Einsparungspotenziale bei den Kosten übersieht.

1.2 Organisations- und Personalentwicklung

Lösung zu Aufgabe 1: Auswirkungen betrieblicher Planungsprozesse auf die Organisation

a)
- **Ausrichtung des Unternehmens** auf veränderte politische und wirtschaftliche Bedingungen (Standortdiskussion in Deutschland, hohes Niveau der Lohn- und Lohnnebenkosten, Internationalisierung der Märkte, EU, Euro u. Ä.).
- **Reduzierung der Hierarchien:** Lean Management, Lean Production mit den Einzelzielen:
  - Verbesserung der Produktqualität und der Kundenbeziehungen
  - Reduzierung der Kosten durch verbesserte Wertschöpfung („Wofür der Kunde bereit ist zu zahlen“)
  - Beschleunigung der Produktentwicklungen und der Arbeitsabläufe in Produktion und Administration
  - Eliminierung von Verschwendungen („Wofür der Kunde nicht bereit ist zu zahlen“).
- **neue Strukturen der Arbeitsorganisation:** autonome/teilautonome Gruppen, Teamarbeit/Teamorganisation, Kontinuierliche Verbesserungsprozesse (KVP), Qualitätsmanagement (QM, TQM)

- **Steigerung der Flexibilität** durch Gruppenarbeit
- **leistungswirksame Motivation** durch angereicherte Arbeit
- **Vorbereitung und Durchführung von Zertifizierungsmaßnahmen** (DIN ISO 9001:2015).

b) - **Reduzierung der Hierarchien:**
    - Reduzierung von sechs auf vier Leitungsebenen; z. B. Wegfall der Ebenen „Direktoren“ und „Gruppenleiter“
    - Neuordnung von Aufgabenbereichen, veränderte Stellenzuordnung, Reduzierung von Stellen
    - Erweiterung der Leitungsspanne in geeigneten Bereichen.
  - **Konsequenzen:**
    - Reduzierung der Anzahl der Führungskräfte (Vorruhestand u. Ä.)
    - verstärkte Delegation von Verantwortung bis „hinunter” zur Ausführungsebene (Sachbearbeiter, Gewerbliche) und damit Anreizwirkung
    - Frustration bei den Führungskräften; evtl. Überforderung der verbleibenden Führungsebenen; ggf. Eigenkündigungen bei Führungskräften.

c) Maßnahmen der OE und PE im neuen Produktionswerk, z. B.
  - Informationsveranstaltungen und Qualifizierung der Mitarbeiter, z. B.:
    - neue Organisation, neue Abläufe (Prozesse), Arbeitsverfahren usw.
    - Gruppenarbeit (KVP, Kaizen, Inselfertigung u. Ä.)
    - Ausbildung von Teamsprechern
    - Qualifizierung der Mitarbeiter für neue Technologien (CNC, DNC, Fertigungsstraßen u. Ä.)
  - Überprüfung der Effizienz der neuen Orga-Strukturen; ggf. Nachbesserung
  - neue Formen der Entlohnung entwickeln und Akzeptanz finden (Betriebsrat, Mitarbeiter)
  - Überprüfen und Optimieren der Prozesse (JiT-Anlieferung, Kanban-System, Inselfertigung u. Ä.).

Lösung zu Aufgabe 2: Konzepte der Organisationsentwicklung

Konzepte der Organisationsentwicklung				
Konzepte	**Merkmale**			
	Zielsetzung	**Kernelemente**	**Rolle des Vorgesetzten**	**Rolle des Mitarbeiters**
Change Management	bewusst geplante Veränderungen gemeinsam durchführen	lernende Organisation	Steuern der Prozesse	aktive Beteiligung
Balanced Scorecard	Steigerung des Unternehmenserfolgs	logisches System von Zielvorgaben und Messgrößen	Prozesssteuerung	aktiv, eigenverantwortlich
KVP	Verbesserung aller Prozesse	Moderator	aktiv, eigenverantwortlich, kreativ	Zusammenarbeit in Gruppen
Kanban	Produktion auf Abruf	Kanban-Karte; Regelkreis: Erzeugung bis Verbrauch	Prozesssteuerung	aktiv, eigenverantwortlich
Reengineering	Gestaltung der wichtigsten Geschäftsprozesse	(revolutionäre) Neugestaltung der Organisation	Prozesssteuerung	-
Lean Management	Konzentration auf die Wertschöpfungsprozesse	kundenorientierte schlanke Hierarchien	aktive Beteiligung, Verschwendung erkennen und vermeiden	

Lösung zu Aufgabe 3: Klassische Organisationslehre und Organisationsentwicklung (OE) im Vergleich

a)

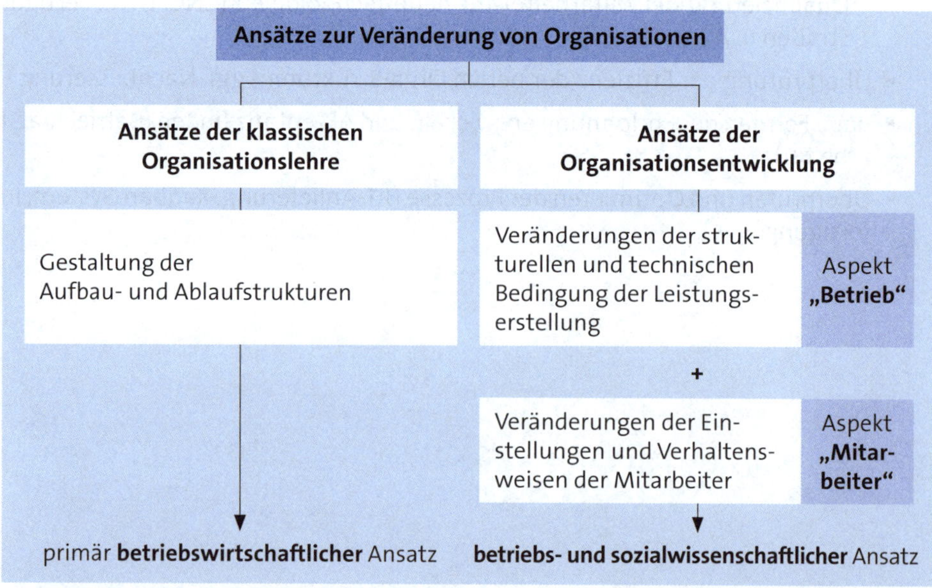

b) ► Schaffen eines offenen, problemlösenden Klimas innerhalb der Organisation.

► Ergänzen der (auf Rolle und Status basierenden) Autorität aufgrund von Wissen und Können.

► Lokalisieren der Verantwortlichkeiten in größtmöglicher Nähe zu den Informationsquellen.

► Schaffen von Vertrauen unter Mitarbeitern und Gruppen (Abteilungen) innerhalb der gesamten Organisation.

► Anpassen des Leistungswettbewerbs an die Arbeitsziele und Verstärken der gemeinsamen Anstrengungen.

► Entwickeln eines Belohnungssystems, das sowohl die Leistung der Organisation hinsichtlich ihrer Ziele (Profit) als auch ihre Entwicklung (Wachsen der Personen) berücksichtigt.

► Unterstützung der Managerhandlungen in Bezug auf die relevanten Ziele und nicht entsprechend „früherer Praktiken" oder Ziele.

► Steigern der Selbstkontrolle und Selbstlenkung der Personen innerhalb der Organisation.

Quelle: in Anlehnung an: *Staehle, 2014*

c)

Erscheinungsformen des Widerstandes gegen geplante Veränderungen	
eher offen, z. B.:	**eher verdeckt**, z. B.:
► Streik ► explizite Ablehnung der Veränderung ► laufende (unnötige) Diskussion statt Umsetzung	► erhöhte Fehlzeiten ► nachlassende Leistung ► sinkendes Qualitätsbewusstsein ► Wunsch nach Versetzung („in einen ruhigeren Arbeitsbereich")

d) Argumente der Mitarbeiter gegen geplante Veränderungen, z. B.:

► Widerstand aus Unwissenheit, mangelnder Information: *„Kann ich mir nicht vorstellen."*

► Widerstand wegen Beharrens auf dem status quo: *„Das war schon immer so."*

► Widerstand aus sozialen Gründen, Angst vor fehlender sozialer Akzeptanz des Wandels (Verschlankung der Organisation, Abbau von Ebenen, sozialer Abstieg): *„Ich glaube nicht, dass das Vorteile bringt."*

► Ebenso: Widerstand aus interpersonalen Gründen (Freunde und Kollegen akzeptieren den Wandel auch nicht).

► Widerstand aus der Überzeugung heraus, dass man es selbst am besten weiß: *„Die da oben haben doch keine Ahnung."*

► Widerstand aufgrund von Erfahrung; beim Ausprobieren merkt man, dass man das Neue nicht mag: *„Damals, als wir ... hat das auch nicht geklappt."*

e) [x] Information
[x] Partizipation
[x] Unterstützung/Hilfe
[x] Beteiligung der Arbeitnehmervertreter
[ ] Manipulation
[ ] Zwang, Einsatz von Macht
[ ] Entlassung der „Widerständler".

Lösung zu Aufgabe 4: Phasen des OE-Prozesses nach K. Lewin

a) und b)

1.	**Unfreezing**	„Auftauen" des Sozialsystems: Überprüfung und Infragestellung von Einstellungen, Werten und Verhaltensweisen der betroffenen Systemmitglieder; Motivation für eine Änderung wecken; Sicherheit trotz Wandel vermitteln. **Beispiel:** Auswirkungen der Veränderung auf die Mitarbeiter darstellen und die Vorzüge der neuen Ablauforganisation vermitteln. Die Meinung der Mitarbeiter erfragen und Bedenken ausräumen. Die Mitarbeiter um Unterstützung bitten.

↓

2.	**Moving**	Neue Verhaltensweisen und Arbeitsabläufe entwickeln, erproben, übernehmen und ggf. strukturell absichern. **Beispiel:** Die neuen Abläufe standardisieren und in Pilotprojekten unter Mitwirkung der Betroffenen einüben; ggf. die Prozesse verbessern und neu strukturieren.

↓

3.	**Refreezing**	„Refreezing" ist nicht wörtlich zu verstehen, sondern als Stabilisierung und Konsolidierung der neuen, offiziell legitimierten Verhaltensweisen und organisatorischen Regeln aufzufassen. **Beispiel:** Überprüfen, ob die veränderten Verhaltensmuster und Arbeitsanweisungen beibehalten werden und sich bewähren.

c) **Ergonomie:**
Lehre von der Erforschung der menschlichen Arbeit; untersucht werden die Eigenarten und Fähigkeiten des menschlichen Organismus, z. B.: „Wann führt dauerndes Heben von Lasten zu gesundheitlichen Schäden?" Die Ergebnisse dienen dem Bestreben, die Arbeit dem Menschen anzupassen und die menschlichen Fähigkeiten wirtschaftlich einzusetzen.

Humanisierung der Arbeit ist die umfassende Bezeichnung für alle Maßnahmen, die auf die menschengerechte Verbesserung der Arbeitsinhalte und der Arbeitsbedingungen gerichtet sind.

Lösung zu Aufgabe 5: Ziele der Arbeitsplatzgestaltung

Die Arbeitsplatzgestaltung versucht z. B. folgende Ziele zu realisieren:

- Bewegungsvereinfachung
- Bewegungsverdichtung
- Mechanisierung/Teilmechanisierung
- Aufgabenerweiterung
- Verbesserung
  - der Ergonomie
  - des Wirkungsgrades menschlicher Arbeit
  - der Sicherheit am Arbeitsplatz
  - der Motivation
- Vermeidung von Erkrankungen/Berufskrankheiten
- Reduzierung des Absentismus.

Ziele	Beispiele
Bewegungsvereinfachung	► Materialanschläge ► Vermeidung von Drehbewegungen ► Verkürzen der Bewegung
Bewegungsverdichtung	► Zusammenlegung von Vorgängen ► Kopplung von manueller Arbeit und mechanischer Unterstützung ► Verbindung von Hand- und Fußarbeit
Mechanisierung/ Teilmechanisierung	► Verwendung von druckluftunterstützten Werkzeugen ► Fördervorrichtungen
Aufgabenerweiterung	► Zusammenlegung von ausführender und kontrollierender Tätigkeit ► Aufnahme zusätzlicher Arbeiten mit erweiterter Kompetenzzuweisung
Verbesserung der Ergonomie	► vgl. dazu die Beispiele oben
Verbesserung des Wirkungsgrades menschlicher Arbeit	► Hebe- und Biegevorrichtungen
Verbesserung der Sicherheit am Arbeitsplatz	► Überprüfung, ob die Sicherheitsvorschriften beachtet werden ► Gefährdungsanalyse und Einleitung ggf. erforderlicher Maßnahmen

Ziele	Beispiele
Verbesserung der Motivation	▸ Leistungslohn ▸ Job Enrichment/Job Enlargement ▸ Job Rotation ▸ Teilautonomie
Vermeidung von Erkrankungen/ Berufskrankheiten	▸ Gefährdungsanalyse ▸ Begutachtung durch den werksärztlichen Dienst ▸ Beachtung der Fehlzeiten/Fluktuation ▸ Mitteilungen der Berufsgenossenschaften
Reduzierung des Absentismus (Abwesenheit)	▸ Kombination der o. g. Maßnahmen ▸ situationsgerechte Mitarbeiterführung

Lösung zu Aufgabe 6: Lernende Organisation

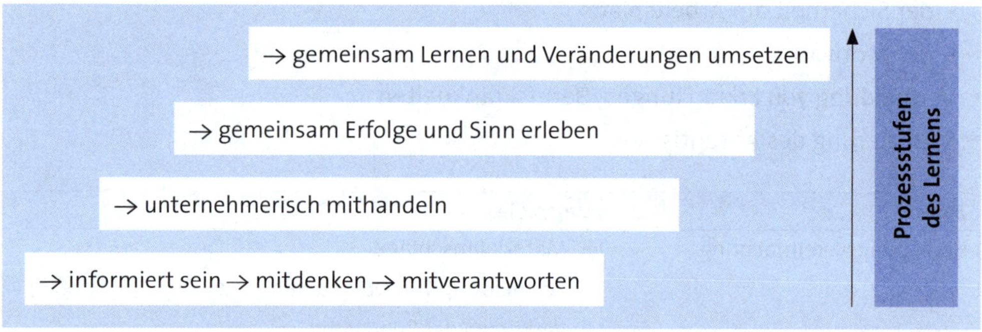

Als eine der wichtigsten Erweiterungen des OE-Ansatzes kann das Konzept der lernenden Organisation beziehungsweise des organisationalen Lernens bezeichnet werden.

MERKE

Unter organisationalem Lernen ist der Prozess der Erhöhung und Veränderung der organisationalen Wert- und Wissensbasis, die Verbesserung der Problemlösungs- und Handlungskompetenz sowie die Veränderung des gemeinsamen Bezugsrahmens von und für Mitglieder innerhalb der Organisation zu verstehen.

Organisationales Lernen schafft eine Brücke zwischen OE und PE: Durch die **Kollektivierung individuellen Wissens** – die Organisationsmitglieder müssen bereit sein, ihr Wissen in die Organisation einzubringen – und die **Institutionalisierung kollektiven Wissens** wird eine Brücke zwischen der PE und der OE aufgebaut und dadurch ein permanentes, schnelles und ganzheitliches Lernen gefördert.

Vereinfacht lässt sich die „Lernende Organisation" mit „Veränderungsprozesse durch Lernprozesse" umschreiben. Dies umfasst z. B. folgende Maßnahmen:

- Personalentwicklung: persönliche Ziele der Mitarbeiter konsequent verfolgen, klären und vertiefen
- Arbeitszeit, Arbeitsumgebung: tief verwurzelte Annahmen kritisch hinterfragen
- Führungstechniken: Entwicklung einer gemeinsamen Vision von oben nach unten (mehr Entscheidungskompetenzen und Verantwortung für Mitarbeiter)
- Team-Lernen, Entwicklung von Teamstrukturen: ganzheitliche Betrachtung des Zusammenspiels der Organisationseinheiten
- Systemdenken: Gestaltung der Informations- und Kommunikationstechniken.

Lösung zu Aufgabe 7: Managen von Veränderungsprozessen

Veränderungsprozesse managen heißt,

- die derzeitige Ist-Situation richtig erfassen und bewerten,
- Lösungsansätze (gemeinsam) erarbeiten und bewerten,
- das System/den Prozess umbauen,
- für die Einführung sorgen und
- die Erhaltung des Systemumbaus sichern.

Lösung zu Aufgabe 8: Personalentwicklungskonzeption

Die Personalentwicklungskonzeption der SEIKERT Bekleidungs-GmbH sollte z. B. folgende Arbeitsschritte enthalten:

1. Erarbeitung personalpolitischer **Instrumente** (z. B. Stellenbeschreibungen, Anforderungsprofile, Beurteilungssystem usw.)
2. Eckdaten zur quantitativen und qualitativen **Personalplanung** der nächsten drei Jahre aufstellen – in Abstimmung mit den Unternehmenszielen; Feinplanung der qualitativen Erfordernisse in Gesprächen mit den Ressortleitern
3. frühzeitige Einbindung des **Betriebsrates**
4. Ermittlung von **Potenzialdaten** anhand von
   - Auswertungen aus dem Abrechnungssystem und
   - PE-Gesprächen mit den Mitarbeitern.
5. Schaffung geeigneter **PE-Instrumente** (z. B. Stellvertretung, Bildung von Förderkreisen, Leitung von Projektgruppen, Traineeausbildung einrichten u. Ä.)
6. Entwicklung des externen Arbeits- und Bildungsmarkts ermitteln
7. Planung und Genehmigung eines **Bildungsbudgets** durchführen
8. Durchführung der **Maßnahmen** sicherstellen
9. Controlling der Maßnahmen gewährleisten (**Evaluierung**).

Lösung zu Aufgabe 9: Stellenbeschreibung

Muster einer Stellenbeschreibung für Führungskräfte (Beispiel):

<table>
<tr><th colspan="4">Stellenbeschreibung</th></tr>
<tr><td>Firma</td><td colspan="2"></td><td>Seite 1</td></tr>
<tr><td>Stelleninhaber:</td><td colspan="2">Name, Vorname:</td><td>Stellen-Nr.:</td></tr>
<tr><td>Bezeichnung der Stelle:</td><td colspan="3"></td></tr>
<tr><td>Dienstrang-Bezeichnung:</td><td colspan="3"></td></tr>
<tr><td>Bereich:</td><td colspan="3"></td></tr>
<tr><td>Unterstellung:</td><td>Überstellung:</td><td>Vertritt:</td><td>Wird vertreten von:</td></tr>
<tr><td colspan="4">Ziel der Stelle:</td></tr>
<tr><td colspan="4">Hauptaufgaben, wichtigste Zuständigkeiten (WIZUs nach Hay):
Allgemeine Aufgaben:
Fachaufgaben:
Führungsaufgaben:
Sonderaufgaben:
Zusammenarbeit mit anderen Stellen:
Berichterstattung:
Einzelaufträge:</td></tr>
<tr><td>Tritt in Kraft am:</td><td colspan="2">Nächste Überprüfung am:</td><td>Verteiler:</td></tr>
<tr><td colspan="3">Unterschriften:</td><td rowspan="2">Anzahl Seiten:</td></tr>
<tr><td>Stelleninhaber am:</td><td>Vorgesetzter am:</td><td>Bearbeiter am:</td></tr>
</table>

TIPP

Häufig enthalten die Stellenbeschreibungen zusätzlich das Anforderungsprofil für die Stelle.

Lösung zu Aufgabe 10: Externe Anbieter für Personalentwicklungsmaßnahmen

Merkmalsgruppen mit Einzelaspekten bei der Auswahl externer Anbieter für Personalentwicklungsmaßnahmen:

Merkmalsgruppe	Einzelaspekte
1. Anbieter/Träger	► Haben Sie Erfahrungen mit dem Anbieter? ► Kann der Anbieter Referenzen vorweisen? ► Ist der Anbieter zertifiziert? ► Sind die Kapazitäten des Anbieters passend? ► Ist die Organisation (Ort, Termine) des Anbieters passend? ► Welchen Eindruck vermittelt das Gesamtangebot?
2. Zielgruppe	► Passen die Lernziele zu der definierten Zielgruppe? ► Gibt es Erfahrungen mit der Zielgruppe? ► Ist die Anzahl der Teilnehmer je Maßnahme passend? ► Welche Teilnehmer von Wettbewerbern sind im Lehrgang/ Seminar ggf. vertreten?
3. Lernziele	► Gibt es je Veranstaltung definierte Lernziele? ► Sind die Lernziele und -inhalte ausreichend beschrieben? ► Ist die Gewichtung der Stundenanzahl passend? ► Gibt es ausreichend teilnehmeraktivierende Methoden? ► Können betriebsspezifische Inhalte berücksichtigt werden?
4. Dozenten	► Welche Qualifikation und Erfahrung haben die Dozenten? ► Verfügt der Dozent über Branchenkenntnisse? ► Welches Lernmaterial setzt der Dozent ein? ► Steht der Dozent für spätere Nachfragen zur Verfügung?
5. Kontrolle/Evaluierung	► Werden lehrgangsbegleitende Prüfungen durchgeführt? ► Welche sonstigen Lernkontrollen werden durchgeführt? ► Gibt es eine Lehrgangs/-Seminarbewertung? ► Werden Kritikpunkte der Teilnehmer beachtet?
6. Kosten	► Wie hoch sind die Lehrgangskosten im Vergleich mit alternativen Anbietern? ► Welche zusätzlichen Kosten (z. B. Reisekosten) entstehen? ► Welcher interne Organisationsaufwand ist erforderlich?
7. Transfer	► Steht der Anbieter für Follow-up-Maßnahmen zur Verfügung? ► Hat der Anbieter Vorschläge für eine spätere Anwendungskontrolle? ► Gibt es Folgeveranstaltungen?

Lösung zu Aufgabe 11: Förder- und Entwicklungsgespräche

Bei diesem Thema geht es für den Vorgesetzten in erster Linie darum, dass er erkennt,

- wo und bei welchen Mitarbeitern Qualifizierungsbedarf besteht,
- welche Potenziale erkennbar sind,
- welche Maßnahmen er veranlassen kann (Versetzung, Teilnahme an Schulungen, Kursen, Lehrgängen und Umschulungsmaßnahmen, Job Enrichment, Job Enlargement usw.),
- welche Unterstützung er als Vorgesetzter selbst geben muss (sorgfältige Einarbeitung, methodisch erfahrene Unterweisung, Lernstattmodelle innerhalb der Arbeitsgruppe, Kenntnis inner- und überbetrieblicher Aus- und Weiterbildungsmaßnahmen, Coaching der Mitarbeiter, Prägen durch Vorbildfunktion usw.) sowie
- welche Erwartungen der Mitarbeiter hat.

Lösung zu Aufgabe 12: Potenzialbeurteilung

a) **Aussagekraft der Potenzialbeurteilung:**
Die Potenzialbeurteilung ist zukunftsorientiert und stellt den Versuch dar, in systematischer Form Aussagen über das in der Zukunft vermutlich zu erwartende Leistungsverhalten eines Mitarbeiters zu erheben. Die Bewertung kann sich dabei auf die nächste hierarchische Position beziehen (= **sequenzielle Potenzialanalyse**) oder generell und langfristig erfolgen (= **absolute Potenzialanalyse**).

b) **Zielführende Fragestellungen** im Rahmen der Potenzialanalyse:
- **Entwicklungsrichtung: „Wohin** kann der Mitarbeiter sich entwickeln?"
- **Entwicklungshorizont: „Wie weit** kann der Mitarbeiter sich entwickeln?"
- **Kompetenzfelder: „Welches Kompetenzfeld** kann/muss sich entwickeln?" (Fach-, Methoden-, Sozialkompetenz)
- **Prognose: „Welche Veränderungsprognose** kann abgegeben werden?"
- **Einsatzfelder: „Welche Einsatzmöglichkeiten** im Unternehmen sind zukünftig denkbar?"
- **Entwicklungsmaßnahmen: „Welche Fördermaßnahmen** sind erforderlich?" (generell oder positionsbezogen)

c) Typische Kompetenzfelder sind:

Fachkompetenz	spezifisches Fachwissen, Kenntnis der Kernprozesse im Unternehmen
Methodenkompetenz	Entscheidungstechniken, Präsentationstechniken, Moderationstechnik, Zeitmanagement, Projektmanagement
Sozialkompetenz	Führungsfähigkeit, Kommunikationsfähigkeit, Teamfähigkeit, Überzeugungsfähigkeit, Verantwortung

Lösung zu Aufgabe 13: Arbeitsstrukturierung

- **Job Enrichment:**
„Arbeitsanreicherung“ = qualitativ höherwertige Aufgaben übertragen; z. B. Vorarbeiter übernimmt Ausbilderfunktion.
- **Job Enlargement:**
„Arbeitsvergrößerung“ = mengenmäßige Erweiterung der Aufgaben; z. B. „neuer“ Mitarbeiter übernimmt nach Einarbeitung weitere Aufgaben.

Lösung zu Aufgabe 14: Job Rotation

a) Job Rotation (Arbeitsplatzringtausch) ist die systematisch gesteuerte Übernahme unterschiedlicher Aufgaben in Stab oder Linie **bei vollgültiger Wahrnehmung der Verantwortung einer Stelle**. Jedem Arbeitsplatzwechsel liegt eine Versetzung zugrunde. Entgegen der zum Teil häufig geübten Praxis ist also Job Rotation nicht „das kurzfristige Hineinschnuppern in ein anderes Aufgabengebiet“, das „Über-die-Schulter-schauen“, sondern die vollwertige, zeitlich befristete Übernahme von Aufgaben und Verantwortung einer Stelle mit dem Ziel der Förderung bestimmter Qualifikationen.

b) Vorteile von Job Rotation, z. B.:

- Das Verständnis von Zusammenhängen im Unternehmen wird gefördert.
- Der Mitarbeiter wird von Kollegen und unterschiedlichen Vorgesetzten „im Echtbetrieb“ erlebt; damit entstehen Grundlagen für fundierte Beurteilungen.
- Fach- und Führungswissen kann horizontal und vertikal verbreitert werden.
- Die Einsatzmöglichkeiten des Mitarbeiters werden flexibler; für den Betrieb wird eine personelle Einsatzreserve geschaffen; „Monopolisierung von Wissen“ wird vermieden.
- Lernen und Arbeiten gehen Hand in Hand; „Produktion und Information“, d. h. die Bewältigung konkreter Aufgaben und die Aneignung neuer Inhalte sind eng verbunden.

Lösung zu Aufgabe 15: Personalentwicklungsmethoden

Beispiele	Methodenmix
1. In der Berufsausbildung werden vorangig	
► die Methoden „Unterweisung“ (4-Stufen-Methode, 7-Stufen-Methode) und	► aktive Methode, on the job, interaktives Einzellernen oder Lernen in der Gruppe
► die „Leittext-Methode“ eingesetzt.	► aktive Methode, off the job, intern oder extern, Lernen in der Gruppe
2. Trainingsmaßnahmen mit dem Ziel der Verhaltensänderung können i. d. R. auf „Rollenspiele“ und „gruppendynamische Übungen“ nicht verzichten.	► aktive Methode, Lernen in der Gruppe, off the job, extern
3. Für die Vermittlung von Fachwissen eignen sich z. B. besonders gut die Methoden	
► „Fallbeispiel“ oder	► aktive Methode, Lernen in der Gruppe, off the job, intern oder extern
► „Lehrvortrag“.	► passive Methode, Einzellernen, intern oder extern, off the job

Lösung zu Aufgabe 16: Förderung von Nachwuchskräften

a) Mit „Nachwuchskräften“ wird i. d. R. der „Führungs“nachwuchs bezeichnet, d. h. es geht vorwiegend um die Vorbereitung von Mitarbeitern zur Übernahme von Führungspositionen im Unternehmen.

b) Im Vordergrund stehen die Vermittlung von

- Führungsfähigkeiten und
- Managementtechniken.

Daneben sind häufig unternehmensspezifische Gegebenheiten ein Thema innerbetrieblicher Schulungen für Nachwuchskräfte, z. B.:

- Betriebspolitik
- Führungsprinzipien
- Geschäftsprinzipien
- Budgetierung und Ergebnisrechnung
- Controlling.

c) Maßnahmen und Methoden der Nachwuchskräfteförderung sind in ein ganzheitliches Konzept einzubinden, damit die Instrumente sich gegenseitig ergänzen und ihre volle Wirkung entfalten können. Als Methoden bieten sich hier z. B. besonders an:

- Traineeausbildung (als Generalist oder Spezialist; Dauer: meist sechs Monate bis zwei Jahre)
- Übernahme von Sonderaufgaben
- Auslandsentsendung
- Leitung von Projekten und Qualitycircle
- Stellvertretung; oft in Verbindung mit Job Rotation
- Assistenten-Funktion
- Leiter einer Junioren-Firma (Junior-Board).

d) 1. Schlüsselqualifikationen sind – vereinfacht gesagt – der „Schlüssel" zur schnellen und systematischen Aneignung rasch wechselnden Spezialwissens sowie zur Anpassung an veränderte berufliche Situationen. Schlüsselqualifikationen sind relativ zeitunabhängig, langfristig verwertbar sowie überwiegend berufs- und funktionsübergreifend.

2. Beispiele für Schlüsselqualifikationen:
   - Kooperationsfähigkeit
   - Kommunikations- und Moderationsfähigkeit
   - Kompetenz zur Problemlösung
   - Einfühlungsvermögen und Belastbarkeit
   - Fähigkeit zum systematischen Lernen
   - Entscheidungsfähigkeit
   - Fähigkeit zur Delegation und Motivation.

3. **Fähigkeit zum systematischen Lernen:** Geeignete Förderungsmaßnahmen können hier z. B. sein:
   - Einsatz von Fallbeispielen
   - Vermittlung von Lern- und Denktechniken
   - Integration von Seminarteilnehmern in den Lernprozess durch Mitgestaltung der Lernstruktur und der Lehrmethoden
   - generell: Einsatz teilnehmeraktivierender Methoden (z. B. Gruppenarbeit, Leittexte, Lernprojekte).

e) Ein Traineeprogram stellt ein unternehmensspezifisches Ausbildungsprogramm als Berufseinstieg für Hochschulabsolventen über ein bis zwei Jahre dar, das z. T. von einigen Unternehmen auch als Personalauswahlprogramm verstanden wird.

1.3 Informationstechnologie und Wissensmanagement

Lösung zu Aufgabe 1: Wissensmanagement

a) Aufgaben eines Datenbankmanagementsystems:
- Datensicherung: Wiederherstellung des Datenbestandes nach Systemfehlern.
- Konsistenz-Integritätsüberwachung: Die Unverletzlichkeit der Daten in den Datenbanken wird gewährleistet, z. B. die korrekte Ausführung von Modifikationen.
- Die Redundanz minimieren (möglichst wenige Mehrfacheingaben).
- Transaktion: Überwachung von Datenbankänderungen, Verhinderung von Zugriffskonflikten.
- Synchronisation: geänderte Inhalte unterschiedlichen Benutzern verfügbar machen; Transaktionen synchronisieren; Zugriffskonflikte verhindern.
- Operationen bereitstellen: für die Datenspeicherung, das Suchen und Ändern des Datenbestandes.

b) Beispiele:
- Eindeutigkeit
- Aktualität
- vielseitige Verwendbarkeit
- eindeutige und richtige Zuordnung
- klare Beziehungen oder Abhängigkeiten.

c) Elemente, die beim Aufbau eines Wissensmanagements zu beachten sind:
- Inhalte
- Kontext des Unternehmens
- Kultur der Informationsverarbeitung
- Prozesse
- Infrastruktur der Informationsverarbeitung und -weitergabe.

d) Die **Kontextualisierung** ist die Strukturierung des Inhalts einer Datenbank nach geeigneten Schlüsselwörtern, dem „Kontext".

e)
- Einrichtung eines Informationsdienstes (z. B. Führungskräftebrief, Rubriken in der Firmenzeitschrift, Rundbrief, Zeitschriftenumlauf, Weiterleitung von Informationen per Intranet, ggf. Aufbau eines unternehmensspezifischen „Wikipedias" und Einrichtung eines internen „FAQ-Portals" u. Ä.)
- Qualifizierung und Information der Mitarbeiter über betriebliche Fakten, Prozesse, Entwicklungen und Regelungen (Lehrgänge, Betriebsversammlung, Meetings)
- Vernetzung des expliziten Wissens (z. B. Aufbau eines Managementinformationssystems).

Lösung zu Aufgabe 2: Informationstechnologie

a)

Beiträge der Informationstechnologie zur Realisierung der Unternehmensziele		
Operativ	Aufbau von Administrations- und Dispositionssystemen	z. B. Lohnabrechnung in Verbindung mit automatisierter Betriebsdatenerfassung
		z. B. integrierte Feinsteuerung der Fertigung, der Montage und der Versandlogistik
	Aufbau von Planungs- und Kontrollsystemen	z. B. IT-gestützte Planung der Produktionskapazität und des Absatzes
		Schwachstellenanalyse der Betriebsergebnisrechnung
Strategisch	Differenzierung nach neuen Produkten/neuen Geschäftsbereichen	z. B. Entwicklung „intelligenter“ Produkte (z. B. Werkzeugmaschinen mit selbsttätiger Diagnose)
	Verbesserung der Position gegenüber Konkurrenten (Markteintrittsbarrieren)	z. B. Schaffung unternehmenseigener Absatzkanäle
	Verbesserung der Position gegenüber Kunden (Kundenbindung)	z. B. Informations- und Betreuungssysteme für Kunden
	Verbesserung der Position gegenüber Lieferanten	z. B. Verknüpfung des eigenen Einkaufssystems mit dem Verkaufssystem des Lieferanten (gemeinsame Kommunikation beider Systeme)

b)

	Konventionelle Quellen	Elektronisch lesbare Quellen
Beispiele	Bücher, Zeitschriften, Teleonate, Behörden, Ämter, Verbände, Parteien, Forschungsinstitute, Bibliotheken	Online-Datenbanken, Portale, Internetsuche, Intranet
Merkmale	► Adressat ist bekannt ► meist „Information aus erster Hand“ ► Feedback/Rückfrage ist möglich	► Vermeidung von Papierbergen ► sehr schneller Zugriff auf die Datenbestände ► geringer Raumbedarf der Medien ► meist multimediale Präsentation ► vielfältige Auswertungsmöglichkeiten (z. B. Weiterleitung)

1.4 Managementtechniken

Lösung zu Aufgabe 1: Pareto-Prinzip

a) Ziele bilden den Maßstab für menschliches Handeln.

„Wer klar umrissene Ziele hat, weiß wohin er will."

b) Das Pareto-Prinzip (auch: 80 : 20-Regel) besagt u. a., dass 80 % des Zeiteinsatzes nur 20 % Ergebnisbeitrag bringen. Daraus folgt in der Umkehrung: In der Regel bringen 20 % des Kräfte- und Zeiteinsatzes bereits einen Ergebnisbeitrag von 80 %.

Beispiele

Beispiel 1

- Liste:
  - ....
  - ....

(individuelle Lösung)

Im genannten Beispiel heißt dies, nicht einen zeit- und kräfteverzehrenden Aktionismus zu entfalten, sondern die 20 % der Maßnahmen herauszufiltern, die bereits 80 % Zielbeitrag ergeben.

Beispiel 2

Man entscheidet sich aus der Fülle geeigneter Fortbildungsmaßnahmen zunächst nur für eine Veranstaltung „Konferenztechnik/Moderation von Gesprächen", da man der Auffassung ist, dass man mit dem Erwerb dieser Schlüsselqualifikation den stärksten Zielerreichungsbeitrag gewinnt.

Lösung zu Aufgabe 2: Umgang mit anderen

Beispiele:

- Ich lerne „Nein" sagen.
- Ich stelle Fragen, statt permanent Antworten zu geben.
- Ich führe meine Mitarbeiter über Delegation und Zielvereinbarung.
- Ich nehme mir Zeit für Führungsgespräche.
- Ich setze mich nur dort ein, wo es sich lohnt (Einsparen gefühlsmäßiger und geistiger Energie).
- Ich diskutiere nicht über Behauptungen, sondern frage nach den Gründen.

Lösung zu Aufgabe 3: Informationskanäle, Körbe-System

a) 3-Körbe-System:

- Eingangskorb
- Ausgangskorb
- Papierkorb (groß; ggf. zwei).

6 Informationskanäle:

- Kanal 1: K 1 lesen und vernichten
- Kanal 2: K 2 lesen und weiterleiten
- Kanal 3: K 3 lesen und delegieren
- Kanal 4: K 4 Wiedervorlage
- Kanal 5: K 5 laufende Vorgänge
- Kanal 6: K 6 sofort selbst erledigen.

Beispiele

Lfd. Nr.	Vorgang	Kanal ...	Korb ...	Bemerkungen
1	unwichtige Werbung	K 1	Papierkorb	
2	interessante, wichtige Werbung	K 4, K 5		
3	Anrufe, mit der Bitte um Rückruf			
	► wichtig und dringlich	K 6		
	► wichtig, nicht dringlich	K 4		
	► nicht wichtig, nicht dringlich	K 2, K 3	Ausgangskorb	
4	Einladung zum Meeting	K 4		Termin not.
5	interne Schreiben mit der Bitte um Stellungnahme	K 2, K 6	Ausgangskorb	
6	Fachzeitschriften (interner Umlauf)	K 2, K 3	Ausgangskorb	
7	interne Schreiben (zur Kenntnisnahme)	K 1	Papierkorb	ggf. Ablage

b) Regeln im Umgang mit Papier, z. B.:

- Der Papierkorb ist das wichtigste Arbeitsmittel – er ist „der Freund des Menschen“.
- Auf dem Schreibtisch liegt nur der Vorgang, der gerade bearbeitet wird.
- Ich lese nur das, was mich meinen Zielsetzungen näher bringt.
- Beim Lesen verwende ich einen Textmarker.
- Meine Post bearbeite ich täglich, so entstehen keine „Berge“.
- Leerlaufzeiten, Wartezeiten u. Ä. nutze ich für Notizen und Ideensammlungen für meine A-Ziele.

Lösung zu Aufgabe 4: Telefonmanagement

Beispiele für Regeln zum Telefonieren:

- Kein Telefonat ohne Vorbereitung (Ziele, Einzelpunkte, Unterlagen usw.).
- Ich nutze moderne Telefontechnik (Wahlwiederholung, Konferenzschaltung usw.).
- Ich verzichte beim Telefonieren auf Wiederholungen und Redundanzen (zeitbewusstes Telefonieren).
- Ich prüfe Alternativen zum Telefonieren (Telefax, Kurzbrief, E-Mail, SMS usw.).
- Ich bilde Telefon-Blockzeiten.
- Ich organisiere meine Rückruf-Aktionen.
- Falls notwendig, bilde ich „telefonlose" Zeiten (Umstellen zur Zentrale, zum Kollegen usw.).
- Ich benutze immer die Durchwahl, dies erspart Wartezeiten.
- Am Schluss: Ergebnisse zusammenfassen, Termine nennen, den anderen mit Namen verabschieden.

Lösung zu Aufgabe 5: Zeitplanung

Vorteile der schriftlichen Zeitplanung, z. B.:

- entlastet den „Kopf"
- schafft Überblick
- schafft Eigenmotivation
- erlaubt eine Konzentration auf das Wesentliche
- erlaubt einen permanenten Soll-Ist-Vergleich (erledigt?/unerledigt?)
- bildet in „gesammelter" Form eine Dokumentation der Ziel- und Maßnahmenpläne
- erlaubt ein besseres Aufspüren von „Zeit- und Ressourcenverschwendern".

Lösung zu Aufgabe 6: Tagesplanung

a) ► Sieben Prinzipien der Tagesplanung, z. B.:

1. Nicht den ganzen Tag verplanen (50 : 50-Regel).
2. „Stille Minute" zum Arbeitsbeginn fehlt (Einstimmung und Tagesplan einprägen/überprüfen).
3. Termin mit Dr. Ohnesorge liegt ungünstig (08:00 Uhr!; z. B. Verspätung wegen Stau usw.).
4. Zum Teil keine Pufferzeiten (Termin Dr. Ohnesorge/Projektgruppe K).
5. Die einzelnen Aktivitäten haben keine Prioritäten-Kennzeichnung (A, B, C).
6. Keine Kennzeichnung von
   - Termine „mit mir selbst" sowie
   - Termine mit anderen.

7. Keine Kennzeichnung von Vorgängen, die an die Sekretärin Frau Knurr delegiert werden können.

► Kritische Terminplanung, z. B.:

- Sehr später Beginn der Vorbereitung zur Budgetsitzung für kommendes Jahr; ab 17:00 Uhr evtl. interne Ansprechpartner nicht mehr im Hause; A-Priorität für Do.-Morgen!
- kaum Zeitpuffer zwischen 16:00 und 19:00 Uhr:
  - Vorbereitung Budgetplanung kommendes Jahr: Zeitbedarf?
  - Auto von der Inspektion abholen: Zeitbedarf?
  - Fahrt nach Hause: 30 Min.
  - Umziehen, Duschen: 30 Min.
  - Fahrt von Leverkusen nach Ratingen: ca. 30 Min.

b)

Dienstag			**05.09.20..**		**Hubert Kernig**
Zeit	**A, B, C**		**Termine**	**erl.**	**Notizen**
07:00					
08:00	B		Stille 15 Min. + Postbesprechung		
09:00	A		Meeting Projektgruppe K, ca. 2 - 2,5 Std., Konferenzraum, Verwaltung		
10:00					
11:00			Puffer		
12:00	A		Mittagsessen mit Dr. Endres; neue Marketingstudie, neueste Verkaufszahlen		Tel. Dr. Zahl/IT-Liste, Budget „nächstes Jahr“
13:00	B		Budgetplanung „nächstes Jahr“, Vorbereitung der Unterlagen für Do.-Morgen, 9:00 - 10:30 Uhr		Tel. Müller & Co. Reklamation
14:00	A				Brief Fr. Strackmann Mietminderung!
15:00					Tel. mit Autohaus + Lisa
16:00					
17:00					
18:00			(bis ca. 17:30/18:00 Uhr)		
19:00					
20:00	C		Privat: Einweihungsfete bei Jochen in Ratingen; ab 20:00 Uhr		
21:00					
22:00			(ca. 22:30 Uhr: Rückfahrt)		
23:00			(Schlafen)		

Veränderungsvorschläge – Beispiele					
Lfd. Nr.			**Aktion**		**Maßnahme**
1	C		Besprechung mit Dr. Ohnesorge, Werk, Raum 5		vertagen oder delegieren
2	B		Postbesprechung Sekretärin Fr. Knurr, ca. 30 Min.		verlegen auf 08:15 Uhr oder kurz vor dem Mittagessen
3	A		Präsentation für Verkaufsleitertagung am Fr. vorbereiten		verlegen auf Mi. ab 14:00 Uhr
4	C		Einweisung von Herrn Grundlos		vertagen oder delegieren
5	A		Auto abholen von Inspektion		Tel. mit Autohaus: Auto bringen lassen, ggf. gegen Aufpreis
6	C		Tel. mit Lisa/Geschenk Jochen		Lisa bitten, Geschenk zu besorgen und bei Jochen anrufen wegen evtl. Verspätung
Agenda:			Termin mit anderen		Termine mit mir selbst

TIPP

Auch ähnliche plausible Ergebnisse sind möglich.

c) Eisenhower-Prinzip (auch: Zeitmanagement-Matrix):

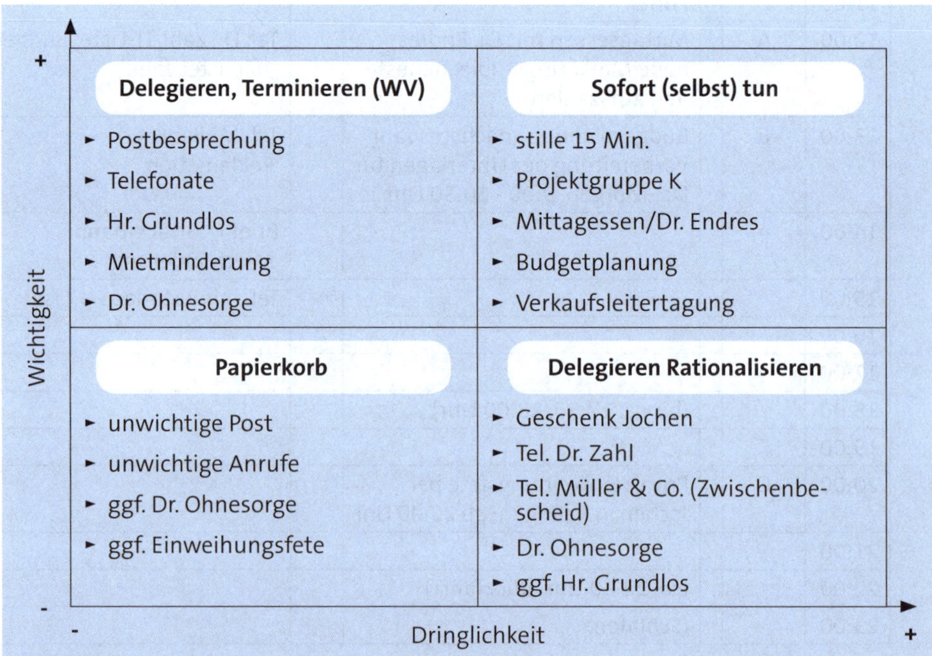

Lösung zu Aufgabe 7: Pareto-Analyse

Es ergibt sich folgende Rangermittlung:

Fehlerart		Häufigkeit, N_i	Gewichtungsfaktor, F_i	$N_i \cdot F_i$	$\frac{N_i \cdot F_i \cdot 100}{\sum N_i \cdot F_i}$	Rang
F1	Ein-/Ausschalter nicht bedruckt	1.200	5	6.000	18,9 %	**3**
F2	Einfallstellen an einem Gehäuseteil für einen Rauchgassensor	1.000	10	10.000	31,5 %	**1**
F3	Einfallstellen an zwei komplementären Kunststoffteilen	500		5.000	15,8 %	**4**
F4	Sensoren nicht langzeitstabil, Lieferant Monolux	700		7.000	22,0 %	**2**
F5	Sensoren nicht langzeitstabil, Lieferant IT GmbH	375		3.750	11,8 %	**5**
Summe				31.750	100,0 %	

Pareto-Analyse: 72,4 % der Fehler entfallen auf die Fehlerarten F2, F4 und F1.

Lösung zu Aufgabe 8: Problemdiagnosetechnik; Ursache-Wirkungs-Diagramm

a) Beschreibung:

- Beim Ursache-Wirkungs-Diagramm (auch: Ishikawa-Diagramm, 4-M-Diagramm, manchmal auf 7 M erweitert) werden alle möglichen Ursachen für ein Problem ermittelt und einem der 4 Ms (**M**anagement, **M**aschine, **M**aterial, **M**ensch) zugeordnet.
- Durch Vergabe von Prioritätszahlen kann man weiterhin Haupt- und Nebenursachen grafisch darstellen.

b) Anwendung:
- grafische Darstellung verbaler oder logischer Abhängigkeiten
- Poka-Yoke (jap.; Poka: unbeabsichtigte Fehler; Yoke: Verminderung)
- FMEA (Fehlermöglichkeits- und Einfluss-Analyse).

c) Randbedingungen:
- Team aus mehreren Abteilungen bilden
- alle Probleme aufnehmen
- Problem eindeutig definieren
- Problem kurz beschreiben
- Alle vorgebrachten Punkte sofort mit Karten visualisieren und den 4 Ms zuordnen.

d) Vorteile, z. B.:
- vielseitige Betrachtungsweise durch abteilungsübergreifende Teamarbeit
- einsetzbar in allen Hierarchieebenen
- erleichtert strukturierte Problemanalyse.

Nachteile:
- Bei komplexen Problemen schnell unübersichtlich
- subjektiv.

e) Ablauf beim Ursache-Wirkungs-Diagramm:

1. **Problem darstellen**
↓
2. **Ursachen ermitteln**
↓
3. **Visualisieren**
↓
4. **Prioritäten festlegen**
↓
5. **Team für Detailbearbeitung zusammenstellen**

Lösung zu Aufgabe 9: Problemdiagnosetechnik: FMEA

a) Beschreibung der FMEA:

- FMEA ist eine Methode, mögliche Fehler und deren Auswirkungen (möglichst) vor Produktionsbeginn zu ermitteln.
- In abteilungsübergreifenden Arbeitsgruppen werden die Funktionselemente des Produkts und die Arbeitsschritte in der Produktion untersucht.
- Mögliche Fehler und deren Ursachen werden ermittelt und bewertet.
- Änderungsmaßnahmen mit Erfolgskontrollen werden festgeschrieben.

b) Anwendung:

- Vor Produktionsbeginn sollen (möglichst) alle möglichen Fehler erkannt sein und Abstellmaßnahmen durchgeführt sein.
- Bei der Entwicklung kommt die Konstruktions-FMEA, bei der Produktion die Prozess- oder Produktions-FMEA zum Einsatz.
- Untersucht werden alle Funktionsmerkmale bzw. Prozessschritte, mögliche Fehler und deren Auswirkungen und Ursachen.
- Verhütungsmaßnahmen mit Einführungstermin und Verantwortlichkeit werden festgeschrieben.
- Verfahren wird unterstützt durch ein FMEA-Formblatt.
- Je früher eine FMEA durchgeführt wird, desto geringer sind notwendige Änderungsaufwendungen.

c) Randbedingungen:

- Beteiligung verschiedener Abteilungen in Teamarbeit.
- Arbeiten in unterschiedlichen Hierarchiestufen.

d) Vorteile:

- Schnellere Einführung neuer Produkte.
- Kostensenkung durch Verminderung von Änderungsumfängen, Nacharbeiten, Garantie- und Kulanzkosten.

Nachteile:

- Mehr Aufwand bei Design und Konstruktion, da bereits im Vorfeld mit der Produktionsplanung, der Produktion und anderen Abteilungen zusammengearbeitet werden muss.
- Schulungsaufwand für die Teamarbeit erforderlich.

Lösung zu Aufgabe 10: Kreativitätstechniken: Brainstorming, Methode 6-3-5

a) Brainstorming ist eine intuitive Technik der Ideenfindung. Unter Leitung eines Moderators werden in der Gruppe Ideen vorgetragen. Diese Ideen werden notiert (Flipchart oder Metaplanwand) und zu einem späteren Zeitpunkt ausgewertet. Die Bewertung der Ideen anderer Teilnehmer ist während des Brainstormings nicht zugelassen. Der Moderator bereitet zielführende Fragestellungen vor, sorgt für ein positives Gesprächsklima und fasst die Ergebnisse zusammen. Danach können Ideen mit hoher Priorität in Gruppenarbeit im Detail bearbeitet werden.

b) Vorteile:

- Es werden sehr viele Ideen eingebracht.
- Die Kreativität der Teilnehmer wird stimuliert.

Nachteile:

- Die Technik ist zeitaufwendig.
- Es können ggf. viele undurchdachte, nicht realisierbare Ideen eingebracht werden („Ideenausschuss").

c) Methode 6-3-5:
Sechs Teilnehmer formulieren drei Lösungsvorschläge, die fünffach verändert werden.

1. Vorbereitung:
   - Einladung von sechs unterschiedlich qualifizierten Teilnehmern.
   - Bereitstellung eines geeigneten Vordrucks.
   - Die Bearbeitung in der Gruppensitzung muss störungsfrei sein (Konzentration).
2. Durchführung:
   - Bekanntgabe des Themas und der Bearbeitungsregeln
   - Bearbeitung durch die Gruppenmitglieder:
     - Jedes Mitglied schreibt auf seinen Vordruck drei Lösungsalternativen.
     - Der Vordruck mit den drei Lösungsalternativen wird an den Nachbarn weitergegeben.
     - Der Nachbar liest die bereits dargestellten Lösungsalternativen, entwickelt diese weiter (er assoziiert, entwickelt Varianten) und notiert seine Alternativen auf dem Vordruck. Danach gibt er den Vordruck weiter.

d) Weitere Kreativitätstechniken, z. B.:

- Brainwriting
- Mindmapping
- Morphologischer Kasten
- Bionik.

Lösung zu Aufgabe 11: Kreativitätstechniken: Morphologischer Kasten

a) Morphologischer Kasten (Beschreibung der Technik):

- Zerlegung des Problems in Teilprobleme bzw. Parameter
- Zuordnung denkbarer Lösungsvarianten (Ausprägungen des betreffenden Parameters)
- Erstellen der Matrix (Morphologischer Kasten):
  - Vertikale: Parameter, Kriterien, Variable
  - Horizontale: Ausprägungen
- Der Morphologische Kasten bietet eine Vielzahl von Lösungsansätzen. Zu einem möglichen Ergebnis kommt man durch die Kombination der erfolgversprechendsten Varianten (Ausprägungen).

b) Beispiel: Die Lösungsvariante ergibt sich aus der Kombination der gerasterten Felder.

Morphologischer Kasten – Grundkonzept eines fahrbaren Rasenmähers				
Parameter	**Ausprägungen**			
	1	**2**	**3**	**4**
Antrieb	manuell	elektrisch	elektrisch mit Batterie	Verbrennungsmotor
Schneidwerk	einzelne Klinge, gerade	einzelne Klinge, gebogen	zwei Messer	Schneidscheibe
Fahrgestell	Telekop	klappbar	feststehend	Steckgestell
Material für den Korpus	Eisen	Aluminium	Kunststoff	kombiniert: Kunststoff/Aluminium

TIPP

Auch andere plausible Lösungen sind möglich.

Lösung zu Aufgabe 12: Entscheidungstechniken: Nutzwertanalyse

a)

Nutzwertanalyse – Lieferantenauswahl							
Kriterien	**Gewichtung**	**Bepunktung Lieferant**			**Nutzwert**		
		X	**Y**	**Z**	**X**	**Y**	**Z**
Service	0,5	2	2	4	1,0	1,0	2,0
Image	0,1	1	4	3	0,1	0,4	0,3
Lieferart	0,2	1	3	4	0,2	0,6	0,8
Qualität	0,2	1	3	3	0,2	0,6	0,6
Summe	1,0				1,5	2,6	3,7
Rang					Rang 1	Rang 2	Rang 3

Ordinalskala: 1 = sehr gut, ... ,5 = schlecht

Der Lieferant X ist auszuwählen, da er den Rang 1 beim Nutzwert belegt.

b) Einsatzgebiete der Nutzwertanalyse, z. B.:

- Lieferantenauswahl
- Personalauswahl
- Standortentscheidung.

Lösung zu Aufgabe 13: Entscheidungstechniken: Entscheidungsmatrix

Entscheidungsmatrix: Einladung zum Gespräch, Stelle „Lagerarbeiter im Versand“						
Merkmale		**Gewichtung**	**Bewerber 1**	**Bewerber 2**	**Bewerber 3**	**Bewerber 4**
1	Ausbildung zum Lagerfacharbeiter alternativ: mind. sechs Jahre Berufserfahrung	0,3				
2	„Staplerschein“	0,2				
3	Verfahren der Kommissionierung kennen	0,1				
4	Verpackungsarten beherrschen, inkl. Überseeverpackung	0,1				
5	körperlich belastbar	0,2				
6	zuverlässige Arbeitsweise	0,1				
Summe		1,0				

TIPP

Auch andere plausible Ergebnisse sind möglich.

Lösung zu Aufgabe 14: Projektmanagement (1)

a) **Hauptaufgaben des Projektleiters**, u. a.:

1. **Planungsaufgaben**, z. B.:
   Der Projektleiter leitet die Planung des Projekts. Er stimmt sich dabei mit den zuständigen Stellen ab (z. B. mit dem Fertigungsleiter in Szczecin). Er legt die Einzelaufgaben des Projekts fest, z. B. Abbau und Verpackung der Maschinen beim Verkäufer, Transportversicherung, Beauftragen eines Spediteurs, Terminablaufplanung, Aufstellung und Inbetriebnahme der Maschinen unter Berücksichtigung der erforderlichen Sicherheitsprüfungen, Dokumentation der Arbeiten u. Ä.

2. **Steuerungsaufgaben**, z. B.:
   Der Projektleiter lenkt die Realisierung der Projektziele: Termineinhaltung (drei Monate), Beachtung der Kosten, Reihenfolge der Aufgaben und Beachtung der Qualität der Ausführung (z. B. bei der Inbetriebnahme). Dabei führt er das Projektteam, setzt ggf. Zwischenziele und delegiert Teilaufgaben.

3. **Kontrollaufgaben**, z. B.:
   Der Projektleiter kontrolliert periodisch die Eckdaten des Projekts: Termine, Kosten, Ausführung aller Teilaufgaben und Qualität der Ausführung. Dabei korrigiert er – falls erforderlich – die Arbeitsausführung der Teammitglieder und führt ggf. eine Anpassung der Planung bei unvorhergesehenen Ereignissen durch (z. B. Probleme beim Transport oder der Inbetriebnahme der Maschinen).

4. **Dokumentationsaufgaben**, z. B.:
   Der Projektleiter ist verantwortlich für die Erstellung der Zwischen- und Abschlussberichte sowie für die Dokumentation von Einzelvorgängen (z. B. Abschluss von Verträgen und Absprachen: Versicherung, Transport, Insolvenzverwalter usw.; Dokumentation der Sicherheitsüberprüfung und der Inbetriebnahme). Außerdem können z. B. genannt werden:

   - Sonderaufgaben
   - Informationsaufgaben, Berichterstattung
   - Steuerung des Informationsflusses zwischen den Projektbeteiligten
   - Dokumentation der Kosten, der Fremdleistungen u. Ä.

b) **Zusammensetzung des Projektteams:**

Zu beachten sind vor allem folgende Aspekte:

- Interdisziplinäre Zusammensetzung des Projektteams; benötigt werden hier z. B. folgende Fachkompetenzen: Logistikfachmann, Elektriker bzw. Mechaniker/Mechatroniker, CNC-Fachmann, Fertigungsingenieur zur Integration der Maschinen in den bestehenden Produktionsprozess.
- Sozialkompetenz der Teammitglieder (Persönlichkeit, Kommunikations- und Teamfähigkeit)

- Methodenkompetenz (Erfahrung mit Projekten, Techniken im Umgang mit Stress)
- Verfügbarkeit der personellen Ressourcen in Abstimmung mit den Vorgesetzten der betreffenden Abteilungen
- Beteiligung aller betroffenen Abteilungen (z. B. Fertigungslinie in Szczecin, Rechnungswesen im Stammwerk).

c) **Phasenkonzept:**

Das Projekt „Transport und Inbetriebnahme CNC" ist begrenzt auf die Dauer von drei Monaten und nicht sehr komplex. Im Vordergrund steht die Bewältigung von räumlich-zeitlichen und technischen Gestaltungsaufgaben unter Berücksichtigung von Aspekten der Arbeitssicherheit. Es bezieht sich nicht auf die Neustrukturierung oder Reorganisation von Prozessen. Insofern eignet sich nicht das Phasen-Modell von *Lewin* (→ OE-Prozesse). Auch das 6-Phasen-Modell (Vorstudie → Hauptstudie usw.) für die Gestaltung von Organisationsprozessen ist weniger geeignet. Das 6-Stufen-Modell nach REFA ist allgemeingültig und könnte hier eingesetzt werden. Es wird wegen der geringen Komplexität des Projekts nicht vorgeschlagen.

Einfach, pragmatisch und angemessen erscheint hier das 4-Phasen-Modell zur Gestaltung von Projektprozessen:

1. **Projektvorbereitung:**

   Die Projektvorbereitung wird im vorliegenden Fall nicht umfangreich sein, da der Projektauftrag die zentralen Eckdaten bereits enthält.

2. **Projektplanung**, z. B.:

   - Aufgabenplanung
   - Ressourcenplanung
   - Terminplanung
   - Kostenplanung usw. (vgl. oben, Antwort zu a)).

3. **Projektgestaltung**, z. B.:

   - Aufgaben, Teilaufgaben, Arbeitspakete
   - Parallel- oder Suksessivbearbeitung
   - Zuweisung von Arbeitspaketen und Verantwortlichkeiten usw.

4. **Projekteinführung/-ausführung und -kontrolle:**

   Vgl. dazu die Ausführungen unter Antwort a).

d) **Vor- und Nachteile von Netzplänen:**

Netzpläne	
Vorteile/Chancen – Beispiele	**Nachteile/Risiken – Beispiele**
Der kritische Weg wird ausgewiesen.	Die Erstellung ist aufwendig; bei größeren Projekten nur mithilfe der IT möglich.
Abhängigkeiten zwischen den Arbeitspaketen (Ereignissen) sind erkennbar.	Ab einer gewissen Größe werden komplexe und detaillierte Netzpläne unübersichtlich.
Minimierung der Dauer und damit der Kosten sind möglich.	Für Nichtfachleute sind Netzpläne unverständlich.
Netzpläne können an evtl. Planänderungen angepasst werden.	Eventuell Gefahr der Unflexibilität: Netzplan wird „formal abgearbeitet".

e) 1. Einsatzmöglichkeiten von Standardsoftware im Rahmen von Projektmanagement, z. B.: Erstellen von

- Terminplänen (Balken-, Meilensteindiagramme, Netzpläne)
- Grafiken
- Checklisten
- Planungsformularen
- Dokumentationen (des Projektfortschritts, der Kosten usw.).

2. Nachteile (Risiken), die mit der Anschaffung von Standardsoftware im Allgemeinen verbunden sind, z. B.:

- Leistungsumfang ist nicht individuell definiert
- keine Anpassung an betriebliche Besonderheiten
- keine Möglichkeit der Programmänderung/-anpassung
- geringerer Service als bei einer Individualsoftware.

Lösung zu Aufgabe 15: Das Projekt der Motor OHG

a) Merkmale eines Projekts, z. B.:

Das Thema „eigene IT"

- ist komplex, keine Routine
- muss interdisziplinär gelöst werden
- ist zeitlich begrenzt
- soll unabhängig von ressortpolitischen Egoismen angegangen werden.

b) Organisatorische Einbindung des Projekts:
Im vorliegenden Fall ist die Festlegung als „reine Projektorganisation" sinnvoll. „Einfluss-Projektorganisation" bzw. „Matrix-Projektorganisation" scheiden aus. Begründung u. a.:
- Die laufende Aufgabenerfüllung der Fachabteilung darf nicht gestört werden.
- Der Projektleiter benötigt Vollkompetenz gegenüber der Linie (Stichworte: Bedeutung des Projekts, ablehnende Haltung des Verwaltungsleiters).
- Die Integration und Führung neuer, befristet eingestellter Mitarbeiter ist leichter.
- Das Projekt hat strategische Bedeutung.

c)
- Entscheidung: Als Projektleiter sollte der „Leiter der Organisation" eingesetzt werden.
- Gründe/Auswahlkriterien, z. B.:
  - fachliche Eignung: fundierte Kenntnisse in Organisation und IT
  - persönliche Eignung:
    - Kompetenz als Moderator
    - Initiative, Ausdauer
    - Durchsetzungsfähigkeit.

d) hierarchiefreie Projektgruppe:
- Alle Teammitglieder sind gleichberechtigt.
- Es gibt keinen (offiziell oder inoffiziell) legitimierten Leiter.

e) informelle Hierarchie:
- Die Mitglieder des Teams rekrutieren sich aus unterschiedlichen Hierarchien des Betriebes.
- Es können sich Fachautoritäten herausbilden (unterschiedlicher Wissensstand).
- Die Teammitglieder verfügen über eine unterschiedlich hohe personale Autorität.

f) Einsatz einer hierarchiefreien Arbeitsgruppe immer dann, wenn neue kreative Ansätze bei ausreichenden Zeitreserven angestrebt werden.

g)

Kostenbericht	**Monat ...**		**Arbeitspaket Nr. ...**		
Kostenart	**Plan**	**Ist**	**Plan – Ist**	**Kommentar**	**Plan neu**
Personal					
Material					
Fremdleistungen					
Fahrtkosten					
Kommunikationskosten					

h) Vorgehensweise bei der Projektplanung, z. B.:
- Planung der Projektphasen
- Festlegung der Projektstruktur (Funktionen, Objekte, Teilprojekte, Arbeitspakete)

- Darstellung des Projektstrukturplans (Netzpläne, Meilensteindiagramme o. Ä.)
- Termine ermitteln
- Kosten ermitteln
- Kapazitäten ermitteln
- Projektcontrolling sicherstellen.

i) Standardstrukturplan impliziert die Bedeutung von „generell", „allgemein", „für alle Fälle verwendbar". Dagegen haben Projekte den Charakter von „Einmaligkeit", „spezifischer Besonderheit". Von daher ergibt sich ein Widerspruch. Jedes Projekt ist einzeln und in seiner Besonderheit zu bearbeiten. Trotzdem können oft einzelne Elemente von Standardstrukturplänen (modifiziert) genutzt werden bzw. ihre Struktur kann zur Anfertigung jeweils spezifischer Projektstrukturen verwendet werden.

j)
- sequenzieller Projektfortschritt: Bearbeitung der Arbeitspakete Schritt für Schritt hintereinander
- paralleler Projektfortschritt: ganz oder teilweise parallele Bearbeitung der Arbeitspakete.

Lösung zu Aufgabe 16: Projektmanagement (2)

a) Ermittlung der Projektkosten:

Projekt Reorganisation der Auftragsabwicklung – Bayreuth							
	Teilprojekte						
	1	**2**	**3**	**4**	**5**	**6**	**Summe**
Aufwand (in Mitarbeiter-Tagen)	30	46	28	46	38	44	232
Kalkulation (in € pro Mitarbeiter-Tag)	1.200	1.500	1.300	1.400	1.500	1.700	
Projektkosten (in T€)	36,0	69,0	36,4	64,4	57,0	74,8	337,6

Die kalkulierten Projektkosten betragen insgesamt 337.600 €.

b) **Vorschläge zur Senkung der Projektkosten**, z. B.:
- Verbesserung der Qualifikation/Auswahl/Arbeitsweise der Projektmitarbeiter; dadurch Reduzierung der Mitarbeiter-Tage.
- Fremdvergabe von Teilprojekten und/oder Arbeitspaketen an Externe, wenn diese unter den intern kalkulierten Sätzen liegen.
- Verwertung von Teilerfolgen/Teilergebnissen des Projektes in der Linie; dadurch Erzielung von Erlösen, die den Projektkosten gegenübergestellt werden können.

c) Multiprojektmanagement ist die gleichzeitige Planung, Steuerung und Überwachung mehrerer (untereinander abhängiger) Projekte.

Die Aussage des Vorstandsmitglieds ist hier nicht zutreffend: Die Projekte „CNC-Maschinen“ und „Auftragsabwicklung“ sind in ihrer Zielsetzung unterschiedlich und weder zeitlich, örtlich noch inhaltlich voneinander abhängig.

Lösung zu Aufgabe 17: Projektstrukturplan, Arbeitspakete

a) **Aufgabe des Projektstrukturplans:**

- Übersicht aller Arbeitspakete und Teilaufgaben eines Projekts, die hierarchisch geordnet sind
- zeigt die Notwendigkeit von Teilprojekten und Arbeitspaketen
- ist ein Informationsmedium bei Projektbesprechungen (übersichtlich, leicht verständlich).

b) **Funktion von Arbeitspaketen:**

Jedes Arbeitspaket ist eine klar definierte Aufgabe; jede Teilaufgabe enthält Arbeitspakete. Arbeitspakete können auch auf der Ebene der Teilaufgaben positioniert werden. Für ein Arbeitspaket kann ein Mitarbeiter oder eine Gruppe zuständig sein. In jedem Arbeitspaket gilt die Verantwortung für Kosten, Zeit und Leistung.

c) **Inhalte einer Arbeitspaketbeschreibung**, z. B.:

Datum der Erstellung; Bezeichnung; Verantwortlichkeit; Start- und Endtermin; Plankosten; Ziel; Inhalt; Leistungen; Abhängigkeiten zu anderen Arbeitspaketen.

Lösung zu Aufgabe 18: Projektorganisation

Wahl der Projektorganisationsform			
Merkmale des betreffenden Projekts	**Projektform**		
	Einfluss-Projektmanagement	**Matrix-Projektmanagement**	**Reines Projektmanagement**
Bedeutung für das Unternehmen	gering	groß	sehr groß
Umfang des Projekts	gering	groß	sehr groß
Unsicherheit bezüglich der Zielerreichung	gering	groß	sehr groß
Erforderliche Technologie	Standard	aufwendig	komplex, neu
Zeitdruck	gering	mittel	hoch
Komplexität	gering	mittel	hoch
Einsatz der Mitarbeiter	„nebenamtlich“	Teilzeit, variabel	Vollzeit, „hauptamtlich“

Lösung zu Aufgabe 19: Vorgangsliste

a)

Nr.	Vorgänge	Dauer in Tagen
1.	Suche und Auswahl eines neuen Standorts	60
2.	Entwurf und Aushandeln eines neuen Pachtvertrages	30
3.	Auswahl eines Speditionsunternehmers, Pflichtenheft und Kosten	30
4.	Demontage der Produktionsanlage am alten Standort	5
5.	Transport der Produktionsanlage	20
6.	Herstellen des alten Standorts in den ursprünglichen Zustand (Entfernen alter Kabel, Kommunikationsleitungen, ggf. Rückbau, Reinigung u. Ä.)	10
7.	Montage der Produktionsanlage am neuen Standort	20
8.	Vorarbeiten und Verkabelung in der neuen Halle	15
9.	Inbetriebnahme der Produktionsanlage am neuen Standort	5
10.	Kommunikationsanschlüsse am neuen Standort	10

TIPP

Auch ähnlich lautende, plausible Lösungen sind richtig.

b) Spezifikation der Vorgänge, z. B. Vorgang 5, 7 und 8:

	Vorgang		
	Nr. 5	**Nr. 7**	**Nr. 8**
Spezifikation der Merkmale	**Transport** der Produktionsanlage	**Montage** der Produktionsanlage am neuen Standort	**Vorarbeiten** und Verkabelung in der neuen Halle
Zielsetzung	Die demontierten Baugruppen müssen zügig, ohne Gefahren und Beschädigung kostengünstig an den neuen Standort gelangen.	Fertigungsgerechter Aufbau der Anlage und Vorbereitung für die Inbetriebnahme.	Alle Versorgungseinrichtungen für den Betrieb der Anlage wirtschaftlich und entsprechend der Arbeitsschutzvorschriften durch Fachkräfte bereitstellen.
Verantwortlichkeit	Speditionsunternehmen	Meister Elektrotechnik/Elektronik (intern und extern)	
Vorgänger	Nr. 4: Demontage	Nr. 5: Transport	Nr. 1, 2 und Abschluss des Pachtvertrages
Nachfolger	Nr. 7: Montage	Nr. 9: Inbetriebnahme	Nr. 9: Inbetriebnahme
Ressourcen	eigene Mitarbeiter, Mitarbeiter der Spedition, Transportfahrzeuge, Hebegeräte	Fremdpersonal (Elektro, Mechanik), Meister, Werkzeuge	Mitarbeiter extern (Elektrobetrieb)

c) Weitere Spezifikationsmerkmale:

Anfangstermin, Endtermin, kritischer Weg, Kosten des Vorgangs.

Lösung zu Aufgabe 20: Kommunikationsmodell nach Schulz von Thun

a)
1. Der **Sachaspekt** zeigt die Sachinformation. → **Worüber ich informiere.**
2. Der **Beziehungsaspekt** zeigt, wie der Sender zum Empfänger steht, was er von ihm hält. Zum Ausdruck kommt dies z. B. im Tonfall, in der Wortwahl oder in begleitenden Signalen der Körpersprache. → **Was ich von Dir halte/ wie wir zueinander stehen.**
3. Die **Selbstoffenbarung** zeigt Informationen über die Person des Senders; dieser Anteil an Selbstdarstellung kann gewollt oder unfreiwillig sein. → **Was ich von mir selbst kundgebe.**
4. Der **Appell** ist der Teil der Nachricht, mit dem man auf den Empfänger Einfluss nehmen will. Kaum etwas wird „nur so", ohne Grund gesagt. Fast immer möchte der Sender den Empfänger veranlassen, Dinge zu tun, zu unterlassen oder etwas zu denken oder zu fühlen. Der Appell kann offen oder verdeckt erfolgen. → **Wozu ich Dich veranlassen möchte.**

b)

Gruppenleiter zum Mitarbeiter:

„Die Tonerkassette an ihrem Drucker ist schon ziemlich leer."

Gruppenleiter	**Mitarbeiter**
Sachaspekt: „Mit einer fast leeren Tonerkassette ist kein gutes Druckbild möglich."	**Sachaspekt:** „Das Druckbild ist schon nicht mehr besonders."
Beziehungsaspekt: „Weshalb kommt das bei Ihnen so häufig vor?"	**Beziehungsaspekt:** „Wieso spricht der immer mich an?"
Appell: „Bitte setzen Sie eine neue Tonerkassette ein."	**Appell:** „Ich glaube, ich soll eine neue Tonerkassette einsetzen."
Selbstoffenbarung: „Es ärgert mich, wenn Sie meine Anweisungen nicht ernst nehmen."	**Selbstoffenbarung:** „Der soll sich bloß nicht aufregen – hätte ich schon gemacht."

Lösung zu Aufgabe 21: Transaktionsanalyse (TA)

a)

1 a)	Frage: *„Wie spät ist es?"*	Erwachsenen-Ich
1 b)	Antwort: *„Es ist jetzt 15:20 Uhr."*	Erwachsenen-Ich
1 c)	Antwort: *„Geht Deine Zwiebel mal wieder nicht?"*	Eltern-Ich (kritisch)
2	*„Bei dem schönen Wetter habe ich überhaupt keine Lust, hier im Büro herum zu sitzen."*	Kind-Ich (frei)
3	*„Also wenn Sie mich fragen – die Arbeitslosen sind doch alles Drückeberger."*	Eltern-Ich (kritisch)
4	*„Machen Sie sich nichts daraus, Frauen fällt das immer schwer."*	Eltern-Ich (kritisch)
5	*„Kommen Sie, ich helfe Ihnen, dann kommen Sie schon wieder auf die Beine."*	Eltern-Ich (helfend)
6	*„Also, ich muss schon sagen, allmählich müssten Sie das aber allein können."*	Eltern-Ich (kritisch)
7	*„Ich habe jetzt aber wirklich keine Lust mehr, Sie können ihren Kram allein machen."*	Kind-Ich (trotzig)
8	*„Ich weiß mir nicht mehr zu helfen. Können Sie mal draufschauen, Sie haben doch so viel Erfahrung."*	Kind-Ich (angepasst)

b) 1. Aussage (*„Ich finde, …"*): Eltern-Ich (kritisch), Vorwurf

2. Aussage (*„… aber wenn man …"*): Eltern-Ich (kritisch), Bewertung

Beide Aussagen sind geeignet, den Gesprächsverlauf zu stören. Denkbar ist auch die Einmündung in einen (Beziehungs-)Konflikt, z. B.:

„Das sehe ich aber ganz anders…"; „Wenn Sie wüssten …, dann würden Sie nicht so reden."

c)

„Gesprächsförderer"	**„Gesprächsstörer"**
► Zusammenfassen, Feedback geben	► Befehlen
► mit eigenen Worten wiederholen	► Überreden
► klären (auf den Punkt bringen)	► Warnen, drohen
► Grundhaltung: Ich bin o. k./Du bist o. k.	► Vorwürfe machen
► Nachfragen	► Bewerten (Eltern-Ich, kritisch)
► Zuhören/aktiv zuhören	► Herunterspielen
► Weiterführen, Denkanstöße geben	► Verspotten, nicht ernst nehmen
► Wünsche äußern	► „kluge" Weisheiten von sich geben
► Gefühle ansprechen	► laufend von sich selbst reden
► Ich-Botschaften äußern	► (vorschnell) Lösungen anbieten

Lösung zu Aufgabe 22: Moderatoren, Entscheidungsfähigkeit von Gruppen

Beispiele: **Variablen (Einflussfaktoren) bei der Entscheidungsfähigkeit von Gruppen**

1. **Variablen der Persönlichkeit**

   1.1 **Bei den Gruppenmitgliedern:**
   Der Gruppe oder einzelnen Mitgliedern fehlt aufgrund der Persönlichkeit und/oder mangelnder Erfahrung der Reifegrad, im Team zu arbeiten, z. B. unangemessenes Dominanzstreben, Respektieren der Meinung anderer usw.

   → **Handlungsempfehlung**, z. B.:
   Bewusstmachen der negativen Verhaltensmuster; Vorzüge wirksamen Verhaltens zeigen und trainieren; Vereinbarung von Regeln der Zusammenarbeit.

   Die Gruppe entscheidet sich häufig nicht für die „beste", sondern für die „einfachste" Lösung.

   → **Handlungsempfehlung**, z. B.:
   Risikobereitschaft der Gruppe trainieren; Konsequenzen „einfacher" Lösungen aufzeigen; Rückhalt für „unbequeme" Entscheidungen in der Organisation suchen (beim Vorgesetzten, in der Geschäftsleitung).

   1.2 **Beim Moderator:**
   Unwirksame Verhaltensmuster des Moderators dominieren die Meinung der Mitglieder; die Beteiligung an der Entscheidungsfindung wird eingeschränkt.

   → **Handlungsempfehlung**, z. B.:
   Erkennen des eigenen Verhaltens; Ziele der Verhaltensänderung erarbeiten; ggf. Coaching durch einen erfahrenen Moderator (z. B. den eigenen Vorgesetzten).

2. **Variablen der Kommunikation**, z. B.:
   Die Gruppenmitglieder zeigen keine Rededisziplin, haben nicht gelernt zuzuhören, die Argumente der anderen werden nicht einbezogen, die Beteiligung ist nicht ausgewogen u. Ä.

   → **Handlungsempfehlung**, z. B.:
   Schwachstellen in der Kommunikation bewusst machen; wirksame Kommunikation in der Gruppe trainieren; Spielregeln der Kommunikation erarbeiten und beachten.

3. **Variablen der Techniken**, z. B.:
   Die Gruppe beherrscht Techniken der Ideenfindung nicht ausreichend; die Suche nach Alternativen fällt schwer, dauert unangemessen lang, die Lösungsalternativen sind dem Problem nicht angemessen.

   Die Gruppe kann sich über geeignete Maßstäbe bei der Bewertung von Alternativen nicht verständigen und beherrscht Techniken der Entscheidungsfindung nicht ausreichend.

   → **Handlungsempfehlung**, z. B.:
   Erläutern und Trainieren der notwendigen Techniken.

4. **Variablen der Organisation**, z. B.:
   Entscheidungen kommen unter (echtem oder vermeintlichem) Zeitdruck zustande. Die Mitglieder der Gruppe oder die Organisation erkennen nicht den Zeitbedarf bei komplexen Problemen.

   Das Unternehmen verlangt „schnelle Lösungen“. Die Arbeits- und Rahmenbedingungen beeinträchtigen die Suche nach angemessenen Alternativen (Krisenstimmung, Unruhe/Unsicherheit im Unternehmen aufgrund genereller Veränderungen u. Ä.).

   → **Handlungsempfehlung**, z. B.:
   Der Vorgesetzte/der Moderator muss die notwendigen Umfeldbedingungen für die Gruppenarbeit absichern: Gespräche mit dem Management, Ergebnisse und Nutzen dokumentieren und informieren; Bedeutung aufzeigen u. Ä.

5. **Variablen der Wertekultur**, z. B.:
   Das Management schenkt den Ergebnissen der Gruppenarbeit wenig Beachtung und setzt Ergebnisse nicht oder nur zögerlich um.

   Einige Mitglieder erscheinen nicht oder mit Verspätung zu den Teamsitzungen; übernommene Aufgaben aus den Gruppengesprächen werden nicht erledigt.

   → **Handlungsempfehlung**, z. B.:
   Bedeutung der Ergebnisse aufzeigen (vgl. oben, 4. Variablen der Organisation). Den Mitgliedern die Notwendigkeit einer konstruktiven Teilnahmeethik verdeutlichen;.Konsequenzen erläutern für andere: Warten, Verärgerung, ungenutzte Zeit u. Ä.; Regeln vereinbaren und auf deren Einhaltung drängen.

Lösung zu Aufgabe 23: Präsentation, Projekt

a) Inhaltliche Vorbereitung der Präsentation, z. B.:
   - Auswertung der Kundenbefragung,
   - Befragung interner Experten,
   - Sammlung und Aufbereitung der wichtigsten Ergebnisse:
     - Kernaussagen
     - Visualisierung
     - Wesentliches
   - Vergleichsdaten gegenüberstellen (Internet, Intranet, Benchmarking) sowie
   - Maßnahmen und Lösungsansätze skizzieren.

b) Die Zufriedenheit der Kunden ist immer ein zentrales Thema eines jeden Unternehmens.
   - Die Zufriedenheit der Kunden muss zurückgewonnen werden, sonst sind die Folgen erheblich, z. B.:
     - Rückgang der Aufträge/Umsätze,
     - Gefährdung der Arbeitsplätze und der Unternehmensexistenz,

- Rückgang der Umsätze vermindert die Liquidität: Gefahr der Insolvenz oder Änliches.

Lösung zu Aufgabe 24: Präsentation: Visualisierung

a) Geeignete Visualisierungsmedien, z. B.:

- Overheadprojektor/OH-Folien
- Beamer und Präsentation mit PowerPoint
- Flipchart
- Tafel, Whiteboard
- Pinnwand.

	Vorteile – Beispiele	Nachteile – Beispiele
Flipchart	► Vorbereitung von Blättern ► einfache Handhabung ► Wiederholungen durch Rückblättern möglich	► begrenzte Fläche ► nur für kleine bis mittlere Räume geeignet ► schwierige Archivierung
Overheadprojektor	► Vorbereitung von Folien ► lfd. Ergänzungen möglich ► Akzente setzen ► Steuerungsmöglichkeit durch Ein-/Ausschalten ► geringes Gewicht ► leicht zu kopieren	► Übung erforderlich ► störanfällig (Ersatzbirne)
Pinnwand	► variabel in der Darstellung: Karten, Wolken, Kreise usw. ► jederzeit Ergänzungen möglich ► Schwerpunktbildung ► große Fläche (Szenariotechnik)	► Übung erforderlich ► gewisser Aufwand im Handling ► Archivierung über Fotoprotokoll
Whiteboard	► einfache Handhabung ► farbliche Darstellung	► nur für kleine bis mittlere Räume geeignet ► gelöschte Informationen sind verloren
Beamer	► optimale Aufbereitung ► vielseitig einsetzbar ► gute Dokumentation ► mit geringem Aufwand leicht aktualisierbar	► Preis ► Übung erforderlich ► gewisse technische Störanfälligkeit

b) Techniken der Darstellung:
   - Flussdiagramme und/oder
   - Organigramme und/oder
   - Blockdiagramme.

c) Vorteile, die eine geeignete Visualisierung von Sachverhalten bietet:
   - verbesserte Wahrnehmung von Sachverhalten
   - höhere Behaltenswirksamkeit.

d) Ziele der Präsentation, z. B.:
   - persönliches Ziel: Anerkennung als Fachmann (durch eine wirksame Präsentation)
   - sachliche Ziele:
     - Information der Führungskräfte über die Veränderung der Logistikprozesse
     - Motivation, Überzeugung: Die Führungskräfte erkennen die Notwendigkeit der Veränderung und unterstützen das Projekt.

e) 1. Für die Visualisierung der Fehlzeiten eignet sich die Darstellung als Liniendiagramm oder als Säulendiagramm. Die Lösung zeigt die Darstellung als Liniendiagramm:

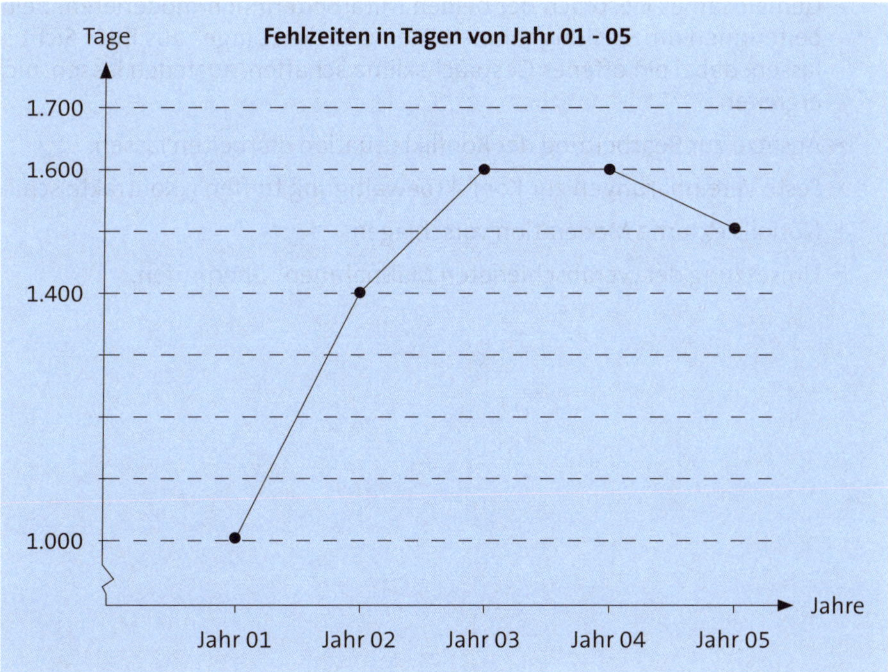

2. - Überschrift (Bezeichnung der Abbildung)
   - Bezeichnung der Achsen
   - geeigneter Maßstab der Achsen
   - angemessene Größe der Abbildung.

Lösung zu Aufgabe 25: Moderation

Zentrale Aufgaben des Moderators, z. B.:

- Der Moderator steuert den Prozess, nicht den Inhalt. Er setzt dabei geeignete Moderationstechniken ein, z. B. Fragetechnik, aktives Zuhören, Gliedern, Zusammenfassen, Visualisieren, Einzel-/Gruppenarbeit.
- Der Moderator gibt Hilfestellungen in der Methodik der Lösungsfindung.
- Der Moderator achtet darauf, dass die Gruppe die Zielsetzung nicht aus den Augen verliert. Der Moderator achtet darauf, dass sich alle Gruppenmitglieder am Meinungsbildungsprozess beteiligen.
- Der Moderator fasst von Zeit zu Zeit den Stand der Themenbearbeitung zusammen.
- Der Moderator ist (inhaltlich) neutral. Er ergreift nicht Partei.

Lösung zu Aufgabe 26: Konfliktmanagement (1)

a) Vorschlag zur Konfliktbearbeitung (Ablauf des Konfliktgesprächs):

   - Zunächst zielorientierte Einzelgespräche führen.
   - Konflikthintergründe erarbeiten (Sach-/Beziehungsebene).
   - Gemeinsames Gespräch der beiden Mitarbeiterinnen moderieren: beide Mitarbeiterinnen um Stellungnahme bitten und die „Dinge“ aus ihrer Sicht schildern lassen; dabei ein offenes Gesprächsklima schaffen, ausreden lassen, nicht Partei ergreifen.
   - Ansätze zur Bearbeitung der Konfliktsituation erarbeiten lassen.
   - Feste Vereinbarungen zur Konfliktbewältigung treffen („Kontrakte schließen“).
   - Notfalls externe Moderation vorschlagen.
   - Umsetzung der „verabschiedeten Maßnahmen“ überprüfen.

b)

Konfliktstrategien, z. B.:	**Bewertung**, z. B.:
► Flucht	Flucht (z. B. Kündigung) ist geeignet, wenn für den Arbeitnehmer eine Befreiung eintritt.
► Kampf	Kampf sollte durch Sachargumente **fair** ausgetragen werden.
► Kompromiss	Beide Parteien geben nach.
► Konsens (win-win-Situation)	Die Parteien kommen **alle** auf ein höheres Zustandsniveau.

Lösung zu Aufgabe 27: Konfliktmanagement (2)

Die „Jeder-gewinnt-Methode“ einsetzen (nach *Gordon*):

- keine „Abteilungsmacht“ einsetzen
- Person des Mitarbeiters anerkennen, seine Meinung gleichgewichtig respektieren
- sich mit den Argumenten des Mitarbeiters ernsthaft auseinandersetzen
- versuchen, beim Mitarbeiter Einsicht für die „eigene Lösung“ zu erzeugen
- Wert darauf legen, dass die intakte Beziehung zum Mitarbeiter nicht gestört wird.

Lösung zu Aufgabe 28: Handlungsschritte der Personalauswahl

Personalauswahl		
Handlungsschritte		**Auswahlinstrumente**
1	Vorauswahl anhand der Unterlagen, Bildung von „Bewerberklumpen“ (Grobauswahl): ► geeignet ► bedingt geeignet („Reserve“) ► Absage (mit Rücksendung der Unterlagen)	Bewerbungsunterlagen: ► Anschreiben ► Arbeitszeugnisse ► Zeugnisse der Aus-/Weiterbildung ► Zertifikate
2	Zwischenbescheide, ggf. Absagen: ► intern ► extern	
3	Erstellen einer Qualifikationsmatrix: ► relevante Merkmale lt. Stellenbeschreibung ► Muss-, Soll-, Kannkriterien ► Fach-, Sozial-, Methodenkompetenz	► Checkliste ► Entscheidungsmatrix
4	Entscheidung über „Einladung zum Gespräch“: ► Personalabteilung ► Fachabteilung ► gemeinsame Entscheidung	
5	Korrespondenz: Einladung zum Gespräch: ► ggf. Informationsmaterial ► Angabe der erstattungsfähigen Vorstellungskosten	
6	Organisation und Durchführung der Auswahlgespräche	
7	Ggf. Einsatz flankierender Auswahlinstrumente	► Arbeitsproben ► Fallsituationen ► Assessment-Center ► Testverfahren - Intelligenzstrukturtest - Fachwissen u. Ä.
8	Gemeinsame Entscheidung (Fach-/Personalabteilung) über die Besetzung der Stelle: ► Berücksichtigung aller relevanten Beobachtungen ► Bewertung quantitativer und qualitativer Daten	► Auswahlgespräch ► Entscheidungsmatrix ► ergänzende Ergebnisse

Lösung zu Aufgabe 29: Analyse der Bewerbungsunterlagen

Es gelten für die Lebenslaufanalyse im Wesentlichen die folgenden Anhaltspunkte:

1. **Lückenanalyse:**
   Zeigen die Daten im Lebenslauf des Bewerbers vom Tag der Geburt bis zum Tag der Bewerbung einen lückenlosen Verlauf? Bestehen evtl. irgendwo zeitliche Lücken, um deren Erklärung der Bewerber gebeten werden muss? Stimmen alle Daten des Bewerbungsanschreibens, des Lebenslaufs und der dokumentierten Zeugnisse und Bescheinigungen im Hinblick auf Tag, Monat, Jahr und Zeitdauer überein?
2. **Analyse der Aus- und Weiterbildung:**
   Wurden begonnene Ausbildungen auch mit entsprechenden Prüfungen, Prüfungsnachweisen und Ausbildungsabschlüssen beendet? Wurde evtl. vieles versucht und wenig abgeschlossen?
3. **Leistungsanalyse:**
   Wie wurden Verhalten und Leistung während der Ausbildungszeit und der anschließenden Zeit der Berufstätigkeit beurteilt? Gibt es eine gewisse Kontinuität in den Beurteilungen oder schwanken die Beurteilungen?
4. **Analyse der Zeiträume:**
   Wurden die früheren Tätigkeiten bei den verschiedenen Arbeitgebern zu den üblichen Kündigungszeiten beendet? Wurden Arbeitsverhältnisse schon während der Probezeit beendet? Gibt es zwischen den einzelnen Beschäftigungszeiten Zeiten der Arbeitslosigkeit und wie sind diese begründet (Insolvenz, Personalabbau oder vorzeitige Beendigung aus wenig einleuchtenden Gründen)?
5. **Entwicklungsanalyse:**
   Ist aus der Berufstätigkeit im Ablauf der Zeit eine gewisse Karriereplanung ersichtlich? Ist ein Aufstieg erkennbar oder erfolgte die Beschäftigung ziemlich planlos und unsystematisch?
6. **Branchenanalyse:**
   Wurde die Branche (häufig) gewechselt?

Lösung zu Aufgabe 30: Personalauswahl

a) **Analyse des Anschreibens:**

Anschreiben	Anmerkung
Herbert Kahl Mirgelgasse 200 41000 Aachen 17. März 2011	Tippfehler! (2021)
Brotland GmbH Personalabteilung Frau Haber Postfach 13 12 10 41888 Heinberg	Tippfehler! (Heinsberg)
Ihre Anzeige in der Aachener Volkszeitung vom 13. März 2019	
Sehr geehrte Damen und Herren,	Falsche Anrede! (sehr geehrte Frau Haber)
am letzten Wochenende habe ich Ihre Anzeige mit großer Freude gelesen. Ihr Stellenangebot, in dem Sie einen Bäcker suchen, interessiert mich außerordentlich und ich möchte mich darauf bewerben.	überschwänglich!
Ich bin seit langen Jahren in der Bäckerei Waffeleisen in Aachen tätig. Meine Spezialität ist das Backen von Vollkornbroten und die Herstellung von Feingebäck, besonders aus Blätterteig.	interessant!
Augenblicklich arbeite ich in ungekündigter Stellung, daher könnte ich meine neue Arbeit frühestens ab dem 1. Mai aufnehmen.	o. k.
Mit freundlichen Grüßen	Wechselmotiv fehlt!
gez. Herbert Kahl	Bewerber geht nicht auf Anzeigentext ein!
Anlagen: ▸ Lebenslauf ▸ Zeugniskopien	

Analyse des Lebenslaufs:

Lebenslauf

Name:	Herbert Kahl	
Anschrift:	Mirgelgasse 200 41000 Aachen	
Geburtsdatum:	20.12.1977	
Familienstand:	verh., 1 Kind	Alter des Kindes?
Schulbesuch:	August 1984 - Juli 1994, Hauptschule	Qualifizierter Abschluss?
Berufsausbildung:	August 1994 - Juli 1997, Ausbildung zum Bäcker, Bäckerei Waffeleisen, Aachen	Ausbildung 3 Jahre!
Wehrdienst:	Oktober 1997 - September 1999	
Berufstätigkeit:	Okt. 1999 - März 2001 als Bäcker mit Spezialisierung auf Vollkornprodukte, Bäckerei Waffeleisen, Aachen	Übernahme nach Wehrdienst!
	April 2001 - 20. Mai 2001, Großbäckerei Kornblume, Köln	Was sollte der „Ausflug“? „Krumme“ Kündigungsfrist: Nachfragen!
	Juli 2001 bis heute (ungekündigt), Bäckerei Waffeleisen, Aachen	„Bodenständig“, wieder zum alten Arbeitgeber

b) Einladung zum Gespräch: ja; es gibt zwar einige „Ungeschicklichkeiten“ im Anschreiben sowie zu klärende Sachverhalte aufgrund des Lebenslaufes – trotzdem erscheint ein Gespräch sinnvoll.

c) Grob unterteilt lassen sich folgende **Fragenfelder** unterscheiden:

- **Fragen zur Gesprächseröffnung**, z. B.:
  - Wie war Ihre Anreise?
  - Konnten Sie uns gut finden?
  - Kennen Sie unsere Firma bereits?
  - Was hat Sie an unserer Anzeige besonders angesprochen?
  - Weshalb haben Sie sich beworben?
- **Fragen zur persönlichen Situation des Bewerbers**, z. B.:
  - In welcher Gegend sind Sie aufgewachsen?
  - Wo haben Sie Ihre Schulzeit verbracht?
  - Bei männlichen Bewerbern u. a. auch: Was hat Ihnen Ihre Bundeswehrzeit gegeben (oder auch nicht gegeben)?
  - Was machen Sie in Ihrer Freizeit, wenn Sie nicht arbeiten?
  - Wie beurteilt Ihre Frau einen möglichen Stellenwechsel?

- Haben Sie bedacht, dass Ihre Kinder Probleme bei einer möglichen Umschulung bekommen? Welche Schritte unternehmen Sie?
- Warum möchten Sie Ihre derzeitige Firma verlassen? Warum gerade jetzt?

► **Fragen zur Ausbildung**, z. B.:

- Warum haben Sie sich für diesen Ausbildungsberuf entschieden?
- Wie beurteilen Sie heute die Entscheidung für diesen Ausbildungsweg?
- Welche Pläne haben Sie für Ihre zukünftige Weiterbildung?

► **Fragen zur Berufserfahrung und zu beruflichen Zielen, z. B.:**

- Beschreiben Sie Ihre Vorstellungen, um welche Aufgabe es bei der hier ausgeschriebenen Stelle geht?
- Was erhoffen Sie sich von einem Stellenwechsel?
- Betrachten wir einmal Ihre derzeitige Tätigkeit: Was gefällt Ihnen daran besonders? Was liegt Ihnen weniger?

► **Fragen zur Selbsteinschätzung**, z. B.:

- Haben Sie Freunde? Angenommen, ich würde gute Freunde von Ihnen befragen: Wie wäre deren Schilderung über Ihre persönlichen Eigenarten?
- Gibt es eine Eigenschaft von Ihnen, über die Sie sich manchmal ärgern, an der Sie noch etwas arbeiten möchten?

► **Fragen zur Vertragsverhandlung**, z. B.:

- Welche Fragen kann ich Ihnen noch zum Unternehmen bzw. zur Aufgabe beantworten?
- Wie hoch ist Ihr derzeitiges Einkommen?
- Welche Gehaltsvorstellung haben Sie für diese Tätigkeit?
- Was verdienen Sie jetzt?

► **Fragen zum Abschluss des Gesprächs**, z. B.:

- Es hat mir Spaß gemacht, mich mit Ihnen zu unterhalten. Sie haben uns sehr viele Informationen über sich und Ihre Tätigkeit gegeben. Dafür vielen Dank. Wir möchten jetzt „den Spieß umkehren“, d. h. Ihnen Gelegenheit geben, Fragen zu unserem Unternehmen und zu der Tätigkeit zu stellen.
- Welche Informationen brauchen Sie noch von uns, um sich für diese Stelle zu entscheiden?
- Wie sehen Sie nach unserem Gespräch einen möglichen Beginn in unserem Unternehmen?
- Wie ist Ihr bisheriger Eindruck über unser Unternehmen und diese Tätigkeit?
- Wie wollen wir verbleiben?
- Nun – wir haben diese Woche noch eine Reihe von Gesprächen, die wir auswerten möchten. Bis Ende der nächsten Woche werden wir uns bei Ihnen melden und Ihnen unsere Entscheidung mitteilen. Vielen Dank.

Lösung zu Aufgabe 31: Bewerbungsgespräch, Grundsätze

- Der Hauptanteil des Gesprächs liegt beim Bewerber.
- Überwiegend öffnende Fragen verwenden, geschlossene Fragen nur in bestimmten Fällen, Suggestivfragen vermeiden.
- Zuhören, Nachfragen und Beobachten, sich Notizen machen, zur Gesprächsfortführung ermuntern usw.
- In der Regel: Keine ausführliche Fachdiskussion mit dem Bewerber führen.
- Die Dauer des Gesprächs der Position anpassen.
- Äußerer Rahmen: keine Störungen, kein Zeitdruck, entspannte Atmosphäre.

Lösung zu Aufgabe 32: Zeugnisanalyse

- Sind die Aussagen über den Mitarbeiter „wenig schmeichelhaft“ bzw. will man direkt negative Aussagen vermeiden, so ist es weit verbreitet,
- unwichtige Eigenschaften und Merkmale unangemessen hervorzuheben sowie
- wichtige Aspekte zu verschweigen (weil negativ) – insbesondere Eigenschaften und Verhaltensweise, die bei einer bestimmten Tätigkeit von besonderem Interesse sind.

Im vorliegenden Fall liegt der Schluss nahe, dass entweder die Aussage über die Führungsqualifikation vergessen wurde (unprofessionelle Zeugniserstellung; kleines Familienunternehmen) oder dass der Bewerber bisher keine besonderen (positiven) Führungseigenschaften gezeigt hat.

Lösung zu Aufgabe 33: Analyse von Bewerbungsschreiben

a) **Bewerbungsschreiben:**

1. Hubertus Streblich
   - sprachliche Mängel: 4-mal „ich“; Rechtschreibfehler
   - Wechselmotiv fehlt
   - ungeeignete Formulierung, selbstgefällig: „glaube ich, sind beigefügt“
2. Gerd Grausam
   - Rechtschreibfehler
   - Sprachstil: „erlaube ich mir, stelle ich mir vor“
   - Wechselmotiv fehlt
   - unrealistische Annahme/unangemessene Eile: „hören sollte, könnte ich noch“

b) **Arbeitszeugnisse:**

1. Hubertus Streblich → negativ!
   - Unwichtiges wird hervorgehoben: hilfsbereit, höflich.
   - Führung: Es fehlt die Steigerung „war stets einwandfrei".
   - Nach dem Zeugniscode ist eine „zufriedenstellende Leistung" (nur) ausreichend.
   - Schlussformel (Wir wünschen ...) fehlt.
2. Gerd Grausam → negativ!
   - Tätigkeit dauerte objektiv nur fünf Wochen.
   - Nebensächliches wird hervorgehoben (regelmäßig und pünktlich).
   - Grund der Beendigung wird nicht genannt.

c) **Zeugniscode** (Formulierungsskala):

sehr gut	... stets zu unserer vollsten Zufriedenheit
gut	... stets zu unserer vollen Zufriedenheit
befriedigend	... zu unserer vollen Zufriedenheit
ausreichend	... zu unserer Zufriedenheit
mangelhaft	... im Großen und Ganzen zu unserer Zufriedenheit
ungenügend	... hat sich bemüht

d) **Aussagekraft von Bewerbungsfotos:**

Grundsätzlich gilt: Das Bewerbungsfoto dient der Wiedererkennung: Herstellen der späteren, gedanklichen Verbindung zwischen Bewerber und dem Eindruck im Vorstellungsgespräch. Subjektive Entgleisungen wie „der ist sympathisch, sieht doof/ komisch aus" u. Ä. sind unangebracht.

Daneben lassen sich vorsichtige Rückschlüsse aus der Qualität, dem Format und ggf. dem „Hintergrund" der Aufnahme ziehen, z. B.:

- **Automatenfoto, Foto mit minderer Qualität**
  - fehlende Wertschätzung für den potenziellen Arbeitgeber
  - Kandidat/in hat sich keine Mühe gegeben
  - Kandidat/in wollte (unangemessener Weise) Ausgaben sparen.
- **Bewerbungsfoto vom Fotografen (ist etwas größer als Passfoto)**
  - angemessen, professionell, richtig
  - Aufwand ist passend zum Anlass.
- **Größeres Atelierfoto**
  - unpassend und unangemessen teuer
  - Ausnahme: Positionen, in denen die äußere Erscheinung eine besondere Rolle spielt, z. B. Empfang, Öffentlichkeitsarbeit, Mannequin, ggf. Hotelgewerbe
  - Bewerber stellt sich zu sehr heraus.

- **Foto zeigt Bewerber/in in unpassender Umgebung**

  z. B. Hintergrund „im Urlaub“, „im Liegestuhl auf der Terrasse“

  - Bewerber möchte sich besonders herausstellen oder „hat einfach nicht nachgedacht“; absolut unpassend
  - unangemessener Einblick in den Privatbereich

Lösung zu Aufgabe 34: Zeugniscodierung

Im vorliegenden Fall ist davon auszugehen, dass die Formulierungen bewusst gewählt wurden (Großunternehmen; Personalabteilung). Bei Herrn Kernig liegt der Schluss nahe, dass es sich um einen Mitarbeiter mit eher durchschnittlicher Leistung handelt, der weiß, wie man sich gut darstellt.

Lösung zu Aufgabe 35: Analyse von Schulzeugnissen

Im vorliegenden Fall liegen die Schulnoten ca. 30 Jahre zurück und sind daher bei der Analyse nicht mehr relevant. Im Vordergrund stehen beim Bewerber Kernig die Analyse der Arbeitszeugnisse, das Ergebnis der beruflichen Erstausbildung, die Meisterprüfung und ähnliche Qualifikationen.

Lösung zu Aufgabe 36: Konferenz-/Besprechungsregeln

Gruppengespräche/Konferenzen dienen dem Informationsaustausch (Diskussionen) und der Behandlung wichtiger Themen, die einen größeren Personenkreis betreffen.

- Es sind die Grundsätze der Moderation einzuhalten.
- Weiterhin – die wichtigsten Konferenzregeln:
  - Tagesordnung festlegen und Themen vorbereiten
  - richtigen Teilnehmerkreis wählen
  - Einladung schreiben
  - Raum- und Sitzordnung festlegen
  - Zeit begrenzen
  - pünktlich beginnen und aufhören
  - Aktionen/Handlungen einleiten
  - Ergebnisprotokoll anfertigen:
    - Wer? Macht was? Wie? Bis wann?
    - V: ... (verantwortlich)
    - T: ... (Termin)
  - Konferenz richtig steuern:
    - Aktivitäten in der Balance halten (z. B. alle Teilnehmer einbeziehen)
    - Fakten, Fragen, Visualisieren, beim Thema bleiben

- Rededisziplin, Teilnehmer stimulieren, keine Störungen
- Meinungen zusammenfassen, alle 45 Minuten Pause.

Lösung zu Aufgabe 37: Mitarbeitergespräche, Praxisfall „Keine Wortmeldung“

a) ► Herr G. fragt nicht nach der Meinung seiner Mitarbeiter (obwohl den Mitarbeitern die verschiedenen Angebote zum Vergleich vorlagen).

► Herr G. nimmt die Entscheidung (autoritär) zu Beginn der Sitzung vorweg.

► unpassende Sprache („ich habe mir ... unseren Vorstellungen ...“)

► Bloßstellung des Mitarbeiters Richter.

b) ► Im Gespräch mit Herrn G. Einsicht erzeugen, welche Negativwirkungen durch sein Gesprächsverhalten entstehen (klar, konkret, sachlich).

► Mit Herrn G. Maßnahmen zur Verhaltensänderung/zum Verhaltenstraining vereinbaren (innere Zustimmung des Herrn G. erforderlich); z. B. Seminar „Führungs-/Gesprächsverhalten“, Coaching, Teilnahme an betriebsinternen Besprechungen zu Trainingszwecken u. Ä.

Lösung zu Aufgabe 38: Mitarbeitergespräche, Reflexionstechnik

Reflexion bedeutet „Rückbezug“ und ist das Nachdenken über das eigene Denken, die kritische Überprüfung des eigenen Denkens und Handelns, um auf diese Weise zu neuen Erkenntnissen zu gelangen.

Beispiel

Nach Abschluss eines schwierigen Gesprächs reflektiert der Vorgesetzte über den Ablauf des Gesprächs:

- „Habe ich das Gesprächsziel erreicht?“
- „Wie war der Gesprächsverlauf strukturiert?“
- „Welche Regeln der Gesprächsführung habe ich beachtet und welche nicht?“
- „Was kann ich in meinem Gesprächsverhalten beibehalten und was sollte ich wirksamer gestalten?“

Über etwas reflektieren heißt, sich etwas bewusst machen und dadurch zu Selbsterkenntnissen zu kommen. Man kann dabei u. a. folgende Ansätze wählen:

1. Reflexion durch Thematisieren der Vergangenheit, der Gegenwart und der Zukunft:
   - In welcher Situation befinde ich mich zurzeit?
   - Wie ist das alles so gekommen?
   - Was kann weiterhin passieren?

2. **Reflexion mithilfe anderer Verfahren**, z. B.:
   - **Erkenntnis über Bedürfnisse und Probleme**:
     - Was läuft zurzeit falsch?
     - Was fehlt mir?
   - **Bewertung von Handlungen:**
     - Habe ich das gut gemacht?
     - Soll ich das wiederholen?
     - Was kann ich daraus lernen?

Lösung zu Aufgabe 39: Verkäuferschulung

a) Vorschlag zur Strukturierung eines Verkaufsgesprächs:

Einführende Argumentation
Vorteile aufzeigen (des Produkts, der Dienstleistung)

↓

Vorhandenen Bedarf erfragen

↓

Bekräftigen/Argumentation

↓

Eventuell Zweifel am Bedarf ausräumen

↓

Beweisführung, Demonstration

↓

Positive Signale erkennen und nutzen
(Signale der Kaufbereitschaft erkennen)

↓

Einwände des Kunden bearbeiten
(Einwandbehandlung)

↓

Abschluss

TIPP

Auch ähnlich strukturierte, plausible Lösungen sind richtig.

b) 1. **Verkaufspsychologie:** Argumentation gegenüber dem Kunden, Eingehen auf die Bedürfnisse des Kunden, Abschlusstechniken.

2. **Produktschulung:** Information über die Produkte des Unternehmens und die technischen Daten der Produkte.

3. **Zeitmanagement und Tourenplanung:** Selbstorganisation und Verwendung der Zeit, Zeitmanagementtechniken, zeitgünstige Planung der Kundenbesuche.

4. **Telefontechniken:** Techniken der Gesprächsführung am Telefon (Terminabsprache und Akquise von „Kaltkontakten“, Kundenpflege).

5. **Networking:** Herstellen eines Netzes von inner- und außerbetrieblichen Kontakten (Fachkompetenz, Empfehlungsmarketing).

2. Investition, Finanzierung, betriebliches Rechnungswesen und Controlling

2.1 Investitionsplanung und -rechnung

Lösung zu Aufgabe 1: Investitionsformen (-arten)

	neue, zusätzliche Fertigungsstraße	Lkw (Ende der Nutzungsdauer)	Finanzielle Beteiligung an ...
Sachinvestition	X	X	
Finanzinvestition			X
immaterielle Investition			
Nettoinvestition	X		
Ersatzinvestition		X	
Rationalisierungsinvestition			

Lösung zu Aufgabe 2: Verfahren der statischen Investitionsrechnung und Break-even-Menge: Drei Objekte, ohne Restwert, gleiche Kapazität, gleiche Nutzungsdauer

Daten	**Objekt 1**	**Objekt 2**	**Objekt 3**
Anschaffungskosten, AK	250.000 €	300.000 €	280.000 €
Restwert, RW	0	0	0
Nutzungsdauer, n	10 Jahre	10 Jahre	10 Jahre
Nennleistung	50.000 Stk./Jahr	50.000 Stk./Jahr	50.000 Stk./Jahr
Auslastungsgrad	80 %	80 %	80 %
Jahresstückleistung, x	80 % von 50.000 Stk. = 40.000 Stk.	40.000 Stk.	40.000 Stk.

Berechnungen	**Berechnungsbeispiel**	**Objekt 1**	**Objekt 2**	**Objekt 3**
Umsatz	$p \cdot x$ $= 10 \cdot 40.000$	**400.000 €**	**400.000 €**	**400.000 €**
Fixe Kosten:				
Sonstige Fixkosten		120.500 €	110.000 €	129.600 €

Berechnungen	Berechnungsbeispiel	Objekt 1	Objekt 2	Objekt 3
Kalk. Abschreibung	$\frac{AK - RW}{n}$ $= \frac{250.000 - 0}{10}$	25.000 €	30.000 €	28.000 €
Kalk. Zinsen	$\frac{AK + RW}{2} \cdot i$ $= \frac{(250.000 + 0) \cdot 0{,}06}{2}$	7.500 €	9.000 €	8.400 €
Summe Fixkosten		**153.000 €**	**149.000 €**	**166.000 €**
Variable Kosten:				
Fertigungslohn		100.000 €	70.000 €	80.000 €
Material		60.000 €	60.000 €	60.000 €
Energie		12.000 €	8.000 €	7.000 €
Sonstige variable Kosten		7.000 €	9.000 €	9.000 €
Summe variable Kosten		179.000 €	147.000 €	156.000 €
Summe variable Kosten bei Auslastung 80 %		**143.200 €**	**117.600 €**	**124.800 €**
variable Stückkosten (=K_v: 40.000 Stk.)		**3,58 €**	**2,94 €**	**3,12 €**

a) **Kostenvergleich:**

	Objekt 1	Objekt 2	Objekt 3
Summe Fixkosten	153.000 €	149.000 €	166.000 €
Summe variable Kosten bei Auslastung 80 %	143.200 €	117.600 €	124.800 €
Gesamtkosten, K	296.200 €	266.600 €	290.800 €
Stückkosten, k	7,41 €	6,67 €	7,27 €
Vorteilhaftigkeit (Priorität)	**3**	**1**	**2**

Entscheidungsregel: K → Minimum! bzw. k → Minimum!

b) **Gewinnvergleich:**

	Objekt 1	Objekt 2	Objekt 3
Umsatz	400.000 €	400.000 €	400.000 €
- Gesamtkosten	296.200 €	266.600 €	290.800 €
= Gewinn, G	103.800 €	133.400 €	109.200 €
Stückgewinn, g	2,60 €	3,34 €	2,73 €
Vorteilhaftigkeit (Priorität)	**3**	**1**	**2**

Entscheidungsregel: G → Maximum! bzw. g → Maximum!

Anmerkung:
Bei linearem Kostenverlauf ist das Ergebnis der Gewinnvergleichsrechnung bezüglich der Vorteilhaftigkeit der Investitionsalternativen identisch mit dem der Kostenvergleichsrechnung (die Aufgabenstellung erfolgt hier nur aus Gründen der Vollständigkeit der statischen Investitionsrechenverfahren).

c) **Rentabilitätsvergleich:**

		Objekt 1	Objekt 2	Objekt 3
Gewinn		103.800 €	133.400 €	109.200 €
+ Kalkulatorische Zinsen		7.500 €	9.000 €	8.400 €
= Return (des Gesamtkapitals)		111.300 €	142.400 €	117.600 €
durchschnittlicher Kapitaleinsatz	$\frac{AK + RW}{2}$	125.000 €	150.000 €	140.000 €
Rentabilität, R	$\frac{\text{Return}}{\varnothing \text{ Kapitaleinsatz}}$	$\frac{111.300}{125.000}$	$\frac{142.400}{150.000}$	$\frac{117.600}{140.000}$
	$\frac{\text{Gewinn + kalk. Zinsen}}{\frac{AK + RW}{2}}$	= 89,04 %	= 94,93 %	= 84,0 %
Vorteilhaftigkeit (Priorität)		**2**	**1**	**3**

Entscheidungsregel: R_{GK} → Maximum! (unter der Bedingung: $R_{GK} \geq i$)

Die Rentabilitätsrechnung erfolgte nach der Bruttomethode. Gemäß der Nettomethode könnten die kalkulatorischen Zinsen im Zähler vernachlässigt werden. Die Rangfolge bleibt gleich.

d) **Amortisationsvergleich:**

$$\text{Kapitalrückflusszeit (Jahre)} = \frac{\text{Anschaffungswert - Restwert}}{\text{Gewinn + Abschreibungen (p. a.)}}$$

		Objekt 1	Objekt 2	Objekt 3
Kapitalrückflusszeit, t_A (Jahre)	=	$\frac{250.000 - 0}{103.800 + 25.000}$ = 1,94 Jahre	$\frac{300.000 - 0}{133.400 + 30.000}$ = 1,84 Jahre	$\frac{280.000 - 0}{109.200 + 28.000}$ = 2,04 Jahre
Vorteilhaftigkeit		**2**	**1**	**3**

Entscheidungsregel: t_A → Minimum! (unter der Bedingung: $t_A \leq$ Sollwert)

Kommentar:
Alle drei Objekte erfüllen die intern vorgegebene Sollamortisationszeit.

Gesamtbetrachtung zu a) - d):

Vorteilhaftigkeit nach ...	Objekt 1	**Objekt 2**	Objekt 3
a) Kostenvergleich	3	**1**	2
b) Gewinnvergleich	3	**1**	2
c) Rentabilitätsvergleich	2	**1**	3
d) Kapitalrückflusszeit	2	**1**	3

Objekt 2 zeigt nach allen vier Berechnungsverfahren eine Vorteilhaftigkeit gegenüber den alternativen Anlagen und sollte daher für die Investition ausgewählt werden.

e) **Menge im Break-even-Point für Objekt 2 und 3:**

Im Break-even-Point gilt für die Menge $x^* = \frac{\text{Fixkosten}}{\text{db}}$

Für Objekt 2 ergibt sich: $x^*_2 = \frac{149.000}{7{,}06} = 21.104{,}82$

Ab 21.105 Stk. ist die Gewinnschwelle bei Objekt 2 überschritten.

Für Objekt 3 ergibt sich: $x^*_3 = \frac{166.000}{6{,}88} = 24.127{,}91$

Ab 24.128 Stk. ist die Gewinnschwelle bei Objekt 3 überschritten.

f) **Nachteile des Kostenvergleichsverfahrens**, z. B.:

- Der Vergleich ist kurzfristig (i. d. R. ein Jahr).
- Die Auflösung in fixe und variable Kostenbestandteile ist mitunter schwierig.
- Erträge werden nicht berücksichtigt.
- Qualitätsunterschiede der Verfahren/Anlagen werden vernachlässigt.
- Die zeitliche Lage der Ausgaben wird vernachlässigt.

Lösung zu Aufgabe 3: Kostenvergleichsrechnung und kritische Menge Zwei Objekte, mit Restwert, gleiche Kapazität, gleiche Nutzungsdauer

Berechnungen	Berechnungsbeispiel	Objekt 1	Objekt 2
Fixe Kosten:			
Sonstige Fixkosten, €		4.000	1.200
Kalk. Abschreibung	$\frac{AK - RW}{n} = \frac{50.000 - 5.000}{5}$	9.000	8.000
Kalk. Zinsen	$\frac{AK + RW}{2} \cdot i$ $= \frac{(50.000 + 5.000) \cdot 0,1}{2}$	2.750	2.000
Summe Fixkosten, K_f		**15.750**	**11.200**
Variable Kosten:			
Material		2.000	2.000
Löhne		2.500	5.000
Energie		3.500	8.000
Summe variable Kosten, K_v		**8.000**	**15.000**
Gesamtkosten, K		**23.750**	**26.200**
Stückkosten (K : x)	23.750 : 12.000	**1,98**	**2,18**
variable Stückkosten	8.000 : 12.000	**0,67**	**1,25**

a) Objekt 1 ist im Gesamtkosten- und Stückkostenvergleich günstiger und sollte daher angeschafft werden.

b) Für die kritische Menge (bei zwei Verfahren, zwei Investitionsobjekten) gilt:

$$\text{Grenzstückzahl (kritische Menge)} = \frac{\text{Fixkosten 1 - Fixkosten 2}}{\text{var. Stückkosten 2 - var. Stückkosten 1}}$$

$$x = \frac{K_{f1} - K_{f2}}{k_{v2} - k_{v1}} = \frac{K_{f2} - K_{f1}}{k_{v1} - k_{v2}} = \frac{15.750 - 11.200}{1,25 - 0,67} = 7.844,83$$

Die kritische Menge liegt bei 7.845 Stück; oberhalb dieser Menge ist Verfahren 1 günstiger, unterhalb dieser Menge ist Verfahren 2 günstiger.

Lösung zu Aufgabe 4: Berechnung der kritischen Menge

		Verfahren I	Verfahren II
Rüsten	Vorgabezeit	0,5 Std.	6,5 Std.
	Stundensatz	20 €/Std.	42 €/Std.
Fertigen	Vorgabezeit	2,2 min/Stk.	0,8 min/Stk.
	Stundensatz	24 €/Std.	48 €/Std.

1. Schritt: Errechnen der variablen Stückkosten:

Verfahren I:

60 min - 24 €
2,2 min - k_{vI}

$k_{vI} = (24 \cdot 2{,}2) : 60$
$= 0{,}88$ € pro Stück

Verfahren II: analog

$k_{vII} = 0{,}64$ € pro Stück

2. Schritt: Die Kosten für beide Verfahren werden gleichgesetzt; mit x wird die Stückzahl bezeichnet:

$$0{,}5 \cdot 20 + x \cdot 0{,}88 = 6{,}5 \cdot 42 + x \cdot 0{,}64$$

$$x = \text{rd. } 1.096 \text{ Stk.}$$

In Worten:
Bei rd. 1.096 Stk. (kritische Menge = Grenzstückzahl) sind die Kosten beider Verfahren gleich. Oberhalb der kritischen Menge ist Verfahren II wirtschaftlicher (Vorteil der variablen Stückkosten), unterhalb der kritischen Menge ist Verfahren I günstiger (Vorteil der geringeren Fixkosten).

Lösung zu Aufgabe 5: Verfahren der dynamischen Investitionsrechnung Zwei Objekte, ohne Restwerte, unterschiedliche Kapazität, gleiche Nutzungsdauer

a) und b)

- **Berechnung des Kapitalwerts:**

$$C_0 = \frac{E_1 - A_1}{q^1} + \frac{E_2 - A_2}{q^2} + ... + \frac{E_5 - A_5}{q^5} - A_0$$

- **Berechnung der Annuität:**

Annuität = Kapitalwert • Kapitalwiedergewinnungsfaktor

$$a = C_0 \cdot \frac{q^n (q - 1)}{q^n - 1}$$

Objekt 1	**1. Jahr**	**2. Jahr**	**3. Jahr**	**4. Jahr**	**5. Jahr**
Einzahlungen (E), €	330.000	345.000	345.000	408.000	425.000
Auszahlungen (A):					
Personalkosten, €	80.000	85.000	90.000	95.000	97.000
Materialkosten, €	130.000	130.000	130.000	160.000	160.000
Raumkosten, €	12.000	12.000	12.000	14.000	14.000
Energiekosten, €	8.000	9.000	10.000	11.000	12.000
Sonstige Kosten, €	26.000	30.000	30.000	30.000	30.000
Summe Auszahlungen, €	256.000	266.000	272.000	310.000	313.000
Zahlungssaldo (E - A), €	74.000	79.000	73.000	98.000	112.000
Abzinsungsfaktor[1], $\frac{1}{q^n}$	0,909091	0,826446	0,751315	0,683013	0,620921
Barwert (C_0), €	67.272,73	65.289,23	54.846,00	66.935,27	69.543,15
Summe Barwerte, €	67.272,73	132.561,96	187.407,96	254.343,23	323.886,38
Summe Barwerte - Anschaffungsauszahlung = **Kapitalwert**	323.886,38 - 300.000 =		**23.886,38 €**		
Annuität	23.886,38 • 0,263797 =		**6.301,16 €**		

[1] Vgl. Tabellenwerk.

Objekt 2	**1. Jahr**	**2. Jahr**	**3. Jahr**	**4. Jahr**	**5. Jahr**
Einzahlungen (E), €	330.000	345.000	345.000	420.000	437.500
Auszahlungen (A):					
Personalkosten, €	65.000	67.000	69.000	72.000	75.000
Materialkosten, €	165.000	165.000	165.000	170.000	170.000
Raumkosten, €	8.400	8.400	8.400	8.400	8.400
Energiekosten, €	5.000	6.000	7.000	8.000	9.000
Sonstige Kosten, €	8.000	6.000	5.000	5.000	4.000
Summe Auszahlungen, €	251.400	252.400	254.400	263.400	266.400
Zahlungssaldo (E - A), €	78.600	92.600	90.600	156.600	171.100
Abzinsungsfaktor[1], $\frac{1}{q^n}$	0,909091	0,826446	0,751315	0,683013	0,620921
Barwert (C_0), €	71.454,55	76.528,90	68.069,14	106.959,84	106.239,58
Summe Barwerte, €	71.454,55	147.983,45	216.052,59	323.012,43	429.252,01
Summe Barwerte - Anschaffungsauszahlung = **Kapitalwert**	429.252,01 - 400.000 =		**29.252,01 €**		
Annuität	29.252,01 • 0,263797 =		**7.716,59 €**		

- **Ergebnis** zu a) und b):

  Das Objekt 1 weist in beiden Verfahren schlechtere Werte auf als das Objekt 2. Die Anschaffung der Bearbeitungsmaschine sollte daher unterbleiben und Objekt 2 gewählt werden.

  Nicht berücksichtigt sind bei dieser Entscheidung Merkmale wie Lieferzeit, Finanzierung des Objekts, Qualität der Fertigungsverfahren u. Ä.

Lösung zu Aufgabe 6: Kapitalwertmethode

a) Die Lösung erfolgt mithilfe der Kapitalwertmethode (es sind auch andere dynamische Methoden der Investitionsrechnung zulässig):

$$C_0 = \frac{E_1 - A_1}{q^1} + \frac{E_2 - A_2}{q^2} + \ldots + \frac{E_5 - A_5}{q^5} + \frac{RW}{q^n} - A_0$$

[1] Vgl. Tabellenwerk.

Jahr	$E_i - A_i$	Abzinsungsfaktor $\frac{1}{q^n}$ bei 9 %	$(E_i - A_i) \cdot \frac{1}{q^n}$
1	-1,60	0,917431	-1,4679
2	-1,25	0,841680	-1,0521
3	-0,60	0,772183	-0,4633
4	1,20	0,708425	0,8501
5	1,65	0,649931	1,0724
6	1,90	0,596267	1,1329
7	2,05 +55,00	0,547034	31,2083
Summe			31,2804
- A_0			-31,2500
= C_0			0,0304

Der Kapitalwert ist positiv (C_0 = 0,03040 Mio. € = 30.400 €). Die Investition ist lohnend, weil die Anschaffungsauszahlung wiedergewonnen, ein Überschuss erzielt sowie die Mindestverzinsung erreicht wird.

b) **Risiken**, z. B.:

- Investitionen: Höhe und zeitliche Lage
- Einnahmenüberschüsse: Höhe und zeitliche Lage; Preisrisiken, Absatzrisiken, Preisentwicklung auf den Beschaffungsmärkten (Einstandspreise, Löhne)
- Höhe des Kalkulationszinssatzes (Entwicklung am Kapitalmarkt)
- Höhe des erwarteten Verkaufspreises
- Laufzeit der Investition (7 Jahre ausreichend?).

Lösung zu Aufgabe 7: Annuitätenmethode

a)

Kapitalbetrag	A_0	83.037,51 €	
Zinssatz	i	5,0 %	
Laufzeit	n	15 Jahre	
Kapitalwiedergewinnungsfaktor 15 J./5,0 %	KWF	0,096342	
Annuität	a	8.000,00 €	= A_0 • KWF = 83.037,51 • 0,096342
Kapitaldienstsumme	∑ a	120.000,00 €	
Summe Zinszahlungen		36.960,00 €	= 120.000 - 83.037,51

Die durchschnittlichen jährlichen Einsparungen von 8.000 € müssen **mindestens** den durchschnittlichen jährlichen Auszahlungen entsprechen, damit die Investition vorteilhaft ist. Dies ist im vorliegenden Fall gegeben.

b) **Risiken (Variablen) der Modellrechnung** im vorliegenden Fall, z. B.:
- Entwicklung der Gaspreise
- alternative Anlagen zur Energieerzeugung innerhalb von 15 Jahren
- Rückvergütungsvereinbarung für Einspeisung in das Stromnetz
- Entwicklung der Energieverbräuche (z. B. Witterung, Verbrauchsverhalten)
- Zuverlässigkeit des Rechenprogramms der Fa. LUCHS
- Nutzungsdauer der Anlage (< 15 Jahre?)
- Prognose der Wartungskosten des BHK.

c) **Empfehlung:**
Für den Hotelbetrieb würde eine Investition von rd. 80 T€ zu einer laufenden Fixbelastung von rd. 8.000 € p. a. führen. Innerhalb von 15 Jahren könnten neue Heizungstechnologien entwickelt werden. Die Nutzungsdauer von 15 Jahren erscheint im Grenzbereich (welche Erfahrungswerte kann die Fa. LUCHS vorweisen?).

Fazit:
Bei einer Kapitalbindung von 80.000 € und einer Bindungsdauer von 15 Jahren sollte der jährliche Einnahmenüberschuss (Einsparung) **deutlicher** über der jährlichen Annuität liegen.

TIPP

Auch andere plausible Bewertungen sind möglich.

Lösung zu Aufgabe 8: Interne Zinsfußmethode, Kapitalwertmethode

a) Die Aus- und Einzahlungen aus der Leasingtabelle werden in die Formel für die Kapitalwertberechnung eingesetzt:

$$C_{01} = -30\text{ T€} + \frac{(-)\,3\text{ T€}}{1{,}08} + \frac{1\text{ T€}}{1{,}08^2} + \frac{6\text{ T€}}{1{,}08^3} + \frac{8\text{ T€}}{1{,}08^4} + \frac{51\text{ T€}}{1{,}08^5} = 13.432{,}54\text{ €}$$

Die Entscheidung fällt für den Kreditkauf, weil hier der Kapitalwert von 23.553,75 € höher ist.

b) Der Leasing-Kapitalwert beträgt bei einem Versuchszinssatz von 20 %:

$$C_{02} = -30\text{ T€} + \frac{(-)\,3\text{ T€}}{1{,}2} + \frac{1\text{ T€}}{1{,}2^2} + \frac{6\text{ T€}}{1{,}2^3} + \frac{8\text{ T€}}{1{,}2^4} + \frac{51\text{ T€}}{1{,}2^5} = -\,3.979{,}53\text{ €}$$

$$r = 0{,}08 - 13.432{,}54 \cdot \frac{0{,}2 - 0{,}08}{-\,3.979{,}53 - 13.432{,}54} = 0{,}1725$$

In Verbindung mit dem unter a) ermittelten Kapitalwert bei 8 % ergibt sich mithilfe der Näherungsformel (i_1 = 8 %; i_2 = 20 %) ein interner Zinsfuß bei Leasing von ca. 17,3 %. Getrennt betrachtet sind beide Alternativen sinnvoll, da der jeweilige Zinsfuß höher liegt als der Kalkulationszinssatz. Im Vergleich fällt die Entscheidung für die Leasing-Alternative, da 17,3 % größer als 12,1 % sind.

Lösung zu Aufgabe 9: Verfahren der Investitionsrechnung im Vergleich

a)

Vergleich statische und dynamische Investitionsrechnung	
Statische Verfahren	**Dynamische Verfahren**
► Einfache Rechenverfahren ohne komplexe finanzmathematische Formeln ► Begriffe: Kosten, Erlöse ► Betrachtung einer Periode oder Durchschnittswert mehrerer Perioden	► Einsatz finanzmathematischer Ansätze ► Begriffe: Ein- und Auszahlungen ► Betrachtung mehrerer Perioden

b)

Nachteile statischer Investitionsrechenverfahren	
Kostenvergleichsrechnung	► Zeitpunktbetrachtung (einzelne Periode, z. B. Jahr, oder Durchschnittswert einer repräsentativen Periode) ► Keine Berücksichtigung von Erlösen und von Auszahlungen
Gewinnvergleichsrechnung	► Zeitpunktbetrachtung (einzelne Periode, z. B. Jahr, oder Durchschnittswert einer repräsentativen Periode) ► Keine Berücksichtigung von Auszahlungen
Rentabilitätsrechnung	► Gewinnbegriff unterschiedlich auslegbar ► Problem des Vergleichs bei unterschiedlichem Kapitaleinsatz
Amortisationsrechnung	► Subjektive Festlegung der erwarteten Amortisationszeit ► Verschiedene Rechenansätze möglich (Durchschnittswertmethode, Ansatz mit Kumulierung oder mit Abschreibung im Nenner der Formel) ► Fehlinterpretationen der Amortisationszeiten bzgl. Vorteilhaftigkeit und Wirtschaftlichkeit

c)

Nachteile dynamischer Investitionsrechenverfahren	
Kapitalwertmethode	► Problem der Bestimmung des Kalkulationszinssatzes ► Keine Berücksichtigung der Abschreibung ► Evtl. Schätzung der zukünftigen Ein- und Auszahlungen
Interne Zinsfußmethode	► Ermittlung der Versuchszinssätze erfordert häufig mehrfaches Probieren, um einen positiven und negativen Kapitalwert zu erhalten. ► Näherungsverfahren; nur approximatives Ergebnis

Lösung zu Aufgabe 10: Optimaler Ersatzzeitpunkt

a)

Nutzungsdauer	Einzahlungsüberschuss (in €)	Restwert (in €)	Barwert der Einzahlungsüberschüsse (in €)	Kumulierter Barwert der Einzahlungsüberschüsse (in €)	Restwertbarwert (in €)	Kapitalwert Spalte 5 + 6 abzügl. AK (= 500 T€) (in €)
t_1	140.000	480.000	132.075	132.075	452.830	84.905
t_2	120.000	420.000	106.800	238.875	373.798	112.673
t_3	190.000	360.000	159.528	398.403	302.263	200.666
t_4	100.000	300.000	79.209	477.612	237.628	215.240
t_5	180.000	240.000	134.506	612.118	179.342	**291.460**
t_6	50.000	180.000	35.248	647.366	126.893	274.259

Entscheidungsregel:
Optimale Ersatzzeitpunkt ist beim maximalen Kapitalwert erreicht. Am Ende des fünften Nutzungsjahres sollte die Kommissionieranlage ersetzt werden.

b)

Nutzungsdauer	Kapitalwert Einmalige Investition (in €)	Nutzungsdauerabhängige Annuität = Kapitalwert • KWF (bei 6 %) (in €)	Kapitalwert Investitionskette = Annuität : 0,06 (in €)
t_1	84.905	89.999	**1.499.983**
t_2	112.674	61.457	1.024.283
t_3	200.666	75.071	1.251.183
t_4	215.240	62.116	1.035.267
t_5	**291.460**	69.191	1.153.183
t_6	274.259	55.774	929.567

Bei einer unendlichen Investitionskette wird bereits im ersten Jahr der maximale Kapitalwert bzw. die maximale Annuität erreicht. Ein Grund liegt darin, dass geringe Rückflüsse in den Folgejahren sowie sinkende Restwerterlöse in späteren Jahren durch eine frühe Ersatzinvestition vermieden werden. Im Beispiel würde das dritte Nutzungsjahr auch noch als „second best"-Jahr möglich sein, wobei die Entscheidung erstes oder drittes Jahr auch von qualitativen Faktoren abhängt.

2.2 Finanzplanung und Ermittlung des Kapitalbedarfs

Lösung zu Aufgabe 1: Kapitalbedarf bei Neugründung

a) Der Sicherheitsbestand (auch: eiserner Bestand, Mindestbestand, Reservebestand) ist der Bestand an Materialien, der normalerweise nicht zur Fertigung herangezogen werden darf. Er ist ein Puffer, der die Leistungsbereitschaft des Unternehmens bei Ausfällen gewährleisten soll. Die Größe richtet sich nach dem Durchschnittsverbrauch an Materialien innerhalb eines bestimmten Zeitraums. Entsprechend dem Prinzip der Fristenkongruenz ist der Sicherheitsbestand (= langfristiges Umlaufvermögen) langfristig zu finanzieren. Dies kommt auch in der Goldenen Bilanzregel (Deckungsgrad III) zum Ausdruck:

$$\text{Goldene Bilanzregel III} \atop \text{Deckungsgrad III} = \frac{\text{EK + langfr. FK}}{\text{AV + langfr. UV}} \geq 1$$

AV + langfr. UV sollen mindestens zu 100 % langfristig finanziert sein.

b) Die zusätzliche Fremdfinanzierung kann folgende Konsequenzen haben:

- Für die Aufnahme weiterer Mittel müssen zusätzliche Sicherheiten gestellt werden.
- Der Grad der Verschuldung erhöht sich; dies kann zu einem verschlechterten Rating und damit zu schlechteren Kreditkonditionen führen.
- Der erhöhte Kapitaldienst aufgrund des Zusatzkredits verschlechtert die Erlössituation in der Zweigniederlassung und damit die Liquidität.
- Ist die Gesamtkapitalrendite kleiner als der Fremdkapitalzins, verschlechtert sich die Eigenkapitalrendite (negativer Leverage-Effekt).

c) Schwachstellen des Modells der Kapitalbedarfsrechnung:

Das Modell der Kapitalbedarfsrechnung enthält eine Reihe von Schwachstellen und kann daher nie mehr sein als eine Näherungsrechnung. Die „Variablen" sind insbesondere z. B.:

- Veränderung der Preise
- Veränderung der Kosten und der Kostenstruktur
- mangelnde Kapazitätsauslastung führt zu Leerkosten
- Absatzprobleme
- Verzögerungen in der Fertigung.

d) Möglichkeiten zur Senkung des Kapitalbedarfs, z. B.:

- Leasing der Anlagen statt Kauf
- Factoring
- Lieferantenziel verlängern
- Just-in-Time-Anlieferung
- Optimierung der Produktions- und Absatzplanung zur Reduzierung des Fertigwarenlagers.

Lösung zu Aufgabe 2: Mezzanine Finanzierungsformen

a) Merkmale von Mezzanine Kapital, z. B.:

- Je nach Ausgestaltung ist Mezzanine mehr dem Fremdkapital (Dept-Mezzanine) oder mehr dem Eigenkapital (Equity-Mezzanine) zuzuordnen.
- Nachrangigkeit gegenüber Fremdkapital, d. h. im Insolvenzfall werden Mezzanine erst nach dem Fremdkapital, jedoch vor dem Eigenkapital bedient.
- Flexibilität bei der Gestaltung der Zins- bzw. Gewinnbeteiligung

- zeitliche Befristung
- Die Erträge der Mezzanine-Kapitalgeber sind i. d. R. höher als die der reinen Fremdkapitalgeber, aber geringer als der reinen Eigenkapitalgeber.

b) Grundsätzlich ist diese Finanzierungsform nur für Unternehmen mit einer soliden Struktur und einem hohen Wachstumspotenzial geeignet, da das Mezzanine Kapital risikoreicher ist als „normales" Fremdkapital.

Geeignet ist diese Finanzierungsform insbesondere für

- Erweiterung der Produktionskapazitäten,
- Erschließung neuer Märkte,
- Übernahme von Unternehmen und
- Finanzierung von Innovationen.

c)

Merkmale	**Nachrangdarlehen**	**Typische stille Beteiligung**	**Atypische stille Beteiligung**	**Genussscheine**
Informations-/ Zustimmungsrechte	Mitwirkungs- und Kontrollrecht vereinbaren	vertraglich sowie gesetzliche Info- und Kontrollrechte	Mitunternehmerstellung; vertragliche Zustimmungs- und Kontrollrechte	kein Stimmrecht in der Hauptversammlung, kein Mitwirkungsrecht an Geschäftsführung; erschwerter Zugang zu Informationen
Haftung im Insolvenzfall	tendenziell ja, hängt jedoch von Rangposition und Vertragsgestaltung ab	begrenzt auf die Einlage	gestaltungsabhängig	vor EK, aber nach den Gläubigern
Bilanzielles Eigenkapital	nein	gestaltungsabhängig (Posten zwischen EK und FK möglich)	mehr EK zuzuordnen	gestaltungsabhängig (Posten zwischen EK und FK möglich)
Wirtschaftliches Eigenkapital	ja	nein (Fremdkapital)	ja	ja, bei entsprechender Gestaltung
Verlustteilnahme	möglich	grundsätzlich ja, kann aber vertraglich ausgeschlossen werden	i. d. R. ja	

Lösung zu Aufgabe 3: Einzelaufgaben zur Kreditsicherung

a)

	Eigentumsvorbehalte	**Zessionen**	**Akkreditiv**	**Sicherungsübereignung**	**Lombardkredit**	**Hypothek**	**Grundschuld**
Unbebaute Grundstücke						**x**	**x**
Bebaute Grundstücke						**x**	**x**
Finanzanlagen (Wertpapiere)					**x**		
Betriebs- und Geschäftsausstattung				**x**			
Fuhrpark				**x**			
Warenbestand				**x**	**(x)**		
Forderungen	**(x)**	**x**					

b) Die Formulierung *„Die Ware bleibt bis zur vollständigen Bezahlung unser Eigentum."* ist die Kurzfassung des § 449 BGB. Sie berechtigt den Lieferer, die Ware zurückzuverlangen, wenn der Kunde mit der Zahlung in Verzug gerät. Beim zweiseitigen Handelskauf kann die Ware i. d. R. nicht mehr herausgegeben werden, weil sie vom Kunden längst weiterverkauft worden ist. Das ist ja auch naheliegend, weil der Kunde durch den Verkauf Einnahmen erzielt, mit denen er fällige Ausgaben tätigt.

c) Als Realkredite werden diejenigen Kredite bezeichnet, die durch reale Werte dinglich abgesichert sind. Realien in diesem Sinne sind die Sachgegenstände des Anlage- und des Umlaufvermögens. Bleibt die Tilgung des Kredits aus, werden die Realien zu Geld gemacht, sodass der Kreditgeber (möglichst) keine Forderungsausfälle hat.

Lösung zu Aufgabe 4: Möglichkeiten zur Absicherung einer Forderung

Möglichkeiten zur Absicherung der Forderung des Großhändlers:

1. **Eigentumsvorbehalt:**
   Greift nicht mehr, wenn der Einzelhändler die Rasenmäher weiterverkauft. Geeigneter ist daher das Instrument des verlängerten Eigentumsvorbehalts.
2. **Bürgschaft, z. B. Bankbürgschaft:**
   Nur dann sicher, wenn als selbstschuldnerische Bürgschaft gestaltet.
3. **Sicherungsübereignung** eines Teils der Lagerbestände des Einzelhändlers:
   Mit Risiken behaftet: Es können Waren mit Eigentumsvorbehalt gelagert sein; die Lagerbestände können untergehen (Brand, Diebstahl) oder an Wert verlieren.
4. **Zession** (Abtretung von Forderungen):
   Mit Risiken behaftet: Die abgetretenen Forderungen können mit Rechten Dritter belastet oder nicht durchsetzbar sein.

Lösung zu Aufgabe 5: Sicherungsübereignung

- **Sicherungsübereignung:**

  Der Schuldner übereignet eine bewegliche Sache an den Gläubiger, **bleibt aber Besitzer**, er kann also mit der Maschinenanlage arbeiten. Die Bank kann als Eigentümerin bei Zahlungsunfähigkeit des Schuldners die Maschine herausverlangen und sich daraus befriedigen.

Sicherungsübereignung		
Gläubiger	Forderung →	Schuldner
wird (Treuhand-) Eigentümer der Sache	← Eigentumsübertragung	bleibt Besitzer und Nutzungsberechtigter der Sache
	← Vereinbarung des Besitzkonstituts →	

- **Pfandrecht:**

  Hier ist die Besitzübergabe erforderlich, das Eigentum bleibt beim Schuldner. Im vorliegenden Fall liegt dies nicht im beiderseitigen Interesse.

Lösung zu Aufgabe 6: Cashflow-Finanzierung, Verhältnis von Eigen- und Fremdfinanzierung, Leverage-Effekt

a) **Vorteile der Cashflow-Finanzierung**, z. B.:

- keine Annuitäten
- Vermeidung von Fremdkapitalaufnahme; dadurch verbessertes Rating
- keine Beschränkung der Entscheidungsfreiheit durch Fremdkapitalgeber
- kein „Verbrauch" von Sicherheiten
- kein Risiko der Kündigung von Kreditverträgen.

b)

Position		Jahr 02	Jahr 01
Eigenkapital-rentabilität	$\frac{\text{Gewinn}}{\text{Eigenkapital}} \cdot 100$	$\frac{4.099}{20.349} \cdot 100$ = 20,1 %	$\frac{5.048}{20.700} \cdot 100$ = 24,4 %
Gesamtkapi-talrentabilität	$\frac{\text{Gewinn + FK-Zinsen}}{\text{Gesamtkapital}} \cdot 100$	$\frac{4.099 + 630}{46.983} \cdot 100$ = 10,1 %	$\frac{5.048 + 860}{45.500} \cdot 100$ = 12,98 %

Kommentar:
Der Bilanzgewinn wird zu 100 % gemäß Aufgabenstellung an die Gesellschafter ausgeschüttet. Daher ist der Bilanzgewinn kein Eigenkapital, sondern kurzfristiges Fremdkapital. Der Bilanzgewinn muss vom Eigenkapital bei der Berechnung der Eigenkapitalrentabilität abgezogen werden.

- **Eigenkapitalrentabilität (EKR):**
  Die EKR sank um 4,3 Prozentpunkte (- 17,6 %). Der Rückgang der Eigenkapitalrentabilität findet auf hohem Niveau statt. Eine Beurteilung der Eigenkapitalrendite sollte mit einem Betriebsvergleich und/oder mit einem Vergleich zu alternativen Anlagemöglichkeiten vollzogen werden.
- **Gesamtkapitalrentabilität:**
  Trotz reduzierter Fremdkapitalzinsen sank die Gesamtkapitalrendite um 2,88 Prozentpunkte (- 22,19 %), weil der Gewinn gegenüber dem Vorjahr ebenfalls rückläufig war. Die Gesamtkapitalrendite kann mit einem Betriebsvergleich beurteilt werden. Zusätzlich spielt das Verhältnis Gesamtkapitalrendite zu Fremdkapitalzins für die Beurteilung eine Rolle (zum Leverage-Effekt siehe nächste Teilaufgabe c).

c) Da der Zinssatz für Fremdkapital kleiner ist als die Gesamtkapitalrendite (5 % < 10,1 %), erhöht sich die Eigenkapitalrendite (positiver Leverage-Effekt).

d)

$$\text{Goldene Bilanzregel Deckungsgrad I} = \frac{\text{EK}}{\text{AV}} \cdot 100 \geq 100\,\%$$

AV soll zu 100 % durch EK gedeckt sein.

$$= \frac{(23.413 - 3.064) \cdot 100}{17.501} = 116{,}27\,\%$$

Der Deckungsgrad I liegt über 100 %; die goldene Bilanzregel ist erfüllt. Dem Prinzip der Fristenkongruenz wird voll entsprochen.

Lösung zu Aufgabe 7: Rentabilitätsvergleich

Das Ziel der Rentabilitätsrechnung besteht darin, die Sachinvestition über die Rentabilität mit dem Zinssatz der Finanzinvestition zu vergleichen, um das Kapital dort zu investieren, wo es die größte Verzinsung bringt. Eine Investition gilt dann als zweckmäßig, wenn die ermittelte Rentabilität höher ist als diejenige Rentabilität, die sich am Marktzinssatz orientiert.

Fremdfinanzierung	0 %	50 %	80 %
Eigenkapital	100.000	50.000	20.000
Gewinn vor Zinsaufwand	15.000	15.000	15.000
Zinsen für Fremdkapital	0	5.000	8.000
Gewinn nach Zinsaufwand	15.000	10.000	7.000
Eigenkapitalrendite in %	15 %	20 %	35 %

Die 80 %ige Fremdfinanzierung ist am günstigsten, da hier die Eigenkapitalrendite mit 35 % am höchsten ist.

Lösung zu Aufgabe 8: Finanzierungsregeln, Liquiditätsgrade

a)

$$\text{Verschuldungsgrad (statisch)} = \frac{\text{Fremdkapital}}{\text{Gesamtkapital}} \cdot 100$$

$$= \frac{1.000}{1.400} \cdot 100 = 71{,}4\,\%$$

Kommentar:
Ein Verschuldungsgrad von ca. 70 % bedeutet, dass die theoretische Grenze von 50 % überschritten wurde. In der Praxis ist ein derartiger Verschuldungsgrad üblich (wobei es auf die Betriebsvergleichswerte ankommt), weil die Eigenkapitalquote im Durchschnitt bei ca. 30 % liegt.

b)

$$\text{Anlagendeckungsgrad I} = \frac{\text{Eigenkapital}}{\text{Anlagevermögen}} \cdot 100$$

$$= \frac{400}{600} \cdot 100 = 66{,}7\,\%$$

Kommentar:
Die Goldene Bilanzregel ist nicht erfüllt, da < 100 %.

$$\text{Anlagendeckungsgrad II} = \frac{\text{Eigenkapital} + \text{langfristiges Fremdkapital}}{\text{Anlagevermögen}} \cdot 100$$

$$= \frac{400 + 550}{600} \cdot 100 = 158\,\%$$

Kommentar:
Die Goldene Bilanzregel II ist erfüllt, da > 100 %.

c)

$$\text{Liquidität}_{\text{1. Grades}} = \frac{\text{flüssige Mittel}}{\text{kurzfristige Verbindlichkeiten}} \cdot 100$$

$$= \frac{50}{450} \cdot 100 = 11{,}1\ \%$$

Kommentar:
Die Situation ist unbefriedigend, da weit unter 100 %. Zur Beurteilung der gesamten Liquiditätslage sollte ein Finanzplan herangezogen werden.

$$\text{Liquidität}_{\text{2. Grades}} = \frac{\text{flüssige Mittel + kurzfristige Forderungen}}{\text{kurzfristige Verbindlichkeiten}} \cdot 100$$

$$= \frac{50 + 350}{450} \cdot 100 = 88{,}9\ \%$$

Kommentar:
Die Liquidität 2. Grades soll (mindestens) 100 % erreichen, was nicht gegeben ist. Die Liquidität 2. Grades stellt eine „Alarmkennziffer" dar, die erfüllt werden muss. Zur Beurteilung der gesamten Liquiditätslage ist darüber hinaus ein Finanzplan zusätzlich notwendig. Ein Betriebsvergleich kann auch Anhaltspunkte zur Beurteilung dieser Kennziffer (sowie bei allen anderen Kennziffern) geben.

$$\text{Liquidität}_{\text{3. Grades}} = \frac{\text{flüssige Mittel + kurzfristige Forderungen + Vorräte}}{\text{kurzfristige Verbindlichkeiten}} \cdot 100$$

$$= \frac{50 + 350 + 400}{450} \cdot 100 = 177{,}8\ \%$$

Kommentar:
Formal ist diese Bedingung nicht erfüllt, da die Liquidität 3. Grades unter 200 % liegt. Jedoch ist zu bedenken, dass bei dieser Kennziffer die Vorräte veräußert werden müssen, um die kurzfristigen Verbindlichkeiten zu decken, was keine weitere Produktion erlauben würde. Zudem sollte beachtet werden, welche Art von kurzfristigen Verbindlichkeiten vorliegen (gegenüber Lieferanten oder gegenüber Sozialversicherungsträgern).

Lösung zu Aufgabe 9: Beurteilung der Liquiditätsgrade

Die Aussagefähigkeit der Kennzahlen ist eingeschränkt; Beispiele:

- Die Höhe der Zahlungseingänge und-ausgänge ist meist gut quantifizierbar, nicht jedoch der Zeitpunkt. Dies führt zu Risiken.
- Zahlungseingänge und -ausgänge der nächsten Periode sind der Bilanz nicht zu entnehmen.
- Relevante Eckdaten zur Liquidität sind in unterschiedlichen Informationsquellen bzw. zum Teil nicht dokumentiert, z. B.: Bonität der Kunden, Bankenrating, stille Reserven.

Lösung zu Aufgabe 10: Monatliche Finanzplanung (1)

Liquiditätsentwicklung:

Finanzplan 20.. – 1. Halbjahr						
	Januar	**Februar**	**März**	**April**	**Mai**	**Juni**
Auszahlungen:						
Material	131.387,30	127.854,52	157.588,29	140.964,90	136.725,85	127.488,20
Personal	266.572,00	264.799,67	265.057,13	280.689,21	290.057,61	335.582,24
Investitionen	22.000,00	282.000,00	147.458,00	92.500,00	572.500,00	144.000,00
Instandhaltung	5.000,00	5.000,00	32.100,00	26.400,00	27.850,00	49.850,00
Sonstige	91.040,70	39.345,81	35.796,58	28.445,89	34.866,54	8.079,56
Tilgung						50.000,00
Summe	516.000,00	719.000,00	638.000,00	569.000,00	1.062.000,00	715.000,00
Einzahlungen:						
Umsätze	475.590,69	716.572,15	751.333,24	796.509,67	768.970,61	734.132,13
Sonstige	1.409,31	427,85	666,76	1.490,33	1.029,39	80.867,87
Summe	477.000,00	717.000,00	752.000,00	798.000,00	770.000,00	815.000,00
Liquiditäts-bedarf	- 39.000,00	- 2.000,00			- 292.000,00	
Liquiditäts-überschuss			114.000,00	229.000,00		100.000,00

Lösung zu Aufgabe 11: Monatliche Finanzplanung (2)

a) **Finanzplan für das kommende Halbjahr:**

Finanzplan 1. Halbjahr 20.. in T€						
	Januar	**Februar**	**März**	**April**	**Mai**	**Juni**
AB: Kasse/Bank	100	100	220	20	190	-200
Einzahlungen aus Erlösen	1.000	1.100	1.000	1.200	1.000	1.300
Anlagenabgang		30			50	50
Summe Einzahlungen (E)	**1.000**	**1.130**	**1.000**	**1.200**	**1.050**	**1.350**
Auszahlungen:						
Material	-300	-300	-300	-300	-300	-350
Löhne	-500	-500	-500	-500	-500	-650
Sachkosten	-200	-210	-220	-230	-240	-250
Investitionen			-150		-400	
Darlehensrate			-30			-30
Summe Auszahlungen (A)	**-1.000**	**-1.010**	**-1.200**	**-1.030**	**-1.440**	**-1.280**
E - A	0	120	-200	170	-390	70
Zahlungsmittelbestand	100	220	20	190	-200	-130
Kontokorrentkredit					150	130
Unterliquidität					-50	

b) **Vorschläge zur Finanzierung der Liquiditätsunterdeckung:**
Im Mai entsteht durch die Auszahlung für Investitionen eine Unterdeckung von -200 T€. Sie kann zum überwiegenden Teil durch den (verfügbaren) Kontokorrentkredit abdeckt werden. Der verbleibende Finanzbedarf für einen Monat in Höhe von 50 T€ könnte abgedeckt werden, z. B. über:

- zeitlich begrenzte Erweiterung der Kreditlinie (dürfte problematisch sein)
- geduldete Überziehung für einen Monat (angenommene Kosten: Kontokorrent: 150.000/12 %/30 Tage: 1.500 €; Überziehung: 50.000/17 %/30 Tage: 708,33 €)
- Anzahlung von Kunden für bereits geleistete Teilleistungen
- Verschieben der Investitionszahlung
- Verschieben der Sonderzahlung Löhne um einen Monat
- Verlängertes Zahlungsziel mit Lieferanten vereinbaren
- Reduzierung/Verschieben der Auszahlung für Sachkosten.

Lösung zu Aufgabe 12: Finanzplanung für das IV. Quartal inkl. Umsatzsteuerzahllast

Finanzplan IV. Quartal			
	Okt.	Nov.	Dez.
	Angaben in €		
Anfangsbestand	30.000	14.800	11.700
Einzahlungen:			
Erlöse, netto, 60 % sofort	60.000	60.000	60.000
Erlöse, netto, 30 % Folgemonat	0	30.000	30.000
Erlöse, netto, 10 % nach 2 Monaten	0	0	10.000
Umsatzsteuer	11.400	11.400	11.400
Umsatzsteuer	0	5.700	5.700
Umsatzsteuer	0	0	1.900
Summe Einzahlungen	71.400	107.100	119.000
Auszahlungen:			
Darlehenstilgung			-30.000
Zinsen, Darlehen			-8.000
Personalausgaben	-35.000	-35.000	-35.000
Material- und Sachausgaben, netto	-40.000	-40.000	-40.000
Pkw-Kauf, netto	0	-20.000	0
Vorsteuer	-7.600	-7.600	-7.600
Vorsteuer	0	-3.800	0
Umsatzsteuerzahllast	-4.000	-3.800	-5.700
Summe Auszahlungen	-86.600	-110.200	-126.300
Überdeckung (+), Unterdeckung (-)	+14.800	+11.700	+4.400

Berechnung der Umsatzsteuer-Zahllast:

		Nov.	Dez.
	USt	11.400	11.400 5.700
-	Vorsteuer	7.600	7.600 3.800
=	**Zahllast**	**3.800**	**5.700**

Lösung zu Aufgabe 13: Finanzplanung, Maßnahmen zur Verbesserung der Liquidität

- **Maßnahmen zur Verbesserung der Einzahlungsseite:**
  - Absatz verstärkt nur gegen Barzahlung
  - forcierte Eintreibung fälliger Forderungen
  - Verkauf von Forderungen durch Factoring
  - Aufnahme neuer Kredite
  - Liquidierung langfristig gebundener Vermögensteile durch Verkauf
  - Eigenkapitalerhöhungen durch Geldeinlagen der Inhaber.
- **Maßnahmen zur Entlastung der Auszahlungsseite:**
  - Verschiebungen des Kaufs von Investitionsgütern
  - Leasing statt Kauf von Investitionsgütern
  - Hinausschieben von Bestellungen, die bar bezahlt werden müssen
  - Verlängerung der Kreditfristen durch verspätetes Begleichen von Rechnungen
  - Verzicht auf Gewinnausschüttungen
  - Reduzierung der Privatentnahmen seitens des(r) Inhaber(s).

2.3 Finanzierungsarten

Lösung zu Aufgabe 1: Finanzierungsformen (-arten)

Sachverhalt		Finanzierung mit Eigenkapital	Finanzierung mit Fremdkapital	Außenfinanzierung	Innenfinanzierung	Beteiligungsfinanzierung
1.	Aufnahme eines neuen Gesellschafters	x				x
2.	Einbehalten der Gewinne und Verwendung für Investitionszwecke	x			x	
3.	Umwandlung eines kurzfristigen Kredits in einen langfristigen		x	x		
4.	Aufnahme eines zusätzlichen Kredits		x	x		
5.	Finanzierung einer Ersatzinvestition aus Abschreibungsbeträgen	x			x	
6.	Bildung von Pensionsrückstellungen		x		x	
7.	Kauf einer Maschine mit Zahlungsziel vier Monate		x	x		
8.	Leasing eines Firmen-Lkws		x	x		
9.	Verkauf einer Altanlage zur Verbesserung der Liquidität	x			x	

Lösung zu Aufgabe 2: Fremdfinanzierung, Vor-/Nachteile

- **Vorteile:**
  - Verbesserung der Liquidität
  - kein Einfluss von Gläubigern/Gesellschaftern auf die Unternehmensentscheidungen
  - Zinsen sind i. d. R. steuerlich abzugsfähige Betriebsausgaben.
- **Nachteile:**
  - Zinsverbindlichkeiten sind laufende Verpflichtungen, die auch bei kritischer Ertragslage beglichen werden müssen.
  - Abhängigkeit von Gläubigern wächst mit zunehmender Fremdkapitalaufnahme; beachte Insolvenzordnung: Gläubiger können Insolvenzantrag stellen.
  - Die Fremdkapitalaufnahme bei Banken ist mit Kosten und Aufwand verbunden: Vertragskosten, Stellen von Sicherheiten, ggf. Beurkundung von Pfandrechten.

Lösung zu Aufgabe 3: Innenfinanzierung (1)

	Jahresüberschussbetrag	2,00
+	Abschreibung	0,25
=	**Cashflow**	**2,25**

$$\text{Investitionsfähigkeit (in \%)} = \frac{\text{Cashflow} \cdot 100}{\sum \text{Nettoinvestitionen (in €)}}$$

$$= \frac{2{,}25 \cdot 100}{4{,}5} = 50\ \%$$

Lösung zu Aufgabe 4: Innenfinanzierung (2)

a)

	Kapitalbedarf	1.400.000 €
-	langfristiges Bankdarlehen	600.000 €
=	Finanzierungslücke	800.000 €

Möglichkeiten zur Deckung der Finanzierungslücke im Wege der Innenfinanzierung:

			Finanzmittelfreisetzung:
1.	**Verwendung eines Teils des Jahresüberschusses**		
	Jahresüberschuss	150.000 €	
-	Gewinnausschüttung	80.000 €	
=	**Selbstfinanzierung**	70.000 €	→ 70.000 €
2.	**Verkauf der Altanlagen**		
	Umfinanzierung	40.000 €	→ 40.000 €
3.	**Finanzierung aus Rückstellungsgegenwerten**		
	Innen-/Fremdfinanzierung 80 % von 110.000 €	88.000 €	→ 88.000 €
4.	**Verkauf der Wertpapiere**		
	Umfinanzierung (Veräußerungskosten werden hier vernachlässigt)	70.000 €	→ 70.000 €
5.	**Verkauf der Forderungen an einen Factor**		
	Umfinanzierung 50 % der Forderungen (Factoringkosten bleiben hier außer Ansatz)	550.000 €	→ 550.000 €

Summe Kapitalfreisetzung, mindestens **818.000 €**

Die Möglichkeiten der Kapitalfreisetzung sind ausreichend, um die Finanzierungslücke zu decken.

b) Verringerung der Kapitalbindung durch Erhöhung der Lagerumschlagshäufigkeit (Rohstoffe):

$$\text{Lagerumschlagshäufigkeit} = \frac{\varnothing \text{ Wareneinsatz}}{\varnothing \text{ Lagerbestand}}$$

$$= \frac{1.800}{600} = 3$$

Eine Erhöhung der Lagerumschlagshäufigkeit um 50 % führt bei gleich bleibendem Wareneinsatz zu einer Verminderung des ø Lagerbestandes um 200 T€.

$$\text{Lagerumschlagshäufigkeit} = \frac{1.800.000}{x} = 4{,}5$$

→ ø Lagerbestand = 400.000 €
→ Kapitalfreisetzung = 200.000 €

c) Maßnahmen zur Verbesserung der Lagerumschlagshäufigkeit, z. B.:

- Reduzierung des Sicherheitsbestandes im Lager
- Anlieferung und Fertigung Just-in-Time
- Kauf auf Abruf.

d) Die Finanzierungsart „**Umfinanzierung**" ist eine Innenfinanzierung, die zur Veränderung der Vermögens- und Kapitalstruktur einer Unternehmung führt. Bei dieser Umschichtung werden finanzielle Mittel für andere Verwendungszwecke freigesetzt.

e) **Sicherungsübereignung:** Gesetzlich nicht geregelter, aber in der Praxis entwickelter und in der Rechtsprechung anerkannter Vertrag, durch den der Schuldner dem Gläubiger zur Sicherung einer Schuld das Eigentum an einer beweglichen Sache oder an einer Sachgesamtheit (z. B. Warenlager) mittels Besitzkonstituts überträgt mit der Verpflichtung zur Rückübertragung, sobald die Schuld getilgt ist, oder mit der Vereinbarung, dass das Eigentum nach Erfüllung der Schuld von selbst an den Schuldner zurückfällt. Die S. ist ein treuhänderisches Rechtsverhältnis (Treuhandschaft); der Treuhänder, in diesem Fall der Gläubiger, hat Dritten gegenüber die volle Rechtsstellung des Eigentümers, darf jedoch von dieser im Innenverhältnis zum Schuldner nur im Rahmen der getroffenen Vereinbarungen Gebrauch machen.

f)
- **Grundschuld:** Pfandrecht an einem Grundstück, bei dem nur das Grundstück haftet (dingliche Sicherung); das Bestehen einer Forderung ist nicht notwendig.
- Die **Hypothek** ist die Belastung eines Grundstücks, durch die der Kreditgeber berechtigt ist, sich wegen einer bestimmten Forderung aus dem Grundstück zu befriedigen. Die Hypothek ist an den Bestand einer Forderung gebunden (Akzessorietät der Hypothek).

g) Im Fall der (selbstschuldnerischen) Bürgschaft besteht für die Hausbank die Notwendigkeit, die Bonität der PULS AG zu prüfen (zusätzlicher Aufwand). Außerdem kann wegen der engen Zusammenarbeit und der Zugehörigkeit zur gleichen Branche eine Risikokorrelation sowie ein Klumpenrisiko bestehen.

h)

25 % sofort:	200.000 €/12 Mon./11,5 %	→ Zinsen: 23.000 €
50 % nach halber Bauzeit:	400.000 €/6 Mon./11,5 %	→ Zinsen: 23.000 €
Der Kalkulationsnachteil beträgt insgesamt:		46.000 €

Lösung zu Aufgabe 5: Kapitalfreisetzung, Kapazitätserweiterung

a) AK = 60.000 €, AfA p. a. = 20.000 €; n = 3 Jahre; Erstinvestition: 10 Stk.

Periode	Anlagenbestand zu Beginn des Jahres (Stk.)	Gesamt-AfA p. a. (€)	Neu-/ Reinvestition (Stk.)	Anlagen-abgänge (Stk.)	Freie, liquide Mittel (€)
1	10	200.000	3	0	20.000
2	13	260.000	4	0	40.000
3	17	340.000	6	10	20.000
4	13	260.000	4	3	40.000
5	14	280.000	5	4	20.000
6	15	300.000	5	6	20.000
7	14	280.000	5	4	0

b) **Kapitalfreisetzungseffekt:**
Über den Verkaufspreis erhält das Unternehmen Abschreibungsgegenwerte, die bis zur Reinvestition der Anlage(n) für Zwecke der Finanzierung zur Verfügung stehen (z. B. Schulden tilgen, Geldanlage, Investitionszwecke).

Voraussetzungen, z. B.:

- Die Abschreibungen werden „verdient", d. h. die Preiskalkulation erfolgt nach dem Vollkostenprinzip.
- Die Abschreibungsgegenwerte stehen dem Unternehmen als liquide Mittel zur Verfügung.

Kapazitätserweiterungseffekt (Lohmann-Ruchti-Effekt):
Die zurückfließenden Abschreibungsgegenwerte werden sofort für Re- und Neuinvestitionen gleichwertiger Anlagen verwendet. Über mehrere Jahre ergibt sich unter bestimmten Voraussetzungen eine Erweiterung der Anlagenkapazität.

Voraussetzungen, z. B.:

- siehe Kapitalfreisetzungseffekt
- Konstanz der Preise
- Gleichwertigkeit der Anlagen (kein technischer Fortschritt)
- die als linear unterstellte Abschreibung entspricht der tatsächlichen Abnutzung.

c) Das Argument ist zutreffend: Eine Kapazitätserweiterung ist im Regelfall bei Vollauslastung der Anlagen mit einem Anstieg des Umlaufvermögens verbunden (Vorräte, Forderungen), sodass zwar eine gewisse Kapazitätserweiterung möglich ist. Wenn die Finanzierung des Anstiegs des Umlaufvermögens aufgrund einer geplanten Erweiterung der Kapazität nicht möglich ist, dann reduziert sich der Kapazitätserweiterungseffekt.

Lösung zu Aufgabe 6: Lieferantenkredit, Skonto

a)

	Eingangsrechnung	45.000 €
-	3 % Skonto, 10 Tage	1.350 €
=	Zahlungsbetrag	43.650 €

$$\text{Kontokorrentkreditzinsen} = \frac{43.650 \cdot 14 \cdot 20}{100 \cdot 360} = 339{,}50\ €$$

Skontovorteil = Skontobetrag - Kontokorrentzinsen
= 1.350,00 - 339,50
= 1.010,50 €

b)

$$\text{Zinstage} = \frac{1.350 \cdot 100 \cdot 360}{43.650 \cdot 14} = 79{,}5\ \text{Tage}$$

Nach rd. 80 Tagen ist der Skontovorteil durch den Kontokorrentkredit aufgebraucht.

c) **Lieferantenkredit, aus der Sicht des Lieferanten:**

- Vorteile, z. B.:
  - Anreiz für den Käufer zum Abschluss des Kaufvertrages
  - Verbesserung der Liquidität, wenn der Kunde Skonto in Anspruch nimmt
  - ggf. Kundenbindung.
- Nachteile, z. B.:
  - ist eine sehr teure Form der kurzfristigen Kreditgewährung
  - ggf. Ausfallrisiko.

Lieferantenkredit, aus der Sicht des Kunden:

- Vorteile, z. B.:
  - Kreditgewährung ohne Aufwand, Formalitäten und direkte Sicherheiten
  - psychologischer Vorteil: Der Kredit wird nicht „bewusst“ in Anspruch genommen.
- Nachteile, z. B.:
  - Kredit ist kurzfristig und auf den Rechnungsbetrag begrenzt
  - schafft ggf. Abhängigkeit vom Lieferanten
  - ist eine sehr teure Form der kurzfristigen Fremdfinanzierung.

d) ► Der Vorteil der Skontogewährung (Jahreszins) ist nicht bekannt.

► Wegen mangelnder Liquidität kann die Skontogewährung nicht genutzt werden.

► Wegen mangelhafter Organisation der Buchhaltung werden die Skontofristen nicht beachtet bzw. die Liquiditätslage ist nicht bekannt.

Lösung zu Aufgabe 7: Leasing, Barkauf und Kreditkauf (Vor- und Nachteile)

	Vorteile	Nachteile
Leasing	► geringes Investitionsrisiko ► geringere Belastung der Liquidität bzw. Mittel können anderweitig eingesetzt werden ► geringere Kapitalbindungskosten ► kalkulierbare Betriebsausgaben ► technisch aktuelles Produkt ► keine oder geringe Wartungskosten ► Leasingraten sind Betriebsausgaben und mindern den Gewinn	► Bindung an den Leasingvertrag ► keine Möglichkeit der Ausgabengestaltung – z. B. bei einer Verschlechterung der Ertragssituation ► relativ hohe Kosten gegenüber Bar- und Kreditkauf ► keine Möglichkeit der Abschreibung bzw. Wahl der Abschreibungsart ► häufig zusätzliche Kosten bei Rückgabe des Leasinggegenstandes
Barkauf mit Eigenkapital	► Ausnutzung von Barzahlungsrabatt ► keine weiteren Kosten, z. B. Zinsen, Bearbeitungsgebühren ► Gegenstand wird Eigentum: Möglichkeit der Abschreibung bzw. Wahl der Abschreibungsart (AfA mindert den Gewinn bzw. den Steueraufwand)	► hohe Kapitalbindung ► Verlust von Zinserträgen für die gebundenen Mittel ► Verschlechterung der Liquidität ► Investitionsrisiko, z. B. vorzeitige Überalterung
Kreditkauf mit Rückzahlung während der Laufzeit	► Bei Finanzierung über die Hausbank: Ausnutzung von Barzahlungsrabatt ► Gegenstand wird Eigentum: Möglichkeit der Abschreibung bzw. Wahl der Abschreibungsart (AfA mindert den Gewinn bzw. den Steueraufwand)	► Investitionsrisiko, z. B. vorzeitige Überalterung ► Kreditwürdigkeit verschlechtert sich ► Risiko, wenn Kreditlaufzeit und Nutzungsdauer unterschiedlich sind ► Zinsbelastung

2.4 Kosten- und Leistungsrechnung

Lösung zu Aufgabe 1: Deckungsbeitragsrechnung, Preispolitik

a) Im Kostendeckungspunkt gilt:

$$x = \frac{K_f}{p - k_v}$$

An fixen Kosten ergeben sich:

► Investitionen:			
AfA: 12,5 % von 230.000 €	=	28.750 €	
► Personalkosten:			
9.000 € • 12	=	108.000 €	
► Verwaltungsgemeinkosten:			
3.000 € • 12	=	36.000 €	
► kalkulatorische Zinsen:			
10 % von 230.000 € : 2	=	11.500 €	(halber Anschaffungswert)
Summe	=	184.250 €	

Daraus folgt (pro Jahr):

$$x = \frac{184.250}{4{,}00 - 0{,}70} = 55.833 \text{ Pkw-Wäschen pro Jahr}$$

55.833 : 280 = 199,4 (≈ 200 Pkw-Wäschen pro Tag; bei 199 wird keine Kostendeckung erreicht)

b) Grafische Lösung: Pkw-Wäschen pro Tag im Kostendeckungspunkt:

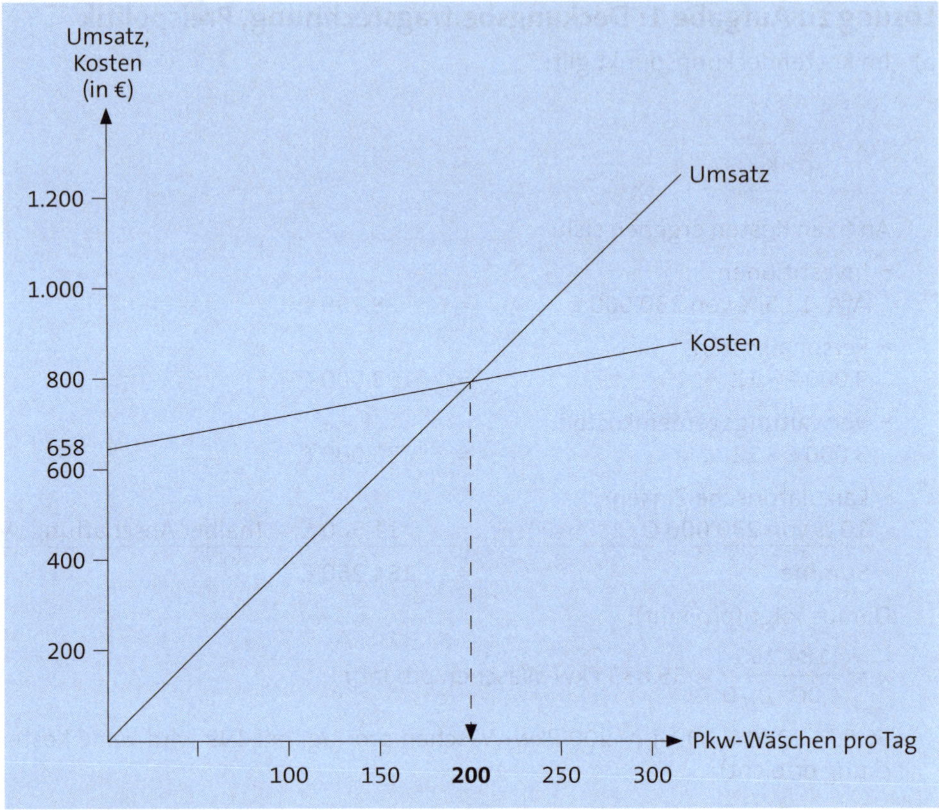

c) Im Break-even-Point gilt:

x_0 = Break-Even-Menge

K_f = fixe Kosten

$$x_0 = \frac{K_f}{db}$$

$$db = \frac{K_f}{x_0} = \frac{184.250}{55.833 \text{ Pkw-Wäschen}} = 3{,}30 \text{ €/Pkw-Wäsche}$$

db = 4 €/Pkw-Wäsche - 0,70 €/Pkw-Wäsche = 3,30 €/Pkw-Wäsche

Lösung zu Aufgabe 2: Mehrstufige Deckungsbeitragsrechnung mit mehreren Produkten

Bereiche	Bereich I				Bereich II		gesamt
Gruppen	**Erzeugnisgruppe 1**		**Erzeugnisgruppe 2**		**Erzeugnisgruppe 3**		
Produkte	**Produkt 1**	**Produkt 2**	**Produkt 3**	**Produkt 4**	**Produkt 5**	**Produkt 6**	
Umsatzerlöse	30.000	28.000	8.000	31.000	64.000	52.000	213.000
- variable Kosten	12.000	14.000	6.000	16.000	29.000	21.000	98.000
= DB I	18.000	14.000	2.000	15.000	35.000	31.000	**115.000**
- Erzeugnisfixkosten in % d. variablen Kosten	8.000 66,67	9.000 64,29	4.000 66,67	11.000 68,75	21.000 72,41	10.000 47,62	63.000
= DB II	10.000	5.000	-2.000	4.000	14.000	21.000	**52.000**
		15.000		2.000		35.000	
- Erz.gruppen-fixkosten in % d. variablen Kosten		2.000 7,69		3.000 13,64		4.000 8,00	9.000
= DB III		13.000		-1.000		31.000	**43.000**
- Bereichsfixkosten in % d. variablen Kosten				2.000 4,17		4.000 8,00	6.000
= DB IV				10.000		27.000	**37.000**
- Unternehmens-fixkosten in % d. variablen Kosten							6.000 6,12
= Betriebsergebnis in % d. Umsatzerlöse							**31.000** 14,55

Interpretation:
Produkt 3 hat geringe Umsatzerlöse; der DB II ist negativ. Produkt 4 hat zwar auskömmliche Umsatzerlöse, aber hohe variable und erzeugnisfixe Kosten, sodass der DB III negativ ist. Die Herstellung der Erzeugnisgruppe 2 sollte überdacht werden, da sie zu den bereichs- und unternehmensfixen Kosten derzeit keinen Beitrag leisten kann.

Lösung zu Aufgabe 3: Bewertung des Produktionsprogramms auf Vollkosten- und Teilkostenbasis

a) **Produktionsentscheidung auf Basis der Vollkostenrechnung:**

Betriebsergebnis auf Basis der Vollkostenrechnung					
		Produkt 1	Produkt 2	Produkt 3	Summe
	Erlöse	200.000	320.000	300.000	820.000
-	Selbstkosten	-190.000	-350.000	-260.000	-800.000
=	**Betriebsergebnis**	10.000	-30.000	40.000	20.000

Nach der Vollkostenrechnung würde die Entscheidung über das Produktionsprogramm entsprechend dem jeweiligen Beitrag zum Betriebsergebnis zu treffen sein und demzufolge die Rangfolge lauten: P3 – P1 – P2.

b) **Produktionsentscheidung auf Basis der Vollkostenrechnung ohne Produkt 2:**

Betriebsergebnis auf Basis der Vollkostenrechnung – ohne Produkt 2					
		Produkt 1	(Produkt 2)	Produkt 3	Summe
	Erlöse	200.000		300.000	500.000
-	Selbstkosten	-190.000		-260.000	-450.000
=	**Betriebsergebnis**	10.000		40.000	**50.000**

Das Ergebnis aus a) legt nahe, das Produkt 2 aus dem Programm zu nehmen; dies würde das Betriebsergebnis auf den Wert 50.000 anheben (10.000 + 40.000). Dieses Ergebnis ist jedoch nur dann richtig, wenn alle Kosten variabel wären, d. h. die Einstellung des Produkts 2 würde nicht nur zu einer Umsatzreduzierung von 320.000, sondern auch zu einer Kostenreduzierung von 350.000 führen.

MERKE

Da die Vollkostenrechnung jedoch keine Aussage über das Verhalten der Kosten bei Beschäftigungsänderungen macht, lässt sie die beschriebene Entscheidung gar nicht zu.

c) **Produktionsentscheidung auf Basis der Teilkostenrechnung (einstufige Deckungsbeitragsrechnung):**

Betriebsergebnis auf Basis der Teilkostenrechnung					
		Produkt 1	Produkt 2	Produkt 3	Summe
	Erlöse	200.000	320.000	300.000	820.000
-	variable Kosten	-130.000	-220.000	-160.000	-510.000
=	Deckungsbeitrag	70.000	100.000	140.000	310.000
-	fixe Kosten				-290.000
=	**Betriebsergebnis**				**20.000**

Nach der Teilkostenrechnung würde die Entscheidung über das Produktionsprogramm entsprechend der jeweiligen Höhe des Deckungsbeitrages zu treffen sein: Rangfolge P3 – P2 – P1.

d) **Produktionsentscheidung auf Basis der Teilkostenrechnung bei Eliminierung von Produkt 1:**

Würde man die Entscheidung treffen, Produkt 1 aus dem Programm zu nehmen, hätte dies ein Betriebsergebnis von -50.000 zur Konsequenz:

Betriebsergebnis auf Basis der Teilkostenrechnung					
		Produkt 1	Produkt 2	Produkt 3	Summe
	Erlöse		320.000	300.000	620.000
-	variable Kosten		-220.000	-160.000	-380.000
=	Deckungsbeitrag		100.000	140.000	240.000
-	fixe Kosten				-290.000
=	**Betriebsergebnis**				**-50.000**

Die Ergebnisrechnung würde um die variablen Kosten von Produkt 1 entlastet werden. Die übrigen Kostenträger müssten jedoch allein zur Deckung der fixen Kosten beitragen, was im vorliegenden Fall zu einem negativen Betriebsergebnis führt.

Daraus lässt sich generell ableiten:

MERKE

Solange ein Kostenträger einen positiven Deckungsbeitrag leistet, ist es im Allgemeinen unwirtschaftlich, ihn aus dem Produktionsprogramm zu nehmen.

Für Entscheidungen über das Produktionsprogramm ist das Betriebsergebnis und der Deckungsbeitrag je Kostenträger relevant.

e) **Produktionsentscheidung auf Basis der Teilkostenrechnung mit stufenweiser Fixkostendeckung:**

In den bisherigen Fragestellungen wurden die fixen Kosten keiner näheren Betrachtung unterzogen, sondern en bloc von der Summe der Einzeldeckungsbeiträge subtrahiert. In der Praxis wird man jedoch die fixen Kosten weiter untergliedern, um die Entscheidung über das Produktionsprogramm zu verbessern.

Betriebsergebnis auf Basis der Teilkostenrechnung – mehrstufige Deckungsbeitragsrechnung –					
		Produkt 1	Produkt 2	Produkt 3	Summe
	Erlöse	200.000	320.000	300.000	820.000
-	variable Kosten	-130.000	-220.000	-160.000	-510.000
=	Deckungsbeitrag I	70.000	100.000	140.000	310.000
-	erzeugnisfixe Kosten	-20.000	-90.000	-60.000	-170.000
=	Deckungsbeitrag II	50.000	10.000	80.000	140.000
-	erzeugnisgruppen-fixe Kosten	-40.000		–	-40.000
=	Deckungsbeitrag III	20.000		80.000	100.000
-	unternehmensfixe Kosten				-80.000
=	**Betriebsergebnis**				**20.000**

Analyse des Ergebnisses:
Produkt 2 liefert den geringsten DB II, da seine erzeugnisfixen Kosten relativ hoch sind. Sein Beitrag zur Deckung der übrigen Fixkosten beträgt nur noch 10.000 €.

Die Rangfolge für das Produktionsprogramm würde daher lauten: P3 – P1 – P2.

f) **Produktionsentscheidung auf Basis der Teilkostenrechnung mit stufenweiser Fixkostendeckung ohne Produkt 2:**

Betriebsergebnis auf Basis der Teilkostenrechnung – mehrstufige Deckungsbeitragsrechnung – ohne Produkt 2					
		Produkt 1	(Produkt 2)	Produkt 3	Summe
	Erlöse	200.000		300.000	500.000
-	variable Kosten	-130.000		-160.000	-290.000
=	Deckungsbeitrag I	70.000		140.000	210.000
-	erzeugnisfixe Kosten	-20.000		-60.000	-80.000
=	Deckungsbeitrag II	50.000		80.000	130.000
-	erzeugnisgruppen-fixe Kosten	-40.000		–	-40.000
=	Deckungsbeitrag III	10.000		80.000	90.000
-	unternehmensfixe Kosten				-80.000
=	**Betriebsergebnis**				**10.000**

Ergebnis:
Eine Einstellung des Produkts 2 hätte eine Vermeidung der variablen und erzeugnisfixen Kosten in Höhe von 310.000 € zur Folge. Es würde jedoch der DB II zur

Deckung der übrigen Fixkosten in Höhe von 10.000 € fehlen; dies hätte eine Verminderung des Betriebsergebnisses um genau diesen Betrag zur Folge.

g) **Produktionsentscheidung auf Basis der Teilkostenrechnung mit stufenweiser Fixkostendeckung unter Beachtung des Stückdeckungsbeitrags:**

Betriebsergebnis auf Basis der Teilkostenrechnung – mehrstufige Deckungsbeitragsrechnung – – Ermittlung des Stückdeckungsbeitrags –					
		Produkt 1	(Produkt 2)	Produkt 3	Summe
	Erlöse	200.000	320.000	300.000	820.000
-	variable Kosten	-130.000	-220.000	-160.000	-510.000
=	Deckungsbeitrag I	70.000	100.000	140.000	310.000
-	erzeugnisfixe Kosten	-20.000	-90.000	-60.000	-170.000
=	Deckungsbeitrag II	50.000	10.000	80.000	140.000
	DB II pro Stück = **db II**	50.000 : 1.000	10.000: 100	80.000 : 1.000	
		50	**100**	**80**	
Reihenfolge		**P2 – P3 – P1**			

Ergebnis:
Obwohl der DB II gering ist, ergibt sich aufgrund des Stückdeckungsbeitrags db II ein Produktionsprogramm in der Rangfolge P2 – P3 – P1.

Welche Entscheidung in der Praxis letztlich den Ausschlag für die Optimierung des Produktionsprogramms geben wird, hängt jedoch nicht nur von den Ergebnissen der dargestellten Voll- und Teilkostenbetrachtungen ab, sondern weiterhin von einer Reihe weiterer interner und externer Faktoren, z. B.:

- von den Marketingzielen des Unternehmens, z. B.
  - Marktdurchdringung „über den Preis“
  - Erhöhung des Marktanteils „über Einführungspreise“
  - Mengenstrategie versus Preisstrategie
- von den Wettbewerbsbedingungen
- von möglichen Engpässen in der Produktion
- von der Entwicklung der Preise am Beschaffungsmarkt usw.

Lösung zu Aufgabe 4: Fixkostendeckungsrechnung

a) Betriebsergebnis der Periode I der Produktgruppe 1 - 4:

Periode I			**Produkt 1**	**Produkt 2**	**Produkt 3**	**Produkt 4**
Nettoverkaufspreis	p	€	5,00	7,00	3,00	6,50
Absatzmenge	x	Stk.	800	1.200	400	600
variable Stückkosten	k_v	€/Stk.	3,50	3,00	1,50	3,50
fixe Stückkosten	k_f	€/Stk	2,50	1,50	1,00	1,50
Selbstkosten pro Stück.	Sk	€/Stk.	6,00	4,50	2,50	5,00

Periode I			**Produkt 1**	**Produkt 2**	**Produkt 3**	**Produkt 4**	**Gesamt**
Umsatzerlöse	U	€	4.000	8.400	1.200	3.900	17.500
- variable Kosten	K_v	€	2.800	3.600	600	2.100	9.100
Deckungsbeitrag	DB	€	1.200	4.800	600	1.800	8.400
- Fixkosten	K_f	€	2.000	1.800	400	900	5.100
Betriebsergebnis	BE	€	-800	3.000	200	900	**3.300**
in % der Umsatzerlöse							**18,86**

Das Betriebsergebnis liegt bei 3.300 € und beträgt 18,86 % der Umsatzerlöse. Bei Produkt 1 ist das Betriebsergebnis negativ, da der DB nicht ausreicht, um die fixen Kosten zu decken. Um einen positiven DB zu erreichen, müsste der Stückpreis für Produkt 1 erhöht und/oder die variablen sowie fixen Kosten gesenkt werden.

b) Umsatzrentabilität, Periode II:

Periode II			**Produkt 1**	**Produkt 2**	**Produkt 3**	**Produkt 4**
Nettoverkaufspreis	p	€	5,00	7,00	3,00	6,50
Absatzmenge	x	Stk.	880	1.320	440	660
variable Kosten	K_v	€	3.080	3.960	660	2.310
Fixkosten	K_f	€	2.000	1.800	400	900

Periode II			**Produkt 1**	**Produkt 2**	**Produkt 3**	**Produkt 4**	**Gesamt**
Umsatzerlöse	U	€	4.400	9.240	1.320	4.290	19.250
- variable Kosten	K_v	€	3.080	3.960	660	2.310	10.010
Deckungsbeitrag	DB	€	1.320	5.280	660	1.980	9.240
- Fixkosten	K_f	€	2.000	1.800	400	900	5.100
Betriebsergebnis	BE	€	-680	3.480	260	1.080	**4.140**
in % der Umsatzerlöse							**21,51**

Die Ausweitung der Produktion (= Absatz) würde das Betriebsergebnis um 840 € bzw. 2,65 Prozentpunkte verbessern. Das heißt, auch bei negativem Betriebsergebnis eines Produkts ist es sinnvoll, die Absatzmenge zu erhöhen, wenn sich die Relationen (Fixkosten, variablen Kosten, Verkaufspreis) nicht verändern. Die Entscheidung hängt daher auch von der Auslastung der Anlagen und der Entwicklung am Absatzmarkt (Preisentwicklung) ab.

c) Eine verbesserte Analyse der Fixkosten erlaubt den Übergang von der einstufigen zur mehrstufigen Deckungsbeitragsrechnung. Je nach Unternehmen werden z. B. die Fixkosten unterteilt in erzeugnisfixe, erzeugnisgruppenfixe, bereichsfixe Kosten usw. Dadurch lässt sich klarer erkennen, welche Produktgruppe (vgl. Produkt 1 im vorliegenden Fall) unwirtschaftlich ist. Weiterhin lassen sich geeignete Maßnahmen zur Verbesserung der Wirtschaftlichkeit einleiten, z. B.:

- Fixkostensenkung
- Rationalisierung
- Umsatzsteigerung der Produktgruppe (bei konstanten Fixkosten).

Lösung zu Aufgabe 5: Zusatzauftrag bei Einproduktunternehmen ohne Kapazitätsbeschränkung

	Fertigung ohne Zusatzauftrag (1.000 Stk.)	Zusatzauftrag (200 Stk.)	
	gesamt	gesamt	
Umsatzerlöse	130.000	18.000	
- variable Kosten	50.000	10.000	
= DB	80.000	8.000	
- Fixkosten, gesamt	65.000	0	
= Betriebsergebnis	15.000	8.000	**23.000**

Im vorliegenden Fall wird das Betriebsergebnis um 8.000 € verbessert, da beim Zusatzauftrag der Preis pro Stück deutlich über den variablen Kosten pro Stück liegt (Mehrgewinn durch Zusatzauftrag: $p - k_v$ = 40 €/Stk.; 40 €/Stk. • 200 Stk. = 8.000 €). Ein positiver Deckungsbeitrag ist Voraussetzung für die Annahme eines Zusatzauftrags.

Lösung zu Aufgabe 6: Produktionsprogrammplanung, Engpassrechnung für vier Produkte

a)

Produktionsplanung nach Stückdeckungsbeitrag				
	Produkt 1	Produkt 2	Produkt 3	Produkt 4
Verkaufspreis (€/Stk.)	35,00	40,00	28,00	16,00
variable Kosten (€/Stk.)	10,00	11,00	6,00	4,00
Stückdeckungsbeitrag, db (€/Stk.)	25,00	29,00	22,00	12,00
Programmreihenfolge	2	1	3	4
Produktionsmenge (Stk.)	600	600	224	0
Verbrauch (kg)	4.200	3.000	2.800	0
Deckungsbeitrag, DB (€)	15.000	17.400	4.928	0
Deckungsbeitrag, insgesamt				37.328
- Fixkosten				30.000
= Betriebsergebnis				**7.328**

b)

Produktionsplanung nach relativem Stückdeckungsbeitrag				
	Produkt 1	Produkt 2	Produkt 3	Produkt 4
Stückdeckungsbeitrag, db (€/Stk.)	25,00	29,00	22,00	12,00
relativer Stückdeckungsbeitrag (€/Stk.)	3,57	5,80	1,76	3,00
Programmreihenfolge	2	1	4	3
Produktionsmenge (Stk.)	600	600	0	700
Verbrauch (kg)	4.200	3.000	0	2.800
Deckungsbeitrag, DB (€)	15.000	17.400	0	8.400
Deckungsbeitrag, insgesamt				40.800
- Fixkosten				30.000
= Betriebsergebnis				10.800

Die Programmplanung nach relativem Deckungsbeitrag erbringt einen Vorteil von 3.472 €.

Lösung zu Aufgabe 7: Wahl des Fertigungsverfahrens

a) **Rechnerische Lösung:**

Es wird auf die Berechnung der kritischen Menge zurückgegriffen.

$$x = \frac{K_{f1} - K_{f2}}{k_{v2} - k_{v1}} = \frac{300\text{ €} - 50\text{ €}}{10\text{ €/Stk.} - 5\text{ €/Stk.}} = 50\text{ Stk.}$$ [1]

Die kritische Menge liegt bei 50 Stk.; oberhalb von 50 Stk. ist Verfahren 2 kostengünstiger.

$K_1 = 50 + 13x$

$K_2 = 300 + 8x$

[1] Die Materialkosten werden vernachlässigt, da sie identisch sind.

b) **Grafische Lösung:**

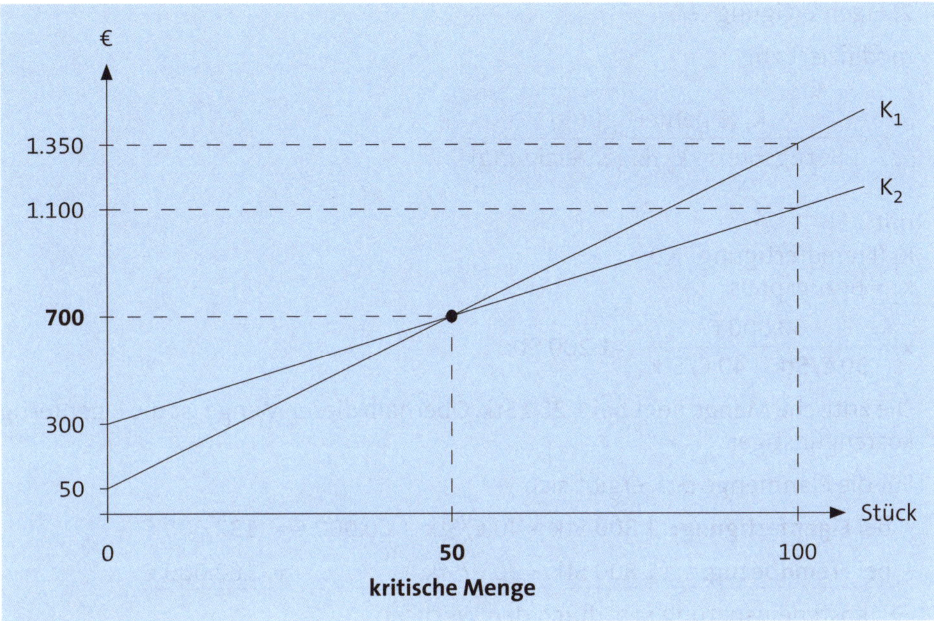

$K_1(50) = 700$
$K_2(50) = 700$

Lösung zu Aufgabe 8: Eigen- oder Fremdfertigung (langfristige Betrachtung)

► **Rechnerische Lösung:**

Stückkalkulation						
Fremdbezug				**Eigenfertigung**		
	Listeneinkaufspreis	100,00			kalkulatorische Abschreibung: (400.000 - 50.000) : 10	35.000,00
-	Rabatt, 10 %	-10,00		+	kalkulatorische Zinsen: (400.000 : 2) • 0,08	16.000,00
=	Zieleinkaufspreis	90,00		+	sonstige Fixkosten	9.000,00
-	Skonto, 3 %	-2,70		=	**Fixkosten, gesamt**	**60.000,00**
=	Bareinkaufspreis	87,30			Fertigungslohn pro Stk.	25,00
+	Bezugskosten	2,70		+	Materialkosten pro Stk.	15,00
=	**Einstandspreis**	**90,00**		=	**variable Stückkosten, gesamt**	**40,00**

Die Formel zur Berechnung der kritischen Menge

$$x = \frac{K_{f2} - K_{f1}}{k_{v1} - k_{v2}}$$

1: Fremdfertigung

2: Eigenfertigung

modifiziert zu:

$$x = \frac{K_f\,(\text{Eigenfertigung})}{\text{Bezugspreis} - k_v\,(\text{Eigenfertigung})}$$

mit
K_f (Fremdfertigung) = 0
k_1 = Bezugspreis

$$x = \frac{60.000\ €}{90\ €/\text{Stk.} - 40\ €/\text{Stk.}} = 1.200\ \text{Stk.}$$

Die kritische Menge liegt bei 1.200 Stk. Oberhalb dieser Menge ist die Eigenfertigung kostengünstiger.

Für die Planmenge p. a. ergibt sich

- bei **Eigenfertigung:** 1.800 Stk. • 40 €/Stk. + 60.000 € = 132.000 €
- bei **Fremdbezug:** 1.800 Stk. • 90 €/Stk. = 162.000 €

→ Kosteneinsparung p. a. durch den Wechsel von Fremdbezug zur Eigenfertigung = 30.000 €

- **Grafische Lösung:**

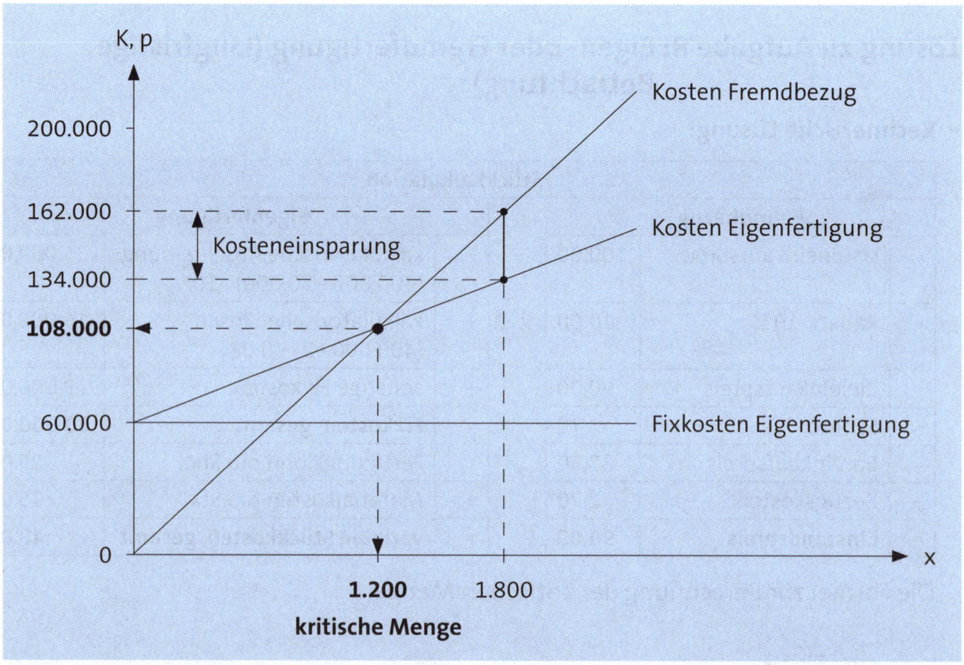

Lösung zu Aufgabe 9: Normalkostenrechnung

- **Istgemeinkosten** sind die in einer Periode **tatsächlich** anfallenden Kosten; sie dienen zur Ermittlung der **Ist-Zuschlagssätze.**
- **Normalgemeinkosten** sind statistische Mittelwerte der Kosten zurückliegender Perioden; sie dienen zur Ermittlung der Normal-Zuschlagssätze. Dies bewirkt eine Vereinfachung im Rechnungswesen. Kurzfristige Kostenschwankungen werden damit ausgeschaltet.

Lösung zu Aufgabe 10: Kostenüber- bzw. Kostenunterdeckung (1)

Am Ende einer Abrechnungsperiode werden die Normalgemeinkosten (auf der Basis von Normal-Zuschlagssätzen) mit den Istgemeinkosten (auf der Basis der Istgemeinkostenzuschläge) verglichen. Es gilt:

MERKE

Normalgemeinkosten > Istgemeinkosten → Kostenüberdeckung

Normalgemeinkosten < Istgemeinkosten → Kostenunterdeckung

Berechnung der Normalgemeinkosten:

Normalmaterialgemeinkosten = Istkosten des Materials • Normalzuschlag

Normalfertigungsgemeinkosten = Istkosten der Fertigung • Normalzuschlag

Normalverwaltungsgemeinkosten = Normalkosten der Herstellung • Normalzuschlag

Normalvertriebsgemeinkosten = Normalkosten der Herstellung • Normalzuschlag

Berechnung der Istgemeinkosten:

Istmaterialgemeinkosten = Istkosten des Materials • Istzuschlag

Istfertigungsgemeinkosten = Istkosten der Fertigung • Istzuschlag

Istverwaltungsgemeinkosten = Istkosten der Herstellung • Istzuschlag

Istvertriebsgemeinkosten = Istkosten der Herstellung • Istzuschlag

Lösung zu Aufgabe 11: Kostenüber- bzw. Kostenunterdeckung (2)

Bearbeitungsschritte:

1. Berechnung der Ist-Zuschlagssätze; dabei sind die Herstellkosten des Umsatzes auf Istkostenbasis zu ermitteln.
2. Berechnung der Normalgemeinkosten mithilfe der Normal-Zuschlagssätze; dabei sind die Herstellkosten des Umsatzes auf Normalkostenbasis zu ermitteln.
3. Berechnung der Über-/Unterdeckung je Kostenstelle und Analyse der Ergebnisse.

		Material	Fertigung	Verwaltung	Vertrieb	Summe
Kalkulation auf **Istkostenbasis**	**Istgemeinkosten**	30.000	154.000	84.480	46.080	314.920
	Zuschlagsgrundlage	50.000	140.000	384.000[1]	384.000[1]	
	Istzuschlagssätze	60 %	110 %	22,1 %	12 %	
Kalkulation auf **Normalkostenbasis**	**Normalgemeinkosten**	25.000	168.000	78.600	39.300	310.900
	Zuschlagsgrundlage	50.000	140.000	393.000[2]	393.000[2]	
	Normalzuschlagssätze	50 %	120 %	20 %	10 %	
Überdeckung (+)			**14.000**			
Unterdeckung (-)		**5.000**		**6.240**	**6.780**	**-4.020**

[1] Istkosten/Herstellung:

MEK	50.000
+ MGK, 60 %	30.000
+ FEK	140.000
+ FGK, 110 %	154.000
+ Minderbestand	10.000
= HKU	384.000

[2] Normalkosten/Herstellung:

MEK	50.000
+ MGK, 50 %	25.000
+ FEK	140.000
+ FGK, 120 %	168.000
+ Minderbestand	10.000
= HKU	393.000

Analyse der Wirtschaftlichkeit (Kostenüber-/Kostenunterdeckung) der einzelnen Kostenstellen:

1. Die Kostenunterdeckung (Normalgemeinkosten < Istgemeinkosten) im Materialbereich könnte beruhen auf, z. B.: höhere Lagerkosten.
2. Die Kostenüberdeckung (Normalgemeinkosten > Istgemeinkosten) im Fertigungsbereich könnte beruhen auf, z. B.: wirtschaftliche Losgrößenfertigung, optimale Instandhaltung, geringer Verschleiß der Werkzeuge.
3. Die Kostenunterdeckung im Verwaltungsbereich könnte beruhen auf, z. B.: höhere Gemeinkosten, höhere Abschreibung aufgrund von Rationalisierungsinvestitionen.
4. Die Kostenunterdeckung im Vertriebsbereich könnte beruhen auf, z. B.: höhere Gemeinkostenlöhne, höhere Energiekosten.

Lösung zu Aufgabe 12: Kostenrechnungsverfahren (Vergleich der Zielsetzung)

- In der **Istkostenrechnung** werden nur die tatsächlich angefallenen Kosten erfasst; ihre Hauptaufgabe ist die Kostenerfassung und ihre Zuteilung auf die verschiedenen Produkte.
- Kennzeichen der **Normalkostenrechnung** ist das Rechnen mit festen Verrechnungspreisen, die Ermittlung von festen Verrechnungssätzen bei der Kostenzurechnung auf die Kostenstellen sowie die Ermittlung fester Kalkulationssätze für die Kostenträger.
- Die **Plankostenrechnung** untersucht als Bestandteil der Unternehmensplanung alle Kostensätze weitgehend unabhängig von früheren Entwicklungen im Hinblick auf ihre voraussichtliche künftige Entwicklung.
- **Teilkostenrechnung:** Bei der Vollkostenrechnung werden die tatsächlichen oder die geplanten Kosten vollständig den Kostenträgern zugerechnet. Im Rahmen der Teilkostenrechnung werden von den effektiven oder geplanten Kosten nur diejenigen Kosten den Kostenträgern zugerechnet, die von ihnen direkt verursacht (direct costing) worden sind. Die Teilkostenrechnung wird auch als Deckungsbeitragsrechnung bezeichnet. Mithilfe der Teilkostenrechnung werden die Gesamtkosten in direkt und in nicht direkt zurechenbare Kosten aufgespalten und nur die direkt zurechenbaren Kosten verrechnet. Die Differenz zwischen den Umsatzerlösen (der Leistung) und den direkten Kosten (variable Kosten) ist der Deckungsbeitrag des Kosten- und Leistungsträgers. Die Summe der Deckungsbeiträge soll die verbleibenden indirekten Kosten (fixe Kosten) und den Gewinn abdecken. Die Teilkostenrechnung verfolgt aber auch das Ziel, eine kurzfristige Ergebnisrechnung für die einzelnen Waren, Warengruppen oder Abteilungen des Unternehmens sowie für das gesamte Unternehmen zu ermitteln.

Lösung zu Aufgabe 13: Ermittlung der Kostenüber- und -unterdeckung eines Auftrags

	Vorkalkulation		Nachkalkulation		
	Normal-kosten	**%**	**Ist-kosten**	**%**	**Überdeckung (+) Unterdeckung (-)**
Materialeinzelkosten	90.000,00		90.000,00		
Materialgemeinkosten	5.400,00	6	8.300,00	9,22	-2.900,00
Fertigungslöhne	80.500,00		80.500,00		
Fertigungsgemeinkosten	120.750,00	150	117.830,00	146,37	2.920,00
Herstellkosten der Fertigung	296.650,00		296.630,00		
Bestandsminderung	15.000,00		15.000,00		
Herstellkosten des Umsatzes	311.650,00		311.630,00		
Verwaltungs-/Vertriebs-gemeinkosten	46.747,50	15	71.700,00	23,01	-24.952,50
Selbstkosten	358.397,50		383.330,00		-24.932,50

Interpretation der Kostenüber- und -unterdeckung:

- Die Unterdeckung im Materialbereich könnte durch höhere Löhne verursacht sein.
- Die Überdeckung im Fertigungsbereich kann durch den Mindereinsatz von Hilfspersonal begründet sein.
- Die Unterdeckung im Bereich der Verwaltung/des Vertriebs kann auf der Einstellung eines Mitabeiters oder auf Logistikmehrkosten beruhen.

Lösung zu Aufgabe 14: Starre Plankostenrechnung

- **Rechnerische Lösung:**

Plankostenverrechnungssatz = Plankosten : Planbeschäftigung

= 50.000 € : 5.000 Std. = 10 €/Std.

verrechnete Plankosten

= 4.000 Std. • 10 €/Std. = 40.000 €

oder:

= 0,8 · 50.000 € = 40.000 €

Abweichung = Istkosten - verrechnete Plankosten

= 30.000 € - 40.000 € = -10.000 €

Im vorliegenden Fall wurden 10.000 € Kosten zu viel verrechnet (auf das Vorzeichen der Abweichung kommt es nicht an; entscheidend ist die Interpretation für das Betriebsergebnis).

► **Grafische Lösung:**

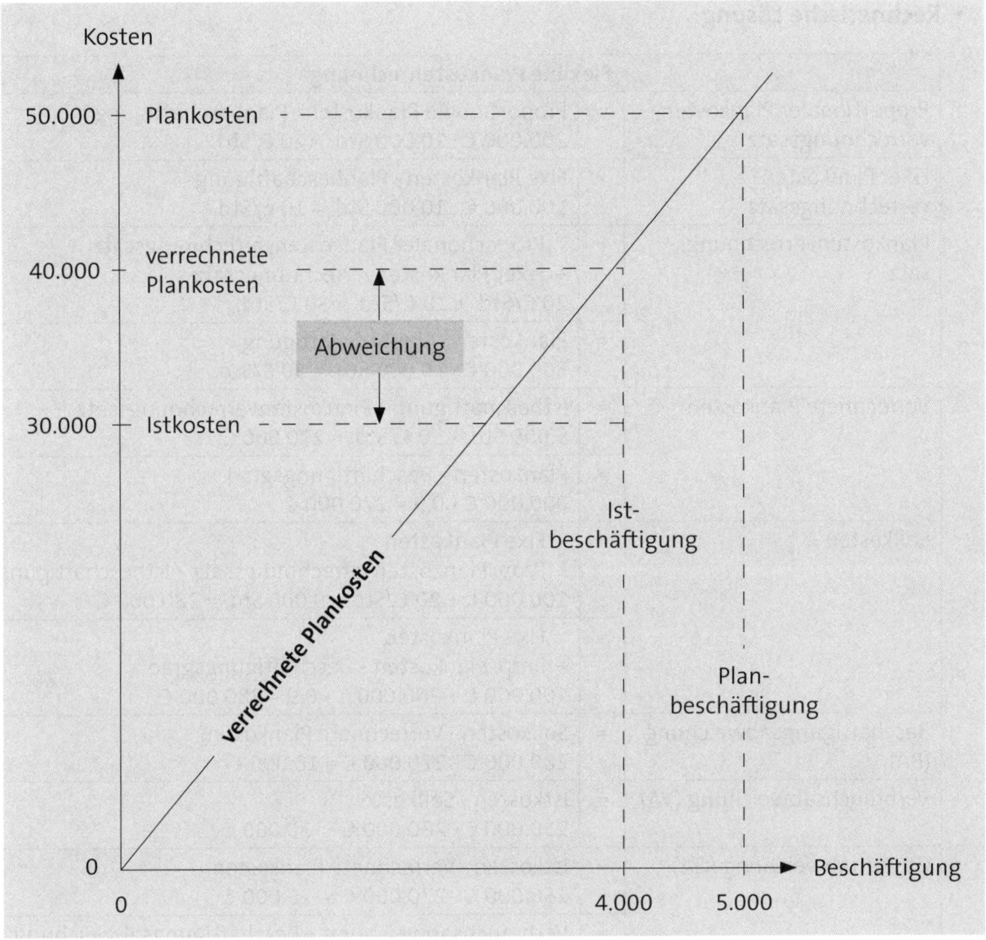

Lösung zu Aufgabe 15: Flexible Plankostenrechnung (1)

► **Rechnerische Lösung:**

Flexible Plankostenrechnung		
Proportionaler Plankosten-verrechnungssatz	=	Proportionale Plankosten : Planbeschäftigung 200.000 € : 10.000 Std. = 20 €/Std.
Fixer Plankosten-verrechnungssatz	=	Fixe Plankosten : Planbeschäftigung 100.000 € : 10.000 Std. = 10 €/Std.
Plankostenverrechnungs-satz	=	Proportionaler Plankostenverrechnungssatz + Fixer Plankostenverrechnungssatz 20 €/Std. + 10 €/Std. = 30 €/Std.
	=	Plankosten : Planbeschäftigung 300.000 € : 10.000 Std. = 30 €/Std.
Verrechnete Plankosten	=	Istbeschäftigung • Plankostenverrechnungssatz 9.000 Std. • 30 €/Std. = 270.000 €
	=	Plankosten • Beschäftigungsgrad 300.000 € • 0,9 = 270.000 €
Sollkosten	=	Fixe Plankosten + Prop. Plankostenverrechnungssatz • Istbeschäftigung 100.000 € + 20 €/Std. • 9.000 Std. = 280.000 €
	=	Fixe Plankosten + Prop. Plankosten • Beschäftigungsgrad 100.000 € + 200.000 € • 0,9 = 280.000 €
Beschäftigungsabweichung (BA)	=	Sollkosten - Verrechnete Plankosten 280.000 € - 270.000 € = 10.000 €
Verbrauchsabweichung (VA)	=	Istkosten - Sollkosten 250.000 € - 280.000 € = -30.000 €
Gesamtabweichung (GA)	=	Istkosten - Verrechnete Plankosten 250.000 € - 270.000 € = -20.000 €
	=	Verbrauchsabweichung + Beschäftigungsabweichung -30.000 € + 10.000 € = -20.000 €

► **Grafische Lösung:**

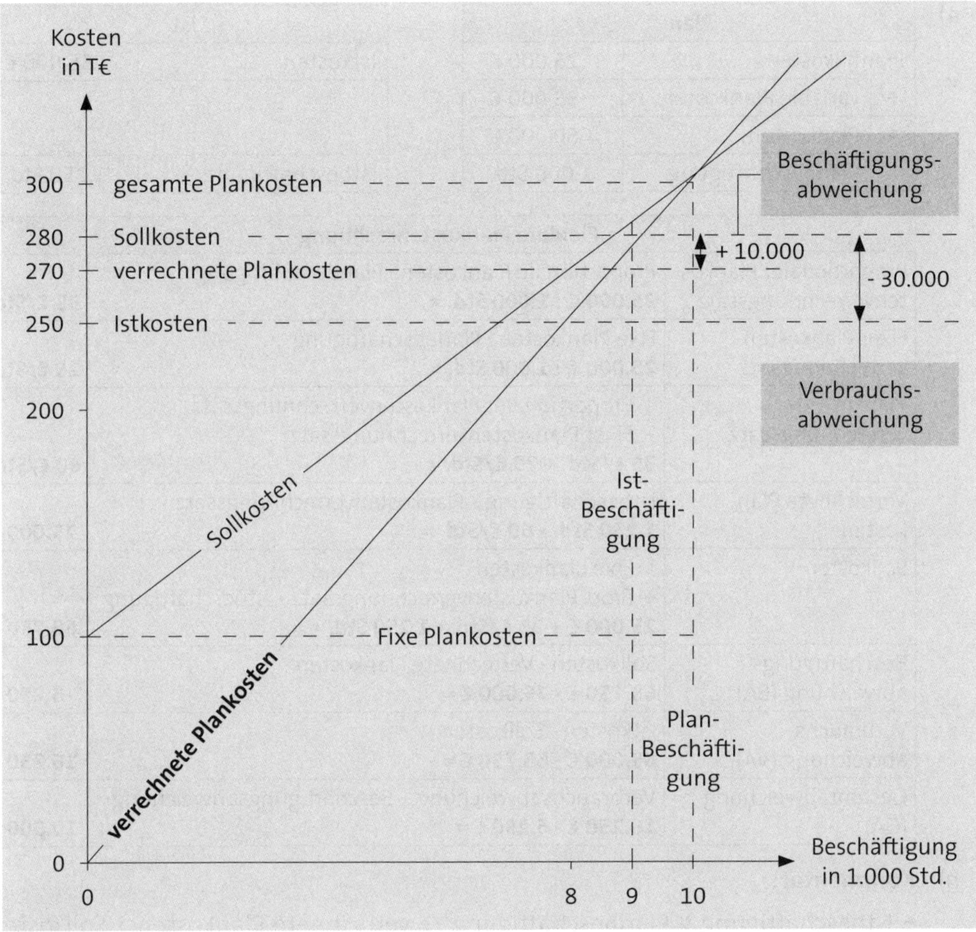

► **Analyse:**
Beschäftigungsabweichung:
Bei einem Beschäftigungsgrad von 90 % betragen die variablen Plankosten 180.000 € und es hätten 100.000 € fixe Kosten berücksichtigt werden müssen. Tatsächlich wurden verrechnet: 180.000 € variable Kosten (200.000 • 90 %) und (nur) 90.000 € fixe Kosten (100.000 • 90 %), sodass 10.000 € fixe Kosten zu wenig verrechnet wurden.

Verbrauchsabweichung = -30.000 €, d. h. es wurden 30.000 € weniger Kosten verbraucht.

Lösung zu Aufgabe 16: Flexible Plankostenrechnung (2)

a)

Plan		
Planfixkosten		25.000 €
+	variable Plankosten	35.000 €
+	Plankosten	60.000 €
=	Planbeschäftigung	1.000 Std.

Ist	
Istkosten	85.000 €
Istbeschäftigung	1.250 Std.

Flexible Plankostenrechnung		
Proportionaler Plankostenverrechnungssatz	Proportionale Plankosten : Planbeschäftigung **35.000 € : 1.000 Std. =**	**35 €/Std.**
Fixer Plankostenverrechnungsatz	Fixe Plankosten : Planbeschäftigung **25.000 € : 1.000 Std. =**	**25 €/Std.**
Plankostenverrechnungssatz	Proportionaler Plankostenverrechnungssatz + Fixer Plankostenverrechnungssatz **35 €/Std. + 25 €/Std. =**	**60 €/Std.**
Verrechnete Plankosten	Istbeschäftigung • Plankostenverrechnungssatz **1.250 Std. • 60 €/Std. =**	**75.000 €**
Sollkosten	Fixe Plankosten + Prop. Plankostenverrechnungssatz • Istbeschäftigung **25.000 € + 35 €/Std. • 1.250 Std. =**	**68.750 €**
Beschäftigungsabweichung (BA)	Sollkosten - Verrechnete Plankosten **68.750 € - 75.000 € =**	**-6.250 €**
Verbrauchsabweichung (VA)	Istkosten - Sollkosten **85.000 € - 68.750 € =**	**16.250 €**
Gesamtabweichung (GA)	Verbrauchsabweichung + Beschäftigungsabweichung **16.250 € - 6.250 € =**	**10.000 €**

b) **Kommentar:**

- Istbeschäftigung > Planbeschäftigung → verrechnete Plankosten > Sollkosten; günstig, es wurden mehr fixe Kosten verrechnet als geplant.
- Istkosten > Sollkosten → VA > 0; ungünstig; die Faktorverbräuche (z. B. Material, Lohn) sind höher als geplant.

Lösung zu Aufgabe 17: Flexible Plankostenrechnung, Kostenfunktion

a)

Kostenart	Plankosten (in €)	Anteil, fix (in €)	Anteil variabel (in €)
Fertigungslöhne	90.000	–	90.000
Energiekosten	20.000	4.000	16.000
Instandhaltung	8.000	3.200	4.800
Sonstige Kosten	12.000	6.000	6.000
Summe	130.000	13.200	116.800
			$\frac{116.800\ €}{3.400\ Std} = 34{,}35\ €/Std.$

b) Gesamtkostenfunktion:

K(f) = 13.200 € + 34,35 €/Std. · x
x = Menge

Lösung zu Aufgabe 18: Beurteilung des Konzepts der Prozesskostenrechnung

- Nachteile/Einschränkungen:
  - Die Prozesskostenrechnung zeigt keinen grundsätzlich neuen Ansatz im Vergleich zur Vollkostenrechnung.
  - Sie führt neue Begriffe ein, ohne wirklich neue Erkenntnisse zu schaffen; variable Kosten bezeichnet sie als lmi-Kosten (leistungsmengeninduzierte Kosten), fixe Kosten nennt sie lmn-Kosten (leistungsmengenneutrale Kosten).
  - Sie verzichtet auf den Ansatz der Teilkostenrechnung (Nachteil) – nämlich der Verrechnung der Kosten nach fixen und variablen Bestandteilen.
  - Der Aufwand zur Einrichtung einer Prozesskostenrechnung ist beträchtlich (u. a.: Untersuchung und Beschreibung der Teil- und Hauptprozesse, Ermittlung der lmi-/lmn-Aktivitäten, der Kostentreiber usw.).
- Positiv zu bewerten sind folgende Gesichtspunkte im Konzept der Prozesskostenrechnung:
  - Der Ansatz ist ganzheitlich und unterstützt den Prozessgedanken. Das Denken in Prozessen fördert die Kundenorientierung, vermindert die Zergliederung von logisch zusammengehörenden Aktivitäten und kann Durchlaufzeiten verkürzen.
  - Das Denken in „kostenverursachenden Kostenstellen“ wird vermieden; der Ansatz ist kostenstellenübergreifend und orientiert sich am Output.
  - Es wird unterschieden in wertschöpfende und nicht-wertschöpfende Aktivitäten. Daraus kann sich ein Ansatz zur Minimierung der nicht-wertschöpfenden Aktivitäten ergeben (Lean-Gedanke).
- Die Anwendung der Prozesskostenrechnung ist in den Unternehmen nicht stark verbreitet. Wird sie eingesetzt, so erfolgt dies mit dem Ziel der Ergänzung der bestehenden Voll- bzw. Teilkostensystemen.

Lösung zu Aufgabe 19: Einführung einer Prozesskostenrechnung, Cost Driver

a)

Prozesse/Teilprozesse	Kostentreiber – Beispiele
1. Berechnung der Nettolöhne	► Anzahl der Mitarbeiter ► Anzahl der Bearbeitungsgänge pro Abrechnung
2. Personalbeschaffung	► Anzahl der zu besetzenden Positionen ► Anzahl der eingehenden Bewerbungen ► Anzahl der Auswahlgespräche ► Anzahl der intern teilnehmenden Führungskräfte
3. Personalentwicklung (PE)	► Anzahl der Mitarbeiter ► Anzahl der PE-Maßnahmen ► Anzahl der PE-Instrumente
4. Fertigungsversorgung	► Anzahl der Aufträge ► Anzahl der Teile/Baugruppen/Materialien ► Anzahl der internen Transporte ► Länge der internen Transportwege in m
5. Beratung der Geschäftleitung durch interne Stellen	kein Kostentreiber; lmn-Aktivität
6. Kundenbetreuung	► Anzahl der Kunden ► Anzahl der Besuche je Kunden ► Entfernungskilometer Kunde-Niederlassung ► Anzahl der Betreuungsaktivitäten
7. Absatzlogistik	► Anzahl der Transporte ► Entfernungskilometer je Transport

b) Arbeitsschritte bei der Einführung einer Prozesskostenrechnung:

Festlegung der Leistungsaktivitäten je Kostenstelle

↓

Zusammenfassung der Aktivitäten in kostenstellenübergreifende Teilprozesse

↓

Ermittlung der Kosten je Teilprozess

↓

Berechnung des Teilprozesskostensatzes

↓

Zusammenfassung der Teilprozesse zu Hauptprozessen

↓

Ermittlung der Hauptprozesskostensätze

2.5 Controlling

Lösung zu Aufgabe 1: Controlling, Begriff und betriebliche Bedeutung

- **Begriff:**
  Controlling beinhaltet die Planung, die Kontrolle, die Information und die Steuerung. Alle vier Elemente sind in dem Feedback-Kreislauf (Regelkreis) miteinander verbunden.

- **Bedeutung:**
  Unternehmensteuerung ist möglich, wenn klare Ziele existieren. Zielfestlegungen machen nur Sinn, wenn Abweichungsanalysen (Soll-Ist-Vergleiche) erfolgen. Die aus der Kontrolle ggf. resultierenden Abweichungen müssen die Grundlage für entsprechende Steuerungsmaßnahmen sein.

  Controlling als Instrument der Unternehmensteuerung ist damit ein Regelkreis mit den untereinander vernetzten Aufgaben (Elementen) der Planung, Kontrolle, Information und Steuerung. Generelle Aufgabe des Controllings ist die Sicherung der betrieblichen Wertschöpfung.

Lösung zu Aufgabe 2: Organisatorische Eingliederung des Controllings

a) **Begründung:**
Controlling hat eine Service- und Querschnittsfunktion über alle Ebenen und Bereiche des Unternehmens zu leisten. Diese Aufgabe ist nur bei einer hohen hierarchischen Eingliederung in das Unternehmen realisierbar.

b) **Controlling als Linienfunktion:** Vorteile, z. B.:
- Weisungsbefugnis innerhalb der jeweiligen Linie
- Nähe zu den relevanten Prozessen („Controlling vor Ort").

Controlling als Stabsfunktion: Vorteile, z. B.:
- Unabhängigkeit und Neutralität des Controllers („kein blinder Fleck")
- meist hohe Fachkompetenz des Controllers (Spezialist).

c) **Beurteilung der Eingliederung des Controllings:**
- Das Unternehmen weist eine Spartenorganisation auf.
- Das Controlling ist als Mischform von zentralem und dezentralem Controlling organisiert.
- Jede Sparte hat ihr bereichsspezifisches Controlling als Liniencontrolling (gleichberechtigt zu den anderen Funktionen innerhalb der Sparte, z. B Leiter Beschaffung). Der Spartencontroller ist disziplinarisch dem Spartenleiter, fachlich dem Leiter Zentrales Controlling unterstellt. Der Spartencontroller ist verantwortlich für die Steuerung der Wertschöpfung innerhalb der Sparte und hat die Verpflichtungen bezüglich des zentralen Controllings zu erfüllen (z. B. Umsetzung des strategischen Controllings, monatliches Berichtswesen an die Zentrale).

- Die Verantwortlichkeiten/Zuständigkeiten des Zentralcontrollers und des Spartencontrollers sind in der Praxis abzugrenzen. Das zentrale Controlling wird in der Praxis für folgende Aufgaben verantwortlich sein: Strategisches Controlling, Strukturierung des Berichtswesens (Inhalt und Rhythmus der Reports), Leitlinien/Grundsätze, Zusammenfassung der Spartenreports, Rückmeldung an die Sparten (Steuerung, Zielkorrekturen).

Lösung zu Aufgabe 3: Stabscontrolling

Die Nachteile von Stäben lassen sich reduzieren, indem das Controlling als Stab mit **funktionaler Weisungsbefugnis und einem Vetorecht** ausgestattet wird. Der Controller kennt die Stärken und Schwächen sowie die Leistungspotenziale des Unternehmens. Er spürt die Cost-Driver auf und vermittelt den Führungskräften die Wertschöpfungstreiber im Unternehmen.

Lösung zu Aufgabe 4: Dezentrales Controlling

Thesenpapier:

Dezentrales Controlling	
Chancen	**Risiken**
► vertrauensvolle Zusammenarbeit des Controllers mit den anderen Linieninstanzen ► (meist) hohe Akzeptanz des Controllers in der Linie ► Controller hat guten Zugang zu formellen und auch informellen Quellen. ► Controller kann die Linieninstanzen bei Entscheidungen direkt (vor Ort) unterstützen. ► Controller in der Linie (vor Ort) kennt die Bedürfnisse seiner Kunden. ► Dezentrales Controlling kennt die Besonderheiten des regionalen Marktes.	► kein Gesamt-Konzept des Controllings ► Mangelnde Distanz und ggf. Objektivität können hinderlich sein; die Berichterstattung an die Holding kann darunter leiden. ► Meist stehen beim dezentralen Controlling mehr kurzfristige Ergebnismaximierungen im Vordergrund; strategische Weichenstellungen werden vernachlässigt. ► Dezentrales Controlling läuft Gefahr überregionale Zusammenhänge und Entwicklung zu vernachlässigen.

Lösung zu Aufgabe 5: Strategisches und operatives Controlling (Unterschiede)

a)

Merkmale	Strategisches Controlling	Operatives Controlling
Zeitraum	Ex ante (nach vorn gerichtet, vorausschauend)	Ex post (im Nachhinein; rückwärts betrachtend)
Schwerpunkt	Prämissenkontrolle (Kontrolle der Voraussetzungen)	Ergebniskontrolle
Art der Kontrolle	Soll-Wird-Vergleich	Soll-Ist-Vergleich Ist-Ist-Vergleich
Häufigkeit	laufend oder ad hoc	periodisch
Abweichungen	Vermeidung von Abweichungen bezüglich der angestrebten Ziele	Korrektur der angestrebten Ziele
Auswirkungen auf die Planung	Langfristige Pläne werden laufend überarbeitet	kurzfristige Pläne (Budgets) werden durch kurzfristige Vorschauen ergänzt

Quelle: in Anlehnung an: *Ziegenbein, 2012, S. 229*

b)

Instrumente

Stratgisches Controlling

- Balanced Scorecard
- Benchmarking
- Erfahrungskurve
- Produktlebenszyklus
- Portfolio-Analyse
- Konkurrenzanalyse
- Nutzwertanalyse
- Potenzialanalyse
- Swot- Analyse
- Gap-Analyse
- Szenariotechnik

Operatives Controlling

- Kennzahlen (z. B. Umsatz, Ergebnis, Cashflow, Liquidität, Wirtschaftlichkeit, Rentabilität/ROI, Produktivität)
- Kennzahlensysteme (z. B. Du Pont)
- ABC-Analyse
- Break-even-Analyse
- Deckungsbeitragsrechnung
- kurzfristige Erfolgsrechnung
- Engpass-Berechnungen
- Rabattanalyse
- Wertanalyse

Lösung zu Aufgabe 6: Zentrales und dezentrales Controlling

Controlling – Zentralisation		
Aspekte	**Pro**	**Kontra**
Fachliche Aspekte	► bessere Koordination ► bessere Verfolgung der Gesamtstrategien ► mehr Gewicht auf strategisches Controlling	► mangelnde Fachkompetenz der dezentralen Controller ► zu geringe Marktnähe des zentralen Controllers (kein „Controlling vor Ort")
Personelle Aspekte	► Controller ist Initiator und Koordinator der strategischen Planung in einer Person. ► Das zentrale Controlling ist eine „Kaderschmiede" mit umfassender Ausbildung.	► zu hohe Qualifikationsanforderungen an dezentrale Controller ► Dem dezentralen Controller gelingt der „Spagat" zwischen Innovation und Koordination weniger.
Soziale Aspekte	► Die Regelung von Konflikten ist einfacher. ► Konsensbildung gelingt einfacher und damit ist der Entscheidungsprozess schneller.	► Misstrauen gegenüber der Instanz „Zentrales Controlling" ► Kernprobleme werden an das zentrale Controlling delegiert. ► zu große Erwartungen an das zentrale Controlling
Unternehmenspolitische Aspekte	► größere Unabhängigkeit	► zu große Machtfülle des zentralen Controllers ► zu große Abhängigkeit der Orga-Einheiten vom zentralen Controller

Lösung zu Aufgabe 7: Strategische Erfolgsfaktoren

Die Aussage ist einseitig und trifft so nicht zu: Eine hohe Qualität der Unternehmensführung ist zwar ein wichtiger Faktor für den Erfolg des Unternehmens und gehört zu den sog. internen Erfolgsfaktoren. Daneben gibt es jedoch noch weitere interne Faktoren wie z. B. Qualifikation der Mitarbeiter, Standort, Finanzausstattung, Kostenniveau und -struktur usw.; außerdem dürfen externe Faktoren nicht außer Acht gelassen werden, z. B.: Konjunkturentwicklung, politische Rahmenbedingungen, Weltwirtschaft usw.

3. Logistik

3.1 Einkauf und Beschaffung

Lösung zu Aufgabe 1: Logistikaufgaben im Handelsbetrieb

1 Beschaffungslogistik (Beschaffungswege, -vereinbarungen)

2 Transportlogistik (Verkehrsdienstleister, Transportwege/-mittel, Transportkosten, Gefahrenübergang, Incoterms, Bündelung von Einzeltransporten, Optimierung der Frachträume und Transportmittel)

3 Lagerlogistik (Lagerraumoptimierung, Lagerarten, Fördermittel, Bestandssteuerung, Kommissionierung)

4 Marktlogistik (Flächen- und Bestandsoptimierung, Warenplatzierung)

5 Informationslogistik (= Schnittstellenfunktion entlang der gesamten Logistikkette; Datenflusssteuerung, Stammdatenpflege, Kennzeichnung logistischer Einheiten)

6 Entsorgungslogistik (Recycling, Mehrwegverpackungen).

Lösung zu Aufgabe 2: Efficient Consumer Response (ECR) und Supply Chain Management (SCM)

- **Efficient Consumer Response** (ECR) ist die ganzheitliche Betrachtung der Wertschöpfungskette vom Hersteller über den Handel bis hin zum Kunden. Ziel ist dabei, die Wünsche des Kunden in Erfahrung zu bringen und bestmöglich zu befriedigen – unter Beachtung der Kosten. Dabei müssen sowohl die Waren- als auch die Informationsströme zwischen Hersteller, Handel und Kunde untersucht werden.
- **Supply Chain Management** (SCM; englisch: supply = liefern, versorgen; chain = Kette; Fachbegriff der Logistik). Darunter versteht man die Optimierung der gesamten Prozesse der Güter, der Informationen sowie der Geldflüsse entlang der Wertschöpfungskette vom Lieferanten bis zum Kunden. Im Zentrum der Betrachtung steht die Kundenorientierung.

Lösung zu Aufgabe 3: Instrumente der Logistikkontrolle

- **Strategische Instrumente,** z. B.:
  - ABC-Analyse
  - XYZ-Analyse
  - Wertanalyse
  - Stärken-Schwächenanalyse
  - Benchmarking
  - Balanced Scorecard
  - Kundenzufriedenheitsanalyse
  - Wertschöpfungsanalyse
  - Marktanalyse.

- **Operative Instrumente,** z. B.:
  - Kennzahlensysteme (z. B. der Beschaffung, der Lagerhaltung, des Transports)
  - Mathematische Verfahren (z. B. lineare Optimierung zur Lösung von Transportproblemen).

Lösung zu Aufgabe 4: Beurteilung der Leistungsfähigkeit eines Lieferanten

Ein neuer Lieferant ist insbesondere hinsichtlich seiner wirtschaftlichen und technischen Leistungsfähigkeit zu überprüfen. Kriterien hierzu sind:

- Betriebseinrichtung
- Finanzlage
- Marktstellung
- Forschung und Entwicklung
- Know-how
- Entwicklung der Geschäftsbeziehung
- Ruf/Image
- Referenzen
- Lagerhaltung
- Preisverhalten und Preispolitik
- Zuverlässigkeit
- Service
- Kundendienst
- Investitionsbereitschaft
- Management
- Personalstamm/Fachpersonal
- Fluktuation
- Fertigungsprogramm
- Verkaufsprogramm
- Konzernzugehörigkeit
- Kapazitätsauslastung
- räumliche Entfernung
- Kooperationsbereitschaft

- Beratung
- Kulanzverhalten
- Behandlung des Umweltschutzes.

Lösung zu Aufgabe 5: Angebotsbewertung und -analyse

a) Preisspiegel vor der Vergabeverhandlung:

	Fa. Bongarts	Fa. Klammer	Fa. Esser	Fa. Walter
Preis/Stk.	495,00 €	486,00 €	492,00 €	476,00 €
- Rabatt	30,00 %	39,00 %	37,00 %	41,00 %
Summe	346,50 €	296,46 €	309,96 €	280,84 €
- Skonto	2,00 %	-	-	2,00 %
+ Verpackung/Fracht	4,50 %	-	4,50 %	4,50 %
Total/Stk.	354,85 €	296,46 €	323,91 €	287,61 €
Anzahl Stk.	750	750	750	750
Total/Wert (in €)	266.137,50 €	222.345,00 €	242.932,50 €	215.707,50 €

b) Preisspiegel nach der Vergabeverhandlung:

	Fa. Klammer	Fa. Esser	Fa. Walter
Preis/Stk.	486,00 €	492,00 €	476,00 €
- Rabatt	39,00 %	37,00 %	41,00 %
Summe	296,46 €	309,96 €	280,84 €
- Skonto	-	3,00 %	2,00 %
+ Verpackung/Fracht	-	4,50 %	-
Total/Stk.	296,46 €	314,19 €	275,22 €
Anzahl Stk.	750	750	750
Total/Wert (in €)	222.345,00 €	235.642,50 €	**206.415,00 €**

Der Rahmenvertrag sollte bei der Fa. Walter platziert werden, da bei diesem Beschaffungsvorgang („kleiner" Normmotor) lediglich der Faktor Preis ausschlaggebend ist.

Lösung zu Aufgabe 6: Beschaffungsstrategien

Single Sourcing (Einzelquellenbeschaffung)	
Beschaffung einer bestimmten Palette an Waren bzw. Dienstleistungen von einem Anbieter.	
Vorteile	► Günstigerer Einkaufspreis aufgrund der Abnahme großer Mengen bei einem Lieferanten (Mengenrabatt). ► Aufbau langfristiger Geschäftsbeziehungen (Vertrauen); Reduzierung der Sicherungsgeschäfte und des Verhandlungs-, Kommunikations- und Logistikaufwands; langjährige Routine. ► Bevorzugte Behandlung durch den Anbieter (Lieferengpässe, Sonderwünsche, Eilaufträge, Mängel, Störungen in der Abwicklung).
Nachteile	► hohe Abhängigkeit von einem Lieferanten ► hohes Risiko von eigenen Produktionsstörungen bei Lieferproblemen ► Gegebenenfalls wird nicht das am Markt günstigste Produkt eingekauft, weil man nicht wechseln möchte (Kosten des Lieferantenwechsels).

Dual Sourcing (auch: Double Sourcing; Doppelquellenbeschaffung)	
Ein und dasselbe Gut wird von zwei verschiedenen Anbietern bezogen.	
Vorteile	► Absicherung der Versorgung bei Ausfall eines Lieferanten. ► Gefahr, die Kapazität der Anbieter zu überschreiten, ist gemindert. ► vgl. Single Sourcing
Nachteile	► noch starke Abhängigkeit von der wirtschaftlichen Leistungsfähigkeit der Lieferanten (vgl. Single Sourcing) ► Gefahr des gegenseitigen Überbietens der Lieferanten (Konkurrenzverhalten) ► vgl. Single Sourcing

Multiple Sourcing (Mehrquellenbeschaffung)	
Für ein Produkt existieren mehrere bis viele Anbieter. Die Anteile an der eingekauften Gesamtmenge können dabei über längere Seite stabil sein (Quotenbezug) oder je nach Situation wechseln.	
Vorteile	► Der jeweils günstigste Marktpreis wird genutzt (Konkurrenz unter den Lieferanten; ggf. „gegeneinander Ausspielen"). ► Wettbewerb bleibt erhalten ► Absicherung gegen Lieferschwierigkeiten einzelner Anbieter ► verbesserte Flexibilität bei eigenen Bedarfsschwankungen ► Es entstehen keine Abhängigkeiten.
Nachteile	► Informationsbedarf ist aufwendig ► hoher Kommunikations- und Logistikaufwand (Beschaffungsprozesskosten) ► nur möglich, wenn die Produkte der Lieferanten identisch bzw. austauschbar sind ► verbesserte Konditionen kaum möglich (geringere Abnahmemengen, wechselnde Auftragsvergabe)

Global Sourcing (Globalbeschaffung)	
Beschaffung des günstigsten Produkts auf dem Weltmarkt. Durch die internationale Beschaffung können Wettbewerbsvorteile weltweit genutzt werden. In der Praxis ist auch die Rede von **Multiple Sourcing** (viele Anbieter für ein Produkt).	
Vorteile	► permanenter Zugriff auf internationale Beschaffungsmärkte und deren Konditionen (z. B. „Was kostet derzeit Kupfer vom Standard XYZ in Indien, China, Südafrika?“) ► Nutzung der Konjunktur-, Wachstums- und Inflationsunterschiede auf den einzelnen Beschaffungsmärkten ► keine Abhängigkeiten ► Bezug von Ressourcen, die bei inländischen Lieferanten nicht verfügbar oder sehr teuer sind ► Auf die inländischen Lieferanten wird ein Kosten- und Leistungsdruck ausgeübt.
Nachteile	► hoher Informationsbedarf und Koordinations- sowie Logistikaufwand ► Die Marge bei günstigen Einkaufspreisen wird gemindert durch Transportkosten, Wechselkursschwankungen und Zölle. ► Logistik-Konzepte wie Just-in-Time sind kaum möglich. ► kulturelle Verständigungsprobleme ► z. T. lange Lieferzeiten ► z. T. unklare Rechtslage, Handelshemmnisse, politische Risiken und Währungsrisiken

Local Sourcing (Lokale Beschaffung; auch: Domestic Sourcing; Beschaffung im Inland)	
Gegenteil von Global Sourcing: Bezug der Produkte aus Beschaffungsquellen in geografischer Nähe des Unternehmens (z. B. verkauft Netto in einer bestimmten Niederlassung Produkte regionaler Anbieter und wirbt damit auch). Bekannt sind auch Zwischenstufen von Global Sourcing und Local Sourcing, z. B. **Euro Sourcing** (Bezug vom besten Lieferanten in Europa bzw. in der Eurozone).	
Vorteile	► Reduzierung der Transportwege, -zeiten, -ausfälle und -mängel ► Nutzung von Logistik-Konzepten wie z. B. Just-in-Time ► kaum Gefahr der Verständigung über Beschaffenheit und Eigenschaften des Produkts ► Der Einkäufer kann sich dadurch ein positives Image aufbauen (Bevorzugung lokaler Anbieter, Sicherung von Arbeitsplätzen in der Region). ► ggf. ökologisch vorteilhafte Herstellung im Vergleich zu den weltweit angebotenen Produkten (kontrollierter Anbau, kaum Pestizide, kontrollierbare Form der Tierhaltung)
Nachteile	► höhere Preise als auf dem Weltmarkt ► z. T. begrenzte Ressourcen bzw. Produktionskapazitäten

Forward Sourcing (Entwicklungseinbindung)	
Der oder die Lieferant(en) wird/werden bereits im Stadium der Produktplanung und -entwicklung mit einbezogen.	
Vorteile	► Aufbau langfristiger, stabiler Beziehungen zu Lieferanten (vgl. Single Sourcing). ► Man nutzt das produktspezifische Know-how des Lieferanten (Technik, Prozesse, Märkte). ► In der Regel wird die Innovationsfähigkeit dadurch verbessert (Qualität, Dauer der Produktentwicklung).
Nachteile	► Preisgabe von Kernkompetenzen und Geschäftsgeheimnissen ► Gegebenenfalls schafft man sich damit die eigene Konkurrenz. ► höherer Planungs- und Abstimmungsaufwand

Sole Sourcing (Monopolbeschaffung)	
Es wird bei Lieferanten mit monopolistischer Marktstellung eingekauft (z. B. Strommarkt).	
Ursachen	► staatliche Regulierungsmaßnahmen ► exklusive Nutzungsrechte ► Ergebnis von Verdrängungswettbewerb
Nachteil	► vollständige Abhängigkeit von der Geschäftspolitik des Lieferanten
Strategie	► langfristige Rahmenverträge ► Suche nach Substitutionsprodukten

Modular Sourcing (Modulbeschaffung, auch: System Sourcing)	
Einkauf fertig produzierter Baugruppen (Module), z. B. Bremsensystem, Armaturenbrett im Automobilsektor. Dies setzt eine intensive Kunden-Lieferantenbeziehung voraus (gemeinsame Entwicklung, gemeinsames Logistiksystem).	
Vorteile	► Der Kunde konzentriert sich auf seine Kernkompetenz (z. B. Automobilbau) und verringert so seine Fertigungstiefe. ► Nutzung des Know-hows des Lieferanten (Spezialisierung, z. B. auf Sitze für den Automobilbau) ► Die Qualitätssicherung wird weitgehend auf den Lieferanten verlagert. ► Reduzierung der Artikelvielfalt und der Einkaufsvorgänge
Nachteile	► Abhängigkeit von den Modullieferanten ► Verlust von Know-how (Innovationen gehen vom Lieferanten aus) ► hoher Koordinationsaufwand (Produktentwicklung, Qualitätskontrolle) ► Probleme in der Produktion oder der Qualitätssicherung beim Lieferanten stören unmittelbar den Produktions- und Absatzprozess beim Kunden

Lösung zu Aufgabe 7: Kapazität, Beschäftigungsgrad, Nettobedarf

a)

$$\text{Beschäftigungsgrad} = \frac{\text{Beschäftigung}}{\text{Kapazität}} \cdot 100$$

gesucht: Beschäftigung in Stunden

$$\text{Beschäftigung} = \text{Beschäftigungsgrad} \cdot \text{Kapazität}$$

$= 0{,}6 \cdot 160$ Std./Mon. $=$ 96 Betriebsstunden/Mon.

b) Sekundärbedarf = 1.000 Blechteile • 0,5 Liter/Blechteil = 500 Liter Grundierung

	Sekundärbedarf	500 Liter
+	Zusatzbedarf (10 %)	50 Liter
=	Bruttobedarf	550 Liter
-	Lagerbestände	- 300 Liter
-	Bestellbestände	- 150 Liter
+	Vormerkbestände	100 Liter
+	Sicherheitsbestand	200 Liter
=	Nettobedarf	400 Liter

Der Nettobedarf beträgt 400 Liter Grundierung.

Lösung zu Aufgabe 8: Beschaffung und Internet

Erfolgspotenziale von E-Commerce im Rahmen der Beschaffung, z. B.:

- Verbesserung der Versorgung: Datenverfügbarkeit, Transparenz, Flexibilität, Geschwindigkeit der Informationsversorgung sowie
- Reduzierung der Kosten: Bestellabwicklung, Preisvergleiche, Administration.

Lösung zu Aufgabe 9: PC-Disposition (Bestellmenge und Bestellzeitpunkt)

Ermittlung der Bestellmenge:

Primärbedarf 2.000 PCs

	Bedarf PCs:	2.000 Stk.
	davon 80 % mit Lautsprecher	1.600 Stk.
=	**Bruttobedarf**	**1.600 Stk.**
-	Lagerbestand Lautsprecher	950 Stk.
+	Sicherheitsbestand	400 Stk.
+	Vormerkbestand	150 Stk.
-	Bestellbestand	800 Stk.
=	**Nettobedarf**	**400 Stk.**

Ermittlung des Bestellzeitpunktes:

	Anlieferung an die Filialen	11.03.
-	Transport Zentrallager - Verkaufsräume 10 Tage	
	Versand und Kommissionierung	26.02.
-	Prüfung Wareneingang, Einlagerung 2 Tage	
	Liefertermin	22.02.
-	Lieferzeit 5 Tage	
	Eingang der Bestellung beim Lieferanten	15.02.
-	Postweg 3 Tage	
	Absenden der Bestellung	12.02.
-	Disposition und Bearbeitungszeit 1 Tag	
	spätester Beginn der Disposition	09.02.

Februar						
Mo	Di	Mi	Do	Fr	Sa	So
			1	2	3	4
5	6	7	8	9	10	11
12	13	14	15	16	17	18
19	20	21	22	23	24	25
26	27	28	29			

März						
Mo	Di	Mi	Do	Fr	Sa	So
				1	2	3
4	5	6	7	8	9	10
11	12	13	14	15	16	17
18	19	20	21	22	23	24
25	26	27	28	29	30	31

Lösung zu Aufgabe 10: Optimale Bestellmenge (nach Andler)

a) Berechnung nach Andler:

$$x_{opt} = \sqrt{\frac{200 \cdot M \cdot K_B}{E \cdot L_{HS}}}$$

X_{opt} = opt. Beschaffungsmenge
M = Jahresbedarfsmenge
E = Einstandspreis pro ME
K_B = Bestellkosten/Bestellung
L_{HS} = Lagerhaltungskostensatz

Berechnung:

$$x_{opt} = \sqrt{\frac{200 \cdot 5.200 \cdot 20}{0{,}33 \cdot 12}} = \sqrt{\frac{20.800.000}{3{,}96}} = 2.291{,}84$$

Die Berechnung gem. Andler-Formel ergibt eine optimale Bestellmenge von 2.292 Stk. Somit könnte für die Sechskantschraube ein Halbjahresbedarf geordert werden.

Lösung zu Aufgabe 11: Bestellmenge nach Andler

Beispiele für Voraussetzungen[1]:

- Der Stückpreis hängt nicht von der Beschaffungsmenge ab.
- Es liegt ein konstanter und bekannter Bedarf vor.
- Fehlmengen gibt es nicht.
- Mindestbestellungen sind nicht vorhanden.
- Die Lagerabgänge erfolgen über die Zeit stetig.
- Die Lagerkosten sowie die Bestellkosten sind genau bestimmbar.

Lösung zu Aufgabe 12: Bestellmenge

a)

Bestellmenge	Summe der Kosten (in €)	Kosten pro Einheit (in €)
100	400	4,00
200	420	2,10
300	450	1,50
400	580	**1,45**
500	1.100	2,20

Die Gesamtkostenkurve hat ihr Minimum bei 400 Einheiten.

b) Beispiele:

- begrenzte Lagerkapazität
- vom Lieferanten vorgegebene Abgabemengen
- festgelegte Transport- oder Packungsmengen
- keine ausreichende Liquidität
- erwartetes Fallen der Einstandspreise.

Lösung zu Aufgabe 13: Optimale Bestellmenge, Meldebestand, durchschnittlicher Lagerbestand, optimale Bestellhäufigkeit

a)

Meldebestand = (täglicher Bedarf • Beschaffungszeit) + Sicherheitsbestand

= (Jahresbedarf : 360) • Beschaffungszeit + Sicherheitsbestand

= (6.120 : 360) • (5 + 1) + 680

= 782 Stk.

[1] Quelle: vgl. *Schulte, 2013, S. 411.*

b) Es soll die optimale Bestellmenge bei verbrauchsgesteuerter Beschaffung ermittelt werden. Sie ist dann erreicht, wenn die Summe aus Bestellkosten und Lagerhaltungskosten ein Minimum ergeben.

c)

$$\text{optimale Bestellmenge} = \sqrt{\frac{200 \cdot \text{Jahresbedarf} \cdot \text{Bestellkosten/Bestellung}}{\text{Einstandspreis} \cdot \text{Lagerhaltungskostensatz}}}$$

$$= \sqrt{\frac{200 \cdot 6.120 \cdot 150}{12{,}50 \cdot 20}}$$

$$= \sqrt{734.400}$$

$$= 857 \text{ Stück}$$

d) Der durchschnittliche Lagerbestand muss wie folgt berechnet werden:

$$\text{ø Lagerbestand} = \frac{\text{optimale Bestellmenge}}{2} + \text{Sicherheitsbestand}$$

$$= \frac{857}{2} + 680$$

$$= 1.109 \text{ Stück}$$

e)

$$\text{optimale Bestellhäufigkeit} = \frac{\text{Jahresbedarf}}{\text{optimale Bestellmenge}}$$

$$= \frac{6.120}{857}$$

$$= 7 \text{ Bestellungen/Jahr}$$

Lösung zu Aufgabe 14: Durchschnittlicher Lagerbestand

a) Ergänzen der Tabelle um die Endbestände:

Datum	Wareneingang	Warenausgang	Bestand
01.01.			500
15.01.	250		750
05.02.		350	400
05.04.	100		500
05.06.		150	350
20.08.		250	100
05.10.	200	150	150
05.12.	200		350
08.12.	350		700
20.12.		200	500

Ermittlung des durchschnittlichen Lagerbestandes:

Monat	Bestandswert	Monat	Bestandswert
Anfangsbestand:	500	Juli	350
Januar	750	August	100
Februar	400	September	100
März	400	Oktober	150
April	500	November	150
Mai	500	Dezember	500
Juni	350	**Summe:**	**4.750**

$$\varnothing \text{ Lagerbestand} = \frac{\text{Anfangsbestand} + 12 \text{ Monatsendbestände}}{13}$$

$$= 4.750 : 13 \approx 365 \text{ Stk.}$$

b) Weitere Berechnungsmodalitäten für den ø Lagerbestand, z. B.:

(1)

$$\varnothing \text{ Lagerbestand} = \frac{\text{Jahresanfangsbestand} + \text{Jahresendbestand}}{2}$$

Diese Formel sollte nur eingesetzt werden, wenn die Periode sehr kurz ist und die Zu- und Abgänge relativ gleichmäßig sind.

(2)

$$\varnothing \text{ Lagerbestand} = \frac{\frac{1}{2} \text{ AB} + 12 \text{ Monatsendbestände} + \frac{1}{2} \text{ EB}}{13}$$

(3)

$$\varnothing \text{ Lagerbestand} = \frac{\sum \text{Bestandswerte } (x_i) \cdot \text{Lagerdauer } (h_i)}{\sum \text{Lagerdauer } (h_i)}$$

(4)

$$\varnothing \text{ Lagerbestand} = \frac{\frac{1}{2} \text{ AB} + 3 \text{ Quartalsendbestände} + \frac{1}{2} \text{ EB}}{4}$$

(5)

$$\varnothing \text{ Lagerbestand} = \frac{\text{AB} + 4 \text{ Quartalsdurchschnittsbestände}}{5}$$

(6)

$$\varnothing \text{ Lagerbestand} = \text{Sicherheitsbestand} + \frac{\text{optimale Bestellmenge}}{2}$$

TIPP

Alle Formeln gehen von der Idealvorstellung aus, dass der Verbrauch gleichmäßig ist. Dies ist in der betrieblichen Praxis selten der Fall. Die Formeln (2) bis (5) sind der Formel (1) und (6) vorzuziehen, da sie bei der Berechnung mehr Informationen berücksichtigen.

3.2 Materialwirtschaft und Lagerhaltung

Lösung zu Aufgabe 1: Auswahl von Software und Lieferanten

Folgende Kriterien sollten in die Bewertung der Angebote einfließen:

- **Bewertung der Anbieterfirma:**
  - Marktposition und Ruf des Anbieters
  - Größe des Anbieters (z. B. Umsatz, Anzahl Mitarbeiter, Anzahl Niederlassungen etc.)
  - Kerngeschäftsfeld(er) des Anbieters
  - Referenzen des Anbieters
  - QM-Zertifizierung
  - Erfahrungen des Anbieters
  - Ausbildung und Fachkompetenz der Mitarbeiter
  - eigener subjektiver Eindruck von der Firma
  - Akzeptanz des Anbieters im eigenen Unternehmen.
- **Kosten:**
  - Lizenzkosten der E-Mail-Software
  - Installationskosten
  - Kosten für Service-Leistungen
  - Kosten für mögliche Updates
  - weitere zu erwartende Folgekosten.
- **Zeiten:**
  - Lieferzeit
  - Dauer der Installation
  - möglicher Zeitpunkt für die Installation (außerhalb der üblichen Arbeitszeiten)
  - zugesicherte Reaktionszeit im Service-Fall.

- **Service-Leistungen:**
  - Hotline (Zeiten, Kosten, Erreichbarkeit etc.)
  - Vor-Ort-Service
  - Fernwartung der Software.
- **Dokumentation:**
  - Qualität der Handbücher
  - angebotene Sprachen der Handbücher (deutsch verfügbar?)
  - Dokumentation auf Papier oder Datenträger
  - Lernsoftware
  - Online-Hilfe.
- **Technische Kriterien:**
  - Erfüllungsgrad des Pflichtenheftes
  - Hardware-Mindestanforderungen
  - Betriebssystem-Unterstützung
  - Datensicherheit
  - Performance des Gesamtsystems
  - Reifegrad der E-Mail-Software
  - Ergonomie der E-Mail-Software (intuitive Bedienung, grafische Benutzeroberfläche, betriebssystemkonforme Bedienung, Hilfe-Funktionen etc.).

Abschließend kann nach der Ermittlung der Kriterien zur Angebotsbewertung auch noch eine Gewichtung der einzelnen Kriterien erfolgen. Damit ließe sich schließlich für die Auswahl des Anbieters einer E-Mail-Software eine Entscheidungsmatrix erstellen (Nutzwertanalyse).

Lösung zu Aufgabe 2: Wareneingang (1)

1 **Prüfung der Lieferberechtigung:**

Nach Identifizierung des Materials (meist anhand der Begleitpapiere) erfolgt Prüfung, ob die gelieferte Ware auch bestellt wurde. Diese Prüfung erfolgt i. d. R. anhand des „Bestellsatzes". Bei Fehlen von Bestellsätzen oder Lieferpapieren sind die zuständigen Beschaffungsstellen zu informieren.

2 **Annahme des Materials:**

Aufgrund der unverzüglichen kaufmännische Untersuchungs- und Rügepflicht gem. § 377 HGB ist bereits hier eine Prüfung auf äußerlich erkennbare Schäden hin angeraten.

3 **Art- und Mengenprüfung:**

- Stimmt die Art der gelieferten Ware mit der auf den Lieferpapieren angegebenen Art überein?

- Stimmt die Menge der gelieferten Ware mit der auf den Lieferpapieren angegebenen Menge überein?
- Stimmt die Art der gelieferten Ware mit der auf der Bestellung angegebenen Art überein?
- Stimmt die Menge der gelieferten Ware mit der auf der Bestellung angegebenen Menge überein?

Bei Abweichungen sind die Beschaffungsstellen zu informieren.

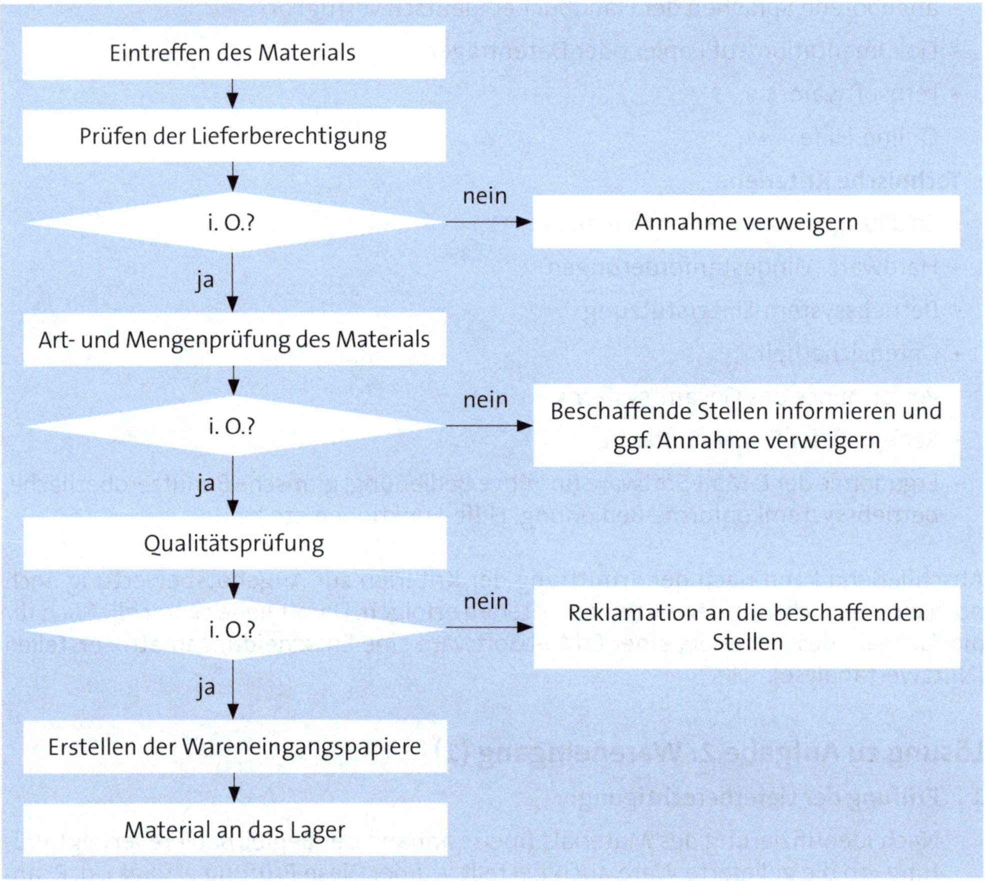

4 **Qualitätsprüfung:**

Festzulegen sind:

- Häufigkeit der Prüfung
- Art der Prüfung
- Umfang der Prüfung:
  - Attributprüfung
  - Hundertprozentprüfung

    - Variablenprüfung
    - Stichprobenprüfung
  - Ablauf der Prüfung.

5 **Erstellung des Wareneingangsberichtes:**
  - i. d. R. mithilfe des Bestellsatzes
  - Der Wareneingangsbericht dient zum einen als Einlagerungsschein für Lagergüter und zum anderen als Information für die bestellende Stelle bei Einmalbedarf.

Lösung zu Aufgabe 3: Wareneingang (2)

- Bedeutung:
  - rechtlich gegenüber dem Finanzamt
  - Untersuchungs- und Rügepflicht
  - Ausgangspunkt der innerbetrieblichen logistischen Kette.
- Aufgaben:
  - schnelle und korrekte Annahme und Kontrolle
  - Weiterleitung an den Bedarfsanforderer (Lager, Produktion, Vertrieb)
  - Informationspflicht (z. B. über Wareneingangssystem)
  - Kenndaten zur Lieferantenbewertung.
- Funktionen:
  - Prüfen der Lieferberechtigung
  - Mengenprüfung
  - Qualitätsprüfung, z. B.:
    - 100 %-Prüfung
    - Stichproben-Prüfung
    - Statistische Qualitätskontrolle
    - Prüfattest des Lieferanten.

Lösung zu Aufgabe 4: Beschaffungskontrolle

a) Die Beschaffungskontrolle ist im Wesentlichen Sache der Einkaufsabteilung. Kontrollaufgaben werden aber auch vom Lager, vom Verkauf und vom Rechnungswesen durchgeführt.

b) Zu den Aufgaben der Beschaffungskontrolle gehören im Wesentlichen:
- die Terminüberwachung
- die Warenannahme
- Eingangskontrolle (Menge, Qualität)
- die Rechnungsprüfung
- die Kostenkontrolle.

c) Wichtige Termine im Einkauf sind z. B.:
- Angebotseingang
- Bestellung
- Auftragsbestätigung
- Versandanzeige
- Wareneingang.

Lösung zu Aufgabe 5: Lagerprozess

Beispiel (Beschreibung):

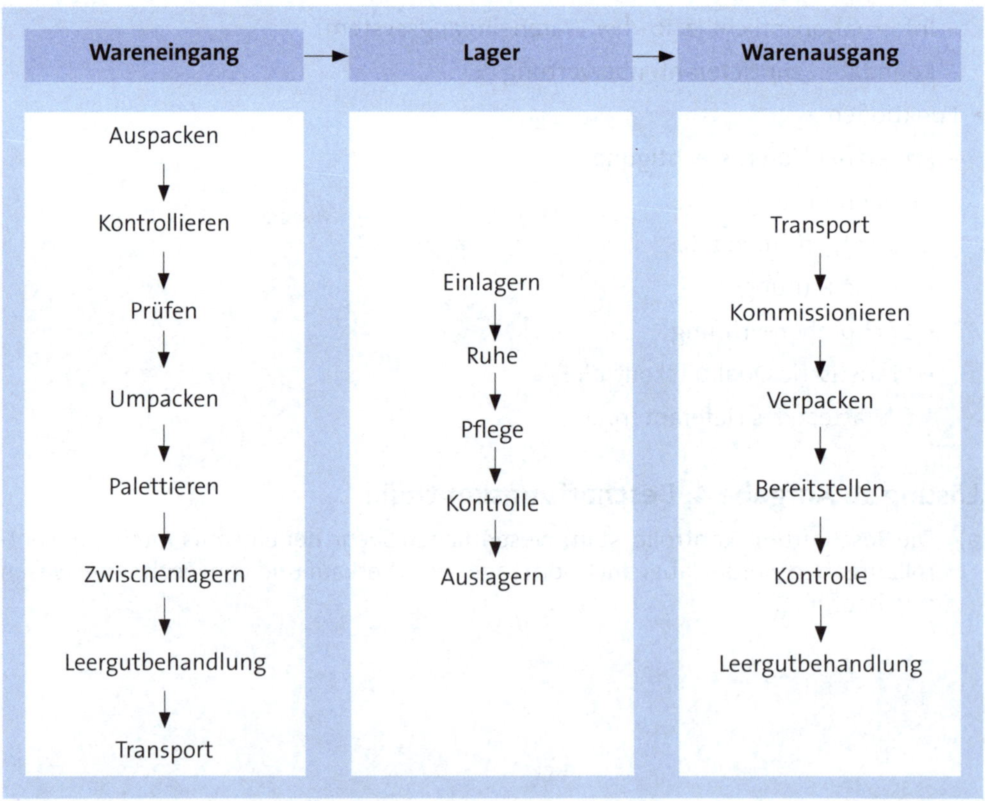

Lösung zu Aufgabe 6: Lageraufbau und Kommissioniertechniken

a) **Lagertypen:**

Zunächst sollten Lagerarten und -typen festgelegt werden. Dies geschieht durch die Zuordnung der Läger zu betrieblichen Kriterien. Diese sind im Wesentlichen:

Funktionsbereich:

- Beschaffungslager
- Fertigungslager
- Absatzlager.

Lagergüter:

- Materiallager
- Materialabfalllager
- Erzeugnislager
- Handelswarenlager
- Werkzeuglager
- Büromateriallager.

Bedeutung:

- Hauptlager
- Fremdlager
  - Konsignationslager
  - Kommissionslager
  - Lagereien.

Standort:

- offene Bauart
- halboffene Bauart
- geschlossene Lager (Baulager).

Technik:

- Flachlager
- Bodenlager
- Stapellager
- Blocklager
- Regallager.

Zentralisierung:

- Zentrallager
- dezentrale Lager.

Automatisierungsgrad:

- manuelle Lager
- mechanisierte Lager
- automatische Lager.

b) **Automatisierungsgrad:**
Weiterhin sind Überlegungen hinsichtlich des Automatisierungsgrades von erheblicher Bedeutung. Es sind i. d. R. folgende Typen anzutreffen:

- **Manuelle Läger:**
Rein manuelle Läger sind heute eher selten anzutreffen, Man findet sie noch in kleineren Betrieben und beim Handel. Alle Ein- und Auslagerungen erfolgen durch Krafteinsatz der Mitarbeiter. Als Hilfsmittel dienen handgetriebene Geräte wie Schubkarren, Leitern, Podeste etc.

- **Mechanisierte Läger:**
Bei mechanisierten Lägern werden Kraft betriebene Hilfsmittel eingesetzt. Es handelt sich hierbei meist um Transportmittel, wie z. B. Flurförderzeuge, Krane etc. Durch den Einsatz dieser Hilfsmittel ist es möglich, die Lageranforderungen schneller und sicherer zu erfüllen.

- **Automatisierte Läger:**
Bei den automatisierten Lägern wird die Lagerbedienung nicht mehr durch den Menschen durchgeführt. Auf das Lagerpersonal entfallen lediglich Steuer- und Überwachungsaufgaben. Entfallen auch diese, spricht man von einem vollautomatisierten Lager.

c) **Kommissioniertechniken:**
Folgende Kommissioniertechniken lassen sich unterscheiden:

- **Ware-zum-Mann:**
Bei diesem Kommissioniersystem wird der benötigte Artikel aus dem Lager zum Kommissionierer gebracht. Nach Entnahme der gewünschten Menge erfolgt der automatische Rücktransport ins Lager. Diese Technik wird auch „dynamische Bereitstellung" genannt.

Ware-zum-Mann	
Vorteile	**Nachteile**
► hohe Kommissionierleistung aufgrund entfallender Wegezeiten für den Arbeiter ► automatische Entnahmehilfsmittel möglich ► optimale Gestaltung der Entnahmeplätze ► leichter Abtransport leerer Ladehilfsmittel	► hohe Investitionskosten für Fördermittel und Steueranlagen ► mangelnde Flexibilität bei schwankenden Anforderungen ► Stillstand bei Maschinenausfall

- **Mann-zur-Ware:**
  Der Kommissionierer entnimmt den entsprechenden Lagerplätzen die gewünschte Menge eines Artikels. Bei einer festen Lagerordnung kennt der Kommissionierer die entsprechenden Lagerplätze. Bei freier Lagerordnung muss der Lagerplatz auf dem Kommissionierauftrag angegeben sein. Dieses System der Kommissionierung wird auch „statische Bereitstellung" genannt.

  Die Vorteile dieser Techniken sind die Nachteile der Ware-zum-Mann-Kommissionierung und umgekehrt.
  Kommissionierautomaten und -roboter: Sie erzielen eine hohe Kommissionierleistung unter einer sehr geringen Fehlerquote. Voraussetzung sind allerdings sehr hohe Investitionskosten. Aufgrund der „Greifschwierigkeit" können sie nur bei vereinheitlichter Ware eingesetzt werden.

Lösung zu Aufgabe 7: Kosten der Lagerhaltung

Die Gesamtkosten der Lagerhaltung ergeben sich aus der Summe der Lagerkosten und der Kapitalbindungskosten:

	Lagerraumkosten
+	Lagerbestandskosten
+	Lagerverwaltungskosten
+	Warenbehandlungskosten
+	Lagerrisikokosten
=	**Lagerkosten**
+	Kapitalbindungskosten (Lagerzinsen)
=	**Lagerhaltungskosten**

Lösung zu Aufgabe 8: Eigenlager, Fremdlager, Rack Jobber

- **Eigenlager**
  - gehören zum Vermögenswert des Unternehmens oder sind gemietete Flächen/ Räume
  - stehen ständig zur Verfügung
  - binden Kapital
  - verursachen Kosten
  - sind auf die betrieblichen Erfordernisse zugeschnitten (Art der Ware, Lagerbestand, Zu- und Abführung des Lagergutes).
- **Fremdlager**
  - Lagergut wird für eine bestimmte Zeit fremd eingelagert (meist gegen Entgelt)
  - Abruf nach Bedarf
  - der Handel spart Kapital und hat kein Kapazitätsrisiko
  - Fremdlager werden teilweise auch als Franchiseunternehmen geführt (erscheint nach außen wie ein Betriebsteil).

- **Rack Jobber** (RJ)
  - sind Regalgroßhändler
  - mieten im POS (Point of Sale) Verkaufs- oder Regalfläche
  - bieten für eigene Rechnung (in Kommission) Ware an, die das vorhandene Sortiment ergänzt
  - nach dem Verkauf erfolgt die Rechnungslegung und Bezahlung an den RJ
  - der RJ trägt das Absatzrisiko (nicht verkaufte Ware geht zurück).

Lösung zu Aufgabe 9: Lagerkennzahlen

Mithilfe der Kennzahlen sollen Erkenntnisse über den Verlauf der Lagerwirtschaft in der Vergangenheit gewonnen und Schlüsse für ihre Gestaltung in der Zukunft gezogen werden.

Die geläufigsten Lagerkennzahlen sind:

- **durchschnittlicher Lagerbestand:**

$$\text{ø Lagerbestand} = \frac{\text{Anfangsbestand} + \text{Endbestand}}{2}$$

Diese Kennzahl gibt an, wie viel Kapital durchschnittlich im Lager gebunden ist. Ist sie sehr hoch, belasten auch hohe Kapitalbindungskosten das Ergebnis.

- **Umschlagshäufigkeit:**

$$\text{Umschlagshäufigkeit} = \frac{\text{Jahresverbrauch}}{\text{ø Jahresbestand}}$$

Die Umschlagshäufigkeit ist auf ein Jahr bezogen. Sie gibt an, wie oft die Bestände völlig verbraucht wurden. Sie wird sehr häufig zur Auffindung von Lagerhütern benutzt. Sind diese identifiziert, sollten sie mit geeigneten Maßnahmen (Sonderverkauf, Verschrottung etc.) abgebaut werden.

- **durchschnittliche Lagerdauer:**

$$\text{ø Lagerdauer} = \frac{360}{\text{Umschlagshäufigkeit}}$$

Sie gibt den durchschnittlichen Lageraufenthalt der Vorräte in Tagen an.

- **durchschnittliche Lagerreichweite:**

$$\text{ø Lagerreichweite} = \frac{\text{ø Bestand}}{\text{Verbrauch je Zeiteinheit}}$$

Die Lagerreichweite gibt an, wie viele Tage der durchschnittliche Bestand ausreicht.

- **Servicegrad:**

$$\text{Servicegrad} = \frac{\text{sofort bediente Entnahmewünsche}}{\text{Entnahmewünsche insgesamt}} \cdot 100$$

Der Servicegrad wird auch als Lieferbereitschaftsgrad bezeichnet. Ein hoher Servicegrad minimiert das Fehlmengenrisiko, erhöht jedoch gleichzeitig die Lagerkosten. Ein Servicegrad von 100 % würde die Lagerkosten allerdings überproportional ansteigen lassen.

- **Flächennutzungsgrad:**

$$\text{Flächennutzungsgrad} = \frac{\text{tatsächlich genutzte Fläche}}{\text{vorhandene Fläche}}$$

Diese Kennzahl gibt an, wie viel Prozent der vorhandenen Lagerfläche bereits genutzt wird. Ist die Zahl hoch, liegt eine gute Auslastung der Fläche vor. Dann ist allerdings für neue oder höhere Lagermengen (z. B. Sonderposten beim Einkauf) nicht viel Reserve gegeben.

- **Raumnutzungsgrad:**

$$\text{Raumnutzungsgrad} = \frac{\text{tatsächlich genutzter Raum}}{\text{vorhandener Raum}} \cdot 100$$

Die Ergebnisse des Raumnutzungsgrades sind ähnlich zu bewerten wie beim Flächennutzungsgrad.

- **Höhennutzungsgrad:**

$$\text{Höhennutzungsgrad} = \frac{\text{tatsächlich genutzte Höhe}}{\text{vorhandene Höhe}} \cdot 100$$

vgl. „Raumnutzungsgrad“

Lösung zu Aufgabe 10: Lagerkosten

Ausgangsdaten:

Lageranfangsbestand: 125.000 €

Lagerzugänge: 1.438.000 €

Lagerendbestand: 240.000 €

kalkulatorischer Zinssatz: 9 %

a) **durchschnittlicher Lagerbestand:**

ø Lagerbestand = (Anfangsbestand + Endbestand) : 2

= (125.000 + 240.000) : 2

= 182.500 €

b) **Umschlagshäufigkeit:**

Umschlagshäufigkeit = Jahresverbrauch : ø Lagerbestand

= (125.000 + 1.438.000 - 240.000) : 182.500

= 7,25

c) **durchschnittliche Lagerdauer:**

ø Lagerdauer = 360 (Tage) : Umschlagshäufigkeit

= 360 : 7,25

= 49,66 Tage ≈ 50 Tage

d) **Lagerzinsen:**

Lagerzinsen = ø gebundenes Kapital • Lagerzinssatz

= 182.500 • 0,0125

= 2.281,25 €

Lagerzinssatz = (0,09 • 50 Tage) : 360 Tage = 0,0125

Lösung zu Aufgabe 11: Warenfluss und Datentechnik

Wichtige Daten für den Warenfluss im Lager und im außerbetrieblichen Bereich sind:

- Artikelstammdaten: Grunddaten eines Artikels, wie z. B. Artikelbezeichnung, Internationale Artikelnummer (EAN-Code bzw. GTIN), Mengeneinheit, Nummer der Versandeinheit (NVE bzw. SSCC), Lagerbereichskennzahl (Lagerortbezeichnung für das Gut), Internationale Lokationsnummer (ILN)
- lagerbezogene Daten: Lagerort, Lagerbereich, Lagerzone, Lagerplatz
- Bestandsdaten: Gesamtmenge, reservierte Menge, gesperrte Menge, disponible Menge, bestellte Menge, unterwegs befindliche Menge
- Auslagerungsdaten: Auftragsnummer, Positionsnummer, Artikelnummer, Auslagerungsmenge, Auslagerungskriterien, Auslagerungszeitpunkt, Arbeitsanweisung zur Auslagerung
- Versanddaten.

Lösung zu Aufgabe 12: Kommissionieren

a) Unter Kommissionieren ist das auftragsgebundene Zusammenstellen von Teilmengen aus einer bestimmten Gesamtmenge zu verstehen.

b) Dazu sind die folgenden Teilaufgaben notwendig:
   - Entnahme, d. h. aus dem Lagerbestand werden einzelne Artikel herausgelöst. Dies kann manuell oder auch automatisch erfolgen.
   - Fortbewegen, d. h. einen vorgegebenen Weg zwischen Entnahmestelle und Abgabeort ausführen.
   - Abgabe der Teilmengen und Quittung für den Empfang
   - Zusammenstellen zu einem Kundenauftrag
   - Verpacken der Kundenkommission
   - Transport zur Bereitstellungsfläche für den Abtransport.

c) **statisch:** („Mann zur Ware“)

   Der Kommissionierer geht zur Ware, stellt den Kundenauftrag im Regalgang zusammen und legt dabei ggf. größere Strecken zurück.

   dynamisch: („Ware zum Mann“)

   Die Ware wird am Arbeitsplatz des Kommissionierers (Mann) vorbeigeführt. Auftragsgebunden entnimmt der Kommissionierer eine bestimmte Menge und fügt diese zur Kundenkommission zusammen.

3.3 Wertschöpfungskette

Lösung zu Aufgabe 1: Fertigungsprinzipien: Fertigungsinseln

Fertigungsinseln (Beschreibung):
Bestimmte Arbeitspakete werden gebündelt – ähnlich der ursprünglichen Werkstattfertigung. Dazu werden die notwendigen Maschinen und Werkzeuge zu sogenannten Inseln zusammengefügt. Erst nach Abschluss mehrerer Arbeitsgänge verlässt das (Zwischen-)Erzeugnis die Fertigungsinsel.

Zweck:
In der Fertigungsinsel werden verschiedene Qualifikationen zusammengefasst. Entweder wird hier im Team gearbeitet oder an Einzelarbeitsplätzen. In jedem Fall kann die Fertigungsinsel-Mannschaft auch eine (teil-)autonome Arbeitsgruppe sein. Da die Gruppe für die Stückzahl und die Qualität meist gemeinschaftlich verantwortlich ist, soll die Verantwortungsbereitschaft und damit auch die Arbeitszufriedenheit gesteigert werden. Die Unternehmensleitung erhofft sich außerdem eine Senkung des Qualitätssicherungs-Aufwands.

Lösung zu Aufgabe 2: Fertigungsprinzipien: Prinzip „verlängerte Werkbank" (Fertigungstiefe)

a) **Fertigungstiefe**

= Anzahl der unterschiedlichen Fertigungsstufen in einem Betrieb.

b) Bei der Anwendung des Prinzips der „verlängerten Werkbank" nimmt die Fertigungstiefe ab.

c) Die Entscheidung für oder gegen die Anwendung des Prinzips der „verlängerten Werkbank" hängt maßgeblich von folgenden Größen ab:

- Kosten
- Qualität
- flexible Verfügbarkeit
- Kapazitäten
- Know-how
- Risikotransfer.

d) Mögliche Risiken, z. B.:

- Know-how-Verlust
- Abhängigkeit
- ggf. Qualitätseinbuße
- Möglichkeiten der Einflussnahme
- ggf. Identitätsverlust.

Lösung zu Aufgabe 3: Fertigungsprinzipien: Fertigungsbreite

Chancen und Risiken	
Breites Fertigungsprogramm, z. B.: ► Absatzrisiko ist verteilt („mehrere Standbeine“) ► komplementäre Produkte können sich „stützen“ ► Schaffung von Präferenzen ► Erfüllung individueller Kundenwünsche ► kleinere Fertigungslose ► anteilig hohe Rüstkosten ► überwiegend mehr Universalmaschinen (Kosten!) ► flexibel einsetzbares Personal (Lohnkosten!) ► i. d. R. höhere Stückkosten	**Enges Fertigungsprogramm**, z. B.: ► Absatzrisiko ruht auf wenigen „Standbeinen“ ► mehr Standardangebote ► spezielle Kundenwünsche werden nicht erfüllt ► Degression der Fixkosten (hohe Losgrößen) ► tendenziell mehr Spezialmaschinen ► Minimierung der Rüstkosten ► verbesserte Materialsteuerung ► verbesserte Spezialisierung (Qualitätsstandards)

Lösung zu Aufgabe 4: Fertigungsverfahren (1)

a)

Herstellung von Kühlschränken und Elektroherden		
Produktionstyp	Produktionsorganisation	Produktionstechnik
► Serienfertigung	► Fließfertigung und/oder ► Fließbandfertigung und/oder ► Gruppenfertigung	► Mechanisierung und/oder ► Automation und/oder ► Vollautomation

b) Nullserie:
Vor Beginn der eigentlichen Serienfertigung eines neuen Produktes wird eine Kleinmenge unter Echtbedingungen hergestellt, um Fehler in der Konstruktion, im Fertigungsprozess usw. erkennen und ggf. abstellen zu können. Danach erst erfolgt die Freigabe der Fertigung.

Lösung zu Aufgabe 5: Fertigungsverfahren (2)

► **Werkstättenfertigung**
Bei der Werkstättenfertigung sind die Maschinen ihrer Art nach in unterschiedlichen Räumen (Werkstätten) untergebracht. In dem vorliegenden Fall wären das die Dreherei, Bohrerei und Schleiferei. Der Materialfluss erfolgt von einem Raum zum anderen.

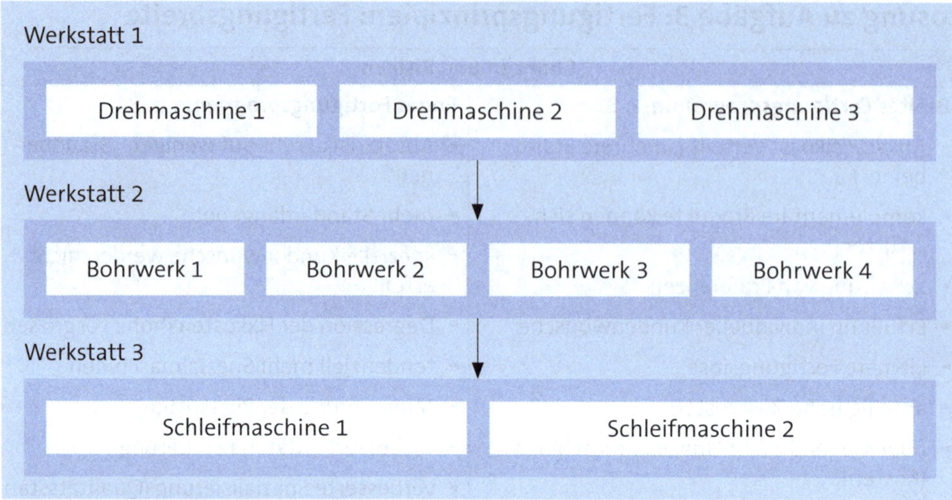

- **Gruppenfertigung**
  Bei der Gruppenfertigung sind alle für die Bearbeitung der jeweiligen Aufträge benötigten Maschinen in einem Raum. Sie sind allerdings nicht angebunden. Der Transport von einem Raum zum anderen entfällt.

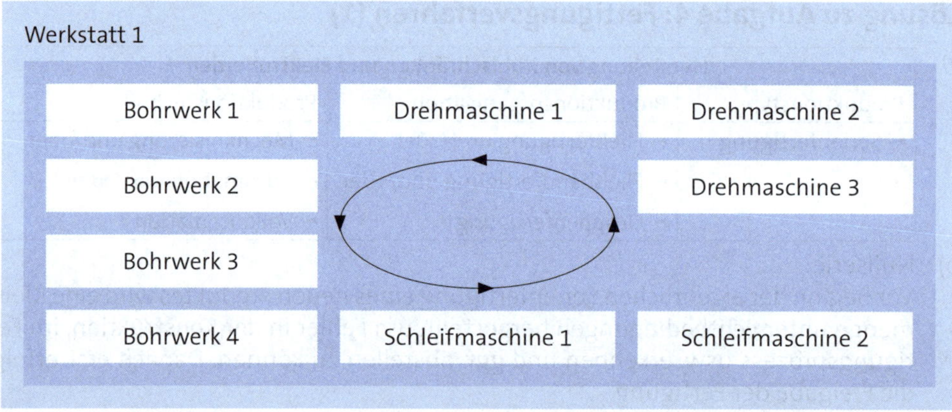

- **Reihenfertigung**
  Bei der Reihenfertigung sind alle Maschinen in einem Raum angebunden, d. h. sie sind durch die Fördereinrichtungen miteinander verbunden. Die einzelnen Vorgänge sind zeitlich allerdings nicht aufeinander abgestimmt.

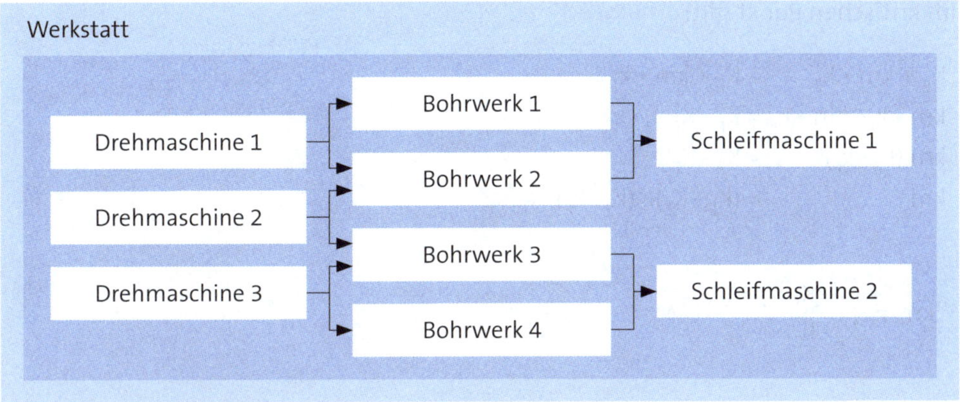

Lösung zu Aufgabe 6: Transportsysteme

a) Vorteile des Straßengüterverkehrs, z. B.:

- i. d. R. geringere Kosten als andere Transportsysteme
- Flexibilität
- Schnelligkeit/Zeit
- keine oder wenige Umschlagvorgänge
- gute Erreichbarkeit des Kunden
- Anpassungsfähigkeit an spezielle Transporterfordernisse (Transportmenge, Besonderheiten des Handlings).

b) Aspekte, die unabhängig von den Kosten für die Inanspruchnahme fremder Transportleistungen sprechen:

- fehlende Kapazität (generell oder aktueller Engpass)
- besondere Transporterfordernisse (Kühl-, Gefahrenguttransport, Dimensionen des Transportgutes).

Lösung zu Aufgabe 7: Eigentransport oder Fremdtransport

Es soll gelten:

	Eigentransport	Fremdtransport
fixe Kosten	K_E	K_F
variable Kosten pro km	k_E	k_F

Im kritischen Punkt gilt:

$$K_E + km \cdot k_E = K_F + km \cdot k_F$$
$$km \cdot k_E - km \cdot k_F = K_F - K_E$$
$$km\,(k_E - k_F) = K_F - K_E$$
$$km = (K_F - K_E) : (k_E - k_F)$$

$$km = \frac{K_F - K_E}{k_E - k_F}$$

$$\text{Anzahl der kritischen Kilometer} = \frac{(\text{Fixkosten}_F - \text{Fixkosten}_E)}{(\text{variable Kosten}_E - \text{variable Kosten}_F)}$$

Beispiel

	Eigentransport	Fremdtransport
fixe Kosten	80.000 €	12.000 €
variable Kosten pro km	0,60 €/km	2,20 €/km

km = (12.000 - 80.000) : (0,6 €/km - 2,2 €/km)
km = -68.000 : (-1,6)
km = 42.500

Probe: 80.000 + 25.500 = 12.000 + 93.500

Die Anzahl der kritischen Kilometer liegt bei 42.500 km. Oberhalb dieser Grenze ist der Eigentransport günstiger, unterhalb der Fremdtransport.

Lösung zu Aufgabe 8: Verpackung

a) Verpackungsbegriffe:

Packstoff	Werkstoff, aus dem die Packmittel hergestellt werden
Packgut	die Ware, die verpackt wird
Packmittel	Erzeugnis aus Packstoff, das dazu bestimmt ist, das Packgut zu umschließen
Packhilfsmittel	Klebeband, Schnur, Klebstoffe, Folien etc.
Verpackung	Oberbegriff für die Gesamtheit an Packmitteln und Packhilfsmitteln
Packung	Packgut und Verpackung zusammen; z. B. eine Packung Zigaretten
Packstück	Packung, die lager- oder versandfähig ist
Einwegverpackung	einmaliger Gebrauch einer Verpackung
Mehrwegverpackung	mehrmaliger Gebrauch einer Verpackung.

b) Aufgaben der Verpackung:

- Schutzaufgabe
- Lageraufgabe
- Lade- und Transportaufgabe
- Verkaufsaufgabe, wie z. B. Werbeträger, Informationsträger
- Zusätzlicher Kundendienst
- Mittel zur Rationalisierung des Verkaufsvorganges
- Verpackung als Zusatznutzen.

c) Verpackungsarten im Sinne der Verpackungsverordnung sind:

- Transportverpackungen
- Verkaufsverpackungen
- Umverpackungen
- Getränkeverpackungen.

Lösung zu Aufgabe 9: Entscheidung über Transportlösung

- Für die Filialbelieferung ist der **Straßenverkehr** sinnvoll. Zur Entscheidung, ob mit eigenen Fahrzeugen gearbeitet wird oder Fremdfirmen (Spediteure, Frachtführer) eingeschaltet werden, sind die bekannten Überlegungen anzustellen.
- Für die Entscheidung über Transportlösungen zur Belieferung des Zentrallagers sind die folgenden Überlegungen relevant:
  - verkehrstechnische Infrastruktur (Anbindung an Fernverkehrsstraßen, Schienen, Wasserstraßen),
  - Beförderungspreis und voraussichtliche Transportkosten,

- Gutart, Auftragsgröße und Auftragsvolumen,
- Transportentfernung und
- Zeitfaktor.

Dabei können auch mehrere Transportarten kombiniert werden, z. B. Lieferung nachts durch die Bundesbahn zur Bahnstation am Empfangsort und von dort aus Weitertransport durch ortsansässigen Frachtführer.

Lösung zu Aufgabe 10: Verpackungs- und Logistikeinheiten, Umweltschutz

a) In Logistiksystemen soll die Verpackung als logistische Einheit so lange wie möglich unverändert als Lade-, Lager-, Transport- und Umschlagseinheit genutzt werden. Voraussetzung dazu ist ein standardisiertes Maßsystem, das sowohl die Maße des Warengutes als auch die Anforderungen an die Lager-, Transport- und Umschlagstechnik berücksichtigt. In der Praxis dient dazu z. B. das Grundmaß der Euro-Palette (1.200 mm x 800 mm).

b) **Paletten** sind tragbare Plattformen mit und ohne Aufbau. Sie dienen dazu, einzelne Gebinde zusammenzufassen. Sie sind genormt und werden hauptsächlich als Flachpalette bzw. Gitterboxpalette verwendet.

   Collico-Behälter sind stabile Behälteraufbauten, die im Leerzustand volumenreduzierbar sind. Diese Behälter sind in 20 verschiedenen Maßen verfügbar und in Europa genormt.

   Container sind Großbehälter, die nach dem englischen Fußmaß genormt sind. Das Containermaß ist passfähig zu Transportmitteln im Straßen-, Luft und Seeverkehr, aber (noch) nicht abgestimmt mit dem Palettengrundmaß.

c) Generelle Maßnahmen zum betrieblichen Umweltschutz, z. B.:
   - Abfallvermeidung geht vor Abfallentsorgung
   - Recycling (Verwertung, Verwendung)
   - Abfalltrennung und umweltgerechte Wiederverwertung
   - umweltschutzgerechte Produkt- und Materialauswahl (Produktdesign, -konstruktion)
   - geordnete, vorschriftsmäßige Abfallbeseitigung.

3.4 Aspekte der Rationalisierung

Lösung zu Aufgabe 1: Optimierung des Sortimentsportfolio

- Berechnungen:

Sorte	EP (€ pro Stück)	VP (€ pro Stück)	Absatz (Stk.)	ø LB (Stk.)	Deckungs-beitrag (DB) (€)	Lagerumschlags-häufigkeit (LUH)
1	5,00	7,00	12.000	300	24.000[1]	40[2]
2	8,00	8,80	9.000	250	7.200	36
3	6,20	7,50	17.000	250	22.100	68
4	6,80	9,90	3.000	200	9.300	15
5	6,50	7,30	3.000	100	2.400	30

- Sortimentsportfolio:

  Auf der Ordinate wird der Deckungsbeitrag, auf der Abszisse die Lagerumschlagshäufigkeit abgetragen.

[1] 7 €/Stk. - 5 €/Stk. = db = 2 €/Stk.
DB = db · Absatz = 2 €/Stk. · 12.000 Stk. = 24.000 €

[2] 40 = 12.000 : 300

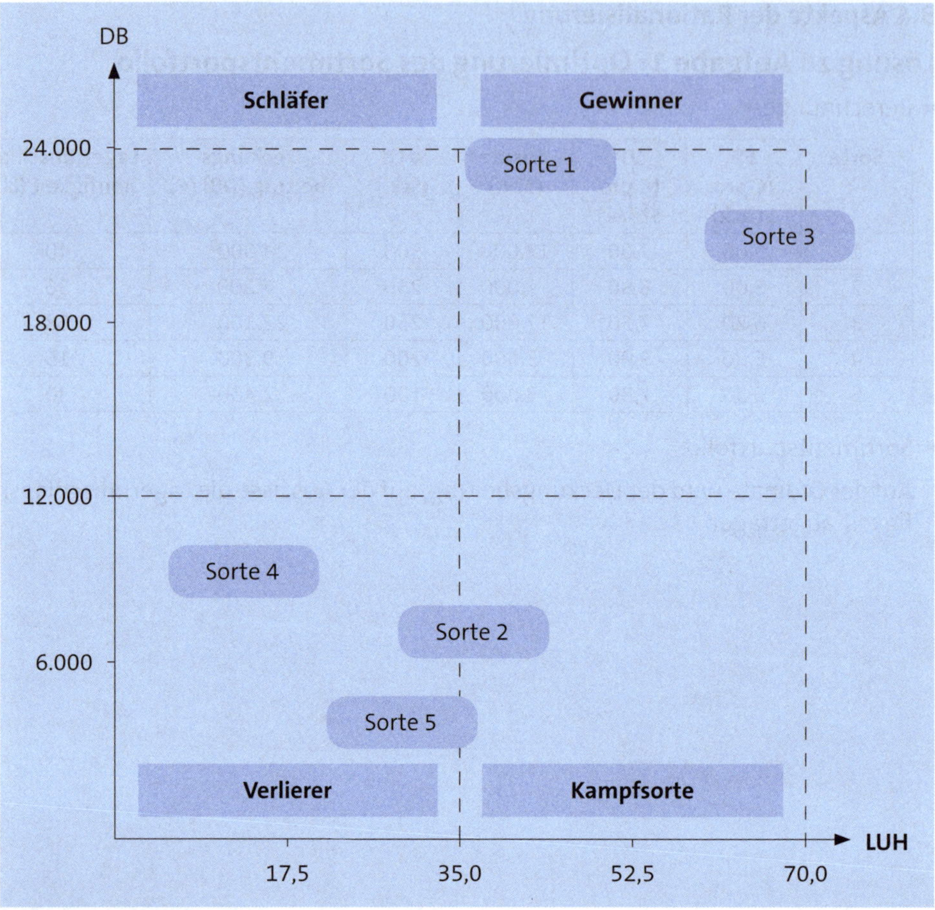

- Strategie für Sorte 4:
  - Sorte 4 ist das Hochpreisprodukt
  - ggf. auslisten; es sei denn, dass die Sorte aus Imagegründen benötigt wird
  - prüfen, ob Preissenkung sinnvoll
  - Regalplatz reduzieren
  - Lagerbestand und Bestellmenge senken.

Quelle: in Anlehung an: *Haller, 2013, S. 469*

Lösung zu Aufgabe 2: ABC-Analyse

- **A-Teile:**
  - erhöhte Aufmerksamkeit
  - sorgfältige Überwachung der Lagerbestände (Ziel: Bestandsreduzierung)
  - Kontrolle der Verbräuche
  - besondere Sorgfalt bei der Disposition
  - mehr Wettbewerbsangebote einholen
  - intensive Verhandlungen
  - Sondervereinbarungen
  - intensive Beschaffungsmarktforschung
  - Durchführung wertanalytischer Maßnahmen.
- **B-Teile:**
  - Maßnahmen wie in der Gruppe A, allerdings mit etwas geringerem Aufwand
  - Durch Bedarfszusammenfassung sollte versucht werden in die Gruppe A zu gelangen.
- **C-Teile:**
  - intensive Bedarfszusammenfassung
  - Rahmenabkommen
  - Einsatz von Bestelloptimierungsverfahren
  - größere Abstände bei Lagerkontrollen
  - Kleinbedarf auf wenige Lieferanten konzentrieren
  - Sukzessivlieferverträge schließen
  - Bedarf für eine gesamte Planperiode bestellen.

Artikel-nummer	Verbrauch/ Monat in Einheiten	Preis je Einheit (in €)	Verbrauchs-wert je Monat (in €)	Sortierung (fallende Verbr.-Wert)		ABC-Klas-se	%-Anteil am Wert
				Art. Nr.	Wert (in €)		
9004	30.000,00	0,30	9.000,00	19842	45.000,00	A	70 %
9790	15.000,00	0,10	1.500,00	49423	25.000,00	A	
10576	200,00	3,00	600,00	9004	9.000,00	B	20 %
11362	5.000,00	0,08	400,00	21546	6.000,00	B	
12148	8.000,00	0,04	320,00	59418	5.000,00	B	
12934	500,00	0,50	250,00	22824	3.000,00	C	10 %
13720	720,00	0,25	180,00	9790	1.500,00	C	
18990	6.000,00	0,02	120,00	21972	1.350,00	C	
19416	10.000,00	0,07	700,00	19416	700,00	C	
19842	9.000,00	5,00	45.000,00	10576	600,00	C	
20268	250,00	1,40	350,00	53421	500,50	C	
20694	6.000,00	0,01	60,00	11362	400,00	C	
21120	4.000,00	0,07	280,00	57419	380,00	C	
21546	1.200,00	5,00	6.000,00	20268	350,00	C	
21972	1.500,00	0,90	1.350,00	12148	320,00	C	
22398	600,00	0,05	30,00	55420	300,00	C	
22824	800,00	3,75	3.000,00	21120	280,00	C	
45425	10,00	15,00	150,00	12934	250,00	C	
47424	315,00	0,73	229,95	47424	229,95	C	
49423	200,00	125,00	25.000,00	51422	200,00	C	
51422	4.000,00	0,05	200,00	13720	180,00	C	
53421	715,00	0,70	500,50	45425	150,00	C	
55420	15.000,00	0,02	300,00	18990	120,00	C	
57419	2.000,00	0,19	380,00	20694	60,00	C	
59418	5.000,00	1,00	5.000,00	22398	30,00	C	
					100.900,00		100 %

Lösung zu Aufgabe 3: Optimierung des Produkt-Portfolios

a) **Strategische Ausgangsposition der Metallbau AG:**

In der 4-Felder-Matrix lassen sich folgende Positionierungen unterscheiden:

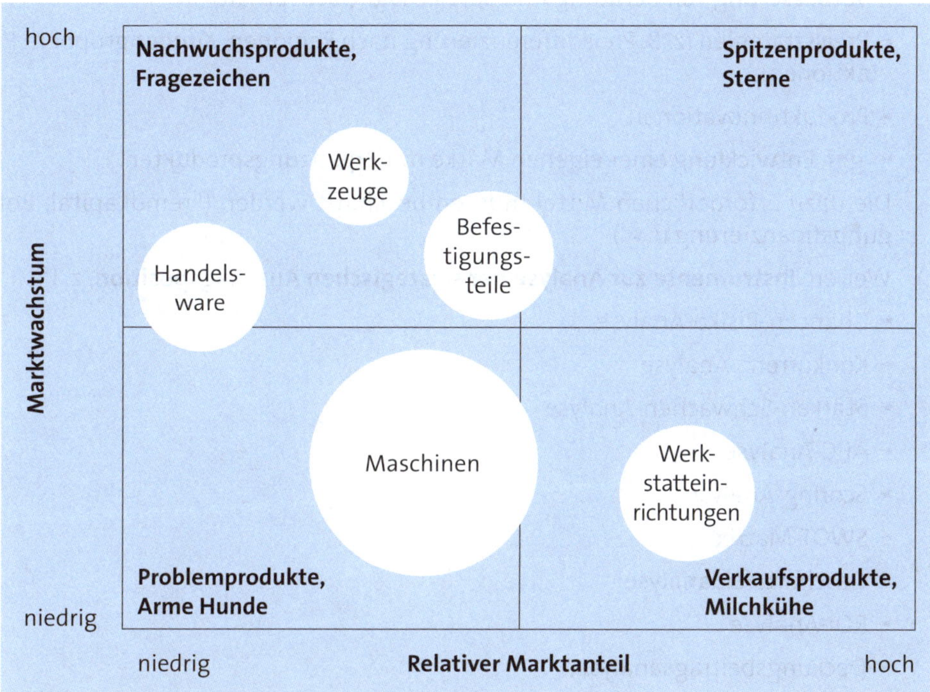

- Die Metallbau AG hat kein Produkt im Segment „Spitzenprodukte/Sterne".
- Hauptumsatzträger ist das Produkt Maschinen; es liegt allerdings im Segment „Problemprodukte/Arme Hunde".
- Einzige „Melkkuh" ist das Produkt Werkstatteinrichtungen – allerdings mit „mittlerem" Umsatz.
- Die übrigen drei Produkte sind im Segment „Nachwuchsprodukte/Fragezeichen" positioniert; der Umsatzbeitrag ist überwiegend gering.

Im Ergebnis: Das Portfolio ist in einer unausgewogenen Schieflage. Der Metallbau AG fehlen Zukunftsprodukte und Cash Cows. Damit mangelt es zurzeit auch an finanziellen Ressourcen, um geeignete Spitzenprodukte zu entwickeln und am Markt zu positionieren. Eventuelle Hoffnungsträger könnten die Produktbereiche Werkzeuge und Befestigungsteile sein. Gelingt der Metallbau AG keine strategische Weichenstellung, ist ein Verkauf bzw. die Insolvenz vermutlich nicht zu vermeiden.

b) **Normstrategie für den Produktbereich „Befestigungsteile":**

Die grundsätzliche Strategieempfehlung für „Nachwuchsprodukte/Fragezeichen" lautet „Ausbau" oder „Eliminieren". Aufgrund der Ausgangsposition der Metallbau AG kommt „Eliminieren" nicht infrage (vgl. Antwort zu a). Der Produktbereich „Befestigungsteile" sollte ausgebaut werden; eine offensive Marktstrategie ist zu empfehlen, z. B.:

- Verbesserung des Bekanntheitsgrades
- Verbesserung von Beratung und Service (vgl. Sachverhalt)
- Preisstrategien (z. B. Preisdifferenzierung nach Regionen, Kundengruppen; Preisaktionen)
- Produktinnovationen
- ggf. Entwicklung einer eigenen Marke mit Ergänzungsprodukten.

Die dazu erforderlichen Mittel müssen beschafft werden (Fremdkapital, Beteiligungsfinanzierung u. Ä.)

c) Weitere **Instrumente zur Analyse der strategischen Ausgangsposition**, z. B.:

- Chancen-Risiko-Analyse
- Konkurrenz-Analyse
- Stärken-Schwächen-Analyse
- ABC-Analyse
- Scoring-Analyse
- SWOT-Matrix
- Geschäftsfeldanalyse
- ROI-Analyse
- Deckungsbeitragsanalyse.

Lösung zu Aufgabe 4: Kaizen, KVP

a) Der KVP ist ein in Anlehnung an das Prinzip des Kaizen entwickeltes Rationalisierungskonzept. Auch hier sollen positive Veränderungen im Unternehmen stetig durch viele kleine Verbesserungen herbeigeführt werden. Beim KVP sollen alle Mitarbeiter ermutigt werden, die Prozesse am eigenen Arbeitsplatz durch Verbesserungsvorschläge zu optimieren. Gruppenarbeit wird im Hinblick auf den KVP als förderlich angesehen.

Hauptanliegen des KVP sind:

- Vermeidung von Verschwendung
- Verkürzung der Durchlaufzeiten
- Steigerung der Produktivität.

b) Verschwendungsarten:

- Überproduktion
- zu hohe Bestände
- lange Wartezeiten
- unnötige Bewegung.

3.5 Spezielle Rechtsaspekte

Aufgabe 1: Vertragsabschluss

a)

unverbindliches Angebot	+	gleich lautende Bestellung	+	gleich lautende Auftragsbestätigung	→	**Vertrag**

Da das Angebot unverbindlich war, stellt es keinen Antrag im Sinne des BGB dar. Der Antrag ist die verbindliche Bestellung und die Auftragsbestätigung ist die Annahme des Antrages.

b)

Zusendung von Katalog	+	gleich lautende Bestellung	+	gleich lautende Auftragsbestätigung	→	**Vertrag**

Kataloge und Preislisten sind lediglich eine Aufforderung zur Abgabe eines Angebotes. Daher kommt auch hier der Vertrag erst mit Bestellung und Auftragsbestätigung zustande.

c)

verbindliches Angebot	+	abweichende Bestellung	+	Auftragsbestätigung lt. Bestellung	→	**Vertrag**

In diesem Fall folgt auf ein verbindliches Angebot (könnte als Antrag gewertet werden) eine abweichende Bestellung. Diese Bestellung ist eine Ablehnung des Antrages verbunden mit einem neuen Antrag. Dieser wird durch eine mit der Bestellung übereinstimmende Auftragsbestätigung angenommen. Der Vertrag kommt wiederum durch Bestellung und Auftragsbestätigung zustande.

d)

schriftliche Anfrage	+	Lieferung	→	**kein Vertrag**

Bei diesem Beispiel ist kein rechtsverbindlicher Vertrag zustande gekommen, da eine Anfrage vollkommen unverbindlich und eine Lieferung aufgrund einer Anfrage nicht statthaft ist.

e)

unverbindliches Angebot	+	gleich lautende Bestellung	+	Lieferung gemäß Angebot	→	**Vertrag**

Da das Angebot unverbindlich war, stellt es keinen Antrag im Sinne des BGB dar. Der Antrag ist die verbindliche Bestellung und die Lieferung gemäß Bestellung ist die Annahme des Antrages.

f)

unverbindliches Angebot	+	gleich lautende Bestellung	+	abweichende Auftragsbestätigung	→	**kein Vertrag**

Das Angebot ist nicht als Antrag zu werten. Da der Bestellung (Antrag) eine Ablehnung (abweichende Auftragsbestätigung) folgt, ist kein Vertrag geschlossen.

Lösung zu Aufgabe 2: Vertragsarten (1)

a)

Kauf auf Probe	**Kauf mit Rückgaberecht innerhalb einer vereinbarten Frist** (falls nichts vereinbart wurde, spricht der Gesetzgeber von einer angemessenen Frist, § 455 BGB), wenn die Ware den Erwartungen des Käufers nicht entspricht. Hier überlässt der Verkäufer dem Käufer die Ware zur Ansicht (Probe). Lässt der Käufer die Probefrist ohne ausdrückliche Ablehnung der Ware vorübergehen, so gilt sein Stillschweigen als Annahme des Angebots.
Kauf zur Probe	**Endgültiger Kauf,** bei dem der Käufer dem Verkäufer zu erkennen gibt, **später weitere Bestellungen** aufgeben zu wollen, wenn die gelieferte Probe seinen Erwartungen entspricht. Eine rechtliche Verpflichtung zu späteren Käufen ist damit allerdings nicht verbunden.
Kauf nach Probe	Der Kauf nach Probe ist ein **Kauf nach Muster.** Der Kaufvertrag wird aufgrund einer Warenprobe oder eines Warenmusters abgeschlossen. Die später gekaufte Ware muss der Probe (Muster) entsprechen, unwesentliche Abweichungen müssen aber geduldet werden.

b)

Stückkauf	Kaufgegenstand ist eine **nicht vertretbare Sache** (Unikat), z. B. ein Modellkleid.
Gattungskauf	Kaufgegenstand ist eine **vertretbare Sache,** z. B. ein Konfektionskleid.
Spezifikationskauf	Kaufvertragsabschluss über eine genau festgelegte Gesamtmenge einer **Gattungsware,** wobei der Käufer das Recht hat, innerhalb einer vereinbarten Frist die zu liefernde Ware nach Maß, Form oder Farbe näher zu bestimmen. Meist werden für die Gesamtmenge ein Grundpreis sowie Zuschläge für die Ausführungsarten vereinbart.
Typenkauf	Der Kauf erfolgt aufgrund einer Type, also einer durch eine **Güteklasse** bezeichnete Durchschnittsqualität.
Sofortkauf	Die Lieferung hat unmittelbar nach der Bestellung zu erfolgen (Lieferung sofort).
Terminkauf	Die Lieferung erfolgt zu einem vereinbarten Termin oder innerhalb einer vereinbarten Frist (Lieferung Ende August; Lieferung innerhalb zweier Monate; Lieferung einen Monat nach Auftragseingang).
Fixkauf	Die Lieferung muss an oder bis zu einem bestimmten Zeitpunkt erfolgen (Lieferung am 20.05. fix; Lieferung bis zum 20.01. fix); wichtig z. B. bei Hochzeitskarten, Büffet oder zu einer Ladeneröffnung. Der Vertrag steht und fällt mit der Fixklausel.
Kauf auf Abruf	Der Zeitpunkt der Lieferung wird vom Käufer bestimmt. Er ruft die Ware ab, z. B. beim Kauf von Fliesen für den Hausbau.
Teillieferungskauf	Die Lieferung erfolgt in Teilmengen. Dies kann sowohl ein Kauf auf Abruf sein als auch ein Zeitkauf, bei dem z. B. monatliche Teilmengen geliefert werden.

Versendungskauf	Verkäufer und Käufer befinden sich an verschiedenen Orten. Erfüllungsort ist der Ort des Verkäufers, der aber auf Verlangen des Käufers die Ware an einen anderen Ort versendet.
Fernkauf	Verkäufer und Käufer befinden sich an verschiedenen Orten. Als Erfüllungsort für die Übergabe der Ware ist ein anderer Ort als der Ort des Verkäufers vereinbart.
Platzkauf	Verkäufer und Käufer befinden sich an verschiedenen Stellen desselben Ortes. Ausgangs- und Endpunkt der Lieferung sind soweit entfernt, dass eine Versendung erforderlich ist. Meist wird bei Versendung innerhalb desselben Ortes die Adresse des Käufers als Erfüllungsort vereinbart; dann geht die Gefahr erst dort auf den Käufer über.
Handkauf	Verkäufer und Käufer befinden sich am gleichen Ort. Die Ware wird im Geschäft des Verkäufers gekauft und dort übergeben.

c)

Abrufvertrag	► Preise und Mengen sind i. d. R. festgelegt. ► Ein Zeitraum ist festgelegt. ► Einzelne Abrufe gegen den Vertrag erfolgen individuell.
Konsignationslagervertrag	Der Konsignationslagervertrag regelt die Einrichtung eines Konsignationslagers. Hier werden im betriebseigenen Lager Vorräte gehalten, die bis zum Zeitpunkt der Entnahme Eigentum des Lieferanten bleiben.
Bedarfsdeckungsvertrag	Der Bedarfsdeckungsvertrag ist ein Bindungsvertrag an einen Lieferanten über einen Gesamt- oder Teilbedarf eines bestimmten Gutes.
Sukzessivliefervertrag	► Preise und Mengen sind fest. ► Zeitraum ist fest. ► Genaue Anliefertermine sind ebenfalls fest.
Rahmenvertrag	Beim Rahmenvertrag sind die Vertragspartner bereit, einen Abschluss zu tätigen, in dem alle Vertragspunkte – bis auf die Mengen – festgelegt sind. Sollten dennoch Mengenangaben gemacht werden, so sind diese als bloße Absichtserklärung zu sehen.
Bevorratungsvertrag	Beim Bevorratungsvertrag verpflichtet der Käufer den Lieferanten, immer einen vereinbarten Vorrat eines bestimmten Gutes zu halten.
Kommissionskauf	Der Verkäufer (Kommissionär) einer Ware kann diese dem Auftraggeber (Kommittent) zurückgeben, wenn er sie nicht verkaufen kann. Die Abrechnung erfolgt jeweils nach dem Verkauf der Ware. **Beispiel:** Ein Verein gibt nach einem Fest vier Fässer Bier an die Brauerei zurück und bezahlt nur die verbrauchten Fässer.

Lösung zu Aufgabe 3: Vertragsarten (2) (Besondere Arten des Kaufvertrages)

1.	Ein Händler erhält eine Warensendung. In dem Begleitschreiben steht u. a.: *„Entsprechend Ihrer Anfrage erhalten Sie die Ware mit Rückgaberecht innerhalb von 14 Tagen."*	Kauf auf Probe, Gattungskauf
2.	Ein Fertigungsunternehmen erhält die bestellte Sonderanfertigung einer Transportzuführung.	Kaufvertrag, Stückkauf
3.	Ein Einzelhändler bestellt eine geringe Menge einer Ware und teilt dabei mit, dass er weitere Bestellungen ordern werde, wenn die Ware seinen Erwartungen entspricht.	Kauf zur Probe, Gattungskauf
4.	Ein Händler bestellt aufgrund eines zugesandten Musters 25 Stück der Ware.	Kauf nach Probe, Gattungskauf
5.	Ein Händler kauft Ware in eigenem Namen für fremde Rechnung.	Kommissionskauf
6.	Als Liefertermin wurde vereinbart: *„Liefertermin ist der 14.11."*	Terminkauf
7.	Ein Händler bestellt ein größere Menge einer Ware. Den Liefertermin kann er selbst bestimmen.	Kauf auf Abruf
8.	Ein Händler kauft eine Ware. Die näheren Einzelheiten über Sorte usw. kann er innerhalb einer bestimmten Frist näher bestimmen.	Spezifikationskauf
9.	Der Käufer einer Ware muss die Rechnung erst innerhalb einer festgelegten Frist begleichen.	Zielkauf

Lösung zu Aufgabe 4: Kaufvertrag/Werkvertrag (Rechte und Pflichten)

- **Kaufvertrag:**
  Der Verkäufer verpflichtet sich zur Lieferung bestimmter Gegenstände und zur Beschaffung des Eigentums an ihnen.

  Der Käufer verpflichtet sich, den Kaufpreis zu zahlen und zur Entgegennahme des Kaufgegenstandes.
- **Werkvertrag:**
  Der Auftragnehmer verpflichtet sich zur Herstellung oder Veränderung einer Sache oder eines anderen, durch Arbeit oder Dienstleistung herbeizuführenden Erfolgs.

  Der Auftraggeber verpflichtet sich zur Zahlung der Vergütung und zur Abnahme des Werkes.

Lösung zu Aufgabe 5: Vertragsart (Projektierung einer zusätzlichen Fertigungslinie)

a) Der zwischen der Metallbau AG und dem Planungsbüro Dr. Ing. Plan geschlossene Vertrag ist ein Werkvertrag nach § 631 BGB. *„Gegenstand des Werkvertrages kann sowohl ... als auch ein anderer durch Arbeit oder Dienstleistung herbeizuführender Erfolg sein."* (§ 631 Abs. 2 BGB)

   Die Ausführung von Planungs- bzw. Projektierungsarbeiten gehört zur Kategorie der in § 631 Abs. 2 BGB genannten Dienstleistungen.

b) ► Der Auftragnehmer (Unternehmer) verpflichtet sich zur Herstellung oder Veränderung einer Sache bzw. er **schuldet den herbeizuführenden Erfolg** durch Arbeit oder Dienstleistung.

► Der Auftraggeber (Besteller) verpflichtet sich zur **Zahlung** der Vergütung und der **Abnahme** des Werkes.

c) Das Ergebnis des Gutachters bestätigt die Kausalität zwischen dem Mangel und der Ausführung des Werkes durch die Dr. Ing. Plan. Damit hat diese ein mangelhaftes Werk geliefert. Nach §§ 634, 635 BGB hat der Besteller das Recht auf Nacherfüllung.

Die Einrede der Verjährung durch die Dr. Ing. Plan (regelmäßige Verjährungsfrist = drei Jahre) greift nicht, da die Verjährungsfrist „... *bei einem Bauwerk und einem Werk, dessen Erfolg in der Erbringung von Planungs- und Überwachungsarbeiten hierfür ...*“ (§ 634a Abs. 1 Nr. 2 BGB) fünf Jahre beträgt.

Der Anspruch auf Schadenersatz setzt voraus, dass ein Werkvertrag vorliegt und ein Werkmangel existiert, den der Unternehmer zu vertreten hat. Dieser Tatbestand liegt vor. Nach § 249 BGB gehören zum Schadenersatz auch die Kosten der Schadenermittlung (Honorar des Gutachters).

Lösung zu Aufgabe 6: Allgemeine Geschäftsbedingungen (AGB)

a) nicht zulässig

b) nicht zulässig

c) zulässig

d) unzulässig; Verstoß gegen § 305b BGB.

Lösung zu Aufgabe 7: INCOTERMS

a) Die INCOTERMS sind einheitliche, weltweit akzeptierte Regelungen für den internationalen und nationalen Warenverkehr, in denen gängige Liefervereinbarungen und die damit verbundenen Käufer- und Verkäuferpflichten festgelegt sind. Falls vereinbart, gelten sie ohne Rücksicht auf abweichende Ursachen in den einzelnen Ländern.

Die INCOTERMS wurden 2020 reformiert. Die Kaufvertragsparteien sollten regeln, ob die INCOTERMS 2010 oder die INCOTERMS 2020 verwendet werden.

b)

Klausel	Lieferort	Gefahrenübergang, Kostenübergang
EXW	Werk des Verkäufers	Der Gefahrenübergang auf den Importeur erfolgt direkt ab Werk des Exporteurs. Der Importeur transportiert die Waren komplett auf eigene Kosten.
FCA	Ort der Übergabe an den ersten Frachtführer	Der Verkäufer verpflichtet sich, die Ware auf seine Kosten einem vom Käufer benannten Frachtführer an einem vereinbarten Lieferort zu übergeben. Das ist der Ort der Übergabe der Ware an den ersten Frachtführer am Abgangsort. Ab diesem Zeitpunkt trägt der Käufer die Transportkosten sowie das Risiko von Transportschäden.
FAS	Längsseite Schiff im Verschiffungshafen	Der Verkäufer hat seine vertraglichen Pflichten dann erfüllt, wenn er die Ware in dem benannten Verschiffungshafen bis an die Längsseite des vom Käufer benannten Schiffes verbracht hat. Ab diesem Zeitpunkt trägt der Käufer die weiteren Transportkosten der Reederei und das Transportrisiko.
FOB	Schiff im Verschiffungshafen	Die Lieferpflicht des Verkäufers endet, wenn die Ware im benannten Hafen auf das vom Käufer benannte Schiff verladen wurde. Ab diesem Zeitpunkt trägt der Käufer die weiteren Transportkosten sowie das Risiko, dass die Ware beim Transport beschädigt wird.

Lösung zu Aufgabe 8: Incoterms und Transportversicherung

a) Incoterms regeln

- die Übernahme der Transportkosten,
- den Übergang der Gefahr des Verlustes oder der Beschädigung der Ware während des Transports und
- den Abschluss und die Kosten einer Transportversicherung.

Incoterms regeln **nicht**

- die Modalitäten des Kaufvertrags (sie ersetzen ihn also nicht),
- den Inhalt von Beförderungs-, Versicherungs- und Finanzierungsverträgen,
- Vertragsstrafen bei Vertragsbruch und
- die Lieferung immaterieller Güter.

b) Der Verkäufer muss EXW Greifswald vereinbaren.

c) Bei den Klauseln CIF und CIP übernimmt der Verkäufer die Kosten für die Transportversicherung.

d) Die D-Klauseln. Der Verkäufer übernimmt hier sämtliche Kosten und Gefahren bis zum Bestimmungsort.

e) Incoterms bieten eindeutige, standardisierte und international gültige Regelungen. Die Gefahr von Fehlinterpretationen wird vermieden. Vertragliche Regelungen werden vereinfacht.

f) FAS, FOB, CFR, CIF.

Lösung zu Aufgabe 9: Verkaufsverträge gestalten

Vor der Abgabe von Angeboten und Aufträgen ist zu prüfen, ob alle zu klärenden Punkte vertraglich korrekt fixiert sind. Insbesondere wird geprüft, ob

- die richtigen Artikel mit den korrekten Stückzahlen genannt sind,
- Artikelnummern und Artikelbezeichnungen korrekt sind,
- die angegebenen Liefertermine realisierbar sind (evtl. Absprache mit Fertigung und Einkauf),
- die angegebenen Verkaufspreise stimmen und
- eventuelle Sondervereinbarungen mit dem Kunden beachtet wurden und schriftlich festgehalten sind.

Lösung zu Aufgabe 10: Vertragsart, Vertragsstörung

a) Vertragsart:

Zwischen der Druckerei und Müller ist ein Werkvertrag über die Herstellung der Visitenkarten zustande gekommen (§ 631 BGB). Gegenstand des Vertrages ist die Herstellung eines körperlichen Werkes mit geschuldetem Erfolg.

b) Rücktritt vom Vertrag: Zur Zeit nicht!

Die Druckerei ist verpflichtet, die Visitenkarten frei von Sach- und Rechtsmängeln herzustellen (§ 633 Abs. 1 BGB). Der Schreibfehler stellt einen solchen Sachmangel dar (§ 633 Abs. 2 BGB). Grundsätzlich ist der Kunde bei einem mangelhaft gelieferten Werk verpflichtet, dem Unternehmer die Möglichkeit der Nacherfüllung einzuräumen (§ 634 Nr. 1 BGB). Erst wenn der Unternehmer die Nacherfüllung verweigert oder diese fehlgeschlagen ist, kann der Kunde vom Vertrag zurücktreten (§ 634 Nr. 3 BGB). Da Herr Müller bisher keine Nacherfüllung verlangt hat, kann er zum jetzigen Zeitpunkt vom Vertrag noch nicht zurücktreten.

c) Die Druckerei sollte dem Kunden Müller anbieten, die bestellten Visitenkarten neu herzustellen. Außerdem sollte sich in aller Form bei Müller für den Fehler entschuldigen (ggf. mit einer „kleinen Geste“: Blumenstrauß o. Ä.).

d) Die Druckerei hat die Kosten zu tragen, da sie die mangelhafte Ware hergestellt hat (§ 635 Abs. 2 BGB).

Lösung zu Aufgabe 11: Umweltschutz

a) Beispiele:

- Kreislaufwirtschaftsgesetz
- Wasserhaushaltsgesetz

- Altölverordnung
- Bundesimmissionsschutzgesetz
- Strafgesetzbuch
- Landesnaturschutzgesetz
- Abwasserabgabengesetz
- Technische Anleitung Luft
- Technische Anleitung Lärm.

b)
- Vermeidung des Einsatzes problembehafteter Stoffe
- Verwendung von Recyclingmaterialien
- Einsatz umweltschonenden Produktionstechniken
- Entwicklung
  - umweltschonender Produkte
  - wiederverwertbarer Produkte
  - energieschonender Produkte.

Lösung zu Aufgabe 12: Produktorientierter Umweltschutz

a) Ziel der demontagegerechten Produktgestaltung:

Sortenreine Trennung der verwendeten Stoffe eines Produktes nach Ablauf der Nutzungszeit.

b) Vorteile der demontagegerechten Produktgestaltung, z. B.:

- Einhaltung der gesetzlichen Vorschriften zur Wiederverwendung/Wiederverwertung
- Etablierung einer umweltgerechten Produktgestaltung (Image) beim Kunden
- Verbesserung der Reparatur/des Service beim Austausch von Produktteilen
- ggf. Zusatzerlöse beim Verkauf wiederverwendbarer/wiederverwertbarer Rohstoffe
- ggf. Senkung des Verkaufspreises durch den Einsatz wiedergewonnener Einsatzstoffe.

c) Die Forderung einer demontagegerechten Produktgestaltung ist in einer Reihe von Fällen nicht oder nur schwer zu erfüllen, z. B.:

- Die Einsatzmaterialien sind eine chemische Verbindung eingegangen, die unumkehrbar ist (z. B. bei Kunststoffverbindungen).
- Die Einsatzmaterialien sind durch den Verbrauch derart abgenutzt/verschlissen, sodass eine Trennung nicht möglich oder unwirtschaftlich ist.

Lösung zu Aufgabe 13: Entsorgungskonzept

a) Ein wirksames Entsorgungskonzept muss sich u. a. an folgenden Prinzipien orientieren:

1. Die Anzahl der Entsorgungsobjekte (vereinfacht: „Müllmenge“) muss reduziert werden.
2. Verwertbare Bestandteile sind zu verwerten (Recycling, Leergutnutzung, Kompost, Rückgewinnung von Metallen und Glas).
3. Bereits bei der Beschaffung von Gütern sind die möglichen Entsorgungsfragen zu berücksichtigen, um Abfallvermeidungspotenziale zu nutzen.
4. Das Entsorgungskonzept ist zu standardisieren und mit den betrieblichen Funktionsbereichen abzustimmen.
5. Die Entsorgung ist in das Logistikkonzept des Betriebes einzubeziehen (gemeinsame Ver- und Entsorgung).
6. Das Abfallmanagement ist zu zentralisieren, um eine Rückkopplung und Kontrolle über alle Prozesse zu erreichen.

b)

Entsorgungskonzept beim Rückbau des ehemaligen Milchhofs	
1	Ermittlung und Darstellung von Kontaminierungen im Gebäude mit Darstellung der Bauzeichnungen und Angabe der Art der Kontaminierung sowie Massen und Flächen.
2	Beschreibung der möglichen Verfahrenswege bei der Separierung der genannten Kontaminierungen
3	Auflistung der möglichen Entsorgungswege
4	Erstellung eines Gefahrenaudits: ▸ Gefahrstoffermittlung ▸ Gefahren der Schadstofffreisetzung ▸ mögliche Gefahren beim Rückbau.
5	Erstellung eines Abfallaudits: ▸ entstehende Abfälle ermitteln ▸ Abfallstoffe mit unklarer Kontaminierung klassifizieren ▸ Transportbedingungen und Entsorgungswege festlegen.
6	Aufstellung der Gesamtkosten von Rückbau und Entsorgung
7	Dokumentation der Entsorgungsnachweise

TIPP

In der Praxis ist jedes Entsorgungskonzept auf den vorliegenden Fall zu beziehen. Es gibt kein Standard-Schema. Der Teilnehmer soll zeigen, dass ihm Inhalte eines Entsorgungskonzepts geläufig sind.

4. Marketing und Vertrieb

4.1 Marketingplanung

Lösung zu Aufgabe 1: Zielbildung

a) ▸ Strategisches Ziel, z. B.:

Die Besucherzahlen sind in den nächsten drei Jahren zu erhöhen, sodass mindestens der Stand von vor fünf Jahren wieder erreicht wird. Damit soll die Wirtschaft in der Region belebt und die Zahl der Arbeitslosen gesenkt werden.

▸ Operatives Ziel, z. B.:

Verbesserung der Auslastung der Hotel- und Gastronomiekapazitäten von derzeit 55 % auf 70 % innerhalb eines Jahres.

▸ Marketingziel, z. B.:

Der Bekanntheitsgrad der Region in Deutschland soll von derzeit 60 % auf 80 % innerhalb von zwei Jahren verbessert werden.

b) Maßnahmen zur Realisierung des Marketingziels, z. B.:

- Einrichtung einer Internet-Plattform für die Region
- Entwicklung eines Flyers und Versand in die großen Städte im Umkreis von 300 km
- Kontaktaufnahme mit Reiseveranstaltern und Entwicklung eines attraktiven Buchungsangebots
- Entwicklung eines Angebots von kulturellen Veranstaltungen mit Kombi-Angeboten (Fahrt + Übernachtung + Operettenbesuch o. Ä.).

Lösung zu Aufgabe 2: Verbrauchertyp

Der Verbraucher ist heute zunehmend aktiv und informiert: Er wählt aufgrund guter Informationen (Verbraucherzentralen, Stiftung Warentest, Internet u. Ä.) aus. Er berücksichtigt dabei nicht nur den Preis, sondern auch Qualität und Umweltverträglichkeit der Produkte.

Lösung zu Aufgabe 3: Marketingstrategie, -taktik

a) ▸ **Strategie**:

- langfristig angelegt
- an Erfolgspotenzialen orientiert (neue Märkte, neue Geschäftsfelder)
- Korrekturen sind schwieriger

▸ **Taktik**:

- kurzfristiger angelegt
- bewegen sich im Rahmen der Strategie („Strategiekorridor“)
- Korrekturen sind einfacher.

b) Grundlegende Strategien des Marketings, z. B.:

- Marktdurchdringung
- Produktentwicklung
- Wachstum
- Konzentration
- Marktentwicklung
- Diversifikation
- Kostenführerschaft
- Angriff/Verteidigung.

c)

Marketinginstrumente mit eher ...	
strategischem Charakter	**taktischem Charakter**
► Produktpolitik ► Distributionspolitik ► Kommunikationspolitik	► Preispolitik ► Verkaufsförderung

Lösung zu Aufgabe 4: Marktpotenzial, Marktvolumen, Absatzpotenzial, Absatzvolumen, Marktanteil

- Marktpotenzial = größtmöglichste Ausgaben auf einem Markt (= generelle Aufnahmefähigkeit eines Marktes für ein Produkt)
- Marktvolumen = tatsächliche Ausgaben auf einem Markt
- Absatzpotenzial = **mögliche** Ausgaben auf einem Markt – bezogen auf ein Produkt eines Unternehmens
- Absatzvolumen = **tatsächliche** Ausgaben auf einem Markt – bezogen auf ein Produkt eines Unternehmens.

MERKE

$$\text{Marktanteil} = \frac{\text{Unternehmensabsatz (-umsatz)}}{\text{Marktvolumen}} \cdot 100$$

$$\text{relativer Marktanteil} = \frac{\text{eigener Marktanteil}}{\text{Marktanteil des stärksten Wettbewerbers}} \cdot 100$$

Grafisch sieht das folgendermaßen aus:

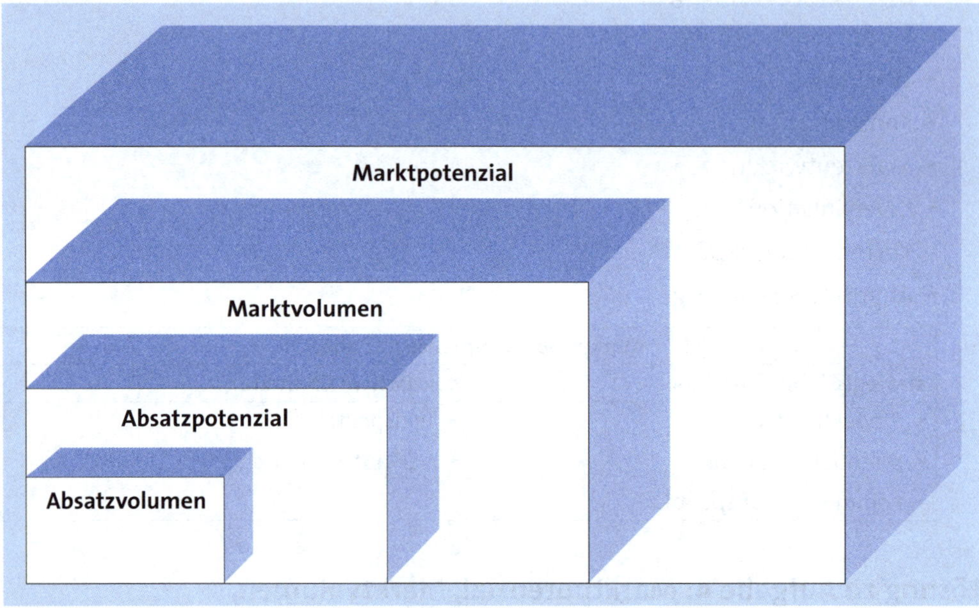

Lösung zu Aufgabe 5: Marktanteil, Sättigungsgrad

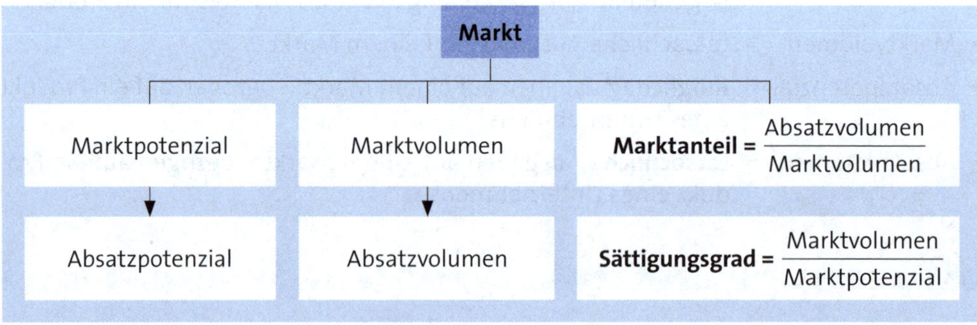

Lösung zu Aufgabe 6: Produkt-Markt-Matrix (Ansoff-Matrix)

a) Produkt-Markt-Matrix nach Ansoff:

		Märkte	
		vorhandene, alte	**nicht vorhandene, neue**
Produkte	**vorhandene, alte**	**Marktdurchdringung** ▸ Marktbesetzung ▸ Verdrängung	**Marktentwicklung** ▸ Internationalisierung ▸ Marktsegmentierung
	nicht vorhandene, neue	**Produktentwicklung** ▸ Produktinnovation ▸ Produktdifferenzierung	**Diversifikation** ▸ vertikale ... ▸ horizontale ... ▸ laterale ...

b)

Marktdurchdringung	Penetration eines vorhandenen Marktes mit vorhandenen Produkten; z. B. Gewinnung neuer Kunden und Ausbau des Vertriebsnetzes in Deutschland. Bewertung: geringer Ausbau der Ressourcen; Erfolgsaussichten gering (gesättigte Märkte).
Produktentwicklung	Einführung neuer Produkte in vorhandene Märkte; z. B. Produktion und Vertrieb neuer Produkte (z. B. Tiernahrung für Reptilien, Käfige/Behausungen zur Tierhaltung). Bewertung: höheres Risiko; höheres Marktpotenzial.
Marktentwicklung	Für vorhandene Produkte werden neue Märkte gesucht. Dabei ist Marktsegmentierung die Aufteilung des Gesamtmarktes in genau definierte Teilmärkte (= Marktsegmente; Stichwort: relevanter Markt). Sie erfolgt z. B. nach demografischen, psychografischen, geografischen und sonstigen Merkmalen. Ausweitung von Produktion und Vertrieb in der EU (z. B. Polen). Bewertung: ggf. Kostenvorteile, evtl. Kommunikationsprobleme.
Diversifikation	Mit neuen Produkten sollen neue Märkte erschlossen werden (horizontal, vertikal, lateral); z. B. Produktion und Vertrieb von Käfigen/Behausungen in anderen EU-Ländern. Bewertung: hohes Risiko, höheres Marktpotenzial, evtl. Markteintrittsbarrieren, fehlendes Know-how bei Behausungen/Käfigen.

Lösung zu Aufgabe 7: Entscheidungshilfen für Marketingentscheidungen (Produktlebenszyklus 1)

a) Darstellung der Quartalsumsätze:

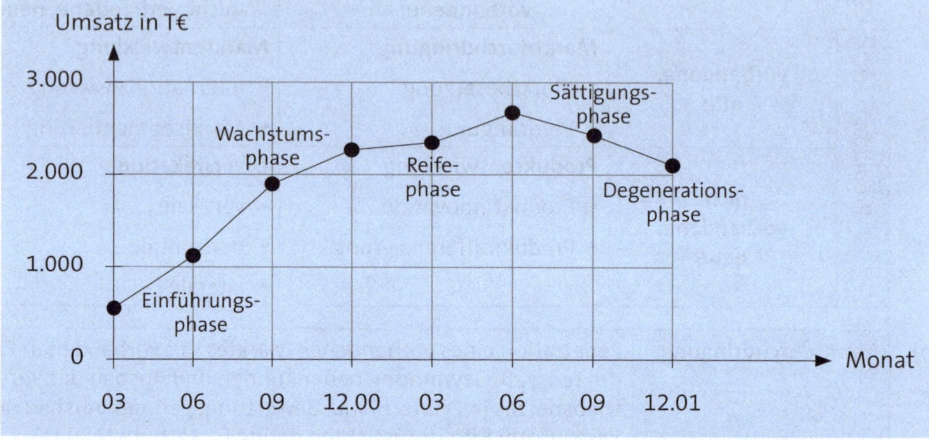

b)

Phasen des Produktlebenszyklus	Umsatz: Tendenz	Cashflow: Tendenz
Einführung	steigend	≤ 0
Wachstum	steigend	≥ 0; steigend
Reife	konstant	> 0; konstant
Sättigung	fallend	< 0

c) Beim Artikel „HILO" ist die Sättigungsphase erreicht. Die Strategie lautet:

- keine Aufwendungen mehr für Marketing usw.; Produkt „auslaufen" lassen und Platzierung eines Folgeprodukts **oder**
- massive Maßnahmen zur Verkaufsförderung, ggf. in Verbindung mit einer Produktvariation, um den Lebenszyklus zu verlängern bzw. neu zu beleben (Relaunch).

Lösung zu Aufgabe 8: Entscheidungshilfen für Marketingentscheidungen (Produktlebenszyklus 2)

a)

	Phasen im Produktlebenszyklus				
	I	**II**	**III**	**IV**	**V**
	Einführung	**Wachstum**	**Reife**	**Sättigung**	**Rückgang**
Normstrategien	Innovation	Modifikation	Differenzierung	► Modifikation ► Differenzierung ► Diversifikation	► Elimination ► Diversifikation

b)

Flop	erfolgreiches Produkt	nostalgisches Produkt	langsam aussterbendes Produkt	Produkt-Relaunch
kurzes Wachstum	schnelles Wachstum	erst Wachstum	erst Wachstum	erst Wachstum
schneller Rückgang	lange Lebensdauer	dann Rückgang	dann kontinuierlicher Rückgang, der nicht gestoppt werden kann	dann Rückgang
geringe Lebensdauer	stabiler Marktanteil	später: neuer Aufschwung		danach: Anpassung und erneutes Wachstum

Grafische Darstellung:

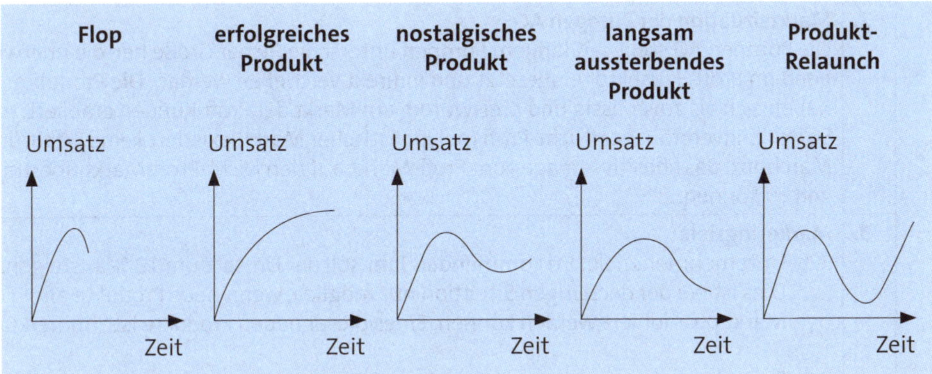

Lösung zu Aufgabe 9: Marketingaudit

a) Teilgebiete des Marketingaudit:

Prüfung

- der Verfahren (Planungs-, Kontroll-, Informationsverfahren)
- des Marketingmix (Strategie, Mittel, Maßnahmen)
- der Strategien (Prämissen, Ziele)
- der Organisation (Organisationsform, Koordination).

b) Prüfprozess beim Marketingaudit:

1. Sollgrößen festlegen
2. Istgrößen ermitteln
3. Abweichungen ermitteln
4. Abweichungen analysieren und bewerten
5. Maßnahmen ergreifen.

Lösung zu Aufgabe 10: Strukturieren eines operativen Marketingplans

a)

Operativer Marketingplan für 20.. – Produkt „Immerklar“	
Verfasser: Günter Hurtig	**Datum: 23.07.20..**
1.	**Zusammenfassung der wichtigsten Ergebnisse des Marketingplans:** (Kurzkommentar) Unter Ausnutzung der Marktstellung und des Bekanntheitsgrades am Profi-Markt soll ein robustes, zuverlässiges Klein-Aggregat für Normalverbraucher, die Teichpumpe „Immerklar“, im Nicht-Profi-Segment hochpreisig für 89,99 € innerhalb von drei Jahren durch geeignete Maßnahmen des Marketingmix am Markt positioniert werden. Es wird im Jahr der Einführung mit einer Umsatzrendite von 0,5 % gerechnet.
2.	**Marktsituation der Pumpen AG:** Die Pumpen AG stellt seit langem Pumpen unterschiedlicher Größe her, die überwiegend im Profi-Bausektor eingesetzt und indirekt vertrieben werden. Die Produkte haben sich als zuverlässig und preiswürdig am Markt der Profi-Kunden etabliert. Im Sektor Endverbraucher/Nicht-Profi (polypolistischer Markt) existiert keine Erfahrung. Man hofft, dass positive Image vom Profi-Markt auf den Nicht-Profi-Markt übertragen zu können.
3.	**Marketingziele:** 3.1 Unternehmensziele: Im kommenden Jahr soll der Umsatz um 10 % ansteigen. Dies ist bei der derzeitigen Situation nur möglich, wenn neue Produkte am Markt positioniert werden können. Eines dieser neuen Produkte ist „Immerklar“. 3.2 Das Unternehmen agiert mit dem Produkt „Immerklar“ auf einem polypolistischen Markt. Ein Marktanteil von (nur) 5 % soll innerhalb von drei Jahren realisiert werden. Aufgrund einer Analyse der Beratungsfirma G. K. Consulting, Neustrelitz, erscheint im ersten Jahr ein Absatz von 450.000 Stk. realisierbar.
4.	**Marketingstrategien:** Die Strategie ist, „Immerklar“ als hochpreisiges Produkt am Markt zu etablieren und innerhalb von drei Jahren beim Endkunden einen Bekanntheitsgrad von 60 % zu erreichen. Dabei soll das Image der Pumpen AG, das mit dem „Altgeschäft“ beim Profikunden existiert, auf das Neugeschäft beim Endkunden übertragen werden.
5.	**Produktpolitik:** „Immerklar“ soll sich deutlich im Design (Hausfarben der Pumpen AG – rot/weiß) und seinen Produkteigenschaften von den Produkten des Wettbewerbs unterscheiden: klein, wartungsfrei, robust, leistungsfähig, „Qualität aus dem Hause Pumpen AG“; daher auch erweiterte Gewährleistungsfrist von drei Jahren. Da mit wenigen Störfällen/Reklamationen zu rechnen ist, kann der Kundendienst/Service zentral abgewickelt werden.
6.	**Kontrahierungspolitik:** Das Produkt wird aufgrund seiner Eigenschaften im hochpreisigen Segment angeboten. Dieser Preis ist werblich zu unterstützen. In der Einführungsphase von einem Jahr werden dem Zwischenhandel bei Vorliegen entsprechender Abnahmemengen Einführungsrabatte von bis zu 40 % gewährt, später dann nur 30 - 20 %. Dem Zwischenhandel wird eine Zahlungsfrist von zwei Monaten eingeräumt. Innerhalb dieser Frist ist eine unlimitierte Rückgabe möglich, um den Markteintritt zu schaffen.

Operativer Marketingplan für 20.. – Produkt „Immerklar“		
7.	**Distributionspolitik:** Für das Produkt wird eine Markenstrategie verfolgt: klare Erkennung/Wiedererkennung aufgrund von Design und Produkteigenschaften. Absatz exklusiv nur über Fachgeschäfte und Baumärkte (hier mit entsprechenden Rahmenverträgen). Dazu wird ein geeignetes Logistikkonzept erstellt (Liefertermine, Liefermengen, Datenabgleich zu den Abnehmern, Bereitstellung der Transportleistung, Regalpflege).	
8.	**Kommunikationspolitik:** Werbung: Überregionale Werbung mit TV-Spot in der Einführung – zunächst auf drei Monate begrenzt und zeitlich abgestimmt mit den übrigen Werbemaßnahmen. Verkaufsförderungsaktionen in Baumärkten (Vorführung, Preisausschreiben, Bekanntheitsgrad erreichen). Produktinformation auf Flyer (kompakt, informativ) und speziellen Displayern; Informationstagungen regional (halbtags, vor Ort) für ausgewählte Verkäufer aus Baumärkten und Fachgeschäften. Verbundwerbung mit Baumärkten (Sonderseite für „Immerklar“).	
9.	**Marketingkosten:**	
	TV-Spots in den ersten drei Monaten	220.000 €
	Verkaufsförderungsaktionen in 200 Baumärkten (Personal-, Material-, Fahrtkosten)	150.000 €
	Flyer Produktinformation (Druck- und Verteilungskosten)	40.000 €
	Displayer (Film, Geräte)	90.000 €
	Informationstagungen für spezielle Mitarbeiter	120.000 €
	Verbundwerbung	80.000 €
	Summe	700.000 €
10.	**Marketingkontrolle:** ▸ Soll-Ist-Vergleich der Absatzzahlen nach Kunden und Verkaufsregionen Nord/Süd ▸ Überprüfung der Umsatz-/Ergebnisentwicklung nach Regionen – quartalsweise ▸ Überprüfung des Bekanntheitsgrades durch spezielle Befragungsaktionen (Fremdvergabe) im Rhythmus von sechs Monaten.	

b) Planergebnisrechnung:

			Begründung:
	Bruttoerlöse 450.000 Stk. • 89,99 €	40.495.500 €	Feststehender Wert lt. Sachverhalt
-	Rabatt an Zwischenhandel 40 % von 40.495.500 €	16.198.200 €	Variabler Wert: Der Rabatt bzw. der Nettoerlös richtet sich nach dem im Werbeplan veranschlagten Rabattwert.
=	Nettoerlöse	24.297.300 €	rechnerisches Ergebnis
-	Herstellkosten der Fertigung 450.000 Stk. • 52 €	23.400.000 €	Feststehender Wert lt. Sachverhalt
-	Marketingkosten	700.000 €	Maximalwert lt. Sachverhalt oder geringer lt. Marketingplan
=	**Planergebnis**	**197.300 €**	rechnerisches Ergebnis

4.2 Marketinginstrumentarium

Lösung zu Aufgabe 1: Marketinginstrumente analysieren

Beispiele für die Bewertung der Instrumente des Marketingmix bei unterschiedlichen Produkten:

Instrumente im Marketingmix	Produkte					Begründung der Bewertung
	Zahnpasta	Brötchen	Fernsehgerät	Herrenanzug	Bausparvertrag	
	A	B	C	D	E	
Produktpolitik	4	4	5	5	3	Produktpolitik (Qualität, Eigenschaften) hat i. d. R. einen hohen Stellenwert aus der Sicht der Verbraucher.
Preispolitik	3	4	3	3	2	B: Bei homogenen Produkten ist der Preis mitentscheidend.
Werbung	5	1	4	2	4	A, C, E: Werbung ist notwendig, um die Homogenität in den Augen des Verbrauchers zu vermeiden (Produkteinzigartigkeit durch Werbung).
Absatzwege	4	5	2	2	3	A, B: Verbrauchsgüter des täglichen Bedarfs müssen schnell erreichbar sein; daher die hohe Bedeutung der Absatzwege.
Persönlicher Verkauf	1	2	3	4	5	D, E: benötigen Beratung; daher hohe Bedeutung des persönlichen Verkaufs.
Kundendienst	-	-	5	2	3	A, B: Verbrauchsgüter des täglichen Bedarfs benötigen keinen Kundendienst; lediglich Umtausch/Rückgabe bei Reklamation.

Erläuterung zur Tabelle:
1 = geringe Bedeutung
5 = hohe Bedeutung

Lösung zu Aufgabe 2: Markenstrategie

a) Merkmale eines Markenartikels:

- gleich bleibende Qualität und Aufmachung
- weit verbreitet
- am Markt bekannt
- Name und Design sind geschützt
- werden vom Hersteller beworben.

b) Risiken:

- Lieferterminprobleme des chinesischen Herstellers muss die WMK AG abfedern.
- Eventuelle Qualitätsprobleme der neuen Dampfgartöpfe gehen zu Lasten der WMK AG und schädigen die Hausmarke (ein hohes Risiko).
- Nach einer gewissen Zeit wird am Markt bekannt werden, dass „die WMK AG nun auch Waren aus China im Programm hat" (erheblicher Imageverlust am Markt).

Lösung zu Aufgabe 3: Produktpolitik: Veröffentlichung von Testergebnissen

a) Empfehlungen für produktpolitische Maßnahmen, z. B.:

- **Produkt A:**

  Sofortige Verbesserung der Handhabung; danach besteht die Möglichkeit, bei der nächsten Bewertung der Verbraucherzeitschrift zu einem Urteil „gut" zu kommen. Da das Produkt A den niedrigsten Preis hat, könnte die Verbindung von Preis und Testurteil als Werbeaussage genutzt werden.

- **Produkt B, C:**

  Bei Produkt B – und in noch stärkerem Maße bei Produkt C – kommt es darauf an, insbesondere die Handhabung und die Eigenschaften zu verbessern. Zu überprüfen ist ebenfalls, ob die Schaffung interner Kostenvorteile zu einer Preissenkung führen kann.

- **Produkt D:**

  Die Hochpreisstategie ist vertretbar, da das Produkt im Testergebnis als bestes abgeschnitten hat. Das Testergebnis sollte sofort werblich genutzt werden.

b) Generelle Kritikansätze (Beispiele):

- Gewichtung der Testmerkmale
- Es ist nicht erkennbar, wie der Preis und die übrigen Merkmale im Testergebnis berücksichtigt werden.
- Ebenso: Welche Normen wurden bei der technischen Prüfung zugrunde gelegt?

Lösung zu Aufgabe 4: Sortimentspolitik

Die Präsentation vor dem Plenum verlangt eine Grafik oder eine Strukturdarstellung:

Möglichkeiten der Sortimentserweiterung

Vertiefung des Sortiments	Verbreiterung des Sortiments
Differenzierung: Anbieten weiterer Produktvarianten	Diversifikation: Anbieten zusätzlicher Produkte ► horizontal ► vertikal ► lateral

TIPP

Die Lösungshinweise orientieren sich am Beispiel „Drogerie-Branche". Dem Leser wird empfohlen, die Aufgabenstellung mit Beispielen aus seiner Branche zu bearbeiten.

Beispiele

1. **Vertiefung des Sortiments**
   Beispielweise Sortiment „Körperpflegemittel" vertiefen durch Artikel Körperspray:
   - Nass-/Trockenspray
   - hochpreisig/niedrigpreisig
   - alle „gängigen" Markenartikel
   - unterschiedliche Duftnoten je Markenartikel.
2. **Verbreiterung des Sortiments**
   2.1 Horizontale Diversifikation
   Ausdehnung des Sortiments z. B. auf Babynahrung, die bisher nicht im Programm war.

   2.2 Vertikale Diversifikation
   Ausdehnung des Sortiments auf eine vor- oder nachgelagerte Stufe; z. B. Kauf (oder Beteiligung) eines Produktionsbetriebes für Babynahrung (vgl. dieses Prinzip bei der Fa. ALDI, z. B. Kaffee)

2.3 Laterale Diversifikation
Ausdehnung des Sortiments auf eine andere Branche; z. B. Aufnahme von Haushaltsartikeln, Geschenkartikeln o. Ä. in das Sortiment.

Lösung zu Aufgabe 5: Produktdifferenzierung, -variation, -diversifikation, Marktsegmentierung

a)
- **Produktdifferenzierung** = Aufnahme zusätzlicher Produkte mit besondereren Eigenschaften (Spezifikation in **vertikaler** Richtung).

  Beispiel: Herren**oberbekleidung** für den Urlaub (Camping o. Ä.)
- **Produktvariation** = Veränderung bereits im Verkaufsprogramm enthaltener Produkte.

  Beispiel: Herrenwesten aus Seide und neuem Schnittmuster (bisher: aus Stoff, nach altem Schnittmuster)
- **Produktdiversifikation** = Verbreiterung des Verkaufsprogramms durch Hinzunahme weiterer Produkte in horizontaler Richtung

  Beispiel: Herren**unterbekleidung**.

b) Grundlage der Produktdifferenzierung ist die Marketingstrategie der **Marktsegmentierung**.

c) Marktsegmentierung nach bestimmten Merkmalen wie z. B.:
- Körpergröße
- Preiselastizität
- Alter
- Qualität.

Konkrete Beispiele:

Hosen, z. B.:
- speziell für Übergewichtige
- speziell für Ältere/Jüngere (Farbgebung, Material usw.)
- speziell für Freizeit, für festliche Anlässe Schaffung einer eigenen Marke: („**TRIMPOL** = die Hose mit der besonderen Note“).

d) Risiken der Strategie der Produktdifferenzierung, z. B.:
- Angebot wird unübersichtlich
- erhöhter Marketingaufwand durch unterschiedliche Werbestrategien
- kleine Marktsegmente
- hoher Handlingsaufwand
- hohe Kapitalbindung.

e)

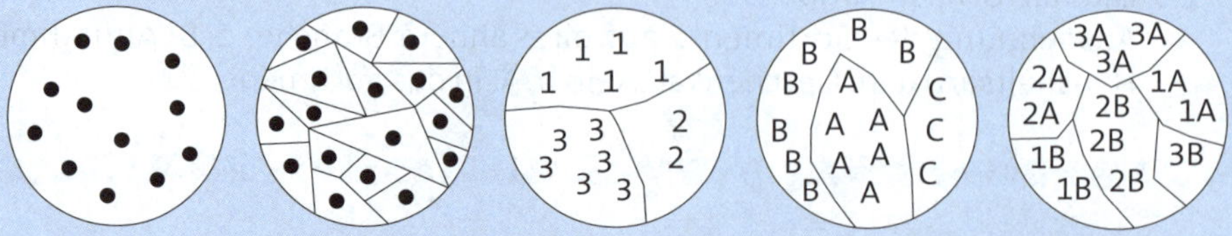

Keine Marktsegmentierung	Totale Marktsegmentierung	Segmentierung nach Einkommensgruppen 1 - 3	Segmentierung nach Alter A - C	Segmentierung nach Einkommen 1 - 3 und Alter nach A - B

Lösung zu Aufgabe 6: Servicepolitik

a) Beispiele:

Serviceleistungen im Einzelhandel		
„Vorher“ pre-sale-service	**„Während“ by-sale-service**	**„Nachher“ after-sale-service**
► telefonischer Bestelldienst	► Annahme von Kreditkarten	► Zustellung der Ware
► Sonderbestellungen	► Produktinformationen	► Einpacken der Ware
► Produktinformationen	► kostenloses Parken	► Verpacken von Geschenken
► Anwendungsberatung	► Einparker	► Rücknahme/Umtausch
► Schaufenster	► Imbissecke	► Entsorgung
► Anproberäume	► Reparaturdienste	► Änderungsdienst
► Modeschauen	► Kinderbetreuung	► Maßarbeiten/Anfertigen
► Vorführungen	► Transport/-versicherung	► Montagearbeiten
► Inzahlungnahme gebrauchter Ware	► Finanzierung	► Vor-Ort-Reparaturen
	► Kundentoilette	► Ersatzteilservice
		► Handwerkerdienst

b) Merkmale der Servicepolitik:

Serviceorientierung	Unterstützung „rund um das Produkt“; für den Kunden ergibt sich damit eine bessere und meist schnellere Verwendungsmöglichkeit des Produkts.
Nutzenorientierung	Die Nutzenorientierung ist eine Querschnittsfunktion: „Welcher Service bringt für den Kunden wirklich Vorteile?“, z. B. problemlose Entsorgung, Transport.
Flexibilität	Eingehen auf die individuelle Situation des Kunden, z. B. schnelle Ersatzlieferung bei Gewährleistung, Alternativangebot bei fehlender Ware.
Qualitätsorientierung	Qualitätsstandards schaffen und dem Kunden vermitteln.

Lösung zu Aufgabe 7: Preispolitik: Nachfrage und Preisentwicklung

Mögliche Erklärungsansätze:

- Prestigeeffekt des Gutes (z. B. Porsche)
- Preise konkurrierender Güter sind stärker gestiegen
- Konsument erwartet weitere Preissteigerungen
- verfügbares Einkommen der Haushalte ist gestiegen.

Lösung zu Aufgabe 8: Preispolitik und Rabattpolitik

a) Die Rabattpolitik kann als **preispolitische Feinsteuerung** bezeichnet werden, die vor allem zwischen Hersteller und Handel eine Rolle spielt.

b) Es wird zwischen folgenden Rabattarten unterschieden:

- **Funktionsrabatte** (oder auch: Stufenrabatte; Nachlass an Handelsstufen) = Rabatt aufgrund der Übernahme von Funktionen (z. B. Lagerungsfunktion, Absatzfunktion); dazu rechnen auch Barzahlungsrabatte (= Skonti).
- **Mengenrabatte** = bei Abnahme großer Mengen (als Barrabatt oder Naturalrabatt); nachträglicher Mengenrabatt = **Bonus**. Im weitesten Sinne kann dazu auch der **Treuerabatt** gerechnet werden.
- **Zeitrabatte** werden gewährt, wenn der Auftrag zu bestimmten Zeiten erfolgt, z. B. Einführungsrabatte, Saisonrabatte, Vordispositionsrabatte, Auslaufrabatte. Zeitrabatte sind ein Entgelt des Herstellers an den Handel für die Übernahme der Lagerhaltungsfunktion.

c) **Ziele der Rabattpolitik**, z. B.:

- Umsatzsteigerung/Kaufanreize
- Erhaltung/Erweiterung des Kundenstamms
- zeitliche Lenkung des Umsatzes
- „Abwälzen von Funktionen" (z. B. Lagerhaltung)
- Rationalisierung der Auftragabwicklung.

Lösung zu Aufgabe 9: Preisdifferenzierung

a) Preisdifferenzierung

= unterschiedliche Preisfestsetzung des Handelsunternehmens für Waren gleicher Art und Qualität; die Preisunterschiede sind dabei nicht durch unterschiedliche Kostenstrukturen bestimmt, sondern von den Marktgegebenheiten.

b) 1. räumliche Preisdifferenzierung

2. Der Entscheidungsspielraum hinsichtlich der Preisdifferenzierung hängt von der Wettbewerbssituation der jeweiligen Lage der Filiale ab:

- Lage A: vermutlich mehrere Anbieter; daher: geringere Möglichkeit der räumlichen Preisdifferenzierung (da Preisanpasser)
- Lage B: Filiale hat vermutlich monopolartige Stellung in der Randlage; daher: hohe Möglichkeit der räumlichen Preisdifferenzierung (Monopolist)
- Lage C: Einkaufszentrum wird vermutlich Teile des Sortiments ebenfalls anbieten; aufgrund der Einkaufsmacht der Kette wird die Preispolitik des Einkaufszentrums aggressiv sein (zumindest in bestimmten Segmenten); daher: die Möglichkeit der räumlichen Preisdifferenzierung ist eingeschränkt.

c) Bei den Waren des täglichen Bedarfs hat der Kunde i. d. R. eine hohe Markttransparenz – „er kennt seine Preise". Der Rahmen der Preisdifferenzierung ist begrenzt. Bei hochwertigen Waren, die selten gekauft werden, ist dies tendenziell umgekehrt.

Lösung zu Aufgabe 10: Preisstrategie

	Skimmingpreisstrategie	**Horizontale Preisdifferenzierung**
Merkmale	In der Phase der Markteinführung wird ein relativ hoher Preis festgelegt (Abschöpfungsstrategie), da noch keine Wettbewerbsprodukte am Markt sind. Man geht davon aus, dass ausreichend Kunden vorhanden sind, die bereit sind, für die Neuartigkeit den entsprechenden Preis zu zahlen.	Das Produkt „Schlucki" wird auf unterschiedlichen Teilmärkten (Einzelhandel, Fachgeschäft, Einkaufszentren, Supermärkte) zu unterschiedlichen Preisen angeboten.
Vorteile	hoher Deckungsbeitrag – bereits zu Beginn Die zurückfließenden Mittel können zur Festigung der Marktposition (Werbung) bzw. zur Entwicklung neuer Produkte eingesetzt werden.	Die Kunden der unterschiedlichen Teilmärkte (z. B. Einkaufszentrum, Einzelhandelsgeschäft) haben ein unterschiedliches Kaufverhalten (preisbewusst/nicht preisbewusst, Kenntnis der Produktpreise/oder nicht, besondere Präferenzen usw.). Dadurch ist es möglich, in bestimmten Teilmärkten höhere Preise durchzusetzen als in anderen.

Lösung zu Aufgabe 11: Preiselastizität der Nachfrage

Mit dem Begriff Elastizität wird die Wirkung einer unabhängigen Größe, wie z. B. des Preises, auf eine abhängige Größe, wie z. B. die Menge eines Gutes, verstanden, wenn beide Größen in einem funktionalen Zusammenhang zueinander stehen. Man unterscheidet:

- Die **direkte Preiselastizität der Nachfrage**: Sie gibt die prozentuale Änderung der nachgefragten Menge eines Gutes an, wenn sich der Preis dieses Gutes z. B. um 1 % ändert. Im Normalfall steigt die nachgefragte Menge mit sinkendem Preis. Ist die relative Mengenänderung geringer als die relative Preisänderung, so spricht man von einer unelastischen Nachfrage (im umgekehrten Fall von einer elastischen Nachfrage). Bei einer Preiselastizität der Nachfrage von Null verändert sich die Menge nicht, wenn der Preis steigt (z. B. lebensnotwendige Medikamente).
- Die **Kreuzpreiselastizität der Nachfrage**: Mit ihrer Hilfe wird die Reaktion der mengenmäßigen Nachfrage nach einem Gut aufgrund der Preisänderung eines Substitutionsgutes oder Komplementärgutes errechnet.

Bezeichnet man mit El_N die direkte Preiselastizität, mit Δx die relative (prozentuale) Mengenänderung und mit Δp die relative (prozentuale) Preisänderung, so gilt:

$$\text{direkte Preiselastizität} = El_N = \frac{\Delta x}{\Delta p}$$

$$= \frac{30\ \%}{-5\ \%} = |-6| = +6$$

da $El_N > 1$ liegt eine elastische Nachfrage vor; EL_N zwischen 0 und 1 bedeutet eine unelastische Nachfrage; $El_N = 0$ deutet auf eine vollkommen unelastische Nachfrage hin.

Analog gilt:

$$\text{Kreuzpreiselastizität} = El_N = \frac{\Delta x}{\Delta p^*}$$

$$= \frac{-15\ \%}{2\ \%} = -7{,}5$$

wobei p* der Preis eines anderen Produktes ist. Beispiel: Benzinpreis steigt um 2 %, Nachfrage nach Pkw geht um 15 % zurück (Fall Komplementärgut).

Lösung zu Aufgabe 12: Handelskaufleute (Kommissionär, Makler), Rack Jobber

a) Der **Kommissionär** ist ein selbstständiger Gewerbetreibender, der im **eigenen Namen für Rechnung** des Auftraggebers (Kommittenten) **Verkäufe** von Waren **abwickelt.** Er wird nicht Eigentümer der Ware.

Der **Makler** ist selbstständiger Gewerbetreibender, der Geschäftsabschlüsse nachweist oder diese vermittelt.

Beide Vertriebsorgane werden **nur im Auftragsfall** tätig und erhalten für ihre Dienste eine Courtage (Kommission oder Provision).

b) Rack Jobber (= Regalgroßhändler) sind Großhändler oder Hersteller, die in Einzelhandelsverkaufsstätten Regale bzw. Verkaufsflächen anmieten und dort für eigene Rechnung Waren anbieten, die das Sortiment des Einzelhandelsbetriebes ergänzen. Der Rack-Jobber sorgt selbst für die Preisauszeichnung und Manipulation der Ware. Der Vermieter der Regale/der Verkaufsfläche erhält eine umsatzabhängige Provision.

c) Der Regalgroßhändler ist abzugrenzen vom Food Broker oder Service Merchandiser, der im Rahmen eines Auftrages die Pflege von Waren/Regalen und Sortiment gegen Rechnung übernimmt. Es handelt sich hier um keine spezielle Betriebsform, sondern um eine Leistung gegen Rechnung, die meist innerhalb des Vertriebssystems von Herstellern angesiedelt ist.

Lösung zu Aufgabe 13: Beschränkungen im Rahmen der Distributionspolitik

a) Vom Grundsatz her ist das Unternehmen in der Gestaltung seiner Distributionspolitik frei. In bestimmten Fällen sind jedoch Auflagen zu beachten; z. B.:

- Nachweis der Sach- bzw. Fachkunde durch den Abnehmer (Arzneimittel, Waffen)
- gesetzliche Auflagen: Ladenschlussgesetz, Gesetz gegen den unlauteren Wettbewerb (UWG).

b) Der Hersteller seinerseits kann unter bestimmten Bedingungen Abnehmerbeschränkungen vornehmen:

- **Vertriebsbindung**

  = Festlegung des Abnehmerkreises (z. B. Verkauf ausschließlich über Fachgeschäfte)
- **Ausschließlichkeitsbindung**

  = der Hersteller verschafft sich damit eine Alleinstellung im Sortiment des Händlers.

Lösung zu Aufgabe 14: Absatz (vermischte Aufgaben)

a)

Indirekter Absatz	
Vorteile	**Nachteile**
▸ großer Kundenkreis wird erreicht ▸ hohe Absatzmengen können realisiert werden ▸ Sortimentswerbung des Handels wird genutzt ▸ Degression der Vertriebs- und Logistikkosten möglich	▸ Identität kann verloren gehen ▸ Störungen/Auflagen in der Zusammenarbeit ▸ kein direkter Zugang zu Marktinformationen ▸ fehlende Beeinflussung der Marketingaktionen ▸ Umgehung der Preisempfehlungen

b) Distribution per Internet, Merkmale:

- ständige Aktualisierbarkeit
- sofortiges Feedback vor bzw. bei der Bestellung (z. B. Bestellstatus, Lieferzeiten)

- flexiblere Gestaltung: Sortiment, Preise, Angebote
- große Distributionsreichweite
- relativ geringe Kosten.

c)

Merkmale	Absatzmittler			
	Handels-vertreter	Handlungs-reisende	Handels-kommissionär	Handels-makler
Direkter oder indirekter Absatz?	indirekt	direkt	indirekt	indirekt
Selbstständig oder angestellt?	selbstständig	angestellt	selbstständig	selbstständig
Tätig in wessen Namen?	in fremdem	in eigenem (sein Arbeitgeber)	in eigenem	weder noch
Tätig für wessen Rechnung?	für fremde	für eigene	für fremde	weder noch
Fallweise oder ständig tätig?	ständig	ständig	ständig oder fallweise	fallweise
Kosten: variabel oder fix?	variabel	fix und variabel	variabel	variabel

d)

	Ein-Kanal-System	Mehr-Kanal-System
Vorteile, z. B.	► keine „Kannibalisierung“ konkurrierender Vertriebskanäle ► geringe Fixkosten ► Konzentration der Ressourcen auf einen Vertriebskanal	► Möglichkeit, das gesamte Marktpotenzial auszuschöpfen ► Möglichkeit der Differenzierung nach unterschiedlichen Zielgruppen
Nachteile, z. B.	► Teile des Absatzmarktes werden nicht erschlossen, weil sie durch diesen (einen) Kanal nicht erreicht werden.	► mehrfache Fixkosten ► hohe Kanalpflegekosten ► Absatzkanäle konkurrieren miteinander.

e) Die Hochpreislage grenzt die Produkte von den qualitativ möglicherweise ebenfalls überzeugenden Produkten in der Niedrigpreislage ab. Die Hochpreislage muss sich legitimieren, z. B. über bessere Beratung oder besseren Service oder sonstige Leistungen.

Als Absatzkanal für diese Produkte kommt daher der Fach(einzel)handel infrage. Gleichzeitig dürfen diese Produkte nicht über Discounter vertrieben werden, weil der Fach(einzel)handel sonst keine Chance hat, die Ware zu veräußern. Die Verbraucher würden dann beim Discounter kaufen. Durch das Alleinstellungsmerkmal gelingt es dem Fachhandel hingegen, über den Verkaufspreis eine ausreichende Rendite zu erzielen. Voraussetzung ist jedoch, dass es ihm gelingt, dem Verbraucher den Produktvorteil der hochpreisigen Ware überzeugend darzulegen.

f) Kosten Handlungsreisender, mtl. = Kosten Handelsvertreter, mtl.

3.900 € + 0,05 Umsatz = 300 € + 0,08 Umsatz

Umsatz = 120.000 €

Der kritische Umsatz beträgt 120.000 €. Oberhalb dieses Umsatzes ist es vorteilhafter, mit Handlungsreisenden zu arbeiten, weil sich die relativ hohen Fixkosten auf mehr Euro Umsatz verteilen (Effekt der Fixkostendegression).

Lösung zu Aufgabe 15: Werbung und Verkaufsförderung

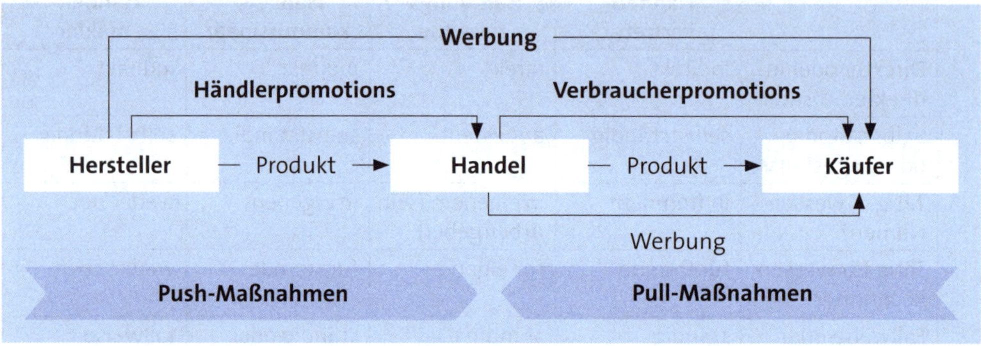

Lösung zu Aufgabe 16: Werbeplanung

Inhalte/Aspekte der Werbeplanung:

- Höhe des Werbebudgets
- Verteilung des Werbebudgets
- Festlegung
  - des Werbegebietes
  - der Zielgruppe
  - der Werbeaussage (-botschaft)
  - der Werbemittel
  - der Werbeträger
  - der Werbeperiode.

Lösung zu Aufgabe 17: Werbeetat

Die Mehrkosten betragen: $\Delta K = 120.000$ €
Der Mehrumsatz beträgt: $\Delta U = 800.000$ €

Bei einer Umsatzrendite von 10 % beträgt der Mehrgewinn
$\Delta G = 10\,\%$ von $800.000\text{ €} = 80.000\text{ €} < \Delta K$

Da $\Delta K > \Delta G$, ist der Antrag des Abteilungsleiter im vorliegenden Fall abzulehnen.

Lösung zu Aufgabe 18: AIDA-Formel

AIDA-Formel am Beispiel einer Buchhandlung:

A ttention	Aufmerksamkeit erregen:	
	► **Ladenbeschriftung**:	Leuchtfarben, Beleuchtung, quer zur Straßenrichtung
	► **Gebäudegestaltung**:	gepflegte, interessante Architektur, Lage
I nterest	Interesse wecken:	
	► **Schaufenstergestaltung:**	Bestseller, Gestaltung nach Themen/nach Zielgruppen (übersichtlich, interessant, einprägsam), Aktionen, Lesungen
	► **Anreize zum Betreten des Ladens:**	offene Tür (soweit witterungsbedingt möglich), ansprechende und sichtbare Innengestaltung
D esire	Kaufwünsche wecken:	
	► **Beratung:**	Ansprechen des Kunden und fachgerechte, sachkundige Bedienung
	► **Produktpräsentation:**	leichte Orientierung für den Kunden, Sitz-/Leseecken
	► **Zusatznutzen:**	Mini-Cafeteria, Kataloge, Verpackung, Bringservice bei Bestellungen
A ction	Kaufhandlungen bewirken:	
	► **Beratung:**	Alternativen zum gesuchten Produkt aufzeigen
	► **Service:**	Bestellservice über den Großhändler innerhalb von 24 Stunden; zügige Kassenabwicklung (keine Warteschlange), bare/unbare Zahlungsmöglichkeit, freundliche Verabschiedung/Dank für den Ladenbesuch

TIPP

In der Praxis lassen sich die einzelnen Komponenten der AIDA-Regel nicht wie im dargestellten Beispiel statisch voneinander trennen; die Phasen überlappen sich und es existieren Wirkungszusammenhänge.

Lösung zu Aufgabe 19: Werbeträger, Werbekosten

Anzeigenpreis = Anzeigenhöhe (mm) • Preis/mm • Anzahl der Spalten

1.500 € = 250 mm • 1,20 €/mm • 5 Spalten

5 • 1.500 € - 8 % Rabatt = 6.900 €

Für die 5-malige Schaltung der Anzeige entstehen Werbekosten von insgesamt 6.900 €.

Lösung zu Aufgabe 20: Sales Promotion

Maßnahmenbereiche	Beispiele
Außendienstpromotion	► Schulung des Verkaufspersonals ► monetäre Anreize für die Verkäufer ► geeignete Verkaufshilfen
Händlerpromotion	► Erfahrungsaustausch etablieren ► Werbehilfen ► Rabatte, Sonderkonditionen
Verbraucherpromotion	► Produktvorführungen in Heimwerkermärkten ► Anwendungsberatung (persönlich/Video) ► Sonderpreisaktionen ► Zusatznutzen (Verpackung o. Ä.)

Lösung zu Aufgabe 21: Public Relations

a) und b)

Zielgruppen	Kommunikationsmaßnahmen – Beispiele
Öffentlichkeit	► Pressemitteilungen ► Firmenportrait/Firmenbroschüre ► Sozialbericht ► Imagewerbung
Belegschaft	► Mitarbeiterzeitschrift ► Broschüre über Sozialleistungen ► Jubiläen/Festakte ► Geldzuwendungen zu speziellen Anlässen
Kunden/Lieferanten	► Jubiläumsangebote ► Produkt- und Firmenprospekte ► Präsens/Unterstützung kultureller Maßnahmen ► Empfänge/Sportveranstaltungen
Institutionen	► Schenkungen ► Stiftungen ► Patenschaften ► Fonds für wohltätige Zwecke

Lösung zu Aufgabe 22: Verkaufsförderung, Öffentlichkeitsarbeit

a) Beispiele für verkaufsfördernde Maßnahmen:

- Einsatz von Power-Sellern in Heimwerkermärkten
- Anreize für Verkäufer im Handel
- Schulung des Verkaufspersonals
- Werksbesichtigungen, Tag der offenen Tür
- Herausgabe von Broschüren, Werks- und Kundenzeitschriften.

b)
- **Öffentlichkeitsarbeit** ist „Werbung" für das Gesamtunternehmen. In erster Linie soll das Image des Unternehmens verbessert bzw. gepflegt werden; Beispiele:
  - Schaltung von Imageanzeigen
  - Öffnung des Unternehmens durch einen Tag der offenen Tür
  - regelmäßige Publikationen
  - Sponsoring in Verbindung mit geeigneten Themen/Aktivitäten (z. B. Sport).
- **Verkaufsförderung** (= Sales Promotion) ist die gezielte Einwirkung auf den gesamten Absatzkanal (Unterstützung, Information und Motivation des Außendienstes, des Einzelhandels); Beispiele:
  - Verkaufspromotion (Außendienst, Innendienst usw.)
  - Einzelhandelspromotion (Training, Verkaufshilfen usw.)
  - Verbraucherpromotion (Zugaben, Preisausschreiben, Proben usw.).

Lösung zu Aufgabe 23: Verkaufsförderungsaktionen

a) Im Einzelnen sind bei der Planung einer Verkaufsförderungsaktion Entscheidungen über folgende Kriterien notwendig:

- Das Ausmaß des Anreizes muss festgelegt werden.

  (Aktionen zeigen häufig erst Erfolge, wenn ein gewisser Mindestanreiz überschritten wird.)
- Die Teilnahmebedingungen müssen bestimmt werden.

  (Auswahl der Region, der Zielgruppe und der notwendigen Handlungen).
- Die Dauer der Verkaufsförderungsaktion muss vorgegeben werden.
- Der jahreszeitlich günstigste Beginn für die Aktion muss ermittelt werden.
- Der Verteilungsträger muss ausgewählt werden.

  (Wahl zwischen Packungsbeilage, Postverteilung, Streuung in den Werbemedien oder Verteilung im Laden).

- Das Gesamtbudget für die Aktion muss festgelegt werden:

  Das Gesamtbudget errechnet sich aus den Verwaltungskosten (Druck-, Versandkosten, Kosten für die Bekanntmachung des Angebots), den Anreizkosten (z. B. Kosten des Werbegeschenks) und den erwarteten zusätzlichen Verkaufszahlen.

Ebenso ist daran zu denken, Verpackungs- und Verkaufsförderungsmaterial zu besorgen und genehmigen zu lassen, das an die Haushalte oder Händler verteilt werden soll. Auch der Einkauf und Druck der gewünschten Zugaben und Materialien muss organisiert werden, das Außendienstpersonal muss verständigt und eingewiesen und die Lagerbestände müssen kontrolliert werden, damit keine Engpässe bei den erwarteten zusätzlichen Umsätzen auftreten.

Bevor die Verkaufsförderungsaktion gestartet wird, sollten schließlich auch die Erfolgschancen getestet werden. Eine mögliche Vorgehensweise wäre ein Test (Pretest) in einem ausgewählten Teilmarkt.

b) Die Aktion ist erfolgreich, wenn der Erlös aus dem Mehrverkauf größer ist als die gesamten Kosten der Verkaufsförderungsaktion. Ob die durchgeführte Aktion auch tatsächlich den erwarteten Erfolg gebracht hat, kann anhand mehrerer Bewertungsmethoden beurteilt werden:

- Gängigste Methode ist die **Untersuchung der Verkaufszahlen** vor, während sowie nach der Aktion. Zeigt sich ein anhaltender Anstieg der Verkaufszahlen, ist es gelungen, Kunden der Konkurrenz abzuwerben oder Nichtverwender von der Vorteilhaftigkeit des Produktes zu überzeugen.
- Eine weitere Möglichkeit besteht in der **Erhebung von Verbraucherpaneldaten** durch ein Marktforschungsinstitut. Das Forschungsinstitut ermittelt die Reaktion verschiedener Verbrauchergruppen und deren Verhalten nach der Aktion. Genauere Informationen über die Reaktion der Verbraucher geben Verbrauchererhebungen, die die Meinung der Käufer zu der Aktion, Erinnerungswerte und Kaufverhaltensänderungen erfassen.
- Auch mit **Experimenten** lässt sich eine Bewertung der durchgeführten Aktion erreichen. Durch Änderung der Entscheidungsparameter wie Dauer der Aktion, Anreizwert, Verteilungsträger etc. bei einer Folgeaktion könnte durch den Vergleich mit den Ergebnissen der ursprünglichen Aktion eine Bewertung erfolgen.

Lösung zu Aufgabe 24: Marketingmix bei Handel und Hersteller

Marketingmix		
Zielsetzung der	**beim Handel – Beispiele**	**beim Hersteller – Beispiele**
Produktpolitik	► Sortimentsimage ► durchschnittliche Innovationsrate ► Entwicklung von „Handelsmarken“	► Markenimage ► hohe Innovationsrate ► Entwicklung von „Herstellermarken”
Distributionspolitik	► schnelle Verteilung ► auch kleine Mengen ► gleichmäßige Platzierung ► selektive Platzierung	► hohe, umfassende Verteilungsdichte ► große Mengen ► „Bestplatzierung” der eigenen Marke ► Verteilung der gesamten Produktpalette
Kommunikationspolitik	► Händlerbindung ► regionaler Bekanntheitsgrad ► Händlerprofile	► Markenbindung ► überregionaler Bekanntheitsgrad ► Markenprofil
Kontrahierungspolitik	► wettbewerbsorientiert ► z. T. aggressiv ► standortorientiert ► Preisdifferenzierung ► Maximierung der Handelsspanne	► weniger aggressiv ► überregionale Preisempfehlung ► einheitliche Preispolitik ► Maximierung der Gewinnspanne ► Minimierung der Handelsspanne

Lösung zu Aufgabe 25: Marketingmix im Einzelhandel, Betriebsformen

Betriebsform	Standortpolitik	Sortimentspolitik	Servicepolitik	Preispolitik
Fachgeschäft	► Stadtzentrum ► Einkaufszentren ► Wohngebiete mit hoher Frequenz	► tiefes Sortiment ► Kernsortiment ► Markenartikel ► ggf. Randsortiment	► hoher Service	► mittleres bis hohes Preisgefüge ► marktorientiert ► Aktionspreise
Fachmarkt	► Randlage ► Gewerbezentren	► breites und tiefes Sortiment ► z. T. auch für mehrere Branchen	► begrenzt ► auf die Branche und das Sortiment abgestimmt	► unteres bis mittleres Preisgefüge ► offensiv/aggressiv

Betriebsform	Standortpolitik	Sortimentspolitik	Servicepolitik	Preispolitik
Kaufhaus	► Stadtzentrum ► Ausnahme z. T.: Küchen, Möbel	► breites und tiefes Sortiment ► mehrere Branchen ► Markenartikel	► begrenzt ► auf die Branche und das Sortiment abgestimmt ► Finanzierung	► untere bis exklusive Preislagen ► marktorientiert ► Aktionspreise ► lfd. Sonderangebote
Discounter	► Geschäftszentren ► gute Lauflagen ► gute Verkehrsanbindung	► Markenartikel bzw. Handelsmarken ► No-name-Produkte ► Me-too-Produkte	► kaum ► problemlose Rücknahme	► aggressiv ► Preisschwellen ► Dauerniedrigpreise ► lfd. Aktionen

Lösung zu Aufgabe 26: Marketingpolitische Instrumente

Marketingpolitische Instrumente			
Produktpolitik	**Kontrahierungspolitik**	**Distributionspolitik**	**Kommunikationspolitik**
► Produktpolitik i. e. S. ► Programmpolitik ► Produktdesign ► Namenspolitik ► Verpackung ► Qualität ► Markenpolitik ► Diversifikation ► Differenzierung ► Produktvariation ► Sortimentspolitik ► Kundendienst	► Preispolitik i. e. S. ► Prämienpreispolitik ► Promotionspreispolitik ► Penetrationspolitik ► Abschöpfungspolitik ► Preisdifferenzierung ► Rabattpolitik ► Lieferbedingungen ► Zahlungsbedingungen ► Garantiepolitik	► Distributionspolitik i. e. S. ► Absatzwege ► Absatzmittler ► Standortpolitik ► Niederlassungspolitik ► Marketinglogistik ► Auslieferungspolitik	► Werbung ► Werbeträger ► Werbemittler ► Werbebotschaft ► Verkaufsförderung ► Öffentlichkeitsarbeit ► Persönlicher Verkauf ► Corporate Identity

Lösung zu Aufgabe 27: Marktsegmentierung, Kommunikationsmittel

a) Analysetechniken zur Erfassung der Ist-Situation, z. B.:

- Kundenbefragung
- Lieferantenbefragung
- Wettbewerbsanalyse
- Standortanalyse
- ABC-Analyse
- Stärken-Schwächen-Analyse bzw. SWOT-Analyse.

b) Marktsegmentierung, Zuordnung geeigneter Produkte, z. B.:

Zielgruppe – Beispiele	Produkte – Beispiele
Senioren	Tourenräder mit tiefem Einstieg, Elektrofahrräder, Sättel, Bekleidung in Leuchtfarben
Profi-Radsportler	Rennräder, Crossräder, hochwertige Ersatzteile, Wasserflaschen, Puls- und Blutdruckmessgeräte
„Alltags"-radler	Touren-, Cityräder, Regenbekleidung, Ersatzteile in unterer bis mittlerer Preislage, Fahrradanhänger
Hobby-Radsportler	Trekkingräder, Mountainbikes, Wanderkarten, Zeltausrüstung, Gepäckträger, Regenbekleidung
Kinder	Kinderräder, Kindersitze, spezielles Zubehör (Wimpel u. Ä.), Wasserflasche

c)

Zielgruppe – Beispiele	Kommunikatonsinstrument – Beispiele	Beschreibung einer geeigneten Maßnahme – Beispiele
Senioren	► Direktwerbung ► Hausmesse	► Direktwerbung in Zusammenarbeit mit den regionalen Sparkassenfilialen ► Kooperation mit der Senioreneinrichtung Volkssolidarität
Profi-Radsportler	► Zielgruppenwerbung ► Sponsoring	► Unterstützung regional angesiedelter Radsportveranstaltungen ► spezifische Werbung in Fachzeitschriften
„Alltags"-radler	► Werbung ► Verkaufsförderung	► Beilage, Anzeigen in Tageszeitungen ► Aktionen in Einkaufzentren bzw. in den Filialen mit begleitender Werbung
Hobby-Radsportler	► Werbung ► Hausmesse	► Kooperation mit Fitnessstudios und Sportbekleidungsgeschäften ► Beteiligung an Sportmessen
Kinder	► Werbung ► Tag der offenen Tür ► Aktionstage	► vgl. Zielgruppe 3

4.3 Vertriebsmanagement

Lösung zu Aufgabe 1: Vertriebskonzept

Das Vertriebssystem der TRINKAUS GmbH ist durch folgende Merkmale gekennzeichnet:

- Kombination von direktem und indirektem Absatz sowie Intensivstrategie (Massenartikel über viele Vertriebskanäle/Multichannel) und Exklusivstrategie (zwei Eigenmarken)
- Das Vertriebssystem ist absatz- und verkehrsorientiert und nutzt unterschiedliche Kooperationsformen (Franchisegeber, Franchisenehmer, Kooperation im grenznahmen Vertrieb); dabei werden unternehmenseigene und -fremde Absatzorgane eingesetzt.
- Aufgrund der Multichannel-Strategie kann es zu Konflikten kommen, z. B. Hausverkauf durch Unternehmen selbst und durch Vertriebspartner. Ebenso müssen z. B. die Konditionen mit Großkunden im Direktvertrieb und mit dem Lebensmitteleinzelhandel sorgfältig gestaltet werden, damit keine „Irritationen" entstehen.
- Als weiterer Vertriebskanal wäre der Absatz über Automaten denkbar.

Lösung zu Aufgabe 2: Key-Account-Manager

Ein Key-Account-Manager betreut Schlüsselkunden: Großkunden, Einkaufszentralen usw. Seine Aufgaben sind:

- eigenverantwortliche Betreuung der Kunden
- Akquisition neuer Kunden
- kundenspezifisch verkaufsfördernde Maßnahmen planen und realisieren
- Marketingkonzepte für Großkunden entwerfen und umsetzen, den Außendienst unterstützen.

Lösung zu Aufgabe 3: Marktchancen, Vertriebswege

a) Zum Beispiel sind folgende Fragestellungen relevant:
   - Anzahl und Marktanteile der Konkurrenten?
   - Nachfragesituation?
     - Anzahl der interessierten Bauherren?
     - Weisen die Interessenten ähnliche Merkmale auf?
   - Allgemeine wirtschaftliche Rahmenbedingungen?
     - Konjunkturentwicklung?
     - Situation auf dem Wohnungsbausektor?

b) 1. **Indirekter Vertrieb** über den Fachhandel und das Handwerk, z. B.:

Vorteile:

- Serviceeinrichtungen sind vorhanden.
- Fachhandel ist eingeführt und bekannt.

Nachteile:

- Fachhandel könnte das Produkt in Bezug auf die Präsentation bzw. die Beratungsqualität nicht genügend herausstellen.
- Geringerer Deckungsbeitrag: Provision muss gezahlt werden bzw. Wiederverkäuferrabatt.

2. **Direktvertrieb:**

Vorteile:

- eigene Marketingaktivitäten sind unabhängig
- keine Provisionszahlungen bzw. Wiederverkäuferrabatt
- direkter Kundenkontakt (Lernerfahrungen über den Markt).

Nachteile:

- hohe Investitionskosten für den Aufbau eines eigenen Service-Netzes
- geringerer Bekanntheitsgrad im Vergleich zum Vertrieb über die regional eingeführten Handwerksbetriebe.

Lösung zu Aufgabe 4: Vertriebscontrolling

a) Zielerreichungsgrad:

Region 1			Region 2			Region 3		
Kunde	**Plan (in Mio. €)**	**Ist (in Mio. €)**	**Kunde**	**Plan (in Mio. €)**	**Ist (in Mio. €)**	**Kunde**	**Plan (in Mio. €)**	**Ist (in Mio. €)**
1	85	80	5	240	220	9	60	50
2	60	50	6	180	190	10	50	50
3	50	60	7	110	120	11	45	40
4	120	110	8	70	80	12	35	30
Summe	**315**	**300**		**600**	**610**		**190**	**170**
Summe Plan								**1.105**
Summe Ist								**1.080**
Zielerreichungsgrad je Region	$\frac{300 - 315}{315} \cdot 100$ = **- 4,8 %**		**+1,7 %**			**-10,5 %**		
Zielerreichungsgrad insgesamt	$\frac{1.080 - 1.105}{1.105} \cdot 100$ = **- 2,3 %**							

b) Es ist eine Zeitreihe mit zwei Werten (Ist/Soll) je Gruppe (Kunde 1 - 12) darzustellen. Geeignet sind dafür: Säulendiagramm, Stabdiagramm.

Als Lösung wird ein Säulendiagramm gewählt:

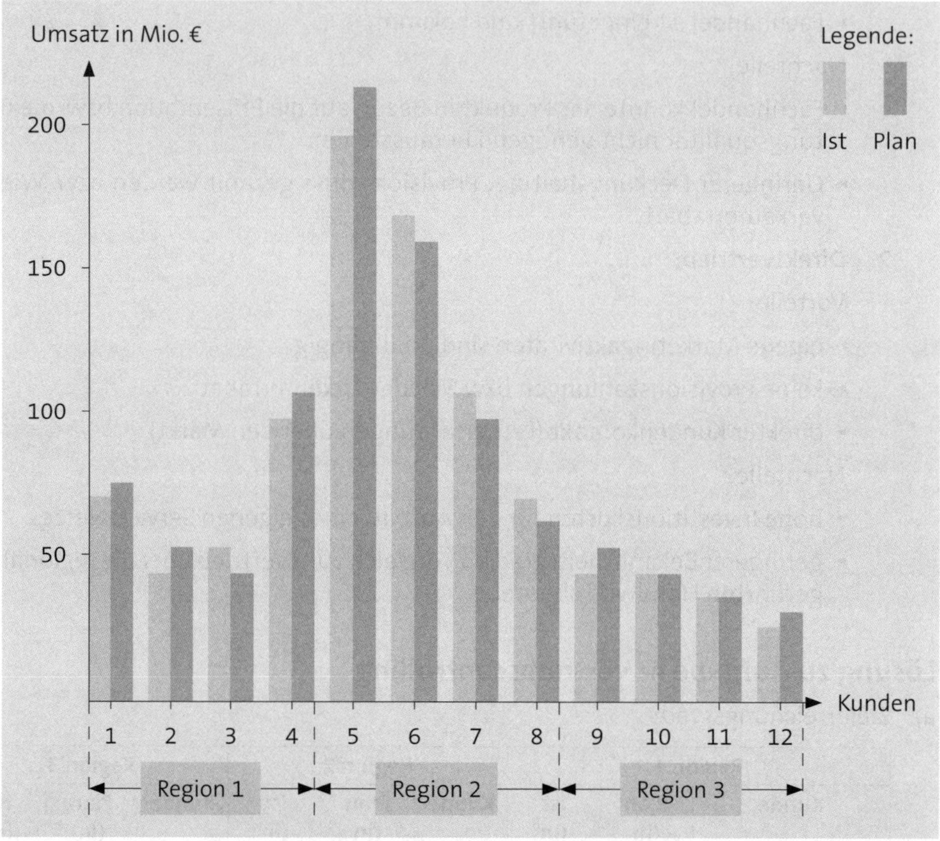

Erläuterung des Diagrammergebnisses:

- Der Ist-Umsatz der Region 2 liegt über dem Ist-Umsatz der anderen Regionen.
- Bis auf die Kunden 3, 6, 7 und 8 wurde der Plan-Umsatz nicht erreicht.
- Die Abweichung des Ist-Umsatzes vom Plan-Umsatz war bei allen Kunden nicht erheblich.
- Der Umsatzverlauf über alle Kunden hat annähernd die Form einer Normalverteilung.

c) Vergleich der Ist-Umsätze (in Mio. €) je Region:

	Ist-Umsatz	**Anteil am Gesamtumsatz**	**Ranking nach Anteil**
Region 1	300	27,78 %	**2**
Region 2	610	56,48 %	**1**
Region 3	170	15,74 %	**3**
gesamt	1.080	100,00 %	

d) ABC-Analyse, rechnerisch:

Kunden	Umsatz (Ist) in Mio. €	$\frac{\sum N_i}{N}$	$\frac{U_i}{U}$	$\frac{\sum U_i}{U}$	Kunden-Kategorie
5	220	8,33	20,37	20,37	A
6	190	16,67	17,59	37,96	A
7	120	25,00	11,11	49,07	B
4	110	33,32	10,19	59,26	B
8	80	41,65	7,41	66,67	B
1	80	49,98	7,41	74,08	B
3	60	58,31	5,56	79,64	B
2	50	66,64	4,63	84,27	C
9	50	74,97	4,63	88,90	C
10	50	83,30	4,63	93,53	C
11	40	91,63	3,70	97,23	C
12	30	100,00[1]	2,78	100,00[1]	C
	1.080				

TIPP

Auch ähnliche plausible ABC-Einteilungen sind richtig.

ABC-Analyse, grafisch:

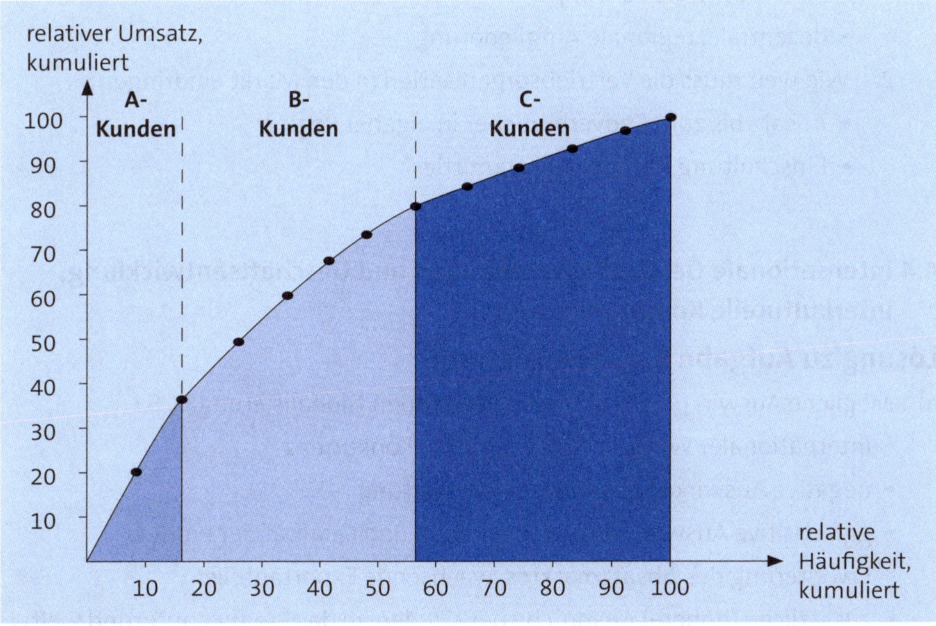

[1] Geringfügige Rundungsdifferenzen.

Ergebniskommentierung:

- Rund 17 % der Kunden erbringen ca. 38 % des Umsatzes.
- Rund 50 % der Kunden erbringen ca. 74 % des Umsatzes.

e) Empfehlung zur Veränderung der Vertriebsorganisation bezüglich der C-Kunden, z. B.:

Die C-Kunden (= 41,67 % aller Kunden) erbringen nur rd. 20 % des Gesamtumsatzes. Hier sollte geprüft werden, ob die Betreuung durch einen Vertreter kostengünstiger ist. Weitere Alternativen zur Veränderung der Vertriebsorganisation, z. B.: C-Kunden bestellen online und werden telefonisch betreut; die Zahl der Besuche bei den C-Kunden wird halbiert o. Ä.

f) Kennzahlen zur Effizienzmessung der Vertriebsorganisation, z. B:

$$\text{Personaleffizienz} = \frac{\text{Umsatz}}{\text{Anzahl der eingesetzten Mitarbeiter}}$$

$$\text{Auftragseffizienz} = \frac{\text{Umsatz}}{\text{eingesetzte Akquisitionskosten}}$$

g) Fragestellungen, die im Rahmen der Gestaltung der Vertriebsorganisation zu beantworten sind, z. B.:

1. In welchem Umfang ist eine solche Organisation notwendig?
   - straffe zentrale Führung?
   - dezentrale, regionale Aufgliederung?
2. Wie weit muss die Vertriebsorganisation in den Markt eindringen?
   - Absatz bis zum Endverbraucher in eigener Regie?
   - Einschaltung fremder Absatzmittler?

4.4 Internationale Geschäftsbeziehungen und Geschäftsentwicklung, interkulturelle Kommunikation

Lösung zu Aufgabe 1: Globalisierung

a) Mögliche Auswirkungen der fortschreitenden Globalisierung, z. B.:

- internationaler Wettbewerb, verstärkte Konkurrenz
- negative Auswirkung auf die Preisgestaltung
- ggf. positive Auswirkung auf Innovation und Qualität der Produkt
- Erweiterung des Absatzmarktes, wachsende Exportanteile
- zusätzliche (höhere) Ansprüche der Kunden an das Produkt aufgrund weltweiter Standards

- Beachtung weiterer Gesetze und Vorschriften, andere Einheitsnormen
- mögliche Produktänderungen (-variationen)
- Wechselkursproblematik
- zusätzliche Anforderungen an die Betriebsorganisation
- Beachtung fremder Kulturen (Mitarbeiterschulungen erforderlich)
- erweiterte, günstigere Möglichkeiten der Beschaffung von Material.

b) Kompetenzen, über die ins Ausland zu entsendende Mitarbeiter verfügen müssen, z. B.:
- Fachkompetenz
- Sozialkompetenz und interkulturelle Kompetenz
- Selbstkompetenz
- entsprechendes persönliches und berufliches Umfeld
- Flexibilität im Denken und Handeln
- Kenntnisse der Fremdsprache.

Lösung zu Aufgabe 2: Außenhandel

a) Es besteht die Möglichkeit, sich bei öffentlich-rechtlichen und bei privaten Einrichtungen zu informieren:

Öffentlich-rechtliche Einrichtungen	
Außenhandelsberater der örtlichen Industrie und Handelskammern	► Außenwirtschaftsrecht ► Bezugsquellennachweise ► Dokumentenbeglaubigungen
Bundesagentur für Außenwirtschaft (bfai)	► Informationen zum dominikanischen Markt ► Zollwesen ► Steuerrecht
www.iXPOS.de	Außenwirtschaftsportal mit Service- und Dienstleistungsangeboten von Ministerien, Kammern. Verbänden, Ländervereinen
Konsulate und Botschaften	► politische Unterstützung gegenüber ausländischen Behörden ► Kontaktanbahnungen

Private Einrichtungen	
Außenhandelskammern	▸ Kontaktanbahnung ▸ Marktinformationen ▸ Auskünfte über Unternehmen ▸ Beratung bei Auslandsinvestitionen ▸ Benennung von Sachverständigen, Gutachtern, Anwälten
International Chamber of Commerce (ICC)	Publikationen und Dokumentationen zu außenhandels relevanten Fragen
Kreditanstalt für Wiederaufbau	▸ Direktinvestitionen im Ausland ▸ Mittelstandsprogramme
Ausfuhrkredit-Gesellschaft	Bankenkonsortium unter Führung der Deutschen Bank, das langfristige Kredite zur Exportfinanzierung vergibt.

b) Das **Wechselkursrisiko** kann der Exporteur ausschalten oder reduzieren, indem er

- die Rechnung in Euro stellt
- in Deutschland oder in der Dominikanischen Republik ein Fremdwährungskonto einrichtet (wenn er die Rechnung in Fremdwährung gestellt hat)
- bei seiner Bank ein Devisentermingeschäft abschließt (d. h. er verkauft die Fremdwährung, über die er noch gar nicht verfügt, heute zu einem bestimmten Kurs an die Bank. Den Gegenwert in Euro erhält er an dem vereinbarten Termin – unabhängig von dem Kurs, der zu diesem Termin am Markt eintritt)
- bei seiner Bank ein Devisenoptionsgeschäft abschließt (funktioniert im Prinzip wie das Devisentermingeschäft, jedoch hat der Exporteur als Devisenanbieter bis kurz vor dem Termin die Möglichkeit, statt des vereinbarten Terminkurses zum Tageskurs zu konvertieren).

Das **Transportrisiko** lässt sich reduzieren, indem

- risikominimierende Incoterms zugrunde gelegt werden
- Exporteur oder Importeur den Transport versichern lassen
- erfahrene und sorgfältige Carrier (Verfrachter, Reedereien, Spediteure) beauftragt werden.

c) Um das **Zahlungsausfallrisiko** vollständig auszuschließen, müsste eine Vorauszahlung vereinbart werden. Die Hermes-Deckungen schließen das Risiko nicht vollständig aus, weil sie immer einen Risikoeigenbehalt voraussetzen (der allerdings bei politischen Risiken niedriger ist als bei wirtschaftlichen Risiken).

Eine weitere Möglichkeit besteht im bestätigten Akkreditiv. Hierbei garantieren sowohl die Akkreditivbank (= Bank des dominikanischen Importeurs) als auch die Akkreditivsteile (= Bank des Exporteurs) dem Exporteur die Zahlung, sofern die Dokumente akkreditivkonform sind.

d) Ob eine Ausfuhrgenehmigung erforderlich ist, kann der Exporteur der Ausfuhrliste entnehmen (Recherche über: *www.ixpos.de*). Sollte eine Exportgenehmigung erforderlich sein, ist sie beim Bundesausfuhramt zu beantragen.

e) Ob ein Produkt als Embargoware gilt, ist der Ausfuhrliste im Anhang des Außenwirtschaftsgesetz zu entnehmen. Um ein Embargo handelt es sich, wenn mit Unternehmen in einem bestimmten Staat keinerlei Handelsbeziehungen (Totalembargo) aufgenommen werden dürfen oder nur solche Waren im- bzw. exportiert werden dürfen, die ausdrücklich vom Embargo ausgenommen sind (Teilembargo), Ziel eines Embargos sind also nicht bestimmte Unternehmen, sondern bestimmte Staaten.

Lösung zu Aufgabe 3: Kooperationen im Außenhandel

gering (-)	**← Engagement, Risiko und Gewinnmöglichkeit →**			**hoch (+)**
↓	↓	↓	↓	↓
Indirekter Export	**Direkter Export**	**Lizenzerteilung**	**Joint Venture**	**Direktinvestition**
▸ gelegentlicher Export oder ▸ aktiver Export auf bestimmten Zielmärkten Varianten: 1. Exporthändler mit Sitz im Inland 2. Exportvertreter mit Sitz im Inland 3. Exportverbände 4. Export-Management-Dienstleister	Varianten: 1. eigenständige Exportabteilung im Inland 2. Unternehmenssparte oder Tochtergesellschaft für Auslandsgeschäfte 3. Exportvertreter 4. im Ausland ansässige Händler oder Vertreter	Verträge über Warenzeichen, Gebrauchsmuster, Urheber- und Patentrechte sowie Franchising (z. B. Coca Cola, Burger King, McDonalds) Vorteile: relativ preiswert; Abwälzung des Risikos auf den Frachise-/Lizenznehmer Nachteile: geringere Gewinnmarge, z. T. fehlende Kontrolle über Produktqualität und Preisgestaltung	Zusammenschluss mit einem ausländischen Partner bei geteiltem Eigentum, gemeinsamer Leitung, Kontrolle und Gewinnaufteilung	Aufbau oder Erwerb eigener Niederlassungen im Ausland – mit oder ohne Minderheitsfremdbeteiligung. Nur für große Unternehmen geeignet bei hinreichend großem Absatzmarkt Vorteile: Kostenersparnis, preiswerte Arbeitskräfte, Image im Zielmarkt, Kontakte zur Auslandspolitik. Nachteile: Hoher Kapitalbedarf, Rückzug nur mit hohen Kosten, Problem der Markteinschätzung bei anderer Kultur im Zielmarkt

Lösung zu Aufgabe 4: Joint Venture

a) Vorteile, z. B.:
   - Zugang zu neuen Absatzmärkten
   - Zugang zu neuen Technologien
   - Streuung von Risiken
   - Aufteilung der Kosten, z. B. für Forschung & Entwicklung
   - Kapitalbeschaffung durch zwei oder mehr Partnerunternehmen
   - verbesserte Nutzung von Ressourcen
   - Verbreiterung der Programmdiversifikation.

b) Risiken, z. B.:
   - Die am Joint Venture beteiligten Unternehmen haben unterschiedliche (vielleicht sogar konkurrierende) Zielsetzungen.
   - Man erhält Einblick in Technologien und die Geschäftspolitik des anderen Unternehmens.

Lösung zu Aufgabe 5: INCOTERMS

a) Die Incoterms sind von der International Chamber of Commerce (ICC), also der Internationalen Handelskammer in Paris entwickelt worden.

b) Mit jedem Incoterm werden drei Sachverhalte geregelt:
   1. die Übernahme der **Transportkosten**
   2. der **Übergang der Gefahr des Verlustes** oder der Beschädigung der Ware während des Transports
   3. der Abschluss und die Kosten einer **Transportversicherung**.

c) - Der Verkäufer hat **minimale** Verpflichtungen bei EXW, da der Gefahrenübergang auf den Käufer direkt ab Werk des Verkäufers erfolgt. Die Kosten der Abholung trägt auch der Käufer.
   - Der Verkäufer hat **maximale** Verpflichtungen bei DDP, da der Gefahrenübergang sowie alle Kosten vom Verkäufer zum festgelegten Ort des Kaufvertrags beim Käufer zu tragen sind.

Lösung zu Aufgabe 6: Interkulturelle Kommunikationsdimensionen

a) Interkulturelle Kompetenz ist die Fähigkeit, zum beidseitig zufriedenstellenden Umgang mit Menschen aus anderen Kulturen. Diese Fähigkeit kann schon in jungen Jahren vorhanden sein oder auch entwickelt und gefördert werden. Dies wird als interkulturelles Lernen bezeichnet. Die Basis für erfolgreiche interkulturelle Kommunikation ist emotionale Kompetenz und interkulturelle Sensibilität.

b) Beispiele für kulturelle Unterschiede:

- Im Mittelmeerraum, in Lateinamerika und im südlichen Afrika wird es weitgehend toleriert, wenn man etwa eine halbe Stunde zu spät zu einem vereinbarten Termin erscheint; anders dagegen: z. B. in Deutschland und der Schweiz (Unpünktlichkeit ist mangelnde Wertschätzung des anderen).
- Augenkontakt zu vermeiden oder auf den Boden zu starren, während man mit einer höhergestellten Person spricht, ist in Afrika ein Zeichen von Respekt. Im Gegensatz dazu gilt dieselbe Handlung in Nordamerika und dem größten Teil Europas als Signal von Scheu oder Unehrlichkeit.

4.5 Spezielle Rechtsaspekte

Lösung zu Aufgabe 1: UWG (Vermischte Aufgaben 1)

a) Werbung dieser Art ist unzulässig. Es handelt sich um ein „Lockvogelangebot", da das Fachgeschäft nur ein Einzelstück auf Lager hat.

b) Die Anzeige ist unzulässig; jede Werbung gegenüber dem Endverbraucher unter Chiffre oder (nur) unter Telefonnummer ist nicht erlaubt. Jeder Kaufmann muss sich in seiner Eigenschaft als Gewerbetreibender mit seinem Namen zu erkennen geben.

Lösung zu Aufgabe 2: UWG (Vermischte Aufgaben 2)

a) unlauterer Wettbewerb: Anschwärzen der Konkurrenz, üble Nachrede

b) unerlaubte Werbung: falsche Angabe der Herstellungsart; Irreführung über die Anzahl der Waren

c) unerlaubter Wettbewerb: Bestechung von Angestellten

Lösung zu Aufgabe 3: UWG, Folgen von Wettbewerbsverstößen

Wettbewerbsverstöße haben einen Unterlassungsanspruch und einen Schadenersatzanspruch zur Folge.

- Der Unterlassungsanspruch setzt kein Verschulden voraus und dient der Abwehr künftiger widerrechtlicher Beeinträchtigungen. Die Gerichte nehmen i. d. R. in vielen Fällen eine Wiederholungsgefahr an.
- Der Schadenersatzanspruch setzt einen vorsätzlichen oder fahrlässigen Verstoß gegen das UWG voraus. Zur Vorbereitung des Schadenersatzanspruches steht dem Verletzten in aller Regel sogar ein Auskunftsanspruch zu.

Lösung zu Aufgabe 4: Rechtsschutz für Erzeugnisse (1)

Die Anmeldung als Patent ist nicht mehr möglich, da bereits eine Veröffentlichung erfolgte.

Infrage kommt die Beantragung eines Gebrauchsmusterschutzes, da die Veröffentlichung noch keine sechs Monate zurückliegt.

Lösung zu Aufgabe 5: Rechtsschutz für Erzeugnisse (2)

a)

Rechtsschutz für Erzeugnisse				
Merkmale	**Patent**	**Gebrauchsmuster**	**Marke**	**Eingetragenes Design**
Gegenstand des Rechtsschutzes	Erfindungen: Gegenstände, Stoffe, Fertigungsverfahren	Erfindungen: Neuerungen an Arbeits- und Gebrauchsgegenständen (keine Verfahren)	Wort-, Bild-, Gewährleistungs- und Hörmarken: Kennzeichnung der Unterschiedlichkeit von Waren und Dienstleistungen	Schutz flächiger und dreidimensionaler Modelle und Muster
Voraussetzungen	Schutz technischer Erfindungen	„kleines Patent": Schutz technischer Erfindungen an beweglichen Gegenständen	Unterscheidbarkeit	Neuheit im Design, in der ästetischen Ausgestaltung
zuständige Behörde	Deutsches Patent- und Markenamt bzw. Europäisches Patentamt	Deutsches Patent- und Markenamt		
Schutzdauer	maximal 20 Jahre	10 Jahre	10 Jahre; Verlängerung: beliebig oft um weitere 10 Jahre	25 Jahre

b)
- **Patentschutz**

  Beispiele:
  - Einspritzmotor von Audi („TDi")
  - Wankelmotor
  - Verfahren zur Herstellung von Nylon
  - Verfahren zur Herstellung von Kunststoffgranulaten.

- **Gebrauchsmusterschutz**

  Beispiele:
  - Haushalts- und Gartengeräte
  - Zeitschaltuhr im Kaffeeautomaten der Fa. HAGE AG.

- **Eingetragenes Design**

  Beispiele:
  - Stoffmuster, Tapetenmuster
  - Formgebung von Flaschen/Gläsern.

Lösung zu Aufgabe 6: Sachmängelhaftung

a) Es liegt ein **Verbrauchsgüterkauf** vor (Käufer = Privatperson; Verkäufer = Kaufmann; B2C-Geschäft).

b) Herr Meierdirks hat das Recht auf Nacherfüllung (Beseitigung des Mangels oder Lieferung einer mangelfreien Sache; Herr Meierdirks kann hier wählen). Die Kosten für den Getriebeschaden muss er nicht tragen. Er muss auch nicht beweisen, dass er den Schaden nicht verursacht hat. Es gilt beim Verbrauchsgüterkauf eine Gewährleistungsfrist von einem Jahr. Innerhalb der ersten sechs Monate gilt die Beweislastumkehr (gegenüber der früheren Regelung im Schuldrecht): Es wird angenommen, dass der Schaden bereits bei Lieferung bestand.

   Außer der Nacherfüllung kann Herr Meierdirks den sog. „kleinen Schadenersatz" geltend machen, z. B. Ersatz von Fahrtkosten mit dem Taxi, Abschleppkosten.

5. Führung und Zusammenarbeit

5.1 Kommunikation und Kooperation

Lösung zu Aufgabe 1: Sozialisation und Instinkt

Grundsätzlich reagieren Menschen auf der Basis

- **erlernter Verhaltensweisen** (in der Familie, in der Schule, im Betrieb usw.); man nennt diesen Lernprozess „**Sozialisation**" (verkürztes Beispiel: ein Mensch lernt und verinnerlicht Werte seiner Umgebung) sowie
- **instinktiver Verhaltensweisen**; Instinkt bedeutet die angeborene, nicht erlernte Reaktion auf bestimmte Reize (z. B.: Jemand riecht in der Küche den guten Bratenduft und ihm „läuft das Wasser im Munde zusammen".).

Lösung zu Aufgabe 2: Reife und Wachstum

Beispiel:
Der Vorgesetzte Hartig trifft auf den ehemaligen Auszubildenden Huber, der nach der Bundeswehrzeit seine Tätigkeit bei der Firma wieder aufnimmt (vgl. § 1 ArbPlSchG).

„Mensch, hast du dich entwickelt", meint Hartig als er Huber sieht. Aus dem ehemaligen Auszubildenden, der früher etwas schüchtern, mitunter schwankend in seinen Gefühlen, nicht immer sicher im Umgang mit anderen und teilweise noch ungeschickt bei der Bedienung mancher Maschinen war – ist ein kräftiger junger Mann geworden, der zielstrebig auf den Meister zugeht und ihn lachend fragt: *„Wie ist es denn, wo kann ich bei Ihnen wieder anfangen?"*

Lösung zu Aufgabe 3: Anlagen und Umwelteinflüsse

- Neben den Erbanlagen bestimmen Umfeld-(Umwelt-)einflüsse das Handeln der Menschen. Diese Erkenntnis ist heute gesichert.
- Erbanlagen sind die Basis – ob sie (positiv oder negativ) voll wirksam werden, hängt von der Förderung (oder Verhinderung) durch Umweltbedingungen ab.
- Beispiel: psychomotorische Begabung wie z. B. handwerkliches Geschick, kommt nur bei entsprechender Förderung voll zur Wirkung.
- Führungsverhalten kann über soziales Lernen verbessert werden.

Lösung zu Aufgabe 4: Soziales Lernen

- Lernen durch Imitation (z. B. von einem Vorgesetzten)
- Lernen durch Reflexion
- Lernen durch Feedback von anderen
- Lernen durch zufällige Erkenntnisse.

Lösung zu Aufgabe 5: Selbstwertgefühl und Abwehrmechanismen

- **Beispiel für Kompensation:**

  Der Mitarbeiter, der im Betrieb keine berufliche Anerkennung findet, engagiert sich verstärkt im privaten Bereich.

- **Beispiel für Resignation:**

  Ein Mitarbeiter fällt beim ersten Mal durch die Prüfung durch und findet nicht mehr den Mut zur Wiederholung.

Lösung zu Aufgabe 6: Sozialisation und imitatives Lernen

Imitatives Lernen (Nachahmung) nimmt innerhalb der Sozialisation (soziales Lernen) einen sehr großen Raum ein:

- Kinder übernehmen die Verhaltensmuster ihrer Eltern (oft unbewusst).
- Mitarbeiter werden in ihrem Verhalten stark von Vorgesetzten geprägt (positiv oder auch negativ). In Seminaren befragte Führungskräfte bestätigen, dass ihr aktueller Führungsstil von den Vorgesetzten beeinflusst wurde, denen sie bisher unterstellt waren. Als positiv empfundene Merkmale wurden – bewusst oder unbewusst – übernommen (z. B. Termineinhaltung, gerechte Behandlung usw.); bei negativ registrierten Charakterzügen besteht meist die Absicht, diese zu vermeiden – „es als Führungskraft besser zu machen als der Chef".

Lösung zu Aufgabe 7: Verhaltensänderung

Mitarbeiter reagieren im Allgemeinen auf ein und denselben „Verstärker" unterschiedlich. Für den einen ist Anerkennung und Status in der Gruppe wichtig, für den anderen Geld usw.

Handlungsempfehlungen:

- Verhaltensänderungen, die aufgrund von Einsicht erfolgen, sind mit einer eigenen Motivation „unterlegt". **Daher ist durch Einsicht Gelerntes relativ stabil und lässt sich auch auf analoge Sachverhalte übertragen.**
- Falsch ist jedoch der Versuch, die Grundstruktur eines Menschen völlig zu ändern. Dies gilt für die betriebliche Zusammenarbeit ebenso wie für die eheliche Gemeinschaft.
- Der Einstieg in Prozesse der Verhaltensänderung (soziales Lernen) ist nicht immer leicht, er ist jedoch möglich. Für den Vorgesetzten kommt es darauf an, **beim Mitarbeiter und bei sich selbst richtige und erwünschte Verhaltensweisen zu verstärken und negative abzubauen.** Der Charakter eines Menschen ist nicht statisch, er verändert sich – in starker Abhängigkeit von den vollzogenen Erfahrungen.

Lösung zu Aufgabe 8: Lernen im Sinne von Konditionieren

Bei dieser Lernform wird zunächst **gezielt ein „Bedingungs-Reaktions-Zusammenhang" hergestellt**.

Beispiele

Beispiel 1

Der Vorgesetzte weist immer wieder beim Betreten der Baustelle darauf hin, dass der Schutzhelm aufgesetzt wird. Durch ständiges Wiederholen wird dieser Bedingungs-Reaktions-Zusammenhang verinnerlicht; der Mitarbeiter setzt automatisch den Helm vor Betreten der Baustelle auf, ohne dass der Vorgesetzte noch einen Hinweis geben muss.

Beispiel 2

Bedingung	Reaktion
▸ Transportwege in der Werkstatt sind versperrt:	→ gekennzeichnete Transportwege freiräumen

Beispiel 3

Diese Lernform hat auch innerhalb des sozialen Lernens ihre Bedeutung; z. B.:

Bedingung	Reaktion
Kritik:	→ immer als Vier-Augen-Gespräch
Moderieren einer Konferenz:	→ alle Mitarbeiter in die Diskussion einbeziehen

Lösung zu Aufgabe 9: Gewohnheitsmäßiges Verhalten

- **Positive Aspekte von Gewohnheit**, z. B.:

  Gewohnheit gibt Verhaltenssicherheit und spart intellektuelle und psychische Energie ein.

  Beispiel

  Der Mitarbeiter kennt beim Betreten des Betriebs die Wege, die Räumlichkeiten und die erforderlichen Handlungen (Zeiterfassung bedienen, Kollegen grüßen, Spind aufschließen, Arbeitsgeräte holen usw.).

- **Negative Aspekte von Gewohnheit**, z. B.:

  Der an sich positive Effekt der Gewohnheiten verkehrt sich ins Gegenteil, wenn die verinnerlichten Verhaltensprogramme falsch sind – wenn sie z. B. den Betriebszielen oder den Erwartungen der Arbeitskollegen zuwiderlaufen.

Beispiel

In einem Betrieb ist es üblich (es hat sich als falsche Gewohnheit herausgebildet), dass neue Mitarbeiter nicht gezielt eingearbeitet werden, sondern dass sie „Schwimmwesten erhalten, dass man sie ins kalte Wasser wirft und schaut, ob sie sich freischwimmen". Frei nach dem Motto: *„Die Guten werden sich schon über Wasser halten."*

- **Ansätze zur Korrektur „falscher Gewohnheiten"**, z. B:

  Es ist nicht einfach, falsche Verhaltensmuster, die auf Gewohnheit beruhen, zu verändern. Grund dafür sind eine Reihe von Lernhemmnissen, die auftreten können:

  - Die Abkehr von alten Gewohnheiten kann zu zeitweiligen **Orientierungsproblemen** führen.
  - Neue Verhaltensmuster führen **nicht immer sofort zum Erfolg**.
  - Gewohnheiten werden nicht bemerkt (Stichwort: **Blinder Fleck**).
  - **Abwehrhaltungen, Angst vor Misserfolg**, instabiles Selbstwertgefühl, mangelnde Lernmotivation, emotionale Widerstände u. Ä. sind Faktoren, die den Einstieg in neue Verhaltensweisen verhindern oder erschweren.

  Die Antwort liegt nicht in einem Patentrezept, sondern in dem bewussten Einsatz verschiedener Instrumente – einzeln oder kombiniert:

  - Sich selbst und andere exakt und möglichst **wertfrei beobachten**.
  - Über die Beobachtungen nachdenken, **reflektieren**.
  - Über **Feedback von anderen** nachdenken und daraus Schlüsse ziehen.
  - Sich die Wirkung der eigenen Verhaltensweisen **bewusst machen**.
  - Sich selbst und anderen für das Erlernen neuer Verhaltensmuster **Nutzen anbieten** (Stichwort: Lernmotivation), geeignete Lernformen wählen, ermutigen, **Erfolge erleben lassen**, positive Ansätze verstärken usw.
  - Kritik als „Chance zur positiven Veränderung" begreifen.
  - Entwickeln einer neuen „Fehlerkultur": „Ein Fehler ist kein Fehler, sondern eine neue Erfahrung" usw.

Lösung zu Aufgabe 10: Einsatz älterer Mitarbeiter und Jugendlicher

a) Beim Einsatz älterer Mitarbeiter sind zu berücksichtigen:

- Die Arbeitsgestaltung:
  - Sitzgelegenheiten
  - Beleuchtung
  - Farbgebung des Arbeitsraumes
  - Werkzeugkonstruktion

- Arbeitsorganisation
- Arbeitsschwierigkeiten verringern helfen.

► Die Arbeitszeit:
- Zusätzliche und längere Pausen
- Vermeidung von Schichtarbeit und Überstunden
- Nachtarbeit dagegen möglich, evtl. gleitende Arbeitszeit
- Teilzeitbeschäftigung ermöglichen.

► Ein Arbeitsplatzwechsel:
- muss – falls erforderlich – möglichst im bisherigen Arbeitsgebiet erfolgen
- keine „Abstellgleise" und „Altenteile"
- die Erfahrung des älteren Mitarbeiters berücksichtigen und nutzen („mehr fragen und weniger belehren"; mehr die individuelle Leistungsfähigkeit berücksichtigen)
- Umsetzung ohne Selbstwert- und Prestigeverlust gewährleisten (nicht „abschieben").

► Die berufliche Anpassung:
- Bei notwendigen Umschulungs- und Einarbeitungsmaßnahmen der veränderten Lernfähigkeit und Aufnahmegeschwindigkeit Rechnung tragen.
- unangemessene Konkurrenzsituationen mit Jüngeren vermeiden.

b) Innere und äußere Veränderungen in der Pubertät beim Jugendlichen:

► **Äußere Vorgänge:**
Zunächst spricht man von einem Wachstumsschub, der zuerst in die Länge der Extremitäten, dann in die Breite des Rumpfes geht. Der Jugendliche wirkt in seinen Bewegungen oft unharmonisch. Er ist in dieser Zeit mit seinem Äußeren meistens sehr unzufrieden. Seine Stimmung schwankt während der Pubertät oft sehr stark. Dazu kommt die Ausreifung der Geschlechtsorgane, die Entwicklung der Sexualität und damit die Orientierung hin zum andersgeschlechtlichen Partner. Der junge Mensch ist in diesem Stadium bereits zeugungsfähig bzw. empfängnisbereit. Das Ausleben seiner Sexualität, die feste Bindung an einen Freund/Freundin ist ihm aber oft noch nicht möglich. Der Jugendliche ist zwar geschlechtsreif, aber er besitzt noch keine abgeschlossene soziale Reife.

► **Innere Vorgänge:**
Beim Jugendlichen vollzieht sich schrittweise eine Ablösung vom Elternhaus. Dem Verhalten der Eltern steht der junge Mensch zunehmend kritisch gegenüber. Deutlicher als zuvor erkennt er, dass auch die Eltern Fehler machen und nicht alles können. Es entwickelt sich eine kritischere Einstellung gegenüber Autoritäten aus. Das Pochen auf Autorität aufgrund von Stellung und Rang beeindruckt den Jugendlichen immer weniger, es fordert nicht selten sogar seinen inneren Widerstand heraus. Der junge Mensch begnügt sich nicht mehr mit bloßen Anweisungen; er erwartet vielmehr eine einsichtige Begründung, weshalb er etwas tun und sich gegebenenfalls entsprechend verhalten soll. Der Jugendli-

che fühlt sich in dieser Zeit von den Erwachsenen weniger verstanden. Er sucht deshalb Verständnis bei Gleichaltrigen. Dahinter steht der Wunsch nach Selbstständigkeit, Selbstentfaltung und „Sich-selbst-finden".

In dem Bemühen, über sich selbst zu bestimmen und sich eine eigene Wertewelt aufzubauen, schwankt er oft in seinen Anschauungen und Meinungen hin und her. In diesem inneren Spannungsverhältnis kommen die Jugendlichen in die Berufsausbildung oder als junge Mitarbeiter in den Betrieb. Verstärkend kommt hinzu, dass der Auszubildende mit dem Ausbilder mitunter die Autorität „Vater" verbindet. Dies kann zusätzliche Probleme erbringen.

c) **Gesichtspunkte bei der Führung Jugendlicher:**
Die Bestimmungen des Jugendarbeitsschutzgesetzes sind zu beachten (Gefahr der Überlastung, Arbeitsplatzgestaltung, begrenzte Arbeitszeiten, erhöhte Pausenzeiten, besondere Arbeitsschutzbestimmungen usw.); Arbeitsunterweisungen, z. B. Arbeitssicherheit, müssen ggf. öfter wiederholt werden (Stichwort „jugendlicher Leichtsinn"). Die Formen der Arbeitsunterweisung sollen den Jugendlichen positiv unterstützen, ihn anregen und ihm Erfolge in seiner Entwicklung vermitteln. Aktivierende und motivierende Lehrmethoden sind zu bevorzugen.

Lösung zu Aufgabe 11: Besonderheiten der Führung ausgewählter Adressatengruppen (1)

a)

Faktoren der Leistungsfähigkeit älterer Mitarbeiter

Mit dem Alter verringern sich tendenziell u. a.

- die geistige Wendigkeit
- die Wahrnehmungsgeschwindigkeit
- die Abstraktionsfähigkeit
- das Kurzzeitgedächtnis
- die Muskelkraft
- die Leistungsfähigkeit der Sinnesorgane

Weitgehend altersbeständig sind u. a.

- der Wissensumfang
- die Konzentrationsfähigkeit
- die sprachlichen Kenntnisse
- die Widerstandsfähigkeit bei normaler Belastung
- die Fähigkeit Alltagsprobleme zu lösen

Mit dem Alter wachsen in der Regel u. a.

- die Arbeits- und Berufserfahrung
- die Urteilsfähigkeit
- die Sozialkompetenz
- Verantwortungsbewusstsein und Zuverlässigkeit
- Ausgeglichenheit und Kontinuität
- das Streben nach Sicherheit

b)

Personalpolitische Maßnahmen für ältere Mitarbeiter

Technische Veränderung der Arbeitsbedingungen
- ergonomische Maßnahmen
- Verringerung der körperlichen Belastung

Gestaltung der Arbeitszeit
- Altersteilzeitarbeit
- Teilzeit mit Abfindungsausgleich
- Job Sharing

Sonstige Gestaltung der Vertragsbedingungen
- Versetzung
- Änderungskündigung
- vorzeitige Beendigung des Arbeitsvertrages
- individuelle Vertragsgestaltung
- Zahlung der Betriebsrente i. V. m. vorzeitigem Altersruhegeld

c) Konsequenzen für die Führungspraxis:
- Auf die Beschäftigung älterer Menschen kann nicht verzichtet werden. Ihr Leistungsbild ist gegenüber jüngeren Mitarbeiter nicht grundsätzlich geringwertiger, sondern in vielen Bereichen nur qualitativ anders.
- Für den Betriebserfolg sind die Qualitäten älterer Mitarbeiter ebenso wichtig wie die der jüngeren, für die Zusammenarbeit sind sie förderlich.
- Für Führungs- und Führungsnachwuchskräfte ist es wichtig, sich nicht unreflektiert an der Diskussion über das „Defizitmodell vom älteren Menschen" zu beteiligen, sondern sich an den Forschungserkenntnissen über Altersveränderungen zu orientieren und gewisse Fähigkeiten, die mit zunehmendem Alter sogar wachsen, effektiv in die tägliche Führungspraxis einzubinden.

Lösung zu Aufgabe 12: Besonderheiten der Führung ausgewählter Adressatengruppen (2)

Die Besonderheiten der Führung ausländischer Mitarbeiter können sich z. B. aus folgenden Aspekten ergeben:

- Die **sprachliche Barriere** ist oft ein Hindernis, da für einen gewissen Teil der ausländischen Mitarbeiter Deutschland nur Zwischenstation ist, sodass sich für sie das systematische Erlernen der Sprache nicht lohnt, es sei denn, sie sind als sog. 2. oder 3. Generation hier aufgewachsen. Das Informationsbedürfnis ist dann nicht sehr stark ausgeprägt. Gewisse sprachliche Missverständnisse sind häufig unvermeidbar:
  - Manche deutschen Worte sind gleichklingend mit ausländischen Schimpfworten.
  - Wohlgemeinter Spaß und Humor kann, wenn nicht richtig verstanden, auf sehr empfindliche Reaktionen stoßen.
  - Dolmetscher im Betrieb und die Übersetzung wichtiger betriebstechnischer Informationen sowie der Unfallverhütungsvorschriften sollten selbstverständlich sein;

eine fremdsprachige Rubrik in der Werkszeitung könnte zur wirksamen Integration ein Übriges tun.

- **Klimatische Unterschiede** und veränderte **Essgewohnheiten** können Schwierigkeiten bereiten.
- Manche Länder, aus denen Mitarbeiter beschäftigt werden, sind z. B. vom **Islam** beeinflusst. Es gilt darauf zu achten, in welcher Weise z. B. der Islam die Lebensgewohnheiten dieser Mitarbeiter bestimmt.
- Manche ausländischen Mitarbeiter leben zu Hause teilweise noch in überlieferten **Traditionen**. Hier müssen sie sich an höhere Arbeitsdisziplin gewöhnen (Zeiterfassung) und einen bestimmten Arbeitsrhythmus einhalten.
- Sie leben zu Hause überwiegend im Gemeinwesen der **Familie** und des **Freundeskreises**. Hier gehen sie, solange sie ohne Familie sind, einer gewissen Beziehungslosigkeit entgegen.
- Bei der Einarbeitung neuer ausländischer Mitarbeiter ist darauf zu achten, dass alles, was mit dem menschlich-persönlichen Bereich zusammenhängt, an den Anfang gestellt wird; es muss zuerst eine **persönliche Beziehung** aufgebaut werden:
  - mit Landsleuten und Arbeitskollegen bekannt machen,
  - soziale Einrichtungen zeigen (Kantine, Aufenthaltsräume, sanitäre Einrichtungen),
  - Lohnsystem und Abzüge erläutern, Arbeitsordnung erklären,
  - über Rechte und Pflichten informieren und
  - dann erst den Arbeitsplatz und den Arbeitsablauf erläutern und Hinweise auf allgemeine Unfallverhütung geben (Meldeeinrichtungen, Notausgänge, Verhalten bei Feuer, Handhabung der elektrischen Einrichtungen).
- Die Arbeitsunterweisung sollte möglichst durch einen Mitarbeiter der eigenen **Nationalität** durchgeführt werden; ggf. durch einen Dolmetscher, etwa anhand einer übersetzten Arbeitsgliederung. Hier kommt es vor allem darauf an, Selbstsicherheit zu vermitteln.

Lösung zu Aufgabe 13: Besonderheiten der Führung ausgewählter Adressatengruppen (3)

a)
- Der Arbeitgeber ist verpflichtet die **Arbeitsräume, Betriebsvorrichtungen, Maschinen und Gerätschaften** unter besonderer Berücksichtigung der Unfallgefahr so einzurichten und zu unterhalten und den Betrieb so zu regeln, dass wenigstens die vorgeschriebene Zahl schwerbehinderter Menschen in seinem Betrieben dauernde Beschäftigung finden kann.
- Die Einrichtung von **Teilzeitarbeitsplätzen** ist zu fördern.
- Der Arbeitgeber ist ferner verpflichtet den Arbeitsplatz mit den erforderlichen **technischen Arbeitshilfen** auszustatten. Diese Verpflichtung besteht nicht, soweit ihre Durchführung für den Arbeitgeber mit unverhältnismäßigen Aufwendungen verbunden wäre oder soweit die staatlichen oder berufsgenossenschaftlichen Arbeitsschutzvorschriften ihnen entgegenstehen. Bei Durchführung dieser

Maßnahmen haben die Agenturen für Arbeit und die Integrationsämter den Arbeitgeber unter Berücksichtigung der für die Beschäftigung wesentlichen Eigenschaften der Schwerbehinderten zu unterstützen (vgl. § 80 ff. SGB IX).

b) Bei der Führung behinderter Mitarbeiter sollte der Vorgesetzte darauf achten, Spott oder unangemessenes Mitleid zu vermeiden. **Behinderte wollen weitgehend wie „normale Mitarbeiter" behandelt werden.**

Lösung zu Aufgabe 14: Besonderheiten der Führung ausgewählter Adressatengruppen (4)

Beispiele:

- **Fördernde Faktoren:**
  - positive Prägung durch die Familie (Kontakt, Hilfestellung, sich Zeit nehmen für die Fragen und Lernprozesse des Jugendlichen, Bildungsniveau und Berufswelt der Eltern)
  - positive Kontakte zu Gleichaltrigen, Anregungen, soziales Lernen
  - Förderung in der Schule und zu Beginn des Berufslebens
  - fachlich und persönlicher Erfolg in der Berufswelt, Anerkennung durch andere
  - Anregungen in der Freizeit, die sinnvoll und neigungsorientiert genutzt werden kann
  - Entwicklung eines positiven sozialen Netzes (Freundeskreis, Hobbys, Nachbarn, gegenseitige Hilfe und Anerkennung).
- **Hemmende Faktoren:**

  Grundsätzlich lassen sich alle oben genannten Faktoren negativ umkehren. Zusätzlich gibt es spezielle negative Umwelteinflüsse für die menschliche Entwicklung:
  - Erkrankungen des betreffenden Menschen, insbesondere bei langfristiger Nachwirkung
  - Erkrankungen oder Todesfälle innerhalb der Familie
  - Störungen oder Verlust sozialer Bindungen (Familie, Freunde)
  - Mangel an Anerkennung im gesellschaftlichen Umfeld
  - häufige Misserfolgserlebnisse in Schule und Beruf (z. B. durch permanente Über- oder Unterforderung)
  - mangelnde Fähigkeit/Bereitschaft, soziale Bindungen einzugehen.

Lösung zu Aufgabe 15: Besonderheiten der Führung ausgewählter Adressatengruppen (5)

- Die Bestimmungen des **Jugendarbeitsschutzgesetzes** sind zu beachten, z. B.:
  - Gefahr der Überlastung
  - Arbeitsplatzgestaltung
  - begrenzte Arbeitszeiten
  - erhöhte Pausenzeiten
  - besondere Arbeitsschutzbestimmungen.
- Arbeitsunterweisungen z. B. in Sachen Arbeitssicherheit müssen ggf. wiederholt werden (Stichwort **„jugendlicher Leichtsinn“**).
- Die Form der Arbeitsunterweisung soll den Jugendlichen positiv unterstützen, ihn anregen und ihm **Erfolge** in seiner Entwicklung **vermitteln**.
- Aktivierende und motivierende **Lehrmethoden** sind zu bevorzugen.

Lösung zu Aufgabe 16: Zusammenarbeit von Frauen und Männern

Im Gegensatz zu den in der Fragestellung geschilderten Vorurteilen sind z. B. folgende Fakten richtig, die der Vorgesetzte in seinem Führungsverhalten berücksichtigen sollte – dabei sind die nachfolgenden Aussagen zu verstehen im Sinne von „im Allgemeinen“, „in der Regel“, „im Durchschnitt“:

- Frauen haben i. d. R. eine geringere **Körperkraft** als Männer; ihre Geschicklichkeit bei feinmotorischen Arbeiten ist meist höher.
- Die allgemeine **Intelligenz** von Frauen und Männern ist gleich. In den Punkten „Einfühlungsvermögen“ und „sprachliche Fähigkeiten“ schneiden Frauen etwas besser – bei den Segmenten „Abstraktion, mathematisch/physikalische Vorgänge“ – etwas schlechter ab als ihre männlichen Kollegen. Dabei darf jedoch der Einfluss der erziehungsbedingten Prägung und der gesellschaftlichen Rollenfestlegung nicht übersehen werden.
- Unterschiede zwischen Frauen und Männern ergeben sich auch aus der **gesellschaftlichen Rollenzuweisung** der Frau und der biologischen Tatsache, dass Frauen die Kinder gebären. So ist das Arbeitseinkommen der Frau häufiger ein „Zweiteinkommen“ als bei Männern. Durch die Geburt und die Erziehung der Kinder ergeben sich Unterbrechungen in der Berufsentwicklung. U. a. aus diesen Gründen sind Frauen eher bereit, ggf. auf berufliche Erfolge zeitweise zu verzichten – oft zu Gunsten „der Familie und der beruflichen Karriere“ des Mannes. Die Zahl der Frauen, die eine Doppelfunktion wahrnehmen (Familie und Beruf), ist wesentlich höher als bei Männern.
- Interessant ist, dass neuere Untersuchungen davon ausgehen, dass Frauen eine stärkere **moderatorische Kompetenz** haben. Sie sind in ihrem Verhalten weniger auf Rivalität und Dominanz angelegt als ihre männlichen Kollegen. Dies hat in der Führung und Zusammenarbeit den Vorteil, dass betriebliche Themen mit mehr Einfühlungsvermögen und einer stärkeren Bereitschaft zum tragfähigen Kompromiss angegangen werden.

- Frauen legen tendenziell mehr Wert auf äußere Erscheinung, freundliche und korrekte Umgangsformen, ansprechende Arbeitsräume und auf **„Wertschätzungen im Alltag“** (begrüßen, zuhören, Aufmerksamkeit und Interesse zeigen).
- Nicht vergessen werden darf die Tatsache, dass in der Zusammenarbeit zwischen Männern und Frauen auch die **geschlechterspezifische**, natürliche **Spannungssituation** eine Rolle spielt. Befragungen aus dem Berufsalltag zeigen immer wieder das Bild, dass „Mann“ und „Frau“ lieber in Arbeitsgruppen tätig sind, in denen beide Geschlechter vertreten sind.

Lösung zu Aufgabe 17: Führungsgrundsätze, Führungsrichtlinien

a) Zweck von Führungsgrundsätzen, z. B.:

- Sie sollen im Einklang mit den generellen Unternehmenszielen stehen und diese unterstützen.
- Sie sollen die Wertvorstellungen des Unternehmens in Worte fassen.
- Sie sollen die generellen Erwartungen des Managements und der Mitarbeiter artikulieren.
- Sie legen für alle Mitarbeiter des Unternehmens relativ verbindliche Verhaltensnormen fest.
- Sie sollen das Führungsgeschehen im Alltag unterstützen.
- Sie sollen zu einer „gemeinsamen Sprache im Führungsgeschehen“ verhelfen und so Reibungsverluste abbauen.

b)
- Die Einführung kann zu Verwirrung, Unruhe und Überreaktionen der Mitarbeiter führen.

  → Diskussion mit allen Beteiligten in abgestufter Form auf allen Ebenen; Workshops u. Ä.

- Die Führungskräfte fühlen sich „gegängelt“ und betrachten die Führungsgrundsätze als „bloßes Disziplinierungsinstrument“ der Geschäftsleitung.

  → Den Charakter der Führungsgrundsätze im Sinne von Führungs**leitlinien** in der gemeinsamen Diskussion herausarbeiten; aufzeigen, dass keine Gleichschaltung der Führungskräfte beabsichtigt ist.

- Das tatsächlich praktizierte Führungsverhalten der (einiger) Führungskräfte steht im Gegensatz zu den formulierten Grundsätzen.

  → Training, Diskussion und Coaching mit den Führungskräften; Herausarbeiten der Widersprüche und gemeinsame Diskussion von Lösungsansätzen.

Lösung zu Aufgabe 18: Grid-Konzept (Fallbeispiel)

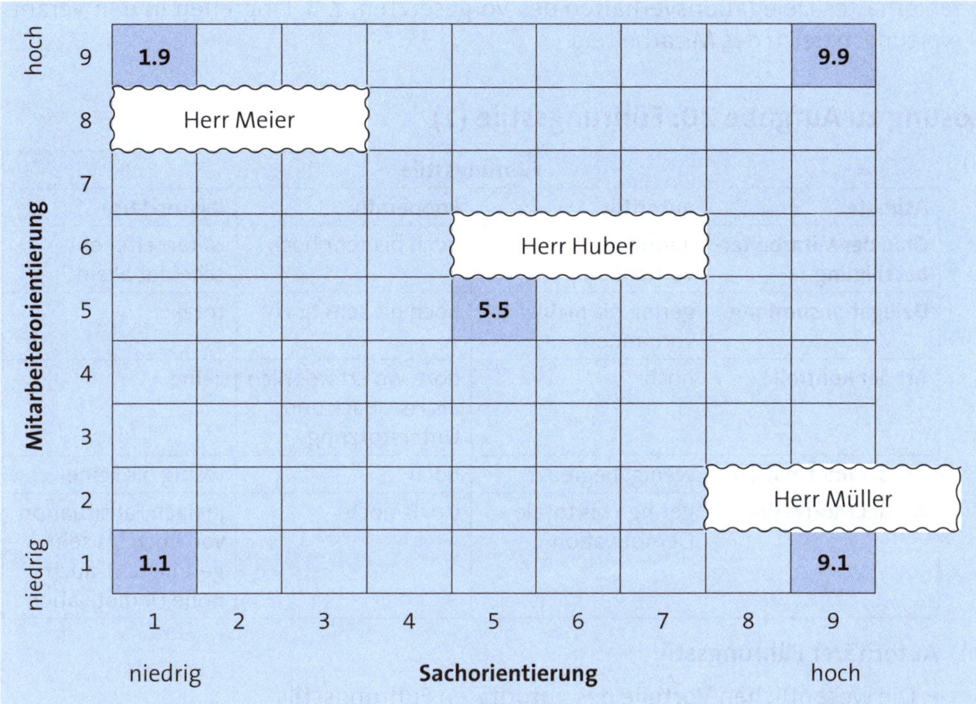

Müller: Er hat eine feste, streng sachorientierte Meinung. Interessen der Mitarbeiter berücksichtigt er nicht.

Huber: Er versucht eine Ausgewogenheit von Sach- und Mitarbeiterorientierung.

Meier: Die Argumentation ist ausschließlich und einseitig mitarbeiterorientiert. Die Sachfrage wird nicht näher betrachtet.

Lösung zu Aufgabe 19: Rückdelegation

Mögliche Ursachen, z. B.:

- Unsicherheit des Mitarbeiters (fachlich und/oder persönlich)
- ungenügende Einarbeitung
- mangelnde Übung/Erfahrung in der selbstständigen Erledigung von Aufgaben
- mangelnde Bereitschaft, Verantwortung zu übernehmen
- mangelnde Bereitschaft, Risiken einzugehen
- Angst, Fehler zu machen
- fehlende Bereitschaft, sich zu engagieren

- unzureichende Unterstützung durch den Vorgesetzten
- fehlerhaftes Delegationsverhalten des Vorgesetzten, z. B. Eingreifen in den Verantwortungsbereich des Mitarbeiters.

Lösung zu Aufgabe 20: Führungsstile (1)

a)

	Führungsstile		
Aspekte	**autoritär**	**kooperativ**	**laissez-faire**
Grad der Mitarbeiterbeteiligung	gering bis nicht vorhanden	hoch bis sehr hoch	Mitarbeiter entscheidet allein
Delegationsumfang	gering bis nicht vorhanden	hoch bis sehr hoch	total
Art der Kontrolle	hoch	dort, wo erforderlich als Feedback und Unterstützung	keine
Art der Information	wenig, begrenzt	hoch	wenig bis keine
Art der Motivation	geringe bis totale Demotivation	i. d. R. hoch	je nach Fallsituation von hoch bis sehr gering; u. U. auch hohe Demotivation

b) **Autoritärer Führungsstil:**

- Die wesentlichen **Vorteile** des autoritären Führungsstils:
  - hohe Entscheidungsgeschwindigkeit
  - effektiv bei Routinearbeiten.
- Die wichtigsten **Nachteile** des autoritären Führungsstils:
  - i. d. R. schlechte Motivation der Mitarbeiter
  - fehlende Selbstständigkeit der Mitarbeiter
  - Risiko bei „einsamen" Entscheidungen.

Kooperativer Führungsstil:

- Die wesentlichen **Vorteile** des kooperativen Führungsstils:
  - höhere Motivation der Mitarbeiter
  - keine „einsamen" Entscheidungen des Führenden
  - Entlastung der Führungskraft
  - Förderung der Mitarbeiter.
- Die wichtigsten **Nachteile** des kooperativen Führungsstils:
  - geringere Entscheidungsgeschwindigkeit
  - bei geringem Reifegrad der Mitarbeiter – nicht zu empfehlen.

Laissez-faire-Stil:

- Dieser Führungsstil hat folgende **Vorteile:**
  - Der Laissez-faire-Stil (frz.: faire = machen, laissez = lasst) ist durch den absoluten Freiheitsgrad
  - die Selbstkontrolle
  - die Selbstbestimmung der Mitarbeiter gekennzeichnet.
- Die **Nachteile** dieses Stils überwiegen:
  - Ausnutzen der Situation durch unreife Mitarbeiter
  - oft fehlerhafte Leistungen
  - mangelnde Systematik, Synergie und Zielorientierung
  - Gefahr der Heranbildung informeller Führer.

c)

Management-by-Techniken		
Merkmale	**Management by Objectives**	**Management by Delegation**
Voraus-setzungen	► messbare Ziele setzen ► Aufgaben delegieren ► Kompetenzen delegieren ► Handlungsverantwortung übertragen ► Zielsystem erarbeiten	► Ziele setzen ► Aufgaben delegieren ► Kompetenzen delegieren ► Handlungsverantwortung übertragen ► keine Rückdelegation ► Mitarbeiter „willens und fähig" machen (Motivation und Ausbildung) ► Vertrauen in die Mitarbeiter
Chancen	► Entlastung der Vorgesetzten ► verbesserte Identifikation ► Beurteilung am Grad der Zielerreichung ► unternehmerisches Denken und Handeln	► Entlastung der Vorgesetzten ► verbesserte Identifikation ► „Fordern heißt Fördern" ► verbesserte Motivation
Risiken	► hoher Leistungsdruck ► Problem bei unrealistischen Zielen ► Problem bei fehlender Kongruenz der Einzelziele	► ggf. Delegation von wenig interessanten Aufgabenbereichen ► ggf. fehlende Abgrenzung von Handlungs- und Führungsverantwortung

Lösung zu Aufgabe 21: Führungsstile (2)

Sachverhalt		eher autoritär	eher kooperativ
1.	Immer wiederkehrende Arbeit unter zeitlicher Anspannung	x	
2.	Ein Expertenteam bearbeitet ein Projekt.		x
3.	Arbeiten im Versand; die Mitarbeiter sind angelernte Kräfte mit geringer Qualifizierung.	x	
4.	Arbeiten in einem Team von Werbefachleuten; Kreativität ist gefragt.		x
5.	Es entsteht eine Notfallsituation.	x	
6.	Mit den Mitarbeitern wurde eine Ergebnisvereinbarung getroffen; über die Instrumente und Wege können sie eigenverantwortlich entscheiden.		x
7.	Just-in-Time-Lieferungen an einen Großkunden: es kommt zu Störungen.	x	

Lösung zu Aufgabe 22: Führungsstile (3)

Vergleich des „autoritäten" und des „kooperativen" Führungsstils in Stichworten anhand geeigneter Merkmale:

Merkmale	Autoritärer Führungsstil	Kooperativer Führungsstil
	(Die nachfolgenden Aussagen gelten im Sinne von „... tendenziell/in der Regel ..." und verstehen sich als Beispiele.)	
Entscheidung, Ausführung, Kontrolle	► klare Trennung	► kaum Trennung
Entscheidungs- und Anweisungskompetenz	► Vorgesetzter allein	► aufgrund fachlicher Kompetenz ► Prinzip der Delegation
Kontrolle	► ohne Ankündigung ► mehr Vollkontrolle	► Selbstkontrolle ► mehr Ergebniskontrolle
Machteinsatz	► legitimierte Macht (Amt)	► Referenz- oder Expertenmacht
Allgemeine Merkmale	► keine echte Delegation ► wenig Kreativität	► hohe Identifikation mit Betriebszielen ► emanzipierter Mitarbeiter ► indifferentes Verhältnis

Lösung zu Aufgabe 23: Situatives Führen

a) 1. **Situation:** duldet keinen Aufschub; der Auftrag ist wichtig, muss angenommen werden (35 %); von daher „Notfall/Sondersituation".

   Sie als Vorgesetzter haben die Sache akzeptiert; insofern ist diese Haltung auch nach „unten" hin zu vertreten.

   2. **Mitarbeiter:** sind erfahren, kennen die Situation, sollten mit „Respekt" behandelt werden; nicht: „Machen Sie ihren Leuten ...".

   3. **Betriebsleiter:** es fehlt Loyalität; erforderlich weil: Vorgesetzter hat akzeptiert und wegen der Notlage.

   4. **Kontrollverhalten:** Die Sache ist wichtig und dringlich; daher ist Unterstützung und „mitlaufende Kontrolle" (Zwischenkontrolle) durch den Vorgesetzten erforderlich.

b) *„Also, ich komme gerade vom Betriebsleiter. Wir müssen heute bis 20:00 Uhr arbeiten. Da ist noch ein Auftrag vom Kunden X hereingekommen, den wir nicht ablehnen konnten. Sie wissen ja, mit Kunde X machen wir 35 % des Ergebnisses. Erläutern Sie bitte Ihrer Mannschaft die Sache so, dass alle mitziehen. Bitten Sie um Unterstützung und sagen Sie Ihnen, dass wir dafür in der nächsten Woche einen Ausgleich finden werden. Sie selbst kennen ja solche Situationen. Ich möchte in der nächsten Teamsitzung derartige Notfälle mal grundsätzlich auf die Tagesordnung bringen und Ihre Meinung dazu wissen. Wenn Sie mich brauchen, ich bin in dringenden Fällen bei der Konstruktion erreichbar."* (oder ähnlich)

c)
- **autoritäre Elemente:** *„Machen Sie mal ... klar"; „Auf geht´s"; „Ich erwarte ..."* usw.
- **nicht unterstützend:** *„... ich komme mal´ runter ..."*
- **unloyal, nicht überzeugend:** *„Wie dem auch sei ..."* (und ähnlich).

Lösung zu Aufgabe 24: Führungsdefizite und Maßnahmen zur Abhilfe

- Jede Führungskraft, die ernsthaft gewillt ist, Führung als Lernprozess zu begreifen, sollte die **Bereitschaft und Fähigkeit** entwickeln, ihren eigenen Führungsstil zu erkennen und zu trainieren. Die Schlüsselfragen lauten:
  - Wie bin ich?
  - Wie verhalte ich mich?
  - Wie wirke ich?
- Die Antworten darauf können durch
  - **Fremdbeobachtung** (z. B. Vorgesetzter, Mentor, Trainer),
  - **Eigenbeobachtung** (Eigenanalyse anhand eines Fragebogens oder durch Selbstaufschreibung)

  oder durch

  - **Feedback der Mitarbeiter** (z. B. Feedback-Gespräch oder auch generelle Mitarbeiterbefragung) gewonnen werden. Führungskräfte, die sich die Wirksamkeit ihres Führungsverhaltens bewusst gemacht haben, sind auch in der Lage, ihre Führungsbefähigung durch Training zu verbessern.

- Führungskräfte sollten also
  - den eigenen Führungsstil **erkennen**
  - sich **bewusst machen**, an welchen Prinzipien und Normen sie sich in ihrem Führungsverhalten orientieren
  - **reflektieren**, welche positiven und negativen Wirkungen ihr Führungsstil entfaltet
  - **bereit sein**, den eigenen Führungsstil kritisch aus der Sicht „Eigenbild" und „Fremdbild" zu betrachten sowie Stärken herauszubilden und Schwachstellen zu mildern.

Lösung zu Aufgabe 25: Führungsmittel

a) Insbesondere aus dem Arbeitsvertrag ergeben sich für den Mitarbeiter u. a. Pflichten (Leistungspflicht, Gehorsamspflicht, Pflicht zur Vertraulichkeit, Schweigepflicht usw.). Aufseiten des Vorgesetzten stehen dem u. a. gegenüber:
   - das Weisungsrecht,
   - das Recht zur Anordnung und
   - das Recht zum Festlegen von Richtlinien (z. B. im Bereich des Unfallschutzes).

   Der Vorgesetzte kann diese **arbeitsrechtlichen Führungsmittel** gezielt zur Gestaltung des Führungsprozesses einsetzen (Anweisungen treffen, sich auf Richtlinien berufen, ermahnen, abmahnen usw.). Er kann sich dabei auf die unterschiedlichen, bekannten Rechtsquellen des Arbeitsrechts berufen.

b) - **Anreizmittel**, z. B.:
     - monetäre Anreize (Zulagen, leistungsorientierte Entlohnung)
     - Statusanreize (Ernennung zum leitenden Angestellten, zum „Direktor")
     - Entwicklungsanreize (Aufzeigen von Entwicklungschancen).
   - **Kommunikationsmittel**, z. B.:
     - informieren
     - mit dem Mitarbeiter reden
     - präsentieren.
   - **Führungsstilmittel**, z. B.:
     - beteiligen
     - wertschätzen
     - motivieren
     - fördern
     - delegieren
     - kontrollieren.

Im Ansatz und in der Wirkung gibt es oft Überschneidungen bei den einzelnen Führungsmitteln.

Lösung zu Aufgabe 26: Zielvereinbarung

a) Management by Objectives (Führen durch Zielvereinbarung)

b) Voraussetzungen, z. B.:

- Vorliegen einer abgestimmten Zielhierarchie; Ableitung der Ressortziele aus dem Unternehmensgesamtziel
- eindeutige Abgrenzung der Aufgabengebiete
- Vereinbarung der Ziele im Dialog (kein Zieldiktat)
- Festlegung von messbaren Zielgrößen, d. h. Bestimmung von
  - Zielinhalt, z. B. „Fluktuation senken"
  - Zielausmaß, z. B. „um 5 %"
  - zeitlicher Bezugsbasis, z. B. „innerhalb eines Jahres"
- gemeinsame Überprüfung der Zielerreichung.

Lösung zu Aufgabe 27: Delegationsbereiche

1. Mitarbeiter:
   Begründung: Entscheidungen innerhalb seines Delegationsbereichs trifft der Mitarbeiter selbst und kein anderer.
2. Vorgesetzter + Mitarbeiter:
   Begründung: Informieren ist eine Holschuld (Mitarbeiter) und eine Bringschuld (Vorgesetzter).
3. Vorgesetzter + Mitarbeiter:
   Begründung: Eigenkontrolle (Mitarbeiter) und Fremdkontrolle (Vorgesetzter).
4. Mitarbeiter:
   Die Handlungsverantwortung liegt immer beim Mitarbeiter.

Lösung zu Aufgabe 28: Motivationsprobleme und Handlungsempfehlungen

Handlungsempfehlungen zur Motivation der Mitarbeiter: Folgende Grundregeln können eine Orientierungshilfe sein:

Vorgehensweise		z. B. durch
1.	unbefriedigte Motive der Mitarbeiter kennenlernen	► Gespräch mit dem Mitarbeiter ► Motive wecken ► Anreize bieten
2.	erwünschtes Verhalten verstärken	► Bestätigung, Anerkennung, Kritik
3.	unerwünschtes Verhalten vermeiden	► Beurteilung, Kritik
4.	Hindernisse für negatives Verhalten vermeiden	► Information, Arbeitsplatzgestaltung, ► optimale Arbeitsmittel, Arbeitsabläufe
5.	gegensteuernde Motive verhindern	► Vertrauen durch Verständigung schaffen

Lösung zu Aufgabe 29: Motivatoren, Hygienefaktoren (Herzberg)

a)
- Selbstbestätigung (+)
- Anerkennung (+)
- Arbeitsinhalte (+)
- schlechte Organisation (-)
- schlechtes Führungsverhalten (-)
- schlechte Arbeitsbedingungen (-).

b)
- Das effektive Führungsverhalten des Vorgesetzten ist eine wichtige Quelle für die Arbeitszufriedenheit der Mitarbeiter.
- Der Vorgesetzte muss sich für angemessene Arbeitsbedingungen einsetzen.
- Er muss seinen Verantwortungsbereich klar und transparent organisieren.

Lösung zu Aufgabe 30: Motivation (Maslow)

a) Die Frage nach der Motivation ist die Frage nach den Beweggründen menschlichen Verhaltens und Erlebens. Man unterscheidet dabei das Motiv von der Motivation:

- **Von einem Motiv** spricht man immer dann, wenn man einen isolierten Beweggrund des Verhaltens erkennt.
- **Von Motivation** spricht man dann, wenn in konkreten Situationen aus dem Zusammenwirken verschiedener aktivierter Motive ein bestimmtes Verhalten entsteht.

b)
- Das menschliche Verhalten wird nicht nur durch eine Summe von Motiven allein bestimmt. Wesentliche Einflussfaktoren als Antrieb für eine bestimmte Verhaltensweise sind die persönlichen Fähigkeiten und Fertigkeiten.
- Eine entscheidende Rolle hinsichtlich des menschlichen Verhaltens spielt auch die gegebene Situation.
- Bei konstanter Situation (beispielsweise am Arbeitsplatz) kann man sagen, dass das Verhalten die Summe aus Motivation mal Fähigkeiten plus Fertigkeiten ist. Das Leistungsverhalten des Einzelnen kann durch Verbesserung der Fähigkeiten und Fertigkeiten bei hoher Motivation gesteigert werden.

MERKE

Leitgedanke: Verhalten = Motivation • (Fähigkeiten + Fertigkeiten)

- Ein bestimmtes Verhalten entsteht i. d. R. nicht allein aufgrund eines Motivs, sondern aufgrund eines **Bündels an Motiven**. Die Wertigkeit der Einzelmotive kann dabei je nach Situation wechseln.
  Beispiel: Der Mitarbeiter entschließt sich zu einer Versetzung aufgrund der Motive „Geld", „Status", „Kontakt" u. Ä.

c) Aus den einzelnen Stufen der Bedürfnispyramide können beispielsweise folgende Motive abgeleitet werden:

- **Geldmotiv**, z. B.:

  Der Mitarbeiter reagiert auf Lohnanreize mit einer höheren Leistungsbereitschaft.

- **Sicherheitsmotiv**, z. B.:

  Der Mitarbeiter bittet um eine vertraglich abgesicherte Verlängerung der Kündigungsfrist.

- **Kontaktmotiv**, z. B.:

  Der Mitarbeiter trifft sich in der Mittagspause regelmäßig mit einigen Kollegen.

- **Kompetenzmotiv**, z. B.:

  Der Mitarbeiter möchte die Leitung einer Projektgruppe übernehmen.

d)
- Die Begriffe, die *Maslow* verwendet, sind teilweise nicht scharf zu trennen (z. B.: Was heißt für das einzelne Individuum „Selbstverwirklichung"?).
- Die Bedingungen, „wann liegt ein bestimmtes Bedürfnis vor und wann wird es auf welche Art aktiviert", sind nicht beschrieben.
- Das Verhalten von Menschen wird i. d. R. von einem „Bedürfnis-(Motiv-)Bündel" bestimmt; die einzelnen Bedürfnisse beeinflussen und überlagern sich, und zwar in Abhängigkeit von der jeweiligen wirtschaftlichen und gesellschaftlichen Situation des Einzelnen.

e) Folgende konkrete Führungsmaßnahmen können geeignet sein, Motivanreize für die Bedürfnisstufen nach *Maslow* zu bilden:

Physiologische Bedürfnisse	► Beachtung des Tages-, Wochen- und Jahresrhythmus, z. B. Arbeitszeit, Pausen, Überstunden, Schichtarbeit, Freizeit
Sicherheitsbedürfnisse	► sicheres Einkommen ► krisen- und unfallsicherer Arbeitsplatz ► firmeneigene Altersversorgung ► Kompetenzen (auch) im Alter ► Betriebskrankenkasse ► Mitwirkung bei Neuerungen ► Kündigungsschutz
Soziale Bedürfnisse	► Konferenzen und Mitarbeitergespräche ► Teamarbeit, Gruppenarbeit ► Betriebsausflüge ► Kollegentreffen ► Werkszeitung ► Verständigung am Arbeitsplatz ► Weiterbildung ► gleitende Arbeitszeit

Ich-bezogene Bedürfnisse	► übertragene Zuständigkeiten ► Ehrentitel ► Statussymbole ► Einkommenshöhe ► Art des Firmenfahrzeugs ► Firmenparkplatz ► Berufserfolg, Aufstiegsmöglichkeiten ► Mitsprache
Bedürfnis nach Selbstverwirklichung	► Befriedigung durch spezielle, sehr verantwortliche Tätigkeit ► Entscheidungsspielraum ► Zielvereinbarungen ► Vollmachten ► Verantwortung ► Unabhängigkeit

f)

Motivation	
extrinsische	= **äußere Motivation** (= Mittel zum Zweck), z. B. Arbeit als Mittel, um Geld zu verdienen, Sicherheit zu haben und Anerkennung zu bekommen („Motivation von außen“).
intrinsische	= **innere Motivation**; sie liegt dann vor, wenn eine Idee/Aufgabe/Tätigkeit als sinnvoll erlebt wird („Motivation aus der Aufgabe heraus“).

Lösung zu Aufgabe 31: Verhaltensregeln im Betrieb

1. Der Vorgesetzte hat die Aufgabe, seine Mitarbeiter über alle Fragen der Ordnung und des Verhaltens im Betrieb **zu informieren** und dabei **Einsicht zu erzeugen**, warum diese Regelungen existieren. Im Einzelfall kann dazu auch gehören, dass er sich bei der Betriebsleitung dafür einsetzt, dass überholte Regeln abgeschafft oder überarbeitet werden.
2. Dem Vorgesetzten stehen gegenüber dem Mitarbeiter folgende disziplinarische und arbeitsrechtliche **Instrumente/Maßnahmen** zur Verfügung, die er je nach Sachverhalt wirksam einsetzen muss:
   - Unterweisung, Sicherheitsbelehrung
   - Ermahnung
   - Abmahnung
   - schriftliches Festhalten von Arbeitsverstößen
   - sofortige Ablösung am Arbeitsplatz
   - Bußgeld (auf der Basis einer Arbeitsordnung)
   - Versetzung

- ggf. Lohnabzug
- Kündigung.

5.2 Mitarbeitergespräche

Lösung zu Aufgabe 1: Lob, Anerkennung

a)
- Anerkennung ist (sprachlich) die schwächere Form.
- Anerkennung bezieht sich auf die Leistung; Lob bezieht sich auf die Person (Vorsicht!).
- Lob und Anerkennung motivieren.
- Konkret sein und sich auf die Sache/Leistung beziehen (nicht auf die Person).
- Wichtig:
  - richtige Zeit (z. B. pädagogischer Anlass)
  - richtiger Ort
  - richtiges Maß
  - meist: unter vier Augen.
- Ausgewogenheit von Anerkennung und Kritik.

b) Formen der Anerkennung, Beispiele:
- **nonverbal:**

  Kopfnicken, Zustimmung signalisieren, Daumen nach oben, *„Hm, hm, ...“*
- **verbal:**
  - **in einzelnen Worten:**

    „Ja.“, „Prima.“, „Klasse.“, „Freut mich.“
  - **in (ganzen) Sätzen:**

    „Klasse, dass wir den Termin noch halten können.“

    „Scheint ja gut geklappt zu haben?“
- unter **vier Augen**/vor der **Gruppe**
- Anerkennung der **Einzel**leistung/der **Gruppen**leistung
- Anerkennung **verbunden mit einer materiellen/immateriellen Zuwendung:** Prämie, Geschenk, Sonderzahlung; Beförderung, Erweiterung des Aufgabengebietes u. Ä.

Lösung zu Aufgabe 2: Beschwerden und Kritik

a)
- Zuhören, Mitarbeiter ausreden lassen
- Anteil nehmen, respektieren, sich konzentrieren
- gegebenenfalls Anhören aller Beteiligten
- Änderungsmöglichkeiten erarbeiten
- geplante Änderungen kontrollieren.

b)
1. Der Vorgesetzte trägt Kritik vor; sachlich, mit Augenmaß, konkret.
2. Der Mitarbeiter hat Gelegenheit, Stellung zu nehmen. Vorgesetzter lässt ihn ausreden; hört zu (ggf. Notizen).
3. Beide Seiten erörtern Maßnahmen zur Veränderung.
4. Verbindliche Verabschiedung von zukünftigen Verhaltens„kontrakten".

Lösung zu Aufgabe 3: Kritikgespräch „Im Versand"

a) Phasen und Inhalte des Kritikgesprächs zum Fallbeispiel, z. B.:

Gesprächsphasen		Inhalte
1.	Vorgesetzter hat das Wort	Konkrete Darlegung des fehlerhaften Verhaltens: ► Qualitätsprobleme ► Zusammenarbeit mit Kollegen ► Teilnahme am Jour fixe ► aktuelles Problem: Kunde Gram
2.	Mitarbeiter hat das Wort	Stellungnahme zu den Einzelpunkten der Kritik
3.	Dialog: Vorgesetzter/Mitarbeiter	► Auffassungsunterschiede ► Gemeinsamkeiten in der Bewertung ► Ursachenanalyse ► Lösungen (Mitarbeiter ist gefordert)
4.	Gesprächsabschluss	Vereinbarung zukünftiger Verhaltensmaßstäbe: ► Jour fixe ► Qualitätsnormen, Termine ► Standardisierung der Abläufe

b) Zielsetzung, z. B.:
- Einsicht in fehlerhaftes Verhalten erzeugen
- (innere) Zustimmung gemeinsam verabschiedeter Lösungsansätze
- langfristig: Änderung des fehlerhaften Verhaltens.

Gegebenfalls muss – aufgrund der Vielzahl der Kritikpunkte – zunächst ein Aspekt vorrangig behandelt werden.

c) Kritik ruft oft beim Kritisierten eine „Verteidigungshaltung" hervor (sog. „Nebenkriegsschauplätze"); so könnte Rudi Hurtig z. B. sagen:

- *„Die Kollegen unterstützen mich auch nicht bei meiner Arbeit – aber da kümmert sich ja kein Mensch drum."*
- *„Der Jour fixe bringt mir nichts. Immer dieses Gerede. Es kommt doch nichts dabei heraus."*
- *„Ich wollte ja die restlichen Teile für den Kunden Gram noch verpacken – aber unser Big Boss kam mal wieder mit seinen Sonderwünschen dazwischen."*

Lösung zu Aufgabe 4: Mitarbeiterbeurteilung, Beurteilungs- und Fördergespräch

a) **Phasen:**

- Beobachten
- Beschreiben
- Bewerten
- Beurteilungsgespräch
- Auswertung.

Beurteilungsfehler:

- **Fehler in der Wahrnehmung**
  - Halo-Effekt
  - Nikolaus-Effekt
  - Selektions-Effekt
  - Vorurteile
  - Lorbeer-Effekt
  - Hierarchie-Effekt
  - voreilige Schlussfolgerungen.
- **Fehler im Beurteilungsverfahren/im Maßstab**
  - Tendenz zur Mitte
  - Tendenz zur Milde
  - Tendenz zur Strenge
  - Sympathiefehler.

b) **Führungskräfte:**

- Dynamik
- Flexibilität
- Führungsfähigkeit
- psychische Stabilität.

Gewerbliche Arbeitnehmer:

- Arbeitsmenge
- Arbeitsqualität
- Sorgfalt
- Zusammenarbeit.

Lösung zu Aufgabe 5: Gesprächsführung im Rahmen der Beurteilung

a) 1. Beispiel für eine positive Gesprächseröffnung:
„Ich bin der Meinung, Sie haben sich in der Probezeit sehr engagiert und mit großem Interesse in das neue Aufgabengebiet eingearbeitet. Dafür möchte ich Ihnen danken.“

Möglichst in der Ich-Form sprechen – ich als Vorgesetzter – und nicht in der Wir-Form – wir als Betrieb; die Wir-Form wirkt weniger verbindlich.

2. Beispiel für eine richtig formulierte Beanstandung:

- *„Ich sehe in Ihren Arbeitsergebnissen noch die Möglichkeit, sich in dem Gebiet ... X,Y ... zu verbessern, z. B. durch ...“*
- *„Mir ist aufgefallen, dass Ihnen bei folgenden Aufstellungen ... (konkret nennen) noch Fehler unterlaufen ...“*
- *„Ich musste feststellen, dass Sie im letzten Monat – wenn ich mir das Ergebnis ihrer Zeitsummenkarte betrachte – häufiger zu spät gekommen sind.“; (nicht: „Sie kommen ständig zu spät.“ Kritik an der Sache – nicht an der Person).*

3. Beispiel für die Überleitung des Gesprächs an den Mitarbeiter:
„Ich habe Ihnen eine Reihe von Punkten genannt ..., mich interessiert, wie sehen Sie das?“

b) 1. *„Sie arbeiten fehlerhaft und nachlässig.“*
„Ihre Bereitschaft, sich engagiert in die neu gebildete Gruppe einzubringen, lässt noch sehr zu wünschen übrig.“

Bewertung: → fehlerhaft: **Die Person wird beanstandet.**

2. *„Sie sind doch wohl mit mir auch der Meinung, dass ...?“*
„Ich glaube kaum, dass Sie behaupten können, dass ...“

Bewertung: → fehlerhaft: **Suggestivfragen, Fangfragen werden verwendet.**

3. *„Das kann man so doch wohl nicht sehen.“*

Bewertung: → fehlerhaft: Der Mitarbeiter wird durch **unangemessene Unmutsäußerungen** frustriert.

4. Unangemessen langes Schweigen des Vorgesetzten (mit „Pokerface“).

Bewertung: → fehlerhaft: Der Mitarbeiter wird frustriert, weil **Feedback fehlt.**

c) Grundsätze für die Durchführung von Beurteilungsgesprächen:

- Der Vorgesetzte sollte **nicht versuche**n, im Beurteilungsgespräch **zu viel zu erreichen**. Gegebenenfalls sollten sich beide Seiten mit Teilerfolgen zufriedengeben. Es kann unter Umständen notwendig sein, das Gespräch **zu vertagen**, weil eine Seite oder beide Gesprächsteilnehmer im Moment nicht über die Gelassenheit verfügen, um das Gespräch erfolgreich bearbeiten zu können.
- Das **abschließende Gesprächsergebnis** (Wie sehen beide die einzelnen Punkte, welche Vereinbarungen/Kontrakte werden getroffen?) sind der **Grundstein für das nächstfolgende Gespräch**.
- Der Sinn des Beurteilungsgesprächs wird völlig verfehlt, wenn durch die Art der Gesprächsführung die zukünftige emotionale Basis der Zusammenarbeit nachhaltig gestört wird. Es ist dann besser, abzubrechen und zu vertagen.
- Die objektive Dauer des Beurteilungsgesprächs ist weniger bedeutsam als die **Vermittlung des subjektiven Gefühls „Zeit gehabt zu haben“.**
- Auch bei harten Auseinandersetzungen und bei massiven Meinungsverschiedenheiten hinsichtlich der Leistungsbeurteilung ist der **konstruktive Ausgang des Gesprächs anzustreben.**
- Ein unvorbereitetes Beurteilungsgespräch führt i. d. R. zum Desaster. Dazu gehört auch, dem Mitarbeiter rechtzeitig den Gesprächstermin anzukündigen und ihn zu bitten, sich selbst darauf vorzubereiten.
- Ebenfalls zu **vermeiden ist eine einseitige Entscheidun**g des Vorgesetzten über notwendige Aktionen (Fortbildung, Nachholen von Einarbeitungsschritten u. Ä.).
- Ebenfalls fehlerhaft ist es, **neue Informationen**, die der Mitarbeiter vorbringt, in der Beurteilung einfach **zu ignorieren**.
- Und „last but not least“ ist eine **versteckte Beurteilung**, die dem Mitarbeiter nicht bekannt ist bzw. nicht mit ihm besprochen wurde, **abzulehnen.**

Lösung zu Aufgabe 6: Beurteilungsgespräch, Vorbereitung und Phasen

a) **Vorbereitung**, z. B.:

- Dem Mitarbeiter rechtzeitig den **Gesprächstermin** mitteilen und ihn bitten, sich ebenfalls vorzubereiten.
- Gegebenenfalls prüfen, ob ein Dolmetscher erforderlich ist.
- Den „**äußeren Rahmen**“ gewährleisten; keine Störungen, ausreichend Zeit, keine Hektik, geeignete Räumlichkeit, unter „vier Augen“ u. Ä..
- **Sammeln und Strukturieren der Informationen:**
  - Wann war die letzte Leistungsbeurteilung?
  - Mit welchem Ergebnis?
  - Was ist seitdem geschehen?
  - Welche positiven Aspekte?

- Welche negativen Aspekte?
- Sind dazu Unterlagen erforderlich?

► **Was ist das Gesprächsziel?**
- Mit welchen Argumenten?
- Was wird der Mitarbeiter vorbringen?

b) 1. **Eröffnung**, z. B.:
► sich auf den Gesprächspartner einstellen, eine zwanglose Atmosphäre schaffen
► Gesprächsbereitschaft des Mitarbeiters gewinnen, evtl. Hemmungen beseitigen
► gegebenenfalls beim Mitarbeiter Verständnis für die Beurteilungssituation wecken.

2. **Konkrete Erörterung der positiven Gesichtspunkte**, z. B.:
► nicht unbedingt nach der Reihenfolge der Kriterien im Beurteilungsrahmen vorgehen
► gegebenenfalls positive Veränderungen gegenüber der letzten Beurteilung hervorheben
► Bewertungen konkret belegen
► nur wesentliche Punkte ansprechen (weder „Peanuts“ noch „olle Kamellen“)
► den Sachverhalt beurteilen, nicht die Person.

3. **Konkrete Erörterung der negativen Gesichtspunkte**, z. B.:
► analog wie Punkt 2
► negative Punkte zukunftsorientiert darstellen (Förderungscharakter).

4. **Bewertung der Fakten durch den Mitarbeiter**, z. B.:
► Mitarbeiter zu Wort kommen lassen, interessierter und aufmerksamer Zuhörer sein
► aktives Zuhören, durch offene Fragen ggf. zu weiteren Äußerungen anregen
► asymmetrische Gesprächsführung, d. h. in der Regel dem Mitarbeiter den größeren Anteil an Zeit/Worten überlassen
► eventuell noch einmal einzelne Beurteilungspunkte genauer begründen
► zeigen, dass die Argumente ernst genommen werden
► eigene „Fehler“ und betriebliche Pannen offen darlegen
► i. d. R. keine Gehaltsfragen diskutieren (keine Vermengung); falls notwendig, „abtrennen“ und zu einem späteren Zeitpunkt fortführen.

5. **Vorgesetzter und Mitarbeiter diskutieren alternative Strategien und Maßnahmen zur Vermeidung zukünftiger Fehler**, z. B.:
   - Hilfestellung nach dem Prinzip „Hilfe zur Selbsthilfe" („ihn selbst darauf kommen lassen")
   - ggf. konkrete Hinweise und Unterstützung (betriebliche Fortbildung, Fachleute usw.)
   - kein unangemessenes Eindringen in den Privatbereich
   - sich Notizen machen; den Mitarbeiter anregen, sich ebenfalls Notizen zu machen.
6. **Positiver Gesprächsabschluss mit Aktionsplan**, z. B.:
   - wesentliche Gesichtspunkte zusammenfassen
   - Gemeinsamkeiten und Unterschiede klarstellen
   - ggf. zeigen, dass die Beurteilung überdacht wird
   - gemeinsam festlegen:
     - Was unternimmt der Mitarbeiter?
     - Was unternimmt der Vorgesetzte?
     - (Wer macht was? Wie? Bis wann?)
   - ggf. Folgegespräch vereinbaren; Wann? Welche Hauptaufgaben?
   - Zuversicht über den Erfolg von Leistungskorrekturen vermitteln
   - Dank für das Gespräch.

Lösung zu Aufgabe 7: Beurteilung und Mitbestimmung

a) Sie haben die Bitte des Mitarbeiters auf eine Beurteilung zu Unrecht abgelehnt. Die §§ 81 - 86 BetrVG enthalten sog. individualrechtliche Normen des einzelnen Arbeitnehmers. Sie haben generelle Geltung – unabhängig davon, ob ein Betriebsrat existiert oder nicht.

Dazu gehört auch das Recht des Mitarbeiters auf eine Beurteilung seiner Leistung (§ 82 Abs. 2 BetrVG).

Daneben besteht nach § 83 BetrVG das Einsichtsrecht in die eigene Personalakte. Damit hat der Mitarbeiter die Möglichkeit, auch eine Beurteilung, die nicht mit ihm besprochen wurde, in Erfahrung zu bringen.

b)
- Ja, der Betriebsrat muss eingeschaltet werden.
- Das vorliegende Beurteilungssystem dürfte den Tatbestand der „allgemeinen Beurteilungsgrundsätze" nach § 94 Abs. 2 BetrVG erfüllen. Die Erstellung sowie die Überarbeitung eines Beurteilungssystems mit festgelegten Merkmalen, Merkmalsausprägungen usw. bedarf der Zustimmung des Betriebsrates.

5.3 Konfliktmanagement

Lösung zu Aufgabe 1: Schwelende Konflikte, Folgen

Mögliche Folgen, z. B.:

- Gefahr der Eskalation
- Störung des Betriebsklimas
- Gerüchtebildung
- Vertrauensverluste
- Frustration, ggf. mit der Folge von Aggression
- Minderung der Leistungsergebnisse.

Lösung zu Aufgabe 2: Konfliktbearbeitung, Gesprächsverlauf

Ansätze zum Gesprächsverlauf:

- Verständnis für die Betriebsbegehung zeigen.
- Dem Chef die Bedeutung der Sonderaufgabe an Herrn Hurtig beschreiben.
- Dem Chef einen anderen, ebenfalls geeigneten Mitarbeiter vorschlagen.
- Mit dem Chef gemeinsam einen geeigneten Maßstab (aus der Sicht des Betriebes) für die Lösung des Problems erarbeiten, z. B.:
  - Was passiert, wenn Herr Hurtig nicht für die Betriebsbegehung zur Verfügung steht?
  - Welche Folgen für den Betrieb treten ein, wenn er die Sonderaufgabe nicht ausführen kann? Dabei keine „Gewinner-Verlierer-Strategie" einschlagen.
- Bei Zustimmung durch den Chef (Hurtig → Sonderaufgabe):
  - für das Verständnis danken
  - Dem Chef Unterstützung anbieten bei der Lösung „seines Problems".
- Bei Ablehnung durch den Chef (Hurtig → Betriebsbegehung):

  Lösungen für das „eigene Problem" erarbeiten und dabei den Chef um Unterstützung bitten.

Lösung zu Aufgabe 3: Empfehlungen im Umgang mit Konflikten

Empfehlungen im Umgang mit Konflikten, z. B.:

- Der Vorgesetzte sollte sich im Erkennen von Konfliktsignalen trainieren.
- Der Vorgesetzte sollte eine klare Meinung von den Dingen haben, sich aber davor hüten, alles nur von seinem Standpunkt heraus zu betrachten.
- Der Vorgesetzte sollte bei der Konfliktbewältigung keine „Verlierer" zurück lassen. Verlierer sind keine Leistungsträger.
- Konflikte in Gesprächen bearbeiten.

- Spielregeln der Zusammenarbeit vereinbaren.
- Je früher ein Konflikt erkannt und bearbeitet wird, umso besser sind die Möglichkeiten der Bewältigung.
- Konflikte bewältigen heißt „Lernen". Dafür ist Zeit erforderlich!

Lösung zu Aufgabe 4: Konflikte in der Kargen GmbH

a) **Organigramm der Kargen GmbH:**

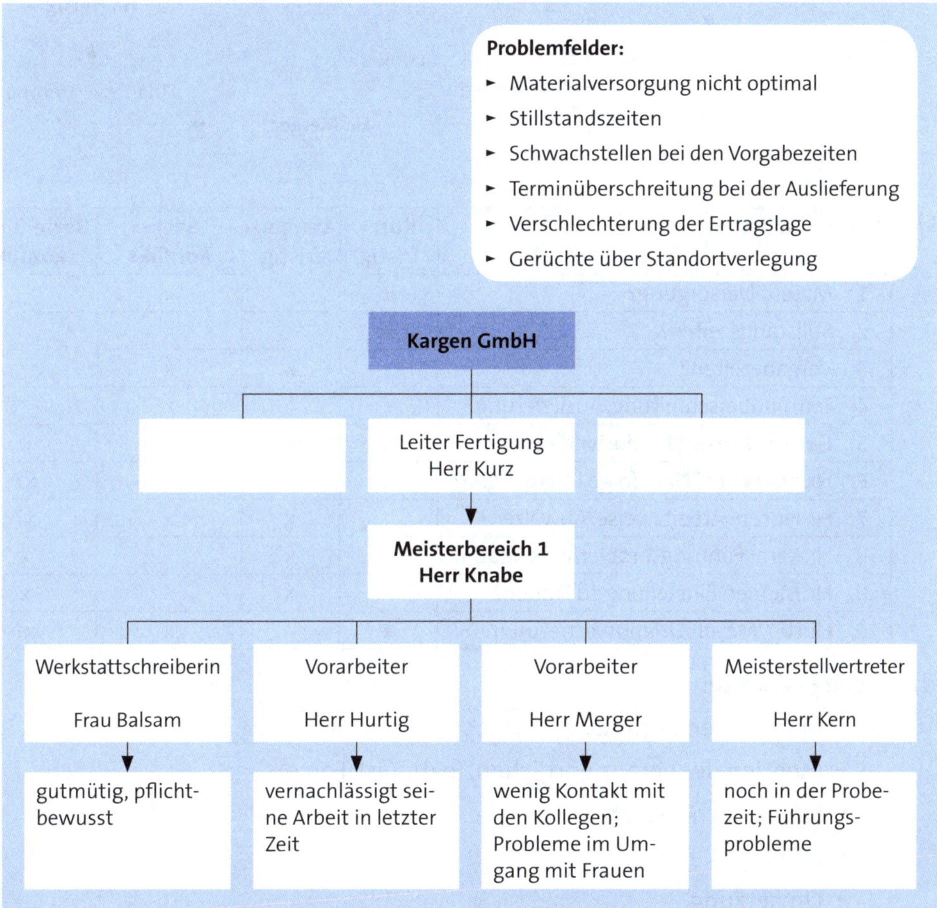

b) Soziogramm (ansatzweise):

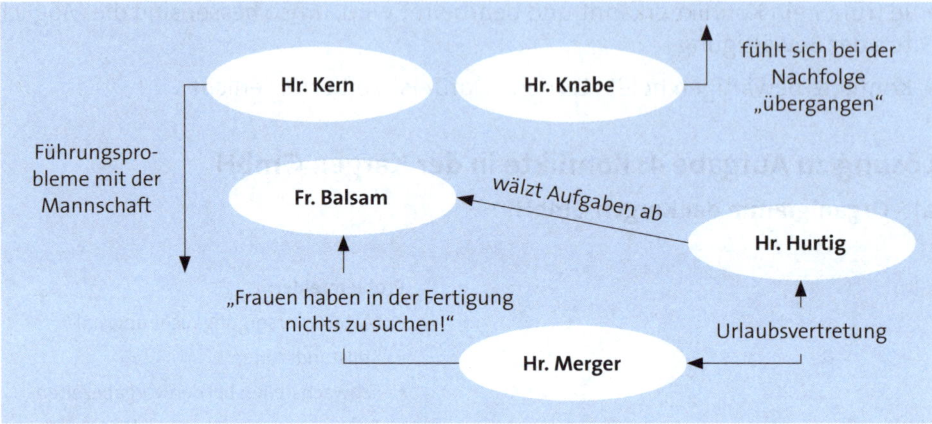

c)

Konfliktfelder	**Kurz-fristig**	**Länger-fristig**	**Sach-konflikt**	**Beziehungs-konflikt**
1. Materialversorgung?	x		x	
2. Stillstandszeiten?	x		x	
3. Vorgabezeiten?		x	x	
4. Terminüberschreitung/Auslieferung?	x		x	
5. Gerüchte über Standortverlegung?	x	x	x	x
6. Hr. Knabe: bei Nachfolge übergangen?	x		x	x?
7. Hr. Hurtig: Arbeitsweise/Abwälzen?		x	x	x?
8. Hr. Kern: Führungsprobleme/Isolation?		x		x
9. Hr. Merger: Einstellung zu Frauen?		x		x
10. Hurtig/Meyer: Urlaubsvertretung?	x		x	x?

d) **Lösungsansätze:**

1. - 4. Materialversorgung:

- Meeting der Verantwortlichen, (evtl. Task Force)
- Suche nach Ursachen
- Lösung
- Umsetzung
- Kontrolle der Wirksamkeit und der Umsetzung.

5. Gerüchte über Standortverlegung:

- kurzfristig: Mitteilung der Geschäftsleitung, ob eine Verlegung geplant ist
- langfristig: lfd. Information der Belegschaft über zentrale Aspekte des Betriebes; Information ist Sachinformation und Wertschätzung zugleich.

6. Hr. Knabe: Nachfolge?
   - kurzfristiges Gespräch der Herren Knabe und Kurz: Darlegung der Entscheidung der Geschäftsleitung, Aufarbeitung der „Verletzungen“, Erneuerung einer stabilen Arbeitsbasis.

7. + 10. Hr. Hurtig:
   - Kritikgespräch: Knabe + Hurtig über „Abwälzen“, „Urlaubsvertretung“ und „Vernachlässigung“; ggf. zusätzliche Einzelgespräche mit Fr. Balsam („Abwälzen“) und Hr. Merger („Urlaubsvertretung“).
   - Möglich auch: Hurtig und Merger erhalten den Auftrag, bis zum ... eine tragfähige Lösung zu präsentieren.

8. Hr. Kern: Führungsprobleme?
   - Gespräch: Knabe + Kern; Kern schildert die Dinge aus seiner Sicht; Ergebnis offen: ggf. Coaching, Unterstützung oder auch Beendigung des Arbeitsverhältnisses, falls gravierender Fehler bei der Personalauswahl; Problemlösung ist erschwert (angehender Schwiegersohn).

9. Hr. Merger: Haltung zu Frauen?
   - Gespräch: Knabe + Merger; Einsicht erzeugen bei Merger, dass hier Vorurteile bestehen und wie diese wirken; ggf. Dreiergespräch: Knabe + Merger + Balsam; führt dies nicht zum Ergebnis: Ermahnung, Anordnung, ggf. Abmahnung bei frauenfeindlichen Äußerungen (vgl. BGB, Grundgesetz, EG-Gesetz).

Lösung zu Aufgabe 5: Überwindung von Widerständen der Mitarbeiter

1. **Manipulation:**
   Bewusste Beeinflussung der Mitarbeiter mit unehrlichen/egoistischen Zielen des Vorgesetzten.

   Die „Belohnung“ ist nichtssagend formuliert; der Vorgesetzte weiß, dass eine „Belohnung“ betrieblich nicht möglich ist; sein Ziel ist lediglich die Erledigung der Arbeit; er motiviert mit unlauteren Mitteln.

2. **Bombenwurfstrategie:**
   Das Management entwickelt ein geheimes Veränderungskonzept und wirft es ohne Vorbereitung wie eine Bombe in das gesamte Unternehmen. Zweck dieser Strategie ist es, massiven Widerstand durch unveränderbare Ganzheitlichkeit und aufgrund des Überraschungseffekts zu vermeiden.

Lösung zu Aufgabe 6: Strategieansätze des Veränderungsmanagements

- **Top-down** („von oben nach unten“):
  Veränderungsansätze werden von der Spitze des Unternehmens her entwickelt und schrittweise in den nachgelagerten Ebenen mit entwickelt und umgesetzt.

- **Bottom-up** („von unten nach oben“):
  Veränderungsprozesse gehen primär von der Basis aus und werden nach oben hin in Gesamtpläne verdichtet.
- **Center-out** („von Kernprozessen ausgehen“)
  Bei diesem Ansatz geht man von den Kernprozessen der Wertschöpfung aus und setzt dort mit den notwendigen Veränderungsprozessen an.
- **Multiple-nucleus** (übersetzt: mehrfache Kerne/Keimzellen; sog. „Flecken-Strategie“):
  Veränderungsprozesse gehen von unterschiedlichen „Keimzellen“ im Unternehmen aus und werden miteinander verbunden; Keimzellen sind z. B. Abteilungen, die besonders innovativ, kritisch-kreativ sind und bestehende Strukturen und Abläufe hinterfragen.

Zum Teil wird in der Literatur auch die sogenannte **Bombenwurfstrategie** genannt. Man versteht darunter die kurzfristige, angeordnete Umsetzung von Veränderungen. Diese Strategie kann in einer Krisensituation vertretbar sein (Reaktion auf Marktveränderungen innerhalb kürzester Zeit).

OE-Maßnahmen können bisweilen zu deutlichen Änderungen über alle Funktionen und Ebenen des Unternehmens führen. Werden derartige markante Änderungen umgesetzt, bezeichnet man dies auch als „**Strategie der vertikalen Schnitte**“.

Lösung zu Aufgabe 7: Erfolgs- und Misserfolgsfaktoren des organisatorischen Wandels (1)

- **Erfolgsfaktoren**, z. B.:
  - Konsens zwischen Mitarbeitern und Führungskräften über die Notwendigkeit von Veränderungen
  - Konsens über die Bewertung der Umwelt
  - Führungskräfte sind Wegbereiter für Veränderungsprozesse (**Change Agent**)
  - Mitarbeiter erleben spürbar, transparent und gemeinsam den Erfolg richtig eingeleiteter Maßnahmen.
  - Die Informationspolitik ist geprägt von Offenheit, Feedback und Konfliktfähigkeit.
  - Zielsetzungen/Visionen werden der Belegschaft klar und verständlich präsentiert.
  - Die Ansätze der OE sind ganzheitlich und integrativ.
- **Misserfolgsfaktoren:**

  Hier sind zunächst einmal alle oben genannten Aspekte mit „umgekehrtem Vorzeichen“ zu nennen; weitere Beispiele für fehlende Voraussetzungen/Misserfolgsfaktoren von OE sind:
  - Nichterkennen der Probleme („blinder Fleck“) bei den Beteiligten
  - fehlende Bereitschaft zur Veränderung/mangelnder Leidensdruck
  - fehlende Kunden- und Marktorientierung

- falsche Strategie (ausschließlicher Top-down-Ansatz)
- Mitarbeiter werden nicht „wirklich" eingebunden.
- Blockade durch Verteidigung von Besitzständen
- unrealistische Zeitvorgaben für Veränderungsprozesse
- Das Management steht nicht ehrlich hinter den eingeleiteten Prozessen (Alibi-Projekte).
- Die Mitarbeiter haben keine Teamerfahrung und -fähigkeit. Die Zusammenarbeit mit dem Betriebsrat ist mangelhaft.

Lösung zu Aufgabe 8: Erfolgs- und Misserfolgsfaktoren des organisatorischen Wandels (2)

Beispiele:

- Information über Ursachen, Ziele und Notwendigkeiten des Wandels
- Partizipation: Beteiligungen der vom Wandel Betroffenen
- Verhandlung, Mitbestimmung (Beteiligung von Arbeitnehmervertretern)
- Schutz der Personen, die vom Wandel negativ betroffen werden (z. B. Zusage, dass keine Entlassungen erfolgen, Umschulungen/Anpassungsfortbildungen)
- Unterstützer des Wandels belohnen
- Vermeiden von revolutionären Ansätzen
- gegebenenfalls auch: Entlassung der „Widerständler"
- gegebenenfalls auch: Zwang und Macht
- Wahl eines kompetenten Beraters.

5.4 Mitarbeiterförderung

Lösung zu Aufgabe 1: Umsetzung von Qualifizierungsergebnissen

a) Mitarbeiter erreichen aufgrund ihrer unterschiedlichen Ausgangsbasis (vorhandenes Wissen und Können sowie erbliche Veranlagung) bei gleichen Lerninhalten und Maßnahmen unterschiedliche Ergebnisse. Diese Erfahrungen mit dem Mitarbeiter sollte der Vorgesetzte auswerten und bei der Planung zukünftiger Trainings berücksichtigen. Dazu eignen sich z. B. folgende Fragestellungen:
   - Welche Flexibilität zeigte der Mitarbeiter im Lernprozess?
   - War die Einarbeitungszeit bei neuen Aufgaben angemessen?
   - Liegen die Stärken des Mitarbeiters mehr im kognitiven, psychomotorischen oder im affektiven Bereich?
   - Welche Lernzuwächse des Mitarbeiters lassen sich für zukünftige Qualifizierungen nutzbringend einsetzen?

b)

Checkliste zur Planung und Umsetzung von PE-Maßnahmen		
Schlüsselfrage	**Planung/Entscheidung/Umsetzung**	**erledigt?**
Warum?	Lernziele	x
Wer?	Zielgruppe, Mitarbeiter, Teilnehmer	x
Was?	Inhalte	x
Wie?	Methoden, Hilfsmittel	
Wann?	Zeitpunkt, Dauer	
Wo?	Ort (intern/extern)	
Wozu?	erwartetes Ergebnis (Evaluierung)	

Lösung zu Aufgabe 2: Umsetzung von Potenzialeinschätzungen

a) Informationsquellen für geeignete Nachwuchskräfte, z. B.:

- Ergebnis der Leistungsbeurteilungen
- Beurteilungsgespräche
- Personalentwicklungsgespräche (auch: Fördergespräche)
- Betreuungsgespräche
- Inhalt der Personalakten
- Teilnahme an betriebsinternen Projekten
- Ergebnisse aus Maßnahmen der Stellvertretung
- PE-Datei.

b)

Kompetenzkategorien im Rahmen der Potenzialeinschätzung	
Kompetenzkategorie	**Beispiele**
Fachkompetenz	= Fachkönnen/-kenntnisse: interne Ergebnisrechnung, Grundlagen der IT und des Einkaufs/Verkaufs sowie der Logistik, Kenntnisse der Marktbeobachtung, Werbung
Methodenkompetenz	= Fähigkeit, Managementtechniken/-methoden sachgerecht einsetzen zu können: Präsentations-, Moderations- und Entscheidungstechniken
Sozialkompetenz	= Fähigkeit in geeigneter Weise mit Mitarbeiter und der Umwelt kommunizieren zu können: Führungsfähigkeit, Kommunikationsfähigkeit, Fähigkeit zur Beurteilung der Mitarbeiter, Fähigkeit, Verkaufsgespräche zielgerichtet führen zu können, Fähigkeit zur Verantwortung

c)

Personalentwicklungsplan für Herrn Zewinek	
Bildungs-/Fördermaßnahme	**Kompetenzart**
Erweiterung/Anreicherung des derzeitigen Aufgabengebiets (Job Enrichment, Job Rotation)	► Fachkompetenz
Übertragung von Stellvertreter-Aufgaben	► Fachkompetenz ► Sozialkompetenz
Übertragung von Sonder- und Projektaufgaben	► Fachkompetenz ► Methodenkompetenz
Teilnahme am Lehrgang „Geprüfter Bilanzbuchhalter IHK"	► Fachkompetenz ► Methodenkompetenz
Teilnahme an Seminaren der „Controller-Akademie"	► Fachkompetenz
Internes Seminar „Führungstechniken"	► Sozialkompetenz
Anwenderschulungen IT bei SAP	► Medienkompetenz

d) Fördergespräch (auch: Beratungs-, PE-, Laufbahnberatungs-, Nachfolgegespräch): Diese „Sonderform" des Mitarbeitergesprächs hat vor allem Bedeutung für Mitarbeiter, die nach Ansicht ihrer Vorgesetzten über das Potenzial für eine berufliche Aufgabe oder Position verfügen. Häufig fällt es in der Betriebspraxis mit dem klassischen Beurteilungsgespräch zusammen, quasi als Auswertung und Konsequenz einer positiven vergangenheitsorientierten Rückmeldung zur Leistungsbeurteilung.

Für das Fördergespräch gelten ähnliche Regeln wie für andere Mitarbeitergespräche auch:

1. Das Gespräch sollte grundsätzlich positiv beginnen, um eine motivierende Atmosphäre zu schaffen.
2. Durch eine gute Vorbereitung des Gespräches ist sicherzustellen, dass nichts Wesentliches vergessen wird.
3. Alle Punkte sollten im Dialog besprochen werden. Monologe sind zu vermeiden.
4. Das Gesprächsziel sollte nicht verloren gehen: Zu lange Gespräche ermüden, unangemessen kurze Gespräche vermitteln den Eindruck, dass der Mitarbeiter für den Vorgesetzten nicht wichtig ist. Trotzdem: genügend Zeit reservieren.
5. Ungünstige Aussagen sollten stets sachlich formuliert werden; Vorwürfe sind fehl am Platz.
6. Bei Fehleinschätzungen durch den Vorgesetzten, sollte er dies „zugeben".
7. Durch Zusammenfassung von Gesprächsabschnitten kann über Zwischenergebnisse ein Konsens verdeutlicht werden.
8. Im Verlaufe des Gespräches sollten nur Konsequenzen zugesagt werden, die auch gehalten werden können (z. B. Entwicklungsposition, Fördermaßnahme).
9. Der Gesprächsabschluss sollte in gutem Einvernehmen erfolgen und vermitteln, welche „Kontrakte" man für die Zukunft beschlossen hat.

5.5 Ausbildung

Lösung zu Aufgabe 1: Ausbildungsvertrag und Formvorschriften

Der Ausbildungsvertrag kommt am 22.05. rechtswirksam zustande (übereinstimmende Willenserklärung; vgl. §§ 145 ff. BGB). Anette Tronto ist voll geschäftsfähig. Die Vertragsniederschrift hat lediglich deklaratorischen Charakter (vgl. § 11 BBiG).

Lösung zu Aufgabe 2: Planung der betrieblichen Ausbildung

Bei der Planung und Durchführung der betrieblichen Ausbildung hat der Betrieb eine Reihe von Einzelaspekten zu berücksichtigen:

1. Ausbildungsfähigkeit für den geplanten Ausbildungsberuf:
   - Eignung der Ausbildungsstätte (§ 27 BBiG)
   - Eignung der Ausbilder (§ 28 BBiG).
2. gesetzliche Vorgaben für die betriebliche Ausbildung:
   - Ausbildungsberufsbild (§ 5 Abs. 1 Nr. 3 BBiG)
   - Ausbildungsordnung (§ 5 BBiG)
   - Ausbildungsrahmenplan
   - Verkürzung/Verlängerung der Ausbildungszeit (§ 8 BBiG)
   - Prüfungsgegenstand, -ordnung (§§ 38, 47 BBiG).
3. Erstellung der Ausbildungspläne:
   - Ausbildungsinhalte
   - zeitliche Anpassung an die Gegebenheiten des Betriebes und der Berufsschule
   - Festlegung der Ausbildungs-Fachabteilungen.
4. didaktische Koordination von praktischer Ausbildung im Betrieb und theoretischer Ausbildung in der Berufsschule; dabei sind die Formen des Unterrichts zu berücksichtigen (Blockunterricht, Unterricht an einzelnen Wochentagen).
5. Methoden und Medien der Ausbildung, z. B.:
   - Unterweisung vor Ort, Lehrgespräch, Fallmethode, Lehrwerkstatt usw.
   - betrieblicher Ergänzungsunterricht
   - Lehr- und Lernmittel, Arbeitsmittel, Ausbildungshilfsmittel.

Lösung zu Aufgabe 3: Aufgaben des Ausbilders, Delegation

Beispiele:

- Auswahl der Ausbildungsstellenbewerber
- Vorbereitung und Abschluss der Ausbildungsverträge unter Beteiligung des Betriebsrates
- Planung, Organisation und Durchführung der betrieblichen Ausbildung

- methodisch-didaktische Aufbereitung der Ausbildungsinhalte
- Unterweisung der Ausbildungsbeauftragten vor Ort
- Durchführung der Erfolgskontrollen und Beurteilung der Auszubildenden
- Kontakte zu internen/externen Stellen.

Lösung zu Aufgabe 4: Einstellungsgespräche mit Ausbildungsplatzbewerbern

Für das Auswahlgespräch mit Ausbildungsplatzbewerbern sind folgende Aspekte zu beachten:

Einstellungsgespräche führen		
Zielsetzung	► persönlicher Eindruck vom Bewerber, Klären offener Fragen ► Vorstellen des Unternehmens ► Basis für die Auswahlentscheidung ► positiven Eindruck beim Bewerber vermitteln (Image, Personalmarketing)	
Vorbereitung	► Ort, Raum, Zeit, keine Störungen ► Teilnehmer, z. B. Personalleiter, Ausbildungsleiter/Ausbilder, ggf. Betriebsrat ► Unterlagen und von Bewerbern häufig gestellte Fragen vorbereiten	**nicht zu viele Personen** **nicht zu viele Gespräche an einem Tag**
	zu klärende Fragen lt. Bewerbung vorbereiten; ggf. Interviewbogen einsetzen	**sich Notizen machen**
Durchführung	offene, freundliche Atmosphäre	**Der überwiegende Gesprächsanteil liegt beim Bewerber.** **W-Fragen stellen.** **Schlüsselfragen stellen, z. B.** **„Warum interessiert Sie dieser Ausbildungsberuf besonders?"** **„Welche Befähigung bringen Sie dafür mit?"** **„Was wissen Sie über unseren Betrieb?"** **Ausreden lassen!**
	Gespräch strukturieren und diese Gliederung dem Bewerber nennen, z. B.: 1. Begrüßung 2. Vorstellen der Gesprächsteilnehmer 3. Fragen an den Bewerber (Schule, familiärer Hintergrund, Interessen usw.) 4. Information über das Unternehmen 5. Information über die Ausbildung 6. Klärung offener Fragen 7. Verabschiedung, Dank, Information über das weitere Vorgehen	
Auswertung	► Bewertung der Gesprächsinformation ► Bewertung der Unterlagen ► Entscheidung diskutieren	**Notizen auswerten** **Unterschiede/Konsens?** **ggf. Auswertungsbogen**

Lösung zu Aufgabe 5: Beurteilung der Auszubildenden

a) Am Ende eines jeden Ausbildungsabschnittes ist mit dem Auszubildenden ein Beurteilungsgespräch zu führen. Dabei soll gemeinsam herausgearbeitet werden, ob die Ausbildungsinhalte vermittelt wurden/vermittelt werden konnten, welches Lern- und Arbeitsverhalten zu beobachten war und ob ggf. ergänzende Fördermaßnahmen erforderlich sind.

Neben diesen wiederkehrenden – mehr kurzzeitigen Kontroll- und Feedbackgesprächen – ist i. d. R. zweimal pro Ausbildungsjahr ein generelles Beurteilungsgespräch zu führen, dessen Ergebnis schriftlich festzuhalten ist (meist in Verbindung mit einem Beurteilungsbogen).

b) Das Beurteilungsgespräch mit Auszubildenden ist als Dialog zu betrachten. Im Vordergrund stehen Führungs-, Steuerungs- und Motivationsaspekte. Das Beurteilungsgespräch ist zentrales Instrument der Personalentwicklung. Gegenstand des Gesprächs kann auch die Frage sein, ob in dem betreffenden Ausbildungsabschnitt alle notwendigen personellen, methodisch-didaktischen Voraussetzungen zur Vermittlung der Ausbildungsinhalte geschaffen wurden.

c)

Beurteilungsbogen für Auszubildende										
Beurteilungsmerkmale		**Ausprägung der Merkmale**								
		sehr gering/ gering			**mittel**			**hoch/ sehr hoch**		
		-4	**-3**	**-2**	**-1**	**0**	**1**	**2**	**3**	**4**
1	**Interesse:**									
	► Lernbereitschaft									
	► Zielstrebigkeit									
	...									
2	**Auffassungsgabe:**									
	► geistige Beweglichkeit									
	► logisches Denken									
	...									
3	**Praktische Leistungen:**									
	► Qualität									
	► Quantität									
	► Systematik									
	...									
4	**Theoretische Leistungen:**									
	► Fachkunde/Fachwissen									
	► Betriebliche Zusammenhänge									
	► Produktkenntnisse									
	...									

c)

Beurteilungsbogen für Auszubildende										
Beurteilungsmerkmale		Ausprägung der Merkmale								
		sehr gering/ gering			mittel			hoch/ sehr hoch		
		-4	-3	-2	-1	0	1	2	3	4
5	**Eigenschaften/Verhalten:**									
	► Offenheit									
	► Kommunikationsverhalten									
	► Initiative									
	► Kooperationsbereitschaft									
	…									
Zusammenfassung/Gesamtaussage: …										
Vereinbarte Maßnahmen: …										

Lösung zu Aufgabe 6: Förderung des Lernerfolgs in der Ausbildung

Infrage kommen z. B. Prinzipien der Führung und Kommunikation wie:

- Auszubildende von dem Entwicklungsstand aus fördern, auf dem sie jeweils sind (altersspezifisch und individuell; das sog. „**Bahnhofsmodell**", d. h. den anderen dort abzuholen, wo er sich befindet, gilt auch hier)
- für zunehmend schwierigere und komplexere Aufgaben **Verantwortung übergeben**; dabei den Lernprozess unterstützen ohne dem Auszubildenden vorschnell Lösungen anzubieten
- Vertrauen entgegenbringen
- mit den Auszubildenden **reden** und ihnen **zuhören**
- Anerkennung aussprechen
- klare, eindeutige **Ziele** setzen
- konstante **Rückmeldung** über die Leistung auf dem Weg zum vereinbarten Ziel (Feedback geben und holen)
- Wissen vermitteln und **informieren** (z. B. Zweck, Bedeutung und Ablauf eines Arbeitsprozesses erklären).

Lösung zu Aufgabe 7: Vorbereitung der Auszubildenden auf die IHK-Prüfung

a)

12. Aufgabe		
Ihr Lieferant für Kopierer möchte einen neue Wartungsvertrag abschließen, weil der alte fristgerecht abgelaufen ist. Welchen Vertrag müssen Sie abschließen? (Zutreffende Ziffer eintragen)		
1	Werkvertrag	
2	Pachtvertrag	
3	Dienstvertrag	**3**
4	Mietvertrag	
5	Arbeitsvertrag	

b)

- ☒ Zuzulassen ist, wer die Ausbildungszeit zurückgelegt hat.
- ☒ Zuzulassen ist, wessen Berufsausbildungsverhältnis in das Verzeichnis der Berufsausbildungsverhältnisse eingetragen ist.
- ☐ Zuzulassen ist, wer die entsprechenden Leistungen in der Berufsschule und im Betrieb erbracht hat.
- ☐ Zuzulassen ist, wer ein vom Ausbilder verfasstes Empfehlungsschreiben vorlegen kann.
- ☒ Zuzulassen ist, wer an der vorgeschriebenen Zwischenprüfung teilgenommen und vorgeschriebene Berichtshefte geführt hat.
- ☐ Zuzulassen ist, wer eine ärztliche Bescheinigung (1. Nachuntersuchung) vorlegen kann.
- ☒ Zuzulassen ist, wer die Ausbildungszeit zurückgelegt hat oder wessen Ausbildungszeit nicht später als zwei Monate nach dem Prüfungstermin endet.
- ☐ Zuzulassen ist, wer nicht mehr als 30 Ausbildungstage versäumt hat.
- ☐ Zuzulassen ist, wer die Zwischenprüfung bestanden hat.

Lösung zu Aufgabe 8: Unterweisung, Vorteile der innerbetrieblichen Ausbildung

a) Vorteile der betrieblichen Unterweisung:

- kostengünstig
- praxisnah
- flexible Anpassung der Lerninhalte und -zeiten
- unmittelbare Kontrolle des Lernfortschritts
- der Vorgesetzte wird zum Coach
- Förderung der Zusammenarbeit zwischen dem Vorgesetzten und dem Mitarbeiter.

b) Vorteile der innerbetrieblichen Ausbildung, z. B.:

- Praxisbezug
- hohes Qualifikationsniveau
- Sicherung des Fachkräftenachwuchses
- Identifikation mit dem Unternehmen (Personalbindung)
- Vermeidung von kostenintensiver Suche nach Fachkräften am Arbeitsmarkt
- die Auszubildenden kennen die betrieblichen Regeln, die Produkte, Abläufe usw.
- Ausbildung verschafft Ansehen in der Region
- Vermeidung von „Verwerfungen" im Lohn- und Gehaltsniveau bei der Einstellung externer Bewerber mit hohen Einstiegsgehältern.

Lösung zu Aufgabe 9: Erfolgskontrolle in der Ausbildung, Schlichtungsausschuss

a) Maßstab für die Erfolgskontrolle der Ausbildung sind vor allem die folgenden Rechtsquellen:

- der Ausbildungsvertrag (§§ 10, 11 BBiG)
- die Ausbildungsordnung (§ 5 BBiG)
- der Prüfungsgegenstand (§ 38 BBiG)
- die Prüfungsordnung (§ 47 BBiG).

b) Geeignet sind z. B. folgende Maßnahmen:

- Auswertung der Prüfungen, die vor der Kammer abgelegt wurden
- Auswertung der Berichtshefte
- schriftliche und/oder mündliche Lernerfolgskontrollen
- fachpraktische Prüfungen im Labor, in der Lehrwerkstatt usw.

- Projektarbeiten
- Anfertigen von Arbeitsproben
- Einsetzen der Fähigkeiten und Fertigkeiten innerhalb von Planspielen, Simulationen, Übungsfirmen usw.

c) Der Schlichtungsausschuss ist der Ausschuss bei der zuständigen Stelle, der bei Streitigkeiten aus dem Ausbildungsverhältnis die Vertragsparteien zu einer Verständigung bewegen soll. Das Schlichtungsverfahren ist obligatorisch vor der gerichtlichen Auseinandersetzung durchzuführen.

Lösung zu Aufgabe 10: Verbundausbildung

a) Bei einer Verbundausbildung kooperieren eine Reihe von Betrieben mit jeweils eigenen Auszubildenden im Rahmen der Ausbildung. Damit sollen die Ausbildungsinhalte, die nicht durch den eigenen Betrieb abgedeckt werden können, bei den verbundenen Unternehmen vermittelt werden. Die Auszubildenden sind rechtlich dem betreffenden Ausbildungsbetrieb zugeordnet, sie wechseln jedoch in bestimmten Phasen der Ausbildung den Ausbildungsort, z. B. weil nur im Betrieb X der Ausbildungsabschnitt „Personalabrechnung" hinreichend vermittelt werden kann.

b) Voraussetzungen der Verbundausbildung, z. B.:

- Jeder, der an der Verbundausbildung beteiligten Betriebe muss als Ausbildungsbetrieb anerkannt sein.
- Jeder Betrieb muss über geeignetes Ausbildungspersonal verfügen (fachliche und persönliche Eignung).
- Jeder Betrieb muss über die erforderlichen Ausbildungsmittel verfügen.
- Die Verbundausbildung muss im betrieblichen Ausbildungsplan aufgeführt sein.

c) Eventuelle Probleme der Verbundausbildung, z. B.:

- längere Anfahrtswege für die Auszubildenden
- jeder Betrieb hat unterschiedliche Regelungen
- andere Arbeitsumgebung
- Probleme beim Verständnis von Arbeitsanweisungen
- jeweils andere Kollegen.

Lösung zu Aufgabe 11: 4-Stufen-Methode, Grundsätze der Ausbildung

a) Die Schritte der 4-Stufen-Methode:

1.	**Vorbereitung**	Persönliche Vorbereitung des Ausbilders: ► Ablaufplan ► Methodenwahl ► Visualisierung vorbereiten.
		Vorbereitung des Arbeitsplatzes und Vorbereitung des Auszubildenden: ► Lernzielformulierung ► Motivation.
2.	**Vormachen und erklären**	Der Ausbilder macht den Arbeitsschritt vor und erklärt seinen Ablauf und seine Bedeutung.
3.	**Nachmachen und erklären lassen**	Der Auszubildende wird aufgefordert, den Arbeitsschritt zu wiederholen und zu erklären.
4.	**Üben**	Der Auszubildende muss jetzt den Arbeitsschritt üben. Damit ist zu gewährleisten, dass das Gelernte auf Dauer behalten wird (Anwendungserfolg).

Vorteile der 4-Stufen-Methode sind beispielsweise:

- handlungs-, praxis- und zielorientiert
- bei abgegrenzten Vorgängen geeignet.

b)
- Bei der Ausbildung ist jeweils der Bezug zwischen Theorie und Praxis herzustellen.
- Der Schwierigkeitsgrad der Aufgabenstellung ist den Vorkenntnissen anzupassen.
- Die pädagogischen Prinzipien müssen berücksichtigt werden, z. B. „vom Einfachen zum Schwierigen", „vom Ganzen zum Detail".
- Die gewählte Methode muss zielgruppenorientiert sein und zu der angestrebten Kompetenz/dem Lernziel passen (z. B.: Rollenspiel → affektives Lernziel).
- Handlungsorientierte Methoden sind zu bevorzugen.
- So oft wie möglich ist eine geeignete Visualisierung einzusetzen.

c)
- Prüfen der Eignung des Ausbildungsbetriebes durch die zuständige IHK
- Erstellung des betrieblichen Ausbildungsplans: Ermittlung der Ausbildungsinhalte im Betrieb entsprechend der Ausbildungsordnung
- Erstellen der Anforderungen an potenzielle Ausbildungsplatzbewerber
- Anzeigenschaltung und Durchführung der Bewerberauswahl
- Abschluss eines Berufsausbildungsvertrages und Eintragung bei der IHK.

Lösung zu Aufgabe 12: Maßnahmen der Personalentwicklung: Schlüsselqualifikationen

a) Schlüsselqualifikationen lassen sich mit folgenden Stichworten umreißen:

- relativ positionsunabhängig
- berufs- und funktionsübergreifend
- langfristig verwertbar
- übergeordnete Bedeutung
- bilden häufig die Basis für den Erwerb spezieller Fachkompetenzen.

b)

Schlüsselqualifikationen, z. B.:	**Geeignete Trainingsmaßnahme**, z. B.:
Lernfähigkeit	► Einsatz in Projektgruppen ► teilnehmeraktivierende Methoden im Seminar
Moderationsfähigkeit	► Teilnahme an einem Seminar „Moderationstechnik“ ► Coaching der Moderationskompetenz durch den Vorgesetzten oder einen Externen
Kommunikationsfähigkeit	► Erlernen und Üben der Kommunikationsregeln im Seminar ► Üben der Kommunikation in der Praxis unter Supervision

Lösung zu Aufgabe 13: Transferkontrolle

Es gibt kein schlüssiges, überzeugendes Gesamtkonzept zur Erfolgskontrolle von Fortbildungsmaßnahmen. Trotzdem existieren gute Erfahrungen mit einigen Einzelmaßnahmen zur Erfolgskontrolle, die gerade für den Praktiker, den Fachvorgesetzten, empfehlenswert sind:

- **Vor dem Seminar** mit dem Mitarbeiter über die Maßnahme sprechen und Lernziele festlegen.
- **Im Seminar** eine abschließende Befragung der Teilnehmer (freie Form und/oder über Fragebogen) zur Seminarbewertung durchführen.
- **Unmittelbar nach dem Seminar** mit dem Mitarbeiter sprechen (sein Eindruck, seine Erkenntnisse u. Ä.) und Schritte zur Umsetzung des Gelernten am Arbeitsplatz formulieren (Was? Wie? Bis wann?).
- **In der Folgezeit** den Lerntransfer des Mitarbeiters zu beiderseits vereinbarten Terminen unterstützen und kontrollieren (nach vier Wochen, nach zwei Monaten usw.).
- Bei internen Seminaren und Lehrgängen ist ggf. zu prüfen, ob **Prüfungen** oder Leistungskontrollen anderer Art durchgeführt werden können und sollen; dies ist u. a. auch eine Frage der Akzeptanz durch die Teilnehmer.

Mitarbeiter und Vorgesetzter sind gemeinsam verantwortlich für den Transfer der Lerninhalte in den betrieblichen Alltag. Fortbildung ohne Transferkontrolle heißt, betriebliche Ressourcen vergeuden.

Lösung zu Aufgabe 14: „Die Neuen kommen“

1. Vorbereitung des „Ersten Tages“:
   - Anschreiben zur Erfassung der Sozialdaten sowie der Körpermaße (Arbeitskleidung usw.)
   - „Fahrplan“ für die Integration in den neuen Betrieb zusenden
   - Einarbeitungs-/Ausbildungsplan erstellen
   - Paten auswählen und benennen
   - Beschaffung von Arbeitskleidung, Spind
   - Stempelkarte/Zeiterfassungskarte, Arbeitsplatz, Arbeitsmittel usw.
   - Arbeitsmedizinische Vorsorgeuntersuchung planen
   - Betrieb und Betriebsrat über die neuen Mitarbeiter informieren
   - sich selber Zeit für den „Ersten Tag“ reservieren.
2. Begrüßung im Unternehmen:
   - ruhige, entspannte Atmosphäre schaffen
   - geplanten Ablauf für die Integration, z. B. erste Woche, besprechen
   - wichtige Ansprechpartner (Vorgesetzte, Personalabteilung, Betriebsrat, Pate usw.) und die Kollegen vorstellen.
3. Betriebsrundgang:
   - Sozialräume
   - Arbeitsplatz und Gesamt-Betrieb bzw. Arbeitsplatzumfeld
   - Kontakt zu Vorgesetzten, Sicherheitsbeauftragten und Ersthelfern herstellen
   - Flucht- und Rettungswege, Feuerlöscher
   - Erste-Hilfe-Material/Unfallmeldung.
4. Unterweisungen:
   - Allgemeine Arbeitsschutz-Unterweisungen
   - Arbeitsplatzspezifische Arbeitsschutz-Unterweisungen.
5. Kontrolle/Rücksprache nach z. B. einer Woche der Betriebszugehörigkeit:
   - Angebot für Hilfe bzw. Rückfragen aussprechen
   - Kontrolle der erfolgreichen Integration
   - Rücksprache mit dem Paten.

Quelle: in Anlehnung an: *„neulinge.pdf“, Norddeutsche Metall-Berufsgenossenschaft, Hannover*

Lösung zu Aufgabe 15: Mitarbeiterförderung

a) Bei der Mitarbeiterförderung steht primär die (soziale) Förderung des einzelnen Mitarbeiters durch das Unternehmen im Vordergrund. Gemeint ist eine persönliche Entwicklung des Mitarbeiters – mehr oder weniger losgelöst von betrieblichen Zielen.

b) ► Abstimmung zwischen den Zielen des Mitarbeiters und den betrieblichen Zielen,

► Förderung
- der Motivation und der Selbstmotivation
- der Fähigkeit, mit Problemen und Belastungen fertig zu werden
- des Engagements
- der Flexibilität
- der Selbstständigkeit
- der Entscheidungsfähigkeit
- der Fähigkeit, sich selbst und seine Arbeit zu steuern
- der Fähigkeit, eigenverantwortlich zu denken und zu handeln.

5.6 Moderation von Projektgruppen

Lösung zu Aufgabe 1: Entscheidungsfähigkeit von Gruppen

Beispiele: **Variablen (Einflussfaktoren) bei der Entscheidungsfähigkeit von Gruppen**

1. **Variablen der Persönlichkeit**

1.1 **Bei den Gruppenmitgliedern:**
Der Gruppe oder einzelnen Mitgliedern fehlt aufgrund der Persönlichkeit und/oder mangelnder Erfahrung der Reifegrad, im Team zu arbeiten, z. B. unangemessenes Dominanzstreben, Respektieren der Meinung anderer usw.

→ **Handlungsempfehlung**, z. B.:
Bewusstmachen der negativen Verhaltensmuster; Vorzüge wirksamen Verhaltens zeigen und trainieren; Vereinbarung von Regeln der Zusammenarbeit.

Die Gruppe entscheidet sich häufig nicht für die „beste", sondern für die „einfachste" Lösung.

→ **Handlungsempfehlung**, z. B.:
Risikobereitschaft der Gruppe trainieren; Konsequenzen „einfacher" Lösungen aufzeigen; Rückhalt für „unbequeme" Entscheidungen in der Organisation suchen (beim Vorgesetzten, in der Geschäftsleitung).

1.2 **Beim Moderator:**
Unwirksame Verhaltensmuster des Moderators dominieren die Meinung der Mitglieder; die Beteiligung an der Entscheidungsfindung wird eingeschränkt.

→ **Handlungsempfehlung**, z. B.:
Erkennen des eigenen Verhaltens; Ziele der Verhaltensänderung erarbeiten; ggf. Coaching durch einen erfahrenen Moderator (z. B. den eigenen Vorgesetzten).

2. **Variablen der Kommunikation**, z. B.:
Die Gruppenmitglieder zeigen keine Rededisziplin, haben nicht gelernt zuzuhören, die Argumente der anderen werden nicht einbezogen, die Beteiligung ist nicht ausgewogen u. Ä.

→ **Handlungsempfehlung**, z. B.:
Schwachstellen in der Kommunikation bewusst machen; wirksame Kommunikation in der Gruppe trainieren; Spielregeln der Kommunikation erarbeiten und beachten.

3. **Variablen der Techniken**, z. B.:
Die Gruppe beherrscht Techniken der Ideenfindung nicht ausreichend; die Suche nach Alternativen fällt schwer, dauert unangemessen lang, die Lösungsalternativen sind dem Problem nicht angemessen.

Die Gruppe kann sich über geeignete Maßstäbe bei der Bewertung von Alternativen nicht verständigen und beherrscht Techniken der Entscheidungsfindung nicht ausreichend.

→ **Handlungsempfehlung**, z. B.:
Erläutern und Trainieren der notwendigen Techniken.

4. **Variablen der Organisation**, z. B.:
Entscheidungen kommen unter (echtem oder vermeintlichem) Zeitdruck zustande. Die Mitglieder der Gruppe oder die Organisation erkennen nicht den Zeitbedarf bei komplexen Problemen.

Das Unternehmen verlangt „schnelle Lösungen“. Die Arbeits- und Rahmenbedingungen beeinträchtigen die Suche nach angemessenen Alternativen (Krisenstimmung, Unruhe/Unsicherheit im Unternehmen aufgrund genereller Veränderungen u. Ä.).

→ **Handlungsempfehlung**, z. B.:
Der Vorgesetzte/der Moderator muss die notwendigen Umfeldbedingungen für die Gruppenarbeit absichern: Gespräche mit dem Management, Ergebnisse und Nutzen dokumentieren und informieren; Bedeutung aufzeigen u. Ä.

5. **Variablen der Wertekultur**, z. B.:
Das Management schenkt den Ergebnissen der Gruppenarbeit wenig Beachtung und setzt Ergebnisse nicht oder nur zögerlich um.

Einige Mitglieder erscheinen nicht oder mit Verspätung zu den Teamsitzungen; übernommene Aufgaben aus den Gruppengesprächen werden nicht erledigt.

→ **Handlungsempfehlung**, z. B.:
Bedeutung der Ergebnisse aufzeigen (vgl. oben, 4. Variablen der Organisation). Den Mitgliedern die Notwendigkeit einer konstruktiven Teilnahmeethik verdeutlichen; Konsequenzen erläutern für andere: Warten, Verärgerung, ungenutzte Zeit u. Ä.; Regeln vereinbaren und auf deren Einhaltung drängen.

Lösung zu Aufgabe 2: Förderung des Gruppenbildungsprozesses

Der Projektleiter kann z. B. in der

- Phase 1 (Forming): den Kontakt, das Kennenlernen fördern (Übungen, Vorstellungsrunde)
- Phase 2 (Storming): die Ursachen und Hintergründe von Machtkämpfen bewusst machen und die Konsensbildung fördern
- Phase 3 (Norming): motivieren, Fortschritte in der Kooperation verdeutlichen, bei der Erarbeitung von Spielregeln der Zusammenarbeit helfen
- Phase 4 (Performing): der Gruppe mehr Freiräume zugestehen; Selbststeuerung zulassen; die Gruppe fordern; Sachziele realisieren und Erfolge erleben lassen. Die letzte Phase (Adjourning) fördert nicht den Gruppenbildungsprozess. Die Adjourningphase beinhaltet die Auflösung des Projektteams.

Lösung zu Aufgabe 3: Besondere Rollen in Gruppen und ihre Bedeutung für die Führungsarbeit

- Der „Star“:
  Fördernder Führungsstil, Anerkennung, tragende Rolle des Gruppen-„Stars“ nutzen und in die eigene Führungsarbeit einbinden; Vorbildfunktion des Vorgesetzten ist wichtig.
- Der „Freche“:
  Es handelt sich hier meist um extrovertierte Menschen mit Verhaltenstendenzen wie Provozieren, Aufwiegeln, Quertreiben, unangemessenen Herrschaftsansprüchen (Besserwisser, Angeber, Wichtigtuer usw.). Daher: sorgfältig beobachten, Grenzen setzen, mitunter auch Strenge und vor allem Konsequenz zeigen; Humor und Geduld nicht verlieren.
- Der „Intrigant“:
  Negatives Verhalten offen im Dialog ansprechen, bremsen und unterbinden, auch Sanktionen „androhen“, Ursachen für negatives Verhalten erforschen.
- Der „Ehrgeizling“:
  Ehrgeiz und Kraft sinnvoll in Ziele und Aufgaben einbinden, überzogenes Egoverhalten aufzeigen und notfalls bremsen, Sozialverhalten bessern, ohne dass die Leistung darunter leidet.

Lösung zu Aufgabe 4: Projektteam: Zusammensetzung, Konflikte, Information

a) Merkmale der Gruppenbildung für ein Projektteam, z. B.:
   - Größe der Gruppe
   - interdisziplinäre Zusammensetzung
   - Projekterfahrung (ja/nein)
   - Dauer des Teilprojekts/Häufigkeit der Teamsitzungen.

b) Wirksame Konfliktstrategien:
   - tragfähiger Kompromiss
   - Konsens (Harvard-Konzept).

   Beispiele für untaugliche Verhaltensmuster:
   - Flucht
   - den „Gegner" besiegen
   - sich unterordnen.

c) Permanente Information des Projektteams, z. B.:
   - rechtzeitige Information über die nächste Teamsitzung
   - keine Teamsitzung ohne Protokoll
   - laufende Information per E-Mail oder Intranet.

Lösung zu Aufgabe 5: Formelle/informelle Gruppe, soziale Rolle, Normen, Teamsprecher

a) Charakteristische Merkmale einer sozialen Gruppe:
   - direkter Kontakt
   - Wir-Gefühl
   - gemeinsame Ziele, Normen
   - relativ langfristige Dauer
   - Verteilung von Rollen, Status
   - gegenseitige Beeinflussung.

b) 1. formelle bzw. informelle Gruppe
   2. - formelle Gruppe:
        - bewusst geplant
        - rational organisiert
        - Effizienz steht im Vordergrund usw.
      - informelle Gruppe:
        - spontan, eher ungeplant

- Ziele, Normen weichen oft von der formellen Gruppe ab
- entscheidend sind die Bedürfnisse der Mitglieder usw.

c) informelle Gruppen

- ... können Lücken schließen, (+)
- ... können die Meinungsbildung in der formellen Gruppe dominieren, (+/-)
- ... können andere isolieren, (-)
- ... können Informationen beeinflussen (z. B. Gerüchte, Intrigen, ...) (+/-)

usw.

d) Grundsätzlich erwartet die Gruppe, dass eine Rolle in etwa dem Status/der Position entspricht:

Wer seine „Rolle nicht spielt", sprich – dem Verhaltensmuster seiner Position nicht entspricht, muss mit dem Verlust dieser Position rechnen. Das Konzept der (sozialen) Rolle dient somit dazu, das Verhalten eines Positionsinhabers relativ konkret zu umreißen und vorzuschreiben.

e) Normen sind Ausdruck für die **Erwartungen** einer Gruppe, wie in bestimmten Situationen zu handeln ist. Diese Erwartungen bedeuten einmal Zwang (Stichwort: „Gruppendruck") zum anderen aber auch Entlastung und Orientierung (in schwierigen Situationen „hält die Gruppennorm Verhaltensmuster bereit").

Das Einhalten bzw. das Verletzen von Normen wird von der Gruppe mit positiven bzw. negativen **Sanktionen** belegt (Lob, Anerkennung, Zuwendung bzw. Missachtung, „Schneiden", sowie auch „Mobbing").

Interessant am Phänomen der Gruppennorm ist folgende, häufig zu erkennende Erscheinung: In einer Gruppe mit hoher **Gruppenkohäsion** (= innerer Zusammenhalt) „verblassen" die individuellen Verhaltensmuster; es entsteht schrittweise ein gewissermaßen standardisiertes Verhalten der Mitglieder. Damit verbunden ist die Tendenz, dass die einzelne Norm nicht mehr hinterfragt wird.

Beispiele

Beispiel 1
Innerhalb einer Gruppe von Montagemitarbeitern, die sich lange kennen, muss der „Neue" ungeliebte Arbeiten verrichten. Jeder der Mitarbeiter empfindet dies als „völlig normal und richtig".

Beispiel 2
Eine Arbeitsgruppe arbeitet im Gruppenakkord. Die Arbeitsmenge entspricht im Durchschnitt genau der Normalleistung, obwohl die Arbeiter physisch in der Lage wären, mehr zu leisten. Wer (vorübergehend) mehr leistet, wird als „Sollbrecher" – wer weniger leistet als „Drückeberger" zurechtgewiesen (sanktioniert). Mit anderen Worten: Die Gruppe entwickelte **als Norm einen informellen Leistungsstandard.**

f) An der Spitze eines Teams steht häufig ein Team-Sprecher. Seine Aufgaben und Rollenbestandteile sind vor allem:

- Herauslösung aus der Linientätigkeit
- Vertretung der Gruppeninteressen nach außen
- Beachtung der Einhaltung der Arbeitsstandards
- kontinuierlich Verbesserungen suchen
- Moderation der Team-Gespräche
- Organisation und Koordination der Arbeitsaufgaben innerhalb des Teams
- Ausgleich der Abwesenheit von Team-Mitgliedern (der Teamsprecher „muss zurück in die Linie“)
- Verantwortung für die Flexibilität innerhalb des Teams; Führen der Flexibilitätslisten
- Organisation der Instandhaltung
- Einbindung in die Neu- und Änderungsplanungen, die seinen Team-Bereich betreffen
- Beschaffung von Werkzeugen
- Mitverantwortung für die Einhaltung des Budgets
- Verantwortung für Ordnung und Sauberkeit innerhalb des Team-Bereichs
- Anlernen neuer Team-Mitglieder.

Lösung zu Aufgabe 6: Informeller Führer, Gruppenstörungen, Regeln des Verhaltens sozialer Gruppen

a) Informeller Führer

Beispiel

Eine Führungskraft nimmt ihre Vorgesetztenrolle nur unzureichend wahr – mit dem Ergebnis, dass der informelle Führer die „eigentliche Lenkung“ der Gruppe übernimmt. Konflikte werden vor allem dann entstehen, wenn der informelle Führer subjektive und egoistische Ziele verfolgt.

b) Ursachen für Gruppenstörungen können z. B. sein:

- **Über- oder Unterforderung** einer Gruppe durch den Vorgesetzten (es fehlt das gemeinsame Sachziel)
- unüberwindbare **Gegensätze innerhalb der Gruppe** (z. B. Einstellungen von „Alt“ und „Jung“)
- gravierende **Führungsfehler** des Vorgesetzten (Fehler in der Kritik, mangelnder Kontakt, unangemessene Vertraulichkeit u. Ä.).

c) ► **Interaktionsregel**

Im Allgemeinen gilt: Je häufiger Interaktionen zwischen den Gruppenmitgliedern stattfinden, um so mehr werden Kontakt, „Wir-Gefühl“ und oft sogar Zuneigung/Freundschaft gefördert. Die räumliche Nähe beginnt an Bedeutung zu gewinnen.

► **Angleichungsregel**

Mit längerem Bestehen einer Gruppe gleichen sich Ansichten und Verhaltensweisen der Einzelnen an. Die Gruppen-Normen dominieren.

► **Distanzierungsregel**

Sie besagt, dass eine Gruppe sich nach außen hin abgrenzt – bis hin zur Feindseligkeit gegenüber anderen Gruppen. Zwischen dem „Wir-Gefühl“/Solidarität und der Distanzierung besteht oft eine Wechselwirkung.

Lösung zu Aufgabe 7: Rollenverhalten in einer Gruppe

a) Beispiele für Maßnahmen:

- sein Fachwissen und seinen Ehrgeiz nutzen
- gegebenenfalls Job Enrichment
- dabei Schneider klarmachen, dass sein Verhalten nicht zulasten der Gruppe gehen darf
- gegebenenfalls Kritikgespräch mit Schneider
- Einsicht erzeugen, ohne ihn zu demotivieren.

b) Als Leiter der Gruppe müssen Sie das Gespräch mit Schneider selbst führen; ansonsten wäre dies Rückdelegation an Ihren Vorgesetzten.

Lösung zu Aufgabe 8: Moderation (1)

a) Moderation dient der

- Problemlösung,
- Themenbearbeitung und
- Zielerreichung

in

- Einzelgesprächen,
- Besprechungen und
- Gruppenarbeiten (Lern- und Arbeitsgruppen).

Der Grund für die Anwendung von Moderationstechniken in der Unternehmenspraxis liegt in den folgenden Überlegungen:

- Der Erfolg eines Unternehmens hängt entscheidend von der Kreativität der Mitarbeiter ab.

- Kreativität wächst durch Gespräche von Menschen.
- Moderierte Zusammenarbeit bildet die Triebfeder des Unternehmenserfolgs.

b)
- An die **Rolle des Moderators** werden besondere Ansprüche gestellt:
  - „Übereifrige, Schnelle“ zu bremsen und „Langsame, Vorsichtige“ zu aktivieren
  - „Spaltungen“ (sprich Gedanken/Ideen der Einzelnen) zu ermöglichen
  - Spannungen zu entschärfen
- Konsens unter den Beteiligten im Rahmen der Zielsetzung herzustellen. Daraus ergibt sich, dass der **Moderator** über eine Reihe wichtiger **Eigenschaften** verfügen muss:
  - Ausgeglichenheit – Verkörperung von Einstellung und Verhalten (Glaubwürdigkeit, Vorbild)
  - Partizipation und Verantwortung
  - Ernstnehmen und (aktiv) Zuhören
  - Offenheit für Menschen, Ideen und Entwicklungen
  - Verbundenheit mit Umfeld und Umwelt
  - Durchsetzungsstärke durch persönliche Akzeptanz.
- Umstritten ist, ob der Moderator sich selbst mit einbringen oder „nur“ gruppenaktivierende und -steuernde Funktionen übernehmen soll. Grundsätzlich gilt für Moderatoren die Regel: „Fragen, statt (selbst) sagen.“ In der Praxis hat es sich bewährt, wenn der Moderator selbst auch Ideen einbringt, je nach fachlicher Eignung für das Moderationsthema mehr oder weniger. Er muss allerdings darauf achten, die Gruppe nicht zu dominieren und seine exponierte Stellung nicht auszunutzen: Er hat auf der Sachebene auch nur eine Stimme (gleichberechtigt zu den anderen). Auf der Gruppenlenkungsebene (Zielverfolgung) ist er allerdings höher angesiedelt. Beides gilt es, stets auseinander zu halten. Es ist gleich, ob der Moderator Vorgesetzter, Coach, Prozessbegleiter oder Projektleiter ist – grundsätzlich ist er der Motor und Steuermann der Moderation.

c) Moderation wird bei Einzelgesprächen, Besprechungen und Gruppenarbeiten eingesetzt. Sie ist ein zentrales Instrument zur Gesprächssteuerung. Dabei nimmt der vom Moderator zu beherrschende Schwierigkeitsgrad – angefangen beim Einzelgespräch über Besprechungen bis hin zu Gruppenarbeiten – zu. Die höchsten Anforderungen werden an den Moderator bei der Projektleitung gestellt.

d) Eine Moderation sollte grundsätzlich nach folgendem Raster ablaufen:

1. **Problemdefinition** (Anlass)
   - „Was ist der Anlass der Moderation?“
   - „Wo drückt der Schuh usw.?“

   Nach der Klärung des Problems ist zu berücksichtigen, ob ein Einzelgespräch, ein Gruppengespräch (z. B. Konferenz) oder Lern- und Arbeitsgruppen zu moderieren sind.

2. **Zielsetzung:** Die wichtigste Regel der Moderation lautet:
   - Kein Gespräch, keine Moderation ohne Zielsetzung.

   Im Einzelgespräch kann die Zielsetzung heißen: „Welche Verhaltensänderung soll beim Mitarbeiter im Rahmen eines Kritikgesprächs bewirkt werden?" In der Moderation eines Workshops erfolgt die Zielsetzung i. d. R. über abgestufte Schlüsselfragen: „Was behindert in unserer Firma den Erfolg unserer Arbeit?" „Welcher dieser Faktoren hat davon die stärkste Wirkung?" usw.

3. **Vorbereitung der Moderation:**

   Im Rahmen der Vorbereitung sind folgende Felder zu planen:
   - Zeiten (Arbeitszeiten, Pausen, Gesamtdauer)
   - Raum und Gestaltung (nach Größe des Teilnehmerkreises, den erforderlichen Materialien und Medien)
   - Einladung (Personenkreis)
   - Rollenverteilung
   - Themen und Themenfolge
   - Materialien und Medien
   - Eröffnung (Moderationseinstieg).

   Empfehlenswert ist die frühzeitige Ausarbeitung einer persönlichen, detaillierten Checkliste zu diesen Punkten.

4. **Durchführung:**

   Bei der Durchführung ist stets das Moderationsziel zu verfolgen. Dabei muss die angesprochene Balance zwischen Individuum, Thema und Gruppe erreicht werden. Der Moderator hat also seine Konzentration und seine Kraft auszurichten auf das **Thema**, die **Gruppe**, den **Prozess** und auf **sich selbst**. Eine Aufgabe, die Erfahrung verlangt und Kraft kostet. Bei der Durchführung können verschiedene Techniken der Ideensammlung, der Kreativität und der Problemlösung eingesetzt werden (z. B. Metaplan-Technik, Brainstorming, morphologischer Kasten usw.).

5. **Abschluss (Präsentation):**

   Das erarbeitete Resultat der Moderation wird festgehalten und unter Berücksichtigung des betroffenen Personenkreises präsentiert (Flip-Chart, Folien, Metaplan-Wände, Szenario-Technik).

Lösung zu Aufgabe 9: Moderation (2)

a) Generell ist die Wirksamkeit der Moderation von Besprechungen anhand folgender Aspekte zu bewerten:
   - Wird themenzentriert gesteuert?
   - Werden alle Mitarbeiter fragend einbezogen?
   - Wirkt der Moderator „mäßigend", ausgleichend?

- Wird ein Protokoll geführt?
- Erfolgt eine Festlegung der Zeiten (Beginn, Ende, Pause)?
- Werden wichtige Eckpunkte der Besprechung visualisiert?
- Erfolgt eine Zusammenfassung nach bestimmten Themenabschnitten bzw. am Schluss?

b) **Ursachen**, z. B.:

- undeutliche Sprechweise
- ungeeignete oder fehlende Fragestellungen
- keine Visualisierung usw.

Lösung zu Aufgabe 10: Gruppenstörungen

Ursachen für Gruppenstörungen können z. B. sein:

- Über- oder Unterforderung einer Gruppe durch den Vorgesetzten (es fehlt das gemeinsame Sachziel)
- unüberwindbare Gegensätze (z. B. Einstellungen von „Alt“ und „Jung“)
- gravierende Führungsfehler des Vorgesetzten (Fehler in der Kritik, mangelnder Kontakt, unangemessene Vertraulichkeit u. Ä.).

Lösung zu Aufgabe 11: Projektgruppen: Auswahl der Teammitglieder, Kommunikationstechniken

a)
- Anzahl der Teamglieder
- Auswahl von Mitarbeiter mit/ohne Projekterfahrung
- Dauer des Projekts
- Form der Projektteilnahme (z. B. hauptamtlich oder zeitweise)
- Einheitlichkeit oder Unterschiedlichkeit der Teammitglieder
- interdisziplinäre Zusammensetzung der Gruppe.

b)

Methodenkompetenz – Beispiele	
Präsentationsfähigkeit	Erfahrungs-, Ergebnis- und Wissensaustausch ist laufender Bestandteil der Projektsitzungen. Es ist daher notwendig, Fähigkeiten zu besitzen, Ergebnisse/Zusammenhänge anschaulich darbieten zu können.
Organisationsfähigkeit	Bei Hindernissen in der Projektarbeit ist es erforderlich, dass die Mitglieder zügig nach geeigneten Lösungen suchen und bereit sind, diese mitzugestalten, z. B. bei fehlenden Ressourcen/Informationen, Terminverschiebungen u. Ä.

Sozialkompetenz – Beispiele	
Flexibilität	Bei unvorhergesehenen Problemen müssen die Teammitglieder sachlich und zeitlich flexibel reagieren können, z. B. Veränderung von Abläufen/der Arbeitszeit u. Ä.
Verhandlungsgeschick	Bei der Erledigung von Arbeitspaketen kommt es oft zu Verhandlungen mit der Linie – über Ressourcen, Informationen usw. Hier müssen die Teammitglieder in geeigneter Weise argumentieren können.

c)
- Ich-Botschaften
- Feedback geben und holen
- Prinzip: Störungen haben Vorrang
- Regeln der Gesprächsführungen beachten (Zuhören, ausreden lassen usw.)
- Grundhaltung der Transaktionsanalyse: Ich o. k./Du o. k.
- bei gravierenden Störungen: Methode „Blitzlicht" (Metakommunikation).

d) Drei neue Projektmitglieder müssen vorgestellt werden; Vorschläge, z. B.:
- Schriftliche Vorinformation an die neuen Teammitglieder (z. B. Stand des Projekts, ggf. Protokollauszüge, Namen- und Telefonliste der Mitglieder).
- Begründung an das Plenum, warum drei neue Mitglieder aufgenommen werden müssen.
- Die neuen Mitglieder stellen sich kurz vor.
- Die „alten" Teammitglieder stellen sich kurz vor.
- Es können Fragen gestellt werden („alte" an „neue" und umgekehrt).
- Es wird den neuen Mitgliedern ein Ausblick auf die noch zu leistende Arbeit gegeben.

e) **Beispiele:**
- Einhaltung der Termine
- Einhaltung der vereinbarten Arbeitsvorgaben in Menge und Qualität
- Dauer der Problemlösung
- Einhaltung der Kommunikationsregeln.

Lösung zu Aufgabe 12: Kickoff-Meeting, Ablauf

Ablaufplan „Kickoff-Meeting“ Projekt: Neugestaltung der Auftragsabwicklung					
Nr.	**Thema**	**Ziel**	**verantwortlich?**	**Methode**	**Zeit in Min.**
1.	Begrüßung Vorstellungsrunde: Die Teammitglieder stellen sich vor: ► meine Funktion ► meine Freizeit	► sich kennenlernen ► „anwärmen“ ► Klima ► Motivation	► jeder ► PL	Blitzlicht	35
2.	1. Bedeutung des Projekts darstellen 2. Zielsetzung und Hintergründe erläutern	► Projekt verstehen ► Motivation schaffen ► gleiche Ausgangsbasis für alle	1 GF 2 PL	Präsentation	35
3.	Beantwortung von Fragen aus dem Plenum	► Verstehen ► Motivation	GF, PL	Fragen/ Antworten	20
4.	Kaffeepause: 9:00 - 9:30 Uhr	► sich kennenlernen ► Informationsaustausch ► Klima	-	-	30
5.1	Erwartungsabfrage: ► Was erwarte ich von dieser Veranstaltung? ► Was darf nicht passieren	► Erwartungen klären und transparent machen ► Spielregeln der Zusammenarbeit ermitteln	PL moderiert Gruppe bearbeitet Fragen	Metaplantechnik: Einzelarbeit, dann auf Karten notieren	30
5.2	Karten einsammeln, vorlesen und grob auf Pinnwand clustern	Visualisierung der Ergebnisse der Einzelarbeit	PL moderiert 1 Teammitglied heftet Karten an	Metaplantechnik: Plenum	30
5.3	Schwerpunkte im Detail clustern und schrittweise Feinformulierung	Erwartungen und Spielregeln der Zusammenarbeit herausarbeiten	PL moderiert, Plenum	Metaplantechnik: Plenum	45
5.4	Abschließende Fragen und Ergänzungen zum Thema	► Klärung ► Vollständigkeit ► Akzeptanz	PL moderiert, Plenum	Diskussion	15
6.	Ausblick auf erste Arbeitsschritte und Termine	Kenntnis der Aufgaben und Termine	PL	Vortrag und Beantwortung von Fragen	30

Ablaufplan „Kickoff-Meeting“ Projekt: Neugestaltung der Auftragsabwicklung					
Nr.	**Thema**	**Ziel**	**verantwortlich?**	**Methode**	**Zeit in Min.**
7.	Abschließende Feedback-Runde	Teilnehmer geben Rückmeldung	PL moderiert, Plenum	Stimmungsbarometer	30
8.	Gemeinsames Mittagessen ab 12:30 Uhr				

Legende:
PL = Projektleiter
GF = Geschäftsführung

5.7 Präsentationstechniken

Lösung zu Aufgabe 1: Präsentation: Ziele, Visualisierung, Diagrammformen

a) Geeignete Medien zur Visualisierung, z. B.:
- OH-Folien/Overhead-Projektor/Visualizer
- Software (z. B. PowerPoint) und Einsatz eines Beamers
- Flipchart
- Pinnwand.

b) Darstellung betrieblicher Abläufe, z. B.
- Arbeitsablaufdiagramm
- Blockdiagramm
- Flussdiagramm.

c) Die Visualisierung
- verbessert das Verstehen von Zusammenhängen
- verbessert die Behaltenswirksamkeit
- motiviert den Teilnehmerkreis.

d) Einzelziele der Präsentation im vorliegenden Sachverhalt:
- Erfolg als Person/als Präsentator
- Belegschaft von der Notwendigkeit der Änderungen im Ablauf zu überzeugen,
- Erreichen, dass die Belegschaft die Implementierung der organisatorischen Veränderungen aktiv unterstützt.

Lösung zu Aufgabe 2: Präsentation: Vorbereitung

a) Maßnahmen/Aktivitäten zur **Vorbereitung einer Präsentation:**

- Adressatenanalyse
- fachliche/inhaltliche Vorbereitung
- mentale Vorbereitung
- Üben der Präsentationstechnik
- Visualisierungsmittel vorbereiten
- Ist der **Ort** geeignet (ggf. Anreiseweg, gut zu finden usw.)?
- Ist der **Raum** rechtzeitig reserviert, groß genug (Teilnehmer, Medien)?
- Sind **Zeitpunkt und Dauer** richtig gewählt?

  (Weniger geeignet sind z. B.: Freitagnachmittags Anreise zu einer Zeit mit hoher Verkehrsdichte u. Ä.)

b) **Sprech- und Redetechniken**, z. B.:

- Atmung, Artikulation, Resonanz
- Sprechgestaltung: Lautstärke und Sprechtempo, Sprechpausen, Satzbildung, keine Redundanzen (Überflüssiges/Wiederholungen), keine überflüssigen Angewohnheiten, Hörerbezug
- Körpersprache.

Lösung zu Aufgabe 3: Präsentation und Kritikgespräch (Datenschutz)

a) Ihre Maßnahmen:

1. Zum Schutz der Daten vor unbefugtem Zugriff schließen Sie den Raum von Hubertus ab. (Ein Eingriff in das Programm ist nicht zulässig – z. B. Herunterfahren des PC –, da Sie in der Bedienung der Software nicht unterwiesen sind.)
2. Sie führen mit Hubertus ein Kritikgespräch; Ziel: Pflichtverletzung verdeutlichen, Einsicht erzeugen, Maßnahmen vereinbaren zur zukünftigen Vermeidung derartiger Versäumnisse.

b) 1. Vorbereitung, u. a.:

   geeigneter Raum, Zeit, Dauer, Information an die Mitarbeiter, Medieneinsatz usw.

2. Gliederungspunkte, z. B.:
   - Thema nennen und Behandlung begründen (Motivation/Interesse)
   - Folgen schildern
   - Rechtsgrundlagen nennen
   - abschließende Diskussion + Vereinbarung von Kontrakten.

Lösung zu Aufgabe 4: Präsentation: Visualisierung (1)

a) Geeigneter Diagrammtyp:

- Kostenstruktur der Baugruppe Z:

  Kreisdiagramme (mit oder ohne explodierendem Segment oder Struktogramme (mit oder ohne Normierung auf 100 %),

- Entwicklung der Unfallzahlen:

  Balken-/Säulendiagramm oder Liniendiagramm.

b) 1. Kostenstruktur der Baugruppe Z als **Kreisdiagramm** (mit explodierendem Segment):

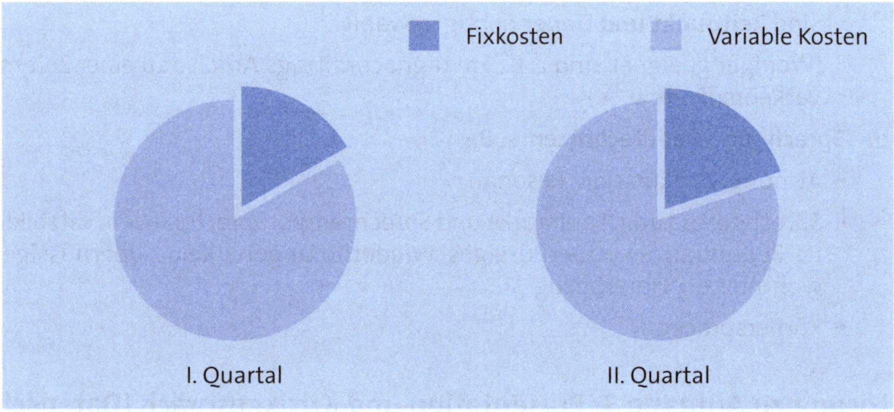

2. Kostenstruktur der Baugruppe Z als **Struktogramm** (auf 100 % normiert):

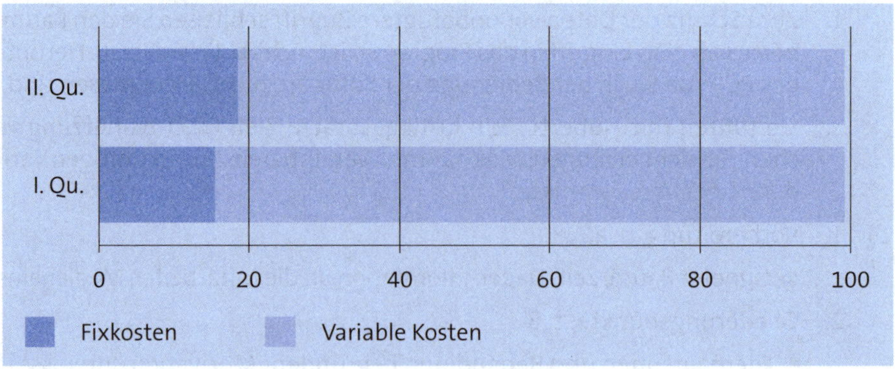

Entwicklung der Unfallzahlen als **Liniendiagramm:**

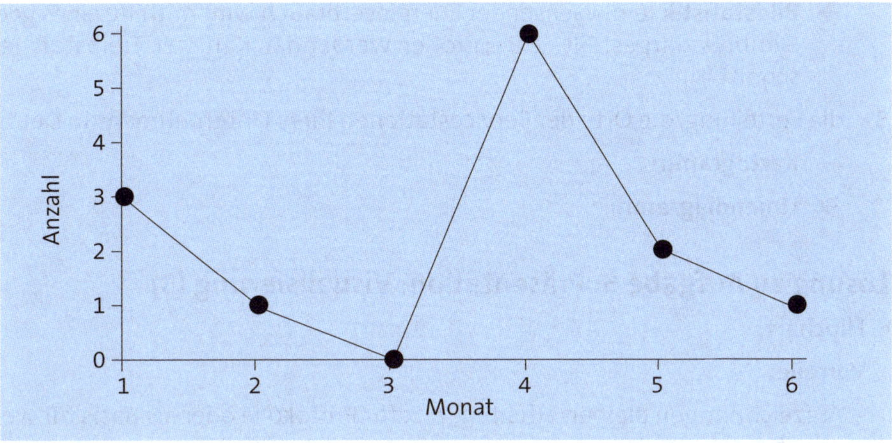

Entwicklung der Unfallzahlen als **Säulendiagramm** (vertikal, 3-D-Darstellung):

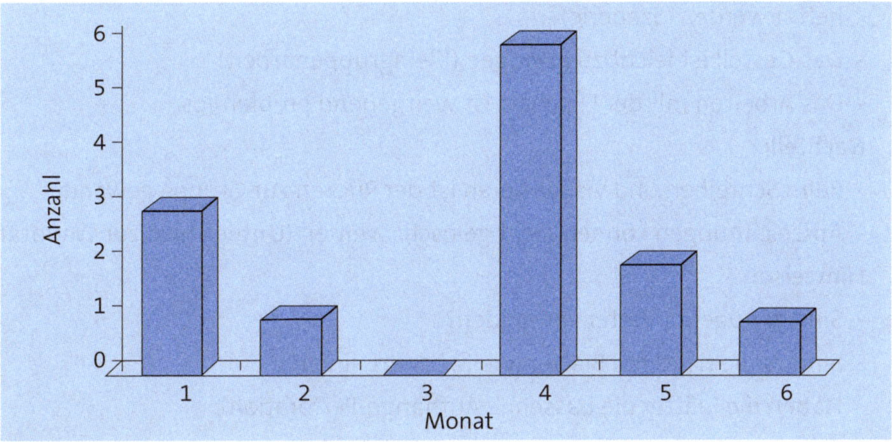

Lösung zu Aufgabe 5: Präsentation: Visualisierung (2)

Es soll dargestellt werden:

1 die Häufigkeit von Merkmalsausprägungen:

→ **Balken- oder Säulendiagramm**

2 die Veränderung eines Merkmals im Zeitablauf:

→ **Liniendiagramm**

3 die Zusammensetzung der Belegschaft nach Altersgruppen:

→ **Struktogramm oder Kreisdiagramm**

4 der Energieverbrauch pro Halbjahr mithilfe geeigneter Symbole:

→ **Bildstatistik** (ein wachsender Energieverbrauch wird mithilfe eines geeigneten Symbols dargestellt, z. B. „größer werdender Kanister Treibstoff je Zeitabschnitt“)

5 die Verteilung/die Orte der Servicestationen Ihres Unternehmens in Deutschland:

→ **Kartogramm**

→ **Liniendiagramm**.

Lösung zu Aufgabe 6: Präsentation: Visualisierung (3)

- **Flipchart:**

Vorteile:

- Aufzeichnungen bleiben erhalten (z. B. für Protokolle oder als Basis für weitere Bearbeitung).
- Die einzelnen Blätter können als Gesamtergebnis nebeneinander an die Wand geheftet werden (Szenerie).
- Das Gestell ist leicht zu bewegen (Kleingruppenarbeit).
- Das Arbeiten mit der Flipchart ist weitgehend problemlos.

Nachteile:

- Beim Schreiben und Visualisieren ist der Rücken zur Gruppe gewandt.
- Aufzeichnungen können nicht gelöscht werden (Unterschied zur Wandtafel).

Hinweise:

- Sind genügend Blätter vorhanden?
- Sind es die richtigen Blätter (weiß, kariert, liniert)?
- Haben die Blätter die passende Aufhänge-Perforation?
- Sind Farbstifte vorhanden und sind diese funktionsfähig?

geeignet: für Präsentationen, Notizen, Visualisierung, Ideenspeicher, Rechenwerke, Diskussionsprotokoll.

- **Tageslichtprojektor:**

Vorteile:

- Kein Abdunkeln erforderlich.
- Beim Schreiben ist der Blick zum Publikum gewandt.
- Erstellen von Folien verhältnismäßig einfach (Fotokopier-Folien/Thermo-Folien).
- Realaufnahmen sind möglich.
- Der Referent sieht die Abbildung der nächsten Folie und kann sich textlich darauf einstellen.
- Eine Änderung der Folien-Reihenfolge während des Vortrags ist möglich.

- Mehrere Folien können übereinandergelegt werden, dadurch kann eine Darstellung durch Hinzufügen weiterer Aspekte Schritt für Schritt weiterentwickelt werden.
- Folien können während des Vortrages handschriftlich ergänzt und schriftlich kommentiert werden.
- Abdeckung der im Moment nicht gefragten Textteile (Abdecktechnik).

Nachteile:

- Projektionswand erforderlich.
- Farbfolien sind teurer als Dias.
- Das abschließende Arbeitsergebnis kann nicht durch Nebeneinanderstellen der Einzelergebnisse dargestellt werden.
- Die dargestellte Information ist nur kurzzeitig präsent.

Hinweise:

- Ist der Projektor funktionsfähig?
- Sind Verlängerungskabel und Ersatzbirne vorhanden?
- Stellen Sie das Gerät nicht auf den Tisch (gestörter Blickwinkel), sondern so, dass sich die Glasplatte mit Folie in Tischhöhe befindet.
- Achten Sie darauf, dass Sie nicht „im Bild" stehen!
- Verschiedenfarbige Folienstifte und Leerfolien (Folienrolle) bereitlegen.
- Justieren Sie vorher das Bild auf Größe und Schärfe.
- Prüfen Sie, ob Spiegel und Glasplatte sauber sind.
- Demonstrieren Sie auf der Folie und nicht an der Leinwand (Rücken!)
- Folien nicht mit Informationen überladen („weniger ist mehr").
- Kabel fixieren (Vorsicht Fußangel!)

geeignet: für Präsentationen, Visualisierungen

► **Wandtafel:**

Vorteile:

- relativ problemlos
- kostengünstig
- unmittelbare Aufzeichnungen
- Schreibfehler können sofort korrigiert werden.

Nachteile:

- Beim Schreiben/Visualisieren ist der Rücken zum Publikum gewandt.
- Transport ist umständlich; oft fest installiert.
- Ergebnisse werden weggewischt und stehen für Protokoll oder tiefergehende Arbeiten nicht mehr zur Verfügung.
- Erinnert an die Schule.

Hinweise: Denken Sie an Kreide/Stifte und Schwamm (+ Wasser).

geeignet: für Visualisierung, Rechenwerke, Notizen.

- **Pinnwand:**

Vorteile:

- verhältnismäßig große Fläche pro Wand
- Mit Pinnwand-Karten können sehr schnell Ideen und Erfahrungssammlungen durchgeführt werden.
- Karten können umgesteckt und neu geordnet werden.
- Strukturierung der gesammelten Informationen sofort möglich.
- Die einzelnen Arbeitsergebnisse können in Form einer Szenerie (mehrere Pinnwände nebeneinander) zu einem Gesamtergebnis zusammengeführt werden.
- Verschiedene Gestaltungselemente möglich: Kreise, Pfeile, Recht-ecke, Wolken usw. (kein starres Schema).
- Alle Informationen bleiben präsent.

Nachteile:

- Beim Anpinnen der Karten oder beim Schreiben ist der Rücken zum Publikum gewandt (lassen Sie daher anpinnen bzw. schreiben!).
- Die Wände sind sperrig beim Transport.
- Zur Pinnwand gehören bestimmte Utensilien.
- Aufwendige Archivierung und Dokumentation.

Hinweise:

- Überlegen Sie vorher, wie viel Wände gebraucht werden (vollständiges Sortiment).
- Filzschreiber für jeden Teilnehmer
- Auf Wandfläche Freiraum für Ergänzungen lassen.
- Roter Faden für den gezielten Einsatz notwendig (Nummerierung; besonders bei mehreren Pinnwänden).

geeignet: für Präsentationen, Ideenspeicher, Visualisierung, Projektarbeit, Ideen-/Erfahrungssammlung.

- **Video-/DVD-Recorder:**

Vorteile:

- Wiedergabe von Fernsehsendungen oder Lehrprogrammen.
- Aufzeichnung und Wiedergabe von Rollenspielen und Präsentationen.
- Gezielte/sequenzielle Auswertung und Bearbeitung möglich.
- Einfache Dokumentation und Archivierung.

Nachteile:

- Der Einsatz der Kamera verlangt Übung.
- Ggf. Versagen der Technik.
- kostenintensiv
- Transport (Kamera, Videorecorder, Fernsehgerät)

Hinweise:

- Gute Vorbereitung erforderlich.
- Vorher ausprobieren, ob Videorecorder und TV-Gerät abgestimmt sind.
- Nicht zu lange Sequenzen zeigen (Spielfilm/Ermüdung).

geeignet: für Präsentationen, Lehrprogramme, Verhaltenstraining.

Musterklausuren

1. Situationsaufgabe

Lösung zu Aufgabe 1:

» 1.1.4, » 2.2.3.2, » 2.2.2.5

a)

Gloria GmbH	Produkt 1 „Glattschnitt“	Produkt 2 „Standard“	Produkt 3 „Luxus“	Produkt 4 „Ersatzteile“	Summe
Umsatz, T€	6.000	21.000	15.000	18.000	18.000
Gewinn, T€	180	630	300	225	225
Umsatzrentabilität	3,00 %	3,00 %	2,00 %	1,25 %	2,225 %

Berechnungsbeispiel:

$$\text{Umsatzrentabilität}_{P1} = \frac{\text{Gewinn}}{\text{Umsatz}} \cdot 100 = \frac{180 \cdot 100}{6.000} = 3\ \%$$

Die Umsatzrentabilität des Produktbereichs 4 liegt mit 1,25 % deutlich unter der Umsatzrentabilität insgesamt und um rd. 58 % bzw. 37 % unter der Umsatzrendite der anderen Produktbereiche.

b)

Liquidität	**Berechnung**	**Kommentar**
Liquidität 1. Grades	$= \frac{\text{flüssige Mittel}}{\text{kurzfr. Verbindlichkeiten}} \cdot 100$ $= \frac{300 \cdot 100}{2.700} \approx 11{,}1\ \%$	Kann unter 100 % liegen; ist von Unternehmenssituation und Finanzplan abhängig.
Liquidität 2. Grades	$= \frac{\text{flüssige Mittel + kurzfr. Forderungen}}{\text{kurzfr. Verbindlichkeiten}} \cdot 100$ $= \frac{(300 + 2.100) \cdot 100}{2.700} \approx 88{,}9\ \%$	Soll 100 % erreichen. **Forderung ist nicht erfüllt.**
Liquidität 3. Grades	$= \frac{\text{flüssige Mittel + kurzfr. Forderungen + Vorräte}}{\text{kurzfr. Verbindlichkeiten}} \cdot 100$ $= \frac{(300 + 2.100 + 2.400) \cdot 100}{2.700} \approx 177{,}8\ \%$	Soll 200 % erreichen. **Forderung ist nicht erfüllt.**

Im Ergebnis: Die Liquiditätsausstattung der Gloria GmbH ist zum Stichtag ungenügend.

c) $$\text{Rentabilität}_{EK} = \frac{\text{Gewinn}}{\text{EK}} \cdot 100 = \frac{1.335 \cdot 100}{2.400} = 55{,}6\ \%$$

Eine Eigenkapitalrendite von 55,6 % ist außerordentlich befriedigend, da alternative Kapitalanlagen bei einer Bank je nach Laufzeit deutlich geringere Verzinsungen ermöglichen.

$$\text{Rentabilität}_{GK} = \frac{(\text{Gewinn} + \text{FK-Zinsen})}{\text{GK}} \cdot 100 = \frac{(1.335 + 360) \cdot 100}{8.400} = 20{,}2\ \%$$

FK = 3.300 + 2.700 = 6.000

Die Beurteilung der Gesamtkapitalrentabilität (GKR) erfolgt über einen Betriebsvergleich sowie über den Vergleich mit dem Fremdkapitalzinssatz. Die GKR sollte wegen des positiven Leverage-Effekts größer als der Fremdkapitalzinssatz sein. Zudem können hinsichtlich der GKR auch die Erwartungen der Stakeholder (insbesondere der Shareholder) eine Rolle spielen.

d) GKR = Gesamtkapitalrendite
EKR = Eigenkapitalrendite
FKZ = Fremdkapitalzinssatz

EKR_{vorher} = 55,6 %

$EKR_{nachher}$ = GKR + FK/EK (GKR - FKZ) = 20,2 % + 6.600/2.400 (20,2 % - 6 %) = 59,25 %

Durch die zusätzliche Investition wird die Eigenkapitalrendite um 3,65 **Prozentpunkte** gehebelt. Der Einsatz des zusätzlichen Fremdkapitals ist für die Gesellschafter lohnend.

Lösung zu Aufgabe 2: >> 1.1.2, >> 1.1.3, >> 4.2.2.1, >> 3.2.2, >> 3.1.2.2

a) Im Produktbereich 4 besteht folgende Ausgangslage (Angaben in T€):

Produkt 4 „Ersatzteile“	**Ist**	**Plan-Steigerung vorgegebener Zielkorridor 5 - 8 %**
Umsatz, T€	18.000	**(+ 900; + 1.440)**

Abteilungsspezifisches Unterziel:

„Im kommenden Jahr muss der Umsatz im Produktbereich 4 um mindestens 900 T€ gesteigert werden.“

	Geeignete Maßnahmen:	Zielbeitrag in T€
1.	Moderate Preiserhöhung der Ersatzteile von durchschnittlich 2 % 45 € + 2 % = 45,90 €/St. 18.000 T€ : 45 €/St. = 400.000 St. 400.000 Stk. • 45,90 €/St. = 18.360 T€	360
2.	Neu-Akquise von zwei A-Kunden	1.000
3.	Neu-Akquise von drei B-Kunden	600
4.	Neu-Akquise von 40 C-Kunden	400
-	Kundenverlust: ► ein A-Kunde ► zwei B-Kunden ► 50 C-Kunden	 -500 -400 -500
=	Umsatzanstieg	960

Die Vorgabe der Geschäftsleitung wird damit erreicht.

TIPP

Auch ähnlich plausible Lösungen sind richtig. Die Lösung soll eine messbare Zielformulierung zeigen und erkennen lassen, dass die Angaben im Sachverhalt berücksichtigt werden und konkrete Maßnahmen zur Umsatzsteigerung erkennbar sind.

b) **Unternehmenspotenzial der Gloria GmbH:**

- Das Unternehmen hat bereits eine Produktorganisation (günstig bei einer Erweiterung der Geschäftsfelder).
- Qualität der Produkte
- Image
- stabile Lieferanten-/Kundenbeziehungen
- hohes Qualifikationsniveau der Mitarbeiter
- sehr gute Kapitalrentabilität.

Schwachstelle der Gloria GmbH:

- schlechte Liquidität, daher Beschränkungen bei Expansionsbestrebungen.

Aus dem Unternehmenspotenzial lässt sich z. B. folgende Geschäftsfeldidee ableiten:

Das Unternehmen ist mit seinen Produkten im Segment „Rasenmäher“ beim Endkunden bekannt. Von daher ließe sich die Produktpalette „Gartengeräte“ (Harken, Spaten usw.) als weiteres SGF positionieren. Denkbar wäre die Zusammenarbeit mit einem oder mehreren leistungsfähigen Lieferanten und die Entwicklung einer „Hausmarke Gartengeräte“ unter dem Namen Gloria.

TIPP

Der Schwerpunkt der Lösung liegt in der Darlegung des Unternehmenspotenzials der Gloria GmbH und der schlüssigen Ableitung eines weiteren strategischen Geschäftsfeldes. Die Lösung „Herstellung/Produktion von ..." ist nicht als richtig zu werten, da die Gloria GmbH lediglich Kompetenz in der Montage, aber nicht in der Herstellung von Geräten hat.

c) Maßnahmen zur Senkung des Lagerbestandes, z. B.:
   - fertigungssynchrone Anlieferung von A-Teilen (JiT)
   - Einrichtung eines Konsignationslagers bei A-Kunden
   - Optimierung der Beschaffung (z. B. optimale Bestellmenge).

d) Nachteile/Risiken bei Global Sourcing, z. B.:
   - hoher Informationsbedarf und Koordinations- sowie Logistikaufwand
   - Die Marge bei günstigen Einkaufspreisen wird gemindert durch Transportkosten, Wechselkursschwankungen und Zölle.
   - Logistik-Konzepte wie Just-in-Time sind kaum möglich.
   - kulturelle Verständigungsprobleme.

Lösung zu Aufgabe 3: >> 1.4.1

1. *„Also, morgens, bin ich immer pünktlich um 8:00 Uhr im Büro. Ich räume dann zuerst den Schreibtisch auf und sehe die Postmappe vom Vortag durch. Dann lege ich mir die Unterlagen für die Arbeit zurecht, die an dem Tag ansteht."*

   Empfehlungen:
   - Postmappe am selben Tag bearbeiten.
   - Schreibtisch abends leer räumen und kommenden Arbeitstag am Abend des Vortages vorbereiten.

2. *„Gestern musste ich z. B. bei der Lektüre der Postmappe zwei lange Telefonate mit Herrn Ernst (Produktbereich 2) führen, weil der die Unterlagen für seinen Bericht anforderte. Und dann hatte Herr Ernst noch Fragen zu der anstehenden Budgetrunde. Ich wollte ihn da nicht im Regen stehen lassen, er ist ja noch neu hier. Außerdem fand ich in der Post zwei wichtige Artikel zur Versandoptimierung – ein Thema, das uns ja alle angeht."*

Empfehlungen:

- Arbeitsblöcke bilden: Lesen, Schreiben, Telefonieren (keine Spontananrufe).
- Dringendes und Wichtiges unterscheiden.
- Regeln der Papier- und Postbearbeitung (Infokanäle).

3. *„Ich war noch nicht einmal 10 Minuten dabei, als Herr Dr. Gramlos vom Rechnungswesen anrief und die Aufstellung über die Kundenbefragung vom Vortag anmahnte. Sie kennen ihn ja, es ist bei ihm alles immer supereilig. Also habe ich die Aufstellung noch eben fertiggemacht."*

   Empfehlungen:

   - Arbeitsblöcke bilden; Störungen vermeiden, Telefon auf Frau Schneider umstellen
   - Wiedervorlage/Terminvorlage, z. B. die Aufstellung von Dr. Gramlos.

4. *„Da der Kopierer auf unserer Etage mal wieder defekt war, musste ich noch bis zur Verwaltung laufen. Unterwegs lief ich Herrn Sorglos, unserem Personalreferenten, in die Arme, der von mir wissen wollte, wie weit das Projekt „Ausbildungsbeauftragte" in meinem Bereich gediehen ist. Und dann folgte noch eine kurze Beschreibung seines wirklich fantastischen Urlaubs in der Dominikanischen Republik. Herr Sorglos sieht ja wirklich beneidenswert erholt aus."*

   Empfehlungen:

   - Delegieren, z. B. Kopieren
   - Arbeitsblöcke bilden
   - Nein-Sagen (Fragen von Herrn Sorglos und Privatgespräch „Urlaub").

5. *„Als ich zurückkam, warteten schon zwei Mitarbeiter auf mich, denen ich dringende Fragen beantworten musste. Anschließend kam schon Frau Schneider mit Kaffee und Post. Da es schon 10:30 Uhr war, haben wir den Rest der Postbesprechung vertagt. Meine Vorbereitungsarbeiten für die Besprechung mit Ihnen gingen mir vor."*

   Empfehlungen:

   - Dringlich/wichtig unterscheiden (Fragen der Mitarbeiter)
   - Arbeitsblöcke bilden und keine Störungen zulassen
   - Eine einmal begonnene Arbeit i. d. R. zu Ende führen.

6. *„Um 11:30 Uhr musste ich noch zu der Konferenz, in der ich Sie vertreten sollte. Da ich in der Zwischenzeit vier Anrufe von draußen hatte und noch mal kurz in den Versand musste, weil unsere Verpackungsmaschine mal wieder streikte, konnte ich die Konferenzunterlagen nur kurz überfliegen. Sie sehen, ich habe wirklich viel um die Ohren."*

   Empfehlungen:

   - Delegation: Herr Müller hat nicht geprüft, ob er die Vertretung in der Konferenz sachlich und zeitlich übernehmen konnte.
   - Dringlich/wichtig unterscheiden (externe Anrufe, Verpackungsmaschine).
   - WV/Terminvorlage: Keine rechtzeitige Lektüre der Konferenzunterlagen.

TIPP

Auch ähnliche, fallbezogene Empfehlungen sind als richtig zu werten.

Lösung zu Aufgabe 4: >> 1.4.4.6

a) Analyse des Bewerbungsschreibens:

- Bewerbung datiert auf den 20.08.
- Der Betreff bezieht sich nicht auf die Anzeige.
- Vollständigkeit:
  - Abiturzeugnis fehlt
  - Zertifikat „AEVO-Prüfung" fehlt
  - Beschreibung der derzeitigen Tätigkeit fehlt
  - Wechselmotiv bleibt unklar
  - Bezugnahme auf die Stellenanzeige fehlt
  - Gliederung: ist vorhanden
  - Text enthält eine Fülle von Redundanzen.
- **Sprache:**
  - Fehler in der Rechtschreibung:

    über en REFA-Schein, mir die Aufggabe, neuen Richlinien
  - teilweise Passivform
  - teilweise ungeschickte und „hölzerne" oder unpassende Ausdrucksweise bzw. Wortwahl: Meine Qualifikationen entnehmen Sie bitte dem beigefügten Lebenslauf (dies sollte im Anschreiben prägnant dargestellt werden)
  - und auf eigene Kosten (das ist überwiegend selbstverständlich)
  - oblagen mir vielfältige
  - wurde mir die Aufgabe gestellt
  - welches ich erfolgreich
  - kristallisierte sich besonders
  - berufliche bundesweite Mobilität (ist hier nicht gefragt)
  - über meine dienstliche Obliegenheiten.

b) Analyse des Lebenslaufes:

Zeitfolgenanalyse:

- die beruflichen Stationen enthalten Monatsangaben
- ca. **6 Monate** nach dem Studium ohne qualifizierte Tätigkeit?

- ca. **9 Monate:** G.W.F.-Zeitarbeit
- ca. **7 Monate:** arbeitslos
- ca. **3 Jahre:** Internationales Logistikunternehmen
- **1 Monat:** arbeitslos (keine Angaben)?
- seit **rd. 1 Jahr:** International Insurance Company
- Berufspraxis, ca. : 1 Jahr → 3 Jahre → 1 Jahr; Tendenz?
- Beendigungstermine: 30.11. + 30.08.?

Entwicklungsanalyse:

- Laut Lebenslauf „Abteilungsleiter" (1. Position) → danach Sachbearbeiter → Hauptsachbearbeiter (?)
- Der Trend scheint stagnierend zu sein.
- Handlungsvollmacht in Aussicht gestellt?
- Keine markante Zunahme der Sachverantwortung erkennbar.
- Warum wird ein Wechsel angestrebt?

Firmen- und Branchenanalyse:

- kleine Filiale eines Zeitarbeitsunternehmens
- großes Logistikunternehmen (Sachbearbeiter)
- Versicherungskonzern (Sachbearbeiter)
- Die früheren Wechselmotive sind nicht erkennbar.

ACHTUNG

Es gibt hier keine „Musterlösung". Der Sachverhalt enthält mehr Auswertungsaspekte als in der Lösungsskizze (beispielhaft) aufgeführt sind. Plausible, fallbezogene Argumente sind als richtig zu bewerten.

c)
- Man gewinnt einen ersten, persönlichen Eindruck von dem Bewerber.
- Man kann die Vorauswahl für das Gespräch spezifizieren (erspart Zeit, Kosten, Anreise, Anzahl der persönlichen Gespräche).
- Der Bewerber ist nicht gezwungen Urlaub zu nehmen.
- Es können mehr Bewerber in die Vorauswahl genommen werden; diese wird treffsicher.
- Man erhält Aufschluss über das Verhalten des Bewerbers am Telefon (Telefonat aus der häuslichen Atmosphäre).

d)

	standardisiertes Interview	nicht standardisiertes Interview
Vorteile	► Hilfestellung für den Interviewer ► Es werden keine Fragen vergessen.	► Es entsteht eine echte, realistische Gesprächssituation. ► Der Bewerber „öffnet“ sich und antwortet zwanglos (höherer Informationsgehalt).
Nachteil	► Das Interview ist monoton, stereotyp und nicht anregend für den Bewerber („Abfragen nach Schema“).	► Nicht geeignet für Interviewer, die weniger geübt sind.

e) Das Zeugnis wurde von sachkompetenten Verfassern erstellt (großes Handelsunternehmen), die bewusst diese Formulierungen gewählt haben. Im Ergebnis:

- Es darf angenommen werden, dass Frau M. nur einfache Arbeiten ohne Zeitdruck ausführen kann.
- Zeugniscode: *„Ihre Leistungen waren zu unserer Zufriedenheit.“* – entspricht einer ausreichenden Leistung.
- Vermutlich hält sie ihre Kolleginnen mit „Tratsch“ von der Arbeit ab.

Lösung zu Aufgabe 5: >> 5.2

a) A. **Einstieg:**

- Atmosphäre schaffen
- Gesprächsanlass und Zielsetzung nennen
- Zielsetzung: Verständnis für die Entscheidung erreichen, Mitarbeiter für die zukünftige Arbeit behalten und gewinnen.

B. **Hauptteil:**

- Rückschau und Anerkennung der guten fachlichen Leistung in der Vergangenheit
- Hintergrund für die Entscheidung „Stellenbesetzung“ sachlich erläutern
- Verständnis für Herrn Schmied zeigen
- Herr Schmied erhält Gelegenheit zur Stellungnahme
- Sieg-und-Niederlage-Situation vermeiden
- Zielsetzung der Firma und Erwartungshaltung des Mitarbeiters aufarbeiten und nach Lösungsansätzen suchen, z. B.: die besondere fachliche Qualifikation von Herrn Schmied wird „honoriert“, z. B.: Sonderaufgaben, Job Enrichment o. Ä.

C. **Abschluss:**

- sich gegenseitig versichern, dass für die Zukunft eine tragfähige Arbeitsbeziehung besteht
- dass Herr Schmied bereit ist, mit dem neuen Gruppenleiter loyal zusammenzuarbeiten
- dass er seine Interessen in diesem Gespräch einbringen konnte
- freundliche Verabschiedung.

b) Gesprächsregeln, z. B.:

- Zuhören (aktiv zuhören)
- Offenheit (Ich-Botschaften)
- den Mitarbeiter zu Wort kommen lassen
- keine Störungen von außen.

c) Man unterscheidet Sachebene (Inhalte, Fakten, was gesagt wird) und Beziehungsebene (wie Sender und Empfänger zueinander stehen). Im vorliegenden Fall ist die Beziehungsebene nicht gestört, da beide Personen sich kaum kennen. Dies bedeutet allerdings auch, dass es keine gefestigte Beziehungsebene z. B. aus vielen Jahren der positiven Zusammenarbeit gibt. Sie müssen daher die Tragfähigkeit der Beziehungsebene im Verlauf dieses schwierigen Gesprächs besonders beobachten.

Lösung zu Aufgabe 6:

a) Unterschied: Lasten-/Pflichtenheft:
Der Kunde erstellt ein Lastenheft für die Entwicklung eines von ihm gewünschten Erzeugnisses. Der ausgewählte Auftragnehmer erstellt auf dieser Basis das Pflichtenheft zur Realisierung des Erzeugnisses.

Wesentliche Inhalte, z. B.:

- detaillierte Beschreibung der Produktanforderungen
- Beschreibung der Bedingungen und der Schnittstellen
- Produktstruktur
- Abnahme- und Inbetriebnahmebedingungen.

b) 1.

Angebotsvergleich	Lieferant		
	A	**B**	**C**
Angebotspreis	3.840,00	3.600,00	4.160,00
- Skonto	76,80	0,00	124,80
= Bareinkaufspreis	3.763,20	3.600,00	4.035,20
+ Bezugskosten	0,00	150,00	0,00
= Einstandspreis	**3.763,20**	**3.750,00**	**4.035,20**
Ranking	**2**	**1**	**3**
Lieferfrist	14 Tage	6 Wochen	4 Wochen

Berücksichtigt man nur die vorliegenden (quantifizierbaren) Daten, wird man Lieferant A beauftragen (B überschreitet die Lieferfrist). In der Praxis ist jedoch eine alleinige, unkritische Ausrichtung „nur am Preis" lediglich bei geringwertigen und unkritischen Beschaffungen gerechtfertigt.

2. Weitere Merkmale bei der Lieferantenauswahl, z. B.:
   - Qualität
   - Einhalten der technischen Vorgaben
   - Zuverlässigkeit
   - Garantie- und Kulanzbedingungen
   - Vertragsbedingungen, z. B. AGB, Erfüllungsort.

Lösung zu Aufgabe 7:

a)

	800.000 €	Investitionskosten
-	600.000 €	Bankdarlehen
=	200.000 €	Finanzierungslücke

b)

Finanzierungslücke		- 200.000	
Jahresüberschuss - Ausschüttung = Gewinnrücklage	1.335.000 - 1.185.000 150.000	+ 150.000	Selbstfinanzierung
Verkauf der alten Lager- und Fördereinrichtungen		+ 50.000	Umfinanzierung

c) Beurteilung der Fremdfinanzierung:
   - Wegen des positiven Leverage-Effektes empfiehlt sich die Fremdfinanzierung; vgl. Lösung zu Aufgabe 1 d).
   - Vor dem Hintergrund der unzureichenden Liquidität der Gloria GmbH ist von einer Erhöhung des FK-Anteils abzuraten.

d) Bei einer Sicherungsübereignung bleibt der Schuldner Besitzer (die Gloria GmbH), verliert aber das Eigentum an der Sache (die Bank wird Eigentümer).

e) Beteiligungsfinanzierung:
   - Aufnahme neuer Gesellschafter
   - Erhöhung der Einlage bestehender Gesellschafter.

f) Mezzanine Kapital, z. B.:
   - Nachrangdarlehen
   - typische stille Beteiligung.

   Grundsätzlich ist diese Finanzierungsform nur für Unternehmen mit einer soliden Struktur und einem hohen Wachstumspotenzial geeignet, da das Mezzanine-Kapital risikoreicher ist als „normales" Fremdkapital.

   Die Gloria GmbH ist bereits zu 71 % fremdfinanziert. Außerdem besteht das Problem der Unterliquidität. Die Finanzierung über Mezzanine Kapital erscheint ungeeignet.

Lösung zu Aufgabe 8: »3.1.1, »3.3.2, »4.2.4, »1.4.3, »5.6.3

a) Zentrale Fragestellungen innerhalb der Distributionslogistik sind z. B.:
   1. Lagerlogistik, z. B.:
      - zentrale/dezentrale Lagerhaltung
      - Optimierung der Lagertechnik (z. B. Automatisierung, chaotische Lagerhaltung, Identifikationssysteme, Lagerbeschilderung, Kommissionierungssysteme und -techniken)
      - Eigenlager/Fremdlager.
   2. Transportoptimierung, z. B.:
      - Eigentransport/Fremdtransport
      - Einsatz der Telekommunikation beim Transport
      - Optimierung der Tourenplanung
      - Einsatz von Softwaresystemen zur Tourenplanung.
   3. Entscheidungen über geeignete Distributionskanäle, z. B.:
      - direkter/indirekter Absatz
      - Sonderformen (z. B. E-Commerce, FOC – Factory-Outlet-Center).
   4. Optimierung der Absatzwege, z. B.:
      - unternehmenseigene Absatzorgane
      - unternehmensfremde Absatzorgane.

b) Merkmale der Bildung einer Projektgruppe, z. B.:
   - Dauer und Form der Zusammenarbeit
   - Größe der Gruppe

- Hauptaufgabe und Zielsetzung
- Zusammensetzung der Teammitglieder:
  - fachliche/funktionale Kompetenz (interdisziplinäre Zusammensetzung)
  - Art der „Entsendung/Versetzung“: hauptamtlich/nebenamtlich.

c)
- Berater: unterstützt den Entscheidungsprozess, leistet Aufbauarbeit
- Kreativer: liefert Ideen, regt Experimente an
- Überzeuger: kontaktiert und präsentiert nach außen
- Bewerter: wägt Möglichkeiten ab, ist um objektive Haltung bemüht
- Entscheider/Macher: sorgt für Umsetzung von Ideen und Plänen
- Prüfer: sorgt für Qualität und Konzentration
- Bewahrer: kümmert sich um Teamstabilität und stabilisiert die gefühlsmäßigen Beziehungen
- Linker: koordiniert Informationen, repräsentiert das Team nach außen
- Moderator: koordiniert Aktion und Kommunikation der Gruppe, vertritt das Team nach außen
- Visionär: ist kreativ und innovativ
- Finisher: bringt die Dinge zu Ende, achtet auf Termineinhaltung
- Versorger: beschafft Kontakte, Material, Teillösungen.[1]

[1] In Anlehnung an das Mitte der 1980er Jahre entwickelte Teammodell von *C. Margerison* und *D. McCann*.

2. Situationsaufgabe

Lösung zu Aufgabe 1: »3.1.3, »3.2.2

a) Der ø Lagerbestand ist bei monatlicher Ermittlung:
= (Anfangsbestand + 12 Monatsendbestände) : 13

Jan.	300	April	280	Juli	360	Okt.	300	∑∑
Feb.	350	Mai	440	Aug.	380	Nov.	340	
März	500	Juni	420	Sept.	410	Dez.	320	
∑∑								4.400
+ Anfangsbestand (= Endbestand per 31.12. d. Vorj.)								300
= Zwischensumme								4.700
: 13 ≈ ø Lagerbestand								362

b) durchschnittliche Kapitalbindung = 362 Stk. • 30 €/Stk. = 10.860 €

c) Lagerumschlag = Lagerabgang (in Stk.) : ø Lagerbestand (in Stk.)

Jan.	80	April	200	Juli	70	Okt.	180	∑∑
Feb.	0	Mai	50	Aug.	90	Nov.	130	
März	120	Juni	166	Sept.	0	Dez.	0	
∑	200		416		160		310	1.086

Lagerumschlag = 1.086 : 362 = 3,0

d) ø Lagerdauer in Tagen = Anzahl Tage/Rechnungsperiode : Umschlagshäufigkeit
= 360 Tage : 3 = 120 Tage

e)

Januar	80	April	200	Juli	70	Oktober	180
Februar	0	Mai	50	August	90	November	130
März	120	Juni	166	September	0	Dezember	0

Jahresverbrauch = Summe der Verbräuche = 1.086 Stk.

$$\text{optimale Bestellmenge} = \sqrt{\frac{200 \cdot \text{Jahresbedarf} \cdot \text{Bestellkosten/Bestellung}}{\text{Einstandspreis} \cdot \text{Lagerhaltungskostensatz}}}$$

$$= \sqrt{\frac{200 \cdot 1.086 \cdot 25}{30 \cdot 12}}$$

$$\approx 123 \text{ Stück}$$

$$\text{optimale Bestellhäufigkeit} = \frac{\text{Jahresbedarfsmenge}}{\text{optimale Bestellmenge}} = \frac{1.086}{123} \approx 9$$

Lösung zu Aufgabe 2: »2.4.1, »3.3.2, »2.5.4.2, »1.1.4

a) Kritische Werte-Rechnung „Eigen- versus Fremdtransport“:

$$24.000\,€ + 2{,}20\,€ \cdot x = 70.000\,€ + 7.000\,€ + 48.000\,€ + 0{,}40\,x$$

$$1{,}8\,\frac{€}{km}\,x = 101.000\,€$$

$$x = 56.111{,}11 \text{ km p. a.}$$

$$x = 4.675{,}93 \text{ km pro Monat}$$

b)

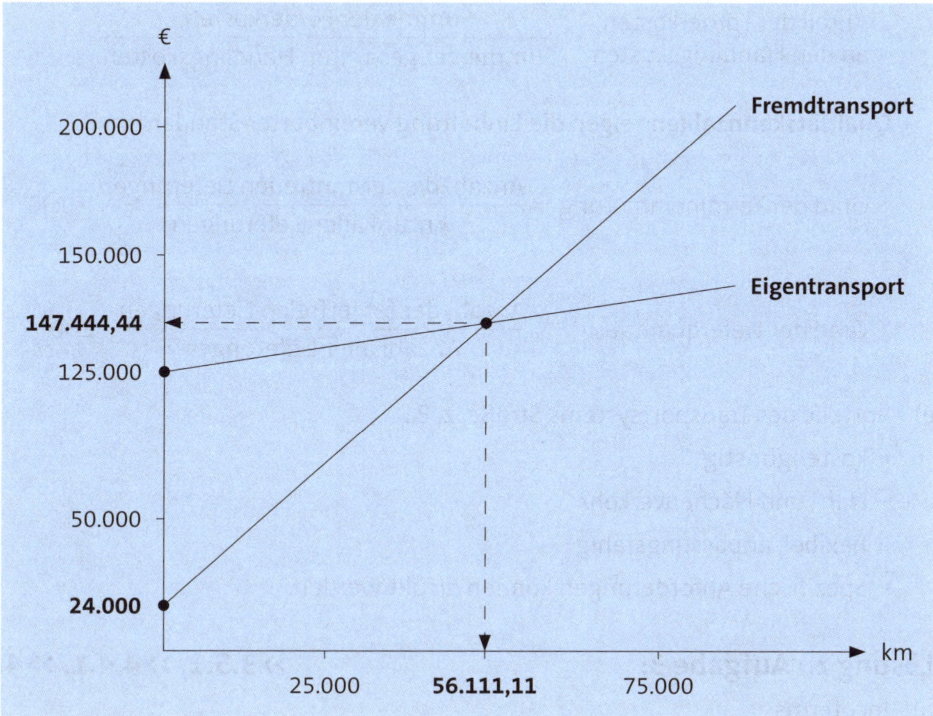

c) Neben einem Vergleich der Kosten gibt es weitere Kriterien, die bei der Entscheidung „Eigentransport versus Fremdtransport“ herangezogen werden sollten, z. B.:

- **Know-how:**
  Fahrpersonal (Ausbildung, Erfahrung), Gefahrgutbeauftragter, laufende Schulungen, gesetzliche Änderungen
- **Werbung, Image:**
  Der eigene Fuhrpark kann für Werbezwecke genutzt werden. Außerdem kann der Eigentransport die Imagewirkung verbessern – er beweist Kompetenz.
- **Abhängigkeit vom Spediteur/Frachtführer:**
  Je nach Größe des Transportvolumens besteht eine bestimmte Abhängigkeit vom Spediteur/Frachtführer (Transportvolumen, Termingestaltung, Servicebereitschaft).

d) Beispiele für logistische Kennzahlen:
Wirtschaftlichkeitskennzahlen zeigen das Verhältnis von Kosten zu Leistungen, z. B.:

$$\varnothing \text{ Transportkosten je Transportauftrag} = \frac{\text{Summe aller Transportkosten}}{\text{Anzahl aller Transportaufträge}}$$

$$\text{Anteil der Förderkosten an den Handlingskosten} = \frac{\text{Summe der Förderkosten}}{\text{Summe der gesamten Handlingskosten}}$$

Qualitätskennzahlen zeigen die Einhaltung vereinbarter Standards z. B.:

$$\text{Grad der Termineinhaltung} = \frac{\text{Anzahl der termintreuen Lieferungen}}{\text{Anzahl aller Lieferungen}} \cdot 100$$

$$\text{Grad der Lieferqualität} = \frac{\text{Anzahl der fehlerfreien Lieferungen}}{\text{Anzahl aller Lieferungen}} \cdot 100$$

e) Vorteile des Transportsystems Straße, z. B.:
- kostengünstig
- Nah- und Flächenverkehr
- flexibel, anpassungsfähig
- Spezifische Anforderungen können erfüllt werden.

Lösung zu Aufgabe 3: >> 3.5.1, >> 4.4.1, >> 4.4.2

a) Incoterms:
Der Exporteur trägt die Kosten bis an das Schiff. → FAS

Der Exporteur trägt die Kosten bis an das Schiff einschließlich der Verladungskosten. → FOB

Der Exporteur trägt alle Kosten des Schiffstransports inkl. Fracht- und Versicherungskosten. → CIF

b) WTO (World Trade Organization; Welthandelsorganisation):
Überwachung der Handelspolitik der WTO-Mitgliedsstaaten, Schlichtung von Handelskonflikten zwischen Mitgliedsstaaten

Weltbank:
Die Weltbank vergibt vorrangig Kredite an Länder zur wirtschaftlichen und sozialen Entwicklung. Sie finanziert z. B. landwirtschaftliche Programme, Projekte im Energiesektor sowie im Bereich des Bildungswesens.

IWF (Internationaler Währungsfond):
Der IWF hat die Aufgabe, für eine stabile Währungsordnung zu sorgen. Er vergibt an seine Mitglieder Kredite zum Ausgleich von Zahlungsbilanzdefiziten.

Die Unterstützung der Entwicklungsländer und die Bewältigung von Schuldenkrisen zählen zu den Hauptaufgaben der Weltbank und des IWF.

Lösung zu Aufgabe 4: >> 4.4.2

a) Direktinvestitionen sind langfristige Kapitalanlagen im Ausland, die ein inländischer Investor tätigt, um sich Absatzmärkte zu erschließen oder zu sichern.

b) Formen der Direktinvestition:

- Gründung eines neuen Unternehmens im Ausland als Niederlassung oder Tochtergesellschaft
- Erwerb eines Unternehmens im Ausland
- Beteiligung an einem Unternehmen im Ausland.

c) Mögliche Vorteile:

- Die Aktivitäten können neue Absatzmärkte erschließen und sind weniger risikoreich als Exporte in Drittländer (z. B. Angleichung der Rechtsbestimmungen).
- Produkte, die sich in Deutschland bereits in der Sättigungsphase befinden, können im EU-Binnenmarkt u. U. noch ertragreich abgesetzt werden.

d) Mögliche Probleme:

- Die Absatzchancen werden aufgrund unzureichender Informationen falsch eingeschätzt.
- Die Ware entspricht nicht den angenommenen Verbrauchergewohnheiten bzw. den -erwartungen.
- Der Finanzbedarf wird unterschätzt und Möglichkeiten der Exportförderung sind nicht hinreichend bekannt.
- Die Organisation des Unternehmens sowie die Qualifikation ist nicht auf die Auslandsbeteiligung ausgerichtet.

e) Bei einem Joint Venture gründen zwei oder mehrere rechtlich selbstständige und voneinander unabhängige Unternehmen ein Gemeinschaftsunternehmen unter gemeinsamer Leitung der Gesellschafterunternehmen (z. B. XY AG in Deutschland mit der Z AG in China; Zweck: Bau und Vertrieb landwirtschaftlicher Traktoren). Die Gründung von Gemeinschaftsunternehmen ist besonders häufig bei Investitionen im Ausland gegeben, wenn der ausländische Staat die Beteiligung von Ausländern beschränkt bzw. die Zusammenarbeit mit einheimischen Unternehmen fordert.

Lösung zu Aufgabe 5: »5.5.2, »5.5.3, »5.5.8

a) Aspekte der Planungsarbeit:
   - sachliche und zeitliche Gliederung der Ausbildung
   - Ausbildungsmöglichkeiten in den unterschiedlichen fachlichen Handlungsbereichen
   - Unterweisungspläne
   - Ausbildungsbeauftragte
   - Ausbildungsmittel
   - Berufsschulunterricht
   - Urlaub
   - evtl. erforderliche überbetriebliche Maßnahmen.

b) Ein Lehrgespräch ist eine Gesprächsform, bei der der Ausbilder Inhalt und Ziel steuert und der Auszubildende zu Antworten, Zwischen- und Rückfragen animiert wird und dadurch in die Stoffvermittlung einbezogen wird.

c) 1. Stufe: Vorbereitung
   persönliche Vorbereitung des Ausbilders: Ablaufplan, Methodenwahl, Visualisierung, Vorbereitung des Arbeitsplatzes, Vorbereitung des Auszubildenden (Lernzielbenennung, Motivation)

   2. Stufe: Vormachen und erklären
   Der Ausbilder zeigt den Arbeitsschritt und erklärt seinen Ablauf.

   3. Stufe: Nachmachen und erklären lassen
   Der Auszubildende wird gebeten, die Arbeitsschritte zu wiederholen und zu erklären.

   4. Stufe: Üben
   Der Auszubildende muss die Arbeitsschritte üben. Damit soll gewährleistet werden, dass das Gelernte auf Dauer behalten wird.

Lösung zu Aufgabe 6: »1.2.3

1. Analyse der Istsituation:
   - Wo verändern sich in den nächsten Jahren die Anforderungen?
   - Welche internen und externen Einflussfaktoren sind zu beachten?
2. Ermittlung des Bildungsbedarfes, z. B.:
   - Befragung der Führungskräfte
   - Befragung der Mitarbeiter
   - Unternehmenskonzepte/-ziele.
3. Planung der PE-Inhalte:
   Aus dem Vergleich der Eignungs- und Anforderungsprofile (Profilvergleichsanalyse) ergeben sich Maßnahmen für die Weiterbildung.

4. Präsentation der Ergebnisse der Feldarbeit:
   Leitungsebene, Betriebsrat und Mitarbeiter überzeugen
5. Realisierung der PE-Konzeption:
   nach Lernzielen, Lernzielkontrollen, interne/externe Durchführung, Prioritäten, Bildungsträger
6. Evaluierung:
   Kontrolle, Transfer, Weiterentwicklung: Transfer in die Praxis kontrollieren, Kostenkontrolle, Feedback.

Lösung zu Aufgabe 7: >> 5.1.4

a) Weitere Faktoren, die den Führungsstil beeinflussen, z. B.:
   - Persönlichkeit des Mitarbeiters
   - Qualifikation und Reifegrad des Mitarbeiters
   - Erscheinungen der Gruppendynamik
   - wirtschaftliche Lage des Unternehmens
   - Führungskultur des Unternehmens
   - allgemeine Rahmenbedingungen der Arbeit (Arbeitsumgebung, Betriebsklima u. Ä.).

b) Der zweidimensionale Führungsstil orientiert sich im Gegensatz zum eindimensionalen an zwei Dimensionen, z. B. „Sachorientierung“ (z. B. Ergebnis, Umsatz, Zielerreichung) und „Menschorientierung“ (z. B. Bedürfnis nach Kommunikation und Anerkennung); vgl. dazu das Grid-Konzept.

c) 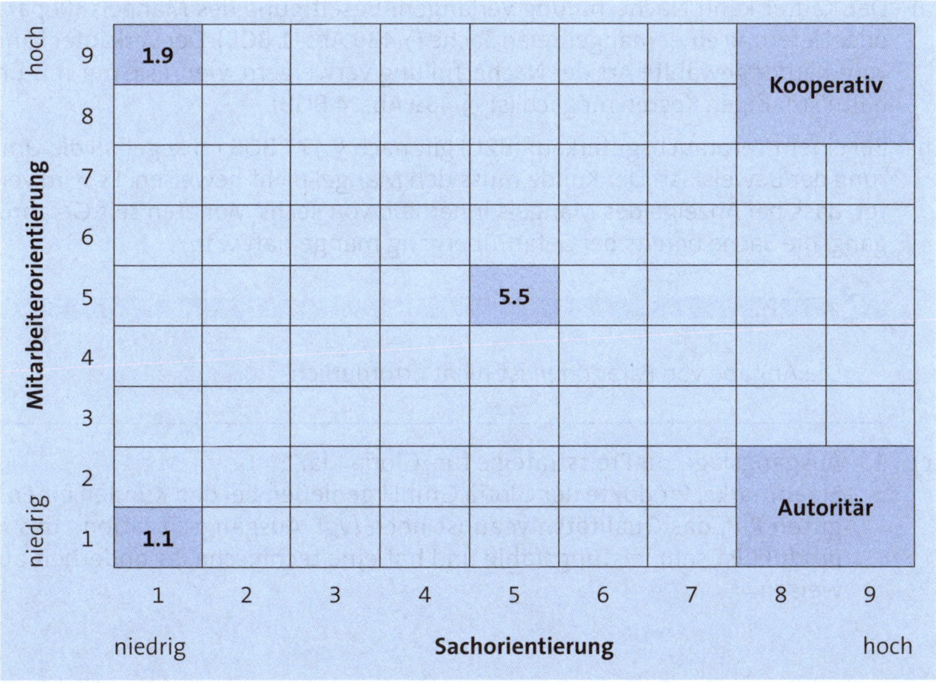

Der autoritäre Führungsstil ist machtbetont, beteiligt die Mitarbeiter nicht und ist ausschließlich sachorientiert.

Der kooperative Führungsstil beruht auf konstruktiver Zusammenarbeit und versucht „Sache“ und „Mensch“ gleichermaßen zu berücksichtigen.

d) Der situative Führungsstil ist ein dreidimensionaler Führungsstil (Erweiterung des Grid-Konzepts). Der Vorgesetzte berücksichtigt (vereinfacht gesagt) in seinem Führungsstil drei Dimensionen:

- Sache
- Mensch
- gegebene Situation/Rahmenbedingungen.

Beispiel

Ein Vorgesetzter führt im Allgemeinen kooperativ. Dies entspricht seiner Grundhaltung, seiner Persönlichkeit und dem Reifegrad seiner Gruppe. In einer besonderen Situation, die durch Dringlichkeit und Wichtigkeit geprägt ist – z. B. ein Großkunde muss noch kurz vor Feierabend mit einem Sonderauftrag beliefert werden – entscheidet sich der Vorgesetzte für den autoritären Führungsstil: Er ordnet an, ohne die Mitarbeiter zu beteiligen.

Lösung zu Aufgabe 8: >> 4.5.3, >> 4.2.3

a) Der Käufer kann Nacherfüllung verlangen: Beseitigung des Mangels (Reparatur) oder Lieferung einer mangelfreien Sache (§ 439 Abs. 1 BGB). Der Verkäufer kann die vom Käufer gewählte Art der Nacherfüllung verweigern, wenn sie nur mit unverhältnismäßigen Kosten möglich ist (§ 439 Abs. 4 BGB).

b) Bei einem Verbrauchsgüterkauf (B2C) gilt nach § 477 BGB im Regelfall die Umkehrung der Beweislast: Der Kunde muss den Mangel nicht beweisen. Es wird vermutet, dass bei Anzeige des Mangels innerhalb von sechs Monaten seit Gefahrübergang, die Sache bereits bei Gefahrübergang mangelhaft war.

TIPP

Die Angabe von Paragrafen ist nicht erforderlich.

c) 1. Ausgangslage zur Preisstrategie für „Gloria Klar“:
Eigenmarke, Produkte der Gloria GmbH genießen bei den Kunden einen sehr guten Ruf, das Qualitätsniveau ist hoch (vgl. Ausgangssituation), das neue Produkt ist sehr leistungsfähig und hat eine technische Besonderheit aufzuweisen.

Daher ist nur eine Hochpreisstrategie denkbar. Sie kann gestaltet werden als:

- Prämienpreis (Hochpreise auf Dauer, z. B. aufgrund von Image, Qualität, technischem Vorsprung usw.)
- Skimmingpreis (Hochpreis in der Einführungsphase aufgrund der technischen Besonderheit; man versucht den Markt „abzuschöpfen", bevor Konkurrenten „nachziehen").

TIPP

Eine Niedrigpreisstrategie ist aufgrund der Ausgangslage als nicht richtig zu bewerten.

2. Die Aussage der Geschäftsleitung bezieht sich auf die langfristige Preisuntergrenze (Deckung aller Kosten; Preis = fixe Stückkosten + variable Stückkosten).

	fixe Stückkosten (Herstellung)	800.000 : 50.000	16,00
+	variable Stückkosten		45,00
=	Herstellkosten der Fertigung		61,00
+	Vertriebskosten	200.000 : 50.000	4,00
=	Herstellkosten des Umsatzes		65,00
+	Gewinn, 20 %	(65 • 20) : 100	13,00
=	**langfristige Preisuntergrenze**		**78,00**

3. Der tatsächliche Verkaufspreis von „Gloria Klar" muss die langfristige Preisuntergrenze, die Umsatzsteuer von 19 %, ggf. eine preispsychologische Korrektur enthalten und findet seine Obergrenze im Höchstpreis, den der Markt gerade noch akzeptiert, z. B.:

=	langfristige Preisuntergrenze	78,00	
+	19 % USt	14,82	
=	Zwischensumme	92,82	
+	psychologische Preiskorrektur	2,17	
=	**Verbraucherendpreis**	94,99	Intervall der Preisgestaltung
		↕	
	Höchstpreis, der vom Markt noch akzeptiert wird, z. B.:	**99,99**	

4. **Pre-Sale**, z. B.:
ausführliche Produktinformation, Anwendungsberatung vor Ort/Vorführungen, Sonderstand im Baumarkt

After-Sale, z. B.:
Erweiterung der Gewährleistung auf drei Jahre, Rücknahme einer alten Teichpumpe der Kunden, Handwerkerleistung (Teichbau durch Subunternehmer).

Lösung zu Aufgabe 9: >> 1.3.2, >> 5.7.2, >> 5.7.3

a) Werkzeuge, z. B.: Fotos, Flussdiagramme, Organisationsdiagramme, Cliparts, Videosequenzen

Dateiformat: pdf

b) Sachliche Präsentationsziele, z. B.:

- Information über neue Lösungen in der Distributionslogistik
- den Zuhörerkreis von den dargelegten Lösungen überzeugen
- den Zuhörerkreis für Unterstützung gewinnen.

Persönliche Präsentationsziele, z. B.:

- Anerkennung als Fachmann
- Anerkennung als Präsentator
- Festigung Ihrer beruflichen Position im Unternehmen.

Lösung zu Aufgabe 10: >> 2.4.1

	Produkt 1	**Produkt 2**	**Produkt 3**	**Summe**
Verkaufspreis (€/Stk.), p	350	200	450	
Absatz (Stk./mtl.), x	1.400	8.700	2.700	
Kabellänge pro Stk. (m), Engpass pro Stk.	1,0	0,5	2,0	
Verbrauch (m/mtl.)	1.400	4.350	5.400	11.150
variable Kosten (€/Stk.), k_v	160	110	180	
db (= p - k_v)	190	90	270	
relativer db = $\frac{\text{db}}{\text{Engpass pro Stk.}}$	**190**	**180**	**135**	
Programmreihenfolge	**1**	**2**	**3**	
Produktionsmenge (Stk.)	**1.400**	**8.700**	**625**	
Verbrauch (m)	1.400	4.350	1.250	7.000

Basisliteratur

Eisenschink, C., Die Prüfung der Industriefachwirte, 14. Auflage, Herne 2020

Eisenschink, C., Situationsaufgaben für Wirtschaftsfachwirte, 2. Auflage, Herne 2019

Ehrmann, H., Logistik, 9. Auflage, Herne 2017

Krause/Krause/Schroll, Die Prüfung der Industriemeister – Basisqualifikationen, 13. Auflage, Herne 2020

Krause/Krause/Schroll, Die Prüfung der Industriemeister Metall – Handlungsspezifische Qualifikationen, 9. Auflage, Herne 2020

Krause/Krause/Bauschmann, Die Prüfung der Handelsfachwirte, 21. Auflage, Herne 2021

Krause/Krause/Stache/Zech, Die Prüfung der Technischen Betriebswirte, 9. Auflage, Herne 2019

Olfert/Rahn, Einführung in die Betriebswirtschaftslehre, 12. Auflage, Herne 2017

Olfert/Rahn/Zschenderlein, Lexikon der Betriebswirtschaftslehre, 9. Auflage, Herne 2020

Staehle, W. H., Management – Eine verhaltenswissenschaftliche Perspektive, 9. Auflage, München 2014

Wöhe/Döring/Brösel, Einführung in die allgemeine Betriebswirtschaftslehre, 27. Auflage, München 2020

01. Betriebliches Management

Bamberger/Wrona, Strategische Unternehmensführung, 2. Auflage, München 2012

Bitz u. a., Vahlens Kompendium der Betriebswirtschaftslehre, 2 Bände, 5. Auflage, München 2005

Ehrmann, H., Unternehmensplanung, 6. Auflage, Herne 2013

Eisenschink, C., Betriebliches Management – Klausurtypische Aufgaben und Lösungen, Herne 2013

Eisenschink, C., Projektmanagement – Klausurtypische Aufgaben und Lösungen, 2. Auflage, Herne 2020

Frey-Luxemburger, M., (Hrsg.), Wissensmanagement – Grundlagen und praktische Anwendung, 2. Auflage, Wiesbaden 2014

Gessler, M., (Hrsg.), Kompetenzbasiertes Projektmanagement (PM3), 3. Auflage, Nürnberg 2010

GPM Deutsche Gesellschaft für Projektmanagement e. V., Kompetenzbasiertes Projektmanagement (PM 3), 3. Auflage, Nürnberg 2010

Klimmer, M., Unternehmensorganisation, 3. Auflage, Herne 2012

Müller, J., Integrierte Managementsysteme, Kissing 2013

Olfert, K., Organisation, 18. Auflage, Herne 2019

Rahn/Mintert, Unternehmensführung, 10. Auflage, Herne 2019

REFA, Methodenlehre des Arbeitsstudiums, Bd. 1 - 3, München 1997

REFA, Methodenlehre der Betriebsorganisation, München 1997

Senge, P., Die fünfte Disziplin, Stuttgart 1998

Ziegenbein, K., Controlling, 9. Auflage, Herne 2007

02. Investition, Finanzierung, betriebliches Rechnungswesen und Controlling

Däumler/Grabe, Kostenrechnung 1 – Grundlagen, 11. Auflage, Herne 2013

Däumler/Grabe, Kostenrechnung 2 – Deckungsbeitragsrechnung, 10. Auflage, Herne 2013

Däumler/Grabe, Grundlagen der Investitions- und Wirtschaftlichkeitsrechnung, 13. Auflage, Herne 2014

Däumler/Grabe, Kostenrechnungs- und Controllinglexikon, 3. Auflage, Herne/Berlin 2009

Eisenschink, C., Controlling – Klausurtypische Aufgaben und Lösungen, 2. Auflage, Herne 2017

Eisenschink, C., Finanzwirtschaftliche Steuerung – Klausurtypische Aufgaben und Lösungen, Herne 2016

Eisenschink, C., Situationsaufgaben für Wirtschaftsfachwirte, 2. Auflage, Herne 2019

Faulhaber, M., Kosten- und Leistungsrechnung – Klausurtypische Aufgaben und Lösungen, 4. Auflage, Herne 2020

Klett/Pivernetz, Controlling in kleinen und mittleren Unternehmen, Bd. 1 und 2, 5. Auflage, Herne 2014

Krause/Krause, Finanzierung und Investition – Klausurtypische Aufgaben und Lösungen, 3. Auflage, Herne 2018

Olfert, K., Kompakt-Training Finanzierung, 9. Auflage, Herne 2017

Olfert, K., Kompakt-Training Investition, 7. Auflage, Herne 2015

Olfert, K., Kostenrechnung, 18. Auflage, Herne 2018

Schmolke/Deitermann, Industrielles Rechnungswesen IKR, 43. Auflage, Darmstadt 2014

Ziegenbein, K., Controlling, 10. Auflage, Herne 2012

03. Logistik

Arnolds/Heege/Röh/Tussing, Materialwirtschaft und Einkauf – Grundlagen – Spezialthemen – Übungen, 12. Auflage, Heidelberg 2013

Coface Holding AG (Hrsg.) in Zusammenarbeit mit FAZ-Institut, Handbuch Länderrisiken 2007, 2. Auflage, Mainz 2007

Ehrmann, H., Logistik, 7. Auflage, Herne 2012

Eisenschink, C., Logistik – Klausurtypische Aufgaben und Lösungen, 2. Auflage, Herne 2019

Floren, F. J., Wirtschaftspolitik im Zeichen der Globalisierung, Paderborn 2012

Godefroid, P. , Business-to-Business, 5. Auflage, Herne 2013

Jahrmann, F.-U., Außenhandel, 13. Auflage, Herne 2010

Kamiske/Brauer, Qualitätsmanagement von A – Z, 4. Auflage, München 2003

Krause/Krause, Materialwirtschaft – Klausurtypische Aufgaben und Lösungen, 2. Auflage, Herne 2017

Oeldorf/Olfert, Material-Logistik, 13. Auflage, Herne 2013

Schlick, H., Außenhandel, Internationale Handelsgeschäfte, 4. Auflage, Troisdorf 2011

Schulte, C., Logistik, München 2013

Vry, W., Die Prüfung der Fachwirte für Einkauf, 5. Auflage, Herne 2020

Zwißler/Uremovic, Electronic Commerce, Business Systeme – Strategische und operative Einordnung, Techniken und Entscheidungshilfen, Berlin/Heidelberg 2002

04. Marketing und Vertrieb

Broszinsky-Schwabe, E., Interkulturelle Kommunikation, Wiesbaden 2011

Büter, C., Außenhandel, 2. Auflage, Heidelberg/ Berlin 2010

Haller, S., Handelsmarketing, 5. Auflage, Herne 2013

Jahrmann, F.-U., Außenhandel, 13. Auflage, Herne 2010

Kindl/Feuerborn, Bürgerliches Recht für Wirtschaftswissenschaftler, 3. Auflage, Herne 2018

Kotler/Keller/Bliemel, Marketing-Management, 12. Auflage, Hallbergmoos 2007

Lerchenmüller, M., Handelsbetriebslehre, 5. Auflage, Herne 2014

Meffert/Burmann/Kirchgeorg, Marketing, 12. Auflage, Wiesbaden 2015

Metro Group, (Hrsg.), Metro-Handelslexikon 2015/16, Düsseldorf 2016

Steckler/Tekidou-Kühlke, Wirtschaftsrecht, 8. Auflage, Herne 2016

Ullrich, N., Wirtschaftsrecht für Betriebswirte, 7. Auflage, Herne 2012

Vry, W., Die Prüfung der Fachwirte für Marketing, 5. Auflage, Herne 2020

Weis, H. C., Marketing, 16. Auflage, Herne 2012

Weis, H. C., Verkaufsmanagement, 7. Auflage, Herne 2010

Werner, H., Basiswissen Außenhandel, Heidelberg/ Berlin 2014

05. Führung und Zusammenarbeit

Arbeitsgesetze, Beck-Texte, 93. Auflage, München 2018

Becker, F. G., Lexikon der Personalentwicklung, 6. Auflage, Stuttgart 2013

Becker, F. G., Lexikon des Personalmanagements, 2. Auflage, München 2002

Crisand/Crisand, Psychologie der Gesprächsführung, 9. Auflage, Hamburg 2010

Crisand, E., Psychologie der Persönlichkeit – Eine Einführung, 9. Auflage, Hamburg 2010

Gropp, W., Die Prüfung der Personalfachkaufleute, 12. Auflage, Herne 2020

Krause/Krause, Führung und Zusammenarbeit – Kommunikation und Kooperation – Klausurtypische Aufgaben und Lösungen, 3. Auflage, Herne 2020

Krause/Krause, Unternehmensführung – Klausurtypische Aufgaben und Lösungen, 2. Auflage, Herne 2020

Krause/Krause, Personalwirtschaft – Klausurtypische Aufgaben und Lösungen, 2. Auflage, Herne 2016

Küper/Mendizabal, Die Ausbilder-Eignung, 21. Auflage, Hamburg 2018

Olfert, K., Personalwirtschaft, 17. Auflage, Herne 2019

Rahn, H. J., Erfolreiche Teamführung, 6. Auflage, Frankfurt a. M. 2010

Rahn/Mintert, Unternehmensführung, 10. Auflage, Herne 2019

Reibold, D. K., Die Ausbilderprüfung, 16. Auflage, Stuttgart 2015

Roth, G., Bildung braucht Persönlichkeit – Wie Lernen gelingt, Stuttgart 2015

Schlick/Bruder/Luczak, Arbeitswissenschaft, 3. Auflage, Berlin/Heidelberg 2010

Schulz von Thun, F., Miteinander reden, Bde 1 - 4, Reinbek 2014

Staehle, W. H., Management – Eine verhaltenswissenschaftliche Perspektive, 9. Auflage, München 2018

Stroebe, R. W., Kommunikation I – Grundlagen, Gerüchte, schriftliche Kommunikation, 6. Auflage, Heidelberg 2001

Stroebe, R. W., Kommunikation II – Verhalten und Techniken in Besprechungen, 8. Auflage, Heidelberg 2002

Stroebe/Stroebe, Gezielte Verhaltensänderung – Anerkennung und Kritik, 8. Auflage, Heidelberg 2002

Stroebe/Stroebe, Motivation, 9. Auflage, Heidelberg 2004

Weisbach/Sonne-Neubacher, Professionelle Gesprächsführung, 9. Auflage, München 2019

Wunderer/Jaritz, Unternehmerisches Personalcontrolling, 2. Auflage, München 2002

Präsentation und Fachgespräch

DIHK (Hrsg.), Geprüfter Wirtschaftsfachwirt/Geprüfte Wirtschaftsfachwirtin, Rahmenplan mit Lernzielen, Bonn 2009

DIHK-Gesellschaft für berufliche Bildung (Hrsg.), Prüfungsmethoden in der beruflichen Aus- und Weiterbildung, Bonn 2005

Krause/Krause/Krause/Stache/Zech, Die Prüfung der Technischen Betriebswirte, 9. Auflage, Herne 2019

Internetquellen

Arbeitsschutz, www.arbeitsschutz-sachsen.de, Abrufdatum 01.12.2020

Berufsgenossenschaft der Bauwirtschaft, Ladungssicherung auf Fahrzeugen der Bauwirtschaft, 2016, Abrufdatum 01.11.2020

Berufsgenossenschaft Verkehr, Ladungssicherung, https://www.bg-verkehr.de/arbeitssicherheit-gesundheit/branchen/gueterkraftverkehr/laden-und-sichern, Abrufdatum 01.11.2020

Bundesgesetzblatt, Gesetz zur Umsetzung der Abfallrahmenrichtlinie der Europäischen Union, https://www.bgbl.de/xaver/bgbl/start.xav?startbk=Bundesanzeiger_BGBl&start=//*[@attr_id=%27bgbl120s2232.pdf%27]#__bgbl__%2F%2F*%5B%40attr_id%3D%27bgbl120s2232.pdf%27%5D__1604758217250, Abrufdatum 07.11.2020

Bundesinstitut für Berufsbildung, Verzeichnis der anerkannten Ausbildungsberufe 2020 (Stand: 01.10.2019), https://www.bibb.de/veroeffentlichungen/de/publication/show/16754, Abrufdatum 12.11.2020

Bundeskartellamt, Novelle des Gesetzes gegen Wettbewerbsbeschränkungen, https://www.bundeskartellamt.de/SharedDocs/Meldung/DE/Pressemitteilungen/2021/19_01_2021_GWB-Novelle.html, Abrufdatum 02.02.2021

Bundesministerium für Forschung und Entwicklung, Berufsbildungsgesetz in der Fassung der Bekanntmachung vom 4. Mai 2020, www.gesetze-im-internet.de/bbig_2005/BBiG.pdf, Abrufdatum 12.11.2020

Bundesregierung, Brexit, https://www.bundesregierung.de/breg-de/themen/brexit/brexit-wichtigste-infos-1712620, Abrufdatum 09.11.2020

buzer.de, Neue Aspekte bei § 23 KrWG, https://www.buzer.de/gesetz/10089/al112481-0.htm, Abrufdatum 07.11.2020

Deutscher Bundestag, Gesetzentwurf der Bundesregierung, Entwurf eines Ersten Gesetzes zur Änderung des Verpackungsgesetzes, Drucksache 19/16503, https://dip21.bundestag.de/dip21/btd/19/165/1916503.pdf, Abrufdatum 01.12.2020 sowie https://www.bundestag.de/dokumente/textarchiv/2020/kw48-de-verpackungsgesetz-807758, Abrufdatum 01.12.2020

Deutscher Bundestag – Wissenschaftliche Dienste, Sachstand – Neuregelungen durch das Verpackungsgesetz gegenüber der Verpackungsverordnung, 2018, https://www.bundestag.de/resource/blob/543812/e1f20553870a923ce83b9a4b174f4a4a/wd-8-051-17-pdf-data.pdf, Abrufdatum 01.12.2020

Deutscher Verkehrssicherheitsrat e. V. (DVR), www.dvr.de, Abrufdatum 01.12.2020

Forum für alle gängigen Fachwirtausbildungen, www.fachwirt-forum.de, Abrufdatum 01.12.2020

Juris Rechtsportal, www.juris.de, Abrufdatum 01.12.2020

Incoterms 2020, Die Regeln der ICC zur Auslegung nationaler und internationaler Handelsklauseln, International Chamber of Commerce („ICC"), 2019, www.incoterms2020.de, Abrufdatum 15.12.2020.

IXPOS, Außenwirtschaftsportal, www.iXPOS.de, Abrufdatum 01.12.2020

Kreislaufwirtschaftsgesetz, https://www.gesetze-im-internet.de/krwg/_23.html, Abrufdatum 07.11.2020.

Ladungssicherung, www.ladungssicherung.eu, Abrufdatum 01.12.2020

Ladungssicherungskreis, www.ladungssicherungskreis.de, Abrufdatum 01.12.2020

Netzwerk Lernen, www.netzwerk-lernen.de, Abrufdatum 01.12.2020

Moderationsmaterial, www.nitor.de, Abrufdatum 01.12.2020

Kuster Speedtrans Spedition, www.speedtrans.com, Abrufdatum 01.12.2020

Markenanmeldung und Markenrecherche, www.tulex.de, Abrufdatum 01.12.2020

Norton Rose Fulbright, Weitreichende Änderungen im deutschen Kartellrecht – 10. GWB-Novelle verabschiedet, https://www.nortonrosefulbright.com/de-de/wissen/publications/eab01ae2/weitreichende-anderungen-im-deutschen-kartellrecht, Abrufdatum 02.02.2021

Statistisches Bundesamt, Einwohnerzahl der Mitgliedstaaten der Europäischen Union, https://www.destatis.de/Europa/E/Home/_inhalt.html, Abrufdatum 09.11.2020.

Tastschreiben, https://www.tastschreiben.de/p0400120.htm, Abrufdatum 01.12.2020

TU Dresden, Flow-Ansatz von Csikszentmihalyi, https://tu-dresden.de/mn/psychologie/ipep/lehrlern/ressourcen/dateien/lehre/lehramt/lehrveranstaltungen/motivationsfoerderung/folder-2011-11-01-8121459277/e_Flow.pdf?lang=en, Abrufdatum 10.11.2020.

Verpackungsgesetz, VerpackG – Gesetz über das Inverkehrbringen, die Rücknahme und die hochwertige Verwertung von Verpackungen, https://www.gesetze-im-internet.de/verpackg/BJNR223410017.html, Abrufdatum 01.12.2020

Zentrale Stelle Verpackungsregister, www.verpackungsregister.org, Abrufdatum 01.12.2020

Symbole

A

B

F

G

H

J

K

M

N

Q

R

W

X

Z